Rainer Trübsbach

350 Jahre Gymnasium Christian-Ernestinum (1664–2014)
Geschichte der gelehrten Bildung in Bayreuth

Rainer Trübsbach

350 Jahre Gymnasium Christian-Ernestinum (1664–2014)

Geschichte der gelehrten Bildung in Bayreuth

VERLAG
PH. C. W. SCHMIDT

Bei der Realisierung dieses Buches ließen wir größtmögliche Sorgfalt walten.
Falls Informationen dennoch falsch oder inzwischen überholt sein sollten,
bedauern wir dies, können aber keine Haftung übernehmen.

1. Auflage Oktober 2013

© 2013 by VERLAG PH. C. W. SCHMIDT
91413 Neustadt an der Aisch

Alle Rechte vorbehalten
www. verlagsdruckerei-schmidt.de
(Ohne ausdrückliche Genehmigung des Verlags und des Verfassers
ist es nicht gestattet, dieses Buch oder Teile daraus auf fotomechanischem
oder elektronischem Weg zu vervielfältigen.)

ISBN: 978-3-87707-875-4

Gesamtherstellung:

VDS – VERLAGSDRUCKEREI SCHMIDT
91413 Neustadt an der Aisch
Printed in Germany

ΑΡΧΗ ΣΟΦΙΑΣ ΦΟΒΟΣ ΚΥΡΙΟΥ

„DIE FURCHT VOR DEM HERRN
IST DER WEISHEIT ANFANG"

VORWORT

Diese Geschichte des Gymnasium Christian-Ernestinum ist geschrieben in tiefem Respekt vor allen Schülern, Lehrern und Eltern, die seit Gründung der Schule bis in unsere Tage rechtschaffen und redlich nach bestem Vermögen und mit gutem Willen ihren Teil zur gemeinsamen Arbeit beigetragen haben.

Es gibt natürlich ältere Gymnasien in Bayern, deren Ursprünge und Tradition z.T. ins frühe oder späte Mittelalter zurückreichen. Zu nennen sind z.B. das Willibald-Gymnasium Eichstätt (als „Domschule" gegründet Mitte des 8. Jahrhunderts durch St. Willibald) oder das Melanchthon-Gymnasium in Nürnberg (Vorläufer die Klosterschule zu St. Egidien um 1140; 1526 Gründung durch Philipp Melanchthon).

Im heutigen Oberfranken liegt das Gymnasium Christian-Ernestinum an vierter Stelle.

Davor wurden das Jean-Paul-Gymnasium in Hof (1546), das Kaiser Heinrich Gymnasium in Bamberg (1586) und das Casimirianum in Coburg (1605) gegründet.

In aller gebotenen Bescheidenheit also reiht sich das Gymnasium Christian-Ernestinum in alte humanistische Tradition ein.

Geschichte schreiben, und wenn es auch „nur" die eines Gymnasiums ist, stellt eine Herausforderung dar. „... in primis arduum videtur res gestas scribere", sagt Sallust in seiner Einleitung zur Verschwörung des Catilina. (Mühselig ist's, geschichtliche Taten darzustellen). „Nam quis nescit primam esse historiae legem, ne quid falsi dicere audeat? Deinde ne quid veri non audeat?", meint Cicero (de orat. 2, 16, 62) (Denn wer wüsste nicht, dass es das erste Gesetz ist: der Historiker darf nicht wagen, etwas Falsches zu sagen, aber er darf sich auch nicht scheuen, etwas Wahres festzuhalten). Später merkt Goethe (Maximen und Reflexionen) wohl mit einem humoristischen Augenzwinkern an: „Geschichte schreiben ist eine Art, sich das Vergangene vom Halse zu schaffen."

Geschichte schreiben, auch Schulgeschichte schreiben, ist mehr als eine Addition von Geschichten oder Anekdoten. Einfach zu berichten „wie es eigentlich gewesen ist" (Leopold v. Ranke) erscheint längst nicht mehr möglich. Da gab es die Auseinandersetzung mit dem Historismus und dem historischen Relativismus, da gab

es den Positivismusstreit und intensive Debatten über den Zusammenhang von „Erkenntnis und Interesse" (Jürgen Habermas). Der Verantwortung, aus der Masse des gegebenen Materials „mit begründeter Willkür" auszuwählen, zu analysieren, zu bewerten und zu beurteilen kann sich der Historiker nicht entziehen.

Zu dieser Problematik sei nur exemplarisch hingewiesen auf Reinhart Koselleck, Wolfgang J. Mommsen und Jörn Rüsen (Hrsg.), „Theorie der Geschichte", Objektivität und Parteilichkeit, München 1977. In diesem Zusammenhang erscheint mir auch nach wie vor sehr lesenswert, was Edward Hallett Carr zum Thema „Was ist Geschichte?" (Stuttgart 1963) beizutragen hat.

Nun, es ist nicht Ziel dieser Schulgeschichte, „sich das Vergangene vom Halse zu schaffen".

Das ist auch gar nicht möglich, denn immer holt uns unsere Geschichte ein. Das gilt für die nationale Geschichte ebenso wie für das, was sich selbst im historischen Mikrokosmos einer Schule ereignet hat. Wir können unserer Geschichte nicht entrinnen.

Schule ist Teil des historischen Prozesses. Bildungssysteme sind zu allen Zeiten Spiegelbild und Reflex von Herrschaftssystemen, etablierter gesellschaftlicher Strukturen und wirtschaftlicher Verhältnisse. Diese verändern sich meist langsam, selten sprunghaft oder gar revolutionär. Den je geltenden Traditionen und verfestigten Mentalitäten wohnt immer ein starkes Beharrungsvermögen inne. So entwickelt sich Schule über die Jahrhunderte hinweg im Spannungsfeld von Kontinuität und Wandel.

Zur Geschichte und Problematik des Begriffs „historischer Prozess" sei hier ebenfalls nur stellvertretend hingewiesen auf Karl-Georg Faber und Christian Meier (Hrsg.) „Historische Prozesse", Theorie der Geschichte Bd. 2, München 1978.

In vier großen Hauptkapiteln wird im Längsschnitt die Entwicklung des Gymnasiums dargestellt. Innerhalb dieser Kapitel soll immer wieder in Querschnitten der chronologische Ablauf strukturiert werden. So verbindet sich auch die Bedeutung der Einzelpersönlichkeit mit dem allgemeinen gesellschaftlichen, politischen und ökonomischen Zusammenhang, aus dem heraus erst individuelles Handeln erwächst. Deshalb wird, wo immer möglich und sinnvoll, Bezug genommen auf nationalpolitischen, landesgeschichtlichen und stadtgeschichtlichen Hintergrund.

Heiteres aus dem Alltag schulischen Lebens wird aus den Akten sichtbar, mehr aber doch Ernstes, wenn wir an den harten Kampf um die wirtschaftliche und soziale Existenz nicht nur der Lehrer, sondern auch vieler Eltern und deren Kinder über die Jahrhunderte hinweg denken. „Feuerzangenbowleromantik" wird man vergeblich suchen. Der im Rückblick verklärten Erinnerung stehen doch immer wieder Realität und Lebenswirklichkeit entgegen.

Erst nach dem II. Weltkrieg, erst mit Gründung der Bundesrepublik Deutschland und der Verwirklichung von Demokratie und Grundrechten beginnt eine Entwicklung, die es im Vergleich zu früheren Jahrhunderten einer großen Zahl von Menschen ermöglicht, unabhängig von sozialer Herkunft und Vermögen Bildungschancen wahrnehmen zu können.

Geschichte schreiben bedeutet erinnern. So ist diese Geschichte des Gymnasium Christian-Ernestinum vor allem auch denen gewidmet, die nicht „bedeutend" wurden, sondern deren Namen oft vergessen und verweht sind.

Im Wesentlichen bildet der Bestand des Schularchivs die Forschungsgrundlage. Alle Zitate, die nicht eigens nachgewiesen sind, entstammen diesem archivalischen Material. Bei einem Bestand von fast 4000 Aktenstücken schien es nicht sinnvoll, jedes Zitat im Anmerkungsapparat nachzuweisen, vor allem, weil die von mir erstellte Sachkartei mit entsprechenden Signaturen hinfällig wird, sobald der gesamte Bestand ins Staatsarchiv Bamberg überführt und dort völlig neu bearbeitet wird.

Auch für die Abbildungen gilt, dass alle nicht eigens nachgewiesenen dem Schularchiv entnommen sind.

Herangezogen wurden die Bestände des Stadtarchivs Bayreuth und Staatsarchivs Bamberg, des Bayerischen Hauptstaatsarchivs München, des Landeskirchlichen Archivs Nürnberg, der Universitätsbibliothek Bayreuth und der Universitätsbibliothek Erlangen.

Nachdem Karl Müssel vor allem das 17. und 18. Jahrhundert in seiner Festschrift zum 300-jährigen Jubiläum sehr gründlich und zuverlässig erschlossen hat, wurde darauf verzichtet, sämtliche von ihm genutzten Quellen nochmals nachzuarbeiten. Aufbauend auf dieser Grundlage wurde aber mancher Aspekt noch erweitert und vertieft.

Vielfältiger Dank ist den Kollegen und Kolleginnen des Gymnasiums abzustatten für Hinweise, „Erinnerungen", Überlassung von Bildmaterial und tatkräftige Unterstützung Es sind dies: OStD Franz Eisentraut, StD Peter Färber, StDin Edeltraud Geib, StD Klaus Höreth. OStD Heinz Hutzelmeyer, StD Helmut Korn, StD Peter Lenk und OStR Markus Lenk, StD Peter Lobe und StD Jochen Lobe, StD Reinhard Maier, StD Oskar Sauer, StD Hans Scheick und StD Werner Seuß. Schulleiter OStD Rainhard Kreutzer setzte sich von Beginn an für die Verwirklichung des Projekts Schulgeschichte ein. Besonderer Dank gebührt dem Verein „Freunde des humanistischen Gymnasiums Bayreuth e.V." mit dem damaligen 1. Vorsitzenden Klaus Höreth, Herrn Jörg Hermann, dem 1. Vorsitzenden des inzwischen aufgelösten Vereins „Christian-Ernestinum e.V." und dem Elternbeirat des Gymnasiums mit seiner 1. Vorsitzenden Frau Elke Pargent und deren Nachfolgern. Zu danken ist den Mitarbeitern des Stadtarchivs Bayreuth, des Staatsarchivs Bamberg und der Universitätsbibliothek Erlangen-Nürnberg. Herr Dr. Rainer-Maria Kiel von der Universitätsbibliothek Bayreuth stellte wertvolle Bücher aus der „Alten Bibliothek" für Photoaufnahmen zur Verfügung und gab manche wichtige Hinweise. Freundlich wurde ich von Frau Marina von Assel und von Familie Lohse bei Fragen zu Caspar Walter Rauh unterstützt. Wichtiges Bildmaterial, in vielen Fällen ausgesprochene Raritäten, stammt aus den Archiven von Bernd Mayer und Frau Erdmute Voith von Voithenberg. Wertvolle Hinweise besonders zu dem jüdischen Schüler Heinz Aptekmann erhielt ich von Ekkehard Hübschmann.

Ganz besonderer Dank gilt meiner Tochter Martina Schubert, die unermüdlich alle Archivalien, Bilder und Photos einscannte, bearbeitete und außerdem zahlreiche Objekte photographierte, darunter einige bisher noch nicht gezeigte Raritäten.

Ohne zahlreiche Sponsoren, die das Projekt unterstützt haben, hätte der Druck nicht fianziert werden können.

Sir George Clark sagt in seiner Einführung zur zweiten Ausgabe der „Cambridge Modern History" mit Blick auf die Position von Sir Acton (The Cambridge Modern History: Its Origin, Authorship and Production, Cambridge 1907, S. 10–12) fast genau sechzig Jahre später: „Die Historiker einer späteren Generation … glauben im Gegenteil, dass ihre Arbeit in der Folge immer wieder beiseite geschoben wird. Sie bedenken, dass sie ihre Kenntnis der Vergangenheit der Überlieferung eines oder mehrerer Menschen verdanken; dass diese Kenntnis dadurch einem ‚Prozeß' unterzogen wurde, folglich also nicht aus elementaren und unpersönlichen Atomen, die unveränderlich sind, bestehen kann … Der Geschichtsforschung scheinen keine Grenzen gesetzt …" Es scheint so, dass es keine „objektive" geschichtliche Wahrheit gebe.

Das, so meine Auffassung, enthebt nicht von der Anstrengung der wissenschaftlichen Redlichkeit, vom Bemühen um sachliche Richtigkeit, von intensiver und kritischer Quellenarbeit und der Verpflichtung, immer wieder eigene Forschungsinteressen und Methoden kritisch zu reflektieren. Vor allem aber darf der Mut zu historischem Urteil, zur kritischen Bewertung dessen, was geschehen ist, nicht aufgegeben werden.

In diesem Sinne wünsche ich mir, dass auch in Zukunft die Geschichte des Gymnasium Christian-Ernestinum weitergeschrieben wird.

Rainer Trübsbach

GRUSSWORT

Das Gymnasium Christian-Ernestinum feiert im Jahr 2014 sein 350-jähriges Bestehen. Hierzu beglückwünsche ich die traditionsreiche Schule, stellvertretend für die gesamte Bayreuther Bürgerschaft, auf das Herzlichste.

Markgraf Christian-Ernst weihte am 27. Juli 1664, seinem 21. Geburtstag, die Schule ein und gab ihr seinen Namen: *Gymnasium illustre Collegium Christian-Ernestinum*. Das illustre Gymnasium, wie es damals genannt wurde, – die Bezeichnung wies besonders auf ein akademisches Gymnasium hoch angesehener evangelischer Theologen hin – wurde vor wenigen Jahren quasi neu aus der Taufe gehoben: Mit dieser Bezeichnung wird seit 2010 eine individuelle Förderung besonders begabter Schüler verbunden, welche als einmalig im Bereich der Bayreuther Gymnasien gelten darf.

Die 350-jährige Geschichte dieser Schule ist ein Spiegelbild Bayreuther Stadtgeschichte. Bevor das Gymnasium sein jetziges Domizil im neuzeitlichen Bau an der Albrecht-Dürer-Straße fand, war es 162 Jahre lang in der Friedrichstraße 14 angesiedelt, und davor weitere 140 Jahre lang am Kirchplatz in der sogenannten Lateinschule untergebracht. Unzählige Generationen von Schülerinnen und Schülern haben in all diesen Jahren das GCE, wie es kurz genannt wird, besucht, haben hier ihre schulische Ausbildung gemeistert; all dies unter den unterschiedlichsten Voraussetzungen und Rahmenbedingungen, die immer auch ein Stück weit die gesellschaftliche Wirklichkeit der damaligen Zeiten dokumentierten.

Und auch heute muss sich das traditionsreiche GCE unverändert neuen Herausforderungen an die Qualität schulischer Bildung stellen. Insbesondere die weiterhin ungebrochen hohe Attraktivität des GCE und damit die außergewöhnlich rasante Steigerung der Schülerzahlen in den letzten Jahren stellen die Schulleitung, aber auch die Stadt vor hohe Anforderungen an die Raumsituation und die Ausstattung. Erweiterungen sind bereits in Planung. Dabei wird die Stadt Bayreuth das Gymnasium Christian-Ernestinum auch weiterhin nach Kräften unterstützen und all das zur Verfügung stellen, was für einen modernen und geordneten Schulbetrieb erforderlich ist.

Ich danke dem Gymnasium, seinen Verantwortlichen und Lehrkräften für die langjährige erfolgreiche Arbeit und die wertvollen Impulse, die sie für die junge Generation und die Entwicklung der Bildungsstadt Bayreuth geleistet haben und leisten. Meine Gratulation zum stolzen Jubiläum verbinde ich mit den besten Wünschen für die weitere Zusammenarbeit zum Wohle der uns anvertrauten jungen Menschen.

Brigitte Merk-Erbe
Oberbürgermeisterin

GRUSSWORT

350 Jahre Gymnasium Christian-Ernestinum – ein bedeutsames Ereignis für das Schulwesen in der Stadt und der Region Bayreuth.

Die Stiftungsurkunde der Schule trägt das Datum 29. Juni 1664, unterschrieben vom Landesherrn Markgraf Christian-Ernst, der damit der Schule auch seinen eigenen Namen gab. Mit diesem ältesten Bayreuther Gymnasium und der seinerzeit vordergründigen schulischen Ausbildung für Theologen und Beamte sollte die Markgrafschaft Bayreuth zu einem ordentlichen Staat ausgebaut werden. Weit vor Wilhelm Busch also und seinem Satz aus „Max und Moritz": „Also lautet ein Beschluss, dass der Mensch was lernen muss!" hatte Markgraf Christian-Ernst damit einen hohen Bildungsanspruch fundamentiert. Die Betrachtung von Jahreszahlen ist dabei nicht vordergründig. Vielmehr ist entscheidend, was eine Schule ausmacht, mit welchem „Spirit of school" eine Schulgemeinschaft erfüllt ist. Die Schule ist ein Ort, wo das Lernen gelernt wird. Menschen – Kinder treffen aufeinander mit ihren Fragen und Problemen. Es geht um etwas so Komplexes wie Denken und Verstehen – da wird über die Zukunft verhandelt. Da braucht es mehr als pädagogische Rezepte und engagierte Lehrer. Auch der Ort, an dem diese Konzepte umgesetzt werden, ist von Bedeutung. Ein Sprichwort sagt: „Ein Kind hat drei Lehrer: Der erste Lehrer sind die anderen Kinder, der zweite Lehrer ist der Lehrer, der dritte Lehrer ist der Raum." Und doch kann die Schule allein ohne den wichtigsten Ort – Familie – ihrem Auftrag nicht gerecht werden. Die Familie ist die Kernzelle unserer Gesellschaft. Dort werden und müssen die prägenden Grundlagen gelegt werden.

Nur im Dialog von Schulleitung, Lehrkräften, Eltern und Schülern kann ein gutes Schulklima geschaffen werden. Umso mehr gilt ein herzliches Wort des Dankes und der Anerkennung al-

len, die mit unverzagtem Mut und voller Ideen die Aufgaben in dreieinhalb Jahrhunderten angepackt und so die kontinuierliche Weiterentwicklung der Schule mit all den Problemen des Schulalltags gemeistert, die Wissen und Fertigkeiten weitergegeben und manchmal auch in persönlichen Krisen zur Seite gestanden haben.

„Yes we can!" – Glück auf und Gottes Segen auf einem Weg, auf dem sich Schule und Schüler weiterhin in gutem Geist und guter Tradition aufmachen – sie werden gebraucht!

Hermann Hübner
Landrat des Landkreises Bayreuth

GRUSSWORT

Der 350. Geburtstag unserer Schule, den wir in diesem Schuljahr feiern dürfen, erfüllt die gesamte Schulfamilie des Gymnasium Christian-Ernestinum mit Freude und Stolz. Bis in die heutigen Tage begreifen wir die von Markgraf Christian Ernst für sein *„gymnasium illustre"* in der Fundation 1664 niedergelegten Grundsätze als Fundament unserer pädagogischen Arbeit. Wir waren, sind und bleiben dem humanistischen Bildungsideal verpflichtet, das den Menschen als Ganzes in den Blick nimmt und Bildung nicht dem Diktat der Nützlichkeit unterordnet.

Mit klarem Profil, das auf dem Erwerb des Lateinischen und damit auf der kritischen Auseinandersetzung mit antiken Texten fußt, hat sich das Gymnasium Christian-Ernestinum in den zurückliegenden Jahren hervorragend entwickelt. Der in jüngster Zeit beachtliche Anstieg der Schülerzahlen und die regional sowie überregional herausragenden Abiturergebnisse sind hierfür ebenso messbare Indikatoren wie die Spitzenplatzierungen in landesweiten Vergleichstests und zahlreichen Wettbewerben. Humanistischer, neusprachlicher und naturwissenschaftlich-technologischer Bildungsgang, die unsere Schule anbietet, spiegeln die Kernbereiche gymnasialer Bildung wider.

Noch wichtiger jedoch ist uns, dass motivierte, leistungsbereite Schülerinnen und Schüler, uns unterstützende Eltern sowie ein hoch engagiertes Kollegium ein vertrauensvolles Miteinander gestalten, welches das besondere Schulklima prägt. So ist es möglich, junge Menschen zu verantwortungsfreudigen und verantwortungsbewussten Persönlichkeiten zu formen, die sich nicht nur ihrer selbst, sondern auch der Verantwortung anderen gegenüber gewahr werden. Deshalb interpretieren wir „GCE" auch als **G**eist, **C**harakter, **E**ngagement.

Ich danke Herrn Dr. Rainer Trübsbach, dass er sich über seinen aktiven Dienst am Gymnasium

Christian-Ernestinum hinaus in den zurückliegenden Jahren mit der Erstellung dieser Schulgeschichte in besonderer Weise für unsere Schule verdient gemacht hat. Nur seinem unermüdlichen Fleiß und seinem profunden Fachwissen ist es zu verdanken, dass zahlreiche historische Dokumente gesichtet, ausgewertet und dokumentiert wurden und wir heute dieses Werk, das in der bayerischen Schullandschaft sicherlich seinesgleichen sucht, in Händen halten können.

Ich wünsche unserem Gymnasium Kraft, Mut und Kreativität, sich den vielfältigen Herausforderungen auch in der Zukunft zu stellen:

Gymnasium Christian-Ernestinum – vivat, crescat, floreat!

Franz Eisentraut
Schulleiter

INHALTSVERZEICHNIS

1. Das „Gymnasium illustre" von seiner Gründung im Zeitalter des Absolutismus bis zum Beginn der Bayerischen Herrschaft	21
1.1. Historischer Hintergrund und Ausgangsbedingungen	21
1.1.1. Die Stadt Bayreuth nach dem Dreißigjährigen Krieg	21
1.1.2. Das Schulwesen in Bayreuth vor Gründung des Gymnasiums	23
1.1.3. Markgraf Christian Ernst und die Gründung des „Gymnasium illustre" 1664	31
1.2. Entwicklung des Gymnasiums bis zum Übergang des Fürstentums an Preußen: Aufschwung und Krisen	40
1.2.1. Bildungsziele und Strukturen der „Ersten Stunde"	40
1.2.2. Die Professoren: Glanz und Elend eines Berufsstandes	53
1.2.3. Die Schüler	68
1.2.4. Schulischer Alltag, Disziplin und soziale Fürsorge	74
1.2.5. Zur „materiellen Kultur" des Gymnasiums	80
1.2.6. Schulentwicklung und Reformen	85
1.2.6.1. Tätigkeit des Konsistoriums	85
1.2.6.2. Klasseneinteilung, Fächerkanon und Stundenpläne	92
1.2.6.3. Pädagogische Reformen	93
1.3. Preußisches Intermezzo und Französische Herrschaft	100
1.4. Exkurs zu Friedrichs-Akademie und Kunst-Akademie	109
1.5. Zusammenfassung	116
2. Die „Königlich Bayerische Studienanstalt" im bürgerlichen Zeitalter bis zum Ende des Ersten Weltkriegs	117
2.1. Die Jahresberichte als neue historische Quelle	118
2.2. Schulreformen, Schulordnung, Lehrpläne und Stundentafeln im 19. Jahrhundert	128
2.3. Das Gymnasium vor neuen Herausforderungen	143
2.3.1. Die Oberrealschule	144
2.3.2. Die „Höhere Töchterschule"	146
2.4. Einzelne Fächer	147
2.4.1. Turnen und Schwimmen	147
2.4.2. Geografie und Geschichte	152
2.4.3. Musik und Zeichnen	153
2.4.4. Stenographie	158
2.4.5. Französisch, Englisch, katholische Religion und Naturkunde	159
2.5. Die Professoren – Kern des Bildungsbürgertums	162

2.6.	Die Schüler	180
	2.6.1. Entwicklung der Schülerzahlen, Sozialstruktur und regionale Herkunft	180
	2.6.2. Schulsatzungen und Disziplin	186
	2.6.3. Freizeitgestaltung, Aktivitäten und Engagements	189
	2.6.4. Schülerverbindungen	196
	2.6.5. „Bedeutende Schüler"	202
2.7.	Jüdische Schüler am Gymnasium: 1814/15–1936/37	209
2.8.	Soziale Maßnahmen, Stiftungen und Stipendien	219
2.9.	Das Gymnasium im Ersten Weltkrieg	227
2.10.	Erinnerungen	228
2.11.	Zusammenfassung	235
3.	Krise, Neubeginn und Vereinnahmung durch den Nationalsozialismus: Das Gymnasium in der Zwischenkriegszeit und im Dritten Reich	237
3.1.	Die Nachkriegsjahre	239
3.2.	Die Zeit bis zum Dritten Reich	249
	3.2.1. Schülerzahlen und Sozialstruktur	249
	3.2.2. Lehrer und Schüler	251
3.3.	Das Gymnasium im III. Reich und im II. Weltkrieg	256
3.4.	Zusammenfassung	275
4.	Der Weg ins 21. Jahrhundert	277
4.1.	Exkurs: „Gelehrte Bildung" in der Stadt Bayreuth seit 1949	278
	4.1.1. Neue Gymnasien	278
	4.1.1.1. Das Markgräfin-Wilhelmine-Gymnasium	278
	4.1.1.2. Das Wirtschaftswissenschaftliche Gymnasium	279
	4.1.2. Die Universität	279
4.2.	Harte Nachkriegsjahre	280
4.3.	Schulreform, Bildungsdiskussion und Einführung neuer Fächer	284
4.4.	Schulischer Alltag im Spannungsfeld von Kontinuität und Wandel	295
	4.4.1. Disziplin und Schulstrafen	296
	4.4.2. Verwaltung des Mangels	297
	4.4.3. Aktivitäten und Engagements von Arbeitsgruppen und Fachschaften, Wettbewerbe und Ausstellungen: – „Was nicht im Stundenplan steht"	299
	4.4.4. Kleine Chronologie	323
4.5.	Schülerzahlen, Sozialstruktur und regionale Herkunft	330

4.6.	Lehrer und Schüler	334
4.7.	Zur materiellen Kultur des Gymnasiums	342
	4.7.1. Der mühsame Weg zum Neubau der Schule	342
	4.7.2. Ausstattung der Fachräume, Fachbibliothek, Lesebücherei und neue Technologien	348
4.8.	Schüleraustausch und Sonderfahrten	349
	4.8.1. Frankreich (Annecy)	349
	4.8.2. USA (Santa Fe/New Mexico; Middletown und Newark/Delaware)	351
	4.8.3. England	353
	4.8.4. Griechenland (Deutsche Schule Athen)	354
	4.8.5. Australien (St. Peters's College, Adelaide)	354
	4.8.6. Tschechische Republik (Gymnasium Eger)	356
4.9.	Sekretariat und Hausmeister	358
4.10.	Organe der Schule und Fördervereine	360
	4.10.1. Elternbeirat	360
	4.10.2. Schulforum	361
	4.10.3. SMV und Tutoren	362
	4.10.4. Verein der Freunde des humanistischen Gymnasiums e.V."	363
	4.10.5. Verein „Christian-Ernestinum e.V."	366
	4.10.6. Schülerzeitung	368
4.11.	Erinnerungen	370
4.12.	Die neue Schulleitung	373

Epilog	375

Anmerkungen	387
Abkürzungen	397
Quellenverzeichnis	398
Literaturverzeichnis	400

Anhang (Anhänge 1 bis 3 Seite 481ff.)	410
1. Fundation	410
2. „Kunstrede" des Markgrafen Christian Ernst	410
3. „Ehr-Glückwunsch" der Professoren für Markgraf Christian Ernst (1676)	410
4. Anstaltsleiter des Gymnasium Christian-Ernestinum	410
5. Verzeichnis der hauptamtlichen Lehrkräfte	411
6. Hausmeister	415
7. Sekretariat	415
8. Gefallene des beiden Weltkriege	416

8.1. Erster Weltkrieg	416
8.2. Zweiter Weltkrieg	419
9. Schüler, die später wieder Lehrer oder Direktoren am Gymnasium wurden	422
10. Orationes	423
11. Programme	427
12. Schülerstatistik ab 1945	430
13. Statistik Schulzweige	432
14. Maximilianeum	433
15. Adelige Schüler	433
16. Bedeutende Schüler, bekannte Namen	445
17. Schüler isr. Glaubensbekenntnisses	458
18. Chronologie	464
Sponsoren	478

1. DAS „GYMNASIUM ILLUSTRE" VON SEINER GRÜNDUNG IM ZEITALTER DES ABSOLUTISMUS BIS ZUM BEGINN DER BAYERISCHEN HERRSCHAFT

Im Jahr 1661 tritt Ludwig XIV. (1643–1715) als König von Frankreich die Herrschaft an. Mit ihm beginnt die Epoche des europäischen Absolutismus, der sich ausformt im konfessionellen und höfischen Absolutismus, im Merkantilismus seine wirtschaftlichen Grundlagen sucht und der in nationalen und regionalen Varianten sich entfaltet. Wurzeln dieses Herrschaftssystems reichen ins Hochmittelalter zurück, wenn wir an den Fürstenstaat Friedrichs II. in Sizilien denken. Ende des 16. Jahrhunderts formuliert Jean Bodin (1530–1596) in den sechs Büchern über den Staat (1576) die Merkmale staatlicher Gewalt, die er unter den Begriff der „Souveränität" stellt. Unter „Souveränität" versteht er die ausschließliche, unteilbare, von den Gesetzen nicht aber vom Recht gelöste Machtvollkommenheit des Herrschers, der nur Gott verantwortlich ist. Damit erfährt der Absolutismus eine erste umfassende theoretische Begründung, die später von Thomas Hobbes (1588–1679) vertieft wird. Hinzu kommt noch die Idee der „Staatsräson", die schon Niccolo Macchiavelli (1469–1527) entwickelt hatte.

Im Jahr 1661 tritt Markgraf Christian Ernst (1644–1712) die Herrschaft im kleinen Markgrafentum Brandenburg-Kulmbach/Bayreuth an. Nach der üblichen Kavalierstour über Genf und Lyon bis zur Pyrenäengrenze, Teilnahme an den prunkvollen Vermählungsfeierlichkeiten Ludwigs XIV. mit Maria Theresia, der Infantin von Spanien, nach Aufenthalten in Paris, wo er auch Mazarin kennen lernt, nach Besuch von Florenz, Rom und Neapel und schließlich einem Abstecher in die Niederlande, wird er am 25. September 1661 feierlich aus der Vormundschaft entlassen.

Zu einem sehr frühen Zeitpunkt schon, nämlich in seiner lateinischen „Prunkrede" nach Abschluss seiner Studien in Straßburg im Jahr 1659, umreißt er, den aufgeklärten Absolutismus antizipierend, seine Regierungsmaximen: „Der Staat ist nicht für den Herrscher da, sondern vielmehr muss der Fürst ganz im Staate aufgehen". Diese Grundidee scheint schon beim Großen Kurfürsten auf, und später soll Friedrich der Große den Satz formuliert haben: „Ich bin der erste Diener meines Staates", doch ist das ideale Programm von Christian Ernst bemerkenswert, wenn auch zweifellos hinter diesem Programm sein Mentor Caspar von Lilien steht.

Im Spannungsfeld von idealem Anspruch und realer Politik und Herrschaftsausübung muss allerdings auch die Gründung des Gymnasiums gesehen werden.

1.1. Historischer Hintergrund und Ausgangsbedingungen

1.1.1. Die Stadt Bayreuth nach dem Dreißigjährigen Krieg[1]

Christian Ernst trat seine Herrschaft unter wesentlich ungünstigeren Voraussetzungen an als Ludwig XIV. Nach einer verhältnismäßig langen Periode des Friedens stand die Regierung seines Vorgängers Christian von Beginn an unter einem unglücklichen Stern, ebenso wie das Schicksal seines Landes und seiner Städte. Bayreuth hatte sich kaum von den Folgen der Pest von 1602 erholt, als 1605 ein Stadtbrand große Schäden anrichtete, dem neben zahlreichen Bürgerhäusern innerhalb der Mauern mitsamt gelagerten Vorräten auch das Untere Tor, Teile der Stadtmauer, Stadtkirche und die erst 1571 neu errichtete Lateinschule zum Opfer fielen. Wenige Jahre später, 1621, legte wiederum ein Brand große Teile der Stadt in Schutt und Asche. Der Landesherr musste jeweils für geraume Zeit wieder auf die Plassenburg ziehen, und statt auf den vorhandenen Grundlagen die Stadt weiter entwickeln zu können, galt es, die begrenzten Mittel für Wiederaufbaumaßnahmen einzusetzen. Immerhin erscheinen Verwaltung, Rechtsprechung, Wirtschaft und Verkehr bis zum Ausbruch des Krieges als durchaus stabil und solide.

Sitz der Behörden war die Kanzlei, die vor 1621 in der heutigen Kanzleistraße (früher Schmidtgasse) eingerichtet und bis 1658 in ihren wichtigsten Bauteilen vollendet wurde.[2]

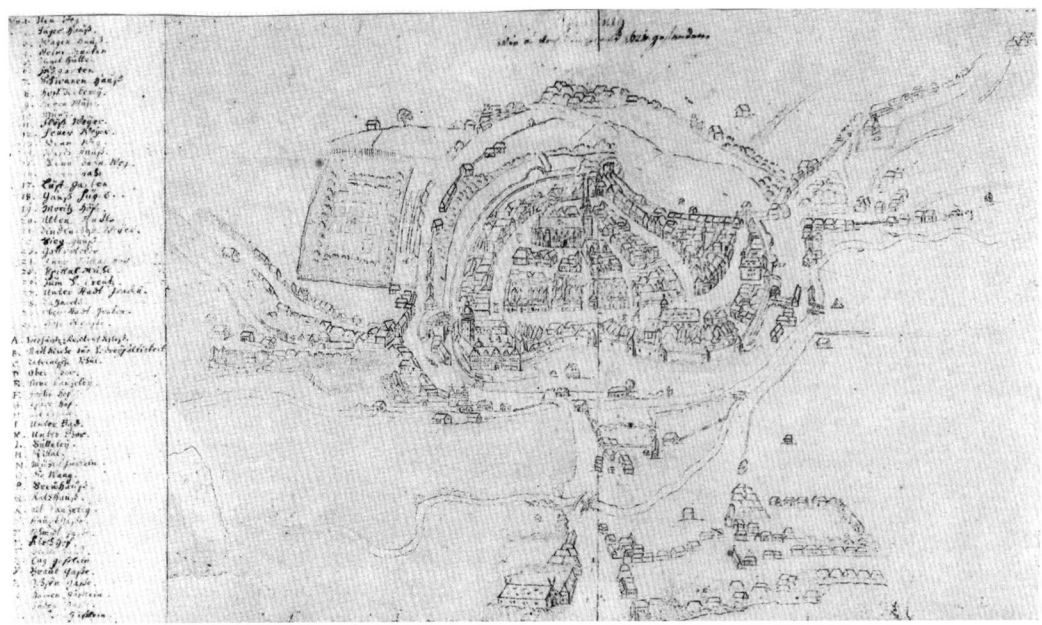

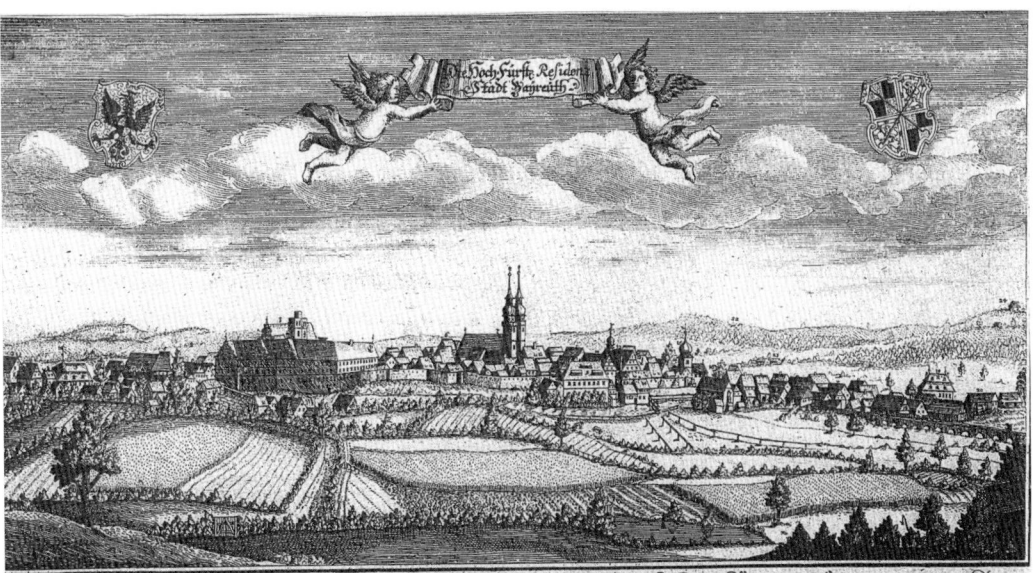

Abb. 1: Stadtansichten
Oben: Plan der Stadt Bayreuth zu Beginn des 17. Jahrhunderts (Stadtarchiv Bayreuth)
Mitte: Auszug aus dem Küffnerschen Epitaph (Landesbildstelle Nordbayern)
Unten: Hochfürstliche Residenzstadt Bayreuth um 1720 (Kupferstich von Johann Demleutner, Landesbildstelle Nordbayern)

Aber schon vor 1618 und dann immer häufiger belasteten Truppendurchzüge, Werbungen, räuberische Überfälle und Kontributionsforderungen Städte und mehr noch die Bewohner des platten Landes. Am schlimmsten erscheinen die Jahre 1632–1634. Es ist schwer, die erlittenen Schäden, Opfer, finanziellen Verluste einzelner Bürger, der Stadt insgesamt und des ganzen Fürstentums richtig einzuschätzen. Die Angaben weichen z.T. beträchtlich voneinander ab, doch geben die Quellen einen hinreichenden Eindruck von den Folgen dieses verheerenden Krieges. Bis zu dessen Ausbruch 1618 war die Bevölkerung der Stadt Bayreuth auf etwa 4000 angewachsen, um dann auf einen Stand ungefähr wie einhundert Jahre zuvor zurückzufallen. Eine der exaktesten Zählungen liegt für 1686 vor. Danach hatte Bayreuth zu diesem Zeitpunkt 2664 Einwohner.[3]

So bestand die Hauptaufgabe von Markgraf Christian Ernst zunächst darin, Aufbauarbeit zu leisten.

Das Rathaus wurde aus Geldmangel nicht wieder am Markt aufgebaut. Die Ratssitzungen mussten in einem Nebengebäude des Spitals stattfinden bis das 1679 zum Palais umgebaute Sponheim'sche Haus (Maximilianstraße 33) seit 1721 bis 1894 zur Verfügung stand. Das 1621 abgebrannte „Brandenburger Haus" (Maximilianstraße 17) wurde nach 1656 wieder errichtet. Aber insgesamt entwickelt sich Bayreuth mit seinen Alleen, Parks, mit seinem architektonischen Profil erst unter Markgraf Friedrich und seiner Gemahlin Wilhelmine zur vollen Blüte. Die Interessen von Christian Ernst galten zunehmend der Außenpolitik, wobei sein Verlangen nach Kriegsruhm, seine Freude am Militärischen vom Land finanziert werden mussten. Hinzu kamen die Kosten für Hofhaltung und persönlichen Aufwand. So weist z.B. eine genaue Auflistung aller Speisen aus, dass im August 1707 für 7 Tage 197 fl 25 ¾ kr oder auch einmal 263 fl 12 kr ausgegeben wurden.[4] Dies entsprach fast dem Jahreseinkommen der meisten Handwerker, sofern sie nicht ein lukratives Spitzengewerbe ausübten. Die Bilanz am Ende: Über 1 Million Gulden Schulden, eine jährliche Passivbilanz von 200 000 Gulden, eine Belastung der Untertanen mit Steuern auf Vermögen und Einkommen bis zu 41 %, ein korrumpiertes Polizei- und Gerichtswesen, Verfall von Straßen und Brücken, ein verrottetes Münzwesen.[5]

1.1.2. Das Schulwesen in Bayreuth vor Gründung des Gymnasiums

Die größte Bildungsmacht Europas ist die Antike.[6] Über Jahrhunderte hinweg wird in allen Bereichen gesellschaftlicher Kultur die lateinische Sprache verwendet, in Dichtung, Wissenschaft, Recht, Wirtschaft, Politik und besonders in Lehre und Gesetz der Kirche.

Allerdings waren über Jahrhunderte und auch nach Entstehung der europäischen mittelalterlichen Städtelandschaft etwa 80 % der Menschen im Agrarbereich tätig und noch in der Mitte des 19. Jahrhunderts betrug deren Anteil 55 %.

Die Sprache dieser sozialen Gruppe war nicht das Latein und auch das städtische Bürgertum, in seinem Kern das Handwerk, pflegte nicht lateinisch zu schreiben und zu sprechen. Bis in die Neuzeit hinein blieb der Anteil von Analphabeten hoch.

Die Bedeutung der Kirche als größte geistige Macht findet Ausdruck in Dom-und Klosterschulen, den ältesten Bildungseinrichtungen des mittelalterlichen Europas. Nachdem Bayreuth nie Bischofssitz war und in der Stadt nie ein Kloster gegründet wurde, fallen diese Grundlagen für eine entsprechend frühe klassische Bildungstradition hier weg.

Älteste Schulen im Bereich der Markgrafschaft sind Lateinschulen, die ursprünglich keine städtischen Bildungsaufgaben zu erfüllen hatten, sondern fast ausschließlich zur Heranbildung des Priesternachwuchses dienten.

Nach den archäologischen Befunden, die im Zusammenhang mit der Sanierung der alten Lateinschule in Bayreuth gewonnen wurden, kann man davon ausgehen, dass die ersten Schüler schon 1194 die Schulbank gedrückt haben könnten. Nahezu sicher ist, dass die Lateinschule zum Zeitpunkt der ersten Nennung Bayreuths als „Civitas" im Jahr 1231 existierte.[7]

Die schriftlichen Zeugnisse zur Lateinschule beginnen in Form von Baurechnungen im Jahr 1437. Die Lateinschule entsprach dem Typus der sog. „Stadtschule", weil Stadtschulen in ihrer Verwaltung vom Rat der Stadt abhängig waren. Im Stadtbuch Bayreuth von 1464 ist die Schulordnung dieser Schule erhalten. Ihre Überschrift lautet: „Wie ein schulmeister Regiren sol vnd was sein lone oder gerechtigkeit ist."

Aus dieser Schulordnung lassen sich vier Klassen erkennen: Die „Casuales" als unterste Klasse, in der man wohl zunächst die lateinischen Fälle lernte, dann die „Temporales", in der vor allem

23

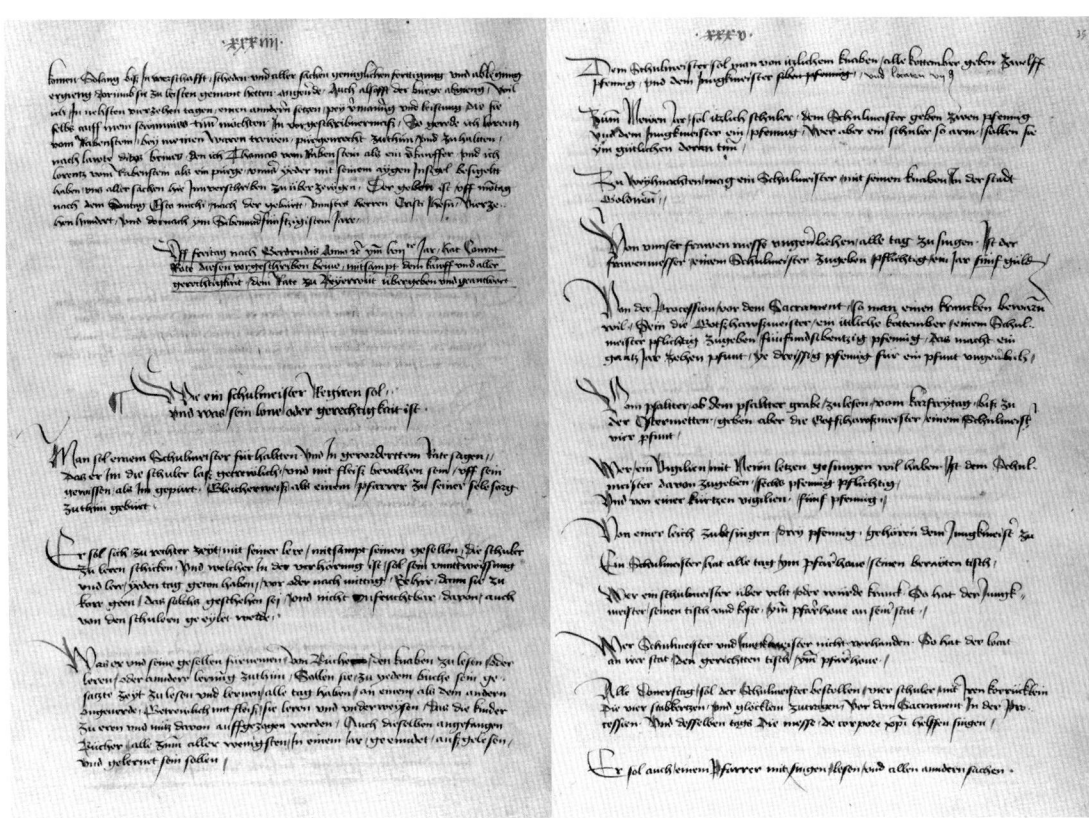
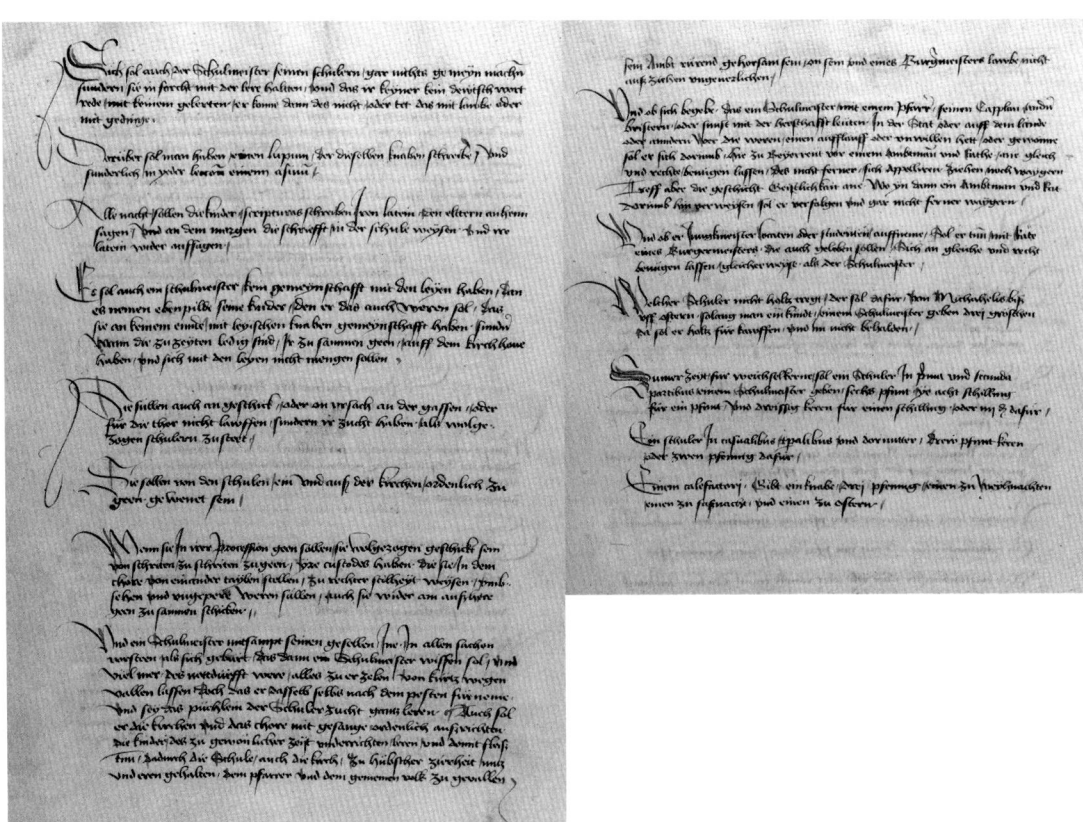

Abb. 2: Schulordnung der Lateinschule (Staatsarchiv Bamberg, C 76 I,1)

die Konjunktionen durchgenommen wurden. Es folgten Secunda und Prima als oberste Klassen.

Vor der Reformation gab es einen „Schulmeister" (Rector), der sich einen Jungmeister und zugleich Vorsinger (Cantor) und einen „Locaten" aus den älteren Schülern wählte. Deren Namen sind nicht mehr zu ermitteln. Nach der Reformation wurde der Cantor wirklicher zweiter Schuldiener und hing nicht mehr vom Schulmeister ab. Mitte des 16. Jahrhunderts kam der dritte Schuldiener (Baccalaureus, Tertius) hinzu und etwas später noch ein vierter (Collaborator) in der Person des Stadtorganisten. Schließlich gab es noch einen besonderen „Quartus" und einen „Calefaktor", der für die Heizung der Räume zu sorgen und weitere „Hausmeistergeschäfte" wahrzunehmen hatte.

Der Unterricht fand vor- und nachmittags statt. Außerdem wurden die Schüler für den Kirchengesang und entsprechende Proben eingesetzt. Die Lehrbücher, die begonnen werden, sollen „alle zum allerwenigsten In einem Jar geendet, außgelesen und gelernet sein". Ein „Lupus" wachte darüber, dass kein Schüler mit einem anderen „gelerten" in deutscher Sprache redet. Es wurde also nur Latein gesprochen. Auch sollte es in jeder Lektion einen „Asinus" geben, eine Figur, die dem schlechtesten Schüler umgehängt wurde. „Alle nacht sollen die Kinder scripturas schreiben, Iren Latein den elltern anheim sagen, vnd an dem morgen die schrieft in der schule weysen vnd iren latein wider aufsagen". Offenbar lag ein Schwerpunkt auf dem Auswendiglernen.

Auch kirchliche Aufgaben hatte der Schulmeister mit seinen Zöglingen zu erfüllen. So „sol er die kirchen und das chore mit gesange ordentlich außrichten". Bei allen kirchlichen Festen und Feiern, bei Vigilien und Beerdigungen hatte die Schule mitzuwirken. „Alle Donerstag sol der Schulmeister bestellen vier schuler mit Iren korrücklein, die vier stabkertzen und glöcklein zutragen vor dem Sacrament. In der Procession, vnd desselben tags die messe de corpore christi helfen singen."

In der Freizeit durften die Schüler nur mit ihresgleichen zusammentreffen. Ohne Auftrag und Grund war es ihnen verboten, sich auf den Gassen oder gar außerhalb der Stadt blicken zu lassen.

Die Besoldung der Lehrkräfte war kümmerlich. Der Schulmeister hat täglich im Pfarrhof einen Freitisch. Die Schüler geben dem Schulmeister vierteljährlich 12 Pfennig, dem Jungmeister und Lokaten je 7 Pfennig. Im Sommer stehen dem Schulmeister 6 Pfund Weichselkerne je Schüler zu. Im Winter hatte jeder Schüler Holz zur Heizung mitzubringen oder stattdessen drei Groschen zu zahlen. Zu Weihnachten durfte der Präzeptor mit seinen Zöglingen „Goldnen" (Geldsammeln). Dabei geht es um das Kurrendesingen, wie es auch aus Luthers Jugend berichtet wird. Ein meistens aus bedürftigen Schülern bestehender Chor zog von Haus zu Haus und sang geistliche Lieder, wofür Gaben und Geldspenden entgegen genommen wurden.[16]

Es sind viele Ähnlichkeiten mit anderen gleichnamigen Bildungsstätten anderer deutscher Städte zu erkennen, vor allem mit der Nürnberger Egidienschule.

Im Verlaufe der Zeit änderten sich zunächst nur äußere Dinge. Der 1. Lehrer heißt nun Rektor, ihm folgen in der Rangordnung Kantor, Baccalaureus oder Tertius, Kollaborator oder Quartus. 1528 war das Pfründhaus zur Apostelmesse vom Rat der Stadt zur Schule bestimmt und 1548 neu erbaut worden. Später erhielt der Rektor ein Haus. Ein anderes Haus, das zur Engelmesse gehört hatte, wurde Kantorwohnung und ein weiteres auf dem Kirchhof, das vor der Reformation zur Jungfrauenmesse gehört hatte, gab man dem Bakkalaureus. Jeder Lehrer hatte in seiner Wohnung zu unterrichten.

Alle schulische Arbeit diente der Kirche, wie zwei erhaltene Stundenpläne zeigen.[17]

Anfangs war selbst der Sonntag nicht frei. Nach dem Gottesdienst und der Vesperpredigt um 14.00 sollten die Lehrer „von den knaben Ihre frage lateinisch und deutsch neben dem Sontags Evangelions spruch sagen lassen." Der Plan für den Montag sah so aus:

Montag

VI vhr

Sol fürgelesen werden Grammatica, 2 Das große Compendium, 3 vnd die kleinen Verhoret werden.

VII vhr

Der Syntax, die kleinen Epistolae Sturmij, die kleinen nocheinmal verhoret werden.

VII vhr

So gehet man mitt den primanis vnd secunanis Inn das Capittel, mitt denen gehet hinein, der da Wochner ist. Nach gehaltenen Capittel list man wiederumb die Fabellas Aesopi von dem H. Camerario Zusamengezogen, auch das grosse Compendium, vnd werden die kleinen wiederumb Zum drittenmal verhoret.

Nach Mittag

12 list man Musicam, vnd leret die kleineren Schreiben

1 Terentium, vnd die Sententias Culmanni, vnd werden die kleinen verhöret.

2 Tertium librum Epistoloarum Sturmij, den Secundanis der Syntax vnd den klein das latein fürgesagt vnd verhöret.

Also soll es auch wiederumb am Dinstag gehalten werden

Die Namen der Lehrer finden sich bei G. W. A. Fikenscher. Er nennt als ältesten Schulmeister Lorenz Stengel, der in Wittenberg studiert hatte und für dessen Studium sich kurz vor seinem Tod noch Dr. Martin Luther selbst eingesetzt hatte.[18]

Ein erster Schulmeister wird 1459 erwähnt, ein erster Name erscheint gegen Ende des 15. Jahrhunderts: Conradus Partbeck. Ihm folgen dann:

Lorenz Stengel, aus Bayreuth,
studiert 1545 in Wittenberg

Friedrich Apel, 1547–1556,
auch Stadtschreiber, verst. 1565.

Johann Hübner, 1556–1569,
dann Pfarrer in Bindlach, verst. 1586

M. Conrad Trautner, 1569–1578,
1580 Pfarrer in Untersteinach und Senior des Culmbachischen Kapitels, verst. 1606.

M. Matthäus Hofmann 1579–1582,
1573 Baccalaureus, 1577 Cantor,
1578 Schulmeister

M. Matth. Gemelich 1582–1593,
1596 Pfarrer in Gefrees, 1614 Dekan in Baiersdorf, verst. 1614

Wolfgang Hausauer 1593–1599,
dann Pfarrer in Röslau, verst. 1613 (Pest)

Christoph Bieger, 1599–1605, dann Pfarrer in Rehau, 1615 Pfarrer in Röslau, verst. 1618

M. Johann Gramann 1605–1609,
1608 Hospitalprediger, 1612 Pfarrer in Untersteinach, verst. 1634 (Pest)

M. Jacob Bierzapf, 1609 Rektor,
1613 Pfarrer in Berneck, verst. 1614.

D. Johann Stumpf, 1613–1618

M. Zacharias Seidel 1618–1621

M. Wolfgang Mauerer 1622–1625,
im Dreißigjährigen Krieg als Geißel verschleppt (1632), verst. 1634.

Joh. Conrad Körbel 1625–1626

M. Georg Vogler 1626–1633,
dann Pfarrer in Gefrees, verst. 1634

M. Samuel Hain 1634–1637

Friedrich Wenig 1638–1643

Joh. Wolfgang Kleesattel 1644–1652

Joh. Matth. Stumpf 1653–1664

M. Joh. Wolfgang Rentsch 1664–1670

Sehr schwierig ist es, genaue Angaben über Schüler aus dieser frühen Zeit zu gewinnen. An vielen Universitäten des späten Mittelalters erscheinen Studenten aus Bayreuth, so in Ingolstadt, Erfurt, Prag, Leipzig und Wittenberg, sogar an der Sorbonne in Paris. Auch Johann Wolfgang Rentsch war Schüler der Lateinschule und später ihr letzter Rektor vor der Gründung des Gymnasiums, zu dessen 1. Professor er 1664 ernannt wurde.

„Links und rechts über dem Haupteingang befinden sich zwei Inschrifttafeln, deren lateinisch abgefasster Text von der Geschichte des Hauses erzählt und die Verdienste der verschiedenen Bauherren würdigt. Die linke Tafel wurde unter Markgraf Alexander angebracht und lässt sich aufgrund ihres Inhalts klar mit derjenigen identifizieren, deren Herstellung in den Gotteshausrechnungen von 1781 und 1782 dokumentiert ist: Von Bildhauer Franz Schuh gefertigt und von Maler J. P. Frauenholz vergoldet."

Die Herkunft der rechten Tafel liegt im Dunkeln. Ihr Inhalt bezieht sich hauptsächlich auf den baulichen Werdegang der Lateinschule. Diese Tafel ist nach Engelbrecht nicht 1571 entstanden, sondern frühestens nach 1626, wahrscheinlich deutlich später.[19]

Abb. 3: Inschriften an der Lateinschule
3.1: Oben: Inschriftentafel links über dem Eingang
3.2: Unten: Inschriftentafel rechts über dem Eingang
(Aufnahmen von Helmut Arzberger)

Inschriftentafel links über dem Eingang

MONUMENTUM   SECULUM

DE DIVI MARGGRAV CHRISTIANI ERNESTI   SERENISSIMI ALEXANDRI FELICISSIMI
GLORIA SEMPITERNUM TESTANS   QUOD PATRIAE VULNERA SANAVIT
QUOD SERENISSIMORUM BRINCIPUM   OMNES ORDINES ET VITAE INSTITUTA
DIVORUM GEORGII WILHELMI ET GORGII   AD RECTIOREM FORMAM REVOCAVIT
FRIDERICI CAROLI CURA CONSERVAVIT   REM PUBLICAM SAPIENTISSIMIS LEGIBUS
DIVI FRIDERICI MUNIFICENTIA PRISTI   STABILIVIT ET POSTERIATIS IN
NO SPLENDORE COLLUSTRAVIT   COLUMITATI PROSPEXIT
D:FRIDERICI CHRISTIANI) OIETAS FOVIT   INPRIMIS LITTERIS FUIT AUSPICATUM
ET SOLEEMNITATE SECULARI DECORAVIT   POSITIS MONUMENTIS MUNIFICENTIAE
SERENISSIMI MARGGRAVI CHRISTIANI FRIDE   CUIUS MUSAE CHRISTIANO ERNESTINAE
RICI CAROLI ALEXANDRI SAPIENTIA VARIIS   TESTES SUNT NON ULTIMAE:
MODIS AUXIT ET ORNAVIT

Dies ist ein ewiges, vom Ruhm des Erlauchten   Das überaus gesegnete Jahrhundert des
Markgrafen Christian Ernst Zeugnis gebendes   allergnädigsten Alexander, welches die Wunden
Denkmal, welches die Fürsorge der allergnädigsten   des Vaterlandes heilte, das alle Städte und
Erlauchten Fürsten Georg Wilhelm und Georg   Lebensbereiche in einen idealeren Zustand
Fridrich Carl am Leben erhalten hat, das die   versetzte, das den Staat durch weiseste Gesetze
Freigebigkeit des erlauchten Fridrich in früheren   stabilisierte und für das sichere Gedeihen der
Glanz hell erstrahlen ließ, das die Gnade des   Nachwelt sorgte, hat besonders in den
Erlauchten Fridrich Christian hegte und durch eine   Wissenschaften glücklich begonnen durch
Jahrhundert-Feier ehrte, das die Weisheit des   Errichtung von Denkmalen der Freigebigkeit, für
Allergnädigsten Markgrafen Christian Fridrich   welche die Christian-Ernestinischen Musen nicht
Alexander auf verschiedene Art förderte und   als letzte zeugen.
schmückte.

Die Inschriftentafel rechts über dem Eingang

Psal   ΑΡΧΗ ΣΟΦΙΑΣ ΦΟΒΟΣ ΚΥΡΙΟΥ.
CXI.

A. DOI. M.DLXXI M. IUN. HAEC SCHOLA   A.M.DCV. XXI.MART. P INCENDIU
AEDIFICARI COEPIT: REGN: GEORG   FUNDIT, PERIT.REAEDIFICAB: AIS X.XI
FRID: MARCH: BRAND: Q SUA MVNI.   GUBERN: CHRISTIAN: MARCH: BRAND:
FICENTIA ET PRAEFEC: IOANN   MOTORE JOHAN: CASIM: COM: A LIN
CHRIST: A WALLERODI ET CIVIU MU   M.MATTH: CHYTRAEO SUPER :::END
TUA COLLATIONE HOC AEDIFIC: MVL   JONA A SAHWE CONS:
TU ADIUVIT PAST: IUSTO BLOCH: M. JACOB.PIERZAPFIO LUDIMOD
VLRICO DITZ CONS: SEBAST.A   JOHANNE ALTMANNO ET
GRUN AEDIFICII GUBERNAT: GEORG: HEINR: LAUTERBECK
M.CONR. TRAUTNERO LUDIM:

IUSTUS BROSMANN CONSUL ET VERBIS CAMERARIUS
HOC AEDIFICIUM PER TESTAM :ADIUVIT 1500 FLOR.

Ursprung der Weisheit (ist) die Gottesfurcht (auch: Die Furcht des Herrn ist der Anfang der Weisheit)

Im Jahr des Herrn 1571, im Monat Juni, begann   Im Jahre 1605, am 21. (Tag des) März ging
man den Bau dieser Schule. Unter der Regierung (dieses Gebäude) durch einen Brand
Von Georg Fridrich, Markgraf von Brandenburg   völlig zugrunde. Wiederaufgebaut wurde
der durch seine Freigebigkeit und die des   es in 21 Jahren unter der Regierung
Amtmanns Johann Christian von Wallenrode   Christians I. Markgrafen von Branden-

und mit Hilfe der allseitigen Beisteuer der Bürger dieses Bauwerk sehr unterstützt hat. (Es waren) Pfarrer Justus Bloch, Ulrich Ditz Bürgermeister, Sebastian von der Grün Verwalter des Baus, Magister Conrad Trautner Schulmeister

burg, mit Förderung von Johann Casimir Graf zu Lynar. (Es waren) Magister Matthäus Chytracus Superintendent Jonas von Saher Bürgermeister, Magister Jacob Pierzapf Schulmeister, Johann Altmann und Georg Heinrich Lauter-Beck Baumeister.

Iustus Brosmann, Bürgermeister und Stadtkämmerer, unterstützte dieses Gebäude testamentarisch mit 1500 Gulden.

Verantwortlich für die Lateinschule war das Gotteshaus, das u.a. Lehrkräfte bestellte und besoldete, den Lehrstoff bestimmte und für den baulichen Unterhalt des Gebäudes sorgte. So findet sich 1437 ein Rechnungsposten über Ausgaben für „schloss panten (Bänder) in der schull", oder kurz vor Weihnachten 1437 für „ain stuhl und pulpert (Pult) zu machen in der schull". Nichts lässt sich jedoch erkennen über Gestalt, Größe und Beschaffenheit des Schulgebäudes oder gar die Schülerzahl. Diese wird erst im 18. Jahrhundert einigermaßen zuverlässig erfassbar.

Immer wieder kam es zu Um- und Erweiterungsbaumaßnahmen, so 1491 bis 1497, 1547–1549, und schließlich zum Bau der neuen Lateinschule 1571–1572. 1605 und 1621 wurde das Schulgebäude durch Brand zerstört. Schule fand nun im Spital statt. Ab 1626 beginnt der Wiederaufbau bei einem Kostenvoranschlag von 2 363 Gulden 10 Kreuzer. Die Abmessungen 103 auf 50 Schuh, etwa 31 auf 15 m, entsprechen den heutigen Ausmaßen. Es war eine Wohnung für Rektor, Organist und Cantor, auch ein Zimmer als Schlafstube für Schüler, wohl die „Alumnen" (Armenschüler), vorgesehen. 1629 war der Wiederaufbau abgeschlossen.

1664 wird die Lateinschule zum „Gymnasium illustre" erhoben. Die Lateinschule geht nun in das Gymnasium illustre über. Zu diesem Zeitpunkt

Abb. 4: Lateinschule (Landesbildstelle Nordbayern)

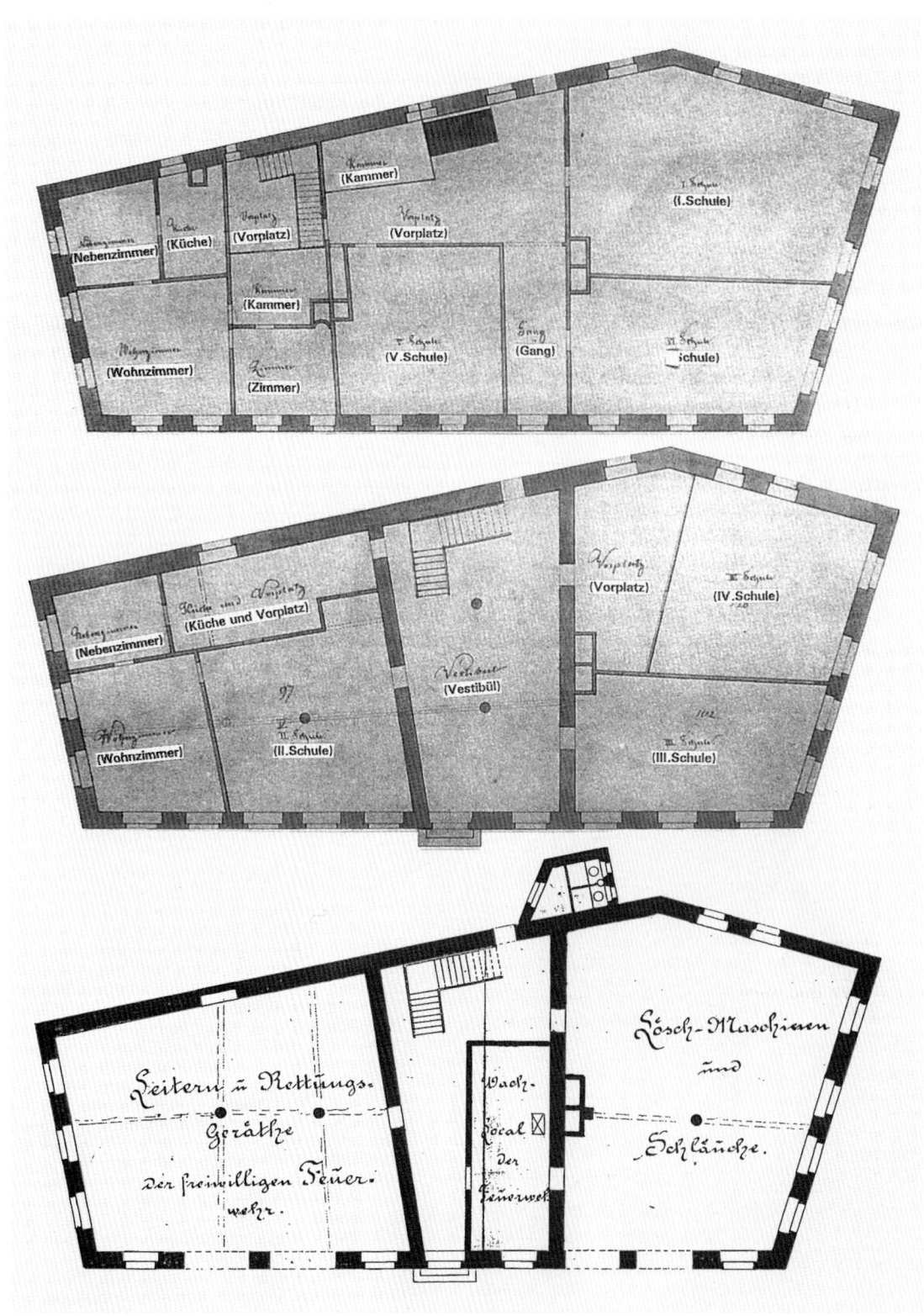

Abb. 5: Grundriss der Lateinschule (Wilfried Engelbrecht, AO 77, 1997, S. 281/282)
Grundrisspläne von 1870 (oben: 1. Obergeschoss, Mitte: Erdgeschoss).
Unten: das Erdgeschoss nach Umbau zum Feuerwehrhaus, Plan von 1890.

gab es im Fürstentum Brandenburg-Bayreuth viele Dorf- und Winkelschulen, einige Deutsch- und Lateinschulen, keine Universität und nur ein einziges Gymnasium in Hof. Die „Fürstenschule" in Heilsbronn wurde von den beiden Fürstentümern Bayreuth und Ansbach genutzt.

„Trotz allem Gründungseifer und Bildungspomp blieb die Erhebung der Lateinschule zum Gymnasium auf die Baugeschichte der Schule ohne jeden Einfluss. Dass Gebäude wurde völlig unverändert übernommen. Vor der feierlichen Übernahme musste es noch etwas hergerichtet, vor allem von Sperrmüll, Bauschutt und sonstiger ‚Unlust' befreit werden. Zwei Taglöhner fuhren eine Woche lang 180 Karrenfuder Abfall vor die Tore der Stadt."[8]

Die Frage nach der zukünftigen Verteilung der Baukosten wurde erst 1712 verbindlich beantwortet. Hofkammer und Gotteshausverwaltung sollten die Kosten je zur Hälfte tragen. In den Jahren 1664 bis 1724 ist in den Rechnungen kaum eine größere Baumaßnahme zu erkennen.

Noch viele Jahre bestand ein enges räumliches Nebeneinander von alter Lateinschule und Gymnasium. Die Lebensverhältnisse der Lehrer waren oft erbärmlich. Als Beispiel dient die Lebensbeschreibung des bedeutenden Bayreuther Schul- und Rechenmeisters Erdmann Creta (1696–1732).[9] Aber auch die Professoren des Gymnasiums hatten oft schwer um ihre wirtschaftliche und soziale Existenz zu kämpfen.

Älteste Hinweise auf eine „Deutsche Schule" reichen für Bayreuth ins 16. Jahrhundert zurück. Die „Deutsche Schule" ist in engem Zusammenhang mit der Reformation zu sehen, wobei vorher und auch noch geraume Zeit nachher eine klare Abgrenzung zu den Lateinschulen nicht gegeben ist. So erfolgte z.B. die Umbenennung des „Schulmeisters" in „Rektor" in Kirchenlamitz erst um 1700, wo wie in vielen kleinen Städten und Marktflecken nur eine Schule bestand, in der auch Latein gelehrt wurde. Unterricht im Rechnen erteilten etwa seit dem 15. Jahrhundert Rechen- und Schreibmeister meist privat. Solche Bildung konnten sich aber nur wohlhabende Bürger leisten.[10] Während sich die erste Bayreuther Schulordnung von 1464 eindeutig auf die Lateinschule bezieht, sind in anderen Städten wie etwa in Bamberg die Adressaten der Schulordnung von 1491 „deutsche Schulmänner und Schulfrauen". Städtische Lateinschulen dienten in der Regel immer auch dem Elementarunterricht.

Luther hatte mit seinem Schulkonzept keine Allgemeinbildung im Sinn, sondern zielte eindeutig auf gelehrten Unterricht und auf Lateinschulen ab. Eine Trennung von deutscher und lateinischer Schule erfolgte in Wunsiedel 1530, in Kulmbach 1563. In Thurnau wurde 1530 die Lateinschule gegründet und 1604 eine „Deutsche Schule" errichtet. Es wird deutlich, dass über einen relativ langen Zeitraum „Vermischungen" gegeben waren. „Trivialschule" meinte zunächst im 16. Jahrhundert die Erlernung des Triviums (Grammatik, Dialektik, Rhetorik) als Vorstufe zum Quadrivium (Arithmetik, Geometrie, Astronomie, Musik), aber die Bedeutung wandelt sich. Trivialschulen werden später gleichgesetzt mit „gemeinen Stadtschulen".

In Bayreuth befand sich die „Deutsche Schule" in verschiedenen Gebäuden: Seit etwa 1529 bis 1571 im sog. Messhaus zur „12–Apostel-Messe gehörig (Sophienstraße 22), zusammen mit der Lateinschule in der Kirchgasse 13 von 1571–1605, in der Maximilianstraße 21 von 1606 bis 1607, anschließend bis um 1621 in der Kämmereigasse 5, von etwa 1637 bis 1648 in der von Römer Straße 5, dann bis 1657 in der Brautgasse 5, bis nach 1800 in der Sophienstraße 7 und schließlich seit 1804 in der Münzgasse, nachdem dort die Münzprägung eingestellt worden war.[11]

Es ist wohl erkennbar, dass zum Zeitpunkt der Gründung des „Gymnasium illustre" von übersichtlichen, geordneten Schulverhältnissen der Stadt Bayreuth nicht gesprochen werden kann.

1.1.3. Markgraf Christian Ernst und die Gründung des „Gymnasium illustre" 1664

Christian Ernst, dessen Vater Erdmann August schon 1651 gestorben war, erhielt seine Erziehung durch mehr oder weniger begabte Bedienstete wie den Lehrer Andreas Behamb, Hofprediger Samuel Hain, Zacharias Lochmann und zuletzt seit 1652 durch den Kandidaten der Rechtswissenschaft und Vizehofmeister Kaspar Brunnewasser. Dieser galt als rücksichtslos, streng und pedantisch. Im Mittelpunkt der Erziehung stand die lutherische „reine wahre Evangelische Religion", erst danach kam die Unterweisung im Lesen, Schreiben und Rechnen. Auch Musik wurde unterrichtet. Zugleich gab es strenge Richtlinien für Strafen. Christian Ernst wurde offenbar oft geschlagen. Brunnewasser beklagt, der Prinz stelle sich absichtlich

Abb. 6.1 (links):
Markgraf Christian Ernst als junger Mann
Abb. 6.2 (rechts):
Markgraf Christian Ernst als etablierter Herrscher

Abb. 7: Markgrafenbrunnen vor dem Neuen Schloss, geschaffen von Elias Räntz, 1699 (Photo Martina Schubert)

unwissend, um die Arbeit des Lehrers zu erschweren. So wird berichtet, dass Christian Ernst angeblich das Vaterunser „seit 14 Tagen ... nicht recht recitiren wollen, und hernach gelachet, bis endlich die scharffe Ruthe des Präceptors solches herausgezwungen"[12].

Es sind aus dieser Zeit Schreibhefte des Prinzen erhalten, sog. „Argumentbücher", die Einblick geben in Fortschritte vor allem auch beim Schönschreiben. An eine Bewertung der Unterrichtsmethoden jener Zeit darf man nicht die heutigen Maßstäbe anlegen. Von Jugend- und Entwicklungspsychologie wusste man noch nichts. Andererseits erscheint es doch etwas fragwürdig, von einem „guten Geist" zu sprechen, in dem Christian Ernst erzogen worden sei. Sicher erhielt er seine Grundbildung gemäß den damals üblichen Maßstäben. Der Unterricht umfasste die Fächer Deutsch, Latein, Religion und Geschichte, Französisch, Geographie und „Gesellschaftskunde". Als Ideal wurde ihm vermittelt, dass der Herrscher „gut" sein sollte, ein „Fürst des Friedens", der die Wissenschaften ehrt, dass

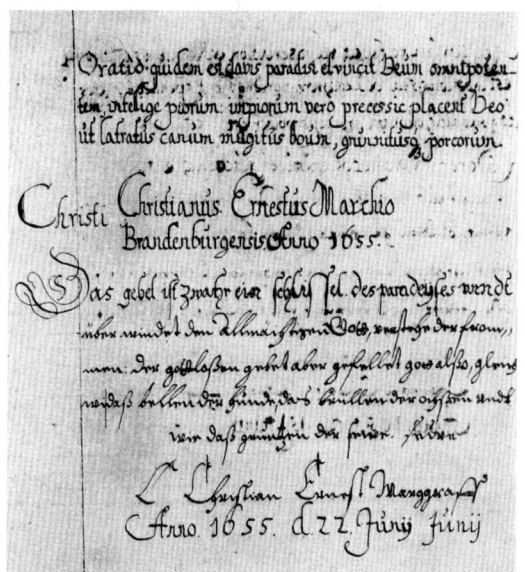

Abb. 8.1: Eine Seite aus dem Schreibheft ("Argumentbuch") des elfjährigen Markgrafen

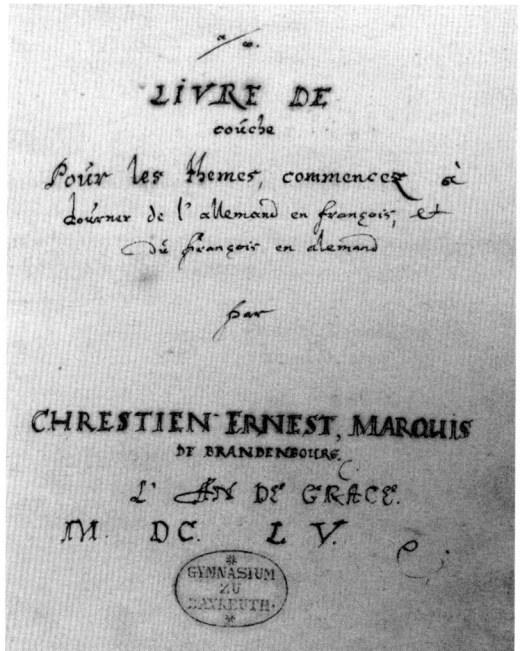

Abb. 8.2: Eine Seite aus dem Schreibheft mit Übungen aus dem Französischen (Universitätsbibliothek Bayreuth, Photos Martina Schubert)

er nicht außerhalb des Gesetzes stehe. Der Gedanke, dass der Herrscher der „erste Diener seines Volkes" sein sollte, prägte Christian Ernst – theoretisch. Einerseits liegt dem fürstlichen Selbstverständnis des 17. und 18. Jahrhunderts ein Topos zugrunde, nämlich die Vorstellung der gottgewollten Rolle vom „guten Fürsten", andererseits ist dieser Topos im Zusammenhang zu sehen mit dem Einsetzen der großen humanistischen Bewegung in Europa. Dieses gültige Herrscherbild blieb allerdings in weiten Bereichen ideologischer Überbau, blieb oft unerreichbar esoterisch und mystisch verklärt.[13]

Der gute Vorsatz muss sich in der Gesamtbilanz doch auch an herrschaftlicher Praxis messen lassen. Auf diese Bilanz wurde schon hingewiesen, und es scheint fraglich, von einem allgemeinen Aufschwung der Stadt Bayreuth und des Fürstentums unter der Herrschaft von Markgraf Christian Ernst zu sprechen, wenn man die wirtschaftliche und soziale Lage der Mehrheit der städtischen und ländlichen Bevölkerung genauer betrachtet.

Nach dem Tode des Markgrafen Christian am 28. Juni 1655 bekamen durch testamentarische Verfügung der Große Kurfürst und Johann Georg von Sachsen die Obervormundschaft und der Oheim Christian Ernsts, Georg Albrecht, die Mitvormundschaft übertragen. Kurfürst Friedrich Wilhelm veranlasste, dass Christian Ernst zur weiteren Ausbildung nach Halberstadt kommen sollte, wo sich Freiherr von Blumenthal seiner annahm. Blumenthal konnte durch freundliches Entgegenkommen die verkrampfte und defensive Haltung des jungen Prinzen überwinden, der zunehmend an äußerer Gewandtheit und Sicherheit gewann. In Halberstadt lernte Christian Ernst im Hause Blumenthals den 1664 geadelten Caspar Lilien kennen, den Hofmeister der Familie Blumenthal.[14]

Liliens Wohnhaus in Bayreuth, Maxstraße 29, trägt noch heute das kunstvolle barocke Ehewappen Lilien-Pühl.

Caspar Lilien wurde am 30. Oktober 1632 in Berlin geboren, besuchte das Gymnasium zum Grauen Kloster in Berlin und begann sein Studium 1649 in Königsberg. Schon im Sommersemester 1651 erwarb er in Wittenberg den Magistergrad und setzte dann in Leipzig seine Studien fort. 1657 ging er an die Universität Straßburg und promovierte dort am 8. Februar 1658 zum Doktor der Theologie mit dem Thema „De voluntate dei circa salutem hominum". Er lernte im Hause Blumenthal Christian Ernst kennen, beeindruckte diesen sehr und erreichte, dass er als „Inspector" dessen Studium in Straßburg überwachen und leiten durfte. Auch Johann Theodor Müller und Freiherr von Stein begleiteten den Prinzen.

Caspar Lilien arbeitete mit Christian Ernst zum Abschluss der Straßburger Studien eine akade-

Abb. 9: Caspar von Lilien, Porträt mit einem Epigramm von Sigmund von Birken, Faksimile-Unterschrift Liliens. (entnommen bei Karl Müssel, Caspar von Lilien und seine „Christ-Fürstliche Jesu-Nachfolge" (1677), AO 87, 1997, S. 138)

Abb. 10.1: Liliens Haus in der Maximilianstraße 29 in Bayreuth (Photo von Ramme&Ulrich, 1908; Original Stadtarchiv Bayreuth)

Abb. 10.2: Ehe-Wappen Lilien-Pühl (Photo Martina Schubert)

mische Rede aus. Mit dieser „Kunstrede" „DE PRINCIPATUS BENE REGENDI ARTIBUS ORATIO …" beendete Christian Ernst am 21. April 1659 seine Studien. Seine Rede wurde im gleichen Jahr in Straßburg gedruckt. Caspar von Lilien veröffentlichte 1669 die erste Bayreuther Ausgabe zusammen mit einer Übersetzung ins Deutsche. Johann Gebhard (1628–1687), der 1660 die erste Offizin in Bayreuth eingerichtet hatte, besorgte den Druck.

Diese Rede „fand Beachtung und Anerkennung weit über Straßburg hinaus und wurde zweifellos in geeigneter Form auch dem Großen Kurfürsten als Obervormund zur Kenntnis gebracht. Es steht außer jedem Zweifel, dass trotz des fleißigen Mitwirkens des Erbprinzen sein ‚Inspektor' Lilien der ‚geistige Vater der Kunstrede' war".[15]

Die Gründung des Gymnasiums fällt in die Zeit eines Umbruchs. Schon Ende des 16. Jahrhunderts war der letzte Rest humanistischen Aufschwungs aus den Schulen verschwunden. Der Geist der Orthodoxie hatte das Leben in der Kirche ertötet, das „allgemeine Priestertum der Gläubigen" war in der Pastorenkirche in unfruchtbarem geistlichem Gehorsam erstarrt. Durch die enge

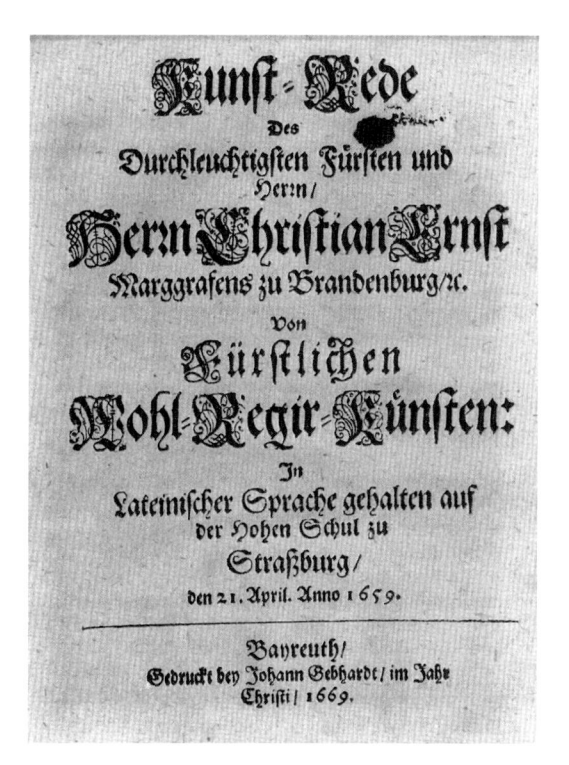

Abb. 11: Titelblatt der „Kunstrede" von Christian Ernst

Verbindung von Kirche und Schule schlug dies auf die Jugendschulen durch. Hier setzte die Reform des Comenius und Ratichius ein. Es zeigte sich nicht der unmittelbare Erfolg, ein messbares Ergebnis, aber die Bedeutung von Sachkenntnissen und Methoden blieb im Denken der geistig lebendigen Schulmeister wirksam und bereitete die Reformen des nächsten Jahrhunderts vor.

Dies verbindet sich mit der stärkeren Beteiligung des Staates am Schulwesen. Die Landesherren ergreifen nun die Initiative und beginnen in der Zeit des sich entwickelnden Absolutismus eine Art allgemeine Schulpflicht zu versuchen. Das pädagogische Interesse richtet sich eher auf die Volksschule. Die Vorherrschaft des Lateinischen wird zwar nicht gebrochen, erhält aber doch Konkurrenz durch das Hebräische und Griechische. Zugleich lässt sich ein Zuwachs der „Realien" feststellen. Die Gedankenmasse der neuen Wissenschaften drängt in die Schule.[20] All dies ist auch an den Verzeichnissen, den „Catalogi" des „Gymnasium illustre" ab 1664 abzulesen.

Die Gründe, in Bayreuth ein Gymnasium zu errichten, sind also einmal im allgemeinen Trend der Zeit zu sehen. Zudem war Bayreuth Residenzstadt und hinzu kam, dass die alte Heilsbronner Fürstenschule trotz ihrer Erneuerung 1659 für die Markgrafschaft Bayreuth nicht mehr genügte. Man suchte eine grundsätzlich neue Lösung. Auch lag Heilsbronn in einem Territorium, das sich außerhalb des Bayreuther Einflussbereiches befand. In der Markgrafschaft gab es als das älteste Gymnasium das Albertinum in Hof. Alte Lateinschulen finden sich noch in Neustadt/Aisch, Wunsiedel, Thurnau und Kulmbach.

Vorbilder waren sicher evangelische Schulen, die als Muster gelten konnten, so die Anstalten in Berlin (das berühmte Gymnasium zum Grauen Kloster), in Straßburg, Königsberg und Wittenberg und manch andere Schule, die Caspar v. Lilien kennen gelernt hatte. Im äußeren Aufbau nahm man wohl das 1605 in Coburg gegründete Casimirianum zum Vorbild.

Ein ganz wesentliches Motiv wird in der „Fundation" formuliert. „Die Schulen sind durch das leidige Kriegs-Wesen in ziemlichen Ruin und Abnehmen gerathen". Es soll in Zukunft „Nutz, Heil und Bestes so viel wie möglich befördert werden". Es stand außer Frage, dass dem Landesherrn wichtig sein musste, eine „Elite" heranzubilden, Fachkräfte nicht nur für die Kirche, sondern auch für Tätigkeiten in Verwaltung und Regierung. Man brauchte qualifizierte Juristen und Spezialisten mit vielseitiger Fachkompetenz. Bei allem Jubel über die Schulgründung, bei allem Respekt vor den angestrebten Zielen, sollte jedoch der Blick nicht verstellt werden für den Alltag, für die Realität des Lebens in einer kleinen Ackerbürgerstadt, deren Geschichte sich nicht auf die des Hofstaats begrenzen lässt.

Ein Jahr nach der Schulgründung, im Jahr 1665, musste wohl nicht ohne Grund der Befehl ergehen: „Wird hiemit männiglich Edel und Unedel, wie auch denen Hofdienern, Rewtern, Soldaten, gemeiner Bürgerschafft und sambtlichen Innwohnern, auch allen andern, so sich in dieser Residenz-Stadt aufhalten, ingleichen raisenden Personen, gnädigst und ernstlich angekündigt, sich alles Tumultirens, Schlägereyen, Schiessens, Nächtlichen Gassatengehens, Fluchens und anderer Üppigkeiten bey Vermeidung derer gesetzten Straffen gäntzlich zu enthalten. Sonderlich aber die Gastwirth/Wein- und Bierschencken, so balden nach verrichtetem Zapffen-Schlag keine Gäste mehr setzen, noch Getränck auszuzapffen, viel weniger in privat Häusern dasselbe zu verstatten …"

Die Vorbereitung für die Gründung eines Gymnasiums ist mit den Worten von Johann Fikenscher, der Augenzeuge war, „durch sehr sorgfältige Deliberation derer hohen Geheimen Hoff- und Cammer Raths Räths Collegien resolviret worden." Die vornehmen Räte haben

„ihr Votum und gutachten schrifftlichen erstatten müssen, wie dann bey der Cantzley viel dißfals verhandelte Acta obhanden, aus welchen bedürftigen Falls viel Nachricht zu haben ist."[21]

Im Vorfeld gab es durchaus Probleme.

Die Heilsbronner Fürstenschule war 1582 im säkularisierten Kloster Heilsbronn durch Markgraf Georg Friedrich (1557–1603), den einzigen Sohn Markgraf Georgs des Frommen, eröffnet worden.[22] Im Rahmen einer Ordnung des Kirchenwesens war sie gedacht als Landesschule und zentrale Bildungsstätte für die unter ihm vereinigten Markgrafschaften Ansbach und Bayreuth. Zum Unterhalt für 100 Knaben, für 50 Jünglinge auf der Universität und zum Unterhalt des Abts, des Verwalters und der drei Lehrer bestimmte er die Einkünfte des Klosters. Hier liegt der Ursprung des „Heilsbronner Stipendiums". 1631 musste diese „Fürstenschule" ihre Tätigkeit einstellen. „Wiederbelebungsversuche" ab 1655 blieben erfolglos und 1736 wurden die Pforten der verdienstvollen Anstalt endgültig geschlossen.

Der Plan, in Bayreuth ein Gymnasium zu errichten, wird in einem Schreiben von Liliens deutlich, das dieser nach G. W. A. Layritz am 23. September 1663 verfasste. „Nach Ausweisung des Catalogi lectionum sei die Schule eher eine Trivialschule, als einem Gymnasium ähnlich, und sei keine Hoffnung zum Aushelfen." Es sei daher am besten „wenn in Baireuth ein Gymnasium errichtet würde, dahin man seine Stipendiaten ziehen, auch von den dazu gewidmeten Mitteln unterrichten und unterhalten lassen könnte." Das älteste erhaltene Schriftstück in dieser Sache datiert vom 5. Juni 1664. Allerdings erschien dem Markgrafen anfangs die Übersiedelung der Heilsbronner und Hofer Stipendiaten nicht als „practicabel".

„Ihr der General Superintendens werdet Euch erinnern, was Uns wegen auffrichtung eines Gymnasii bey hiesiger Unserer Residentz Stadt, weil die vorhin vorgeschlagene translocation deß Hailsbronnischen, aus denen dazwischen gefallenen ursachen, ihren Fortgang nicht erreichen wollen, Ihr vor anderwertige Vorschläge gethan, wie solche der Inschluß mit mehreren ausweißet.

Ob nun wol wir den Vorschlag mit transportierung der Hailsbronn- und Höfischen Stipendiaten stellen nicht vor practicabel erachten, so kombt uns doch die einziehung der Extra-ordinair-Stipendiorum, der 155 fl und deß ietzigen Rectoris Besoldung der 115 fl ohne das getraid, zu guten, die wir zu Salarijrung der Praeceptorum, so sich uff 530 fl belauffet, employren, den hinderstelligen defect aber mit 260 fl jährlich ersezen können. Und laßen wir Uns nicht zuentgegen seyn, daß solches Gymnasium förderlichst, und zwar uff den 27. Julii schierstkünfftig, als unseren Geburtstag introducirt und von Euch Dr. Lilio, nicht allein die bedörfftige docentes und discentes, die eurem Vorgeben nach, allschon auff sothane auffrichtung warten, anhero beschrieben werden, worbey wir jedoch aus gewiesen ursachen von dem Praedicat eines Professoris noch zur Zeit zuabstrahiren, und es allein bey dem Tit. Rectoris, Conrectoris und so fortan bewenden zulaßen rathsamb ermessen Wie wir nun nicht ungeneigt, den begerten beyschuß aus

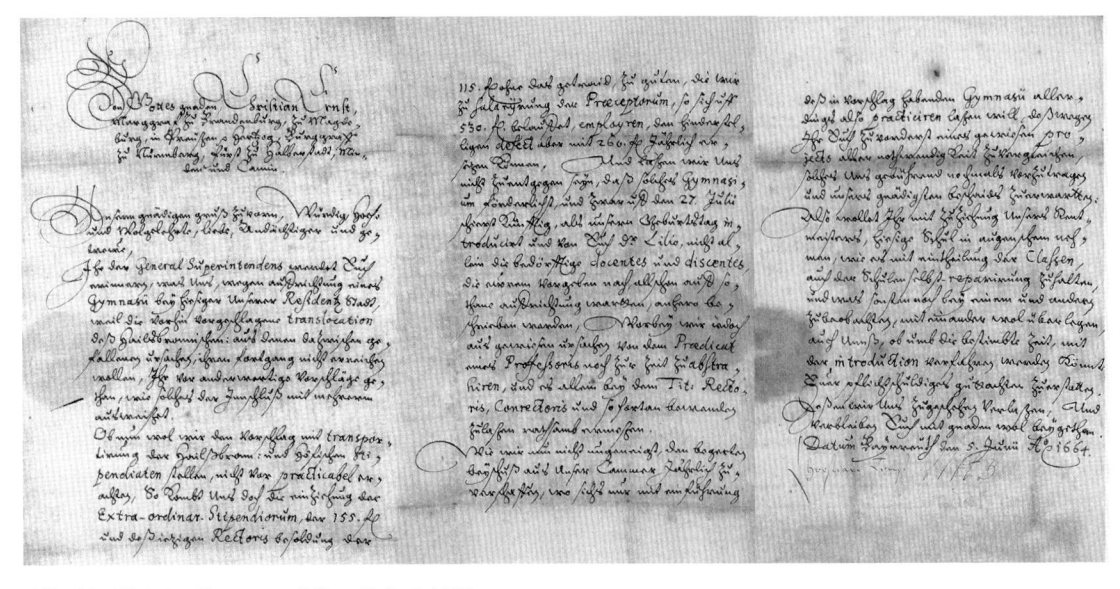

Abb. 12: Christian Ernst an v. Lilien, 5. Juni 1664

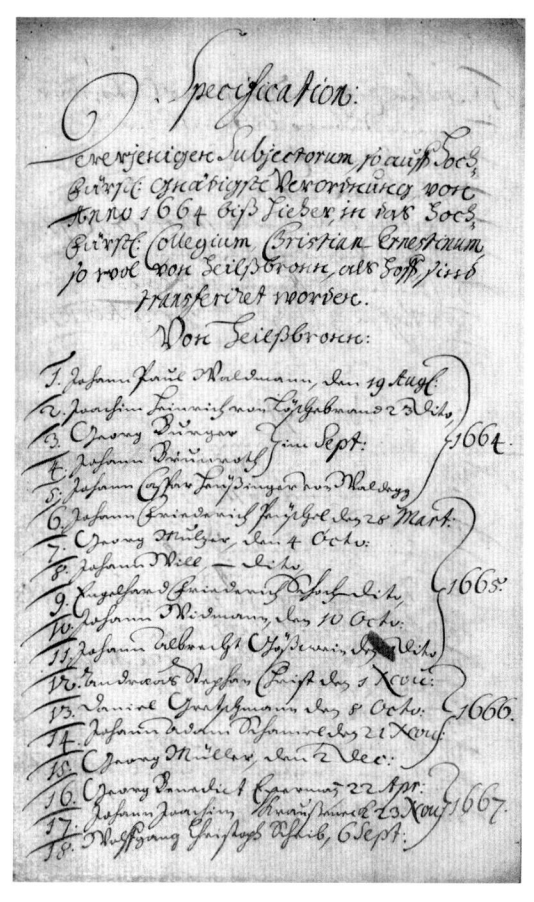

Abb. 13: Specification der „Heilsbronnischen Stipendiaten"

Aus Heilsbronn kamen von 1664 bis 1667 insgesamt 18 Schüler.

Allerdings ergibt sich gleich zu Beginn ein Problem mit den „Heilsbronnischen Stipendiaten, die auf Academien ziehen wollen. Es sollen auch die „Höfischen" (Stipendiaten aus Hof, d. Vf.) Alumnen „extendiret und selbige nicht weniger examiniret werden". Wenn einer nicht völlig qualifiziert ist, soll er noch ein Jahr lang „bey dem neuen Gymnasio alhier sich aufhalten." Schon am 15. Juli 1664 hatte Christian Ernst seinen Unmut bekundet. „Wir haben eine Zeithero nicht ohne ungnädigstes Missfallen vernehmen müssen, dass unsere Stipendia academica wann Beneficiarii von Heilsbronn sich nachhero Wittenberg erheben, zu Zeiten übel angewendet und nicht solche Subjecta, wie unserer in Gott ruhenden Herrn Vorfahren rühmliche Intention gewesen." Es ergeht der Befehl, „dass Unsere zu Heilsbronn studirende Stipendiaten, ehe und bevor sie zu Wittenberg das Stipendium academicum genießen, nach Abzug von gedachtem Heilsbronn, zuvor alhier von euch mit Zuziehung der Professoren unseres anrichtenden Gymnasii examinirt … werden mögen."

Vom 19. Juni 1664 datiert ein Schreiben Christian Ernsts an Caspar v. Lilien, in dem es um die

Unser Cammer jährlich zu verschaffen, wo sichs nur mit einführung deß in vorschlag habenden Gymnasii allerdings also practiciren lassen will, deßwegen Ihr Euch zuvorderst eines gewiesen projects aller nothwendigkeit zuvergleichen, solches Uns gebührend nochmals vorzutragen und unsers gnädigsten Beschaids zuerwartten: Also wollet Ihr mit Zuziehung Unseres Rentmeisters, hiesige Schul in augenschein nehmen, wie es mit eintheilung der Classen, auch der Schulen selbst reparirung zuhalten und was sonsten noch bey einem und anderen zu beobachten, miteinander wol überlegen, auch Unnß, ob umb die bestimbte Zeit, mit der introduction verfahren werden könnte, Euer pflichtschuldiges guttachten zuerstatten. Deßen wir Uns zugeschehen verlassen, Und verbleiben, Euch mit gnaden wol beygethan. Datum Bayreuth, den 5. Juni 1664 …[23]

Es ist eine „Specification derjenigen Subjectorum so auff Hochfürstl. Gnädigste Verordnung von Anno 1664 biß hieher in das Hochfürstl. Collegium Christian-Ernestinum sowol von Heilsbronn als Hoff sind transferiret worden" im Archiv der Schule erhalten.

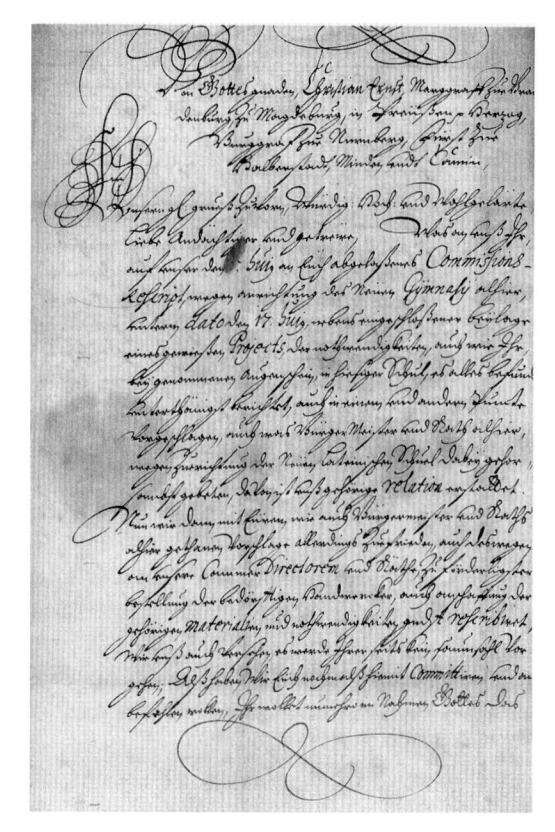

Abb. 14: Christian Ernst an v. Lilien, 19. Juni 1664

„Zurichtung der Neuen Lateinische Schul" geht. Es werden die „bedörfftigen Handwercker", auch anschaffung der gehörigen Materialien und nothwendigkeiten gnädigst rescribiret". Es soll darauf geachtet werden, dass alles rechtzeitig fertig wird, „damit innerhalb derer von Euch vorgeschlagenen vier wochen, die Classes und Neue Gebäu zur Lateinischen Schul zum Stande gebracht werden, und umb die bestimbte Zeit, nemblich den 27. Juli nächstkünfftig an unserem Geburtstag mit der Hülfe Gottes, die Introduction des Gymnasii erfolgen möge."

Die Stiftungsurkunde, deren Verfasser Caspar von Lilien ist, erschien „den 29 Junij am Fest des H. Apostel Petri und Pauli, im Jahr nach unsers Heylandes und Erlösers Jesu Christi allerseeligsten Geburt 1664".

Der Name Gymnasium illustre bedeutet eine Heraushebung und verlangt eine besondere Berechtigung. Erst seit dem 19. Jahrhundert werden Schulen, deren Abschluss zur Hochschulreife führt, als Gymnasium bezeichnet. Diese Bezeichnung kommt zwar auch schon im 16. Jahrhundert vor, doch erscheinen daneben auch „Lyzeum" und „Academia". Ist an der Schule eine sprachliche Ausbildung im Lateinischen und Griechischen vorhanden, so versteht man darunter immer ein Gymnasium. Eine Steigerung mit einem schmückenden Beiwort können Schulen erhalten, „die wie die Straßburger, über die ‚artes discendi' hinausgehen und auch den philosophischen Unterricht, vielleicht auch die Elemente der Fakultätswissenschaften hereinziehen, ..."[24] Die Philosophie spielte am „Gymnasium illustre" von Beginn an eine große Rolle.

Einweihung und feierliche Eröffnung des Gymnasiums fanden am 27. Juli 1664, am Geburtstag des Markgrafen, statt.[25] Ausführlich berichtet darüber Johann Fikenscher, von dessen „Historia Illustris Collegii Christian-Ernestini" zwei Fassungen erhalten sind.[26]

Der Festtag begann mit einer Frühpredigt in der Stadtkirche, die Superintendent M. Böhner hielt.

Danach „kamen auß der Stadtkirche Sr. Durchlaucht sambt den hohen Ministris, allen Räthen, Geistlichen, Burgermeister und Rath, Studenten und in das große Auditorium unter Trompeten Schall, dahin die 4 Neuen und ersteren Professores, alß M. Johann Wolfgang Rentsch von Pegnitz Bürtig, bißherige gewesener Rector bey der Stadt Schull alhier; Philosophiae Professor und

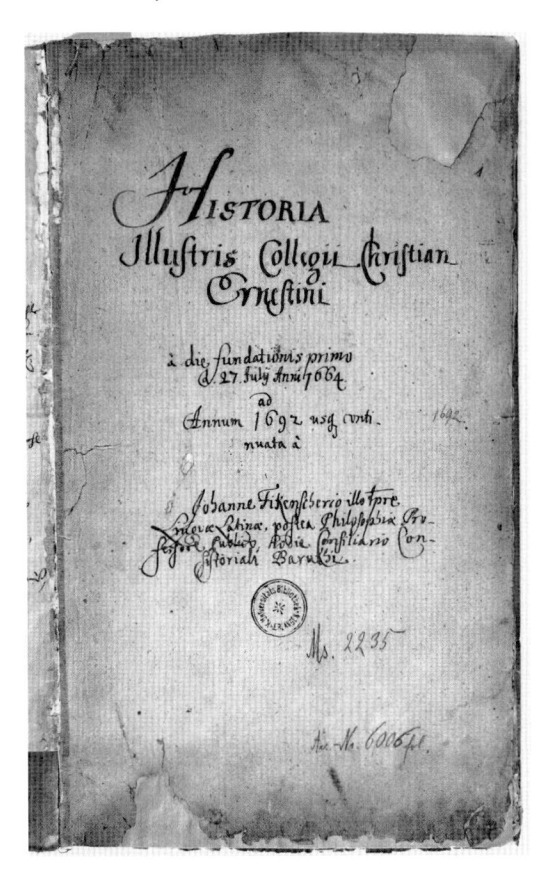

Abb. 15.1: Titelblatt der Erlanger Fassung (Universitätsbibliothek Erlangen-Nürnberg)

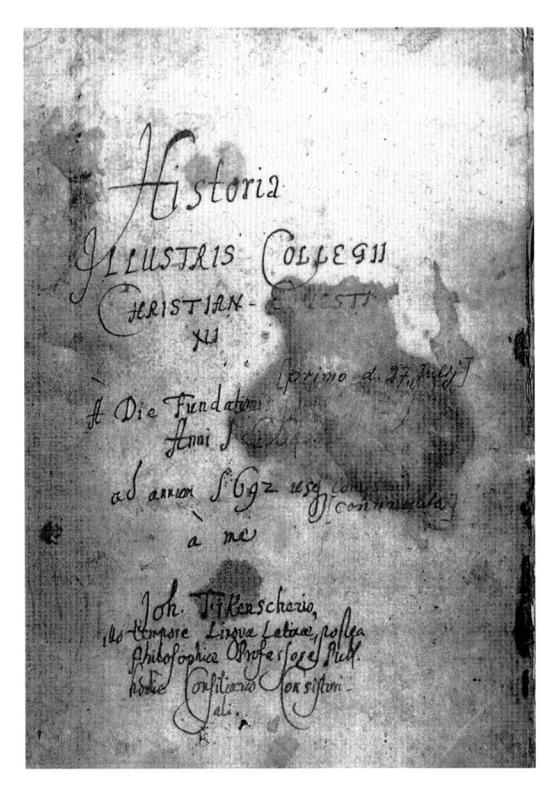

Abb. 15.2: Titelblatt der Bayreuther Fassung (Stadtarchiv Bayreuth)

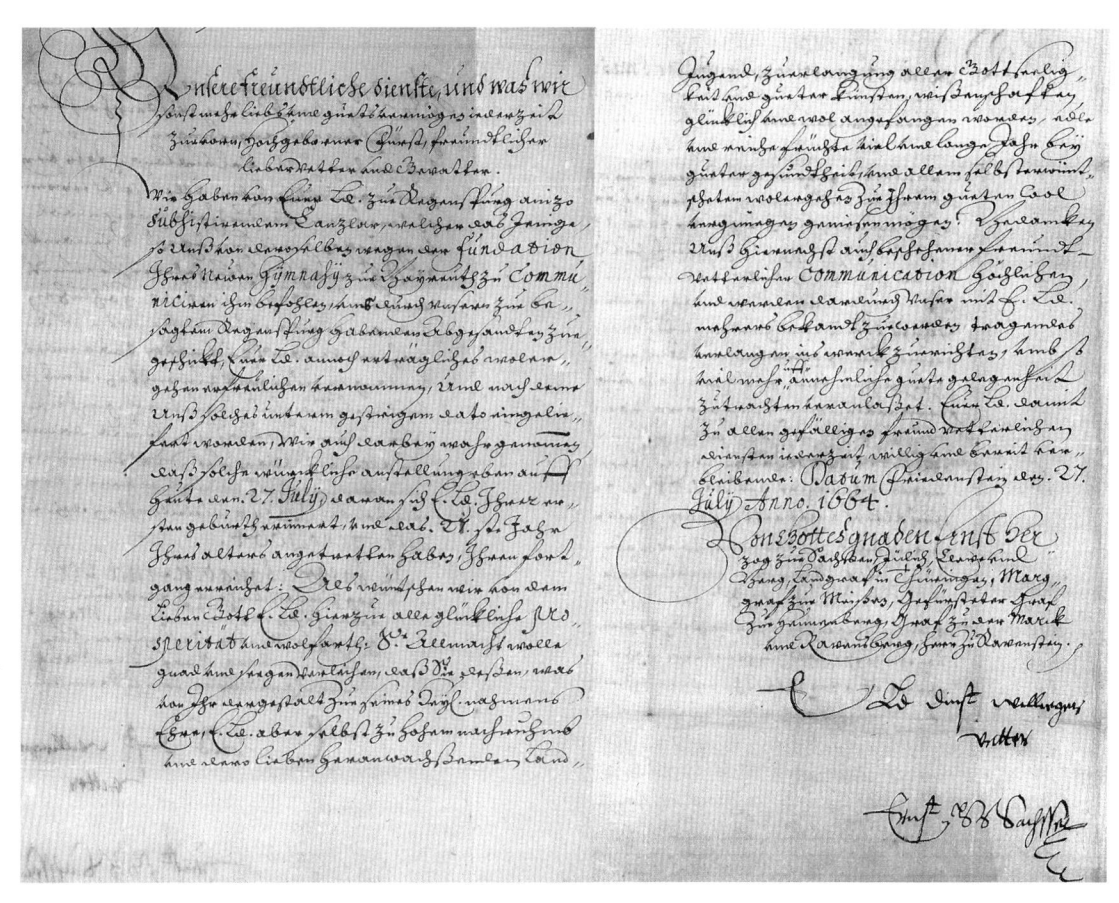

Abb. 16: Glückwunschschreiben von Herzog Ernst dem Frommen, 27. Juli 1664

Inspector Alumnorum. M. Ludovicus Liebhardt von Saalburg, und Quartus der Schulen zum Hoff, Historiam Professor. M. Johann Caspar Örtel von Arztberg (nach G. W. A. Fikenscher aus Hohenberg an der Eger, d. Vf.), Studiosus, Graecae und Ebraicae Linguae Professor. M. Johann Fikenscher von Mönchberg (Münchberg), Studiosus, Linguae Latinae und Poeseos Prof. zu erscheinen Befehlicht waren. Diese Solennitas wurde durch eine schöne Music angefangen, Herr Carol von Stein Cantzler hielt eine zirliche Lateinische Oration memoriter, darinnen die Ursache dieses Neuen und Wichtigen Werks ausgeführet, von Herrn Caspar von Lilien, General Superintendenten durch eine vortreffliche Lateinische Oration ex memoria deß Durchl. Fundatoris habende Intention mit vielen wichtigen Gründen bestärket und erwiesen würde, dass solche Fundation ein wahres Mittel wäre, wodurch Gottes Ehre befördert, deß gantzen Landes Auffnehmen und allgemeine Glückseeligkeit gesuchet und vermehret würde".

Dieser „Actus fundationis" wurde mit einer „nachmahligen herrlichen Music Vormittag beschloßen". Am Nachmittag hielten zwei Professoren ihre Antrittsreden. M. Johann Wolfgang Rentsch sprach über das Thema „De origine philosophiae Germanorum veterum" und M. Ludwig Liebhardt zum Thema „De antiqua philosophia reducenda". Die beiden anderen Professoren sprachen am Nachmittag des nächsten Tages. M. Johann Caspar Oertel „De angelorum custodia scholis necessaria" und M. Johann Fikenscher „De bono litterati principis". Am 29. Juli wurden die Professoren „in Pflicht genommen".

Auch an Glückwunschschreiben fehlte es nicht. Erhalten ist im Archiv des Gymnasiums ein Gratulationsbrief von Herzog Ernst dem Frommen von Sachsen-Gotha. Kanzler Stein hatte in Regensburg dem sächsischen Gesandten die Nachricht von der Fundation der Schule übergeben und Herzog Ernst wünschte „zue seines Heyl. Nahmens Ehre, E. Ld. aber selbst zu hohem nachruhm und dem lieben heranwachsenden Landes- Jugend, zuerlangung aller Gottesseeligkeit und gueter künsten, wißenschaften ... edle und reiche Früchte viel und lange Jahr."[27]

Erst am 14. Januar 1667 wird dem Gymnasium auf wiederholte Bitte Caspar von Liliens ein Dienstsiegel gewährt.

„Durchleuchtigster Fürst, Gnädigster Fürst und Herr, Hochfürstl. Durchl. geruhen sich gnädigst zu entsinnen, welcher gestalt sie dorthin durch Herrn Präsidenten von Lilien uns eines Collegischen Signets, unter welchem die bey ihren zu Gottes Ehre höchst rühmlich gestiftete Collegio auszufertigende vielfach vorkommende patente, programmata, testimonia, commendationes und was dergleichen Sachen mehr ins künfftige sollen publiciret und ertheilet werden, gnädigst befürworten lassen."

Bekanntmachungen des Gymnasiums mussten in jener Zeit an dem am Collegio befindlichen schwarzen Brett wie auch an der Kirchentüre öffentlich angeschlagen werden und sollten durch den Siegelabdruck in ihrer Glaubwürdigkeit bekräftigt werden.

Das Siegel zeigte in Talergröße das Brustbild des Stifters und die Umschrift
„SIG(illum) CHRISTIAN-ERNESTINI COLLEGII BARUTH. 1664"

„Allongeperücke und angedeutete Brokatstickerei entsprechen bereits dem Generalsbild von 1683. In der Rechten hält Christian Ernst einen Degen. Ein abgestellter Helm ergänzt die ritterliche Ausstattung. Die linke Hand hält ein geöffnetes Buch, das auf der linken Seite eine Abbildung des brandenburgischen roten Adlers zeigt. Die rechte Buchseite trägt die Buchstaben P A O V, das ist die Abkürzung für den Wahlspruch des Fürsten: Pietas ad omnia utilis = Frömmigkeit ist zu allem nütze."

Abb. 17: Schulsiegel von 1667

Leider sind aus dieser Zeit des alten Christian-Ernestinum keine Siegelabdrücke erhalten. 1964 wurde dieses Siegel wieder entdeckt, wurde für eine Neuprägung benützt und ist seither wieder verschollen.[28]

1.2. Entwicklung des Gymnasiums bis zum Übergang des Fürstentums an Preußen: Aufschwung und Krisen

1.2.1. Bildungsziele und Strukturen der „Ersten Stunde"

In der „Fundation" wird erstmals festgelegt und dokumentiert, welche Aufgaben das „Gymnasium illustre" nach dem Willen des Landesfürsten wahrzunehmen und zu erfüllen hat. Sie trägt den Titel:

**Des
Durchleuchtigsten Fürsten und Herrn**

Christian Ernsts

**Marggrafens zu
Brandenburg/zu Magdeburg/
In Preussen zu Stettin/Pommern/
der Cassuben und Wenden/auch in
Schlesien/zu Crossen und Jägerndorff
Herzogens/Burggrafens zu Nürnberg/
Fürstens zu Halberstadt/Minden
und Camin**

FUNDATION

und

Ordnung

**Wie es mit dem von Sr. Fürstl. Durchl.
Zu Gottes des Allerhöchsten Ehren,
und der studierenden Jugend/in dem
Obern Fürstenthum/Burggrafthums
Nürnberg, Besten gestiffteten**

ILLUSTRI GYMNASIO

**In dero Residenz-Stadt Bayreuth
künfftig solle gehalten werden**

Gedruckt daselbst bey Johann Gebhard

Das Kernziel besteht in der Förderung und Erziehung der Jugend. Schule wird als „Werckstädte der Tugenden" gesehen, als „schönste Zierde"

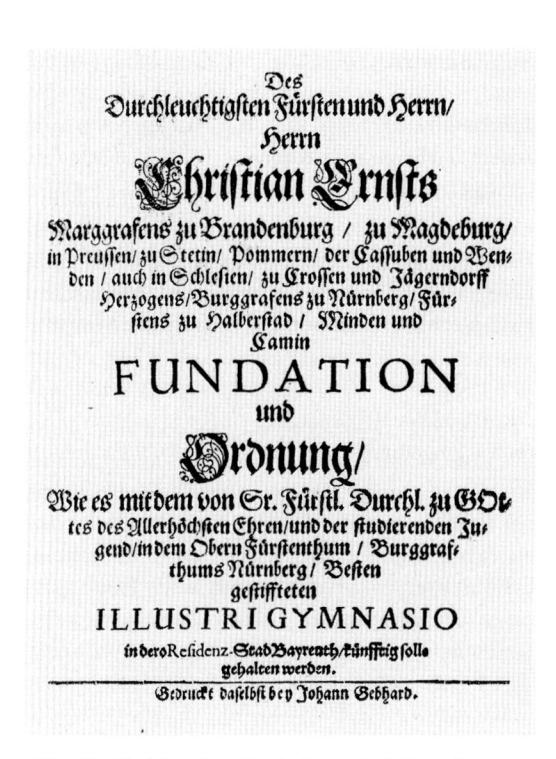

*Abb. 18: Titelblatt der „Fundation und Ordnung"
des „Gymnasium illustre"*

eines Landes. „Als haben wir Gott dem Allerhöchsten … zu ewig währendem Lob, Ehr und Preiß, dann auch zu fernerem Erhalt und Ausbreitung der wahren und seeligmachenden Evangelii … mit wol bedachtem Muth und rechtem Wissen ein ‚Illustre Gymnasium' bey dieser unserer Fürstlichen Residenz-Stadt Bayreuth fundiren wollen." Christian Ernst fährt fort: „Doch behalten wir zu gleich uns, unseren Erben und künfftigen Nachkommen hiemit ausdrücklichen bevor, diese unsere Christliche Fundation, künfftiger Zeit zu ändern oder zu verbessern und zu mehren, so offt es die Nothdurfft erfordert …" Diese Voraussicht, die Erkenntnis, dass das neu geschaffene Gymnasium sicher nicht vollendet ist und der Weiterentwicklung in materieller und struktureller Hinsicht bedürfen wird, muss hervorgehoben werden. Besonders gründlich wird ausgeführt, dass das Studium der Theologie „mit besonderem Fleiß und Ernst getrieben werden" solle, wobei am Abschluss eine Anleitung zum Predigen steht. Ein weiterer Schwerpunkt ist der Philosophie gewidmet. Auch sollen die „Disciplinae Instrumentales & Reales systematice dociret werden" … „Absonderlichen soll auch auf die Mathesin und das Studium Geographicum fleissig gesehen werden." Als weitere wichtige Fächer werden Logik, Redekunst, Ethik, „Politica", Physik und Metaphysik genannt. Außerdem sind regelmäßig, alle 8 oder 14 Tage, „Disputationes publicae" abzuhalten. Alles ist auf Praxis und Nutzen bei Vermeidung alles Überflüssigen auszurichten. Die Gesamtdiktion lässt deutlich erkennen, dass die sog. „Realien" an Gewicht gewinnen, dass man sich auf der Höhe der Zeit bewegen wollte. Grundlegend für das wissenschaftliche Denken des 17. Jahrhunderts war die Mathematik, deren Entwicklung wesentlich im Dienst der Astronomie stand. Nur ein paar Namen sollen den zur Zeit der Schulgründung aktuellen Stand der Wissenschaften verdeutlichen.

Kopernikus „De revolutionibus orbium coelstium" (1543); Kepler, „Astronomia nova. seu Physica coelestris tradita commentariis de motibus stellae Martis" (1609) und „Harmonices mundi libri V" (1619); Newton, Erweiterung des binomischen Lehrsatzes (1665) und „Tractatus de motu" (1684); Descartes, Abhandlungen über die Dioptrik, die Meteore und die Geometrie (1637) oder Leibniz, der die Infinitesimalrechnung begründete. Es gab Fortschritte in der Optik (Galilei, Newton, Huyghens) und in der Mechanik (Torricelli, Boyle, Guericke).

Deutlich wird auch der Einfluss zeitgenössischer Reformbestrebungen (Ratichius und Comenius) sichtbar. Johann Amos Comenius (1592–1670), mährischer Pädagoge und Prediger der Brüderunität, hatte das Prinzip „moderner" Pädagogik entwickelt: In täglicher religiös-sittlicher Unterweisung, durch die Pflege der Muttersprache und durch intensive Beschäftigung mit den Realien, die den Schülern durch umfangreiche Lehrmittelsammlungen nahe gebracht wurden, sollten fromme, arbeitsame und kompetente Menschen herangebildet werden, die, jeder an seinem Platz, die Welt im christlichen Sinne durchdringen und, wo nötig, umgestalten sollten.[29]

Hinter allem aber steht die Erkenntnis, dass der Staat im Interesse seiner Machterhaltung oder seines Machtausbaus fachlich qualifizierten Nachwuchs braucht, über den der absolute Herrscher verfügen kann. Die Schule soll sein: **Fundamentum ecclesiae et rei publicae.**

Funktion und Rolle des Hofes bestanden im Absolutismus zum einen darin, Macht und Glanz des Herrschers zu präsentieren und zu repräsentieren, zum anderen aber war er Herrschaftsinstrument gegenüber den Untertanen und Machtinstrument gegenüber dem Adel[30]. Auch der Auf- und Ausbau bildungspolitischer Infrastrukturen gehört in diesen Kontext.

Die enge Bindung zwischen Staat und Kirche zeigt die Organisation der Schulaufsicht.

1557 gründete Markgraf Georg Friedrich von Ansbach ein Konsistorium, das in Bayreuth ab 1588 bestand Zu den Aufgaben gehörte auch die Aufsicht über alle Kirchen- und Schuldienste. Die Kommission bestand aus Theologen und rechtskundigen fürstlichen Räten.[31]

In Bayreuth lagen Schulaufsicht und Anstellung in den Händen der Superintendentur und des Magistrats der Stadt, die beide dem Konsistorium Besetzungsvorschläge unterbreiteten. Bewerber mussten ein Examen vor dem Superintendenten bestehen. Grundlage der neuen Kirchenordnung war die Brandenburg-Nürnbergische Kirchenordnung von 1533.

Einzelne Pfarreien wurden in übergeordnete geistliche Aufsichtsbezirke, sog. Kapitel oder Dekanate zusammengefasst. An der Spitze stand ein Superintendent mit dem Titel Dekan. Alle Kapitel waren einem Generalsuperintendenten unterstellt. Diese Ordnung wurde 1557 auch auf das erworbene Oberland übertragen und fand 1578 ihren endgültigen Abschluss.

Die Ausübung der Ehegerichtsbarkeit, geregelt in der Ehegerichtsordnung von 1567, wurde neben anderen Kultusfunktionen dem Konsistorium übertragen. Das 1580 formal begründete Konsistorium war aus Theologen und Juristen zusammengesetzt und erhielt mit der Konsistorialordnung von 1594 seinen endgültigen Ausbau. 1675 wird Caspar von Lilien Präsident des Konsistoriums. Der jeweilige Direktor des Gymnasiums hatte zusammen mit dem Konsistorium die Oberaufsicht

In der alten Verfassung der Markgrafschaften war also das Konsistorium ein eigenständiges Amt, das im Auftrag des Fürsten als „Summus Episcopus" geführt wurde. Nach preußischer Staatsauffassung aber ist es ein Teil der staatlichen Organisation, die unter der Herrschaft des Königs steht.

Oberste Instanz in Bayreuth war natürlich der jeweils herrschende Markgraf.

Im Gebäude der bisherigen Lateinschule musste nun auch das Gymnasium Platz finden. Caspar von Lilien teilte das „Seminarium" und das „Collegium" in je drei Klassen, die jedoch nicht an das Schuljahr gebunden waren, und erstellte einen ersten Lehrplan.[32]

Seminarium

1. Klasse
Alter: 7-jährige und Ältere
(etwa 1 ½ Jahre)

Erzählung des Alten Testaments mit moralischen Bemerkungen, Kleiner Katechismus, richtiges Lesen und Schreiben, Anfang im Lateinischen nach Vechners Vestibulum (Bayreuther Ausgabe)

2. Klasse
Alter: 8 ½ bis 10-jährige
(etwa 1 ½ Jahre)

Kurze Geschichte des Neuen Testaments, Kleiner Katechismus mit Erklärungen, Parallelstellen zu den sonntäglichen Evangelien und Episteln, Schönschreiben, Deklination und Konjugation in beiden Sprachen (deutsch und lateinisch), Übersetzung der ersten 6 Kapitel nach Vechner.

3. Klasse
Alter: 10–12-jährige
(etwa 2 Jahre)

Geschichte (Christi Himmelfahrt bis ca. 300), die Symbola (Glaubensbekenntnisse), die vier Grundrechnungsarten, Übersetzung des Vechnerschen Lehrbuches 2. Teil, Lateinische Grammatik, Griechisch Lesen und Schreiben, Deklination und Konjugation.

Collegium

1. Klasse
Alter: 12–14-jährige
(etwa 2 Jahre)

Geschichte der vier Hauptkonzilien, die Artikel der Augsburgischen Konfession deutsch und lateinisch, Stellen aus den Evangelien und Episteln, im Grundtext und lateinisch, die ganze Arithmetik, des Comenius janua linguae latinae absoluta … deutsche und lat. Dichtung, griechische Grammatik, Analyse der Evangelien und Episteln, Lesen und Schreiben im Hebräischen mit Beugung nach Oertels Grammatik.

2. Klasse
Alter: 14–16-jährige
(2 Jahre)

Kirchengeschichte des vord. Orients, Artikel der Augsburger Konfession, Übersetzung dessen, was in der vorigen Klasse deutsch angegeben wurde, ins Lateinische, lateinische und griechische Dichtkunst mit Versübungen, Erklärung des N. T., besonders Lukas, Römerbrief des Paulus, Comenius, Äsops

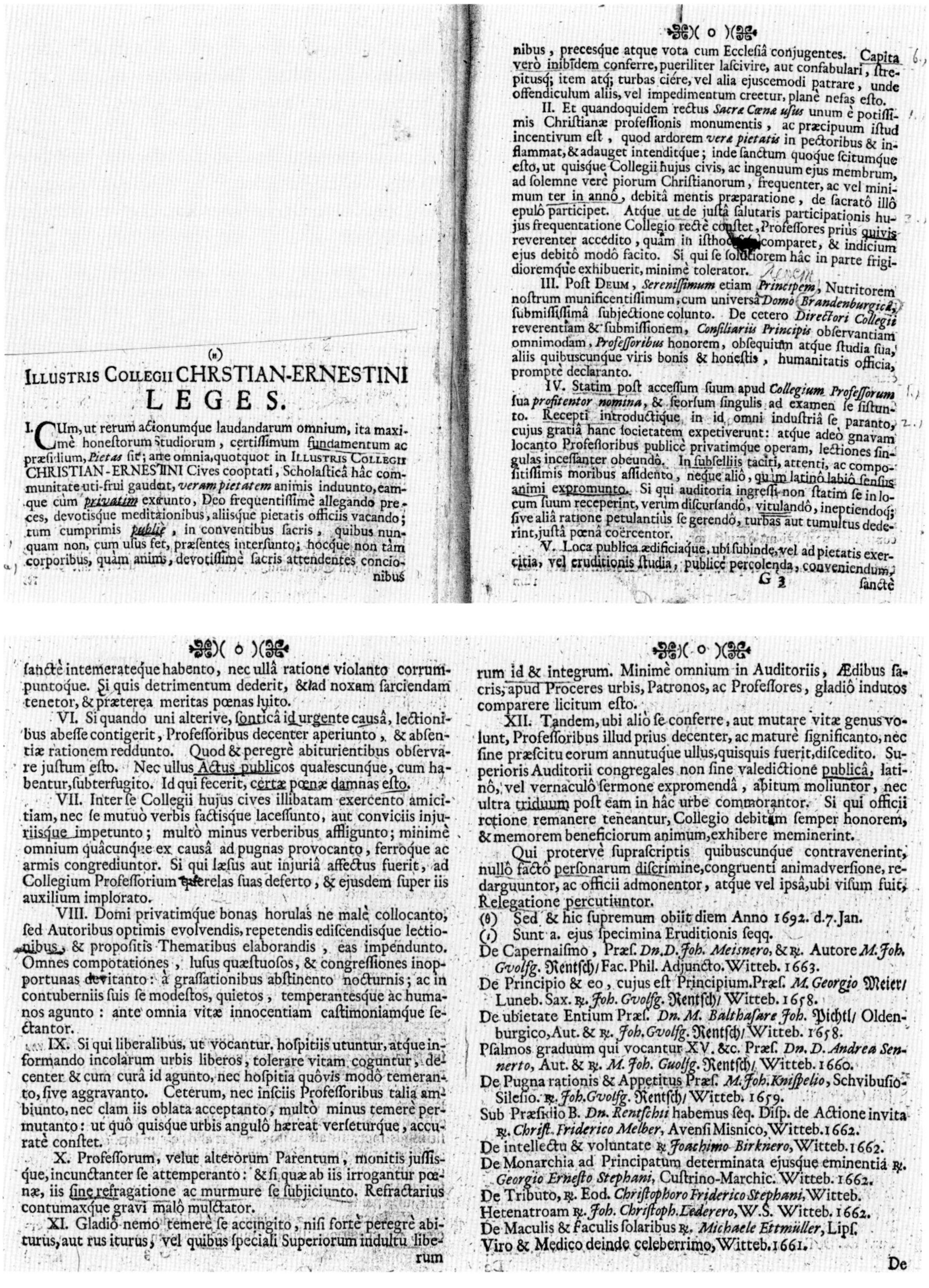

(n)

ILLUSTRIS COLLEGII CHRSTIAN-ERNESTINI

LEGES.

I. Cum, ut rerum actionumque laudandarum omnium, ita maximè honestorum Studiorum, certissimum fundamentum ac præsidium, *Pietas* sit; ante omnia, quotquot in ILLUSTRIS COLLEGII CHRISTIAN-ERNESTINI Cives cooptati, Scholasticâ hâc communitate uti-frui gaudent, *veram pietatem* animis induunto, eamque cùm *privatim* exerunto, Deo frequentissimè allegando preces, devotisque meditationibus, aliisque pietatis officiis vacando; tum cumprimis *publicè*, in conventibus sacris, quibus nunquam non, cum usus fet, præsentes intersunto; hocque non tàm corporibus, quàm animis, devotissimè sacris attendentes concionibus

)(o)(

nibus, precesque atque vota cum Ecclesiâ conjugentes. Capita verò inibidem conferre, pueriliter lascivire, aut confabulari, strepitusq; item atq; turbas ciére, vel alia ejuscemodi patrare, unde offendiculum aliis, vel impedimentum creetur, planè nefas esto.

II. Et quandoquidem rectus *Sacræ Cœnæ usus* unum è potissimis Christianæ professionis monumentis, ac præcipuum istud incentivum est, quod ardorem *veræ pietatis* in pectoribus & inflammat, & adauget intenditque; inde sanctum quoque scitumque esto, ut quisque Collegii hujus civis, ac ingenuum ejus membrum, ad solemne verè piorum Christianorum, frequenter, ac vel minimum ter in annô, debitâ mentis præparatione, de sacratô illô epulô participet. Atque ut de justâ salutaris participationis hujus frequentatione Collegio rectè constet, Professores prius quivis reverenter accedito, quàm in isthoc [illegible] comparet, & indicium ejus debitô modô facito. Si qui se solutiorem hâc in parte frigidioremque exhibuerit, minimè tolerator.

III. Post DEUM, *Serenissimum* etiam *Principem*, Nutritorem nostrum munificentissimum, cum universâ *Domo Brandenburgicâ*, submississimâ subjectione colunto. De cetero *Directori Collegii* reverentiam & submissionem, *Consiliariis Principis* observantiam omnimodam, *Professoribus* honorem, obsequium atque studia sua, aliis quibuscunque viris bonis & honestis, humanitatis officia, promptè declaranto.

IV. Statim post accessum suum apud *Collegium Professorum* sua *profitentor nomina*, & seorsum singulis ad examen se sistunto. Recepti introductique in id omni industriâ se paranto, cujus gratiâ hanc societatem expetiverunt: atque adeò gnavam locanto Professoribus publicè privatimque operam, lectiones singulas incessanter obeundô. In subselliis taciti, attenti, ac compositissimis moribus assidento, neque aliô, quàm latinô labiô sensus animi expromunto. Si qui auditoria ingressi non statim se in locum suum receperint, verùm discursandô, vitulandô, ineptiendoq; sive aliâ ratione petulantiùs se gerendô, turbas aut tumultus dederint, justâ pœnâ coërcentor.

V. Loca publica ædificiaque, ubi subinde, vel ad pietatis exercitia, vel eruditionis studia, publicè percolenda, conveniendum, sanctè

G 3

)(o)(

sanctè intemerateque habento, nec ullâ ratione violanto corrumpuntoque. Si quis detrimentum dederit, & ad noxam sarciendam tenetor, & præterea meritas pœnas luito.

VI. Si quando uni alterive, sonticâ id urgente causâ, lectionibus abesse contigerit, Professoribus decenter aperiunto, & absentiæ rationem reddunto. Quod & peregrè abiturientibus observare justum esto. Nec ullus Actus publicos qualescunque, cum habentur, subterfugito. Id qui fecerit, certæ pœnæ damnas esto.

VII. Inter se Collegii hujus cives illibatam exercento amicitiam, nec se mutuò verbis factisque lacessunto, aut conviciis injuriisque impetunto; multò minus verberibus affligunto; minimè omnium quâcunque ex causâ ad pugnas provocanto, ferroque ac armis congrediuntor. Si qui læsus aut injuriâ affectus fuerit, ad Collegium Professorium querelas suas deferto, & ejusdem super iis auxilium implorato.

VIII. Domi privatimque bonas horulas ne malè collocanto, sed Autoribus optimis evolvendis, repetendis ediscendisque lectionibus, & propositis Thematibus elaborandis, eas impendunto. Omnes compotationes, lusus quæstuosos, & congressiones inopportunas devitanto: à grassationibus abstinento nocturnis; ac in contuberniis suis se modestos, quietos, temperantesque àc humanos agunto: ante omnia vitæ innocentiam castimoniamque sectantor.

IX. Si qui liberalibus, ut vocantur, hospitiis utuntur, atque informando incolarum urbis liberos, tolerare vitam coguntur, decenter & cum curâ id agunto, nec hospitia quôvis modô temeranto, sive aggravanto. Ceterum, nec insciis Professoribus talia ambiunto, nec clam iis oblata acceptanto, multò minus temerè permutanto: ut quô quisque urbis angulô hæreat verseturque, accuratè constet.

X. Professorum, velut alterorum Parentum, monitis jussisque, incunctanter se attemperanto: & si quæ ab iis irrogantur pœnæ, iis sine refragatione ac murmure se subjiciunto. Refractarius contumaxque gravi malô mulctator.

XI. Gladiô nemo temerè se accingito, nisi fortè peregrè abiturus, aut rus iturus, vel quibus speciali Superiorum indultu liberum

)(o)(

rum id & integrum. Minimè omnium in Auditoriis, Ædibus sacris, apud Proceres urbis, Patronos, ac Professores, gladiô indutos comparere licitum esto.

XII. Tandem, ubi aliò se conferre, aut mutare vitæ genus volunt, Professoribus illud prius decenter, ac maturè significanto, nec sine præscitu eorum annutuque ullus, quisquis fuerit, discedito. Superioris Auditorii congregales non sine valedictione publicâ, latinô, vel vernaculô sermone expromendâ, abitum moliuntor, nec ultra triduum post eam in hâc urbe commorantor. Si qui officii ratione remanere teneantur, Collegio debitum semper honorem, & memorem beneficiorum animum, exhibere meminerint.

Qui protervè suprascriptis quibuscunque contravenerint, nullô factô personarum discrimine, congruenti animadversione, redarguuntor, ac officii admonentor, atque vel ipsâ, ubi visum fuit, Relegatione percutiuntor.

(θ) Sed & hic supremum obiit diem Anno 1692. d. 7. Jan.

(ι) Sunt a. ejus specimina Eruditionis seqq.

De Capernaismo, Præs. *Dn. D. Joh. Meisnero*, & R. Autore *M. Joh. Gvolfg.* Rentsch / Fac. Phil. Adjuncto. Witteb. 1663.

De Principio & eo, cujus est Principium. Præs. *M. Georgio* Meier / Luneb. Sax. R. *Joh. Gvolfg.* Rentsch / Witteb. 1658.

De ubietate Entium Præs. *Dn. M. Balthasare Joh.* Pichtl / Oldenburgico, Aut. & R. *Joh. Gvolfg.* Rentsch / Witteb. 1658.

Psalmos graduum qui vocantur XV. &c. Præs. *Dn. D. Andrea Sennerto*, Aut. & R. *M. Joh. Guolfg.* Rentsch / Witteb. 1660.

De Pugna rationis & Appetitus Præs. *M. Joh. Knispelio*, Schvibusio-Silesio. R. *Joh. Gvolfg.* Rentsch / Witteb. 1659.

Sub Præsidio B. *Dn. Rentschii* habemus seq. Disp. de Actione invita R. *Christ. Friderico Melber*, Avensi Misnico, Witteb. 1662.

De intellectu & voluntate R. *Joachimo Birknero*, Witteb. 1662.

De Monarchia ad Principatum determinata ejusque eminentiâ R. *Georgio Ernesto Stephani*, Custrino-Marchic. Witteb. 1662.

De Tributo, R. Eod. *Christophoro Friderico Stephani*, Witteb.

Hetenatroam R. *Joh. Christoph. Ledderero*, W. S. Witteb. 1662.

De Maculis & Faculis solaribus R. *Michaele Ettmüller*, Lips.

Viro & Medico deinde celeberrimo, Witteb. 1661.

De

Abb. 19: „Leges“ des Gymnasiums

Fabeln, Analyse der 6 ersten Kapitel der Genesis nach Oertels

Grammatik, Nepos, Justin und Vergil, Chronologie des Römischen und deutschen Reichs, Regeln der Logik, Rhetorik

Nach Voß, auserlesene aphthonische Progymnasmata

3. Klasse
Alter: 16–19-jährige
(3 Jahre)

Kirchengeschichte, Geschichte des 16. Jahrhunderts in Kirche und Reich, Aufzählung der Kirchenschriftsteller, als lateinische Lektüre Vergil und Horaz. Übung in lateinischen und deutschen Ausarbeitungen (Aufsätze). Erklärung des Evangeliums des Matthäus und des Hebräerbriefes, Cebes' Tafel vom menschlichen Leben, Epiktets Handbüchlein, als Schriftsteller ferner Velleius Paterculus, Sallust, Livius, Dionysius Halikarnassensis, Florus, Sueton, Dio Cassius, Tacitus, Auszüge aus Cäsar, Strabo, Plinius, Ptolomäus, Neuere Geschichte des deutschen Reichs, Geographie, besonders von Europa, angewandte Logik oder Methodologie, Übungen in der Redekunst, Mathematik, Ethik nach Spengler, Politik nach Cellarius, Lipsius und Aristoteles, Physik nach Sperling, Metaphysik nach Stahl, Disputierübungen, Moral-Theologie und „ein kurzer Innbegrif der Theologie nach Lilien"

Kurz vor seinem Tode, am 3. August 1686, verfasste von Lilien noch eine Schülersatzung, die als „Leges" in lateinischer Sprache veröffentlicht wurde.[33]

Der Anlass waren offenkundige Probleme der Disziplin und Schulzucht, aber v. Lilien klagt auch über ausbleibende Besoldung der Professoren. Die „Leges" sollen in deutscher und lateinischer Sprache gedruckt und den Schülern „durch eine besondere schriftliche Nachricht publicirt" werden, „damit sie wissen können, was uff ein und anderes Verbrechen vor eine Straffe gesetzet seye …" Am 10. August 1686 sagt Markgraf

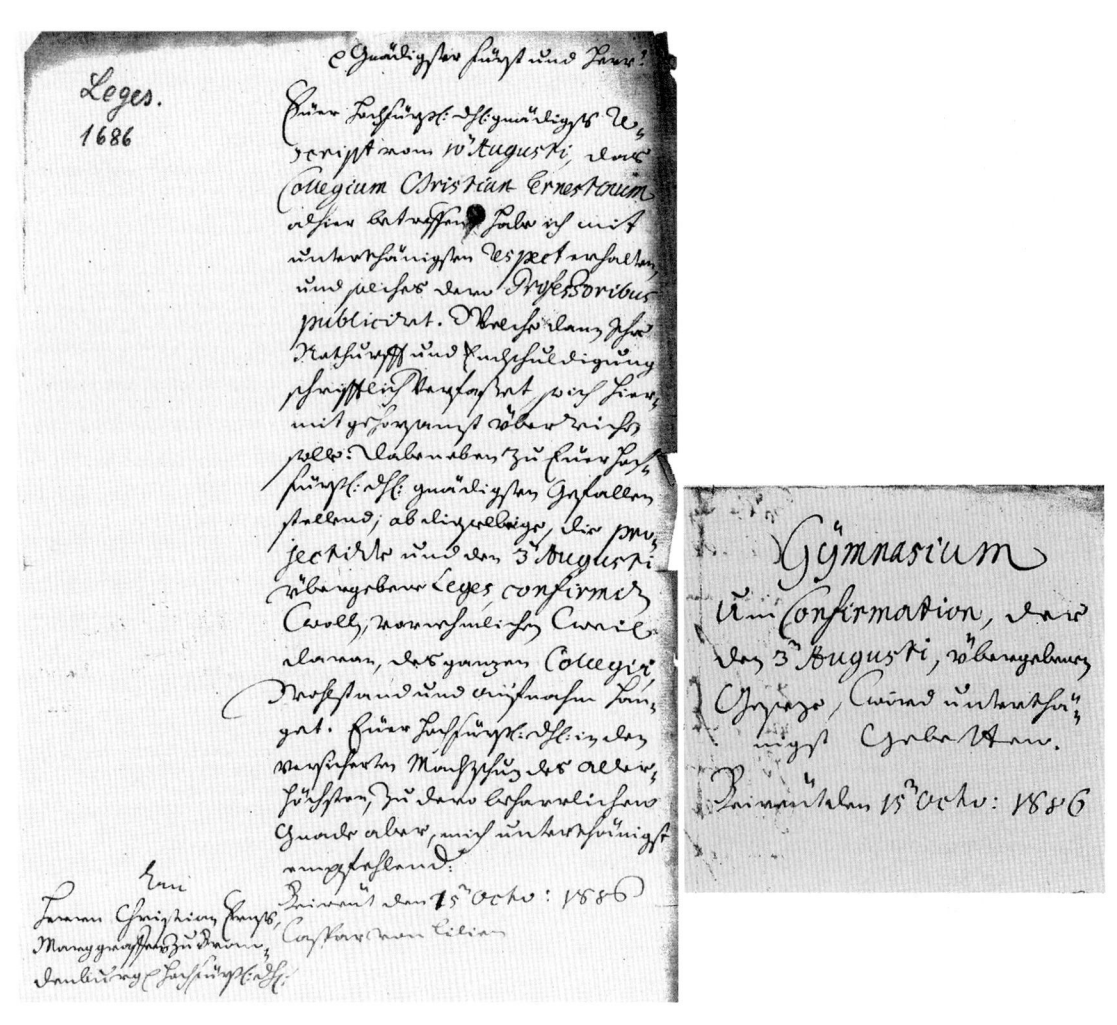

Abb. 20: Caspar v. Lilien an Christian Ernst, 15. Oct.1686

Christian Ernst die Besoldung zu und fährt fort: „Also sind wir nicht ungeneigt, angeregte Leges zu ratifizieren, außer, dass Wir gndgst. dafür halten, dass wenn der von Euch gethane Vorschlag, dass von unseren sämbtlichen Landts Kindern und allen Stipendiaten keiner studirens halber sich außer Landes oder auf eine Universität begeben sollte, er wer dann vorhero allhier examinirt worden, ob er die Studia soweit gebracht hätte ... So habt Ihr auf legem quartam dahin zu limitiren, dass ein jeder Gymnasiast die jenigen Stunden und Lectiones zu besuchen, welche ihme zu seinem vorgesetzten Zweck nützlich und vorständig seyn."

Die lateinische Sprache soll besonders gepflegt werden, „Alldieweilen die Lateinische Sprach und deren fleißige excolirung ein gutes fundament zu allen anderen Wissenschaften leget." Am 19. November 1686 bezieht sich Christian Ernst nochmals auf die „eingeschickten Leges" vom 3. und 10. August.

„Wie Wir Uns nun bey dem vierdten, der Professorum unterth. Vorschlag dergestalt, dass alle hierzu qualifizirte Gymnasiasten zwar die Lectiones Theologicas fleißig mit zu besuchen gehalten seyn, die übrige aber so nicht eines oder des anderen seinem Zweck dienen, mit Vorwissen der Professoren ausgesetzet werden möge, gnädigst gefallen lassen: Also habt Ihr die Verfügung auch zu thun, dass die auff jeden vorkommenden Excess specialiter qualificirte animadversiones und Straffen, die jedoch auff keine Geldtbußen zu extendiren, besonders gleichermaßen zu Pappier gebracht und den Gymnasiasten publicirt werden. Soviel aber das von Euch angetragene Examen derjenigen Unserer Landkinder, welche auff Universitäten zuziehen gemeinet, anbelanget, lassen Wir es hierin bey Unserem jüngsthin ergangenen gnädigsten Rescript umb so mehrs bewenden, weil zu befürchten, es möchten, wenn durchgehends auch diejenigen, so in andern Gymnasiis und Schulen Unseres Fürstenthums frequentiret, zur examination anhero zuweisen angehalten werden sollten, ein allgemeines gravamen bey Unserer Ritter- und Landschafft daraus erwachsen. Damit aber gleichwol auch diese nicht für der Zeit auff Universitäten reisen mögen, haben Wir deßwegen gemessene Verordnung an Unser Consistorium gethan, dass Sie nicht eher biß Sie vorhero examiniret und zu höheren Studiis vor tüchtig befunden, dimittiret werden sollen ..."

Es gab im 17. Jahrhundert die Strafe des Anschlags am „Schwarzen Brett", des Karzers und der Relegation. Über die Dimission entschied allerdings der Landesherr allein. Ein besonderes Problem bestand in dem Recht der Schüler, einen Degen tragen zu dürfen. Der Missbrauch dieses Rechts führte zwar zunächst zu einem Verbot mit Androhung der Relegation, doch als einige Adelige ihrerseits androhten, dann lieber das Gymnasium zu verlassen, knickte der Markgraf ein und distanzierte sich von seinem Erlass. Es kam häufig zu Übergriffen gegenüber Bürgern und zu Duellen. 1668 schreibt Christian Ernst an Caspar von Lilien: „Aus dem Beyschluss habt ihr zu ersehen, was die in Unserem Gymnasio sich befindenden Jungen vom Adel, welche sich des Degens zu enthalten nicht, sondern lieber das Gymnasium zu quittieren und die exercitia zu treiben, gemeinet, sich verlauteh lassen, ..." Bei Wiederholung wird gedroht, sie „mit Schimpff von Unserem Gymnasio hinwegzuschaffen."

1671 wird festgestellt, dass Schüler, „absonderlich Georg Christoph Körner, Moritz Friedrich und Johann Christoph Muffel einen Ernst Lauterbeck mit bloßem Degen gar übel traktiret haben sollen." 1679 erhalten die Professoren das Recht, bei schweren Excessen Schüler zu dimittieren, z.B. bei nächtlichem „Umbstreunen, Gassen gehen, unanständigem Schreien und Jauchzen, Volltrunkenheit, Schlägerei, Degentragen, Duellieren ..."

Es dauerte geraume Zeit, bis das Degentragen kein Thema mehr war. So wird noch 1785 von damit verbundenen Ausschreitungen berichtet, 100 Jahre nachdem Christian Ernst zum wiederholten Mal die Schule aufgefordert hatte, solche Excesse sofort abzustellen.

„Von Gottes Gnaden Christian Ernst Markgraff zu Brandenburg etc ...

Unseren gnädigsten Gruß zuvor, würdig, bester, hoch und wohlgelahrter, lieber bedächtiger und getreuer: Wir mögen euch gnädigst nicht bergen, waß maßen uns unterthänigst angeziget worden, dass am nächst vergangenen Matthäi Fest-Tage nach der Kirchen, der junge Schlammersdörfer, nebenst des Pfarrers Ebers Sohn, mit des Kammerregistrators Schaller Sohn auf der Gassen Zanck und Händel angefangen, diesen biß in unsere Cantzley verfolget, der junge Eber sogar den Degen über denselben gezogen, und ihn herausgefordert haben sollen."

In der Ochsengasse haben die Gymnasiasten und Alumnen Rössel und Löhr Schneidergesellen mit bloßem Degen und Prügeln aufgelauert. Sie

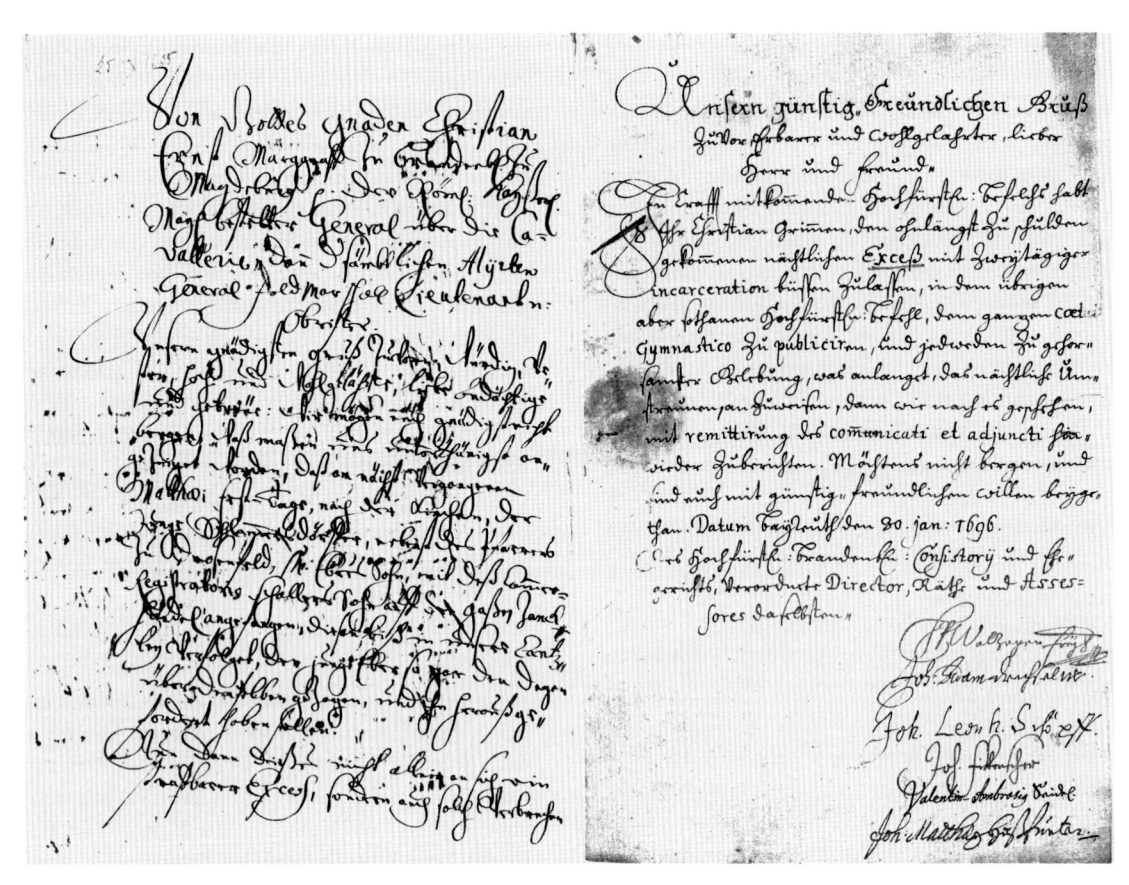

Abb. 21.1: Mahnung Christian Ernsts vom 25. September 1685

Abb. 21.2: Konsistorium an das Gymnasium, 30. Januar 1696

leugnen dies nicht und „so wurde ihnen sogleich von Inspections wegen die Suspension von ihren alumneischen Verrichtungen bis zum Ausgang der Sache angekündigt." In der Vernehmung sagt Löhr, am Freitag, den 7. Oktober vormittags „hätten die Gymnasiasten aus Wunsiedel, Weber, Streit, Tenzinger und Wunderlich, dann Ellrod und Krieg den übrigen Primanern proponirt, man müsse sich an den Schneidern Revange verschaffen."

Schneidergeselle Johann Georg Meyer, beim hiesigen Schneidermeister Schilling in Arbeit stehend, stellt in Abrede, er habe am vergangenen Freitagabend gegen 6 Uhr im Rennweg dem Löhr einen „dergestaltigen Stoß in die Seite gegeben, dass er bald davon niedergefallen wäre." Er habe den Löhr nicht vorsätzlich gestoßen, „sondern es wäre solches von ungefähr geschehen, weil es schon in der Dämmerung gewesen, und wolle er den Löhr deswegen hiemit handgebend, wie er auch getan, um Verzeihung gebeten haben." Die Verhöre dauerten vom 8. bis zum 19. Oktober. Ein Sturm im Wasserglas, könnte man meinen, doch in jenen Zeiten keine Bagatelle.

Dies ebensowenig wie die Relegation des Gymnasiasten und Alumnen Bartholomäus Rössler wegen Unzucht. Er hatte eine Steinmetzens

Wittib allhier namens Barbara Sabine Vogel geschwängert.

Eine besondere Einrichtung von Beginn an war das **Alumneum**, ein Schülerheim innerhalb des Schulgebäudes, denn nur den Stadtschülern war es erlaubt, nach dem Unterricht ins Elternhaus zurückzukehren. Auswärtige Schüler mussten in den Räumen des Alumneums wohnen und arbeiten. Die Ursprünge des Alumneums liegen im Dunkeln. Eine Stiftungsurkunde fehlt bisher. Nach Fries sind die Alumnen Nachfolger der früheren katholischen „Chorschüler". Seinem Zweck nach war das Alumneum ein Institut für den protestantischen Kultus und diente zur Führung und Ausführung des Gesangs bei allen kirchlichen Funktionen.

Erste Hinweise finden sich im Stadtbuch von 1464. Dort heißt es, der Schulmeister solle „die kirchen und das chore mit gesang ordentlich ausrichten" und an Weihnachten Umsingen in der Stadt veranstalten. Vor der Reformation dienten die Schüler auch als Ministranten in der Kirche, bei Prozessionen und bei der Erteilung des Sterbesakraments. Ab 1600 wurden Kirchenmusik und Weihnachtsumsingen immer mehr eine Angelegenheit der Alumnen, d.h. der armen Schüler, deren Zahl etwa zwölf bis fünfzehn betrug. Über die Aufnahme entschieden der Rat der Stadt und der Superintendent. Die Alumnen wurden als die künftigen Kantoren und Schulmeister angesehen, denn ein Studium kam wegen der damit verbundenen hohen Kosten nicht in Frage. Unmusikalische wurden rigoros ausgeschieden. „Diejenigen aber, so gar keine Stimme haben, auch sich seithero im Singen wenig gebessert, und also inutiles seindt, wären a Beneficio billich zu removiren undt hingegen andere qualificirte subjecta zu substituieren." Der Ton war rüde. Spartanisch und freudlos sollte es in der Schule zugehen. Als Schulkleidung waren schwarze Mäntel vorgeschrieben.

Wir können uns heute wohl kaum eine Vorstellung von diesen Lebens- und Arbeitsbedingungen machen, wenn wir an die räumliche Enge denken, an die damaligen Hygienverhältnisse, Beheizung im Winter, an mangelnde Beleuchtung. Zur Verköstigung wurden die Alumnen später unter den Professoren aufgeteilt und gegebenenfalls von deren Ehefrauen versorgt. Dafür waren pro Person jährlich 50 fl zu entrichten. Auch bei anderen „vornehmen Personen" konnte ersatzweise das Wohnen gestattet werden.

Die Alumnen hatten beim öffentlichen „Umsingen" Gelder einzusammeln, über die Rechnung geführt wurde. 1713 wird festgehalten: „Demnach bey Abhör der Annum 1712 geführten Rechnung über des hiesigen Alumnei sämbtliche Einnahmb, Ausgab und andern dabey vorkommenden Verrichtungen sich ergeben, dass der Hochedle ... und hochgelehrte Herr Johann Fikenscher ... ab Anno 1673 bis daher dergestalt rühmlichsten und ersprießlich vorgestanden, dass derselben Vermögen mir von ihme in die eintausend sechshundert und drey Gulden vier und vierzig sieben achtel Kreutzer gemehret worden, maßen Anno 1673 sich in Rechnungs-Einnahmb mehr nicht als 614 fl 27 5/8 Kr. in der 1712ten Jahres-Rechnung aber Zweytausendt zweyhundert und achtzehn Gulden zwölf und ein halber Kreutzer sich befänden."[34]

Eine verbindliche Abschlussprüfung, ein förmliches „Abitur" gab es in den Anfangsjahren nicht. Die Professoren entschieden in einem knappen Gutachten darüber, ob der Schüler die Reife besitze, eine Universität zu besuchen. Im Rahmen des Valediktionsaktes hatte er sich ordentlich vom Gymnasium zu verabschieden. Dies geschah im Rahmen einer öffentlichen Prüfung, zu der eigene Einladung erging, und zu deren Anlass einer der Professoren in der Regel eine wissenschaftliche Abhandlung verfasste, ebenso wie zum Namenstag und Geburtstag der Markgrafen. Ein besonderer Schwerpunkt lag dann bei Reden zur Landesgeschichte. Eine erste solche „Oratio" ist für 1666 nachweisbar, als Professor Liebhard einen Vortrag „De Barutho matre studiorum" hielt. 1672 trat auch von Lilien als Redner auf. 1674 sprach er über Georg den Frommen, der die Reformation in der Markgrafschaft eingeführt hatte

Einige weitere Beispiele für Themen hier nur in kleiner Auswahl

Johann Fikenscher, De fatis Baruthi Superioris Burggraviatus Norici Urbi Primariae, 27. Juli 1674.

Johannes Kapp, Beitrag zur Geschichte des Exorzismus in den Bayreuthischen Landen. 17./18. Dezember 1792.

Drs., Kurze Abhandlung über die Volksmenge des Fürstenthums Bayreuth, 25. Juni 1790.[35]

Drs., Über die Abschaffung der öffentlichen Schulprüfungen, 14. März 1780

Besonders bemerkenswert ist anlässlich des Geburtstagsfestes von Markgräfin Friederika Carolina am 6. Juli 1787 eine „kurze Nachricht von dem berühmten Astronomen Herschel und einigen seiner durch unvergleichliche Telescope gemachten Entdeckungen, besonders des neuen Planeten mit 2 Trabanten ..."

Herrschel hatte 1781 mit einem selbstgefertigten Newtonischen Spiegel-Teleskop in der Milchstraße zwischen den Hörnern des Stieres und den Füßen der Zwillinge den „Uranus" entdeckt, den er zu Ehren des britischen Königs zunächst „Georgs-Gestirn" nannte, der aber wenig später durch Bode am 12. März 1782 seinen heutigen Namen erhielt. Es war damals mit der Erde der siebte entdeckte Planet.

LUDOVICI LIEBHARDI
HISTORIARUM PROFESSORIS,
DE
BARUTO
MATRE STUDIORUM
ORATIO
HABITA
DIE XXV II. JUL. ANNI CHRISTIANI
M DC LXVI.
IPSO SERENISSIMI PRINCIPIS NATALI XXIII.
ILLUSTRIS GYMNASII III.
IN ILLUSTRIS CHRISTIAN-ERNESTINI
AUDITORIO MAJORI.
BARUTHI,
TYPIS GEBHARDIANIS.

Abb. 22: Titelblatt der ersten wissenschaftlichen Abhandlung (Rede) eines Professors am Gymnasium von Ludwig Liebhardt, „De Baruto matre Studiorum", 1666

Von besonderem Interesse sind natürlich die Themen, mit denen sich Schüler im Rahmen ihrer Valediktionsreden verabschiedeten, die in der Regel in freiem Vortrag dazubieten waren.

Auch hier eine kleine Auswahl:

Johann Wilhelm Nürnberger, „Dissertatio ex iure naturali de imperio parentuum in libros" (31. Oktober 1730)

Christian Friedrich Walther (aus Gefrees), Rede zum Thema „dass das Leben eines Studierenden eine tägliche Prüfung sein müsse" (14. März 1780)

Johann Christian Wilhelm Hagen, „ein oberer, geschickter und in allem Betracht würdiger Bürger der ersten Classe" über den Satz „dass die christliche Religion auch die irdische Glückseligkeit befördert" (14./15. Dezember 1775)

Ludwig Christoph Adam von Lindenfels, „Von der Ordnung im Studieren"
Carl Maximilian Wilhelm Petermann, „Von den unordentlichen Studierenden"
Carl Christian von Lindenfels, „Von den Studien überhaupt"
Christian Adam Frank, „Von der bey dem Studieren nöthigen Gottesfurcht"

Diese vier Reden wurden alle in Deutsch gehalten und bei Schirmer in Bayreuth 1737 gedruckt.

Nicolaus Friedrich Arzberger, „De locis a Marchionibus Brandenburgicis aut jure belli aut ex pacto emtionis obtentis sed iterum ereptis" (31. Oktober 1780) (Bei dieser Rede wurde übrigens an einer „bedenklichen Stelle" seitens des Konsistoriums Anstoß genommen; um welche Passage es sich gehandelt hat, konnte nicht ermittelt werden).

Zahlreiche Akten belegen, dass es immer wieder Ärgernis gab, wenn Schüler ohne Prüfung, Beurteilung und eigenmächtig zur Universität wechselten. Caspar von Lilien hatte in seinem letzten Schreiben 1687 nochmals verlangt, dass Schüler, die auf die Universität gehen wollen, zuvor auf ihre Eignung geprüft werden sollten, bei Androhung der Dimission im Falle von Eigenmächtigkeiten. Das Problem zieht sich auch durch das ganze 18. Jahrhundert. Immer wieder wird beklagt, dass die Universität zu häufig frequentiert wird, dass zu viele „ungeeignete Subjecte" diesen Weg suchen. 1753 vermerkt das Konsistorium: „Es ist euch ohnehin bekannt, ..., was maßen der zeither zu verspürende Verfall der Wissenschaften meistens mit daher rühre, dass junge Leute, ehe sie noch auf Gymnasiis und Trivial-Schulen den erforderlichen Grund in humanioribus et ad altoria gelanget, gleich wohlen auf Academien eilen, gefolglich bey solchen praepostere geschehenden Studieren als untüchtige Leute zurück kommen solchergestalt aber

Abb. 23: Valediktionsrede von Nicolaus Friedrich Arzberger, 25. Oktober 1780

sich nicht nur selbst, sondern auch der Kirche und dem Staat zur empfindlichen Last fallen …"

Gymnasiast Hertel erhält 1754 zwar die Erlaubnis zum Abgang an die Universität, soll aber noch ein oder wenigstens ein halbes Jahr im Gymnasium bleiben, „zur besseren Legung der erforderlichen fundamentorum". Sollte er ohne Erlaubnis auf die Universität gehen, würde er „ohnfehlbar zu gewärtigen haben, dass er von aller dereinstigen Beförderung in hiesigen Landen ausgeschlossen werde."

Abb. 24.1: Beurteilung vom 20. Mai 1701

Abb. 24.2: Beurteilung des Primaners Layriz, 5. April 1791

Noch Ende des 18. Jahrhunderts, z.B. 1797, wird ausdrücklich auf die Studienpflicht im Inland hingewiesen mit Bezug auf markgräfliche Edikte von 1749, 1751 und 1769. Bei Zuwiderhandlung wird angedroht, dass es dann keinen Zugang zu staatlichen und geistlichen Ämtern, zu öffentlichen und zivilen Stellen geben werde.

1769 kritisiert der Landesherr: „Wir haben bisher missfällig wahrnehmen müssen, dass Studierende gar zu frühzeitig auf die Akademie eilen, ohne die vorgeschriebene Zeit in den Schulen auszuhalten, und diejenige Reife zu erlangen, welche Studia academica erfordern."

Es erwächst daraus dem gemeinen Wesen Schaden, „wenn Halbgelehrte und Stümper unreife Früchte in die Ämter des Staates und der Kirche bringen."

Honoratissimi Domini Collegae

Unser Primaner Lairitz verlangt vor seinem Weggang ein Testimonium Collegii von seinen Gaben, Sitten, Fleiß und Kenntnissen, um solches zu der Bittschrift beylegen zu können, die er zu Erlangung eines Beneficii bey der Behörde einreichen will. Ich erbitte mir also dero Urteile über ihn. Bayreuth am 5. April 1791.

Kapp

Layritz hat die guten Gaben die er besitzt, so lange er das Gymnasium besucht, durch ordentliche Besuche der Lehrstunden und durch Fleiß in seinen Lectionen wohl angewendet und daher auch unverkennbare Fortschritte gemacht, ob ich gleich eine vorzügliche und ... sich ausgreifende Neigung zu meinem Fache nie an ihm habe bemerken können.

Schumann

Accedo mit dem Bemerken, dass Layritz ein historisches Genie zu seyn scheint, das, wenn es den rechten Weg trifft und auf demselben historimathisch fortwandelt, ein Held der Geschichte, besonders der vaterländischen ziemlich weit kommen kann, denn in diesem hat er bisher ungemeine Wissbegierde, unverrückten Fleiß und seltene Kenntnisse an den Tag gelegt, doch hievon können und werden Herr. Cons. Rath Kapp Hochwürden gründlicher urtheilen ...

7. April 1791

Krafft

Ein umfangreicher Akt beschäftigt sich mit dem Schüler Morg, der 1794 eigenmächtig die Schule verlassen und die Universität zu Altdorf bezogen hatte. Er ist Sohn des „hiesigen Land-Syndici Johann Sebastian Morg", dem deshalb „Verantwortung abverlangt worden ist."

Dieser führt als Gründe an, sein Sohn sei nach Neustadt/Aisch geschickt worden, weil er am hiesigen Gymnasium Probleme mit Mitschülern gehabt habe. Seine Qualifikationen seien schon als Sekundaner bestätigt worden. Das Collegium des Gymnasiums äußert sich zur Sache: „Der junge Morg kam im Jahr 1787 aus dem Seminarium ins Gymnasium, folglich im Jahr 1788 auf die obere Bank der Tertia, auf welcher Bank er auch das darauffolgende Jahr 1789 aus eigener Entschließung sitzen geblieben ist." „Wie man erst später erfuhr, tat dies der Vater, um dann in den oberen Klassen desto mehr mit ihm zu eilen, in der wunderbaren Vorstellung, daß es seinem Sohn dann freistehen würde, irgend eine Bank der oberen Klasse willkürlich zu überspringen." „Morg rückt 1790 auf die untere Prima, wo er plötzlich unserem Unterricht entrissen, auf die Schule zu Neustadt geschickt wurde." „Wie unvorsichtig drückt sich der Landsyndicus Morg schon hier aus: ‚dies tat ich, um ihn gewissen Verführern zu entziehen, die ihn hier in der Mache hatten.'" „Von Neustadt aus kam nun der junge Morg zu Anfang des darauf folgenden Jahres 1794, folgl. als ein erst angehender mittlerer Primaner bei uns um Examen und Dimission ein und beides wurde ihm abgeschlagen."

Das Kollegium kommt zu dem „Facit": „Hätte der mehr gedachte Land-Syndicus Morg als Juriste nicht besser verstehen sollen, dass es auch nach der Hermeneutik der Juristen nicht anging, fürstliche Verordnungen nach Willkür zu deuten, ihnen jeden beliebigen Sinn unterzulegen und wie eine wächserne Masse zu drehen?"[36]

In der „Schwarzen Allee" (Kanalstraße), die 1725 Markgraf Georg Wilhelm als erste Promenade in Bayreuth hatte anlegen lassen, war als Attraktion ein Badehaus im Garten des Landsyndicus Morg entstanden. Um dessen Errichtung hatte er sich schon 1789 bemüht. Er gründete auch die „Morg'sche Leihbibliothek

Der Sohn, um dessen Verhalten es geht, ist Gottlieb Christian Heinrich Morg, (geb. 1775, gest. 1852), der später kgl. Appellationsgerichts-Advokat wurde.[37]

Im Rückblick kann man sagen, dass die obrigkeitliche Steuerung im Bildungswesen vergleichbar ist mit den Regulierungsmechanismen in der Wirtschaft, besonders im Handwerk.

Auch hier wurde alles in Ordnungen festgelegt und im Kampf um die Existenz wehrten sich die

Zünfte beharrlich gegen „Übersetzung" der Gewerbe und damit verbundene „Nahrungseinbuße". Der absolute Herrscher, der „Staat" war äußerst daran interessiert, dass keiner seiner Untertanen, ob akademisch oder nichtakademisch ausgebildet, dem Gemeinwesen zur Last fallen könnte.

Hintergrund und Grundlage war übergreifend das bestehende Wirtschaftsystem des Merkantilismus und eine Politik, die planend, stets bevormundend und an Staatszwecken orientiert in den ökonomischen Bereich eingriff. Die Lehre der staatlichen Wirtschaftsverwaltung zielte auf eine Verbesserung der Wirtschaftsstruktur zum Zwecke der Erhöhung der staatlichen Einkünfte. Die deutsche Variante des Merkantilismus war der „Kameralismus" mit seinen frühen Vertretern Johann Joachim Becher, Philipp Wilhelm von Hörnigk, Wilhelm von Schröder und schließlich Johann Heinrich Gottlieb Justi[38].

Den merkantilistischen Maximen war letztlich auch die staatliche Bildungspolitik untergeordnet. Dieses protektionistische System geriet in England mit Beginn der Industrialisierung schon um die Mitte des 18. Jahrhunderts ins Wanken. Bereits 1752 hatte Adam Smith wirtschaftsliberale Ideen konzipiert, die er ein Vierteljahrhundert später im Jahr 1776 veröffentlichte („Untersuchung über die Natur und die Ursachen des Wohlstandes der Nationen"). Den Einfluss von Smith, aber auch von Quesnay, Turgot, d'Alambert und anderen Physiokraten spüren wir selbst in der Region, im Fürstentum Ansbach-Bayreuth. Zu denken ist etwa an Friedrich Georg Wipprecht mit seiner Schrift „Einige Worte über Gewerbe-Policey, besonders Handwerkern, Manufakturisten und Fabrikanten im Fürstenthum Bayreuth", die 1793 in Bayreuth erschien.

Wipprecht (1758–1809) war übrigens Schüler des Gymnasiums, wo er 1776 seine Valediktion hatte. Er wirkte zuletzt als Kammerdirektor in Bayreuth.

Gründe für den Wandel waren sich verändernde Produktionsbedingungen, der Aufstieg eines selbstbewusster werdenden Bürgertums, auch die beginnende Kolonialisierung und erste „Globalisierung" des Handels. Schon im frühen 18. Jahrhundert hatten sich entsprechend neue Staats-, Wirtschafts- und Gesellschaftstheorien entwickelt.[39] Grundprinzip war früher der Gedanke, jeder müsse im Rahmen seines gottgewollten Standes nach abgeschlossener Ausbildung ein „angemessenes" Auskommen finden. Dies suchte man in einer Zeit zu regeln, in der vom „Sozialstaat" noch nicht einmal geträumt wurde. Dessen Funktionen wurden, wenn auch sehr bescheiden, ersetzt durch soziale Gefüge wie z.B. die Zünfte oder durch Einrichtungen wie Almosenkasten und Spital. Selbstverständlich spielte auch die Kirche eine wichtige Rolle. Heute leben wir im Sozialstaat, in sog. „offenen" Gesellschaften mit entsprechender horizontaler und vertikaler Mobilität, doch ist der einzelne Bürger neuen Regulierungsmechanismen und für ihn oft anonymen Kräften der Märkte mehr oder weniger ausgeliefert.

Auch kleine Eitelkeiten und Rangstreitigkeiten gehören zu den Problemen der „Ersten Stunde". Schon am 27. Dezember 1664 muss sich Christian Ernst mit einem „Praecedenz-Streitt" beschäftigen. Er entscheidet, „das dieselbe beederseits ins künfftig bey Hochzeiten, Leich-Conducten, Prozessionen und anderen Zusammenkünfften, der Vorstellen halber alternieren, und zwar dergestalt, dass allzeit der erste Professor, der anitzo ist M. Johann Wolfgang Rensch (Rentsch), und der Geheimbe Registrator als vor dismal Johann Wattenbach, den ersten Rang, doch jener vor diesem die rechte Hand habe, nechst diesem der andere Professor M. Ludovic Liebhard und der Hofraths-Registrator Zacharias Lochmann und es also Successive mit den anderen observirt werden solle." Dieser Streit flammte 1668 erneut und heftig auf. Der neu ernannte Landschaftssekretär Liedvogel war bei einer Beerdigung allen Professoren vorangegangen. Das gesamte Lehrerkollegium fühlte sich brüskiert und kompromittiert. Die Professoren beriefen sich entrüstet auf jene Verfügung von Christian Ernst bei der Gründung des Collegiums, wonach sie „denen dazumal schon bestalten Secretariis nach -, denen aber, so inskünftig bestellet werden möchten, vorgehen solten." Auch Rentsch fühlte sich gedemütigt und schob dem 2. Professor zwei scharfe Konzepte zu, die dieser in die lange Eingabe an den Regenten mit hineinarbeiten musste. Rentsch begründet den Anspruch auf Vorrang: „Weyln der Contrapart selbsten gestehen muß, dass bey einem Profeßori mehrer Erudition alß zu einem Secretario erfordert werde, dannenhero auch jeglicher Professor ohne ruhm zu melden eine Secretariats-Stelle bedienen, dahingegen kein Secretarius eine einzige Stund publice dociren kann."[40]

Die materielle Ausstattung des Gymnasiums während der ersten Jahre muss wohl eher als recht bescheiden bewertet werden. Unklare Verantwortlichkeit wirkte sich sehr negativ auf den

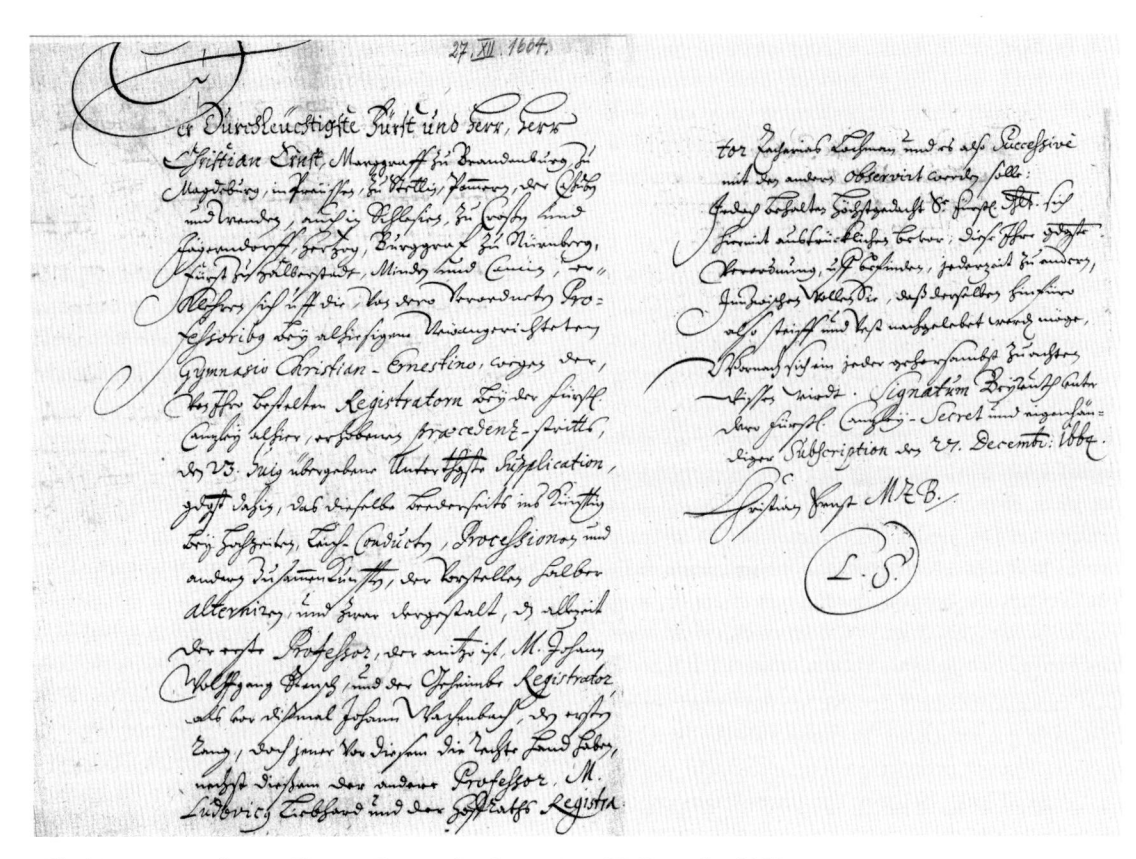

Abb. 25: Rangstreitigkeiten, Christian Ernst an das Gymnasium, 27. Dezember 1664

Zustand des Schulgebäudes aus. Zwischen 1664 und 1724 ist aus den Rechnungen kaum eine größere Baumaßnahme zu erkennen. 1675 wurde für 25 Gulden die Wohnung von Professor Fikenscher verbessert. 1681 beklagt die Schule den Verlust eines Lehrzimmers an das Seminar (Tertiat-Wohnung), „… welcher gestalten dem hochfürstl. Collegio Christian-Ernestino vor etlichen Jahren das unterste oder dritter auditorium entzogen und dem Seminario zugethan und daher Ursach gegeben worden … zwey Classis als Secundam und Tertiam zu contrahiren." Es mussten deshalb Schüler sehr unterschiedlichen Alters gemeinsam unterrichtet werden. Simon Frank bietet an, das zu seinem Dienst gehörige Logiament dem Collegio zu überlassen, wenn ihm sein halbes Haus in der Breiten Gasse solange er Tertia bliebe, „von denen Landschafts-Steuern befreit gelassen würde." Dieses Angebot wird aber zurückgewiesen.

1684 wurden 35 Gulden für Maurerarbeiten investiert bei „Veränderung der Lateinischen Schulstuben", „Renovierung des Postaments außen am Gymnasio gegen Herrn Weber Goldarbeiters Eckhaus", Schreinerarbeiten bei „Veränderung der Türen und Fenster im Gymnasio und Lateinischer Schule" sowie „Verfertigung des neuen Stübleins für den Herrn Organisten." Im Zusammenhang mit der nicht näher spezifizierten Veränderung der Schulstuben kam es laut Fikenscher zu einem großen Streit zwischen den Kosten-/Nutzenträgern. Das Gotteshaus hatte auf Anraten des Magistrats „noch ein Zimmer zum Seminario" erbaut und dies in dem Erdgeschoß-Gebäudeteil, der bisher allein dem Gymnasium vorbehalten war." Es nahm dazu einen Platz im inneren Hausplatz des Collegii, durch welchen man in die beiden kleineren Auditorien kam … wodurch die Thüre zu dem mittleren Auditorium und folgbar auch der Eingang dazu dem Collegio benommen und verbaut wurde und der Eingang aus dem angebauten dritten Auditorium in das zweite wieder eröffnet werden musste." Die 1994 freigelegte Tür in der hinteren östlichen Wand der Eingangshalle dürfte nach W. Engelbrecht ein Überbleibsel dieser Umbauaktion sein.[41]

Ungeachtet dieser Tatsachen wird in einem Bericht über den Nutzen des Gymnasiums positiv hervorgehoben, dass seit der Fundation 1664 bis 1682 „bereits 360 sowohl hohe Stands Personen, deren bereits 10 als vom Adel und Gemeine demselben zu gethan gewesen, worunter die meisten länger als drei Jahre sich in demselben aufgehalten, jedoch wenn nur jeder Person 3 Jahr und jedes Jahr 50 fl adsigmiret werden, da doch erwiesen, dass viele derselben jährlich 2, 3 und mehr 100 Thaler verzehret, sintemal anderer zu geschweigen, Herr Baron Welz so ebenfalls der Studien wegen sich hier befindet, vor seine Person 1 000 Thaler erhalten, wird danach klärlich folgen, dass von obberührtem Collegii anfangs bis daher gemeiner Stadt und dem Land zum Besten etwa 54 000 fl zugeflossen seien".

Im Grunde wird hier ganz modern eine Rechnung aufgemacht, die auf die Bedeutung der Bildungsinstitution als Wirtschaftsfaktor hinweist.

1.2.2. Die Professoren: Glanz und Elend eines Berufsstandes

Das Bildungswesen des 16. und 17. Jahrhunderts ist in mehrfacher Hinsicht mit der Entstehungsproblematik des modernen Staates verbunden. Man kann von der „Verstaatlichung" von Universitäten und Gelehrtenschulen sprechen, wobei sich diese Tendenz gegen die korporative Autonomie der Bildungseinrichtungen selbst wie auch gegen die politische Unabhängigkeit ihrer Träger (Kirche, Städte) richtet. Zugleich stellt der moderne Staat die Schule in seinen Dienst und spricht ihr öffentliche Funktionen zu: Fachschulung der Beamten für den Staat, Ertüchtigung des Stadtbürgers für Gewerbe und Handel, Sozialdisziplinierung der ländlichen Sozialschichten für Gutsherrschaft und Militärdienst. Es lässt sich gewissermaßen von einer „Modernisierung von oben" sprechen. Diese Phase, die bis 1806 reicht, ist bestimmt durch eine noch vorindustrielle Wirtschaft und eine noch ständisch verfasste Gesellschaft.[42]

Bis zu einer systematischen auf den Lehrerberuf abzielenden wissenschaftlichen, geschweige pädagogischen Ausbildung war es also noch ein weiter Weg. Der Unterricht hatte anfangs nahezu ausschließlich Vorlesungscharakter. Die Professoren dozierten. Große Bedeutung kam dem Auswendiglernen und Nachahmen vorgegebener Muster zu. Weiterführende Reformen sind unmittelbar verknüpft mit der Auflösung tradierter Ordnungen und sozialer Verbände, mit den Ideen der Aufklärung, mit dem intensiv fortgeführten Prozess der Säkularisierung, mit der Entfaltung und Freisetzung der bürgerlichen Gesellschaft und untrennbar verbunden ist dieser historische Prozess mit den sich seit dem Spätmittelalter verändernden ökonomischen Systemen. Erste Tendenzen der Liberalisierung scheinen zwar schon Mitte des 18. Jahrhunderts auf, wenn wir z.B. an den Reichsschluss von 1731 gegen Missbräuche im Handwerk oder an die große Revision aller Handwerksordnungen in der Markgrafschaft von 1755 denken, doch erst gegen Ende des 18. Jahrhunderts, in der Zeit der Frühindustrialisierung beginnt in Deutschland die Entstehung der modernen, durchkapitalisierten Industriegesellschaft.[43]

Schon seit den ersten Schulen des Mittelalters, deutlicher in der Zeit des Absolutismus und unübersehbar mit Beginn des sog. „bürgerlichen" Zeitalters, mit Beginn der Industrialisierung wird der Zusammenhang von Didaktik und Bildungsökonomie sichtbar. In der Gegenwart gilt dies verstärkt. Es muss also bei Betrachtung von Lehr- und Lerninhalten, bei der Gestaltung von Stundentafeln, bei der Bewertung pädagogischer Theorien, bei der beobachtbaren Instrumentalisierung pädagogischen Personals immer mitgefragt werden: Wem nützt der je vorfindliche Zustand, wer hat Interesse an dem jeweiligen „Ist-Stand", wie begründen sich diese Interessen, wie verlaufen die politischen Entscheidungsprozesse und wer hat auf diese Einfluss. In gleicher Weise ist zu fragen: Wer möchte aus welchen Interessen den bestehenden Zustand verändern? Wie ist die Veränderung zu begründen? Wem nützt sie?

Es zeigen sich hier Parallelen zur Funktion politischer Theorien seit solche aus der Geschichte bekannt sind. Sie dienten entweder der Rechtfertigung und Stabilisierung des je bestehenden politischen, gesellschaftlichen und wirtschaftlichen Systems, oder sie zielten auf Aufhebung und Veränderung des vorfindlichen Ist-Zustands ab. Dazwischen gibt es wenig.

Es ist im Rahmen dieser Schulgeschichte nicht möglich, auf die Biographie aller Lehrer und Direktoren einzugehen. Einige der Direktoren und Professoren der „Ersten Stunde" bis zum Beginn der „Bayerischen Herrschaft" verdienen aber zunächst eine besondere Würdigung.

Fikenscher weist darauf hin, dass es durchaus Unterschiede zwischen den Lehrern gab, die man in „ordentliche" und „außerordentliche" „abtheilen könne". „Ordentliche Lehrer am Christian-Ernestinum heißen eigentlich nur diejenigen, welche die Matrikel führen und das Collegium im eigentlichen Sinne des Wortes ausmachen, wozu die stiftungsmäßigen vier Nominalprofessuren bestimmt sind." Allerdings vereinigte man die zu einer der stiftungsmäßigen vier miteinander verbundenen Lehrstellen gehörigen Fächer nicht immer, „sondern verband z.B. die philosophische Lehrstelle mit der griechischen Sprache, oder trennte die Lehrstellen oftmals so, dass man für einzelne Theile einer stiftungsmäßig vereinigten Lehrstelle z.B. – für die Physik (die als Nominal-Professur erst später, 1696 nemlich, vorkommt, nach der Stiftung aber neben der Mathematik dem Professor der Philosophie oblag), für die hebräische Sprache (1712) und (1737) neben dem Professor der griechischen Sprache und der Beredtsamkeit noch einen besonderen Lehrer der griechischen und römischen Literatur, …"

„Verschieden von diesen bisher genannten ordentlichen Lehrern sind aber diejenigen, welche zu ganz neuen, erst nach der Stiftung des Collegii errichteten Lehrstühlen,- der Theologie nemlich (1665), der Mathematik (1670), auf einige Zeit auch (1673–1688) der chaldäischen und syrischen Sprache und (1739–1742) der Institutionen und juristischen Vorbereitungs-Wissenschaften – berufen wurden … Diese führten nie die Matrikel, nahmen auch an allen collegialischen Geschäften nicht teil, außer dass sie die Einladungsschrift zu dem sie in der Reihe treffenden Acte am Geburtstage des Landesfürsten oder (von 1712–1741) am Stiftungstage des Collegii schrieben und die bey diesen Feierlichkeiten gewöhnliche Rede hielten, …"[44]

Der Wiederaufbau der Landeskirche von Kulmbach-Bayreuth fällt in die Zeit der Herrschaft von Markgraf Christian Ernst. In dieser Zeit wird das „Gymnasium illustre" gegründet, an dessen Spitze als Rektoren nach von Lilien hervorragende Superintendenten bzw. Generalsuperintendenten stehen, von denen Steinhofer freilich eine unglückliche Phase zu durchstehen hatte. Auch eine tiefgreifende Frömmigkeitsbewegung, der Pietismus, hinterließ Spuren. Zahlreiche Mandate zur Hebung der Disziplin und Kirchenzucht, zahlreiche Reskripte gegen die Sonntagsentheilung (1683, 1686, 1689) sollten zur Verbesserung beitragen. Die Generalsuperintendenten überwachten die Geistlichen nach den Vorschriften des Landesherrn und suchten, das innere Leben der Gemeinden zu heben. Instrumente dafür waren Gottesdienste während der Woche, ein neuer Katechismus (1663), ein neues Gesangbuch (1688), Revisionen der Kirchenordnung. Auswirkungen auf Lerninhalte und Schulleben lassen sich nur bedingt ablesen, z.B. im Stellenwert, den Theologie und Kirchengeschichte einnahmen oder in der strengen Achtung darauf, dass alle Schüler unter Aufsicht am sonntäglichen Gottesdienst teilzunehmen hatten.

Abb. 26: Johann Jacob Steinhofer, Generalsuperintendent in Bayreuth (1687–1692)

Abb. 27: Titelblatt des Bayreuther Gesangbuchs von 1699, bearbeitet von Generalsuperintendent Johann Jacob Steinhofer.

D Johann Jakob Steinhofer
(Direktor 1687–1692)

Steinhofer stammte aus Marbach a. N. und war auf Wunsch der Markgräfin Sophie Luise nach Bayreuth gekommen. Während seiner Amtszeit kamen keine Schüler von auswärts mehr nach Bayreuth, was er aber nicht zu verantworten hatte. Lehrstellen wurden nicht neu besetzt, ebenso wie das Direktorat nach Steinhofers Tod. Die Schule kam fast zum Erliegen.

Heinrich Arnold Stockfleth
(Direktor 1696–1708)

Stockfleth stammte aus Hannover. Er hatte in Altdorf studiert und war unter dem Namen Dorus durch Sigmund von Birken in den Pegnesischen Blumenorden aufgenommen worden. Birken hatte ihn dem Markgrafen empfohlen, den Stockfleth auf drei Feldzügen begleitete. Als Generalsuperintendent und zugleich Superintendent von Münchberg hat er sich vor allem durch ein Reformgesangbuch, eine Bibelausgabe, eine Bayreuther Chorordnung und mehrere geistliche Lieder einen Namen gemacht. Darunter das Lied im Evangelischen Kirchengesangbuch Bayern, Lied 491 „Wunderanfang, herrlich End".

Abb. 28: Heinrich Arnold Stockfleth, Generalsuperintendent in Bayreuth (1696–1708)

M. Johann Wolfgang Rentsch
(Prof. 1664–1690)[45]

Rentsch wurde am 23. November 1637 in Busbach bei Bayreuth geboren, in einer Zeit, in der die Markgrafschaft unter den Schrecken des dreißigjährigen Kriegs besonders zu leiden hatte. Sein Vater Johann Rentsch war Geistlicher, zunächst Diakon in Wonsees, sein Großvater Zacharias Rentsch Schuhmacher. 1643 verlegte die Familie den Wohnsitz nach Pegnitz.

Am 4. Oktober 1649 trat Johann Wolfgang in die Bayreuther Lateinschule ein und wurde hier von Rektor Johann Wolfgang Kleesattel und später von Johann Georg Stumpf, dem „collega tertius" betreut und verköstigt. Am 14. Februar 1653 erfolgte aus nicht mehr erkennbaren Gründen ein Wechsel nach Ansbach.

In jener Zeit war für die protestantische Theologie neben Jena und Leipzig vor allem Wittenberg die wichtigste Universität, an der Rentsch am 14. Juni 1657 seine Studien aufnahm. Entsprechend den Anforderungen an das Lehramt des 17. Jahrhunderts hörte er Vorlesungen in Theologie und Philosophie, Geschichte und Hebräisch, aber auch in Mathematik, Rhetorik und Physik. Sein bedeutendster Lehrer war August Buchner, der seinerseits bei dem berühmten fränkischen Humanisten Friedrich Taubman aus Wonsees gelernt hatte. Aus der Wittenberger Zeit werden 19 Schriften meist philosophischer und theologischer Natur genannt, die aber nicht mehr erhalten sind. Es finden sich aber auch Abhandlungen zu mathematischen, astronomischen und politischen Themen, wie etwa die Schrift „De monarchia ad principatum determinata, eiusque eminentia."

Rentsch wurde Hauslehrer für die Kinder des juristischen Ordinarius, erhielt als hervorragender Student schon am 28. April 1659 die Magisterwürde und promovierte am 25. November 1661 im Alter von 24 Jahren. Am 8. Oktober 1663 beruft ihn das Konsistorium nach Bayreuth, in einer Zeit, in der das Schulwesen noch schlimm darnieder lag. Zunächst übernahm Rentsch das Amt des Rektors der Stadtschule, um mit der Gründung des Gymnasiums als dessen erster Professor berufen zu werden. Das philosophische Lehramt trat er mit einer Oratio „De origine philosophia et philosophia Germanorum veterum" an. Zugleich wurde er auch Inspektor der Alumnen. Während der folgenden sechs Jahre bezog er jährlich 160 fl und Naturalien wie 2 Simra Gerste, 2 Simra Korn, außerdem freie Wohnung im Collegium.

Abb. 29.1: M. Johann Wolfgang Rentsch, Kupferstich von Marc Anton Gufer, 1681 (Österreichische Nationalbibliothek Wien, Pg 167. 206:I,1)

Als Inspektor der Alumnen hatte er dafür zu sorgen, dass morgens um 6 Uhr gebetet und alles in Ordnung gebracht wurde. Auch Rentsch hatte in seiner Wohnung einige der im Haus wohnenden Schüler zu verköstigen, wofür er 50 fl pro Schüler und Jahr erhielt. Es war über Feuer und Licht zu wachen, dafür zu sorgen, dass nach 8 Uhr abends alle Alumnen im Kollegium waren, alle Türen verschlossen und um 10 Uhr alle Lichter und Feuer gelöscht wurden.

Auf rückständige Besoldung und Rangstreitigkeiten, bei denen sich Rentsch exponierte, wurde schon eingegangen. Teuer kam Lehrern und Schülern der Druck von Abhandlungen und Reden, denn die Kosten mussten aus eigener Tasche bezahlt werden. Neben dem Unterricht war der erste Professor besonders mit manchem Kleinkram belastet So forderten z.B. die Gymnasiasten ihre eigenen Kirchenstühle, Heilsbronner und Hofer Schüler wollten zur Universität, deren Anspruch auf ein Stipendium zu prüfen war. Von 1664 bis 1670 war Rentsch ausschließlich Professor am Gymnasium. In dieser Zeit lehrte er neben Philosophie auch Mathematik und Physik. 1670 wurde er Geistlicher im Hauptamt und am 25. September 1673 zum Honorarprofessor für Moraltheologie ernannt. Schließlich erhielt er am 6. November 1677 das Prädikat eines Hofpredigers.

Von seinen zahlreichen Schülern, von denen viele Geistliche wurden, seien hier nur einige genannt, die später selbst am Gymnasium als Professoren tätig waren oder besonders herausragten.[46] Es sind dies W. Ch. Räthel, Johann Stephan Rudolph, Valentin Johann Tross, Johann Friedrich Walther, Wolfgang Erdmann Geyer (später Rektor der Lateinschule in Kulmbach), Joachim Heinrich Hagen und Johann Georg Pertsch (beide kaiserlich gekrönte Dichter und Mitglied des Pegnesischen Blumenordens. Johann Friedrich Krebs wurde Rektor an der Fürstenschule Heilsbronn, Johann Alexander Christ brachte es als Doktor der Rechte zum Bürgermeister in Leipzig, Dr.jur. Johann Conrad Schaller war Universitätslehrer in Ungarn, Erdmann von Stein Brandenburg-Culmbachischer erster geheimer Minister. Johann Georg Layriz wurde Rektor des Gymnasiums in Weimar und dort als Generalsuperintendent ein Vorgänger Herders. M. Johann Will verdanken wir „Das Teutsche Paradeis".

Zu den Hauptwerken Rentschs zählen ein „Brandenburgischer Stammbaum", eine Gedächtnisrede auf die Augsburger Konfession (1681) und vor allem der „Brandenburgische Ceder-Hein" (1682). Mit dieser ersten Bayreuther Markgrafen- und Hohenzollerngeschichte überbot er mehrere einheimische Gelehrte, darunter auch den verdienstvollen Ludwig Liebhard.

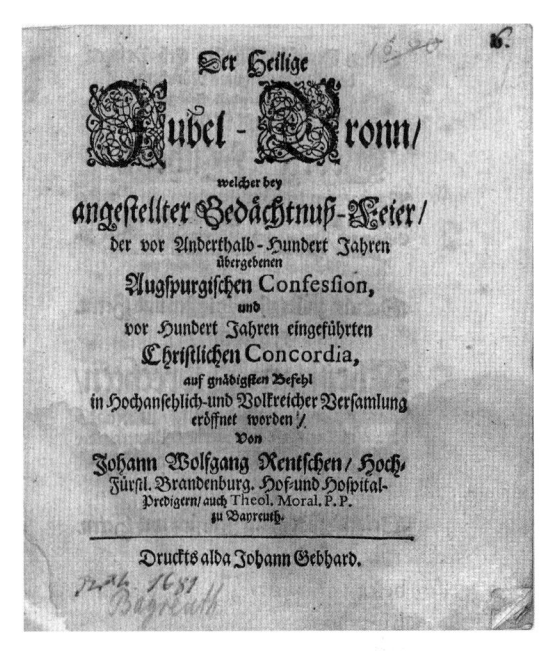

Abb. 29.2: Titelblatt einer Schrift von Rentsch („Der Heilige Jubelbronn" anlässlich des 150-jährigen Jubiläums der Augsburger Confession, 1681)

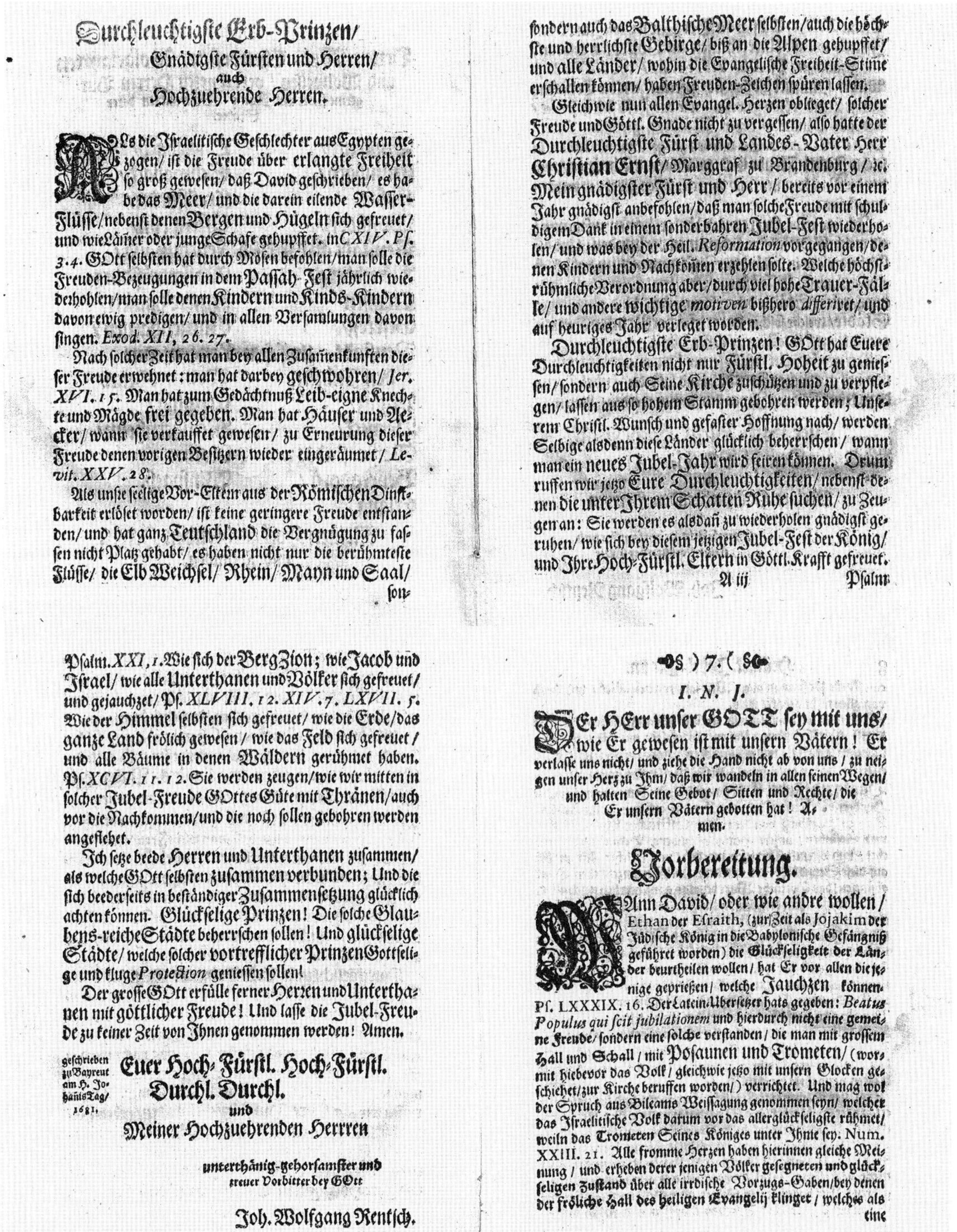

Durchleuchtigste Erb-Printzen/
Gnädigste Fürsten und Herren/
auch
Hochzuehrende Herren.

ALs die Israelitische Geschlechter aus Egypten gezogen/ ist die Freude über erlangte Freiheit so groß gewesen/ daß David geschrieben/ es habe das Meer/ und die darein eilende Wasser-Flüsse/ nebenst denen Bergen und Hügeln sich gefreuet/ und wie Läm̃er oder junge Schafe gehüpffet. in C XIV. Ps. 3. 4. GOtt selbsten hat durch Mosen befohlen/ man solle die Freuden-Bezeugungen in dem Passah-Fest jährlich wiederhohlen/ man solle denen Kindern und Kinds-Kindern davon ewig predigen/ und in allen Versamlungen davon singen. Exod. XII, 26. 27.

Nach solcher Zeit hat man bey allen Zusam̃enkunften dieser Freude erwehnet: man hat darbey geschwohren/ Jer. XVI. 15. Man hat zum Gedächtnuß Leib-eigne Knechte und Mägde frei gegeben. Man hat Häuser und Aecker/ wann sie verkauffet gewesen/ zu Erneurung dieser Freude denen vorigen Besitzern wieder eingeräumet/ Levit. XXV. 28.

Als unsre seelige Vor-Eltern aus der Römischen Dinstbarkeit erlöset worden/ ist keine geringere Freude entstanden/ und hat gantz Teutschland die Vergnügung zu fassen nicht Platz gehabt/ es haben nicht nur die berühmteste Flüsse/ die Elb Weichsel/ Rhein/ Mayn und Saal/ sondern auch das Balthische Meer selbsten/ auch die höchste und herrlichste Gebirge/ biß an die Alpen gehupffet/ und alle Länder/ wohin die Evangelische Freiheit-Stime erschallen können/ haben Freuden-Zeichen spüren lassen.

Gleichwie nun allen Evangel. Herzen obliege/ solcher Freude und Göttl. Gnade nicht zu vergessen/ also hatte der Durchleuchtigste Fürst und Landes-Vater Herr Christian Ernst/ Marggraf zu Brandenburg/ ꝛc. Mein gnädigster Fürst und Herr/ bereits vor einem Jahr gnädigst anbefohlen/ daß man solche Freude mit schuldigem Dank in einem sonderbahren Jubel-Fest wiederholen/ und was bey der Heil. Reformation vorgegangen/ denen Kindern und Nachkom̃en erzehlen solte. Welche höchstrühmliche Verordnung aber/ durch viel hohe Trauer-Fälle/ und andere wichtige motiven bißhero differiret/ und auf heuriges Jahr verleget worden.

Durchleuchtigste Erb-Printzen! GOtt hat Euere Durchleuchtigkeiten nicht nur Fürstl. Hoheit zu geniessen/ sondern auch Seine Kirche zuschützen und zu verpflegen/ lassen aus so hohem Stamm gebohren werden; Unserem Christl. Wunsch und gefaster Hoffnung nach/ werden Selbige alsdenn diese Länder glücklich beherrschen/ wann man ein neues Jubel-Jahr wird feiren können. Drum ruffen wir jetzo Eure Durchleuchtigkeiten/ nebenst denen die unter Ihrem Schatten Ruhe suchen/ zu Zeugen an: Sie werden es alsdañ zu wiederholen gnädigst geruhen/ wie sich bey diesem jetzigen Jubel-Fest der König/ und Ihre Hoch-Fürstl. Eltern in Göttl. Krafft gefreuet.

A iij Psalm.

Psalm. XXI, 1. Wie sich der Berg Zion; wie Jacob und Israel/ wie alle Unterthanen und Völker sich gefreuet/ und gejauchzet/ Ps. XLVIII. 12. XIV. 7. LXVII. 5. Wie der Himmel selbsten sich gefreuet/ wie die Erde/ das gantze Land frölich gewesen/ wie das Feld sich gefreuet/ und alle Bäume in denen Wäldern gerühmet haben. Ps. XCVI. 11. 12. Sie werden zeugen/ wie wir mitten in solcher Jubel-Freude GOttes Güte mit Thränen/ auch vor die Nachkommen/ und die noch sollen gebohren werden angeflehet.

Ich setze beede Herren und Unterthanen zusammen/ als welche GOtt selbsten zusammen verbunden; Und die sich beederseits in beständiger Zusammensetzung glücklich achten können. Glückselige Printzen! Die solche Glaubens-reiche Städte beherrschen sollen! Und glückselige Städte/ welche solcher vortrefflicher Printzen Gottseelige und kluge Protection geniessen sollen!

Der grosse GOtt erfülle ferner Herzen und Unterthanen mit göttlicher Freude! Und lasse die Jubel-Freude zu keiner Zeit von Ihnen genommen werden! Amen.

geschrieben zu Bayreut am H. Johannis Tag/ 1683.

Euer Hoch-Fürstl. Hoch-Fürstl.
Durchl. Durchl.
und
Meiner Hochzuehrenden Herren

unterthänig-gehorsamster und treuer Vorbitter bey GOtt

Joh. Wolfgang Rentsch.

)(7)(

I. N. J.

DEr HErr unser GOTT sey mit uns/ wie Er gewesen ist mit unsern Vätern! Er verlasse uns nicht/ und ziehe die Hand nicht ab von uns/ zu neigen unser Hertz zu Ihm/ daß wir wandeln in allen seinen Wegen/ und halten Seine Gebot/ Sitten und Rechte/ die Er unsern Vätern gebotten hat! Amen.

Vorbereitung.

WAnn David/ oder wie andre wollen/ Ethan der Esraith/ (zur Zeit als Jojakim der Jüdische König in die Babylonische Gefängniß geführet worden) die Glückseligkeit der Länder beurtheilen wollen/ hat Er vor allen die jenige geprießen/ welche Jauchzen können. Ps. LXXXIX. 16. Der Latein. Ubersetzer hats gegeben: Beatus Populus qui scit jubilationem und hierdurch nicht eine gemeine Freude/ sondern eine solche verstanden/ die man mit grossem Hall und Schall/ mit Posaunen und Trometen/ (womit hiebevor das Volk/ gleichwie jetzo mit unsern Glocken geschiehet/ zur Kirche beruffen worden/) verrichtet. Und mag wol der Spruch aus Bileams Weissagung genommen seyn/ welcher das Israelitische Volk darum vor das allerglückseligste rühmet/ weiln das Trometen Seines Königes unter Ihme sey. Num. XXIII. 21. Alle fromme Herzen haben hierinnen gleiche Meinung/ und erheben derer jenigen Völker gesegneten und glückseligen Zustand über alle irrdische Vorzugs-Gaben/ bey denen der frölicher Hall des heiligen Evangelij klinget/ welches als eine

Abb. 30: Text von Rentsch

Im Alter von 53 Jahren verstirbt Rentsch am 13. Dezember 1690 in Bayreuth. Sein Grab ist nicht mehr bekannt. Die Grabrede hielt sein Schüler Joachim Heinrich Hagen (Prof. am Gymnasium 1673–1693).[47]

M. Ludwig Liebhard (Prof. 1664–1673)[48]

Ludwig Liebhard (1635–1685) wurde in Saalburg in Thüringen geboren und besuchte das Gymnasium in Hof, wo seine Mutter Mägdlein-Schulmeisterin war. In Jena studierte er Theologie, Geschichte und römische Literatur und erwarb hier den Grad eines Magisters.

Abb. 31.1: Grabstätte und Grabstein von Ludwig Liebhard, Alter Friedhof in Kulmbach (Photo Martina Schubert)

Er war kurze Zeit Hauslehrer, bereiste Holland und befand sich zufällig zur gleichen Zeit in Den Haag, als dort auch der junge Erbprinz Christian Ernst anwesend war. Nach seiner Rückkehr erhielt er zunächst eine Anstellung am Hofer Gymnasium und wurde 1664 in Bayreuth als erster Professor für Geschichte übernommen. Diese Daten verdanken wir G. W. A. Fikenscher, der mehr als hundert Jahre später über die Kollegen von damals berichtet.[49]

Er schreibt u.a., dass Liebhard „durch Lehre und Wandel" dem Gymnasium sehr nützlich war und dass ihn seine Schüler sehr liebten. Bei der altsprachlichen Lektüre soll er zwar sehr an der damals üblichen „philologisch-politischen Auslegung" festgehalten, aber damit wiederum das Studium der Profangeschichte und Kirchengeschichte verbunden haben. Fikenscher lobt andererseits, dass er im Geschichtsunterricht nicht bei Namen und Zahlen stehen blieb, sondern sich um ein vertieftes Verständnis der Geschichte des Menschen bemühte. Unter dem Titel „De historia vitae magistra" ließ er 1666 eine eigene Abhandlung drucken. Liebhard wurde nach neunjähriger Tätigkeit am Gymnasium 1673 als Superintendent (Dekan) nach Münchberg berufen, 1683 nach Kulmbach. Dort starb er am 17. März 1685 im Alter von 50 Jahren. Sein Grabmal befindet sich auf dem alten Friedhof an der Rückwand des mit einem Mansarddach geschmückten Jahnschen Grufthäuses. Auf seine Festrede 1666 „De Baruto Matre Studiorum „kann hier nicht näher eingegangen werden (Vgl. Karl Müssel). Nur so viel: Als Ausgangspunkt für seine Betrachtungen wählt er nicht Bayreuth, sondern Beirut im Libanon, um vergleichende Studien über beide Orte zu betreiben.

M. Johann Caspar Oertel (Prof. 1664–1688)

Oertel wurde am 10. Oktober 1639 in Hohenberg als Sohn des Schulmeisters, Gerichts- und Gegenschreibers Johann Oertel geboren. Zunächst besuchte er die Fürstenschule in Heilsbronn und studierte anschließend in Wittenberg.

Abb. 31.2: Epitaph von Prof. Liebhard (Photo Martina Schubert)

Hier erlangte er auch die „höchste Würde der Weltweisheit" und wurde an das neu gegründete Gymnasium in Bayreuth als Professor für die griechische und hebräische Sprache berufen. Hier hielt er seine Antrittsrede „de angelorum custodia scholis necessaria" bei der Einweihung am 28. Juli 1664. Er legte diese Stelle 1673 nieder, weil er zum Subdiakon ernannt worden war, wenig später aber zugleich auch zum Professor für die chaldäische und syrische Sprache. Er verstarb schon am 13. Juli 1688. Fikenscher bescheinigt ihm, dass er „vermöge seiner herrlichen Lehrertalente und seiner richtigen Methode" seinen Zöglingen mehr Liebe zu den orientalischen Sprachen beizubringen wusste, „als man vermuthen sollte." „Übrigens war er ein wahrer Verehrer der Tugend und gründlicher Orientalist seiner Zeit, der, ob er schon zu den sehr eifrigen Verehrern und Anhängern des orthodoxen Systems seiner Kirche gehörte, doch fern von Zeloten-Eifer und Eigennutz war."

M. Johann Fikenscher (Prof. 1664–1693)[50]

A. W. G. Fikenscher charakterisiert Johann Fikenscher (1638–1722) als einen „talentvollen und gelehrten, aber auch stolzen und herrschsüchtigen Mann". Er wurde 23. November 1638 zu Unfersdorf bei Mönchberg (Münchberg) geboren „und musste sich in seiner frühen Jugend im 30-jährigen Krieg, öfters 4 bis 6 Wochen mit seinen Eltern, Friedrich Fikenscher, einem Landmann, und Elisabetha … in Wäldern aufhalten." Zunächst besuchte er die Schule in Münchberg und kam am 24. März 1653 auf die Schule in Bayreuth. Hier war sein Lehrer der „Tertius" Stumpf. Nach seiner Valediction am 17. Mai 1660 studierte er mit einem Stipendium seit 1661 in Jena Philosophie und Theologie u.a. auch bei Weigel, promovierte am 3. August 1663 und wurde 1664 an das Bayreuther Gymnasium als Professor der Beredsamkeit und Dichtkunst berufen. Seine Antrittsrede hielt er „De bono litterati principis". Er erhielt auch die Aufsicht über die Grafen von Tättenbach, Auersperg, Freiherren von Welz, Blumenthal und Sterin. 1670 wurde er zum Prof. für Philosophie berufen und hielt aus diesem Anlass am 5. September 1670 seine Rede „De variis philosophorum sectis". A. W. G. Fikenscher bescheinigt ihm, „dass er die Zöglinge nicht nur mehr als gewöhnlich in prosaischen und poetischen schriftlichen Ausarbeitungen, sondern auch im fleißigen Declamiren übte, und bey der Lectüre der Alten nicht blos auf Worte, sondern auf wirkliche Erläuterung der Sprache und Sache sahe."

Johann Fikenscher war auch Erzieher der Kinder von Christian Ernst und später einflussreicher Praeceptor des Markgrafen Georg Wilhelm und der Prinzessin Eberhardine, die als Gemahlin August des Starken zur Königin von Polen und Kurfürstin von Sachsen aufstieg. Durch sie gelangte Fikenscher zum Titel eines Königlich-Polnischen und Kurfürstlich-Sächsischen Rates. Von 1708 bis zu seinem Tod war er Direktor des Gymnasiums. Ein Antrag auf Verleihung des Titels „Direktor" an Fikenscher datiert vom 17. September 1708 mit dem Hinweis, dass er nunmehr seit 45 Jahren am Gymnasium unterrichte. Fikenscher nahm dazu Stellung und bezog sich dabei auf die Verfahrensweise seinen Vorgänger im Amt Heinrich Arnold Stockfleth betreffend.

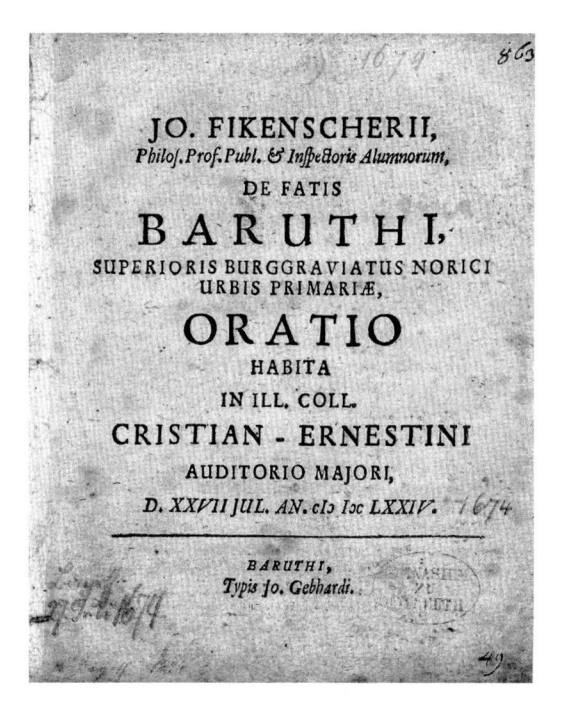

Abb. 32: Titelblatt der Schrift „De Fatis Baruthi …" von Johann Fikenscher, 27. Juli 1674

Johann Georg Layri(t)z (Prof. 1673–1688)

Layriz wurde am 15. Juli 1647 als Sohn des Klosteramtsschreibers Johann Layriz geboren. Er besuchte zunächst das Gymnasium in Hof, ging dann 1664 an das Gymnasium in Bayreuth, wo ihn Rentsch, Liebhard, Oertel, Fikenscher und Stumpf unterrichteten. Am 11. September 1667 hielt er seine Abschiedsrede (de Germania Romanorum debellatrice) und nahm das Studium der Theologie in Jena auf, wo er 1671 promovierte. Er war Hauslehrer bei v. Lilien. 1673 wurde er Professor für Geschichte am Gymnasium in Bayreuth, fürstlicher Bibliothekar, Hauslehrer der Prinzen Erdmann Philipp und Georg Albert. 1688 ging er als Superintendent nach Neustadt/ Aisch, wurde 1698 Generalsuperintendent und schließlich Direktor des Gymnasiums in Weimar. Er verstarb am 4. April 1716.

Joachim Heinrich Hagen (Prof. 1673–1693)

G. W. A. Fikenscher bezeichnet Hagen als einen vorzüglichen Mathematiker, guten Humanisten und geschätzten Dichter seiner Zeit, als einen eifrigen Verehrer und bescheidenen exemplarischen Lehrer der Religion, treuen Untertan und edlen Menschenfreund. Er wurde am 10. November 1648 als Sohn des Landausschuss-Leutnants und Bäckers Friedrich Hagen in Bayreuth geboren. Nach Besuch der „Deutschen Schule" ging er auf die Lateinschule in Bayreuth. Am 27. Juli 1664 konnte er in die zweite Klasse des Gymnasiums gesetzt werden. Hier galt er, trotz Kränklichkeit, immer als einer der vorzüglichsten Schüler. Zwei seiner Reden, die auch Markgraf Christian Ernst selbst hörte, wurden gedruckt. Er fand die Aufmerksamkeit von Birkens und wurde in den Pegnesischen Blumenorden aufgenommen. 1668 ergab sich ein Kontakt mit Professor Erhard Weigel in Jena, der ihn im Tausch mit seinem Vetter Clemens Weigel bei sich aufnahm. 1669 hielt Hagen seine Abschiedsrede (hochfürstliche Ehren-

Abb. 33.2: Epitaph in der Gottesackerkirche Bayreuth (Photo Martina Schubert)

burg und daran gepflanzter Palmen Hayn) und wurde am selben Tag von v. Lilien zum Dichter gekrönt. 1671 promovierte er und wurde 1673 als Professor der Beredsamkeit, Dichtkunst und Mathematik an das Gymnasium in Bayreuth berufen. Er unterrichtete Erbprinz Georg Wilhelm und wurde 1687 zum untersten Diakon in Bayreuth ernannt. 1692 tauschte er die Professur der Mathematik mit der der Theologie. Er verstarb am 10. Mai 1693. In der Gottesackerkirche an der Südwand steht aufrecht sein Grabstein, eine Bildhauerarbeit des Elias Räntz.

Wolfgang Christoph Räthel (Prof. 1689–1698)

Räthel wurde am 12. April 1663 in Selbitz als Sohn des Pfarrers Johann Räthel in Schwarzenbach an der Saale geboren. Nach Privatunterricht durch seinen Vater konnte er in das Gymnasium zu Heilsbronn aufgenommen werden. Ab 1678 besuchte er das Gymnasium in Bayreuth

Abb. 33.1: Joachim Heinrich Hagen, Porträt, (Stadtkirche Bayreuth) (Photo Martina Schubert)

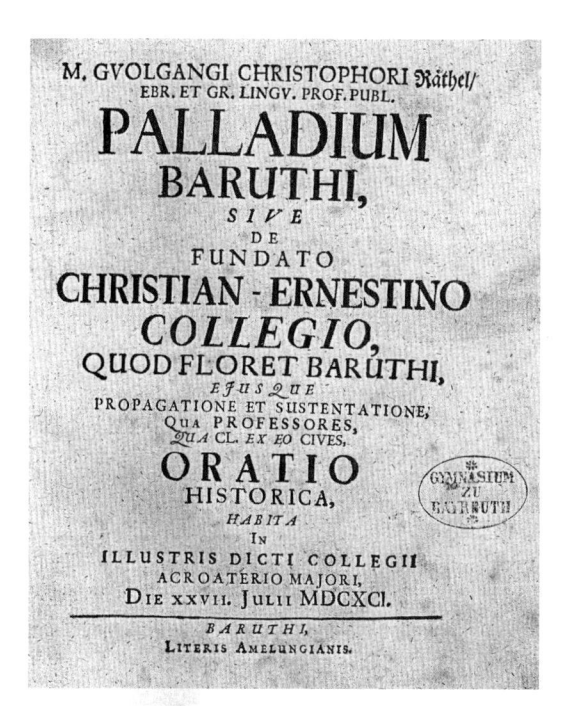

Abb. 34: Titelblatt einer Schrift von Wolfgang Christoph Räthel zur Gründung des Gymnasiums, 1691

und studierte nach der Valediktion in Jena, wo er 1683 promovierte. Anschließend ging er noch nach Königsberg, unternahm Reisen in Preußen, Liefland und Polen. 1689 erhielt er am Gymnasium in Bayreuth die Professur für die griechische und hebräische Sprache, außerdem die Aufsicht über die fürstliche Bibliothek. 1690 hielt er seine Antrittsrede „de Arminio nono teutonico Christiano Ernesto". Fikenscher lobt seinen Fleiß und Eifer, verweist aber auch auf eine gewisse „Weitschweifigkeit". „Leider mußte er aber, ..., die Schule in gänzlichen Verfall geraten sehen, so dass sie keine öffentliche Anstalt mehr zu seyn schien und ihm sogar über 2 Jahre lang die wenigen Zöglinge auf seinem Zimmer zu unterweisen überlassen blieb." 1695 übernahm er zusätzlich die Professur für Theologie. Er wünschte schließlich das Gymnasium zu verlassen und erhielt 1697 die Superintendentur zu Neustadt/Aisch, wo er 1701 eingesetzt wurde. 1702 begleitete er als Hofprediger im Spanischen Erbfolgekrieg Markgraf Christian Ernst, der ihn 1704 zum Kirchenrat beförderte. Räthel verfasste u.a. die Schrift „Untersuchung von dem Wesen des Geistes – Oder deß seltsamen Pietisten-Gespenstes, welches heutigen Tages die Welt äffet", 1703. Er reagierte damit auf eine Schrift mit dem Titel „Das von der Wahrheit vertriebene Antipietistische Lügen-Gespenst".

Räthel verstarb am 28. Juni 1729.

Gropp, Johann (1655–1708) (Prof. 1689–1694)

Gropp wurde in Wunsiedel als Sohn des Blechzinners und Ratsherren Joh. Christoph Gropp geboren.

Er studierte in Jena 1678–1680, erwarb den Magister in Altdorf und war als Pfarrer 5 Jahre in Thuisbrunn tätig. Ab 1689 lehrte er am Gymnasium Rhetorik, ab 1698 Moraltheologie. Außerdem bekleidete er viele kirchliche Ämter. Auch er war in Jena ein Schüler von Erhard Weigel.

Albinus, Johann Heinrich (Prof. 1695–1703)

Er wurde am 4. Januar 1672 in Wirsberg geboren. Nachdem er zunächst von seinem Vater unterrichtet worden war, besuchte er ab 3. Juli 1689 die oberste Klasse des Gymnasiums. Seine Lehrer waren Rentsch, Fikenscher, Hagen, Röser, Gropp und Räthel. Anlässlich seiner Valediktion 1690 hielt er eine Rede „De coronato benignitatis anno", studierte in Wittenberg, promovierte dort zum Dr. phil. und unterrichtete ab 1695 am Gymnasium die Fächer Rede- und Dichtkunst und Griechisch. Seine Antrittsrede hatte den Titel „De linguarum aetatibus".

Fikenscher hebt hervor: „Er las die alten Schriftsteller mit Geschmack und ging nicht nur auf Grammatik, Periodenbau ... mit einem Worte auf die Sprache ein, sondern auch auf die Sache, den Sinn, die Einkleidung, Entwicklung der Schönheiten ..." Auf Wunsch seines alten Vaters übernahm er dann die Pfarrstelle in Wirsberg. Am 16. November 1703 hielt er seine Abschiedsrede „De obligatione erga patriam". Er verstarb in Wirsberg am 9. März 1718.

Rudolph, Johann Stephan (Prof. 1696–1698)

Rudolph wurde am 14. März 1654 in Speichersdorf am Kulm als Sohn des Andreas R., späteren Schneiders und Bürgers in Bayreuth.bis 1668 geboren. Er erhielt Privatunterricht und studierte ab 1674 an der Universität Jena, u.a. Mathematik bei Weigel.

Als junger Magister unterwies er die Söhne des Geheimrats von Lilien in Bayreuth, wurde 1682 bis 1688 Rektor des Lyzeums in Kulmbach, dann Schlossprediger der Plassenburg. Ab 1696 war er Prof. für Mathematik am Gymnasium in Bayreuth, ab 1697 auch für Moraltheologie. Er verstarb im Jahr 1698.

M. Johann Michael Ellrod (Prof. 1698–1709)

Ellrod wurde am 25. Oktober 1672 in Gefrees als zweiter Sohn des Jacob Ellrod aus Kulmbach geboren. Er war Professor für Philosophie. 1699 wurde er zum Konsistorialrat ernannt und 1708 zum Hofprediger und erhielt das Amt des Erziehers für die Prinzessin Christiana Sophie Wilhelmine. Er verstarb am 29. Dezember 1709.

M. Samuel Kripner, (Prof. 1727–1742)

Kripner wurde am 31. März 1695 als Sohn des M. Samuel Kripner, Pfarrer in Selb, in Schnabelwaid geboren, aber in Wunsiedel, wohin sein Vater befördert worden war, erzogen. Hier besuchte er die Lateinschule, anschließend die Fürstenschule in Heilsbronn. Besondere Fähigkeiten zeigte er in der lateinischen, griechischen und hebräischen Sprache. 1715 begann er das Studium in Jena, wo er 1720 promovierte. 1727 wurde er als Professor für die griechische und für die morgenländischen Sprachen an das Gymnasium in Bayreuth berufen. Seine Antrittsrede hielt er 1728 „de causis corruptae criticae sacrae". 1741 erhielt er die Inspektion über die Alumnen und wurde zugleich zum Professor für Theologie ernannt. Aus Achtung gegen seine Verdienste erhob man ihn 1742 zu der ehrenvollen Stelle eines Rectors und vordersten Professors der Theologie und der morgenländischen Sprachen an der zu Bayreuth errichteten Friedrichs-Akademie. Er verfasste die Schrift „Origines urbis S. Georgii ad lacum vulgo Der Brandenburger vocatae, Bayreuth 1736. Kripner verstarb am 15. Oktober 1742.

Abb. 35: Titelblatt der Abhandlung von Samuel Kripner über die Ursprünge der Stadt St. Georgen am See, Bayreuth 7. Juli 1736

M. Johann David Ellrod (Prof. 1727–1737)

„Ein guter Kanzelredner, gründlicher Forscher der Alterthumskunde und feiner Kenner der sonderlich alten Philosophie, die er in den Quellen selbst studiert hatte."

Er wurde am 30. Dezember 1699 zu Weidenberg als Sohn des Johann Heinrich Ellrod (Kantor) geboren. Am 7. Juni 1713 trat er in das Gymnasium in Bayreuth ein. Am 4. Oktober 1718 hielt er bei seinem Weggang nach Jena eine Disputation (de vario exiandi modo), war in Jena als Professor tätig, „musste aber aus Mangel an Unterstützung in diesem Jahr (1720) Jena verlassen und sich von 1721 an in Bayreuth mit dem Unterrichte der Jugend abgeben." Er machte 1723 eine Reise nach Altdorf, um sich dort „die höchste Würde der Weltweisheit zu erwerben", was ihm auch gelang. Eingeschränkte Vermögensverhältnisse zwangen ihn zur Rückkehr nach Bayreuth, wo er 1725 als Hauslehrer des Barons von Oelhafen tätig war. Wiederum ging er nach Altdorf, wurde aber schließlich 1727 als Professor der Philosophie an das Gymnasium Christian-Ernestinum berufen. Er verstarb am 25. Juni 1757.

Dr. German August Ellrod (Prof. 1731–1742, Direktor 1758–1760)

Er wurde am 22. September 1709 in Bayreuth als Sohn des Konsistorialrats, Hofpredigers und Professors am Gymnasium M. Johann Michael Ellrod geboren. Wenige Monate nach seiner Geburt verstarb sein Vater. Nach Privatunterricht durch seine Mutter Magdalena Rosina (geb. Ortt) und den Privatlehrer Joh. Ernst Teichmann trat er 1720 in das Seminarium ein und wechselte 1721 ins Gymnasium. Am 21. April 1727 verabschiedete er sich nach Jena und erlangte dort die Magisterwürde. Er kehrte wegen einer ernsten, langwierigen Krankheit seiner Mutter nach Bayreuth zurück, predigte dort für Markgraf Georg Friedrich Carl und wurde von diesem 1731 zum Professor der Beredsamkeit, Dichtkunst und Physik am Gymnasium ernannt. Fikenscher lobt ihn als kompetent, fleißig und gewissenhaft. „Eben daher war er aber auch ein geliebter und angesehener Lehrer, der sich der Gnade des Markgrafen so würdig machte, dass dieser ihm 1736 nicht nur seine Prinzessin Elisabetha Friderika Sophia zur Unterweisung, sondern 1737 auch eine Assessors- und 1740 eine wirkliche Rathstelle im Consistorium gab." 1742 wurde er zum Professor der Theologie, Beredsamkeit und Dichtkunst an die Akademie zu Bayreuth berufen, war Inspektor der Alumnen und ging schließlich 1743 an die Universität nach Erlangen. Dort vertrat er den „vordersten Lehrstuhl der Theologie" und

Abb. 36: German August Ellrod

lehrte zu den bisherigen Fächern auch Kirchengeschichte. Er wurde am 24. Oktober 1743 zudem als Superintendent verpflichtet und erhielt am 4. November 1743 den theologischen und philosophischen Doktorhut. Er wurde 1745 Mitaufseher (Scholarch) des Gymnasiums zu Erlangen, bis er 1747 wieder nach Bayreuth zog, wo er Prinzessin Elisabetha Friderika Sophia wieder unterrichtete und 1748 an den Herzog Carl Eugen von Württemberg vermählte. In diesem Jahr erhielt er auch die Generalsuperintendentur des Fürstentums Bayreuth, 1750 die Spezialaufsicht über das Christian-Ernestinum. 1758 wurde er Direktor des Bayreuther Gymnasiums. Er verstarb am 5. Juli 1760.

D. Johann Kapp (Prof. 1778–1799)

Johann Kapp wurde am 12. Dezember 1739 in Oberkotzau geboren. Er war das 10. von 11 Kindern des Johann Kapp, eines Fuhrmanns, Handelsmanns und Ratsherrn zu Oberkotzau. Die Familie lässt sich bis 1622 auf einen Hans Kapp zurückverfolgen. Ursprünglich sollte er Kaufmann werden, doch förderte ihn sein Lehrherr, so dass er sich erste Grundlagen seiner Bildung aneignen konnte. Am Gymnasium in Hof unterstützte ihn Rektor Longolius, der ihn auch seine umfangreiche Bibliothek benutzen ließ. Er studierte in Leipzig, wo einer seiner Lehrer Christian Fürchtegott Gellert war, und zum Schluss auch in Erlangen. Nach kurzer Lehrtätigkeit in Hof wurde er 1777 als Professor der Theologie und Geschichte an das Gymnasium in Bayreuth berufen. Seine Forschertätigkeit ist ausgehend von der Liebe zur Heimatgeschichte sehr umfangreich. Seit 1784 war er Konsistorialrat. Er setzte sich intensiv für den Umzug des Gymnasiums in das ehemalige Waisenhaus in der Friedrichstraße ein.

Abb. 37: D. Johann Kapp

Dr. Georg Wolfgang Augustin Fikenscher (Prof. 1803–1813)

Er wurde am 28. August 1773 in Bayreuth geboren als Sohn des Johann Thomas Fikenscher und dessen Ehefrau Johanna Jacobina, Tochter des Consistorialrats Johann Wolfgang Wanderer. Nach Privatunterricht wurde er mit 5 Jahren in das Seminarium Bayreuth aufgenommen und trat am 8. Januar 1785 in das Gymnasium ein. Er verließ es 1792 und studierte in Erlangen Theologie, Philologie und Geschichte. 1796 promovierte er und meldete sich auf die Empfehlung Hardenbergs für die freigewordene Rectoratsstelle in Kulmbach. Am 23. August hielt er seine Antrittsrede, empfing am 14. August 1797 vom preußischen König die Ernennung zum Professor und wurde Ehrenmitglied der Mainzer Akademie der nützlichen Wissenschaften. Er machte sich als Historiker verdient, vor allem auch durch sein Werk „Geschichte des illustre Christian-Ernestinischen Collegii zu Bayreuth, Bayreuth 1806–1810. 1802 musste er erleben, dass das Lyceum wegen einschneidender Sparmaßnahmen in eine „Vorbereitungsschule" mit dem Status einer Bürgerschule umgewandelt wurde. 1803 begann er seine Tätigkeit am Gymnasium in Bayreuth. „Sein Schaffen war recht vielseitig,

Abb. 38: G. W. A. Fikenscher (Stadtarchiv Bayreuth)

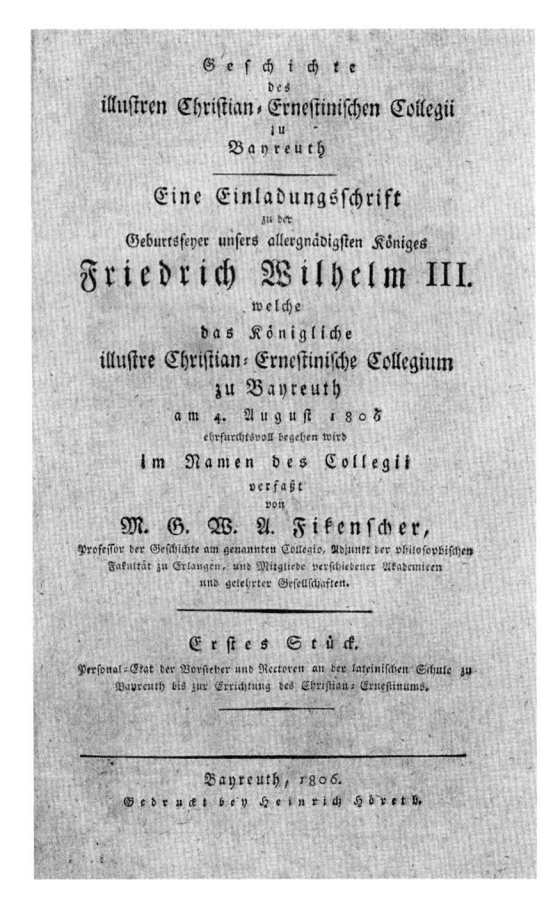

Abb. 39: Titelblatt der „Geschichte des illustren Christian-Ernestinischen Collegii zu Bayreuth" von G. W. A. Fikenscher, Bayreuth 1806

der Schwerpunkt lag aber bei der Schul- und Gelehrtengeschichte. Eine echte Pionierleistung vollbrachte er auf dem Gebiet der territorialen Schriftstellerlexikographie." „Bis in unsere Gegenwart herein werden Fikenschers Arbeiten für wissenschaftliche Studien herangezogen." (Vgl. Karl Müssel, Georg Wolfgang Augustin Fikenscher, Ein verdienter Bayreuther Geschichtsforscher, Gedenken zu seinem 200. Geburtstag, AO 53, 1973, S. 289–302).

Dr. Johann Friedrich Degen (Prof. 1802; Direktor 1811–1821)

Degen wurde am 16. Dezember 1752 in Affalterthal als Sohn des Predigers Christoph Friedrich Degen geboren. 1768 kam er auf das Gymnasium in Coburg. 1772 ging er nach Erlangen und wurde dort von Harleß in dessen Haus aufgenommen, der auch seine Kinder von ihm unterrichten ließ. Er promovierte 1776 und ging im gleichen Jahr nach Ansbach.

Dem Drängen verschiedener Offiziere, als Feldprediger die Ansbach-Bayreuthischen Truppen nach Amerika zu begleiten, folgte er nicht, sondern erlangte schließlich 1791 die Stelle eines Direktors, Inspektors und Professors an der Fürstenschule in Neustadt/Aisch.

1794 wurde er vom Pegnesischen Blumenorden in Nürnberg als Mitglied aufgenommen und 1802 als erster Professor für hebräische und griechische Sprache an das Christian-Ernestinum nach Bayreuth versetzt. Hier traf er 1803 ein. Er erhielt zudem die Inspektion über die Alumnen, wurde kurze Zeit später Scholarch und Consistorialrat. 1806 übernahm er auch das Lehrfach der Theologie und erhielt am 25. Juli 1807 von der theologischen Fakultät in Erlangen ihre höchste Würde.

Degen war, als er das Rektorat in einer schwierigen Übergangszeit mit vielen Neuerungen übernahm, fast sechzig Jahre alt. Er war wohl mit der Fülle der Aufgaben etwas überfordert. Neu war z.B., dass nun der Rektor unbedingt die oberste Klasse zu übernehmen hatte, während der „Anfänger" die unterste Klasse übernahm. Degen hatte einen guten Ruf und genoss Ansehen als Konsistorialrat, Gelehrter und Schriftsteller. So hatte er 1785–1787 einen „Fränkischen Musenalmanach" herausgegeben und war als Mitarbeiter und Rezensent vieler litararischer Zeitschriften tätig.

Glanz und Elend eines Berufsstands. Auf die Problematik der Einordnung bestimmter Berufsgruppen in ein Modell sozialer Schichtung, auf

Abb. 40: Johann Friedrich Degen

das Neben- und Ineinander höfischer und bürgerlicher Gesellschaft in Bayreuth wurde schon hingewiesen. Im 19. Jahrhundert erst wird sich mit eigenem Berufsethos, mit eigenem Selbstwertgefühl innerhalb des Bürgertums in Abgrenzung zum Großbürgertum und Kleinbürgertum das sog. Bildungsbürgertum darstellen. Beamte und speziell der Lehrerstand finden eine gewisse Kompensation ihrer ärmlichen Verhältnisse im Bewusstsein, „Staatsdiener" zu sein. Auch die Professoren eines Gymnasiums im 17. und 18. Jahrhundert konnten auf ihre Leistungen, auf die Qualität ihrer wissenschaftlichen Arbeit stolz sein. Konnten sie aber „standesgemäß" leben? Von wem waren sie wirklich geachtet? Immer waren sie ausgeliefert an die Willkür des Staates, des absoluten Landesherrn.

Es ist äußerst schwierig, die Einkommensverhältnisse verschiedener Berufsgruppen und sozialer Schichten zuverlässig zu erfassen und zu vergleichen, doch ergibt sich immerhin aus den verfügbaren Quellen ein grobes Bild. Am durchschaubarsten stellen sich die Verhältnisse bei den Empfängern von Barlohn, bei den sog. „Lohnabhängigen" dar, zu denen „Beamte", „Angestellte" (diese arbeitsrechtlich definierten Abgrenzungen gibt es noch nicht), Gesellen, Taglöhner, Handlanger, Knechte und Mägde gehö-

ren. Schwierig wird eine Einschätzung z.B. bei Künstlern, bei Selbständigen wie Meistern, Kaufleuten und Händlern. Wie ist der Besitz von Immobilien zu werten, wie die Möglichkeit Kleinvieh und Großvieh zu halten? Von besonderer Bedeutung war bei „Beamten" der Naturallohn in Form von Getreide und Holz, vor allem in Krisenzeiten. Aber sowohl die Auszahlung des Barlohns als auch die Zuteilung von Naturalien erfolgten über lange Zeit hinweg unregelmäßig. Mit aller Vorsicht lässt sich das Einkommen der in Bayreuth im 17. und 18. Jahrhundert führenden Gewerbe (Gerber, Bäcker, Metzger) auf 200–300 fl, in einzelnen Fällen vielleicht auch um die 400 fl jährlich schätzen, Angehörige der Unterschichten (Knechte, Mägde, Handlanger, Taglöhner) kamen auf etwa 10–12 fl Barlohn im Jahr. Bei „Beamten" gab es ebenfalls große Staffelungen. Die Gehälter bewegten sich zwischen 400–500 fl für Kriegs- und Landschaftsräte, 1000 bis 1500 fl für Geheime Räte, bis zu 4000 fl für Räte im Ministerium und 15 000 fl für Geheime Minister. [51]

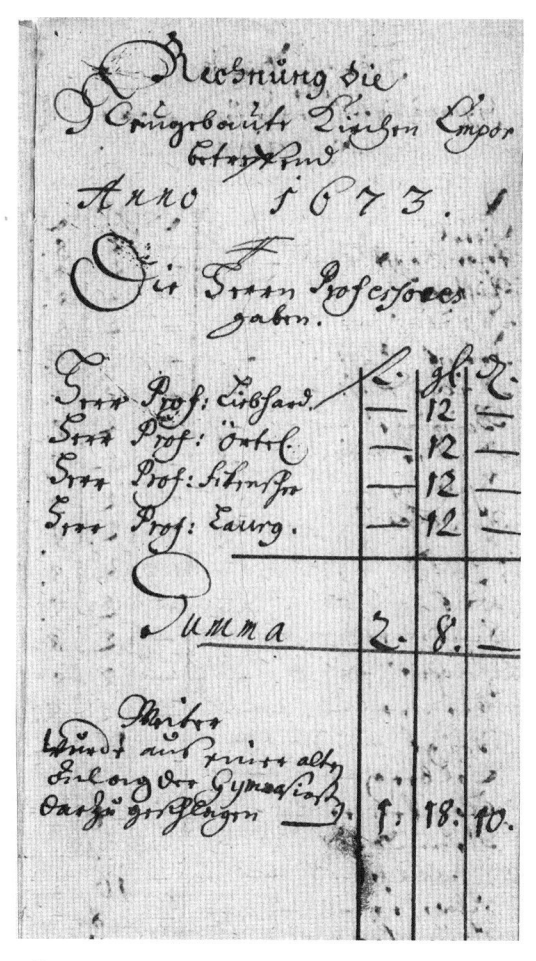

Abb. 41: Rechnung über Beiträge der Professoren zur Errichtung der Empore in der Stadtkirche, 1673

Schon am 8. November 1665 beschweren sich die Professoren wegen Kürzung der Getreidebesoldung aus Himmelkron. Am 18. November antwortet der Markgraf mit dem Hinweis, dass sie erst seit Juli 1664 im Dienst seien und vom Kloster Himmelkron zuviel erhalten hätten. „Also befehlen Wir hiemit gnädigst Ihr wollet doch die Supplicanten vor Euch bescheiden, denenselben die Bewantnuß beweglich zu Gemüth führen und ihnen dabey ausdrücken, dass sie Uns so unnöthiger Ding nicht ferner behelligen, sondern mit dem, was Wir jährlich zur Besoldung verordnet, vergnügt sein sollen."

1673 wurden die Professoren mehr oder weniger genötigt, einen Beitrag zur Errichtung der Empore in der Stadtkirche zu leisten. Liebhard, Oertel, Fikenscher und Layriz bezahlen je 12 kr.

1682 klagen die Professoren Fikenscher, Laurum, Layritz und Hagen wegen Rückständen. Sie belaufen sich insgesamt auf 446 fl 19 ¾ Kr.

1686 sind Rückstände bis zu zwei Jahren vorhanden. Sie betragen für einzelne Professoren 80 fl, 120 fl, 181 fl und 204 fl. Im gleichen Jahr sollen die Professoren einen freiwilligen Beitrag zur Deckung der hohen Kosten des Landes wegen des Krieges leisten. Es handelt sich hier wohl um Kosten, die mit der Bereitstellung eines Truppenkontingents Friedrich Wilhelms zusammenhängen, um den Kaiser gegen Ludwig XIV. zu unterstützen und an dem sich Christian Ernst beteiligte. Auch der Türkenkrieg dauerte ja noch bis 1699 an. Die Professoren erklären „in gehorsamster Observanz", sie wünschten „so vermögend zu sein, um Hochfürstl. Herrschaft in jetzigem Notstand mehr helfen zu können". „Nachdem aber wie bekannt, unsere ohnehin geringe Besoldung sehr sparsam eingehet", können sie sich nur mühsam über Wasser halten und nichts leisten. Trotzdem geben Fikenscher und Layriz je 3 Taler.

1697 reichen die Professoren ein, „sie würden Hochfürstl. Durchl.gerne mit ihrem ‚lamento' unbehelligt lassen, wo nicht dero angeborne Clemence und Milde aller in dem Illustri Collegio Christian Ernestino docierende Professoris schon längsten ihren Nothpfennig vorzustrecken erlaubt und die Schuldgläubiger unsere bisher gemachten Schulden zu entrichten …" Sie müssen sich mit Nahrungsmitteln, Salz und Schmalz und notwendiger Kleidung versehen.

1703 werden die Besoldungsrückstände der Professoren Gropp, Frosch, Albinus, Meyer, Ellrod und Franck auf über 2000 fl beziffert.

Die Gehälter waren recht unterschiedlich. Für das Jahr 1674 werden Aufgaben und Besoldung eines französischen Sprachmeisters, nämlich von Deodatus Doucourt, genau aufgelistet:

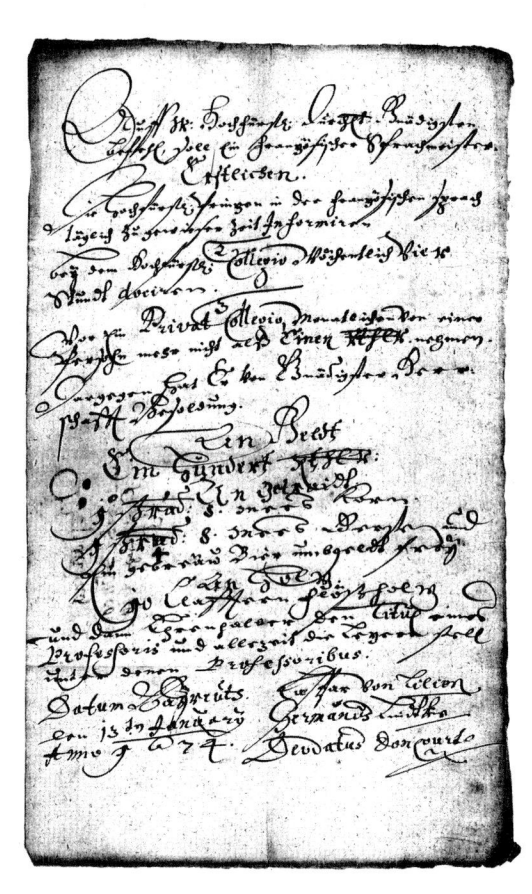

Abb. 42: Besoldung eines französischen Sprachmeisters, 13. Januar 1674

Er soll Erstlichen die Hochfürstlichen Prinzen in der Französischen Sprache täglich zu gewisser Zeit informiren, Zweitens bey dem Hochfürstl. Collegio wöchentlich vier Stundt dociren und Drittens vor ein Privat Collegio monatlichen vor eine Person mehr nichts als einen Reichsthaler.

An Geld	100 Reichsthaler
An Getraidt	1 Simra 8 Mees
An Gerste	1 Simra 8 Mees
Und	ein Gebräu Bier umgeldfrei
An Holz	10 Klafter Flößholz

1796 erhält der Erste Professor M. Lorenz Johann Jacob Lang

88 fl aus der Universitätskasse
12 fl vom hiesigen Gotteshaus
84 fl vom Gotteshaus Bindlach und hiesigem Hospital

20 fl von der hiesigen Superintendentur
90 fl aus den piis corporibus
40 fl an 2 Simra Getraidt und 2 Simra Gersten von der Kornschreiberei
6 fl an 3 Klafter Holz waldzinsfrei aus der herrschaftlichen Waldmeisterei Heinersreuth

In Rücksicht seiner langen Dienste hat er, „da er 1765 zur vacanten Superintendentur Münchberg und 1781 zur hiesigen Superintendentur in Vorschlag war das erstmal 80, das andermal 100 fl Addition erhalten."

Schlechter noch als den ordentlichen Professoren erging es den anderen Lehrern wie z.B. den „Schreibmeistern". Am 20. Juni 1786 bittet Schreibmeister und Regierungs- und Hofkanzlist Johann Christian Teicher, dem Fleiß und Diensteifer bescheinigt werden, um eine Gehaltszulage. Er erwähnt verschiedene „harte Krankheiten" seiner Frau und verweist „auf die theuren Jahre, hohe Preise der unentbehrlichen Lebensmittel." Er muss sehr kümmerlich leben, sein jährliches Gehalt beträgt weniger als 100 fl als Kanzlist und 30 fl als Schreibmeister. Er bittet darum, „dass mir zu meinem jährlichen Schreibmeister-Gehalt eine Addition von 12 bis 16 fl fränk. gnädigst bewilligt werden möge."

Um diese Jahresgehälter etwas einordnen zu können, dienen vor allem die Brotpreise, denn Brot war das Hauptnahrungsmittel jener Zeit. Für den erwachsenen Menschen rechnet man einen Verbrauch von 1–1 ½ Pfund/Tag. Fleisch und andere hochwertigen Nahrungsmittel konnten sich die meisten Bürger nur selten leisten.

1656 erhielt man für 4 Kreuzer 7 Pfund Brot, 1700 2 Pfund, 1750 4 Pfund, 1800 2–3 Pfund.

Die Schwankungen hängen mit den wetter- und klimaabhängigen Getreidepreisen unmittelbar zusammen. Die sog. Krisenmortalität ist in diesem Zusammenhang klar erkennbar.

Ein Pfund Fleisch guter Qualität kostete 1674 2 ¼ Kreuzer, 1740 3 ½ Kreuzer, 1780 5 Kreuzer, 1800 9 Kreuzer.

Ein Handwerksmeister kam auf eine Tageseinnahme von 15–18 Kreuzer im Jahr 1652, im Jahr 1800 auf 28–30 Kreuzer.

Hinzu kamen natürlich auch bei bescheidensten Ansprüchen Kosten für Miete (für Unterschichtsangehörige in der Regel ein Verschlag mit Strohsack), Kleidung, Medizin u.a.[52]

Über die Lebensverhältnisse in Bayreuth im 17. und 18. ja weit ins 19. Jahrhundert hinein wurde schon berichtet. Man muss sich klar machen, dass Bayreuth ein kleines Ackerbürgerstädtchen war, in dem sich der Bürger z.B. sein „Hausschwein" halten durfte. Die Dunghaufen lagen noch bis Mitte des 19. Jahrhunderts vor den Haustüren am Markt. Unrat und Fäkalien kippte man in die sog. „Engen Reihen" zwischen den Häusern, wo sie der Stadtkärrner abholte und in den Main entsorgte, zur „Freude" des Müllers auf der Herzogmühle. Nur wenige Häuser waren aus Stein errichtet, es überwog das Fachwerk und das Schindeldach. Erst im 18. Jahrhundert, unter Markgraf Friedrich, werden systematisch Baurichtlinien entwickelt, werden Ziegeldächer und Steinbauweise vorgeschrieben. Die meisten Bewohner, so auch die Lehrer und Professoren wohnten ärmlich und äußerst beengt.

Zusammenfassend kann man wohl ohne Übertreibung feststellen, dass die Besoldung und die Lebensverhältnisse der Professoren in keinem angemessenen Verhältnis zu ihren Leistungen standen. Oft drohten sie unter das Existenzminimum abzusinken und mussten sich verschulden. Im besten Fall lässt sich ihr Jahreseinkommen mit dem von Handwerksmeistern vergleichen, wobei die Frage offen bleibt, ob nicht ein Zunftmeister, der zugleich im Rat der Stadt saß oder öffentliche städtische Funktionen inne hatte, im allgemeinen Ansehen höher stand als ein Not leidender Professor.

Dass auch die Professoren der Zensur unterlagen, dass sie jede Oratio und jedes Programm, jede Publikation vor Drucklegung zur Genehmigung einreichen mussten, versteht sich von selbst. So wird z.B. am 14. Dezember 1770 das Programm von Professor Georg seitens des Consistoriums beanstandet. Er hatte eine Einladungsschrift „ohne vorherige Censur zum Druck gegeben" und „sich unterfangen", ein juristisches Thema aus dem Lehen-Recht zu bearbeiten, „obwohl bey dem Collegio keine Professio juridica existiert, mithin auch keine juristische Abhandlung für dasselbe schicklich ist." Georg soll „von dergleichen anmaßlichen Neuerungen gänzlich abstehen" und sich „in den Schranken der Ordnung und Gebühr" halten.

Es werden die Professoren „ernstlich angewiesen, nichts mehr zum Druck zu befördern, bevor ich solches nicht gesehen und censirt habe" (14. Juli 1746, Hochfürstl. Brandenburg. Directorium der Friedrich Universität und beyder Gymnasien zu Bayreuth und allhier).

Verpflichtet und gezwungen waren die Professoren, reihum anlässlich des Geburtstages der Markgrafen, aber auch zum Namenstag oder bei

Verlöbnissen, Hochzeiten oder Beerdigungen, eine lateinische Rede oder entsprechende Einladungsschriften, oft auch Gedichte, abzuliefern.

Zwischen 1666 und 1804 befassen sich die Reden überwiegend mit der Geschichte der Burggrafschaft Nürnberg, der Markgrafschaft Kulmbach-Bayreuth, der Reformation und kirchlichen Entwicklung oder den Rechtsverhältnissen. Selbstverständlich darf der Lobpreis der einzelnen Herrscher nicht fehlen. Es finden sich aber auch historische Abhandlungen, deren Auswertung und Vergleich mit der neueren Forschung sicher reizvoll wäre. Als Beispiele seien nur genannt:

Örtel, J. C., De Iudaeis ex hac urbe expulsis (1673); Frosch, J. F., De urbe Culmbacensi (1696) ; Arnold, J. G., De templo Baruthi aulico; Poezinger, M., De monasterio Carmelitarum Neostadii ad Culmina (1726).

1.2 3. Die Schüler

Auskunft über die Schüler gibt für die Zeit von 1664 bis zur Umstellung auf die bayerischen Verhältnisse 1812/13 das Matrikelbuch.

Die Matrikel enthält die Namen der eintretenden Schüler. Zunächst wurde eine eigene Seitenfolge für Fürsten, Grafen und Freiherrn angelegt. Dann folgten jahrgangsweise geordnet und in der Reihenfolge ihres Eintritts die Schüler einfacherer Herkunft. Nach einer Neuordnung 1696 fasste man ab 1712 alle Neuzugänge unter ihren Jahrgängen zusammen. Die Eintragungen sind fast immer lateinisch und nennen ab 1696 oft auch den Namen des Vaters, dessen Rang und Stellung, Alter, Geburtsort und bisherige Ausbildung. Es lässt sich daher ein recht guter Einblick in die soziale Struktur des Gymnasiums über den Zeitraum bis 1812/13 gewinnen. Schwieriger ist es dagegen, Aussagen über den Bestand der Gesamtschülerzahl für jedes einzelne Jahr oder über Klassenstärken zu machen. Viele Schüler kamen nach Privatunterricht durch Hauslehrer an das Gymnasium, die Verweildauer war sehr unterschiedlich. Trotzdem lassen sich ergänzt durch einzelne Schülerverzeichnisse gewisse Entwicklungstendenzen erkennen. Es ist ein besonderes Verdienst von Dr. Otto Veh, die Matrikel nicht nur in gedruckter Form leicht lesbar herausgebracht, sondern diese Informationen durch zusätzliche Sichtung der

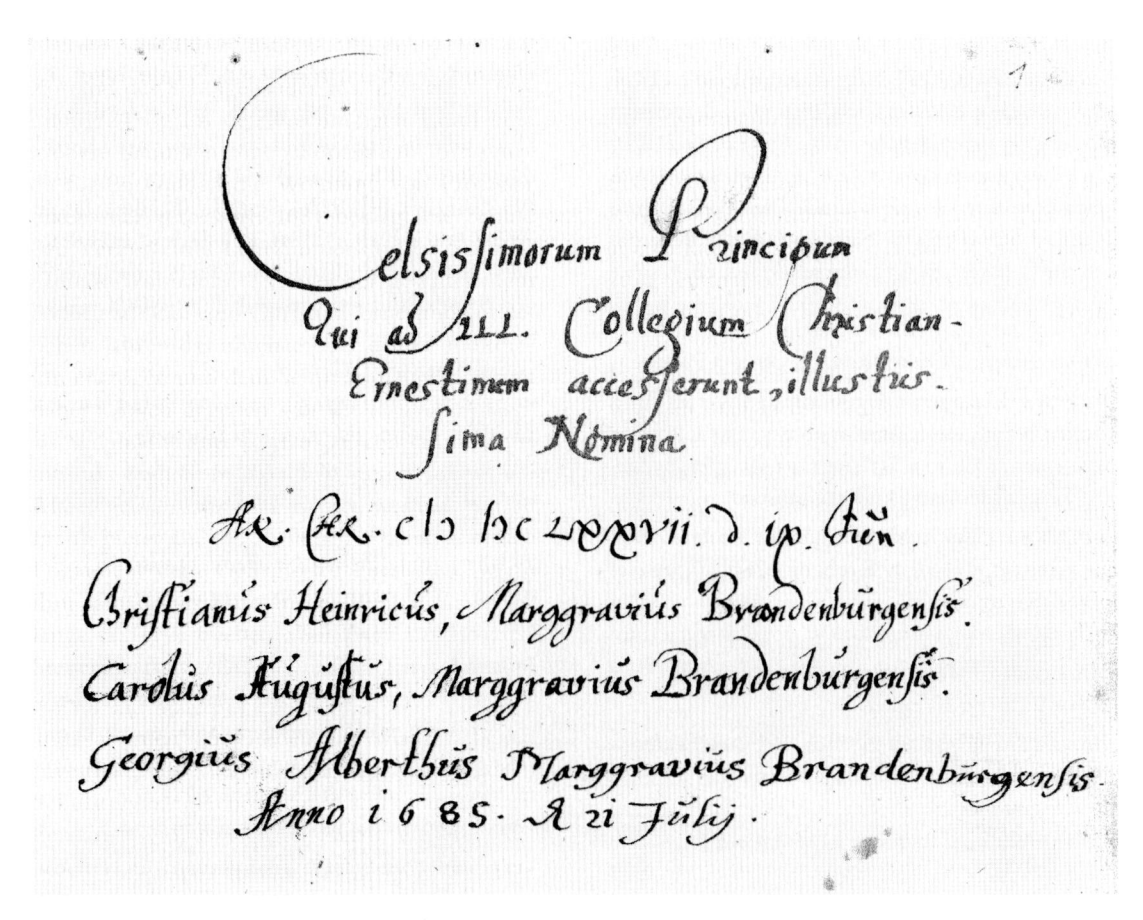

Abb. 43: Eintrag der Erbprinzen in der Matrikel des Gymnasiums

Taufbücher der Stadtkirche und Auswertung des „Album Baruthinum" ergänzt zu haben. Wertvoll sind auch seine statistischen Aufstellungen, die den Gesamtzugang für jeden Jahrgang, regionale Herkunft, Anteil der Adeligen, Anteil des Privatunterrichts bzw. Übertritt von anderen Schulen erfassen.[53]

Der erste Eintrag nennt also folgerichtig die Erbprinzen:

Christianus Heinricus,
Marggravius Brandenburgensis

Carolus Augustus,
Marggravius Brandenburgensis

Georgius Albertus,
Marggravius Brandenburgensis

Anno 1685, 21. Julij

Es folgen die Gründungsmitglieder des Gymnasiums

Anno Epochae vulgaris MDCLXIV d. XXVII Julii, qui Serenissimo Principi Cristiano-Ernesto natalis erat, solemniter inauguratum est novum gymnasium, ac in memoriam Fundatoris Christian-Ernesti nuncupatum nomine.

In Introductione praesentes erant, et ex oppidana schola in Gymnasium noviter apertum transplantabantur sequentes:

WOLFGANG ERDMANNUS GEJERUS,
Culmbaco-Francus

CHRISTOPHERUS ADAMUS à PUHEL,
Culmbacho

ELISAEUS GIRBERTUS,
Barutho-Francus

JOHANNES LEONHARDUS PREUSING,
Barutho

CHRISTOPH PAULUS KRAUSS,
Culmbaco-Francus

JOHANNES HEDLER, Leucopolitanus

JOACHIM HEINRICH HAGEN,
Baruthinus

CHRISTIAN FRIEDRICH PERTSCH,
Caelicoronensis

HIERONYMUS HEDLER,
Leucopolitanus

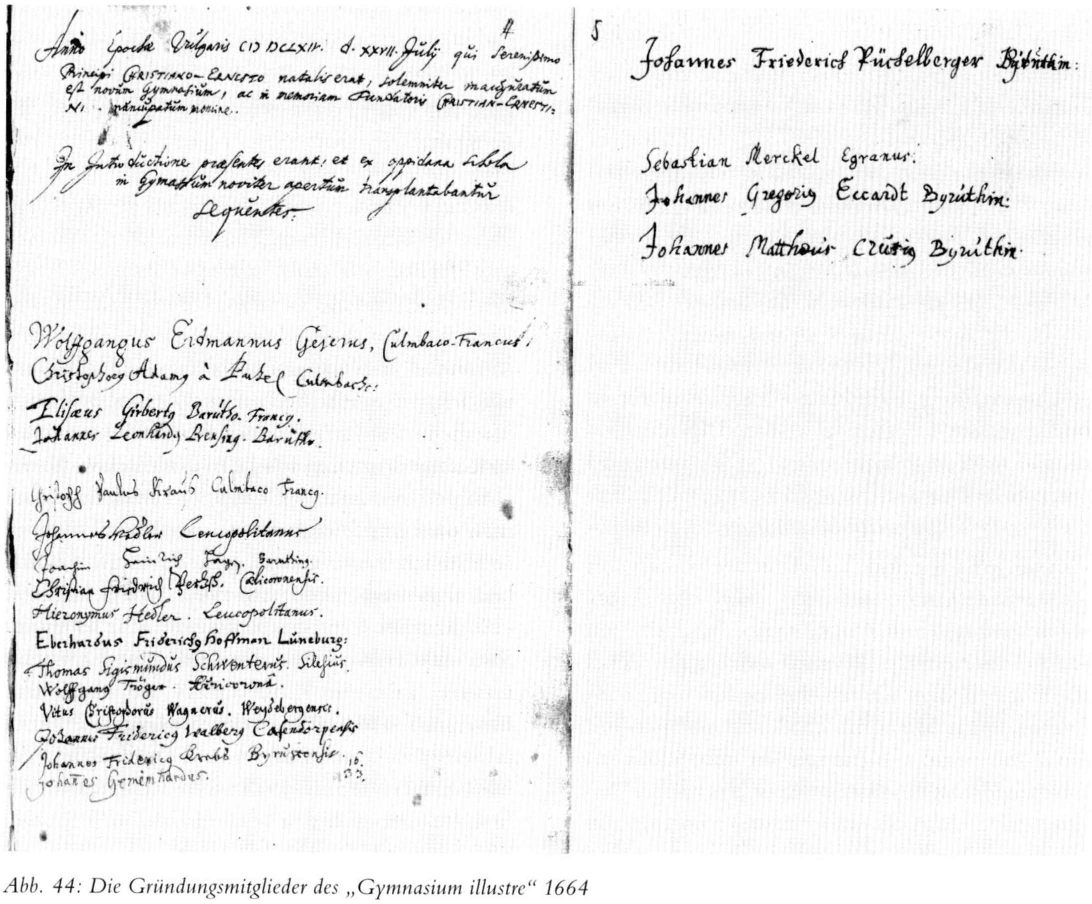

Abb. 44: Die Gründungsmitglieder des „Gymnasium illustre" 1664

EBERHARDUS FRIDERICHUS HOFFMANN, Lüneburg

THOMAS SIGISMUNDUS SCHWENTERUS, Silesius

WOLFFGANG TRÖGER, Auricorona

VITUS CHRISTOPHERUS WAGNERUS, Weydenbergensis

JOHANNES FRIDERICUS WALBERG, Casendorpensis

JOHANNES FRIDERICUS KREBS, Byruthensis

JOHANNES GEMEINHARDUS

JOHANNES FRIEDERICH PÜCHELBERGER, Byruthin

SEBASTIAN MERCKEL, Egranus

JOHANNES GREGORIUS ECCARDT, Byruthin

JOHANNES MATTHAEUS CRUSIUS, Byruthin

Für den Zeitraum von 1664 bis 1700 ergibt sich eine Gesamtzahl der eingeschriebenen Schüler von 578, wobei oft der Hinweis auf den Beruf des Vaters fehlt. Maximal werden z.B. 1664 37 Schüler, 1665 33, 1666 32 verzeichnet. Dann kommt es zu einem deutlichen Rückgang. In einigen Jahren finden nur 5,6,7, oder 9 Schüler Aufnahme.

17 Jahrgänge bestehen bei der Aufnahme aus nur 10 bis 20 Schülern.

An der Spitze stehen die Söhne von Pfarrern bzw. Theologen verschiedener Ränge (33) und Adeligen (34), aber auch Handwerkerkinder aus 16 verschiedenen Zünften (Gerber, Weber, Metzger, Bäcker, Riemer, Schneider, Schuhmacher, Nagelschmied u.a.)sind mit 26 Schülern gut vertreten. Die Masse verteilt sich auf bei Hof Beschäftigte, bzw. für die Regierung Tätige (48). Immerhin finden sich auch 3 Bauernsöhne, der Sohn des Stadttürmers, eines Feldtrompeters oder Gastwirts. Insgesamt lassen sich über 80 verschiedene Berufsbezeichnungen ermitteln.

In Bayreuth besteht während der Markgrafenzeit ein Nebeneinander von „höfischer" und „städtisch– bürgerlicher" Gesellschaft mit je eigenen Rangordnungen und Hierarchien, die allerdings nicht scharf voneinander abgegrenzt sind, sondern sich vor allem im mittleren und unteren Bereich berühren. Kriterien für den Status im Bereich Hof und Verwaltung sind erreichte Position im Stellenkegel und damit verbunden die Nähe zum Landesherrn, politischer Einfluss und Entscheidungskompetenzen. Die Mehrzahl der höheren Funktionsträger ist adeliger Herkunft, doch kann auch ein Bauernsohn Hof- und Justizrat, zuletzt Minister und vorderster Konsistorialrat werden. Friedrich Küffner, Sohn eines Bauern aus Deps, studierte in Wittenberg, war 1690 Pfarrer in Lichtenberg und galt als bedeutender Gartenkünstler. Freilich sind dies Ausnahmen und Einzelfälle.

Das städtische Bürgertum wird in seinem wesentlichen Kern vom Handwerk repräsentiert. Die Spitzen der angesehensten Gewerbe (Bäcker, Metzger, Gerber, Zinngießer) finden sich als Bürgermeister, Ratsmitglied, Hospital-, Gotteshaus- und Almosenkastenvorsteher. Es kann hier nicht näher auf Differenzierungen, vor allem auch auf unterschiedliche Einkommen und Vermögen eingegangen werden, die über Steuerlisten, Diätenreglements u.ä. zu erschließen sind.[54]

Zusammenfassend lässt sich aber sagen, dass eine soziale Ober- und Mittelschicht die Sozialstruktur des Gymnasiums von Beginn an kennzeichnet. Dabei ist zusätzlich zu berücksichtigen, dass keineswegs alle Lateinschüler weiter ins Gymnasium aufrückten, das Abitur machten und anschließend studierten.

Bis 1812 sind unter vielen anderen auch nahezu alle bedeutenden fränkischen Adelsgeschlechter vertreten: von Aufseß, von Dobeneck, von Feilitsch, von Guttenberg, von Lindenfels, von Pöllnitz, von Reitzenstein, von Waldenfels (Vgl. Anhang).

Aus der Fülle der Schüler sollen aus der Anfangsphase nur einige hervorgehoben werden, z.B. Georg Christoph **Ellrod**, Sohn des Pastors Philipp Andreas Ellrod aus Gefrees, Georg Wilhelm **Fikenscher**, Sohn des Konsistorialorats und Gymnasialprofessors Johann Fikenscher, Joachim Heinrich **Hagen**, Sohn des Bäckers Friedrich Hagen und später Professor der Dichtkunst und Mathematik am Gymnasium. Ein direkter Nachkomme des Friedrich Hagen ist auch der erste rechtskundige Bürgermeister der Stadt Bayreuth Erhard Christian von Hagen, der zum Andenken an seinen Ahnherrn 1846 der Bäckerzunft ein silbernes Zeichen stiftet. Er war ebenfalls Schüler des Gymnasiums.[55] Johann Christoph **Layriz**, Sohn des Klosteramtsschreibers Johann Layriz, wird später Rektor in Hof (1686), Pfarrer in Selb (1690) und Superintendent in Wunsiedel (1704). Sein Bruder Johann Georg **Layriz** war Hauslehrer bei von Lilien und ab 1673 Professor am Gymnasium in Bayreuth. Schließlich seien genannt Wolfgang Christoph **Räthel**, Sohn des Pastors Johann Räthel, später ebenfalls Professor am Gymnasium., Johann Jakob **Rentsch**, Sohn des Professors Wolfgang Rentsch.

Johann **Will** aus Neudorf wurde am 22. Februar 1645 als Sohn des Gastwirts Johann Will geboren, besuchte zunächst das Gymnasium in Heilsbronn und hatte seine Valediktion in Bayreuth 1666. Er studierte in Jena, promovierte dort 1669 zum Dr. phil. und war dann 1672 Pfarrer in Mistelgau, seit 1682 in Creußen, wo er 1700 die dortige Kirche erbaute. Auch sein Sohn Johann Konrad Will besuchte das Gymnasium in Bayreuth und wurde 1697 Kantor in Goldkronach. Johann Will verfasste die Schrift „Das teutsche Paradeiß in dem vortrefflichen Fichtelberg etc", Creussen 1692 und 1691 die „Crusiae Historia" (Geschichte Creußens, der uralten Stadt der Nürnberger Burggrafschaft ob dem Gebirg, ...[56]
Andreas Adam **Weissig (Weiß)** aus Bayreuth wurde am 4. Oktober 1677 als Sohn des Bürgers und Maurermeisters Joh. Jacob Weiß geboren, besuchte die Lateinschule 1691, ging dann auf das Gymnasium zu Heilsbronn, studierte in Wittenberg, wurde 1704 Konrektor und 1713 Rektor des Gymnasiums in Hof. 1717 wirkte er als Pastor in Trögen, 1720 als Inspektor zu Lösnitz und 1733 als Superintendent des Grafen von Schönburg in Waldenburg, wo er 1744 verstarb. 1709 hatte er für den Erbprinzen Georg Wilhelm eine Gratulationsschrift zum Geburtstag verfasst, in der er davon berichtet, dass schon der erste Professor für Geschichte am Gymnasium zu Bayreuth, Ludwig Liebhard, in seiner gedruckten Rede „De Baruto matre studiorum" das „phönizische Bayreuth", d.h. Beirut, mit dem „fränkischen Bayreuth" verglich. Weiß zitiert in seiner Schrift auch den Weltreisenden Georg Christoph von Neitzschitz, der 1630 bis 1637 mehrere Reisen in den Orient vorgenommen hat und u.a. über die „Stadt Baruth in Syrien" schreibt.[57]

Zwischen 1701 und 1750 werden insgesamt 760 Schüler aufgenommen. Auch hier gibt es große Unterschiede bei den einzelnen Jahrgängen. Die Höchstzahl beträgt im Jahr 1738 27 Schüler, das Minimum im Jahr 1716 6 Schüler. Aus der Lateinschule kommen weiterhin weniger „Cives" als von außen, z.B. 1703 von 22 nur 9, 1704 und 1714 kein einziger, 1733 von 20 nur 3, 1735 von 20 nur 4, 1750 von 18 nur 3.

Nach wie vor ist der Anteil von Adeligen hoch, doch gewinnt zunehmend das Bürgertum an Gewicht. Zugleich wird deutlich, dass im Zuge des absolutistischen Selbstverständnisses und der Herrschaftsauffassung der Adel, vor allem der Niederadel politisch entmachtet wurde und als Kompensation in hochrangige Stellungen bei Hof, im Regierungssystem, im Militär und in der Justiz aufsteigen konnte, die entsprechende Schulbildung natürlich vorausgesetzt.

Unter den Schülern tauchen immer mehr bekannte Namen auch aus alteingesessenen Handwerkerfamilien auf.

Hervorzuheben sind in den Jahren bis etwa 1812 z.B. Friedrich **Brunner**, der 1735/36 in Bayreuth einen Verlag gründete und 1736 die „Bayreuther Intelligenz-Zeitung" herausgab.[58] Besonders zahlreich sind die **Ellrod**[59] immer wieder vertreten, darunter Johann Michael Ellrod, Philipp Andreas Ellrod und **Germann August Ellrod** (Vgl. oben**)**.

Christoph Wilhelm Christian **Heerwagen**, ältester Sohn des Pfarrers Valentin Ambrosius Heerwagen zu Kirchahorn, wird am 23. Februar 1724 geboren. Er tritt 1735 in das Seminarium in Bayreuth ein, ist 1742 als Student an der Friedrichs-Akademie eingeschrieben, studiert anschließend in Erlangen und wird schließlich am 23. Februar 1763 Rector am Kulmbacher Lyceum. Er stirbt am 30. September 1795.[60]

Besonders ragt Georg Gottfried Friedrich **Seiler** heraus (Vgl. auch Gottfried Jordahn, Georg Friedrich Seilers Kindheit, Ausbildung und erste Amtsjahre, Jahrbuch für fränkische Landesforschung, Bd. 28, Jg. 1968). Er wird am 24. Oktober 1733 zu Creußen als Sohn eines Hafners geboren und zunächst von seinem Rektor Weiß und durch Geheimrat Fladenstein gefördert. 1745 findet er Aufnahme im Alumneum des Gymnasiums in Bayreuth. Am Gymnasium unterrichten ihn die Professoren Gräfenhan, der ihn für 5 Jahre in seinem Haus aufnimmt, Braun, Stöhr und Purrucker. 1754 beginnt er seine Studien in Erlangen, wird Mitglied der neuen „Deutschen Gesellschaft", die Professor Wiedeburg in Jena gegründet hatte. Er wird 1761 Hofdiakon, erweitert in der Folge seine Studien, ist in Coburg tätig und erhält 1769 einen Ruf als Lehrer der Theologie an zwei Universitäten, entscheidet sich dann aber für Erlangen. Dort promoviert er 1771 zum Doktor der Theologie. Er liest über Dogmatik, Polemik, Moral, Symbolik, christliche Beredsamkeit, Katechetik, Pädagogik, Exegese über das Alte und Neue Testament. 1776 errichtet er ein Armeninstitut, 1777 ein Institut der Moral und der schönen Wissenschaften, ein Predigerseminar und 1778 eine theologische Lesebibliothek.

Seiler hat ein umfassendes Werk zum „Christlichen Religionsunterricht", zum Unterricht an Lateinschulen und zur Methodenlehre hinterlassen. Außerdem verfasste er zahlreiche Übersetzungen und Interpretationen zum Alten und Neuen Testament, Bücher für „nachdenkende Christen", zur „Aufklärung und Erbauung aller Arten von Christen", insgesamt etwa 50 Titel und weitere 16 „Dissertationen und Programme".

Unter seinen zahlreichen Schriften findet sich auch „Baireuth der Künste Sitz da Friedrich regiert, an dem jährlichen Gedächtnißtage der glorwürdigen Stiftung der Erlangischen Friedrichs Universität in der Teutschen Gesellschaft den 22. November 1756 gepriesen von Georg Friedrich Seiler aus Creusen", Erlangen 1757.

Zwischen 1751 und 1812/13 wurden am Gymnasium 1 284 Schüler aufgenommen.

Hier finden sich u.a. Carl Friedrich Wilhelm **Freiherr von Völderndorff** und Waradein[61], Johann Friedrich **König** (Sohn des Johann Sebastian König, Justizrat und Registrator)[62], Johann Gottfried **Köppel** (Sohn des Johann Thomas Köppel, Hofschreibmeister, Zeichner und Kupferstecher)[63].

Abb. 45: Carl Friedrich Wilhelm Freiherr von Völderndorff und Waradein (Fotografie eines verlorenen Gemäldes, ehemals im Besitz der Freimaurerloge zu Bayreuth)

Johann Theodor **Künneth** aus Creußen wurde am 22. September 1735 als Sohn des Ratsbürgers und Bäckers Johann Lorenz K. geboren, besuchte die Lateinschulen in Creußen und Bayreuth (1751), studierte in Erlangen und avancierte dort 1757 zum Magister. Besonders interessierte er sich für Geschichte, vor allem die der Stadt Creußen. Eine Besonderheit stellt sein Eremitenhäuschen in Creußen dar. Er war von 1781 bis 1800 Superintendent und verstarb am 22. August 1800.

Das Wappen der Künneth, die aus Pfreimd in der Oberpfalz stammen, reicht in das Jahr 1422 zurück. Der Name entstammt dem Englischen und ist von „Kenneth" abgeleitet. Ein Zweig der Familie siedelte sich in Gefrees an, wo Johann Heinrich Künneth 1787 das sog. „Künnethsche Haus" erbaute, ein Palais, dessen letzter Besitzer Adolf Künneth war.

Die Brüder Ernst und Johann Heinrich Kenneth ließen sich in Creußen nieder. Aus dieser Sippe stammt unser Johann Theodor Künneth.[64]

1783 berichtet J. Th. Fikenscher über eine „Erneuerte Bayreuther Lesegesellschaft", die Superintendent Künneth 1773 errichtet und bis 1781 fortgesetzt hatte. Diese umfasste nach einem „Ersten Catalog" immerhin 144 Titel aus verschiedenen Sachgebieten[65]. Anfänge solcher „Leserorganisationen" und „öffentlicher Leihbibliotheken" gibt es in England schon in der Mitte des 18. Jahrhunderts. Sie waren aus sozialen und soziokulturellen Entwicklungen hervorgegangen, „die seit dem 17. Jahrhundert in den fortgeschrittenen Ländern zu beobachten sind und bis zur Mitte des 19. Jahrhunderts alle europäischen Völker mehr oder weniger stark erfasst hatten." In ihnen wurden die ständischen Abgrenzungen von Anfang an überschritten. Zugleich deckten sie den Bedarf eines neuen Gelehrtenstandes und eines neu entstehenden „Intelligenzbürgertums"[66].

Hervorzuheben sind außerdem Friedrich **Pfeiffer**, Sohn des Hofrats und Musikdirektors Johann Pfeiffer[67], Söhne aus der Rotgerbersippe der **Schlenk**[68] und Johann Friedrich **Trips** (Sohn des Maurers Johann Paul Trips).

Johann Friedrich Trips wurde am 23. Juli 1790 geboren, besuchte 1802 die Lateinschule, wurde 1819 Maurermeister in Bayreuth und führte z.B. 1830 das von Kreisbaurat Krafft „im Florentiner Stil" entworfene Eckhaus Maxstraße 1 aus. Mit ihm erlischt die Tradition der Maurerfamilie Trips, doch leben noch heute Nachkommen. Die Vorfahren lassen sich bis ins 17. Jahrhundert um

1649 nachweisen. Erster Maurermeister in Bayreuth war ein Johann Wolfgang Trips, der in den Meisterbüchern 1631 aufgeführt wird.[69] Schließlich seien noch genannt Söhne aus der Goldschmiedefamilie **Wich**, die sich als Hofgoldschmiede bis ins 17. Jahrhundert zurückverfolgen lässt[70]. Georg Friedrich **Wipprecht** verließ 1776 mit der Valediktion das Gymnasium und verfasste 1793 die Abhandlung „Einige Worte über Gewerbe-Policey, besonders Handwerkern, Manufakturisten und Fabrikanten im Fürstenthum Bayreuth".[71] Auch Gottlieb Christian Eberhard **Wunder** aus Trebgast soll nicht vergessen sein.[72]

Ergänzend zur Matrikel liegen für einzelne Jahre Schülerverzeichnisse vor. So werden für 1741 für die Prima 22, für die Sekunda 31 und für die Tertia 16, insgesamt 69 Schüler genannt. Die Zahlen wechseln von Jahr zu Jahr oft beträchtlich, doch lässt sich eine ansteigende Tendenz erkennen. Auffällig ist der abrupte Rückgang gegen Ende des 18. Jahrhunderts. Eine Ursache dafür liegt sicher in den politischen Ereignissen. Wir befinden uns mitten in der Zeit der napoleonischen Expansionskriege.

Jahr	Gesamtzahl
1781	91
1783	79
1785	88
1787	98
1788	110
1791	102
1792	103
1793	25 (?)
1798	66
1800	54
1801	47
1802	44

Es werden jeweils Name, Geburtsdatum, Beruf des Vaters genannt und außerdem gibt es kurze Einträge über „Ingenium", „Mores", „Diligentia", „Specimina", „Prospectus" und Berufsziele.

Das Alter der Schüler weist eine große Spanne auf. 1788 ist der jüngste von ihnen 10 Jahre, der älteste 21 Jahre alt. In diesem Jahr lassen sich etwa 60 verschiedene Berufsangaben der Väter finden, darunter 9 Handwerker, 19 Pfarrer. Die Zahl der Adeligen nimmt prozentual deutlich ab. Unter den bekannten Namen sind zu ergänzen Georg Wolfgang Augustin **Fikenscher**[73] (Sohn des Konsistorialrats Johann Thomas Fikenscher), der 1803 bis 1813 als Professor am Gymnasium lehrte, Erhard Friedrich **Kapp**[74] (Sohn des Konsistorialrats und Professors D. Johann Kapp) und Johann Sebastian **König**[75] (Sohn des Hoftanzmeisters und Kammermusikers Caspar König). König durchlief in den 1750er Jahren Lateinschule und Gymnasium in Bayreuth. Er studierte ab 1759 an der Friedrichsakademie in Erlangen und trat 1760 der „Deutschen Gesellschaft" bei. 1762 wurde er „Regierungsregistrators-Accessionarius". Von

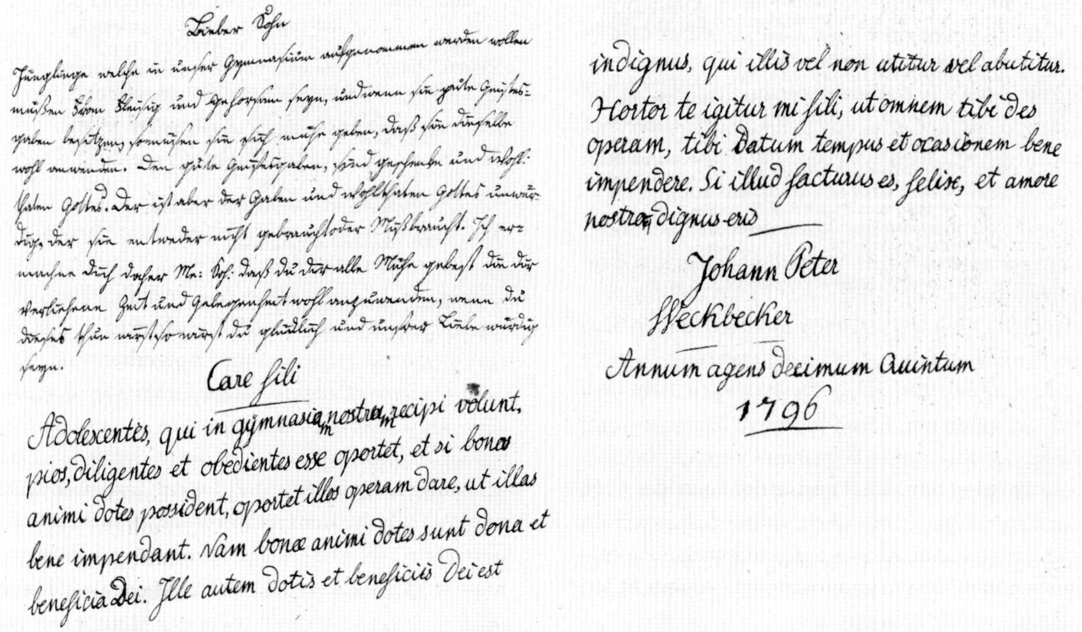

Abb. 46: Schülerarbeit von Johann Peter Weckbecker, 1796

großer Bedeutung sind seine Manuskriptbände mit Darstellungen zur Geschichte des Fürstentums, zur Geschichte der Stadt Bayreuth und Beschreibungen der Straßen und Häuser.

1.2.4. Schulischer Alltag, Disziplin und soziale Fürsorge

Die jungen Menschen waren von ihrer Entwicklung her, von ihren Wünschen und Bedürfnissen grundsätzlich nicht anders als sie das heute auch sind. Vollkommen anders aber stellt sich ihre Lebenswelt dar, genauso wie auch die der Erwachsenen. Man darf nicht vergessen, dass es zwar früher mehr Feiertage gab als heute, aber teilnehmen durfte an den entsprechenden Festen nicht jeder. Lehrlinge und Gesellen wohnten bei ihrem Meister und waren dessen Aufsicht unterstellt. Einer der wenigen Höhepunkte im Jahr, an denen ausgelassen gefeiert werden durfte, war für sie der Jahrestag ihrer Zunft. Die Schüler unterstanden der scharfen Kontrolle durch die Schule und das Konsistorium. Auch den Abiturienten war ohne besondere Genehmigung nahezu jede außerschulische Aktivität untersagt. Wirtshausbesuch war bis ins 20. Jahrhundert hinein strengstens verboten. Es gab kaum das, was man „Freizeitgestaltung" nennen könnte. In der Phase des Pietismus wollte Silchmüller sogar das Schlittschuhlaufen der Kinder verbieten lassen. Kein Kino, kein Radio, kein Fernsehen. Es gab keinen Urlaub mit der Familie. Im Winter war es in den Gassen ab fünf Uhr dunkel. Zu den wenigen Vergnügungen gehörte das Baden in abgelegenen Weihern oder das allerdings verbotene Feiern von sog. „Einständen" und Verabschiedungen. Natürlich suchte man immer wieder, das Wirtshausverbot zu umgehen, doch war dies mit hohen Risiken verbunden. Rasch drohte die Dimission.

Es soll nun eine kleine Auswahl von mehr oder weniger bedeutenden Vorfällen, Vergehen und Beschwerden folgen, die ein Licht auf das Neben-, Mit- und Gegeneinander, auf den Alltag des einfachen Lebens jener Zeit werfen. Es geht meist um das verbotene Degentragen, Duellieren, Schlägereien, Schwelgereien, Ruhestörung, Sachbeschädigung, Wirtshausbesuch, Nachtschwärmerei, Unzucht und Störungen des Unterrichts, Disziplinlosigkeit, Unbotmäßigkeiten und mangelnden Respekt gegenüber den Professoren. Auch dass Gymnasiasten Geld bei Juden borgten wurde beanstandet.

Offenbar war es im Sinne eines „ungeschriebenen Gesetzes" üblich, dass neue Schüler in den oberen Klassen einen „Einstand" zu geben hatten. Dabei kam es im Zusammenhang mit Alkoholgenuss durchaus zu Streit, wie z.B. im Februar 1706 zwischen Kramer und Frischmann. Im Vernehmungsprotokoll wird festgehalten: Kramer schlägt den Frischmann mit dem Stock über den Kopf, Frischmann „schlug den Mantel auff, griff nach dem Degen, entblößte ihn aber nicht. Kramer sagte hierauf ‚Bestie, willst du dich noch wehren.'" Zu dieser Aktion kam Professor Frosch. Frischmann führte aus, „Layritz, Grüner und Cramer hatten ihn bey einem vor etlichen Wochen gehabten Einstand sehr übel mit Schlägen tractiret" Cramer habe ihn auf den anderen Tag auf den Degen zum Duell gefordert.

„Schwelgereyen und Unfug" gaben wiederholt Anlass für das Einschreiten des Konsistoriums, das 1763 beklagt: „An statt Wir von denen Civibus des hiesigen Gymnasii die billige Hoffnung schöpfen sollten, dass sie mit dem Wachstum an Jahren und in der Erkenntnis sowohl in der Gottes-Gelehrtheit als schönen Wissenschaften auch an Frömmigkeit und guten Sitten zunehmen …, so müssen Wir vielmehr zu Unserem äußersten Missfallen sehen und vernehmen, dass die meisten derselben sich noch immer als rohe und unartige Jünglinge bezeigen, welche alle Zucht, Vermahnungen und Strafen gänzlich verachten … Sie schaden dem Ansehen der Stadt und dem guten Ruf des Gymnasiums, bringen auch Schande über ihre Eltern … Trotz Verbot hat der Gymnasiast Helmerich bey seinem Weggang einen Schmauß gegeben …, wobey nach Art gemeiner Handwerks-Pursche gesungen, gelärmt und die Nachbarschaft beunruhigt wurde … es wurde in der Nacht bey dem Abgang der Post auf öffentlicher Straße mit abermaligem Singen, Schreien und Blöken ein gräulicher Unfug verübt." Die ermittelten Schüler werden mit Karzer bis zu 1 ½ Tagen bestraft.

Am 24. Juli 1768 wird geklagt, dass Abends um 11 Uhr einige Cives, nämlich die Gymnasiasten Ulmer, Wirth und Oberreuther mit einem erstaunlichen Geschrei und Gepolter in ein Haus einfielen und sich dort untereinander mit bloßem Degen verfolgten. „Der Lärm war so stark, dass alle Leute im ganzen Haus zusammenliefen … und gewaltig erschreckt wurden …" Die Schuldigen wurden mit 2 Tagen Karzer bestraft mit Androhung der Dimission bei weiteren Vorfällen.

Am 17. Februar 1712 wird in einem umfangreichen Protokoll über „Nächtlichen Unfug im Gymnasialgebäude" berichtet, dass „den vergangenen Freitag, den 14. huius, einige Alumni und

Gymnasiasten ... in das Seminarium eingestiegen, darin mit Versetzung der Stühle und Tische ... nicht weniger als hässlicher Unfläterey allerhand Excess verübt" haben.

Es folgt eine umfangreiche Untersuchung und Befragung aller Beteiligten. Einer der Übeltäter gibt zu, dass er mit einigen Mitschülern zunächst ungeladen in ein Haus, in dem Hochzeit gefeiert wurde, gegangen und dort den Hut aufbehalten und „die Leute trotzig angesehen" habe. Dann seien sie in die Ochsengasse und gegen 1 Uhr nachts zum Gymnasium gegangen. Die Läden seien offen gewesen, so seien sie hineingestiegen und hätten Tische, Stühle und Bänke durch die Fenster auf die Straße gestellt und „Unflat auf die Bänke gemacht." Die beteiligten Schüler sind zwischen 17 und 19 Jahren alt.

Andere Klagen betreffen Unfleiß, Nachlässigkeiten, schlechtes Benehmen in der Kirche. Die Schüler sollen ermahnt werden, dass ihnen bei nicht Besserung der Verlust des „beneficii Heilsbronnensis" droht.

1789 kommt es zu einem Streit mit Handwerksgesellen. Den Schülern Georg und Seyfert ist „von denen Handwerksburschen Beleidigung widerfahren".

„Es erscheinen Friedrich Adam Georg aus Bayreuth, einziger Sohn des Herrn Regierungsrats Georg, und Christian Johann Michael Seyfert aus Bindlach, des dasigen Pfarrers einziger Sohn und zeigen, und zwar ersterer auf ausdrücklichen Befehl seines Herrn Vaters klagend an, dass, als sie beyde gestern Abends um halb neun Uhr sich im größern Pechhüttner Weiher badeten, von der Altenstadt her drey Burschen gekommen seyen, derer einer erstlich des Georgs und dann auch des Seyferts Hemden genommen und ihres Bittens und Abmahnens ohngeachtet, in den Weiher getunkt, dass sie ganz naß wurden, auch den einen Stiefel des Seyferth ins Wasser geworfen habe." Es kommt zur Schlägerei, Seyferth wird gedrosselt und ins Gesicht geschlagen. Die Täter, nämlich Heinrich Weidner, ein Webergesell, Georg Conrad Roß, ein Schneider-Jung und Johann Adam Schmidt, ein Webergeselle, werden gefunden und gestehen die Tat. Roß gibt auch zu, einige „Schimmele" getrunken zu haben. In diesem Fall wurden die Schuldigen zu einer 48stündigen Gefängnisstrafe und Bezahlung der Gerichtsgebühren verurteilt.

1742 haben Gymnasiasten „auf dem Damm des Röhren-Weihers auf der Dürschnitz brütende Schwahnen mit Degen und anderen Instrumenten und durch stetig daselbst hin und her gehen behindert." Das Gymnasium wird angewiesen, alle Unordnungen und Ausschweifungen abzustellen.

1764 lässt der Geheime Rat und Amtshauptmann von Lindenfels anbefehlen, „den auf hiesigen Markt wohnenden Burger und Metzger Popp darüber zu vernehmen, was für Gymnasiasten gestern Nachts bey ihm getrunken, maßen dieselben verdächtig seyen, dass sie in verwichener Nacht sechs von denen öffentlichen Stadtlaternen aufn Markt zerschlagen haben sollen." 1788 wird die Bäckermeisterin Hermann vorgeladen, die behauptet, es sei ihr nie verboten worden, den Gymnasiasten Bier zu geben. Es stellt sich heraus, dass sie einigen Schülern nicht nur „bis gegen halb 10 Uhr Nachts Aufenthalt und Bier gegeben, sondern sie auch zur letzten Kirchweyzeit über Nacht behalten" hat.

Auch eine Tätlichkeit gegen den Schutz–Juden Amson Israel wird aktenkundig, der am 19. Februar 1774 Anzeige gegen den Gymnasiasten Johann Nicolaus Schunk erstattet. Dieser habe ihn am 6. Februar „zu Nachts auf der freien Straße ... ohne ihn weder beleidigt noch demselben nur den geringsten Anlaß dazu gegeben zu haben, mit dem Degen in der Faust attaquirt „und dadurch sei er „im Gesicht zunächst am Auge empfindlich blessiert worden."

Amson Israel legt eine Specification seiner Unkosten bei: 5 fl für den durch die Befleckung am Kleid verursachten Schaden, 30 fl für die damit ausgestandenen großen Schrecken, 10 fl für die Versäumnis im Gewerbe, das er 10–12 Tage nicht habe ausüben können, 4 fl 48 kr für Heilerlohn dem Bader, 4 fl für Pflege und 1 fl 48 kr für Advokaten-Gebühren, insgesamt 55 fl 24 kr. Schunk muss am Ende aber nur 5 fl 36 kr bezahlen.

Wiederholt mahnt Christian Ernst an, darauf zu achten und einzuwirken, dass die Schüler den Gottesdienst nicht stören. Es ist vorgekommen „dass die meisten cives Gymnasii so wenig Achtung der Religion zeigen, die wenigsten den öffentlichen Gottesdienst besuchen, auch wo es allenfalls einmal geschieht, sich in der Kirche zum größten Ärgernis hoher und niederer Personen unanständig aufführen, ja die Gnadenmittel, besonders das Heilige Abendmahl sehr geringschätzig halten." Die Schüler sollen mit Geldstrafen zu 4–6 kr, ingleichen Karzer, allenfalls mit Schlägen bestraft und gegebenenfalls relegiert werden.

Besonders schwer hatten es die „Französischen Sprachmeister", die in der Regel die deutsche

Sprache nicht beherrschten. Ihnen tanzten die Schüler auf der Nase herum.

Ein umfangreicher Akt befasst sich mit den Problemen des Professors Charles Francois Langlois über den Zeitraum von 1795 bis 1813.

Über seine Schüler führte er genaue Unterlagen und vermerkt z.B. „Hagen – ne fait rien; Ellroth – ignorant; Wunder – Ecolier qui mérite tous les éloges possible tant pour sa modestie que pour son application à l'étude …"

Langlois beschwert sich über „Ungezogenheit, Abneigung, Halsstarrigkeit, mit den Füßen scharren"

Er erhält durchaus Unterstützung seitens der vorgesetzten Behörde: „Es ist ernstlich Bedacht zu nehmen, dass die jungen Leute von ihrem irrigen Wahn, dass die französische Sprache entbehrlich sey, abgebracht und vielmehr zu mehrerer Anstrengung in diesem Fach angehalten … werden." Es wird betont, dass gute Kenntnisse in Wort und Schrift für das weitere Fortkommen, vor allem bei Bewerbungen für den Staatsdienst, nötig sind.

Aber bei einer seiner Beschwerden beruft sich Langlois ausgerechnet auf den unbescholtenen Schüler Buchta, der sich ungebührlich verhalten habe. Es stellt sich jedoch heraus, dass Buchta am betreffenden Tag gar nicht in der Klasse war und sich Langlois wegen seiner Kurzsichtigkeit geirrt hatte. Beiläufig wird erwähnt, dass in der Klasse etwa 50 Schüler sind.

Schüler wiederum beschweren sich, dass ihnen Langlois ohne Ursache Ohrfeigen gegeben habe. Primaner Lange legt einen von den Mitschülern unterschriebenen Brief vor, abgegeben am 15. Juni 1790 nach 2 Uhr. „Es geht um die Ehre. Einer unserer brävsten Commilitonen ist auf eine solche schimpfliche Art gekränkt und behandelt worden, dass die Schande davon auf uns alle, ja auf das Gymnasium selbst zurückfällt … Wir sind jetzt der Gegenstand des Gespöttes der Stadt" Am 24. Mai 1792 schreibt Langlois: „Nach einer beispiellosen Geduld von 6 Jahren, die nunmehr zu Ende ist, nach den bey 6 Jahren immer wiederholten Beleidigungen und unendlicher Plackerey, die ich von Seiten einer großen Anzahl Schüler des Collegii Illustris Christian Ernestini erduldete … und nach den bittersten Grobheiten … haben mich meine beleidigte Ehre und mein herunter gesetztes Ansehen gezwungen, meine Stunden in dieser Klasse auszusetzen … Das größte Buch würde unzureichend seyn, das unanständige, spöttische Geschrei zu beschreiben, womit sie mich täglich fast betäuben …"

Die Schüler wiederum geben zu Protokoll, der Professor habe während der Stunde Zeitung gelesen, einen Schüler beim Rock angefasst, hinausgeschleudert und ihm eine Kopfnuss gegeben.

Am 20. Januar 1804 verwahrt sich Schüler Ullmann gegen Anschuldigungen.

„Am Freitag nachmittag, …, hatte Herr Prof. Langlois die zweyte Stunde. Er dicitirte einige Zeilen in deutscher Sprache, damit wir dieselben in die Französische übersetzen sollten.

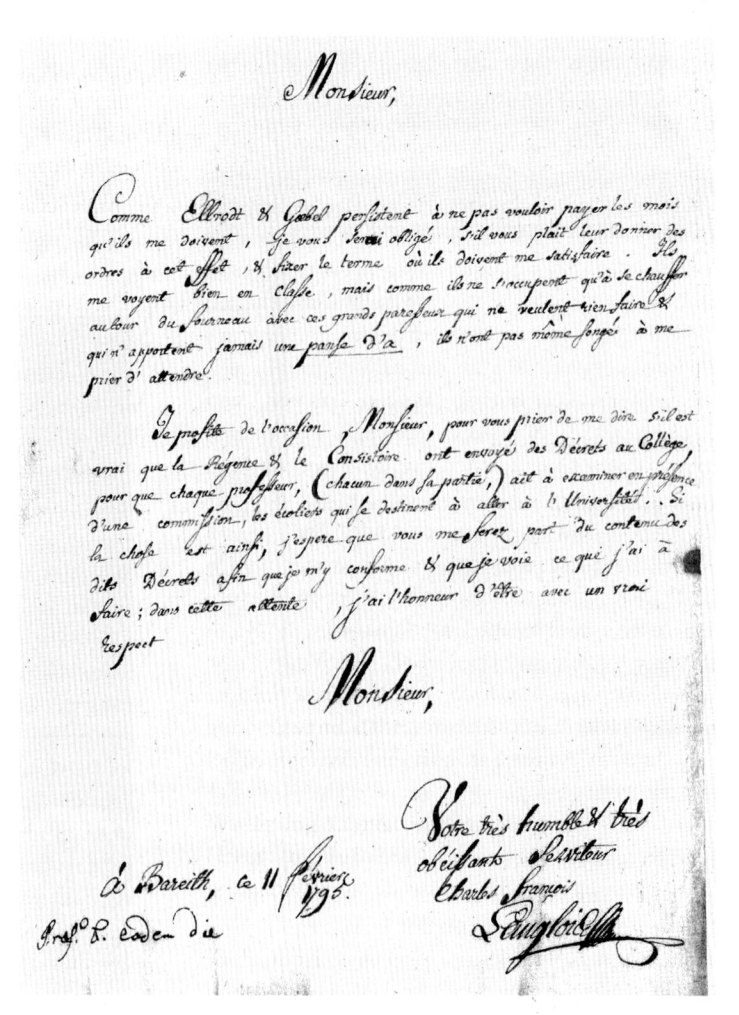

Abb. 47: Schreiben des Lehrers für Französisch Charles Francois Langlois, Klage wegen ausbleibender Gehälter und mangelnder Disziplin der Schüler, 1795

Seifert von Trebgast exponirte und es war etwas Getöse in der Tertia. Ein deutsches Wort wusste ich nicht französisch zu geben, es war das Wort ‚weiterfetzen', ich fragte daher den H. Professor darum, indem ich kein Dictionaire habe, um zu Hause nachzuschlagen. Ich fragte zweymal und erhielt keine Antwort. Als ich zum drittenmal fragte, fuhr H. Prof. Langlois auf mich los, sprach, er wollte mich zum Gymnasium hinauswerfen, wollte den Famulum holen lassen, nannte mich einen dummen Jungen und Taugenichts und bot mir auf eine Art Ohrfeigen an, dass ich sie schon bekommen zu haben glaubte …"

Eine wahrhaft „endlose Geschichte", die aufzeigt, wie äußere Umstände, unzureichende Lehr- und Lernbedingungen, unzureichende Ausbildung zu Fehlverhalten auf beiden Seiten führten.

„Da Ellrodt und Goebel darauf beharren, mir die Monatsgehälter, die sie mir schulden, nicht auszahlen zu wollen, wäre ich Ihnen zu Dank verpflichtet, wenn Sie ihnen in diesem Sinne Anweisung gäben und den Termin festlegten, zu dem diese mich zufrieden stellen sollten.
Sie besuchen mich sehr wohl in der Klasse, aber da Sie nur damit beschäftigt sind, sich am Ofen zu wärmen, zusammen mit diesen großen Faulpelzen, die nichts tun wollen und die niemals auch nur einen Strich beitragen. Sie haben sogar nie daran gedacht, mich zu bitten, auf sie zu warten (langsamer vorwärts zu gehen) …"

Aufschlussreich in diesem Zusammenhang ist auch der Fall von Johann Baptista Blain, Lehrer für die französische und italienische Sprache. Ihm wird attestiert, dass er „der deutschen Sprache nicht kundig" ist. Er hat zudem Schulden von 14 Thalern und 12 Groschen bei Margaretha Zeitler. Sollte er nicht binnen vier Wochen bezahlen, wird seine Besoldung entsprechend gekürzt. Melchior Christoph Kauffmann beschwert sich gegen Blain „wegen einiger wider ihn ausgestoßener bedrohlicher Reden und angethaner Beschimpfung." Es geht um die Räumung des Logiments und Restituierung der „vorgeliehenen Mobilien". Blain wiederum wirft dem Kauffmann (Hofrats-Registrator Adjunctus) vor, ihn mit „gewaffneter Hand und entblößtem Degen den Todt angedrohet und dahero seinem Weib eine tödliche Schwachheit verursacht zu haben."

Unklar bleibt, was die Schüler der ersten (obersten) Klasse bewog, um die Genehmigung nachzusuchen, bei Hof eine Komödie aufführen zu dürfen. Die Professoren erfahren davon und nehmen Stellung. Sie heben die „preiswürdigsten Merkmahle gegen das hiesige Gymnasium" und die ausnehmende Gnade des Markgrafen hervor und sind sicher, „dass wir, die Professoren … die getroste Zuversicht fassen dürfen, Höchst – Denenselben die schmerzliche Gemüths – Bestürzung zu entdecken, zu welcher die bedenkliche Aufführung einiger junger Leute in der ersten Klasse uns billig veranlasset." „Es ist, Gnädigster Fürst und Herr, uns gantz sicher zu Ohren gekommen, welcher gestalt ein gewisser Gymnasiast sich erkühnet, aus freyen Stücken, unter der Hand, sich und verschiedene seiner Cameraden, und zwar theils wider ihr Wissen, manche auch wider ihren Willen, zu Aufführung einer Comödie bey Hofe anzubieten und die Erlaubnis darzu bey Ew. Hochfürstl. Durchl. heimlich zu erschleichen." Das Kollegium geht davon aus, dass diesem Ansinnen nicht nachgekommen wird und führt ins Feld, dass es dann zu erheblichen Versäumnissen der Lektionen und Verschwendung kostbarer Zeit kommen würde.

Ein besonderes Problem war das Anwerben von Schülern zur Armee und Schlägereien zwischen Schülern und Soldaten.

„Es ist zur Genüge bekannt, was maßen in kurzer Zeit die allhier sich befindenden Soldaten, nicht einen geringen Haß und Feindschaft ohne jemands Verschulden auff Uns geworfen und solcher bereits durch ein trauriges Exempel in der That selbst vor sich blicken lassen … Bekannt ist, dass unlängst aus ihnen gleich bey dem Hochfürstl. Collegio von Zweyen vorübergehenden, weil er vielleicht Ursach darzu gegeben, niedergeschlagen und durch einen Stoßdegen, den man ihm über den Kopf geschlagen, in etwas verwundet wurde … Dann als schon am vergangenen Montag den 13ten hujus einer aus uns von seinem Tisch, welchen er bey Herrn Gottlieb Bauer, Seidenfärbern, unweit dem Hl. Creuz hat, um 8 Uhr nach Hauß gehen wollen und bey Hannß Schmidtens Haus komme, sind zwey Soldaten mit bloßem Degen auf ihn zugelauffen, denen der Dritte nachgeschrien, stoß den Hundt nieder!"

Die Professoren setzen sich in diesen Dingen energisch für ihre Schüler ein. Am 28. Februar 1701 wenden sie sich an den Markgrafen und „… geben zu vernehmen, was gestalten einer von unseren Gymnasiaste, da er, nebst anderen, bey letzter Exhibirung der deutschen Komödie, seine unterthänigste Aufwartung abgestattet, von denen anwesenden Soldaten berauschet und nachgehends soweit persuadiret worden, dass er des andern Tages früh bey Herrn Major von Thuna sich vor 16 Groschen anwerben lassen. Weilen nun 1. dieser Mensch, nahmens Philipp Friedrich Schmidt, seine verständigen Jahre noch nicht erreichet, und also aus bloßer Einfalt diese resolution gestellet, 2. auch über dem nicht sui juris ist, sondern unter unserem Comando stehet ... 3. aus solchen procedere aber bey unserem Collegio eine unverantwortliche Consequence sich ereignen würde ..."

Sie bitten darum, einzugreifen und den Schüler wieder zu entlassen, was Christian Ernst auch umgehend dem Major Thuna anbefiehlt.

Andererseits aber wurde vom Gymnasium gefordert, „Enrolement"-Verzeichnisse zu liefern, so z.B. am 11. Juli 1783 auf Weisung des Generaladjudanten von Schlammersdorf. Die Schüler wurden bereits mit dem Erreichen des zehnten Lebensjahres erfasst, hatten sich „vorstellig zu machen", wobei anzugeben war, „welche sich denen Studiis academicis widmen wollen". Diese Maßnahmen stehen sicher auch im Zusammenhang mit dem Verkauf von Soldaten an England für den Kampf in Amerika.

Ein nicht abreißendes Ärgernis für den Markgrafen war das Bestehen von „Verbindungen", „Geheimen Orden" und „Landsmannschaften".

1769 wird festgestellt: „Es gibt Hinweise, dass die verbotenen Orden an der Universität Erlangen weiter bestehen. Diese haben Kontakte zu den Schülern der Gymnasien, um diese dann aufzunehmen." Es wird hingewiesen auf eine „teutsche Gesellschaft", der verschiedene Schüler angehören (u.a. Georg Christian Friedrich Pfendiger, Johann Christoph Schlenk, Joh. Paulus Dörfler) und auch deren Statuten sind bekannt: „feine Lebensart", „etwas nützliches tun". Die Zusammenkünfte sind Mittwoch und Samstag. Am Mittwoch werden nur „neue teutsche Scribente" gelesen.

Am 1. November 1781 ergeht an das hochfürstliche Scholarchat die Verordnung, „von nun an einen jeden Gymnasiasten, der nach absolvirten Cursu Scholastico sich auf eine Academie zu begeben Willens ist, bey Ertheilungt der Dimission unter Beziehung auf gegenwärtiges Sepcial-Decret, zu warnen, sich bey Verlust des zu erwartenden Stipendii und Versorgung im Lande, ..., bey ohnvermeidlicher Relegation von der Academie, in keine von Serenissimo so hoch verpönte Verbindung, Commerce, Cränzlein oder auf eine sonstige thörichte Art benannte, jemals einzulassen."

Armen und begabten Schülern wurde geholfen. Entsprechende Bittgesuche füllen viele Akten. Es geht dabei um Gewährung eines Stipendiums, um den „Freitisch", um Zuschüsse für Bücher, Aufnahme ins Alumneum und Vergabe der Famulatur.

Aber der Landesherr betont wiederholt, dass durch die Schule begutachtet werden müsse, ob wirklich eine sehr gute Begabung vorliege und

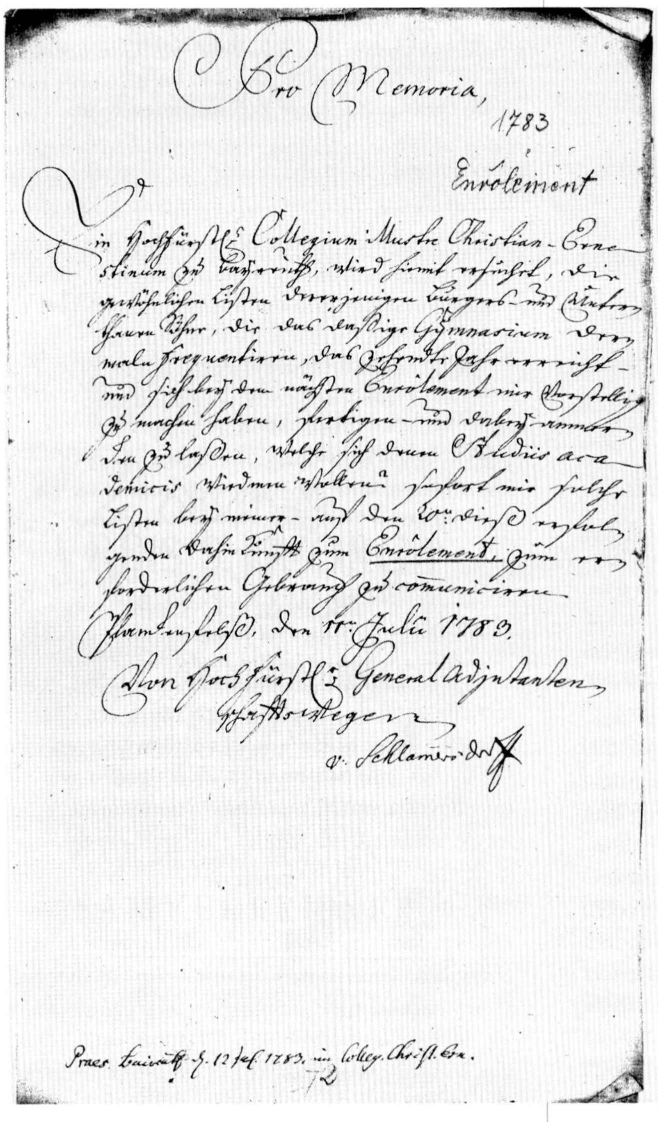

Abb. 48: Weisung des Generaladjudanten von Schlammersdorf wegen Einschreibung in die Militärlisten (Enrolment), 1783

Abb. 49: Bitte des Nathan Wolff um die Famulatur, um 1680

Der „Famulus communis" unterstützte den Professor, der als „Matricularius" bestimmt war und hatte sich täglich bei diesem zu melden. Er war u.a. verantwortlich, die Unterrichtsräume zur rechten Zeit auf- und zuzuschließen, für deren Reinigung und Sauberkeit zu sorgen und verschiedene Schreibarbeiten zu erledigen. Für diese Dienste erhielt er jährlich 12 Gulden, davon sechs Gulden aus Mitteln des Gotteshauses. Wer Famulus werden wollte, musste einen Antrag an das Collegium stellen, das den geeigneten Schüler bestimmte. Diese Anträge wurden oft lateinisch verfasst und sehr schön und sorgfältig geschrieben.

Am 11. Dezember 1793 entschuldigt sich Johann Jahreiß, der 8 Tage in finanziellen Angelegenheiten abwesend gewesen war. Er entschuldigt sich wegen Nachlässigkeit, die aber „keine andere Ursache habe als Nahrungsfragen". „Die Woche 3 mal esse ich der geförderte Schüler eine gute Zukunftsperseptive habe. Söhne von armen Leuten sollten nur unterstützt werden, wenn sie „ein ganz besonderes glückliches Genie zu den Studien auszeichnet." Sonst sei es besser, sie zurück zu schicken „um ihnen dasjenige erlernen zu lassen, womit sie als künftige Künstler und Professionisten sich ernähren und dem Staat nützlich werden können."

So bittet z.B. Frau Flöß-Inspektor Barbara Katherina Groß um Büchergeld für ihren Sohn Johann Carl Groß. Die Schule setzt sich ein und stellt fest, dass die Vermögensverhältnisse der Familie sehr dürftig sind „und da der Vater katholischer Religion ist, und von seiner ersten Frau einen Sohn in Bamberg studieren lassen wollte, welcher aber Hoflakei in Ansbach wurde, so ließ er sich von seiner jetzigen Frau bereden, diesen unseren Civem evangelisch erziehen zu lassen, dass dieser studieren könnte." Eine kleine Zuwendung wird bejaht.

Gerade für ärmere Schüler war die Famulatur wichtig, die bei schlechten Leistungen oder Verfehlungen rasch wieder aberkannt werden konnte.

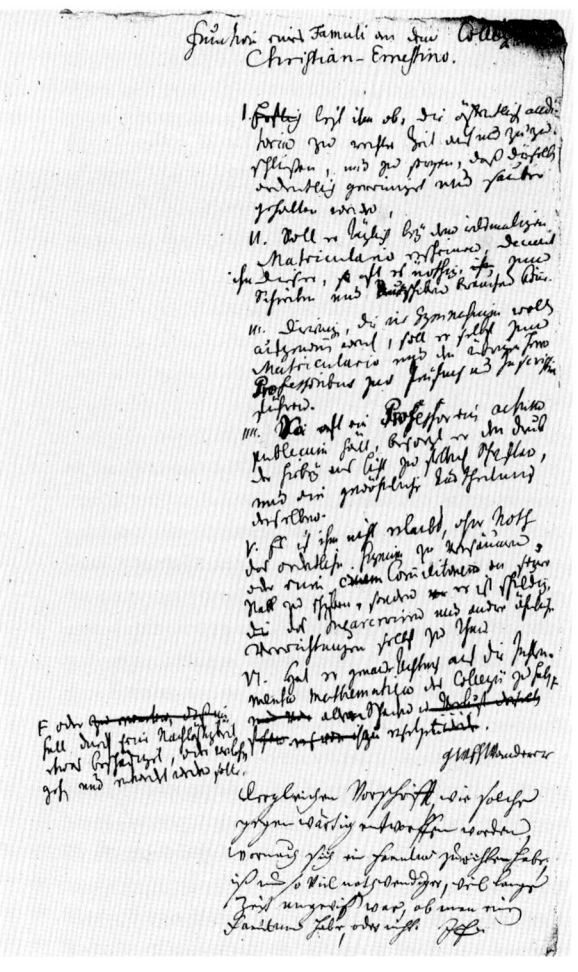

Abb. 50: Entwurf zu den Aufgaben eines Famulus, undatiert

warm, nemlich Sonntag und Sonnabend bei Herrn Hofkammerrat Schlapper und Dienstag bei Herrn Rechnungsrat Vogel. Die übrigen Tage habe ich weiter nichts als 1 kr Laiblein, und wenn ich wenig Geld habe, esse ich erst um 3–4 Uhr, damit ich kein Nachtessen nöthig habe. Schon etliche mal musste ich mich hungrig niederlegen. Kein Mensch außer meinem Hausherrn weiß etwas von meiner kümmerlichen Lebensart, auch meine vertrauten Freunde nicht."

In jener Zeit beschäftigte das Armenwesen und die damit in unmittelbarem Zusammenhang stehende Bettelei Landesherrn und den Stadtmagistrat ständig. In einem Erlaß vom 13. Februar 1776 wird auf das „excessive" Betteln hingewiesen, dass man „für dem Ungestüm und Ueberlauf der öfters Schaarenweiß angedrungenen Bettler weder auf den Straßen noch in den Häusern gesichert war". Den wirklich armen Bürgern der Stadt soll aber geholfen werden, während es verboten ist, heimlichen Bettlern „ferner Almosen zu geben". Für das Jahr 1791 weist die „Rechnung über die baare Einnahm und Ausgab an Geld bey der Armen-Casse allhier zu Bayreuth" als „Summa aller Einnahm" 6 795 fl 9 kr 2 Pf. rheinl. aus. Dem stehen an Ausgaben 6 133 fl 5 kr gegenüber. Die wöchentlich Almosen genießenden Personen sind alphabetisch verzeichnet mit Angabe der Wohnungsnummer und des erhaltenen Betrages. Es sind dies 280 Bürger, überwiegend Frauen, die wahrscheinlich durch den Tod ihres Mannes in die Armut abgestürzt waren.[76]

1.2.5. Zur „materiellen Kultur" des Gymnasiums

Die Ziele Christian Ernsts waren ehrgeizig, aber die materiellen Voraussetzungen für eine erfolgreiche Umsetzung der Ideale erscheinen von Beginn an nicht gegeben. Aus vielen Quellen waren die finanziellen Mittel aufzubringen. Seit Gründung des Gymnasiums flossen Gelder aus dem Gotteshaus, „Kammer-Revenuen", aus der „fürstlichen Renthey" und dem „Kastenamt". Ab 1696 wurden außerdem Mittel aus den sechs neuen Kammer-Gütern „nebst dem Ertrag von denen reservirten Wiesen, Weihern und Frohngeldern zu Selb und Thierstein" eingesetzt. Schließlich mussten für die Besoldung der Professoren auch das Gotteshaus, die Hospitalstiftung und z.B. das Kloster Himmelkron herangezogen werden. 1796 erhielt der erste Professor „88 Gulden aus der Universitätskasse, 12 Gulden vom hiesigen Gotteshaus, 84 Gulden vom Gotteshaus Bindlach und hiesigem Hospital, 20 Gulden von der Superintendentur, 90 Gulden aus den „piis corporibus", dazu 40 Gulden an 2 Simra Getraid und 2 Simra Gersten von der Kornschreiberei, 6 Gulden an 3 Klafter Holz waldzinsfrei", insgesamt 350 Gulden.

Im Zusammenhang mit der Bestellung des Kunstmalers und Zeichen-Meisters Johann Karl Ränz (Räntz), Sohn des verstorbenen Matthäus Emanuel Ränz und Urenkel des berühmten Elias Ränz, wird die Besoldung aus „Mitteln der hiesigen piorum corporum" festgelegt und zwar 12 fl aus dem Hospital, 4 fl aus dem Gotteshaus und 4 fl aus dem Almosenkasten. Die Schüler mussten für den Unterricht „quartaliter" bezahlen. Mit Ränz wurde vereinbart, dass er für die 20 fl jährlich „den civibus einer jeden Klasse des Gymnasiums wöchentlich 2 Stunden, und zwar Mittwochs und Sonnabends Nachmittag zu halten verbunden seyn solle", also wöchentlich insgesamt 6 Stunden. Ein Zubrot konnte sich Ränz durch Privatunterricht verdienen, nämlich für die Stunde 5 Kreuzer.[77]

Belastet wurde der Haushalt beständig durch Kosten für die Hofhaltung, die in der Regierungszeit von Markgraf Friedrich und Wilhelmine das kleine Fürstentum völlig überforderten. Belastend wirkten sich zudem die nicht abreißenden Kriege aus, an denen die Markgrafschaft mehr oder weniger beteiligt war.

1663 stellte Christian Ernst dem Fränkischen Kreis eine Kompanie zu Fuß und zu Pferd für den Kampf gegen die Türken zur Verfügung In der Folge investierte er weiter, warb Truppen an und öffnete das Land für Winterquartierung und andere Leistungen, die den Schuldenstand, der bei Regierungsantritt nur 15 000 Reichstaler betragen hatte, bis 1677 auf mehr als 150 000 fl ansteigen ließen. Selbst in Friedenszeiten kostete die „stehende Armee" jährlich 8 000 fl. Auch am Spanischen Erbfolgekrieg beteiligte sich Markgraf Christian Ernst. Am Ende musste er, nach 40-jährigen Kriegsdienstleistungen und ungeheurer finanzieller Leistung für das Reich, schimpflich die Truppe verlassen und das Oberkommando abgeben. Da nützte auch der Titel eines evangelischen Reichsgeneralfeldmarschalls nichts mehr. Kosten verursachte auch die ständige Erneuerung und Befestigung der Stadtmauer.[78]

Woher also sollten Mittel für die Ausstattung des Gymnasiums kommen? Ein kleiner Überblick soll zeigen, um welche „Bagatellen" die Professoren beständig zu kämpfen hatten.

Hauptsächlich ging es um kleinere Schönheitsreparaturen in den Klassenzimmern oder um Anschaffung und Reparatur vor allem mathematisch-physikalischer Instrumente, deren beständige Reparatur und um Bücher.

1682/83 beantragen die Professoren „ein mäßiges Glöcklein unter einem kleinen Thürmlein und Gerüste, über dem Gebäude", denn „unter anderem findet sich nun, dass die im Collegio studirende Jugend, so sich hier und da in unserer Stadt, auch wol in den äußersten Vorstädten enthält, wegen Ermanglung eines ordentlichen Zeichens und bey überhörten Glockenschlag, sich mehrmals langsam oder gar nicht in die Lectiones publicae einzufinden weiß …"

Im Jahr 1704 sollen immerhin zwei Globen oder Weltkugeln, ein „Coelestis" und „Terrestris" beschafft werden, „deren Diameter auf 18 biß 20 Zoll kämen, nebst einem Tubo optico von 12 Füßen und eine kleine Sphära armillari". Diese Gegenstände werden aus Holland oder über Hamburg bezogen.

Am 1. Juli 1761 erscheint ein umfangreiches Regulativ, „die vorfallenden Reparaturen der Pfarr- und Schulwohnungen auch übrigen dazu gehörigen Gebäude, dann Bestellung der Felder, Gärten, Wiesen, Weyher und dergleichen Güter" betreffend.

Für Pfarr- und Schulhäuser gilt: Die Wohnstube, Gesindestube und Hausplätze müssen alle 2 Jahre geweiset werden. Die anderern Stuben und Kammern nach 4–5 Jahren. Kupferne Waschkessel, eiserne Kessel in der Küche, Öfen werden von den Gotteshäusern angeschafft, sind aber von den Hausbesitzern zu unterhalten. „Branntwein-Kessel aber sollen wegen der Gefährlichkeit eher nicht erlaubt sein und sind durchaus nicht auf Kosten der Gotteshäuser anzuschaffen. Auch soll in jedem Hause nicht mehr als eine eiserne Bratröhre eingerichtet werden."

„Alle Schäden sind von den Pfarrern und Schulleuthen aus eigenen Mitteln zu reparieren.

Alle Fenster und Schlösser, so durch das Alterthum, Wind und Wetter verderbt worden, neue Fensterrahmen oder Verzimmerung derselben, hat das aerarium zu bestreiten. Kamine und Secrete werden wie bisher auf Kosten der Gotteshäuser gefegt".

Ein Kostenanschlag im Jahr 1776 lautet: In der 1. Klasse muss der Katheder, „so mit zwei hochfürstlichen Wappen bemalet, nebst dem dabei befindlichen Namen, mit gut Gold wiederum vergoldet werden". Dafür werden 16 fl veranschlagt. Weiterhin sollen Füllungen silberfarben, die Leisten hellgelb für 14 fl angestrichen werden. Außerdem wird 1 großer Stuhl für 2 fl benötigt. Insgesamt belaufen sich die Kosten auf 54 fl 12 kr.

Weil der Putz abgefallen ist, sind Maurerarbeiten zu erledigen. Maurermeister Johann Trips, ehemaliger Schüler des Gymnasiums, veranschlagt für Material und Arbeit (Weiß, Kalk, Sand, Gips, Leim, Lakmos) 13 fl 4 kr.

1780 sind für die Reparatur der schadhaften Luftpumpen 18 Taler und jährlich 10 Taler zur Anschaffung anderer Instrumente vorgesehen, 1785 investiert man für Anschaffungen 50 fl.

1790 werden 3 Feuereimer für das Gymnasium aus Mitteln der Kammer und weitere 3 Eimer aus Mitteln des Gotteshauses angeschafft. Eine Feuerspritze dagegen erscheint als unnötig, „weil dergleichen hölzerne Handspritzen selten gut und brauchbar sind."

1796 stellt Johanna Christiana Charlotta Krafft die „geziemende Bitte, die Veranstaltung geneigt zu treffen und einen Tag zu bestimmen, an welchem ich die bisher in Verwahrung gehaltenen Instrumente, Modelle, Maschinen, über welche mein Schwager, der Stadtkantor Stadler, zu Erleichterung der Übergabe ein Inventarium in duplo ausgefertigt hat, dem Collegio übergeben … kann".

Zwischen 1783 und 1796 werden insgesamt 349 fl 30 kr fl rheinisch für Anschaffungen bewilligt.

In dieser Aufzeichnung über Einnahmen und Ausgaben werden als vorhanden erwähnt:

Luftpumpe, Magdeburgische Kugel, Mikroskop (4 fl 30 kr), ein Handmikroskop (1 fl), 2 Halbkugeln und einen Muffel von Blei (1 fl 12 kr), ein Reise-Barometer (4 fl 48 kr), Globen, Glocken, aus Stuttgart für einen dollondischen automatischen Tubum, incl. Porto 24 fl 39lr, Gewicht und Magnet, Modell einer Mahl-, Schleif-, Hanf- und Stampfmühle.

Immer wieder fallen Kosten für Reparaturen an. Erwähnt werden z.B. ein in Holz gefasster gläserner Brenntiegel, ein elektrischer Apparat, Magneten, ein kleines poliertes Glöcklein, ein Schrank für die Instrumente und ein großes Reißbrett (9 fl 4 kr), ½ Pfund Quecksilber (1 fl 20 kr), eine kleine camera obscura.

Auch über ein „künstliches Menschen-Auge in einer hölzernen Büchse" verfügte die Schule.

„Verluste" gab es offensichtlich im Zusammenhang mit der Gründung der Friedrichs-Universität in Erlangen.

Es geht um Instrumente, „die der Universität Erlang gehörig, aber durch Verwendung des Hofraths Gräfenhahn an das Collegium Christian-Ernestinum gekommen seyn sollen" Diese Anfrage ging an die Landesregierung, ohne wie erforderlich eine Abschrift an das Gymnasium zu senden. Die Professoren nehmen Stellung und sagen, „… dass der verstorbene Hofrath Gräfenhahn Instrumente, auf welche die Universität Erlang einen Anspruch machen könnte, an das Collegium gebracht habe, ist uns nicht bekannt, wohl aber das wissend, dass er verschiedene dem Collegio zuständige Instrumente, die die Gymnasiasten für ihr gutes Geld bezahlt hatten, in die ehemalige Academie geschleppt, die hernach an die Universität gekommen seyn sollen."

Professor Lang berichtet, dass die meisten Stücke zerbrochen und ruiniert seien. „Umso schlechter müssen also die Instrumente seyn, die er nach Erlangen schaffen zu lassen nicht für wert geachtet hat …" In diesem Zusammenhang findet sich auch ein Hinweis, dass die Universität die ganze Bibliothek des Collegii mitgenommen hat.

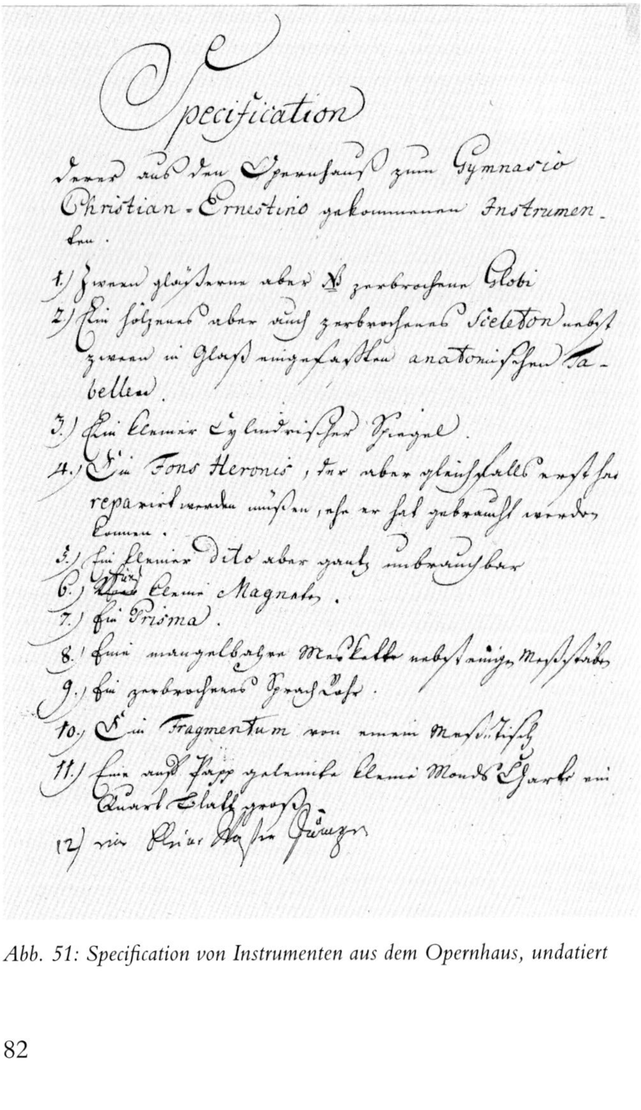

Abb. 51: Specification von Instrumenten aus dem Opernhaus, undatiert

Als besonders „großzügig" musste die Überlassung „derer aus dem Opernhaus zum Gymnasio Christian Ernestino gekommenen Instrumente" empfunden werden.

Die „Specification" nennt u.a. „zween gläserne aber zerbrochene Globi", ein „hölzernes aber auch zerbrochenes Sceleton", „ein Fons Heronis, der aber gleichfalls erst reparirt werden müssen, ehe er gebraucht werden können", ein Prisma, „ein zerbrochenes Sprachrohr", „Ein Fragmentum von einem Messtisch"

Ein großes Problem bereitete die Beheizung der Schule.

Heizerin Barbara Ott bittet um ein kleines Neujahrsgeschenk. Sie verweist darauf, dass das Einheizen, das Holz schleppen wegen des hohen Alters „mir sauer angekommen".

1768 ist wegen der strengen und anhaltenden Kälte der Holzvorrat aufgebraucht. Das Gymnasium bittet um Flößholz.

1770 schreiben die Professoren: „Es ist bekannt, was maßen die hiesige Stadt-Kammer von unendlichen Zeiten her, die Hälfte des zur Heizung der Classen im Collegio Christian Ernestino bedürfenden Holzes abgegeben und geliefert hat. Heuer auf einmal weigert sich die vorgedachte Stadt-Kammer das Holz in natura zu liefern und will dafür 12 kr Geld haben."

Professor Georg wird gerügt, weil er dieses Schreiben allein unterzeichnet hat, was nicht der bisherigen „Observanz" entspricht.

1775 kann wegen der großen Kälte der Unterricht kaum mehr stattfinden.

1785 übernimmt Stadtkantor Stadler das Einheizen, muss aber feststellen, dass die Öfen durch das „starke Einheizen zersprengt worden sind". „Es ist aber wohl nur der zum Verstreichen des Ofens gebrauchte Ton herabgefallen und die Kacheln alsdann nicht mehr genug beysammen gehalten haben". Für seine Tätigkeit erhält der Stadtkirchner 2 Klafter Flößholz, aber er darf das Beheizen nicht durch seine Magd ausführen lassen.

Stadler hat zeitweise das Holz selbst bezahlt. Für Sägen und Spalten des Holzes fallen 1787/88 11 fl 15 kr an.

Bis weit ins 18. Jahrhundert, ja bis weit ins 19. Jahrhundert hinein geschieht hinsichtlich der materiellen Ausstattung des Gymnasiums nur wenig, fast nichts. Auch in den Zeiten der „Blüte" unter Friedrich und Wilhelmine lässt die Ausstattung der Schule sehr zu wünschen übrig. Oft mussten die Schüler notwendige „Instrumente" oder auch Bücher mit finanzieren. Es sollen im Jahr 1745 von den Schülern die nötigen Gelder „für Anschaffung einiger ohnentberlich Mathematisch- und Physicalische Instrumenten dann benöthigte gemeinschaftliche Bücher" eingesammelt werden. 1746 müssen die Schüler für die Finanzierung der „Instrumente" vierteljährlich 2 Groschen aufbringen. Wer nicht bezahlt, soll 4 Groschen berappen und eventuell sogar mit Karzer bestraft werden. In diesen Jahren wurde das Opernhaus errichtet, in diesen Jahren lebte das Fürstentum, lebte der Hofstaat derart über seine Verhältnisse, dass wenige Jahrzehnte später bei der Übergabe an Preußen nur von einem Staatsbankrott gesprochen werden kann.

Eine besondere Rolle spielt im Zusammenhang der „materiellen Kultur" des Gymnasiums die Bibliothek[79].

In seinem „Versuch einer Beschreibung sehenswürdiger Bibliotheken Teutschlands nach alphabetischer Ordnung der Städte" schreibt Friedrich Karl Gottlob Hirsching 1788 über die öffentlichen und privaten Bibliotheken Bayreuths: „Obgleich das dasige Collegium illustre Christian-Ernestinum fast von seiner Stiftung (1664) an, in gleichem Glanze fortgedauert hat: so vermisst es doch zur Zeit noch den Anfang zu einer Büchersammlung, den man bey dem Flor dieser ansehnlichen Schule wohl nicht vergebens suchen sollte."[80].

Andererseits hatte Markgraf Christian Ernst ja schon in der „Fundation" sehr genaue Hinweise auf Autoren gegeben, die im Unterricht gelesen werden sollten. Dafür stand den Professoren die markgräfliche Hofbibliothek unentgeldlich zur Verfügung. Über deren Umfang gibt ein Katalog Aufschluss, den 1679 Caspar von Lilien veranlasst hatte und der noch heute in der Erlanger Universitätsbibliothek aufbewahrt wird.[81]

Bearbeitet hat diesen Katalog Johann Georg Layritz (1647–1716), der von 1664 bis 1667 das Gymnasium besucht hatte und 1673 als Professor dorthin zurückgekehrt war. Seit 1675 betreute er zugleich die Hofbibliothek. Ihm folgte in diesem Amt 1689 Professor Wolfgang Christoph Räthel. Den Katalog führte ab 1679 Professor Johann Friedrich Frosch (1667–1743) fort. Ein gewisser Fortschritt bestand in dem Beschluss des Markgrafen im Jahr 1703, die finanziellen Verhältnisse des Gymnasiums zu ordnen. Die Einnahmen aus sechs Kammergütern bei Selb und zwölf Gütern bei Thierstein sollten ausschließlich dem Gymnasium, seinen Professoren und Schülern zugute kommen. Dazu gehörte auch, dass „künfftig hin Jährlich Fünfftzig Gulden zu Anschaffung einiger Bücher in die hiesige Fürstl. Bibliothec verwendet" würden.

So wurden immer wieder Professoren des Gymnasiums als Hofbibliothekare berufen. Zu ihnen zählte als Nachfolger Froschs Johann Georg Dieterich (1681–1740), der den Katalog fortführte und diese Aufgabe bis 1727 versah.

Später schenkte Markgräfin Wilhelmine dem Gymnasium zwischen 1735/36 und 1738 eine größere Anzahl von Büchern in deutscher, lateinischer und vor allem in französischer Sprache.[82]

Ein herber Rückschlag war für das Gymnasium mit der Gründung der Universität in Erlangen 1742 verbunden. Dem Gymnasium wurden die bisherigen Einkünfte aus den Gütern von Selb und Thierstein entzogen und die Hofbibliothek stand nicht mehr zur Verfügung. Ein erster Versuch, nun eine eigene Schulbibliothek aufzubauen, zu deren Finanzierung die jeweils neuen Schüler 20 Groschen geben sollten, scheiterte am Einspruch von Daniel de Superville (1696–1773). Genehmigt wurde am 17. Juli 1745 der Vorschlag, von den Gymnasiasten vierteljährlich 2 Groschen einzusammeln, doch besteht die einzige aktenkundige Anschaffung nicht in Büchern, sondern 1750 in einer Luftpumpe. Im Zusammenhang mit einer Schulvisitation 1749 wird festgehalten, dass 36 Stück Landkarten „von denen Instrumentengeldern" angekauft werden sollen. Die Forderung 1746 „Wenn das Gymnasium ein Collegium illustre bleiben soll, so ist nöthig, dass die lectiones und Bücher ebenso eingeführt werden, wie solche vorhin waren, …" blieb unberücksichtigt.

Ab 1759 wurde als Betreuer der Schlossbibliothek Professor Wolfgang Ludwig Gräfenhahn (1718–1767) berufen. Markgraf Friedrich hatte sich diese zum privaten Gebrauch in Bayreuth neu aufgebaut und gestattete dem Lehrpersonal die Benutzung[83]

In der Folge kam es zu keiner wesentlichen Erweiterung des Bestandes, der nach Gräfenhahn von Professor Lorenz Johann Jakob Lang (1731–1801) bis 1791 betreut und 1735 der gegründeten Kanzleibibliothek einverleibt wurde.[84]

1785/86, nachdem der geplante Ankauf der Bibliothek des Rektors des Hofer Gymnasiums Paul

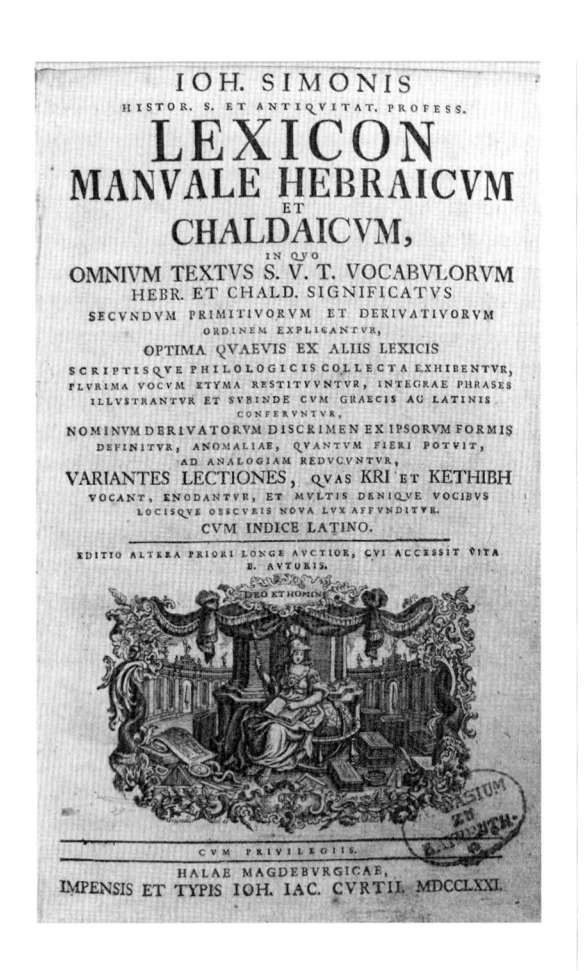

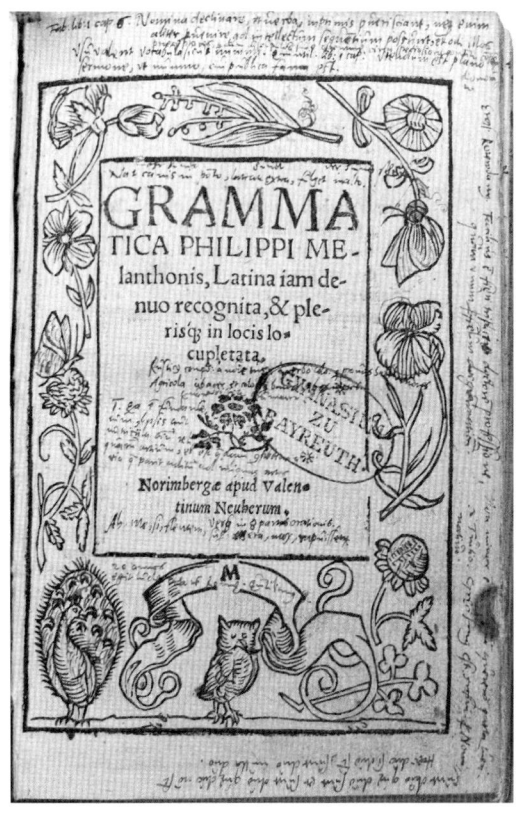

Abb. 52: Beispiele aus der Alten Bibliothek (Photos Martina Schubert) (Universitätsbibliothek Bayreuth)

Daniel Longolius (1704–1779) nicht zustande gekommen war, wird vermerkt: „Nihil Gymnasio nostro ad felicitatem suam deest, quam bibliotheca, qua absolutior schola carere non potest."[85]

Es folgten einige Bücherspenden von Privatpersonen, und ein Spendenaufruf erbrachte 1781 immerhin 49 Bände, die in einem Schrank aufgestellt wurden. Bis 1782 war der Bestand auf 155 Bände angewachsen.[86]

Nach 1788 sind keine weiteren Schenkungen zu verzeichnen. 1803 wurde das Scholarchat neu geschaffen. Diese Aufsichtsbehörde setzte gegen den Protest der Professoren 1804 durch, dass die bisherige Sammlung vor der Aufstellung im neuen Schulgebäude, dem ehemaligen Waisenhaus, „von der Menge absoluten und relativen Plunders zu reinigen" sei. Die ausgesonderten Bücher wurden versteigert oder als Makulatur verkauft. Zugleich rief man zu neuen Spenden auf. Nicht zuletzt G. W. A. Fikenscher forderte dies in seinen „Unbefangenen Äußerungen über Gegenstände des Schulwesens", in denen er generell die Notwendigkeit von Schulbibliotheken begründete. In seiner „Geschichte des illustris Collegii Christian-Ernestini" geht er 1807 deutlicher und mit Ironie auf die Problematik erneut ein. Auch

Professor Johann Salomo Christoph Schweigger (1779–1857) formuliert in einer Programmschrift von 1805 kritisch: „Wenn gleich nicht alle uns übersandten Bücher zum Zwecke dieser Bibliothek unmittelbar anwendbar scheinen, so sind wir doch weit entfernt, die Freygebigkeit gegen unser Institut beschränken zu wollen …"[87] 1808 kritisert er das Fehlen einer Bibliothek nochmals: „Es ist bey den großen und schnellen Fortschritten der Physik in unseren Tagen, ohnehin Schande, nicht blos für jede berühmte Lehranstalt, sondern auch für jede ansehnliche Stadt, wenn dieselbe nicht eben so wohl ein physicalisches Cabinet als eine Bibliothek besitzt."[88]

So konnte erst Professor Lorenz Heinrich Wagner (1774–1841), der als erster Lehrer am Christian-Ernestinum die Kanzleibibilothek von 1805 bis 1823 betreute, die Anfänge einer wirklichen Schulbibliothek erleben.[89]

In den folgenden Jahrzehnten wuchs der Bestand vor allem durch zahlreiche Schenkungen, unter denen besonders die Zuwendungen durch Buchhändler Grau und durch Magistratsrat Leers hervorzuheben sind. Er setzte in seinem Testament für die Bibliothek 150 fl aus.

Allerdings schreibt Rektor Gabler am 4. Oktober 1833 an den Testamentsvollstrecker, das jüngst übersandte Werk, die allg. Enzyklopädie von Esch und Gruber in 35 Bänden sei nicht zweckmäßig ausgesucht und völlig unbrauchbar, da bereits in der Bibliothek vorhanden.

1866 wurden im Zusammenhang mit einer abzuschließenden Feuerversicherung der Wert der „Alten Bibliothek" auf 300 fl und Neuanschaffungen zwischen 1820 und 1866 auf 9 660 fl geschätzt. Hinzu kamen Musikalien im Wert von 1 000 fl und sonstige Utensilien im Wert von 290 fl.

1896 betrug die Gesantsumme 24 000 Mark (Bücher 20 400 M, Musikalien 2 200 M, Instrumente 1 000 M, Landkarten 400 M).

Schließlich bereitet auch die Finanzierung der Heilsbronnischen Stipendiaten Probleme, als 1736 die Heilsbronner Fürstenschule aufgelöst wird. Ausdrücklich legt Markgraf Friedrich fest, „… dass die von dem Heilsbronnischen Gymnasio hier bereits angekommene und noch ankommende Stipendiaten in das hiesige Collegium Christian-Ernestinum fördersamst introduciret, dabeneben auch angewiesen werden sollen, sich inmittelst bey einem hiesigen Bürger, woferne es nehmlich der Professorum convenienz noch nicht verstatten möchte, in Kost und Quartier zu begeben, bis wegen ihres ordentlichen Tisches das regulativ gemacht worden."

Ein Jahr später werden an Stipendiaten-Geldern angesetzt:

Vor 15 allhier frequentirende Stipendiaten	975 fl
Von 10 Sumtuarios	400 fl
Acht Stipendia Academia	400 fl
in Summa	1 775 fl

Weiter wird befohlen, „… dass die Zahlung in zweyen Fristen jährlich geschehen solle, dann die zur deren Tilgung in Ermanglung anderer Mittel die heurigen Getraidter von euch vorgeschlagen werden. Es soll das Getreide von hier bis Weihnachten, wenn der Preis zum höchsten steigt, versilbert, so mit einstweilen Credit darauf gemachet und durch diese Mittel die Gelder schleunigst hierher zur weiteren Distribution übermachet (werden) …"

1.2.6. Schulentwicklung und Reformen[90]

Wenn auch vieles bis zum Übergang an Bayern im Argen lag, vor allem die materielle Ausstattung der Schule, wenn es auch Krisen zu überwinden galt, so lässt sich doch deutlich erkennen, dass auch in schwierigen Zeiten Konsistorium und dann Scholarchat um Verbesserungen bemüht waren. Diese betreffen Gestaltung der Stundentafel, Lehr- und Lerninhalte, aber auch immer wieder pädagogische Bemühungen und Erziehung der Schüler. Es fehlen auch nicht Ermahnungen an die Adresse der Professoren.

1.2.6.1. Tätigkeit des Konsistoriums und Scholarchats

Am 20. Mai 1803 wird dem „wohllöblichen Schul-Kollegium hieselbst" eröffnet, „dass der Königliche II. Kammer Senat in Ansbach als Baireuther Konsistorium mit Vorbehalt der Genehmigung des hohen geistlichen Departementes zu Berlin in den Personen der Unterzeichneten ein Scholarchat aufgestellt hat, dessen wesentliche Bestimmung aus dem beigehenden Auszug der Instruktion vorläufig zu ersehen ist." 1806 wird bestätigt, dass das Scholarchat mit der hiesigen Kammer als Konsistorium vereinigt ist. „Alles, was bisher dorthin abgegeben wurde, ist ab jetzt an Unser Konsistorium zu bringen, vor allem auch das Konferenz-Buch".

Schon 1770 wurde allerdings neben dem Konsistorium auch vom Scholarchat und nach 1803 wiederholt vom Konsistorium gesprochen.

Aufgaben des Scholarchats waren Aufsicht, Kontrolle über die Schulen, Anlage von Verzeichnissen über Knaben an den Elementarschulen der Stadt Bayreuth, welche im Alter von 9–10 Jahren in die lateinische Schule aufgenommen zu werden wünschen, Durchführung von Prüfungen, Genehmigung der Lehrpläne und Überprüfung der Konferenzprotokolle.

Es werden wohl nicht unbegründet die „Herren Lehrer" verpflichtet, darauf zu achten „dass in Zukunft die Exerzizien-Bücher der Zöglinge reinlich und so geführt werden, dass sie nicht nur von Zeit zu Zeit überhaupt dem Scholarchat, sondern auch vorzüglich bey den öffentlichen Prüfungen diesem und dem Publikum vorgelegt werden können." Unter jeder Ausarbeitung hat der betreffende Lehrer das Urteil über dieselbe nur mit einzelnen Worten wie „gut", „sehr gut", „schlecht" oder „vorzüglich" zu bemerken. „Es ist nützlich und nötig, dass die Lehrer bey den lateinischen Stilübungen wenigstens alle 14 Tage ein Extemporale dictiren ... Diese müssen in ein besonderes Buch mit von dem Lehrer hinzugefügten Urteile und Angabe des Monats-Tages ... geschrieben werden, welches dem Königl. Scholarchat auf Verlangen vorgezeigt wird." Auch soll gegen Disziplinlosigkeiten konsequenter vorgegangen werden.

Prof. Langlois hatte gegen den Schüler Meyer (in der Prima) wegen grober Beleidigungen und Unschicklichkeiten Beschwerde erhoben. Er bittet zu verfügen, dass während seiner Lehrstunden „keinem Primaner erlaubt sei, auf die Fenster zu steigen, in der Klasse herum zu gehen oder zu spät zu kommen." Das Scholarchat vermerkt hierzu allerdings, dass dies alles an sich und überhaupt unerlaubt sei, und es wohl Prof. Langlois an Durchsetzungsvermögen fehle.

Am 24. August 1829 wurden zu Mitgliedern des Scholarchats der Studien-Anstalt zu Bayreuth ernannt:

Aus der Geistlichkeit als Consistorialrat Dr. Starke, aus dem Magistrat der erste Bürgermeister Hagen, aus den Gemeindebevollmächtigten Appellationsgerichts – Advokat Keim.

Am 29. August 1829 versammelten sich die Mitglieder im Hörsaal des Gymnasiums, um das Scholarchat förmlich zu konstituieren. Rektor Dr. Gabler erklärte, dass er durch die Bestimmung des § 66 des neuen Studienplans zum Mitglied des Scholarchats berufen sei.

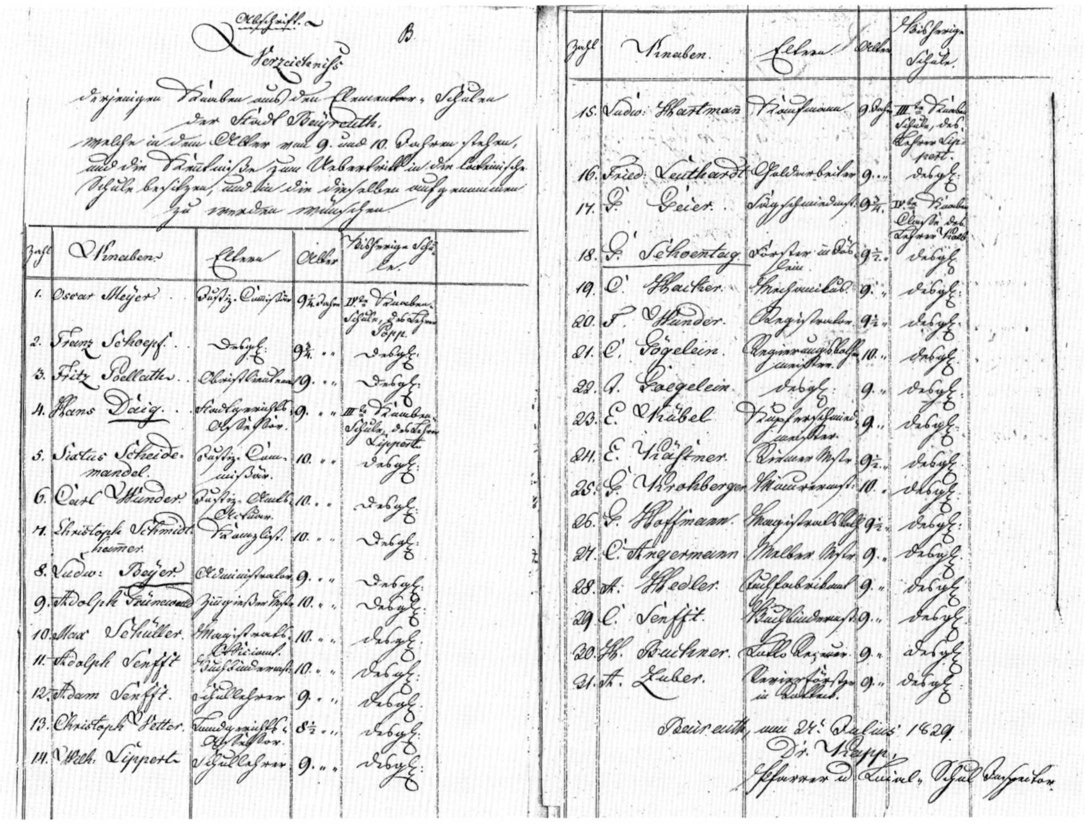

Abb. 53: Verzeichnis der Elementarschüler, die in die Lateinische Schule übertreten sollen, 24. Juli 1829

Sehr genaue Verzeichnisse geben Auskunft über den Personalbedarf und Realbedarf des Gymnasiums.

1829 werden für die Besoldung der Professoren aufgeführt:

1. dem Rector und Professor Dr. Gabler 1 200 fl, außerdem noch freie Wohnung im Anschlag zu 150 fl mit Garten
2. dem Professor Dr. Neubig 1000 fl, außerdem auch freie Wohnung im Anschlag zu 100 fl
3. dem Professor Dr. Held 1 200 fl, außerdem noch freie Wohnung mit Garten im Anschlag zu 100 fl
4. dem Professor Cloeter 800 fl mit freiem Garten in Anschlag 80 fl
5. dem Professor Kiefer 800 fl
6. dem Professor Dr. Stroebel 700 fl

Summe 5 700 fl

Es folgen Besoldungserhöhungen, Mehrbezüge, Pensionen und Entschädigungen.

Unter dem Verzeichnis „Realbedarf" finden sich detaillierte Specificationen zum Gebäude.

„Das Provinzial Waisenhaus Gebäude von bedeutendem Umfang ist seit 1804 zum Gymnasium, Progymnasium und zu den lateinischen Vorbereitungs Schulen eingerichtet, enthält 4 geräumige Wohnungen nemlich 1 des Rectors und 3 Professoren Wohnungen.
1 Wohnung für den Hausmeister und Pedell.
4 Lehr Säle parterre, im I. Stock 2 Lehr Säle, 1 Auditorium, 1 Bibliothek, 1 Sestiens, 1 Registratur. Im II. Stock 1 Lehr Zimmer, 1 Kabinet zur Aufbewahrung des Apparats, 1 Karzer im Hof.

„Für dieses ganze Gebäude mit Boden, Keller, Holzschlicht und geräumigen Hof, dann 3 Gärten, wovon der Rector Degen noch genießt, werden jährlich Mietgeld zur Waisenstiftung zum Bedürfen der Waisen bezahlt." Die Kosten hatten der Staat und das protestantische Gotteshaus zu gleichen Teilen zu entrichten.
Insgesamt beträgt der Aufwand 1 274 fl 15 ¾ kr. Hinzu kommen Kosten für die innere Einrichtung, Lehr Apparat, Feierlichkeiten, Beheizung, Verwaltung u.a. In der Gesamtbilanz steht ein Bedarf von 10 149 fl 30 ¼ kr, dem 6 238 fl 15 kr an Deckungsmitteln gegenüberstehen, so dass ein jährliches Defizit von 3 911 fl 15 kr verbleibt. Der erforderliche Dotationszuschuss beträgt 5 274 fl 15 ¼ kr.

Schon 1731 wurde darauf gedrungen, genaue Schülerverzeichnisse anzulegen und auch die Zeugnisse gewinnen an Genauigkeit. Die Professoren beurteilten Gottesfurcht, mores, ingenia, Fleiß und prospectus. Ebenso sollte die Kontinuität im Unterricht durch alle Klassen gewahrt werden, indem es nicht mehr gestattet war, Studienschüler zu jeder Zeit im Jahr aufzunehmen. Aus den Jahren 1723/24 ist auch eine Art Absentenliste erhalten, in der nicht nur die Abwesenheit vom Unterricht, sondern auch das Fehlen beim Gottesdienst vermerkt wurde. Unter den Namen finden sich auch einige spätere Professoren des Gymnasiums wie Gottlieb Friedrich Hagen, Georg Wilhelm Pötzinger und Germann August Ellrod oder der bedeutende Staatsmann Philipp Andreas von Ellrod(t), der 1747 die Landesgesetze herausgab („Corpus constitutionum Brandenburgico-Culmbacensium").

Vom 30. Mai 1770 datiert ein Schreiben des Konsistoriums an „besonders lieber Herr Collega auch liebe Herre und Freunde". Zunächst wird gelobt: „Es gereicht uns zum besonderen Vergnügen und Wohlgefallen, dass das Collegium Christian-Ernestinum dermalen mit Männern besetzt ist, welche eine gründliche Geschicklichkeit und Einsicht in dem Schul-Wesen besitzen, und sich diesfalls bereits öffentliche und rühmliche Zeugnisse erworben haben" Obwohl die Professoren mit der Wissenschaft „eine gute Application verbinden und es an Eifer und Fleiß, die anvertraute studierende Jugend dem ihr vorgesetzten Endzweck treulich und nach ihren habenden Pflichten anzuführen, nicht ermangeln lassen, so äußert doch hie und da das Publicum desideria …"

Es wird missfällig wahrgenommen, „dass zu der Zeit und in denjenigen Stunden, welche zum öffentlichen Unterricht der studirenden Jugend im Gymnasio gewidmet sind, die jungen Leute auf den öffentlichen Gassen im schändlichen Müßiggang herumziehen." Den Professoren wird vorgeworfen, zu wenig Aufsicht auf die Schüler auszuüben. Gelobt wird der intensive Unterricht in Philosophie und Mathematik. „Indessen walten doch auch hierinnen viele Bedenklichkeiten vor, welche eine Erinnerung und Einschränkung der Sache höchst nothwendig machen. Es ist zwar für die Jugend von großem Vorteil, wenn sie außer in den Sprachen auch in den philosophisch- und mathematischen Wissenschaften unterrichtet wird und daduch ihren Verstand frühzeitig schärft, aber es sollten die Professoren mehr „in den principiis psychologiis" bewandert sein, um

Verfrühungen zu vermeiden. Auch „… soll das Gedächtnis nicht mit Wörtern, Grammatik, allenfalls historischen Dingen und dem Auswendiglernen mathematischer Beweise angefüllt werden". Besonderer Wert wird auf das regelmäßige wöchentliche Üben und Wiederholen gelegt. Mängel bestehen auch in der gründlichen Einübung eines guten lateinischen und deutschen Stils. Schließlich werden die Professoren ermahnt, „ihre Stunden und Lectiones richtig" zu halten, „dieselben nicht vor dem Schlag zu endigen", „sondern wenn das Gymnasium noch nicht aus ist, ihre Successores so viel möglich" zu erwarten und „dadurch den Gymnasiasten den Anlass zu allem unziemlichen Laufen und Streunen auf den Straßen wie auch zum Rasen in den Auditoriis (zu) benehmen."

Abmahnungen hinsichtlich der Pünktlichkeit und des eigenmächtigen Ausfallenlassens von Stunden gab es schon 1703 und in der Folge wiederholt während des 18. Jahrhunderts.

Neu war die Einrichtung von Privatstunden. Diese und das davon abfallende Honorar werden genehmigt, „aber es ist vornehmlich auf die wöchentliche Elaboration und Correction der Speciminum der Bedacht genommen." Bei der Korrektur soll nicht „sowohl auf die Zierlichkeit ausgesuchter Wörter, als vielmehr auf die Elaborierung, ohne grammatische Fehler, gesehen und denen Discenten die Ursache warum es so und nicht anders seyn müsste, jederzeit angezeiget und begreiflich gemachet werden." Auch soll eine Stunde zum Disputieren angesetzt werden, „so wäre es um deswillen nützlich, weil die jungen Leute zum eigenen Nachdenken und Lateinischen Reden an – von der Zaghaftigkeit und Blödigkeit aber um so ehender abgewöhnt werden."

Im Zusammenhang mit disziplinärem Vorgehen gegen Lehrer, die Schüler körperlich gezüchtigt haben, verweist das Königliche Ministerium für Kultus darauf, dass die Schulordnung körperliche Strafen nicht vorsieht. Auch „beschimpfende Ausdrücke" sind durchaus zu vermeiden, ebenso lange Strafreden während des Unterrrichts, denn dadurch wird nur „kostbare Unterrichtszeit vergeudet." „Ordnungswidrigkeiten während der Unterrichtsstunde werden durch die inneren Mittel, die in der Unterrichtserteilung selbst liegen, am sichersten ferngehalten. Je mehr der Unterricht so gestaltet wird, dass er das Interesse der Schüler weckt und andauernd die ganze Klasse beschäftigt, umso zuverlässiger wird für gute Ordnung gesorgt sein."

Fast schon grotesk mutet es an, wenn die Professoren neben diesen durchaus wichtigen Themen sich auf der anderen Seite in einer Konferenz mit dem Antrag der Leichenfrau Sorgerin auseinandersetzen mussten, „die Leiche des Türmers, der morgen Nachmittag begraben werden soll, in das Gymnasium zu stellen und die Classe öffnen zu lassen, damit die Leichenbegleiter hineingehen können." Dieses Ansinnen wird abgelehnt, um keinen Präzedenzfall zu schaffen.

Sehr wichtig war dem Konsistorium immer wieder, auf die erforderliche Qualifikation der Schüler, die auf eine Universität gehen wollten und auf deren ordentliche Valediktion zu achten. Wiederholt ist eine „Studiersucht" der jungen Leute zu beklagen und zu beanstanden.

Ausführlich wird darauf seitens des Konsistoriums 1731 eingegangen. „Wir haben mit Befremden vernommen, wasmaßen in unserem Fürstenthum bißhero viele Eltern und Vormünder wie in der Education ihrer Kinder und Pfleg-Anbefohlenen überhaupt also auch insonderheit darinnen verstoßen, dass vielmahls Leute, welche sehr geringe oder gar keine natürliche Fähigkeit zu denen Studien haben, gleichwohl dazu gewidmet worden, mithin theils viele incapable Subjecta zum Schaden des gemeinen Wesens in öffentliche Aembter eingedrungen, theils aber ohne dem gemeinen Wesen zu dienen ihr Leben zugebracht …" Es soll in Zukunft stärker darauf geachtet werden, dass Kinder, die andere Fähigkeiten besitzen, aber zum Studieren als nicht geeignet erscheinen, „längstens biß in das 15. Jahr in denen Schulen gelassen werden." Halbgelehrte nützen dem Lande nichts.

„Wir haben zu unserem besonderen Missfallen zu vernehmen gehabt, dass einige von denen in hiesigem Gymnasii studierender Stipendiates nicht nur einer übel anständigen Lebensart einhergehen, sondern auch in denen ihnen obliegenden Studiis ziemlich neoligent sich erweisen sollen, vielleicht auch zum Theil die nöthige capacität und Fähigkeit zum Studiren nicht allerdings besitzen mögen …" (22. Juli 1739)

Während der 1750er Jahre wird wiederholt kritisiert, „dass in allen dreyen Klassen solche subjecta vorkommen, welche die zum Studieren erforderlichen Gemüthskräfte nicht besitzen." Einige sollen fleißiger sein, nicht so viele Stunden versäumen, andere sollten besser „eine andere ehrbare Lebensart erwählen."

Mit Bezugnahme auf ein Dekret von 1775 kritisiert die Königl. Preußischen Regierung II. Senat am 24. Oktober 1796 „die über Hand nehmende Studiersucht". Es ist nicht erlaubt, ohne Abmeldung die Schule zu verlassen, auf auswärtige Schulen zu gehen und ohne Genehmigung und Prüfung eine Universität zu besuchen.

Am 1. April 1794 vermerkt das Konsistorium, zwei Prüflinge haben „bey solcher Prüfung sehr übel bestanden und (sind für) ad altiora Studia nicht tüchtig befunden worden, deswegen auch ihnen der Discesso auf Universitäten nicht verstattet werden kann. So ist ihnen solches zu erkennen zu geben und zugleich anzufügen, entweder sich sofort zur Erwählung einer anderen Lebensart zu entschließen oder noch ein Jahr lang zu frequentieren ..."

Zu den Reformen und Verbesserungen gehören auch die Einführung eines Studienbuches im Jahr 1770, die Weisung, ab 1786 Leistungsverzeichnisse halbjährlich und zwar Mitte Januar und Anfang Juli einzuschicken, oder die in einem Circular vom 7. November 1804 festgelegte Regelung eines mindestens dreijährigen Studiums.

Mit Beginn des 19. Jahrhunderts wird auch eine systematischere Kontrolle der Absenzen veranlasst mit Hinweis auf bereits eingeführte Monatstabellen."Das Konsistorium wünscht von den sämtlichen Lehrern des hiesigen Gymnasiums und Seminariums binnen 6 Wochen zu erfahren, was sie für ein zum Ersatz besagter Tabellen leichters und zum Bemerken der Schulversäumnisse weniger Mühe und Zeit erforderndes Mittel vorzuschlagen wissen."

1800 geht es im Zusammenhang mit Reformvorschlägen um „sofort abzustellende Gebrechen der Anstalt". Offenbar reißen Klagen wegen mangelnder Disziplin und Störungen des Unterrichts nicht ab. Die Professoren sollen zur gesetzten Zeit in ihrer Klasse erscheinen und nicht vor Ende der Stunde gehen. Aber auch die Schüler sollen pünktlich sein. Über die Gründe für das Wegbleiben ist Buch zu führen. In den Lehrstunden ist das „zu viele Dictiren zu vermeiden, wodurch der nötigen Erklärung zu viel Zeit geraubt wird." Es gab wohl auch Anlass zu fordern, dass jeder deutsche Gelehrte eine genaue Kenntnis seiner Muttersprache haben solle. „Entsprechend müsst Ihr darauf sehen, dass Eure Schüler auch mit den Regeln der deutschen Sprachlehre vertraut sind." Vor allem sind deshalb auch Aufsätze zu schreiben und zugleich das Latein stärker zu üben.

Seit 1809 sollen auch die Zeugnisse und Noten nicht mehr der allgemeinen Kenntnis des Publikums ausgestellt, sondern nur zur Einsicht der Schulvorstände vorgelegt werden. Die Namen der Schüler „werden nicht mehr in alphabetischer, sondern in derjenigen Ordnung aufgeführt, in der sich die Schüler rücksichtlich ihrer Arbeiten und der dadurch erlangten Noten untereinander folgen." Die Angaben umfassen u.a. Alter, Herkunft, Vorrücken und Zurückbleiben, Abgang an die Universität und Studienziel. Der „Jahresbericht", der ab 1811/12 gedruckt vorliegt, muss außerdem einen Rückblick auf die „Jahresgeschichte", Informationen zu Lehrgegenständen, Lehrbüchern und Zahl der Lehrstunden enthalten sowie weitere statistische Angaben zu Schuleintritten und Austritten.

Lästig waren den Professoren offensichtlich die seit 1803 verbindlich verordneten Konferenzen, die alle 14 Tage Sonnabends von 11–12 Uhr stattfinden sollten. Themen waren Fragen der Schulverfassung, Schulverbesserung, Fleiß und Sitten der Zöglinge, Vervollkommnung des Unterrichts und der Erziehung. Darüber wurde in einem Buch Protokoll geführt, das dem Scholarchat zu übermitteln war. Die Protokolle sollten klar, knapp, deutlich und nicht weitschweifig sein.

Dieses Protokollbuch für die Jahre 1803 bis 1812 ist erhalten. Die erste Konferenz fand am 30. Juli 1803 statt. Es wird unter 1. festgehalten: „Auf den von einem hochlöblichen Scholarchat dem Schulkollegium gegebenen Auftrag, denjenig der Mitglieder anzugeben, der die eigentliche Schulbibliothek in Ordnung bringen und den Catalog darüber fertigen will, haben sich die Professoren Schumann und Fikenscher zur Übernahme dieses Geschäftes anheischig gemacht ..." Bis 1812 finden 154 Konferenzen statt. Am 10. Januar 1807 lautet der Eintrag: „Vor allem haben wir uns mit dem angestellten Tanzmeister Großmann über die Wahl eines zweckmäßigen Tanzzimmers besprochen und dazu die Quinta als das tauglichste gewählt"

In der Folge beanstandet das Scholarchat wiederholt, dass die Ergebnisse der Konferenzen nicht klar dargelegt würden. „Das königl. Scholarchat nimmt Veranlassung, das wohllöbliche Schulkollegium und Seminarium aufzufordern, künftig diesen Vermerken eine solche Einrichtung zu geben, dass sie das Resultat der gemeinschaftlichen Beratungen ... vorzüglich in wissenschaftlicher Hinsicht enthalten (11. Juni 1804). 1806 soll die Konferenzstunde im Winterhalbjahr auf den Nachmittag verlegt werden, damit kein

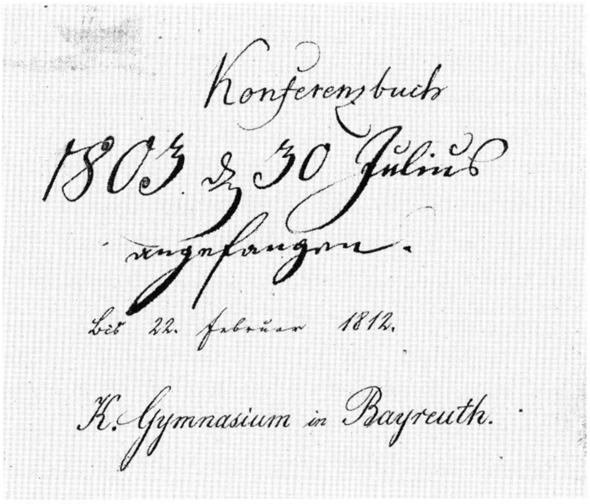

Konferenzbuch
1803 d. 30 Julius
angefangen.
bis 22. februar 1812.
K. Gymnasium in Bayreuth.

Unterricht ausfällt. Das Scholarchat vermerkt, „dass es die allgemeine Amtspflicht von selbst vorsieht, dass Privatstunden so wenig als andere Privatbeschäftigungen den Lehrer nicht von der Teilnahme an den Konferenzen befreien.“ 1807 erfolgt eine „untertänigste Vorstellung“ der Lehrer in Beziehung auf die alle 14 Tage zu haltenden Konferenzen mit der Bitte um Revisison dieser ganzen Angelegenheit.

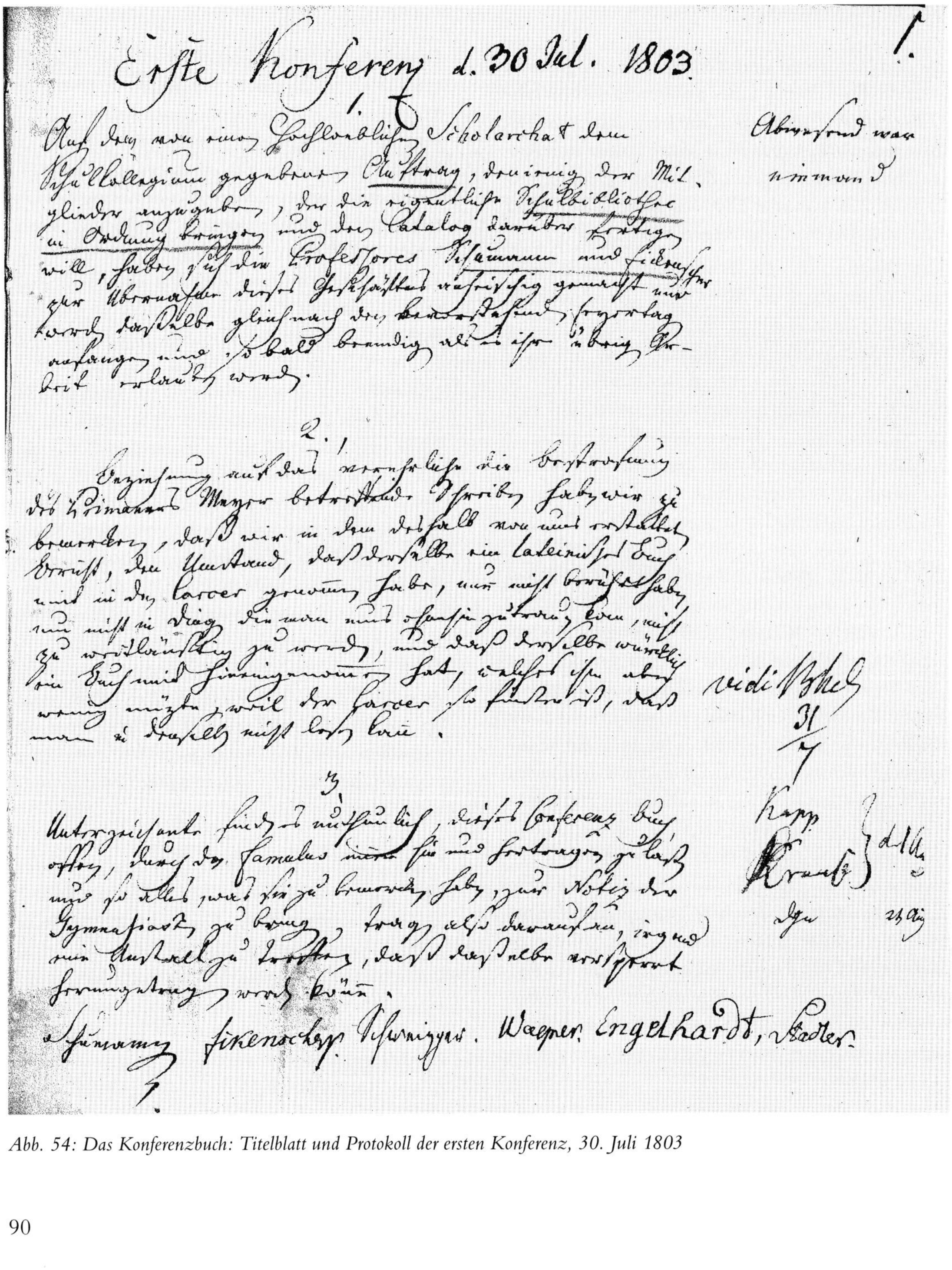

Erste Konferenz d. 30 Jul. 1803

Abb. 54: Das Konferenzbuch: Titelblatt und Protokoll der ersten Konferenz, 30. Juli 1803

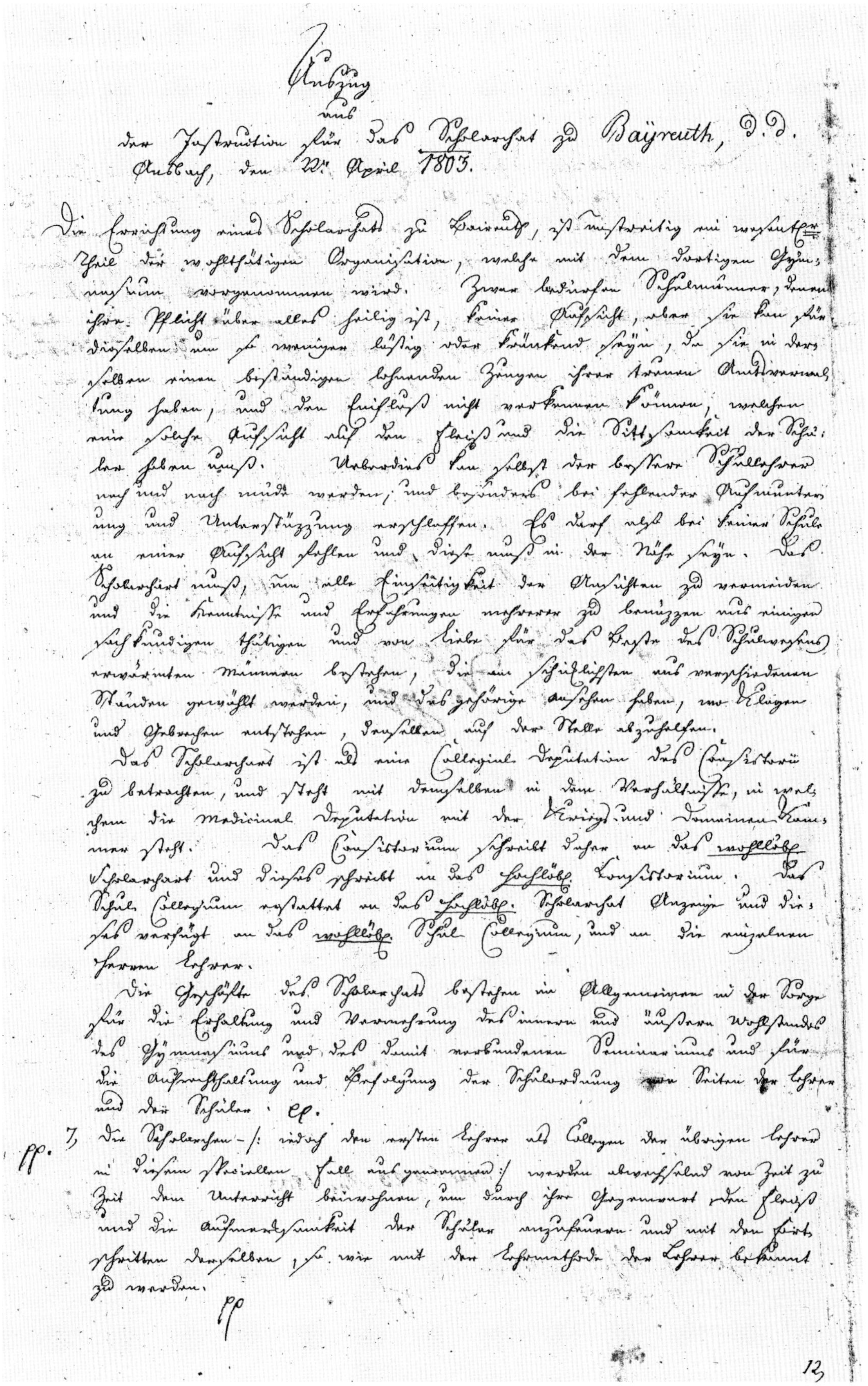

Abb. 55: Auszug aus der Instruktion für das Scholarchat zu Bayreuth, 22. April 1803

1.2.6.2. Klasseneinteilung, Fächerkanon und Stundenpläne

Seit 1664 war nach sächsischem Muster (Gotha und Coburg) ein Fachlehrersystem eingerichtet worden. Die ersten vier Ordinarien mit dem Titel Professor waren 1. M. Johann Wolfgang Rentsch (1664–1690) für Philosophie, 2. M. Ludwig Liebhard (1664–1673) für Geschichte, 3. M. Johann Caspar Oertel (1664–1688) für Sprachen und 4. M. Johann Fikenscher (1664–1670) für Dichtkunst. 1665 kam als Honorarprofessor für Moraltheologie M. Johann Matthäus Stumpf hinzu.

Einen ersten Lehrplan hatte Caspar v. Lilien aufgestellt, der unter dem lateinischen Titel „Delineatio studiorum, quae pro bono ac quod Baruthi Francorum est, tractari debent, jussu serenitatis suae edidit C. Lilien" in Bayreuth 1664 gedruckt erschien. Das „Kollegium", wie das Gymnasium genannt wurde, und das Seminarium (die bisherige Lateinschule) teilte man in je drei Klassen mit je eigenem Raum. Eine klare Regelung der Schuljahre gab es zunächst noch nicht. Die Verweildauer in den einzelnen Klassen war unterschiedlich und lag meist zwischen 1 ½ und 2 Jahren.

Allmählich erweiterte sich der Fächerkanon. So wurden Honorarprofessuren für Mathematik (1670) und für chaldäische und syrische Sprache (1693) eingerichtet. Seit 1665 gab es auch französische Sprachlehrer.

Zwar stand das Französische schon seit dem Hochmittelalter im Rang einer europäischen Verkehrssprache, doch erst im 16. Jahrhundert lassen sich die Anfänge eines organisierten Französischunterrichts erkennen. Im 17. Jahrhundert errang Frankreich nicht nur die politische Vormachtstellung in Europa, sondern prägte auch das geistige Leben der Epoche. Allerdings blieb das Ansehen der ausländischen Sprachmeister lange Zeit sehr gering. Viele Methoden konkurrierten miteinander, zahlreiche Lehrbücher erschienen auf dem Markt. In diesem Konkurrenzkampf errang Jean Menudier eine gewichtige Rolle. Er führte im Anschluss an Johann Amos Comenius (1592–1670) ein induktives Lehrverfahren in die Fremdsprachenmethodik ein. Menudier wurde im Oktober 1636 in Paris geboren. Vor seiner Berufung nach Bayreuth wirkte er als Sprachlehrer in Jena, wo auch die meisten seiner Arbeiten veröffentlicht wurden.

Erster Lehrer für Französisch war bereits ab 1665 bis 1686 Philemon Fabri. Ihm folgten Godefroi Benistant, Joh. Baptista Blain, Deodastus Doncourt (Theodat d'Oncourt), Johannes Tross (der erste deutsche Französischlehrer), Pertr. Tuefferdus, Joh. Menudier (er hielt am 7. April 1680, nach anderer Quelle 1681 seine erste Vorlesung), David Meyer.

Ein markgräflicher Tanz- und Fechtmeister lehrte in einem Wahlkurs Reiten, Tanzen und Fechten.

Geschichte wurde differenziert in Kirchen- und Profangeschichte. Es

Abb. 56: Stundenplan, undatiert

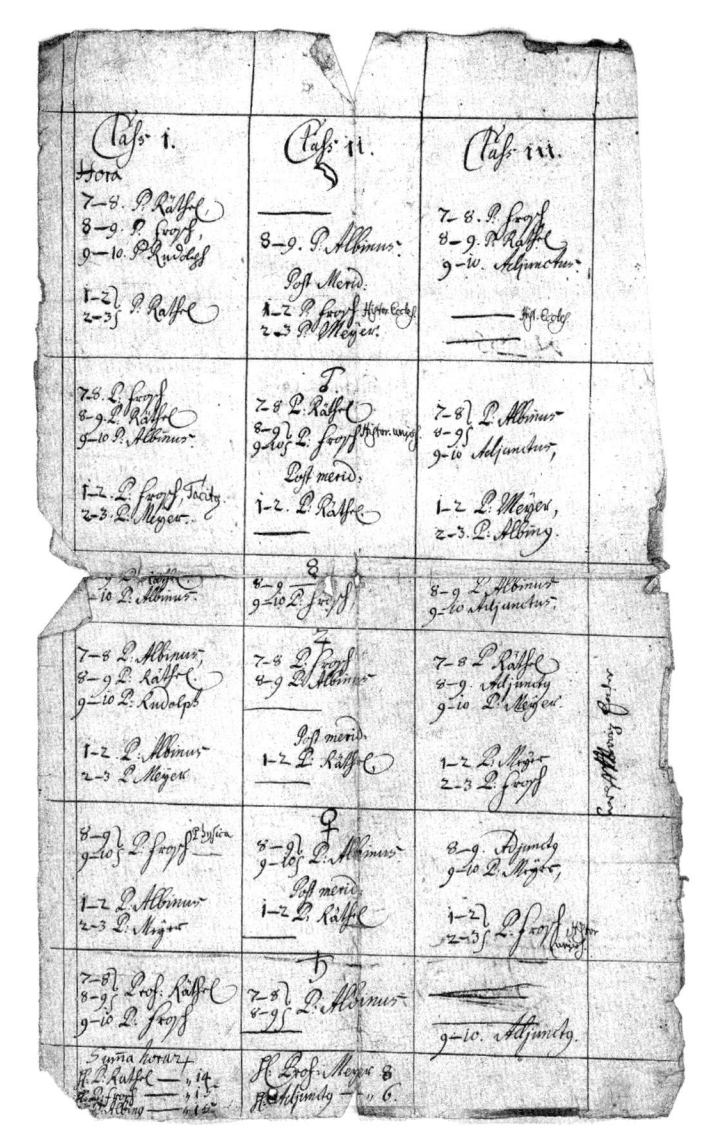

Abb. 57: Stundenplan, 1689

tigungen zubringen, die eigentlich nur den künftigen Gottesgelehrten vorzüglich angehen. Deshalb sei es sinnvoll, eine außerordentliche Stelle zu schaffen, um gezielt auf die juristischen Studien vorzubereiten. Die Argumentation erscheint durchaus logisch, vor allem, wenn man bedenkt, dass es ja auch eine außerordentliche Stelle für den Bereich Reiten, Tanz und Fechten gab. In einem Gutachten seitens der Professoren wird aber der Antrag ablehnend beantwortet.

1.2.6.3. Pädagogische Reformen[91]

Während der Rationalismus im Zeitalter des Barock in erster Linie ein Mittel zentralistischen Lenkens und Ordnens ist, steht er in der Epoche der Aufklärung vorwiegend im Dienste der Befreiung des Einzelmenschen von allzu straffer Lenkung auf allen Gebieten. Allerdings wird der Mensch zwar als Individuum gesehen, nicht aber als Individualität.

Auf dem Hintergrund der gängigen Staats- und Gesellschaftstheorie (Locke, Hume, Rousseau, Voltaire, Montesquieu, Wolff, Kant etc.) entwickelt sich ein neues Selbstverständnis des Landesherrn, der sich und den Staat als Förderer von Wirtschaft, Wissenschaft, Bildung und der allgemeinen Lebensbedingungen sieht. Diese Entwicklung erfolgt nicht plötzlich, sondern ist als Teil eines säkularen historischen Prozesses zu begreifen. So wie z.B. seit der zweiten Hälfte des 17. Jahrhunderts zunehmend die „Realien" Eingang in den Fächerkanon finden, so wie z.B. aus der realistischen Pädagogik Franckes die Realschule herausgewachsen ist, so lassen sich seit der zweiten Hälfte des 18. Jahrhunderts erste Grundlagen erkennen, die im 19. Jahrhundert zur Entstehung einer modernen durchkapitalisierten Industriegesellschaft führen mit neuen interessebedingten Ansprüchen an Schul- und Bildungspolitik, an Lehr- und Lerninhalte.

Schon im 17. Jahrhundert wurden Erziehung und Schule in ihrer politischen Bedeutung vor allem von den Kameralisten erkannt. 1668 heißt es in Johann Joachim Bechers „Methodus didactica", es könne den Regenten und Herren nichts

traten hinzu Metaphysik, Astronomie, Mathematik, Naturgeschichte, Logik, Hebräisch. Sehr aktuell erscheint das Gymnasium, wenn z.B. 1736 G. A. Ellrod in seinem Lehrplan anführt, dass auch Gottscheds „Kritische Dichtkunst" gelesen wird, die 1730 erschienen war.

Auf Ablehnung stieß allerdings das Gesuch des Cand. Jur. Meyer aus Ansbach, eine außerordentliche Lehrstelle für juristische Vorbereitungs-Wissenschaften einzurichten. Meyer war seit 1788 nach Ablegung des öffentlichen Examens in Bayreuth als Privaterzieher im Hause des Freiherrn von Wechmarphen tätig. Er lobt zunächst die Bedeutung des Gymnasiums, das die Grundlagen für alle weiteren Studien schaffe, meint aber, der angehende Jurist müsse bis zu seinem Abgang so manche Stunden mit Beschäf-

Besseres und Nötigeres vorgeschlagen werden, als eine „gute Auferziehung der Jugend", denn sie sei das „Fundament und vornehmste Maxime des Staats." Zunehmend interessieren sich die Landesherren für die Schule. Es finden sich nun häufiger Schulordnungen und Kirchenordnungen, die eine gesetzliche Schulpflicht vorsehen (1598 in Straßburg, 1619 in Weimar, 1642 in Gotha, 1716/17 in Brandenburg-Preußen). Die Schulpraxis blieb freilich auch im 18. Jahrhundert oft weit hinter allen Verordnungen zurück, doch lassen sich die Anfänge einer politisch gesteuerten und praktisch orientierten Bildung seit der zweiten Hälfte des 17. Jahrhunderts erkennen. Man denke an Veit Ludwig von Seckendorffs Buch „Vom Teutschen Fürstenstaat" (1665) oder an Christian Weises Bücher „über den klugen Hofmeister und den politischen Redner" (1675 und 1688). Er führte u.a. die „Politica" ins Gymnasium ein, weil die Kenntnis politischer Sachverhalte nützlich und interessant sei.[92]

Nicht vergessen sein soll an dieser Stelle auch die Bedeutung von Erhard Weigel (17625–1699), der im Jahr 1653 an der Universität Jena seine Antrittsvorlesung „De cometa novo" hielt und 1657 zum ersten Mal Rektor der Universität Jena wird. Zu ihm kamen, um ihn zu hören, u.a. Gottfried Wilhelm Leibnitz, Johann Christoph Sturm, Samuel von Pufendorf. Bei ihm lernten die späteren Professoren am „Gymnasium illustre" Räthel, Gropp und Rudolph. Auch als Pädagoge und Didaktiker erlangte Weigel große Bedeutung. „Sein 1688 abgehaltenes „Collegium artium liberalium" ist wahrscheinlich die erste Lehrveranstaltung zum Problem der Didaktik an einer deutschen Universität"[93]

„Weigels pädagogische Wirkungsgeschichte erstreckt sich über den deutschsprachigen Raum hinaus, verdichtet sich in Jena und Halle, wo sein Schüler Christoph Semler (1669–1740) die erste Realschule gründet. Der zweite wirkungsgeschichtliche Schwerpunkt liegt im fränkischen Raum. In Altdorf z.B. wirkte Johann Christoph Sturm (1635–1704), der Weigelschen Prinzipien im Gymnasialwesen Geltung verschafft."[94]

Das 18. Jahrhundert, das Jahrhundert der „Aufklärung", stellt sich als Epoche dar, in der sich Widersprüche und Gegensätze wechselseitig befruchten und aufheben. Rationalismus und Pietismus, Empfindsamkeit und Aufklärung gehören doch eng zusammen. In beiden erfolgt die Freisetzung und Ermächtigung des Menschen zu selbständigem Denken und Fühlen.

Abb. 58: Das ehemalige Waisenhaus, Friedrichstraße 14

Der Pietismus war nicht nur eine religiöse, sondern auch eine Bildungsbewegung. Einen neuen Akzent erhielt der Pietismus in Halle durch das Wirken Franckes, der das 1695 von ihm gegründete sog. „Waisenhaus" zu einer umfassenden Schuleinrichtung ausbaute. Er setzte eine Lehrerausbildung in Gang, die für die Lehrerseminare in Preußen beispielgebend wurde. Er vermittelte Einflüsse von Ratichius und Comenius ins 18. Jahrhundert und betonte das strenge Anhalten der Kinder zur Tätigkeit.

In Bayreuth wirkte Johann Christoph Silchmüller. Er wurde am 2. August 1694 zu Wasungen in Sachsen-Meiningen als Sohn des dortigen Superintendenten Johann Silchmüller geboren. 1724 erreichte ihn in Halle der Ruf nach Bayreuth. Hier wirkte er ab 1727 als Hofprediger, Beichtvater und Konsistorialrat unter Markgraf Georg Friedrich Karl, gründete 1732 ein Waisenhaus und in diesem einen ersten Verlag mit Druckerei und Buchhandlung. Schon im ersten Jahr wies der Bücherkatalog den beachtlichen Bestand von 1272 Titeln auf.

Silchmüller wurde für einige Jahre unter der Protektion des Markgrafen Georg Friedrich Karl seit 1727 recht einflussreich.

In seinem Tagebuch „Diarium Baruthinum" finden sich auch Anmerkungen zum Bayreuther Gymnasium. Unter dem 15. Dezember 1727 lesen wir folgenden Eintrag: „Wurde in dem Gymnasium Examen gehalten, dem ich beiwohnte, aber einen gar elenden, verderbten Zustand antraf". Silchmüller erhält deshalb den Auftrag, einen Reformvorschlag einzureichen.

Hintergrund ist, dass der Markgraf selbst zum Pietismus neigte und den Wunsch hatte, dass der Geist eines Spener und Francke auch im Christian-Ernestinum Einzug halten möge.

Silchmüller war ausgewiesen als Erzieher der beiden jüngeren Brüder des Markgrafen und hatte einige Jahre in Halle unter Francke als Inspektor an der lateinischen Schule gewirkt.

Die angetragene Professur für Theologie lehnte er ab, sorgte aber dafür, dass sein Freund, der „liebe Bruder" Adam Flessa, ein Müllerssohn aus Goldkronach, der zuerst Lehrer für Geschichte und Mathematik am Gymnasium gewesen war, die theologische Professur übertragen bekam. Flessa, ein ehemaliger Schüler des Gymnasiums, war neben Silchmüller der bedeutendste Pietist in Bayreuth, seit 1723 Professor für Geschichte und Mathematik, seit 1730 Hofdiakon und Professor der Theologie. 1731 wurde er als Beisitzer ins Konsistorium berufen. Er trat vor allem für ein praktisches Christentum ein, förderte die Morallehre und hielt wöchentlich asketische und biblische Vorlesungen.

Ein besonderes Greuel war Silchmüller der alte Brauch, dass neu eintretende Schüler einen „Eintrittsschmaus" geben mussten. Er wettert eindringlich gegen solche „Excesse" und vermerkt: „Später habe ich gehört, dass sie bei diesem Akzessschmaus fast die ganze Nacht hindurch geraset, getanzet und gesprungen haben. So geht es hier zu."

Silchmüller setzte durch, dass den Kindern keine Spielsachen gelassen wurden, verbot das Schneeballwerfen und „Glitschen auf dem Eis". Mit dem Tod des Markgrafen Georg Friedrich Karl und dem Regierungsantritt von Markgraf Friedrich und seiner Gemahlin Wilhelmine war das Schicksal des Pietismus und seiner Anhänger in Bayreuth aber besiegelt.

Bleibende Spuren im Gymnasium hat Silchmüller nicht nachweisbar hinterlassen. 1741 geht Silchmüller als Superintendent nach Kulmbach. Nach dem Tod von Markgraf Friedrich im Jahr 1763 ruft Markgraf Friedrich Christian, der in Weferlingen Silchmüllers Schüler gewesen war,

Abb. 59: Johann Christoph Silchmüller, 1694–1771 (Stadtarchiv Kulmbach)

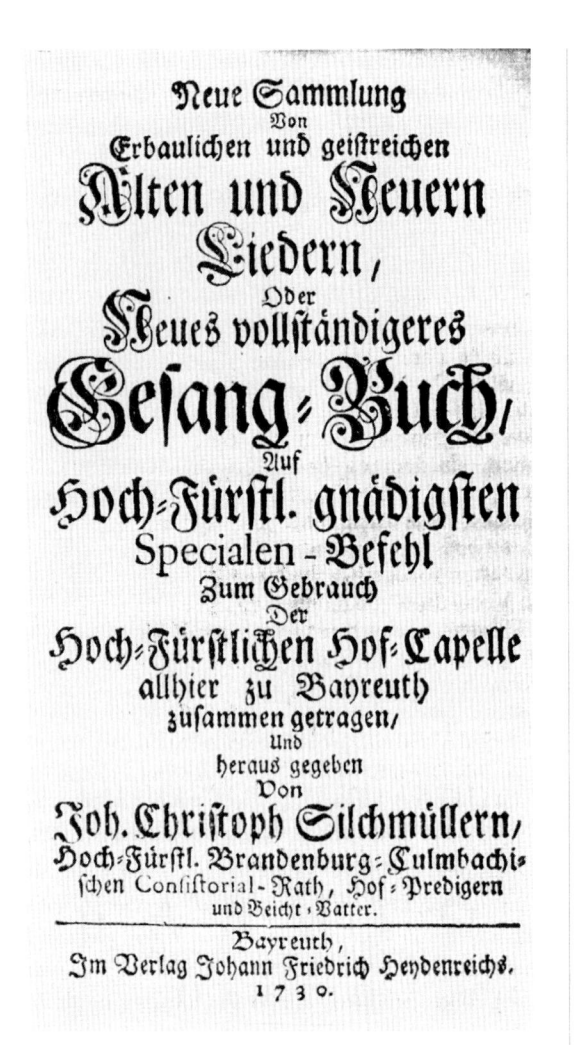

Abb. 60: Titelblatt des Bayreuther Gesangbuchs von 1730, bearbeitet von Hofprediger Silchmüller

diesen wieder als Generalsuperintendenten nach Bayreuth zurück. Hier stirbt Silchmüller am 30. Juni 1771.[95]

Markgraf Friedrich förderte zunächst das Gymnasium und ließ sich Reformvorschläge machen. Wenn auch Französisch die Sprache der Gebildeten und des Adels am Hof war, so wurde nun doch auch großer Wert auf die deutsche Sprache gelegt. „Diesem nach muss die teutsche Muttersprache so emsig, als die lateinische, sonderlich in den niedern Klassen, getrieben und die in so vielen Schulen herrschende Unwissenheit unserer eigenen Sprache … gehoben werden." Die Schüler sollten auf verschiedenen Niveaus lernen: „Daher sollen in dem Collegio C. E. keine Classes perpetuae seyn, d.i. ein Sekundaner z.B. soll nicht allen Lektionen der zweiten Klasse beywohnen, woferne er keine Tüchtigkeit dazu hat …" Vorbild für die Reformpläne war das Pädagogium A. H. Frankes in Halle. In Bayreuth förderte die Reform Freiherr Voit von Salzburg, Minister des Markgrafen.[96]

Großen Einfluss auf die Fortentwicklung neuer pädagogischer Ansätze haben Philanthropen wie Joh. Bernhard Basedow (1724–1790), Christian Gotthilf Salzmann (1744–1811), Joachim Heinrich Campe (1746–1818), Ernst Christian Trapp (1745–1818) und Friedrich Eberhard von Rochow (1734–1805).

Die Philantropen gaben den Fragen des Schulwesens nachhaltigen Auftrieb und wirkten auch in das staatliche Bildungswesen hinein. Hier wurzelt der Gedanke der Volksbildung. Das Kind wird als Kind gesehen, es entsteht ein kindgemäßes Schrifttum. Auch die Säkularisierung des Schulwesens wird vorangetrieben mit dem Ziel einer reinen Staatsschule. Führend war hier Preußen, wo z.B. 1781 am Friedrich-Werderschen Gymnasium in Berlin ein gymnasialer Lehrplan eingeführt und 1787 ein Seminar für Ausbildung der philologischen Lehrer errichtet wurde. Im gleichen Jahr erfolgte die Zentralisierung der gesamten Schulverwaltung und das „Allgemeine Landrecht" von 1794 erklärte sämtliche Schulen und Hochschulen ausdrücklich zu Staatsanstalten. Schließlich öffnete ein Gesetz von 1803 allen Kindern ohne Unterschied der Konfession, also auch Juden, den Zugang zu allen Schulen und Hochschulen.

Christliche Pädagogik, Ökonomisierung der Erziehung, Pietistische Theologie, Pädagogische Theorie der Aufklärung, Philantropismus, all diese Einflüsse, die hier nur grob angedeutet werden können, spüren wir am Gymnasium in Bayreuth, wenn man auch nicht von einer systematischen Auseinandersetzung mit den führenden zeitgenössischen Autoren sprechen kann. Eine Auswahl an bemerkenswerten Schriften soll aber zumindest einen kleinen Einblick in die Gedanken, Überlegungen und Anregungen der hiesigen Professoren geben.

In seiner Schrift „Einige Ursachen des Mangels an Privatfleiß unter den Zöglingen in lateinischen Schulen" (1799) stellt Friedrich Wilhelm Hagen fest: „Oft zehn Jahre bringt der Jüngling zu, bis er, oft nur dürftig, auf die Akademie vorbereitet wird, und bei seiner letzten Schulprüfung besteht nicht selten der höchste Beweis seiner Geschicklichkeit und seiner Talente darin, dass er ohne grammatische Fehler ein Specimen nachschreibt, und einen lateinischen Brief verfertigt …"

Hagen sieht eine Ursache der Defizite darin, dass man auf der Schule oft nur für das Gedächtnis, nicht aber für den Verstand lerne. „Wer nicht bei der Wiederholung zu Hause das Gehörte und Gelernte in sein Verstandeseigenthum verwandelt, der kann von dem Unterrichte jeder Woche nicht den achten Theil behalten …" „Nur halb mit dem Verstande thätig in der Schule, bringen sie (die Schüler, d. Vf.) außer derselben einen noch größeren Theil der Zeit entweder mit Nichtsthun, oder mit Beschäftigungen zu, welche für ihre gelehrte Bildung keinen Gewinn haben." „Es gibt Gelehrte, die ewig Kinder bleiben, weil sie nie das Materielle ihrer Kenntnisse durch Denken zu ihrem Eigenthum machen, sondern dasselbe als fremdes Gut, woran sich gleichsam ihr Verstand nicht vergreifen dürfe, blos mit ihrem Gedächtnisse aufbewahren."

Nach Hagens Berechnung, nämlich 6 Stunden Schulunterricht, 3 Stunden Bewegung, Vergnügung, Zerstreuung, 7 Stunden Schlaf, bleiben wöchentlich 48 Stunden. Werden diese nicht genutzt, so sind im Jahr 2 496 Stunden, in 6 Jahren 14 976 Stunden vergeudet.

Johann Kapp lädt am 16. und 17. Dezember 1779 zur öffentlichen Prüfung ein, an deren Ende „der oberste Bürger der ersten Klasse" eine lateinische Rede hält, in der er zeigt, „dass das Leben eines Studierenden eine tägliche Prüfung seyn müsse."

Kapp selbst legt eine Abhandlung vor mit dem Titel: „Kurze Beantwortung der Frage, ob es rathsam sey, die öffentlichen Schulprüfungen gänzlich abzuschaffen".

Kapp verweist auf die „große Gährung im Schul- und Erziehungswesen", „so ist fast nichts übrig geblieben, weder in der wissenschaftlichen, noch moralischen, noch politischen Einrichtung der Schulen, welches nicht bestritten und wohl gar als unnüze und schädlich verworfen worden wäre."

Anlässlich der Feier des Namenstags von Christian Carl Friedrich Alexander am 15. März 1779 geht Johann Kapp auf eine Frage ein, die 1775 im Leipziger Intelligenzblatt, im 37. Stück auf der 337. und 338. Seite bekannt gemacht worden war. In einer Preisschrift war zu lesen:

„Sichern Nachrichten zu Folge aber haben solche neueingerichtete Schulen nicht die erwartete Hoffnung erfüllt, vielmehr hat die ausgelassene Freyheit der Schüler den Mangel der Disziplin gezeiget, und nach dem Urteil derer, welche die auf die Universitäten kommenden junge Leute zu prüfen im Stande sind, hat sich überhaupt viel Scheinbares und wenig Reelles veroffenbaret."

Es ist die Rede von „ausgelassener Frechheit, matten Witze, Kenntnis von Vielerlei, aber von keinem etwas recht Ordentliches, Zusammenhängendes …"

Kapp nimmt dazu Stellung im Zusammenhang der Neuausschreibung zur Frage, „Ob heut zu Tage von den Schulen nicht mehr so viele wohlzubereitete Leute auf die Akademien kommen als vordem". Er sieht die Ursachen bei Schulleitern, Lehrern, Schülern und Eltern. Er will „zweifellos anzutreffenden Schlendrian mancher Lehrer, Untätigkeit und Kaltsinn von Direktoren, Leichtsinn und Fladderhaftigkeit und Trägheit mancher Jünglinge, Verzärtelung und Verwahrlosung, derer sich manche Eltern schuldig machen" nicht leugnen oder verteidigen.

Aber er glaubt es nicht erwiesen, „dass zu unserer Väter Zeiten verhältnismäßig mehrere wohlzubereitete Jünglinge von Gymnasien und Schulen auf die Akademien gekommen seyen, als etwan seit 15 bis 20 Jahren dahin geschickt worden sind."

Kapp meint, solche Klagen seien schon vor 100 Jahren „ebenso laut und kräftig" zu hören gewesen. Er meint, „dass die Klagen über die Unwissenheit der Jünglinge, so wie über die bösen Sitten derselben ein Locus Communis sind, den unsere Väter, Großväter, Urgroßväter etc. auch immer vorgebracht haben." In allen Zeiten sind gute und schlechte Schüler aus den Schulen auf die Akademien gekommen.

1805 äußert sich Prof. L. H. Wagner: „Einige Bemerkungen über Erziehung und Bildung des Menschen durch die Natur und die Kunst".

Es geht um das Berufsethos und um die „Beförderung der Entwicklung der Naturanlagen des Menschen".

Wagner kritisiert, dass Eltern ihre Kinder nicht mehr erziehen. „Jetzt kann man Kinder kaum so lange um sich dulden, bis sie anfangen einigermaßen gehen und reden zu lernen, so sucht man sie möglichst von sich zu entfernen. Fort in die Schule heißt es, der Hauslehrer, Gubernantinnen her, da sind die Kinder doch gut aufgehoben und versorgt … Bald wird man von Erziehern und Lehrern noch verlangen, dass sie die Ammen, die Wärterinnen und Windelwäscherinnen abgeben sollen."

Die bisher in der pädagogischen Literatur vertretene These, alle Entwicklung des Menschen hänge von fremder Hilfe, von äußerer Einwirkung ab, hält Wagner für einen Irrtum. Dagegen meint er, ein Pädagoge müsse alle körperlichen und geistigen Vermögen und Kräfte der Menschennatur kennen, ihre Wirkungen und Wirkungsarten, die Gesetze, nach welchen sie geschehen, die Ordnung, in welcher sie nacheinander auf dem Schauplatz der Seele hervortreten."

Es geht ihm um die Frage nach der Verbindung zwischen Seele und Körper, um die Frage was die Natur dem Menschen gegeben habe, welches seine Anlagen seien.

So müsse ein guter Pädagoge zugleich ein gründlicher Psychologe und Physiologe sein. Wagner wirft den Lehrern vor, zwar Griechisch zu können, aber sie seien oft pädagogische Ignoranten.

Sein Ergebnis: Eine richtige, gründliche und vollständige Kenntnis der Erziehung des Menschen durch die Natur, d.h. der inneren von dem zu bildenden Menschen selbst und von der Hilfe und Einwirkung anderer unabhängiger Entwicklung der natürlichen Anlagen, Kräfte und Organe ist es, die allem Studium und aller Anwendung der Lehrer der künstlichen Pädagogik vorausgehen muss."

In diesem Zusammenhang weist er auch auf die Gefahr der Verfrühung hin. „In unserer Zeit übereilt man die Natur, ja man jagt ordentlich den Menschen in seiner Ausbildung, welche dann freilich der gerade und unfehlbare Weg zur Schwächung, Lähmung, ja gänzlicher Ertötung aller Energie und Kraft ist."

M. Andreas Schumann beschäftigt sich 1787 mit dem Thema: „Über die nothwendige Mitwürkung der Eltern zur Bildung ihrer Kinder auf öffentlichen Schulen".

Schumann kritisiert zunächst die „gränzenlose Schreibsucht in den meisten Fächern menschlichen Wissens und vorzüglich im Erziehungswesen, die unser Zeitalter so merklich auszeichnet.", kritisiert die „Schreibseligkeit unberufener Reformatoren".

„Man ist nicht selten gegen öffentliche Anstalten eingenommen und sorgfältige Eltern stehen oft an, ihren Sohn dieser oder jener öffentlichen Schule zu übergeben, sie ist verschrien als ein Ort, wo der Jüngling nicht viel lernt, oder als ein Wohnsitz roher Sitten und der Zügellosigkeit."

Schumann richtet an die Eltern die Bitte, sie möchten mehr Gewissenhaftigkeit in der ersten häuslichen Erziehung beobachten, besonders bei der Bildung des Verstandes und des Herzens. Schwer wird es den Lehrern, oft unmöglich, das wieder gut zu machen, was in dieser Zeit verdorben worden ist, da die Eindrücke von Tugend und Laster, die der Mensch in seiner zarten Kindheit empfängt, nie ganz wieder vertilgt werden können."

Wesentliche Elemente und Erkenntnisse der modernen Sozialisationsforschung finden sich bereits bei Schumann in klarer Sprache formuliert.

Herausragend und von großer Bedeutung waren die zahlreichen Schriften von D. Georg Friedrich Seiler, u.a. auch sein „Schulmethodenbuch" (Erlangen 1789).

„Zwar ist in allen Schulen schon einige Methode … Aber viele Schullehrer haben eine unrichtige Methode gelernt; viele haben keinen Beobachtungsgeist und bleiben gedankenlos bey dem Alten; manche sind zu eigensinnig, als dass sie den guten Rath ihres Predigers oder eines anderen klugen und treuen Freundes annehmen sollten, ja selbst die Verordnungen der höheren Vorgesetzten versäumen sie in Ausübung zu bringen".

„Der Schullehrer muß vor allen Dingen sein ihm gebührendes Ansehen zu erhalten suchen; aber auch die rechten Mittel, nicht durch hohe Gebärden, und den gewöhnlichen stolzen, gebieterischen Ton, den manche Schulmeister so gerne annehmen, nicht durch eigenen Ruhm oder Herabsetzung anderer. Der Schullehrer wird sein Ansehen bey den Kindern gewiss behaupten, wenn er sich nur befleißigt, durch seine ungeheuchelte Gottseligkeit, durch seinen unsträflichen Wandel sich zu empfehlen … Dann ist es seine Pflicht, durch ein freundliches gütiges Betragen sich die Liebe der Kinder zu erwerben …, er wird nicht sogleich ungeduldig, wenn sie einen kleinen Fehler machen; er gibt oft gute Worte, um sie vor Fehlern zu warnen, er legt ihnen keine zu großen Lasten auf …"

Am 3. März 1783 kündigt M. Johann Kapp ein „historisches Lesebuch für die Baireuthische Jugend" an (gedruckt bei Friedrich Magnus Schwenter, Hof- und Canzley-Buchdrucker).

Er verweist auf die „ungeheure Menge von Schul- und Erziehungsschriften", „die seit ohngefähr zwanzig Jahren in Teutschland erschienen sind". Vieles davon taugt nicht, vieles wurde immer wieder abgeschrieben. Kapp konzentriert sich auf die Lesebücher. Er konzidiert, dass durchaus viele recht gut sind und „zum Theil auch ganz vortreffliche Sachen vorkommen", aber in vielen steht auch „ganz entbehrliches, unnützes und unwichtiges, ja auch ganz schlechtes, überspanntes, bedenkliches".

Vieles ist zu weitläufig. So besteht z.B. Weissens Kinderfreund aus vier und zwanzig Bänden und die erste Ausgabe davon kostet 21 fl Rhein.

(Er meint Christian Felix Weiße, der auch „Lieder für Kinder" (1776), ein „ABC-Buch" und seit 1775 den „Kinderfreund" herausgab, d. Vf.). Campens Kinderbibliothek ist auch schon bis zum Neunten Theil angewachsen (hier bezieht er sich auf den Philantropen Joachim Heinrich Campe, d. Vf.). Wichtig sind für Kapp Beispiele von Edelmuth, Weisheit und andern löblichen Handlungen, die ein Landsmann verrichtet hat". Diese haben mehr Interesse für die Jugend, machen einen größern Eindruck in ihr Herz, „als ein Eskimo, Feuerländer, ein Japaner, ein Neger … oder ein Tscheremisse."

„Also mehr teutsche Exempel". Kapp plädiert für ein historisches Lesebuch.

Ein umfangreicher Akt enthält sehr genaue Hinweise auf das ABC Buchstabier und Lesebüchlein von Herrn Rector Engelhardt, ein Verzeichnis der Beilagen und Hinweise zu einem zweckmäßigen Elementarbuch. „Es hat der Herr Geheime Kirchenrat D. Seiler zu Erlangen einen schriftlichen Entwurf eines ABC Buchstabier und Lesebüchleins (vom H. Rector Engelhardt zu Pegnitz aus verschiedenen beygelegten und sub A sepcificirten ABC Büchern und Fibeln zusammengetragen) dem hochfürstl. Consistorio überschicket und sich das Gutachten desselben darüber ausgebeten …"

Nach dem Verzeichnis reichen Versuche zu solchem Projekt bis 1763 zurück.

Genannt werden u.a.
Lesebüchlein, Erlangen 1763
Basedows kleines Buch für Kinder, 1771
Schulbüchlein, Hamburg 1775
Erste Nahrung für den gesunden Menschenverstand, Leipzig 1776
Buchstabierbuch für Kinder in Landschulen, Halle 1778
Neue Fibel, Göttingen 1782
Erste Kenntnisse für Kinder, Leipzig 1783
ABC Büchlein, Linz 1785
ABC Büchlein, Altdorf 1787

Der Plan für ein systematisches Vorgehen sieht in groben Zügen so aus:
„1. Das Alphabet in gewöhnlicher Ordnung, wo möglich sehr große Schrift

Das Alphabet in gewöhnlicher Ordnung ist am nützlichsten und nöthigsten …

Die Buchstaben nach ihrer Abstammung zu ordnen halte ich für sehr entbehrlich, denn diese ist willkürlich und kommt auf den Schreibmeister an, unnatürlich, alle Völker beinahe haben einerlei Ordnung behalten und das „a" vorangesetzt, wie es auch die Natur fordert, unverständlich, was sollen z.B. „s" und „z" für Ähnlichkeit in der Entstehung haben.

2. Das Alphabet in gewöhnlicher Ordnung mit großen Buchstaben, doch also, dass unter jeder Zeile große Buchstaben so gleich die kleinen stehen.

3. Die Vokale in der alphabetischen Ordnung
a e i o u

4. Die Konsonanten in gewöhnlicher Ordnung

5. Doppellaute

6. Leseübungen ohne zerteilte Worte

Ein Lesebuch sollte folgende Inhalte vermitteln:
Die fünf Sinne
Die Jahreszeiten
Die Monatstage
Die Wochentage
Die Elemente
Die Sonne mit ihren Planeten
Die Weltgegenden
Die Länder in Europa
Die großen Kreise in Deutschland mit ihren Hauptstädten
Das Bayreuther und Ansbacher Land mit seinen Städten
Die Regenten in Europa
Die römischen Kaiser
Die Könige in Preußen
Die Kurfürsten
Die gangbarsten Münzen
Maße und Gewichte
Sprichwörter in alphabetischer Ordnung
Biblische Erzählungen
Erzählungen aus der vaterländischen Geschichte".

Es kann hier nicht eine differenzierte, kommentierende Erörterung der oben zitierten Schriften geleistet werden. Bemerkenswert erscheint, dass man offenbar die philantropischen Ideen und einschlägigen Werke kannte, wenn sie auch nicht im Detail benannt werden. Offensichtlich stimmte man keineswegs mit allen Thesen überein und nahm Umsetzungen in die Praxis durchaus distanziert und kritisch wahr.

Sichtbar werden aber Erkenntnisse, dass der Unterricht mehr auf den jungen Menschen und seine Bedürfnisse eingehen, dass die vermittelten Inhalte interessant sein sollten. Geradezu modern muten die Hinweise auf die Bedeutung der häuslichen Erziehung in der Familie an.

Bescheinigen muss man den Professoren den klaren Blick dafür, dass ohne Fleiß, ohne Disziplin, ohne Begabung und ohne den sozialen Hintergrund der Familie Bildung und höherwertige Qualifikationen nicht zu erlangen sind. Bewusst war den Professoren zugleich, dass dazu auch die angemessenen materiellen Rahmenbedingungen gehören.

Sichtbar wird, wenn auch nicht immer explizit, der Zusammenhang der Epoche. Ein aufsteigendes Bürgertum definiert seine Interessen und stellt sich zunehmend selbstbewusst dar. Bürgerliche Wertvorstellungen, die am Ideal der „Nützlichkeit" orientiert sind, gewinnen an Bedeutung. Das alles spiegelt sich in der Literatur, in den Erziehungs-, Bildungs- und Entwicklungsromanen der Zeit, in den zahlreichen „Moralischen Wochenschriften" und der sog. „Hausväterliteratur". Aufgeklärte absolutistische Landesherren erkannten die Notwendigkeit, auf die Bedingungen einer sich verändernden Arbeitswelt zu reagieren. Konkretisierung findet dies in entsprechenden Schulordnungen, in der Entstehung neuer Schularten, im sich verändernden und erweiterten Fächerkanon auch an den Gymnasien.[96]

Der absolute Fürstenstaat mit stehenden Heeren und staatlich gelenkter Wirtschaft stellte seine Anforderungen an die Schule. Nach dem Tod Markgraf Friedrichs kehrte unter Markgraf Friedrich Christian der Pietismus nach Bayreuth zurück und die Stadt sank für viele Jahre zur Bedeutungslosigkeit herab. Der Lehrplan änderte sich in dieser Zeit zunächst nur wenig. Latein und Griechisch blieben die zentralen Fächer, aber immerhin gab es Veränderungen im Fach Geschichte. Hier drang der Kosmopolitismus der Aufklärung als Universalgeschichte ein und der Toleranzgedanke setzte sich bei der Darstellung der Kirchengeschichte durch. Zeitgenössische Geschichtsschreibung wurde aufgenommen, wie z.B. Schillers „Geschichte des Dreißigjährigen Krieges". In den oberen Klassen lehrte man Geschichte der Philosophie, Naturrecht und seit 1769 Psychologie. Auch Mathematik und Physik hatten ihren festen Platz und selbst praktische Kenntnisse wurden vermittelt wie z.B. das Pflanzen von Bäumen.

1.3. Preußisches Intermezzo und Französische Herrschaft[97]

Der Übergang der Fürstentümer an Preußen brachte gewiss Veränderungen, berührte aber vorerst das bürgerliche Leben in der Stadt kaum. Auch die Reaktion auf die Ereignisse in Frankreich hielt sich in Grenzen. Immerhin wurde vorsorglich alles „Räsonieren, Diskurieren und Disputieren" in den Wirtshäusern verboten. Eine leichte Ahnung schwerer Zeiten für die Zukunft mochte manchem Bayreuther aufdämmern, als die ersten preußischen Truppen in die Stadt einrückten. Noch begrüßte der Ortsdichter Kraußeneck das von Halle einrückende Bataillon Renouard mit einer Ode, die in der Bayreuther Zeitung (16./3.1792) erschien, aber bald mussten zahlreiche junge Bürger mit in den Kampf gegen die Revolutionsheere ziehen. Kraußeneck war 1787 Schüler am Gymnasium.

Im Rahmen der Neuordnung und Zentralisierung aller Bereiche wurde auch die kirchliche Organisation dem Staat voll untergeordnet. Für Hardenberg stand die Kirchenhoheit des Staates außer Frage. 1795 wurde die bisherige Selbständigkeit der Konsistorien in Ansbach und Bayreuth aufgehoben und diese zu Unterbehörden der Regierung degradiert. Ein aus Juristen und Geschäftsmännern gebildetes Kollegium unter dem Namen „Regierung mit 2 Senaten" ersetzte alle bisherigen Behörden. Dazu kam eine besondere Kriegs- und Domänenkammer. Die oberste Leitung und Aufsicht hatte das fränkische Landesministerium, an dessen Spitze von Hardenberg stand. Mit dem 2. Senat der Regierung wurde das Konsistorium vereinigt. 1799 kam es erneut zu Änderungen. An Stelle des Landesministeriums trat als höchste Behörde für Justiz-, Schul- und geistliche Sachen das königliche General-Direktorium in Berlin.

Nach dem Ende der Ära Hardenberg bis 1798 kam es 1803 zur Einrichtung des Königlich Preußischen Scholarchats. Vom 8. September 1803 datiert die Aufforderung: „Da es der Scholarchats-Registratur noch an den Abschriften der Bestallungen sämtlicher Herren Professoren und Lehrer fehlt, so wird ihnen hierdurch der Auftrag erteilt, uns jeder für sich eine richtige durch seine Namensunterschrift beglaubigte Abschrift seiner neuesten Bestallung einzuliefern ..."

1806 konstituierte sich, wieder in Bayreuth, ein zweiter Senat, der die Geschäfte des Konsistoriums besorgte. Diese Einrichtung blieb auch unter der französischen Herrschaft bis 1810 bestehen.

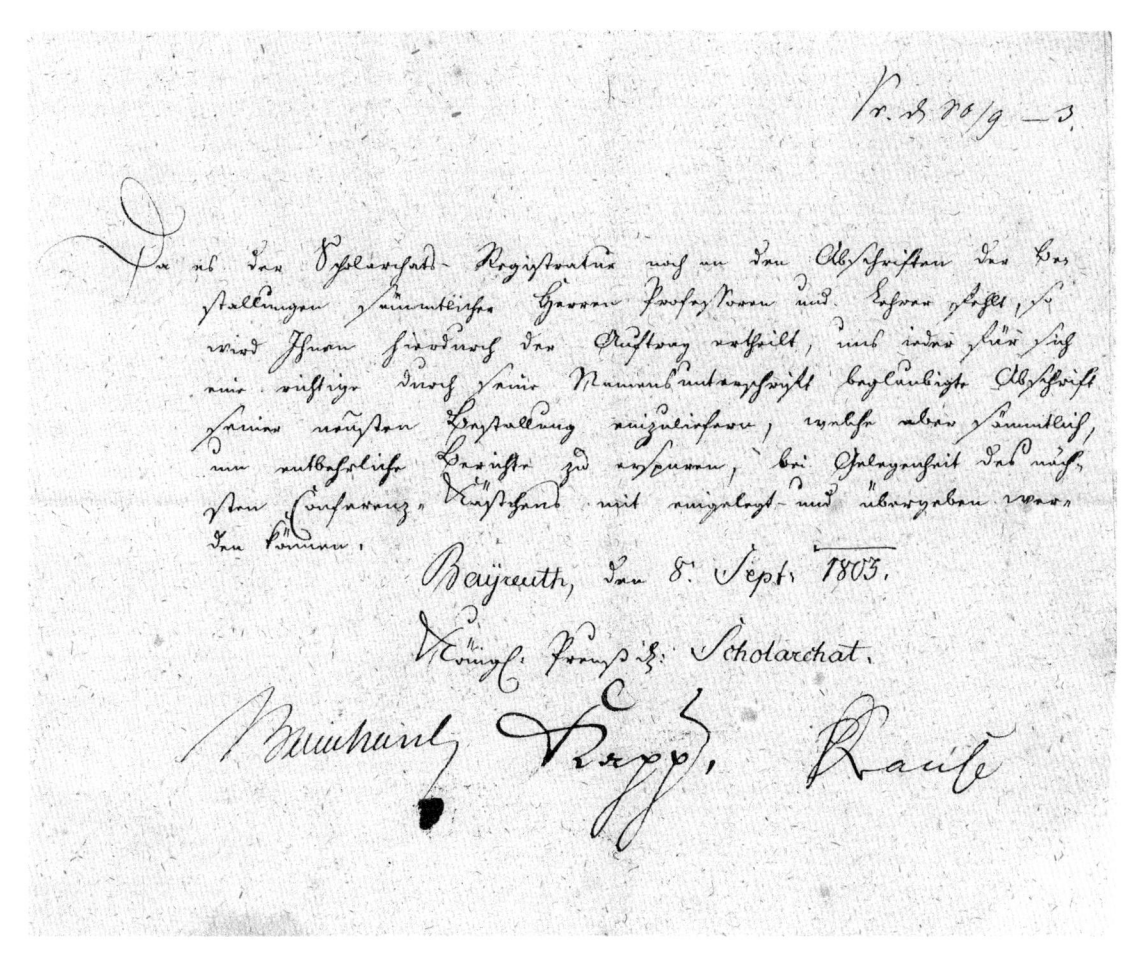

Abb. 61: Schreiben des Scholarchats vom 8. September 1803

Abb. 62: Siegel des Königl. Preuss. Scholarchats

Nachdem seit 1769 Bayreuth seine zentrale Rolle als Residenzstadt verloren hatte, ging das alltägliche Leben der Bürger seinen Gang, beschwerlich für viele und häufig an der Grenze zum Verlust wirtschaftlicher und sozialer Existenz in Krisenzeiten. Die nicht abreißenden Belastungen im Zusammenhang mit Frankreichs Revolutionskriegen, Napoleons Ausgreifen in den mitteleuropäischen Raum und mit den sich daraus ergebenden wechselnden Besatzungen erlaubten kaum städtische Entwicklung. Trotzdem begann der Bürger Geselligkeit und Freizeit zu organisieren, je nach sozialem Status, finanziellem Vermögen und persönlichem Interesse. Neben Lesegesellschaften und der Privatinitiative des Syndicus Morg entstand zuerst die sog. „Geschlossene Gesellschaft". Unter den Mitgliedern finden sich z.B. Kaufmann Bayerlein, Buchhändler Lübeck, Stadtapotheker Eber, Goldschmied Wich und auch Professor Wagner vom Gymnasium. 1796 wurde die „Ressource" gegründet, von der sich 1803 die „Harmonie" abspaltete. In den Vorstand wählte man Regierungspräsident von Völderndorff, Medizinalrat Dr. Langermann, Regierungsrat von Altenstein, Landjägermeister von Hardenberg und Hauptmann von Herwarth. 1806 konnte um 13 200 fl das Harmoniehaus (früher Gontardhaus, später Metropol-Cafe und schließlich Kindergarten) erworben werden.

Zu den prominentesten Mitgliedern, deren Zahl 1804 bereits 107 betrug und bis 1852 auf 174 anstieg, gehörte seit 1803 Jean Paul. Es herrschte hier ein liberaler Geist, der an den Vorfällen um die Gymnasiallehrer Bezzel und Wagner sichtbar wird. Bezzel hatte sich unvorsichtig und öffentlich zum Attentat Sands auf Kotzebue geäußert und musste trotz Widerspruchs des Regierungspräsidenten Freiherr von Welden gehen. Wagner hatte sich ähnlich in einer Diskussion mit Regierungsassessor von Stenglein exponiert, als er meinte, der Verräter Kotzebue habe durchaus den Tod von Patriotenhand verdient. Diese unhaltbare Position war aber in der „Harmonie", also privat, vertreten worden. So konnte der Vorfall „geräuschlos" beigelegt werden. Wagner wurde ein Jahr später zum Direktor des Augsburger Gymnasiums befördert.[98]

Am 28. Januar 1792 nahm König Friedrich Wilhelm II. von Preußen Besitz von den Fürstentümern Ansbach und Bayreuth. Ab diesem Zeitpunkt lag die Oberaufsicht über alle Schulen beim Oberschulkollegium in Berlin. Diesem war die Kriegs- und Domänenkammer in Ansbach mit der Funktion eines Provinzialschulkollegiums untergeordnet. Von großer Bedeutung war die Einrichtung der künftigen Abiturprüfung in Gegenwart einer Kommission am 4. November 1794. Weiter kam es zur Ausweitung des Unterrichts in den Realien. Die Abiturienten sollten außer Geschichte und Geographie, reine Mathematik, Physik und Naturgeschichte verstehen und die künftigen Juristen dazu Kenntnisse im römischen Recht, die künftigen Ärzte vermehrte Kenntnisse der Naturlehre zeigen können. Gegen diese Konzeption zog

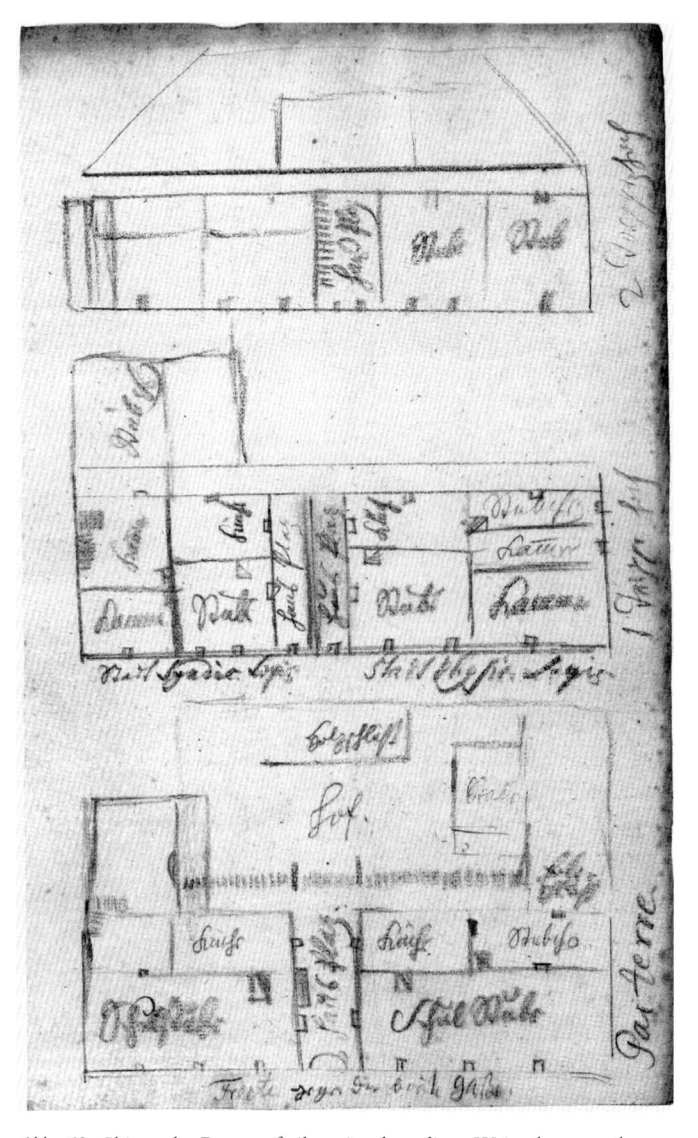

Abb. 63: Skizze der Raumaufteilung im ehemaligen Waisenhaus vor dem Einzug des Gymnasiums

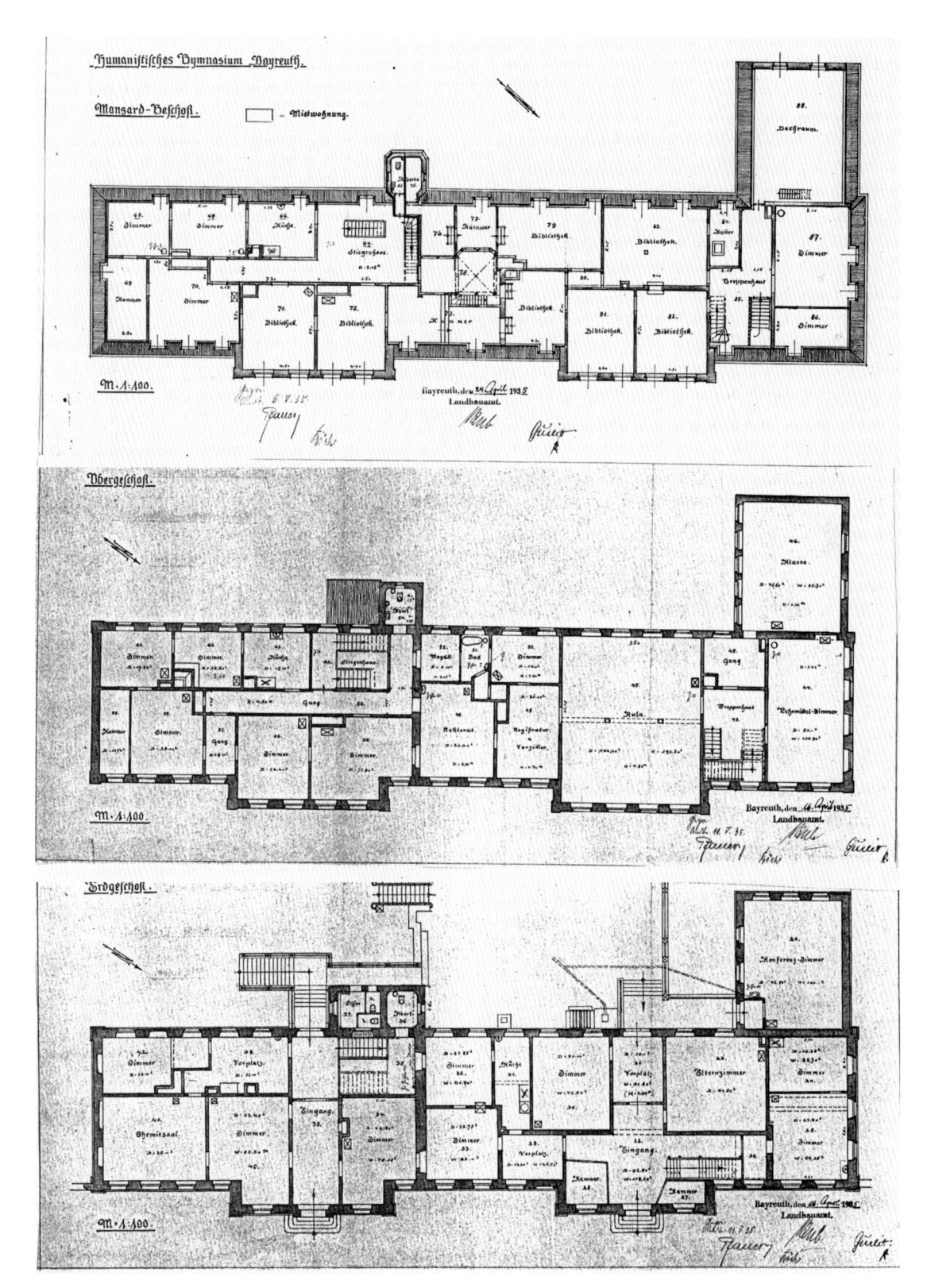

Abb. 64: Grundrisse des Gymnasiums, 1935
64.1 Oben: Mansardengeschoß; 64.2 Mitte: Obergeschoß; 64.3 Unten: Erdgeschoß

der Neuhumanismus zu Felde mit der Idee einer neuen Menschenbildung.

Bedeutendster Lehrer jener Zeit war Lorenz Johann Jakob Lang, der von 1757 bis 1801 am Gymnasium lehrte. Er war Sohn eines armen Strumpfwirkers aus Selb. Seine Befähigung erkannten der Selber Pfarrer Ellrod, der Wunsiedler Archidiakon Esper (der bekannte Höhlenforscher) und dann vor allem Germann August Ellrod. Dieser berief ihn als Rektor ans Gymnasium in Bayreuth, wo er die Professur für Orientalistik erhielt. Lang wurde Mitglied des Konsistoriums und später Konsistorialrat. Er bemühte sich, eingerissene Unsitten und Disziplinlosigkeiten zu bekämpfen und machte sich um den ständigen Aufstieg der Schule verdient.

1804 erfolgte der Umzug in das ehemalige Waisenhaus in der Friedrichsstraße.

Schon 1801 ergeht im Namen Friedrich Wilhelms König von Preussen am 11. September die Anweisung, das Waisenhaus in Augenschein zu nehmen, um bestimmen zu können, „was für neue Einrichtungen zu Einrichtung der Lehrer-Wohnungen sowohl der Hörsäle darinnen erforderlich seyn und was diese Einrichtungen kosten würden." Auch soll das Gebäude „taxiert" und ein förmlicher Bauanschlag beigelegt werden. Weiter sind die jährlichen Mietkosten zu ermitteln. Ein erster Bauanschlag ermittelt für Flaschner, Glaser, Häfner, Maler, Maurer, Schlosser, Schreiner und Zimmermann die Summe von 4 560 fl 25 kr.

Beigelegt ist eine sehr grobe Skizze der bisherigen Raumaufteilung.

Im Gymnasium bezog der Direktor eine Dienstwohnung, für die z.B. Dr. Neff 1913 jährlich 1 450 Mark zu entrichten hatte. Der Pedell wohnte ebenfalls in der Schule und bezahlte 1920 jährlich 120 RM. Die Provinzialwaisenhausstiftung stellt dem Bayerischen Staat das Anwesen für Zwecke des humanistischen Gymnasiums für eine jährliche Miete zur Verfügung, die 1920 6 000 RM beträgt. Verrechnet werden Kosten für laufende und große Instandsetzungsarbeiten. Außerdem leistet der Staat für die Bereitstellung der Fläche für Gebäude (Turnhalle, Flügelgebäude) sowie Überlassung der Höfe, Spielplätze und Gärten einen jährlichen Pachtzins (1920 beträgt dieser 685 RM).

Nachdem das Gymnasium bis zum Umzug in das neue Gebäude Albrecht-Dürer-Straße 2 im Jahre 1966 in diesem ehemaligen Waisenhaus seine Behausung fand, das ja in seiner Grundstruktur nie verändert wurde, soll auf dessen Baugeschichte kurz eingegangen werden.

Der Bau wurde 1731 begonnen und 1732/33 vollendet. Den Neubau plante und leitete Johann David Räntz (1690–1735). Nach seinen Plänen führten Maurermeister Johann Rupprecht Schleicher und die Zimmermeister Heinrich Fischer und Georg Querfeld die Arbeiten aus. Im vereinbarten „Accord" verspricht Meister Schleicher, ein Haus bei dem Brandenburger Weiher abzubrechen, „alle Materialien an Steinen, Ziegeln, Backsteinen, Latten und was zum Mauer-Werk gehörig ist, an den Platz des neuen Waysenhauses herauff führen zu lassen …" und alles weitere was erfordert wird „wie es immer Namen haben möge, auff seine Kosten an die Stelle zu schaffen."

Das neue Haus soll „98 Schuh lang, in der Mitten 40 Schuhe und auff beeden Seiten 35 Schuhe breit, dann 31 Schuhe in die Höhe" gebaut werden. Es folgen genaue Angaben über den Ausbau des Kellers und des Gewölbes. In das untere Stockwerk werden „vier Stuben nebst einer räumlichen Küchen eingerichtet, die inneren Wände von Steinen gemachet, die ganze Vierung des Hauses von Quader-Steinen gebauet, in dem obersten Stockwerk gleichfalls vier Stuben nebst einem Saal verfertiget …" Der Kostenanschlag beläuft sich auf „zweytausend Gulden fränk. und Drey Speci Dukaten Leykauff nebst etlich 100 fl zur Ausgabe …"[99]

An die frühere Bestimmung erinnern die Reliefs von Johann Gabriel Ränz, die über dem rechten Hauseingang die Liebe, am rechten Vordergiebel die Mildtätigkeit und Barmherzigkeit symbolisieren. Die Inschrift unter dem Rundfenster des rechten Vordergiebels lautet: Providentia D(ei) O(mnipotentis) M(aximi), Munificentia Principis Georgii Friderici Caroli ac Liberalitate Fautorum hoc Pietatis Opus extructum MDCCXXXII.

1735/38 erfolgte eine Erweiterung bis zur jetzigen Größe und u.a. Einrichtung einer eigenen Druckerei mit Buchverlag

1768 ließ Markgraf Friedrich Christian (1763–1769) den Turm mit Uhr und Glocken errichten (Hebefeier am 16. September 1768). 1791 wurde unter Markgraf Alexander das Waisenhaus aufgelöst.

1803 kam es zum Erweiterungsbau am rechten Trakt und in der Folge nach dem Einzug des Gymnasiums Ostern 1804 zu weiteren baulichen Erweiterungen am Hauptgebäude[102]. 1868/69 wurde der Südbau durch Baumeister

Wölfel errichtet und 1893 zum Sendelbach hin erweitert. Es folgte 1878/80 der Bau der Turnhalle unter Kreisbaurat Frank und 1900/01 die Errichtung des Nordbaus, der 1908/09 um ein Stockwerk erhöht wurde (Baumeister Schrüfer-Schmidt). Seit 1883 gab es Gaslicht, seit 1921 elektrisches Licht.

An das Besitzrecht erinnert der Umstand, dass früher im linken Teil des Parterres die K. Stiftungsadministration ihre Amtsräume hatte. Die Mansarde nahm die Gymnasialbibliothek ein. Im 1. Stock befanden sich die Amtswohnung des Rektors, die Aula und ein Reservezimmer; im Parterre neben Büroräumen gab es die Wohnung des Pedells und das Zimmer für die physikalischen Schülerübungen und das Lehrmittelzimmer. Auf der Rückseite des rechten Flügels wies das Gebäude noch einen Anbau auf, dessen unterer Teil auf das Jahr 1804 zurückgeht. Hier befanden sich um 1914 das Lehrerzimmer und im 1. Stock das Lehrzimmer der Oberklasse. Motschmann beschreibt 1914 einen „selten schönen und großen Hof", der durch den Sendelbach in zwei Hälften geschieden ist. „Während die rückwärtige, z.T. mit schattigen Bäumen bestandene Spiel- und Turnzwecken dient – in ihr steht auch die Turnhalle -, umrahmen die vordere zwei längliche Gebäude, in denen Lehrzimmer untergebracht sind." Der Südbau wurde zweistöckig erbaut, im Jahr 1769 bezogen und enthielt damals 4 Lehrzimmer und einen Zeichensaal. Später (1893) erfuhr er gegen Westen eine Fortsetzung. Dadurch gewann man weiteren Raum für 2 Lehrzimmer und 1 Musikzimmer. Der Nordbau wurde zu Anfang des Schuljahres 1901/02 eingeweiht und umfasste einen Physiksaal mit anschließendem Apparatezimmer, 3 Lehrzimmer und ein zweites Apparatezimmer (für Naturkunde). Später (1910) kam noch ein zweiter Stock mit 2 Lehrzimmern und einem Apparatezimmer hinzu. Zwei Gärten schlossen den vorderen Hofteil ab: der eine diente als Botanischer Garten, der andere stand dem jeweiligen Rektor zu.[101]

1806 fiel das Fürstentum Ansbach-Bayreuth an Fankreich, um schon 1810 feierlich an die Krone von Bayern übergeben zu werden. Die französische „Ära" dauerte also nur wenige Jahre, in denen es zu keinen bedeutenden Änderungen kommen konnte, die Auswirkungen auf den Schulbetrieb und seine Organisation hätten haben können.

Bedrückend waren für alle Bürger die Kontributionen und Einquartierungen und die unter Junot besonders brutale Militärdiktatur. Das Konferenzbuch für die Jahre 1803–1810 gibt aber nur wenig Hinweise auf die Zeitereignisse. 1806 wird mitgeteilt, dass das Bibliothekszimmer und ein weiterer Raum als Getreidemagazin genutzt wurden, was gewisse Einschränkungen des Unterrichts zur Folge hatte. Besonders litten die Professoren unter dem langen Ausbleiben der Besoldung. Ein Gesuch vom 2. September 1806 um eine Vorauszahlung wird abgelehnt, da kein Geld dafür vorhanden sei, verbunden mit der Versicherung, dass die politischen Umstände keinen Einfluss auf die Besoldung haben würden. Wenig später werden hinsichtlich der Einquartierung die Professoren beruhigt: „Bei der Anlage des Gymnasiums in der Einquartierungsliste ist auch blos auf die von Euch, den Lehrern bewohnten Zimmer, nicht auf die zu dem Unterrichte und dergl. bestimmten Rücksicht genommen worden." Wiederholt weisen die Professoren auf ihre prekäre Lage hin, denn auch die Getreideabgabe bleibt aus. Trotzdem sind die einquartierten Soldaten zu versorgen, durch die man Kränkungen und Beleidigungen erdulden muss. Am 16. November 1806 ergeht der Bescheid seitens des Präsidenten von Schuckmann: „Es ist mir ganz unmöglich, aus der Königl. Kriegs- und Obersteuer-Kasse unter den gegenwärtigen Umständen auch nur den geringsten Beitrag zur Bezahlung Ihrer Besoldung für das zweite und dritte Quartal des laufenden Etats-Jahres leisten zu lassen, indem bereits vorher von dem Kaiserlichen französischen Intendanten Herrn Tournon sämtliche Königlichen Kassen hieselbst in Beschlag genommen worden sind."

Es soll die Hospital-Kasse einspringen und „eine Quantität Getreide" verkaufen, doch stellt sich heraus, dass auch die Hospitalkasse leer ist. Außerdem dürfe gar kein Getreide verkauft werden. Die Professoren führen wiederum ins Feld: „Wir sind vielleicht die einzigen Diener im Preußischen Staate, die ihre Besoldungen nicht pränummeriert, sondern gegen eine ausdrückliche Cabinetts-Order ‚dass alle Besoldungen vorausgezahlt werden sollen' erst nachgezahlt erhalten …" In dieser Zeit stehen auch die Güter Selb und Thierstein zur Disposition. Es geht um die Donation des Gymnasiums durch diese Güter. Ein Schreiben vom 12. August 1808 nimmt Bezug auf den Stiftungsbrief von 1696, vom 27. Juli 1703 und auf den Stiftungsbrief für die Universität Erlangen vom 13. April 1743. „In letzterem werden zwar die besagten Gefälle der Universität unwiderruflich gewidmet, jedoch wird zugleich bestimmt, dass dennoch das

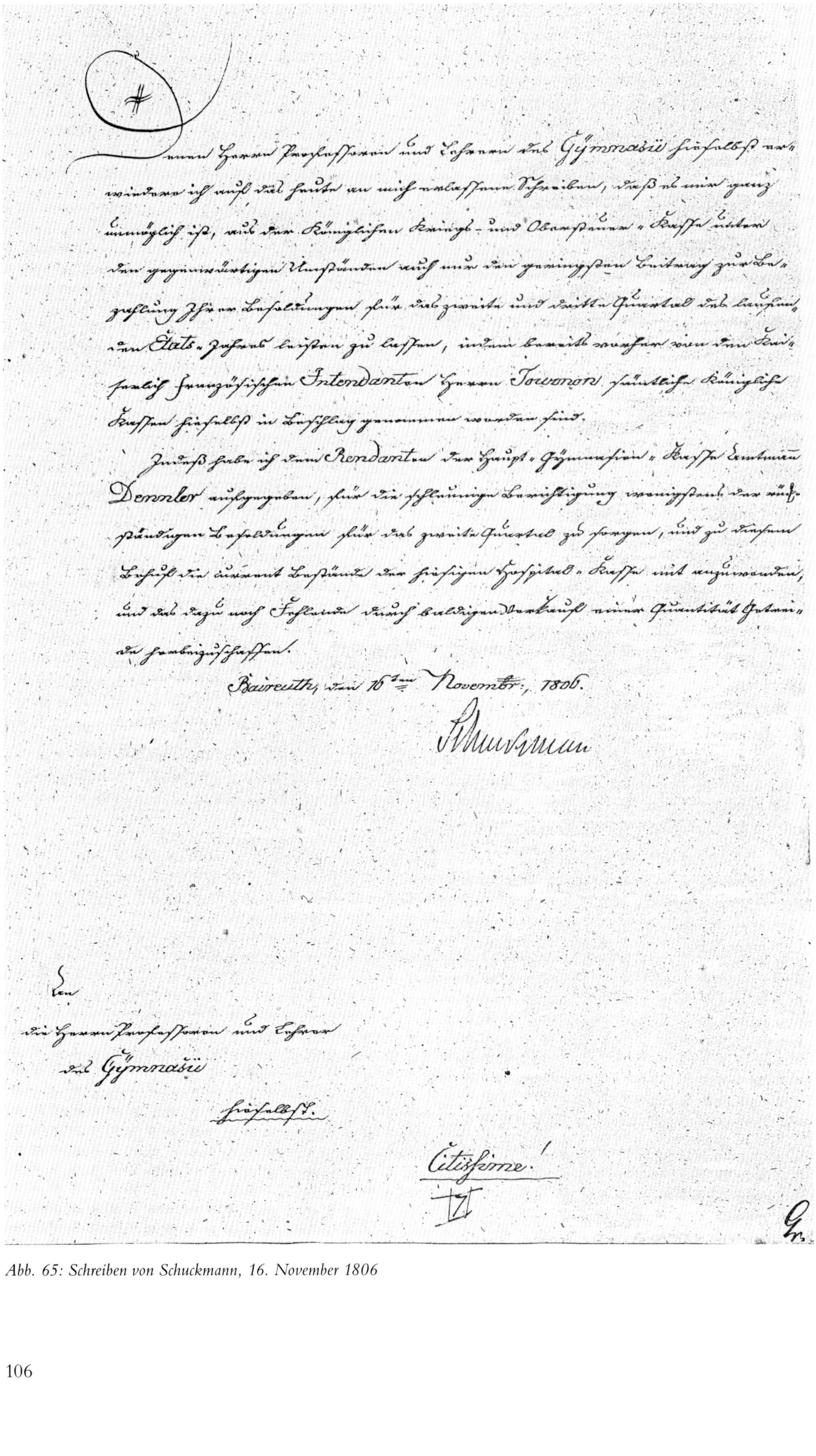

Abb. 65: Schreiben von Schuckmann, 16. November 1806

Abb. 66: Siegel aus der Zeit der französischen Herrschaft

Collegium Christian-Ernestinum aufrecht erhalten und die Dienste an solchem aus den Einkünften der Academia salarirt werden sollen. Erst 1789 wurden die Besoldungen der Professoren und Lehrer auf die landesherrlichen Kassen übernommen, so dass die in Rede stehenden Gefälle von dieser Zeit an allhier nur der Universität bezogen werden." „Die gegenwärtigen Zeitumstände veranlassen die Mitglieder der Universität, ein Capital von 30 000 fl zu ihrer Erhaltung negotieren zu lassen, und dagegen den Darleyhern die Verpfändung der besagten Gefälle zuzusichern." Das Gymnasium nimmt dazu ausführlich Stellung mit Schreiben vom 2. November 1808 (Insgesamt 17 §§, Umfang 35 Seiten) und bezieht sich darin auch noch auf eine Deklaration des Markgrafen Friedrich vom 16. November 1746 und die Universitätsstatuten vom 1. Januar 1747.

Am 31. Oktober 1808 ist seit 5 Monaten aus den Kassen nichts mehr ausgezahlt worden. Es droht bei Andauer dieses Zustands „die Zerstörung der Schulen". Erst am 22. März 1809 wird den sämtlichen Lehrern „hierdurch eröffnet, dass der rückständige Zuschuss aus der hiesigen Hauptsteuer-Kasse vom 1. Juni bis letzten December 1808 an jährlich 1000 fl mit 583 fl 20 Kr und auch ein Vorschuss auf das Jahr 1809 mit 232 fl 6 Kr angewiesen worden ist."

Tatsächlich war die wirtschaftliche Lage der Professoren über lange Zeit hinweg schlecht. Die Lehrer hatten wie alle Bürger die erschöpfenden Lasten des Napoleonisch –Preußischen Krieges zu tragen. Infolge der Inflation sank das Einkommen der Lehrer auf ein Drittel seines ursprünglichen Wertes. Der Rektor des Hofer Gymnasiums Lechner stellt fest: „Die Stellen der Geistlichen und Schullehrer in Hof gehören verhältnismäßig unter die schlechtesten im Lande." Etwas besser stellt sich die Lage in Ansbach und Bayreuth dar.[102]

Die Rechnung für 1809/10 weist an Einnahmen insgesamt 5 502 fl 36 ¾ kr aus, z.B. an Beiträgen aus königlichen Kassen, aus den Kammerämtern Bayreuth, Kulmbach und Neustadt, aus der Hauptsteuerkasse und aus Beiträgen von piis Corporibus und verkauften Naturalien. Dem stehen Ausgaben von 5 224 fl 23 ½ kr gegenüber. Die größten Posten sind die Besoldungen. Prof. Degen und Schumann erhielten jährlich 1 000 fl, Fikenscher und Schweigger 700 fl, Prof. Wagner 400 fl, Rektor Schoedel 87 fl 30 kr, Rektor Stadler 83 fl 30 kr, Zeichenlehrer Ränz 37 fl 30 fl. Hinzu kamen Ausgaben vor allem für Brennholz, Inventar und Reparaturen

Trotz der schwierigen Zeiten bemühten sich die Professoren redlich, den Schulbetrieb einigermaßen aufrecht zu erhalten, aber Professor

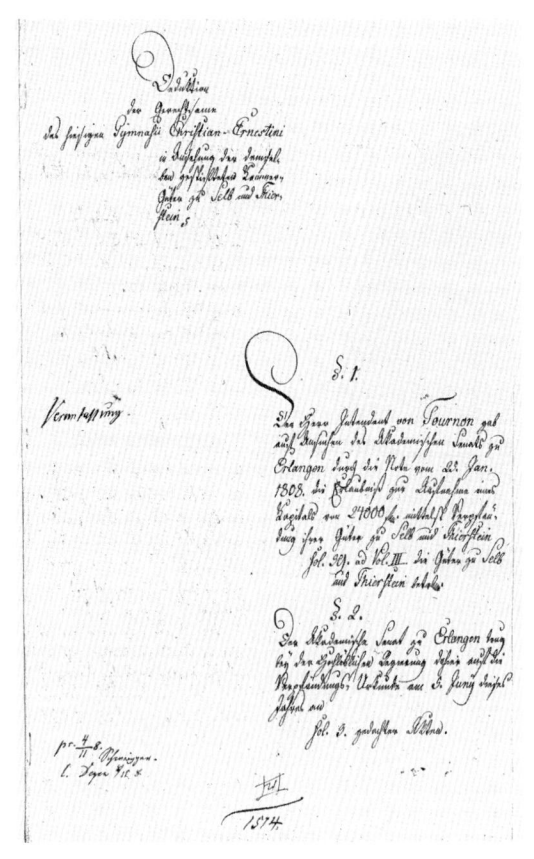

Abb. 67: Erste Seite aus der Deduktion der Gerechtsame des „hiesigen Gymnasii Christian-Ernestini

Schweigger spricht in einem Dankschreiben anlässlich der Glückwünsche zu seinem 50-jährigen Doktorjubiläum davon, dass die schulische Arbeit in diesen Jahren „sehr erschwert und verkümmert" war.

Tournon unterscheidet in seiner „Statistique" zwischen der Elementarstufe (Grundschulen), und der „Sekundarstufe". Elementarschulen finden sich vor allem auch in ländlichen Gegenden. Er zählt 423 solcher Schulen, in denen die Kinder Lesen, Schreiben und Rechnen lernen. Die Kinder werden im Sommer in so hohem Maße von der Feldarbeit beansprucht, dass sie nur im Winter zur Schule gehen. Man sucht Schulen einzurichten, die das ganze Jahr geöffnet sind, aber es gibt erst 26 dieser Art. Von den 423 Lehrkräften werden 190 vom Konsistorium eingesetzt. Schüler zahlen eine geringe Gebühr, die Lehrer haben ein festes Gehalt im Schnitt etwa 30–40 Gulden jährlich. Der Gesamtetat beläuft sich auf 13 741 Gulden.

In den 52 Schulen der Sekundarstufe werden Lesen, Schreiben, Rechnen, ein wenig Latein, Geschichte und Geographie unterrichtet. Diese Schulen befinden sich in Städten und Marktflecken mit insgesamt 62 Lehrern und sind in deutsche Schulen und Bürgerschulen unterteilt.

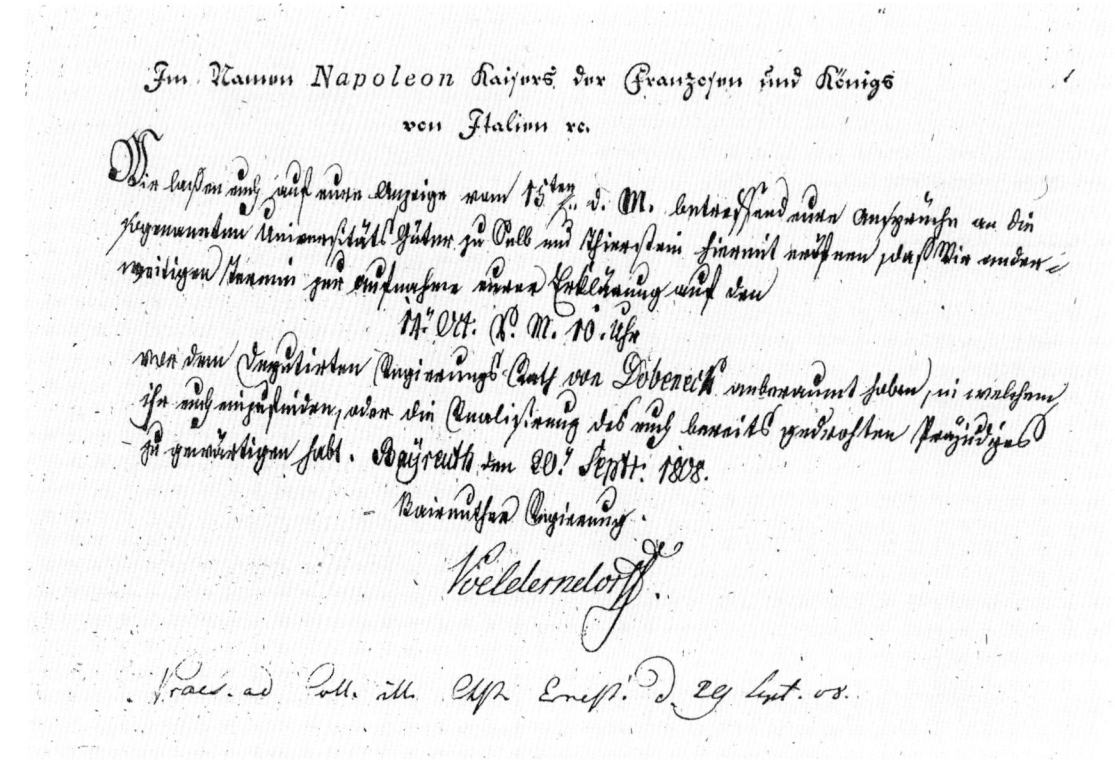

Abb. 68: Schreiben von Voelderndorff, betr. Donation und Stiftungsbrief 7. Oktober 1808

Wer eine weitergehende Bildung anstrebt, besucht eines der vier Lyzeen oder Gymnasien in Bayreuth, Hof, Wunsiedel und Erlangen. 23 Professoren unterrichten dort Latein, Griechisch und Hebräisch, Mathematik, Geschichte, Geographie, Logik, Rhetorik, deutsche und alte Literatur, die französische Sprache sowie Grundlagen der Naturwissenschaften. Auch Zeichen- und Musiklehrer sind zu finden.

Das Bayreuther Gymnasium ragt unter diesen Einrichtungen besonders hervor. Die Unterrichtssprache ist Latein, und die Schüler sollen diese Sprache möglichst perfekt lernen. „Ich habe einigen von ihnen zugehört. Sie führten lateinische Unterredungen in einem ausgezeichneten Stil".

Schüler, die in ein Gymnasium aufgenommen werden, müssen bereits Grundkenntnisse in Latein besitzen und kommen in die dritte Klasse. Dieser Kurs dauert zwei Jahre. In der zweiten Klasse, die sich über drei Jahre erstreckt, werden z.B. Curtius, Livius, Vergil und Ovid gelesen. In der ersten Klasse kommen Tacitus und Horaz hinzu.

Tournon lobt den Kenntnisstand der Bevölkerung. Die Angehörigen des Mittelstands haben im Allgemeinen einen sehr fortgeschrittenen Kenntnisstand und die jungen Leute aus dem höheren Bürgertum und dem Adel gehen nach dem Gymnasium zur Universität.

Abb. 69: Camille de Tournon (nach einem Gemälde von Jean Aug. Dom-Ingres, Rom 1811)

Er kritisiert aber die moralische Erziehung. „Alle genannten Schulen lehren lediglich Wissenschaften und Sprachen; die Lehrer bleiben ihren Schülern fremd, außerhalb des Unterrichts haben sie keinerlei Umgang miteinander." Die Kinder bleiben sich selbst überlassen, es fehlt an der Bildung des Herzens. Er setzt das System der Gemeinschaftserziehung, wie es seit langer Zeit in Frankreich gebräuchlich ist, dagegen. Er sieht auch positiv die Erfolge der Erziehungsanstalten von Joachimsthal bei Berlin, des Pädagogiums in Halle oder des Pensionats in Schnepfenthal nahe Gotha.

1.4. Exkurs zur Friedrichs-Akademie und Kunstakademie[103]

Die bisher gründlichste und fundierteste Darstellung zur Friedrichs-Akademie hat Karl Müssel 1992 vorgelegt. Er verweist auf Forschungslage, Quellenproblematik und offene Fragen. Trotzdem kann er durchaus ein Bild der Verhältnisse in Bayreuth und der „Bayreuther Atmosphäre" entwerfen, den Prozess der Akademiegründung erhellen und die Sozialstruktur der damaligen Studentenschaft skizzieren. Vor allem liefert er die Biographie der ersten Studenten.

Gründe für einen neuen bildungspolitischen Impuls gab es mehrere. Die Fürstenschule Heilsbronn bestand nicht mehr, die 1699 gegründete Ritterakademie war aufgelöst, so dass Landeskinder nur an Universitäten außerhalb des Fürstentums studieren konnten. Gegner der Pläne waren das Konsistorium und sein pietistischer Präsident Silchmüller, auch „einige fürstliche Collegia." Wenig begeistert reagierten die zur Zahlung der Kosten herangezogenen Landstände. G. W. A. Fikenscher schreibt später, 1796, die Friedrichsakademie sei „gleichsam im Sturm und Wetter gestiftet" worden.

Frühe Versuche eine Art Hochschule zu gründen gehen schon auf Markgraf Georg den Frommen (1515–1543), ja letztlich auf Martin Luther zurück, der auf eine Anfrage des Markgrafen wegen der zweckmäßigen Verwendung aufgelassener Güter, Klöster und Stiften, am 18. Juli 1529 in einem persönlichen Brief den Rat gab, aus den Einkünften der Güter in einer Stadt eine „Hohe Schule" zu errichten. Erste Ansätze in Ansbach führten aber nicht zum Erfolg.[104]

Mehr als hundert Jahre später gab es einen neuen Versuch in Kulmbach, wo nach der Verlegung der Residenz nach Bayreuth wenigstens bis 1656 das

Abb. 70: Friedrichsakademie (Universität) (Friedrichstraße 15)

Konsistorium verblieben war, das nun die Keimzelle für eine Hochschule werden sollte. Dieses Projekt betrieb vor allem Generalsuperintendent Althofer, doch kurz vor Ende des Dreißigjährigen Kriegs war der Zeitpunkt für entsprechende Vorschläge schlecht gewählt. Auch dieses Vorhaben scheiterte vor allem an den fehlenden materiellen, finanziellen Voraussetzungen.[105]

Nachdem Silchmüller als Superintendent nach Kulmbach „befördert" worden war, gewannen am Bayreuther Hof der überzeugte Aufklärer Johann Christian Schmidt als Hofprediger und besonders Daniele de Superville großen Einfluss.

Am 12. Juni 1741 schreibt das Consistorium an die Professoren des Gymnasiums: „Demnach der durchlauchtigste Fürst und Herr, Friedrich Marggraf zu Brandenburg etc. ... das Directorium über das hiesige Gymnasium Christian-Ernestinum dero Geheimrath und Präsidenten des Collegii medici Daniel de Superville gnädigst aufgetragen, als werdet ihr hierdurch angewiesen, denselben als Directorem Gymnasii in solcher Qualität zu erkennen und zu respeciren, ohne dessen Vorwissen nichts vorzunehmen, noch zu ändern, sondern in denen Vorfallenheiten, welche des Gymnasii Wohlstand anbetreffen, euch lediglich an ihn halten und ordentliche Weisung von ihm gewärtigen sollet."

Die erste Nachricht, in Bayreuth eine neue und über das Christian-Ernestinum hinausgehende Landesschule zu errichten, stammt vom 15. Dezember 1741. In einem Schreiben des Markgrafen Friedrich an den Amtshauptmann von Montmartin in Erlangen heißt es: „Wir haben in Gnaden resolviret, aus dem allhiesigen Gymnasio illustri ein Academicum zu machen."[106].

Treibende Kraft war Daniele de Superville, der 1741 zum Direktor des Gymnasiums berufen wurde und dem 1742 die Aufsicht und Direktion der Friedrichs-Akademie zu Bayreuth übertragen wurde.[107]

Daniel de Supervillle wurde 1696 als Sohn eines Hugenotten in Rotterdam geboren. Er studierte Medizin an der Universität Leyden, zuletzt in Utrecht, wo er 1718 zum Doktor promovierte. Dann ging er auf Reisen und tauchte 1726 als außerordentlicher Professor der Anatomie und Chirurgie am Karolinischen Gymnasium in

Abb. 71: Daniele de Superville

Stettin auf, wo er zugleich das Fach Pädagogik zu vertreten hatte. Zuletzt war er Hofmedikus und Landphysikus von Hinterpommern, wurde zum Mitglied der Kgl. Societät der Wissenschaften in Berlin und schließlich der Kaiserlichen Akademie der Naturforscher und Ärzte in Halle berufen.

Auch am Hof des preußischen Königs war er tätig. Friedrich d. Große verspottete allerdings de Superville in Briefen an Voltaire und veranlasste ihn, nach Bayreuth zu gehen, wo er ab 1739 ständig verblieb. Bescheinigt werden ihm edelmännisches Auftreten, Klugheit und ärztliches Können. Er wurde Leibarzt und Direktor eines von ihm neu geschaffenen medizinischen Ratskollegiums, Wirklicher Geheimer Rat und Direktor der Bergwerke. Seine bedeutende Bibliothek schenkte er der Akademie.

Ohne die große Energie de Supervilles hätte es den Stiftungsbrief der Friedrichs-Akademie am 14. März 1742 wohl nie gegeben. Hier heißt es: „Demnach Wir wahrgenommen, dass … die in Unsern Landen und Fürstenthum etablierten … Gymnasia den intendierten Zweck bei weitem nicht erreicht, haben Wir Uns gnädigst entschlossen … eine Academie in Unserer Residenzstadt zu errichten."

Zur Verteilung der Rollen von de Superville, Markgraf Friedrich und Wilhelmine lässt sich sagen, dass keine der drei Persönlichkeiten aus dem Gründungsvorgang weggedacht werden kann, bei der Planung konkreter Einzelheiten Wilhelmine aber in den Hintergrund tritt. In ihren Memoiren und dem uns bekannten Briefwechsel verliert sie über die Bayreuther Friedrichsakademie kein Wort. Sie berichtet nur allgemein, dass Bildung und Wissenschaften vor Friedrichs Regierungsantritt in Bayreuth kaum eine große Rolle gespielt haben.[108]

Als Gründe für das Projekt Friedrichs-Akademie werden vor allem die schlechten Zustände an den Gymnasien angeführt. Die Eltern würden die Kosten tragen, die sich kaum richtig lohnen, weil die Schüler nicht genügend Ausbildung erhalten. Die Zustände werden als „Missbrauch und Verfall" gekennzeichnet, die Abiturienten als „Ignoranten und untüchtige Subkjekta" abqualifiziert. An der neuen Akademie sollen künftig „nicht nur allein alle höheren Disziplinen und Wissenschaften ordentlich und vollkommen dozieret und profitieret, sondern auch die französische Sprache und Exercitia als Reiten, Fechten, Tanzen etc. gründlich excolieret werden."

Die negativen Urteile über das Gymnasium erscheinen nicht gerecht. Die Professoren waren wissenschaftlich durchwegs hoch qualifiziert, die Schüler verhielten sich im Rahmen dessen, was in jenen Zeiten als „angemessen" galt, meist ordentlich und schlugen natürlich auch altersgemäß über die Stränge. Probleme mit Soldaten und Bürgern gab es auch später in Erlangen.

Auf die von den Professoren nicht zu verantwortende mangelhafte materielle Ausstattung des Gymnasiums wurde schon ausführlich hingewiesen.

Es bleibt die Frage, ob die Akademie eher ein Zwischending zwischen Gymnasium und Universität oder ob sie tatsächlich von vornherein als Voll-Universität gedacht war.

Aber der Stiftungsbrief galt wohl doch einer Universität Bayreuth, die am 21. Februar durch kaiserliches Privileg bestätigt wurde.

Es heißt im Privileg aber auch „… zu Bayreuth oder einer anderen zu einer Universität bequemen Stadt".

Jedenfalls fand am 21. März 1742, einem Mittwoch, die Einweihung in der Aula des Gymnasiums statt. „Um 11 Uhr und um 12 Uhr läuteten in Bayreuth alle Glocken. Die neu ernannten Professoren hatten sich im Hause Supervilles versammelt und begaben sich von dort an der Spitze eines Festzuges ins Gymnasium Christian-Ernestinum … Da man noch über kein eigenes Akademiegebäude verfügte, fand der Festakt in der Aula des Gymnasiums statt. Im Festzug

111

folgten den Professoren einige Zöglinge der aufgelösten Erlanger Ritterakademie, dazu 24 Schüler der Oberstufe des Gymnasiums ... In der Aula des Christian-Ernestinums hatten sich fast alle Würdenträger des Hofes, die Räte der fürstlichen Regierung und weitere Honoratioren versammelt ... Aufgestellte Wachen hatten Mühe, Ruhe und Ordnung zu halten."[109]

Die Festveranstaltung wurde mit einer „prächtigen Musik" eröffnet Es folgte die Festrede de Supervilles, in der er den Stifter als „Beschützer der Wissenschaften" rühmte und im Namen der Stadt und der jungen Akademie dankte. Anschließend führte er die Professoren in ihr Amt ein und übergab dem ersten Rektor, dem vorher am Gymnasium tätigen Samuel Kripner, die Insignien seiner Würde, Szepter und Siegel, außerdem die Matrikel und Schlüssel für Lehrsäle und Karzer.[110]

Die beiden ersten Rektoren kamen aus dem Lehrerkollegium des Christian-Ernestinum: Samuel Kripner (1695–1742) und German August Ellrod (1709–1760), ein gebürtiger Bayreuther, Sohn des Hofpredigers Michael Ellrod (vgl. oben Kapitel „Professoren").

Dritter Bayreuther Rektor war Johann Wilhelm Gadendam (1709–1771), in Lauenburg geboren, der sich zuerst Gaden nannte. Er hatte in Kiel die Rechte studiert, arbeitete als Hofmeister junger Adeliger, lebte einige Zeit als freier Schriftsteller in Hamburg, wo er 1740 begann, die Wochenschrift „Der vernünftige Christ" herauszugeben. 1741 suchte er bei Superville um Anstellung in Bayreuth nach. Er war dann 2. Professor der Rechte, auch Professor der Geschichte. In Bayreuth las er römische und deutsche Rechtsgeschichte, Naturrecht und Universalgeschichte. Im Sommersemester 1743 erscheint er im Vorlesungsverzeichnis und in der Matrikel als „Rektor der Akademie".[111]

Es beginnt nun ein Studienbetrieb für freilich nur drei Semester. Ein erstes Vorlesungsverzeichnis erscheint nach Ostern 1742, der in lateinischer Sprache abgefasste „Catalogus praelectionum in Academia Fridericiana". Angeboten werden Vorlesungen in der theologischen und juristischen Fakultät. Nur ein Professor stand für Medizin zur Verfügung. Dagegen gab es sechs Professoren für Philologie und Philosophie und schließlich Jean Jacques Meynier als Lektor für Französisch. Ein Verzeichnis für das Wintersemester fehlt, während für das Sommersemester 1743 ein „Catalogus praelectionum" erhalten ist.[112]

Die neue Akademie startete als Notlösung. Es fehlte im Gymnasium an Hörsälen. Kleinere Lehrveranstaltungen mussten in den Privatwohnungen der Professoren abgehalten werden. Die Situation verbesserte sich, als der Markgraf das große, repräsentative Eckhaus in der Friedrichstraße (heute Friedrichstraße 15) erwarb, das 1738 für den Postmeister Johann Anton von Meyern errichtet worden war. Allerdings fehlten der Akademie immer noch die kaiserlichen Privilegien, die erst im Februar 1743 eintrafen. Der Lehrbetrieb lief gut an, doch gab es fortwährend Probleme zwischen den jungen Studenten und Soldaten und Bürgern. Mit wenig Erfolg suchte der Markgraf regulierend einzugreifen und die Akademie „zur Raison" zu bringen. Er erkannte aber auch, dass die Studierenden nicht allein zu kritisieren waren. Niemand solle sich unterstehen, die Studiosi abwertend als Schulpurschen" lächerlich zu machen. „Alldieweilen auch zeithero unter den Nahmen der Studenten vor Scribenten, HandwerksPurschen, Laquais und anderen Leuten viele Excesse ausgeübt worden, bey deren genauen Unterschung sich ergeben, dass die Tumultierenden nichst weniger als Studenten gewesen ..."[113]

Am 4. Juli 1743 wurde der Lehrbetrieb eingestellt, und dies mit einem feierlichen Umzug. In Erlangen folgte die feierliche Einweihung der neuen Friedrichsuniversität am 4. November 1743.

Für die Verlegung nach Erlangen war sicher nicht das schlechte Betragen der Studenten der Hauptgrund. Entscheidend dürften die finanziellen und wirtschaftlichen Voraussetzungen gewesen sein. Die Finanzlage des Fürstentums war so schlecht, dass schon die 2000 Gulden für die „gnädige Erteilung des kaiserlichen Privilegs" kaum aufzubringen waren.

Ein wichtiger Grund für die Entscheidung der Markgräfin waren sicher auch die zahlreichen Hugenotten in Erlangen mit ihrer französischen Umgangssprache im Alltag. Auf die Entwicklung der Erlanger Universität kann hier nicht weiter eingegangen werden.

Die Studentenschaft der Akademie stellt sich ähnlich wie bisher die Schüler des Gymnasiums keineswegs als homogene Gruppe dar. Es gab wenige Gemeinsamkeiten, dagegen erhebliche Unterschiede in Hinblick auf das Alter, regionale und soziale Herkunft und Vorbildung. Von den 66 Studenten gaben 14 Bayreuth als Geburtsort an, aus Erlangen kamen sieben Studierende, jeweils zwei stammten aus Wunsiedel, Ludwigstadt, Goldkronach und Benk. Der Rest verteilt sich auf Orte im Fürstentum. Nur zehn Studenten gaben einen Ort außerhalb der Landesgrenzen an. Die Sozialstruktur der Studenten unterscheidet sich nicht wesentlich von der der Gymnasiasten am Christian-Ernestinum. Der Anteil der Adeligen nimmt gegenüber den Bürgerlichen ab. Das Verhältnis beträgt etwa 6:60. Bei den Bürgerlichen ist wiederum die Gruppe der Staatsdiener mit 20 am stärksten vertreten. 18 Studenten kamen aus einem Pfarrhaus. Nur zwei Studenten nennen Lehrer oder Kantor als Vater, während immerhin sieben aus dem Handwerk stammen. Kinder von Unterprivilegierten hatten kaum Chancen, denn die Finanzierung eines Studiums konnten deren Eltern nicht aufbringen. So finden sich wie nicht anders zu erwarten z.B. keine Söhne von Bauernknechten, Handwerksgesellen oder von Bediensteten bei Hof.

Von den Studierenden werden hier nur die genannt, die vorher am Gymnasium illustre immatrikuliert waren.[114]

Die Daten in Klammern geben an, wann oder ab wann die Schüler an der Lateinschule bzw. am Gymnasium erfasst und wann sie an der Akademie immatrikuliert sind. In Auswahl werden nähere Hinweise von Karl Müssel übernommen.

Ansorg, Peter Martin Matthäus
(20. Mai 1735/3. April 1742)

Barth, Christoph Gottfried
(1737–1742/5. April 1743)

Dieterich, Johann Georg
(27. Mai 1741/3. April 1742)

Flemnitzer, Georg Heinrich
(1735/3. November 1742)

Franck, Christian Adam
(1735/3. April 1742)

Geboren am 18. Dezember 1723. Er studiert in Erlangen und Jena, tritt 1750 in Bayreuth in den Staatsdienst, leitet 1770 als Regierungsrat und Archivar das Geheime Archiv, verwaltet nach der Vereinigung der Geheimen Ratsbibliothek mit der Regierungsbibliothek zur Kanzleibibliothek diese über zwei Jahrzehnte. 1784 bestand seine Jahresbesoldung aus 480 Gulden und Naturalleistungen (Korn und Weizen) im Wert von 62 Gulden. 1791 wird er „erster Bibliothecarius" der Kanzleibibliothek. Er verstirbt am 30. November 1795 in Bayreuth.

Gebelein, Johann
(1740/3. April 1742)

Göring, Samuel Gottfried
(1. Oktober 1740/3. April 1742)

Geboren am 24. März 1725 in Münchberg. Er studiert ab 4. November 1744 in Erlangen, wird 1756 Fraischamtmann und Justizsekretär in Emskirchen und Hagenbüchach, 1762 wirklicher Stadtvogt in Bayreuth und Justizrat. In die Bayreuther Stadtgeschichte ging er ein durch seine Mitwirkung an der Erneuerung des Hochgerichts 1773.

Haag, Johann Carl August
(29. Oktober 1737/3. April 1742)

Heerwagen, Christoph Wilhelm Christian
(1735 Lateinschule, 1739 Gymnasium/
3. April 1742)

Geboren am 23. Februar 1724 in Kirchahorn. Studium der Theologie, Philosophie und des Kirchenrechts in Erlangen. 1749 Konrektor am Gymnasium Fridericianum in Erlangen. Einige Jahre am Gymnasium in Bayreuth. 1755 Konrektor am Lyzeum in Kulmbach und dort seit 1763 Rektor. 1771 Verleihung der Magisterwürde durch die Universität Erlangen. Er widmete sich hauptsächlich auch der Orts- und Landesgeschichte und verfasste u.a. eine Abhandlung über die Kulmbacher Geistlichkeit und das Kulmbacher Schulwesen. Er verstarb in Kulmbach am 30. September 1795.

Herz, Christoph Wilhelm
(4. November 1737/27. Oktober 1742)

Kleemayer, Christian Ernst
(1736–1741/11. September 1742)

Klingsohr, Johann Friedrich
(2. Januar 1737 in der Tertia/3. April 1742)

Klingsohr, Johann Lorenz Matthäus, Bruder des obigen (2. Januar 1737/3. April 1742)

Knoerr, Johann Adam
(9. Dezember 1741/3. April 1742)

Kolb, Johann
(24. Juli 1736/4. Juli 1742)

Kretschmann, Johann Adam
(17. April 1738/3. April 1742)

Geboren am 25. Juni 1724 in Kulmbach. 1756 Regierungsregistrator, 1766 „auch Bibliothecarius" der Bibliothek des Regierungskollegiums. Am 17. Januar 1766 erwarb er aus dem Besitz der Herren von Dobeneck das Rittergut Kaulsdorf bei Saalfeld/Thüringen. 1770 war er fürstlicher Justizrat und Regierungssekretär bei der Zuchthausdeputation in Bayreuth. Er verstarb in Bayreuth am 27. Februar 1772.

Lang (e), Heinrich Arnold
(1735/3. Dezember 1742)

Geboren am 17. April 1724 in Bayreuth. Urenkel des Generalsuperintendenten und Direktors des

Gymnasiums Heinrich Arnold Stockfleth. Er ging 1741 zu Fuß nach Jena und hatte dort im Herbst 1742 bereits das 5. Semester begonnen, kehrte aber im gleichen Jahr auf Wunsch des Markgrafen wieder nach Bayreuth und an die neu gegründete Friedrichsakademie zurück. Im Mai 1743 finden wir ihn wieder in Jena, wo er seine Studien abschloss. Er wird dann in Bayreuth bei der Regierung tätig, ist 1745 erster Syndikus und Stadtschreiber von St. Georgen am See. 1751 kann er als Sekretär in die fürstliche Kammer einrücken, wird 1761 Sekretär der fürstlichen Schatulldeputation, 1762 wirklicher Rat, 1774 wirklicher Konsistorialrat und 1779 wirklicher Hofkammerrat. Er verstirbt in Bayreuth am 12. Juli 1783.

**Layriz, Johann Christoph
(1738/23. Februar 1743)**

**Lehener, Johann Friedrich Wilhelm
(1736/18. Februar 1743)**

**Mercklein, Christian Gottlieb
(1737/3. April 1742)**

**Nüzel, Johann
(18. April 1737/27. Juli 1742)**

**Oetter, Samuel Wilhelm
(2. Januar 1736/3. April 1742)**

Geboren am 26. Dezember 1720 in Goldkronach. Er studierte in Erlangen und durfte dort schon 1744 „während er noch studierte", das Konrektorat des Erlanger Gymnasiums kommissarisch „versehen". 1745 wurde er Konrektor, am 13. August 1749 in Bayreuth ordiniert und im gleichen Jahr Pfarrer in Linden bei Markterlbach, 1762 in Markterlbach. 1767 wird er kulmbachischer, 1770 auch ansbachischer Konsistorialrat und außerdem noch hohenlohischer Konsistorialrat. Er starb am 7. Januar 1792 in Markterlbach und erhielt zahlreiche Ehrungen und Auszeichnungen. 1756 wurde er Ehrenmitglied der Gelehrten Gesellschaft in Duisburg, vom Fürsten Johann Friedrich von Schwarzburg wurde ihm die Würde eines Hof- und Pfalzgrafen verliehen. 1757 wurde er Mitglied der Kaiserlich Franziskanischen Akademie der freien Künste in Augsburg, 1762 bei der Gesellschaft der freien Künste in Leipzig und Markgraf Alexander machte ihn zum ansbachischen Hofhistoriographen mit einem Jahresgehalt von 50 Reichstalern. 1763 wurde er als Mitglied in die kurbayerische Akademie der Wissenschaften berufen und 1788 erhielt er für seine Verdienste um die brandenburgische Geschichte die Huldigungsmedaille in Gold durch König Friedrich Wilhelm II. von Preußen.

Seine Veröffentlichungen umfassen 53 Nummern. Sein Hauptwerk ist der „Versuch einer Geschichte der Burggraven zu Nürnberg" (3 Bände, Frankfurt 1751–1758).

**Petermann, Carl Ludwig Georg
(29. August 1737/3. April 1742)**

Pöllnitz, Georg Wilhelm Heinrich Erdmann von (1737/24. März 1742)

**Rentsch, Heinrich Friedrich
(10. März 1739/3. April 1742)**

**Richter, Martin Gottlob
(1737/3. April 1742)**

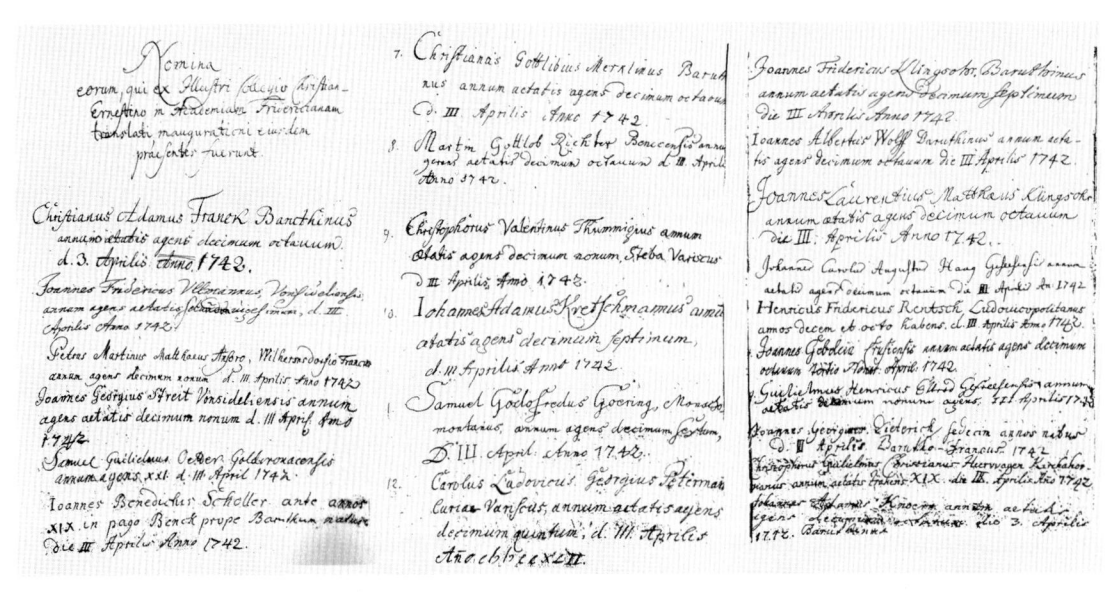

Abb. 72: Nomina eorum, qui ex Illustri Collegio Christian-Ernestino in Academiam Fridericianam translati inaugurationi eiusdem prewasentes fuerunt

Scholler, Johann Benedikt
(30. Dezember 1737/3. April 1742)

Streit, Johann Georg
(3. Mai 1739/3. April 1742)

Thümmig, Christoph Valentin
(27. April 1740/3. April 1742)

Ullmann, Johann Friedrich
(3. Mai 1739/3. April 1742)

Wirth, Johann Wolfgang
(29. August 1738/8. Oktober 1742)

Wolff, Johann Albert
(2. Januar 1737/3. April 1742)

Für das Gymnasium brachte die Errichtung der Friedrichsakademie erhebliche Nachteile und Einbußen. Die Einkünfte der Güter in Selb und Thierstein fielen weg, ebenso Bibliothek und andere Lehrmaterialien. Die Primaner und teilweise sogar Sekundaner des Gymnasiums wurden kurzerhand zu Studenten der Akademie erklärt. Ein Teil der Lehrer ging an die Akademie, die anderen verloren den Titel Professor und hießen nun Rektor, Konrektor. Subrektor und Subkonrektor wie früher an den Trivialschulen.

Das Gymnasium gerät nach den 1680er Jahren in eine zweite große Krise. Damals wurde ein „merklicher Abgang und Nachteil des Gymnasiums" vermerkt „indem nicht nur der vorige Numerus seinen Auditorium sich ziemlich verringert, sondern auch dem annoch in dem selben sich befindenden profectur und zumal in Linguis"

Als Ursachen werden „die jüngsten bösen und beschwerlichen Zeitläuffte" genannt.

Unter dem Direktorat von D. Johann Jacob Steinhofer kam der Schulbetrieb fast ganz zum Erliegen. Nach dessen Tod wurde das Direktorat jahrelang nicht mehr besetzt und 1692 war nur noch Räthel als einziger Professor an der Schule tätig. Erst 1696 setzte eine Verbesserung der Verhältnisse ein.

Auch nach Schließung der Akademie reißen die wohl berechtigten Klagen nicht ab. 1746 äußern die Professoren: „Wenn das Gymnasium ein Collegium illustre bleiben soll, so ist nöthig, dass die Lectiones und Bücher ebenso eingeführt werden, wie solche vorhin waren."

Man fühlt sich durch die Universität Erlangen stark beeinträchtigt und wünscht 1751 wieder „unter die Flügel eines Consistoriums und unter die gnädige und geneigte Fürsorge einer hochfürstl. Excellenz nach einher zehnjährigen widerwilligen Entfremdung sich zu begeben." Das Gymnasium habe seinen guten Klang verloren, seit 1743 die hochfürstl. Friedrichs Universität errichtet wurde. Die Professoren waren ohne Hilfe durch den damaligen Curator von Superville sehr auf sich gestellt und haben das mögliche versucht.

Auch das Gebäude war ruinös geworden. Immerhin erkennt der Landesherr die Bedeutung der Schularbeit „wegen ihres allzu bekannten Einflusses in Kirche und Staat" als „wichtig und nützlich" an. Eine Besserung der Verhältnisse und Renovierung des Gymnasiums wird in Aussicht gestellt, aber erst mit Generalsuperintendent D. Germann August Ellrod trat eine Besserung ein. Die Lehrer hießen wieder „Professor", und neue „Leges" sollten den Lehrplan und seine religiösen Grundlagen wieder bewusst machen.

Nur ein kurzes Wort zur Akademie der freien Künste und Wissenschaften (1756–1763), über die als erster Karl Müssel 1981 einen gründlichen Beitrag veröffentlicht hat.[115]

Auslöser für die Gründung war die „große italienische Reise"1754/55 des Markgrafenpaares Friedrich und Wilhelmine. Die Eröffnung der Bayreuther Kunstakademie fand am Geburtstag des Markgrafen im Jahr 1756 statt.

Als Akademiegebäude diente das ehemalige Meyernsche Palais in der Friedrichstraße, das

Abb. 73: Markgraf Friedrich von Bayreuth, Ölgemälde von Carl Johann Georg Reis, einem Lehrer der Kunstakademie, 1757 (Historisches Museum der Stadt Bayreuth)

Johann Gottlob von Meyern zwischen 1749 und 1751 erbauen ließ (heute Friedrichstraße 16) und das Markgraf Friedrich 1753 von Meyern kaufte. Eine Verbindung zum Gymnasium illustre besteht insofern, als dort Professor Wolfgang Ludwig Gräfenhahn seit 1756 lehrte.[116] Außerdem unterrichteten Samuel d' Asimont als französischer Sprachmeister an der Akademie 1756–1758 und Jean Pierre Aubaret 1758–1763 (am Gymnasium 1754–1777) Die Schüler können nur noch zu einem Bruchteil ermittelt werden.

Abb. 74: Kunstakademie Friedrichstraße 16, Rückseite (Aufnahme Martina Schubert)

1.5. Zusammenfassung

Während der 156 Jahre seit seiner Gründung in der Zeit des Absolutismus bis zum Übergang des Fürstentums Ansbach-Bayreuth an Bayern erlebte das „Gymnasium illustre" Höhen und Tiefen in seiner Entwicklung. Trotz aller Krisen überdauerte es. Die Schülerzahl nahm im großen Trend zu, die Professoren erscheinen durchwegs als fachlich hoch qualifiziert und bei allen nicht zu übersehenden Mängeln erreichten viele Schüler im späteren Leben hohe Positionen hauptsächlich in der Staatsregierung, in der Verwaltung, als Theologen und Professoren, als Ärzte, beim Militär oder als Juristen. Andere, die ein Studium nicht finanzieren konnten bzw. es gar nicht anstrebten, wurden als Handwerker, Kaufleute und in anderen Berufen „nützliche" Glieder für das Gemeinwesen. Unübersehbar sind die mangelhafte materielle Ausstattung des Gymnasiums und die letztlich dürftigen Investitionen im Bereich Bildung.

In der Geschichte des Gymnasiums spiegeln sich gesellschaftlicher Wandel, ökonomische Veränderungen, Fortschritte in den Wissenschaften und neue Einsichten der Pädagogik.

Dieser Zusammenhang setzt sich im 19. Jahrhundert fort. Davon soll im folgenden Kapitel erzählt werden.

2. DIE „KÖNIGLICH BAYERISCHE STUDIENANSTALT" IM BÜRGERLICHEN ZEITALTER BIS ZUM ENDE DES ERSTEN WELTKRIEGS.

Das ausgehende 18. Jahrhundert hatte sich mit einem Paukenschlag verabschiedet, der allerdings lange nachhallte. Auf die Französische Revolution folgte deren angebliche „Überwindung" durch Napoleon, dessen Sturz und der „Wiener Kongress", es folgten Restauration und „Metternich-System". Vieles blieb beim Alten, und doch blieb nichts so wie vorher.

Da sind einmal die großen Ideen der Epoche: Freiheit, Gleichheit, Menschenrechte, all das, was in den säkularen Strömungen der liberalen, demokratischen und nationalstaatlichen Bewegungen zusammenschießt. Diese Ideen brachen sich Bahn im „Vormärz" und in der bürgerlichen Revolution von 1848/49, die scheiterte. Da sind die Widersprüche zwischen wirtschaftlicher und technischer Modernisierung, zwischen einer ungeheuren industriellen Dynamik und einem halbabsolutistischen politischen System, in dem die alten feudalen Kräfte dominieren. Es sind nicht zuletzt diese Widersprüche und innergesellschaftlichen Spannungen, die mit zur krisenhaften Situation vor dem Ersten Weltkrieg beitragen.

Bayreuth ist gewiss nicht der Brennpunkt politischer Ereignisse, von gesellschaftlichen und ökonomischen Entwicklungstrends. Modernisierung feiert in dieser mittleren Provinzstadt nicht Triumphe, aber auch im Mikrokosmos der Provinz spiegelt sich der säkulare historische Prozess.

Und unberührt von den Zeitläuften ging das tägliche Leben weiter, war Alltag zu bewältigen, vom einzelnen Bürger, von kommunalpolitisch Verantwortlichen, von einem Gymnasium, das den Namen seines Gründers verloren hatte und den es erst 1952 zurück erhielt.

Das Gymnasium steht nun im Spannungsfeld von tradiertem humanistischen Bildungsanspruch und Pragmatismus einer neuen Zeit. Es spiegelt in seiner Entwicklung und in Konkurrenz mit neuen Schulen die epochale Veränderung, die freilich in Bayreuth nicht sprunghaft erfolgt. Bayreuth bleibt bis weit ins 19. Jahrhundert hinein ein mittleres Ackerbürgerstädtchen. Die Bevölkerung hatte von 10 692 Einwohnern im Jahre 1808 auf 34 547 Einwohner im Jahre 1910 zugenommen, aber erst am 28. November 1853 konnte die Eröffnung der Eisenbahnlinie nach Neuenmarkt gefeiert werden. Größere Fabriken sind die Zuckerfabrik Theodor Schmidt (1834), die Flachsspinnerei Sophian Kolb (1846), die Pianoforte- und Klavierfabrik Steingraeber (1852). Es folgen die Spinnerei Bayerlein auf der Unteren Au (1853), die Mechanische Baumwollspinnerei (1853), die Neue Baumwollspinnerei (1889). Wir finden mittelständische Brauereien wie die Vereinsbrauerei (1860), Glenk (1859), Aktienbrauerei, vormals Hugo Bayerlein (1872), Becher (1881)und Maisel (1887).

Es kommt zur Errichtung einer Gasfabrik (1855), wir erleben den Beginn der Elektrizitätsversorgung (1887ff.), das erste Telephon (1852), das erste Auto in Bayreuth (1901, Conrad Hensel).

Zur Lebenswirklichkeit jener Zeit gehört aber auch, dass es in den Häusern wie seit dem Mittelalter nur „Plumpsklos" gab, Unrat in die „Engen Reihen" geworfen wurde und viele Häuser nicht über Wasseranschluss verfügten, von einem Bad ganz zu schweigen.

Parallel zu der seit der zweiten Hälfte des 19. Jahrhunderts sich dynamisch entfaltenden Industrie erleben wir die Schattenseite der modernen Industriewirtschaft, die „Soziale Frage", Armut und Arbeiterelend. Wohnungsnot, hygienische Mängel und Beengung beklagte Bürgermeister Dilchert schon 1863. Besonders armselig und in Verruf war seit mittelalterlichen Zeiten der Neue Weg. Zu den Arbeitervierteln zählten aber auch die Altstadt, Kreuz und Hammerstatt.

Verschiedene Lebenswelten, teilweise scharf voneinander abgegrenzt und ablesbar u.a. an der Sozialstruktur der vielfältigen Vereine, spiegeln Kultur und Subkulturen einer Stadt, die seit 1603 Residenz-, Beamten- und nun auch Industriestadt ist, mit einer kleinen großbürgerlichen Oberschicht (Unternehmer, Bankiers), einer breiten Schicht des Kleinbürgertums (Handwerker, Händler, Kaufleute, mittlere und kleine Beamte und Angestellte), mit einer kleineren Gruppe des sog. Bildungsbürgertums (Professoren, Lehrer) und einer verhältnismäßig großen sozialen Unterschicht (Fabrikarbeiter, das sog. Industrieproletariat). Als Sondergruppen erscheinen das Militär und auch die Juden in Bayreuth, die hier allerdings nie im Ghetto lebten und über lange Zeit durchaus in die städtische Gesellschaft integriert waren, zumindest bis zu den 1880er Jahren[1].

In diesem Umfeld lebten auch Schüler und Lehrer des Gymnasiums, die mit den Verhältnissen zurechtkommen und oft unter schwierigen Bedingungen ihre Leistungen erbringen mussten.

Ausdruck sich wandelnden gesellschaftlichen und vor allem wirtschaftlichen Bedarfs sind die nun entstehenden Gewerbeschulen, die sich oft über die Zwischenstufe der Realschulen hin zu Oberrealschulen (wie heute das Graf Münster Gymnasium) entwickelten. Es gab erfolgreiche Bemühungen, um für die Mädchen eine qualifizierte Ausbildung zu sichern (Höhere Töchterschulen). Aber Veränderungen im Oberbau des Bildungssystems erforderten qualitative Verbesserungen auch an der Basis, also im Bereich der Volksschule, so dass die Betreiber zweifelhafter „Winkelschulen" keine Chance mehr hatten, und schließlich, wenn auch spät, wurde die Notwendigkeit überflüssig, Kinder auf „Sonntagswerkschulen" zu schicken. Dass zugleich gut ausgebildete Lehrer unerlässliche Voraussetzung für erfolgreiche Schulbildung sind, wurde erkannt und führte zur Errichtung von Seminarschulen, von Lehrerbildungsanstalten (später „Pädagogischen Hochschulen" bzw. „Erziehungswissenschaftlichen Fakultäten" an der Universität). Aber rund 250 Jahre führte der Weg zum Universitätsstudium ausschließlich über das klassische humanistische Gymnasium. Erst 1914, nachdem 1907 der bayerische Landtag beschlossen hatte, zunächst die acht Kreisrealschulen zu Oberrealschulen aufzuwerten, erfolgte deren Gleichstellung hinsichtlich der Studienberechtigungen.

Hatte zunächst das Gymnasium den Bedarf des absolutistischen Staates an qualifizierten Theologen, höheren Verwaltungsbeamten, Juristen und Ärzten gedeckt und dementsprechend seinen Lehrplan ausgerichtet, so war eine Reaktion auf den geistigen und wirtschaftlichen Umbruch, auf neue Anforderungen von Staat und Gesellschaft unausweichlich. In diesem Prozess von Anpassung und Wandel, von bildungspolitischer Aktion und Reaktion sind einzuordnen die Bemühungen des Philanthropismus und sein Nützlichkeitsstreben, die von Preußen 1794 veranlasste Ausweitung des Unterrichts in den Realien und die Gegenbewegung des Neuhumanismus, der sich gegen vermeintlich drohenden platten Utilitarismus wandte und eine neue Menschenbildung anstrebte. Diese wesentlich von Wilhelm von Humboldt ausgeprägte Konzeption wurde in Bayern von Friedrich Imanuel Niethammer umgesetzt. Grundlage für die Neuorganisation des gesamten Schulwesens in Bayern war sein „Allgemeines Normativ der Einrichtung der öffentlichen Unterrichtsanstalten im Königreiche Bayern" von 1808, das aber auf eine realistische Bildung auch an den Gymnasien keineswegs verzichten wollte. Französisch, Mathematik, Geschichte, Geographie, Naturbeschreibung und Zeichnen fanden im Fächerkanon ihren Platz. Dennoch blieb die Vorherrschaft der klassischen Philologie auch im Zuge der Reformen durch Friedrich Thiersch im Jahre 1829 und trotz der neuen Schulordnungen von 1854, 1874 und 1891 ungebrochen.[2]

Groß sind die gesellschaftlichen, politischen, sozialen Beharrungskräfte. Noch in der Umbruchphase des Abbaus geburtsständischer Privilegien bilden sich bereits neue Privilegien heraus, die mit der Berufung auf den Vorrang der „höheren Bildung" elitär gerechtfertigt werden. Unter dem interessengeschützten Primat der höheren Bildung verfestigte sich das entstehende moderne Berechtigungswesen, das die freigesetzte Gesellschaft wiederum hierarchisch zu klassifizieren begann.[3]

2.1. Die Jahresberichte als neue historische Quelle

Seit dem Schuljahr 1811/12 gibt es gedruckte Jahresberichte, die sich natürlich in Konzeption,

Abb. 75: Titelblattt des ersten gedruckten Jahresberichts 1811/12

Inhalt, Umfang und Ausstattung von heute gewohnten Standards gewaltig unterscheiden. Sie ergänzen nicht für die Öffentlichkeit bestimmtes Aktenmaterial durch Übersicht über Lehrpersonal, Lerninhalte, Lehrbücher, Klassenstärken und Hinweise auf schulische Ereignisse.

„Im Namen seiner Majestät des Königs wird das k. Studien-Rectorat auf seine Anzeige vom 7. d. M. in Bedarf der Kosten für den Druck und Einband des heurigen Jahres-Berichts von der hiesigen Studien Anstalt dahier beschieden, dass zwar die nöthige Vorbereitung hierzu gemacht

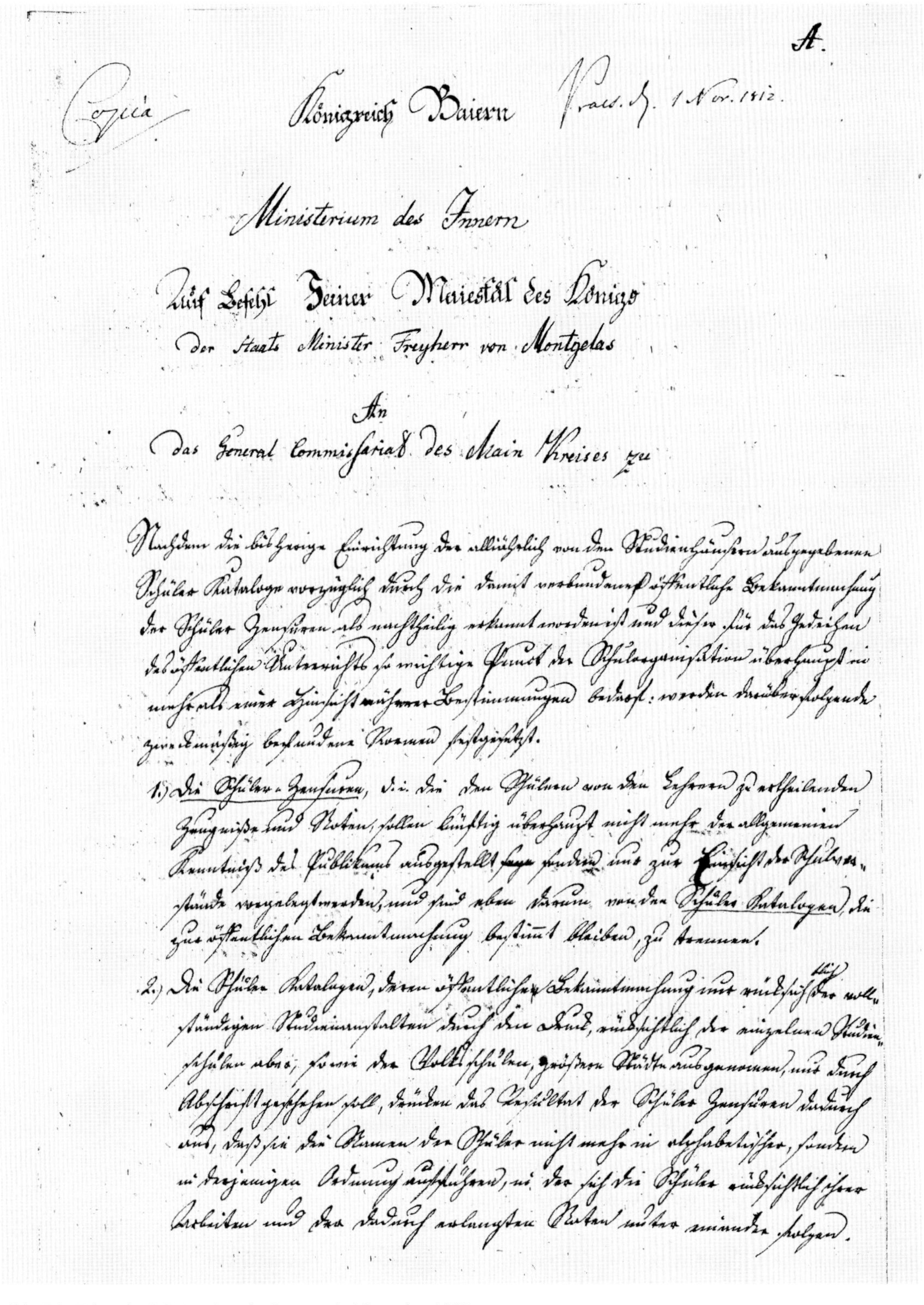
A.

Copia

Königreich Baiern

Praes. d. 1 Nov. 1812.

Ministerium des Innern

Auf Befehl Seiner Majestät des Königs

der Staats Minister Freyherr von Montgelas

An

das General Commissariat des Main Kreises zu

Abb. 76: Erlass des Ministerium des Innern, 1. November 1812.

und der Druck ... unternommen werden kann, nur muß solches mit möglichster Kosten Ersparnis geschehen. Bayreuth, den 18. September 1812".

Man kalkulierte eine Auflage von 742 Exemplaren, davon 642 auf weißem Druckpapier und 100 auf einfachem Schreibpapier. Die Druckkosten betrugen für den Bogen 9 fl, für die 100 Exemplare auf einfachem Papier 7–30 kr, für das weiße Druckpapier 35 fl, für den Buchbinderlohn 3 fl. Jeder Lehrer erhielt 2 Exemplare, zu den Akten 1, jeder Schüler 1, die Mitglieder des Municipalrates je 1, der Ortsvorsteher 1 Exemplar.

Am 1. November 1812 erging ein Erlass an das General Kommissariat des Mainkreises, in dem Details über den Inhalt der künftigen Jahresberichte festgelegt wurden.

„Nachdem die bisherige Einrichtung der alljährlich von den Studienhäusern ausgegebenen Schüler Kataloge vorzüglich auch die damit verbundene öffentliche Bekanntmachung der Schüler Zensuren als nachtheilig erkannt worden ist und dieser für das Gedeihen des öffentlichen Unterrichts so wichtige Punct der Schulorganisation überhaupt in mehr als einer Hinsicht näherer Bestimmungen bedarf, werden darüber folgende zweckmäßig befundene Normen festgesetzt.

„1. Die Schülerzensuren, die den Schülern von den Lehrern zu ertheilenden Zeugnisse und Noten sollen künftig überhaupt nicht mehr der allgemeinen Kenntnis des Publikums ausgestellt, sondern uns zur Einsicht der Jahresstände vorgelegt werden, und sind eben darum von den Schüler Katalogen, die zur öffentlichen Bekanntmachung bestimmt bleiben, zu trennen ..."

1880/81 wurden insgesamt 980 Programme und 980 Jahrersberichte aufgelegt, deren Gesamtkosten sich auf 113 Mark 10 Pf. beliefen. Schüler bezahlten 40 Pf. Zahlreiche Exemplare waren für den Dienstgebrauch und die Kgl. Bibliothek in Berlin vorgesehen, 90 Exemplare für den Austausch mit Österreich und einzelne Exemplare gingen z.B. an die Universitäten in Straßburg und Upsala.

In den Klassenlisten war die Reihenfolge zunächst nicht durch das Alphabet bestimmt, sondern durch den Platz, den der einzelne mit seinen Leistungen einnahm. Auch der Stand der Eltern wurde angegeben und seit 1815 auch die Konfession.

Für den jeweiligen „Primus" gab es eine silberne Medaille, für die nachfolgenden Klassenbesten Bücher und Diplome.

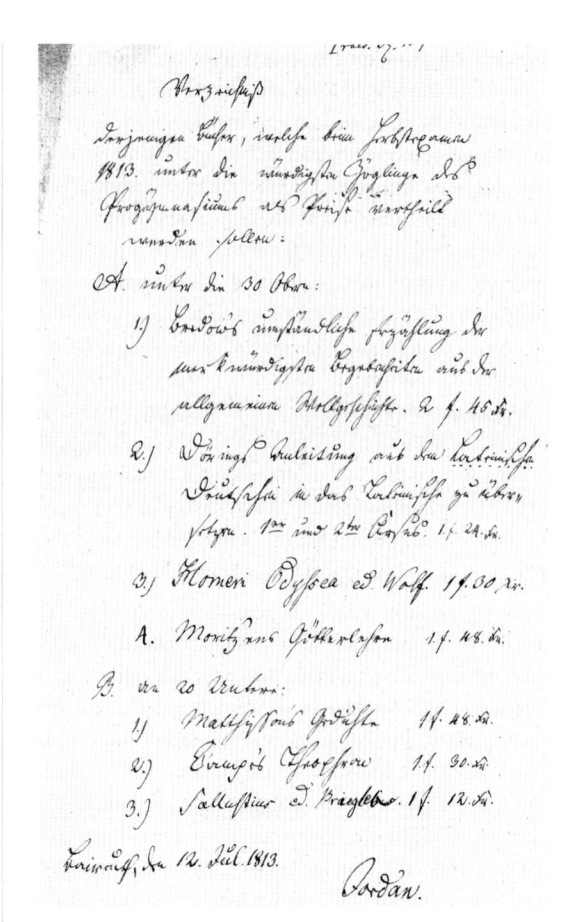

Abb. 77: Verzeichnis derjenigen Bücher, welche beim Herbstexamen 1813 unter die würdigsten Zöglinge des Progymnasiums als Preise verteilt werden sollen, 12. Juli 1813

1813 waren dies A. unter die 30 obern:

1) Bredows umständliche Erzählung der merkwürdigsten Begebenheiten aus der allgemeinen Weltgeschichte, 2 fl 45 kr.
2) Dörings Anleitung aus dem (Lateinischen) Deutschen in das Lateinische zu übersetzen, 1. und 2. Cursus, 1 fl 24 kr.
3) Homeri Odyssea ed. Wolf, 1 fl 30 kr.
4) Moritzens Götterlehre, 1 fl 48 kr.

B. an 20 Untere:

1) Matthissons Gedichte, 1 fl 48 kr.
2) Eampes Theophrow, 1 fl 30 kr.
3) Sallustius ed. Praegle, 1 fl 12 kr.

Baireuth, den 12. Juli 1813 Jordan

Regelmäßig beigefügte wissenschaftliche „Programme" dokumentieren Ansehen und Leistungsstand der Lehrer, die reihum zur Abfassung verpflichtet waren.

Das Niveau war hoch, und manche Beiträge, etwa über die Methode, Vokabeln zu lernen oder zu pädagogischen und didaktischen Fragen, sind noch heute lesenswert, wenn auch natürlich in manchen Details überholt. Die Berufsziele der Schüler wandeln sich. Dominierten anfangs noch Theologie und Rechtswissenschaft, so kamen häufiger hinzu Medizin, Pharmazie, Verkehrswissenschaft, Ökonomie und technische bzw. naturwissenschaftlich orientierte Berufe. Die Schule verstand sich eindeutig als „Gelehrtenschule" und war nicht bereit, ehrgeizigen Ansprüchen von Eltern hinsichtlich der Bewertung und Einstufung ihrer Kinder nachzugeben. Direktor Degen äußerte sich im Jahresbericht 1815/16 sehr deutlich: „Aber die Weisheit unseres Staates verlangt, dass der zur Universität übertretende Jüngling erstarkt sei, um ... schon selbst zu wissen, dass er von nun an den festen und sicheren Pfad regelmäßiger Thätigkeit nie mehr zu verlassen habe, damit er künftig nicht in die Gefahr gerathe, öfters gleich einem Irrlichte verführt und verführend, auf dem Gesümpfe des Leichtsinns, der Zerstreuung und eitler Zeitvertändelung umher zu tanzen, und dadurch seine wichtige Bestimmung zu verfehlen."

Wir lesen Kritik an „der jetzt so üblichen und beliebten möglichst hurtigen Geistesherrichtung der Jugend" und 1822 lobt Rektor Gabler die zunehmende und erhöhte Sittlichkeit der Zöglinge: „Zur Ehre derselben dürfen wir insbesondere rühmen, dass der verderbliche Wirtshausbesuch, ..., sehr selten geworden ist, und dagegen der Sinn für alles Gute, Heilige und Schöne, gleich der Morgensonne des neuen Tages, seine belebenden Lichtstrahlen in den Gemüthern unserer studierenden Jugend immer weiter zu verbreiten anfängt." Diese Euphorie wird aber doch durch die zahlreichen Einträge im „Schwarzen Buch" und andere Disziplinarakten zurechtgerückt. In seiner großen Antrittsrede vom 4. Mai 1835 arbeitete Rektor Dr. Held wesentliche pädagogische Ziele des Gymnasiums heraus. Besonders hebt er hervor die differenzierte Förderung unterschiedlicher Begabungen, die Bedeutung von Didaktik und Methode, Reinheit der Sitten, Frömmigkeit des Sinnes, Gewöhnung an Ordnung und Regelmäßigkeit, Bescheidenheit, Wahrhaftigkeit, Redlichkeit, Achtung vor dem Höheren und Ehrfurcht gegen das Heilige.

In den Jahresberichten darf man natürlich keinerlei kritische Kommentare zur Bildungspolitik oder zu anderen politischen Vorgängen erwarten, aber auch den anderen Schulakten lassen sich kaum Hinweise auf politische Ereignisse wie die Metternichbeschlüsse von 1819, die im Zusammenhang mit der Ermordung von Kotzebues durch den Studenten Sand zu sehen sind, auf die Revolution von 1848/49, den „Bruderkrieg" von 1866 oder den Deutsch-Französischen Krieg von 1870/71 entnehmen.

Ein gewisses Aufsehen erregten Äußerungen von Professor Wagner und Bezzel im Zusammenhang mit dem Attentat des Studenten Sand auf v. Kotzebue. Bezzel hatte sich unvorsichtig und öffentlich dazu geäußert und musste trotz Widerspruchs des Regierungspräsidenten Freiherr von Welden gehen. Auch Dr. Held setzte sich vergeblich für ihn ein, wie aus einem Brief vom 22. Mai 1819 hervorgeht. Vom 2. Juni 1819 datiert eine Bittschrift für Bezzel, die von 22 Eltern unterschrieben wurde, deren Söhne ihren Lehrer sehr schätzten. Bezzel hatte in der „Harmonie" von dem Vorfall erfahren. Sand war ein enger Universitätsfreund gewesen. Am nächsten Morgen riefen ihm in seiner Klasse mehrere Schüler liebloseste Schmähworte entgegen. Bezzel verteidigte nicht die Tat, aber er verwies ihnen nur die bewiesene eilfertige Lieblosigkeit im Urteil über den Charakter des Täters, und fügte hinzu, dass das Richteramt über das Innere eines Menschen überhaupt nicht den Menschen, am allerwenigsten Knaben, sondern allein Gott zukomme." Bezzel kritisierte aber auch, dass Kotzebue sich an seinem Vaterland allerdings vielfach versündigt habe und dass sein Schicksal als eine Folge jener Sünden betrachtet werden könne. „Kreisschulrat Graser rief uns sämtliche Lehrer zusammen, ließ sich von Bezzel erzählen, was er in der Klasse vorgebracht hatte und machte ihm nur den einzigen Vorwurf der Unklugheit, dergleichen Äußerungen gerade in der Schule getan zu haben". Bezzel muss gehen, erhält aber später wieder eine Verwendung im Staatsdienst.[4]

Zum Krieg von 1866 finden sich knappe Hinweise. So wird am 12. Mai 1866 die unverzügliche Einberufung von etwa 8000 Mann angeordnet. Befreit sind vorerst u.a. die Kandidaten der Theologie, die Schulverweser und Schulgehilfen, Studenten, die als Juristen im kommenden Herbst eine Schlussprüfung abzulegen haben oder als Mediziner im Juni mit der praktischen Prüfung beginnen sollen, ebenso die Schüler der 4. Gymnasialklasse und die Hofdiener. Am 16. Mai 1866 erfolgt die Mobilmachung des Heeres „mit unverzüglicher Einberufung sämtlicher Beurlaubten des dienstbaren Standes". „Für alle Beamten und Bedienstete gilt für den Fall einer feindlichen Invasion oder

Occupation, dass sie verpflichtet sind auf ihren Stellen zu bleiben und ihre Funktionen treu ihren beschworenen Pflichten fortzusetzen, bis sie duch ausdrücklichen Befehl der feindlichen Gewalthaber daran verhindert werden. Ein förmlicher Huldigungseid ist entschieden zu verweigern. Am 31. Juli 1866 wird darauf hingewiesen, dass „Seine Königl. Hoheit der Großherzog von Mecklenburg … einen großen Teil des Reg. Bezirks von Oberfranken als Kommandant des K. preuß. II. Reserve Armeen militärisch besetzt hat … Das Hauptquartier dieser Armeen ist nach Bayreuth verlegt worden."

Im Zusammenhang mit dem Deutsch-Französischen Krieg 1870/71 erfolgte am 7. September 1870 eine Urlaubsregelung. Der Friedensschluss vom 6. März 1871 sollte mit Gottesdiensten gefeiert werden und zwar in den katholischen Kirchen des Königreichs am Samstag, 11. März mit einem Trauergottesdienst für die Gefallenen und Verstorbenen, am Sonntag, 12. März mit einem feierlichen Dankgottesdienst. Für die protestantischen Kirchen galt eine entsprechende Regelung. Alle Gottesdienste begannen um 9 Uhr bei verpflichtender Teilnahme aller Lehrer.

Wegen der Feierlichkeiten bei dem Empfang der heimkehrenden Truppen wurde Freitag und Samstag der Unterricht eingestellt.

Sorgfältig verzeichnen die Jahresberichte alle Geschenke und Zuwendungen, von denen auch im 19. Jahrhundert Bibliothek und Sammlungen für Physik und Naturkunde weitgehend abhängig waren.

1813 erhielt das Gymnasium 10 Lieferungen von Friedrich Ehrhart gesammelte und getrocknete Gewächse nach dem System von Linnee, geschenkt von Kammerassessor Krause. Landbauinspektor Riedel gab ein Sonnenmikroskop von Burrucker zu Nürnberg, eine weiße Glaskugel und eine Elektrisiermaschine. Stadtrat Kempf schenkte Mineralien und 25 polierte Täfelchen von Marmorsorten aus dem Baireuthischen und Bambergischen. Medicinalassessor und Schlossapotheker Braun spendete „Memmerts Demonstrirkabinett von 150 ökonomisch Sämereien mit einer tabellarischen Beschreibung und 50 illuminirte Abbildungen derselben."

Von Magistratsrat Leers erhielt das Gymnasium 1832/33 einen 12zölligen Himmels- und Erdglobus, eine große Elektrisiermaschine und Bücher im Wert von 150 fl.

1831/32 wurde ein 16zölliger Haan'sche Erdglobus angeschafft und 1838/39 verdankte die Schule Gottlieb Keim „ein ganz neu reparirtes Forte-Piano zum jeweiligen Gebrauche eines armen und würdigen Schülers."

1904/05 stellte Hauptmann F. Schreiner eine Sammlung ausländischer Schmetterlinge und Käfer in einem Glaskasten zur Verfügung und ganz besonders wichtig war 1906 die Überlassung von „25 eingerahmten großen Bildern von bayerischen und pfälzischen Fürsten zur Ausschmückung der Schulräume" anlässlich der Erhebung Bayerns zum Königreich im Jahr 1806. Leider ist von all diesen und älteren Objekten nichts erhalten.

An Baumaßnahmen ist 1868–1870 der Neubau eines Flügels hervorzuheben, der insgesamt 17 117 fl 22 kr kostete. Führende Handwerker waren hier Maurermeister Carl Wölfel und Zimmermeister Jakob Knarr. Die Grundsteinlegung zu einem neuen Schulsaalbau feierte man am 3. September 1900. Das Gebäude erhält einen geräumigen mit allen modernen Einrichtungen ausgestatteten Physiksaal und drei große Lehrsäle nebst 2 Zimmern für Lehrapparate. Die Kosten betrugen für den Bau 49 500 M, für die Einrichtung 3 969 M.

Dies war eine erhebliche Investition in jener Zeit, während sonst Stadt und Staat nicht allzu viel für die materielle Ausstattung der Schule aufwendeten. Um so mehr muss kleines und größeres „Mäzenatentum" gewürdigt werden. Auf den Bau einer eigenen Turnhalle wird an anderer Stelle noch näher eingegangen.

Zu den großen schulischen Ereignissen des 19. und beginnenden 20. Jahrhunderts zählen die Trauerfeierlichkeiten anlässlich des Todes von Jean Paul 1825, die Enthüllung seines Standbildes 1841, die Feier seines 100. Geburtstags 1863 und die Stiftungsfeierlichkeiten zum 200-jährigen und 250-jährigen Gründungsjubiläum des Gymnasiums.

Ausführlich berichtet Karl Fries über das 200-jährige Stiftungsfest der Königlichen Studienanstalt im Jahresbericht 1864/65. Es wurde am 9., 10. und 11. August gefeiert.

Im Vorfeld bildete man 2 Komités, die aus Lehrern und ehemaligen Schülern bestanden. Unter den Schülern finden sich u.a. Bankier Feustel und Landtagsabgeordneter Freiherr von Holleben, Dr. Käfferlein Notar, Dr. Kraussold kgl. Konsitorialrat, Dr. Landgraf Arzt, rechtkundiger Bürgermeister Muncker und Freiherr E. v. Reitzenstein, Kgl. Hauptmann.

Zunächst wurden von auswärts eintreffende Festgäste am Bahnhof empfangen und zu ihren Quartieren geleitet. Am Abend des 9. August gab es einen Fackelzug zu dem mit Gasflammen beleuchteten Standbild Christian Ernst's auf dem neuen Schlossplatz. Dieser erste Tag klang in gesellige Zusammenkunft in den Lokalitäten der Gesellschaft Bürgerressource erst spät in der Nacht aus.

Der zweite Tag begann mit einem Festgottesdienst in der Stadtkirche mit entsprechendem Einzug. Der kgl. Konsistorialrat Bracke, ehemaliger Schüler, hielt die Festpredigt über Psalm 90,16,17. Dann zog man zum festlich geschmückten Saale der Bürgerressource. Hier hielt Rektor v. Held die Festrede. Danach erholten sich die 250 Teilnehmer beim Festdiner im Saal der „Goldenen Sonne".

Es wurden weitere 4 Reden gehalten und Dr. Held erhielt den Verdienstorden der bayerischen Krone. Die Schüler zogen an ihren Lehrern vorbei und stießen mit ihnen an. Gekrönt wurde dieser zweite Tag mit einer Festvorstellung im kgl. Opernhaus, bei der „Fidelio" von Ludwig v. Beethoven zur Aufführung kam.

Am 11. August gab es am Nachmittag noch ein Zusammensein auf der Bürgerreuth.

Insgesamt hatten am Jubiläum 401 ehemalige Schüler teilgenommen, die z.T. aus Frankfurt, Eisenach, Weimar, Dresden und Hamburg angereist waren.

Eine Episode am Rande: Prof. Klöter hatte oft armen Schülern ohne Aufsehen finanziell geholfen. Einem gab er 20 fl ohne diese je zurückzufordern, sagte nur, dieser solle, wenn es ihm später möglich sei, diese 20 fl an das Gymnasium zurückgeben, damit wieder armen Schülern geholfen werden könne. Dieser Schüler nahm am Fest teil und gab die 20 fl zurück.

„Die Mittel zur Bestreitung der Festkosten gewährte die Königl. Staatsregierung mit dankenswerter Liberalität und auch die städtische Behörde hatte eine namhafte Summe zur Verfügung gestellt."

Im Zusammenhang mit dem Jubiläum kam es zu zwei Stiftungen. Angeregt durch Dr. Landgraf erhielt die eine Stiftung den Namen „Held'sche Jubiläums-Stiftung"

Die andere rief der Kgl. Generalmajor M. v. Kretschmann in München als „Kretschmann'sche Stiftung" ins Leben für Schüler mit dem Zweck für „vorzügliche Würdigkeit durch Fleiß, Fortschritte und sittliches Wohlverhalten". Auf diese und andere Stiftungen wird später in einem eigenen Abschnitt näher eingegangen.

Abb. 78: Titelblatt des Berichts über das 200-jährige Stiftungsfest der königlichen Studienanstalt zu Bayreuth, 1865

Das 250-jährige Jubiläum fiel in das Kriegsjahr 1914/15. Deshalb konnte der Bericht erst später erscheinen. Gefeiert wurde von Montag, dem 13. Juli bis Donnerstag, dem 16. Juli.

Wie schon 50 Jahre zuvor übernahmen 2 Ausschüsse, gebildet aus Lehrern und ehemaligen Schülern, die Vorbereitungen. Unter den ehemaligen Schülern finden wir Dekan a. D. Degen, OB Dr. Leopold von Casselmann, Veterinär H. Engel, Rechtsanwalt L. Frölich, Major H. Kauper, Regierungsrat H. Kolb, Hofrat Dr. H. Landgraf, Großkaufmann Fritz Meyer, Rechtsrat H. Popp, den prakt. Arzt Dr. A Reichel, Großkaufmann L. Tripß, außerdem Bürgermeister Hofrat A. Preu und Rechtsrat K. Keller, unter den Abiturienten M. Heuschmid und H. Schmidt.

Das Programm begann am Montag mit einer Vorfeier. Es gab einen Fackelzug des Gymnasiums abends um 8 ½ Uhr vom Gymnasium durch die Sophienstraße über den Markt, neuen Schlossplatz und Jean-Paul-Platz. Am Maximilian Monument und am Standbild des Gründers des Gymnasiums huldigte man beiden Herrschern. Eine zwanglose Zusammenkunft im „Frohsinn" beschloss den ersten Tag. Am Dienstag traf man sich um 7 ½ Uhr vormittags am Gymnasium, zog feierlich zum Festgottesdienst und anschließend in gleicher Ordnung zum Festakt im „Sonnensaal". Abends fand ein Festkommers im Sonnensaal statt. Am Mittwoch gab es um 11 Uhr vormittags einen Frühschoppen

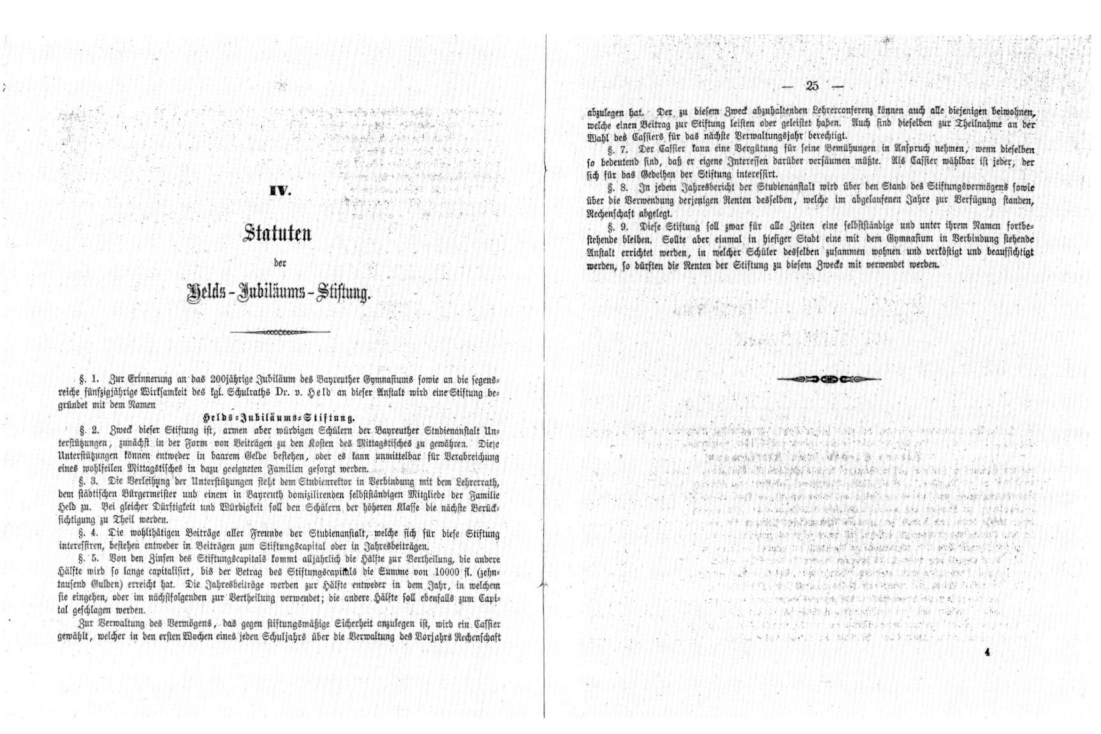

Abb. 79: Statuten der Helds-Jubiläumsstiftung

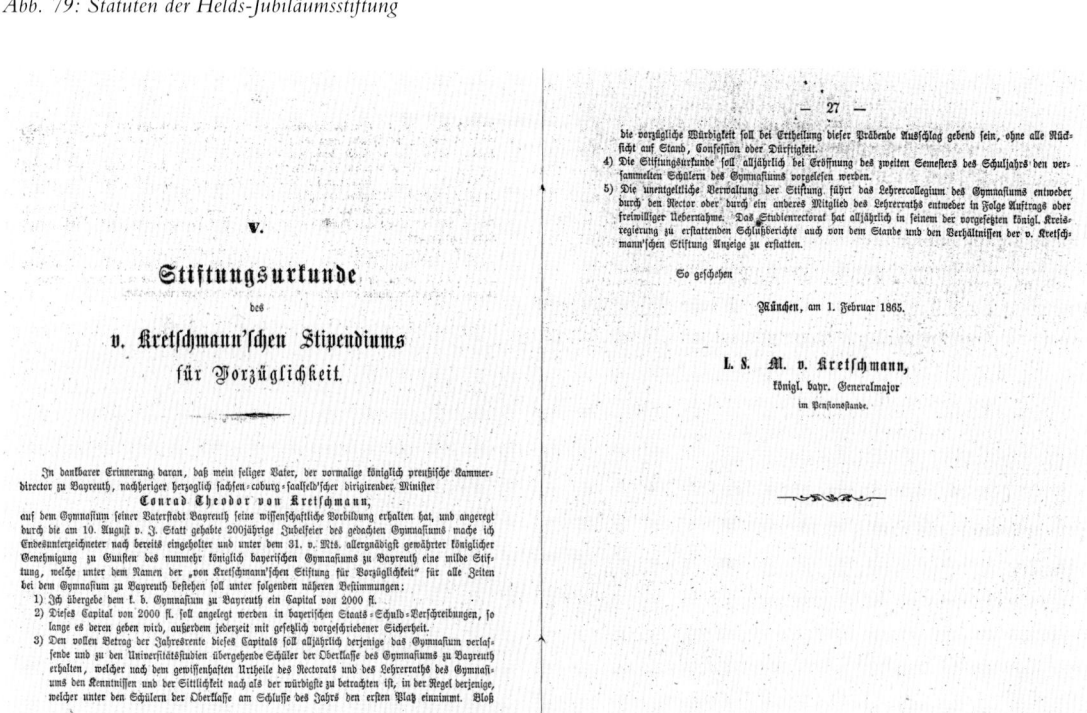

Abb. 80: Stiftungsurkunde des von Kretschmann'schen Stipendiums

im Garten der Gesellschaft Harmonie und um 5 Uhr nachmittags ein Fest auf dem Maiselkeller. Schließlich folgte am Donnerstag mit einem Extrazug ein Ausflug nach Berneck mit anschließender Tanzunterhaltung im Kurhaussaal. Erst um 12 Uhr nachts trat die fröhliche Gesellschaft die Rückfahrt an.

Im Rückblick hat dieses Fest etwas Beklemmendes. Wir befinden uns mitten in der sog. „Julikrise", der „Blankoscheck" für Österreich war von Berlin längst ausgestellt. Am 28. Juli erfolgte die Kriegserklärung Österreich-Ungarns an Serbien. Der Erste Weltkrieg hatte begonnen. Wenige Wochen später musste auch das Gymnasium die ersten gefallenen Schüler betrauern.

Abb. 81: 250-jähriges Jubiläum des humanistischen Gymnasiums Bayreuth

Gefeiert wurden selbstverständlich Geburtstage des Herrscherhauses oder z.B. der 100. Geburtstag von Schiller, wobei auffällt, dass ein Hinweis auf entsprechende Goethefeiern fehlt.

Besonders aber nahm man Anteil an Jean Paul. Schon im Jahr der Übersiedlung nach Bayreuth knüpfte der Dichter enge Beziehungen zum Gymnasium, dessen Feiern und öffentliche Veranstaltungen er gerne besuchte. Unter den Lehrern, mit denen er auch in der „Harmonie" zuusammentraf, schätzte er besonders die Professoren Schweigger und Wagner.

Es sind einige Handschreiben Jean Pauls an Professor Wagner erhalten, dem er später seinen Sohn Max zum Privatunterricht übergab. „Oft haben wir ihn gesehen", berichtet Rektor Held, „wie er morgens auszog, über den Gymnasiumsplatz durch den Hofgarten zur Rollwenzelei zu gehen, den ledernen Sack mit allem Bedarf über die Schulter gehängt, eine Rose als Repräsentantin der Blumenwelt an der Brust, den unbedingt ergebenen Freund, den treuen Pudel als Begleiter an seiner Seite."

Der plötzliche Tod seines Sohnes Max erschütterte Jean Paul zutiefst, das Gymnasium war ihm verleidet. Dennoch ließen es sich die dankbaren Schüler nicht nehmen, an seinem letzten Geburtstag ihn durch eine Abendmusik mit Fackelzug zu ehren.

Wenig später geleitete ihn die Schule zu Grabe. Neben dem Leichenwagen schritten zehn Professoren und hielten die Quasten des Bahrtuchs, während Schüler unter Fackelschein auf Kissen seine „Levana", die „Vorschule der Ästhetik" und die „Unsichtbare Loge" trugen.

Am 14. November 1841 wurde Jean Pauls Standbild enthüllt. Schüler des Gymnasiums verschönten die Feier mit einem Fackelzug und einem „Weihelied". Rektor Held hielt die Rede. Die „Baireuther Zeitung" (Nr. 231, 22. November 1825), berichtet: „... Sechzig Fackeln, welche von Studierenden des Gymnasiums und des Lyceums getragen wurden, waren bei dem übrigens auch durch Laternen und Pechpfannen beleuchteten Trauerzuge so verteilt, dass auf beiden Seiten desselben die Hauptwirkung des Lichtes auf den Trauerwagen fiel."

Anlässlich der Feier des 100. Geburtstags von Jean Paul hielt Dr. Christoph Held 1863 wiederum eine Rede und erinnerte sich als nunmehr alter Mann seines längst verstorbenen Freundes.

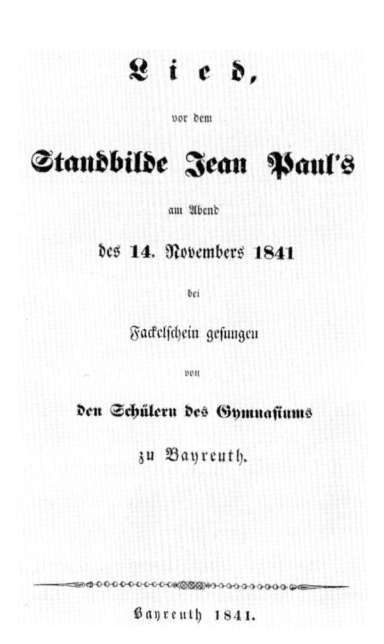

Lied,

vor dem

Standbilde Jean Paul's

am Abend

des 14. Novembers 1841

bei

Fackelschein gesungen

von

den Schülern des Gymnasiums

zu Bayreuth.

Bayreuth 1841.

Schon einmal glänzten Fackeln
Hin durch die stille Nacht,
Schon einmal hat man Lieder
Zum Gruß Dir dargebracht.
Doch ach! die Fackeln glänzten
In Deine Gruft hinab,
Und Trauerlieder hallten
An Deinem stillen Grab.

Und wieder glänzen Fackeln
In hellem Feierschein,
Und wieder schallen Lieder
Im vollen Chor darein;
Doch sieh'! die Fackeln strahlen
So fröhlich und so bunt,
Und helle Lieder tönen
Aus froher Sänger Mund.

Du hast den Sarg zerbrochen,
Du stiegst aus Deinem Grab;
Du warfst mit Einem Male
Des Todes Fesseln ab!
Und neu für uns erstanden
Bist Du in diesem Bild,
Ganz wie Du einst gewesen,
So fest, so ernst und mild.

So mög' Dein Bild noch lange
In unsern Mauern steh'n,
Wenn über unsre Gräber
Die wilden Stürme weh'n!
Und mögest Du, Verklärter,
Als Schutzgeist segnend seh'n
Herab auf unsre Mauern
Aus Deines Himmels Höh'n!

Abb. 82: Lied vor dem Standbild Jean Paul's, 1841

Abb. 83: Partitur des Liedes

„Leicht ist die Lektüre von Jean Pauls Werken nicht; und je weiter die Zeit sich entfernt von den Tagen ihrer Entstehung, desto schwerer muß in mancher Beziehung das Verständnis werden, aber jedem Jüngling muß man wünschen, dass eine Zeit für ihn komme, wo er mit Begeisterung für Jean Pauls Worte schwärmt, es wird ein Zeichen sein, dass sich sein Geist nach dem Hohen, nach dem Edlen, sehnt und streckt."

Auch anlässlich des 200. Geburtstags brachten am 21. März 1963 Schüler des humanistischen Gymnasiums vor dem Jean-Paul-Denkmal in der Friedrichstraße ein Ständchen. Karl Müssel sagte in seiner Ansprache, „dass vor allem die Jugend den Dichter wieder lieben lernen müsse". Die Gedenkrede hielt der Baseler Literaturhistoriker Prof. Dr. Walter Muschg.[5]

Abb. 84: Programm der Feierlichkeiten 1841

Abb. 85: Titelblatt der Festgabe zum hundertjährigen Geburtstag von Jean Paul 21. März 1863

Abb. 86: Festprogramm des Gymnasiums, 21. März 1863

Abb. 87: Erinnerungsblätter an Jean Paul, 1863

Wenn in jüngerer Zeit geklagt wird, Jean Paul sei in Bayreuth fast vergessen, so mag dies zutreffen, wenn man Erinnerung nicht darauf reduziert, Aphorismen Jean Pauls als Dekoration für Bierkrüge anlässlich eines Bürgerfestes zu missbrauchen. Am Gymnasium jedenfalls wurde und wird Jean Paul gelesen und 1976 erschienen „Bayreuther Jean-Paul-Miniaturen, Beiträge von Lehrern am Gymnasium Christian-Ernestinum" als Beilage zum Jahresbericht 1975/76. Beiträge gab es von Karl Hartmann (Jean Paul und sein unglücklicher Sohn Maximilian Ernst Emanuel), Otto Veh (Jean Paul und das Bayreuther Gymnasium), Karl Müssel (Jean Pauls Luftschiffer Gianozzo und Bayreuth und Jean Pauls Scheinidylle „Leben des vergnügten Schulmeisterlein Maria Wuz in Auenthal"), Helmut Arzberger (Jean Paul und der Kampf um Deutschlands Befreiung) und von Jochen Lobe (Von der Anwesenheit Jean Pauls).

2.2. Schulreformen, Schulordnungen, Lehrpläne und Stundentafeln im 19. Jahrhundert

Bis um 1800 ist das Gesicht der deutschen Schule noch weitgehend durch die Aufklärung bestimmt. Führende Politiker wie Montgelas sind vom Geist des Rationalismus geprägt und bleiben diesem Denken zeitlebens verhaftet. Im engen Zusammenhang mit der Französischen Revolution und Napoleon, mit dem Zusammenbruch des alten Staates und im Zuge der dadurch ausgelösten allgemeinen Reformbestrebungen kam auch die Erörterung aller Fragen der inneren und äußeren Schulorganisation stärker in Fluss. Es setzte eine umfassende Reform des Bildungswesens vor allem in Preußen ein. Einerseits wurden die Verstaatlichungs- und Zentralisierungsbestrebungen der Aufklärung fortgeführt, andererseits aber versuchte man das gesamte Bildungswesen durch Ausrichtung auf das „reine Menschentum" zu vereinheitlichen.

Diese Epoche hat aus der Idee der Philosophie heraus die Universität des 19. Jahrhunderts geschaffen und im neuhumanistischen Sinne das Gymnasium geprägt und konsolidiert, so dass es das ganze 19. Jahrhundert hindurch der herrschende Schultyp im höheren Schulwesen geblieben ist, trotz zunehmender realistischer Gegenströmung. Beide Schöpfungen sind in Preußen besonders eng mit Wilhelm von Humboldt verknüpft.

In dieser Zeit werden bereits 1810 eine besondere Prüfung für das Lehramt an den Gymnasien eingeführt, der höhere Lehrstand (Philologie) endgültig vom Theologenstand getrennt und 1826 zusätzlich das Probejahr eingeführt. 1812 erscheint die unter Humboldt ausgearbeitete neue Reifeprüfungsordnung.

Allerdings wird erst 1834 die Reifeprüfung allgemein zur Bedingung für Immatrikulation und Staatsexamen an Universitäten gemacht.

Griechisch bleibt ein wesentlicher Bestandteil aller höheren Bildung bis ins 20. Jahrhundert hinein, aber Degen vermerkt doch mit Blick auf das Französische: „so hat sich an jene (die alten Sprachen, d. Vf.) nun auch eine lebende Sprache so fest angeschlossen, dass sie beinahe von keinem, wenigstens europäischen Weltbürger, mehr entbehrt werden kann." Französisch gilt wie früher das Griechische als Weltsprache. „Gegenwärtig aber kann ein großer Theil der Menschen überhaupt bürgerlich und weltbürgerlich ohne dieselbe fast nicht mehr bestehen." Ein guter Lehrer wird dringend gesucht.

An der „Königlichen Studienanstalt" in Bayreuth gibt es 1812 nun eine Unter- und Oberprimärschule, die für die Elementarbildung zuständig ist. Es folgen das Progymnasium als Vorschule zum Gymnasium mit einer oberen und unteren Abteilung und das Gymnasium mit Unter-Gymnasialklasse, Mittel-Gymnasial-Klasse mit oberer und unterer Abteilung und Ober-Gymnasial-Klasse.

1824 bis 1829 wird dem Gymnasium noch eine Lycealklasse zugefügt, so dass nun die Zahl der Gymnasialklassen 4 beträgt. Zugleich ist ein zweijähriges Studium der „allgemeinen Wissenschaften" verpflichtend. Seit dieser Zeit sind lateinische Schule und Gymnasium klar getrennt. Die Lateinschule wird zu Beginn des Schuljahres 1838/39 auf vier Klassen beschränkt, wobei die erste Klasse in 2 Abteilungen zerfällt, aus deren unterster befähigte Schüler mit Genehmigung des Studien-Rectorats in die 2. Klasse vorrücken dürfen. Es ist dies eine sog. Vorklasse, die seit 1838/39 als 1. Klasse, Abteilung A der lateinischen Schule erscheint, während die Abteilung B der späteren 2. Klasse entspricht. Seit 1874/75 werden die Klassen der Lateinschule 1–5 und die des Gymnasiums 1–4 für sich, seit 1891/92 zusammen von 1–9 durchnummeriert. Seit 1874/75 gibt es auch keine eigene Prüfung für das Absolutorium der lateinischen Schule mehr.

Überblickt man das gesamte 19. Jahrhundert, so muss festgestellt werden, dass der Reformeifer dem des 20. Jahrhunderts kaum nachstand, von der planlosen Hektik des 21. Jahrhunderts nicht zu sprechen. Neuerungen und Veränderungen gab es 1810, 1814. 1824/25, 1829/30, 1834/35, 1854, 1874, 1891, 1914/15.

Erkennbar sind Veränderungen der Stundentafel, der Lerninhalte, die Bedeutung neuer Fächer, zunehmend auch erhöhte Anforderungen an die Qualifikation der Lehrer. Zugleich aber wird sichtbar, wie in einer Gesellschaft, die nach wie vor im Standesdenken und im Standesdünkel verharrt, von der Chance vertikaler Mobilität, von der Chance, unabhängig vom sozioökonomischen Status aufsteigen zu können, nur bedingt die Rede sein kann. Wenige Ausnahmen bestätigen die Regel.

Die Unterrichtsbedingungen waren zunächst sehr schwierig.

Im Jahresbericht von 1812/13 schreibt Rektor Degen: „Nach allergnädigstem Beschluss vom 6. November v. J. ward von des Königs von Baiern Majestät bestimmt, dass von nun an auch die gelehrte Anstalt zu Baireuth, von ihrem weisen und edlen Stifter, Christian Ernst, …, Illustre Collegium Christiano-Ernestinum genannt, nach der für alle Baierische Studienanstalten vorgeschriebenen Form umgeschaffen und eingerichtet werden soll." Nach diesem Wechsel blieben zunächst nur 3 Lehrer übrig, denn die frei werdenden Stellen konnten nicht sofort wieder besetzt werden. Es kamen viele auswärtige Schüler z.T. aus entfernten Gegenden nach Bayreuth und die drei Klassen des Gymnasiums nahmen an Zahl stark zu. Im Juli 1812 zählte man etwa 100 Schüler. „Diese alle nun mussten sich in mehreren Stunden wöchentlich in einem zwar geräumigen, indess für eine solche Anzahl doch immer beschränktem Zimmer vereinigen: „Im Sommer plagte die Hitze. „Oft wollten die Zöglinge vor Hitze beinahe verschmachten und die Lehrer, schon durch das Aufgebot der körperlichen Kraft vom stärkeren Sprechen ermüdet, sanken nicht selten nach geendigter Lehrstunde erschlafft darnieder." Allmählich kam es aber doch zu Verbesserungen, neue Lehrer wurden eingestellt.

Mit dem Übergang des Fürstentums an Bayern begann ein neuer Wind zu wehen. Ein General-Rescript in Studiensachen vom 31. Januar 1813 nimmt Bezug auf ein Normativ vom 25. Juli 1810 und übt Kritik. „Es ist aufgefallen, dass hie und da mit Erklärung eines oder zweier Bücher eines alten Schriftstellers das ganze Studienjahr hingebracht worden." Ab sofort sind schriftliche Übungen jede Woche durchzuführen. Hausaufgaben sollen auf die freien Nachmittage, also Mittwoch und Samstag gelegt werden. In der Mathematik wird die Geometrie zu sehr vernachlässigt.

Der Plan für Mathematik sieht nun vor:

1. Unter-Primärschule (Alter der Schüler 8–10 Jahre): Nummerieren, Addieren, Subtrahieren, Multiplizieren und Dividieren mit ganzen und gebrochenen Zahlen.
2. Ober-Primärschule: Weiterführung und behandeln von Regeln
3. Progymnasium: Decimalrechnung, Buchstabenrechnung, Progression, Auszirkelung der Quadrat- und Cubik-Wurzeln.

Im Gymnasium folgen dann das Fortschreiten zum wissenschaftlichen Denken und zum Abstrahieren, Arithmetik und in der Unter –und Mittelklasse Geometrie.

In der Ober-Klasse schließlich kommen Kosmographie, mathematische Geographie, Vorbegriffe von der Gestalt der Erde, Einteilung der Erde in Zonen und Klimate hinzu.

Das normative Alter der Primärschüler ist 8 Jahre. Die meisten beginnen aber erst mit 12 Jahren die Studien. „Aufgabe der Primärschule ist es, dieser der gelehrten Bildung so äußerst nachteiligen Gewohnheit, welche die zum Studium bestimmten Knaben bis zum 12. Lebensjahr entweder in den Volksschulen oder in einer anderen unzulänglichen Vorbereitung hinhalten, entgegenzuwirken."

Der Eintritt in das Progymnasium erfolgt mit 12 Jahren. Der gesamte Studienkurs dauert 6 Jahre und die Kinder sollen also bis dahin nicht der Volksschule überlassen bleiben.

In den Jahresberichten werden die Schüler in der Rangfolge ihres Fortgangsplatzes aufgeführt. Kriterien dafür sind zuerst die schriftlichen Arbeiten, die unter den Augen des Lehrers angefertigt werden, also vom Schüler selbst. Jeden Monat wird eine solche schriftliche Arbeit gefertigt. Dabei genügt „nicht nur eine lateinische Übersetzung einiger kurzer Sätze, sondern es soll den Schülern Gelegenheit und Zeit gelassen werden, zugleich zu zeigen, was sie in Übersetzung der Aufgabe oder in poetischer Bearbeitung des aufgegebenen Gegenstandes sowohl in lateinischer als in griechischer und teutscher Sprache zu leisten vermögen." Deshalb ist dafür ein ganzer Vormittag von 8–12 Uhr vorgesehen und zwar immer am 1. Samstag in jedem Monat.

Die Lehrer haben sorgfältig zu korrigieren und das Rektorat nimmt Einsicht. Freiwillige zusätzliche Ausarbeitungen sind wichtig, aber nicht dominierend. Auch das Sittenzeugnis hat große Bedeutung.

Der Jahresbericht soll der Öffentlichkeit Auskunft über den allgemeinen Stand der Schule geben. Die Klassen werden von oben nach unten aufgeführt (Lehrer, Lehrgegenstände, Lehrbücher, behandelter Stoff), weiter sind verdiente Schüler zu würdigen und Namen der Preisträger mit einem Sternchen zu kennzeichnen. Auch Hinweise auf Waffenübungen mit Angabe der Zeit, der Dauer, Zahl der teilnehmenden Schüler und Namen der leitenden Ober- und Unteroffiziere sollen im Jahresbericht enthalten sein.

Die Aufnahme in das eigentliche Gymnasium ist in der Regel vor vollendetem 14. Lebensjahr keinem Schüler gestattet, ebenso wenig ein Überspringen einer Klasse. Nur bei hervorragenden Leistungen sind Ausnahmen möglich.

Auch Fries erinnert in seiner Geschichte des Gymnasiums anlässlich der 200-jährigen Stiftungsfeier 1864 an Klagen über das Kollegium schon seit Ende des 18. und zu Beginn des 19. Jahrhunderts (Vgl. Bayreuther Zeitung, 1803, Nr. 67). „Das Ganze des Instituts hatte noch zu sehr die Form des sechzehnten und siebzehnten Jahrhunderts, das Lehrmateriale keinen angemessenen Plan, Disciplin, Polizei und Schulordnung, …, nur Willkühr, keine Bestimmung." Fries meint, dass diese Kritik vielleicht überzogen war, aber doch eine gewisse Berechtigung hatte. Es galten immer noch die von v. Lilien geschaffenen Einrichtungen, während sich auf dem Gebiet der Philologie und Pädagogik ein gewaltiger Umschwung teils vorbereitet, teils vollzogen hatte.

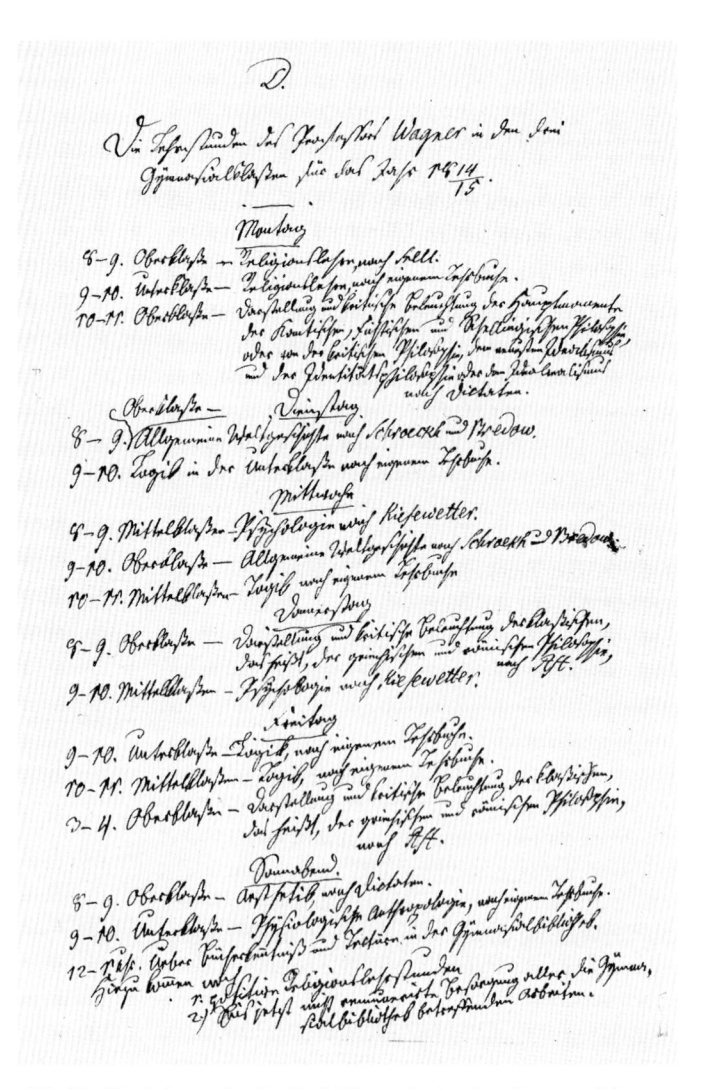

Abb. 88: Die Lehrstunden des Prof. Wagner in den drei Gymnasialklassen 1814/15

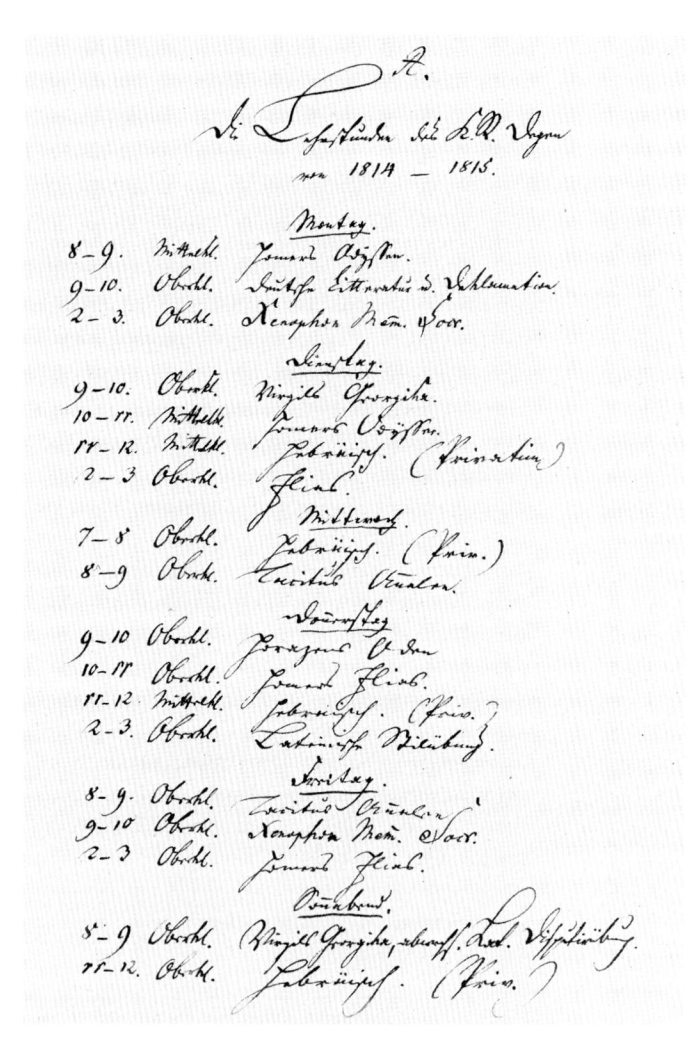

Abb. 89: Die Lehrstunden des Rektors Degen, 1814–1815

Schon nach etwa 10 Jahren wird 1823 eine Revision des Lehrplans vorbereitet.

Am 14. Dezember 1823 ergeht an das Gymnasium die Aufforderung, binnen 4 Wochen ein Gutachten über diesen Gegenstand abzugeben. Eine außerordentliche Konferenz findet am 30. Dezember 1823 statt. Das Protokoll vermerkt u.a. „Die Stellung der Gymnasien soll so sein, dass sie von Magistraten nicht abhängig sind, sondern ein für allemal bewilligte jährliche Einkünfte haben, über deren Verwendung das Rektorat einen Etat an die königliche Regierung eingibt, welcher jährlich von neuem vorgelegt wird."

Ein sehr ausführliches Gutachten erstellt am 14. März 1824 Rektor Dr. Gabler.

Er wirft einleitend die Frage auf: „Welche Bildung und welcher Grad von Bildung ist jedem der verschiedenen Stände und Klassen von Staatsbürgern und Staatsdienern erforderlich?" und kommt zu folgendem Ergebnis: „Bildung und Grad der Bildung sei dem Begriff und Zweck eines jeden Standes genau angemessen … Niemand soll seine Bildung über die Geschäfte seines Standes hinaus genießen. Ein zuviel führt zu Unzufriedenheit, Untüchtigkeit und kann zu revolutionären Strebungen veranlassen." Diese Position ist einerseits nachvollziehbar, wenn man sie als dem damaligen Konservatismus verhaftet begreift. Zudem wird sie von einem Staatsdiener vertreten, der in einem obrigkeitshörigen System kaum etwas anderes äußern kann, ohne revolutionärer Gesinnung verdächtigt zu werden. Andererseits wird sichtbar, dass in Deutschland nach der Revolution von 1789, nach der Epoche der „Aufklärung", nach den Staats- und Gesellschaftstheorien des 18. Jahrhunderts ein „Sonderweg" sich abzeichnet, der hinter den erreichten Erkenntnisstand zurückfällt.

Gabler führt weiter aus: „Der bloße Andrang des Bewerbers zu irgend einem Fache ist kein Grund, die Förderung der Studien für die Betreffenden zu steigern …"

„Die Erziehung der Volksschule geht aus von der Gegenwart, Mitwelt und dem wirklichen Leben in Volk und Staat und wirkt dafür bildend auf dasselbe zurück; die höhere und gelehrte Bildung beruht auf dem für immer erworbenen Gesamtgut von Bildung der höheren Menschheit überhaupt."

„Für höhere Zwecke des bürgerlichen Lebens und der öffentlichen Verwaltung … für die eigentlich keine gelehrte Bildung erforderlich ist, aber die Volksschule nicht reicht, sollte es besondere Schulen geben."

„Zur gelehrten Bildung kann zwar im allg. keinem Stande der Zutritt verwehrt werden, da aber manche Köpfe für diese Erziehung keine Fähigkeiten besitzen … so sind solche besonders aus den niederen Ständen und die unbemittelten bey Zeiten von den Studien zu entfernen."

Im Grunde zeichnet sich hier in vagen Umrissen das spätere „gegliederte Schulwesen" ab. Im Ansatz ist sicher richtig, dass für unterschiedliche Anlagen, Begabungen, Fähigkeiten die jeweils optimal geeignete Schule angeboten werden sollte. Fatal aber ist die immer wieder betonte Unterscheidung zwischen den „höheren" und „niederen" Ständen, zwischen „reich" und „arm", zwischen der „niederen" und „höheren" Menschheit. Dennoch muss betont werden, dass Urteile wie die von Rektor Gabler zwar kritisch zu betrachten sind, an die aber im Rückblick nicht der Maßstab heutigen Verständnisses von Demokratie und Grundrechten anzulegen ist.

Am 10. Oktober 1824 werden in 34 Abschnitten die „Bestimmungen des Lehrplanes der Studienanstalten nach der neuen Einrichtung" vorgelegt.

Als Verbesserung sah man, dass die bisherige „Überfüllung" der Klassen und die z.T. erhebliche Ungleichheit im Alter der Schüler wegfallen sollte. Die Obergrenze der Klassen lag nun bei 40 Schülern, in den höheren Klassen deutlich darunter. Bisher wurden in den unteren Klassen oft 12–14-jährige mit 16–18-jährigen auf der gleichen Stufe des Lehrstoffes unterrichtet.

Von besonderer Bedeutung ist die Schaffung einer sog. „Lycealklasse".

„Lyceum" war seit der Zeit des Humanismus und der Renaissance der Name für höhere und zum Besuch der Universität vorbereitende Schulen. Im 19. Jahrhundert waren Lyceen gleichbedeutend mit den Gymnasien. 1896 gab es in Bayern sechs königliche Anstalten und ein bischöfliches Institut, die als Lyceum bezeichnet wurden. Der Name Lyceum, wie er bis ins 14. Jahrhundert zurückreicht, hat nichts zu tun mit den zu Anfang des 20. Jahrhunderts entstandenen „Lyzeen", die die bisherigen „Höheren Töchterschulen" ersetzten.

Endgültig werden die Neuerungen in der Schulordnung von 1825 festgelegt.

Alle Lehrer an den Gymnasien und Lyceen erhalten den Titel und Rang von Professoren und, wenn sie 20 Jahre lang mit Auszeichnung gedient haben, den Rang von Universitäts-Professoren.

Lehrer am Bayreuther Gymnasium sind zu dieser Zeit „Georg Andreas Gabler, bisher daselbst Professor der Philologie und Geschichte, zugleich Rektor der Anstalt; Christoph Sigm. Stroebel, Subrektor zu Roth, Prof. der Logik und Religionslehre; Andreas Neubig, bisher in Baireuth, Prof. der Mathematik und am Gymnasium; Joh. Christoph Held, bisher daselbst, weiter S. Flamin Clöter, Georg Peter Kieffer, Johann Melchior Pausch und Karl Wilhelm Lotzbeck."

Das Gymnasium nach der neuen Einrichtung umfasste vorzugsweise das gesteigerte Grammatische durch das gesamte humanistische Studium und schuf die Grundlage für den Erwerb einer gründlichen allgemeinen Bildung. Voraussetzung dafür war ein entsprechender Vorbereitungsunterricht, beschränkt auf die lateinische und deutsche Sprache. Grundsätzlich sollte nicht Ziel sein, eine alles umfassende systematische Kenntnis zu vermitteln, sondern Grundlagen für das weitere Special-Studium zu schaffen. Schwerpunkt in der Gesamtkonzeption bleibt Latein wegen des Einflusses in allen Bereichen der Gelehrsamkeit, Universalität der Anwendung, Unentbehrlichkeit in allen Ämtern und Geschäften, die mit den Gebieten der Gelehrsamkeit in Beziehung und Zusammenhang stehen. Griechisch hat den Vorzug des Wort-Reichtums, mannigfaltiger Wortformen und bietet Meisterwerke in allen Zweigen der Kunst und Wissenschaft.

An der Königlichen Studienanstalt zu Bayreuth wird am 7. Dezember 1824 die neu errichtete Lyceal-Klasse eröffnet. Die entsprechende Schulordnung findet sich abgedruckt im Intelligenzblatt für den Obermainkreis, Nr. 128, Baireuth, den 23. Oktober 1824.

Die wichtigsten Bestimmungen seien hier im Auszug wiedergegeben.

1) Ein zweijähriger Cursus der Philosophie und der allg. Wissenschaften soll dem Special-Studium der Berufs-Wissenschaften auf der Universität vorausgehen.

2) Statt des unmittelbaren Übergangs von dem Gymnasium zur Universität soll das Lyceal-Studium allgemein eingeführt und an allen Orten, wo ein öffentliches allgemeines Gymnasium besteht, wenigstens eine Lyceal-Klasse eingerichtet werden mit erstjährigem Cursus der Philosophie.

4) Das Gymnasial-Absolutorium gilt künftig nur als Austritts-Zeugnis und berechtigt nicht, auf die Universität zu gehen, sondern nur zum Eintritt in die Lyceal-Klasse.

6) Übergangslösung: die Abiturienten von 1823/24 können wählen, ob sie unmittelbar an die Universität gehen, mit der Bedingung volle 4 Jahre zu studieren, oder in eine der neuen Lyceal-Klassen für 1 Jahr.

Damit durch die neue Regelung das Studium insgesamt verlängert und erschwert wird, sollen die z.Z. bestehenden 2 Progymnasialklassen und 4 Gymnasial-Klassen in eine Anstalt vereinigt werden, welche künftig unter dem Namen Gymnasium aus 5 Klassen bestehen und 5 Gymnasialjahre umfassen wird. Damit wurde das bisherige Progymnasium mit seinen beiden Klassen aufgehoben. Die beiden Klassen der lateinischen Vorbereitungsschule blieben bestehen wie vorher, nur dass die Oberklasse derselben nunmehr die Aufgabe erhielt, ihre Schüler bis zur Tauglichkeit für die erste Gymnasialklasse vorzubereiten.

Jede Klasse erhält ihren eigenen Klasslehrer, der die vorgeschriebenen allg. Lehrgegenstände zu behandeln hat.

Für die lingustischen, artistischen und gymnastischen Lehrgegenstände, die die Schüler nach eigener Neigung frei wählen können, werden nach Bedarf eigene geeignete Lehrer eingesetzt.

Der Eintritt in das Gymnasium erfolgt in der Regel nicht vor dem vollendeten 12ten Lebensjahr und ist an das Bestehen einer „unnachsichtlich strengen Prüfung" gebunden.

Der Schüler muss „vollkommen orthographisch-teutsch schreiben, ein seinem Alter anpassendes Thema aus dem teutschen in das lateinische von groben grammatischen Fehlern vollkommen frei übersetzen können und einen nicht unbedeutenden Bestand von teutschen und lateinischen Sprüchen und Versen eworben haben, die er frei aus dem Gedächtnis hersagen kann." Hinzu kommen Grundkenntnisse in Religion, Katechismus, Kenntnisse in Geographie und Rechnen, eine gut leserliche Handschrift sowie die Fähigkeit, die griechische Schrift zu lesen und zu schreiben. Eine Klasse soll nicht mehr als 40 Schüler haben.

Ein Schulgeld von jährlich 20 Gulden wird in allen Klassen des Gymnasiums und der ersten Lyceal-Klasse erhoben. Alle Geschenke an Lehrer haben künftig aufzuhören.

In den „vorläufigen gesetzlichen Bestimmungen für die Candidaten der philosophischen Studien an der Lyceal-Klasse zu Baireuth" wird u.a. festgehalten: „Die Studierenden der Lycealklasse haben in ihrer Behandlung diejenige Achtung zu erwarten, welche den zum selbständigen Studium reif erklärten Studierenden allgemein bewiesen wird.

Man versieht sich dagegen von ihnen, dass sie, zur eigenen Ehrung und würdigen Behauptung dieses sie auszeichnenden Charakters von Selbständigkeit, sich auch selbst angelegen sein lassen, denjenigen Bestimmungen, Pflichten und Obliegenheiten nachzukommen und deren Erfüllung zum Zweck ihrer freien Tätigkeit machen …"

Eigenmächtige Versäumnisse der Vorlesungen ohne gegründete Entschuldigung sind nicht gestattet.

„Die Lehrvorträge der Lycealklasse haben als systematisch-wissenschaftliche Vorträge außer ihrem materiellen Inhalt noch den formellen Zweck, die Zuhörer an das systematische Denken und an das zusammenhängende Auffassen eines zusammenhängenden und systematisch geordneten Vortrages zu gewöhnen."

Es werden beobachtet und bewertet Charakter, sittliche Reife, Selbständigkeit in allen Beziehungen und Verhältnissen ihres äußeren Lebens, besonders das Verhalten in der Öffentlichkeit.

Es besteht ein Verbot von geheimen Verbindungen jeder Art. Auffallende und von der Gewohnheit der übrigen gebildeten Stände abweichende Trachten, besonders Abzeichen, vorsätzliche Beleidigung anderer und Selbstrache, Schuldenmachen, Trinkgelage sind strengstens verboten. Wirtshausbesuch ist gestattet unter der Bedingung, „dass sie denselben auf ein oder höchstens zwei besonders auszuwählende anständige Häuser, welche auch von anderen gebildeten Personen besucht werden, beschränken."

Schon nach wenigen Jahren musste das Projekt „Lycealklasse" als gescheitert betrachtet werden.

Das Angebot dieser Klasse wurde 1824/25 nur von 7 Schülern, 1825/26 von 8 und in den folgenden Jahren bis 1828/29 von keinem Schüler mehr wahrgenommen.

1829/30 kam es zu einer Neuordnung. Es wurde ein Gymnasium „wie früher von vier Klassen, deren vierte oder oberste an die Stelle der Lycealklasse trat" wieder hergestellt. „Die beiden unteren Gymnasialklassen aber, welche vormals das Progymnasium gebildet hatten, wurden mit der lateinischen Schule und deren oberen Cursus vereinigt." Nur für dieses Jahr bestand noch die bisherige zweite Gymnasialklasse als ein Anhang des Gymnasiums unter dem Namen einer „Interimsklasse".

Zwischen den Schulordnungen von 1830 und 1834 bestehen wenige Unterschiede.

Auch hier sollen nur die wesentlichsten Bestimmungen im Auszug wiedergegeben werden.

„Für diejenige Bildung der Jugend, deren Grundlage die Kenntnis der altklassischen Sprachen ist, sollen künftig zwey von einander abgesonderte Anstalten, die lateinische Schule, und über ihr das Gymnasium bestehen."

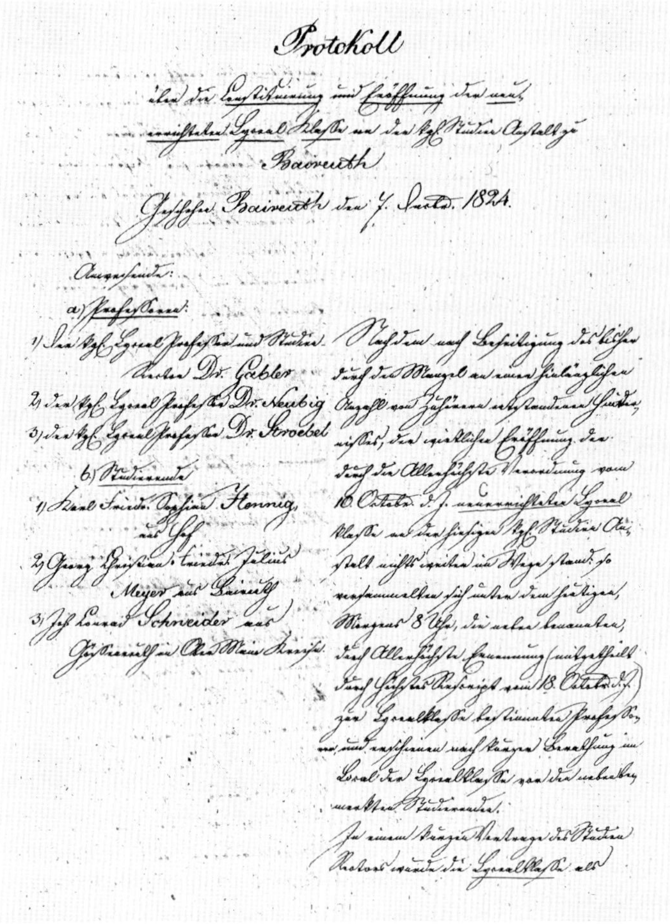

Abb. 90 (links): Protokoll über die Konstituierung und Eröffnung der neu errichteten Lycealklasse an der Kgl. Studien Anstalt zu Bayreuth, 7. Februar 1824

Abb. 91 (unten): Verzeichnis der Lehrstunden für die Lyceal-Klasse, 1824/25

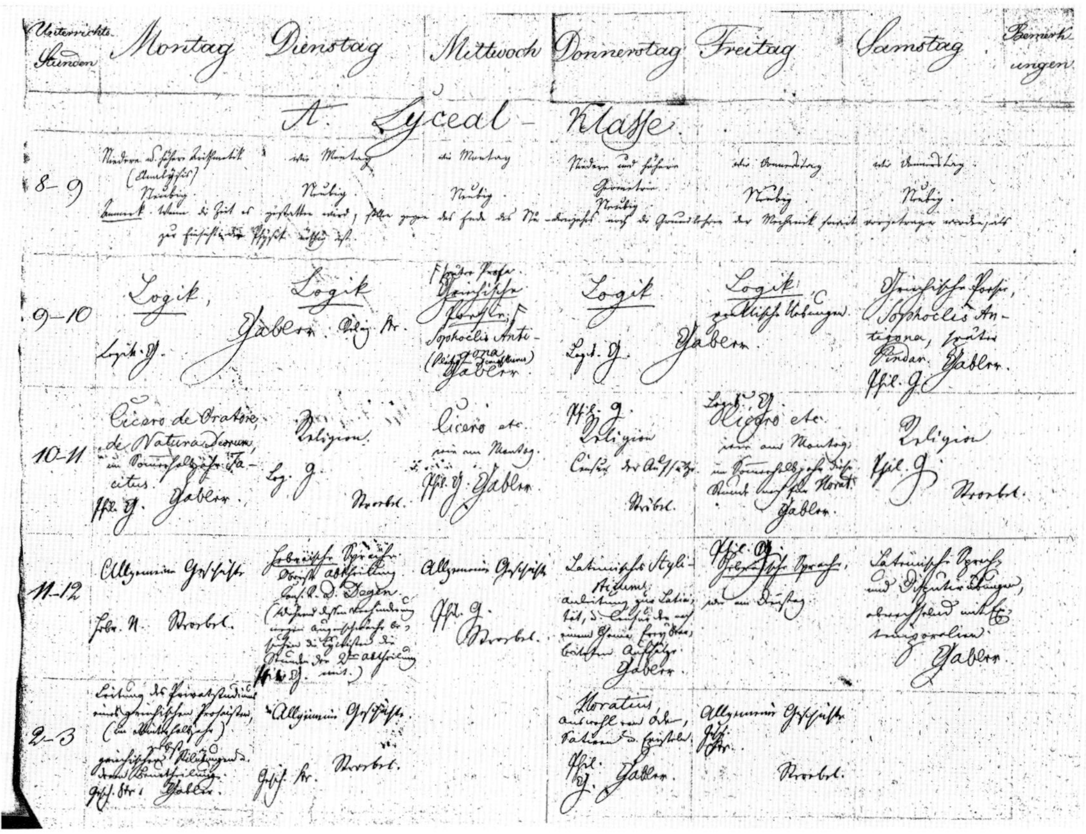

913

Königlich Baierisches privilegirtes
Intelligenz-Blatt
für den Ober-Main-Kreis.

Sonnabend   Nro. 128.   Baireuth, den 23. October 1824.

Amtliche Artikel.

Baireuth, den 14. October 1824.

Im Namen Seiner Majestät des Königs.

Von der an unterzeichnete Königl. Stelle erlassenen allerhöchsten Verordnung vom 10ten d. M. in untenbemerktem Betreff werden nachfolgende Bestimmungen zur Wissenschaft und Nachachtung anduch öffentlich bekannt gemacht:

I.

Die äußere Ordnung der Anstalten und Classen betreffend.

A. Die Lyceen.

1) Es soll künftig ein zweijähriger Cursus der Philosophie und der allgemeinen Wissenschaften dem Special-Studium der Berufs-Wissenschaften auf der Universität vorausgehen, und zu den letztern kein Studierender mehr zugelassen werden, der nicht durch vorschriftmäßige Absolutorien nachweist, den zweijährigen Cursus der Philosophie vollendet zu haben.

2) Statt des unmittelbaren Uebergangs von dem Gymnasium zur Universität soll das Lyceal-Studium allgemein eingeführt, und zu dem Ende durchgängig an allen den Orten, wo ein öffentliches allgemeines Gymnasium besteht, wenigstens Eine Lyceal-Classe eingerichtet werden, in welcher der erstjährige Cursus der Philosophie zu hören ist.

3) An denjenigen Gymnasial-Orten, wo ein vollständiges Lyceum besteht, kann auch der zweitjährige Cursus der Philosophie, mit eben der Gültigkeit, wie auf den Universitäten gehört werden.

4) Das Gymnasial-Absolutorium gilt demnach künftig nur als Austritts-Zeugniß, und gibt nicht mehr die Befugniß, auf die Universität überzugehen, sondern nur die Erlaubniß zum Eintritt in die Lyceal-Classe.

5) Zur Aufnahme auf die Universität ist in Zukunft ein Lyceal-Absolutorium erforderlich, und zwar:
   a) Das Absolutorium von einer Lyceal-Classe zur Fortsetzung des philosophischen Studiums auf der Universität;
   b) das Absolutorium von einem vollständigen Lyceum, um auf der Universität in das dreijährige Spezial-Studium einer Berufs-Wissenschaft eintreten zu dürfen.

6) Für die erste Einführung dieser neuen Ordnung wird als Ausnahme zugestanden, daß die am Schlusse des letztverflossenen Studienjahrs 1823/24 mit dem Gymnasial-Absolutorium zur Universität entlassenen Studierenden wählen können, entweder an die Universität unmittelbar überzugehen, mit der Bedingung, volle vier Jahre dem Universitäts-Studium zu widmen, oder an einer der neu eingerichteten Lyceal-Classen den einjährigen Cursus der allgemeinen Wissenschaften zu hören, mit der Bedingung, während der nachfolgenden 3 Universitäts-Jahre die fehlenden allgemeinen Collegien in der bisherigen Ordnung nachzuholen.

Abb. 92: Intelligenzblatt für den Obermain-Kreis, betr. Lycealklassen und handschriftliche Kopie des Königl. Erlasses

In seiner Antrittsrede vom 4. Mai 1835 hebt Dr. Christoph Held die unterschiedlichen Begabungen, die unterschiedliche Auffassungskraft der Schüler hervor. „Dem einen genügt ein Wink, um leicht und sicher den ihm nahe gebrachten Gegenstand zu fassen und zu behalten, der andere bedarf einer langsam und bedächtig zurecht weisenden Führung, um, wenn gleich später, doch aber gleichfalls des Gegenstandes … sich zu bemeistern." „Der Staat will aber aus seinen Gymnasien eine nicht blos für seinen Dienst wohl unterrichtete, er will eine auch in moralischer Hinsicht möglichst sicher gebildete Jugend aus ihnen hervorgehen sehen." Besonders betont Held die Notwendigkeit einer strengen Schuldisziplin, die sich darin begründet, dass die Schule im Dienste des Staates steht und öffentlichen Charakter hat. Für die Lehrer ist Grundlage „die Tugend unparteiischer Gerechtigkeit."

„Die lateinische Schule hat den doppelten Zweck, für das Gymnasium vorzubereiten und denjenigen, welche künftig im Gewerbestande und in öffentlichen Verrichtungen, an denen derselbe Theil nimmt, einen mehr als gewöhnlichen Grad formeller Bildung nöthig haben, denselben vor dem Antritte ihres Berufes zu ertheilen."

Die Lateinschule umfasst 3 Kurse, jeder mit zwei Abteilungen übereinander. Eine solche soll an jedem Ort von mehr als 3000 Einwohnern errichtet werden.

Ein jeder Kurs hat seinen eigenen Lehrer, welcher in den oberen Kursen Oberlehrer, im mittleren und unteren Präzeptor genannt wird.

Der Oberlehrer ist zugleich Vorstand oder Rektor der lateinischen Schule. In dieses Amt sollen vorzugsweise Lehrer geistlichen Standes gewählt werden.

Die Stundentafel der Lateinschule umfasst im Jahr 1830 26 Stunden wöchentlich.

A. im ganzen unteren Kurs und in der unteren Abteilung des mittleren
   Latein 16
   Religion 4
   Arithmetik 3
   Kalligraphie 3

B. In der oberen Abteilung des mittleren Kurses
   Latein 12
   Griechisch 6
   Religion 3
   Arithmetik 3
   Geographie 2

C. In beyden Abteilungen des oberen Kurses
   Latein 12
   Griechisch 6
   Religion 2
   Arithmetik 3
   Geographie und vaterländische Geschichte 3

Die Schule beginnt am 15. Oktober und endet Sonnabend vor Palmsonntag.

Ferien gibt es 14 Tage zu Ostern und 4 Wochen im Herbst.

Zu den Aufgaben des Rektors gehören das Abhalten einer Konferenz zu Schulbeginn, Unterrichtsbesuche, Gespräche mit den Lehrern ohne Zeugen und Verbindung zum Scholarchat. Schüler dürfen ohne seine Erlaubnis öffentliche Orte, Gasthäuser, Bälle, Theater auch nicht in Gesellschaft der Eltern besuchen. Im Jahr 1837 fragt übrigens das Gymnasium zu Würzburg an, ob die Beschwerde von Eltern zutrifft, dass dieses Verbot an keiner anderen Studienanstalt in Bayern bestehe und wie es damit in Bayreuth bestellt sei.

Das Scholarchat soll aus einem Geistlichen des Ortes, einem Mitglied des Magistrats und der Gemeindebevollmächtigten und in Gymnasialstädten zugleich aus dem Rektor des Gymnasiums bestehen. Die Mitglieder des Scholarchats wohnen den Sitzungen zu Anfang des Semesters bei, erscheinen bei Schulvisitationen und werden bei schwierigen Disziplinarfällen zugezogen. Sie unterstützen den Rektor, schützen ihn vor Unbill, Übelwollen und Missdeutungen.

Die Stundentafel am Gymnasium sieht im Jahr 1830 vor:

A. Unterste Klasse
   Latein 10
   Griechisch 6
   Hebräisch 2
   Religion 3
   Alte Geographie und Geschichte 3
   Mathematik 3

B. 2. Klasse
   Latein 9
   (mit wöchentlichen Extemporalien)
   Griechisch 7
   (und Poetik)
   Hebräisch 2
   Religion 2
   Geschichte und mahematisch-physikalische Geographie 2
   Mathematik 4

C. 3. Klasse
   Latein 8
   (und Übungen im Lateinschreiben)
   Griechisch 8
   (und Rhetorik)
   Hebräisch 2
   Religion 2
   (und Exegese)
   Geschichte und politische Geographie 2
   Mathematik 4

D. 4. Klasse
   Latein 6
   Griechisch 6
   (und Philosophie)
   Hebräisch 2
   Logik und Dialektik 4
   Religion und Lesung des NT im Original 2
   Geschichte 2
   Mathematik 4

Voraussetzung für die Anstellung als Lehrer am Gymnasium sind 3 Jahre akademisches Studium und doppelte Prüfung rein theoretisch und praktisch. Wer nicht wenigstens das Prädikat dritter Klasse oder gut bekommt, ist als unbefähigt zu betrachten

Nach der theoretischen Prüfung sind 2 Jahre Praxis nachzuweisen, z.B. als Assistent bei einem Gymnasium, als Präfekt in einem Erziehungsinstitut oder sonst als Lehrer.

Die praktische Prüfung ist in einer Haupt- und Residenzstadt unter Leitung des obersten Kirchen- und Schulrats zu leisten. Die Kommission besteht aus einem Universitäts-Professor der Philologie und 2 Gymnasial-Rektoren.

Das Gehalt beginnt mit 700 fl jährlich und kann nach 5 Jahren 1000 fl, nach 10 Jahren 1 200 fl und nach 15 Jahren 1 500 fl betragen.

Der Rektor erhält eine Funktionszulage von 200 fl bis 400 fl, je nach Umfang seiner Arbeiten.

Besonders tätige und geschickte und verdiente Lehrer, vorzüglich in größeren Städten, wo der Lebensunterhalt schwierig ist, können im Gehalt schneller gesteigert werden.

1834 wird wiederum nach umfangreichen Vorarbeiten und Gutachten eine neue Schulordnung erlassen.

Neue Bestimmungen für das Schulamt achten auf strengere Qualifikation. „Es darf nicht sein, dass ein Kandidat, der sich um ein Lehramt der beiden oberen Klassen der lateinischen Schule bewirbt eine nur mittelmäßige Befähigung nachweist. Er soll dann auf der Liste zurückgesetzt werden und die Prüfung wiederholen.

Man will nun die Verhältnisse der 4 Gymnasialklassen auf eine bleibende Weise regeln und die „schwankende Lage", in welcher diese Stufe wissenschaftlicher Vorbildung mit dem Jahr 1830 sich befand, beseitigen. Der bereits in der gesamten Monarchie bestehende Stand der lateinischen Schüler bildet in Zukunft die Norm. Jedes Gymnasium besteht aus vier Klassen bei Einteilung in zwei zweijährige Kurse. Die Lehrer führen den Titel Gymnasial-Professor und steigen mit ihrer Klasse auf. Es soll so mehr Kontinuität geschaffen werden. Gewerbeschulen ersetzen die bisherigen „Höheren Bürgerschulen" und übergroße Klassen können in Parallelklassen geteilt werden. Richtig erscheint die Erkenntnis, dass ein sehr guter Lehrer nicht gleichzeitig ein guter Rektor, die Professorenwürde nicht mit dem Rektorat verbunden sein müsse.

„Der Lehrer soll nicht störend in das Familienleben eingreifen, er soll seine Schüler nicht dort bevormunden, wo das Heiligste aller Rechte, die väterliche Gewalt über den Knaben waltet. Aber er soll in der Schule die häusliche Erziehung unterstützen."

Stundentafel von Lateinschule und Gymnasium im Jahr 1834

Fach	Klassen Lateinschule	1	2	3	4
Latein		12	12	10	10
Deutsch		2	2	2	2
Religion		2	2	2	2
Arithmetik		2	2	2	2
Geographie		2	2	–	–
Kalligraphie		2	2	–	–
	Klassen Gymnasium	1	2	3	4
Latein		8	8	6	6
Griechisch		5	5	5	5
Deutsch		2	2	–	–
Geschichte der deutschen Sprache		–	–	1	1
Religion		1	1	1	1
Geschichte		2	2	2	2
Geographie		1	1	1	1
Mathematik		3	3	3	3
Theorie/Rhetorik		–	–	2	2
Physikalische, mathematische Geographie		–	–	1	1

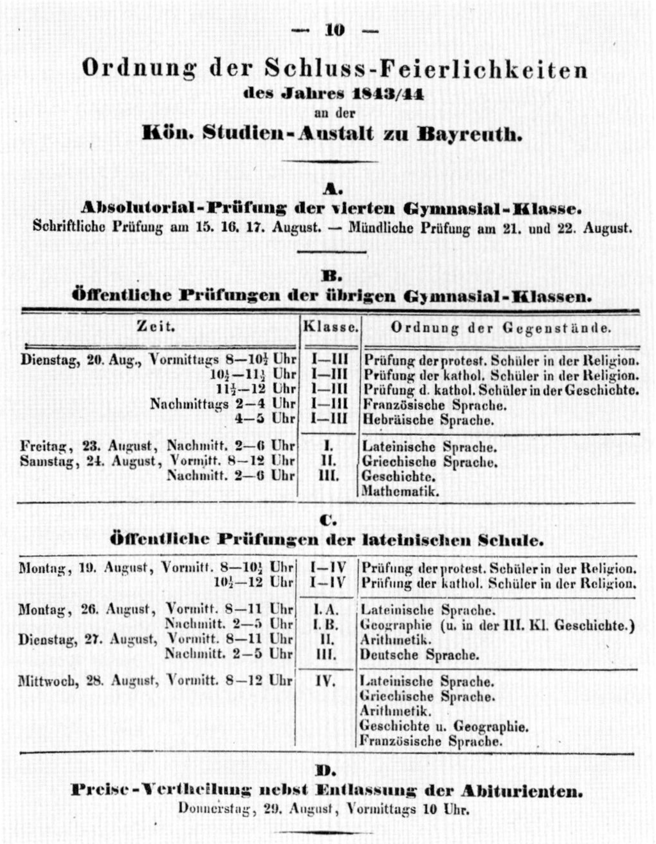

— 10 —

Ordnung der Schluss-Feierlichkeiten
des Jahres 1843/44
an der
Kön. Studien-Anstalt zu Bayreuth.

A.
Absolutorial-Prüfung der vierten Gymnasial-Klasse.
Schriftliche Prüfung am 15. 16. 17. August. — Mündliche Prüfung am 21. und 22. August.

B.
Öffentliche Prüfungen der übrigen Gymnasial-Klassen.

Zeit.	Klasse.	Ordnung der Gegenstände.
Dienstag, 20. Aug., Vormittags 8—10½ Uhr	I—III	Prüfung der protest. Schüler in der Religion.
10½—11½ Uhr	I—III	Prüfung der kathol. Schüler in der Religion.
11½—12 Uhr	I—III	Prüfung d. kathol. Schüler in der Geschichte.
Nachmittags 2—4 Uhr	I—III	Französische Sprache.
4—5 Uhr	I—III	Hebräische Sprache.
Freitag, 23. August, Nachmitt. 2—6 Uhr	I.	Lateinische Sprache.
Samstag, 24. August, Vormitt. 8—12 Uhr	II.	Griechische Sprache.
Nachmitt. 2—6 Uhr	III.	Geschichte.
		Mathematik.

C.
Öffentliche Prüfungen der lateinischen Schule.

Montag, 19. August, Vormitt. 8—10½ Uhr	I—IV	Prüfung der protest. Schüler in der Religion.
10½—12 Uhr	I—IV	Prüfung der kathol. Schüler in der Religion.
Montag, 26. August, Vormitt. 8—11 Uhr	I. A.	Lateinische Sprache.
Nachmitt. 2—5 Uhr	I. B.	Geographie (u. in der III. Kl. Geschichte.)
Dienstag, 27. August, Vormitt. 8—11 Uhr	II.	Arithmetik.
Nachmitt. 2—5 Uhr	III.	Deutsche Sprache.
Mittwoch, 28. August, Vormitt. 8—12 Uhr	IV.	Lateinische Sprache.
		Griechische Sprache.
		Arithmetik.
		Geschichte u. Geographie.
		Französische Sprache.

D.
Preise-Vertheilung nebst Entlassung der Abiturienten.
Donnerstag, 29. August, Vormittags 10 Uhr.

Abb. 93: Ordnung der Schlussfeierlichkeiten des Jahres 1843/1844

Als wichtig werden Erziehung von Herz und Verstand, die Förderung der körperlichen und geistigen Charakterentwicklung hervorgehoben.

1854 wird eine „revidierte Ordnung der lateinischen Schulen und der Gymnasien im Königreich Bayern" vorgelegt.

Hintergrund dieser Revision sind Klagen über ungenügende Leistungen und Zustände der lateinischen Schulen und der Gymnasien. Ernst und Gründlichkeit des Studiums sind unbedingt zu sichern. Bei der Jugend sollen „Freude und Begeisterung für geistige und wissenschaftliche Beschäftigung" geweckt werden. Dagegen dürfen nicht „leere Mechanismen und Formalismus und vornehmlich alles geistlose Memoiren" im Vordergrund stehen. Obligatorisch wird nun der Unterricht in Französisch und Physik

Es gibt nach wie vor lateinische Schulen, darüber das Gymnasium. Die lateinische Schule können Schüler besuchen, die nicht beabsichtigen auf das Gymnasium zu gehen. Sie hat vier Klassen mit je einem eigenen Lehrer mit dem Titel „Studienlehrer". Vorstand der lateinischen Schule ist der Rektor des Gymnasiums, der von einem Conrector unterstützt wird. An der lateinischen Schule ist ein Lehrer der beiden oberen Klassen zugleich Vorstand und Subrector.

Unterrichtet werden die Fächer Religion, Latein, Griechisch, Deutsch, Arithmetik, Geschichte,

Stundentafel im Jahr 1854:

Fach	Klassen Lateinschule	1	2	3	4
Religion		2	2	2	2
Latein		10	10	8	8
Deutsch		3	3	2	2
Arithmetik		3	3	2	2
Geographie		2	2	1	1
Geschichte		2	2	2	2
Griechisch		–	–	5	5
	Klassen Gymnasium	1	2	3	4
Religion		2	2	2	2
Latein		7	7	6	6
Griechisch		6	6	5	5
Deutsch		2	2	2	2
Französisch		2	2	2	2
Geschichte		2	2	2	2
Mathematik		3	3	3	3
Physik		–	–	2	2

Geographie. Dazu kommen als Wahlfächer Kalligraphie, Gesang, Musik, Zeichnen, gymnastischer Unterricht, Schwimmen.

Jeder Schultag beginnt mit einer Andacht. Die Schüler beider Konfessionen sind gehalten, an allen Sonn- und Feiertagen unter Aufsicht der Lehrer den Gottesdienst zu besuchen.

Wer nach zweijährigem Besuch einer Klasse zum Übertritt in die nächste nicht befähigt ist, ist von der Anstalt zu entfernen. Es ist auch nicht möglich, eine Klasse zweimal hintereinander zu wiederholen. Die Noten beruhen vor allem auf den schriftlichen Arbeiten. Dazu kommen Noten aus den mündlichen Leistungen.

Für die 3 unteren Klassen der lateinischen Schule erfolgt jeweils am Schluss des Jahres in Gegenwart des Rektors und der Lehrer der nächsthöheren Klasse eine öffentliche Prüfung, zu welcher das Publikum einzuladen ist.

Nach der 4. Klasse erfolgt der Übertritt an das Gymnasium mit einer schriftlichen und mündlichen Prüfung.

Am Schluss des Jahres gibt es einen gedruckten Jahresbericht mit folgenden Angaben: Name des Schülers, Alter, Geburtsort, Stand und Wohnort der Eltern und Fortgang im Allgemeinen und in den einzelnen Fächern. Die Berechnung für den Fortgang erfolgt so, dass Latein vierfach, Griechisch und Deutsch dreifach, Mathematik und Geschichte zweifach, Geographie einfach gezählt werden.

Zucht und Ordnung sind so geregelt, dass Karzer nur mit Zustimmung des Rektors, Dimission nur durch einen Beschluss des Lehrerrats mit mindestens ²/₃ der Stimmen und Ausschluss von allen Gymnasien nur auf Antrag des Lehrerrats durch die Kreisregierung verhängt werden können.

Das Abitur unter Vorsitz des Rektors besteht aus einer schriftlichen und mündlichen Prüfung. Zur Prüfungskommission gehören alle Professoren und bei der mündlichen Prüfung ist außerdem ein Ministerial-Kommissär zugegen.

Die schriftliche Prüfung umfasst am 1. Tag Religion von 8–11 Uhr, Übersetzung aus dem Deutschen ins Lateinische 2–5 Uhr, am 2. Tag Übersetzung aus dem Deutschen ins Griechische 8–11 Uhr, Mathematik und Physik 2–5 Uhr und am 3. Tag deutscher Aufsatz 7–11 Uhr und allg. Geschichte 2–4 Uhr.

Die mündliche Prüfung erfolgt einen Tag nach dem Eintreffen des Ministerialkommissärs und dauert 2–3 Tage jeweils 8 Stunden, wobei für jeden Schüler ½ Stunde angesetzt ist.

Der Inhalt der mündlichen Prüfung besteht aus Übersetzen, Erklären einiger Stellen des in der 4. Klasse behandelten Stoffes aus römischen und griechischen Schriftstellern, Übersetzung aus dem Französischen, Lösung einiger Fragen aus Religion, Mathematik und bayerischer Geschichte.

Die Schulordnung von 1874 ist im Ministerialblatt für Kirchen- und Schulangelegenheiten, München Nr. 32, 26. August 1874 abgedruckt.

Abb. 94: Titelblatt der Schulordnung von 1874

Bemerkenswert ist die Zulassung der Kandidaten ohne Gymnasialbildung zur Hauptprüfung für das Lehramt der deutschen Sprache, Geschichte und Geographie an technischen Unterrichtsanstalten. Statt des Abschlusses eines humanistischen Gymnasiums oder Realgymnasiums oder eines dreijährigen Studiums an einer Universität kann auch das Schlusszeugnis eines Lehrerseminars mit hervorragender Note genügen. Hintergrund dieser Regelung ist die Umwandlung der vormaligen dreikursigen Gewerbsschulen in sechsklassige Realschulen und der dadurch bedingte erhöhte Bedarf an Lehrkräften.

Abb. 95: Titelblatt der Schulordnung von 1891

Auch die revidierte Schulordnung vom 30. Juli 1891 bringt einige Neuerungen, weist aber im Vergleich mit 1874 keine wesentlichen Unterschiede auf. So gibt es jetzt zwischen den einzelnen Stunden Pausen. „Diese sind, soweit tunlich, durch ungehemmte Bewegung, Spiele im Freien auszufüllen … Während dieser Zeit soll ein kräftiger Durchzug der Luft durch die Schulzimmer bewerkstelligt werden."

Das Schuljahr beginnt am 10. September und endet am 14. Juli." Fastnachtsdienstag und Pfingstdienstag sind frei, für ein Maifest und zum Behufe eines gemeinschaftlichen Klassenspaziergangs unter Begleitung eines Lehrers kann je 1 Tag freigegeben werden."

Besonders Arithmetik, Mathematik, Physik sollen intensiviert werden. 1891/92 beginnt der neue Plan in Klasse 1 mit 6 und wird in der Folge in der Klasse 7 mit 9 von Schuljahr zu Schuljahr mit den aufrückenden Schülern fortgesetzt. Volle Geltung dieser Reform soll erst ab 1894/95 erreicht sein.

Das humanistische Gymnasium umfasst jetzt 9 Klassen. Die unterste Klasse ist die erste. Die Gesamtzahl der Schüler soll 600 nicht überschreiten und die Klassenstärken sollten bei den Klassen 1–3 max 50, bei den Klassen 4–6 max 40 und bei den Klassen 7–9 max 35 Schüler betragen.

Pflichtfächer sind Religion, Deutsch, Latein, Griechisch, Französisch, Arithmetik, Mathematik, Physik, Geschichte, Geographie, Naturkunde, Kalligraphie, Turnen. Wahlfächer sind Hebräisch, Englisch, Italienisch, Zeichnen, Stenographie, Gesang, Instrumentalunterricht, Schwimmen.

Die Stundenzahl beträgt in der 1. und 2. Klasse 25, in der 3. Klasse 26, in der 4. Klasse 27, in der 5. und 6. Klasse 28 und in der 7.–9. Klasse 29.

Genau sind auch die Anforderungen in den einzelnen Fächern festgelegt. Für das Fach Deutsch lauten sie z.B. so:

Stundentafel 1891

Fach	Klassen	1	2	3	4	5	6	7	8	9
Religion		2	2	2	2	2	2	2	2	2
Deutsch		5	4	3	2	2	2	2	3	4
Latein		8	8	8	8	8	7	7	6	6
Griechisch		–	–	–	6	6	6	6	6	6
Französisch		–	–	–	–	3	3	2	2	
Arithmetik, Mathematik, Physik		3	3	3	2	4	4	5	5	4
Geschichte		–	–	2	2	2	2	2	3	3
Geographie		2	2	2	2	1	–	–	–	–
Naturkunde		1	1	1	1	1	–	–	–	–
Zeichnen		-	2	2						
Kalligraphie		2	1	1	–	–	–	–	–	–
Turnen		2	2	2	2	2	2	2	2	2

Sicherheit im mündlichen und schriftlichen Gebrauch der Muttersprache zum Ausdruck der eigenen Gedanken und zur Behandlung eines im Gedankenkreis der Schüler liegenden Themas, ferner Einblick in Haupterscheinungen der Sprachentwicklung, Bekanntschaft mit den Hauptepochen der Literatur und Kenntnis der bedeutendsten Kunstformen der Dichtung und Prosa.

Der Unterricht hat sich nicht bloß auf die eigens für dieses Fach angesetzten, sondern auf alle Lehrstunden zu erstrecken, die insofern auch deutsche Stunden sein sollen. Über 100 Jahre später wird „neu erfunden", dass Deutsch die Funktion eines „Leitfachs" hat und dass auch in nichtsprachlichen Fächern die angemessene sprachliche Form zu bewerten ist und erhebliche Mängel zu einer Minderung der Gesamtleistung führen.

Als Klassenlektüren werden 1891 für die 6. u. 7. Klasse epische und lyrische Dichtungen (Klopstock, Herder, Voß, Goethe, Schiller, Bürger, Körner, Uhland) vorgegeben, außerdem die Beschäftigung mit lyrischen Gedichtformen wie Sonett, Ottave, Terzine, Canzone, Ritornell, Ghasel, Madrigal (Muster: Goethe, v. Platen, Rückert, Chamisso, Zedlitz, Geibel) und auch leicht verständliche Dramen.

8. und 9. Klasse beschäftigen sich mit schwierigerer Lyrik, Dramen, auch Shakespeare, und Prosa (Herder, Lessing, Schiller). In der 8. Klasse wird ein historischer Überblick von den ältesten Zeiten bis zum Schlusse des 16. Jahrhunderts, in der 9. Klasse von Opitz bis in das 19. Jahrhundert geboten, wobei die literarische Entwicklung deutlich zu machen ist.

In der 8. Klasse werden außerdem Nibelungenlied, Gudrunlied, Walther von der Vogelweide in Auszügen gelesen, verbunden mit der mhd. Laut- und Formenlehre.

Themen für Hausaufgaben oder Schulaufgaben lauten in der 9. Klasse 1886/87
„Das Mittelmeer ist das Weltmeer des Altertums, der atlantische Ozean das Mittelmeer der Neuzeit."
„Inwiefern hat sich das deutsche Volkstum um die Kultur Europas verdient gemacht?"
„Der Buchstabe tötet, aber der Geist macht lebendig. Anwendung dieses Satzes auf den Betrieb der humanistischen Studien in Form einer Rede."

1892/93 werden in der 9. Klasse (Abiturklasse) u.a. folgende Themen gestellt:

Schulaufgaben:
„Was ist unschuldig, heilig, menschlich gut, wenn es der Kampf nicht ist ums Vaterland."
„Du bist ein Mensch, bedenk's und erwäg's stets."

Hausaufgaben:
„Welches ist die Aufgabe der Katastrophe in der Tragödie, und wie hat Schiller diese in seiner Maria Stuart gelöst?"
„Was ist der Höhepunkt in Shakespeares Julius Cäsar, und wie baut sich die Handlung bis zu diesem auf?"
„Es ist der Geist, der sich den Körper baut."
„Charakteristik des Götz von Berlichingen nach Goethe."

Entsprechend enthält der Lehrplan für alle anderen Fächer genaue Hinweise, deren Darstellung hier den Rahmen sprengen würde.

In Latein tritt ab Klasse 6 bis 9 die Lektüre mit erhöhter Bedeutung in den Vordergrund. Beim Übersetzen der Autoren ist auf Richtigkeit und Angemessenheit des deutschen Ausdrucks sorgfältig Rücksicht zu nehmen. Die sorgfältige Erklärung soll die Schüler zu vollständigem sprachlichen und sachlichen Verständnis bringen.

Als Lektüre werden gelesen:

6. Klasse:
Caesar de bello civile, Curtius, Livius, Ovid

7. Klasse:
Livius, Sallust, Cicero, Cato, Lälius, Vergil

8. Klasse:
Cicero Reden, Briefe in Auswahl, Quintilian X. Band, Tacitus Germania, Horaz Oden und ars poetica.

9. Klasse:
Cicero, Tacitus, Horaz, Satiren und Episteln, Terenz, Plautus.

Zusammenfassend lässt sich erkennen, dass mit dem Übergang an Bayern nach einigen Anfangsschwierigkeiten doch eine etwas klarere Linie einkehrt. Das Gymnasium wird in seiner äußeren Organisation und Struktur übersichtlicher als bisher. Es werden klare Vorgaben für Lehr- und Lerninhalte in den einschlägigen Schulordnungen formuliert und verbindlich festgelegt. Zugleich nehmen Anforderungen an die Qualkifikation des Lehrpersonals aber auch an die Leistung der Schüler, die auf eine Universität gehen wollen, zu. Die Abiturprüfung mit ihren speziellen Anforderungen wird verbindlich geregelt. Wenn auch am humanistischen Gymnasium die klassischen Sprachen dominieren, so reagiert man doch auf den Wandel der Zeit. Vergleicht man die Wochenstundenzahl der oberen vier Gymnasialklassen, so nimmt sie für Latein geringfügig ab, während Griechisch eher etwas zulegt. Deutlich an Boden gewinnen Mathematik und Physik, die 1891 allerdings zusammengefasst mit 4–5 Stunden unterrichtet werden. Auch das Fach Naturkunde erscheint in den unteren Klassen. Französisch wird Pflichtfach und Englisch als Wahlfach angeboten.

Auffallend ist, dass auch das Fach Deutsch im Vergleich zu früheren Jahren besser vertreten ist, wenn auch über lange Zeit hinweg nur mit 2 Wochenstunden.

Immer wieder haben sich Lehrer des Gymnasiums auch mit methodischen Fragen beschäftigt, so auch Prof. Heinrich Raab in seinem Programm „Über Methode und Unterricht", Bayreuth 1867. Er setzt kritisch an, indem er deutlich macht, er halte nicht so viel von gelehrten Spezialstudien vor allem in lateinischer Sprache, da diese nur einen kleinen Leserkreis finden. Besser sei es, auch weniger gelehrten Leuten, vor allem auch Schülern und Eltern, „wenigstens dann und wann einmal etwas Geniessbares zu bieten." Er hält es für wichtig, Einblick zu gewähren „nicht blos in das, was wir treiben, sondern auch in die Art und Weise, wie wir's treiben".

Er geht dann genauer auf das Erlernen von Vokabeln ein. Diese sollten nicht stur ohne inneren Zusammenhang eingepaukt, sondern im Zusammenhang von Redewendungen erfasst werden. Der Schwerpunkt sollte bei häufiger vorkommenden Wörtern und Wendungen liegen, damit praktischer Gebrauch gemacht werden kann. Auch hält er es für gut, die Vokabeln in ihrer etymologischen Ordnung zu erfassen. Wichtig ist ihm die Sprachenvergleichung (Griechisch, Latein, Deutsch). Zwar werden mehr Stunden für die klassischen Sprachen als für Deutsch aufgewendet, „aber natürlich muss der Lehrer bei jedem Sprachunterricht das Deutsche hegen und pflegen. Alles darf nicht zu theoretisch sein. Es sollen nicht so sehr Regeln gelernt, sondern immer in Beispielen geübt werden.

Aufsatzthemen sollen auf das Lebensumfeld der Schüler bezogen sein. Der Verfasser eines guten Aufsatzes muss „ein producktiver Kopf sein. Mit der blossen Receptivität ist es nicht gethan, und weil solche productiven Köpfe selten sind, daher kommt es, dass gute, d.h. vollkommen gute deutsche Aufsätze selten von unseren Schülern geliefert werden. „Le style c'est l'homme".

Abschließend sei aus zwei Visitationen der Schule berichtet. Zunächst Auszüge aus dem Schreiben des Landrats vom 26. Mai 1841. „Es werden hinsichtlich der lateinischen Schüler, aber auch z.T. die Gymnasien betreffend Klagen laut, welche aus trüben Erfahrungen hervorgehen. Es kann nachgewiesen werden, dass bei diesen Schulen die allerhöchsten bestimmten Satzungen vom 13. März 1830 nicht minder als die Königl. Ministerialbestimmungen vom 3. Februar 1834 vielfach überschritten wurden und dass die Lehrer derselben zu ihren Schülern bei weitem nicht immer in dem liebe- und vertrauensvollen Verhältnisse stehen, vielmehr ein gewisser Geist der Furcht letztere einschüchtert …"

„Schon bei der Aufnahme werden höhere Forderungen gemacht, als die Schulsatzungen feststellen. In den Klassen greift der Unterricht nicht selten vor und wird betrieben, was erst in die nächst höhere, ja sogar zuweilen in die zweit höhere Klasse gehört. Beim Lernen wird zu viel auf Einprägen in das Gedächtnis, zu oft Überfüllung desselben, zu wenig auf geistige Auffassung und Verarbeitung gedrungen." „In der Stunde wird oft zu wenig gelehrt, zu viel dagegen dem Hausfleiß überlassen und aufgegeben." „Die Methode des Sprachunterrichts dringt ängstlich auf Sicherheit in den Formen, führt aber nicht ein in den Geist der zu behandelnden Autoren und wahre klassische Bildung geht in bloßem philologischen Mechanismus unter …" „In der Geographie werden Kleinigkeiten gelernt zu baldigem Vergessen, das wichtige und bleibende, fruchtbringende dagegen steht weniger lebendig vor dem Geist des Schülers und in den Landkarten sind die Schüler oft auffallend unbewandert."

„Von Naturlehre bekommen die Zöglinge unserer Schulen gar keine Kenntnis …"

Die Beurteilung der Schule vom 8. August 1888 befindet die Leistungen der Anstalt im Durchschnitt als gut, „nur in der fünften Lateinklasse und in der ersten Lateinklasse A blieben sie merklich hinter den Anforderungen zurück." „Die Lehrer der I.–III. Gymnasialklasse waren sorgfältig vorbereitet, doch ist zu wünschen, dass sie die Mittel finden, die Teilnahme der Schüler mehr zu wecken und den Vortrag und die Erklärung der Klassiker anregender zu gestalten."

„Mit den Fortschritten im Französischen und in der Mathematik konnte man ganz zufrieden sein. Die Lehrtätigkeit der Studienlehrer war nicht zu beanstanden, nur war der Vortrag des Studienlehrers Paul Meyer allzu matt und ohne jegliche Wärme."

„Der Zeichenlehrer Thiem wird bei seinem Alter und der Unfähigkeit sich bei den Schülern die nötige Achtung zu verschaffen, seiner Aufgabe nicht lange mehr gewachsen sein."

2.3. Das Gymnasium vor neuen Herausforderungen

Die im vorangegangenen Abschnitt vorgestellten Reformen mit entsprechenden Konsequenzen für Stundentafeln und Lehrinhalte, die sich allmählich verändernde Gewichtung einzelner Fächer bzw. die Aufnahme und Entwicklung völlig neuer Disziplinen, sind als Reflex des Staates auf eine sich verändernde Gesellschaft und als Reaktion auf zunehmende Technisierung und Maschinisierung in fast allen Bereichen der Produktion zu sehen. Dahinter steht auch die sich zunehmend spezialisierende wissenschaftliche Grundlagenforschung an Universitäten und Hochschulen. Fast unausweichlich musste es zu Polarisierungen in der bildungspolitischen Diskussion kommen. Verwerfungen in einer sich spaltenden und neu formierenden Gesellschaft konnten nicht ohne Folgen für das gesamte Bildungssystem und besonders auch für das klassische humanistische Gymnasium bleiben.

Nur in Stichworten und ohne jeden Anspruch auf Vollständigkeit soll skizziert sein, was den komplexen Prozess historischer, gesellschaftlicher, politischer, kultureller Veränderung im 19. Jahrhundert ausmacht:

Gewerbefreiheit, Aufhebung des Zunftwesens, Strukturkrise des „Alten Handwerks" und zugleich im Zusammenhang der Industrialisierung Entstehung völlig neuer Handwerksberufe. Auflösung bisher bestehender sozialer Verbände und Bindungen. Entstehung des Industrieproletariats und „Soziale Frage". Fortsetzung des Säkularisierungsprozesses, Veränderungen des Weltbildes, Kritik bestehender Werteordnungen. Neue und z.T. gegensätzliche Strömungen in Philosophie und Theologie.

In Deutschland allerdings Abkehr von den Standards der Aufklärung. Statt dessen Restaurationsphilosophie (Schopenhauer)[6], die Geburt des „deutschen Wesens" in den Befreiungskriegen, Fichte „als Jakobiner der Gegenrevolution"[7] oder Ernst Moritz Arndt als Vorläufer des deutschen Nationalismus[8]. Staatstheorien dienen nicht der kritischen Analyse des bestehenden Systems, sondern der Bestätigung und Rechtfertigung gegebener Herrschaftsstrukturen (Friedrich Julius Stahl, Adam Müller).[9]

In der Literatur unterscheidet sich der deutsche „Realismus" deutlich von dem, was man in England, Frankreich oder auch in Russland darunter versteht. Realismus bedeutet in Deutschland „poetische Verklärung der Wirklichkeit" (Theodor Fontane). Die sozialkritischen Stücke eines Gerhart Hauptmann werden mit Aufführungsverbot belegt.

Wir erleben nach den Befreiungskriegen den Triumph der Restauration, Metternichbeschlüsse, eine gescheiterte bürgerliche Revolution, deren führende Köpfe von Bismarck verachtet wurden, Einigungskriege, die im deutsch-französischen und von Bismarck gewollten Krieg gipfeln, eine Reichsgründung „von oben", Kulturkampf, Sozialistengesetze und als Zuckerbrot zur Peitsche unbestritten moderne Sozialgesetze.

Es darf nicht erwartet werden, dass innerhalb eines nach wie vor halbabsolutistischen Systems (daran ändert auch die moderne bayerische Verfassung von 1818 nichts) Schul- und Bildungspolitik sich im Widerspruch zu den von Thron und Altar vorgegebenen Maximen bewegen könnten. Trotzdem galt es, den schier unmöglichen Spagat auszuhalten zwischen der Notwendigkeit, auf Veränderungen angemessen zu reagieren und dem Bestreben, andererseits alte tradierte Bildungsinhalte und Werte nicht aufzugeben.

So blieb in der Gesamtbilanz die Reaktion des Bildungswesens und damit auch des Gymnasiums auf neue Herausforderungen doch eine tendenziell angepasste, systemimmanente Reaktion, wie sie auch kaum anders möglich war.

Aber ein bestimmter, über Jahrhunderte hinweg festgelegter Typ des Gymnasiums musste überfordert sein, auf Dauer allen sich ändernden gesellschaftlichen Bedürfnissen und vor allem neuen wirtschaftlichen, industriellen Forderungen zu genügen. Die Gefahr von Profilverlusten zeichnet sich im 19. Jahrhundert bereits ab. Die Trennschärfe zwischen Gymnasien mit unterschiedlichen Akzentsetzungen begann kontinuierlich abzunehmen.

Unausbleiblich veränderte sich die Schullandschaft. Zum einen erkannte man, dass im Bereich der Lehrerbildung, im Bereich des Volksschulwesens viel zu tun war.

Zum anderen wurde es notwendig, die stetig angewachsene Nachfrage des städtischen Bürgertums nach höheren Schulen zu befriedigen, auf denen nicht die alten Sprachen im Mittelpunkt standen, sondern die modernen und erweiterter Unterricht in Mathematik und den Naturwissenschaften. Aus sog. Zeichen- und

Gewerbsschulen entwickelten sich Real- und Oberrealschulen und für die Weiterbildung der Mädchen wurden die „Höheren Töchterschulen" ins Leben gerufen. Es entstanden besondere Berufsfachschulen, „polytechnische" Schulen und Technische Hochschulen. Das alte, ehrwürdige humanistische Gymnasium war nicht mehr allein und hatte sich der Konkurrenz zu stellen.[10]

Allerdings behielt man an den neuhumanistischen Gymnasien, aber auch an vielen anderen höherern Schulen mit anderen Bildungsschwerpunkten im allgemeinen die Ausbildung von „Generalisten" bei."Obwohl die Industrielle Revolution eine Vielzahl von Spezialisten zu verlangen schien, bewährte sich der intellektuell breit geschulte Absolvent mit solidem Allgemeinwissen und der Fähigkeit, neue Probleme und Anforderungen elastisch zu verarbeiten"[11].

2.3.1. Die Gewerb-, Real- und Oberrealschule Bayreuth (Anmerkung, Hinweis auf die Jubiläumsschrift 1933 und 1983)

Es kann hier natürlich nicht eine Geschichte des Graf-Münster-Gymnasiums eingefügt werden. Details sind den einschlägigen Jubiläumsschriften zu entnehmen.[12] Wichtig aber erscheint ein Eingehen auf die schwierige Startphase dieser wichtigen Schule, auf die Verbindung zum humanistischem Gymnasium und auf die Bedeutung der neuen Schule im Zusammenhang mit der „Gelehrten Bildung", die sich in heutiger Zeit nicht mehr ausschließlich auf die ehemals klassischen humanistischen Wurzeln reduzieren lässt.

Längst hat sich der „Bildungsbegriff" inhaltlich gewandelt.

Die Leistung der alten Oberrealschule und des heutigen Graf-Münster-Gymnasiums soll deshalb hier gewürdigt sein.

In seinem Geleitwort zur Festschrift anlässlich der Hundertjahrfeier im Jahr 1933 betont der damalige 1. Vorsitzende der Studiengenossenschaft der Oberrealschule Bayreuth, Baumeister und Präsident der Handwerkskammer von Oberfranken, Ludwig Keil, „…. welch moderne Anschauungen und Bestrebungen in den Anfangsjahren der Gewerbschule zielgebend waren, wie durch sie der Gewerbestand in seiner Leistungsfähigkeit gehoben und gefördert und der Industrie die notwendigen technisch geschulten Kräfte ausgebildet und zugeführt werden sollten." Sehr kritisch fährt er fort: „Mit Befremdung aber müssen wir sehen, wie die Vorliebe der dortmals in Bayern Regierenden für die klassische und humanistische Bildungs- und Ideenwelt (hellenische Epoche!) die guten Ansätze des realistischen Bildungswesens – in völliger Verkennung seiner Bedeutung für deutsches Volkstum, deutsche Kultur und Wirtschaft- sozusagen im Keime erstickten." Dieses mit „Sieg-Heil!" unterzeichnete Geleitwort muss im Kontext der Machtüberlassung an die Nationalsozialisten durch ein willfähriges Bürgertum gesehen werden. Ludwig Keil war schon vor 1933 überzeugter Nationalsozialist und begrüßte u.a. das Ermächtigungsgesetz als gewaltiges Werk „zur Säuberung des deutschen Handwerks". Bald aber musste er selbst spüren, mit wem er sich eingelassen hatte. Zum Verhängnis wurde ihm, dass er früher Mitglied der Freimaurer und zeitweise auch „Meister vom Stuhl" gewesen war. Er sah sich heftigen politischen Angriffen ausgesetzt, die sich 1935 verdichteten. Er wurde öffentlich angefeindet und Julius Streicher forderte seine Abberufung. Diesem massiven Druck gab Keil 1935 nach und trat Ende März 1936 als Kammerpräsident zurück.

Auf den unbestreitbaren Mangel an geeigneter Vorbildung für den Gewerbe- und Mittelstand reagierte schließlich König Ludwig I. mit einer Verordnung vom 16. Februar 1833: Die Gewerbsschulen sollten die erste Stufe und zugleich die Hauptgrundlage des technischen Unterrichts bilden, dem die Aufgabe zufiel, „die Kunst in die Gewerbe zu übertragen und den Gewerbebetrieb selbst auf jene Stufe bringen, welche den Fortschritten der Technik und der notwendigen Concurrenz mit der Industrie des Auslandes entspricht."

Schon 8 Jahre zuvor hatte in Bayreuth ein Einwohner 300 Gulden zur besseren Vorbildung der Gewerbetreibenden gestiftet und die Stadt hatte weitere 2300 Gulden als Fond für eine „Gewerbsschulanstalt" angelegt. Im August 1833 schließlich stellte die Stadt den hinteren Flügel des Alten Rathauses zur Verfügung und übernahm die Kosten für Mietzins, Einrichtung und bauliche Unterhaltung der Schulräume.

Rektor der neuen Schule wurde Georg Erhard Saher. Die feierliche Eröffnung der „Königlichen Kreis-Gewerbs- und Landwirtschaftsschule zu Bayreuth" fand am Freitag, den 1. November 1833 statt.

Die Anfänge gestalteten sich schwierig. Viele Schüler traten schon während des ersten Schuljahres wieder aus, weil sie eine geeignete Lehrstelle gefunden hatten. Da die Räume im Rathaus nicht genügend Platz boten, mussten im gegenüberliegenden Hübnerschen Wohnhaus Zimmer dazu gemietet werden. Die materielle Ausstattung der Schule war dürftig.

Die z.T. berechtigte Kritik an damaligen Unterrichtsmethoden oder Handhabung der Schulzucht unter Leitung von Direktor Christoph von Held verkennt aber, dass ohne die Hilfe von Lehrkräften des Gymnasiums die Gewerbsschule noch zäher vorangekommen wäre. Die Ansicht von Georg Widenbauer, dass man, „wo es nur immer anging, die Landwirtschafts- und Gewerbsschulen absichtlich unter die Kontrolle des Neuhumanismus stellte, damit ja der verpönte Realismus nicht allzu sehr die Schwingen regte", muss aber im Rückblick als nicht ganz unberechtigt anerkannt werden. Man denke in diesem Zusammenhang nur an die schwierigen Anfänge, in Bayreuth das Gewerbe voranzubringen und an die Umstände, die zur Versetzung von Bürgermeister v. Hagen in den Ruhestand führten.[13]

Von 1838 bis 1865 bestand Personalunion der Gewerbsschule mit dem Gymnasium unter Direktor von Held. Die gemeinsame Leitung beider Schulen fand ab1842 sichtbaren Ausdruck in der Nachbarschaft des neuen Schulhauses zum Gymnasium. Es konnte endlich das neue Schulgebäude in der Friedrichstraße bezogen werden (das ehemalige Liebhardsche Anwesen, Friedrichstraße 18). Hier war auch im Erdgeschoß jahrzehntelang die Kreis-Naturaliensammlung unter der Obhut des Lehrers Dr. Braun untergebracht.

Ab 1840 berechtigte das Abschlusszeugnis einer Gewerbsschule zum Besuch einer polytechnischen Schule, einer Bau- und Ingenieurschule, einer landwirtschaftlichen Zentralschule, einer Tierarzneischule, einer Forsthochschule sowie zum Salinen-, Berg- und Hüttenfach.

1865 bis 1868 leitete Dr. August Biehringer, Lehrer für Mathematik und Physik, die Schule.

Erst die Schulordnung von 1864 aber brachte die Anerkennung des Prinzips der allgemeinen Bildung und damit vor allem eine Verschiebung zu Gunsten der sprachlich-historischen Fächer. Die Bezeichnung der Anstalt lautet nun vereinfacht „Kreis-Gewerbsschule" und galt offiziell als „… eine öffentliche Unterrichtsanstalt, welche eine angemessene allgemeine Bildung und eine theoretische Vorbereitung für den Gewerbs- und Handelsstand gewährt."

Unter dem Direktorat von Georg Heidner (1868 bis 1900) geschah im Jahr 1877 die Umwandlung zur Realschule. Ende der 1860er Jahre steigt die Schülerzahl schon im ersten Jahr rasch von 159 auf 195 Schüler und verdoppelt sich von etwa 100 im Jahr 1866 auf rund 200 im Jahr 1869.

Der Fächerkanon erweiterte sich Schritt für Schritt und seit Beginn des 20. Jahrhunderts kam auch Latein hinzu. „Während die ehemalige Fachschule ihren Auftrag darin hatte, brauchbare Träger bestimmter Funktionen zum Getriebe der Volkswirtschaft beizusteuern, unternimmt es das heutige Gymnasium, den jungen Menschen als ein Ganzes aus Leib und Seele, Verstand und Herz, kurzum als Charakter und Persönlichkeit zu formen."[14]

Für die positive Entwicklung war von besonderer Bedeutung, dass Industrieschulen in München, Nürnberg und Augsburg gegründet wurden. Wichtig auch der 1863 gegründete „Polytechnische Verein" zur Förderung industriellen Fortschritts.

Am Ende dieser Entwicklung steht zunächst der Ausbau zur Oberrealschule unter dem Direktorat von Julius Bräuninger, einem Germanisten. Im Jahr 1907 wurde im bayerischen Landtag die Umwandlung der acht bayerischen Kreisrealschulen in Kreis-Oberrealschulen beschlossen. Die Stadt Bayreuth erklärte sich bereit, gegen Rückgabe des alten Realschulgebäudes in der Friedrichstraße unentgeldlich einen neuen Bauplatz am Schützenplatz zur Verfügung zu stellen. Am 9. April 1910 fand die Einweihungsfeier statt.

1949 kam es zur Einrichtung eines pädagogischen Seminars. 1964 wurde ein neusprachlicher Zweig mit Französisch als 3. Fremdsprache ab der 9. Klasse eingerichtet und am 14. März 1966 schließlich erhielt die Schule die offizielle Bezeichnung „Graf-Münster-Gymnasium, Mathematisch-Naturwissenschaftliches und Neusprachliches Gymnasium".

Schüler der Gewerbsschule rekrutierten sich zunächst fast ausschließlich aus dem Handwerker- und Handelsstand. Mit einsetzender Industrialisierung und Etablierung eines Unternehmertums auch in Bayreuth ist deutlich zu erkennen, dass manche angesehene Familie ihre Kinder nun nicht mehr auf das humanistische Gymnasium, sondern lieber auf eine Schule schickt, bei der die Realien stärker im Vordergrund standen. Unter den Namen finden wir ohne Anspruch auf Vollständigkeit z.B. Amos (Kaufmann), Höreth (Buchdruckereibesitzer), Maisel (Gastwirt und Bierbrauer zu Obernsees), Bube (Gastwirt und Ökonom zu Berneck), Glenk (Bierbrauer und Mulzer), Seeser (Gärtnereibesitzer), Wölfel (Maurermeister), Morg (Metzgermeister), Köhler (Hotelbesitzer, Goldener Anker),

Eduard Bayerlein, Fritz Bayerlein, Friedrich Feustel, Kolb, Carl Schüller, Otto Rose.

Das heutige Graf-Münster-Gymnasium hat sich bis in die Gegenwart ständig weiter entwickelt. So wurde z.B. schon zwischen 1951 und 1960 eine Oberstufenreform nach dem sogenannten Hohenschwangauer Modell ausprobiert, das Kern- und Kurssystem, das dann auch Wahlpflichtunterricht genannt wurde. Im Vorwort zur Jubiläumsschrift „150 Jahre Graf-Münster-Gymnasium Bayreuth" konnte der damalige Schulleiter OStD Otto Hofmann wohl begründet formulieren: „Unsere Schule hat ihren geistigen Standort im Rahmen eines demokratischen Schulwesens gefunden. Letztlich ist sie dort wieder angelangt, wo sie ihren Anfang nahm, vor allem mit Hilfe der Naturwissenschaften und der modernen Fremdsprachen die Mündigkeit des Menschen durch eine solide Bildung zu erreichen."

2.3.2. Die „Höhere Töchterschule"

Lange Zeit führten Mädchenschulen oberhalb der Elementar- oder der privaten Grundschulen ein Schattendasein. Der sozialen Herkunft nach dominierten Mädchen aus bildungs- und besitzbürgerlichen Familien. Ein wesentliches Problem bestand darin, dass damals die Ausbildung von Mädchen zum zukünftigen Beamtenberuf nicht existierte, aber auch außerhalb des Staatdienstes gab es keinen Arbeitsmarkt für höherqualifizierte Frauen mit Ausnahme des „Sondermarkts" für Volksschullehrerinnen.

In Bayreuth gab es 1867 einige „Privat-Mädchen-Erziehungsinstitute" unterschiedlicher Qualität. Als z.B. 1857 Frl. Mathilde Körber mitgeteilt wird, dass die Kinder Schulgeld bezahlen müssen, als ob sie auf eine „deutsche Schule" gingen, sagt diese, dass sie nur wenigen, meist noch nicht schulpflichtigen Kindern einige Privatstunden gebe. 10 Mädchen wurden von ihr im Lesen, Schreiben biblischen Geschichten, Gedächtnisübungen und „weiblicher Arbeit" unterrichtet. Die Verhältnisse waren in jeder Hinsicht unzulänglich.

So ergriff Spinnereidirektor Carl Kolb nach Rücksprache mit seinem Freund Prof. Großmann, dem Rektor des Gymnasiums, die Initiative. Er setzte eine „Subscriptionsliste" bei 36 Bürgern verschiedener Stände und bei Sr. Kgl. Hoheit Herzog Alexander von Württemberg in Umlauf und bekam in kurzer Zeit 4 175 Gulden gezeichnet. Am Montag, 5. August 1867, abends 8 Uhr fand im Local des Speisehauses der Baumwollspinnerei eine „Privatbesprechung" statt.

Die Zahl der Unterrichtsstunden wurde auf 26 festgesetzt, die Unterrichtsgegenstände sollten sein: Religion, deutsche Sprache und Literatur, französische Sprache, allgemeine Geschichte, Geographie, Naturwissenschaften, Rechnen, Zeichnen, Gesang, Turnen, Anstandslehre, weibliche Arbeiten und englische Sprache. Aus einem ersten provisorischen „Schulcomité" ging ein „Unterrichtsrath" hervor. Diesem gehörten an: Bürgermeister Muncker, Prof. Großmann, Spinnereidirektor Kolb, Fabrikbesitzer Heinrich Kolb, Advokat Dr. Herding, Bankier Feustel, Rektor Biehringer, Kaufmann Gerber.

Am 12. September 1867 genehmigte die Stadt Bayreuth das Projekt. Es wurden Lehrkräfte verpflichtet und erste Unterrichtsräume angemietet im zweiten Stock des Buchnerschen Hauses in der Kanzleistraße Nr. 13. In Personalunion mit dem Gymnasium leitete Prof. Großmann die Schule.

Am 14. Oktober 1867 schließlich fand die Eröffnung der „Höheren Töchterschule Bayreuth" statt mit 48 Schülerinnen im ersten Jahr. Das Bildungsanliegen wird in § 1 der Statuten definiert: „Die höhere Töchterschule hat den Zweck, Mädchen vom zehnten Lebensjahr an eine höhere allgemeine Bildung zu geben".

Bei der Gründung der Schule wurden zunächst zwei Lehrer angestellt. Viele Stunden erteilten auch Lehrer, die am humanistischen Gymnasium und der damaligen Kreisrealschule unterrichteten.

Unter der Regie von Direktor Georg Großmann ging der Aufbau der Schule ständig voran. Die Zahl der Schülerinnen verdoppelte sich sehr schnell und pendelte sich in den ersten zwanzig Jahren des Bestehens bei etwa 130 Mädchen ein.

Ein neues Gebäude musste gefunden werden und schon ab 1868 konnte der sog. „Küchenbau" beim Neuen Schloß im Glasenappweg bezogen werden. Hier hatte für die nächsten 40 Jahre die Schule ihr Domizil. In diesen Jahren gab es manche Veränderung in der Stundentafel. Allerdings standen die Naturwissenschaften und die Mathematik noch im Hintergrund.

Rektor Großmann wurde 1893 von Georg Heidner, dem Rektor der Realschule, abgelöst, dem 1898 Stadtschulrat Karl Kesselring im Amt folgte. Am 19. September 1908 konnte dann das neue „Töchterschulgebäude an der Dammallee" feierlich eingeweiht werden. Die Schule heißt nun „Städtische Höhere Schule für Mädchen Bayreuth", dann „Städtisches Mädchenlyzeum Bayreuth", „Städtische Mädchenoberschule Bayreuth", nach dem Krieg „Städtische Oberrealschule für Mädchen Bayreuth", schließlich ab 1965/66–1970/71 Richard-Wagner-Gymnasium Bayreuth, „Städtisches Neusprachliches und Sozialwissenschaftliches Gymnasium für Mädchen" und seit 1976/77 „Richard-Wagner-Gymnasium Bayreuth, Neusprachliches und Sozialwissenschaftliches Gymnasium".

Wie auch für die ehemalige Oberrealschule gilt, dass der Begriff der „gelehrten Bildung" nicht zu eng definiert werden sollte. Ständig änderten und erweiterten sich Stundentafeln und Inhalte. Mit Einführung der Kollegstufe 1977 wurde allerdings die sinnvolle Fortführung der in der Mittelstufe begonnenen und in der 11. Klasse weitergeführten zweigspezifischen Fächer gekappt bei Angleichung des SWG an die anderen Typen des Gymnasiums. Andererseits wird aber dadurch den Schülerinnen des Neusprachlichen Zweiges die Möglichkeit geboten, sich mit Fragestellungen des sozial- und wirtschaftswissenschaftlichen Bereiches auseinanderzusetzen.

In der Gesamtbilanz lässt sich sagen, dass einerseits das humanistische Gymnasium auch hier in den Anfangsjahren wertvolle Hilfe geleistet hat, dass dann aber die Schule sich zum modernen Gymnasium bis in die Gegenwart fortentwickelte und aus dem Gesamtzusammenhang, der in Bayreuth „gelehrte Bildung" ausmacht, nicht mehr wegzudenken ist.[15]

2.4. Einzelne Fächer

Es kann hier nicht die Entwicklung sämtlicher Fächer dargestellt werden. Der Schwerpunkt liegt auf völlig neu hinzu gekommenen oder eher vernachlässigten Disziplinen.

2.4.1. Turnen und Schwimmen[16]

Das Turnen und Schwimmen wurde nicht erst im 19. Jahrhundert erfunden. Körperertüchtigung gab es schon seit der Zeit der Hochkulturen, bei den Ägyptern, Babyloniern, Assyrern, Persern. Diese diente weitgehend der Ausbildung für den Krieg und die Jagd. Reiten, Bogenschießen, Steinstemmen, Werfen mit Steinen, Springen, Ringkampf, Schwimmen, Ballspiele standen auf dem Programm. Das setzt sich in der Antike fort.

Zu den privaten Leibesübungen der Griechen gehörten z.B. Reiten, Baden und Schwimmen, Wagenrennen, Bogenschießen, Steinschleudern, Waffentanz, Ballspiel, religiöse und profane Tänze. Die Griechen „erfanden" die Olympischen Spiele, die Römer erdachten die Gladiatorenkämpfe, um auch in schwierigen Zeiten nach dem Motto „panem et circenses" die Plebs bei der Stange zu halten.

Im Mittelalter waren im Sinne der geistlich-scholastischen Erziehung die christlichen Kirchenväter (Tertullian, Hieronymus, Augustinus) und die Klosterschulen der Gymnastik durchaus abgeneigt. Leibesübungen wie Klettern und Ringen, Baden und Schwimmen galten als überflüssig und waren verpönt. Dagegen erlangte die ritterliche Erziehung des gesamten christlichen Abendlandes besondere Bedeutung. Fechten, Steinstoßen, Ringen, Jagen, Schießen, Laufen, Springen, Ausbildung an Waffen wie Schwert und Lanze gehörten zur Ausbildung des Ritters. Sein Können musste er im Krieg oder beim ritterlichen Turnier beweisen.

Immer aber handelte es sich bei diesem „Sport" um ein Privileg der adeligen Oberschicht.

Erst mit dem Aufstieg des Bürgertums, erst seit der Zeit des Humanismus lassen sich Ansätze erkennen, die sich im Verlauf des 19. Jahrhunderts zum „Volkssport" entwickeln. Joachim Camerarius (geb. 1500 zu Bamberg, 1541 Professor an der Universität Leipzig) verfasste „Lebensregeln für das Knabenalter" (Leipzig 1574) und suchte ein klares Bild vom Wert der alten Gymnastik zu verbreiten. Er empfahl Ballspielen, Laufen, das edle Schach, Springen, Kämpfen und Ringen.

Ein weiteres Werk, „Dialogus de gymnasiis" „Gespräch über Leibesübungen" zwischen einem Gast und einem Knaben vertieft seine Überlegungen.

Luther sagt in einer seiner Tischreden: „Darum gefallen mir diese zwo Übungen und Kurzweile am allerbesten, nemlich die Musika und Ritterspiel mit Fechten, Ringen u.s.w. ..."

Johann Amos Comenius vertritt die Auffassung: „Man soll die Knaben nach Herzenslust spielen lassen". Er hat sogar schon eine Art Aufstellung von Klassenzielen für das Schulturnen versucht. Bekannt sind seine Turnbemühungen für die Schule zu Soros Patak in Ungarn.

Die Leibesübungen und Turnspiele starben in Deutschland auch unter dem Elend des 30-jährigen Krieges nicht ganz aus. Die körperlichen Übungen als notwendiger Bestandteil der Erziehung und Bildung der vornehmen Jugend lebten fort in adeligen Erziehungsanstalten, z.B. in der 1775 gegründeten Ritterschule Selz im Elsaß, in dem 1594 eröffneten „Collegium illustre" zu Tübingen oder in der 1623 gestifteten Ritterschule zu Soröe auf der Insel Seeland. In den deutschen Ritterschulen und Adelsakademien des 16. und der folgenden Jahrhunderte gab es vor Rousseau schon ein deutsches Schulturnen und deutsche Lehrbücher über die Turnarten des Ringens, Fechtens, Reitens, Pferd- und Tischspringen. Hier liegen die Wurzeln für das moderne Turnen. Hier wurde auch das sonst bekämpfte Schwimmen eifrig betrieben.

Vorurteile bestanden in der Zeit des Pietismus (vgl. Silchmüller in Bayreuth) gegen das Schneeballwerfen, Eislaufen und Baden.

Vater des neueren deutschen Schulturnens war der Philanthrop Johann Bernhard Basedow. Er forderte schon vor 1762 das Turnen für die Erziehung auch der nicht adeligen Jugend (Reiten, Fechten, Pferdspringen, Tanzen).

Seine Gedanken werden vonSalzmann, Campe, Gutsmuth u.a. aufgegriffen. Gutsmuth ist nicht der erste Turnlehrer Deutschlands, aber Verfasser des ersten Turnunterrichtsbuchs. Er verfasste Schriften wie „Turnbuch für die Söhne des Vaterlandes", „Katechismus der Turnkunst", „Kleines Lehrbuch der Schwimmkunst", „Spiele zur Übung und Erholung des Körpers und des Geistes" u.a.

In diese Reihe gehört auch Gerhard Ulrich Anton Vieth mit seinen Publikationen „Encyklopädie der Leibesübungen" 3 Teile, Berlin 1794,1795 und Leipzig 1818, „Betrachtungen über das Spiel", Elberfeld 1816 und „Über das Schlittschuhlaufen, ein Versuch", Wien 1790.

An der Schwelle des 19. Jahrhunderts ist zu nennen Dr. Johannes Ernst Plamann (1771–1834). Er gründete die erste Stätte des Berliner Schulturnenes. Zu seiner Schule, die 1827 aufgelöst wurde, gehörten ein Turnplatz und eine Turnhalle. Es folgen Johann Heinrich Pestaolzzi (1746–1827) „Über Körperbildung" 1807 u.a.

Schon vor dem öffentlichen Auftreten Jahns hatte man in Preußen an die Einführung gymnastischer Übungen gedacht. Der am 16. April 1808 zu Königsberg in Preußen gestiftete „Tugendverein" oder „Tugendbund" betrachtete die Leibesübungen auch als ein Mittel zur Befreiung des Vaterlandes. Der Entwurf zur Einrichtung öffentlicher Übungsanstalten in körperlichen Fertigkeiten" wurde am 2. November 1808 dem Minister v. Stein vorgelegt und 1809 kam es zur Errichtung eines ersten öffentlichen Turnplatzes zu Braunsberg.

Johann Friedrich Ludwig Christoph Jahn (1778–1852), Deutschlands „Turnvater", war also nicht der „Wiedererwecker oder Wiederfinder" der deutschen Turnkunst, aber der Begründer des Volksturnens. Im Zusammenhang mit dem Attentat Sands auf von Kotzebue 1819 kam es zur „Turnsperre" und zur Verhaftung Jahns im Jahr 1820. Der König von Preußen wünschte, dass das Turnwesen gänzlich aufhöre.

Am Gymnasium in Bayreuth entwickelte sich das Turnen als Schulfach nur zögerlich. Es versteht sich, dass auch in Bayern die Turnbewegung in Verbindung mit revolutionären Umtrieben gebracht wurde. Andererseits ist die enge Verbindung zwischen Turnen und Vorbereitung auf den Militärdienst unverkennbar. Fortschritte bei der Gesetzgebung hinsichtlich von Kinderarbeit wurden schließlich nicht aus reiner Menschenfreundlichkeit eingeleitet, sondern weil die preußische Armee vor dem Problem akuten Nachwuchsmangels stand. Körperertüchtigung in der Schule konnte also nur von Vorteil sein.

Anfangs, seit 1814, wurden „Waffenübungen" für geeignete Schüler eingerichtet: „Die Studierenden der Gymnasial-Anstalt haben eine beträchtliche Geldleistung für die allgemeine Landes-Bewaffnung aufgebracht und sich in großer Zahl zum freiwilligen Waffendienst angeboten, zur Verteidigung des Vaterlandes." Dieser Eifer wird vorerst aber gebremst, „denn es bestehe keine akute Gefahr, doch sollen in Zukunft Waffenübungen abgehalten werden". Andererseits lesen wir im Jahresbericht 1814/15: „Unsere Jünglinge hatten schon im vorigen Jahre, als des Königs Gebot, weil noch nicht alle Gefahr verscheucht zu sein schien, sie aufrief, das Moriamur, et in media arma ruamus! wetteifernd zu beweisen gesucht." Es folgen auch Hinweise auf die „steten Heereszüge der fremden verbündeten Kriegsvölker durch Bayreuth." In diesem Kontext sind die eingeführten Waffenübungen zu sehen.

1814 werden 12 Schüler verzeichnet, 1818 insgesamt bereits 101, darunter z.B. ein v. Waldenfels, v. Dobeneck, v. Pöllnitz.

Gleich zu Beginn kommt es zu einem „lächerlichen Rangstreit". Die zur Waffenübung geeigneten Primärschüler haben angezeigt, dass die waffenübungsfähigen Progymnasiasten „durchaus nicht zugeben wollten, dass Primärschüler bei dem Exercieren auf der Dammallee unter ihre Reihen treten, obgleich für diese kein Unteroffizier vorhanden wäre." Das Rektorat untersagt den Progymnasiasten diese „unschickliche Rangsucht" nachdrücklich. Entscheidend seien Alter, Größe und Körperstärke. „Ansonsten hören daher alle Klassenunterschiede auf".

1832 geht es um 75 Gewehre, die angeblich der vormalige Zeugwart Gerstner 1815 an das Studien-Rektorat abgeliefert habe. Gabler vermerkt, dass das gegenwärtige Rektorat bei seiner Amtsübernahme keine Gewehre übernommen hat. Aus Durchsicht der Akte lässt sich nachweisen, dass damals 75 Gewehre für Waffenübungen des Landwehr-Bataillons wieder abgeliefert wurden. Darüber gibt es eine Quittung vom 18. Februar 1816.

Später, 1848, kommt es zu „Verdrüßlichkeiten", weil die den älteren Schülern gestatteten Exercierübungen in Konkurrenz mit dem Turnunterricht und den Schwimmübungen stehen.

Noch fehlt eine klare Ordnung. Zusätzlich gibt es Fechtkurse, an denen z.B. 1867/68 insgesamt 32 Schüler in 3 Gruppen teilnehmen.

Anknüpfend an die 1814 eingerichteten Waffenübungen unter Leitung der Unteroffiziere Meier und Engelbrecht, die wöchentlich dreimal am Nachmittag von 5–7 Uhr stattfanden, gab es ab 20. Mai 1818 erstmals Turnunterricht durch Lehrer Hahn. Die Leibesübungen wurden im Königlichen Reithaus abgehalten, 1819 aber im Rahmen der Metternich-Beschlüsse wieder verboten und 1826/27 neu belebt. Flamin Cloeter, ein Bruder des Erlanger Burschenschaftlers Heinrich Friedrich Florian Cloeter, ergriff die Initiative. Am 2. April 1826 teilt er mit: „Wenn ich zu den mir als Lehrer obliegenden Pflichten rechne, dass ich auch das Privatleben meiner Schüler ins Auge fasse, theils um Hindernisse aus dem Wege zu räumen, ..., theils um Einrichtungen und Veranstaltungen zu treffen, die dem Zweck förderlich wären, so erinnere ich mich blos dessen, was nach der allgemeinen bestehenden Studien-Verfassung ... der Pflichtenkreis eines Lehrers, besonders eines Klaßlehrers ist. Als eine Veranstaltung der Art würde ich gymnastische Übungen ansehen, wenn nach Sokrates, von dem, was wirklich gut und schön ist, der Mensch nichts ohne Arbeit und Mühe erlangen kann, und er also durch den Körper, wenn er von Seite desselben im Stande sein will, dem was recht ist, gemäß zu handeln, in die Schule nehmen, und mit Anstrengungen und im Schweiße üben muß. Ich erkläre also einem Kgl. Studien-Rectorate meine Bereitwilligkeit, meinen Schülern Gelegenheit, gymnastische Übungen zu treiben, verschaffen zu wollen, ..."

1827 begann Klöter sogar mit Schwimmunterricht. Erst 1862 wurde das Turnen allgemein zur Pflicht, obwohl z.B. König Friedrich Wilhelm IV. von Preußen schon am 6. Juni 1842 angeordnet hatte: „Das Turnen wird als notwendiger und unentbehrlicher Bestandteil der männlichen Erziehung förmlich anerkannt und in den Kreis der Volks-Erziehungsmittel aufgenommen." Erst 1880 konnte eine eigene Turnhalle ihrer Bestimmung übergeben werden. Bis dahin hatten seit dem 1. Januar 1862 Magistrat und Turnverein die Benutzung der Turnhalle in der Dammallee gestattet. Der Unterricht fand jeweils am Spätnachmittag von 5–6 Uhr statt. Für die erhöhte Abnutzung wurden jährlich 80 fl veranschlagt. Die Hälfte davon erhielt der Turnverein für Reparaturen und Reinhaltung. Für die Beleuchtung der Turnhalle waren 10 Flammen nötig, von denen jede „per Stunde 5 Kubikfuß Gas verzehrt". 1000 Kubikfuß Gas waren mit 5 fl zu bezahlen. Der Turnverein erbot sich, für 20 fl jährlich die vollständige Beleuchtung während der Turnübungen zu übernehmen.

1867 betrugen die Kosten für Benutzung der städtischen Turnhalle schon 100 fl, hinzu kamen weitere 100 fl für den Lehrer, der den Unterricht als Nebenbeschäftigung zu erteilen hatte.

Es ist wohl nicht zufällig, dass seit dem Vorhandensein einer Turnhalle 1862 Turnen „Obligatorischer Lehrgegenstand" wird.

1869 werden im Winter 194, im Sommer 182 teilnehmende Schüler verzeichnet, wobei die oberste Klasse befreit war. Inzwischen gehen die Turnlehrer auch auf Fortbildung und für Schüler werden ärztliche Atteste ausgestellt, wenn diese aus gesundheitlichen Gründen nicht am Turnunterricht teilnehmen können. Grundlagen für den Unterricht sind jetzt ein „Leitfaden für den Turnunterricht an Schulen" (München 1864), Adolf Spieß, Turnbuch für Schulen, Basel 1847 und „Turnlehre", Lehre der Turnkunst, Basel 1840–1846. Spieß hat das deutsche Turnen theoretisch ausgebildet. Es wird nun wöchentlich viermal je 1 Stunde in 2 Abteilungen geturnt, so dass jede Klassen wöchentlich zweimal 2 Stunden lang turnt, jeweils abends 5–6 und 6–7 Uhr. Turnzeugnisse werden aber nicht erteilt.

Die Schüler bezahlten 1835 12 kr jährlich, 1852 waren es schon 24 kr jährlich, was bei 225 Teilnehmern 50 fl erbrachte. Hinzu kamen 12 fl von der königl. Regierung. Diesen insgesamt 62 fl standen 42 fl 46 kr an Ausgaben gegenüber.

1830 kostete ein Schwingpferd von Sattler Friedrich Eißer 7 fl 10 kr. 1872 liegt ein Angebot von Dir. Dr. Lion aus Leipzig Thalstraße 15 III vor. Die Kosten für ein Pferd betragen jetzt etwa 36 Taler, wobei mit Wartezeiten bis zu ½ Jahr zu rechnen ist.

Die Ausgaben für den Turnunterricht beziehen sich u.a. auf Zimmermannsarbeiten am Turnplatz, Schlosserarbeiten, 1 Seil 4 ½ Klafter lang (1 fl 48 Kr), 25 Prüfungsordnungen à 30 kr u.ä.

Anlässlich eines Turnfestes gab es Gerätturnen (Barren, Reck, Klettern, Springen, Steckschaukel, Schwingpferd), Freiturnen (Freiübungen, Laufen), Lehrturnen (Lehrabteilung, Vorturnen). Das Vorturnen übernahmen 9 besonders begabte Schüler.

Schon 1827 liegen Hinweise und Erläuterungen zu „Gymnastischen Übungen" vor. „Die gymnastischen wie auch andere Kunstübungen haben zur Absicht, die Schüler auch während ihrer Erholungsstunden auf eine für ihre Gesamtbildung vorteilhafte und zweckmäßige Weise unter gehöriger Aufsicht zu beschäftigen". Die Teilnahme an diesen Übungen war Pflicht. Für körperlich nicht so tüchtige Schüler sollten geeignete Spiele angeboten werden. Grundlage für diese Weisungen war das Lehrbuch von Guthsmuth. Es wird die Einteilung in Riegen eingeführt. Hauptübungsarten waren Recktübungen, Sprungvorübungen, Barren, Springen, Klettern an Seil und Mast, Laufen, Sprungseil. Im Einzelnen wird z.B. für das Reck ausgeführt: Das Ziehklimmen mit Ober- und Untergriff, mit angezogenem, ausgestreckten und vorwärts gestreckten Beinen, das Handeln mit Ober- und Untergriff seitwärts, vorwärts und rückwärts … Vorübungen zum Aufschwung, Aufsitz und Rückwärtsabschwung.

Endlich konnte 1879 der Bau einer eigenen Turnhalle in Angriff genommen werden. Die Halle soll 21,75 m lang, 14m breit und 6m hoch werden. Für den Bau, Geräte, Garderobe, Turnlehrerzimmer und Turndienerzimmer wurden 2 241 Mark veranschlagt.

Die Rechnung über Einnahme und Ausgabe bei dem Baufond zur Errichtung einer heizbaren Turnhalle und Anlegung eines neuen Turnplatzes 1878–1880 weist allerdings insgesamt in der Bilanz für Einnahmen und Ausgaben 57 435, 97 Mark aus. 13 000 Mark waren zu 4 % Zinsen beim Bankgeschäft F. Feustel angelegt.

Im Jahr 1907 verzeichnet das Inventar diverse „Hanggeräte", „Stützgeräte", „Sprunggeräte",

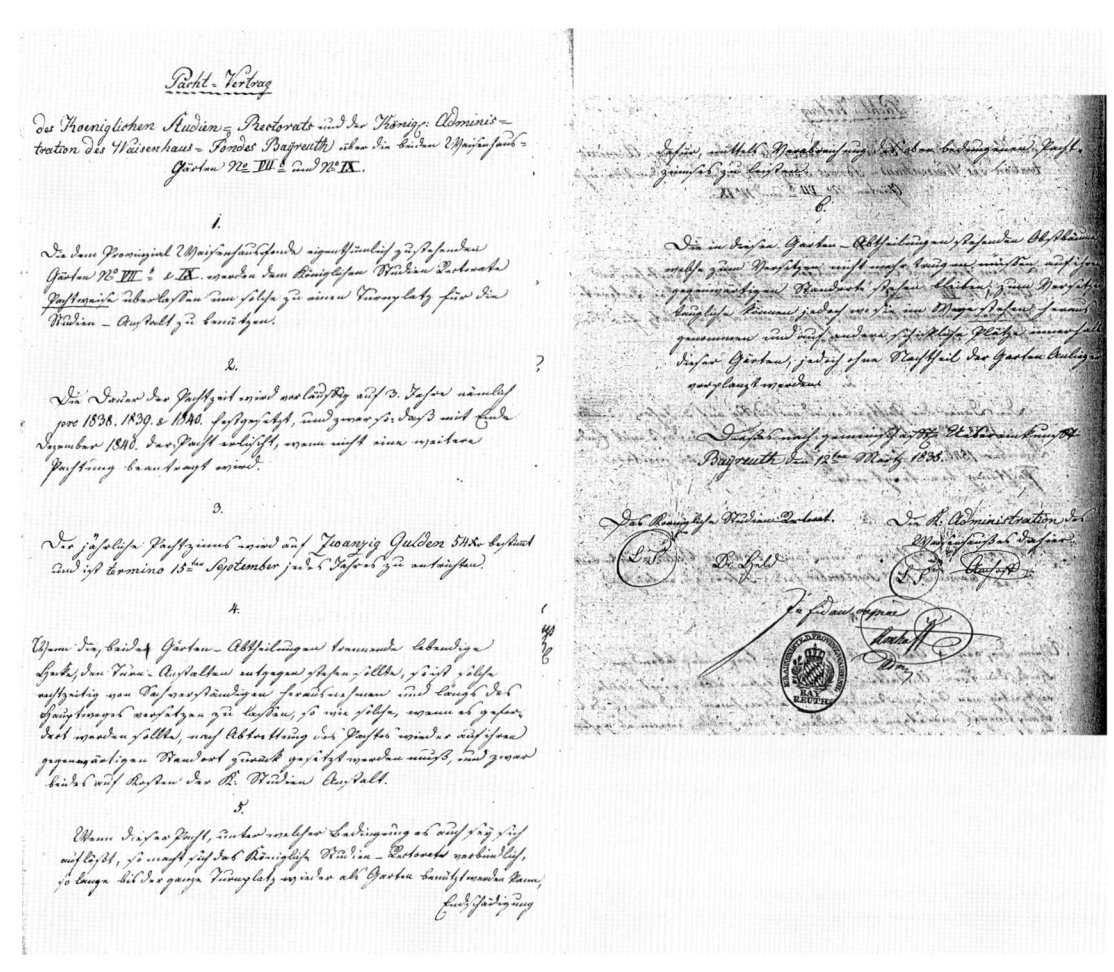

Abb. 96: Pachtvertrag, 1838

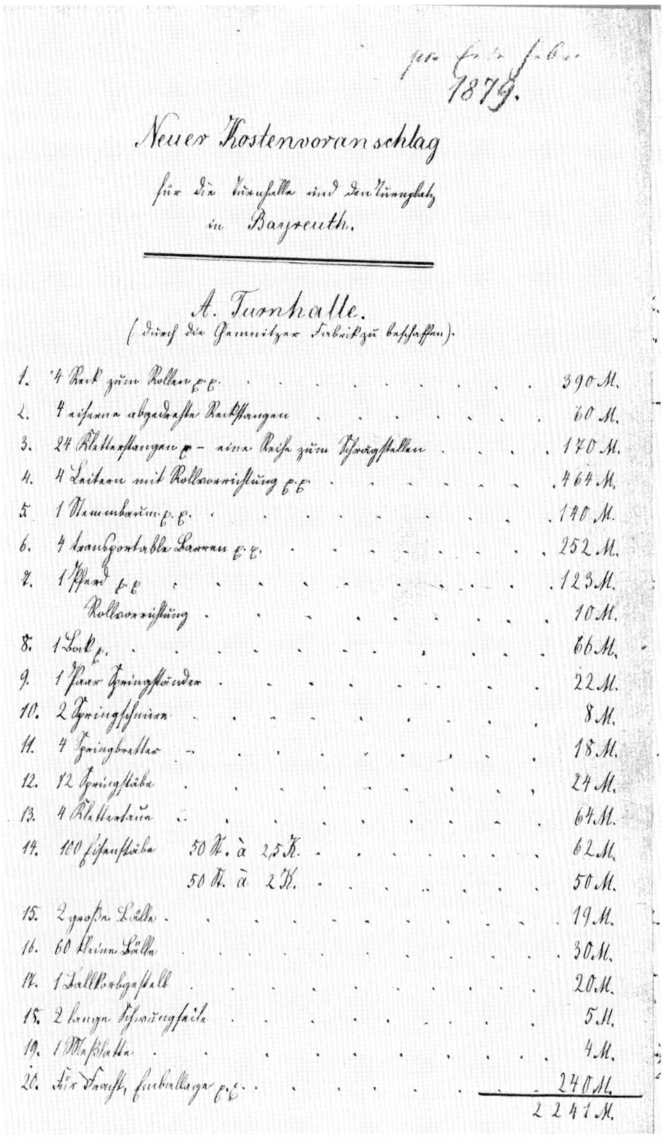

1879.

Neuer Kostenvoranschlag für die Turnhalle und den Turnplatz in Bayreuth.

A. Turnhalle.
(durch die Chemnitzer Fabrik zu beschaffen).

1.	4 Reck zum Rollen e.c.	390 M.
2.	4 eiserne abgedrehte Reckstangen	60 M.
3.	24 Kletterstangen e. – eine Reihe zum Schrägstellen	170 M.
4.	4 Leitern mit Rollvorrichtung e.c.	464 M.
5.	1 Stemmbalken e.c.	140 M.
6.	4 transportable Barren e.c.	252 M.
7.	1 Pferd e.c.	123 M.
	Rollvorrichtung	10 M.
8.	1 Bock e.	66 M.
9.	1 Paar Springständer	22 M.
10.	2 Springschnüre	8 M.
11.	4 Springbretter	18 M.
12.	12 Springstäbe	24 M.
13.	4 Klettertaue	64 M.
14.	100 Eisenstäbe 50 St. à 2,5 K.	62 M.
	50 St. à 2 K.	50 M.
15.	2 große Bälle	19 M.
16.	60 kleine Bälle	30 M.
17.	1 Ballkorbgestell	20 M.
18.	2 lange Schwungseile	5 M.
19.	1 Meßlatte	4 M.
20.	Für Fracht, Emballage e.c.	240 M.
		2 241 M.

Abb. 97: Turnhalle, Kostenvoranschlag, 1879

„Spielgeräte", „Haus- und Einrichtungsgeräte" und verschiedene Posten für das Lehr-Zimmer im Gesamtwert von immerhin etwa 8 380 Mark.

1880 verdiente ein staatlich geprüfter Turnlehrer 1 440 Mark plus eine Funktionszulage von 324 Mark jährlich. Turnlehrer ist zu dieser Zeit Johann Melchior Pflugmann, der im September 1880 darum bittet, die in der Turnhalle für den Turnlehrer eingerichteten Zimmer vorläufig als ständige Wohnung benützen zu dürfen, was ihm genehmigt wird.

Ihm steht ein Turndiener zur Seite. Er ist Gehilfe des Turnlehrers und hat dessen Befehle zu vollziehen. Er ist zugleich Wärter der Turngeräte, der Turnhalle, des Hofraums und Turnplatzes und verantwortlich für Beheizung und Reinigung. Er stellt 1881 an baren Auslagen bei seinen Dienstverrichtungen insgesamt 121, 20 Mark in Rechnung.

Um 1890 verdiente ein Turndiener 810 Mark als Funktionsbezug und 240 Mark Zulage, zusammen also 1 050 Mark jährlich.

Im Winter wird der Turnsaal für Feierlichkeiten, Gesang, Musik und deklamatorische Vorträge genutzt.

Die Entwicklung des Turnunterrichts wird auch sichtbar an statistischen Aufnahmen, wie sie z.B. 1894 vorgenommen wurde. Es geht um die Pflege der Bewegungsspiele. Das Gymnasium füllte den Fragebogen gewissenhaft aus. Einige der Fragen und Antworten seien hier wiedergegeben:

1. Genügt der Spielplatz den Bedingungen? Ja
2. Wieviel pflichtmäßige Turnstunden hat die Anstalt? 16
3. Wird das Spiel innerhalb der Turnstunden gepflegt und wie viel Zeit wird darauf verwendet? Ja; es trifft auf jede dritte Turnstunde ½ Stunde Spielzeit.
4. Wird das Spiel auch außerhalb der Turnstunden betrieben? Nein
8. Beteiligt sich das Kollegium? Nein
9. Gibt es Zeit zum Schwimmen und Eislauf? Ja

Am 29. Januar 1861 hatte der königliche Gymnasialprofessor Georg Hoffmann die „liberale Bürgerschaft" zur Gründung eines Turnvereins und zur Förderung eines „gesunden, kräftigen und wehrhaften Geschlechts" aufgerufen. Die Mitgliederzahl stieg bis 1864 rasch auf über 400 an und 1865 konnte die erste Turnhalle in der Dammallee gebaut werden.

Allerdings beginnt schon zwischen 1820 und 1830 eine Trennung des deutschen Turnwesens, nämlich in das Turnen der Schulen zu erziehlichen Zwecken und das Turnen im Verein unter selbstgewählten Leitern. In den 1860er Jahren wird diese Trennung endgültig

Bereits 1789 hatte sich Johann Sebastian Morg um die Errichtung einer Badeanstalt bemüht, als die mittelalterlichen Badestuben längst verschwunden waren.[17]

Später standen drei Gelegenheiten zur Verfügung. 1814 gibt es einen Badeplatz am Ende des Flößangers, den zweiten im sog. Röhrenweiher und der dritte befindet sich 500 Schritt unter der Herzogmühle.[18]

1820/21 heißt es: Die öffentlichen Badeplätze im Mainfluß sind an folgenden Orten abgesteckt: 1. Am Ende des Flößangers 38 Schritt lang und 18 Schritt breit. 2. unterhalb der Herzogmühle 18 Schritt lang und 14 Schritt breit Das Baden im sog. Röhrenweiher ist verboten, weil er zu nahe an der Straße liegt und das Baden dort deshalb als unschicklich befunden. Die Abmessungen der Badeplätze konnten sich von Jahr zu Jahr verändern. 1823 z.B. beträgt die Länge am Flößanger 60 Schritt, an der Herzogmühle 70 Schritt.

Die Plätze sind mit Stangen, worauf sich Weidenbüsche befinden dem badelustigen Publikum kenntlich gemacht. Baden in Weihern, die zu nahe an öffentlichen Straßen und Wegen liegen, ist verboten.

Während der Röhren-Weiher als Badeplatz aufgegeben wurde, blieben die beiden anderen bis ins 20. Jahrhundert erhalten.

Zusätzlicher Bedarf ergab sich, als an allen Erziehungs- und Unterrichtsanstalten der Schwimmunterricht eingerichtet wurde.[19]

Schon 1826 hatte Prof. Klöter vom Gymnasium eine entsprechende Genehmigung erbeten.

„Ich habe die Absicht, einer Anzahl hiesiger Gymnasiasten Gelegenheit zu Schwimmübungen zu verschaffen. Dazu finde ich den Platz im Main unterhalb des Riedelsberges, wo der Fluß eine Krümmung von links nach rechts macht ... auf dem linken Ufer ... am passendsten."[20]

Auch für Soldaten wurde der Schwimmunterricht verpflichtend. Sie fanden schließlich den Langenweiher geeignet, der aber ständig so verschlammt war, dass Springen und Tauchen verboten werden mussten.

Ein spezielles Problem war in jenen Zeiten die Beachtung der gebotenen „Sittlichkeit".

Das „Studienrektorat zu Baireuth" erhält auf seinen Bericht vom 10. d. Mts. und das damit vorgelegte Konferenzprotokoll den besonderen Auftrag, auf das Baden der Studierenden von nun an eine besondere Aufsicht zu führen, und zwar in der Art, dass von Zeit zu Zeit, entweder der Pedell oder einer der Lehrer, sich in der Nähe der Badeorte einfinden, um dadurch den Studierenden eine Scheue vor ein unanständiges Betragen einzuflößen."

In der Folge gibt es gute Zusammenarbeit mit dem Militär. Am 4. Juni 1833 ergeht der Erlass: „Nach allerhöchstem Willen können in Garnisonsorten eingerichtete Militär- Schwimmschulen auch zum Unterricht für Personen des Civilstandes und insbesondere für die studierende Jugend gemeinnützig gemacht werden". Der Unterricht fand abends von 5 Uhr an statt.

Am 16. Juni 1836 ergeht „An die Herren Klasslehrer des Gymnasiums, von der fünften Klasse der Latein-Schule an" das Angebot: „Durch gefälliges Anerbieten von Seiten der Königl. Militair-Schwimmschule dahier wird den Schülern der hiesigen Studienanstalt auch für diesen Sommer die Gelegenheit eröffnet, an dem Unterricht im Schwimmen, wie er an der besagten Anstalt erteilt wird, Antheil zu nehmen. Bedingung für die Theilnahme ist die Vorausbezahlung eines Kronenthalers"

Die Teilnahme am Schwimmunterricht war freiwillig. 1839 werden insgesamt 22 Schüler gezählt. 1860/61 sind es 36 Schüler. Darunter finden sich die Namen v. Waldenfels, v. Egloffstein, Nägelsbach, Feustel.

1857 stellt das Staatsministerium des Innern für Kirchen- und Schulangelegenheiten fest, dass der Schwimmunterricht nicht für alle Schüler obligatorisch ist, aber 1858 wendet sich das Königlich-Bayerische 13. Infanterieregiment Kaiser Franz Joseph von Österreich an das Königl. Studienrektorat mit der Bitte, es solle auf eine möglichst große Beteiligung der Kinder am Schwimmunterricht hingewirkt werden. Die Kosten für die Abnützung werden 1858 auf 61 fl veranschlagt. Jeder Schüler des 1. Jahres muss 1 fl 45 kr jährlich, des 2. Jahres 1 fl, des 3. Jahres 36 kr entrichten.

Erst viel später kommt es zur Errichtung besserer Schwimmbäder wie z.B. dem Schwimmbad „Rosenau" (Eröffnung 1875), dem Stadtbad (Eröffnung am 14. Dezember 1929) oder dem Schwimmbad am Kreuzstein (Glasenweiher, früher vom Militär genutzt, am 28. Mai 1922 von der Stadt in Verwaltungspacht übernommen und durch den am 4. November 1921 gegründeten ersten Schwimmverein. in der Folge ausgebaut).

2.4.2. Geographie und Geschichte

Auch im 19. Jahrhundert wurde überwiegend der Stoff in Form von „Vorlesungen" vermittelt, viel wurde diktiert. An Lernmittel im heutigen Sinn ist nicht zu denken. Ausgaben für

Lehr- und Lernmittel hielten sich für diese „Nebenfächer" in Grenzen. Wir finden vor allem Hinweise auf Anschaffungen von Atlanten und Landkarten für Europa, Asien, Afrika, Amerika, Baiern, Deutschland, Italien, Großbritannien und Frankreich, auch für Karten von der „Alten Welt". Aus früherer Zeit waren noch ein Erd- und Himmelsglobus vorhanden, aber leider stark beschädigt und unbrauchbar.

Eine Gerichtsdienerwitwe Spandau bietet einen Erdglobus an, der von Professor Haan aus Dresden gefertigt und von Professor Gumpel aus Berlin gestochen worden war. Als Ladenpreis veranschlagt Professor Neubig vom Gymnasium in einem Gutachten 25 Taler sächsisch, die Witwe will 36 fl bekommen, das Gymnasium bietet 25 fl.

Wir finden ein Angebot der Georg Franz'schen Buchhandlung in München für ein „Tableau des Königreichs Bayern, von Adolph von Schaden, München 1835. Ein Anschauungsexemplar hat sich im Archiv des Gymnasiums gefunden, aber für die Schüler taugte das Werk gewiss nicht, denn es enthält überwiegend statistisches Material.

Zu den weiteren „Instrumenten" gehörte ein „Tabellarium und Lunarium mit dreizölliger Erde nebst ihrem Mond, der Tierkreis mit Messzeiger, einer Lampe von Messing, welche die Sonne darstellt, das ganze auf einem schwarzen polirten Gestell". Die Kosten für dieses „Wunderwerk" beliefen sich auf 5 fl 30 kr.

Bemerkenswert erscheint ein Erlass vom 31. März 1840, nach welchem die konfessionelle Trennung des Geschichtsunterrichts „nach Maßgabe der sich ergebenden Mittel in Vollzug gesetzt werden soll". Das führt zu gewissen Problemen, denn nach der Schulordnung gab es bisher in jeder Klasse 2 Stunden Geschichte, in der 4. Klasse der Lateinschule 1 Stunde, in der 3. lateinischen Klasse 2 Stunden wöchentlich. Die Professoren führen ins Feld: „Wenn ein getrennter Unterricht für die katholischen Schüler gegeben werden soll, kann die Gesamtzahl der Stunden für diese aber nicht verringert werden, auch wenn es oft nur sehr wenige in einer Klasse sind". 1842 gibt es z.B. in der 4. Klasse des Gymnasiums keine katholischen Schüler, in der 3. Klasse sind es nur 3, in der 2. Klasse 5 und in der 1. Klasse nur 1 katholischer Schüler. Dennoch wird ab 1842 der katholische Geschichtsunterricht von Kaplan Rorich erteilt, 4 Stunden wöchentlich, wobei Schüler verschiedener Klassen gemeinsam unterrichtet werden. Rorich erhält dafür 100 fl, 1844 für 6 Stunden wöchentlich 150 fl im Jahr. Eine Begründung für diese Maßnahme ist nicht erkennbar. Ob vielleicht eine zu kritische Behandlung etwa der Papstgeschichte befürchtet wurde, kann nur vermutet werden.

Angeschafft werden zwischen 1821 und 1856 Tabellen, Lehrbücher für 135 fl 54 kr, eine Genealogie des Königlichen Hauses Bayern von Franz Xavier Zottmayr, auf die besonders in der Beilage zur Nr. 30 des Intelligenzblattes für den Mainkreis hingewiesen wird (11. März 1834). Zottmayr ist königl. Archiv-Sekretär. Es geht um ein diplomatisch-genealogisches Werk des Königl. Hauses Bayern mit 12 synchronistischen Tabellen der Stammhalter aus den verschiedenen Linien, sowie die Päpste und römischen Kaiser. Der Ladenpreis betrug 54 kr.

Zugleich wird auf aufrührerische Schriften hingewiesen, die angeblich von Belgien aus verbreitet werden, z.B. ein „Bürger-Katechismus für Deutschland" von einem Dr. Pistor in Straßburg.

2.4.3. Musik und Zeichnen

Musikalisches Leben wurde seit dem Mittelalter in Bayreuth bestimmt durch Kirchendienst und die Tätigkeit der Stadtpfeiferei. Vor der Reformation war die Kirche konkurrenzloser Träger musikalischer Aktivität, eingebunden in Gottesdienst und religiöses Ritual. Den Knabenchor unter Leitung des lateinischen Schulmeisters, der immer auch Kantor war, stellte die lateinische Schule. Als „tonangebendes" Instrument diente die Orgel.

Im 19. Jahrhundert waren die Musiklehrer am Gymnasium Stadler (1812–1816), Riedel (1817–1829), Geld (1829/30), Buck (1830–1881), Ott (1881/82–1900), Pülz (1900–1906), Stadtkantor Fiesenig (1906–1914/15). Ihm wird am 2. Oktober 1907 mit Wirkung von Beginn des Schuljahres 1907/08 an die Erteilung des Gesangsunterrichts statt in 7 in 8 Stunden pro Woche gegen die Vergütung von 108 Mark für die Wochenstunden „in widerruflicher Weise auf Rechnung der Anstalt" übertragen. Dr. Heinrich Schmidt übernimmt den Unterricht für Instrumentalunterricht und Gesang mit 12 Wochenstunden für eine Vergütung vonm 1 296 M jährlich. Ab 1918/19 erteilt Gottlieb Bachmeier mit 8 Wochenstunden den Gesangsunterricht, während Dr. Schmidt weiterhin für den Instrumentalunterricht zuständig ist.

Noch 1904 wird beharrt: „Es kann nicht angehen, dass mit Rücksicht auf einen zeitweise stattgehabten Ausnahmezustand die seit mehr als einem Jahrhundert festgehaltene Verbindung der Stadtkantorstelle mit dem Gesangsunterricht an der Studienanstalt kurzweg und vollständig gelöst werde."

Stadtkantor Buck verweist 1835 darauf, „dass im vergangenen Jahr beide Gesangsabteilungen überfüllt waren. So wurde eine dritte Abteilung geschaffen, von Januar bis zum Schluss des Schuljahrs wöchentlich 1 besondere Stunde. Aber 1 Stunde reichte nicht aus, die Schüler mit der Zeit so weit zu bringen, dass sie einer höheren Abteilung wieder einverleibt werden könnten. Deshalb sind 2 Stunden nötig." Buck bittet um eine entsprechende Gratifikation und erhält 1837 22 fl 24 kr.

Das Problem dieser Lehrer, die keine wirkliche Funktionsstelle hatten und auch vom Gehalt eines Kantors nicht leben konnten, war die geringe Besoldung. Erst mit der Einführung von Musik als Pflichtfach verbesserte sich die Situation.

So nimmt am 30. Dezember 1816 Johann Adam Riedel, Gesangslehrer an der Studienanstalt, Stellung zu den „vorgeblich von mir zu viel bezogenen Raten für den Musikunterricht".

„Ich wurde durch die höchste Entschließung des Königl. Generalkommissariats, dass ich mich über die für das Quartal Juli, August, September bezogene Renumeration zu 25 Gulden mit dem vorigen Gesangslehrer Oberpimärlehrer Stadler benehmen soll, in das äußerste Befremden versetzt." Riedel meint, dass die Besoldung für den Musikunterricht bekanntlich dem Musiklehrer im Ganzen zugemessen wird, auch wenn Ferien in einem Quartal vorkommen.

Stadler wird am 31. Juli 1816 bedeutet, dass seine Befreiung von den Diensten eines Gesanglehrers oder Singmeisters keine Zurücksetzung bedeute. Er war nie als Gesangslehrer förmlich angestellt. Eine einmal bewilligte Gratifikation von 100 fl erhielt er aus dem Grunde,, weil sein Gehalt als Oberprimärlehrer noch nicht reguliert war. Es soll der Garnisons-Kantor Riedel als Musiklehrer in seinen Dienst eingewiesen werden."

1820 soll Riedel 200 fl bekommen, hat aber bisher erst 100 fl erhalten. Er bezieht sich am 7. Juni 1820 auf ein Rescript vom 10. Juli 1816. Damals waren 100 fl jährlich für wöchentlich 2 Stunden Vokalmusikunterricht ausgesetzt. Dann gab es eine Zulage von 100 fl. Dafür wurden aber Verpflichtungen und Verbindlichkeiten ausgedehnt und erhöht. Er musste nun wöchentlich 8 Stunden unterrichten, 4 Stunden Vokalmusik und 4 Stunden Instrumentalmusik. Riedel nahm den „hiesigen Musiklehrer Barth als „Gehülfen" an gegen 15 kr für die Stunde.

Nun wurde die Hälfte seines Gehaltes gestrichen und er erhält nur noch 100 fl.

Als Folge dieser Maßnahme ergeben sich für ihn erhebliche wirtschaftliche Probleme. Er könne dann auch nur die Hälfte des bisher erteilten Unterrichts halten und bittet deshalb darum, wieder 200 fl zu bekommen, um mit seinem ohnehin sehr geringen Gehalt seine Familie ernähren zu können.

Die Stadtkantoratsstelle bringt schließlich mit allen Naturalien zusammen 375 fl als Maximum, so dass er 1820 auf ein Jahreseinkommen von insgesamt 575 fl kommt.

Seit Entstehen des Gesangsunterrichts fand der Unterricht am Mittwoch und Sonnabend von 11–12 Uhr und von 2–3 Uhr statt. Der Instrumentalunterricht wurde jeweils an diesen Tagen von 3–5 Uhr am Nachmittag erteilt. Aber immer wieder gab es Klagen über die Vernachlässigung des Gesangsunterrichts. Einige Schüler entschuldigen sich, sie hätten von 11–12 Uhr teils hebräisch, französisch und andere Privatstunden. „Es traf sich einige Male, dass nur 5 Diskant und Altstimmen, nur 15–20 Tenor und Baß Stimmen zugegen waren".

Nachmittags stören Jungen, „die erst aus den Primärschulen herüber versetzt wurden" durch Ungezogenheiten und die „so die gesitteten und lernbegierigen durch ihr böses Beispiel … anstecken …".

Ab 1830 fiel der Musikunterricht weg, wurde vom Jahr 1842/43 an vom Haubisten bis 1847/48 gegeben und entfiel wiederum vollständig ab 1848/49.

1849/50 übernahmen ihn der Stadtmusikus Geißer und Musiklehrer Sartor, ab 1856/57 Geißer allein.

Die Regierung verlangte, dass die Schüler für den Musikunterricht einen Beitrag bezahlen sollten und forderte dazu die Meinung der Schule ein. Diese hielt jährlich 30 kr für angemessen, so dass mit dem vierteljährlichen Lehrgeld von 1 fl 15 kr dann vierteljährlich 1 fl 22 ½ kr von jedem Schüler zu entrichten waren.

Ein besonderes Problem stellte die für den Gesangsunterricht so wichtige Orgel dar. Sie wurde im März 1817 aus der Mädchen-Schulklasse, aus dem Elementarschulgebäude ins Gymnasium gebracht und in dem Schulzimmer des Progymnasiums aufgestellt. Diese Orgel war ursprünglich Eigentum des Alumneums und soll 1843 für

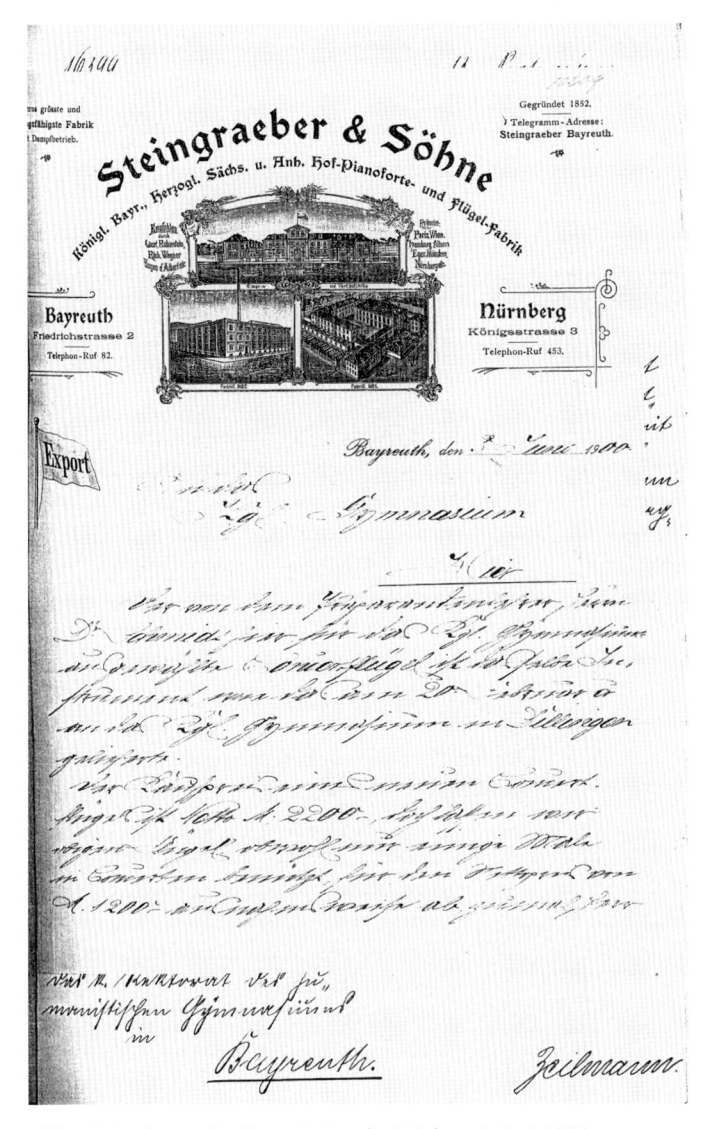

Abb. 98: Rechnung der Firma Steingräber&Söhne, 3. Juni 1900

Erst 1900 wurde die Anschaffung eines neuen Konzertflügels von der Piano-forte Fabrik Steingräber und Söhne dank der wohlwollenden Großzügigkeit dieser Firma ermöglicht. Der offizielle Kaufpreis für ein solches Instrument lag damals bei 2 200 Mark, seitens der Schule waren aber nur 1 200 Mark genehmigt. Um diese Summe richtig einschätzen zu können, mag ein Vergleich dienen. 1 200 Mark entsprachen zu dieser Zeit etwa dem Jahresgehalt eines Professors am Gymnasium, 2 200 Mark entsprachen etwa einem Viertel des Jahresgehalts von Leopold von Casselmann, der am 19. März 1900 zum rechtskundigen Bürgermeister gewählt worden war. Er erhielt als Jahresgehalt 8000 Mark und 1000 Mark Wohnungsgeld.

In den 1890er Jahren wird regelmäßig die „Frequenz" des Gesangs- und des Instrumentalunterrichts erfasst Es ergibt sich folgendes Bild bei jeweils 4 Kursen:

Jahr	Gesang	Musik
1893/94	164	95
1894/95	143	99
1895/96	131	104
1896/97	106	108
1897/98	90	87

Ab 1897/98 kommt es dann zu neuen Regelungen. Es soll nun der Gesangsunterricht, der Chorgesang als obligater Lehrgegenstand eingeführt werden. Grundsätzlich hält das Ministerium den Antrag zwar für beachtenswert, hat aber Bedenken, dass ein neues Pflichtfach die Schüler überbürden könnte.

Es gibt in diesen Jahren Erhebungen, Fragebogen über die Maßnahmen zur Hebung und Förderung des Gesangsunterrichts an den humanistischen und technischen Mittelschulen.

Für das Gymnasium in Bayreuth werden für zurückliegende Jahre, z.B. für das Schuljahr 1868/69, folgende Daten ermittelt:

50 fl verkauft werden. Der Erlös wurde in den Fond des Alumneums überführt.

Wiederholt fielen für Reparatur und Umstimmung der „Nachfolgeorgel" Kosten an, so z.B. im Jahr 1868. „Es müssen umgestimmt werden No. 2 Gedackt 8', No. 3 Gemshorn 4', u.a., alle von Zinn, die wegen ihres grellen Tons bei dem Gesangsunterricht gar nicht zu gebrauchen sind. Benötigt sind eher sanfte Stimmen, z.B. eine Gamba 8' und eine Flöte 8'"

Weitere Kosten fallen an für eine Hohlflaute 8', eine Gamba 8' und Principal 8', insgesamt müssen dafür 258 fl aufgebracht werden.

1824 geht es um die Anschaffung eines Forte-Pianos. Eine Sammlung hatte zwar 124 fl erbracht, doch reichte dies nicht. Man brauchte mindestens 230–240 fl.

Gymnasium	4. Klasse	3. Klasse	2. Klasse	1. Klasse
Violine	4	2	2	2
Klarinette		2		
Flöte		2	2	2
Cello			1	2
Horn				2
Lateinschule	**4. Klasse**	**3. Klasse**	**2. Klasse**	**1. Klasse**
Violine	2	3	2	7

Aufwendungen für die materielle Ausstattung des Faches Musik beziehen sich neben dem Ankauf von Instrumenten vor allem auf Noten. Eine kleine Auswahl verdeutlicht zugleich, was im 19. Jahrhundert den Schülern abverlangt wurde, welche Werke bei entsprechenden Anlässen dargeboten wurden.

1838   93 fl 48 kr
1839   42 fl 24 kr
1838/39 122 fl   8 kr
1840   178 fl 32 kr

Angeschafft wurden z.B. Spohr, „Hymnus" (Partitur im Klavierauszug und Stimmen), Romberg, „Die Macht des Gesangs", Cherubini, „Cantate" (Partitur und Stimmen), Schubert, „Gott im Ungewitter", Hauptmann, „Auf dem See" von Goethe. 1840 erfolgte der Ankauf einer Viola, einer Klarinette und von Hörnern für 66 fl, außerdem eines Musikpults und eines Schrankes für 112 fl 32 kr.

Der im Grunde unbefriedigende Zustand des Musikunterrichts wird deutlich durch ein Gesuch vom 28. August 1852, in dem Schüler, die bei der Harmonie-Musik mitwirken, um die Erlaubnis zur Gründung eines musikalischen Vereins bitten. Sie verweisen darauf, dass das Bayreuther Gymnasium im Vergleich mit Bamberg und Würzburg schlecht abschneidet, soweit es das Fach Musik betrifft. „Die Bamberger durften im vorigen Jahr (1851) sogar dem König eine Serenade darbieten". Es folgen Hinweise darauf, dass keine Instrumente angeschafft werden und mehrere der alten unbrauchbar sind. Die Schüler wollen zur Verbesserung beitragen. Viele haben den Beitritt zu einem Verein schon zugesagt. Zweck des Vereins soll sein, durch die Beiträge, welche sowohl aktive als passive Mitglieder leisten würden, vorzugsweise gute und notwendige Instrumente und Noten anzuschaffen und ärmere Schüler zu unterstützen, wenn sie Blasinstrumente erlernen wollen.

In den Wintermonaten soll in einem passenden Lokal „Harmonie-Musik" dargeboten werden unter Leitung von Herrn Geisser, und ab Mai ist an eine regelmäßige „Produktion" innerhalb dreier Wochen gedacht. Bei 50 passiven Mitgliedern könne man mit 60 fl im Jahr rechnen.

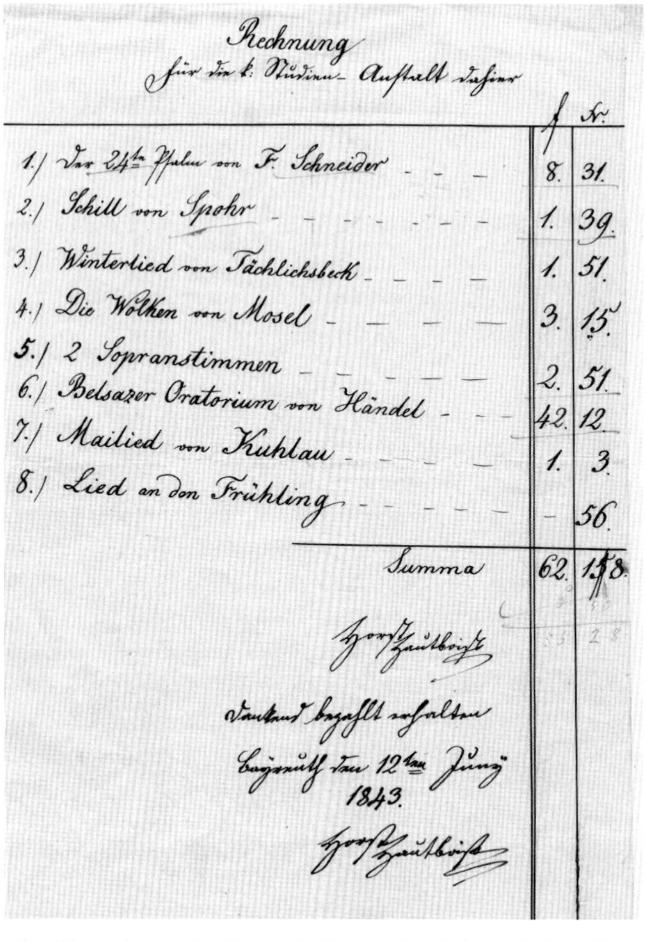

Abb. 99: Rechnung über die Anschaffung von Musikalien, 12. Juni 1843

Instrumente werden von den Schülern ausgeliehen und müssen in gutem Zustand wieder zurückgeben werden.

1855 beliefen sich die Kosten z.B für ein C Bombardon auf 15 fl, 1853 für eine Trompete auf 15 fl, für eine Klarinette auf 16 fl.

Mit ähnlichen Problemen wie der Musikunterricht hatte der Zeichenunterricht zu kämpfen.

Auch die Schreibmeister und Zeichenlehrer erscheinen nicht im Verzeichnis der hauptamtlichen Lehrkräfte und mussten sich in der Regel ein Zubrot durch Privatunterricht oder Schreibarbeiten für die Kanzlei hinzu verdienen.

Erster Zeichenmeister am Gymnasium war Matthäus Emanuel Ränz (geb. 9. Juni 1747, gest. 3. Februar 1801), ein Enkel des berühmten Elias Ränz. Ihm folgt sein Sohn Johann Karl Ludwig Heinrich Ränz (geb. 23. Januar 1777, gest. 29. September 1865) im Jahr 1800. In diesem Jahr hatte auch Schreibmeister Johann Christian Teicher nach 22 Jahren Tätigkeit sein Amt niedergelegt.

1814 erstellt Ränz ein Inventar und verweist darauf, dass viele Blätter, die 1808 angeschafft worden waren, unbrauchbar geworden seien. Er erwähnt auch 181 in Kupfer gestochene Blätter, die als Vorlage zum Nachzeichnen dienten.

1818 bittet er darum, dass „eine Anzahl ganze menschliche Körper, auch Köpfe 12–15 Stück angeschafft werden und eine „Anzahl von Landschaften",20–25 Stück." Diese seien von München oder Nürnberg zu beziehen.

1823 übernimmt er zusätzlich die Verwesung der Schreiblehrerstelle. Dadurch muss er allerdings einen Teil seiner Privatstunden wegfallen lassen, was zu einem Besoldungsproblem führt. Statt ursprünglich 200 fl soll er jetzt nur noch 50 fl jährlich erhalten. In zwei Klassen wurde der Zeichenunterricht aufgehoben.

Er klagt wiederholt, dass die Schüler „unordentlich kommen, auch die festgesetzten 10 Groschen vierteljährlich nicht bezahlen."

1829 bittet Ränz um das „huldvolle Verleihen einer Gratifikation". Er ist nun bereits 29 Jahre am Gymnasium tätig. Seine Lebensverhältnisse sind ärmlich, nachdem der Unterricht in den beiden Klassen des ehemaligen Seminars aufgehoben wurde und er habe 6 Kinder zu ernähren.

Rektor Gabler unterstützt das Gesuch, meint aber zugleich, die Einnahme aus der Schreiblehrerstelle würde den Verlust ausgleichen.

1834 ergeht die Aufforderung an alle Schulen, für die Industrie-Ausstellung in München Zeichnungsproben einzuschicken (ausgeschrieben in der Beilage zu Nr. 131 des Intelligenzblattes für den Ober-Main-Kreis, Bayreuth 1. Novbember 1834), worauf sich am 9. Januar

Abb. 100: Vorlagen für den Zeichenunterricht

1835 alle Lehrer im Lehrzimmer versammeln und die Anfrage erörtern.

Ränz verzeichnet insgesamt 16 gelieferte Zeichnungen, z.B. zwei Köpfe nach der „Niederländer Schule", Jean Paul, Münchener Tracht, Christus mit der Dornenkrone, Jungfrau von Orleans.

Nachfolger von Ränz sind 1855 Zeichenlehrer Ludwig Pflaum und 1860 Lehrer Thiem.

Am 20 und 23. Oktober 1911 findet eine „Besichtigung des Zeichenunterrichts" durch Regierungsrat Dasio statt. In seinem Bericht vermerkt dieser, der Zeichensaal sei zwar geräumig, aber nicht hell genug, vor allem in den Monaten von Oktober bis März. „Das Zeichnen bei künstlichem Licht ist nicht zu empfehlen. Vielleicht lassen sich bauliche Maßnahmen durchführen. Der Unterricht ist gut, die Resultate erfreulich. Zu begrüßen ist, dass vom Zeichnen und Malen nach Vorlagen ganz abgegangen ist. Wünschenswert wäre eine allmähliche weitere Ausgestaltung der Lehrmittel-Sammlung." Zeichenlehrer zu dieser Zeit ist Heinz.

Das Angebot für einen kunstgeschichtlichen Ferienlehrgang in den Räumen des Albertinums in Dresden während der Osterferien 1912 und 1913 gilt nur für 2 bayerische Lehrer. „Zuschüsse können nicht zur Verfügung gestellt werden."

Es wird wohl im Wesentlichen zutreffen, was der ehemalige Schüler Dr. Friedrich Nägelsbach, ein Vetter des Gymnasialprofessors Karl Nägelsbach, 1925 in seinen Erinnerungen niederschreibt.

„Feststellen muss ich vor allem, dass unser Turn- und Zeichenunterricht verlorene Zeit war. Allerdings war meine Begabung für diese Fächer nicht groß. Aber dass hier so viel wie nichts geleistet und die Stunden fast nur vergeudet wurden, lag sicher nicht bloß an mir. Auch nicht bloß an den Lehrern, sondern zum großen Teile auch an der stiefmütterlichen Behandlung dieser Fächer von oben herunter. Etwas besser stand es um den Gesangsunterricht ... der von dem alten, zuletzt steinalten Stadtkantor (Buck, d. Vf.) gegeben wurde. Der alte Mann hatte ja keine Pensionsansprüche und konnte auch vom Kantorat allein nicht leben ... Sein Unterricht hatte ungemein unter der ... Aufgabe zu leiden, verschiedene öffentliche Gesangsaufführungen, darunter ein größeres Oratorienkonzert, mit seinen Schülern herauszubringen. Da wurden nun Chöre von Händel, Haydn, Mendelssohn und anderen fast ein Jahr hindurch gedrillt ... Auch wurden unsere Stimmen nicht zweckmäßig behandelt: wenn einer gutes Gehör hatte, dann wurde ihm kaum eine kurze Mutierzeit gestattet; viel zu früh musste er vom Sopran oder Alt zum Tenor oder Baß übergehen, so dass mancher sein von Haus aus gutes Organ für immer verdarb."[21]

Ungeachtet dieser mehr oder weniger berechtigten Kritik lässt sich aber feststellen, dass auch in diesen Fächern Fortschritte gemacht wurden. So genehmigt z.B. im Jahr 1907 das Bayerische Staatsministerium des Innern für Kirchen- und Schulangelegenheiten dem Gymnasium einen Kredit von 356 M 60Pf. für die Anschaffung eines Projektionsapparates „zum Gebrauche beim kunstgeschichtlichen Anschauungsunterricht ..." Bemerkenswert ist, dass diese Zusage den Kostenvoranschlag der Firma Julius Heuberger um genau 50 M überschreitet. Es kann dies nur auf einem Lesefehler beruhen, denn noch nie hatte und hat der Staat freiwillig mehr bezahlt als beantragt worden war.

2.4.4. Stenographie

Den ersten Ansatz zu einer Stenographie finden wir in Griechenland. Eine Marmorinschrift um 350 v. Chr. enthält den verstümmelten Text einer Anweisung dazu. Die spätere griechische Stenographie (Tachygraphie) scheint ein Ausläufer davon zu sein. Sie war weit verbreitet, denn man hat in ägyptischen Gräbern Überreste stenographischer Schülerhefte gefunden. Unabhängig davon hat sich die Stenographie bei den Römern seit dem 1. Jahrhundert v. Chr. entwickelt. Nach ihrem Erfinder Tiro nennt man sie „Tironische Noten". Erste Anfänge in der Neuzeit reichen ins 17. Jahrhundert zurück.

Mit der „Tacheographia" („Schnellschrift") von C. A. Ramsay (zuerst 1678) beginnt die deutsche Stenographie, die sich endgültig aber erst 1796 mit Mosengeil und 1797 mit Horstig durchsetzt. Von 10 stenographischen Systemen, die im 19. Jahrhundert in Deutschland entwickelt wurden, erwies sich die graphische Richtung als am erfolgreichsten. Ihr brach Gabelsberger 1834 mit seiner „Redezeichenkunst" erfolgreich die Bahn und stellte die deutsche Stenographie auf eigene Füße. In den höheren Schulen Bayerns, Sachsens und Sachsen-Weimars wurde die Gabelsbergersche Stenographie als Wahlfach eingeführt.

1854 ergeht „im Namen Seiner Majestät des Königs" die Weisung, „in Anbetracht der Gemeinnützigkeit der Stenographie und der Ersprießlichkeit derselben für den öffentlichen Dienst, dieser Kunst eine größere Verbreitung ..." zu verschaffen. „Es ist möglichst dahin zu wirken, dass am Sitze von Gymnasien und technischen Schulen Lehrer ... sich mit der Stenographie vertraut machen, der vorgeschriebenen Prüfung sich unterziehen und hiernach einen Lehrkurs der Stenographie eröffnen."

Das Rektorat des Gymnasiums in Bayreuth meldet am 14. November 1854, dass am Gymnasium und an der Kreis-Gewerbsschule kein Lehrer zur Verfügung steht. Das Ministerium verweist auf einen Leitfaden mit dem Titel „Kurzgefasstes Lehrbuch der Gabelsberger'schen Stenographie", der bereits in 5. Auflage 1854 bei Franz in München vorrätig ist.

Die Prüfung umfasste drei Prüfungsaufgaben, für deren Bearbeitung jeweils drei Stunden zur Verfügung standen. Ein erster Kandidat, stud. Jur. Friedrich Koerber, der sich erboten hatte, den Unterricht zu übernehmen, bestand laut Protokoll vom 6. März 1856 leider diese Prüfung nicht.

Der Unterricht sollte wöchentlich jeweils am Mittwoch und Samstag von 2–3 Uhr am Nachmittag stattfinden. Das Honorar betrug je Schüler 30 kr monatlich.

Schließlich übernahm ab 3. August 1856 Alexander Puschkin, Lehrer der französischen und englischen Sprache, den Unterricht, nachdem er sich über die erforderlichen Vorbedingungen genügend ausgewiesen hatte.

Am 3. Dezember 1861 wurde in Bayreuth ein „Gabelsberger Stenographenverein" gegründet, an dessen Spitze Puschkin (Fachlehrer), Heinemann (Lehrer) und Chr. Schmidt (Kaufmann) standen. Am 18. Februar 1866 löste sich der Verein aber wieder auf. (StadtA BT, 16 647)

Das Interesse seitens der Schüler war durchaus groß. In manchen Jahren gab es 55 und mehr Teilnehmer. 1872/73 finden wir bekannte Namen wie Feustel, Fries, Großmann, Gummi, Kolb und Schlenk.

Puschkin war auch seit 1865 der erste Lehrer für Englisch.

2.4.5. Französisch, Englisch, katholische Religion und Naturkunde

Auf weitere Fächer kann nur kursorisch eingegangen werden. Zu erinnern ist, dass zwar von Beginn an ein „Französischer Sprachmeister" Unterricht in diesem Fach erteilte, dass aber immer wieder gravierende Probleme auftraten, da diese Lehrer in der Regel die deutsche Sprache nicht beherrschten und auch pädagogisch völlig überfordert waren. Das Jahresgehalt eines Französischlehreres betrug um 1814 225 fl jährlich. Oft musste der Unterricht entfallen, weil kein geeigneter Lehrer zur Verfügung stand. „Kaum dass dieser (der Unterricht, d. Vf.) einmal eine Zeitlang begonnen hatte, so war er schon wieder, wer weis wohin geflohen". „So wenig sich auch die Sprache selbst als solche mit der Kunst, Würde und Freiheit der alten klassischen Sprachen ... messen darf, so bleibt sie doch ... auch in Deutschland für die Lehranstalten ein nothwendiges Bedürfnis". Der erste Lehrer für Französisch im 19. Jahrhundert war 1814 Gouvion St. Cyr. Bald aber gab es wieder eine Unterbrechung bis schließlich Privatlehrer Friedrich Siebert aus München 1817 die Stelle am Gymnasium erhielt, wobei sein Gehalt in Monatsraten von 18–19 fl ausgezahlt wurde.

1821/22 vermerkt der Jahresbericht die „Aufhebung des Unterrichts in Französisch auf Grund einer Allerhöchsten Entschließung vom 24. November 1821 aus dem Grund, weil die bedeutend vermehrten Ausgaben für wesentliche Verbesserungen die Anstellung eines Lehreres für diese Sprache nicht mehr gestatten." Bis dahin hatte Lehrer Siebert dieses Fach unterrichtet.

Um 1830 nahmen am Unterricht, der als Wahlfach angeboten wurde, insgesamt nur 13 Schüler teil. In den Verzeichnissen der Jahresberichte erscheint das Fach nicht. Den Unterricht erteilte F. Mösch (1830–1854). 1835/36 wurde die Stundenzahl von 4 auf 6 erhöht und das Fach bis 1854/55 in der obersten Klasse der Lateinschule und den vier Gymnasialklassen angeboten. Eine Besserstellung des Faches steht in Zusammenhang mit der 1854 revidierten Schulordnung, die den Unterricht in der französischen Sprache an den Gymnasien für obligatorisch erklärt. „Es soll geprüft werden, ob die bisherigen Lehrer die erforderliche wissenschaftliche Bildung zur Erteilung des Unterrichts besitzen, mit der französischen Literatur bekannt sind, die französische Sprache rein aussprechen und zugleich mit der deutschen Sprache so weit vertraut sind, um den Unterricht an Anfänger gehörig erteilen zu können."

1854/55 übernimmt Dr. Held den Unterrricht, ab 1856/57 folgen Alexander Puschkin bis 1878 und Friedrich Borngesser bis 1914. Seit 1854/55 gibt es kein Französisch an der Lateinischen Schule mehr, während ab 1890/91, seit die Klassen von 1–9 gezählt werden, die Stundentafel für

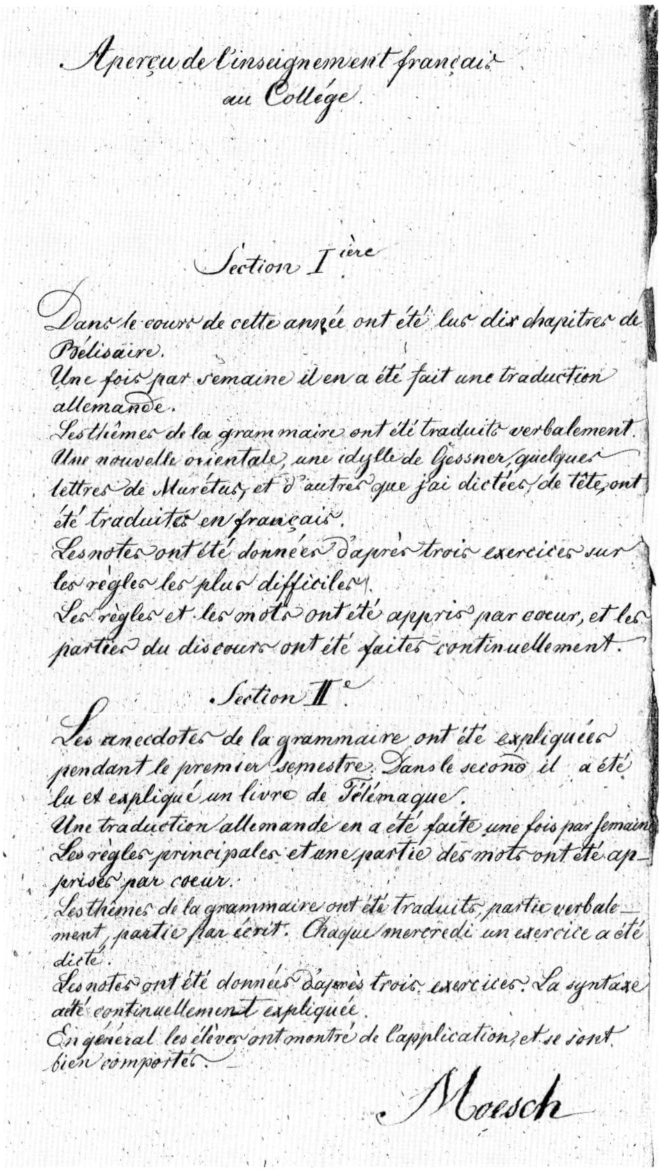
Aperçu de l'enseignement français au Collège.

Section Ière

Dans le cours de cette année ont été lus dix chapitres de Bélisaire.
Une fois par semaine il en a été fait une traduction allemande.
Les thèmes de la grammaire ont été traduits verbalement.
Une nouvelle orientale, une idylle de Gessner, quelques lettres de Muret, et d'autres que j'ai dictées de tête, ont été traduites en français.
Les notes ont été données d'après trois exercices sur les règles les plus difficiles.
Les règles et les mots ont été appris par coeur, et les parties du discours ont été faites continuellement.

Section IIe

Les anecdotes de la grammaire ont été expliquées pendant le premier semestre. Dans le second il a été lu et expliqué un livre de Télémaque.
Une traduction allemande en a été faite une fois par semaine.
Les règles principales et une partie des mots ont été appris par coeur.
Les thèmes de la grammaire ont été traduits, partie verbalement, partie par écrit. Chaque mercredi un exercice a été dicté.
Les notes ont été données d'après trois exercices. La syntaxe a été continuellement expliquée.
En général les élèves ont montré de l'application, et se sont bien comportés.

Moesch

Abb. 101: Schlussbericht des Lehrers für Französisch, Mösch, 1836

die 6. und 7. Klasse 3 Stunden, für die 8. und 9. Klasse 2 Stunden vorsieht.

Später änderte sich die Einstellung zur Förderung der Kenntnisse in der französischen Sprache. In einer Entschließung vom 21. April 1898 durch das Staatsministerium des Innern wird der Briefwechsel zwischen Schülern deutscher und französischer Lehranstalten untersagt. Dieses Verbot wird noch ausgeweitet auf das generelle Verbot von Briefwechseln zwischen Schülern bayerischer Lehranstalten und solchen des Auslandes.

Am 10. Januar 1866 wird genehmigt, dass die englische Sprache unter die facultativen Lehrgegenstände aufgenommen werden dürfte. Erster Lehrer ist Alexander Puschkin. Die Teilnahme am Unterricht ist freiwillig, wobei die Teilnahme in einem Kurs, der in zwei Stunden wöchentlich gegeben wird. nur gestattet ist, wenn in der französischen Sprache bereits zufrieden stellende Fortschritte gemacht wurden.

Englisch bleibt in der Folge Wahlfach mit 4 Stunden, gegen Ende des 19. Jahrhunderts 6 Stunden. Den Unterricht erteilen Puschkin und Borngesser.

Bemerkenswert erscheint, dass z.B. 1912/13 im Verzeichnis der Lehr- und Anschauungsmittel für die sprachlichen Fächer, Französisch und Englisch, bereits Grammophonvorträge vorhanden sind.

Auch der Unterricht in katholischer Religion hatte mit Problemen zu kämpfen. Man darf nicht vergessen, dass seit der Reformation die Katholiken unter großem Druck standen. Eine katholische Gemeinde gab es seit 1528 in Bayreuth nicht mehr, die Abhaltung von Gottesdiensten war Katholiken in der Markgrafschaft verboten. Eine erste Verbesserung gab es, als Markgraf Friedrich das Baugesuch für ein ordentliches Gebäude als Bethaus am 12. Oktober 1744 grundsätzlich genehmigte. Trotzdem war die freie Religionsausübung noch sehr eingeschränkt. Erst seit der Zeit der französischen Herrschaft begann eine Phase wirklicher Gleichberechtigung beider Konfessionen, bis schließlich am 3. März 1812 König Max Joseph seinen katholischen Untertanen gestattete, eine Pfarrei zu bilden und ihre Religion öffentlich auszuüben. Am 1. Mai 1813 wurde der katholischen Pfarrgemeinde die Schlosskirche übergeben, die Pfarrer Oesterreicher am 22. August 1813 feierlich einweihte.

Am 24. Oktober 1815 beklagt das königl. Katholische Stadtpfarramt, dass zwar seit 3 Jahren katholischer Religionsunterricht erteilt werde, dass aber nicht alle Schüler daran teilgenommen hätten. Man bittet darum, ein Verzeichnis „der hier studierenden Katholiken“ anzufertigen und an das Stadtpfarramt zu übermitteln. Es werden insgesamt nur 11 Schüler angegeben. 1815 enthält das Verzeichnis bereits eine Gesamtzahl von

83 Schülern, darunter z.B. Johann **Morg** aus der Metzgerfamilie Morg (geb. 17. Januar 1801), Georg Christoph Carl **Schlenk** aus der Rotgerberfamilie Schlenk (geb. 15. Juli 1801), Johann Wilhelm **Holle**, den späteren Prof. am Gymnasium, Johann Friedrich **Kolb**, Sohn des Fabrikanten Kolb (geb. 1. Januar 1802), Friedrich Carl **Dilchert** (der spätere Bürgermeister von 1851–1863, geb. 30. April 1802).

Noch 1920 wird festgestellt, dass der naturwissenschaftliche Unterricht an den humanistischen Anstalten seit alters stiefmütterlich behandelt worden ist. „Im Zeitalter der Naturwissenschaften hat es großer Anstrengungen bedurft, um wenigstens einigen Raum für diese Fächer im Stundenplan zu erhalten. Die Stundenzahl wurde inzwischen auf zwei in den unteren fünf Klassen erhöht. Oft aber unterrichten Lehrer dieses Fach, ohne dafür ausgebildet zu sein. Gerade in diesen Tagen ist das humanistische Gymnasium, wir dürfen es offen aussprechen, in seiner Gestaltung, ja sogar in seinem Bestande bedroht, weil es … einseitig ist und nicht in die neue Zeit passt."

In diesem Zusammenhang wird schon damals auf die fortschreitende Ausnützung bisher der Bewirtschaftung entzogenenen Landes, die mehr und mehr um sich greift, hingewiesen. Der Bestand von Mooren, Heiden und großen Waldgebieten ist gefährdet. Die dort lebende Tier- und Pflanzenwelt ist mit dem Untergang bedroht. Es soll die Schaffung von sog. Naturschutzparks gefördert und besonders auch in den Schulen in den Fächern Naturkunde und Geographie dieses Vorhaben gefördert werden.

Die Naturwissenschaften kamen nur allmählich mehr zur Geltung. Das Gymnasium war hier immer aufgeschlossen. So wurden z.B. am 28. Juli 1854 präparierte Naturgegenstände unter dem Mikroskop gezeigt. Allerdings musste der einzelne Schüler 6 kr bezahlen. Trotzdem nahmen aus den 4 Gymnasialklassen etwa 100 Schüler teil.

1870/71 findet sich im Jahresbericht erstmals der Hinweis auf naturgeschichtlichen Unterricht, den in zwei Kursen Studienlehrer Dr. Spandau Schülern der 1. und 2. Lateinklasse erteilt, „in welchem theils lebende Exemplare, theils Präparate aus der Sammlung des Lehrers zur Veranschaulichung dienten."

Inhalte des Unterrichts sind z.B. die forstlichen Kulturpflanzen Deutschlands, sichere Kenntnis des Lineé'schen Systems mittelst Anleitung zum Selbstbestimmen, dazu häufige Exkursionen in die Stadtumgebung. Dieser Unterrricht scheint dann aber wieder eingestellt worden zu sein, denn nach 1872/73 finden sich in den Jahresberichten keine Hinweise mehr.

Erst im Schuljahr 1891/92 erscheint das Fach Naturkunde in den Klassen 1–3. Den Unterricht erteilt Gymnasiallehrer Joseph Zametzer. Inhalte sind in der ersten Klasse Einleitung in die Pflanzenkunde, Lehre von der Gestalt und von den Teilen der Pflanzen, Einteilung nach dem Lineé'schen System, Erklärung und Bestimmung der am Schulorte und in dessen Umgebung wachsenden Bäume, Gesträucher und Getreidearten.

Im folgenden Jahr wird das Fach auf die Klassen 4 und 5 erweitert.

1900/01 unterrichtet Dr. August Großmann, Reallehrer für Naturkunde. Die Inhalte haben sich inzwischen erweitert. 1. Klasse: Einleitung in die Pflanzenkunde, Lehre von Gestalt und den Teilen der Pflanze, Lineé'schen System. 2. Klasse: Einleitung in die Tierkunde, Säugetiere, Gartengewächse, heimatliche Kulturpflanzen usw. bis einschließlich 5. Klasse. In der 5. Klasse kommen hinzu z.B. Besprechung der wichtigsten Metalle und Nichtmetalle, ihrer Verbindungen und Erze.

1910 gibt es Naturkundeunterricht in den unteren fünf Klassen des humanistischen Gymnasiums mit nunmehr 6 Wochenstunden. Dieser wird dem Reallehrer Dr. A. Hindlmayr ab 1910/11 übertragen.

Das Gymnasium verfügte auch über einen Botanischen Garten, der schon länger bestanden hatte, aber durch ein Hochwasser weggespült worden war. Mit Hilfe der Universität Erlangen, die verschiedene Samen zur Verfügung stellte, konnten aber wieder etwa 80 Pflanzen herangezogen werden. Auch die Anlage eines Alpinums war geplant.

Einen hohen Stellenwert nahm aber am Gymnasium immer der Mathematik- und Physikunterricht ein. So konnte man im Rahmen des Leers'schen Testaments eine Reihe elektrischer Maschinen und andere Geräte beschaffen. Ein Verzeichnis über den „Physikalischen Apparat" gibt für die Jahre 1820 bis 1878 einen sehr genauen Einblick über die Entwicklung des Bestandes. Um 1878 werden 22 Objekte im Gesamtwert von immerhin 860 Mark erfasst. Am 23. Januar 1878 bestätigt das Germanische Nationalmuseum Nürnberg den Erhalt von 29 mathematischen und naturwissenschaftlichen Instrumenten zur Ausstellung seiner Sammlungen. Es unterschreibt der 1. Direktor August Essenwein, der

Abb. 102.1: Einband eines Lehrbuchs für Naturkunde

Abb. 102.2: Beispiel aus einem Lehrbuch für Naturkunde

seit 1. März 1866 dieses Amt innehatte. Leider konnte über den Verbleib dieser Schenkung seitens des Germanischen Nationalmuseums keine Auskunft gegeben werden, doch ist anzunehmen, dass sie auch dem Bombenangriff im II. Weltkrieg zum Opfer fiel.

Mit Schreiben vom 1. August 1903 genehmigt das Bayerische Staatsministerium für Kirchen- und Schulangelegenheiten im Zusammenhang mit einer Visitation des mathematischen und physikalischen Unterrichts für Anschaffungen und Reparaturen vom Etatjahr 1903 an eine Erhöhung des Jahresetats um 25 M auf 100 M.

Das Inventar wird systematisch für die Bereiche „Mechanik fester und flüssiger Körper" (64 Geräte), „Magnetismus und Elektrizität" (29 Geräte), „Optik" (14 Geräte), „Wärme" (13 Geräte), und „Schall" (6 Geräte) erfasst. Diese Ausstattung war für ein humanistisches Gymnasium im Rahmen der verfügbaren Mittel gewiss nicht zu gering.

2.5. Die Professoren-Kern des Bildungsbürgertums

Noch weit ins 19. Jahrhundert hinein bleibt der soziale und wirtschaftliche Status der Professoren unsicher und problematisch, doch kommt es allmählich zu Verbesserungen.

1824/25 geht es um die Besoldung der bisherigen und neu eingestellten Professoren. Professoren, die im vergangen Schuljahr 1823/24 angestellt waren und für 1824/25 weiter belassen werden, sollen vorläufig ihre bisherigen Besoldungen aus den Studienfonds-Kassen empfangen und unverkürzt fortbeziehen. Woandershin versetzte Professoren müssen ihre bisherige Besoldung nachweisen. An die ganz neu angestellten Professoren sind vorläufig fünfzig Gulden als monatliche Besoldung zu entrichten

Umzugskosten werden nach dem Regulativ vom 16. August 1817 bewilligt, wenn der Anspruch begründet wird. Ein Vorschuss von 50–100 fl ist möglich, wenn eigene Mittel nicht vorhanden sind.

Es wird 1824/25 zwar eine „ansehnliche Gehaltserhöhung" hervorgehoben, wofür man untertänigst dankt, doch reicht das Jahreseinkommen oft nur knapp aus. 1848 erhält z.B. Dr. Heerwagen nach 10 Dienstjahren auf Grund seiner Beförderung zum Professor eine Zulage von 100 fl, so dass sein Jahresgehalt nun 800 fl beträgt.

An zwei Übersichten über die Gehälter lässt sich aber doch eine schrittweise Verbesserung der finanziellen Situation ablesen.

1845/46

Name	Grund-gehalt	Zulagen	Summe
Dr. Held	700	300	1 000
Neubig	800	300	1 100
Klöter	700	300	1 000
Lotzbeck	700	300	1 000
Lienhardt	700	200	900
Holle	600	300	900
Heerwagen	600	200	800
Schmidt	600	200	800
Dietsch	600	200	800
Raab	600	---	600

1851 (mit Abgabe für den Witwen- und Waisenfonds)

Name	Gehalt	Zulage/Gehaltserhöhung	Summe	Abgabe
Dr. Neubig	1000 fl	100 fl + 100 fl	1 200 fl	12 fl
Lotzbeck	700 fl	300 fl + 200 fl	1 200 fl	12 fl
Lienhard	700 fl	200 fl + 157 fl 14 kr	1 057 fl 14 kr	10 fl 34 ½ kr
Dr. Heerwagen	700 fl	100 fl + 188 fl 14 kr	988 fl 14 kr	9 fl 53 kr
Dr. Holle	700 fl	200 fl + 100 fl	1 000 fl	10 fl

1848 geht es um das Aufrücken zur dritten (Lotzbeck) und 2. (Lienhard) Professur. Der bisherige Studienlehrer Dr. Heinrich Wilhelm Heerwagen wird Gymnasialprofessor und erhält nun 625 fl jährlich.

In einem Erlass vom 23. November 1848 stellt das Staatsministerium des Innern für Kirchen- und Schul-Angelegenheiten betreffend Lotzbeck und Lienhardt aber klar fest, dass grundsätzlich die einzelnen Lehrkräfte „so zweckmäßig als möglich verteilt und jedem Lehrer derjenige Wirkungskreis angewiesen werden solle, bei welchem derselbe von seinen Fähigkeiten je nach seiner Individualität den besten Gebrauch zu machen im Stande ist." Dies gilt unabhängig von der Rangstufe.

1865 bitten in einer Eingabe an die Hohe Kammer der Abgeordneten die bayerischen Professoren und Studienlehrer „gehorsamst" um gehaltliche Gleichstellung mit den übrigen im gleichen Dienstrang stehenden Staatsbeamten. Die Professoren wurden mit einer Besoldungszulage von täglich 16 kr bedacht, die sich nach je sechs Jahren um 8, bei den Studienlehrern um 4 kr vermehrt. Die übrigen bis dahin gleichbesoldeten Beamten wurden um das Vier- und Fünffache erhöht. „Durch diese Zurücksetzung und Verkürzung sind bisher dem Lande über 200 000 fl erspart … die gehorsamst Unterzeichneten aber mit ihren Familien den drückendsten Entbehrungen und unwürdigem Mangel preisgegeben worden …"

„Das Jahresgehalt eines Lehrers beträgt gegenwärtig in den ersten sechs Jahren 700 fl, in den folgenden Jahren bis zum 13. Dienstjahr 825 fl, bei Beförderung zum Gymnasialprofessor 1 050 fl.

Ein Justizbeamter beginnt mit 800 fl und steigt dann rasch auf 900, 1000 und 1 400 fl. Gleiches gilt für Verwaltungsbeamte. Sie steigen vom 12. Dienstjahr an bis auf 1 800 und 2 000 fl. Für einen Gymnasialprofessor bleiben ab dem 19. Dienstjahr 1 350 fl bis zum 25. Dienstjahr."

Nach der Umstellung der Währung auf Reichsmark stellt sich die Situation deutlich besser dar. 1876/77 beträgt das Jahresgehalt für Großmann 4 800 M, Fries 4 080 M, Schalkhäuser 3 720 M, Schmauser 3 700 M, Hofmann 4 620 M, und Nägelsbach 3 360 M.

Um diese Einkommen einordnen zu können, dienen ein paar Vergleichsdaten zu den Einkommen anderer Berufsgruppen und zu den Lebenshaltungskosten jener Zeit:

Man erhielt 1800 für 4 Kreuzer 2–2 ½ Pfund Brot, 1868 nur noch ¾ Pfund. 1890–1910 bezahlte man für das Pfund Brot 16 Pf, 1915 20 Pf. Ein Pfund Fleisch bester Qualität kostete 1800 9–10 Kreuzer, 1837 10 Kreuzer, 1880 57 Pf, 1900 65 Pf, 1910 85 Pf und 1915 1,10 Mark.

1860 verdiente ein Fabrikarbeiter 2 Kreuzer in der Stunde und kam 1871 im Jahr auf nominal 493 M (real 466 M), 1890 auf nominal 650 M (real 636 M) und 1900 auf nominal 784 M (real 737 M). Um 1880 musste ein Fabrikarbeiter für die Monatsmiete eines einfachen Zimmers etwa 70 Stunden arbeiten, für 1 Liter Milch etwa 25 Minuten, für 1 kg Brot 71 Minuten, für 10 Eier 2 Stunden und für 1 kg Schweinefleisch über 4 Stunden.

Bürgermeister Leopold von Casselmann erhielt im Jahr 1900 8 000 M jährlich + 1 000 M für zusätzliche Ausgaben.

In den 1880er Jahren bewegte sich die Zahl der Armen in Bayreuth zwischen rund 900 und 1400 Personen, für die jährlich etwa 34 000 Mark aufzuwenden waren. Um 1880 zahlte man in Bayreuth für einen heizbaren Raum etwa 16,70 Mark; für zwei heizbare Räume 26, 70 Mark, für eine richtige Wohnung von 2 Zimmern mit Küche etwa 108 Mark jährlich.

Vergleiche der Einkommen sind natürlich problematisch, viele Faktoren sind dabei zu berücksichtigen. Über Jahrhunderte seit dem Mittelalter war das entscheidende Kriterium für die Einstufung in die Kategorien „arm", „wohlhabend" und „reich", ob man seinem Stande „angemessen" leben konnte. Die Kluft zwischen den niedrigsten und den höchsten Einkommen war aber immer sehr groß.

Wenn man bedenkt, dass ein Gymnasialprofessor z.B. Aufwendungen für Fachliteratur hatte, angemessene Kleidung finanzieren musste, dass von ihm erwartet wurde, am gesellschaftlichen und kulturellen Leben teilzunehmen, so konnte er bei bescheidenen Ansprüchen durchaus mit seinen Mitteln auskommen. An der Spitze der Gehaltspyramide stand er gewiss nicht.

So ist es verständlich, wenn um jeden Gulden, um jede zusätzliche Hilfe gekämpft wurde.

1828 hatten z.B. Dr. Held und Neubig eine freie Wohnung. Es fallen Reparaturen an. Sie beantragen neue Bratröhren. Jedoch wird ihnen beschieden, dass sie Reparaturen selbst bezahlen und auch die beiden neuen Bratröhren, die sie seit 7–8 Jahren abgenutzt haben, aus eigener Tasche anschaffen müssen.

Auch hinsichtlich des Privatunterrichts gab es hie und da kleinere Probleme.

Die Königl. Baierische Regierung möchte darüber nähere Auskünfte, was bei den Professoren auf Unverständnis stößt. Sie zögern mit dem Ausfüllen des anliegenden Fragebogens. Darauf reagiert die Regierung schärfer. „Die Weisung vom 7. Juni war gewiss so klar, dass das Missdeuten derselben auf das Nichtverstehenwollen von Seite des Rectorats geschrieben werden muss." (17. Juli 1819). Die Professoren fühlen sich in ihrer Ehre gekränkt und in ihrem Privatleben kontrolliert. Sie antworten weitschweifig auf 22 großformatigen Seiten. Darauf wirft die Regierung den Professoren mangelnde Subordination vor und besteht auf umgehender Durchführung der Weisungen. Es stellt sich heraus, dass Prof. Wagner bereit ist „den Schülern meiner Klassen bei der beschränkten für ihre Geistesbildung unzulänglichen Zahl der öffentlichen Lehrstunden, unentgeltlichen Privatunterrricht … mit Vergnügen zu erteilen." In der Tabelle sollen angegeben werden: Namen des Privat-Studien-Instituts, Namen der Zöglinge desselben, „worin sie Unterricht erhalten", „nach welcher Klasseneinteilung", „in wie viel wöchentlichen Stunden", „von welchen Lehrern", „für welche monatliche Bezahlung".

Man muss sehen, wie in diesen Jahren die Verhältnisse sich darstellten. Mit Schreiben vom 29. Februar 1820 nimmt z.B. ein Vater seinen Sohn aus der Schule „um solchen privatim unterrichten zu lassen, indem es dem Lehrer seiner Klasse unmöglich ist bei 79 Zöglingen mehr Zeit auf solchen zu verwenden."

Es wird von einem „Institut" Wagner gesprochen, in dem auch Schüler der Oberklassen Privatstunden geben. Diese Schüler werden am 17. März 1820 von Dr. Degen, Dr. Gabler und Dr. Held befragt. Es ergibt sich, dass etwa 15–16 Schüler in der Wohnung von Prof. Wagner unterrichtet werden. Schüler Seuß erhält dafür bei wöchentlich 20 Stunden von Prof. Wagner monatlich 7 fl. Schüler Hartung erhält 4 fl. Am Ende bestehen gegen Privat-Nachhilfe keine Einwendungen, wenn sie unentgeltlich erteilt wird. Die Bezeichnung „Privatinstitut" war offensichtlich missverständlich.

Aber es hat den Anschein, als ob dieser Unterricht doch nicht ganz umsonst gegeben wurde.

Auch ein Privatinstitut des Lehrers Eulenfeld (1846–1848) hat es gegeben.

„Der Latein-Unterricht im Eulenfeldschen Institut wird nicht zur Nachhilfe, sondern selbstständig erteilt und im Hinblick auf die Bestimmung der Studienordnung vom 13. März 1830 § 121 und folgende kann demnach nicht gestattet werden, dass diese Unterrichtserteilung einem Schüler der Studienanstalt anvertraut wird, welcher nicht durch ein Zeugnis und durch die Bestimmung des Rektors legitimiert erscheint … Um so weniger, dass für den fraglichen Unterricht ein junger Mensch aufgestellt wurde, welcher nicht einmal Schüler der Studienanstalt ist, ja nicht einmal das Stadium der Lateinschule gehörig durchgemacht hat." Lehrer Eulenfeld hatte tatsächlich einen Schüler der Obergymnasialklasse angenommen, der Latein wöchentlich 6 Stunden unterrichtete und dafür 5 fl erhielt.

Auch gegen die Annahme von Geschenken waren die Professoren wohl nicht immer gefeit.

Es war üblich, dass es Namenstagsgeschenke von Eltern an die Lehrer gegeben hat. Dies wird mit Erlass vom 11. Februar 1832 „aus gegebenem Anlass" untersagt. Aber noch am 9. August 1884 mahnt die Regierung: „Es ist in jüngster Zeit mehrmals vorgekommen, dass den Vorständen von Studienanstalten, welche zugleich als Lehrer derselben zu wirken haben, aus Anlaß von besonderen Familienfesten … von den Schülern der Anstalt bzw. den Eltern Geschenke angeboten wurden."

Mit Humor aber erinnert sich Hans Raithel, der am Gymnasium 1883 sein Abitur gemacht hatte an seinen Übertritt an die Lateinschule: „Meinem Jahrgang nach hätte ich in die 5. Klasse (städtische Volksschule, d. Vf.) eintreten müssen, aber nachdem die Lehrer meinem Vater vorgerechnet, wie viel weniger Stunden man auf dem Lande Unterricht hätte, verwies er mich in die 4. Klasse, aber auch da, in der 4. wollte er mich nach kurzer Prüfung in die 3. schicken, zu den Acht-und Neunjährigen. Zum Glück gelang es meinem Vater, mit der Frau Lehrer auf guten Fuß zu kommen, mittels einiger Schinken und der Aussicht auf mehr. Das ging damals noch, als die Schule noch in der ‚Münz' war, und schrien die Lehrer nicht gleich ‚Versuch der Bestechung' wie jetzt, auch erfuhr der Herr Lehrer vielleicht gar nichts davon."

Mit dem Übergang an Bayern unterliegen die Professoren schärferen Kontrollen und bemühen sich auch intern um Einhaltung der vorgegebenen Richtlinien. So wird aus den Sitzungsprotokollen ersichtlich, dass nun auch sorgfältig darauf geachtet wird, dass körperliche Züchtigungen der Schüler unterbleiben. Progymnasiallehrer Jordan erhält 1813 eine „Abmahnung", „weil er bei Fehlern, welche die Schüler in ihren schriftlichen Arbeiten begehen, diesen dafür mit einem starken Lineal eine Anzahl von Pfötchen auf die zusammen gespitzten Finger gegeben" hat. Dies wird ihm nachdrücklich verwiesen. 1814 kommt es wieder zur Klage eines Vaters, der wegen körperlicher Züchtigung seinen Sohn von der Schule nehmen will. „Lehrer Jordan soll bei weiterem solchen Verhalten an höchstem Ort angezeigt werden, weil dies schon der dritte Jüngling ist, welcher der Jordanischen Prügel wegen die Anstalt verlässt".

Am 19. Dezember 1815 wird eine weitere Beschwerde gegen Jordan aktenkundig.

Zwei Progymnasialschüler, Strattner und Klingsohr erklären, dass ihnen der Progymnasiallehrer Jordan den Antrag gemacht habe," sie möchten noch ferner im Progymnasium bleiben, weil er sie dann durch gute Zeugnisse vom Militärdienst frei machen wolle." Stattner nahm dies nicht an, sondern rückte in die Untergymnasialklasse auf. Klinsohr ließ sich bereden und blieb in seiner Klasse sitzen.

Jordan stellte ein Zeugnis aus, das beim Landgericht vorzulegen war. Dieses hielt das Zeugnis nicht für genügend. So stellte Jordan ein zweites, besseres Zeugnis aus, das aber das Rektorat nicht unterschrieb. Klingsohr soll auch aufrücken.

1817 gibt es erneut eine Auseinandersetzung mit Jordan wegen des Religionsunterrichts. Es geht um die Lehre von der christlichen Hoffnung. Dafür sollen ein ganzes Jahr, wöchentlich 2–3 Stunden genommen werden. Das hält Jordan nicht für erforderlich und unterschreibt deshalb das Sitzungsprotokoll vom 8. Januar 1817 nicht.

Kritik an Professoren in Zusammenhang mit Aufgabenstellungen vor allem im Fach Deutsch wird durch Rektor Dr. Held sachlich und deutlich geübt. So schreibt er am 15. September 1838 an Prof. Klöter, dessen Aufsatzthemen z.B. „Über die Bildung", „Über die Rhetorik", „Über das Schicksal", „Über die Kunst" usw. seien zu vage und allgemein. Held meint, die Aufgaben sollten „einen möglichst bestimmten und begrenzten Inhalt haben, welcher dem Schüler einen sicheren Gesichtspunkt gewährt."

1828 muss sich das Gymnasium intensiv mit „übler Nachrede" beschäftigen. Ein Lehrer des Bayreuther Gymnasiums habe zu seinen Schülern gesagt, es sei eine Torheit, zum Heiligen Abendmahl zu gehen, und von dem Genusse desselben eine besondere Kraft auf Erkenntnis und Willen zu erwarten. Keiner von ihnen solle meinen, dass Christus ein anderer, höherer Mensch gewesen sei als jeder von ihnen. Rektor Gabler kritisiert dies scharf und fordert das Kollegium auf Stellung zu nehmen. Es äußern sich Neubig, Klöter, Holle. Die meisten vermuten ein Missverständnis. Auch Klöter, der sich selbst als Rationalist einstuft meint, dass die Schüler vielleicht etwas nicht richtig verstanden haben könnten. Auch Rektor Gabler bekennt, ein großer Rationalist gewesen zu sein, „der alle Lehren, welchen dem gewöhnlichen Verstande als unbegreifliche Geheimnisse gelten, geradezu verworfen hat". „Allein, es war dieses auch die Zeit, wo ich als ein

Abb. 103: Stellungnahme Klöters im Zusammenhang mit „übler Nachrede"

14-jähriger Knabe zum erstenmal zum Abendmahl ging, bis in den Anfang meiner Universitätsstudien." Prof. Klöter legt eine äußerst ausführliche Erklärung vor. Am Ende bleibt ungeklärt, wer diese Aussage wirklich gemacht hatte und ob der Vorwurf berechtigt war.

Konferenzen sollten ab 1819 regelmäßig am ersten Sonnabend des neuen Monats nachmittags um 2 Uhr stattfinden und der Kirchenbesuch der Schüler kontrolliert werden. Vorschläge für die Weiterentwicklung der Bibliothek hatten die Lehrer regelmäßig einzureichen. Jährlich standen für Anschaffungen 100 fl zur Verfügung. ²/₃ der Bücher sollten vor allem Ausgaben griechischer und römischer Klassiker für die Lehrer ausmachen, 1/3 nahmen vor allem deutsche Klassiker für die Schüler ein. Ein anderes Problem bestand darin, dass im Zusammenhang mit der Stipendiatenprüfung Schüler oft ihren Eltern den Termin verschwiegen hatten. Dieser Termin wird nun in Zukunft im Kreis-Intelligenzblatt und zwar im April, bekannt gemacht. Viele Schüler besitzen nicht die nötigen Schulbücher. Sie werden zur Anschaffung verpflichtet, wofür eine Frist von 6 Wochen festgelegt wird. Gemahnt werden die Lehrer, künftig bei Proben und den Feierlichkeiten wie z.B. bei der Maifeier nicht wegzubleiben. Bei der letzten Maifeier hat das ohne Anzeige sogar Prof. Jordan selbst getan.

Als zusätzliche Belastung kam seit 1833 die Übernahme von Unterricht an der Gewerbsschule auf das Kollegium des Gymnasiums zu. „Der Herr Assistent Krauß wurde bei der neuerrichteten und am 1. November 1833 eröffneten Kreis-Gewerb- und landwirtschaftlichen Schule dahier unter der Inspection des Gymnasial-Rectorats als Lehrer der sog. transitorischen Klasse bestellt für diejenigen Gewerbschüler des 1. Cursus, welche die Vorbedingung nicht erfüllten, um den nämlichen Unterricht in der deutschen Sprache, Geschichte und Geographie, in der 1. Klasse des Gymnasiums selbst, wie es die vier andren Gewerbschüler thaten, besuchen zu können."

Die Gewerbsschule geht auf einen polytechnischen Verein zurück, den Bürgermeister v. Hagen schon 1825 ins Leben gerufen hatte. Ein ungenannter Bürger stiftete 300 fl, um „befähigten Jünglingen" eine bessere Vorbereitung zu einem Gewerbe zu geben und auch der Magistrat stellte eine Summe von 2 300 fl zur Verfügung, um den Fonds für eine Gewerbsschule zu gewinnen. Aber erst nachdem „durch allerhöchste Verordnung" in jeder Kreishauptstadt eine Kreisgewerbsschule errichtet werden sollte, wurde das Vorhaben auch in Bayreuth verwirklicht. Die Schülerzahl belief sich anfangs auf 59, am Ende des ersten Schuljahres auf nur noch 32. 1838 übernahm Rektor Dr. Held die Leitung. Auf die Schwierigkeiten, besonders auch hinsichtlich des Mangels an qualifizierten Lehrern, die in den ersten Jahren zu überwinden waren, geht Fries in seiner Abhandlung über Dr. Held ausführlich ein. 1836 treten

10 Schüler der Gewerbsschule auf das Gymnasium über. Einige Schüler nehmen am Unterricht in Realien und am katholischen Religionsunterricht am Gymnasium teil. Umgekehrt können Gymnasiasten am Unterricht im Feldmessen und Nivellieren an der Gewerbsschule teilnehmen.

1854 wird im Rahmen der neuen Schulordnung auch die Ausbildung der Lehrer geregelt.

Voraussetzung für eine Anstellung sind nun 4 Jahre akademisches Studium und Nachweis über „den Betrieb der allgemeinen und speziell der philologischen Wissenschaften und eine entsprechende Prüfung. Diese findet jährlich während der Herbstferien in München statt, unter Leitung eines Ministerial-Commissärs, dem 1. Professor der Philologie von den 3 Landesuniversitäten und 2 Gymnasialprofessoren".

Während in früheren Zeiten das Urteil der Professoren nahezu uneingeschränkt galt und ihre Entscheidungen nur vom Konsistorium kontrolliert wurden, gibt es jetzt durchaus Einspruchsmöglichkeiten durch die Eltern. Im ausgehenden 19. Jahrhundert, 1894/95, erhält die besondere Prüfung für den Übertritt von der 6. in die 7. Klasse große Bedeutung, denn damit wurde auch über die Berechtigung zum einjährig-freiwilligen Dienst im Rahmen der neuen Wehrordnung entschieden.

Zugleich wird wieder Kritik an der zu hohen Frequenz geübt. Es soll eine angemessene Strenge bei der Aufnahmeprüfung beobachtet werden. „man kann nicht einfach alle sich anmeldenden Schüler großzügig beurteilen." Deshalb ist eine strenge Ausscheidung nach der sechswöchigen Probezeit durchzuführen, ohne dass Härten zu befürchten sind. „Das Vorrücken nicht hinreichend befähigter Schüler ist mit rücksichtsloser Strenge zu verhindern. So werden unbrauchbare Elemente rechtzeitig einem anderen Berufe zugeführt".

Vom 15. Oktober 1886 datiert das Gesuch des Direktors der Aktienbrauerei Andreas Semler. Es geht um die Jahreszensur seines Sohnes Horst Semler und damit um das Vorrücken von der 6. in die 7. Klasse. Das Ministerium sieht keinen Anlass den Beschluss des Lehrerrats zu beanstanden. „Allerdings kann nicht verhehlt werden, dass die im Bericht und dem beigelegten Schreiben des Prof. Preis gemachten Angaben und die vorgelegten schriftlichen Arbeiten des Schülers den Eindruck besonders strenger Behandlung des Schülers erwecken müssen." „Die schriftliche Arbeit im Fach Griechisch könnte auch mit 3 bewertet werden. Sie ist jedenfalls nicht derart fehlerhaft, dass sie ausreicht, die Jahresnote 3 zu 4 herabzudrücken."

Es bleibt beim Ausgang dieses Verfahrens doch ein bitterer Nachgeschmack und der Eindruck, dass der Einspruch des Vaters wohl berechtigt, die Schulbehörde aber offensichtlich nicht bereit war, eine umstrittene Bewertung zu korrigieren.

Auch zu Beginn des 20. Jahrhunderts wird seitens des Ministeriums auf die Handhabung von Schulstrafen eingegangen. Wie schon fast 100 Jahre zuvor ist körperliche Züchtigung als Schulstrafe in der Schulordnung nicht vorgesehen. Gegen Lehrer kann gegebenenfalls disziplinär vorgegangen werden. Auch „beschimpfende Ausdrücke" sind durchaus zu vermeiden und ebenso lange Strafreden während des Unterrichts, denn dadurch werde nur kostbare Unterrichtszeit vergeudet. „Ordnungswidrigkeiten während der Unterrichtsstunden werden durch die inneren Mittel, die in der Unterrichtserteilung selbst liegen, am sichersten ferngehalten. Je mehr der Unterricht so gestaltet wird, dass er das Interesse der Schüler weckt und andauernd die ganze Klasse beschäftigt, umso zuverlässiger wird für gute Ordnung gesorgt sein."

Wie so oft muss man auf diesem Felde zwischen Theorie und Praxis, zwischen formalen Vorgaben und Schulwirklichkeit unterscheiden. Zumindest in den „Volksschulen" waren bis zu Beginn der 50er Jahre des 20. Jahrhunderts körperliche Züchtigungen alltäglich.

Jeder Lehrer kann Verweise verhängen, einen abgesonderten Platz während der Stunde anweisen und Schularrest bis zu einer Stunde aussprechen. Rektoratsstrafen sind Verweis, Karzer, Entziehung der Schulgeldfreiheit und Androhung der Dimission.

Die Dimission erfordert eine $^2/_3$ Mehrheit im Lehrerrat.

Im Folgenden soll nun auf einige der Professoren etwas näher eingegangen werden.

Johann S. Ch. Schweigger (Prof. 1803–1811)

Schweigger war Lehrer für Mathematik und Physik. Große Bedeutung erlangte er durch sein „Journal für Chemie und Physik", seine Erfindung des Multiplikators, seine Beziehungen zu Goethe (Vgl. Goethes Briefwechsel in der Sophienausgabe). Mit Jean Paul lieferte er sich in der „Harmonie" erbitterte „Wetterhervorsageduelle". In der Allgemeinen Deutschen Biographie ist

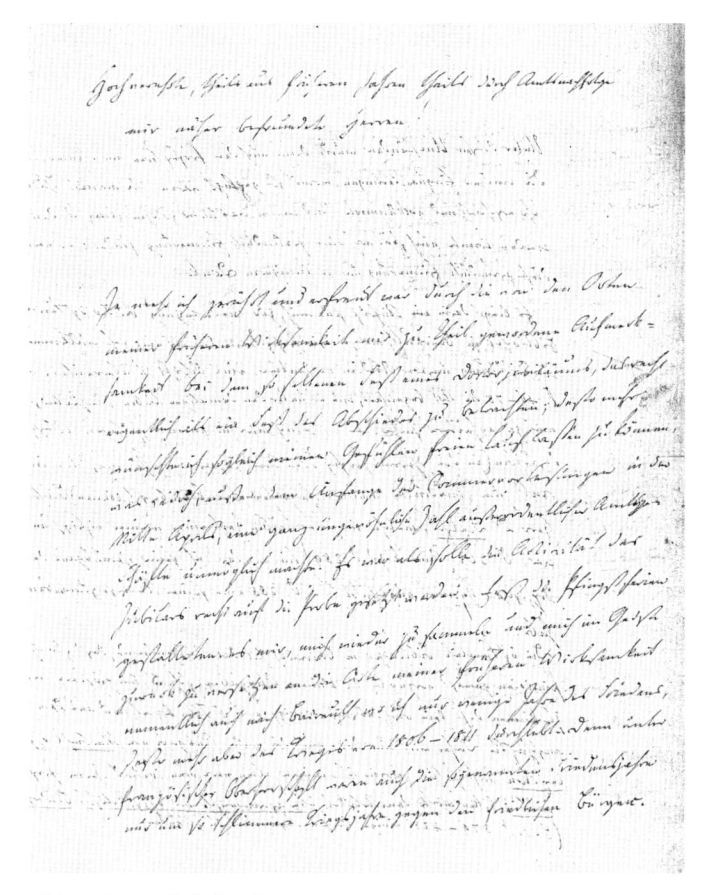

Abb. 104: Handschrift Schweiggers

über Schweigger zu lesen, er sei ein Synthetiker, ein großer zusammenfassender und ordnender Geist. Er habe als Lehrer, Forscher und Schriftsteller gleich bedeutend gewirkt. Unter seiner Leitung wurde am Gymnasium erstmals ein eigener Raum als physikalisches Kabinett eingerichtet. Seit 1819 arbeitete er als Professor an der Universität Halle. 1850 gratulierte ihm Rektor Held zum 50-jährigen Dienstjubiläum. In seinem Dankschreiben nannte Schweigger die Bayreuther Jahre eine Zeit, in der die schulische Arbeit „sehr erschwert und verkümmert" war.

**Georg Andreas Gabler
(Prof. seit 1817, Rektor 1821–1835)** [22]

Gabler war unter Rektor Degen 1817 an die Studienanstalt Bayreuth gekommen.

Er wurde in Altdorf geboren. Sein Vater, ein Jugendfreund Goethes, war durch dessen Veranlassung nach Jena übergesiedelt. Hier lernte dann der heranwachsende Gabler an der Universität u.a. auch den jungen Hegel kennen. In Schillers Familie hatte er einige Zeit als Hauslehrer gewirkt, bevor er in Bayreuth seine Tätigkeit aufnahm. Gabler, ein überzeugter Neuhumanist, versuchte in Übereinstimmung mit Niethammers bayerischem Lehrplan erfolgreich die Einführung der philosophischen Propädeutik am Gymnasium. Karl Hartmann würdigt ihn später und hebt hervor: „Hingebung an jedes Fach, besonders bei den antiken Stoffen, und mustergültige Aufrichtung des Gymnasiums, das vorher in bedauerlichem Abstieg war." In seine Amtszeit fiel noch die neue bayerische Schulordnung von 1829/30, die der Philhellene Friedrich Thiersch geschaffen hatte. Noch mehr als bisher konzentrierte sich der Unterricht auf die Autoren der Antike. Andere Fächer wie Deutsch, Geschichte, Philosophie und Mathermatik schlossen sich als Ergänzung an. „Gabler, …, machte das Bayreuther Gymnasium zu einer der Schulen Bayerns, in denen der neue Geist nicht nur formal befolgt wurde, sondern wirklich lebendig die ganze Erziehungsarbeit durchdrang."

Auch den Anstoß zum „Museum", auf das unten etwas näher eingegangen wird, hatte Gabler gegeben, indem er auf einer Lehrerratssitzung 1821 dafür eintrat, dass unter den Schülern eine freiwillige Arbeitsgemeinschaft zur Pflege von Musik und Vortragskunst geschaffen werden solle. Nach dem Tode Hegels erhielt er die ehrenvolle Berufung auf den Lehrstuhl an der Berliner Universität. 1827 erschien sein „Lehrbuch der Propädeutik", das noch 1904 eine Neuauflage erlebte.

**Johann Christoph Held
(Am Gymnasium seit 1815,
Rektor 1835–1867)** [23]

Dr. von Held wurde am 21. Dezember 1791 in Nürnberg geboren und besuchte dort von 1799 bis 1809 das Gymnasium. Auf einer Tafel, die seit 1809 die Namen aller Schüler verzeichnet, steht Held an erster Stelle. Er studierte von 1809/10 bis 1810/11 an der Universität Heidelberg, 1811/12 an der Universität Erlangen und 1812/13 an der Universität Leipzig. Seinen Anzug beschreibt er selbst: Grüner Frack mit gelben Knöpfen und goldenen Epauletten, Schleppsäbel, dreieckiger Hut mit dem wallenden Federbusch. Held konnte Klavier spielen, komponierte auch selbst und war seit 1810 mit Johann Gottfried Schicht befreundet, dem Kantor an der Thomasschule und

Musikdirektor in den beiden Hauptkirchen. 1813 legte er sein philologisches Examen ab, außerdem in den Fächern Hebräisch, Französisch, Italienisch, in Mathematik und Physik insgesamt mit der Note der 1. Klasse und dem Prädikat vorzüglich. Wegen der Kriegswirren reiste er im gleichen Jahr zurück nach Erlangen. Er war eng befreundet mit Döderlein und Thiersch, lernte Niethammer und Roth kennen. Am 15. April 1815 wurde er nach Bayreuth berufen. Hier kam er in Kontakt mit Jean Paul. In Bayreuth erlebt er die plötzliche Entlassung des damligen Progymnasiallehreres Johann Georg Bezzel wegen einer unvorsichtigen Äußerung über Kotzebue im Zusammenhang mit dessen Ermordung durch Sand. Held setzte sich für Bezzel ein, wie aus einem Brief vom 22. Mai 1819 hervorgeht. Er promovierte in Erlangen über die „vita Alexandrii M. Plutarchs" (an anderer Stelle „Specimen annotationum Criticarum in Plutarchi vitas").

Held verdiente zur Zeit seiner Heirat 1816 bis 1821 800 fl jährlich und erst als man im „Ausland" auf ihn aufmerksam wurde und in Frankfurt 2 200 fl anbot, was er aber ausschlug, bot man ihm in Bayreuth 1 200 fl und freie Wohnung.

Held publizierte verschiedene Bearbeitungen lateinischer Schriften, so z.B. eine Ausgabe von Cäsars Kommentaren über den Bürgerkrieg bei der Kunst- und Buchhandlung Seidel in Sulzbach (1822) oder 1825 eine Bearbeitung zum „Bellum gallicum".

1821 übernahm er die Leitung der Gymnasial- und der Kanzlei-Bibliothek. Erstmal wird nun seit vielen Jahren die Bibliothek einmal in der Woche geöffnet. Im Zusammenhang mit der Schul-und Lehrplanreform 1824/25 tauscht er sich intensiv und kritisch mit Döderlein aus. In einem Brief an Döderlein vom 30. Januar 1825 kritisiert er Verfrühung, Überforderung der Schüler, z.T. auch der Lehrer. Besonders scharf nimmt er zur Lycealklasse Stellung. Er sieht die Gefahr des Dünkels, der Überheblichkeit seitens der Schüler und auch Lehrer, die glauben Privilegien zu haben oder etwas Besseres zu sein. Bekanntlich kam es schon nach 5 Jahren zu einer neuen Studienordnung. Auch diese neue Ordnung war heftig umstritten. Am 30. Mai 1829 schreibt Held an Döderlein, die Anordnung des Stoffes sei oft „verstandlos". „Den Klassenlehrern wird wieder so viel aufgehalst. Während die Stelle des Mathematischen mit seinen 15 und die der Religionslehre gar nur mit 9 Stunden fast Sinecuren geblieben sind, wurmt mich auch." Und Döderlein an Held: „Ich bin durch die schwankenden Beschlüsse von oben um alle Laune gebracht und möchte außer meinen Lehrstunden mit der Schuladministration nichts zu schaffen haben. Man ist doch nur der Narr für die Welt und nicht einmal mit dem Einfluss eines Hofnarren …"

Von besonderem Interesse ist Helds Forschung zu Plutarch. Am 19. Mai 1830 suchte er um Urlaub und Unterstützung für eine literarische Reise nach Paris nach. Sein Ziel war, sämtliche Biographien Plutarchs vorzulegen. Vier wichtige Handschriften in der königlichen Bibliothek zu Paris, die bisher größtenteils unbenutzt geblieben waren, wollte er vergleichen. Sogar der gelehrte in Paris lebende Grieche Korars (Loray) hatte bei seiner ungefähr 20 Jahre zuvor begonnenen großen Ausgabe in 6 Bänden diese Handschriften unbenutzt gelassen. Held hatte seit Jahren den größten Teil seiner Mußestunden und Studien den Plutarchbiographien gewidmet. Sein Vorgesetzter Rektor Dr. Georg Andreas Gabler unterstützte das Gesuch und Held konnte nach Paris reisen. Zu den Reisekosten erhielt er einen Zuschuss von immerhin 500 fl. Am 24. August verließ er Bayreuth und kam am 30. August in Paris an.

Dort wird er Zeitzeuge der Juli-Revolution, über die er in mehreren Briefen berichtet.

Döderlein schreibt an Held: „Die Ereignisse in Paris können einen Teutschen, der nicht ganz glebae ad scriptus animo ist, wohl hin locken. Es muss was schönes sein, nach 17 Jahren wieder enthusiasmirte Gesichter mit Augen zu sehen."

Abb 105: Johann Christoph von Held

„In unserer Umgebung ist Idee und Chimäre, Enthusiasmus und Narrheit völlig synonym, und unsere Studenten halten jenes erstere sogar für ein malabarisches oder altperuanisches Wort – die Baireuther nicht ausgenommen."

Held verstarb am 21. März 1873.

Dr. Johann Wilhelm Holle (Prof. 1825–1856)

Joh. Wilh. Holle wurde am 3. Dezember 1802 in Bayreuth als Sohn des kgl. Bayerischen Zollbeamten Johann Friedrich Holle geboren. Er besuchte das Collegium Christian-Ernestinum, übersprang die Oberklasse und machte sein Abitur 1819. Seine Lehrer waren Rektor Degen, Gabler, Dr. Held, Neubig und Cloeter. Er studierte zunächst am philologischen Seminar in München, das damals von Friedrich Thiersch geleitet wurde und ging 1820 an die Universität Erlangen. Dort studierte er außer Philosophie vor allem Philologie und Geschichte. 1822 schloss er seine Studien ab, wurde 1823 in Bayreuth als Lehramtsassistent eingestellt und 1825 zum Studienlehrer ernannt. Diesen Rang behielt er bis 1858, als er wegen Krankheit in den Ruhestand versetzt wurde. Viele Jahre arbeitete er für den Verein für Geschichte und Altertumskunde von Oberfranken als Sekretär und trat vor allem mit für seine Zeit beachtenswerten Beiträgen zur Frage der slawischen Besiedlung und ihren Spuren in der Namengebung Oberfrankens hervor. Bekannt wurde er besonders durch sein 1833 in erster Auflage erschienenes Werk „Alte Geschichte der Stadt Bayreuth von den ältesten Zeiten bis zur Abtretung derselben an die Krone Preußens im Jahre 1792".

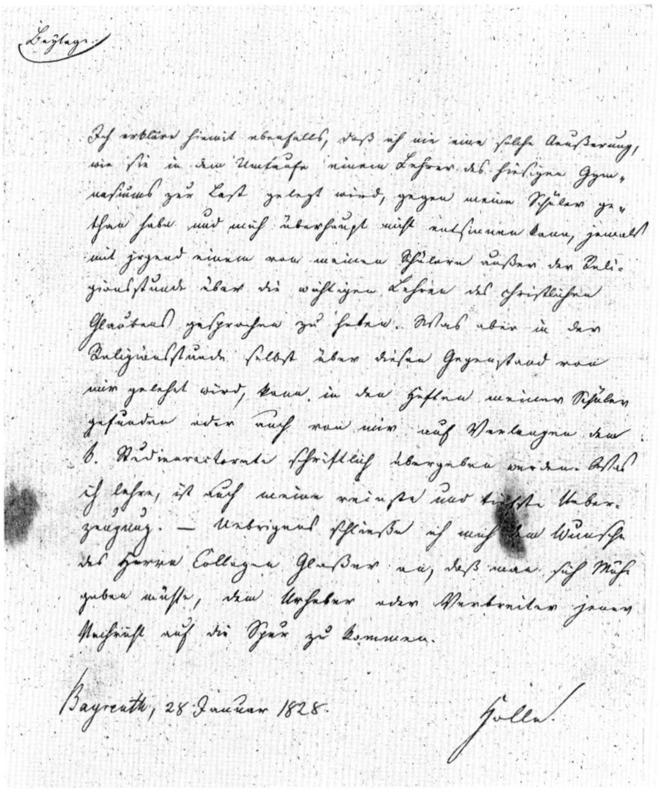

Abb. 106: Johann Wilhelm Holle, Stellungnahme betr. „üble Nachrede" 28. Januar 1828

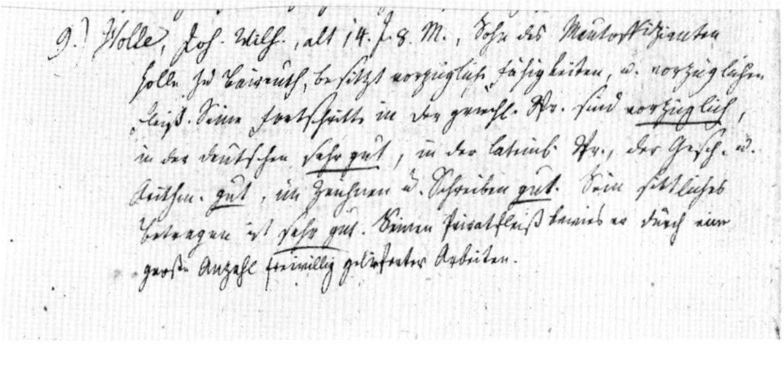

Abb. 107: Beurteilung Holles

Fries, Karl (Professor am Gymnasium 1856–1895)

Karl Fries wurde am 27. November 1829 in Würzburg geboren, besuchte das Gymnasium in Nürnberg und studierte Philologie in München, Erlangen und Göttingen. 1853 bestand er die Lehramtsprüfung mit der Note 1, war 1853 bis 1856 als Assistent in Zweibrücken tätig und kam dann 1856 zunächst als Studienlehrer an das Gymnasium in Bayreuth. Zuletzt, im Jahr 1895, wirkte er noch als Studienrektor in Augsburg, wo er 1895 verstarb. Er war Mitglied des „Historisch-politischen Kränzchens", in dem u.a. auch Richard Wagner verkehrte. Er wird als „eine reich ausgestattete Natur von festem Charakter" charakterisiert, als „ein Lehrer von reichen Berufskenntnissen, ein gerechter, zielbewusster Erzieher. Überall zeigte er sich als feinsinniger Erklärer, der aus dem Vollen zu schöpfen wusste. Ernst in der Lebensauffassung, streng gegen sich selbst."

Johann Georg Großmann (Professor am Gymnasium seit 1848, Direktor 1867–1892)

Großmnann wurde am 4. März 1826 in Hof als Sohn des dortigen

Abb. 108: Georg Großmann

Rentamtsoberschreibers Großmann geboren. In Hof besuchte er die Volksschule und das Gymnasium, an dem er 1843 das Abitur mit vorzüglichem Erfolg ablegte. In Erlangen studierte er klassische Philologie und Theologie, u.a. bei Döderlein und Nägelsbach. Nach Abschluss seiner Studien 1847 übernahm er zunächst eine Hauslehrerstelle bei der Familie von Regemann in Bayreuth. Durch diese Stellung kam er in Kontakt zu den Familien von Rotenhan, von Dobeneck und zum damaligen Regierungspräsidenten von Stenglein. 1848 bekleidete er den Posten eines Leutnants bei der sog. Freischar, der freiwilligen Bürgerwehr, die den Wachdienst in Bayreuth versah, war im Sommer 1848 einige Zeit Verweser der 3. Latein- und der 1. Gymnasialklasse, dann Gymnasialassistent, 1852 Studienlehrer und seit 1863 Gymnasialprofessor. In dieser Zeit war er auch Lehrer des Prinzen Philipp, des Sohnes von Herzog Alexander von Württemberg, des Besitzers von Schloss Fantaisie. 1867 wurde er als Nachfolger von Rektor Held zum Rektor des Gymnasiums ernannt. In diese Zeit fiel auch die Gründung der „Höheren Töchterschule", und auch dieser Anstalt, deren

Abb. 109: Unterrichtsszene, Die Karikatur entstand im Schuljahr 1857/58 und zeigt Schüler der 3. Klasse der sog. Lateinschule. Der karikierte Lehrer ist gewiss Klassleiter Georg Großmann selbst. Auch die dargestellten Schüler sind zu identifizieren. Der geschickte Zeichner war wohl Johann F. A. G. Vollrath (geb. 1841), ein aus Unterrodach gebürtiger Pfarrerssohn. (Die Karikatur stammt aus dem Nachlass von Joh. Georg Großmann, Signatur Nachlaß Großmann, C III 2; vgl. dazu Rainer-Maria Kiel, Die Alte Bibliothek des Gymnasiums Christian-Ernestinum, Bayreuth 2004, S. 51).

Mitbegründer er war, ließ er seine Sorge angedeihen und war viele Jahre einer ihrer Direktoren. Außerdem war er Kreisscholarch (1871), Kanzleibibliothekar, Armenpflegschaftsrat und Kirchenvorstand.

Die Kollegen trafen sich damals wöchentlich einmal abends im „Deutschen Haus" und samstags am Nachmittag auf der Rollwenzelei. Auch nahmen sie an einem „historisch-politischen Kränzchen" teil, das 1861 gegründet worden war. Hier verkehrten Gelehrte, Vertreter der Kaufmannschaft, Beamte und u.a. auch Richard Wagner, Kirchenrat Dekan Dittmar, Religionsprofessor Nägelsbach, Konsistorialrat Kraussold, Professor Frics, Regierungsdirektor Freiherr von Künßberg, Großindustrielle wie Sophian Kolb und Bankier Friedrich Feustel. Jede Tagung wurde damit eröffnet, dass auf die deutsche Einigung das Glas erhoben und ausgerufen wurde: „Es lebe der deutsche Kaiser". Großmann war Mitglied der Burschenschaft der Bubenreuther, er reiste in die Schweiz bis zum Gotthard, nach Helgoland und nach Straßburg. Wegen eines fortgeschrittenen Gehörleidens mied er zuletzt die Öffentlichkeit. Auf dieses Leiden nimmt auch der Jahresschluss-Bericht für 1891/92 und der Kommentar des Ministeriums Bezug: „Im verflossenen Schuljahr wurde der Erfolg des Unterrichts teilweise beeinträchtigt durch die bedauerliche Schwerhörigkeit des verdienten nunmehr pensionierten Rektors Großmann ..." Großmann verstarb am 16. Oktober 1896.

1886 würdigten ihn seine Schüler 25 Jahre nach ihrem Abitur. „Mag auch der eine oder andere Zug seines Wesens heute noch ein stilles Lächeln auf unsere Lippen rufen, er war doch eine Persönlichkeit durch und durch, die allen seinen Schülern unvergesslich ist. Er war groß in seiner vornehmen Gesinnung, seinem Gefühl für das Wahre, Schöne und Gute, in seinem unverwüstlichem Optimismus."

Sitzmann Karl (Prof. Dr.h.c.)
(Lehrer für Zeichnen 1913–1919)

Karl Sitzmann lebte und wirkte in Bayreuth 50 Jahre. 1913 war er als Gymnasiallehrer an das Christian-Ernestinum gekommen und begann sofort, in die Kunstlandschaft der Region „wandernd, schauend und forschend einzudringen". Schon 1919 veröffentlichte er eine kleine Schrift „Kunst und Künstler in der Bayreuther Gegend". 1957 erschien dann sein Lebenswerk „Kunst und Kunsthandwerk in Ostfranken". Noch überstrahlt wird dies durch die größte seiner Forscherleistungen, als er 1926 sei-

Abb. 110: Karl Sitzmann

ne Schrift: „Die Lindenhardter Tafelbilder, ein Frühwerk Matthias Grünewalds" veröffentlichte. Für diese Entdeckung erhielt er am 27. Januar 1927 die Verleihung des Grades eines Doktors der Philosophie ehrenhalber durch die Philosophische Fakultät der Universität Erlangen. Auch das „Künstlerlexikon" Oberfrankens wurde 1959 mit dem Ludwig-Gebhard-Preis der Oberfranken-Stiftung ausgezeichnet.

In jüngster Zeit (2011/12) allerdings löste die Dissertation von Italo Bacigalupo (Der Lindenhardter Altar. Grünewald oder Hans von Kulmbach? Imhof Verlag) eine Debatte aus. Es gibt einige Gründe, dass höchstwahrscheinlich Hans Süß von Kulmbach die Tafeln des Altars malte (Vgl. dazu auch Frank Piontek, Von Bayreuth nach Lindenhardt, NK vom 4./5. Februar 2012, S. 12).

Zum 250-jährigen Jubiläumsfest entwarf Karl Sitzmann einen Anhänger. Karl Sitzmann verstarb am 2. Januar 1963.

Wie sah für Professoren in jenen Zeiten die Freizeitgestaltung aus? Man war Mitglied in der „Harmonie", dem vornehmsten Verein in Bayreuth, der 1803 gegründet worden war und in dem man sich gewiss in bester Gesellschaft befand. Seit 1827, als durch Bürgermeister v. Hagen der älteste Geschichtsvereins Bayerns gegründet worden war, war auch hier ein interessantes

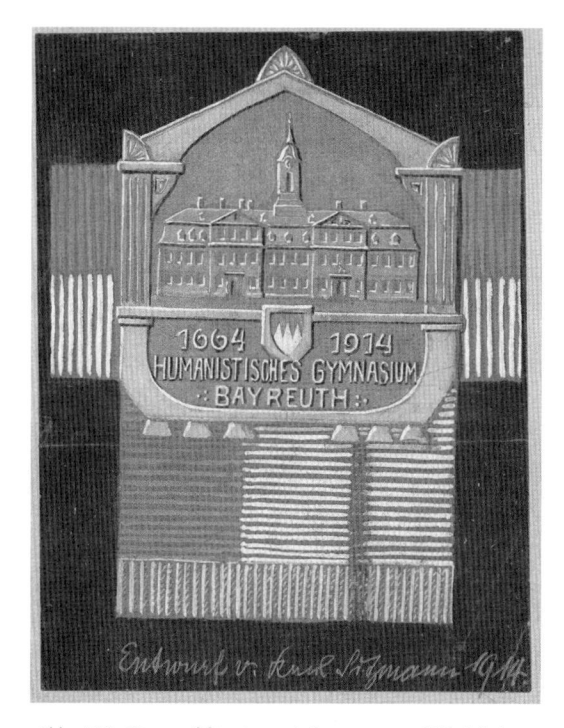

Abb. 111: Entwurf für einen Anhänger zum 250-jährigen Jubiläum von Karl Sitzmann

Betätigungsfeld eröffnet. Man nahm an geselligen Veranstaltungen teil, besuchte Vorträge oder wurde zu besonderen Veranstaltungen eingeladen. Selbstverständlich waren Eremitage, Fantaisie, Rollwenzelei und Bürgerreuth für die Professoren beliebte Ausflugsziele. Man darf annehmen, dass auch sie Interesse an „Volksbelustigungen" hatten, bei aller standesgemäßen Zurückhaltung. Einzelne Professoren verkehrten durchaus in den sog. „höheren Kreisen", hatten Kontakt zu Richard Wagner, Bankier Friedrich Feustel u.a., die gern gesehene Gäste auf dem Riedelsberg waren. Karl Meier-Gesees erzählt in einem Beitrag „Auf dem Riedelsberg" (Bayreuther Land, 1931, S. 16ff.): „Als man nach St. Johannis zur alten Mainbrücke hinabgleitet, winken die Freunde vom Tempel der Freundschaft. Am Eingang zum Garten wartet Feustel, zur Begrüßung kommen heran: Rektor Großmann, Dekan Dittmar, Dr. Kraußhold, Regierungsrat Ulmer, Spinnereidirektor Kolb. Nur Pfarrer Nägelsbach, Studienlehrer Fries und Reallehrer Biehringer fehlen noch."

Selbstverständlich wurden die Professoren zu besonderen Ereignissen eingeladen. Hier nur eine kleine Auswahl:

7. März 1908:
Verpflichtung des zweiten Bürgermeisters Albert Preu um 11 Uhr im Saal des Hotels zum Anker. Mittags 12 ½ Uhr fand ein gemeinsames Frühstück statt. „Der Preis des trockenen Gedecks beträgt 3 Mark".

3. Februar 1911:
90. Geburtstag seiner Königl. Hoheit des Prinzregenten. Alle öffentlichen Unterrichtsanstalten sollen am Tag zuvor den Festtag in würdiger Weise begehen. Am 11. März fällt der Unterricht aus.

15. März 1912:
Vortrag über die deutschen Kolonien.

19. April 1913:
Richard-Wagner-Gedenkfeier.

18. November 1918:
Feierlichkeiten bei der Einsetzung des Stadt-Magistrats in Bayreuth. mit Mittagsessen 1 ½ Uhr in der „Goldenen Sonne" und Abends 7 Uhr Ball im „Goldenen Anker".

2. September 1913:
Festgottesdienst und „Sedansfeier" um 9 Uhr, anschließend um 11 Uhr Frühschoppen im Schobertsgarten und um 3 Uhr ein Gartenfest auf der Bürgerreuth.

Im Jahr 1832 gründeten Lehrer des Gymnasiums wohl den ältesten Gesangsverein der Stadt Bayreuth.

Unter den ersten Mitgliedern findet sich ein großer Teil der damaligen politischen und wirtschaftlichen Prominenz:

Freiherr von Andrian (Regierungspräsident)
Adler (Hofgärtner)
Amos (Fabrikant)
Frau von Arnim
Degen (Kaufmann)
Dilchert (Kaufmann, später Bürgermeister)
Eisenbeiß (Kaufmann)
Dr. med. Falco
Gabler (Konsistorialrat)
Gräfin von Giech-Schönburg
Grau (Buchhändler)
von Hagen (Erster rechtskundiger Bürgermeister)
Dr. Held (Professor)
Heumann (Schlossapotheker)
Höreth (Buchdrucker)
Keim (Reg. Ass., später Appellationsgerichtsrat)
Kirchner (Professor)
Kolb, Sophian
(Gründer der ersten Flachsspinnerei in Bayern)

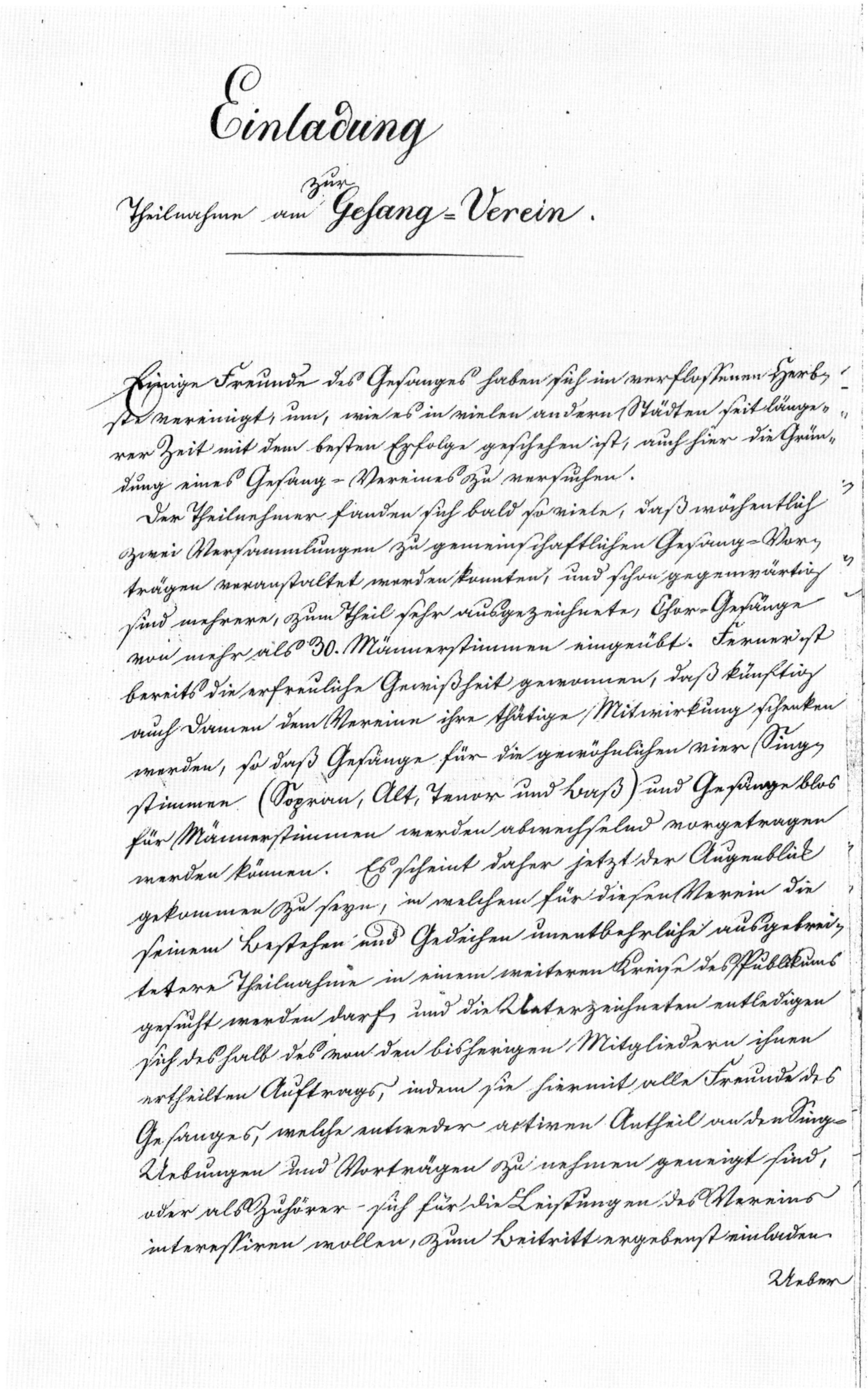

Einladung

Theilnehmen am Gesang=Verein.

Einige Freunde des Gesanges haben sich im verflossenen Herbst vereinigt, um, wie es in vielen andern Städten seit längerer Zeit mit dem besten Erfolge geschehen ist, auch hier die Gründung eines Gesang-Vereines zu versuchen.

Der Theilnehmer fanden sich bald so viele, daß wöchentlich zwei Versammlungen zu gemeinschaftlichen Gesang-Vorträgen veranstaltet werden konnten, und schon gegenwärtig sind mehrere, zum Theil sehr ausgezeichnete, Chor-Gesänge von mehr als 30 Männerstimmen eingeübt. Ferner ist bereits die erfreuliche Gewißheit gewonnen, daß künftig auch Damen dem Vereine ihre thätige Mitwirkung schenken werden, so daß Gesänge für die gewöhnlichen vier Sing-Stimmen (Sopran, Alt, Tenor und Baß) und Gesänge blos für Männerstimmen werden abwechselnd vorgetragen werden können. Es scheint daher jetzt der Augenblick gekommen zu seyn, in welchem für diesen Verein, die seinem Bestehen und Gedeihen unentbehrliche Ausdehnung, dessen Theilnehmer in einem weiteren Kreise des Publikums gesucht werden darf, und die Unterzeichneten erlauben sich deshalb das von den bisherigen Mitgliedern ihnen ertheilten Auftrages, indem sie hiermit alle Freunde des Gesanges, welche entweder aktiven Antheil an den Sing-Uebungen und Vorträgen zu nehmen geneigt sind, oder als Zuhörer sich für die Leistungen des Vereins interessiren wollen, zum Beitritt ergebenst einladen.

Naber

Abb. 112: Einladung zur Teilnahme am Gesangsverein

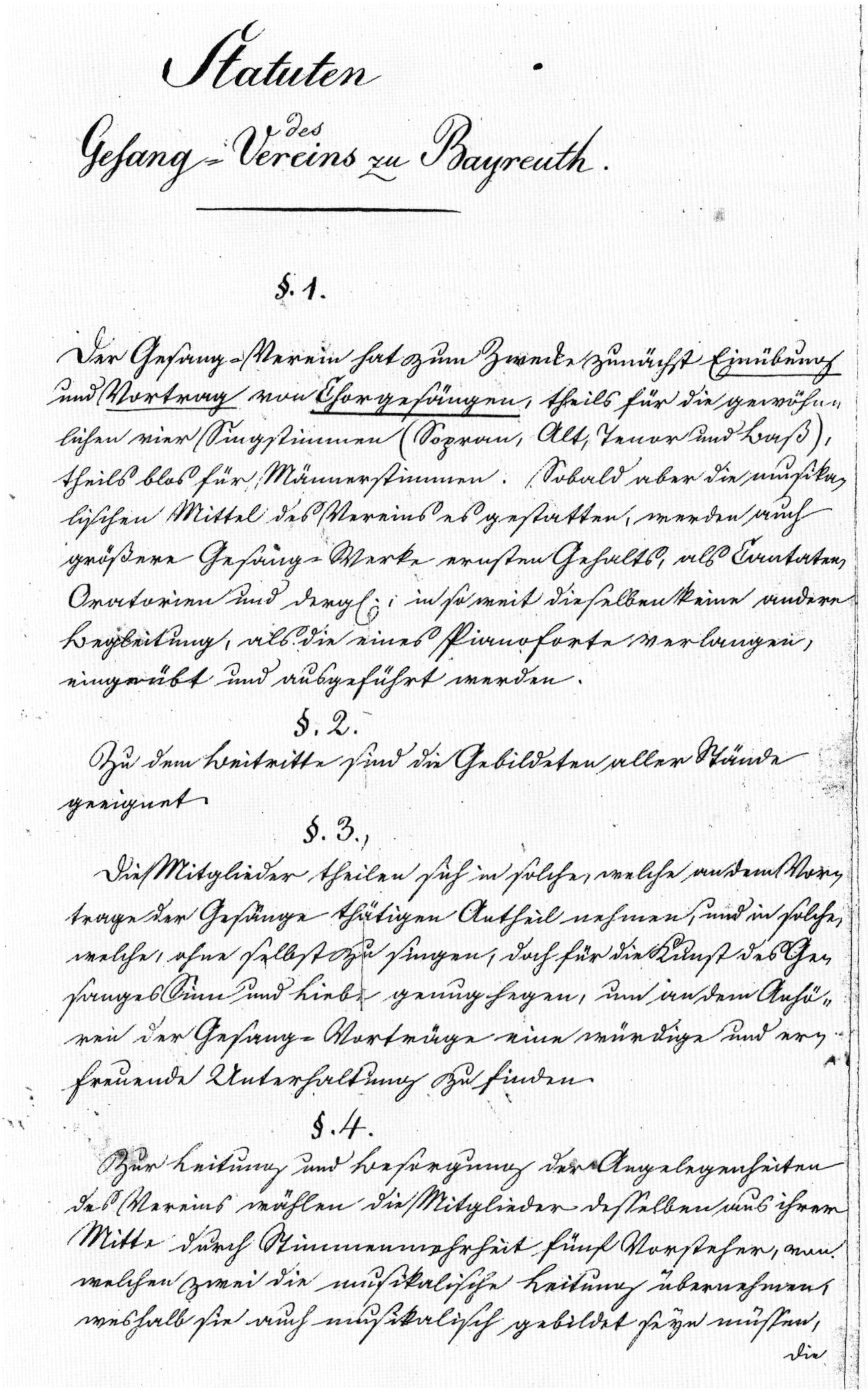

Statuten
des Gesang-Vereins zu Bayreuth.

§. 1.

Der Gesang-Verein hat zum Zwecke zunächst Einübung und Vortrag von Chorgesängen, theils für die gewöhnlichen vier Singstimmen (Sopran, Alt, Tenor und Baß), theils bloß für Männerstimmen. Sobald aber die musikalischen Mittel des Vereins es gestatten, werden auch größere Gesang-Werke neueren Gehalts, als Oratorien, Orchesterwerke und dergl., insoweit dieselben keine andere Begleitung, als die eines Pianoforte verlangen, eingeübt und aufgeführt werden.

§. 2.

Zu dem Beitritte sind die Gebildeten aller Stände geeignet.

§. 3.

Die Mitglieder theilen sich in solche, welche an dem Vortrage der Gesänge thätigen Antheil nehmen, und in solche, welche ohne selbst zu singen, doch für die Kunst des Gesanges Sinn und Liebe genug hegen, um in dem Anhören der Gesang-Vorträge eine würdige und angenehme Unterhaltung zu finden.

§. 4.

Zur Leitung und Besorgung der Angelegenheiten des Vereins wählen die Mitglieder desselben aus ihrer Mitte durch Stimmenmehrheit fünf Vorsteher, von welchen zwei die musikalische Leitung übernehmen, weshalb sie auch musikalisch gebildet seyn müssen. Die

Abb. 113: Statuten des Gesangsvereins

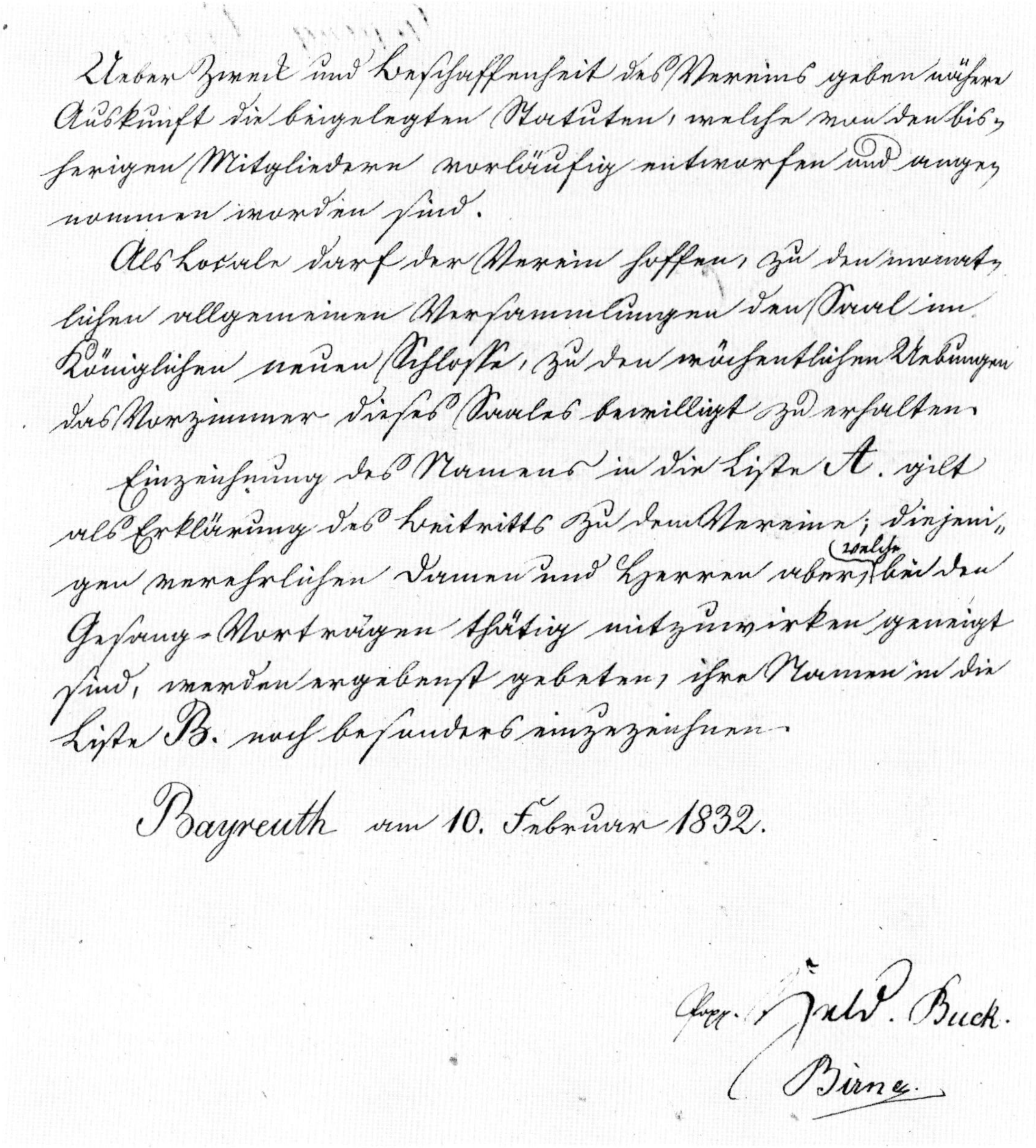

Ueber Zweck und Beschaffenheit des Vereins geben nähere Auskunft die beigelegten Statuten, welche von den bisherigen Mitgliedern vorläufig entworfen und angenommen worden sind.

Als Locale darf der Verein hoffen, zu den monatlichen allgemeinen Versammlungen den Saal im Königlichen neuen Schlosse, zu den wöchentlichen Uebungen das Vorzimmer dieses Saales bewilligt zu erhalten.

Einzeichnung des Namens in die Liste A. gilt als Erklärung des Beitritts zu dem Vereine; diejenigen verehrlichen Damen und Herren aber, welche bei den Gesang-Vorträgen thätig mitzuwirken geneigt sind, werden ergebenst gebeten, ihre Namen in die Liste B. noch besonders einzuzeichnen.

Bayreuth am 10. Februar 1832.

Gez. Held. Buck.
Birner

Abb. 114: Zweck des Vereins, 10. Februar 1832

Koelle (Dr. med.)
Neubig (Professor)
Querfeld (Zimmermeister und Brunnenmeister)
Ränz (Zeichenlehrer)
Schaller (Gastwirt)
Schlenk (Gerber)
Schunter (Consistorial-Direktor)
Stenglein (Regierungsrat)
Stengel (Instrumentenmacher)
Vogel (Apotheker)
v. Waldau, Baronin
v. Welden (Regierungspräsident)

Mitglieder konnten Familien und Einzelpersonen werden, die als „Antrittsgeld" 1 fl, für das 2. Halbjahr noch 1 fl und für die gedruckten Liedertexte jährlich 24 kr bezahlten. Im Gründungsjahr werden an Einnahmen insgesamt 808 fl 6 kr verzeichnet, denen 807 fl 36 kr an Ausgaben gegenüber stehen. Diese umfassen Anschaffungen, Papier, Musikalien, Beleuchtung, Beheizung und Reinigung, Miete und Stimmgelder für einen Flügel, Insertions-Gebühren, Buchdrucker und Buchbinder-Kosten. Für ein Podium stellt z.B. Zimmermeister Querfeld 82 fl in Rechnung.

Den ersten Vorstand bildeten Rektor Held, Magistratsrat Birner, Stadtkantor Buck und Dr. Heerwagen.

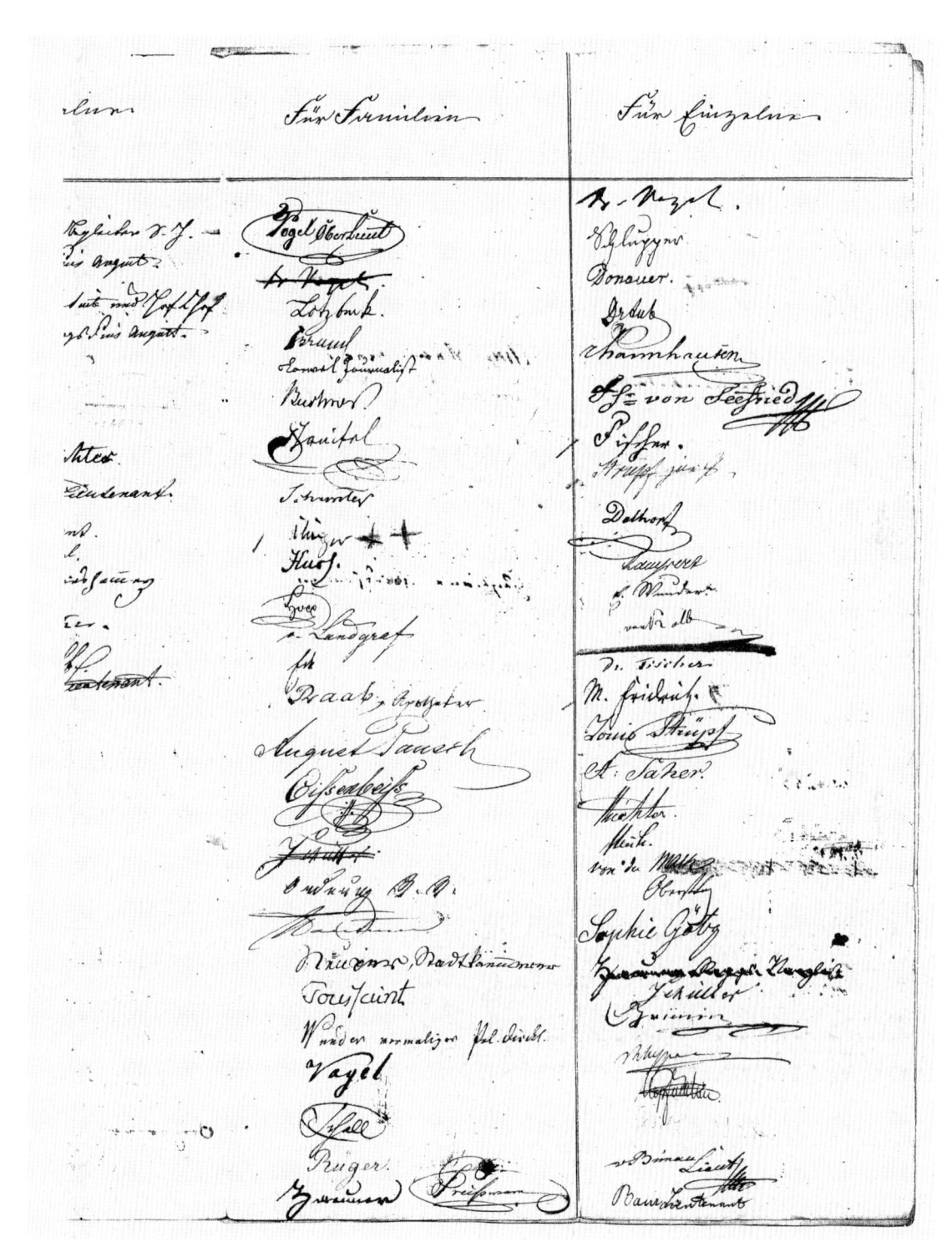

Abb. 115: Mitglieder des Vereins 1832

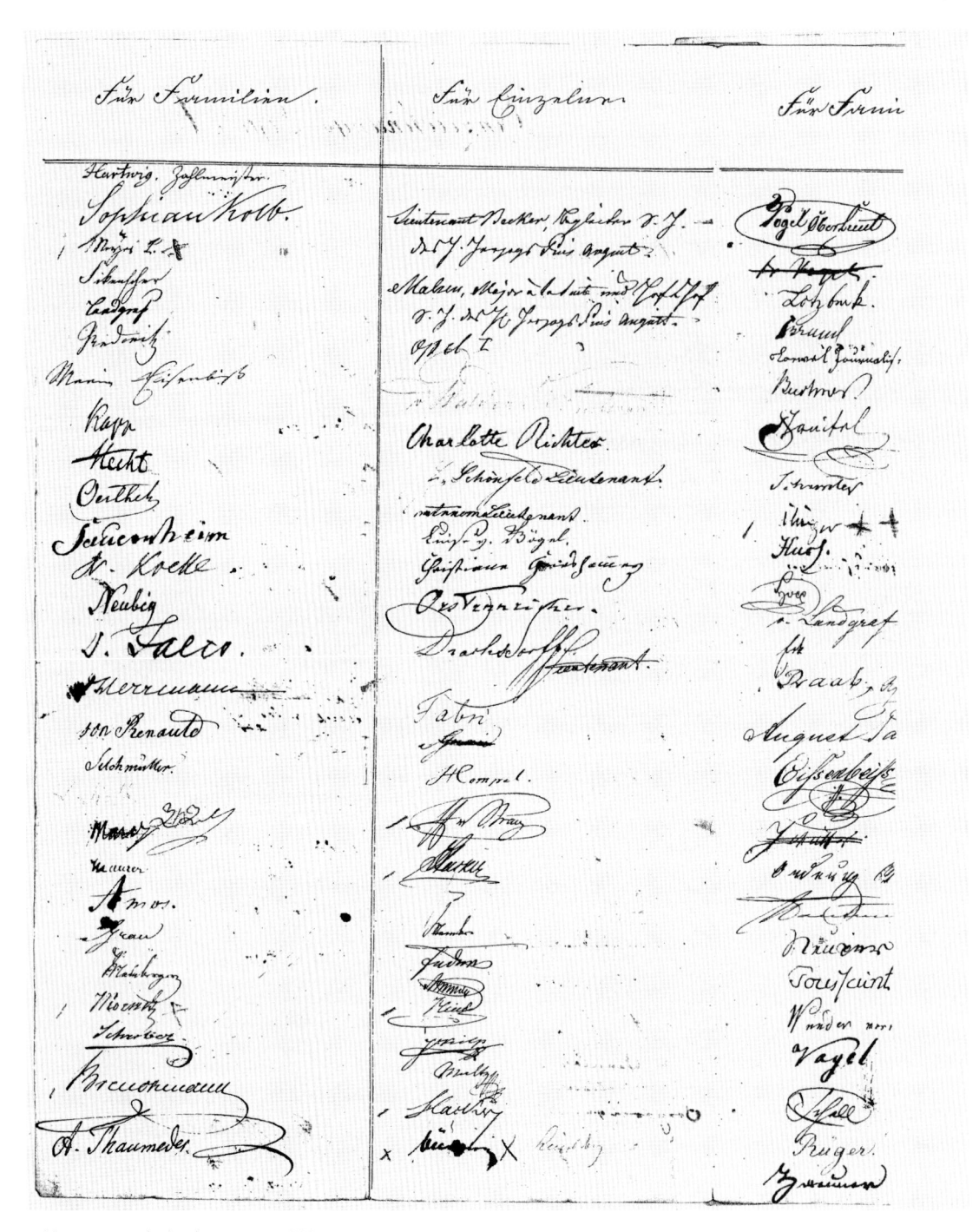

Abb. 116: Mitglieder des Vereins 1832

1838 wurde die Anschaffung eines Flügels über „Aktien" finanziert.

Im Rechnungsbuch 1837/38 heißt es: „Am Ende dieses Vereinsjahres wurde ein Flügel auf Aktien angeschafft, da jedoch dieser Gegenstand noch nicht im Reinen ist, so wird der Vortrag in nächster Rechnung erscheinen." Im Folgejahr werden „an den Instrumentenmacher Johann Kanneider zu Stadt am Hof auf Anweisung an den Kaufmann Aub dahier für den Ankauf eines Flügels auf Aktien 325 fl bezahlt. Ein Rest von 25 fl kann noch nicht abgetragen werden, weil von den 70 ausgegebenen Aktien fünf nicht abgesetzt werden konnten."

Aber Krisen blieben nicht aus. An der Vollversammlung am 29. April 1848 nahmen nur 9 Mitglieder teil. Es war ein Defizit von 39 fl zu verzeichnen, begründet durch die abnehmende Zahl der Mitglieder bei steigenden Ausgaben für

ACTIE No 49.

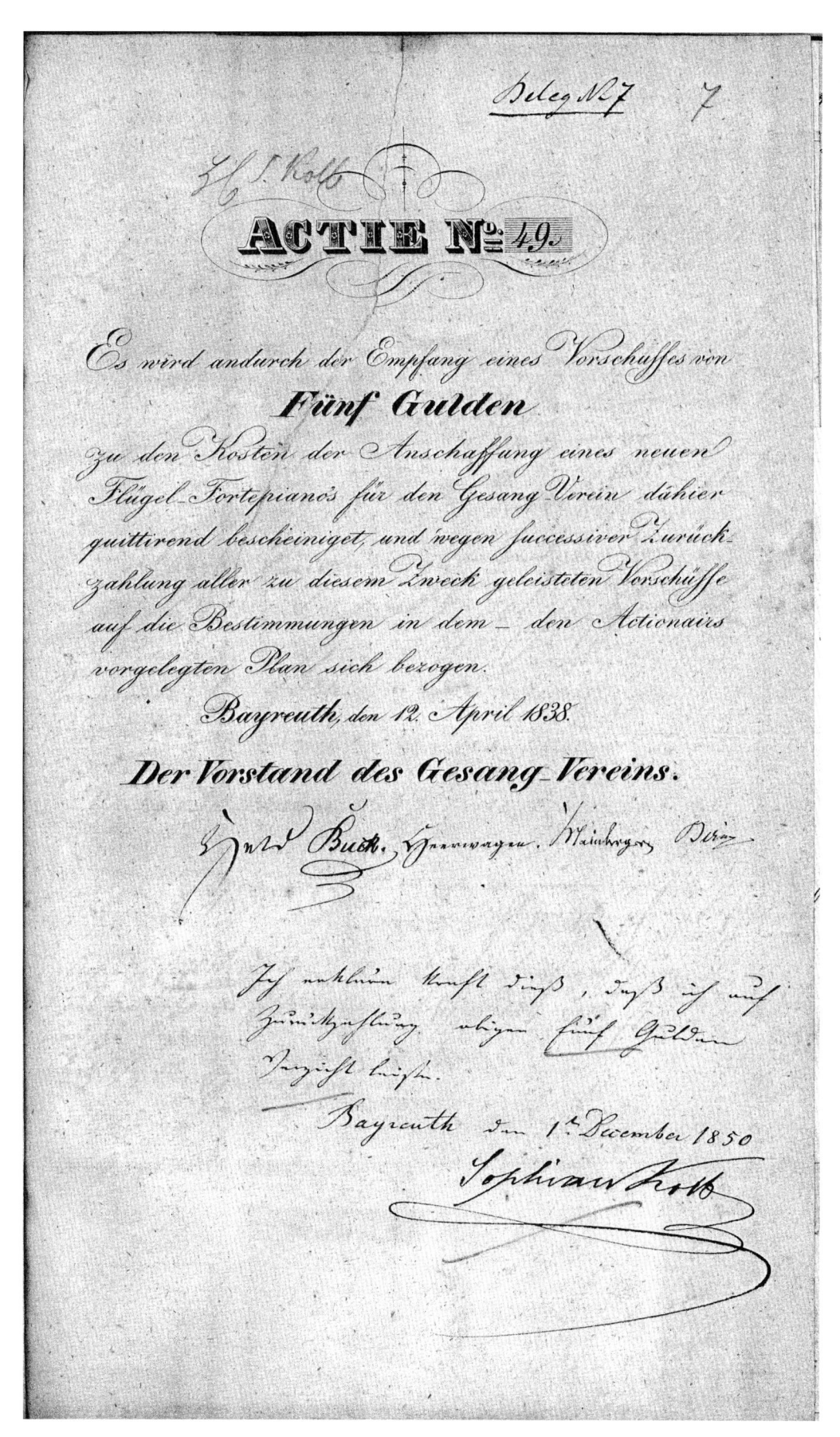

Es wird andurch der Empfang eines Vorschusses von

Fünf Gulden

zu den Kosten der Anschaffung eines neuen Flügel-Fortepiano's für den Gesang-Verein dahier quittirend bescheiniget, und wegen successiver Zurückzahlung aller zu diesem Zweck geleisteten Vorschüsse auf die Bestimmungen in dem – den Actionairs vorgelegten Plan sich bezogen.

Bayreuth, den 12. April 1838.

Der Vorstand des Gesang-Vereins.

Abb. 117: Aktie des Sophian Kolb für Anschaffung eines Flügels, 1. Dezember 1832

Abb. 118: Sophian Kolb (Archiv Bernd Mayer)

das „Local" und Beheizung. Allerdings werden am 1. Januar 1861 wieder 70 Mitglieder erfasst, darunter allerdings nur 20 Einzelmitglieder.

2.6. Die Schüler

2.6.1. Entwicklung der Schülerzahlen, Sozialstruktur und regionale Herkunft[24]

Mit den gedruckten Jahresberichten ab 1812 lassen sich im Gegensatz zu den vorhergehenden 138 Jahren auf Grundlage genauer Zahlen zuverlässige Aussagen über die Gesamtzahl der Schüler, über das Verhältnis von Anmeldungen und Aufnahmen, das Verhältnis zwischen Eintrittsquote und Zahl der erfolgreichen Absolventen mit Abitur machen.

Vorsicht ist bei Vergleichen mit Entwicklungstrends seit dem II. Weltkrieg geboten. Die Organisation der Schule änderte sich oft, bis seit 1891 konsequent von Klasse 1 bis 9 durchgezählt wurde. Vorher gab es Phasen mit einer sog. Vorbereitungsschule, einer Primärschule, Lateinischen Schule, Progymnasium. Viele Eltern beabsichtigten von vornherein, ihren Sohn nicht über das Abitur auf die Universität gehen zu lassen, sondern ihm eine solide Grundbildung zu ermöglichen. Dann standen Berufswege im Handwerk, im kaufmännischen Bereich, im mittleren Verwaltungsdienst u.ä. offen.

Abb. 119: Das Kollegium im Jahr 1910/11
v.l.n.r. (sitzend) Dr. Theodor Speidel, Willibald Preis, Karl Hermann Zwanziger, Dr. Gustav Landgraf, Dr. Heinrich Sievert, Johannes Rutz, Friedrich Böhnke; 2. Reihe: Johannes Pflugmann, Wilhelm Rollwagen, Friedrich Lederer, Dr. Friedrich Gottanka, Max Scholl, Johann Ries, Karl Hartmann; 3. Reihe: Max Hessel, August Keppel, Dr. Wilhelm Motschmann, Dr. Hans Loewe, Franz Xaver Günther, Heinz Schlappinger, Julius Stiefel.

Immer wieder drängte die Regierung auch im Zusammenhang mit Schulreformen darauf, den Zugang zum Gymnasium nicht zu leicht zu machen, schon bei der Anmeldung streng auf Eignung zu achten und die Aufnahmeprüfungen entsprechend anspruchsvoll zu gestalten.

Im Auszug hier eine tabellarische Übersicht über den Zeitraum von 1844/45 bis 1890/91, also über 45 Jahre:

Jahr	Anmeldung	Aufnahme
1844/45	100	76
1845/46	132	88
1846/47	105	82
1847/48	92	63
1848/49	89	71
1849/50	88	67
1850/51	85	58
1851/52	84	52
1852/53	94	75
1853/54	Keine Angabe	Keine Angabe
1854/55	66	48
1855/56	76	56
1856/57	83	65
1857/58	77	70
1858/59	57	52
1859/60	71	68
1860/61	77	57
1861/62	87	72
1862/63	87	81
1863/64	74	66
1864/65	93	77
1878/79	118	108
1880/81	105	93
1885/86	86	75
1890/91	60	57

Nimmt man alle Daten über die 45 Jahre, so ergibt sich ein Schnitt von etwa 77 Anmeldungen und 66 Aufnahmen pro Jahr. Dies kann als ein gutes, angemessenes Verhältnis gesehen werden. Auffällig sind die Spitzen Mitte der 1840er Jahre. 1845/46 stehen 132 Anmeldungen allerdings nur 88 Aufnahmen gegenüber. Hier scheint der Druck zu greifen, strenger vorzugehen. 1878/79 gibt es 118 Anmeldungen und 108 Aufnahmen. Eine zwingende Erklärung hierfür gibt es nicht. Man müsste u.a. mit den Geburtenraten der städtischen Bevölkerung vergleichen. Der tendenzielle Rückgang ab den 1880er Jahren hängt sicher damit zusammen, dass die ehemalige Gewerbsschule sich zur Realschule und Oberrealschule entwickelt und schließlich dem Gymnasium hinsichtlich der Berechtigungen gleichgestellt wird. Damit war nicht nur eine gewisse Konkurrenz gegeben, sondern die Oberrealschule zog gewiss eine Klientel an sich, die früher ja zum humanistischen Gymnasium keine Alternative hatte.

Werfen wir einen Blick auf den Trend bei der Entwicklung der Gesamtzahl der Schüler.

Zehnjahresschnitte

1812/13–1821/22	249
1822/23–1831/32	242
1832/33–1841/42	257
1842/43–1851/52	335
1852/53–1861/62	276
1862/63–1871/72	280
1872/73–1881/82	347
1882/83–1891/92	326
1892/93–1901/02	324
1902/03–1911/12	334

Zunächst nimmt die Schülerzahl innerhalb von zehn Jahren von 200 auf 309 auffallend stark zu, um dann zunächst wieder tendenziell zu fallen. Eine deutliche Spitze sehen wir 1847/48 mit 379 Schülern, bis nach einem leichten Rückgang 1880/81 die Höchstzahl von 420 Schülern erreicht ist. Der große säkulare Aufwärtstrend steht natürlich auch im Zusammenhang mit den übergreifenden demographischen Prozessen im 19. Jahrhundert. Die Bevölkerung weist ein explosives Wachstum auf. Oberfranken hat z.B. im Jahr 1808 250 708 Einwohner, 1910 sind es 661 862 Menschen, die hier leben. Bei den Städten kommt es zwischen 1855 und 1905 zu einer Verdoppelung der Einwohnerschaft, wobei Hof den größten Zuwachs hat, gefolgt von Bayreuth und Kulmbach, Bamberg und Forchheim.

Eine gewisse Rolle spielt gewiss auch, dass die seit 1833 bestehende Gewerbeschule anfangs keinerlei Konkurrenz für das Gymnasium darstellte. Dies änderte sich aber, als mit dem Aufschwung der Gründerzeit die Realien an Bedeutung gewannen und die bisherige Klientel dieses Schultyps auch eine allgemeine Bildung anstrebte. Ab 1865 endete die Personalunion von Gewerbsschule und Gymnasium. Schon ab 1840 hatte das Abschlusszeugnis einer Gewerbsschule zum Besuch einer polytechnischen Schule und anderer Fachschulen berechtigt. 1877 kam es zur Umwandlung in eine Realschule, 1907 erfolgte die Umwandlung der Realschulen in Oberrealschulen. Allerdings begann der Aufstieg der Oberrealschulen, der zu einer Gleichberechtigung mit den humanistischen Gymnasien führte, erst nach 1918.

Die Zahl der Abiturienten schwankt zwar von Jahr zu Jahr, allerdings nur geringfügig, pendelt sich aber bis um 1880 bei etwa 20 erfolgreichen Absolventen im Durchschnitt ein.

Im Zehnjahresschnitt ergibt sich hier folgendes Bild:

1812/13–1821/22	15
1822/23–1831/32	22
1832/33–1841/42	19
1842/43–1851/52	26
1852/53–1861/62	20
1862/63–1871/72	18
1872/73–1881/82	16
1882/83–1891/92	20
1892/93–1902/03	27
1903/04–1911/12	23

Vergleicht man die Anzahl der Schüler, die in die unterste Klasse, bzw. auch 2 Klassen eintraten mit der Zahl der erfolgreichen Schulabgänger mit Abitur, kann leicht ein falsches, verzerrtes Bild entstehen. Aus der bisherigen lateinischen Vorbereitungsschule, deren erfolgreicher Abschluss Voraussetzung war, ins Progymnasium eintreten zu können, wurde im Rahmen der Neuordnung 1829/30 die lateinische Schule. Wie schon erwähnt, genügte vielen Eltern deren Abschluss für ihre Kinder. Vergleicht man die Schülerzahlen von dieser Lateinischen Schule mit denen des eigentlichen Gymnasiums bis 1890/91, so wird dies ganz deutlich. Die folgende Tabelle beschränkt sich auf die Zahlen im Abstand von 5 Jahren.

Jahr	Lateinische Schule	Gymnasium
1830/31	215	66
1834/35	143	81
1839/40	181	82
1844/45	203	113
1849/50	247	115
1854/55	147	83
1859/60	189	87
1864/65	216	84
1869/70	176	69
1874/75	196	92
1879/80	304	103
1884/85	220	116

Ab 1890/91, als die Klassen von 1 bis 9 durchgezählt werden und die bisherige Lateinische Schule wegfällt, lässt sich das Verhältnis zwischen eintretenden Schülern und Abiturienten klarer erkennen. Es muss aber jetzt beachtet werden, dass die 6. Klasse für viele Schüler eine deutliche Zäsur bedeutete, denn der Abschluss dieser Klasse war verbunden mit der „Einjährig-Freiwilligen-Berechtigung".

Die folgende Tabelle erfasst die Entwicklung bis zu Beginn des Ersten Weltkriegs:

Jahr	Gesamtzahl	1. Klasse	9. Klasse
1890/91	302	40	21
1891/92	326	34	21
1892/93	339	46	28
1893/94	370	71	21
1894/95	372	50	23
1895/96	381	57	19
1896/97	368	49	22
1897/98	353	40	23
1899/00	347	56	26
1900/01	345	39	23
1901/02	363	66	30
1902/03	387	61	30
1903/04	380	60	32
1904/05	380	64	21
1905/06	371	50	24
1906/07	386	65	26
1907/08	391	58	29
1908/09	394	43	22
1909/10	385	46	28
1910/11	339	37	35
1911/12	317	46	22
1912/13	298	35	35
1913/14	266	38	18
1914/15	274	38	30

Grob gesehen könnte man aus diesen Zahlen schließen, dass kontinuierlich um die 50 % der Schüler das Gymnasium erfolgreich absolvierten.

Nachdem in den gedruckten Jahresberichten von wenigen Ausnahmen abgesehen neben Angaben über Geburtsdatum und Geburtsort auch der „Stand" des Vaters enthalten ist, lässt sich über einen langen Zeitraum hinweg die Sozialstruktur des Gymnasiums recht gut erschließen. Ein Problem stellt dabei die Frage dar, wie einzelne Berufe und Berufspositionen zu bewerten und ob gängige Schichtmodelle geeignet für eine richtige Zuordnung sind.

So ändern sich im säkularen Prozess gesellschaftlichen Wandels auch sozialer Status, Einkommensstatus u.ä. verbunden mit mehr oder weniger

Einfluss in Politik und Wirtschaft, mit mehr oder weniger Privilegien. Trotz dieser methodischen Vorbehalte, die hier nicht weiter vertieft werden können, kann man im 19. Jahrhundert zur gesellschaftlichen Oberschicht z.B. Spitzenpolitiker, Spitzenfinanz, Hochadel, Großgrundbesitzer, Großunternehmer, Spitzenvertreter der Kirche und vielleicht auch Universitätsprofessoren zählen. In die obere Mittelschicht lassen sich z.B. höhere Beamte, Gymnasialprofessoren, Ärzte, höhere Offiziere, größere Kaufleute, Angehörige der höheren Verwaltung, Superintendenten (Dekane) und andere Vertreter der Kirche in entsprechenden Funktionen einordnen. Zur mittleren Mittelschicht sind zu rechnen etwa „mittlere" Beamte und Angestellte, z.B. auch Lehrer, auch Handwerker, Kaufleute und Händler. Es schließt sich an die untere Mittelschicht mit „unteren" Beamten und Angestellten wie Magistratsdiener, Zollamtskontrolleur, Postbote u.ä. Zur sozialen Unterschicht gehören z.B. weitgehend die Fabrikarbeiter, Dienstpersonal, Taglöhner u.ä.

Die folgende Übersicht kann also nur ein grobes Bild zeigen, doch lässt sich immerhin klar erkennen, dass ganz selten Söhne von Eltern, die eher der Unterschicht zuzurechnen sind, das Gymnasium besuchen oder sogar das Abitur machen. Aber wir finden doch z.B. 1812/13 den Sohn eines Taglöhners, eines Webergesellen, eines Lottodieners und eines Bauern.

1848 macht Johann Staudt, Sohn des Stadttürmers, sein Abitur. 1849 gelingt dies Elias Michael Knarr aus St. Johannis, Sohn eines Zimmergesellen, und 1850 J. Fr. Bergmann, Sohn eines Lohnkutschers.

Zahlreich ist das Handwerk vertreten. Angehörige namhafter und bekannter Familien besuchten das Gymnasium, oft mit Abiturabschluss. Zu nennen sind hier z.B. Gareiß und Knarr (Zimmermeister), zahlreiche Morg, Hopfmüller (Metzgermeister) und Schlenk (Rotgerbermeister), Amos (Kaufmann, Bäckermeister), Krohberger und Tripß (Maurermeister).

Wir finden nach wie vor fränkischen und nichtfränkischen Adel am Gymnasium:

v. Aufseß, v. Dobeneck, v. Egloffstein, v. Feilitzsch, v. Guttenberg, v. Kotzau, v. Künsberg, v. Lindenfels, v. Pöllnitz, v. Redwitz, v. Reitzenstein, v. Rotenhan, v. Schirnding, v. Völderndorff, v. Waldenfels.

Zusammenfassend lässt sich sagen, dass das Gymnasium die bürgerliche Mittelschicht mit Tendenz zur oberen Mittelschicht und, auf die Sozialstruktur der Stadt Bayreuth bezogen, vor allem auch die Oberschicht repräsentiert.

Die folgende Tabelle gibt nur einen Auszug, um Entwicklungstendenzen sichtbar zu machen. Die Angaben in Prozent sind gerundet.

Deutlich wird, dass der Anteil der Beamten stark zunimmt, besonders auch der der Lehrer.

Problematisch ist die Einordnung von Berufen in den Bereich der Angestellten, denn diese Gruppe wurde im Sinne der statistischen Erfassung arbeitsrechtlich erst 1882 definiert.

Relativ hoch und konstant ist der Anteil der Pfarrer und der Handwerker. Gut ablesbar ist am Beispiel der Fabrikanten und Kaufleute die Gründerzeit und der Beginn der Hochindustrialisierung. Völlig unterrepräsentiert sind Arbeiter und Bauern.

	1812/13		1834/35		1857/58		1880/81		1900/01	
Beamte gesamt	37	17,7 %	41	18,9 %	57	20,5 %	97	22,0 %	74	24,0 %
Lehrer	5	2,4 %	14	6,5 %	25	9,0 %	37	8,3 %	38	12,3 %
Pfarrer	23	11,0 %	24	11,0 %	37	13,3 %	26	5,8 %	20	6,5 %
Förster	6	2,8 %	9	4,1 %	16	5,7 %	20	4,5 %	13	4,2 %
Arzt	7	3,3 %	8	3,7 %	5	1,8 %	8	1,8 %	13	4,2 %
Kaufmann	5	2,4 %	21	9,7 %	10	3,6 %	46	10,4 %	49	16,0 %
Fabrikant	5	2,4 %	2	0,9 %	7	2,5 %	24	5,4 %	20	6,5 %
Jurist	14	6,7 %	22	10,1 %	11	3,9 %	26	5,8 %	7	2,2 %
Handwerker	37	17,7 %	29	13,3 %	38	13,7 %	61	13,8 %	36	11,6 %
„Angestellte"	7	3,3 %	16	7,3 %	10	3,6 %	16	3,6 %	15	4,8 %
Arbeiter	3	1,4 %	5	2,3 %	1	0,3 %	1	0,2 %	1	0,3 %
Offizier	14	6,7 %	3	1,4 %	7	2,5 %	11	2,5 %	18	5,8 %
Bauer	3	1,4 %	2	0,9 %	2	0,7 %	11	2,5 %	7	2,3 %

Betrachtet man die regionale Herkunft der Schüler, so ist im Vergleich zu heute zunächst die ganz andere Verkehrsinfrastruktur zu berücksichtigen. Bayreuth war zwar bis 1840 zum Knotenpunkt für über 10 Strecken der „Taxischen Reichspost" geworden, auf denen Wagen für neun, sechs und vier Fahrgäste verkehrten, doch kam dieses Verkehrsmittel für Schüler natürlich nicht in Frage. Das Eisenbahnnetz entwickelte sich nur langsam. Erst 1853 erhielt Bayreuth die Anbindung über Neuenmarkt/Wirsberg an die große Nord-Süd-Bahn. Weitere Bahnlinien führten später von Bayreuth nach Weiden (1863), über Schnabelwaid nach Nürnberg (1877), nach Warmensteinach (1896), Hollfeld (1904) und über Thurnau nach Kulmbach (1904–1909). Immerhin wurde so durch Stichbahnen das Umland erschlossen, wobei an erster Stelle aber der Güterverkehr stand. Die meisten Schüler aus z.T. kleinsten, abgelegenen Dörfern mussten also während der Schulzeit in Bayreuth Unterkunft und Verpflegung, Betreuung und Aufsicht finden.

Einige erhaltene Verzeichnisse der „Miet- und Kostleute" zwischen 1840 und 1903 nennen etwa 80 Bürger. Die Kosten für Kost und Logis betrugen im Monat zwischen 7 und 11 Gulden. Für ein tägliches Mittagessen waren 8 bis 15 kr aufzuwenden. Dies entsprach z.B. etwa dem halben Tageslohn eines Maurer- oder Zimmerergesellen. Die Schüler Breu und Knoll konnten es sich z.B. leisten, beim Wirt „Eule" in der Ochsengasse für 12 kr an vier Tagen in der Woche zu essen. Auch die soziale Tradition des „Freitischs" wurde im 19. Jahrhundert beibehalten. Etwa 60 bis 70 Bürger stellten sich zur Verfügung, wobei der einzelne Schüler täglich den Gastgeber wechselte.

Die Väter der Schüler aus diesen Dörfern waren überwiegend von Beruf Pfarrer, Kantor und Lehrer, dann auch Handwerker, Gastwirte und Mühlenbesitzer. Es kommen, wie schon die Analyse der Sozialstruktur gezeigt hat, nur ganz selten Kinder von „Ökonomen", also Bauern ans Gymnasium.

Schließlich lässt der Vergleich der Geburtsorte mit den Wohnorten der Eltern, die meist berufsbedingt nach Bayreuth gezogen waren, auf hohe Mobilität schließen. Allerdings war dies in sehr vielen Fällen wohl auch eine erzwungene Mobilität, denn es handelt sich bei dieser Gruppe überwiegend um mittlere und höhere Beamte oder später Angestellte, die in früheren Zeiten kaum die Möglichkeit hatten, Wünsche zu äußern oder gar einer Versetzung zu widersprechen. Hinzu kommt, dass Bayreuth Sitz der Regierung von Oberfranken war mit entsprechend sich entwickelnden Behörden.

Nicht zuletzt ist zu bedenken, dass es im 19. Jahrhundert nur wenige Gymnasien im heutigen Oberfranken gab, nämlich in Bamberg, Coburg und Hof (heute gibt es 35 Gymnasien).

Die Auswertung von 100 Jahresberichten für den Zeitraum von 1812/13 bis 1912/13, die sich auf die Oberklasse des Gymnasiums beschränkt und etwa 2 050 Schüler, in der Regel also Abiturienten, erfasst, ergibt folgendes Bild:

1. Die Schüler stammen aus etwa 450 verschiedenen Orten.
2. Über 50 % der Schüler kommen aus Oberfranken.
3. Aus den größten Märkten und Städten Oberfrankens kommen über 800 Schüler, aus den kleineren Orten etwa 230 Schüler.
4. Die übrigen kommen überwiegend aus der Oberpfalz, Mittel- und Unterfranken.
5. Eine absolute Minderheit kommt aus Orten, die außerhalb Bayerns liegen.

Als Geburtsort wird angegeben:

Ort	Zahl
Bayreuth	598
Kulmbach	57
Wunsiedel	47
Münchberg	29
Thurnau	26
Hof	20
Weißenstadt	18
Creußen, Goldkronach, Selb	16
Berneck, Weidenberg	15
Pegnitz	12
Kronach	10
Neudrossenfeld, Schwarzenbach/Saale	9
Lichtenfels, Naila, Schney	8
Bischofsgrün, Schnabelwaid	7
Gefrees	6

Es kommen einzelne Schüler aus Berlin, Leipzig, Lübeck, Luzern (Siegfried Wagner), München 23 (darunter z.B. Hans Schmitt, dessen Vater Hofgärtner und Schlossverwalter in der Eremitage ist), Nürnberg 20, Philadelphia (Adolf Bloch, isr., Vater ist Kaufmann in Bayreuth), Rosenheim, Salzburg (Gustav Hartmann, Vater ist Bezirksingenieur in Bayreuth), Serres (Theodor

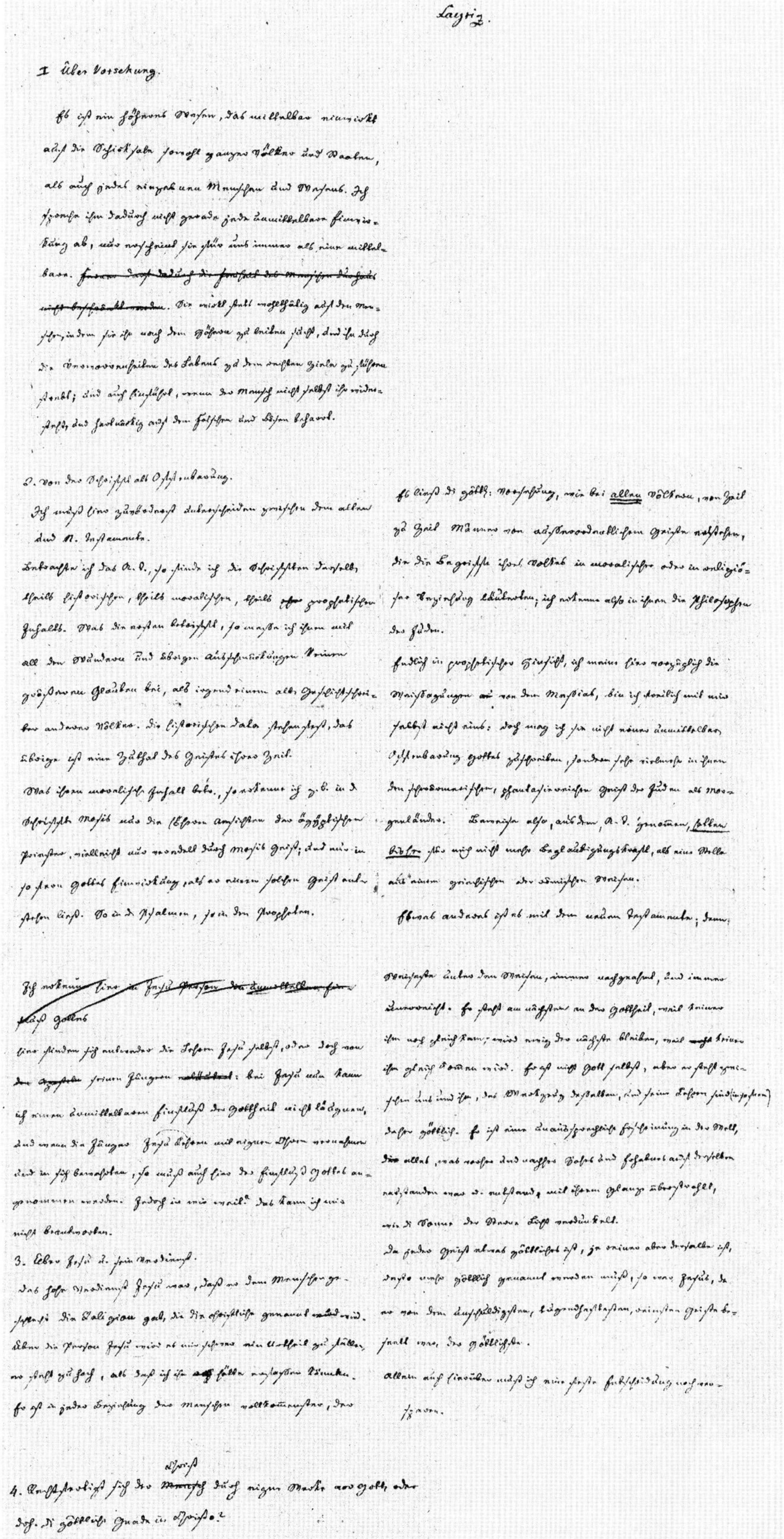
Layriz.

I. Über Vorsehung.

Abb. 120: Schülerarbeit zum Thema „Über Vorsehung" von Layriz, 1825

„Es ist ein höheres Wesen, das mittelbar einwirkt auf die Schicksale sowohl ganzer Völker und Staaten, als auch jedes einzelnen Menschen und Wesens. Ich spreche ihm dadurch nicht gerade jede unmittelbare Einwirkung ab, und doch scheint sie für uns immer als eine mittelbare. Sie wirkt stets wohltätig auf den Menschen, in dem sie ihn nach dem Höheren zu leiten sucht … zu dem rechten Ziele zu führen strebt und auch hinführt, wenn der Mensch nicht selbst ihr widerstrebt und hartnäckig auf dem Falschen und Bösen beharrt …"

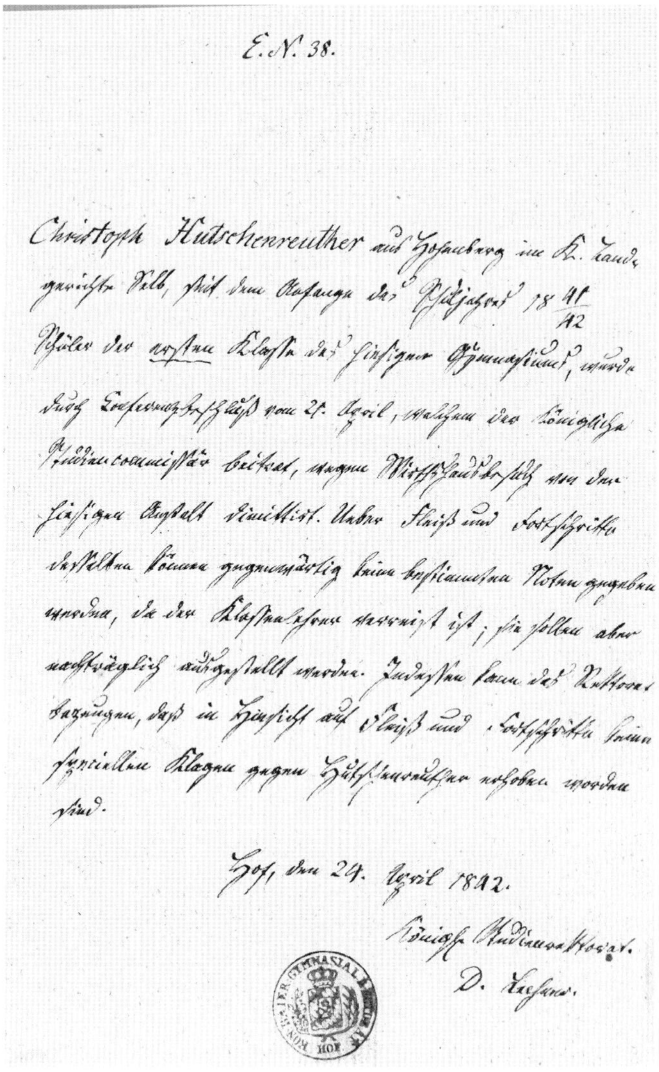

Abb. 121: Zeugnis von Christoph Hutschenreuther aus Hohenberg/Eger, 24. April 1842.

Karamitson, griech.-kath., Vater ist Privatier), Weihenstephan (Wolfgang Hagen, Vater ist K. Inspektor der Kreisackerbauschule in Bayreuth), Würzburg (12) und Zweibrücken (Philipp Fritsch, Vater ist Buchhalter auf der Plassenburg).

Christoph Hutschenreuther war seit dem Anfang des Schuljahrs 1841/42 Schüler der ersten Klasse des hiesigen Gymnasiums (in Hof) und wurde durch Conferenzbeschluss vom 21. April wegen Wirtshausbesuchs „von der hiesigen Anstalt dimittiert." In dem Beitrag von Hermann Prückner, Die Stammbäume der Hofer Geschlechter Prückner und Hutschenreuther (AO 66, 1986, S. 461ff.) erscheint allerdings u.a. nur ein Christian Hutschenreuther (geb. 1818, gest. 1877), dessen Bruder Lorenz (geb. 1817, gest. 1886) mit 40 000 Gulden ausgezahlt wurde und die Porzellanfabrik Lorenz Hutschenreuther gründete.

Julius Heuberger wurde Optiker und war Hoflieferant. Er hatte bereits im März 1885 die erste Telefonanlage der Stadt Bayreuth vom Feuerwachlokal zum Stadtturm; zum Rathaus und nach St. Georgen eingerichtet.

2.6.2. Schulsatzungen und Disziplin

In mehr oder weniger regelmäßigen Abständen wurden Schulsatzungen, Schulgesetze, Schulregeln neu aufgelegt, so z.B. 1830, 1863, 1870, 1874, 1891. Über lange Zeit hinweg änderten sich Grundstruktur und Inhalte wenig. Es geht um Kleiderordnung, Verhalten innerhalb und außerhalb der Schule, um Pflichten des Schülers (Sorgfalt bei Erledigung der Hausaufgaben). Geregelt wird, ab wann Schüler am Abend im Haus und auf ihrem Zimmer zu sein haben und unter welchen Bedingungen ältere Schüler in Begleitung ihrer Eltern Gasthäuser aufsuchen dürfen

„Einige vorläufige Bestimmungen zur Regulierung des Verhaltens der Gymnasial- und Lateinschüler zu Bayreuth" vom 14. Mai 1830 halten u.a. fest: „Erlaubt ist nur das Tragen einfacher, schwarzer Mützen oder runder Hüte von gewöhnlicher Form und Farbe." „Alle übrigen Mützen mit oder ohne besondere Abzeichen sind von jetzt an gänzlich untersagt." Ebenfalls verboten ist das Tragen von Stöcken, „insbesondern Ziegenhainern", desgleichen von Rappieren. „Am Abend, wenn die Dämmerung und Dunkelheit eintritt, soll jeder Schüler in seinem Wohnhause auf seinem Zimmer zu finden sein … Das späte Spazierngehen durch die Straßen der Stadt zu dieser Zeit ist verboten." Ältere Schüler dürfen mit Genehmigung des Rektors die Eremitage, Fantaisie, Rollwenzelei und die Bürgerreuth aufsuchen, haben sich dabei „schicklich" zu verhalten, „anständig" zu sprechen und dürfen dort keine Zusammenkünfte abhalten. 1891 werden auch die Gasthäuser Lochmüller in der Sophienstraße 25 und die Kolb'sche Bierwirtschaft am Luitpoldplatz genehmigt, allerdings bis spätestens 10 Uhr abends. Für solche Disziplinarsatzungen mussten die Schüler 10 Pf. bezahlen.

Entfernung vom Ort, an dem die Schule besucht wird, musste durch das Rektorat genehmigt werden, wobei der Besuch der Eltern während der Ferien in der Regel kein Problem darstellte.

Aus der Fülle der „Vergehen" soll nun aus Disziplinarakten und speziell aus dem „Schwarzen Buch" eine kleine Auswahl das Spektrum der „Untaten" früherer Generationen aufzeigen.

Seit jeher wurde „gespickt". Am 13. Dezember 1816 hält ein Protokoll fest: „Es haben Zöglinge der oberen Klassen die deutsche Version in ihre Autoren geschrieben oder auch Ausgaben mit deutschen Übersetzungen mit in die öffentlichen Stunden gebracht. Die schuldig befundenen werden mit Karzer und Konfiszierung solcher Bücher bestraft."

Völlig daneben liegt 1821/22 die euphorische Einschätzung von Rektor Degen.

„Der verderbliche Wirtshausbesuch ist seltener geworden. Dagegen der Sinn für alles Gute, Heilige und Schöne, gleich der Morgensonne des neuen Tages, seine belebenden Lichtstrahlen in den Gemüthern unserer studierenden Jugend immer weiter zu verbreiten anfängt." Unerlaubter Wirtshausbesuch war und ist eines der häufigsten Vergehen im 19. Jahrhundert. Am 12. Januar 1851 wendet sich der Magistrat der Stadt Bayreuth an das Königl. Studien-Rektorat. Es soll dem stark eingerissenen Wirtshausbesuch der Gymnasial-Latein-und Gewerbsschüler endlich einmal mit Erfolg gegengesteuert werden. Deshalb soll der Pedell die Weisung erhalten, mit einem Polizeisoldaten, der ihm auf Verlangen bereitwillig beigegeben wird, die Wirtshäuser in der Stadt und im Stadtbezirk von Zeit zu Zeit unvermutet zu visitieren."

15. November 1851: Die Schüler v. Pieverling und Moser sind auf verbotswidrigem Wirtshausbesuch bei der Bäckerswitwe Popp auf dem Markt betroffen und dafür mit der Dimission bestraft, die Witwe Popp zu einer Geldstrafe von 5 fl verurteilt worden und für einen weiteren Fall wird ihr der Entzug der Bierschenkgerechtigkeit angedroht.

Peinlich war es sicher auch für Pfarrer Wirth in Arzberg, als ihm das Rektorat am 6. März 1849 mitteilte: „Der Schüler der dritten Gymnasialklasse Bernhard Wirth hat am 17.d. M. ohne die vorschriftsmäßige Erlaubnis des Studienrektorats einzuholen, den Ball der Gesellschaft „Zum Frohsinn" besucht, daselbst sich gegen Mitglieder dieser Gesellschaft unhöflich und beleidigend benommen und zuletzt sich bei einem hierauf erfolgten nächtlichen Straßenunfug beteiligt." Der Schüler war schon früher bestraft worden und wird nun dimittiert.

Im gleichen Jahr finden wir in der „Bayreuther Zeitung" Nr. 55 vom 24. Februar 1849 einen Leserbrief „Bescheidene Anfrage eines Unbescheidenen", dass es wiederholt zu Schlägereien gekommen sei, an denen Schüler des Gymnasiums beteiligt gewesen sein sollen. Angeblich „soll von nun an der Kreisrat und Untersuchungsrichter Oertel dahier mit Zuziehung von 12 Gendarmen Nachts die Ruhe auf der Straße handhaben." Der Verfasser möchte wissen, ob etwas Wahres an der Sache sei und ob Stadtmagistrat und Kreisrat die Kompetenz für solche Maßnahmen haben.

Den Schülern wird untersagt, Wasser aus den Fenstern der Schule zu gießen und Papierstücke hinaus zu werfen, ebenso die Fußböden der Zimmer, die Gänge, Treppen oder die Vorplätze mit Kirschkernen zu bewerfen.

In einem Bericht vom 31. Juli 1893 wird die stark ausgeprägte Vergnügungssucht der Schüler, stundenlanges Umherschlendern in den Hauptstraßen, häufiger Besuch von Vergnügungsplätzen, Theatern und regelmäßiger Wirtshausbesuch und Versäumnis des Unterrichts beklagt. 5 Schüler werden mit der Dimission bestraft.

Abschließend ein Auszug aus dem „Schwarzen Buch", das Strafprotokolle von 1821 bis 1883 enthält.

Zwischen 1821 und 1883 gibt es pro Jahr im Durchschnitt um die 30 Eintragungen, die Spitze liegt bei 76. In den 1870er und 1880er Jahren nimmt die Quote dann deutlich auf nur noch 13–17 Eintragungen ab.

Ferdinand von Herder war übrigens ein Enkel des Johann Gottfried von Herder und wurde später trotz Schulstrafen und bewegter Studienzeit Direktor der kaiserlichen Gärten in St. Petersburg.

Hauptdelikte waren Wirtshausbesuch, Würfelspiel, Tabakrauchen, leichtsinnige Geldverschwendung, Schlittenfahrt, diverse „Eexcesse", „grobe Unsittlichkeit", Schlägereien, Tumult auf der Straße. Bestraft wurde ein Schüler, weil er während eines Klassenarrestes mit seinem Mitschüler Karten gespielt hatte (Schwarzer Peter), ein anderer, weil er Namen in den Tisch geschnitten hatte. Die Liste ließe sich noch lange fortsetzen.

Jahr	Name	Delikt	Strafe
1840	Christoph Georg Hutschenreuther, Sohn eines Porzellanfabrikanten in Hohenberg	Nach Pfingsten 3 Tage länger als erlaubt zu Hause geblieben	10 Streiche auf jede Hand
1840	Ludwig Held, Sohn des Rektors	Hat auf der Eremitage ein dort vorgefundenes Stück Zigarre geraucht	1 Stunde Karzer
1845	Ferdinand v. Herder, Sohn eines Forstrats	Hat ohne Erlaubnis mit anderen einen Ball in der „Sonne" besucht	4 Stunden Karzer
1846	Drs.	Hat mit M. Sch. eine Bekanntschaft angenommen und in sehr ungeeigneter Weise fortgesetzt. Er hat mit dieser auf dem Theater einen Sperrsitz abonniert. Hinzu kommt Wirtshausbesuch.	Dimission. Der Vater nimmt auf Anraten seinen Sohn vorher von der Schule
1868	Karl Würzburger, Sohn eines praktischen Arztes in Bayreuth	Eigenmächtige Verlegung des Arrestes von Samstag auf Montag und Besuch der Eremitage ohne Erlaubnis	Arrest am Sonntag 8–12 Uhr
1873	Leopold Casselmann, Sohn eines Sekretärs in Bayreuth (später Oberbürgermeister von Bayreuth, d. Vf.)	Misshandlung eines Gewerbsschülers, Anzeige des Misshandelten, Geständnis des Schülers	2 Stunden Arrest
1873	Drs.	Wirtshausbesuch	1 Tag Arrest

Strafen bestanden in Karzer bis zu 8 Stunden bei Wasser und Brot, Schlägen auf die Hand, Androhung der Dimission, Dimission.

An das „Schwarze Buch" schließt unmittelbar ein Verzeichnis der Direktoratsstrafen von 1883/84 bis 1944/45 an. In einzelnen Jahren liegt die Zahl der Strafen bei bis zu 36 (1891/92), bewegt sich aber meist im Bereich zwischen 10 und 26. Während der Kriegsjahre 1914/15 bis 1918/19 sinkt die Zahl, wie auch kaum anders zu erwarten, auf 4–7, um während der Zeit der Weimarer Republik wieder etwas anzusteigen (Maximum 18 (1921/22). Im Dritten Reich und natürlich wiederum während des II. Weltkriegs nimmt die Zahl der Strafen wieder deutlich ab.

Meist wurden Verweise, hie und da auch 1–2 Stunden Karzer verhängt.

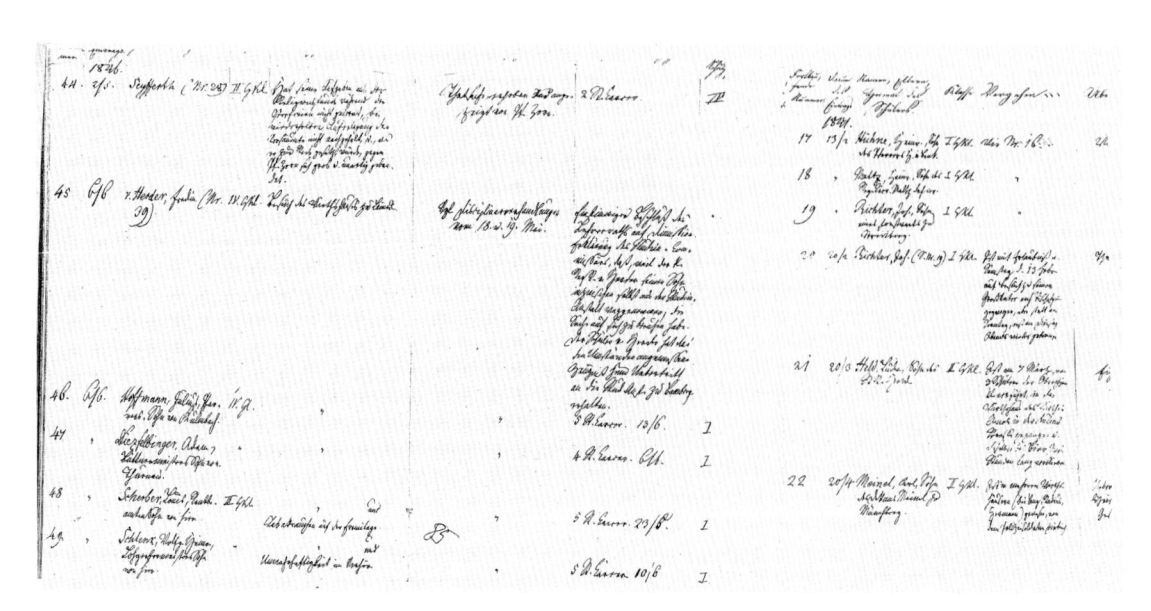

Abb. 122.1: Auszug aus dem „Schwarzen Buch", Eintrag zu Ferdinand von Herder (1846)
Abb. 122.2: Eintrag zu Ludwig Held, Sohn des Rektors (1841)

Abb. 123: Verzeichnis der Inkarzierten, 1823/24

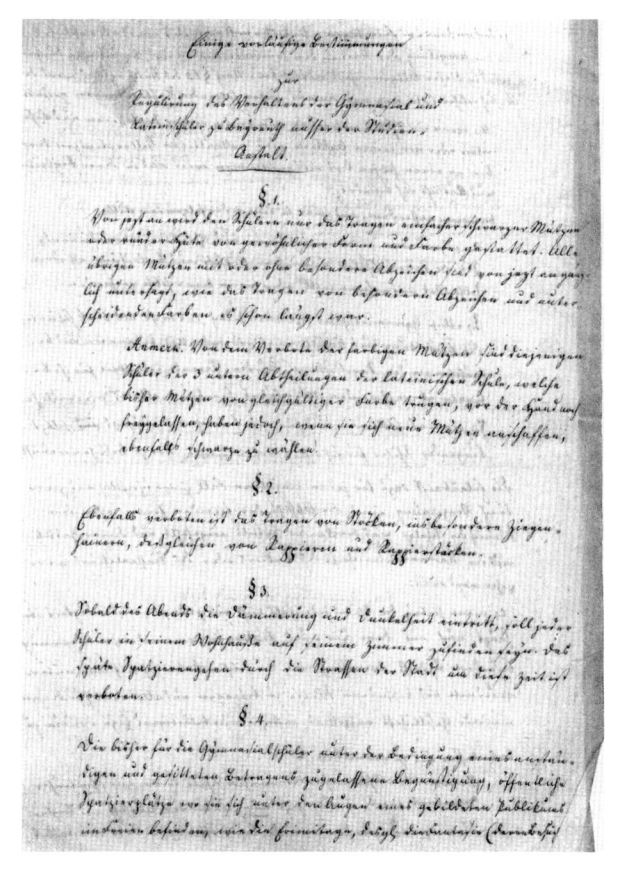

Abb. 124: Einige vorläufige Bestimmungen zur Regulierung des Verhaltens der Gymnasial- und Lateinschüler

Im Rückblick und mit großem Abstand kann man über manche der sog. „Excesse" schmunzeln und manche Strafe war aus heutiger Sicht gewiss unangemessen hart. Andererseits gab es auch rüdes Verhalten bis hin zu Sachbeschädigungen, das auch heute die Grenze des Tolerierbaren überschreiten würde.

2.6.3. „Freizeitgestaltung", Aktivitäten und Engagements

Es ist eine andere Lebenswelt, in der wir uns im 19. Jahrhundert bewegen, gewiss kein Arkadien, das in der Erinnerung vergoldet wird. Dies gilt für alle Menschen, die damals lebten. Wie heute gab es aber auch innerhalb der Gesellschaft der gleichen historischen Epoche vielfältige Differenzierungen. Da ist die Gruppe der sozial Deklassierten, eine soziale Unterschicht ohne jede Perspektive. Es entsteht der vierte Stand, das Industrieproletariat. Es gibt den Bauernstand mit einer ganz eigenen Lebenswelt und eigener bäuerlichen Kultur (noch sind in der ersten Hälfte des 19. Jahrhunderts um die 70–80 % aller Erwerbstätigen hier zu finden). Das Bürgertum spaltet sich in die Gruppen Großbürgertum, Kleinbürgertum und Bildungsbürgertum. Es entwickelt sich eine neue große Mittelschicht der Beamten und Angestellten. Das „Alte Handwerk" erleidet eine tiefgreifende Strukturkrise, die mindestens eine Generation betrifft, entwickelt aber gerade im Zusammenhang mit der Industrialisierung neue Berufszweige. Darüber gibt es eine kleine Oberschicht des Adels, der Hochfinanz, der Großunternehmer. Sehr verschiedene Lebenswelten, sehr verschiedene Kulturen und Subkulturen bestehen zugleich und nebeneinander. Nur eine Minderheit konnte am gesellschaftlichen, kulturellen Leben der Zeit teilnehmen.

In diesem Kontext sind nun die Schüler zu sehen. Es gab nur ein begrenztes Feld an sog. Vergnügungen für die jungen Menschen. Sie wurden umzingelt von Verboten, Kontrollen, Einschränkungen.

Was kam überhaupt in Frage, vorbehaltlich der finanziellen Möglichkeiten?

Schwimmen in kleinen Teichen und im Main, im Winter vielleicht Schlittschuhlaufen, eine Schlittenfahrt, ein Ball für die älteren Schüler, Theaterbesuch, Konzertbesuch. Vielleicht einmal im Jahr ein Ausflug zu den bekannten Orten, Abiturschlussfeier mit Ball, Tanzstunde.

Schon ein Theaterbesuch konnte zu Problemen führen. Im Dezember 1814 reicht Kriegs-und Domänenrat Behm (Boehm) eine Beschwerde ein mit dem Antrag, den Besuch der Schaubühne den Gymnasiasten förmlich zu untersagen. Er erhebt den Vorwurf, die Professoren hätten zu lange den Theaterbesuch erlaubt, die Schulzucht sei gesunken und die „sittliche Bildung der Zöglinge" werde zu wenig berücksichtigt. Dieser Antrag wird aber nicht genehmigt. Die Regierung meint, man solle jugendliche Unarten nicht „halbpolizeilich oder juristisch behandeln." Allerdings sollte die Jugend vom Besuch solcher Schauspiele abgehalten werden, welche weder vom künstlerischen Wert, noch hinsichtlich Geschmack und Sittlichkeit nützlich erscheinen. Hintergrund des „Sturms im Wasserglas" war offensichtlich eine verbale Auseinandersetzung zwischen einigen Gymnasiasten und den Söhnen des Kriegsrats Behm. Nach dem Theaterbesuch hatten wohl etwa 30 Schüler auch der Frau des Klägers den Weg versperrt, sie belästigt, und als sie dieses Verhalten als „bubenmäßig" bezeichnete, gedroht: „Wenn sie noch ein Wort sagt, so schlag ich ihr alle Zähne in den Hals." Die Schüler Reichel, Völkel und Richter nehmen ausführlich zu den Vorfällen Stellung und bestreiten natürlich ihre Schuld.

Aus Eigeninitiative unter Mithilfe der Lehrer erwuchs die Tradition der Maifeiern und des „Museums". Nägelsbach schreibt: „Was man sonst heute unter Sport versteht (er schreibt dies 1925, d. Vf.), gab es für uns noch nicht … Auch im Sommer wussten wir nichts von Fußball und dergleichen. Ich halte diese Übungen schon deshalb für einen großen Gewinn der heutigen Jugend, weil dadurch doch einigermaßen das heillose müßige Umherstehen und Umherbummeln auf Plätzen und Straßen der Stadt eingeschränkt wird …" „An öffentlichen Vergnügungen war kein Mangel. Eine der frühesten in meiner Erinnerung ist der Wasserspringer. Da trat ein Mann, aufgeputzt und mit hohen Wasserstiefeln auf eine Erhöhung am Ufer des Flusses und ließ Feuerwerkskörper los. Zuletzt nahm er in die eine Hand eine Rakete, die er anzündete, und in die andere ein prasselndes Feuerrad und

Abb. 125: Januar 1830, Biedermeierlicher Umzug am Jean-Paul-Platz (Archiv Bernd Mayer)

sprang damit ins tiefe Wasser hinein …" „Tanzbären und Kamele, auf deren Rücken ein Äffchen tanzte, waren das ganze Jahr eine häufige Straßenerscheinung. Eine seltsame Unterhaltung war das Auftreten eines Schnell- (wohl richtiger Dauer-) Läufers, eines bunt ausstaffierten Mannes, der, eine Peitsche in der Hand, womit er die Hunde abwehrte, und von der Straßenjugend begleitet, durch alle Straßen rannte und hernach in den Häusern seinen Lohn einsammelte."

Am Ende dies alles immer auch eine Frage der finanziellen Möglichkeiten der Eltern.

Schon 1821/22 kam es zu einer Neuerung. Um die Rhetorik der Schüler und die Vortragskunst zu fördern, wurde beschlossen, eine besondere Veranstaltung einzuführen. Alle 3–4 Wochen versammelten sich Schüler und Lehrer am Abend im größeren Hörsaal der Anstalt „zu declamatorischen und rednerischen Vorträgen, mit musikalischen abwechselnd." Dies waren die sog. „Abendunterhaltungen". Den Anstoß hatte Rektor Gabler schon 1821 gegeben. Im Protokoll der Sitzung von 1821 heißt es: „Da die Erfahrung zeigt, dass die Schüler der hiesigen Anstalt in Hinsicht auf produktive Kraft in Verfertigung eigener Arbeiten und auf mündliche Darstellungsgabe nicht auf so hoher Stufe stehen, als man wünschen und fordern sollte, so machte der Vorstand der Anstalt mit Zustimmung aller Lehrer den Vorschlag, dass unter den Schülern der Anstalt ein Verein zu errichten seyn möchte, in welchem sie zu einer fest zu bestimmenden Zeit, etwa mittwochs in den Abendstunden, im großen Hörsaal des Gymnasiums zusammenkämen und in Gegenwart der Lehrer, in der Folge wohl auch derjenigen Eltern und gebildeten Personen des Publikums, welche sich für solche Gegenstände interessieren, durch Vortragen so viel als möglich eigener oder auch fremder Arbeiten, abwechselnd auch durch musikalische Produktionen sich übten …, wobei aber nichts zum Vortrag gebracht werden dürfte, was nicht vorher die Prüfung der Lehrer bestanden hätte." Auf diese Weise konnten seitdem auch die offiziellen Schulfeiern wirklich künstlerisch umrahmt werden. 1824 wurde ergänzend der Plan einer „Instrumentalmusik" angestrebt, also wohl die Zusammenstellung eines Orchesters. Die Einrichtung wurde auch von Dr. Held gefördert. Die Darbietungen fanden wiederholt große Anerkennung, so z.B. 1841 bei der Einweihung des Jean-Paul-Denkmals.

1825/26 kommt es zu einer intensiven Auseinandersetzung. Es sollen in Zukunft die Klaslehrer je zwei Schüler zum öffentlichen Auftreten bestimmen. Prof. Klöter äußert in einem Schreiben an das Rektorat Bedenken, denn die Vorträge seien dann nicht mehr Leistungen der freien Produktion, sondern die Auftretenden würden ihre Freiheit und Subjektivität an die Gewährung und Hinnehmung eines Genusses verlieren. Klöter beantragt, dass die besondere Leitung eines Lehrers aufgehoben werden und die äußeren Veranstaltungen für jede Abendunterhaltung den jeweils auftretenden Schülern selbst überlassen werden sollte. Klöter glaubte, im „Museum" einen Eingriff in sein Klaslehrerrecht zu sehen. In einem mehrseitigen Umlauf nimmt Rektor Gabler am 9. Mai 1825 dazu ausführlich Stellung und erinnert daran, dass die Idee war, nachdem in jeder Klasse Deklamationsübungen abgehalten werden, aus jeder Klasse die besten Deklamatoren, Stilisten und Redner in ein gemeinschaftliches Medium des Ganzen zum Nutzen aller zu versammeln. Ursprünglich hatte man es den Schülern so viel als möglich überlassen alles zu organisieren und aus ihren Reihen einen verantwortlichen Ausschuss zu wählen. Er, Gabler, habe die Aufsicht über alles gehabt. Aber inzwischen kann die Sache den Schülern nicht mehr selbst anvertraut werden, sie werden immer unsicherer, es fehlt dem Ausschuss an Unterstützung. Deshalb sollte fortan der Ausschuss unter die Leitung eines Lehrers gestellt werden. Dies waren zuletzt die Professoren Ströbel und Kieffer.

Seit 1833 wurden die „Abendunterhaltungen" nun „Museum" genannt. Die entsprechende Veranstaltung im Frühjahr war das sog. „Maifest", das bis 1913/14 stattfand. 1829 lieferten dazu etwa 125 Schüler Beiträge, vor allem Zeichnungen, aber auch Ausarbeitungen zu verschiedenen Themen, z.B. „über die Umstände, die den Fortgang der Reformation vorzüglich förderten" oder „über die Notwendigkeit des Studiums der Mathematik auf Gymnasien". Hinzu kamen lateinische Reden, Gedichte, Übersetzungen.

Unter Rektor Großmann fand leider diese Institution des „Museum" nicht mehr die bisherige verständnisvolle Förderung und Unterstützung. Die letzte bekannte Veranstaltung fand am 17. Januar 1879 statt. Bis dahin konnte das „Museum" als fester Bestandteil des Kulturlebens in Bayreuth betrachtet werden.

Erinnerungen an diese Veranstaltung finden sich bei D. Friedrich Nägelsbach und in einem Beitrag in „Bayreuther Land", 5. Jg. 15. Mai 1931 unter dem Titel „Museum. Erinnerungen eines

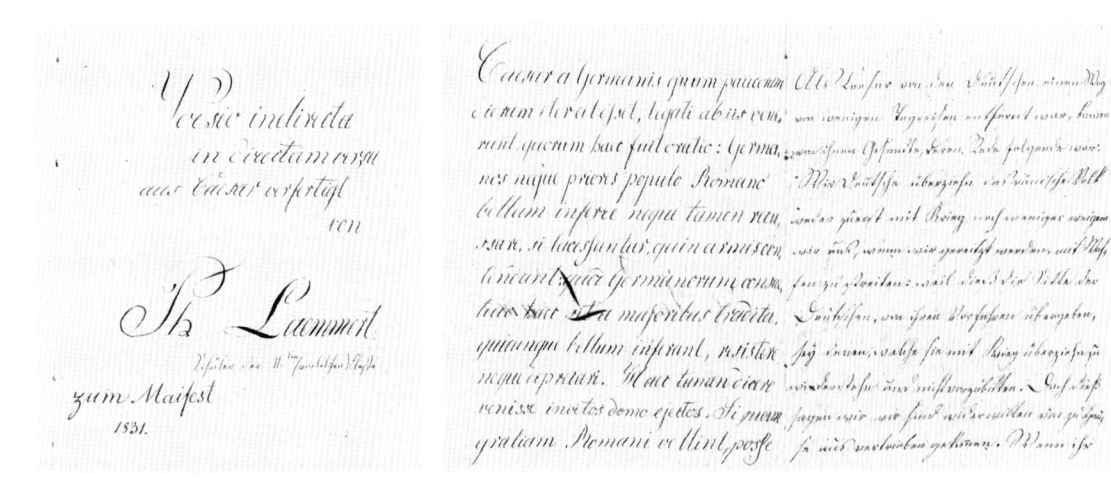

Abb. 126: Beispiel einer Schülerarbeit zum Maifest von Schüler Laemmert, 1831

alten Bayreuthers". Dieser Artikel könnte auch von Nägelsbach stammen. Aus seinen Jugenderinnerungen sei hier zitiert:

„Eine Bayreuther Eigentümlichkeit war die alljährliche in den Winter fallende deklamatorisch-musikalische Aufführung, „Museum" genannt, dem Inhalt nach dem sonst üblichen Maifest entsprechend. Die Mitwirkenden waren Schüler aus allen Klassen, die Veranstalter und Leiter aber ausschließlich die Schüler der Oberklasse.

Ein Orchesterstück am Anfang und am Schluß übte der Musiklehrer ein und dirigierte es und das Programm mußte vom Rektor genehmigt sein … Die Nachteile dieser Einrichtung blieben nicht aus. Ich erinnere mich zum Beispiel, dass einmal die Herren Primaner ihre Tanzstundendamen unmittelbar vor das Podium placiert hatten, und als dann zwei von ihnen als Orest und Pylades in Goethes Iphigenie auftraten, sie sich nicht entblödeten, auf diese Dämchen mit einem faden Lächeln auf den Gesichtern fortwährend hinunterzuschielen und dadurch den herrlichen Dialog in skandalöser Weise verhunzten."

Aus den „Erinnerungen eines alten Bayreuthers" lässt sich entnehmen, dass offenbar Schüler der 2. Klasse auch ein „Museum" organisierten. „Damals war es Brauch, dass unter Führung der Oberklasse … eine halboffizielle Schülervorführung in der Aula des Gymnasiums stattfand. Diese Veranstaltungen trugen den sonderbaren Namen „Museum" … Warum nun nicht auch einmal auf eigene Faust ein ‚Museum' veranstalten und zwar im Sommer, in den Ferien?"

Dieses Unternehmen fand tatsächlich in Oberkonnersreuth statt unter Teilnahme einiger Professoren, darunter z.B. Puschkin, der auch seine Nichte mitbrachte, denn es wurde auch getanzt. Im Sommer 1876, in jenem Jahr, in welchem die erste Aufführung des Nibelungsrings stattfand, wurde das „Museum" im Hotel Fantaisie mit gutem Erfolg wiederholt.

Abb. 127: I. Museum, 1854/55

„Nun, wir waren alle recht vergnügt und es wurde dunkel, bis wir in corpore den Heimweg antraten. Wir hatten für Lampions gesorgt und nachdem diese angezündet waren, marschierten wir plaudernd und singend wie ein Haufen Glühwürmchen mit unseren Lampions über den Matzenberg heim."

1839/40 bildeten die Schüler aus ihrer Mitte ein kleines Orchester. Dies wurde unterstützt z.B. durch ein Geschenk des ersten Bürgermeisters v. Hagen mit einer Sammlung von Symphonien für vollständiges Orchester, darunter Werke von Haydn.

Es gab Winterkonzerte und Bälle im Gasthaus zur Sonne. Für die Schüler war die Teilnahme nur in Begleitung der Eltern möglich. Außerdem war die Erlaubnis des Klassenlehrers erforderlich. „Während des Konzerts muß die größte Ruhe und Stille beobachtet werden. Das Verbleiben im Saal oder auf der Gallerie nach Beginn der Bälle und die Teilnahme am Tanzen ist den Schülern der beiden unteren Gymnasialklassen verboten. Schüler der beiden oberen Klassen müssen Erlaubnis des Klassenlehrers und des Rektors einholen, dazu das schriftliche Einverständnis der Eltern. Spätestens um 10 Uhr müssen alle nach Hause gehen. Besuch der Wirtsstube in der Sonne und jedes anderen Wirtshauses ist verboten."

Für den Unterstützungsfonds wurden unter Leitung des Stadtkantors Buck Benefizkonzerte durch die Schüler organisiert. Ein Billet kostete 1868 24 kr. Unter den Subskribenten findet sich an erster Stelle Seine Königl. Hoheit Herzog Alexander von Württemberg, der auch in den folgenden Jahren immer 50 Billets orderte. 1868 zeichneten 225 Personen und bestellten insgesamt etwa 370 Karten. Die Konzerte fanden im Saal des Gasthofs zur „Goldenen Sonne" statt.

Die Einrichtung eines Sing- und Lesekränzchens der Schüler der VIII Klasse war gestattet worden, vom Rektorat gut gemeint, „aber die Erfahrungen, die hinterher mit dem Lesekränzchen gemacht wurden, bewiesen entschieden, dass derlei Vereinigungen nur zu leicht den Anlaß zur Umgehung der Disziplinarsatzungen bieten."

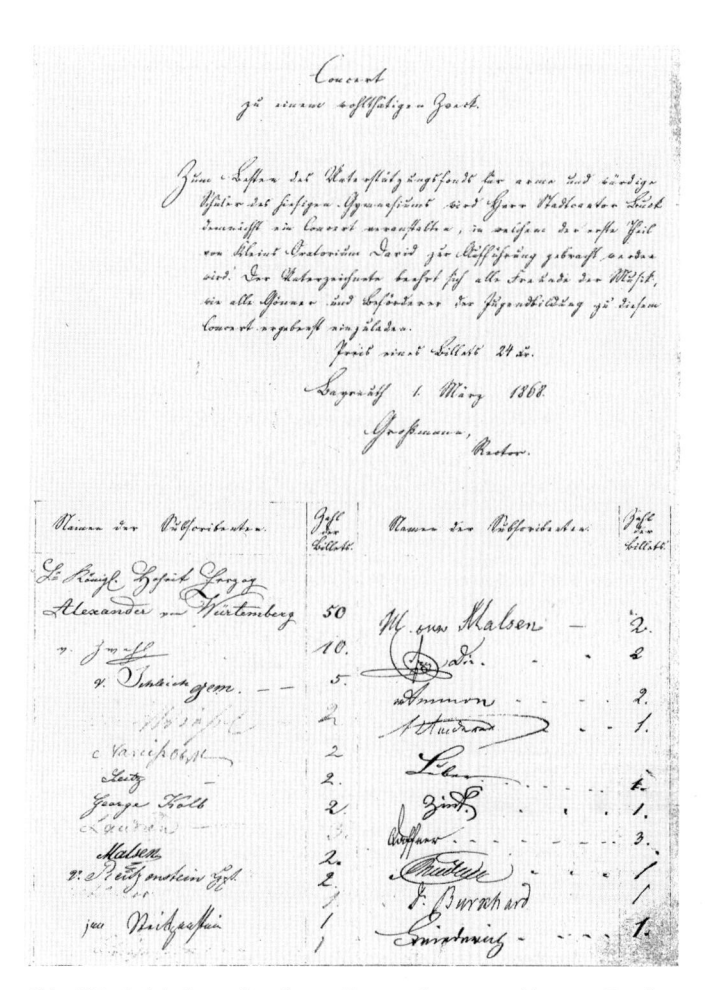

Abb. 128: Subskribentenliste für ein Konzert für einen wohltätigen Zweck, 1. März 1868

Erste Hinweise auf einen Tanzunterricht finden sich 1804. „Das Consistorium hat dem Tanz- und Fechtmeister Grohmann hierselbst die Erlaubnis erteilt, in den Lehrzimmern des Gymnasiums im Tanzen Unterricht zu geben, wie es sich von selbst versteht, außer den festgesetzten öffentlichen Unterrichtsstunden und unter folgenden Bedingungen: dass er nämlich für 4 Tanzstunden wöchentlich von jedem Zögling monatlich nicht mehr als 30 Kreuzer fordere, ferner in einer Tanzgesellschaft nicht mehr als höchstens 16 Personen zusammenzunehmen, weil sonst theils zu viel Gefahr eines wilden ungesitteten Betragens, theils zu wenig Fortschritte in der Kunst zu erwarten seyn würden …"

Später wird der Unterricht bei Angermann und im Saal des Hotels „Goldener Anker" erteilt.

1834 bietet Tanzlehrer Praunstein einen Kurs im Brandenburger Haus an. Ohne Einholung einer besonderen Erlaubnis darf aber kein Gymnasiast daran teilnehmen. „Die Verwilligung wird von den besonderen Verhältnissen des Unterrichts

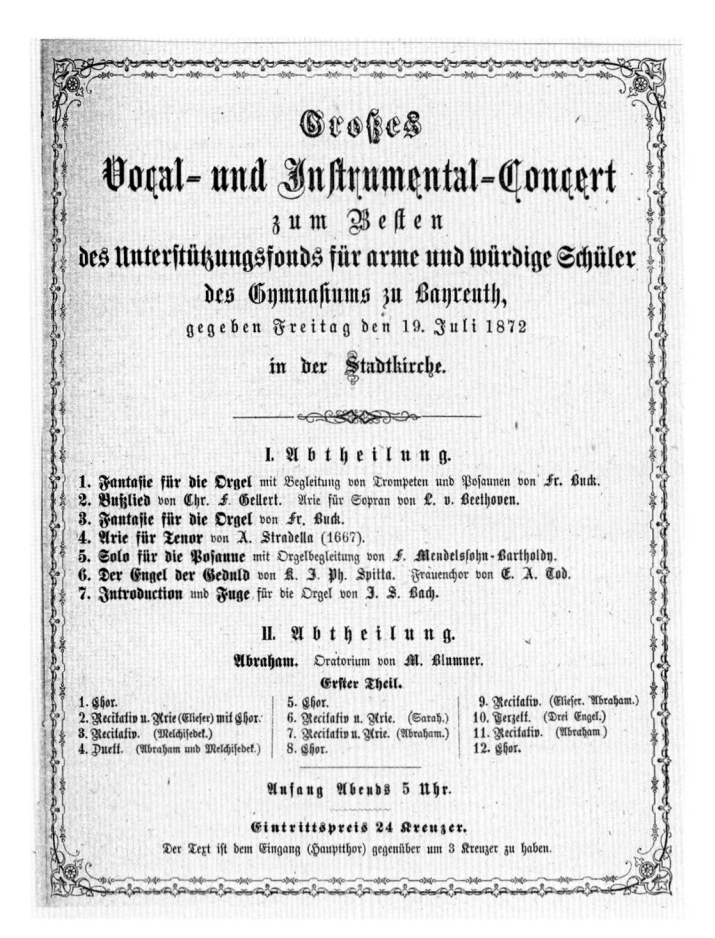

Abb. 129: Programm eines Konzerts, 19. Juli 1872

und von der sittlichen Qualität des Individuums abhängen."

Es wird bestimmt:

1. dass sie das Tanzen nur unter sich lernen,
2. dass der Ort, wo der Unterricht erteilt werden soll, im Melber Angermännischen Hause in der Kanzleistraße sich befinden und
3. dass der Unterricht wöchentlich viermal in den Abendstunden von 4–5 Uhr erteilt werden soll.

Der Pedell hat von Zeit zu Zeit eine Visitation zu machen und jeder Wirtshausbesuch ist verboten.

In den folgenden Jahren wird der Unterricht von verschiedenen Tanzlehrern erteilt. Teilnehmer sind in der Regel Schüler der beiden oberen Klassen. Als 1913 Schüler der 9. Klasse um die Erlaubnis bitten, die Veranstaltung des Liederkranzes am Samstag, dem 15. November, besuchen zu dürfen, wird dies gewährt, doch merkt nachträglich Rektor Neff an, er habe erfahren, dass einige Schüler bis morgens 4 Uhr tanzten.

Abb. 130: Annonce der Tanzschule Helm in Hof, 6. Januar 1914

Abb. 131: Programm des Anstands-Unterrichts

Abb. 132: Programm des Schluß-Tänzchens, 5. Januar 1914

Selbstverständlich war der Tanzunterricht mit einem Anstands-Unterricht verbunden, so wie das auch nach dem II. Weltkrieg, in den 50er und 60er Jahren noch üblich war. Aus dem Jahr 1914 ist ein Angebot des „Privat-Tanz-Lehr-Instituts" Hof i. Bay. Sophienstraße 26 ½ von Arthur Helm, Lehrer der Tanzkunst, erhalten. In diese Tanzschule heiratete sehr viel später Herr Reuschel ein, der nach dem II. Weltkrieg auch in Bayreuth Generationen von Schülern in die Tanzkunst einführte.

Schon in der 2. Klasse sparten früher die Schüler die Kosten für Tanzstunde und Abiturschlussfeier mit Ball an. So verpflichteten sich am 3. Mai 1875 von 25 Schülern der 2. Gymnasialklasse 16 Schüler, wöchentlich zur Bestreitung der Kosten der Tanzstunden und des Abiturientenballes 9 Kreuzer zu zahlen. 1880/81 sammelte und sparte die 2. Klasse wöchentlich 20 Pfennig und 1887 wurden wöchentlich 30 Pfennig erhoben. So waren immerhin 250 Mark zusammengekommen. Das Geld legte man bei der Sparkasse Bayreuth ein.

Auch dies bestätigt Nägelsbach in seinen Erinnerungen. „Schon von der drittletzten Klasse an sammelten wir wöchentlich Beiträge zur Bestreitung der Abiturientenfestlichkeiten. Ich war Kasssier und trieb unerbittlich auch die Strafgelder für jeden Tag der Verspätung ein."

Nägelsbach fährt fort: „Tanzstunden hatten wir in der Oberklasse auch. Der Rektor gab uns die Erlaubnis, die Veranstalter aber waren wir. Wir bestellten uns den Tanzlehrer, und da es genau so viele Damen sein sollten als Herren, suchten wir uns auch die Damen aus und luden sie in feierlichen Besuchen zur Teilnahme ein. Dabei kam es vor, dass eine Dame absagte und zwei von uns voreilig je eine andere als Ersatz dafür einluden, wovon dann eine wieder ausgeladen werden musste ... Zu dem abschließenden Tanzstundenball luden wir unsere und unserer Tänzerinnen Familien sowie die Lehrer der Anstalt

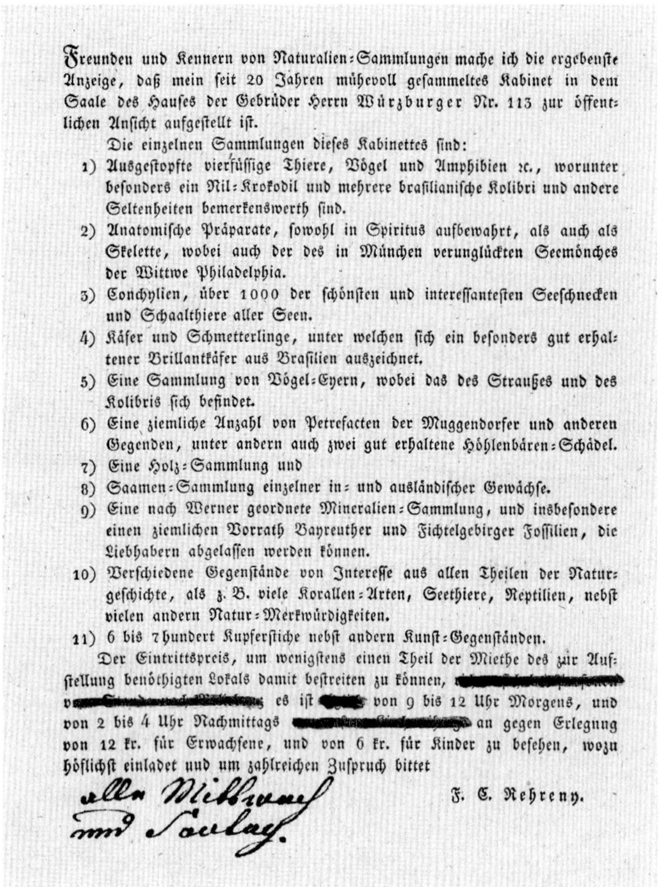

Freunden und Kennern von Naturalien-Sammlungen mache ich die ergebenste Anzeige, daß mein seit 20 Jahren mühevoll gesammeltes Kabinett in dem Saale des Hauses der Gebrüder Herrn Würzburger Nr. 113 zur öffentlichen Ansicht aufgestellt ist.

Die einzelnen Sammlungen dieses Kabinettes sind:
1) Ausgestopfte vierfüßige Thiere, Vögel und Amphibien ꝛc., worunter besonders ein Nil-Krokodil und mehrere brasilische Kolibri und andere Seltenheiten bemerkenswerth sind.
2) Anatomische Präparate, sowohl in Spiritus aufbewahrt, als auch als Skelette, wobei auch das des in München verunglückten Seemönches der Wittwe Philadelphia.
3) Conchylien, über 1000 der schönsten und interessantesten Seeschnecken und Schaalthiere aller Seen.
4) Käfer und Schmetterlinge, unter welchen sich ein besonders gut erhaltener Brillantkäfer aus Brasilien auszeichnet.
5) Eine Sammlung von Vögel-Eyern, wobei das des Straußes und des Kolibris sich befindet.
6) Eine ziemliche Anzahl von Petrefacten der Muggendorfer und anderen Gegenden, unter andern auch zwei gut erhaltene Höhlenbären-Schädel.
7) Eine Holz-Sammlung und
8) Saamen-Sammlung einzelner in- und ausländischer Gewächse.
9) Eine nach Werner geordnete Mineralien-Sammlung, und insbesondere einen ziemlichen Vorrath Bayreuther und Fichtelgebirger Fossilien, die Liebhabern abgelassen werden können.
10) Verschiedene Gegenstände von Interesse aus allen Theilen der Naturgeschichte, als z. B. viele Korallen-Arten, Seethiere, Reptilien, nebst vielen andern Natur-Merkwürdigkeiten.
11) 6 bis 7 hundert Kupferstiche nebst andern Kunst-Gegenständen.

Der Eintrittspreis, um wenigstens einen Theil der Miethe des zur Aufstellung benöthigten Lokals damit bestreiten zu können, ▬▬▬▬▬ es ist ▬▬ von 9 bis 12 Uhr Morgens, und von 2 bis 4 Uhr Nachmittags ▬▬▬▬ an gegen Erlegung von 12 kr. für Erwachsene, und von 6 kr. für Kinder zu besehen, wozu höflichst einladet und um zahlreichen Zuspruch bittet

alle Mittwoch   F. C. Rehreny.
und Sonntag

Abb. 133: Bestandsaufnahme der Naturalien-Sammlung des Traiteurs Rehreny

und deren Damen ein, die denn auch zum großen Teil erschienen. In der Pause des Balles hatten wir den wenig geistreichen Einfall, die Gaslichter abzudrehen und ein bengalisches Feuer anzuzünden, bei dessen magischem Licht unser Quartett die feierliche Weise: Zu Straßburg auf der Schanz erklingen ließ."

Von Interesse waren für die Schüler auch manche Ausstellungen. So wird z.B. 1831 den Schülern die „Naturaliensammlung" des Traiteurs Christian Friedrich Karl Alexander Rehreny zugänglich gemacht.

Auch der Gewerbeverein wendet sich an das Gymnasium und lädt 1906 ein zu dem Vortrag des Reallehreres Hartmann über „Flüssige Luft".

Gesammelt wurde auch im 19. Jahrhundert für verschiedenste Zwecke.

Vom 20. Oktober 1823 datiert ein Schreiben des Gymnasiums in Hof. Es geht um hilfsbedürftige Schüler, welche durch den Brand am 4. September Kleider, Wäsche, Betten, Bücher und Freitische verloren haben. Es wird gebeten, Geld zu sammeln. Das Gymnasium Bayreuth kann 50 fl übersenden.

Am 12. Februar 1830 bestätigt der Magistrat dem Gymnasium den Empfang von 12 fl 45 kr, um bei der strengen Kälte für die Armen Holz zu kaufen.

Am 21. April 1832 bittet der Donaumoos-Verein um eine Spende für die unglücklichen Donaumoos-Bewohner. Dafür geben die Professoren 19 fl 18 kr, die Schüler 7 fl 36 kr.

Neben diesen sozialen Zwecken wurden auch für nationale, politische Vorhaben Spenden erbeten. 1878 hatte Generalfeldmarschall Graf von Moltke in Berlin einen Aufruf erlassen „zur Sammlung einer Wilhelms-Spende, welche dem Danke des Volkes für die zweimalige Errettung unseres Kaisers aus Mörderhand äußeren Ausdruck verleihen soll. Das gesammelte Geld wird S. Majestät für Erreichung eines guten Zwecks zur Verfügung gestellt."

Aus den Akten ist nicht zu entnehmen, für welchen guten Zweck dieses Geld tatsächlich verwendet wurde. Von 343 Schülern werden hierfür 107, 24 Mark aufgebracht.

Auch für die Errichtung des National-Denkmals auf dem Niederwald „Zum Andenken an die einmüthige siegreiche Erhebung des deutschen Volkes und die Wiederaufrichtung des Deutschen Reiches 1870/71" wird um Spenden gebeten. Das Denkmal war von Professor Johannes Schilling in Dresden entworfen worden, hatte eine Höhe von 34 m, und war auf 1 100 000 Mark veranschlagt. Die Grundsteinlegung durch den Kaiser fand am 16. September 1877 statt.

2.6.4. Schülerverbindungen[25]

Anfänge des Verbots von „Verbindungen" reichen weit zurück bis ins 17. und 18. Jahrhundert. So ergeht 1769 eine Weisung gegen die sog. „Ordensbrüder". Diese versuchten offensichtlich schon an den Gymnasien für Nachwuchs zu werben. Vom 18. Januar 1769 datiert ein Dokument, dass die Schüler Pendiger, Schlenk, Dörfler und Helmerich eine „Teutsche Gesellschaft" gründen wollten. 1782 ergeht ein Befehl im Zusammenhang mit der „Ausrottung" von Verbindungen, Orden und Landsmannschaften.

1818 erfahren wir von einer „Gymnasiasten-Harmonie". Schüler aus allen Klassen, die sämtlich unterzeichneten, gaben sich eine Satzung von 12 Artikeln. Die Präambel lautet: „Um dem uns Unterzeichneten vorgesetzten hochwohllöblichen Königlichen Studienrektorat sowohl als unseren verehrungswürdigen Herrn Professoren und Lehrern ihr wichtiges, aber mühevolles Amt überhaupt und der Sorge für die Aufrechterhaltung der Ordnung und Erhaltung des bisherigen guten Rufes und Flors des Gymnasiums, dem wir unsere ganze sittliche und wissenschaftliche Bildung, mithin unser irdisches und höheres Wohl verdanken, pflichtmäßig beizutragen, haben wir Gymnasiasten uns aus freiem Antrieb untereinander zu einem feierlichen Bund vereinigt, dessen Zweck kein anderer ist, als die strengste Befolgung folgender uns selbst von uns gegebener Gesetze."

§ 1: „Kein Gymnasiast besuche je mehr eine Bierschenke, oder wohne einem Trinkgelage bei, weder in, noch außer der Stadt." § 2: „Jeder betrage sich höflich, anständig und überhaupt sittsam an öffentlichen Orten sowohl als in Privatcirceln, gegen Jedermann, vor allem aber gegen Staatsbeamte" … usw.

Die Schüler hatten zwei Zimmer angemietet. Für diese, einen Garten, Bedienung und Beheizung wurden pro Monat 10 kr erhoben. Arme Schüler waren davon befreit. Dieser Zusammenschluss wurde bereits 1819 wieder verboten und aufgelöst, obwohl er hinsichtlich seiner Ziele wohl nicht mit den bekannten Schülerverbindungen verglichen werden kann.

Hintergrund für die rigorose Maßnahme sind sicher das Attentat auf von Kotzebue und die darauf folgenden Metternichbeschlüsse.

Dass Ursprünge verbindungsähnlicher Zusammenschlüsse ins frühe 19. Jahrhundert zurückreichen wird erhärtet durch das Stammbuch von Georg Fikenscher und eine Schrift von Dr. Johann Michael Leupoldt („Ein Lebenslauf und sein Ergebniß für die allgemeine Bildung", Erlangen 1868). Georg Fikenscher wurde am 22. Februar 1798 in Redwitz als Sohn des Bürgermeisters und Chemikers Fikenscher geboren und besuchte von 1811 bis 1816 das Gymnasium in Bayreuth, wo er das Abitur ablegte. Er starb am 22. Juni 1864 in Wunsiedel als Dr.med. und Bezirksarzt. Die Einträge in seinem Stammbuch beginnen 1813 in Bayreuth und enden 1820 in Würzburg. Von 31 Einträgen erfolgten 17 in Bayreuth. Der Freundeskreis um Fikenscher nennt sich wiederholt „Zirkel" oder „Freundschaftsbund".

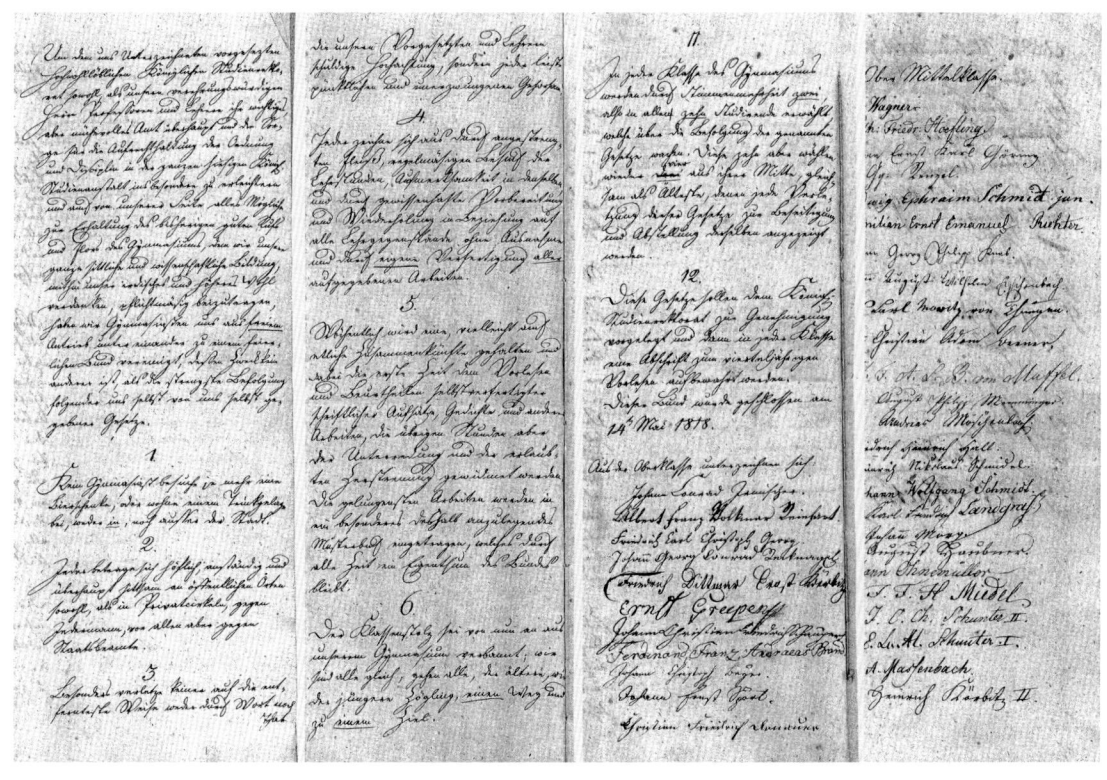

Abb. 134: Satzung der „Schüler-Harmonie"

Einige Blätter enthalten auch ein sog. Bundeszeichen: gekreuzte Schläger mit den Buchstaben F B V.

Johann Michael Leupoldt wurde als Sohn eines Schneidermeisters in Weißenstadt geboren, besuchte von 1811 bis 1814 das Gymnasium, legte hier das Abitur ab und wurde später Professor an der Universität Erlangen. Dort hat er die Burschenschaft mitbegründet.

In Bamberg entstand durch Initiative von Studierenden des dortigen Gymnasiums 1816/17 eine Burschenschaft mit dem Namen „Germania". Unter dem Druck behördlicher Verfolgung in den 1820er Jahren wandelten die Mitglieder am 7. Juli 1824 ihre Burschenschaft in ein Corps um, das nun den Namen „Amicitia" trug. Das Band hatte die Farben Schwarz-Weiß-Grün. 1840/41 wurde diese Verbindung zerschlagen, doch fanden die dimittierten Schüler Aufnahme an den Gymnasien in Schweinfurt, Würzburg, Aschaffenburg und vor allem in Bayreuth, wo sie wieder eine „Amicitia" gründeten, die sich aber schon bald auflöste, vermutlich 1842/43. Aber bereits 1847 kam es zu einer Neugründung. Diese neue „Amicitia" trug einen Zirkel, der wie auch das grün-weiß-schwarze Band als Erkennungszeichen galt. Auch diese „Amicitia" erlosch anfangs der 1850er Jahre, diesmal endgültig.

1851 fanden Ermittlungen und Befragungen von Schülern statt im Zusammenhang mit Hinweisen auf ein „Kartell" der Verbindungen „Pegnesia" in Nürnberg, „Arminia" in Bamberg (auch der Name „Germania" wird genannt) und „Teutonia" in Bayreuth. Mitglieder der „Teutonia" im „gegenwärtigen Schuljahr" waren: von Sonnenburg, Maurer, Sattler, Hofmann und Schwaab. Von der Regierung von Oberfranken kommt die Aufforderung, „binnen 8 Tagen unter Akten-Vorlage anher anzuzeigen, was in Bezug auf obenerwähnte Verbindung geschehen ist." Sattler gibt an, er befinde sich seit dem 29. Dezember 1849 unter der Landsmannschaft „Teutonia" dahier, „welche im Jahr 1841 von Melchior von Stengelein auf hiesigem Gymnasium gestiftet wurde." Bei seinem Eintritt bestand die Verbindung aus Marc Filberich (Senior, Student an der Universität), Zehnter, Lauter, Maurer, Hoffmann, Schwaab, Delitz und Hass. Zweck sei die Gastfreundschaft zwischen den Verbindungen in Nürnberg, Bamberg und Bayreuth gewesen. Die Statuten seien verloren gegangen. „Zusammenkünfte hatten wir blos am Samstag, wo wir an entfernten Orten Spaziergänge machten. In der Stadt in das Wirtshaus zu gehen, wurde von mir nie verlangt."

Aus den Protokollen geht hervor, dass die Farben der Pegnesia blau und gelb, die der Teutonia ebenfalls blau und gelb, die der Arminia blau, schwarz mit Goldfäden eingefasst gewesen sein.

Den Schülern wird beim geringsten nächsten Vergehen die Dimission angedroht. Die Regierung zeigt sich ob dieser Milde erstaunt und verweist auf eine Verordnung vom 30. November 1833, nach der schon im ersten Fall der Teilnahme an einer Studenten-Verbindung die Dimission zu erfolgen habe.

Die Auflösung der „Teutonia" erfolgte 1851, im selben Jahr also, das als Gründungsjahr der „Abituria" gilt. Ob diese als „Nachfolgeverbindung" anzusehen ist, könnte ein Vergleich der Mitglieder ergeben, doch existieren wohl keine Gründungsprotokolle oder Mitgliederverzeichnisse der „Abituria" aus ihren Anfangsjahren.

Am 30. Oktober 1852 vermerkt ein Protokoll, „… dass nach neuerlich erhaltener Anzeige im vorigen Jahr bei dem Wirte Hausleiter sich bisweilen Schüler versammelten, die eine Art Gesellschaft unter sich halten und zum Zeichen davon ein farbiges grün-schwarz-gelbes Band trugen … Prof. Raab teilte mit, dass er im vorigen Jahr einem seiner Schüler Silhouetten von Mitschülern weggenommen habe, auf welchen die Abgebildeten mit Mützen und Bändern von gewissen Farben geschmückt seien. Die Porträtierten sind Hausleiter und Kolb (vorjährige Gewerbsschüler)."

In den Schulakten findet man keinen direkten Hinweis auf die Schülerverbindung „Abituria", ebenso wenig auf die 1904 gegründete „Baruthia". Von der Existenz solcher Schülerverbindungen wusste man offenbar aber doch. So beklagt sich z.B. Bürgermeister Flessa von Kulmbach beim Rektor des Gymnasiums in Bayreuth über Unfug, Sachbeschädigungen, Zertrümmerung von Schildern und Ruinieren von Hausschlössern durch junge Leute. Aus deren Vernehmung hätten sich Hinweise auf eventuelle Zugehörigkeit zu einer Verbindung ergeben.

Im Jahr 1886 wird eine „Absolvia" erwähnt. Eine Teilnahme kann gewährt werden für Schüler der beiden Oberklassen, wenn kein förmlicher Kommers nach Art der Studentenverbindungen abgehalten wird.

Diese „Absolvia" lädt am 14. August 1886 zu einem Fränkisch-Pfälzischen Abiturienten Kommers in der Bürger-Ressource ab 8 Uhr ein.

Abb. 135.1 und Abb. 135.2: Silhouetten der Schüler Hausleiter und Kolb, 1851/52

Schon am 2. Juli 1886 wird aber eine Beteiligung der Schüler untersagt, weil die Absolventen des vorangegangenen Schuljahres am Schlusse desselben einen förmlichen Kommers abgehalten haben.

Am 9. August 1887 erfolgt eine Einladung der Abituria in Bayreuth. Erstmals tritt damit, soweit die Schulakten Auskunft geben, diese Verbindung offiziell in Erscheinung. Die Feierlichkeiten beginnen nachmittags 5 Uhr mit einem Gartenfest und darauffolgender Tanz-Unterhaltung. Am 11. August abends 8 Uhr findet die Abschiedskneipe in den Räumlichkeiten der Bürger-Ressource statt.

Am 23. Juli 1898 lädt die Abituria sogar das Lehrerkollegium zu ihren Abschiedsfeierlichkeiten förmlich und „geziemend" ein. Das Programm sieht vor: Donnerstag 28. Juli Kommers 8 Uhr, Samstag 30. Juli Ball ab 8 Uhr, Sonntag 31. Juli Frühschoppen bei gutem Wetter im Garten der Gesellschaft „Frohsinn".

Es verblüfft dies doch etwas, denn am 2. Dezember 1896 gibt das Bayerische Staatsministerium für Inneres an die Rektorate der humanistischen Gymnasien Hinweise auf die gesetzlichen Bestimmungen, die u.U. eine wirksame Handhabe zur Unterdrückung von Schülerverbindungen bieten können. „Nach §§ 33 und 53 der Gewerbeordnung kann Gast- und Schankwirten die Konzession entzogen werden, wenn Tatsachen vorliegen, welche die Annahme rechtfertigen, dass die Betreffenden ihr Gewerbe zur Förderung der Völlerei und Unsittlichkeit missbrauchen." Das wirkt allerdings sehr „an den Haaren herbeigezogen" und lässt für Auslegungen große Spielräume.

Auch in der Folge bis 1906 finden sich wiederholt Maßnahmen, die gegen die verbotenen Schülerverbindungen ergriffen werden können, „die sich der Entdeckung dadurch entziehen, dass sie als Vereine in Erscheinung treten, welche von anderen Personen gegründet und geleitet werden."

Die Abituria von 1851 mit den Farben Weiß-Rot-Weiß (ursprünglich Weiß-Rot-Gold) ist die älteste Schülerverbindung am Gymnasium Christian-Ernestinum. Ihr Wahlspruch lautet „Per aspera ad astra". Ziel war es, die Angehörigen der Verbindung zu treuer Freundschaft, Vaterlandsliebe, ehrenhaftem Lebenswandel und reger wissenschaftlicher Betätigung zu erziehen.

Der Jahrgang 1889 gehörte nahezu geschlossen der Abituria an, darunter Siegfried Wagner, Justizrat Ritter von Langheinrich und Justizrat Frölich. Erst am 4. Juli 1907 wurde der Philisterverband gegründet und der in der Konstitution

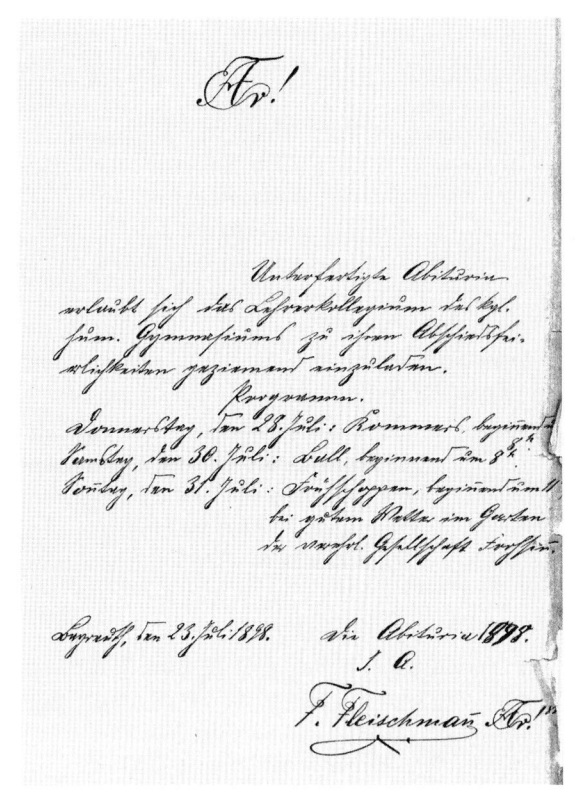

Abb. 136.1: Einladung der Abituria 1886/87 und 1898 und des Fränkisch-Pfälzischen Abiturienten-Commers, 1886

festgelegte Gedanke von einem Lebensbund in die Tat umgesetzt. Infolge einer Denunziation musste die Abituria am 14. März 1914 formell aufgelöst werden, wurde aber im Oktober 1915 durch Dr. Neff und den damaligen Oberbürgermeister Dr. Leopold von Casselmann wieder zu neuem Leben erweckt. Dies steht allerdings in einem seltsamen Widerspruch zu der Tatsache, dass es im gleichen Jahr zu einer heftigen Auseinandersetzung zwischen Dr. Neff und Dr. Stoll von der „Baruthia" kam.

Ein herausragender Aktiver der Abituria in diesen Jahren war der spätere Rechtsanwalt und Ehrenbürger der Stadt Bayreuth, Dr. Fritz Meyer I. 1937 wurde die Abituria zwangsweise aufgelöst, während der 1907 gegründete Philisterverband weiter bestand. So konnten schon im Jahr 1950 die ersten Angehörigen einer neuen Aktivitas in die Verbindung aufgenommen werden.

Die Verbindung „Baruthia" wurde am 5. März 1904 an einem unbekannten Ort als das „Gymnasialcorps Baruthia" von 12 Schülern gegründet. Es waren dies Beilhack, von Grafenstein, Huber, Kussmaul, Reichel, Ruckdeschel, Schäffer, Schardt, Schülein, Stoll, Trassl und Zimmermann. Letzterer Karl Zimmermann war übrigens Sohn des Carl Zimmermann (Schreinermeister, Theaterschreiner, Mitarbeiter am Festspielhaus und Präsident der Handwerkskammer für Oberfranken 1906–1909), ein Bruder des Großvaters (mütterlicherseits) von Rainer Trübsbach. Zimmermann wurde kurz vor dem Abitur wegen Wirtshausbesuchs, Widersetzlichkeit und Abschreibens dimittiert. Später entwickelte er sich zu einem erfolgreichen Ingenieur.

Auf die Anfänge der Baruthia verweist ein Sitzungsprotokoll vom 28. Januar 1904. Wegen Wirtshausbesuch werden neben Zimmermann u.a. die Schüler Huber, Ruckdeschel und Stoll, alles Gründungsphilister, bestraft.

Ziel des Bundes war und ist es, Freundschaft und Kameradschaft zwischen den Schülern des Gymnasiums zu fördern, die dieselben auch nach dem Verlassen der Schule verbindet. Von 1920 bis zum Ende des Dritten Reichs war kein Verbindungsleben möglich. Am 8. Oktober 1949 aber konnten wieder neue Mitglieder in die Baruthia aufgenommen werden. Den Vorsitz hatte damals für kurze Zeit oben erwähnter Karl Zimmermann. Mitglieder waren in den 1950/60er Jahren z.B. Rolf Schmidt-Holtz (u.a. Herausgeber des „Stern") und Bernd Mayer (Bürgermeister, Stadtrat und Verfasser zahlreicher Publikationen zur Stadtgeschichte).

Die Angehörigen der Verbindung tragen um ihre Brust das weinrot-weiß-schwarze Band. Das Rot steht für die Freundschaft untereinander, das Weiß für den ehrenhaften und ehrlichen Lebenswandel, das Schwarz für das Andenken an die verstorbenen Bundesbrüder. Der Wahlspruch lautet: „Unus pro omnibus et omnes pro uno".

10 Jahre nach der Gründung kam es im März 1914 zu einer scharfen Auseinandersetzung zwischen Rektor Neff und Dr. August Stoll, der inzwischen Rechtsanwalt geworden war. Aus den Aufzeichnungen geht zunächst hervor, dass die Existenz von Verbindungen der Schule bekannt war. Gastwirte sollen angewiesen werden, ihre Wirtschaften für deren Zusammenkünfte nicht zur Verfügung zu stellen. Dies wird auch am 8. März 1914 in der Lokalpresse bekannt gemacht. Hier wird auch ausdrücklich darauf hingewiesen, dass Schülern, die an einer Verbindung teilgenommen hatten und deswegen dimittiert worden waren, an keiner Anstalt mehr aufgenommen werden konnten.

In Form einer „Mitteilung" vom 10. März 1914 fordert Neff von Dr. Stoll, er solle erklären: „Ich verspreche auf Ehrenwort den Verkehr mit den Schülern des Gymnasiums Bayreuth abbrechen und keinen Einfluß mehr auf sie ausüben zu wollen."

Stoll antwortet am 11. März und verwahrt sich in scharfer Form gegen dieses Ansinnen, die Form des Schreibens und verweigert eine Aussprache, wenn sich Rektor Neff nicht entschuldigt.

In diesem Zusammenhang sind auch Zeitungsberichte der „Tribüne" Nr. 63 vom 16. März 1914 zu sehen. Die Zeitung berichtet, der Fasching am hiesigen Lehrerseminar habe zwei Opfer gefordert, zwei Schüler seien als Redakteure und Einsender einer Anstaltsfaschingszeitung entlassen worden. Es werde nunmehr auch am hiesigen Gymnasium hochnotpeinliche Untersuchung gegen zwei sog. „Froschverbindungen" gepflogen. Die „Tribüne" führt weiter aus, dass „Saufverbindungen" ein Übel seien, dass aber Erwachsene, die früher den Verbindungen angehörten, jetzt aber im Erwerbsleben stehen, diese Verbindungen unterstützen. „Die Froschverbindungen sind das Erbübel unserer Gymnasien. Professoren waren selbst als Schüler deren Mitglieder und sind jetzt ‚alte Herren'".

Erst nach dem Dritten Reich, erst seit Gründung der Bundesrepublik Deutschland, konnten sich Schülerverbindungen am Gymnasium, ohne Repressalien befürchten zu müssen, frei entfalten und entwickeln. Im Jahr 2004 feierte die Baruthia ihr 100-jähriges Jubiläum, doch kam es dann zu einer Krise und Verlust der „Aktivitas".

Abb. 136.2: Die Abituria von 1851 im Jahr 1889, in der untersten Reihe der zweite von rechts Siegfried Wagner (Photo zur Verfügung gestellt von Matthias Wutschig, 1. Vorsitzender der Abituria von 1851)

Abb. 137: 100 Jahre Baruthia Bayreuth (Archiv Bernd Mayer)

2.6.5. „Bedeutende" Schüler

Es muss hier ausdrücklich auf den Anhang „Bedeutende Schüler, bekannte Namen" verwiesen werden. Im Verlauf des 19. Jahrhunderts gingen derart viele Schüler aus dem Gymnasium hervor, die später in hohe Positionen aufstiegen, durch ihre wissenschaftlichen Leistungen herausragten, als Künstler anerkannt wurden oder im politischen Kontext besonders interessant erscheinen, dass an dieser Stelle mit „begründeter Willkür" nur einige wenige besonders erwähnt werden können.

Leopold v. Casselmann (1858–1930)

v. Casselmann wurde am 29. Juli 1858 in Fischbeck (Hessen-Nassau) geboren und verstarb am 22. Mai 1930 in Bayreuth. Sein Abitur machte er am humanistischen Gymnasium in Bayreuth im Jahr 1878. Er studierte in Marburg, Berlin und München und ließ sich 1886 in Bayreuth als Rechtsanwalt nieder. 1891 begann er seine städtische Laufbahn als Magistratsrat und wurde am 19. März 1900 als rechtskundiger Bürgermeister gewählt, bei einem Jahresgehalt von 8000 Mark und 1000 Mark Wohnungsgeld. Den Titel Oberbürgermeister erhielt er am 21. Dezember 1907. 1891 war er Mitglied des Reichstags für die National-Liberale Partei als Vertreter des Wahlkreises Bayreuth-Wunsiedel, seit 1897 gehörte er

Abb. 138: Leopold von Casselmann (Archiv Bernd Mayer)

dem Bayerischen Landtag, seit 1918 als Justizminister dem designierten Kabinett an.

Er war immer ein scharfer Gegner der Sozialdemokratie, war viele Jahre Führer der Nationalliberalen und galt als erzkonservativ. Bernd Mayer würdigt seine Leistungen, stellt aber dennoch fest: „Als Politiker ist Casselmann – wie Hindenburg ein lebender Anachronismus – endgültig gescheitert."

Dilchert, Friedrich Carl (1802–1879)

Carl Dilchert erscheint im Jahresbericht 1813/14 im Alter von 11 Jahren als Schüler der Unter-Primärschule und zuletzt 1817 als Schüler des Ober-Progymnasiums. In den folgenden Jahren ist sein Name nicht mehr aufgeführt, allerdings findet sich auch kein Hinweis auf seinen Austritt. Sein Vater war Chirurg. Dilchert wurde Kaufmann, hatte aber kaum Vorkenntnisse in der Kommunalpolitik. Seit 1845 wirkte er als Magistratsrat in ehrenamtlicher Tätigkeit, 1848 war er Vorstand des Armenpflegschaftsrats und bei der Gemeindeersatzwahl 1851 wurde er zum Bürgermeister und Magistratsvorstand gewählt. Über sein Wirken hinterließ er einen umfangreichen Rechenschaftsbericht. Dilchert machte sich vor allem im wirtschaftlichen Bereich verdient. Seine Heimatstadt bedachte er mit zwei Stiftungen.

Friedrich Feustel (1824–1891)

Friedrich Feustel findet sich 1835/36 in der 2. Klasse der Lateinschule, ist dann aber im Jahresbericht gestrichen und erscheint 1836/37 im Jahresbericht der späteren Oberrealschule. Er lernte bei Sophian Kolb und gründete bereits als 24-jähriger eine Versicherungs- und Auswandereragentur, zusammen mit einem Wechselgeschäft. 1852 erwarb er das Riedelsgut und schon im Alter von 30 Jahren erscheint er als Gründungsmitglied der Mechanischen Baumwollspinnerei. Vielfältige Unternehmungen sind mit seinem Namen verbunden. So gründete er ein eigenes Bankhaus, war Mitbegründer und Direktor der Coburg-Gothaischen Kreditanstalt, Mitbegründer und Mitglied des Verwaltungsrats der Bayerischen Vereinsbank, Aufsichtsratsmitglied der Preußischen Central-Bodenkredit-Gesellschaft. Wirtschaftlicher Erfolg und gesellschaftliches Ansehen verbanden sich außerdem mit politischer Karriere. Der nationalliberale Feustel war in den städtischen Kollegien, im

Abb. 140: Friedrich Feustel (Archiv Bernd Mayer)

Abb. 139: Beurteilung Dilcherts als Schüler

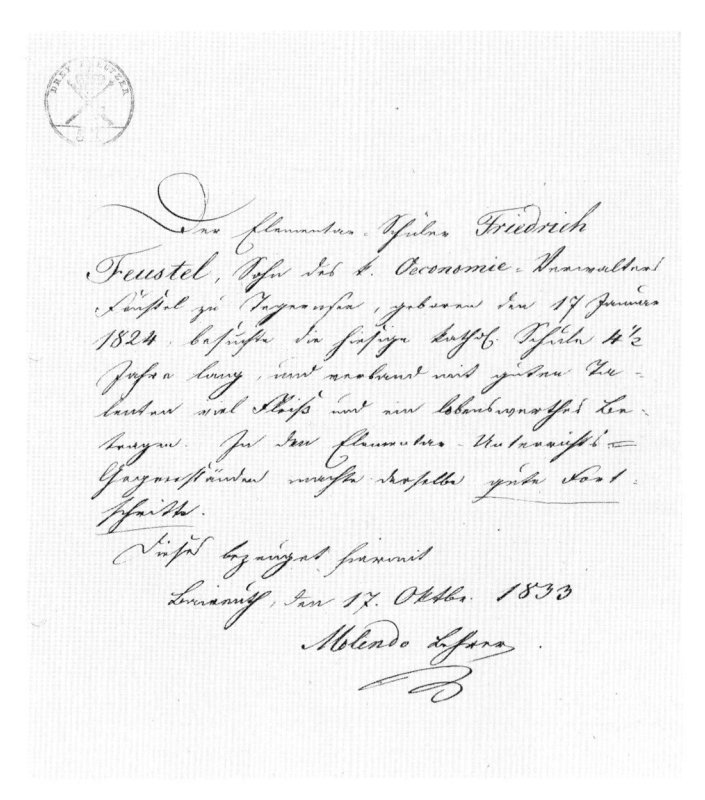

Abb. 141: Zeugnis von Friedrich Feustel, 17. Oktober 1833

Landtag und im Reichstag vertreten. Er engagierte sich bei den Freimaurern, denen er als Großmeister vorstand, und bereitete zusammen mit Muncker für Richard Wagner den Weg nach Bayreuth.

Erhard Christian v. Hagen (1786–1867)

Erhard Christian von Hagen wurde am 17. Juli 1786 in Bayreuth als Sohn des Landschaftskommissärs Johann Friedrich Hagen geboren. Viele seiner Vorfahren waren Bäckermeister. So verehrte er 1846 der Bäckerzunft ein „silbernes Zeichen" „Zum Andenken an seinen Ahnherrn den vormaligen hiesigen Bürger Bäcker Meister …Friedrich Hagen, geb. am 7. September 1613", der 1646 Zunftmeister gewesen war.

Hagen besuchte das Gymnasium in Bayreuth, machte hier das Abitur 1804 und studierte in Halle und Erlangen Jura und „Cameralwissenschaften".1818 stellte die Kreishauptstadt Hagen als ersten rechtskundigen Bürgermeister an, dessen Wahl vom September am 9. Dezember 1818 offizelle Bestätigung fand. Wegen seiner Verdienste als Landtagsabgeordneter, Mitglied der Generalsynode und Vorstand des Magistrats wurde er 1837 „taxfrei" in den Adelsstand erhoben.

Am 31. März 1827 gründete v. Hagen den ältesten historischen Verein Bayerns und schuf für diesen die Zeitschrift „Archiv für Bayreuthische Geschichte und Altertumskunde", eine Bibliothek, Münzsammlung und vor- und frühgeschichtliche Sammlung. Für seine Leistungen erhielt er zahlreiche Auszeichnungen. Sein „Sturz" erfolgte 1848 eher beiläufig bei einer Versammlung des mittleren gewerbetreibenden Bürgertums in der „Sonne", nicht etwa durch „radikale" Demokraten. Von Hagen starb am 28. Oktober 1867. Seine letzte Ruhe fand er in einer Gruftkapelle an der Friedhofmauer gegenüber der Gottesackerkirche in Bayreuth.

Theodor v. Muncker (1823–1900)

Theodor Muncker wurde am 29. Mai 1823 als Sohn eines Kreiskassedieners in Bayreuth geboren und machte am Gymnasium Bayreuth im Jahr 1843 sein Abitur. In Erlangen studierte er anschließend Jura und bestand sein Examen mit Auszeichnung. 1851 wurde er zunächst zum Rechtsrat gewählt und dann am 14. Februar 1863 von den Gemeindebevollmächtigten einstimmig zum Bürgermeister berufen. Dieses Amt übte er

Abb. 142: Erhard Christian v. Hagen

Abb. 143: Theodor von Muncker (Archiv Bernd Mayer)

37 Jahre lang aus. Sein überragendes Verdienst war es, zusammen mit Bankier Friedrich Feustel, Richard Wagner den Weg nach Bayreuth geebnet zu haben. In Munckers Amtszeit erfolgt der Übergang von der Postkutschenzeit in das Zeitalter des Automobils. Das Stadtbild veränderte sich grundlegend. Das Festspielhaus wird erbaut, aber auch zwei Bahnhöfe, bedeutende Industriebauten wie die „Mechanische Spinnerei und Weberei", die „Neue Spinnerei", das „Zentralschulhaus" (Graserschule) und die Lehrerbildungsanstalt. Es werden neue Straßen und Plätze angelegt, eine elektrische Straßenbeleuchtung und die ersten Telephonleitungen installiert.

Er erhielt viele Auszeichnungen, wurde 1887 in den persönlichen Adelsstand erhoben und 1891 zum Geheimen Hofrat ernannt. Muncker verstarb am 14. Februar 1900.

Hans Raithel (1864–1939)

Hans Raithel ist fast vergessen. Vielen blieb er als „Volksdichter" in Erinnerung. Er wurde am 31. März 1864 in Benk geboren, dem kleinen Kirchdorf zwischen Bindlach und Bad Berneck, als Sohn der Bauerseheleute Friedrich und Anna-Margarete Raithel. Von April 1870 bis Ostern 1874 besuchte er die Benker Dorfschule, ab April bis Juli 1874 die Vorschule für die Lateinschule, dann das Gymnasium, wo er 1883 das Abitur ablegte. Es folgte das Studium in München in den Fächern Philosophie und neuere Sprachen, das Studium in Marburg und auch ein Semester in Berlin. Im Januar 1888 bestand er das „Examen pro facultate docendi" in Französisch, Englisch und Deutsch für alle Klassen. Das beinhaltete die Eignung zum Dozenten und Gymnasialprofessor.

Er unternahm Studienreisen nach Frankreich und England, eine Reise nach Nordamerika und Mexiko. Nach einer Erkrankung widmete er sich der Schriftstellerei seit 1894 und fand Aufnahme in den Verein „Berliner Presse". Zu seinen Publikationen zählen Romane wie „Annamaiog", ein historischer Bauernroman, „Die Stiegelhupfer", „Herrle und Hannile", der „Pfennig im Haushalt". Als Gymnasiallehrer war er im sauerländischen Lüdenscheid 20 Jahre bis zu seinem Ruhestand im Jahr 1924 tätig. Er zog dann nach Bayreuth. Hier verstarb er am 26. September 1939. Nach ihm ist die Raithelstraße in St. Georgen benannt.

Rasp, Friedrich (Fritz) (1891–1976)

Fritz Rasp wurde am 13. Mai 1891 in Bayreuth als 13. Kind eines Geometers geboren. Er besuchte das Gymnasium von 1901/02 bis 1906/07 und verließ die Schule nach der 6. Klasse, ging

Abb. 144: Fritz Rasp (Archiv Bernd Mayer)

205

1908/09 an die Theaterschule Otto König in München und hatte 1909 sein Bühnendebüt als Amandus in Max Halbes Skandalstück „Jugend" am Schauspielhaus in München. Er lernte in Swinemünde Werner Krauß kennen und erhielt im Mai 1914 einen Vertrag an Max Reinhardts Deutschem Theater in Berlin. 1919/20 arbeitete er am Metropoltheater, 1920/21 am Kleinen Schauspielhaus und wieder am Deutschen Theater. Ab 1924 war er ohne feste Ensemble-Mitgliedschaft an verschiedenen Berliner Theatern tätig. Schon 1915 hatte er an einem Film mitgewirkt. Er stellte oft Bösewichte dar, so auch in dem Film „Emil und die Detektive". Hervorzuheben ist sein Mitwirken in „Metropolis" (Rolle: „Der Schmale") und in Edgar Wallace-Filmen („Der Zinker", „Der rote Kreis", „Die Bande des Schreckens" u.a.). Insgesamt wirkte er zwischen 1915 und 1976 in über 100 Filmen mit.

Rasp verstarb am 30. November 1976 in Gräfelfing.

(Vgl. Jürgen Kasten, Rasp Fritz, in: Neue Deutsche Biographie,Band 21, Berlin 2003, S. 163f., Frank Piontek, Ein Filmbösewicht aus Bayreuth, NK 20. Januar 2011, S. 11)

Hans (Johannes) Reissinger

Reissinger wurde am 10. April 1890 in Bayreuth als Sohn eines Pfarrers geboren. Er machte 1908 am humanistischen Gymnasium sein Abitur. Aus dem Jahr 1907 ist ein Bild von ihm erhalten, das das Gymnasium in der Friedrichstraße zeigt. Er studierte von 1908 bis 1912 Architektur an der Technischen Hochschule München und besuchte auch die Debschitz-Schule. 1912–1914 war er Assistent bei German Bestelmeyer in Dresden und legte 1918 das Staatsexamen in München ab. Anschließend ließ er sich in Bayreuth nieder, war dann Stadtbaurat in Düsseldorf (1927–1929) und kehrte 1929 nach Bayreuth zurück. 1947 wurde er Mitglied der Deutschen Akademie für Städtebau und Landesplanung.

Reissinger galt als führender Architekt Bayreuths in der Zeit der Weimarer Republik, entfaltete sich im Dritten Reich, als er im April 1934 mit der Ausarbeitung des Generalbebauungsplans beauftragt wurde und war auch nach 1945 wieder tätig. Reissinger war wohl der Prototyp des qualifizierten Fachmanns, der sich problemlos unterschiedlichsten politischen Systemen und Verhältnissen anpassen konnte

Zu seinen größeren Projekten gehören z.B. das Verwaltungsgebäude der BELG, das „Haus der Deutschen Erziehung", Umbau des markgräflichen Reithauses zur „Ludwig-Siebert-Festhalle"

Abb. 145: Schülerbild von Hans Reissinger, 1907

(1935), das „Haus der Stenographen". 1938 wurde er mit der Planung des Gauforums Bayreuth beauftragt. Nach dem Krieg leitete und plante er den Wiederaufbau der Villa Wahnfried (1949–1962). Reissinger schuf verschiedene Zoobauten, z.B. in Düsseldorf und zahlreiche Kirchen (Glashütten, Martinlamitz, Erlangen, Kulmbach, Pottenstein, Amberg und in Bayreuth die Kreuzkirche (1960) und die Saaser Kirche (1962). Auch die im Krieg zerstörte ehemalige Reithalle aus der Markgrafenzeit baute er als Konzerthalle auf, die 1964 eröffnet werden konnte.

Seine Tochter Gertrud heiratete 1941 Wieland Wagner.

Max Stirner (Johann Caspar Schmidt) (1806–1856)

Johann Caspar Schmidt wurde am 25. Oktober 1826 in Bayreuth geboren. Sein Geburtshaus war die Maximilianstraßr 31, das später einem Neubau weichen musste. An diesem Haus ließ der deutschstämmige Schotte John Henry Mackay (1864–1933) eine Gedenktafel anbringen, die auch am Neubau wieder zu finden ist. 1826 legte er im Alter von fast 20 Jahren das Abitur unter dem Rektorat Dr. Gablers ab. Anschließend

Abb. 146: Hans Reissinger (Archiv Bernd Mayer)

studierte er Philosophie, Theologie und klassische Philologie in Berlin u.a. bei Hegel, Schleiermacher und Marheineke. Nach einem Jahr an der Universität Erlangen kehrte er nach Berlin zurück und fertigte dort seine Examensarbeit „Über Schulgesetze". Nach einer Probezeit als Lehrer an der kgl. Realschule in Berlin 1835/36 erhielt er keine weitere Anstellung an einer staatlichen Schule. Am 25. Juni 1856 stirbt Stirner in Berlin.

Sein wichtigstes Werk ist „Der Einzige und sein Eigentum" (Leipzig 1845).

Christian Bartholomae (1855–1925)

1965 wurde am Forsthaus in Forstleithen eine Gedenktafel angebracht mit dem Text:

„In diesem Hause wurde Christian Bartholomae als Försterssohn geboren."

Bartholomae besuchte das Gymnasium in Bayreuth 1863–1872. Als Primaner erhielt er eine 11–bändige Lessingausgabe für seinen großen schulischen Einsatz. Er studierte vergleichende Sprachwissenschaft, Indologie und Iranistik in München, Leipzig und Erlangen. Seine Erstlingsschrift trug den Titel „Das altiranische Verbum in Formenlehre und Syntax" (1878). 1879 habilitierte er über den Gatha-Dialekt. 1883 erschien sein Handbuch der altiranischen Dialekte. Sein Hauptwerk, das „Altiranische Wörter-

Abb. 147: Christian Bartholomae

buch" (1904) erschien 1961 in 2. Auflage und gilt bis heute als ein Standardwerk. Unter den bedeutendsten Iranisten des 20. Jahrhunderts wird Bartholomae in der Brockhaus-Encyklopädie noch heute an erster Stelle genannt.

Bartholomae lehrte als Professor der indogermanischen Sprachwissenschaft in Halle, Münster, Gießen, Straßburg und Heidelberg.

Siegfried Wagner (1869–1930)

Siegfried Wagner wurde am 6. Juni 1869 in Tribschen bei Luzern geboren. 1887/88 trat er am Gymnasium in die 3. Klasse ein und legte 1889 das Abitur ab.

Abb. 148: Siegfried Wagner (Archiv Bernd Mayer)

Er erzielte folgende Noten:

Religion 2, Deutsch $^2/_3$, Latein 2, Griechisch 2, Französisch 2, Mathematik $^2/_3$, Geschichte $^2/_3$, Turnen 2, Zeichnen 2.

Siegfried Wagner erhielt seine musikalische Ausbildung bei Engelbert Humperdinck und Julius Kniese. Seit 1886 trat er auch als Dirigent bei den Bayreuther Festspielen hervor.

1908 übernahm er die Leitung der Festspiele und heiratete 1915 Winifred Williams. Aus dieser Ehe stammen vier Kinder: Wieland, Friedelind, Wolfgang und Verena Wagner.

Er wurde geprägt durch den antisemitischen „Bayreuther Kreis" um Cosima Wagner und Houston Stewart Chamberlain und war schon früh ein Anhänger der deutschnationalen und völkischen Bewegung. Er verehrte Hitler und galt seit spätestens 1925 als einer seiner wenigen Duzfreunde.

Siegfried Wagner starb am 4. August 1930 in Bayreuth.

Christian Wirth (1843–1924)

Christian Wirth legte 1862 das Abitur am Gymnasium ab, studierte in Erlangen Philologie und Theologie, in Leipzig außerdem Sprachwissenschaft und Geschichte. 1865/66 schloss er seine Studien in München ab. Von 1881 bis 1900 lehrte er am Gymnasium in Bayreuth

Gymnasialprofessor Christian Wirth war Mitglied des Historischen Vereins für Oberfranken und veröffentlichte im „Archiv" Beiträge u.a. zur „Laut- und Formenlehre der sechsämterischen Mundart" (1897), den Aufsatz „Die Kirchenlamitzer Mundart 1795" (1917) und „Das Chronogramm am Haus Sophienstraße 29 zu Bayreuth" (1906).

Abb. 149: Christian Wirth

Sein Sohn **Wilhelm Wirth (1876–1952)** besuchte ebenfalls das Gymasium in Bayreuth von 1884 bis 1894 und legte hier unter Rektor Hofmann das Abitur ab. Er interessierte sich schon frühzeitig für Philosophie und Psychologie. Bereits in seiner Gymnasiastenzeit entstanden entsprechende Studien und mit seinem Bruder Heinrich entwarf er einen utopischen Reiseroman „Vom Saturn zum Ring". Er gilt als „ein oberfränkischer Wegbereiter der experimentellen Psychologie". Wirths Habilitationsschrift befasste sich mit dem Thema „Der Fechner-Helmholtzsche Satz über negative Nachbilder und seine Analogien". Seit 1907 war er Professor und übernahm 1917 das Psychologische Seminar der Universität Leipzig.

(Zu seiner Biographie und seinen zahlreichen Publikationen vgl. Karl Müssel, Wilhelm Wirth (1876–1952), ein oberfränkischer Wegbereiter der experimentellen Psychologie, AO 56, 1976. S. 407–410 und Arthur Wirth, Hg., Erinnerungen an meine Wunsiedler und Bayreuther Kinder- und Jugendzeit (1876–1899) von Wilhelm Wirth, ebd. S. 411–432; Karl Müssel, Professor Dr. Wilhelm Wirth – eine Kapazität der Psychologie, JB 1975/76, S. 5).

August Riedel (1799–1883)

August Riedel wurde am 25. Dezember 1799 in Bayreuth geboren. Sein Großvater Johann Gottlieb Riedel (1722–1791) war markgräflicher Hofbauinspektor, sein Vater Carl Christian Riedel (1764–1838) erwarb 1817 das Gelände am „Karlsberg", und erbaute dort wohl um 1802–1805 das „Riedelsgut". August Riedel ist am Gymnasium in den Jahren 1812/1813 nachweisbar.

Auch seine Brüder Carl Riedel (geb. 1798) und Christian Ferdinand Theodor Riedel (geb. 1801) besuchten das Gymnasium.

Am 16. Oktober 1818 wurde er in München an der Akademie in die Klasse für „Historienmalerey und Baukunst" aufgenommen. 1828 reiste er nach Rom, ging 1830–1832 wieder nach München, und kehrte im März 1832 nach Rom zurück. Er war u.a. Ehrenmitglied der Münchener Akademie und wurde von der Accademia di San Luca in Rom geehrt. In Rom verstarb er am 6. August 1883 und wurde am 7. August 1883 auf dem Friedhof an der Cestius-Pyramide beigesetzt. August Riedel hinterließ ein umfangreiches Werk, das z.T. in Privatbesitz erhalten ist, z.T. in Archiven (z.B. Stadtarchiv Bayreuth) bewahrt und in Galerien (z.B. Neue Pinakothek München) gezeigt wird.

Abb. 150: August Riedel, Zeichnung von Franz Winterhalter, 1834, (Bibliothek Hertziana Rom, entnommen aus Christa Schaper, August Riedel. Ein Bayreuther Maler-Professor ..., AO 42, 1962)

Abb. 151: Stadtkirche in Bayreuth. Skizzenblatt von August Riedel, 1819. (Historischer Verein für Oberfranken)

2.7. Jüdische Schüler am Gymnasium[26]

Ungewiss ist, ob Burggraf Friedrich III. tatsächlich schon 1248 Juden in Bayreuth aufgenommen und mit Privilegien ausgestattet hat. Sicher ist, dass in einem am 5. Februar 1343 erlassenen kaiserlichen Gnadenbrief u.a. Joseph der Kleine und Kalman von Bayreuth genannt werden. Vom 23. November 1372 datiert das burggräfliche Privilegium für den Judenmeister zu

Bayreuth. Auch Einzelschutzbriefe wurden offenbar ausgestellt, so für Eisock von Bayreuth. Dann reißen die Quellen völlig ab. Ob nach dem Hussitenkrieg wirklich sechs neu eingewanderte Juden 1441 die Judengasse erbauten, ist urkundlich nicht direkt nachzuweisen. Sicher ist dagegen, dass Juden in Bayreuth nicht im Ghetto lebten. Auch gab es eine Judenschule, wofür Miete zu entrichten war. In den folgenden Jahrhunderten wechselten Perioden relativer Sicherheit mit Perioden der Verfolgung und des Niedergangs der jüdischen Bevölkerung. Im 16. Jahrhundert verschlechterte sich die soziale Lage der Juden fortlaufend, sie wurden praktisch vogelfrei. Austreibungserlasse von 1560 und 1564 verschärften die Situation bis hin zum Mandat vom 1. Februar 1611, nach dem alle Juden binnen drei Monaten das Land zu räumen hätten. Erst im „aufgeklärten" 18. Jahrhundert begann für Juden in Bayreuth eine hoffnungsvollere, wenn auch zu kurze Phase friedlichen Zusammenlebens mit ihren christlichen Mitbürgern.

Juden erlangten nun Privilegien und Freiheitsbriefe. Den ersten stellte Markgraf Christian Ernst am 2. Januar 1709 aus, wofür allerdings 1000 Thaler zu entrichten waren. Vor allem von der Liberalität Markgraf Friedrichs profitierten die Bayreuther Juden, die bisher ihre Toten in Baiersdorf bestatten mussten. 1759 verkaufte er das alte Redoutenhaus um 8250 Gulden an den Bankier Moses Seckel, der hier eine Synagoge einrichtete. 1772 schenkte David Seckel, der Bruder von Moses Seckel, die Synagoge der jüdischen Gemeinde und 1786 gelang es endlich, den „Schleichersacker" um 400 Gulden fränk. zu erwerben, der in Zukunft als Friedhof diente. Dank der wohlwollenden Politik Markgraf Friedrichs lebten 1763 bereits 34 jüdische Familien in Bayreuth. Aber schon mit dem Tod Friedrichs begannen erneut schwere Zeiten für die jüdischen Bürger der Stadt. Widerstand, an dessen Spitze der städtische Magistrat stand, kam vor allem aus den Reihen der christlichen Kaufmannschaft.

Von entscheidender Bedeutung war das „Judenedikt" von 1813 in Bayern, das zu einer Verbesserung der Rechtsstellung jüdischer Bürger führte und ihnen erstmals ermöglichte, auch Gymnasien zu besuchen. Nicht zufällig erscheint in den Jahresberichten des Gymnasiums erstmals 1814/15 ein jüdischer Mitschüler, Sigismund Kohn, der sich auf medizinische Studien vorbereitete. Es folgten 1821 David Joseph (später David Stein), 1822 Koppel Herz und 1823 Lazarus Seeligsberg.

Im April 1824 war eine jüdische Schule eröffnet worden, an der Religionsunterricht erteilt und die hebräische Sprache gelehrt wurde. Am 3. September 1825 fand die erste Prüfung an der neuen Schule durch Lehrer Stern statt. Am 8. Februar 1829 verzeichnet Lehrer A. Stern 7 Schüler, die in Religion und hebräischer Sprache unterrichtet wurden: Meyer Brüssel, Koppel Herz (Sohn des Samson Herz), Joseph Neustädter, Simon Würzburger (Sohn des Jacob Würzburger), Samson Herz, Fischel Grünthal, und Joseph Hildenberg. Stern vermerkt: „Diese sämtlichen Schüler erhalten wöchentlich 3 Stunden ... Das Honorar ist auf 40 Kreuzer monatlich für jeden Schüler festgesetzt ..."

Von besonderer Bedeutung war das Jahr 1829. „Im Namen Seiner Majestät des Königs" wurde verfügt, „dass von nun an der Unterricht in der jüdischen Religion als ein ständiger Lehrgegenstand in den Plan der beiden Gymnasien und lateinischen Schulen zu Baireuth und Bamberg aufgenommen, mithin eigene öffentliche Lehrstunden der Religion für die israelitischen Schüler eingeführt, und weil die Kenntnis der hebräischen Sprache mit der jüdischen Religion innig zusammenhängt, auch noch eigene öffentliche Lehrstunden der hebräischen Sprache und zwar in einer größeren Ausdehnung gegeben werden sollen ...".

Große Schwierigkeiten erwuchsen anfangs aus dem Widerspruch zwischen Anforderungen jüdischer Ritualgesetze, die verboten, am Sabbat Schreibarbeiten zu verrichten, und den schulischen Statuten. Am 23. Juli 1821 erhielt Direktor Gabler „im Namen Seiner Majestät des Königs" den Auftrag, „dem jüdischen Einwohner Jacob Joseph auf sein unmittelbar gestelltes Bittgesuch um Dispens seines Sohnes vom Klassenunterricht am Samstag zu eröffnen, dass, wer bei der ihm gestatteten Teilnahme an einem öffentlichen Institut sich nicht den Bedingungen und Statuten desselben unterwerfen wolle, auch an demselben nicht teilnehmen könne ..." Schüler, die sich diesem Druck beugten, hatten später nie eine Chance, von einer Gemeinde als Rabbiner angenommen zu werden. Allmählich kam es aber zu einem gewissen Ausgleich. Einerseits bemühte sich das Gymnasium, schriftliche Arbeiten nicht auf den Samstag zu verlegen, andererseits stellte es der Rabbiner „gereiften Schülern" frei, selbst nach ihrem Gewissen zu entscheiden. 1838 kam es endgültig zu einer Neuregelung, nach der schriftliche Arbeiten nicht mehr am Samstag stattfinden durften. Der Unterricht in hebräischer Sprache wurde nun zusammen mit der Unterweisung in israelitischer Religion dem jeweiligen Rabbiner übertragen.

Die Rabbinatsprüfungen fanden 1834–1837 in Bayreuth statt. 1834 meldeten sich aus ganz Bayern 19 Kandidaten, von denen schließlich 16 an der Prüfung teilnahmen. Im Vorsitz der Prüfungskommission finden sich Rektor Dr. Gabler, Dr. Held, Prof. Neubig und der damalige Rabbiner Aub. Geprüft wurden folgende Fächer: Pädagogik und Didaktik, Psychologie, Religionsphilosophie, Logik, Metaphysik. Moralphilosophie, Philologie, allgemeine Geschichte, biblische Exegese, jüdische Religion, Liturgie, jüdische Kirchengeschichte und Predigt. Die Prüfungsgebühren vor allem für Honorare betrugen je Teilnehmer 8 fl 16 ½ kr.

Dr. Aub (1829–1852) gehörte zu den ersten Rabbinern in Bayern, die den Erziehungsplänen der königlichen Regierung entgegenkamen und u.a. auch deutsche Predigten hielten. Aub war Anhänger einer gemäßigten Reform des Judentums und hochgeschätzter Mitarbeiter von Abraham Geiger (1810–1874). Zuletzt wirkte er seit 1865 als Oberrabbiner in Berlin. Er starb am 22. Mai 1880 im Alter von 75 Jahren. Eine Petition vom 11. September 1848 an die Deutsche Nationalversammlung trägt neben Rose, Friedrich Feustel und Käfferlein auch seinen Namen. Die Honorarabrechnung für Dr. Aub weist aus: Obere Klasse 16 Wochen vom 19. April bis 8. August wöchentlich 3 Stunden à 24 kr = 19 fl 12 kr, Untere Klasse ebenfalls so viele Stunden = 19 fl 12 kr insgesamt 38 fl 24 kr.

Es folgten Dr. Schwarz (1852–12857) und Dr. Fürst (1858/59–1873).

Dr. Julius Fürst wurde 1826 in Mannheim geboren, studierte in Heidelberg Philosophie, Philologie und jüdische Theologie, bestand 1850 das theologische Staatsexamen mit der Note vorzüglich, wirkte in Mannheim, war 1854–1857 Rabbiner in Endingen, 1857–1859 Bezirks-Rabbiner in Merschingen(Baden) und 1859–1873 Rabbiner und isr. Religionslehrer in Bayreuth. Zuletzt wirkte er als Rabbiner in Mainz. Er verstarb 1899 in Mannheim.

Seine Abhandlung „Spinozae de substantia sententiae explicentur ac diiudicentur" wurde von der phil. Fakultät der Universität Heidelberg preisgekrönt. Aufsehen machten seine Arbeiten in der „Monatsschrift für Geschichte und Wissenschaft des Judentums".

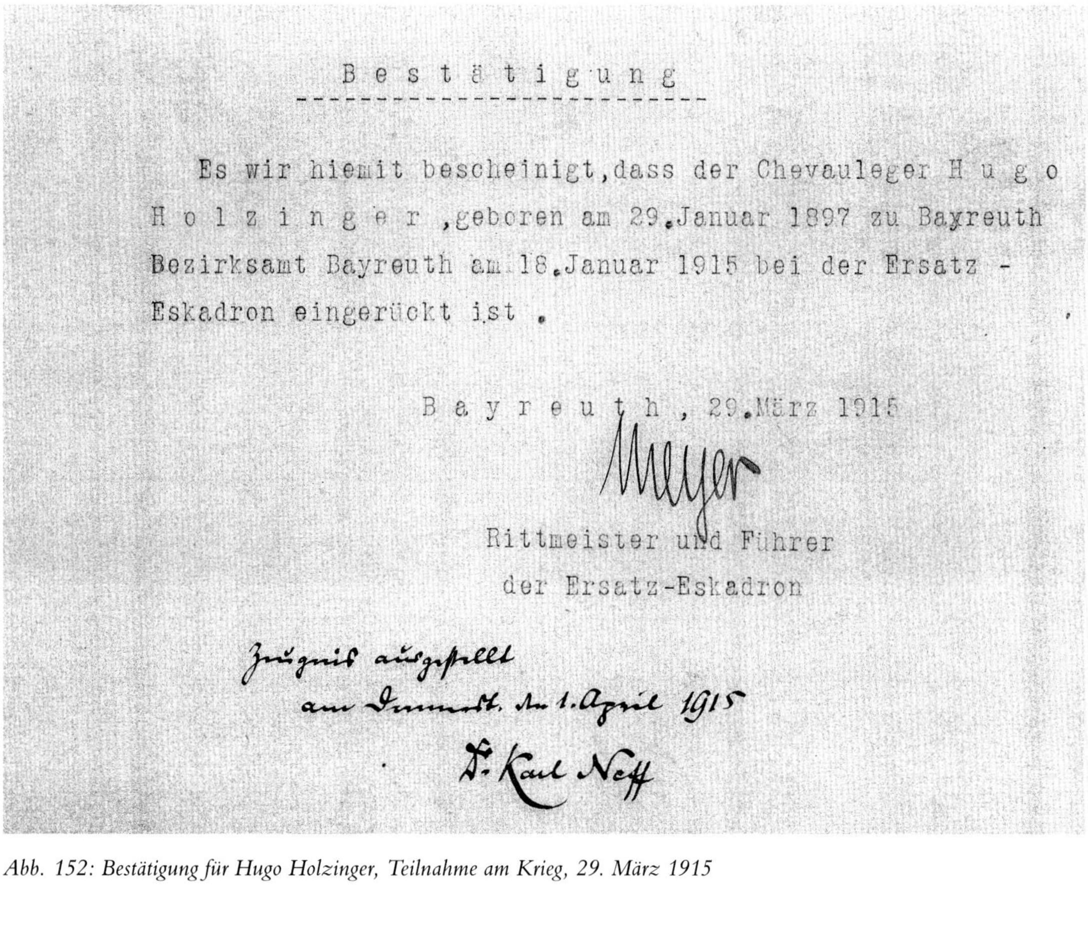
B e s t ä t i g u n g

Es wir hiemit bescheinigt,dass der Chevauleger H u g o H o l z i n g e r ,geboren am 29.Januar 1897 zu Bayreuth Bezirksamt Bayreuth am 18.Januar 1915 bei der Ersatz - Eskadron eingerückt ist .

B a y r e u t h , 29.März 1915

Meyer

Rittmeister und Führer
der Ersatz-Eskadron

Zeugnis ausgestellt
am Donnerst. den 1. April 1915
Dr. Karl Neff

Abb. 152: Bestätigung für Hugo Holzinger, Teilnahme am Krieg, 29. März 1915

Es war üblich, dass der Rabbiner den Unterricht in Religion und hebräischer Sprache erteilte. Dr. Fürst erhielt dafür 100 Gulden.

Auf Dr. Fürst folgten schließlich S. Dachauer (1874–1880), Dr. Kusznitzki (1880–1911), Max Levy (1911/12) und zuletzt Dr. Felix Salomon (1912–1933).

In den Jahren 1814 bis 1937 besuchten insgesamt etwa 260 jüdische Schüler das Gymnasium, von denen etwa 60 das Abitur oft mit hervorragenden Ergebnissen ablegten. Aber ab 1902 setzte ein sich ständig verschärfender Antisemitismus ein. Dennoch zögerten auch jüdische Mitbürger nicht, als überzeugte Patrioten im Ersten Weltkrieg Gesundheit und Leben für ihr Vaterland zu opfern. Insgesamt vierzig junge Männer, darunter viele Freiwillige, wurden von der israelitischen Kultusgemeinde in einem feierlichen Bittgottesdienst in der Synagoge verabschiedet. Auch Rabbiner Dr. Salomon rief zu Vaterlandsliebe, Opferwilligkeit und Gottvertrauen auf. Manche der Zurückkehrenden hatten im Krieg hohe Auszeichnungen erhalten, andere, wie Otto Hirschfeld, Leo Mohr, Dr. Julius Würzburger und Bruno Kurzmann vom Gymnasium, fielen.

All dies zählte nach dem Krieg nicht mehr. Die letzten Schüler am Gymnasium waren Alfred Strauß (geb. 27. Dezember 1905, am Gymnasium 1915–1920), Heinz Aptekmann (geb. 9. März 1914, Abitur 1933), Hildegard Marx (geb. 1. November 1911, Abitur 1931), Moritz Kober (geb. 8. Oktober 1915, ausgetreten 1933/34), Julius Kohl (geb. 7. November 1910, Abitur 1930), Hans Steinberger, (geb. 30. Dezember 1919, am Gymnasium 1935–1937), Martin Salomon (geb. 17. Januar 1918, 1935/36 in der 8. Klasse), Armin Salomon (geb. 31. Juli 1920, am Gymnasium 1931–1934), Walter Salomon (geb. 21. Februar 1922, „ausgetreten" 1936/37).

Die meisten jüdischen Schüler kamen aus Bayreuth (156), die anderen verteilen sich auf etwa 36 Orte, darunter an der Spitze Floß (13) und Altenkunstadt (8). Schüler stammen aber auch aus New York, Philadelphia, Paris, Basel, Cincinnati und San Francisco.

Betrachtet man die soziale Herkunft, so stehen bei den Berufen der Väter an der Spitze

Kaufmann (88), Rabbiner (8), Arzt (6), Bankier (5), wir finden aber auch Handwerker wie Drechslermeister, Glasermeister, Sattlermeister, Schuhmachermeister und einen Lohnkutscher.

Zu den bedeutenden Familien im 19. Jahrhundert sind u.a. zu zählen die Würzburger, Harburger, Schwabacher, Wilmersdörffer.

Bemerkenswert erscheint, dass zu den ersten 14 Mädchen, die im Schuljahr 1919/20 zur 1. Klasse angemeldet wurden, auch Elisabeth Klein zählte. Sie wurde am 11. Dezember 1907 in Bayreuth als Tochter des Justizrats Berthold Klein geboren, besuchte das Gymnasium seit dem 10. September 1919 und unterzog sich im März 1928 der Reifeprüfung.

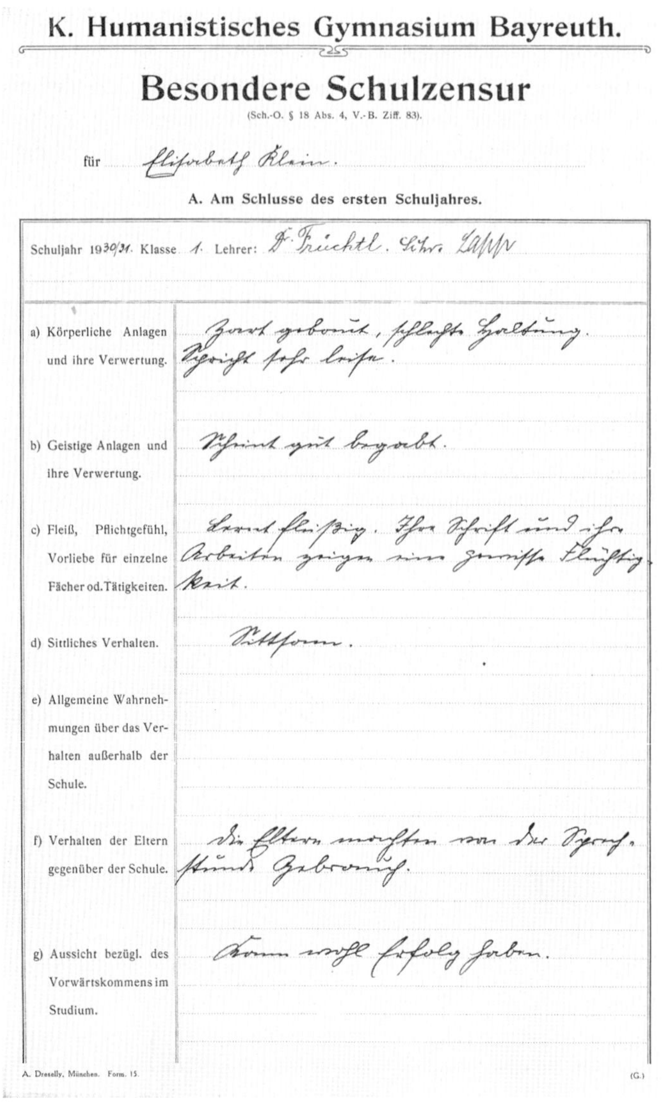

Abb. 153: Zeugnis von Elisabeth Klein

Abb. 154: Photo von Elisabeth Klein, verh. Steinmeier anlässlich des Abiturententreffens 1983 (Archiv von Voithenberg)

Es überrascht nicht, dass in diversen Jubiläumsschriften Bayreuther Schulen, auch nach angemessener Distanz, mit einer gewissen Akribie die dunklen Jahre der jeweiligen Schulgeschichte ausgeklammert wurden. Dagegen überrascht die Aussage von Armin Salomon in einem Brief vom 4. Oktober 1989: „Als Kinder haben wir schöne und glückliche Jahre in Bayreuth verbracht, kannten Stadt und Umgebung. Ich hatte auch sehr gute christliche Freunde, mit einem saß ich 3 Jahre auf derselben Schulbank, er war sehr aktiv in der Hitlerjugend." Er schließt diesen Brief mit den Worten: „Sich kritisch mit der Vergangenheit auseinanderzusetzen ist eine schwere Aufgabe. Die Schüler von heute waren damals noch nicht und können kaum ein Schuldgefühl haben. Aber wenn Sie (gemeint ist der Verfasser dieser Schulgeschichte) erreichen, dass es nicht vergessen wird und daraus die nötigen Konsequenzen ziehen, sehe ich einen großen Erfolg." Und kurz vor ihrem Tod schrieb Hilde Marx: „Wir Älteren schulden der Jugend nicht die Erfüllung von Träumen, sondern die Aufrichtigkeit. Wir müssen den Jüngeren helfen zu verstehen, warum es lebenswichtig ist, die Erinnerung wachzuhalten. Wir wollen ihnen helfen, sich auf die geschichtliche Wahrheit nüchtern und ohne Einseitigkeit einzulassen, ohne Flucht in utopische Heilslehren, aber auch ohne moralische Überheblichkeit."

Auch hier kann nur auf einige unserer jüdischen Schüler näher eingegangen werden. Ein Gesamtverzeichnis findet sich im Anhang.

Harburger

Zu den alteingesessenen Familien in Bayreuth zählen die Harburger. Als erster Schüler findet sich J. Judas Harburger, geb. am 17. Januar 1809 in Bayreuth. Sein Vater war Siegellackfabrikant und Rabbiner. Judas Harburger besuchte das Gymnasium 1831/32 in der 2. Gymnasialklasse.

J. Harburger, geb. 1. Mai 1841 in Bayreuth, besuchte das Gymnasium 1852/53 in der 1. Klasse der Lateinschule, Abteilung A. Sein Vater war Kaufmann. Es folgen Leopold Harburger, geb. am 14. Oktober 1845, wohl ein Bruder des obigen, am Gymnasium 1856/57, Isaak Harburger, geb. am 26. August 1849, am Gymnasium 1857–1866/67, wo er 1867 das Abitur ablegte, Leopold Harburger, geb. am 26. August 1849, der Zwillingsbruder von Isaak. Er besuchte das Gymnasium 1857–1858/59. Schließlich finden sich Heinrich Harburger, geb. am 2. Oktober 1851, der am Gymnasium 1869 das Abitur ablegte und Isidor Harburger, geb. am 26. März 1855, der 1874 das Abitur bestand. Der Vater aller letztgenannten war Kaufmann für Schreibmaterialien.

Abb. 155: Brüder Salomon, v.l.n.r. Armin, Martin, Walter, 1988 in Israel

Abb. 156.1: Noten von Jakob Herz

Zuletzt finden sich Hinweise auf Rosa Harburger, die 1904 eine Wohltätigkeitsstiftung für Bedürftige mit einem Kapital von 44 026 Goldmark gegründet hatte und auf den 1916 verstorbenen Kaufmann Max Harburger.

Jakob Herz (1816–1871)

Koppel (Jacob) Herz wurde am 2. Februar 1816 in Bayreuth als ältester Sohn von 11 Kindern des Negotianten Samson Herz geboren. Er erscheint 1822 in den Jahresberichten des Gymnasiums und legte hier 1835 als Klassenprimus sein Abitur ab.

Er erhielt folgende Noten: Lateinische Sprache schriftlich I-II, Poesie I, Prosa I; Griechische Sprache Poesie I, Prosa I; Deutsche Sprache II; Religion I; Geschichte I, Mathematik II-I; Fleiß I; Sittliches Betragen I; Prüfungsnote I; Gesamtnote der Würdigkeit I vorzüglich würdig.

Schon in einem früheren Zeugnis wird er hervorragend beurteilt.

In seiner „Censur" heißt es: „Er machte bei fast vorzüglichen Anlagen und vorzüglichem Fleiß im Lateinischen, Griechischen u. in der Religion vorzügliche, im Deutschen, Mathematik u. Geschichte fast vorzügliche, im Franz. große Fortschritte. Betragen: durchaus vorzüglich lobenswerth."

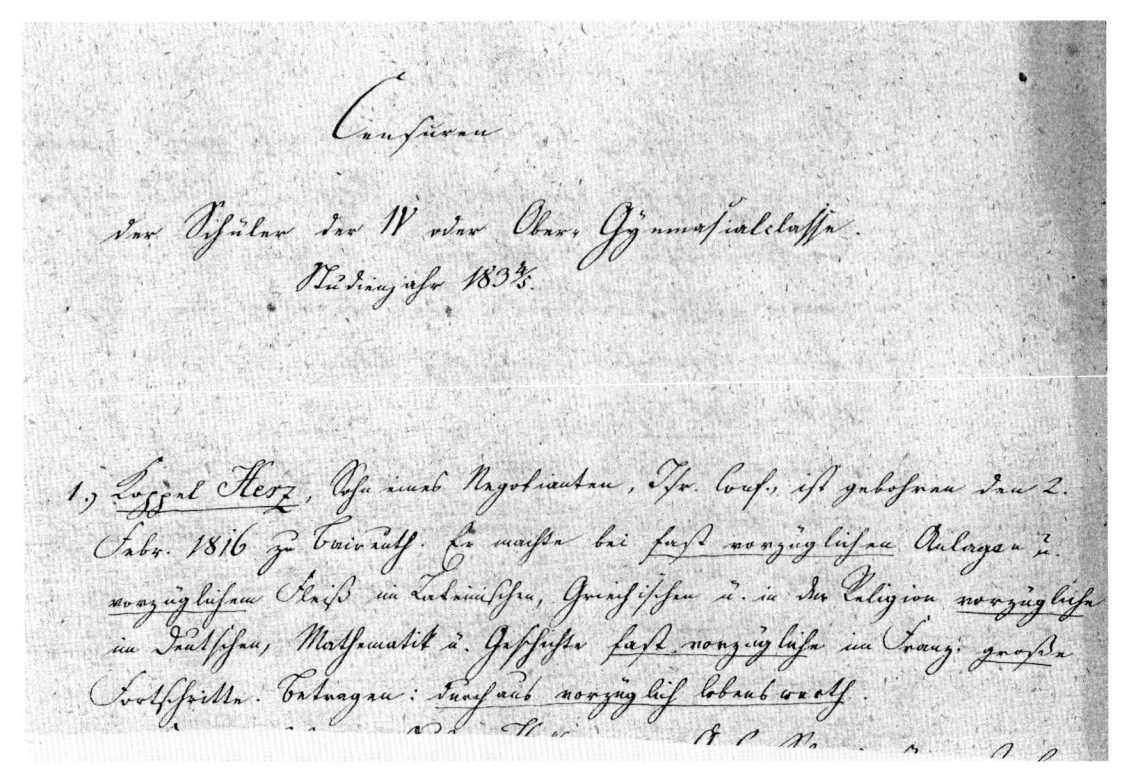

Abb. 156.2: Zeugnis und Beurteilung von Jakob Herz, Abitur 1835

Abb. 157: Jakob Herz (1816–1871), Deutsches Medizinhistorisches Museum Ingolstadt

Im selben Jahr 1835 begann er das Medizinstudium in Erlangen, bestand 1841 die Staatsprüfung mit „Eminens" und erhielt 1842 seine Approbation. Zwar verweigerte man ihm 1854 noch die Habilitation, die nur Christen gestattet war, doch wurde er am 4. Juni 1862 zum Honorarprofessor, am 3. März 1862 zum a.o. Professor und schließlich 1869 zum Ordinarius mit vollem Gehalt von 1500 Gulden jährlich ernannt. Er war der erste ordentliche jüdische Universitätsprofessor in Bayern und starb wohl angesehen am 27. September 1871. Am 5. Mai 1875 enthüllten Freunde für ihn auf dem Erlanger Holzmarkt ein Denkmal, das erste in Deutschland für einen jüdischen Bürger. Dieses Denkmal zerstörten später die Nazis. Heute erinnert noch eine Gedenktafel an diesen bedeutenden Mitbürger.

Heinz Aptekmann/Henri Arvon (geb. am 9. März 1914, gest. am 2. Dezember 1992)

Heinz Aptekmann machte sein Abitur am Gymnasium 1933. Er ging dann nach Frankreich und studierte zunächst in Strasbourg, später in Clermon-Ferrand. Seinen Namen ließ er in Henri Arvon ändern. Er erwarb die französische Staatsbürgerschaft und überlebte den Krieg im nicht von den Deutschen besetzten Gebiet.

Nach dem Krieg lehrte er in verschiedenen Institutionen, so an der Prytanée National Militaire in La Flèche, an der Université de Clermont-Ferrand und von 1971 bis zu seiner Pensionierung 1982 an der Université de Paris X-Nanterre.

Er veröffentlichte umfangreiche Werke über den Buddhismus und den Anarchismus. Über Max Stirner schrieb er seine Habilitationsschrift, die er 1951 abschloss, die aber unveröffentlicht blieb.

Arvons Stirner-Monographie war 1954 die erste in französischer Sprache und blieb bis Ende der 1960er Jahre die einzige weltweit.

Es müssen hier diese knappen Hinweise genügen. Sie sind entnommen bei Bernd A. Laska, Der Stirner-Forscher Henri Arvon, ein paraphilosophisches Projekt nicht in der Zeit, aber – an der Zeit. http://www.lsr-projekt.de/Henri-Arvon.html. Dort finden sich weitere Bewertungen, Analysen und bibliographische Hinweise. Wertvolle Hinweise gab Ekkehard Hübschmann.

Abb 158: Aptekmann um 1932/33 (Stadtarchiv Bayreuth)

Hilde Marx (1911–1986)

Hilde Marx wurde am 1. November 1911 in Bayreuth als Tochter von Adolf Marx, einem aus Burgebrach bei Bamberg stammenden Kaufmann und Geschäftsführer geboren. Das Textilkaufhaus befand sich in der Richard-Wagner-Straße 4. Hilde Marx besuchte zunächst die Graserschule und wurde für das Schuljahr 1919/20 in das Gymnasium aufgenommen. Damals wurde eine nähere Angabe darüber verlangt, warum das Mädchen auf eine Knabenschule gehen sollte.

1925/26 besuchte Hilde die vierte Klasse und erhielt 1929 den Jean-Paul-Preis der Stadt Bayreuth. Am 23. Oktober 1929 hatte der Stadtrat beschlossen, „alljährlich 10 in der deutschen Sprache und Literatur sich besonders auszeichnenden Schülern der hiesigen Mittelschulen einen Jean-Paul-Preis im Betrag von 50 M zu verleihen." 1931 legte Hilde Marx ihr Abitur ab, im Fach Deutsch zum Thema „Spaziergang durch Bayreuth".

Ihr Notenbogen ist erhalten. Sie hatte bis zum Abitur durchwegs sehr gute und gute Noten in allen Fächern. In den Bemerkungen wird wiederholt „ihre verständnisvolle und rege Beteiligung am Unterricht" hervorgehoben, auch ihr häuslicher Fleiß gelobt.

Sie arbeitete als Lyrikerin und Journalistin 1931–1937 in Berlin, ging 1938 ins Exil in die Tschechoslowakei und emigrierte noch im gleichen Jahr in die USA.

1986, schon schwer krank, besuchte sie Bayreuth und das Gymnasium Christian-Ernestinum. Sie fasste ihre Empfindungen zusammen: „Bayreuth, ein Wiedersehen. Eine Neuentdeckung. Als ich es verließ, war ich besorgt, wie ich den nächsten Tag überleben würde. Ich sah nicht um mich. Das tat ich jetzt. Und fühle mich, zum ersten Mal in 55 Jahren als Emigrantin."

Abb. 160: Abiturzeugnis von Hilde Marx

Abb. 159: Hilde Marx

Hilde Marx starb im Alter von 74 Jahren am 4. Oktober 1986 in New York.

Schwabacher

Aus dieser Bankiersfamilie besuchten das Gymnasium Jos. Schwabacher (geboren am. 23. Mai 1834 in Bayreuth, Vater Bankier), der 1852 sein Abitur machte, in München Medizin studierte und leider früh verstarb. In der nächsten Generation finden sich Karl Schwabacher, geboren am 16. Juli 1872 in Bayreuth (Vater Bankier), am Gymnasium 1882–1883/84, und Friedrich Schwabacher, geboren am 16. September 1873 in Bayreuth (Vater Bankier), am Gymnasium 1883/84.

Nach dem Ersten Weltkrieg trugen sich in die Volkswehr u.a. auch Bankdirektor Edmund Schwabacher, geboren am 17. Oktober 1866 in

Bayreuth (Vater Bankier), am Gymnasium 1876–1881/82, zusammen mit Gustav Herzstein und Sigmund Isner ein. Man glaubte, die bürgerlichen, kaufmännischen Interessen gegen die Sozialisten verteidigen zu müssen und ahnte nicht, wer damals in diesen Reihen mitmarschierte.

Im Hause Friedrichstraße 5, das dem Bankier Schwabacher gehörte, wohnte Jean Paul von 1813 bis 1825.

Justin Steinhäuser (1891–1966)

Justin Steinhäuser wurde am 11. September 1891 in Burgkunstadt als Sohn des Viehhändlers Max Steinhäuser und von Minna Steinhäuser geboren. Diese erhielten am 10. April 1912 das Bürgerrecht in Bayreuth. Beide wurden Anfang 1943 im KZ ermordet. Justin besuchte das Gymnasium 1901/02–1903/04. Er war Kaufmann und wohnte in der Richard-Wagner-Straße 55. Als er Lisette Münch heiraten wollte, machte ihm die Stadt Bayreuth größte Schwierigkeiten verbunden mit dem Vorwurf der „Rassenschande". Steinhäuser heiratete dann in Lorenzreuth bei Marktredwitz. Von November 1944 bis April 1945 war er im Lager Obuzetschka bei Buchenwald. Ende April 1945 sollten alle Gefangenen nach Flossenbürg abgeführt werden. Steinhäuser konnte sich vom Transport absetzen und bei seinem Freund Stetefeld verstecken bis die Amerikaner kamen. Nach dem Krieg engagierte sich Steinhäuser bei der Liberal-Demokratischen Partei. Er verstarb 1966.

Abb. 161: Justin Steinhäuser mit Dekan Ammon Cerny und Stadtpfarrer Stoß (Archiv Bernd Mayer)

Würzburger

Aus der verzweigten Familie sind besonders die späteren Ärzte hervorzuheben

Simon Würzburger (1816–1895) wurde am 17. Dezember 1816 in Bayreuth als Sohn eines Kaufmanns geboren. Am Gymnasium besuchte er 1834/35 die 3. Gymnasialklasse. Dr. Simon Würzburger gründete 1861 die „Anstalt für männliche und weibliche israelitische Kranke" („Asyl für israelitische Geistes- und Gemütskranke") in der Erlangerstraße 513 ½ (Nr. 19). Sein Sohn **Albert (1856–1938)** wurde am 13. November 1856 geboren und bestand 1875 das Abitur. Er verlegte die Klinik 1894 auf die „Herzoghöhe".

Albert Würzburger war Mitglied des Magistrats und des Gemeindekollegiums, Geheimer Hofrat und Sanitätsrat und zählte zu den angesehensten Bürgern der Stadt.

Seine Söhne **Otto und Karl** wurden am 3. Juli 1888 bzw. am 10. März 1891 geboren und bestanden ihr Abitur am Gymnasium 1909 bzw. 1910. Karl Würzburger erzielte in der 9. Klasse gute und befriedigende Noten. Schwierigkeiten bereitete ihm offensichtlich die griechische und französische Sprache.

Es wird ihm ein „lebhaftes Temperament" bescheinigt, das er „nicht immer genügend zu beherrschen" verstand. „Sein Fleiß richtete sich im ganzen nach dem Interesse, das ihm die einzelnen Lehrgegenstände einflößten."

1938 verstarb Albert Würzburger. Seine Söhne waren schon 1936 emigriert, um dem nationalsozialistischen Terror zu entkommen.

Karl Würzburger studierte in Leipzig, Jena und Marburg Philosophie, Volkswirtschaft und Kunstgeschichte. Er war ab 1916 als Fernmelder an der Westfront, promovierte 1919 über das Thema „Individualismus und Sozialismus. Abriss einer Grundlegung von Wirtschaft, Politik und Erziehung" und erhielt schon mit 22 Jahren den Preis der Universität Marburg für eine Arbeit über Immanuel Kant. 1920 heiratete er Emilie von Vogelsang. Karl Würzburger war als freier Schriftsteller tätig, wird 1929 Mitglied des PEN-Clubs und war mit Alfred Döblin, Theodor Heuss und Arnold Zweig persönlich bekannt. Er wird Mitarbeiter der Deutschen Welle und redigierte hier bis 1932 auch deren Programmzeitschrift. Sein autobiographischer Schlüsselroman ist „Im Schatten des Lichts"! (1936).

Im Schweizer Exil schloss er Freundschaft mit Wolfgang Borchert.

Abb. 162: Karl Würzburger (Archiv B. Mayer)

Dr. Karl Würzburger kehrte 1948 aus der Schweiz wieder nach Bayreuth zurück und wurde hier der erste Kulturreferent nach 1945. Dr. Karl Würzburger verstarb 1978 in Hausen am Albis bei Zürich. Seine Urne wurde auf dem Bayreuther Stadtfriedhof beigesetzt.

Weitere Würzburger besuchten das Gymnasium.

Julius Würzburger, geb. am 1. Mai 1818 als Sohn eines Kaufmanns, legte 1838 das Abitur ab, arbeitete als Redakteur der „Bayreuther Zeitung", vertrat eine liberale, kritische Meinung gegenüber den herrschenden Fürsten, wurde steckbrieflich verfolgt und wanderte schon Ende 1848 in die USA aus, wo er als Zeitungsredakteur in New York arbeitete.

Isaac, geb. 1819 am Gymasium 1832/33.

L. (?) geb. 19. August 1824,
1. Klasse Lateinschule, 1835/36

Otto, geb. 5. Mai 1842,
2. Klasse Lateinschule, 1851–1853/54.

Karl J., geb. 14. Juni 1853 in Aschbach,
Vater Arzt, Abitur 1870.

Eugen J., geb. 23. August 1858 in Bayreuth,
Vater Privatier, Abitur 1875.

Julius, geb. 26. November 1879 in Bayreuth,
Vater Rechtsanwalt, Abitur 1898.

Dieses Kapitel soll mit dem Verzeichnis der im Dritten Reich von den Nazis ermordeten ehemaligen jüdischen Schüler des Gymnasiums beschlossen sein.

Dessauer, Kurt geb. 6. Dezember 1875
am Gymnasium 1888–1890

Dittmann, Julius geb. 18. Juli 1890
am Gymnasium 1900–1905

Ehrenberger, Hugo geb. 11. März 1877
am Gymnasium 1886–1895 (Abitur)

Einstein, Karl geb. 29. Mai 1872
am Gymnasium 1881–1890 (Abitur)

Hellmann, Josef geb. 26. April 1874
am Gymnasium 1884–1891

Herzstein, Julius geb. 6. Juni 1891
am Gymnasium 1901–1909

Herzstein, Karl geb. 15. Februar 1876
am Gymnasium 1886–1887

Herzstein, Ernst geb. 9. April 1881
am Gymnasium 1891–1901 (Abitur)

Holzinger, Hugo geb. 29. Januar 1897
am Gymnasium 1906–1915 (Abitur)

Holzinger, Jakob geb. 12. April 1878
am Gymnasium 1892–1896 (Abitur)

Holzinger, Theo geb. 28. Mai 1895
am Gymnasium 1905–1912

Isner, Ernst geb. 29. März 1871
am Gymnasium 1880–1884

Karpeles, Sigmund geb. 10. Oktober 1876
am Gymnasium 1886–1896 (Abitur)

Klein, Alfred geb. 15. Oktober 1883
am Gymnasium 1893–1899

Klein, Berthold geb. 26. Mai 1875
am Gymnasium 1884–1893 (Abitur)

Löwensohn, Hugo geb. 24. Oktober 1892
am Gymnasium 1903–1909

Neuburger, Albert geb. 21. Januar 1867
am Gymnasium 1876–1882

Reinauer, Leopold geb. 24. Juli 1889
am Gymnasium 1899–1906

Schwabacher, Carl geb. 16. Juli 1872
am Gymnasium 1882–1884

Schwabacher, Edmund geb. 17. Oktober 1866
am Gymnasium 1876–1881

2.8. Soziale Maßnahmen, Stiftungen und Stipendien

Über die Einrichtung des Alumneums wurde schon berichtet. Sie besteht auch im 19. Jahrhundert bis zum Ersten Weltkrieg fort und wird von bedürftigen Bürgern für ihre Söhne in Anspruch genommen. So bittet am 3. April 1820 der Schuhmachermeister Johann Friedrich Freytag in Weidenberg „demütigst um allergnädigste Aufnahme seines Sohns Johann Elias Freytag in das Seminarium und um landesväterliche Unterstützung durch Aufnahme in das Alumneum."

Dieses Gesuch wird aber abgelehnt mit Hinweis auf überfüllte Klassen.

Betont wird in diesem Zusammenhang, dass das Alumneum als ein kirchliches Institut mit der Gymnasialanstalt in keiner notwendigen Verbindung steht.

Offensichtlich gab es aber Probleme und Missstände, die in einem 36 Seiten umfassenden Gutachten vom 26. Januar 1826 dargelegt werden.

Hier wird hingewiesen auf fehlende Mittel, Notbehelfe, Unordnung und Unregelmäßigkeiten. Geplant ist eine völlige Neuorganisation. Seit vielen Jahren waren im Alumneum von Jahr zu Jahr meist zurückbleibende Schüler. Dazu kamen die Altersproblematik und das Problem der Stimme. Oft waren die Schüler schon beim Stadtkantor angemeldet und von diesem für das Alumneum für tauglich befunden worden, obwohl die Aufnahme in die Studienanstalt ungewiss war. Den Eltern kam es oft nur darauf an, durch etliche Jahre die Kinder in den unteren Klassen und im Alumneum so weit zu bringen, dass sie zum Elementarschulfach übergehen könnten.

Es wird betont, Zweck des Alumneums sei vor allem die Unterstützung armer Studierender, aber zwischen einer guten und wohltätigen Absicht, ihrer wirklichen Ausführung und den Möglichkeiten und Mitteln zu ihrer Verwirklichung unter bestimmten Verhältnissen gebe es einen Unterschied.

Kritisiert wird, dass die aufzunehmenden Alumnen nicht nur einen schwarzen Anzug machen lassen mussten, sondern außerdem dem Inspektor, Stadtpfarrer und Stadtkantor einen halben Kronthaler zu zahlen hatten, ebenso dem 1. Professor. Beanstandet wird auch die undifferenzierte Aufnahme von „würdigen" und „unwürdigen" Schülern. „Gerade die edleren und besseren Naturen, welche oft am meisten einer Unterstützung bedürfen, versuchen, sich dieser möglichst frühe zu entziehen. Sie wollen die vielen lästigen und erniedrigenden Verrichtungen nicht leisten". Dazu gehörte die für viele ehrliebende Schüler erniedrigende und wie verbotene Bettelei aussehende Neujahrs-Collection.

Auf die neuen Ordnungen von 1826, 1828 und 1830 wird noch 1914 hingewiesen, mit Abdrucken in der Anlage.

Am 29. März 1828 erscheint eine „Neue Ordnung für das Alumneum der Stadt Bayreuth.", die hier nur in Auszügen wiedergegeben werden kann.

§ 1

Das Alumneum dahier, nach seinem Zweck ein Institut für den protestantischen Cultus, zur Führung und Unterhaltung des Gesanges bei allen kirchlichen Handlungen mit der Bestimmung, die Theilnehmer an demselben in der Vorbereitung und Befähigung für den Kirchen- oder Staatsdienst, und das Lehramt zu unterstützen, hat nach dieser doppelten Beziehung unter den geistlichen, und den die Studien und das Schulwesen leitenden rechtlichen Behörden zu stehen.

§ 2

Es sind Individuuen nicht ausgeschlossen, welche sich zu Volksschullehrern bilden wollen und zu diesem Behufe die Vorbereitungs-Schulen besuchen …

§ 3

Die bisherigen, nach dem Bedarf für den kirchlichen Gesang bemessene Anzahl von Alumnen bleibt erhalten …

§ 4

Damit die Alumnen durch ihre kirchlichen Dienstleistungen in dem Besuche der Lehrstunden nicht mehr als unvermeidlich ist, gehindert werden, soll

a) das Herumsingen in den Straßen nach dem Beispiele anderer Städte ganz abgeschafft seyn,

b) der Frühgottesdienst am Dienstag und Freitag statt wie bisher um 7 ½ und 8 ½ Uhr künftig im Sommer um 7, und im Winter um 8 Uhr beginnen,

c) zu dem Leichensingen und den Ordinationen und Communionen im Hospital in der Regel 8 Alumnen verwendet,

d) auf zu den jährlich einmal vorkommenden Hospital-Communionen nicht mehr als der halbe Chor beigezogen werden.

In den Lehrstunden, welche in die Zeit dieser Kirchen-Verrrichtungen fallen, werden die Lehrer zur möglichsten Unschädlichmachung der Versäumnis der Alumnen, so viel thunlich, solche Unterrichts-Gegenstände vornehmen, bei denen das Versäumte durch Privatfleiß am leichtesten nachgeholt werden kann.

„§ 5

... doch sollen Alumnen während der 6-jährigen Dauer ihrer Annahme, ohne besondere Gründe, für welche aber beharrlicher Unfleiß und Sittenlosigkeit gilt, nicht entfernt werden ...

§ 6

Den Unterricht ... erhalten die Alumnen ...der Stiftung und Natur des Alumneums gemäß ganz unentgeltlich. Im Gesang unterrichtet der jederzeitige Stadt-Cantor die Alumnen, welcher nächster Vorstand derselben als Chorführer ist ...

§ 7

... es wird ein eigenes gemischtes Inspektorat gebildet, bestehend

1. aus dem Dekan in der Stadt Bayreuth,
2. demjenigen Professor des Gymnasiums, welcher an demselben den Religions-Unterricht ertheilt,
3. dem jedesmaligen ersten Bürgermeister der hiesigen Stadt."

Zu den Aufgaben gehören die Aufnahme der Alumnen, für welche der Stadt-Cantor die Vorschläge macht, die Entlassung derselben, deren Unterstützung, die Disziplin, die Etat-Sachen, die Kontrolle der Verwaltung der Fonds der Anstalt.

Für das Alumneum bezahlte 1837 Major à la suite Freiherr von Malsen, Hof-Chef bei seiner Hoheit dem Herrn Herzog Pius August von Bayern übrigens jährlich 25 Gulden.

1880 wurden die Funktionen der Alumnen nochmals durch Stadtkantor Buck erläutert.

Sie hatten an Sonn- und Feiertagen in der Hospitalkirche morgens 7 Uhr, in der Stadtkirche um 8 Uhr teilzunehmen. „Von den Wochengottesdiensten sind sie seit Jahren befreit, indem sie abwechselnd von Knaben und Mädchen der Oberklassen der Elementarschulen vertreten werden. Bei Hochzeiten haben sie nur auf Verlangen und gegen eine Renummeration aufzutreten, was etwa 10mal im Jahr vorkommt." Durch Singstunden und Proben entsteht kein Unterrichtsversäumnis. Dagegen kann es bei Leichenbegängnissen zu Versäumnissen kommen.

„Wenn man die letzten 50 Jahre zurückgeht und fragt, wohin die Alumnen gekommen sind, so sieht man, dass die große Mehrzahl Schulrektoren in kleinen Landstädten (ohne Universitätsstudium), Cantoren, Schullehrer, Handwerker, Soldaten, auch Taugenichtse geworden sind."

Die Zahl der Alumnen bewegte sich zwischen 10 und maximal 20.

In der Behandlung armer Schüler war man recht streng. Es geht darum, „dass die Söhne ganz armer Eltern aus den niederen Ständen sich immer mehr zum Besuche des Gymnasiums drängen. Dies führt zu großen Nachteilen für den Staat, weil dadurch auch in den gebildeten Ständen Armut und Dürftigkeit gesteigert sich mehren."

Ausnahmen gibt es für besonders begabte Schüler. So macht z.B. Louis Feilner aus St. Georgen, Sohn einer Näherin, 1874 sein Abitur.

Am 12. März 1821 ordnet die Königl. Reg. des Obermainkreises an:

„Es wird eindringlich darauf hingewiesen, dass bei der Aufnahme der Zöglinge in die Studienschulen mit strenger Prüfung zu Werke zu gehen ist. Es soll vorzüglich auf die Fähigkeit zum Studium gesehen werden. Dies gilt insbesondere für dürftige Studierende, welche mit Mangel an Fähigkeiten und Kenntnissen weder öffentliche noch Privatunterstützungen in Anspruch nehmen können, folglich der Studienanstalt und sich selbst zur Last sind ohne je auf diesem Wege zum Ziele einer Versorgung zu gelangen."

Das Schulgeld beträgt 1822/23 6 fl 30 kr. Das erscheint im Vergleich zu anderen Schulen sehr billig. Wer diese Summe nicht aufbringen kann, besitzt nach Auffassung der Regierung nicht die Mittel zum Studieren. Eine Befreiung ist daher nicht möglich, ganz besondere Fälle ausgenommen. Eine bloße Erhöhung des Schulgeldes würde aber nur die Bemittelten treffen, indem die Armen sich durch ihre Atteste zu befreyen wissen."

1829/30 werden an Schulgeld insgesamt 1 743 fl 30 kr erhoben, von den 110 Schülern des Gymnasiums 637 fl 30 kr, von den 224 Schülern der lateinischen Schule 1 281 fl. Das Inscriptionsgeld beträgt für jeden Schüler 1 fl 30 kr, das Klassengeld 5 fl jährlich.

Ende des 19. Jahrhunderts bewerben sich z.B. 1884/85 von 349 Schülern 69 um völlige oder halbe Befreiung vom Schulgeld. Eingenommen werden in diesem Jahr zwischen 698 Mark im

Juli und 734, 40 Mark im November, insgesamt immerhin 7 157, 80 Mark. Im Durchschnitt bezahlte bei 349 Schülern vorbehaltlich der ganzen oder teilweisen Befreiung jeder jährlich etwa 21 Mark.

Geprüft wurden der Stand der Eltern, Beruf, Zahl der unversorgten Kinder, Vermögen, Einkommen, Steuerbelastung. Unter den Bewerbern finden wir z.B. Georg Mannschedel, dessen Vater Lehrer ist, nur ein geringes Vermögen besitzt und jährlich 1 400 Mark an Bezügen erhält bei freier Wohnung. Er hat drei Kinder zu ernähren. Lateinschüler Friedrich Barthe aus Waischenfeld muss mit Geschwistern von seiner verwitweten Mutter aufgezogen werden. Diese hat gar keinen Verdienst. 1885/86 bewerben sich aber auch Adolph und Hermann Schott. Deren Vater ist Kreisobergeometer, hat ein Vermögen von 15 000 Mark und verfügt über ein jährliches Einkommen von 1 848 Mark.

Die **Famulatur** besteht fort bis zum Ersten Weltkrieg. Seit „undenklichen Zeiten" gab es in der Regel zwei Famuli, „die den Kanzlei- und Schreibereidienst bei dem Rectorate versehen." Diese erhielten nach „uraltem Herkommen" ihre Renummerationen aus Mitteln des Gotteshauses (1772 werden jährlich sechs Gulden bewilligt) und durch Beiträge, welche von sämtlichen Schülern erhoben wurden. Nach neuesten Bestimmungen der „höchsten Ministerial-Entschließung vom 4. Januar 1862" dürfen diese künftig nicht mehr erhoben, „sondern müssen alle derartigen Zahlungen aus dem Ertrag des erhöhten Schulgeldes entnommen werden." Dr. Held stellt „die ehrfurchstvolle Bitte, die Renummerierung der famuli aus den Erträgnissen des Schulgeldes und zu diesem Behuf eine Position von 120 fl jährlich für die beiden famuli gnädigst genehmigen zu wollen."

Die Aufgaben der famuli legte Prof. Wagner am 20. Sepember 1813 in einer Instruktion fest.

1. Derselbe muss sich täglich nach geendigtem Vormittagsunterricht, am Sonntag aber zwischen 11 und 12 Uhr bey dem jedesmaligen Matricular einfinden, um zu hören, ob keine ihm obliegende Geschäfte vorhanden seyen …
2. Er muß alles reinlich und gehörig copieren und besiegeln lassen, was in Angelegenheiten der Studienanstalt von den Lehrern concipiert worden ist und dem Bibliothekar alle Mittwoch bey Eröffnung der Bibliothek assistieren.
3. Er hat die Vollziehung der den Schülern auferlegten Strafen, seyen es körperliche Züchtigungen oder Gefängnisstrafen zu besorgen, ohne etwas dafür zu verlangen. Auch darf er dieses Geschäft keinem anderen übertragen.
4. Besonders sey Verschwiegenheit in allen ihm übertragenen Geschäften heilige Pflicht für ihn.
5. Auch zeichne er sich vor allen durch Höflichkeit, Willigkeit, Diensteifrigkeit und gute Sitten aus.

Es bewarben sich um die Famulatur in der Regel jedes Jahr 2, manchmal auch 3 Schüler.

In allen Fällen wurde in demütigster Weise auf die besonderen wirtschaftlichen Verhältnisse, auf Armut, auf mangelndes Vermögen, auf besonders schwierige familiäre Verhältnisse hingewiesen und eindringlich betont, dass man bereit sei, alle Aufgaben gewissenhaft zu erfüllen.

Nur einige Beispiele sollen dies verdeutlichen. Am 4. Juli 1813 bewirbt sich untertänigst Johann Wülfert aus Selbitz. Sein Vater war der verstorbene Müllermeister Wülfert, der seit 7 Jahren tot ist. Er hinterließ sechs unversorgte Kinder. Jetzt in Bayreuth kann ihn seine Mutter nicht mehr unterstützen.

Am 31. Mai 1813 bewirbt sich Johann Melchior Pausch. Sein Vater besitzt erst seit wenigen Jahren ein geringes Einkommen, das noch geschmälert wurde durch den Verkauf von königlichen Wald-Domainen. Die Besoldung des Vaters beträgt nur 17 Gulden monatlich.

1811 bewerben sich die Schüler Johann Christian Schunck und J. W. Ferdinand Lammers. Prof. Wagner wägt ab und meint, beide seien zwar würdige Jünglinge, „die beide eine Unterstützung verdienen, aber Schunck genießt ein jährliches Stipendium von fünfzig Gulden, Lammers nicht.". So erhält Lammers die Famulatur.

1815 bewirbt sich Jac. Christian Frdr. Brook, dessen Vater Johann Georg Brook Rektor zu Naila ist. Dieser verdient jährlich 379 fl und muss seine schon 80 Jahre alte und immer kränkliche Mutter, eine Tochter und den Antragsteller ernähren. „Ich koste meinen Vater, um mich auf hiesiger Studien-Anstalt zu einem brauchbaren Bürger bilden zu lassen, jährlich 130 fl. Nun hat die Familie durch einen Brand den größten Teil der Habe verloren."

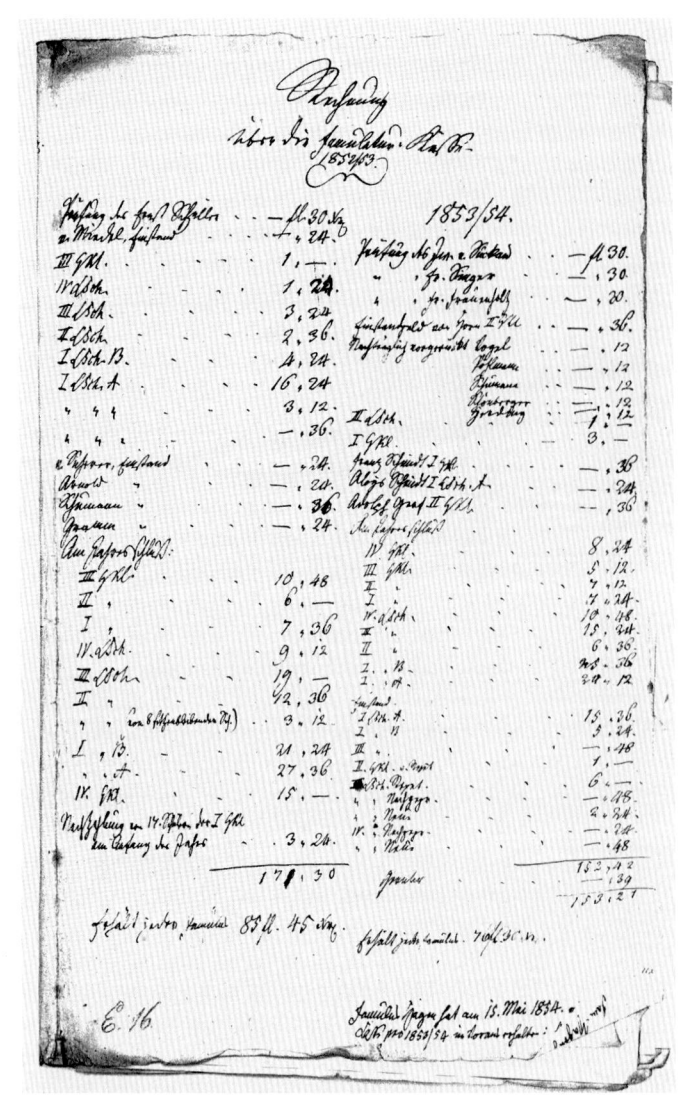

Abb. 163: Rechnung über die Famulatur-Kasse, 1852/53

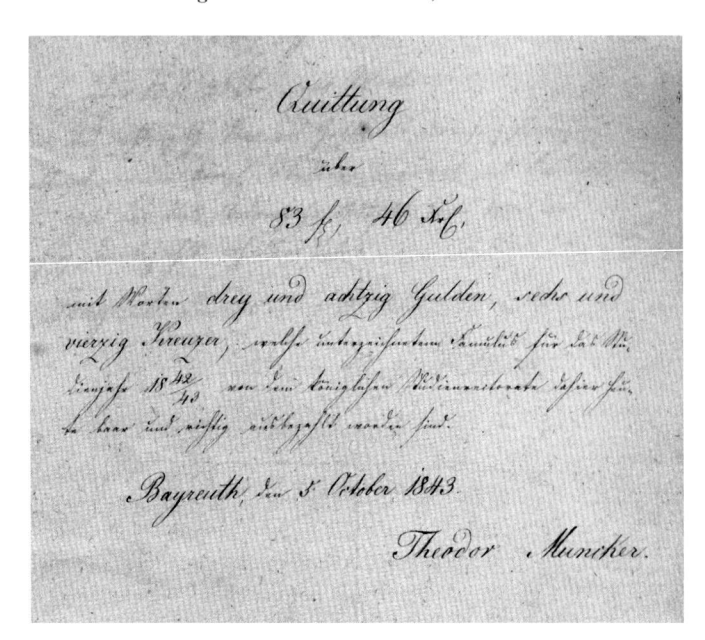

Abb 164: Quittung für Theodor Muncker, 5. Oktober 1853

Am 20. Oktober 1820 bewirbt sich Johann Andreas Detzer, damals „Zögling der Unterklasse des Gymnasiums". (Er stiftet später das Detzer'sche Stipendium).

Quittungen und Jahresrechnungen belegen, dass die Famulatur durchaus eine große finanzielle Hilfe bedeutete. Auch hier nur einige Beispiele.

1. Dezember 1835: Carl Rüger quittiert 69 fl 36 kr für das Schuljahr 1834/35

5. Oktober 1843: Theodor Muncker (der spätere Bürgermeister) quittiert 83 fl 46 kr für das Schuljahr 1842/43

6. Oktober 1842: Ferdinand Käfferlein quittiert 75 fl 42 kr für das Schuljahr 1841/42

Er wurde am 30. September 1823 als Sohn eines Schneidermeisters geboren, machte sein Abitur 1842 und wurde Advokat in Bayreuth.

Er ist ein Sohn des Dr. Johann Eberhard Käfferlein, der 1825 sein Abitur am Gymnasium abgelegt hatte, 1848 zum Ersatzmann für Gottlieb Keim als Abgeordneter für die Paulskirche gewählt wurde und nach dessen Rücktritt im Herbst 1848 ins Frankfurter Parlament einzog.

8. Oktober 1845: Johann Maisel quittiert 90 fl für das Schuljahr 1844/45

Die Jahresabrechnungen bewegen sich im Bereich von etwa 110 fl bis 150 fl in den Jahren bis 1840/41 und umfassen 25 Einzelposten, für die jeweils Gebühren zu bezahlen waren.

Die Schüler hatten in die Famulaturkasse 24 kr bis 36 kr einzuzahlen.

Eine besondere Rolle spielten **Stiftungen und Stipendien**.

Älteste Stiftung ist die „Heilsbronner Stiftung" von 1664. Aus ihr wurden z.B. 1849/50 1 700 fl ausgeschüttet und an 41 Schüler vergeben. Die Einzelzuwendungen betrugen für Universitätsstipendien immerhin 50 fl.

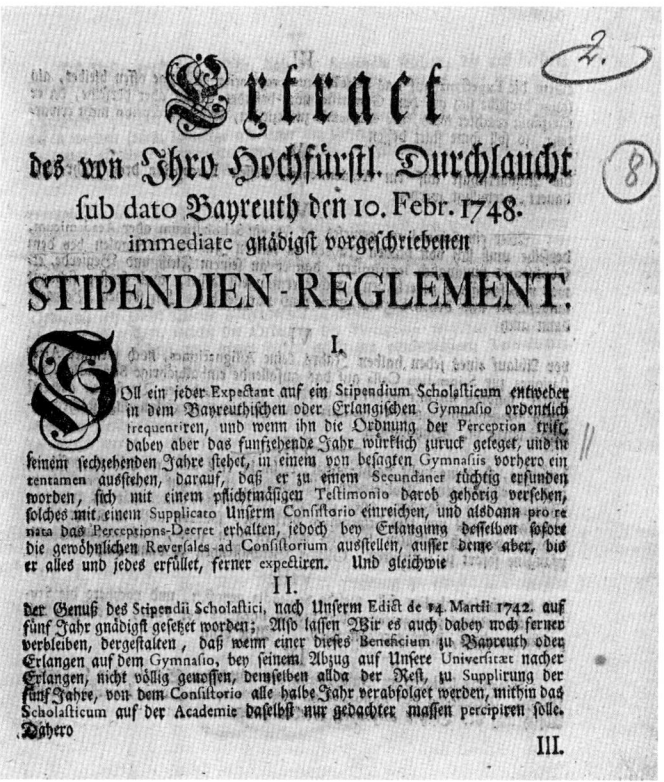

Abb 165: Stipendienreglement, 10. Februar 1748

Es folgen „Schillerstipendium", „von Held'sche Stiftung", Conrad Theodor von Kretzmann'sches Stipendium", „Dr. Johann Andreas Detzer'sche Stiftung", „Lienhardt'sche Stiftung" und „Ott'sche Stiftung". Erwähnt wird auch eine Ministerialrat Georg Beck'sche Stiftung. Dieser hatte mit Testament vom 8. März 1922 verfügt, dass aus einem Teil seines Vermögens eine Studienbeihilfestiftung für Söhne der niederen Staatsbeamten errichtet werden solle. Die Stiftung wurde vom Bayerischen Staatsministerium für Unterricht und Kultus am 14. Oktober 1924 genehmigt. Eine Hornschuch'sche Stiftung wurde von Rechtsanwalt Meyer verwaltet und eine Mathilde Zimmer Stiftung (Mathilde Zimmer 1861–1907) hatte den Zweck, die Erziehung der heranwachsenden Jugend zu fördern.

Die Beck'sche Stiftung wurde mit Entschließung des Bayerischen Staatsministeriums vom 18. Mai 1956 aufgehoben und das Vermögen derselben auf die Stipendienstiftung übertragen, die von der Regierung von Oberfranken verwaltet wird. Die Stipendienstiftung entspricht der Zusammenlegung mehrerer Stiftungen am Gymnasium Christian-Ernestinum, nämlich des Schillerstipendiums, der Kretzmann'schen, Held'schen, Detzer'schen, Lienhardt'schen und Beck'schen Stiftung. Alle diese Stiftungen konnten infolge der Inflation und der Währungsreform nach dem II. Weltkrieg ihren Stiftungszweck nicht mehr erfüllen. Diese Zusammenlegung wurde vom Bayerischen Staatsministerium für Unterricht und Kultus mit Entschließung vom 22. Dezember 1960 verfügt.

Auch eine eigene Krankenkasse gab es ab 1855/56 am Gymnasium, deren Grundkapital von 134 fl 26 kr bis 1900 auf 6 231,44 M angewachsen war. Gegründet wurde diese Kasse auf Befehl des Königs vom 11. Februar 1856. Es wird hier darauf hingewiesen, dass es eine solche Einrichtung schon seit einigen Jahren in Bamberg gibt, um vor allem arme Schüler, besonders solche vom Land, zu unterstützen. Diese entbehrten bisher oft jeder ärztlichen Behandlung und konnten sich Arzeneien nicht leisten. Finanziert wird die Kasse durch einen Beitrag von 51 kr jährlich, den jeder Schüler in monatlichen Raten einzubezahlen hatte. Am 23. Februar 1856 schreibt Bügermeister Dilchert an das Studienrektorat: „Auf die gefällige Anfrage vom 16. und 19. d. Monats erklären wir uns mit Vergnügen bereit, erkrankte Schüler … gegen Bezahlung für Kur- und Ver-

Name der Stiftung	Gründung	Grundkapital	Kapital 1891/92	Kapital 1899/1900
Unterstützungsfonds	1838	186 fl 31 kr	9 173, 73 M	9 401,62 M
Schillerstipendium	1859	572 fl 57 kr	1 576, 70 M	1 646,69 M
Held'sche Jubiläumsstiftung	1864/65	1 093 fl 38 kr	7 841, 90 M	9 081,49 M
v. Kretschmannsche Stiftung	1865	2000 fl	4 033, 69 M	4 152,98 M
Detzersche Stiftung	1869	3000 fl	7 849, 14 M	7 954,25 M
Lienhardtsche Stiftung	1880	1000 fl	2 292, 67 M	2 412,72 M
Gesangsverein	1883	617,79 M	644,37 M	671,19 M
Ott'sche Stiftung	1919	3000 $		2008 etwa 22 000 Euro

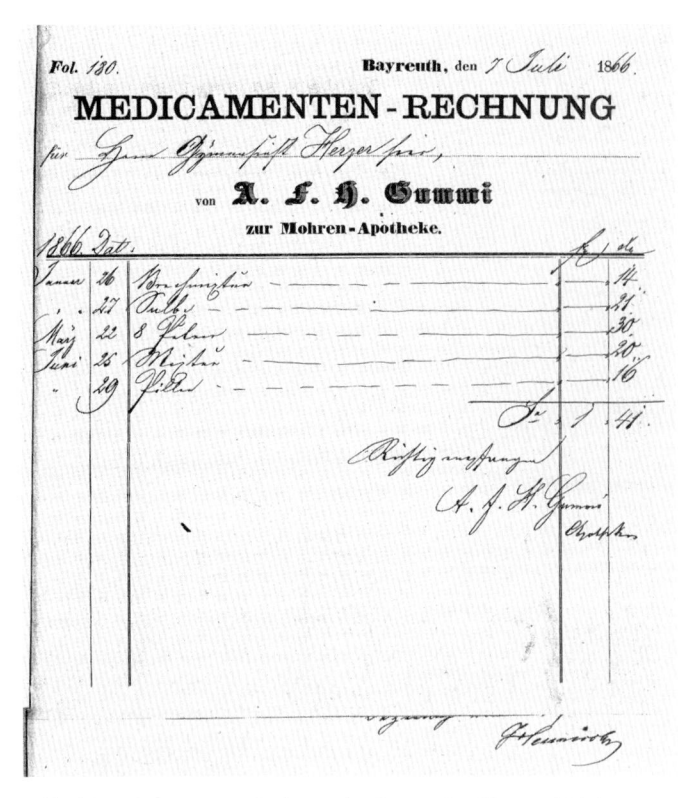

Abb. 166: Medicamenten-Rechnung für Gymnasiast Herzer, 1866

pflegungskosten von 36 kr pro Tag, 45 kr bei Einzelzimmer, im städtischen Krankenhaus aufzunehmen."

Zahlreiche Rechnungen und Quittungen von Ärzten und Apothekern sind erhalten.

So werden am 23. Juli 1878 dem Gymnasiasten Herold für mehrfaches Ansetzen von Blutegeln, das Stück zu 50 Pf. und für 2 Klystiere 4 Mark 50 Pf. in Rechnung gestellt.

Die Jahresrechnung der Krankenkasse zum 31. Dezember 1912 nennt an Einnahmen und Ausgaben 361 M 80 Pf., eine Vermögenssumme von 9 743,14 M und eine „Mehrung" von 339,62 M.

Das Grundkapital des Schillerstipendiums, das anlässlich der Feier zum 100-jährigen Geburtstag von Friedrich von Schiller geschaffen und durch den König am 25. Februar 1860 genehmigt worden war, betrug 572 fl 57 kr. Diese Summe hatte das „Fest Comité" gespendet. Es sollten talentvolle und würdige Schüler unterstützt werden, vor allem die, die sich besonders der „schönen Wissenschaften befleißigen".

Dr. Johann Andreas Detzer, ehemaliger Schüler, protestantischer Pfarrer zu Ahornberg, gründet die Stiftung am 25. August 1869 mit einem Kapital von 3 000 fl unter der Bedingung, dass er auf seine Lebenszeit incl. des Sterbejahres im vollen Genuss der jährlich anfallenden Renten verbleibe.

Christian Lienhardt verstarb am 4. August 1880. In seinem Testament vermacht er dem Gymnasium ein Kapital von 1000 fl (= 1 714 Mark 29 Pfennig) zu einem Universitätsstipendium von jeweils 50 fl. Diese Stiftung wird vom König genehmigt als „Christian Lienhardts Universitätsstipendium".

Der Gesangsverein hatte sich 1883 aufgelöst und sein Vereinsvermögen von 644 M 37 Pf dem Gymnasium zur Verfügung gestellt. Aus den Erträgen sollten vor allem Musikalien angeschafft werden.

Aus den Zinserträgen erhielten jährlich einige Schüler, dem jeweiligen Stiftungszweck entsprechend, kleinere und größere Zuwendungen. Das Jahr 1883/84 mag als Beispiel dienen. Aus dem Unterstützungsfonds erhielten 10 Schüler jeweils 35 bis 45 M, aus dem Schillerstipendium erhielt Friedrich Lederer aus Arzberg 50 M, aus der v. Kretschmann'schen Stiftung erhielt Karl Raab ein Stipendium von 150 M, aus der v. Held'schen Jubiläumsstiftung wurden insgesamt 130 M verteilt, aus der Dr. Detzer'schen Stiftung erhielten Karl Häpp aus Obernsees und Julius Krätschmar aus Grunau je 86 M.

Geradezu abenteuerlich ist die Vorgeschichte der Ott'schen Stiftung. Die Familie der Ott lässt sich rund 500 Jahre zurückverfolgen. Sie stammt aus Nürnberg und erscheint im 18./19. Jahrhundert in Bayreuth. Hier waren Johann Paul Ott, Johann Adam Ott und Karl Ott als Bäckermeister tätig. Sie hatten ihr Haus an der Ecke Dammallee/Maxstraße.

Philipp Ott besuchte das Gymnasium von 1844/45 bis 1848. Er war zu dieser Zeit Vollwaise. 1849 wanderte er im Alter von 18 Jahren nach Amerika aus. 1853 heiratete er Elizabeth Wippenbeck, die aus Dörnhof bei Bayreuth stammte, und zog mit ihr zunächst nach Marion in Cole County, Missouri. Er begann seine Karriere damit, an Boote und Schiffe Brennholz zu verkaufen, stand während des Bürgerkriegs (1861–1865) auf Seite der Union und erlebte einen Überfall, der ihn beinahe das Leben gekostet hätte. 1882 entschloss er sich nach Jefferson City zu ziehen und wurde dort ein großer

Abb 167.1: Mausoleum für Philipp Ott in Jefferson City, errichtet 1914

Holzhändler. Das Geschäft hieß „The Philipp Ott Lumber and Handware Company". 1914 errichtete er ein großes Mausoleum aus Stein und Marmor, das damals die enorme Summe von 2 500 Dollar kostete. Bei seinem Tod 1918 galt er als reichster Bürger mit großem Besitz. Er war sehr intelligent, beherrschte 5 Sprachen, die er sich autodidaktisch angeeignet hatte und war 1890 zum Bürgermeister von Jefferson City gewählt worden. Dieses Amt übte er für ein Symbolgehalt von 1 Dollar im Jahr aus.

Am 2. August 1919 schrieb sein Sohn Louis Ott an das „Königliche Gymnasium" und teilte den Tod seines Vaters mit. Er zitiert aus dem Testament: „In der festen Überzeugung, dass die Ausbildung, die ich am Königlichen Gymnasium in Bayreuth in den Jahren 1845–1849 erhielt, einer der Faktoren war, denen ich meinen finanziellen Erfolg in den Vereinigten Staaten von Amerika, meinem neuen Vaterlande, zuschreibe, vermache ich nun aus Dankbarkeit die Summe von 3000 Dollar als einen dauernden Fond, und die Zinsen davon, wie sie gerade kommen, sollen zwecks Ankaufs von Schulbüchern für bedürftige Schüler der genannten Anstalt ausgegeben werden." Es grenzt an ein Wunder, dass dieses Kapital zwei Inflationen überstanden hat. Bis heute werden aus dieser Stiftung Schüler be-

dacht, wobei es vor allem auch um Zuwendungen bei größeren Schulfahrten oder die Teilnahme an Skikursen geht.[27]

Abb. 167.2: Familienbild der Familie Ott, 1868

225

Abb. 167.3: Wohnhaus der Eltern von Philipp Ott in Bayreuth, um 1900

Unabhängig von diesen Stiftungen und Stipendien leistete das Gymnasium Hilfe in einzelnen Fällen. So erhielt Emma Pflaum, die Tochter des Zeichenlehrers Pflaum, „wegen ihrer fortdauernden Hilfsbedürftigkeit" über mehrere Jahre eine Unterstützung von 50 Mark „auf Rechnung des Etats des Gymnasiums".

Schließlich ist hervorzuheben, dass Magistratsrat Leers in seinem Testament nicht nur zwei Familienstipendien aussetzte, sondern auch in § 19 verfügte: „Wäre aber keine Universität im ehemaligen Fürstenthum Baireuth vorhanden, so sollen diese Stipendienfonds an das hiesige Gymnasium gelangen und die Zinsen an 4 dürftige Schüler und zwar jedem das ¼ davon jährl. so lange ertheilt werden bis nach dem Ermessen des Rectorats auch wieder anderen damit geholfen werden kann."

Aus den umfangreichen Schülerverzeichnissen des 19. Jahrhunderts geht auch hervor, wie sich die Schüler auf die „Stände" verteilten, wie viele die Schulkosten aus eigenem Vermögen der Eltern bestreiten konnten und wie viele auf „fremde Wohltätigkeit" angewiesen waren. Die Tendenz soll an wenigen Beispielen verdeutlicht werden.

Schon 1851/52 heißt es im Jahresbericht: Seine Majestät der König haben durch allergnädigstes Handschreiben … zu verordnen geruht, dass von jetzt an … alljährlich diejenigen Schüler der Gymnasien des Königreichs, welche das Gymnasial-Absolutorium mit Auszeichnung bestanden haben, Allerhöchst-Ihnen selbst zur Anzeige gebracht und bezüglich der hierunter etwa begriffenen ganz vorzüglichen Talente gleichzeitig bemerkt werde, ob und welcher Unterstützung sie bedürften, um denjenigen weiteren Studien obliegen zu können, zu welchen Fähigkeit und Neigung sie besonders hinziehen."

1860 wird die „Maximilianeums-Stiftung" als „Pflanzschule für Beamte" als das alte Ideal der Beamten-Elitebildung auf eine neue Ebene staatlicher Studienförderung gestellt.

Zwischen 1852 und 1906 wurden 25 Schüler auf Grund ihrer hervorragenden Leistungen für eine Anmeldung zum Maximilianeum in Erwägung gezogen.

Erfolgreich waren schließlich:

Dr. Karl Freiherr von Stengel (geb. 26. Juli 1840 in Peulendorf). Sein Vater war Forstmeister in Kulmain. Karl von Stengel machte sein Abitur 1859, belegte den 2. Platz und erhielt als Preis u.a. Lenau, Gedichte, 2 Bde., Stuttgart 1856. Er wird später Universitätsprofessor, Ordinarius für Staats- und Verwaltungrecht in München.

Heinrich Tannhausen (geb. am 8. Januar 1841 in Würzburg). Sein Vater war Oberpostamtskassier. Tannhausen legte 1859 sein Abitur ab, hatte den ersten Platz inne und erhielt als Preis u.a. Platens Werke, Stuttgart 1848. Er wird Kaiserlicher Regierungsrat; sein Grabmal findet sich auf dem Stadtfriedhof Bayreuth.

Emanuel Rupprecht, stud. phil., im I. Weltkrieg gefallen.

Jahr	„Höhere Stände"	„Bürgerstand"	„Bauernstand"	Eigenes Vermögen	„Fremde Wohltätigkeit"
1817	151	128	6	246	40
1821	183	119	7	217	89
1834 (nur Gymnasialklassen)	55	24	1	65	15

Otto Seßner, erhielt 1933 die Aufnahme bewilligt, verzichtete aber, um Forstwissenschaft studieren zu können. Seßner ist 1942 im II. Weltkrieg gefallen.

Heinz Schuster; Bundesrichter in Karlsruhe.

Helmut Horn, Studienrat, zur Dienstleistung im Bayerischen Staatsministerium für Unterricht und Kultus.

(weitere Schüler aus der Zeit nach dem II. Weltkrieg werden im Anhang genannt)

2.9. Erinnerungen

Friedrich Nägelsbach

1864 trat Nägelsbach in das Gymnasium ein. Er leitet seine Erinnerungen nobel ein, ohne ausdrücklich betonen zu müssen, dass er „ohne Weichzeichner" arbeite. „Während ich nun meiner sämtlichen vier Volksschullehrer nur mit Verehrung und Dankbarkeit gedenken kann, sind unter den Lehrern der Studienanstalt ... einige, deren Namen ich verschweige, weil ich Gutes von ihnen teils wenig teils nichts zu sagen wüsste. Ich will auch keine Einzelheiten aus ihrem Unterricht mitteilen. Ich könnte ja Anekdoten erzählen, die manchen dankbaren Leser fänden. Aber ich habe das Gefühl, dass ich damit das Nest beschmutzte, in dem ich groß gezogen worden bin."

Recht kritisch betrachtet Nägelsbach vor allem den damaligen Turn- und Zeichen- und Musikunterricht. Andererseits schreibt er: „Mit Ehren nenne ich unter meinen altphilologischen Klassenlehrern die Herren Schalkhäuser, Fries und Rektor Großmann, unter den Fachlehrern meinen Vetter Karl Nägelsbach, den Religionslehrer, dann den Mathematiker Hofmann und den Lehrer für neuere Sprachen und Stenographie Puschkin. Das waren Männer, die ihre Stoffe beherrschten, sich um die Schüler sorgfältig annahmen und ihnen in Pflichterfüllung voranleuchteten." „Schalkhäuser hatte äußerlich etwas Rauhes und Derbes, aber sein Innerstes war edel und gut. Und besonders von ihm gilt, ..., dass er uns das Vorbild tüchtigen, pflichtgemäßen Arbeitens gab." Fries, unser Klassenlehrer im vorletzten Gymnasialjahr war manchmal etwas verstimmt, was sich wohl zum Teil von schmerzlichen Familienereignissen herschrieb, und ließ manchmal einen gewissen Sarkasmus das Wort führen, den mancher Schüler gar nicht vertragen kann. Aber er war ein sehr gediegener Philolog und Historiker ... seine freien Vorträge in der Geschichtsstunde wussten zu imponieren und zu interessieren."

„Eine Persönlichkeit von ganz besonders ausgeprägter Eigenart war unser Rektor und Ordinarius der Oberklasse Großmann ... Großmann hatte eine große Schwäche, eine Pedanterie, in der er Äußerlichstes und Kleinstes so überaus wichtig nehmen konnte, dass wir Schüler versucht waren, wenn er dann wieder Innerliches und Wichtiges warm und nachdrücklich behandelte, auch dies so wenig wie jenes für voll zu nehmen ... Das vierkantige Lineal, das in allen Klassen des Bayreuther Gymnasiums alles Schriftwerk beherrschte, wurde damals viel belächelt. Aber auf meinem Schreibtisch liegt es heute noch ... Ich bemerke hier auch, dass wir alle Hefte und Heftchen selbst geheftet, beschnitten, liniert und mit dem vorgeschriebenen Rand versehen haben ..."

„In den zwei oberen Klassen erlaubte uns die Anstalt im Winter gesellige Zusammenkünfte in einem Wirtshaus, richtiger Kneipen genannt. Hier wurden studentische Gebräuche nachgeahmt und in der Oberklasse auch schon die Abiturientenfarben vorweggenommen. Trugen wir doch auch tagsüber regelmäßig die bunten Abiturientenmützen, nur durch einen schwarzseidenen Überzug verdeckt. Die Lehrer drückten dem gegenüber die Augen zu. Sonstiges Verbindungswesen war jedoch damit nicht verknüpft."

„Die Nachsicht unserer Lehrer war groß. Zu Schulrat Helds Zeiten konnte es vorkommen, dass spät abends die tiefe Stimme des Herrn Leib, des Gymnasialpedells, auf unserer Treppe sich vernehmen ließ: Ich soll nachsehen, ob die Söhne alle zuhause sind ... Später aber herrschte weitgehendes Vertrauen, das reichlich missbraucht wurde."

Georg Merz

Georg Merz war von 1902 bis 1909 am Gymnasium. Er erinnert sich an eine „strenge Schule".

„Am ersten Tage war ich im Gymnasium recht einsam. Ich hatte mich als einziger für die Prüfung in die zweite Klasse gemeldet, allein saß ich darum in einem kleinen Lehrzimmer ... Etwas kalt war mir auch am letzten Tag der Prüfung zumute, als man mir eröffnete, ich hätte zwar meine Sache recht gut gemacht, aber nach den Vorschriften des Ministeriums dürfte ich nur zur Probe auf acht Wochen aufgenommen werden ... Aber als ich schweigend den Weg ging und mich wohl Tränen des enttäuschten Ehrgeizes

227

würgten, neben mir ein kleiner, grün bemützter Landsmann, da schob der fremde Begleiter plötzlich sein Händchen in meine Hand, sah mich treuherzig an und sagte ‚Sei nicht traurig Merz, es wird schon gut werden' … Willi Wild, der kleine Mann, mein Tröster vom 17. September 1902, blieb mein Freund bis zu seinem Tode in der Flandernschlacht …"

Georg Merz erwähnt in seinen Erinnerungen auch den späteren Filmschauspieler Fritz Rasp und Karl Würzburger, „der Kleinste unter uns, aber ein Diktator, der, wie ich bald merkte, einen großen Anhang und ein kleines, von ihm ausgewählte Gefolge hatte. Ich war stolz, dass er mich in dieses Gefolge berief, und habe ihn nicht nur oft begleitet, sondern bin auch oft zu ihm eingeladen worden. In den Gärten der Herzoghöhe, …, lernte ich die feine Verkehrsart des Lebens kennen, gastfrei gespendet, und bald durchzogen von den ersten philosophischen Gesprächen. Denn Karl Würzburger konnte stolz sagen: ‚1740 erwarb mein Ururgroßvater sein Haus in der Richard-Wagner-Straße, seitdem sind wir da.'"

„Das Gymnasium der Stadt Bayreuth war sicher nicht schlechter als die meisten bayerischen Gymnasien, aber es entbehrte des Ruhmes, den St. Anna in Augsburg oder Ansbach genoß. Und doch scheint mir heute, als ob dieses „Alte Gymnasium" eine der besten Schulen gewesen sei, die unter Menschen möglich sind. Hier konnte man, wenn man wollte, eigentlich alles lernen, wonach ein junger Mensch verlangte. In der Hauptsache freilich war es eine ‚Lateinschule'." „Ja, unser Stundenplan war vom Lateinischen beherrscht. Der beste Lateiner galt meist als der Beste der Klasse. Tatsächlich war auch kein Fach methodisch so durchgearbeitet wie Latein. So mannigfaltig unsere Lehrer auch sein mochten, ein wirklich schlechter Lateinlehrer war nicht unter ihnen, wohl aber mehr als einer, der es sich zu seinem Vergnügen rechnete, auch einnmal einen Artikel aus der „Augsburger Abendzeitung" zu übersetzen."

„Die Zeit zwischen dem Krieg von 1870 und dem 1914 hat die Literatur schier wie ein Inferno festgehalten, ob man nun an den berüchtigten Satz denkt, mit dem Thomas Mann das berühmte Gymnasium seiner Vaterstadt zu schildern beginnt:' Der Direktor Wulicke war ein furchtbarer Mann' … oder an Mao, von dem Friedrich Huch erzählt, oder an Hermann Hesse und seine Geschichte ‚Unterm Rad' oder an Emil Strauß und ‚Freund Hein' − es ist überall schrecklich. Ich brauche nur auf die Schilderung zu verweisen, die Karl Alexander von Müller vom Münchener Gymnasium gibt, und nur zu denken, dass der beste Graecist meiner Bayreuther Zeit sagte:'Na, unsere Lehrer haben uns ja doch nur die Zeit gestohlen.' Mag sein, auch ich könnte Karrikaturen zeichnen, aber ich habe keinen Lehrer gehabt, von dem ich nicht auch Gutes sagen könnte."

Wilhelm Wirth

Bereits nach dreijährigem Volksschulunterricht, im Alter von erst acht Jahren, wurde Wilhelm in das humanistische Gymnasium in Bayreuth aufgenommen Er war also etwa zur gleichen Zeit wie Friedrich Nägelsbach an der Schule. Über den Religionslehrer Karl Nägelsbach schreibt er: „Ich verdanke diesem grundgütigen, hochgebildeten Manne nächst meinem Vater das meiste für meine religionswissenschaftliche Ausbildung." Sehr positiv äußert er sich auch über den Mathematiklehrer Hofmann, von dem er oft wegen seines „mathematischen Kopfes" gelobt und ausgezeichnet wurde. „Auch seine Nachfolger, namentlich der später in Würzburg mehrere Jahre habilitierte Herr Dr. Schleicher, haben mein Interesse für Mathematik wachzuhalten vermocht, wenn sie auch von der Wahl der Mathematik als Lebensberuf abrieten."

2.10. Das Gymnasium im Ersten Weltkrieg[28]

Nur wenige ahnten wohl im Sommer 1914 die drohende Kriegsgefahr. Unbeschwert feierte man das 250-jährige Schuljubiläum.

Noch im Mai beschäftigten sich Rektorat und Lehrerkonferenz mit einem für damalige Zeiten allerdings „unglaublichen" Vorfall.

In der Nacht vom Mittwoch, dem 20. Mai auf Donnerstag hatten insgesamt 9 Schüler zwei Automobile angemietet und waren nach Kulmbach gefahren. Die Fahrt dauerte damals eine gute Stunde. Das Rektorat bat die Kriminalpolizei, die beiden Chauffeure, Christoph Schertel und Leonhard Lutz, genau zu befragen.

Es ergab sich, dass die Abfahrt um ½ 11 Uhr bei der Wirtschaft Stöhr in der Badstraße 2 erfolgte. In Kulmbach stiegen die Herren beim „Ratskeller" aus. Die Rückkehr nach Bayreuth war um ½ 3 Uhr, bzw. ½ 4 Uhr. Dann ging ein Schüler zum Café Metropol. Zwei andere stiegen beim Café National aus.

Anstifter der Unternehmung waren die Schüler Schmeißner und Schultz, die dimittiert wurden.

Die anderen Teilnehmer erhielten die Androhung der Dimission beim geringsten weiteren Vergehen.

Bayreuth unterschied sich bei Ausbruch des Kriegs und während der ersten Kriegswochen gewiss nicht von anderen Städten des Reiches, soweit es Kriegsbegeisterung, vollmundiges Säbelrasseln und bewegte Abschiedsfeiern für die ins Feld ziehenden Truppen betraf. Noch unmittelbar vor Kriegsausbruch plante man, die Einweihung des „Wittelsbacher Brunnen“ mit großem Pomp vier Tage lang zu feiern. Die Anwesenheit des Königs wurde aber auf Anraten des Ministerrats „wegen der gegenwärtigen ungeklärten politischen Lage“ kurzfristig abgesagt. Das gleiche Zeitungsblatt, auf dem über die Feierlichkeiten berichtet wurde, enthält auch den knappen Hinweis: „Nach einer kgl. Verordnung vom 31. Juli 1914 wird über das Gesamtgebiet des Königreichs Bayern der Kriegszustand verhängt. Für die Pfalz wird das Standrecht angeordnet.“

Hochkonjunktur erlebte die vaterländische und militärische Jugenderziehung während des Krieges, die von bewährten Pädagogen gefördert und unterstützt wurde.

Auch die Pädagogik war in die fatalen Irrtümer des Nationalismus verstrickt. Wilhelm Rein, Professor für Pädagogik und Philosophie in Jena, stellte seine „Argumentation“ uneingeschränkt in den Nationalismus ein, behielt diese Position während des Krieges bei und setzte sie in der Weimarer Republik fort. Als sich die Wehrpflichtigen in Elsaß-Lothringen in Ruhe und Ordnung bei den Meldebehörden eingefunden hatten, kommentierte er dies: „Das Reichsland ist deutsch! Was die Friedenszeit vorbereitete, hat der Krieg zur Vollendung gebracht. Darum sei der uns aufgedrungene Krieg begrüßt!“

Andere führende Pädagogen wie Georg Kerschensteiner, Hermann Nohl, Eduard Spranger, Theodor Litt und Paul Natorp gingen nicht so weit, aber durchgehender Ausgangspunkt der politisch-pädagogischen Stellungnahmen war eine Frontstellung der deutschen Kultur gegen die westliche Zivilisation.[29]

Unmittelbar nach Kriegsbeginn wurde in Bayreuth ein Jugendbataillon gegründet, das in kurzer Zeit 650 Jungen umfasste. Daneben gab es den Wehrkraft-Verein Bayreuth e.V. mit 109 Jungen.

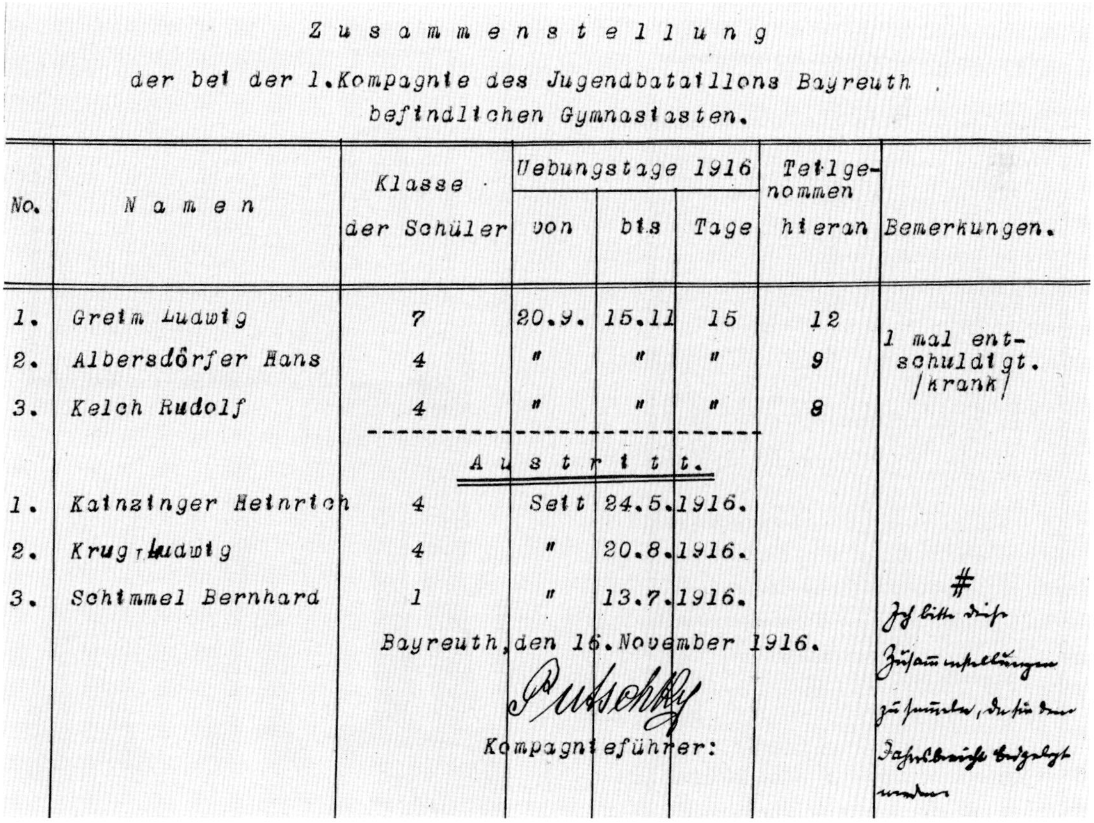

Z u s a m m e n s t e l l u n g

der bei der 1. Kompagnie des Jugendbataillons Bayreuth befindlichen Gymnasiasten.

No.	N a m e n	Klasse der Schüler	Uebungstage 1916 von	bis	Tage	Teilgenommen hieran	Bemerkungen.
1.	Greim Ludwig	7	20.9.	15.11	15	12	1 mal entschuldigt. /krank/
2.	Albersdörfer Hans	4	"	"	"	9	
3.	Kelch Rudolf	4	"	"	"	8	
	A u s t r i t t.						
1.	Kainzinger Heinrich	4	Seit	24.5.1916.			
2.	Krug Ludwig	4	"	20.8.1916.			
3.	Schimmel Bernhard	1	"	13.7.1916.			#

Bayreuth, den 16. November 1916.

Kompagnieführer:

Abb. 168: Zusammenstellung der bei der 1. Kompagnie des Jugendbataillons Bayreuth befindlichen Gymnasiasten vom 16. November 1916

Der Stadtmagistrat, vertreten durch OB Leopold von Casselmann, teilte der Schule mit: „Vielleicht empfiehlt es sich auch, den noch nicht 16 Jahre alten Schülern neuerdings den Beitritt beim Wehrkraftverein zu empfehlen ..." Dr. Neff merkt an: „Ich bitte die Klaßleiter dies wirksam zu tun." Am 26. Oktober 1914 steht das Thema „Jugendwehr" auf der Tagesordnung einer Lehrerratssitzung.

Später, im Jahr 1916, teilt OB Leopold von Casselmann dem Rektorat mit, dass aus der Jugendwehr hervorgegangene Soldaten gewisse Vorrechte hätten wie Wahl des Truppenteils oder alsbaldigen Ausgang. „Angehörige der Jugendwehr werden nicht besonders rasch ausgebildet, um so rasch als möglich an die Front zu kommen, außer auf ausdrücklichen Wunsch. Sie werden vor allem zu Abrichtern anderer Mannschaften herangebildet."

Am 30. Mai 1914 war noch eine neue Schulordnung erlassen worden, die u.a. verlangte, dass die Lehrer wöchentlich wenigstens einmal Sprechstunde halten, und dass der Lehrer in der besonderen Schulzensur Bemerkungen über das Verhalten der Eltern gegenüber der Schule anfügen sollte. Direktor Neff betont aber: „Durch den Besuch der Sprechstunde erweisen die Eltern dem Lehrer nicht etwa eine besondere Höflichkeit, sondern erfüllen selbst nur eine erziehliche Pflicht."

Es gibt nun ein eigenes Thema im Jahresbericht: „Krieg und Schule". 1914/15 heißt es hier: „Den Schülern wird zu Bewusstsein gebracht, dass sie nur dann ein Verständnis für die große Zeit beweisen, wenn sie in den unvergleichlichen Leistungen und in der treuen Pflichterfüllung unserer todesmutigen Soldaten eine ernste Mahnung zu gewissenhafter Arbeit sehen. Jede Gelegenheit wurde benützt ihnen einen Einblick in die Entwicklung des Weltkrieges zu verschaffen und ihnen klar zu machen, dass sie das große Glück haben Ereignisse mitzuerleben, die zu den bedeutendsten der Weltgeschichte gehören."

Aber schon am 10. September 1914 besagt eine Mitteilung des stellvertretenden Generalkommandos, etwaige Anträge auf Überführung von Leichen gefallener Krieger in die Heimat können „jetzt nicht genehmigt werden, da die Bahnen durch Rücktransport Gefangener und Verwundeter voll in Anspruch genommen sind. Fast gleichzeitig behauptet eine

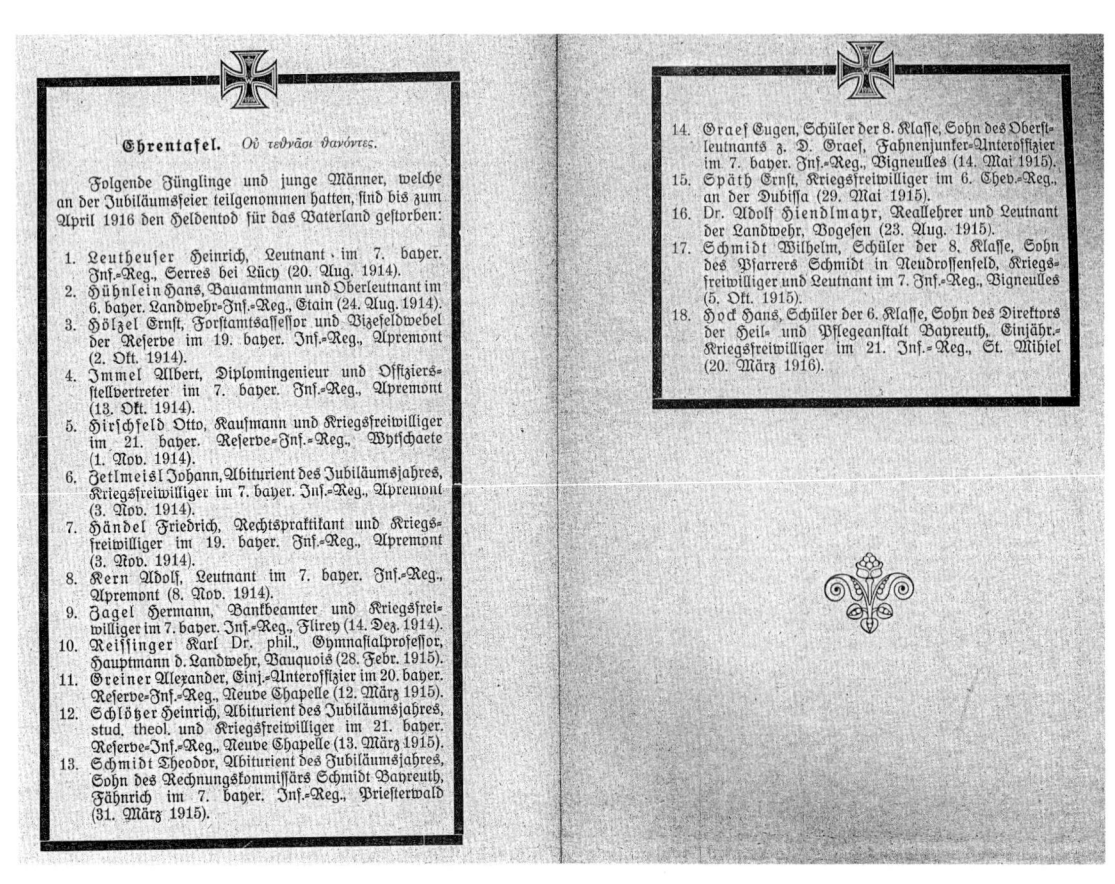

Abb. 169: Liste der bis 1916 Gefallenen

Ministerialentschließung vom 19. Oktober 1914: „Der Völkerkrieg hat schon jetzt nicht bloß seine zerstörende, sondern auch seine aufbauende Macht bewiesen. Der Schule obliegt die unvergleichlich schöne Aufgabe diese Eindrücke zu klären, zu läutern und fruchtbar zu machen im Dienste des obersten Zweckes der höheren Lehranstalten: die Schüler auf religiöser Grundlage zu sittlicher Tüchtigkeit und vaterländischer Gesinnung zu erziehen."

Noch wird stolz berichtet: „Unsere wehrfähigen Schüler eilten freudig zu den Waffen." Es waren dies 1914/15 insgesamt 45 junge Menschen, darunter 24 aus der 9. Klassse, also fast der gesamte Jahrgang, 15 aus der 8. Klassse, 5 aus der 7. Klasse und immerhin noch 3 aus der 6. Klasse. Einige dieser Schüler waren erst 16 oder 17 Jahre alt. Schon nach kurzer Zeit sind die ersten Gefallenen zu beklagen, die in eigenen „Ehrentafeln" erinnert werden. Am Ende sind 163 ehemalige Schüler des Gymnasiums zu betrauern.

Auch die Gymnasialprofessoren Max Amann, Karl Hartmann und Dr. Alfred Georg werden mit Kriegsbeginn eingezogen. Hauptmann Amann erhielt das Eiserne Kreuz, Oberleutnant Hartmann den Bayerischen Verdienstorden IV. Klasse mit Schwertern und dem Eisernen Kreuz, Hauptmann Dr. Hans Zettner das Eiserne Kreuz und den Bayerischen Verdienstorden IV. Klasse mit Schwertern.

Zum Landsturm gehören Dr. Chr. Riedel, Frdr. Böhner, W. Rollwagen, F. H. Günthner, Dr. W. Motschmann, K. Sitzmann, Dr. F. Gottanka. Diese gelten zunächst als „unabkömmlich".

Dr. Adolf Hiendlmayr, Reallehrer für Naturkunde am Gymnasium fiel am 23. August 1915. Karl Sitzmann schreibt am 18. September 1918 eine Karte an das Rektorat. Er liegt krank in einem Feldlazarett und bittet Schulleiter Neff, seine Entlassung zu erwirken.

Am Ende des ersten Kriegsjahres sind bereits 71 Schüler gefallen.

Lektüren in diesem Jahr sind Lessing, Emilia Galotti; Goethe, Tasso und Faust I; Schiller, Wallenstein; Otto Ludwig, Der Erbförster; Chamberlain, Kriegsaufsätze. Zeitgenössische Autoren, etwa die Realisten wie Raabe, Fontane, Storm oder gar Hauptmann darf man freilich nicht erwarten.

Besonders ausführliche Erwähnung findet der „Wandervogel", in dem wegen des Krieges in der Ortsgruppe Bayreuth nur 12 Schüler eingetragen sind. 18 Mitglieder befinden sich als Kriegsfreiwillige an der Front. Man veranstaltet Kriegsspiele, singt vaterländische Lieder, unternimmt Wanderungen und Fahrten. Es wird berichtet von Fahrten in die Rhön. „von wo aus sie ins fränkische Unterland nach Würzburg ... zogen". Andere Ziele waren in Baden und im schwäbischen Oberland. Es wurden Sonntagsfahrten z.B. ins neue Landheim im Nemmersdorfer Schloß unternommen.1916 schließt der Bericht: „Frisch auf zu froher Fahrt! Heil im Kriegsjahr 1916!" Der Sommergautag in Bayreuth zählte 700 Teilnehmer. Der Treueschwur am Ende:

„Heilige Glut, rufe die Jugend zusammen,
dass bei den lodernden Flammen wachse der Mut.
Auf allen Höhen leuchte, du flammendes Zeichen,
dass alle Feinde erbleichen, wenn sie dich sehn!"

Im Kriegsjahr 1916 ruft der Stadtmagistrat zum Sammeln von Obstkernen auf „behufs Gewinnung von Oelen und Fetten ... Aus 1000 kg Kernen lassen sich höchstens 50 kg Oel gewinnen. Jeder Kern ist wichtig! Jeder sammle!". Direktor Neff merkt dazu an und ruft auf: „Sammelt alle Kirschkerne und legt die Düten in den Korb am botanischen Garten."

Gesammelt werden Metalle, Altpapier und Goldmünzen, gesammelt wird auch für Invalide. „Während der Pausen haben alle lärmenden Spiele zu unterbleiben. Alles Schreien im Hof ist ungeziemend." Untersagt ist seit Kriegsbeginn das Faschingstreiben, so dass am Fachingsdienstag Unterricht stattfindet. Immer seltener aber gibt es einen Unterrichtsausfall zur Feier bedeutungsvoller deutscher Waffenerfolge. Längst ist die ministerielle Phrase vom 19. Oktober 1914 „Der Völkerkrieg hat schon jetzt nicht bloß seine zerstörende, sondern auch seine aufbauende Macht bewiesen" von der Kriegswirklichkeit als solche entlarvt worden.

Ein Wehrkraftverein wurde in Bayreuth im Februar 1913 gegründet. Ihm gehörten 18 Schüler des Gymnasiums an Ein Beitritt war ab dem 12. Lebensjahr möglich. Außerdem bestand eine Jugendwehr, die bei der 1. Kompanie des Jugendbataillons eingetragen war.

Erstmals in der Schulgeschichte wird das Schuljahr 1914/15 mit einem feierlichen Schülergottesdienst eröffnet. Die erste Predigt, gehalten von Johannes Rutz zu Röm. XII, 1 und 2, ist vollständig im Jahresbericht abgedruckt.

Im Schuljahr 1915/16 gibt es kaum Veränderungen. Zu den Pflichtfächern jener Jahre zählen Religion, Deutsch, Latein, Griechisch, Französisch, Mathematik, Physik, Geschichte, Geographie und Naturkunde. Als Wahlfach werden angeboten: Hebräisch, Englisch, Italienisch, Stenographie, Instrumentalmusik, Gesang und Zeichnen.

Bemerkenswert erscheint, dass man zwar 16–18 jährige an die Front schickte, ihnen aber einen Wirtshausbesuch nicht zugestehen wollte.

1916/17 beteiligten sich die Schüler an den Kriegsanleihen mit 30 890 Mark und sammelten 38 Zentner Papier. Die militärische Jugenderziehung wird selbstverständlich intensiv betrieben.

In diesem Schuljahr, also nach Verdun, gibt es keine 8. und 9. Klasse mehr. Die Jahrgänge sind komplett an der Front. Ein Deutschthema für die 7. Klasse lautet: „Schön ist der Friede, aber der Krieg hat auch seine Ehre." Der „Wandervogel" führt ungerührt seine Fahrten durch und anlässlich der Sonnwendfeier „da fassten sich unsere Hände und in frohem Reigen tanzten wir singend ums Feuer." Im Abschnitt „Krieg und Schule" ist zu lesen."Stets wurde im Geschichts- und Geographieunterricht sowie auch in der Klassenlektüre auf den Krieg Bezug genommen. Das Gymnmasium richtete ein eigenes „Kriegsarchiv" ein und bewahrte darin Karten von im Felde stehenden Mitschülern und Lehrern sogfältig auf.

Die Ehrentafel verzeichnet inzwischen 96 Gefallene.

Im Schuljahr 1917/18 finden sich am Ende in der 8. Klasse nur noch 3 Schüler und die 9. Klasse bestand zu Beginn des Schuljahrs aus einem Schüler. Alle anderen befanden sich im Krieg.

In den Kriegsjahren lauten Aufsatzthemen im Fach Deutsch:

„Wir brauchen schwer errung'nen Sieg; er erst läutert ein Volk"

„Navigare necesse est, vivere non est necesse"

„Worauf gründet sich das Ansehen einer Nation?"

„Das Heldentum in seinen verschiedenen Gestalten"

„Die Vorteile und Nachteile des Parteiwesens"

„Bitter not tut uns eine starke deutsche Flotte" (Wilhelm II.)

„Welche Wohltaten verdanken wir dem Vaterland und welche Gegenleistungen erwartet man von uns?"

„Die Bedeutung der Bayerischen Verfassung"

Der Bericht „Krieg und Schule" fällt allerdings knapp und nüchtern aus. Von der Anfangseu-

phorie ist nichts mehr zu spüren. Lapidar heißt es am Schluss: „Den Heldentod fürs Vaterland starb Wunder Hermann (8. Klasse 1916/17) am 18. August 1917. Mit ihm sind bis jetzt von denen, die einst dem Gymnasium Bayreuth angehörten, 121 gefallen."

Am 13. Juni 1918 kommt die Nachricht: „Gymnasialprofesssor Dr. Christian Riedel, Vizefeldwebel im 3. bayer. Fußart.-Reg. 1. Bat., 2. Batterie, am 6. Juni infolge von Verwundung durch Granatschuß in der Feuerstellung gefallen. Er liegt in Arcis-le Ponsart begraben."

Abb. 170: Traueranzeige für Eugen Graef

Gefeiert wurden am 2. Oktober 1917 der 70. Geburtstag von Hindenburg, am 20. Februar 1918 das Goldene Hochzeitsfest Ihrer Majestäten des Königs und der Königin, am 5. März 1918 der Abschluss des Friedens von Brest-Litowsk und am 25. Mai 1918 das Jubiläum der Bayerischen Verfassung. Im Februar 1918 werden die Schüler zur Teilnahme an einer Juwelen- und Goldankaufswoche aufgefordert. Noch am 24. Oktober 1918 ergeht auf Veranlassung durch das Kriegsministerium die Weisung, alle bisher zurückgestellten Beamten und im öffentlichen Dienst verwendeten Personen für den Waffendienst freizumachen.

GEFALLENE SCHÜLER

Abb. 171.1: Semmelmann, gefallen August 1914 in Lothringen

Abb. 171.2: Frdr. Wippenbeck, gefallen 3. November 1914

Abb. 171.3: Karl Reissinger, gefallen 28. Februar 1915

Abb. 171.4: Max Freundel, gefallen 22. März 1918

Abb. 172: Karl Hofmann (1892–1894)

Abb. 173: Theodor Keppel (1894–1902)

Abb. 174: Dr. Friedrich Schmidt (1902–1906)

Abb. 175: Dr. Gustav Landgraf (1906–1913)

2.11. Zusammenfassung

Abschied von Arkadien. Wer zu Beginn des 19. Jahrhunderts ein hohes Alter erreicht hatte, mochte sich wehmütig an den Glanz der Markgrafenzeit erinnern, an alte Zunftherrlichkeit, an einen Arbeitsryhthmus, der noch nicht von der Maschine bestimmt war, an „golden verklärte" Pennälerzeit. Wer am Ende dieses Jahrhunderts hochbetagt war, hatte politische, gesellschaftliche, wirtschaftliche und technische Entwicklungen und Veränderungen erlebt, wie sie in solcher Dynamik vorher kaum vorstellbar erschienen. Es begann ein Zeitalter, das den Keim der Selbstzerstörung schon in sich trug. Mit dem Ausbruch des Ersten Weltkriegs endet das sog. „bürgerliche Zeitalter" und aus diesem Krieg kam eine Generation zurück, deren Wertesystem vielfach zerstört war, ein gefährliches Potenzial in der Hand zukünftiger Agitatoren und Demagogen. Die alten, von der Schule beharrlich übermittelten Ideale und Inhalte erschienen fragwürdig und brüchig.

Verwerfungen, Widersprüchen im gesellschaftlichen, historisch-politischen Prozess war auch das Gymnasium ausgesetzt, war in diesen Prozess eingebunden. Vor allem Lehrplanreformen, Schulordnungen, Lehr- und Lerninhalte, Stundentafeln in ihrem Wandel lassen sich als Reflex übergreifender Veränderung begreifen, die besonders auch in der Veränderung der Produktionsverhältnisse, in der sprunghaft und progessiv verlaufenden industriellen Entwicklung sichtbar wird.

Auch der Streit um die Reform des höheren Schulwesens und um die Berechtigungen der einzelnen Schultypen Ende der 1880er Jahre, Vereinsgründungen zur Interessendurchsetzung einzelner Reformprogramme gehören in diesen Gesamtzusammenhang. An der 1890 in Berlin stattfindenden Schulkonferenz nahmen Vertreter der Schulen, der Universitäten, der Kirche, aber auch der Wirtschaft und des Militärs teil. Kaiser Wilhelm II. eröffnete diese Konferenz. Nach seiner Meinung erziehen die Schulen „Nörgler und Unzufriedene, die vor allem dann eine Gefahr bilden, wenn ihre typisch akademischen Karrieren überfüllt sind". Heute würde man vom „Akademischen Prolelariat" sprechen. Der Kaiser bezieht sich auf Bismarck, der schon vermerkte, „dass die Opposition von dem einfachen Fortschrittsmann bis hinab zum Sozialdemokraten und Kommunisten ihre gefährliche Förderung aus den gebildeten Kreisen bezieht." Aber auch die Überlastung der Schüler, ihr schlechter Gesundheitszustand war Thema. Der Kaiser: „Ich suche nach Soldaten, wir wollen eine kräftige Generation haben, die auch als geistige Führer und Beamte dem Vaterlande dienen." „Jeder Lehrer, der gesund ist, muß turnen können, und jeden Tag soll er turnen."[30]

Das System hatte in früheren Zeiten funktioniert, und es funktionierte reibungslos auch in den Jahren bis zum Ausbruch des Ersten Weltkriegs, ja bis zum bitteren Ende. Schule, Lehrer und Schüler ließen sich teils aus Überzeugung, teils unter Druck ideologisieren und instrumentalisieren. Im Raster humanistischer Bildung war aber auch kein Raum für Erziehung zum selbständigen kritischen Denken. Diese Versuche und wenigen Ansätze waren schon 1848/49 niederkartätscht worden. Sie gingen vollends unter im Glauben an Pragmatismus und Erfolge der „Realpolitik" im Zusammenhang mit den sog. „Einigungskriegen" und der Gründung des Deutschen Reiches „von oben". Der Preis für die Schaffung eines Deutschen Reichs, bei dessen Feier das Volk nicht beteiligt war, war der Verzicht auf Freiheit und Grundrechte.

Als Bilanz bleibt aber auch bestehen: „Die Segmentierung hielt ohne Zweifel an, Privilegien wurden verteidigt. An snobistischer Bildungsarroganz gegenüber den ‚Ungebildeten' herrschte kein Mangel. Aber es gab zunehmend auch soziale Öffnung anstelle von starrer Schließung, es gab die Schleusenwirkung der höheren Schulen zugunsten der Aufstiegsmobilität. Vergleicht man die Gymnasien mit den ‚Public Schools' in England, mit den ‚Boys'Academies' und ‚Private Schools' in den Vereinigten Staaten, wurden sie sogar immer offener. Wer von einer klüglich ausgeführten oder sogar einer erfolgreichen Abschottung als dem dominanten Trend der Gymnasialpolitik spricht, verfehlt darum die Realität des höheren Schulwesens, verfehlt aber erst recht ihr vorzügliches Abschneiden beim internationalen Vergleich."[31]

3. KRISE, NEUBEGINN UND VEREINNAHMUNG DURCH DEN NATIONALSOZIALISMUS: DAS GYMNASIUM IN DER ZWISCHENKRIEGSZEIT UND IM DRITTEN REICH

Die Niederlage im Ersten Weltkrieg, der Zusammenbruch, die Katastrophe brachen verheerend auch auf die kleine Mittelstadt Bayreuth herein. Wohl kaum einer begriff damals schon, dass mit dem Ersten Weltkrieg eine Epoche zu Ende gegangen war. Viele wollten und konnten nicht begreifen, konnten auch nicht wissen, dass dieser Krieg in seinen komplexen Ursachen weit ins 19. Jahrhundert zurückreichte und sich nicht auf seinen Anlass reduzieren ließ. Eine intensive, differenzierte und kritische wissenschaftliche Diskussion über Kriegsursachen, Kriegsziele und Kriegsschuld löste erst Fritz Fischer mit seiner Forschung und Erschließung von bis dahin nicht bekannten Quellen aus (Fritz Fischer, Griff nach der Weltmacht, Düsseldorf 1961).

Zugleich kam es zum Umbruch in nahezu allen gesellschaftlichen, politischen, kulturellen, wissenschaftlichen Bereichen. Nach der Inflation folgten die sog. „Goldenen Jahre". „Es ist eine Zeit ungeheurer seelischer Spannungen und künstlerischer Schöpferkraft, voll von funkelnden intellektuellen Würfen und kühnen Ausgriffen nach dem Neuen: Walter Gropius' Bauhaus, Thomas Manns Zauberberg, Bertold Brechts ‚Dreigroschenoper', Paul Hindemiths ‚Cardillac', Werner Heisenbergs Unschärferelation, Oswald Spenglers ‚Untergang des Abendlandes', Martin Heideggers ‚Sein und Zeit', … Erwin Piscators politisches Theater, … Arnold Schönbergs Zwölfton-Musik."[1]

Expressionismus, Neue Sachlichkeit, Dadaismus, Surrealismus, Kubismus, Futurismus, Verismus usw.usw., „Brücke" und „Blauer Reiter", Max Reinhardts impressionistisch-magisches Theater, all das – Andeutungen müssen hier genügen- „purzelt innerhalb eines Jahrzehnts durcheinander, ein flimmerndes Kaleidoskop unerhörter Formen und Farben, Glanzlichter und Ausdruck deutscher Kultur und deutschen Geistes von Weltrang". (vgl. Hagen Schulze, Weimar, Deutschland 12917–1933, Berlin 1982, S. 123f.)

Aber zugleich ist der Boden bereitet für die Entwicklung eines dumpfen völkischen, rassistischen, antisemitischen und nationalistischen Denkens. Am Ende triumphieren die antidemokratischen Kräfte, am Ende überlassen die bürgerlichen Parteien den Nationalsozialisten nahezu kampflos die Macht.[2]

Ab 1933 wird unter SA-Stiefeln alles zertrampelt werden, was deutsche Kultur und deutschen Geist je ausmachte, von unantastbaren „Klassikern" einmal abgesehen.

Die Vorgänge und Ereignisse in Bayreuth, die wirtschaftliche Lage, die Folgen der Inflation, all dies muss hier nicht ausgebreitet werden[3]. Für Lehrer und Schüler, von denen viele ihren Vater verloren hatten, die mit ihren Familien oft in größter Not lebten, brachen zunächst bittere, entbehrungsreiche Jahre an.

Und wieder gab es bildungspolitischen Wandel und Schulreformen, zuzuordnen einem neuen politischen System, in das sich die bürgerlichen Untertanen nahtlos einpassten oder einpassen mussten.

Auch hier bedeutet der I. Weltkrieg eine Zäsaur. Die Veränderung der politischen Rahmenbedingungen war, wie nicht anders zu erwarten, auch für die Bildungspolitik grundlegend.[4]

Bisher beruhte nach Gustav Radbruch die „konservative Modernisierung von oben" auf der „Lebenslüge des Obrigkeitsstaates", der angeblich neutral über den Parteien stand. Jetzt sollte alle Gewalt vom Volk ausgehen, was man allerdings als die neue „Lebenslüge" des 20. Jahrhunderts bezeichnen könnte, sofern man Verfassungstheorie ins Verhältnis zur Verfassungswirklichkeit setzt, also politische Systeme nicht nur formal betrachtet, sondern auch inhaltlich beim Wort nimmt. Offenkundig wird dieser Widerspruch von Theorie und Praxis in der Pervertierung direkter Demokratie im totalitären System des Nationalsozialismus.

Man besinnt sich nun nach dem Zusammenbruch auf die geistige und kulturelle Kraft und liberale Tradition des deutschen Volkes. Im November 1918 wandte sich der preußische Kultusminister Haenisch mit Aufrufen an Lehrer-und Schülerschaft. Nie wieder soll die Schule „zur Stätte der Völkerverhetzung und Kriegsverherrlichung" werden. Aber die Auseinandersetzung mit den innenpolitischen Umwälzungen wird den einzelnen Lehrern überlassen. Sie sollen nun an der Gestaltung des Neuen mitwirken. „Hier wartet gerade der Schule eine schöne und große Aufgabe, nämlich die Heranbildung eines neugearteten Geschlechts, eines Geschlechts von hohem Opfermut und Adel der Gesinnung, von unbestechlicher Wahrhaftigkeit und Gerechtigkeit, von unerschütterlichem sittlichem Mut und Idealismus".[5]

Den Schülern wird nun mehr Freiheit zugestanden, sind sie doch aus der Schule „in schöner Begeisterung ... hinausgestürmt in den Krieg, um ihr junges Leben dem Vaterland zu weihen ..."[6]

Und wieder Schulreformen. Das Schulwesen wird nun zum Gegenstand parteipolitischer Auseinandersetzungen. Zugleich erhält das Reich in verfassungsrechtlicher Hinsicht erstmalig neben den Ländern eine Kompetenz für Schulpolitik. Damit werden Reformen schwieriger. Entkonfessionalisierung der Schule, Einheitsschule, Arbeitsunterricht und Staatsbürgerkunde als leitende Unterrichtsprinzipien, diese Forderungen gab es schon in der Kaiserzeit. In der Weimarer Reichsverfassung kommen nur Kompromisse zustande.

1920 fand eine Reichsschulkonferenz mit über 700 Teilnehmern statt, mit „... Vertretern von Regierungen und Gemeinden, Berufs- und Standesvertretern, vom Deutschen Fröbelverband für Kindergärten bis zum Verband Deutscher Hochschulen, Vertretern der Jugendbewegung wie pädagogischer, schulpolitischer, religiöser und wirtschaftlicher Vereinigungen und einer Reihe von Einzelpersonen." Es kam zu einer „achttägigen Massenschlacht", kaum etwas wurde bis zu einem Konsens erörtert. Die Vertreter der einzelnen Richtungen stehen „nebeneinander wie auf dem Jahrmarkt die Drehorgeln, jeder schreit so laut wie möglich sein Lied".[7]

Gerade in der Weimarer Republik stellte sich das Problem, für bildungspolitische Reformen Mehrheiten zu finden und am Ende war das Schicksal des gesamten politischen Systems besiegelt. Die alternative politische Organisationsform schien die Diktatur des 20. Jahrhunderts zu sein, die ihre unmenschlichste Verwirklichung im nationalsozialistischen Staat fand. Es liegt auf der Hand, dass durch die Errichtung des Einparteienstaates, durch die Ausschaltung der Länder und Parteien, durch die Gleichschaltung aller Institutionen und Verbände des öffentlichen Lebens in Wirtschaft und Kultur auch die Rahmenbedingungen für das Bildungswesen und die Bildungspolitik grundlegend sich änderten, wenn auch „nur" für 12 Jahre.

Grundsätzlich aber muss auch gesehen werden, dass sich zwar im Bereich der „inneren Reform" relativ rasch bildungspolitische Kursänderungen ausgewirkt haben, etwa durch Einführung neuer Lehrpläne und Schulbücher. Aber Bildungspolitik ist nicht automatisch der entscheidende Bestimmungsfaktor für die tatsächliche Entwicklung des Bildungssystems. Große Bedeutung haben hier viel mehr die sich fortsetzende Dynamik der Industrialisierung mit sich ändernden Qualifikationsanforderungen, Veränderungen der sozialen Schichtung der Bevölkerung und damit Veränderung der Bildungsnachfrage. Nicht zu unterschätzen sind außerdem die partielle Eigendynamik des Bildungssystems selbst, seine Beharrungskraft, seine erfolgreiche Lobby für Standesinteressen, seine eigene Disposition zur stagnierenden oder expansiven Benutzung.[8]

Zu den Neuerungen in der Weimarer Republik gehörten der Staatsunterricht und die Regelung des Religionsunterrichts, worauf die Weimarer Verfassung ausdrücklich in den Artikeln 148 und 149 Bezug nimmt. Die „staatsbürgerliche Gesinnung" ist „im Geiste deutschen Volkstums und der Völkerversöhnung zu erstreben". „Beim Unterricht in öffentlichen Schulen ist Bedacht zu nehmen, dass die Empfindungen Andersdenkender nicht verletzt werden." Die Teilnahme am Religionsunterricht bleibt der entsprechenden Willenserklärung der Erziehungsberechtigten überlassen". Am Gymnasium in Bayreuth und wohl auch an den anderen Gymnasien in Bayern scheint das Fach Staatsbürgerkunde allerdings in den Geschichtsunterricht integriert worden zu sein.

Bereits im Kaiserreich hatte es große Veränderungen im Schulwesen gegeben. Das klassische humanistische Gymnasium setzte zwar noch die Norm, doch verloren die Griechen und Lateiner mehr und mehr den alten Vorrang bei der Auswahl der Eliten. Der Prozess des Aufstiegs der konkurrierenden höheren Schulen hatte längst begonnen. Im Zusammenhang mit dem Wandel der Gesellschaft zur durchkapitalisierten Industriegesellschaft veränderten sich auch die Schülerströme. Der Aufstiegswille breiter Schichten bedeutete Druck auf die Gymnasien, das Angebot zu erweitern und mehr Sozialchancen zu bieten. Die soziale Herkunft der Abiturienten wandelt sich. Der Anteil der Schüler aus der oberen Mittelschicht und Oberschicht (Höhere Beamte, Ärzte, Unternehmer) sinkt, der Anteil von

Kindern mittlerer Beamter und Angestellter, Lehrer und Techniker nimmt zu.[9]

Schon vor Weimar bestand das Hauptangebot an Bildungsmöglichkeiten aus drei grundständigen (9–klassigen) Schularten, nämlich Gymnasium, Realgymnasium und Oberrealschule sowie den dazugehörigen verkürzten oder 6-klassigen Pro-Anstalten. Eine erste Auflockerung dieser traditionellen Dreizügigkeit höherer Knabenbildung erfolgte schon seit 1892 durch Abänderung der Sprachenfolge. Im Gymnasium war die Reihenfolge Französisch statt Latein in Sexta möglich, ansonsten bestand die gleiche Sprachforderung von Französisch, Latein, Griechisch. Englisch blieb am humanistischen Gymnasium Wahlfach.

Insgesamt erreicht das altsprachliche Gymnasium zwar das 20. Jahrhundert als relativ stärkste, unter den Vollanstalten sogar absolut dominierende Schulgattung, es verliert aber kontinuierlich an Boden und wird dann zusätzlich von den Nationalsozialisten abgebaut.

Konkurrenz erwuchs durch die realgymnasiale Bildung, insbesondere durch die reformrealgymnasiale. Hier war die Mischung von alt- und neusprachlicher Bildung attraktiv und zugleich verzeichnete in diesen Jahren die Oberrealschule einen kontinuierlichen Zuwachs.

Die Geschicke unseres Gymnasiums in diesen so schwierigen Jahren werden nun zu betrachten sein.

3.1. Die Nachkriegsjahre (1919/20–1924/25)

Die Ereignisse nach Kapitulation und Ausrufung der Weimarer Republik, Spartakus-Aufstand und revolutionäre Vorgänge gingen an Bayreuth und am Gymnasium nicht spurlos vorüber, wenn auch in Bayreuth nicht ernsthaft von einem drohenden Umsturz gesprochen werden kann. Eine besondere Rolle spielten Einwohnerwehr und Freikorps, die nach den Versailler Beschlüssen zwar illegal waren, aber erst im Juli 1921 endgültig aufgelöst wurden.[10]

Im Schuljahr 1918/19 zählt die 8. Klasse 12 Schüler. Nun wurden Sonderklassen für Kriegsteilnehmer eingerichtet, die in drei Abteilungen insgesamt 34 Schüler umfassten.

Ein Sonderkurs C wird allerdings nicht genehmigt. „Ein Schüler, der erst am 25. Juni des Jahres (1918) nach erfolgreicher Ablegung einer Notschlussprüfung aus der VI. Klasse ins Heer eingetreten ist und nunmehr, aus dem Heeresdienst wieder entlassen, seine Studien fortsetzen will, kann zu den Sonderklassen nicht zugelassen werden, da er durch Ablegung der Kriegsreifeprüfung am Schlusse der Sonderklassen seine Ausbildungszeit gegenüber dem regelmäßigen Bildungsgange ganz erheblich abkürzen würde, …" (Bayerisches Staatsministerium für Unterricht und Kultus, München, den 11. Dezember 1918).

Der Jahresbericht hält im Abschnitt „Krieg und Schule" fest: „Im Mai traten von den 34 Schülern der Sonderklassen … alle mit Ausnahme von 3, die durch Krankheit verhindert waren, in die Volkswehr oder in ein Freikorps ein." Die Reifeprüfung konnte nicht durchgeführt werden, da der einzige beteiligte Schüler während der Prüfung erkrankte. An der Reifeprüfung für Kriegsteilnehmer (Sonderklasse A) beteiligte sich nur ein Schüler.

Aus großem zeitlichen Abstand berührt es doch sehr, wie nur wenige Monate nach Kriegsende junge Menschen, die gerade dem Grauen des Kriegs entkommen waren, die überlebt hatten, schon wieder freiwillig sich in Freikorps oder zur Volkswehr meldeten. Die Reichswehr beabsichtigte schon im Jahr 1919 wieder für Mittelschüler einen Ausbildungskurs in Grafenwöhr abzuhalten. Schüler der VI. Klasse, die das 17. Lebensjahr vollendet und sich für ein halbes Jahr zum Dienst in der Reichswehr verpflichtet haben, erhalten … die Erlaubnis zum Übertritt in die VII. Klasse ohne Schlussprüfung. Aus Bamberg kommt am 20. April 1919 ein Telegramm von Josef Müller als Vertreter der Bamberger Studenten, in dem zum Eintritt in die Freikorps oder die Volkswehr aufgerufen wird.

Am 30. April 1919 bestätigt Herr Kelch, dass er seinem Sohn Rudolf Kelch, Schüler der 6. Klasse des humanistischen Gymnasiums, die Erlaubnis gibt, einem freiwilligen Korps beizutreten, unter der Bedingung, dass ihm in der Schule kein Nachteil erwächst. Dies ist nur ein Beispiel von vielen. Am 6. Mai 1919 kommt aus Ulm eine Bescheinigung." Der unausgebildete Pionier Rudolf Kelch wurde am 4. Mai 1919 bei dem Bayer. Schützenkorps Nachrichten-Abtlg. eingestellt."

Vom 9. Juni 1919 datiert ein Schreiben des Bayerischen Staatsministeriums für Unterricht und Kultus an alle höheren Schulen. Darin wird betr. der Verleihung der Reifezeugnisse den Schülern Staakh, Freyberger und Mühlfriedel eröffnet, dass gemäß der in Nr. 20 des Amtsblatts „Der

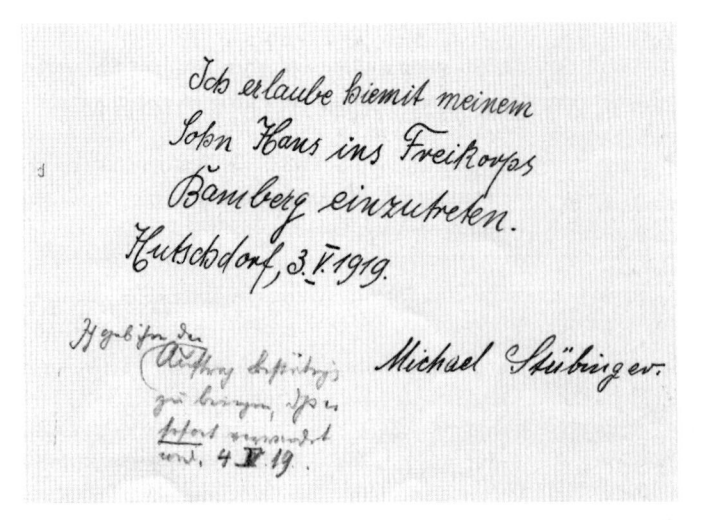

Abb. 176: Hans Stübinger aus Hutschdorf, Beitritt ins Freikorps, 3. Mai 1919

Freistaat" vom 3. Mai d. J. veröffentlichten Bestimmungen die Verleihung eines Reifezeugnisses ohne Prüfung nur jenen Besuchern des Kriegssonderkurses A und B in Aussicht gestellt worden sei, die vor dem 12. Mai in die Volkswehr oder in ein Freikorps eingetreten sind.

Im Gruppen-Tagesbefehl vom 20. März 1920 heißt es: „Das bayer. Staatsministerium des Äußern teilt mit Nr. 8409 vom 18. März 1920 mit: Der Ministerrat hat heute beschlossen, den Zeitfreiwilligen die Zusicherung zu erteilen, dass ihnen aus ihrer Beteiligung an der gegenwärtigen militärischen Aktion hinsichtlich ihres Studienganges, ihrer Prüfungen, ihrer Anstellung und Beförderung und, sowie Beamte in Frage kommen, ihrer Gesamtansprüche aus dem Beamtenverhältnis, keinerlei Nachteile erwachsen werden."

Am 12. April 1920 trifft ein Brief aus Dortmund von Julius Leutheuser ein, der z.Z. beim Freikorps Oberland einquartiert ist. Er schreibt an Dr. Neff: „Heute beginnt wieder ein Streik der Bergarbeiter, da wird es für uns wohl wieder etwas zu schaffen geben. So hat es den Anschein, als wollte sich unser roter Feind wieder organisieren ... täglich nehmen wir Verhaftungen vor, das steigert natürlich die Wut dieser Banditen ..."

Ein Freikorps Bayreuth war am 19. April 1919 gegründet worden. Es umfasste am 1. Mai 1919 25 Offiziere, 4 Offiziersstellvertreter und 376 Mann, die man auf drei Kompanien aufteilte. Am 2. Mai 1919 begann die Abfahrt der A-Kompanie in feldmarschmäßiger Ausrüstung nach München. Untrennbar mit dem Bayreuther Freikorps ist der Mord an 28 katholischen Gesellen in München verbunden.[11]

Am 29. April 1919 riefen Stadtmagistrat (Dr. Casselmann, Oberbürgermeister) und Garnisonsältester (Koeppelle) zur Bildung einer „Schutzwehr zur Behütung der Stadt ..." auf. „Die Gründung und Einzeichnung in die Listen findet am Dienstag, den 29. April 1919, abends 6 Uhr in der städtischen Turnhalle an der Dammallee statt." Bis Oktober stieg die Zahl der Mitglieder rasch auf etwa 1000 an. Unter ihnen finden sich auch die Kaufmänner Hans Feneberg, Gustav Herzstein, Sigmund Isner, Karl Hartmann (Professor am Gymnasium), Gottlieb Morg, Albert Preu (ab 1919 Oberbürgermeister), Wolfgang v. Brocke (Apotheker), Walter Engelmann (Juwelier), Fritz Gießel (Buchdruckereibesitzer), August Hensel (Kaufmann), Edmund Schwabacher (Bankdirektor), Georg Sturm (Zinngießer). Mancher Bürger mochte von der guten Sache überzeugt sein, aber vor allem die jüdischen Mitbürger ahnten offenbar nicht, dass sich hier überwiegend antidemokratische und republikfeindliche Kräfte konzentrierten. Nur vorgeschoben war das Ziel, bolschewistischen Terror bekämpfen zu müssen, den es vor allem in Bayreuth nie gegeben hatte.

Bei der Einwohnerwehr Bayreuth Stadt (Stadtwehr Bayreuth) waren die Schüler des Gymnasiums gefragt. Man bedankt sich am 10. November 1919 bei Rektor Neff „für das in so liebenswürdiger Weise der Einwohnerwehr gezeigte Entgegenkommen durch die Überlassung des Raumes im Gymnasium", ebenso für die Mithilfe von 10 Schülern im Rahmen der „Technischen Nothilfe".

Die Reichswehr (Werbebüro Bayreuth) lädt betr. Einteilung der Zeitfreiwilligen auf die hiesigen Reichswehrformationen zu einer Besprechung am 6. November 1919 in den kleinen Speisesaal des Infanterie-Offizierskasino, Heldstraße 7 ein. (Heute Wilhelminestraße, d. Vf.).

In diesen schwierigen Nachkriegsjahren hatte dennoch das Staatsministerium für Unterricht und Kultus Zeit, sich mit den Missständen beim Baden zu beschäftigen. In einem KMS vom 15. Juni 1922 (Nr. 25238) heißt es: „Als eine Folge des Krieges ist in den letzten Jahren eine derartige Verwilderung der Badesitten zutage getreten, dass mancherorts daraus eine Bedrohung der öffentlichen Sittlichkeit erwachsen ist ... Das Nacktbaden sowie das Baden in einer den Anforderungen der Sittlichkeit nicht entsprechenden Bekleidung ist den Schülern und Schülerinnen strengstens zu untersagen …" Es folgen umfangreiche nähere Ausführungen. Angesichts der Tatsache, dass eben ein Teil der Jugend aus einem mörderischen Krieg zurückgekommen war, in dem jede Sittlichkeit und Ethik pervertiert worden war, wird die Doppelmoral oder Scheinmoral beamteter Hüter der Sittlichkeit besonders augenfällig.

Schlagartig, man möchte sagen fast in professioneller Anpassungsfähigkeit, lauten nun Themen im Fach Deutsch für die 9. Klasse ganz anders als bisher.

„Die soziale Bedeutung der Familie"

„Die Notwendigkeit der Parteien"

„Arbeit und Autorität sind die besten Stützen des Staates"

Aber wir lesen auch das Thema:

„Und schlägt der Hagel die Ernte nieder, Das andere Jahr trägt der Boden wieder." (Goethe)

(Auch für unsere Zeit bedeutsam)

„Am 6. Juni 1919 abends 7 Uhr 15 Min. nahm dann die angestrebte enge Verbindung zwischen Elternhaus und Schule in einem ersten Elternabend ihren Anfang und befriedigenden Verlauf."

Prof. Hartmann erläuterte die Aufgaben, Wege und Ziele des humanistischen Gymnasiums. In seinen „Leitgedanken" ging er u.a. ein auf die „ungewisse Völkerzukunft", das „gefährdete Deutschtum" und die Bedeutung der klassischen Sprache in Hinblick auf deren „Ideenstock, der in tiefer Verwurzelung von der Antike über das ganze Mittelalter bis in unsere Zeit herein wuchernd, die europäische Kultur in vielen Teilen

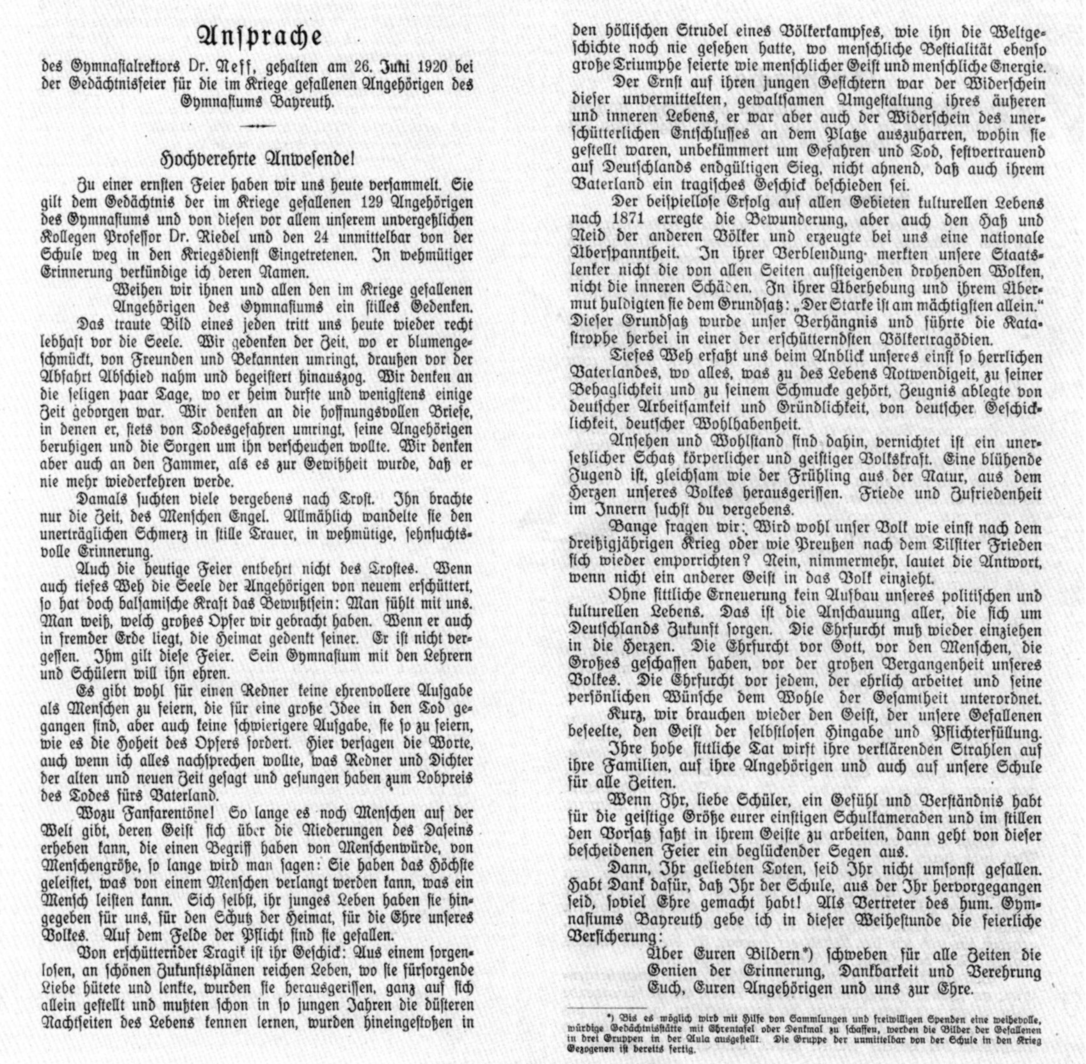

Ansprache

des Gymnasialrektors Dr. Neff, gehalten am 26. Juni 1920 bei der Gedächtnisfeier für die im Kriege gefallenen Angehörigen des Gymnasiums Bayreuth.

Hochverehrte Anwesende!

Zu einer ernsten Feier haben wir uns heute versammelt. Sie gilt dem Gedächtnis der im Kriege gefallenen 129 Angehörigen des Gymnasiums und von diesen vor allem unserem unvergeßlichen Kollegen Professor Dr. Riedel und den 24 unmittelbar von der Schule weg in den Kriegsdienst Eingetretenen. In wehmütiger Erinnerung verkündige ich deren Namen.

Weihen wir ihnen und allen den im Kriege gefallenen Angehörigen des Gymnasiums ein stilles Gedenken.

Das traute Bild eines jeden tritt uns heute wieder recht lebhaft vor die Seele. Wir gedenken der Zeit, wo er blumengeschmückt, von Freunden und Bekannten umringt, draußen vor der Abfahrt Abschied nahm und begeistert hinauszog. Wir denken an die seligen paar Tage, wo er heim durfte und wenigstens einige Zeit geborgen war. Wir denken an die hoffnungsvollen Briefe, in denen er, stets von Todesgefahren umringt, seine Angehörigen beruhigen und die Sorgen um ihn verscheuchen wollte. Wir denken aber auch an den Jammer, als es zur Gewißheit wurde, daß er nie mehr wiederkehren werde.

Damals suchten viele vergebens nach Trost. Ihn brachte nur die Zeit, des Menschen Engel. Allmählich wandelte sie den unerträglichen Schmerz in stille Trauer, in wehmütige, sehnsuchtsvolle Erinnerung.

Auch die heutige Feier entbehrt nicht des Trostes. Wenn auch tiefes Weh die Seele der Angehörigen von neuem erschüttert, so hat doch balsamische Kraft das Bewußtsein: Man fühlt mit uns. Man weiß, welch großes Opfer wir gebracht haben. Wenn er auch in fremder Erde liegt, die Heimat gedenkt seiner. Er ist nicht vergessen. Ihm gilt diese Feier. Sein Gymnasium mit den Lehrern und Schülern will ihn ehren.

Es gibt wohl für einen Redner keine ehrenvollere Aufgabe als Menschen zu feiern, die für eine große Idee in den Tod gegangen sind, aber auch keine schwierigere Aufgabe, sie so zu feiern, wie es die Hoheit des Opfers fordert. Hier versagen die Worte, auch wenn ich alles nachsprechen wollte, was Redner und Dichter der alten und neuen Zeit gesagt und gesungen haben zum Lobpreis des Todes fürs Vaterland.

Wozu Fanfarentöne! So lange es noch Menschen auf der Welt gibt, deren Geist sich über die Niederungen des Daseins erheben kann, die einen Begriff haben von Menschenwürde, von Menschengröße, so lange wird man sagen: Sie haben das Höchste geleistet, was von einem Menschen verlangt werden kann, was ein Mensch leisten kann. Sich selbst, ihr junges Leben haben sie hingegeben für uns, für den Schutz der Heimat, für die Ehre unseres Volkes. Auf dem Felde der Pflicht sind sie gefallen.

Von erschütternder Tragik ist ihr Geschick: Aus einem sorgenlosen, an schönen Zukunftsplänen reichen Leben, wo sie fürsorgende Liebe hütete und lenkte, wurden sie herausgerissen, ganz auf sich allein gestellt und mußten schon in so jungen Jahren die düsteren Nachtseiten des Lebens kennen lernen, wurden hineingestoßen in den höllischen Strudel eines Völkerkampfes, wie ihn die Weltgeschichte noch nie gesehen hatte, wo menschliche Bestialität ebenso große Triumphe feierte wie menschlicher Geist und menschliche Energie.

Der Ernst auf ihren jungen Gesichtern war der Widerschein dieser unvermittelten, gewaltsamen Umgestaltung ihres äußeren und inneren Lebens, er war aber auch der Widerschein des unerschütterlichen Entschlusses an dem Platze auszuharren, wohin sie gestellt waren, unbekümmert um Gefahren und Tod, festvertrauend auf Deutschlands endgültigen Sieg, nicht ahnend, daß auch ihrem Vaterland ein tragisches Geschick beschieden sei.

Der beispiellose Erfolg auf allen Gebieten kulturellen Lebens nach 1871 erregte die Bewunderung, aber auch den Haß und Neid der anderen Völker und erzeugte bei uns eine nationale Überspanntheit. In ihrer Verblendung merkten unsere Staatslenker nicht die von allen Seiten aufsteigenden drohenden Wolken, nicht die inneren Schäden. In ihrer Überhebung und ihrem Übermut huldigten sie dem Grundsatz: „Der Starke ist am mächtigsten allein." Dieser Grundsatz wurde unser Verhängnis und führte die Katastrophe herbei in einer der erschütterndsten Völkertragödien.

Tiefes Weh erfaßt uns beim Anblick unseres einst so herrlichen Vaterlandes, wo alles, was zu des Lebens Notwendigeit, zu seiner Behaglichkeit und zu seinem Schmucke gehört, Zeugnis ablegte von deutscher Arbeitsamkeit und Gründlichkeit, von deutscher Geschicklichkeit, deutscher Wohlhabenheit.

Ansehen und Wohlstand sind dahin, vernichtet ist ein unersetzlicher Schatz körperlicher und geistiger Volkskraft. Eine blühende Jugend ist, gleichsam wie der Frühling aus der Natur, aus dem Herzen unseres Volkes herausgerissen. Friede und Zufriedenheit im Innern suchst du vergebens.

Bange fragen wir: Wird wohl unser Volk wie einst nach dem dreißigjährigen Krieg oder wie Preußen nach dem Tilsiter Frieden sich wieder emporrichten? Nein, nimmermehr, lautet die Antwort, wenn nicht ein anderer Geist in das Volk einzieht.

Ohne sittliche Erneuerung kein Aufbau unseres politischen und kulturellen Lebens. Das ist die Anschauung aller, die sich um Deutschlands Zukunft sorgen. Die Ehrfurcht muß wieder einziehen in die Herzen. Die Ehrfurcht vor Gott, vor den Menschen, die Großes geschaffen haben, vor der großen Vergangenheit unseres Volkes. Die Ehrfurcht vor jedem, der ehrlich arbeitet und seine persönlichen Wünsche dem Wohle der Gesamtheit unterordnet.

Kurz, wir brauchen wieder den Geist, der unsere Gefallenen beseelte, den Geist der selbstlosen Hingabe und Pflichterfüllung.

Ihre hohe sittliche Tat wirft ihre verklärenden Strahlen auf ihre Familien, auf ihre Angehörigen und auch auf unsere Schule für alle Zeiten.

Wenn Ihr, liebe Schüler, ein Gefühl und Verständnis habt für die geistige Größe eurer einstigen Schulkameraden und im stillen den Vorsatz faßt in ihrem Geiste zu arbeiten, dann geht von dieser bescheidenen Feier ein beglückender Segen aus.

Dann, Ihr geliebten Toten, seid Ihr nicht umsonst gefallen. Habt Dank dafür, daß Ihr der Schule, aus der Ihr hervorgegangen seid, soviel Ehre gemacht habt! Als Vertreter des hum. Gymnasiums Bayreuth gebe ich in dieser Weihestunde die feierliche Versicherung:

Über Euren Bildern*) schweben für alle Zeiten die Genien der Erinnerung, Dankbarkeit und Verehrung Euch, Euren Angehörigen und uns zur Ehre.

*) Bis es möglich wird mit Hilfe von Sammlungen und freiwilligen Spenden eine weihevolle, würdige Gedächtnisstätte mit Ehrentafel oder Denkmal zu schaffen, werden die Bilder der Gefallenen in drei Gruppen in der Aula ausgestellt. Die Gruppe der unmittelbar von der Schule in den Krieg Gezogenen ist bereits fertig.

Abb. 177: Gedächtnisfeier am 26. Juni 1920, Rede von Rektor Neff durchzieht und mitträgt; …" Themen dieses Elternabends sind auch die Frage des abendlichen Ausgangs und Wirtshausbesuch der älteren Schüler und das Verbindungswesen. Nach wie vor sind Schülerverbindungen verboten, andererseits soll den Schülern der Oberklasse größere Freiheit zugebilligt werden.

„Vor die Frage gestellt, ob die Versammlung für einen besonderen Elternbeirat, oder für fortlaufende Elternabende oder für beides sei, entschied man sich allgemein für weitere Elternabende, …"

Auch nur den Ansatz einer kritischen Reflexion dessen, was in den vergangenen 5 Jahren geschehen war, findet man nicht, darf dies vielleicht auch nicht erwarten. Ungerührt ging man zur Tagesordnung über.

Am 26. Juni 1920 fand eine Gedächtnisfeier für die im Kriege gefallenen Angehörigen des Gymnasiums Bayreuth statt, über die am 28. Juni 1920 das „Bayreuther Tagblatt" berichtete.

Gymnasialrektor Dr. Neff hielt die Ansprache.

Auch aus großem Abstand erschüttert doch das Pathos, mit dem das Sterben dieser jungen Menschen euphemistisch überhöht wird.

„Es gibt wohl für einen Redner keine ehrenvollere Aufgabe als Menschen zu feiern, die für eine große Idee in den Tod gegangen sind, aber auch keine schwierigere Aufgabe, sie so zu feiern, wie es die Hoheit des Opfers fordert." Am Schluss der Rede: „Kurz, wir brauchen wieder den Geist, der unsere Gefallenen beseelte, den Geist der selbstlosen Hingabe und Pflichterfüllung. Ihre hohe sittliche Tat wirft ihre verklärenden Strahlen auf ihre Familien, auf ihre Angehörigen und auch auf unsere Schule für alle Zeiten."

Schon wenige Jahre später wird wiederum eine junge Generation durch hohle Worte von Pädagogen auf eine in der Menschheitsgeschichte einmalige rassistisch-biologistische Vernichtungspolitik, auf einen noch fürchterlicheren Krieg mit noch verheerenderen Folgen eingestimmt werden.

Alle Stiftungen hatten den Krieg überdauert. Das Kapital betrug vor der Inflation im Einzelnen:

Name der Stiftung	1900	1919
Unterstützungsfond	9 401,62 M	9 485,84 M
Schillerstipendium	1 646,69 M	2 025,95 M
Held'sche Jubiläumsstiftung	9 081,49 M	13 997,67 M
Kretschmannsche Stiftung	4 152,98 M	5 117,65 M
Detzersche Stiftung	7 954,25 M	8 622,47 M
Lienhardsche Stiftung	2 412,72 M	2 982,14 M
Schülerkrankenkasse	6 231,44 M	12 160,90 M

Nach der Inflation konnte aus fast allen diesen Stiftungen nichts mehr ausbezahlt werden.

Neu kamen hinzu die Ott'sche und Beck'sche Stiftung. Erstere war von besonderer Bedeutung, denn die seit 1916 in den USA angelegten 3000 Dollar konnten ungemindert im März 1925 ausgehändigt werden. Ministerialrat Georg Beck, ein ehemaliger Schüler, war am 17. März 1922 verstorben und hatte entsprechende Verfügungen hinterlassen.

Neu geschaffen wurde durch die Stadt Bayreuth im Jahr 1925 anlässlich des 100. Todestages von Jean Paul ein Jean-Paul-Stipendium für begabte und tüchtige Schüler. An den Feierlichkeiten beteiligte sich selbstverständlich auch das Gymnasium u.a. mit einem Jean-Paul-Buchtag in der Aula, bei dem seine Werke von den ältesten bis zu den neuesten Ausgaben, Bilder, Originalbriefe und andere Schriften präsentiert wurden.

Abb. 178: Rektor Karl Neff

Abb. 179: Jean Paul- Preis für Angelika Knote (f)

Trotz aller Schwierigkeiten war das Gymnasium in der Lage, als Wahlfächer (Teilnehmer in Klammern) Hebräisch (10), Englisch (46), Italienisch (13) Stenographie (49), Zeichnen (60), Instrumentalunterricht (62) und Gesang (119) anzubieten.

Am 17. April 1920 fand wiederum eine Elternversammlung statt, bei der die Themen Koedukation, Teuerung von Papier und Schulbüchern, Licht- und Schattenseiten der durchgehenden Arbeitszeit und die Notwendigkeit freier Nachmittage auch aus ärztlicher Sicht im Vordergrund standen. Immerhin wurden die Nachmittage seit 1919/20 von den Hauptfächern freigehalten. Die Wahl eines Elternbeirats erachtete man als nicht erforderlich, da das Verhältnis der Eltern zu Rektor und Lehrern diese unnötig mache.

Erste Versuche, Elternbeiräte einzuführen, finden sich schon im Schuljahr 1915/16. In einem Schreiben des Staatsministeriums des Innern für Kirchen-u. Schulangelegenheiten an die K. Regierung, Kammer des Innern, von Oberfranken, vom 10. Februar 1915 heißt es:

„Durch die K. Verordnung vom 30. Mai vor. Js., Schulordnung für die höheren Lehranstalten betreffend, ist das K. Staatsministerium … ermächtigt und angewiesen worden bezüglich der Einführung von Elternbeiräten einen Versuch anzustellen …" Es folgen dann ausführliche Hinweise zu den Aufgaben solcher Elternbeiräte. Am 26. Februar 1915 teilt die Königliche Regierung von Oberfranken, Kammer des Innern, dem Rektorat des Gymnasiums mit, „dass erwogen wird, vom Schuljahr 1915/16 an dem K.hum. Gymnasium und der K. Oberrealschule in Bayreuth Elternbeiräte beizugeben. Das Rektorat wolle sich zunächst darüber äußern, ob es sich empfiehlt, für beide Anstalten nur einen gemeinsamen oder für jede der beiden Anstalten je einen besonderen Elternbeirat aufzustellen."

Aber erst 1926/27 wurde auf Grund ministerieller Bestimmung der erste Elternbeirat in der Geschichte des Gymnasiums gewählt. Ihm gehörten an: Oberregierungsrat Wagner, Rechtsrat Keller, Friseur Seiferth, Verwaltungsinspektor Maisel. 1928/29 wird Apothekenbesitzer von Brocke auf drei Jahre als Vorsitzender gewählt. Ein Erlass vom 15. September 1926 hält nochmals fest, dass der Elternbeirat insbesondere befugt ist, bei der Entlassung eines Schülers mitzuwirken, wenn der Erziehungsberechtigte des Schülers dies beantragt. „Der Elternbeirat kann hiernach nur auf Antrag eines Erziehungsberechtigten in diesem Sinne tätig werden. Der Vorstand der Unterrichtsanstalt ist ohne einen solchen Antrag weder berechtigt noch verpflichtet, dem Elternbeirat von der drohenden Entlassung eines Schülers Mitteilung zu machen."

Auch Schülerausschüsse und Schülerversammlungen sollten auf Anordnung durch die Ministerialbekanntmachung vom 1. Dezember 1918 errichtet werden. Die Schulleiter der höheren Bildungsanstalten wurden aufgefordert, bis zum 1. März 1919 über ihre bisherigen Erfahrungen zu berichten und bei Fehlanzeige die Gründe anzugeben. Für das Gymnasium finden sich allerdings keine Hinweise auf die Einrichtung solcher Schülervertretungen.

Noch „revolutionärer" aber musste die erstmalige Aufnahme von Mädchen in das Gymnasium erscheinen. Im Schuljahr 1919/20 traten 14 Mädchen in die erste Klasse ein, darunter auch die jüdische Schülerin Elisabeth Klein. Damals mussten die Eltern bei der Anmeldung mit den üblichen Papieren schriftlich nähere Angaben darüber machen „warum das Mädchen eine Knabenschule besuchen soll."

Die folgende Übersicht erfasst alle Mädchen, die zwischen 1919/20 und 1940/41 das Gymnasium besuchten.

Jahr	Eintritt in das Gymnasium	Abschluss mit Abitur
1919/20	Beyer. Edith	
	Bischoff, Thekla	
	Bretzfeld, Herta	
	Georg, Melitta	Georg, Melitta (1928)
	Heckel, Ottilie	
	Kittel, Hermine	
	Klein, Elisabeth	Klein, Elisabeth (1928)
	de Laporte, Gasparde	De Laporte, Gasparde (1928)
	Schmidt, Henriette	
	Schmitt, Hildegard	
	Steinbrück, Annemarie	
	Thaumüller, Amalie	
	Wagner, Annemarie	Wagner, Annemarie (1928)
	v. Waldenfels, Gerda Emmy	v. Waldenfels, Gerda Emmy (1928)
1924/25	Bretzfeld. Hildegard	
	Flierl, Erika	
	Geise, Lotte	
	Haeckerl, Anneliese	Haeckel, Anneliese (1933)
1925/26	Danzer, Herta	Danzer, Herta (1934)
	Schnappauf, Karola	
	Uttler, Christine	
1926/27	Becher, Gretchen	Becher, Gretchen (1935)
		Knote, Gnade Maria (1927)
	Fett, Herta	Plawneek, Liselotte (1927)
	Götz, Anna	Riedelbauch, Hanna (1927)
	Redenbacher, Lydia	
	Zeiß, Hildegard	
1927/28	Flierl, Elisabeth	
	Götz, Irene	
	Grießhammer, Hildegard	
	Hanemann, Helene	
	Hölzel. Gertrud	
	Holzheid, Sieglinde	Holzheid, Sieglinde (1936)
	Hörlin. Gertraud	
	Kalb, Dora	Kalb, Dora (1936)
	Klein, Irene	
	Mulzer, Erika	
	Reissinger, Gertrud	
	Schüßler, Irene	
	Stöhr, Elfriede	
	Werner, Liselotte	
1928/29	v. Brocke, Irmgard	
	Denk, Helene	Denk, Helene (1937)
	Frühinsfeld, Marianne	
	Loy, Wilhelmine	
	Maisel, Ernestine	
	Merz, Hildegard	
	Rennebaum, Erika	

Jahr	Eintritt in das Gymnasium	Abschluss mit Abitur
1828/29	Schulz, Dorothea	
	Theilmann, Bertha	
	Wagner, Friedelind	
1929/30	Barnickel, Maria	v. Brocke, Käthe (1930)
	Bayer, Maria	Steinkohl, Karolina (1930)
	Buchfelder, Annemarie	
	Leykam, Charlotte	
1930/31	Birlenbach, Rosemarie	Fraas, Elisabeth (1931)
	Clostermeyer, Ellen	Kelber, Klara (1931)
	Klein, Elisabeth	Knote, Angelika (1931)
	L'hermet, Eva	Marx, Hildegard (1931)
	Bamler, Mechtildis	Bamler, Mechthildis (1939)
		Seiferth, Anneliese (1931
1931/32	Engelbrecht, Theodolinde	Haefner, Martha (1932)
	Frank, Kunigunda	Hörger, Maria (1932)
	Kretschmann, Eleonore	Kretschmann, Eleonore (1939)
		Schmitt, Magdalena (1932)
	Lottes, Elfriede	
	Meyer-Viol, Elisabeth	
	Rieger, Elisabeth	
	Seifert, Martha	
1932/33	Back, Ruth	
	Fichtner, Irma	
	Künmzel, Hannelore	
	Mander, Hertha	
1933/34	Künneth, Frieda	Keyl, Frieda (1934)
	Popp, Iselore	Popp, Iselore (1941)
		Sommermann, Gerda (1934)
	Weigel, Margot	
	Werner, Annelore	Werner, Annelore (1941)
1934/35	Friedrich, Irmgard	Raum, Hedwig (1935)
	Künzel, Ulla	Redenbacher, Lydia (1935)
	Goller, Anneliese	Schmidt, Luise (1935)
1935/36	Popp, Lotte	
	Wurtser, Annemarie	
1936/37	---	
1937/38	---	Rosenschon, Gerda (1938)
1938/39	---	Nüssel, Margot (1939)
1939/40	Beer, Ingeborg	Künzel, Hannelene (1940)
	Deubzer, Lore	
1940/41	Killinger, Grete	Bornebusch, Gertrud (1941)
	Schaller, Ruth	Faulbaum, Barbara (1941)

Insgesamt besuchten im genannten Zeitraum immerhin 82 Mädchen das Gymnasium, von denen 38 das Abitur ablegten.

Abb. 180: Jahrgang 1919/20 mit Elisabeth Klein (letzte Reihe, 2. v.l.) (Archiv Erdmute Voit von Voithenberg)

Abb. 181: Abiturjahrgang 1920, Physikunterricht mit Konrektor Sievert. Oben zweiter v.r. Fritz Mayer (Vater von Bernd Mayer) (Archiv Bernd Mayer)

Abb. 182: Abiturklasse 1928 (Mädchen)
v.l.n.r. Gasparde de Laporte, Gerda Emmy von Waldenfels, Elisabeth Klein, Melitta Georg, Annemarie Wagner
(Archiv Erdmute Voith von Voithenberg)

Abb. 183: Abiturienten 1928
v.l.n.r. Nüssel, v. Reisay, Wolf Schm., Möller, Fu. (?), Riemerschmid, Hübschmann, Reissinger, Reichert)
(Archiv Erdmute Voith von Voithenberg)

Abb. 184: Treffen des Abiturjahrgangs 1928 im Jahr 1948 (Archiv Erdmute Voith von Voithenberg)

Abb. 185: Treffen des Abiturjahrgangs 1928 im Jahr 1978
v.l.n.r. Wilhelm v. Rebay, Dr. Rudolf Fuchs, Gasparde de Laporte, Gerda v. Voithenberg, Annemarie Wagner, Melitta Georg, Dr. Gottfried Reissinger, Walter Riemerschmid, Dr. Carl Johanny, Hans Heldmann, Bürgermeister Heinz Hamann.
(Archiv Erdmute Voith von Voithenberg)

3.2. Die Zeit bis zum Dritten Reich

Die Inflation traf wie alle anderen Lebensbereiche auch die Schule. Eine sinnvolle Bilanzierung von Einnahmen und Ausgaben war nicht mehr möglich, die einzelnen Posten erreichten astronomische Höhen im Trilliardenbereich.

Die Jahresberichte bis 1933 fallen nach wie vor sehr knapp aus. Es gab auch kaum etwas Besonderes hervorzuheben. 1927/28 zeigt sich immerhin ein kleiner Hoffnungsschimmer. „Die bedauerliche Entwertung der einst stattlichen Bayreuther Gymnasialstipendien hat durch die begonnene teilweise Aufwertung zwar noch keine bedeutsame Abhilfe erfahren: immerhin konnten dieses Jahr zum erstenmal die für die verschiedenen Stiftungen angefallenen kleinen Zinsbeträge, …, einstweilen auf zwei Stipendien im Betrag von 100 RM verwendet werden."

Unmittelbar vor der Weltwirtschaftskrise schienen sich die materiellen Rahmenbedingungen einigermaßen konsolidiert zu haben. An Schulgeld wurden 15 192,19 RM als Gesamteinnahmen verzeichnet. Für 1929/30 weist der Gesamthaushalt an Einnahmen und Ausgaben 194 941,21 RM aus. Dabei umfassen die Einnahmen 110 die Ausgaben 706 Positionen. Einige Beispiele sollen die wichtigsten festen Größen verdeutlichen.

Einnahmen: Vorschuss vom Finanzamt 12 500 RM, Oberstudien Direktor Hartmann Miete für April 80,40 RM, Hausverwalter Unglaub für Miete im April 24,00 RM, Steuerabzug für April 1 252,80 RM, Schulgeld für Mai 1929 1 527,30 RM.

Ausgaben z.B. im April: Gehälter für Direktor Hartmann 898.35 RM, Oberstudienrat Kalb 938,35 RM, Oberstudienrat Georg 790,00 RM, usw. Studienräte bezogen zwischen rund 532 und 715 RM. Hausverwalter Unglaub erhielt 270,50 RM.

Weitere Ausgaben fielen regelmäßig für Papier, Kohle (z.B. 322,40 RM), Reparaturen oder Miete für die Waisenhausstiftung (519,08 RM) an.

Wichtig für die Schule waren immer auch private Zuwendungen oder Geschenke wie z.B. ein selbstgefertigtes Fernrohr von Heinrich Stuhlfauth, einem Schüler der 7. Klasse.

Am Ende der Weimarer Republik wird immer wieder auf hoffnungslose Aussichten in akademischen Berufen, auf Überfüllung der Universitäten und den Zwang zu scharfer Auslese und Sperrung hingewiesen. Im Jahresbericht 1931/32 heißt es: „Die erschreckend hohen Ziffern der Universitäten und trüben, zum Teil hoffnungslosen Aussichten in einzelnen akademischen Berufen veranlassten Versuche, Abiturienten in Wirtschaftsgebiete überzuführen und die akademischen Fächer zu entlasten."

Am Ende dieser kurzen Periode einer ersten Demokratie in Deutschland steht die festliche Veranstaltung am Tage der Reichstagseröffnung, „dem denkwürdigen 21. März 1933".

3.2.1. Schülerzahlen und Sozialstruktur

Im vergleich zur Vorkriegszeit mit Gesamtschülerzahlen von teilweise deutlich über 300, zuletzt knapp 300, sinkt die Zahl nach dem Krieg deutlich ab, liegt einige Jahre knapp über 200 und erreicht erst 1932/33 wieder den Vorkriegsstand. Würde man die Mädchen abziehen, stellte sich die Entwicklung fast katastrophal dar. Diese Entwicklung überrascht nicht.

Krieg, Kriegsfolgen, hohe Arbeitslosigkeit, Inflation, Mangel an Zukunftsperspektiven konnten nicht ohne Folgen bleiben.

Von besonderem Interesse ist der Anteil der Mädchen und deren Erfolgsquote mit Abiturabschluss.

Bei den Mädchen liegt die Erfolgsquote zwischen 1919/20 und 1941/42 bei etwa 46 %. Dabei ist zu bedenken, dass es in jener Zeit noch nicht selbstverständlich war, dass Mädchen ein humanistisches Gymnasium besuchten und eventuell sogar ein Universitätsstudium ins Auge fassten.

Von 518 Jungen, die im selben Zeitraum in die Schule eintraten, machten 320 das Abitur, also knapp 62 %. Dieses „Übergewicht" kann also keineswegs überraschen, wobei auf Grundlage vorliegender Quellen eine Aussage schlichtweg unmöglich ist, ob tendenziell Mädchen benachteiligt oder kritischer bewertet wurden. Wenn man bedenkt, dass auch heute noch in vielen Berufen Frauen mehr leisten müssen als Männer, um gleiche Qualifikationschancen zu haben, muss man vor dem Erfolg der Mädchen größten Respekt haben. Allerdings lässt sich aus dem vorliegenden Material erschließen, dass die Lehrer in der Regel sehr gewissenhaft, korrekt und ohne Ansehen von Namen und Rang urteilten.

Entwicklung der Schülerzahlen

Jahr	1. Klasse	9. (8.) Klasse	Jungen	Mädchen	Gesamt
1919/20	27	10	215	14	229
1920/21	?	?	?	?	?
1921/22	?	26	?	?	?
1922/23	?	17	?	?	?
1923/24	?	21	?	?	?
1924/25	26	11	165	32	197
1925/26	33	14	177	33	210
1926/27	39	25	193	33	226
1927/28	44	21	188	23	211
1928/29	33	21	187	45	232
1929/30	36	12	189	45	234
1930/31	51	17	184	39	223
1931/32	55	15	211	35	246
1932/33	44	21	264	32	296
1933/34	39	18	267	28	295
1934/35	27	25	240	22	262
1935/36	26	24	234	21	255
1936/37	21	16	231	15	246
1937/38	27	30	225	14	239
1938/39	20	15	193	13	206
1939/40	18	12	168	14	182
1940/41	25	21	148	10	158
1941/42	28	20	186	16	170
1943/44	35	3	175	17	158
1944/45	47	11	172	24	148

Statistik Mädchen (Jungen)

Jahr	1. Klasse eingetreten	Abitur
1919/20	13 (13)	0 (10)
1924/25	4 (22)	0 (11)
1925/26	3 (30)	0 (14)
1926/27	5 (34)	3 (22)
1927/28	14 (30)	4 (17)
1928/29	10 (23)	0 (21)
1929/30	4 (32)	2 (10)
1930/31	4 (47)	5 (12)
1931/32	8 (47)	3 (12)
1932/33	4 (40)	1 (20)
1933/34	4 (35)	3 (15)
1934/35	2 (26)	4 (21)
1935/36	3 (23)	2 (24)
1936/37	0 (22)	1 (16)
1937/38	0 (28)	0 (30)
1938/39	0 (22)	3 (13)
1939/40	2 (16)	0 (34)
1940/41	2 (28)	4 (18)
1941/42	Keine Angaben	

„Vor 1914 stellte das Bildungsbürgertum noch immer die Hälfte aller Gymnasiasten, sogar 80 Prozent der Abiturienten. Doch die Offenheit des Höheren Schulwesens nahm sichtlich weiter zu, keineswegs wegen einer angeblich elitären Abkapselung ab. 45 Prozent der Gymnasialschüler stammten damals schon aus den Mittelklassen des ‚alten' und ‚neuen' Mittelstandes, der mittleren Beamten- und Volksschullehrerschaft ... Allerdings blieb der Wohnort weiterhin wichtig: Die meisten Höheren Schulen lagen in Städten und kamen daher in erster Linie städtischen Jugendlichen zugute ..."[12]

„Blickt man auf die soziale Herkunft der Schüler und Schülerinnen am Ende der Republik, tritt ihre Ungleichverteilung aufgrund traditioneller Optionen scharf zutage, zumal wenn man den Anteil der global erfassten Sozialmileus an der Erwerbstätigenzahl heranzieht ... Auf die Familien der Beamten und Selbständigen (38/33 %) entfielen damals noch mehr als zwei Drittel aller Schüler und mehr als drei Viertel aller Schülerinnen (39/38 %), während die Anzahl der Kinder aus Familien von Angestellten (14/15 %) deren Erwerbstätigenquote sogar übertraf ..."[13]

Nach Wehler haben die Familien der Oberklassen (Höhere Beamte, Freiberufler, Unternehmer, Leitende Angestellte, Großgrundbesitzer, Offiziere) aufgrund des Krieges, der Hyperinflation und der Weltwirtschaftskrise „eine schroffe Reduktion ... erfahren ..., während ihr Anteil an den Abiturienten sogar von 80 auf 27 Prozent hinabsank". Dagegen hielt die Expansion der Schülerzahl aus Mittelklassefamilien an (Handwerker, Einzelhändler, mittlere Beamte, kleine Angestellte, Mittelbauern, Gastwirte). Diese Schicht stellt auch die Mehrheit der Abiturienten. Auch das Bildungsverhalten der „Unterklassen" hat sich weiter aufgelockert (Untere Beamte, kleine Angestellte, Facharbeiter). Aus dieser Schicht stammen immerhin 16 Prozent der Schüler bis zum Ende der Mittelstufe und sogar elf Prozent der Abiturienten.[14]

Im Folgenden sollen die Ergebnisse Wehlers auf nationaler Ebene mit den Entwicklungen des Gymnasiums in Bayreuth verglichen werden. Allerdings ist darauf hinzuweisen, dass die Anwendung verschiedener und immer wieder weiter entwickelter Schichtmodelle, vor allem deren Übertragung auf lokale Verhältnisse nicht unproblematisch ist. Trotzdem lassen sich gewisse Trends der Veränderung recht zuverlässig ermitteln.

Zunächst eine Übersicht über die Verhältnisse am humanistischen Gymnasium.

zur oberen Mittelschicht etwa 30, zur mittleren Mittelschicht etwa 140 und zur unteren Mittelschicht etwa 10, zur sozialen Unterschicht (z.B. Kutscher, Bote, Lokomotivführer) etwa 8 Schüler. Fasst man untere, mittlere und höhere Beamte zusammen, so machen sie etwa 42 % aus, die Angestellten liegen bei etwa 11 %,

In ein grobes Schichtmodell eingeordnet kann man sagen: Oberschicht etwa 10 %, Mittelschicht etwa 78 %, Unterschicht etwa 4 %.

Für das Jahr 1929/30 nimmt der Anteil von Beamten und Angestellten, insgesamt der Mittelschicht noch etwas zu. Zusammenfassend lässt sich sagen, dass es im Vergleich mit Wehlers Ergebnissen nur relativ geringfügige Abweichungen gibt. Der Gesamttrend wird bestätigt.

Wie nicht anders zu erwarten, kommt die überwiegende Zahl der Schüler aus der Stadt Bayreuth und aus dem Landkreis.

3.2.2. Lehrer und Schüler

Im Gegensatz zu früheren, längeren Abschnitten der Schulgeschichte war bis 1933 die Zeit zu kurz, als dass sich viele Lehrer in besonderer Weise hätten profilieren können. Zu bedenken ist dabei auch, dass die besondere wissenschaftliche Qualifikation der Gymnasiallehrer nicht mehr im Vordergrund stand. Unter den Schülern lassen sich u.a. Mitglieder der Familie Wagner herausheben. Es versteht sich, dass im Rahmen einer Geschichte des Gymnasiums angesichts der

Beruf	1919/230	1929/30	1938/39
Lehrer	34	53	38
Pfarrer	16	15	17
Forstberufe	11	6	2
Arzt	6	11	13
Kaufmann	12	15	19
Unternehmer/Fabrikbesitzer	9	3	7
Juristen(Richter, Rechtsanwalt, Staatsanwalt)	23	4	13
Handwerker	5	17	8
Angestellte	23	27	36
Arbeiter	0	1	0
Offiziere	8	4	9
Bauer	5	4	7

Für das Jahr 1919/20, also das erste Nachkriegsjahr, ergibt sich folgendes Bild:
Zur lokalen Oberschicht lassen sich hinsichtlich der sozialen Herkunft etwa 23 Schüler zählen,

äußerst umfangreichen Fachliteratur zur Biografie und zur Leistung vor allem von Wieland und Wolfgang Wagner nicht ausführlich auf diese Persönlichkeiten eingegangen werden kann.

Dr. hc. Karl Hartmann (1869–1971)

Karl Hartmann wurde in Nürnberg geboren. Er stammte aus einer fränkischen Pfarrerfamilie, studierte deutsche Geschichte und klassische Philologie in München und Erlangen, verbrachte seine Assistenzjahre in Bamberg, wirkte als Gymnasiallehrer in St. Anna in Augsburg und war seit 1907 am Gymnasium in Bayreuth tätig. Von 1924 bis zu seiner Versetzung in den Ruhestand Ende 1934 leitete er die Schule als Oberstudiendirektor.

Viele seiner Schüler, darunter Georg Merz, bestätigten später seinen anregenden, vielseitigen Unterricht und seine menschenfreundliche Gerechtigkeit. In schwieriger Zeit gelang es ihm, das Gymnasium zu festigen und zu anerkannter Leistungshöhe zu führen. Einen Namen machte er sich auch durch vielfältige historische Forschungen. Außerdem übernahm er die Verantwortung, ein Stadtarchiv aufzubauen und damit für Bayreuth erst die Möglichkeit zur Abfassung einer wissenschaftlich gegründeten Geschichte der Stadt und der Markgrafschaft zu schaffen. Schließlich übernahm er nach dem Rücktritt von Waldenfels'den Vorsitz des Historischen Vereins für Oberfranken, leistete nach dem II. Weltkrieg den Neuaufbau des Vereinsarchivs, und ab 1949 konnte wieder jährlich das „Archiv für die Geschichte Oberfrankens" erscheinen. 1957 legte er die Vereinsleitung nieder. Karl Hartmann erhielt hohe Auszeichnungen, darunter den Goldenen Ehrenring der Stadt Bayreuth und das Bundesverdienstkreuz. Von der Universität Erlangen wurde ihm der Titel Dr.hc. verliehen.

Karl Hartmann verstarb am 8. Februar 1971 im 102. Lebensjahr.

Wieland Wagner (1917–1966)

Wieland Wagner wurde am 5. Januar 1917 in Bayreuth geboren. Im Schuljahr 1927/28 trat er

Abb. 186: OStD Karl Hartmann

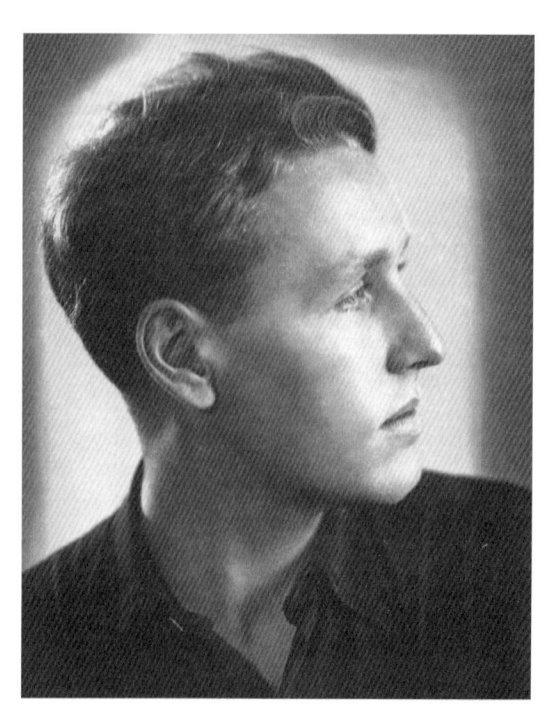

Abb. 187.1: Wieland und 187.2: Wolfgang Wagner, 1951 (Achiv Bernd Mayer)

in die erste Klasse des Gymnasiums ein und legte dort 1936 sein Abitur ab. Bereits 1933 gehörte er der Hitlerjugend an und trat 1938 in die NSDAP ein. Er wurde durch Hitler persönlich vom Kriegsdienst befreit.

Sein Name ist zusammen mit dem seines Bruders Wolfgang untrennbar mit dem Begriff „Neu-Bayreuth" verbunden. Seit 1951 leiteten beide die neueröffneten Bayreuther Festspiele. Seine überragenden Leistungen als Regisseur und künstlerischen Fähigkeiten als Inszenator können in ihrer Bedeutung für den Neuanfang nach dem Dritten Reich und die Grundlegung einer weit in die Zukunft weisenden Fortentwicklung gar nicht hoch genug eingeschätzt werden.

Viel zu früh verstarb Wieland Wagner am 17. Oktober 1966 in München.

Friedelind Wagner

Friedelind Wagner wurde am 29. März 1918 in Bayreuth geboren. Sie besuchte im Schuljahr 1928/29 die 1. Klasse, 1929/30 die 2. Klasse des Gymnasiums, trat aber während des Schuljahrs aus. Sie ging dann an das Lyzeum des Klosters Stift zum Heiligengrabe in Brandenburg. 1939 verließ sie wegen der politischen Situation Deutschland und stand so im Gegensatz zu ihrer Familie, die sich mit dem Dritten Reich arrangiert hatte.

Sie veröffentlichte ihre Erinnerungen in einem Buch, das 1945 erstmals in der Schweiz in deutscher Sprache erschien: „Nacht über Bayreuth", Bern 1946.

Friedelind Wagner starb am 8. Mai 1991 in Herdecke (Westfalen).

Wolfgang Wagner

Wolfgang Wagner wurde am 30. August 1919 in Bayreuth geboren. Er besuchte im Schuljahr 1930/31 die 1. Klasse, im Schuljahr 1936/37 die 6. Klasse des Gymnasiums und trat nach diesem Schuljahr aus.

Die enge Beziehung der Familie zu Hitler bewahrte ihn allerdings nicht vor „Arbeitsdienst" und Militärdienst. Nach einer schweren Kriegsverwundung nahm er seine theaterpraktische und musikalische Ausbildung ab 1940 an der Staatsoper Berlin auf. Im November 1941 bat er den Rektor des Gymnasiums um eine beglaubigte Abschrift seines letzten Schulzeugnisses.

Mit seinem Bruder Wieland übernahm er nach dem Zweiten Weltkrieg die Gesamtleitung der Festspiele.

Wolfgang Wagner, der bis zum Tode seines Bruders vorwiegend kaufmännische und organisatorische Aufgaben in der Leitung der Festspiele übernommen hatte, profilierte sich nach 1966, als er die alleinige Verantwortung für das Haus trug, zunehmend auch als anerkannter, hochgeschätzter Regisseur und Inszenator.

In einem Brief an den Stiftungsrat kündigte Wolfgang Wagner an, zum 31. August 2008 sein Amt als Festspielleiter niederzulegen. 57 Jahre leitete er als „dienstältester" Theaterintendant die Richard-Wagner-Festspiele. In dieser Zeit verantwortete er allein 1268, zusammen mit seinem Bruder Wieland weitere 439 Aufführungen.

Unter seinen zahlreichen hohen Auszeichnungen seien hier in Auswahl genannt:

1961: Bayerischer Verdienstorden; Goldener Ehrenring der Stadt Bayreuth

1974: Großes Bundesverdienstkreuz

1993: Friedrich-Baur-Preis (für Darstellende Kunst und für Musik)

2003: Europäischer Kulturpreis

2009: Großes Verdienstkreuz der Bundesrepublik Deutschland mit Stern und Schulterband

Wolfgang Wagner verstarb am 21. März 2010 in Bayreuth.

Abb. 188: Friedelind Wagner (Archiv Bernd Mayer)

> Gymnasium Bayreuth
> Einlauf Nr. ___ am 20.11.41

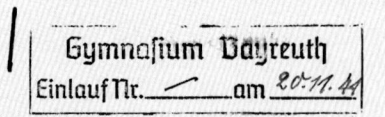

BERLIN Wilmersdorf
Motzstr. 81
Telefon 868344

17.11.41.

Sehr verehrter Herr Oberstudiendirektor!

Da militärische Stellen eine beglaubigte Abschrift meines letzten Schulzeugnisses benötigen, bitte ich Sie mir eine anfertigen zu lassen. Sie müssen entschuldigen, dass ich mich unmittelbar an Sie wende, aber ich glaube so am schnellsten dazu zu gelangen. Die entstehenden Unkosten trage ich selbstverständlich, denn den Staat will ich ja nicht schädigen.
Ich hoffe, dass Sie bei bester Gesundheit sind. Seit meiner Entlassung aus dem Wehrdienst bin ich nun hier in Berlin zu meinem praktischen Theaterstudium, was mir viel Freude macht.

Mit besten Grüssen!

Heil Hitler!
Ihr

Wolfgang Wagner

Abb. 189: Bitte Wolfgang Wagners um eine beglaubigte Abschrift seines letzten Schulzeugnisses, 17. November 1941

Gerda Freifrau Voith von Voithenberg, geb. Freiin von Waldenfels

Gerda Voith von Voithenberg, Tochter von Fritz Ernst Freiherr von Waldenfels und Emmy Wunnerlich, wurde am 16. September 1909 in Bayreuth geboren. Im Schuljahr 1919/20 bildete sie mit weiteren 13 Mädchen den ersten Mädchenjahrgang am Gymnasium Christian-Ernestinum und machte hier 1928 das Abitur. Sie begann ihr Kunst-Studium in München (1929–1931), wechselte an die Akademie für Kunstgewerbe in Dresden (1931–1933) und legte 1934 das Staatsexamen für Kunsterzieher an höheren Lehranstalten in München ab.

Von 1937–1942 war sie als Lehrerin in der Urspringschule bei Blaubeuren tätig, heiratete 1942 Dr. Hans Freiherrn Voith von Voithenberg und arbeitete 1943 bis Ende 1949 als Lehrerin an der Städtischen Höheren Handelsschule in Bayreuth.

Ab 1950, nachdem ihr nahegelegt worden war, ihren Beruf aufzugeben, war sie als freischaffende Künstlerin tätig.

In zahlreichen Ausstellungen wurden ihre Werke gezeigt, zuletzt noch zu Lebzeiten im Jahr 1999.

Zur Erinnerung an ihren 100. Geburtstag organisierte Tochter Erdmute im November 2009 eine Ausstellung mit Werken ihrer Mutter in der Stadtbibliothek Bayreuth.

Gerda Voith von Voithenberg verstarb am 28. März 2001 in Bayreuth

Ausstellung zum 100. Geburtstag

der Bayreuther Künstlerin
Gerda Freifrau Voith von Voithenberg

Reise- und Landschaftsimpressionen

28.11.2009 – 29.1.2010
Stadtbibliothek Bayreuth, Luitpoldplatz 7

Öffnungszeiten: Mo, Sa   10:00 – 13:00 Uhr
                  Di, Do   10:00 – 19:00 Uhr
                  Mi, Fr   10:00 – 18:00 Uhr

Abb. 190: Ausstellung zum 100. Geburtstag von Gerda Freifrau Voith von Voithenberg, Programm der Ausstellung 2009

Caspar Walter Rauh

Caspar Walter Rauh wurde am 13. Oktober 1912 in Würzburg geboren. Sein Vater war Oberpostsekretär in Bayreuth. Er besuchte das Gymnasium und machte hier 1932 sein Abitur.

Von 1932 bis 1943 studierte er an der Kunstakademie Düsseldorf bei Nauen und Heuser, unterbrochen von Aufenthalten in Amsterdam (1935–1936), an der Akademie Leipzig (1937) und in Berlin (1937–1939). Nach dem Kriegsdienst in Polen, Frankreich und Russland (1939–1945) wohnte er zunächst in Himmelkron (1945–1955) und siedelte dann nach Kulmbach über. 1972 erhielt er den Kulturpreis der IHK Oberfranken.

Caspar Walter Rauh gehört zu den wichtigen phantastischen Realisten der Nachkriegszeit. Sein vielfältiges Schaffen umfasst Gemälde, Zeichnungen, Skulpturen, Fotografie. Er zeichnete Kinderbücher, schrieb „zauberhafte und surreal versponnene Märchen" (Marina von Assel). Sein Frühwerk ist surrealistisch. Sein Hauptwerk nach dem Krieg entstand in der Auseinandersetzung mit der Abstraktion. Zerstörung und neues Wachsen sind die Themen seiner Bilder. „Eine neue mal paradiesisch wachsende, menschenleere, mal bedrohlich wuchernde Welt entsteht ..., in der Erde und Himmel, Tiere, Menschen und Pflanzen miteinander verschmelzen und seltsame, eigenartige Wesen erzeugen." (Marina von Assel).

Caspar Walter Rauh starb am 7. Oktober 1983 in Kulmbach.

Abb. 191.1: Caspar Walter Rauh (Archiv Bernd Mayer)

Abb. 191.2 Bild: Allein unterwegs, 1977, Radierung, Ätzung und Aquatinta (aus: Exkursionen Blatt 4, Sammlung der Oberfrankenstiftung im Kunstmuseum Bayreuth)

3.3. Das Gymnasium im Dritten Reich und im II. Weltkrieg[15]

Wieder bestimmte ein neues, nun totalitäres System mit der besonderen Ausprägung im Sinne nationalsozialistischer Ideologie Lehrpläne, Lerninhalte, Stundentafeln. Im Einparteienstaat war die Pluralismus-Problematik erledigt. Jetzt war es inhaltlich möglich zu entscheiden, was richtig (deutsch, national, gesund usw.) und was falsch (nichtarisch, international, liberal, krank usw.) war. Rücksicht auf Minderheiten und Andersdenkende war nicht mehr nötig. 1930 wurde in Thüringen mit Dr. Wilhelm Frick erstmals ein Nationalsozialist Innen- und Volksbildungsminister. Damals bestimmte Hitler: „Wir werden in Thüringen nunmehr das gesamte Schulwesen in den Dienst der Erziehung des Deutschen zum fanatischen Nationalisten stellen. Wir werden ebenso sehr den Lehrkörper von den marxistisch-demokratischen Erscheinungen säubern …"[16]

Frick „säuberte" umgehend die thüringische Polizei von „republikanisch gesinnten Elementen" und bevorzugte nationalsozialistische Kandidaten. Später gründete er in Jena einen Lehrstuhl für Rassenforschung, wurde 1933 Reichsinnenminister, trug wesentlich zur Gleichschaltung der Länder und zur Aufhebung der rechtsstaatlichen Ordnung bei und übernahm 1943 das Reichsprotektorat Böhmen und Mähren. 1946 wurde er im Zusammenhang der Nürnberger Prozesse hingerichtet.

Kurz nach der der sog. „Machtergreifung" soll Hitler in einem vertraulichen Gespräch seine „Pädagogik" wie folgt umrissen haben: „Meine Pädagogik ist hart. Das Schwache muss weggehämmert werden. In meinen Ordensburgen wird eine Jugend heranwachsen, vor der sich die Welt erschrecken wird …"[17] Auf den schwierigen Zusammenhang von Bildungsbegrenzung und Indoktrination in der nationalsozialistischen Schulpolitik kann hier nur hingewiesen werden.

Die „Gleichschaltung" der Lehrerschaft und die Zerstörung der akademischen Lehrerbildung gelang ohne Probleme. Ein großer Teil der Lehrerschaft hatte sich schon lange vor der „Machtergreifung" an die Neuordnungsvorstellungen und die Heilsversprechungen des Nationalsozialismus angenähert. Der Philologenverband stand schon seit Beginn der Weimarer Republik den Rechtsparteien nahe und hatte seine Distanz zum parlamentarischen System nie verleugnet. Nach der „Machtergreifung" konnte die „Gleichschaltung" der Länderkultusverwaltungen, der Hochschulen für Lehrerbildung und der Lehrerverbände in wenigen Monaten abgeschlossen werden.[18]

Schon von Beginn an ab 1922 bestanden in allen größeren Städten Ortsgruppen der NSDAP, so auch in Bayreuth. Der Boden war bereitet. Im Januar 1923 kam es zur formellen Gründung einer Ortsgruppe der NSDAP im „Bauernhof", die unter der Leitung des späteren Landtagsabgeordneten Emil Löw starken Zulauf fand.[19]

In diesem Kontext, der hier nur angedeutet werden kann, ist auch die Geschichte unseres Gymnasiums während des Dritten Reiches zu betrachten.

Wieder lesen wir neue, dem Ungeist der Zeit angepasste Themen für den Deutschen Aufsatz.

„Mit welcher Begründung können wir den Frieden von Versailles einen Schmachfrieden nennen?"

„Fahnen heraus! – Genie ist Fleiß"

Gedanken zu dem Flugspruch „Der Sonne entgegen"!

„Was will man unter dem ‚guten alten Deutschland', auf das Adolf Hitler in seiner Mairede hinwies, verstehen?"

„Verkehr und Krieg"

„Unser Sorgen um die Saar"

Sie entsprechen dem neuen besonderen „geschichtlichen Gepräge", den „neuen Formen und Inhaltsfüllungen des Dritten Reichs" „gegenüber unfrohen vergangenen Jahren".

Diese neuen Formen und Inhalte finden ab jetzt Ausdruck in neuen Feiertagen und Aufmärschen wie bei der Grundsteinlegung zum „Haus der Deutschen Erziehung" oder in der Gleichschaltung aller Jugendorganisationen in HJ, JV und BdM, in die sich im Laufe des Jahres der „Scharnhorst" und die „Christdeutschen" eingliederten. Stolz wird gemeldet, dass in den oberen Klassen bereits eine Anzahl der SA und SS angehörten.

Ab 1. September 1934 musste in allen Klassen der höheren Unterrichtsanstalten zum Ersten jedes Monats festgestellt werden, wie viele Schüler und Schülerinnen der HJ, dem Jungvolk und dem Bund deutscher Mädel angehörten. Diese Zahlen waren jeweils am 1. Oktober, 1. Februar und 1. Juli jedes Jahres dem Staatsministerium für Unterricht und Kultus vorzulegen.

1934/35 gehörten am Gymnasium von 270 Schülern 88 der HJ, 114 dem JV und 20 dem BdM an. Dies entspricht etwa 80 %. Für 1935 beträgt der Anteil 92,2 %, für 1936 96,7 % und 1940/41 kann gemeldet werden, dass alle Schüler der HJ und dem BdM angehören. 89 Jungen waren bei der HJ (davon 24 als Führer), 59 beim JV (davon 33 als Führer) und 10 Mädchen beim BdM (davon 3 als Führerinnen).

Zu diesem Zeitpunkt sind alle Lehrer Mitglied der NSDAP, ausgenommen Böhner und Dr. Arneth, alle sind außerdem Mitglied des NSLB, ausgenommen Dr. Arneth. Dr. von Lupin ist z.Z. im Wehrdienst, sonst aber ehrenamtlicher Gauhauptstellenleiter in der Gauleitung Bayerische Ostmark.

Auch die Auflösung der bisherigen studentischen Verbände war 1935 abgeschlossen. Das Amt NSD-Studentenbund weist in einem Schreiben vom 2. Dezember 1935 darauf hin und betont, dass dadurch die Fundierung des gesamten Hochschullebens überhaupt auf der nationalsozialistischen Weltanschauung als Grundlage gewährleistet sei. „Wenn vor einigen Jahren noch innerhalb eines großen Teils der Schülerschaft der oberen Klassen als Idealtyp des deutschen Studenten der Korporationsstudent galt, so soll heute der deutsche Student im Braunhemd, der Kamerad des Studentenbundes, Begriff sein." An der Schule soll beigefügtes Propagandamaterial (Plakate und Broschüren) an exponierter Stelle zugänglich gemacht und verteilt werden.

Allerdings blieben Spannungen zwischen Schule und HJ nicht aus. So wird z.B. schon im November 1933 geklagt, dass in den letzten 3 Tagen vor der Wahl (12. November) entgegen den Richtlinien 40 Schüler den Unterricht versäumt hätten.

1934 geht es um das Vorrücken und die Verdienste von Führern der HJ um die nationalsozialistische Revolution. „Es ist vorgekommen, dass Führer der HJ das Klassenziel nicht erreichten, da sie von der Arbeit für die HJ übermäßig in Anspruch genommen waren. Mit Rücksicht auf die besonderen Verhältnisse während des Schuljahres 1933/34 als des Jahres der nationalsozialistischen Revolution ist das Staatsministerium für Unterricht und Kultus bereit, Gesuche solcher HJ-Führer um Genehmigung des probeweisen Vorrückens wohlwollend zu prüfen. Gez. Schemm." Auch später wird wiederholt darauf hingewiesen, dass die HJ nicht hintenangestellt werden dürfe, „denn gerade auf dem Lande (schwarze Gegend) ist es nötig, jeden Jungen für Adolf Hitler zu begeistern …" Immer wieder werden für Mitglieder der HJ Beurlaubungen ausgesprochen, die natürlich mehr oder weniger mit versäumtem Unterricht verbunden sind. Nur einige Beispiele ohne Vollständigkeit für das Jahr 1937 sollen dies verdeutlichen:

22. Februar 1937
Befreiung wegen Organisation einer Stammschulung

15. März 1937
Befreiung wegen Prüfung für den Reiterschein

23. April 1937
Ausfall des Unterrichts an sämtlichen Schulen Bayreuths anlässlich der Führertagung des Gebietes Bayerische Ostmark.

23. April 1937
Befreiung wegen Jugendkundgebung mit dem Reichsjugendführer

28. April 1937
Befreiung der Mädel des Gymnasiums zur Einholung des Maibaums

12. Juli 1937
Befreiung wegen Vorbereitungen für das Sommerlager im Bayerischen Wald

15. Juli 1937
Zur Einweihung der Reichsautobahn stehen sämtliche Hitlerjungen am Donnerstag, 15. Juli

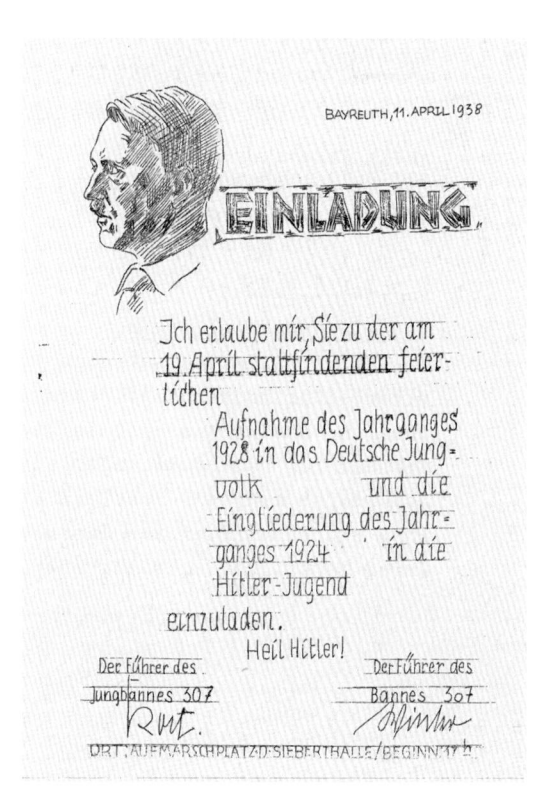

Abb. 192: Einladung Aufnahme in JV und HJ, 11. April 1938

1937 um 15 Uhr in Sommerdienstuniform in der Kanalstraße bereit.

Verantwortlich war in diesen Jahren der Führer des Bannes 307, Gewerbeoberlehrer Winter.

Später gibt es Befreiungen z.B. für Führerkurse an der SS-Junker-Schule Bad Tölz, in Prag oder Breslau (1941/42) und zur vormilitärischen Ausbildung (4. April 1944 in der Jugendherberge Hütten).

„Die Stählung des Körpers, Willens und Charakters setzt sich die durch M. E. VII, 48 708 vom 16. Oktober 1933 betätigte Einrichtung des Wehrsports zum Ziel, …"

Schon Ende Oktober 1933 wurde vom Ministerium für Unterricht und Kultus angeregt, eine Wehrsporteinrichtung zu schaffen. Dies war bereits am 17. November 1933 Gegenstand einer eingehenden Erörterung und wurde nochmals am 2. Februar 1934 in einer Fachkonferenz aufgegriffen. Direktor Hartmann hob die Wichtigkeit und den Wert solcher Übungen ausdrücklich hervor. Die Leitung sollte Turnlehrer Meißner übernehmen, die Theorie in den sonstigen Unterricht integriert werden. Dr. Früchtl hielt einen eingehenden Vortrag über die Vergünstigungen, die er als Mitglied des Bayreuther Schützenbundes den Herren Kollegen wie auch den Schülern zuteil werden lassen könne: Gute Schießmöglichkeit auf dem Schießplatz Saas, kostenlose Stellung von über hundert Schießscheiben und wesentliche Verbilligung der Munition.

Erstmals findet nun auch eine Sammlung für das Winterhilfswerk statt.

Diese Sammlung erbrachte z.B. 1943 vom Gymnasium 116,52 RM, insgesamt für Bayreuth Stadt und Land 3 511,98 RM.

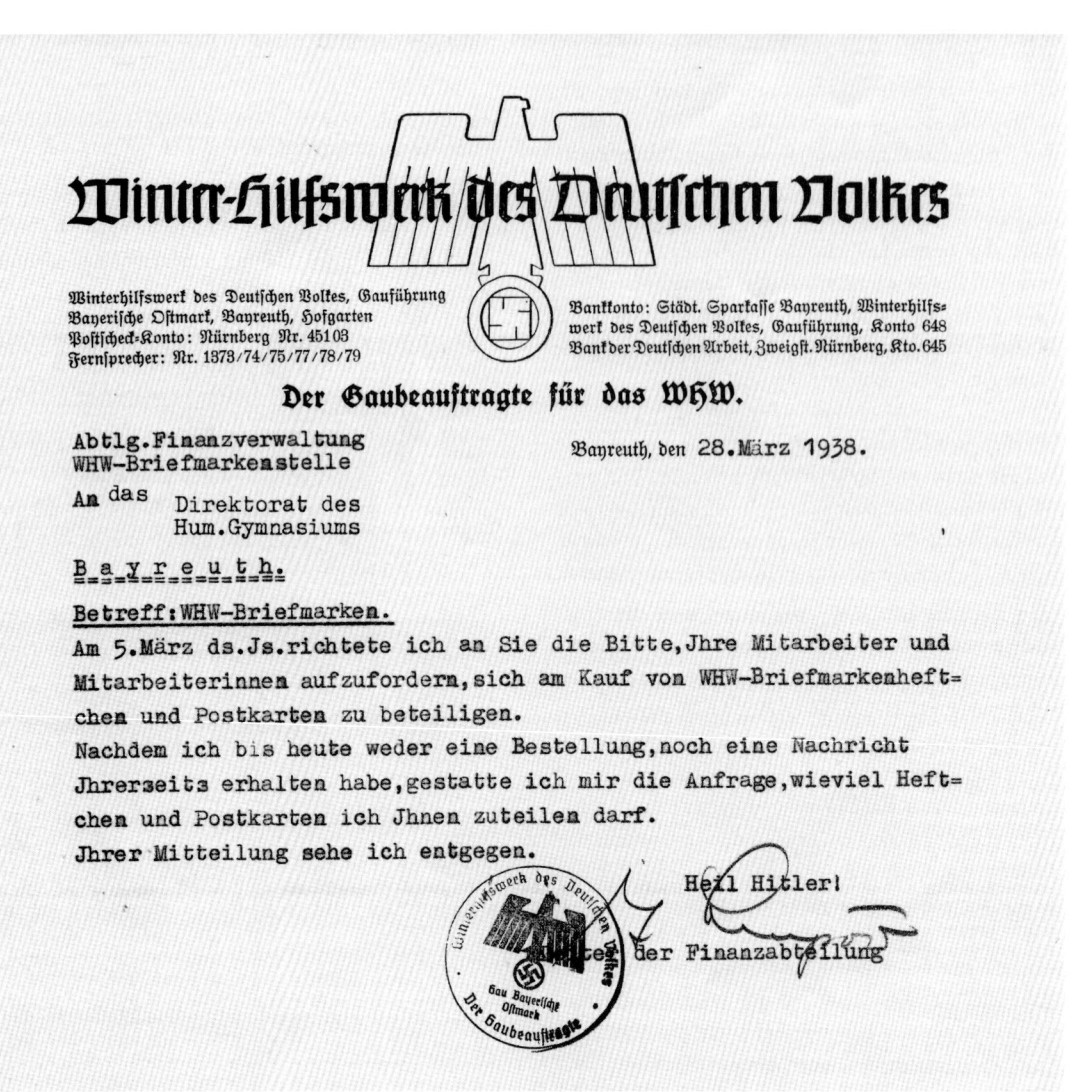

Abb. 193: Aufruf zum Kauf von Winterhilfswerk-Briefmarkenheftchen, 28. März 1938

Von Beginn an gab es weniger personale Veränderungen als man vielleicht hätte erwarten können, denn im Rahmen des Vollzugs „des Gesetzes zur Wiederherstellung des Berufsbeamtentums" vom 7. April 1933 mussten alle Lehrer einen Fragebogen ausfüllen, der den beim Staatsministerium für Unterricht und Kultus verwahrten Personalakten „einverleibt werden" sollte. Außerdem waren Angaben zur Abstammung und Urkunden zum Nachweis der arischen Abstammung beizubringen. Im gleichen Zug wurden alle Vermerke, Ordnungsmaßnahmen oder dienstaufsichtliche Maßregeln im Zusammenhang mit einer Betätigung für die NSDAP oder den „Stahlhelm" vollständig gelöscht.

Karl Frank löste als Direktor des Gymnasiums Karl Hartmann ab, den man in den Ruhestand versetzte.

Eine Beurteilung der relativ hohen personalen Kontinuität ist ohne Einblick in Personalakten und Spruchkammerverfahren nur ganz vorsichtig möglich. Einige Kollegen hatten die Altersgrenze erreicht, einige wurden versetzt. Alle weiterhin im Amt bleibenden können zumindest nicht „auffällig" im Sinne der nationalsozialistischen Ideologie gewesen sein.

Veränderungen im Personal ohne Beschäftigte im Nebenamt

1932/33	1933/34	1934/35	1935/36
Karl Hartmann, OStD	Hartmann	Hartmann/Karl Frank	Frank
Dr. Wilh.Bachmann, OStR	Dr.Bachmann	Dr. Bachmann	Dr. Bachmann
Johannes Klug, OStR	Klug	Klug	Klug
	Dr. Oskar Degel	Dr. Degel	Dr. Degel
Dr. Heinrich Weber, Stud. Prof.	Dr. Weber		
Dr. Wilhelm Motschmann, Stud. Prof.	Dr. Motschmann	Dr. Motschmann	
Friedrich Böhner, Stud. Prof.	Böhner	Böhner	Böhner
Friedrich Haendel, Stud. Prof.	Haendel	Haendel	
Georg Prütting, Stud. Prof.	Prütting	Prütting	Prütting
Thomas Dippold, Stud. Prof.			
Dr. Alois Früchtl, StR	Dr. Früchtl	Dr. Früchtl	Dr. Früchtl
Dr. Adolf Rieß, StR	Dr. Rieß	Dr. Rieß	Dr. Rieß
Alfred Schramm, StR	Schramm	Schramm	Schramm
Heinrich Hagen, StR	Hagen	Hagen	Hagen
Ernst Schmidt, StR	Schmidt	Schmidt	Schmidt
Dr. jur. Dr. phil Julius Andreae, Stud. Ass.	Dr. Andreae	Dr. Andreae	
	Josef Meißner, StR	Meißner	Meißner
	Karl Mayr, Stud. Ass.		
		Richard Zwörner, StR	Zwörner
		Dr. Albert Freiherr von Lupin. StR	v. Lupin
		Otto Müller, StR	Müller
		Max Geyer, Stud. Ass.	
		Wolfgang Bretzfeld, Stud. Ass.	Bretzfeld
		Dr. Otto Veh, Stud. Ass.	Dr. Veh
		Alfons Brückner, Stud. Ass.	Brückner
			Hans Schurk, Stud. Ass.
			Paul Stöcklein, Stud. Ass.

1939/40/41	1944/45	1945/46/47	1947/48	1948/49
Karl Frank, OstD				
Dr. Eduard Kreß, OstR				
Friedrich Böhner, Stud. Prof.		Böhner, OstD	Böhner	Böhner
Ferdinand Diepold, Stud. Prof.				
Dr. von Lupin, Stud. Prof, z.Z. Wehrdienst				
Dr. Adolf Rieß, Stud. Prof., gefallen				
Ernst Schmidt, Stud. Prof.				
Alfred Schramm, Stud. Prof.		Schramm,	Schramm	Schramm
Dr. Michael Arneth, StR		Dr. Arneth,	Dr. Arneth	Drt. Arneth
Wolfgang Bretzfeld, StR, z.Z. Wehrdienst, gest. in russ. Gefangenschaft				
Hans Jörg Giesecke, am 8. Februar 1941 auf einem Feindflug gegen England gefallen				
Josef Meißner, StR			Meißner	Meißner
Otto Müller, StR, z.Z. Wehrdienst				Müller
Dr. Willi Weiß, StR				
Dr. Herbert Oppel, Stud. Ass., z.Z. Wehrdienst				
Franz Will, Stud. Ass., z.Z. Wehrdienst				
Heinrich Brehm, z.Z. Wehrdienst				
Frl. Gretel Meißner, nebenamtlich				
Dr. Werner Dittrich, nebenamtlich, z.Z. Wehrdienst				
		Fritz Beer, StR	Beer	Beer
		Dr. Otto Veh, StR	Dr. Veh	Dr. Veh
		Erich Heller, Stud. Ass.		
		Dr. Otto Beyer, StR	Dr. Beyer	
		Dr. Johann Bien, StR	Dr. Bien	Dr. Bien
		Betty Bretzfeld	Bretzfeld	
		Hans Dorschky	Dorschky	Dorschky
		Erich Lampart, StR	Lampart	Lampart
		Alice Lampart		
		Kaspar Lang, StR	Lang	Lang
		Dr. Paul Meyerheiml, StR	Dr. Meyerheim	
		Karl Vogel, OStR	Vogel	Vogel
			Dr. Anton Klitzner	Dr. Klitzner
			Marta Lautner	
				Karl Gottfried Schmidt
				Ludwig Baumann, StR
				Karl Dietz, StR
				Friedrich Linke
				Anton Wolf

Karl Frank war am 1. Januar 1934 zum Oberstudiendirektor ernannt und am 21. Januar 1934 von Hans Schemm feierlich in sein Amt eingeführt worden. Schemms Thema lautete: „Erst Walhall, dann Olymp".

Karl Frank wurde am 11. Februar 1886 in Franzensbad geboren, besuchte dort 1893 die Volksschule und nach dem Umzug nach Bayreuth von Ostern 1893 bis Ostern 1895 die Volksschule in Bayreuth, von 1895 bis 1904 das humanistische Gymnasium, wo er Ostern 1904 das Abitur ablegte. 1904 begann er das Studium der klassischen Philologie und Geschichte in Leipzig, studierte 1904/05 in Erlangen und nach einer Unterbrechung wegen seiner Anstellung als Erzieher für den Grafen Gravina im „Haus Wahnfried", 1905/06 bis 1908 in München. 1907/08 legte er die Prüfungen für das Lehramt an höheren Schulen mit der Gesamtnote II ab.

Am 7. August 1909 folgte die militärische Musterung und „Überweisung zum Landsturm ersten Aufgebots zum Dienst mit der Waffe". Von September 1909 bis 31. Dezember 1916 war er Vorstand der fünfklassigen städtischen Karl-Ernst-Lateinschule in Amorbach (Unterfranken), wurde am 1. Januar 1917 zum Gymnasiallehrer am Progymnasium in Öttingen (Schwaben) ernannt und 1920 zum Studienrat befördert. In diesem Jahr kam es zu ersten Kontakten zur „völkischen Bewegung". 1922 trat er in die NSDAP ein und galt seither als „nationalsozialistischer Kämpfer „… war ununterbrochen im aktiven Kampf gegen die schwarz-rot-goldenen Gegner" engagiert und als „gewandter Redner … führend in der nationalsozialistischen Bewegung tätig". Am 1. Januar 1925 folgte die Beförderung zum Studienprofessor und seit August 1927 die Tätigkeit als Studienprofessor am Progymnasium in Öttingen. Nach seiner Versetzung am 1. August 1928 an das humanistische Gymnasium in Ansbach trat er im Herbst 1934 in den NSLB ein und wurde aufgrund seines Engagements in der NSDAP und im NSLB vom bayerischen Kultusminister Hans Schemm gefördert und zur Ernennung zum Oberstudiendirektor am humanistischen Gymnasium in Bayreuth vorgesehen.

Am 1. April 1936 wurde Frank durch Fritz Wächtler zum „kommissarischen Reichsfachschaftsleiter" der „Reichsfachschaft II. Lehrer an Höheren Schulen" ernannt, wenig später folgte die Ernennung zum Reichsfachschaftsleiter auf Dauer. Anlässlich der Eröffnung der „Sondertagung der Reichsfachschaft II" im Zusammenhang mit der Reichstagung des NSLB in Bayreuth bekannte Frank in einer programmatischen Rede „in erster Linie Nationalsozialist und dann erst Philologe" zu sein und verlangte, dass dies der Standpunkt aller Erzieher sein müsse. In Hinblick auf die bisher nicht erfolgte Gleichschaltung bzw. Liquidation des „Deutschen Philologenverbandes" forderte er die Lehrerschaft an den höheren Schulen Deutschlands nachdrücklich auf, „sich kameradschaftlich ohne Vorbehalt und Hintergedanken. in die große Marschkolonne der deutschen Gesamterzieherschaft" einzureihen. In der Folge setzte er sich besonders ein für die Bekämpfung der materiellen und seelischen Notlage der Assessoren und Assessorinnen, ebenso für die ideologische Gleichschaltung und Auflösung des „Deutschen Philologenverbandes". 1937 wirkte er mit an der organisatorischen Neuordnung des höheren Schulwesens durch das „Reichsministerium für Wissenschaft, Erziehung und Volksbildung", sowie bei der didaktischen Umsetzung des Rassebegriffs, des Führergedankens und des heldischen Gedankens im Fächerkanon der höheren Schulen und 1938 der Eingliederung der sudetendeutschen und österreichischen Gymnasiallehrer. Er war Träger des von Hitler 1933 als Auszeichnung für langjährige Mitgliedschaft von Parteimitgliedern mit den Mitgliedsnummern 1–100 000 gestifteten Goldenen Parteiabzeichens.

Abb. 194.1: Karl Frank

Am 9. August 1945 erfolgte die Diensterhebung durch den Bayerischen Staatsminister für Unterricht und Kultus im Auftrag der amerikanischen Militärregierung und die Entfernung aus dem Amt des Schulleiters. Nach Verhaftung durch die amerikanische Militärpolizei, Einlieferung in das Zuchthaus in Bayreuth und Überstellung in das Internierungslager Wasserburg am Inn wurde Frank im Frühjahr 1946 entlassen und in die Nervenklinik in Erlangen zur Behandlung eines schweren Nervenleidens eingewiesen. Nachdem 1948 amtsärztlich seine „dauernde Dienstunfähigkeit" festgestellt worden war, wurde er am 20. Dezember 1948 durch Urteil der Spruch-Hauptkammer I Bayreuth in die Kategorie „Mitläufer" eingestuft. Am 1. Februar 1949 trat er in den Ruhestand ein mit 60 % der erdienten Versorgungsbezüge eines Oberstudienrats. Karl Frank verbrachte seinen Lebensabend in geistiger Rüstigkeit im Kreise seiner Familie. Er verstarb am 26. November 1970 in Bayreuth (Hinweis zu OStD Frank verdanke ich Karlheinz König, Das Haus der Deutschen Erziehung in Bayreuth (1933/36–1943/45), Habilitationsschrift Universität Erlangen, Phil. Fakultät, Gerbrunn und Erlangen 1997. Dort finden sich weitere Quellenhinweise).

Gefeiert wurden im Schuljahr 1934/35 u.a. nun der Tag der deutschen Arbeit am 1. Mai, Reichserntedanktag, Tag der deutschen Bauern und die „Rückkehr des Saarlandes in die deutsche Reichsgemeinschaft".

Selbstverständlich nahm das Gymnasium an der Trauerfeier für Hans Schemm teil, der am 9. März 1935 beerdigt wurde.

Von Beginn an lässt sich beobachten, wie manche Firmen sich rasch an die neuen Verhältnisse anpassten und geschäftliche Vorteile zu erreichen suchten, indem sie ihre längst schon bestehende Übereinstimmung mit dem „Neuen Geist" betonten. Der Prokurist und Geschäftsführer der Firma Georg Niehrenheim (Buchhandlung) z.B. liefert am 9. Januar 1935 das neue Bücherverzeichnis an die Schule und schreibt: „Der Unterzeichnete gestattet sich ferner zu erwähnen, dass sein Sohn Schüler der 5. Klasse der Anstalt ist und er selbst – nicht erst seit kurzem – der SA angehört. Mit deutschem Gruß ‚Heil Hitler'".

Auch im Schuljahr 1935/36 „waren Unterricht und Erziehung in erster Linie von dem Gedankengut des Nationalsozialismus geleitet und durchdrungen."

Feierstunden gab es am 6. Oktober anlässlich der Überführung des Sarges von Hindenburg in die neue Gruft des Tannenberg-Nationaldenkmals und am 9. März 1936 anlässlich der „Herstellung der völligen Gleichberechtigung Deutschlands durch den Einmarsch deutscher Truppen in die bisher entmilitarisierte Zone an der Westgrenze des Reiches."

> **Zum Gedächtnis**
> **Hans Schemms**
>
> So werden wir in die Zukunft geh'n:
> Fest werden auf heimischer Scholle wir steh'n
> und überall frisches Gedeihen seh'n
> auf der deutschen Erde, im neuen Reich,
> und ein wehrhaft Geschlecht, wack'ren Ahnen gleich,
> erzogen zu völkischer Eigenart,
> ums Hakenkreuzbanner einmütig geschart,
> einträchtig sich reckend zum Himmelsblau,
> durch Arbeit sich schaffend der Zukunft Bau.
> Dann schlägt unser Herz mit schnellerem Schlag
> und wir feiern freudigen Erntetag
> für Leib und Seele, für Geist und Gemüt,
> von heiliger Heimatliebe durchglüht.
> Dann lassen dies Wort wir dem Herzen entsteigen,
> dieweil unser Haupt wir ehrfürchtig neigen:
> »Das schufest Du mit, das erstrittest Du mit
> in der braunen Kolonnen ehernem Schritt
> und halfest es wahren in Kampfesglut,
> all dies tiefe, reiche deutsche Gut,
> aus dem mit beglückendem Lebensmut
> der Atem der Heimat uns stärkend erfüllt,
> aus dem neue Schaffenskraft stets uns quillt
> zum Streben und Kämpfen im frohen Verein.
> All dies reiche deutsche Lebensgut,
> es soll uns ein heil'ges Vermächtnis sein
> Deines rastlosen Schaffens und Ringens und Strebens,
> Du Erfüller schöpf'rischen Heldenlebens,
> unvergeßlich, unsterblich im Opfertod,
> der Dich entraffte zu Deinem Gott,
> Hans Schemm,
> Du Großer, Du Ganzer, Du Deutscher!«
>
> (K. Frank)

Abb. 194.2: Rede von Karl Frank zum Gedächtnis von Hans Schemm

Anlässlich der Feierlichkeiten zum „dritten Jahrestag der Revolution", über die das Bayreuther Tagblatt ausführlich berichtet, heißt es: „Das humanistische Gymnasium Bayreuth beging die dritte Wiederkehr der Machtergreifung durch den Führer zugleich mit der feierlichen Hissung der HJ-Fahne. Als Ehrengäste hatten sich aus diesem Anlass eingefunden als Vertretung der Gebietsführung Bannführer Wollner, der Führer des Bannes B/307 Bannführer Winter, und als Vertreter des Jungvolkes Jungbannführer Koch … Sodann ergriff Oberstudiendirektor Frank das Wort und entwarf ein Bild von dem schicksalhaften Werdegang des deutschen Volkes in den letzten hundert Jahren. Was Bismarck vorbereitet, was die deutsche Jugend des Weltkrieges vorgelebt habe, sei im Staate Adolf Hitlers Wirklichkeit geworden …"

Ausdrücklich wird im Jahresbericht vermerkt, dass fast alle Schüler inzwischen der HJ, dem Jungvolk, dem BdM, in den oberen Klassen der SA, SS und dem NSKK angehören.

Es gibt nun 3 Stunden Sport, der Wehrsport, Schießsport und Wandern einschließt.

Gemäß ME vom 5. Februar 1935 die Einführung des Unterrichts in Vererbungslehre und Rassenkunde, Familienkunde und Bevölkerungspolitik betreffend, werden diese Fächer in der 6. und 9. Klasse in je 2 Wochenstunden unterrichtet. Regelmäßig müssen die Schüler an Lichtbildervorträgen und Pflichtfilmvorführungen teilnehmen.

Am 5., 6. und 7. März 1935 wurden z.B. in den Reichshoflichtspielen folgende Tonfilme vorgeführt:

Deutsche Geschwader im Mittelmeer

Frohe Fahrt in den deutschen Winter

Unser Führer

Jugend erlebt Heimat

Ostmärkliches Grenzlager.

Vortragsthemen lauteten „Mussolini, der Mann und sein Werk" mit anschließendem Bierabend, zu dem Direktor Frank eingeladen wird (26. Oktober 1937 im Standortoffiziersheim), oder „Die tschechischen Legionen in Sibirien" (gehalten von Generalleutnant Sakharow, dem letzten Oberkommandierenden der nationalrussischen Armee in Sibirien, 10. Januar 1938 im Sonnensaal). Auch auf eine Dichterlesung mit Josef Weinheber wird hingewiesen (24. Februar 1938 im kleinen Saal des Gemeindehauses). Träger solcher Veranstaltungen waren z.T. das Militär, z.T. „Die Deutsche Arbeitsfront" oder die NS-Gemeinschaft „Kraft durch Freude".

„Rassegedanke, Führergedanke und heldischer Gedanke" werden vor allem auch im Geschichtsunterricht immer wieder betont und ebenso ist die Förderung des Luftfahrtgedankens im gesamten Unterricht Pflicht.

Große Bedeutung hat auch die neue „Reichsbestimmung über die Schülerauslese an den höheren Schulen" vom 27. März 1935, die auf „Völkische Auslese" abzielt.

Sammlungen für den „Volksbund" für das „Deutschtum im Ausland", in dem fast alle Schüler Mitglied sind, finden nun regelmäßig statt.

Rundfunkübertragungen nationalpolitischer Art, Reden von Hitler und Goebbels werden selbstverständlich, oft auf Kosten des Unterrichts, übertragen.

Schülerreferate beschäftigen sich im Schuljahr 1935/36 u.a. mit folgenden Themen:

„Der Arbeitsdienst als Vorschule des Wehrdienstes"

„Die Reichsautobahnen"

„Die gelbe Gefahr"

„Bayerische Ostmark-bedrohte Grenzmark"

„Der Krieg der Zukunft"

Daneben gab es auch „neutrale Themen wie „K. M. v. Weber", „Haydn" oder die „Entwicklung der Oper".

Weitere Ereignisse waren die Eröffnungsfeier der Olympischen Winterspiele in Garmisch-Partenkirchen am 6. Februar 1936, die Eröffnung der Rotmainhalle, eine Ausstellung des Deutschen Buches und eine Führung im Festspielhaus durch Wieland Wagner und den technischen Oberleiter Paul Eberhardt.

Bei der Abschiedsfeier der Abiturienten sprach Wieland Wagner die Dankes- und Abschiedsworte.

„Der Anstaltsleiter verpflichtete sie (die Abiturienten, d. Vf.) bei der Aushändigung der Reifezeugnisse zu unbedingter Hingabe an Führer, Volk und Vaterland."

Aus dem Schuljahr 1936/37 mit den längst üblichen Feiern, Gedenktagen und Aufmärschen ist nur die Veranstaltung „Bayreuths Jugend pflegt Hausmusik" am 20. November 1936 unter der Leitung von Professor Carl Kittel hervorzuheben.

„Mit besonderer Freude feierten wir am 12. März dieses Jahres die jüngste Großtat unseres Führers, den Anschluß Österreichs und die Heimkehr der deutsch-österreichischen Brüder in das Reich, einen Erfolg, mit dem der Führer selbst seinem Volk ‚die größte Vollzugsmeldung seines Lebens abstatten zu können' erklärte". So Rektor Frank im Jahresbericht.1937/38. Abgeschafft wurde in diesem Schuljahr endgültig die 9. Klasse. Stattdessen gibt es nun eine Klasse 8a und 8b.

Neu ist, dass vom 9. März 1937 an „der Studienassessor Dr. Werner Dittrich, der als stellv. Reichsfachbearbeiter für Rassen- und Lebenskunde in der Reichsverwaltung des NS-Lehrerbundes tätig ist", bis auf weiteres 2 Stunden Biologie an der Anstalt erteilt. Außerdem übernimmt er ab 4. 11.1937 noch 1 Stunde Biologie in der 5. Klasse, „damit den … aus dieser Klasse mit der sogenannten mittleren Reife ausscheidenden Schülern schon heuer die Grundzüge der Vererbungslehre und Rassenkunde vermittelt werden konnten."

Aus der Routine der Rundfunkübertragungen, Pflichtfilmvorführungen, dem Besuch von Ausstellungen und belehrenden Vorträgen im Sinne der nationalpolitischen Erziehung hebt sich ein erster Fliegerprobealarm vom 2. Juni 1937 ab. Einzuordnen ist der Beginn solcher Übungen in die Kriegsvorbereitung Hitlers, die mit dem Vierjahresplan 1936 und den konkreter werdenden Aufmarschplänen (Hoßbachprotokoll 1937) zusammenhängen. Nicht vergessen werden dürfen in diesem Zusammenhang das Engagement Hitlers im Abessinienkrieg Mussolinis und der Einsatz der sog. „Legion Kondor" im spanischen Bürgerkrieg, in dem erstmals in der Geschichte eine Stadt (Guernica) am 26. April 1937 aus der Luft von deutschen Stukas bombardiert und zerstört wurde.[20]

„Erziehung und Unterricht waren nach den Grundsätzen der nationalsozialistischen Weltanschauung gestaltet und von nationalsozialistischem Geiste getragen".

„Die Umgestaltung des höheren Schulwesens, an der der Berichterstatter als Reichsfachschaftsleiter 2 im NS-Lehrerbund seit 2 Jahren mitgearbeitet hat, hatte ihre abschließenden Richtlinien in dem umfassenden Erlaß des Herrn Reichserziehungsministers vom 19. Januar 1938 „Erziehung und Unterricht in der Höheren Schule" gefunden. Nach diesen Richtlinien gibt es künftig in Deutschland nur noch zwei Formen der höheren Schule: die Oberschule (für Jungen und für Mädchen) als Hauptform und das Gymnasium als Sonderform. Das Gymnasium ist als einzige von den vielen vordem vorhandenen Formen der höheren Schule auch nach der Neuordnung erhalten geblieben; doch wurde die Anzahl der Gymnasien verringert, bei uns in Bayern weit weniger als in anderen deutschen Ländern."

Nach Abschaffung der 9. Klasse werden 1938/39 Befürchtungen wegen einer drohenden Umwandlung einer Reihe von Gymnasien in Oberschulen für Jungen und wegen eines Abbaus der Gymnasien überhaupt vom Reichserziehungsminister im Erlass vom 2. Februar 1939 als unbegründet zurückgewiesen. (Amtsblatt des Reichserziehungsministeriums, 1939, Heft 4, S. 81).

Im Zusammenhang mit der „Befreiung der sudetendeutschen Brüder" wurde am 15. September 1938 „unsere Turnhalle zu einem sudetendeutschen Flüchtlingslager mit 300 Betten eingerichtet". Am 18. September 1938 besuchte „überraschend" Rudolf Heß, begleitet von Fritz Wächtler, dieses Lager.

Abiturreden sind dem Geist der „neuen Zeit" selbstverständlich angepasst. So lesen wir 1938 u.a.: „Wieder einmal horchte die Welt auf und richtete ihre Blicke nach Deutschland im Herzen Europas … Kaum können wir es fassen, dass der jahrhunderte alte Traum von der Vereinigung aller Deutschen Brüder und Schwestern auf deutschem Volksboden in einem Reich nun Wirklichkeit geworden ist. Ein Vorbild leuchtet uns voran, der Führer selbst … Auf ihn blicken wir, wenn wir einmal schwach zu werden drohen …" „Man denkt an die Zeit, in der man in die HJ eingereiht wurde, man denkt an die Zeit des Übertritts in die SA, an die kameradschaftlichen Stunden in der Marschkolonne … Und nun der Ausblick! Der Abiturient von heute sieht seine nächste Zukunft ganz anders als der Abiturient der letzten Jahre. Er singt nicht von der goldenen Burschenfreiheit, er denkt nicht an die angenehmen ersten Semester des Studiums, sondern die Notwendigkeiten des Dritten Reiches stellen ihn sofort mitten hinein in den Dienst am deutschen Boden, fürs Vaterland. Bereits in der nächsten Woche tragen wir das braune Ehrenkleid des Deutschen Arbeitsdienstes – … ein halbes Jahr später vertauschen wir das braune Ehrenkleid mit dem grauen und tragen statt des Spatens die Waffe des Deutschen Reichsheers, alle gewillt, sich mit Leib und Seele auch als Soldat so auszubilden, dass wir, wenn es nötig sein sollte, in der Lage sind, das Vaterland mit Leib und Seele zu verteidigen …"

Seit 1937/38 besteht auch eine sog. Schulgemeinde, gebildet aus den Eltern der Schüler und den Lehrkräften. Der Leiter der Schule hat aus dem Kreis der Eltern zu seiner Unterstützung einzelne als „Walter" zu berufen. Zu diesen gehören auch HJ-Führer wie der Führer des Jungbannes 307 Koch, Winter, Burger 1938–1940, dann Ortsgruppenleiter Rosenschon (1939/40) oder Hauptstammführer Brunner (1940/41). Der Schuljugendwalter ist im Stabe der Schulgemeinde der

> **Für Führer und Volk fielen:**
>
> Giesecke Hans Jörg, Regierungsrat a. Kr.,
> Studienrat,
>
> Heuschmid Max, Oberstleutnant und Regimentskommandeur,
> Abit. 1914,
>
> Riedel Robert, Leutnant,
> abgeg. 1927 aus der 5. Klasse, Abit. 1931
>
> Röhring Karl, Feldwebel und Anwärter zum Stabsingenieur,
> Abit. 1931,
>
> Pöhlmann Heinrich, Feldwebel und Offizieranwärter,
> Abit. 1934,
>
> Zahn Johann, Unteroffizier,
> Abit. 1936,
>
> Fick Thaddäus, Unteroffizier,
> Abit. 1937,
>
> Gold Anton, Gefreiter,
> Abit. 1937,
>
> Dörnhöfer Fritz, Gefreiter,
> abgeg. 1935 aus der 6. Klasse,
>
> Thoma Fritz, Leutnant,
> Abit. 1937,
>
> Reichel Alfred, Schütze,
> Abit. 1938,
>
> Fischer Wilhelm, Fahnenjunker-Gefreiter,
> Abit. 1939.
>
> Ferner starben im Wehrmachtsdienst:
>
> Wagner Friedrich, Leutnant,
> Abit. 1936,
>
> Siegmund Hans, Unteroffizier und Offizieranwärter,
> Abit. 1937,
>
> Friedrich Alois, Flieger,
> Abit. 1940.
>
> **Ihr Andenken wird unserer Schule stets heilig sein.**

Abb. 195: Verlustliste

ausgesprochene Vertreter der Hitler-Jugend. „Es sollen im Einvernehmen mit dem Hoheitsträger der Partei, Pg. Kreisleiter Dennerlein, nur Parteigenossen berufen werden, darunter auch Sie, weil durch Sie die Verbindung zur NS-Frauenschaft gegeben wäre“. So wendet sich Direktor Frank am 11. Juni 1937 an Frau Keckeisen, Oberstabsveterinärsgattin. Zu Begriff und Aufgabenkreise der sog. „Schulgemeinde“ gab es bereits 1935 erste Hinweise und Erläuterungen (MB vom 24. Mai 1935, KMBL. S. 182).

Aufsatzthemen für die 8. und die letzte 9. Klasse lauten wenige Monate vor Kriegsausbruch nun:

„Deutsche Treue“

„Die deutsche Familie im Dienste des WHW“

„Vom Segen der Arbeit“

„Deutschlands Anrecht auf seine Kolonien“

„Bei welcher Waffengattung möchte ich am liebsten dienen?“

Im Kriegsjahr 1941, am Montag den 10. März 1941, lauten die Themen für das Abitur im Fach Deutsch:

1. „Die Aufgabe der Frau in der Heimatfront“
2. „Die Bedeutung des Rundfunks für Volkserziehung und Volksbildung“
3. „Wir hatten das Glück, während unserer Schulzeit große Geschichte zu erleben.“

Die letzten Jahresberichte liegen für 1939/40 und 1940/41 in einem kleinen Heftchen zusammengefasst vor. Das Vorsatzblatt verzeichnet erste Verluste unter der Überschrift: „Für Führer und Volk fielen“.

Zur Geschichte der Anstalt wird einleitend formuliert: „Das Schuljahr 1939/40 stand vom Schuljahrdrittel ab, das Schuljahr 1940/41 während seines ganzen Verlaufs im Zeichen des uns aufgezwungenen Kriegs und unter dem Eindruck des großen ernsten Zeitgeschehens. In dankbarem Aufblick zu der Genialität unseres Führers und zu den staunenswerten Erfolgen unserer Wehrmacht nahm unsere Schule lebendigen Anteil an allen Ereignissen, willig sich einfügend in die geschlossene Heimatfront.“ „Während dieser Bericht geschrieben wird, sind Deutschlands Armeen erneut zum Waffengang angetreten, um durch Überwindung der bolschewistischen Gefahr im Osten die letzten Voraussetzungen für den Endsieg über den Hauptfeind England zu schaffen.“

Nicht erwähnt wird, dass seit Juni 1939 die Beteiligung von Schülern an religiösen Veranstaltungen und die Abhaltung von Schulgottesdiensten

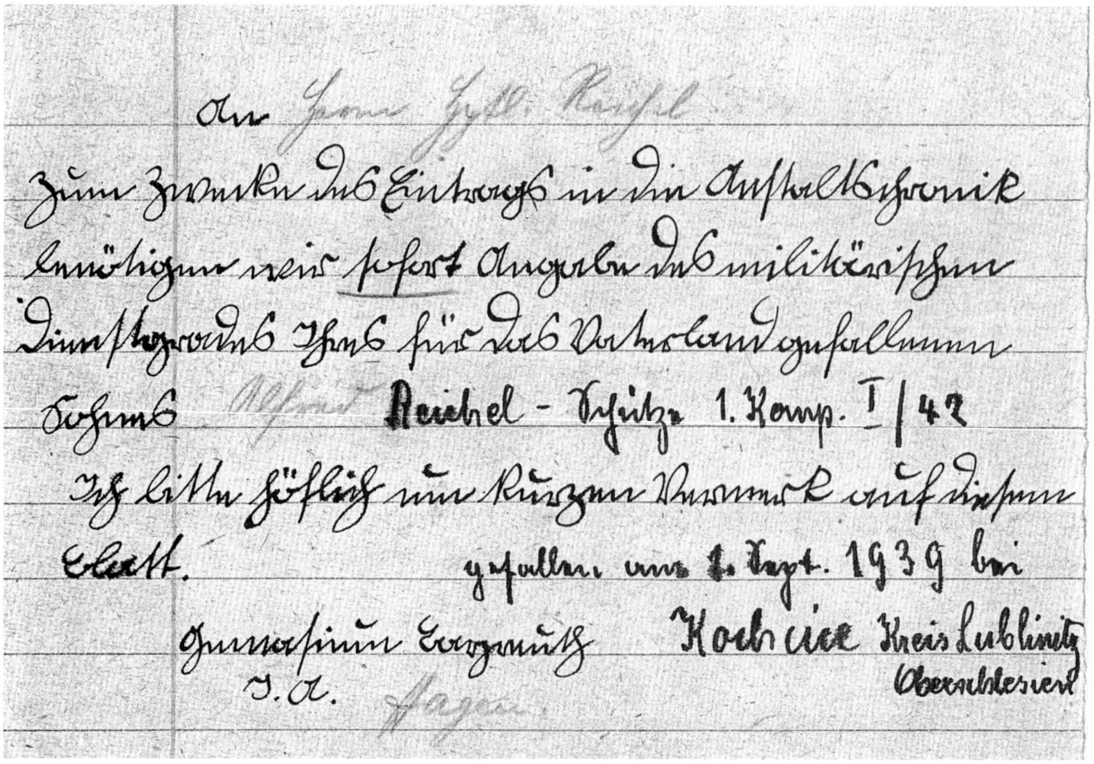
Zum Zwecke des Eintrags in die Anstaltschronik
benötigen wir sofort Angaben des militärischen
Dienstgrades Ihres für das Vaterland gefallenen
Sohnes Alfred Reichel - Schütze 1. Komp. I/42
Ich bitte höflich um kurzen Vermerk auf diesem
Blatt. gefallen am 4. Sept. 1939 bei
Kochcice Kreis Lublinitz
Oberschlesien
I.A.

Abb. 196: Schreiben,betr. den im September 1939 gefallenen Schüler Reichel, Schütze 1. Komp-. I/42. gefallen bei Kochcice Kreis Lublinitz,Oberschlesien

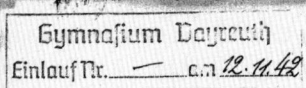

> Gymnasium Bayreuth
> Einlauf Nr. ___ am 12.11.42
>
> Für die wohltuenden Beweise der Anteilnahme beim Heldentode unseres innigstgeliebten Sohnes und Bruders
>
> **Dr. Hermann v. Koch**
> Oberleutnant und Komp.-Chef
>
> danken wir von Herzen
>
> Familie v. Koch, Gottsmannsgrün
> Familie v. Waldenfels, Oberkotzau

> Gymnasium Bayreuth
> Einlauf Nr. ___ am 12.8.41
>
> Für die unendlich vielen Beweise von Teilnahme, Liebe und Freundschaft, die wir und unsere Töchter zum Heldentode unseres einzigen, heißgeliebten Sohnes und Bruders Edmund-Philipp erhalten haben, sagen wir unseren tiefstempfundenen Dank; auch im Namen unserer Töchter.
>
> Fürst und Fürstin Edmund Wrede
>
> Berlin, den 15. Juli 1941.

> ✠ AM 3. DEZ. 1941 STARB DEN SOLDATENTOD NACH EINER BEI DEN KÄMPFEN UM STALINO AM 27. OKT. ERLITTENEN VERWUNDUNG IM KRIEGSLAZARETT WINNIZA (UKRAINE) UNSER LIEBER GUTER SOHN, BRUDER UND ENKEL
> GEBIRGSJÄGER
> **FRANZ REISSINGER**
> STUDENT DER ARCHITEKTUR
> KURZ VOR VOLLENDUNG SEINES 20. LEBENSJAHRES. ER RUHT AUF DEM SOLDATENFRIEDHOF IN WINNIZA.
> IN WEHEM SCHMERZ:
>
> HANS C. REISSINGER, ARCHITEKT
> UND FRAU ANNY, GEB. OSSWALD
> FRITZ REISSINGER, Z. ZT. AUF FLIEGERSCHULE
> FRITZ OSSWALD LANDGERICHTSPRÄSIDENT A. D.
> UND FRAU ELISE, GEB. SCHLEICH
>
> BAYREUTH, LISZTSTRASSE 9

> ✠ **Todesanzeige.**
> In treuester soldatischer Pflichterfüllung starb mein innigstgeliebter Mann und bester Kamerad, mein treubesorgtes Vaterle, unser lieber guter Bruder, Neffe, Schwiegersohn, Schwager, Vetter und Onkel
> **Herr Otto Staubwasser**
> Hauptmann und Kommandeur einer Panzer-Artill.-Abtlg.
> Inhaber des E.K. 1 und 2 und anderer Auszeichnungen
> am 7. November 1942 in den schweren Kämpfen in Stalingrad den Heldentod. Wie sein Vater im Weltkrieg, gab auch er sein junges begeistertes Soldatenleben für unsere Zukunft.
> Um ihn trauern:
> Frau Olga Staubwasser, geb. Zwick, mit Sohn Helmut, Landsberg a. Lech
> Major i. G. Anton Staubwasser u. Frau Lotte, geb. van Ginkel, Berlin
> im Felde
> Oberstleutnant Oskar Staubwasser u. Frau Grete, geb. Grüner, München
> Frau Gunda Zwick, Straubing
> im Namen aller anderen Hinterbliebenen.
> Gymnasium Bayreuth 19. November 1942
> Einlauf Nr. ___ am 28.11.42

Abb. 197: Traueranzeigen

verboten ist, ebenso wie Tage der religiösen Einkehr in klösterlichen Schulen. Vom Schuljahr 1941/42 an wird der Religionsunterricht an den höheren Schulen ... auf die Klassen 1–4, d.h. auf die Dauer der Volksschulpflicht beschränkt mit 2 Wochenstunden für die Klassen 1–3 und mit einer Wochenstunde für die 4. Klasse. Dies hat zur Folge, dass für eine größere Anzahl beamteter Religionslehrer eine Beschäftigungsmöglichkeit nicht mehr gegeben ist. „Das Staatsministerium wird daher gezwungen sein, deren Wartestandsversetzung zu betreiben."

Den beamteten und hauptamtlich angestellten Religionslehrern ist auch die Erteilung sog. freiwilligen Religionsunterrichts in Kirchen und sonstigen kirchlichen Gebäuden untersagt.

Zur gleichen Zeit verweist der Lehrer für katholische Religion Dr. Arneth auf den außerordentlichen Bucherfolg von Walter Flex und spricht vom „Schicksalskampf","unseres Volkes". „Wohl ist es in erster Linie der kämpfende Soldat, der mit der Seele an die Sterne rührt, wenn ihn der Fuß über die blutgetränkte Erde des Ostens trägt."

Dass bis zum Kriegsende keine Jahresberichte mehr erscheinen ist verständlich. Grund ist nicht nur der Mangel an Rohstoffen. Wie denn hätte man die Niederlage des Rommel-Korps in Afrika, den Untergang der 6. Armee in Stalingrad, den Rückzug der Kaukasusarmee, die beginnende Invasion der Alliierten in Italien und dessen Kapitulation, wie die Invasion in der Normandie, die ständig zunehmenden verheerenden Bombenangriffe auf deutsche Städte, den „totalen" Krieg, erklären und kommentieren sollen? Da versagte wohl selbst einem versierten Schulleiter und manchem Pädagogen die Stimme und selbst Jahrhunderte „humanistischer Geistestradition" konnten nun nicht mehr helfen.

Ein Schreiben des Kommandeurs des Kradschützen-Bataillons 40 „im Osten, den 22. November 1942" soll hier in Auszügen wiedergegeben werden. Noch waren solch ausführliche Mitteilungen (2 Blatt DIN A 4, Schreibmaschine) möglich.

„Sehr geehrter Herr Dietel! Es ist mir eine besonders harte und schmerzliche Pflicht, Ihrer Gattin und Ihnen die Mitteilung machen zu müssen, dass Ihr Sohn, der Leutnant Gerhard Dietel, am 9. November 42 in der Ortschaft Wyschnejè sein junges Leben dem Vaterlande gegeben hat.

... durch Kopfschuss endete schnell und schmerzlos das Heldenleben eines tapferen und vorbildlichen deutschen Offiziers. Auf dem Ehrenfriedhof der Division in der Ortschaft Miljatino (an der Rollbahn Roslawl-Juchnow) ruht Ihr Sohn gemeinsam mit vielen Kameraden unseres Bataillons. Da wir bis zum 21. November in schweren Abwehrkämpfen lagen, konnten wir von unserem Dietel weder Abschied nehmen noch ihm die letzte Ehre erweisen ... Sein Geist wird weiterleben in seinem Zuge, in seiner Kompanie und im Bataillon, dessen Reihen sich gelichtet haben ..." Es folgt nochmals eine sehr genaue Beschreibung, wo sich der Bestattungsort befindet. „Der Ort Wyschnejè, in dem Ihr Sohn gefallen ist, liegt südlich der Rollbahn Roslawl-Juchnow und zwar ca. 15 km nordostwärts der Stadt Mosalsk. Diese Stadt wiederum liegt ca. 35 km südwestlich der Stadt Juchnow ... oder ca 75 km westlich der Stadt Kaluga. Der Ort Miljatino, in dem sich das Grab Ihres Sohnes befindet, liegt an der Strasse Roslawl nach Moskau, ca. 65 km südwestlich der Stadt Juchnow."

Stellvertretend für die vielen hier nur eine der Todesanzeigen. „Leo Biedermann, unser guter, einziger Sohn, ist in treuer Pflichterfüllung im Blütenalter von 20 Jahren für seine geliebte Heimat gefallen. Am 20. August 1943 wurde er unter militärischer Ehrung beigesetzt, 23. August 1943."

Im Februar 1943 schreibt der NS-Lehrerbund an die Kreisabschnittswalter des NSLB und die Schulobmänner betr. Briefe von Stalingradkämpfern:

Abb. 198: Gefallenen-Ehrungsfeier der NSDAP, 11. November 1944

„Aus diesen Briefen spricht ein Heldentum ohnegleichen. Es kommen Gedanken zum Ausdruck, die in der deutschen Kriegsgeschichte von Soldaten wohl kaum jemals niedergeschrieben worden sind." Die Kreispropagandawalter sollen solche Briefe sammeln und dem Kreispropagandawalter Kurt Dümlein einsenden. „Diese Briefe sollen in kürzester Zeit in geeigneter Form zentral veröffentlicht werden."

Unbeschadet des Untergangs der 6. Armee in Stalingrad oder gerade deshalb lädt die HJ „zu der am Sonntag, den 28. März 1943 vormittags um 10 Uhr stattfindenden feierlichen Verpflichtung der 14-jährigen Jungen und Mädel in der Ludwig-Siebert-Halle" ein.

Bis zum Kriegsausbruch wurde vor allem in Instandhaltung des Schulgebäudes und Reparaturen investiert. Der Etat dafür bewegte sich zwischen knapp 4000 RM und etwa 6000 RM. Verhindert werden konnte der geplante Abriss des „Dachreiters" im Jahr 1939, nicht zuletzt wegen des Einspruchs des Bayerischen Landesamtes für Denkmalpflege, vertreten durch Hauptkonservator Dr. Hörmann. Er schlug im Gegenteil vor, den Dachreiter wo nötig auszubessern.

Bedenklicher waren die drohenden Folgen im Zusammenhang mit dem Ausbau Bayreuths zur Gauhauptstadt. Am 22. Juli 1939 teilt Architekt Reissinger dem Rektorat mit: „Die Turnhalle müsste im Zuge der Durchführung der großen Aufmarschstraße und deren Fortsetzung in den innersten Stadtteil abgebrochen werden …" Auch der bisherige Spielplatz würde wegfallen.

Alle diese Vorhaben waren natürlich mit Kriegsausbruch erledigt.

Seit 1936 deuteten manche Weisungen und Übungen darauf hin, dass im Rahmen des „Vierjahresplans" mit entsprechenden Kriegsvorbereitungen begonnen wurde.

So gab es 1936 einen Kriegsstellenbesetzungsplan der Schulen. Abzugebende Gebäude und Gebäudeteile wurden systematisch erfasst, Kriegsstundenpläne entwickelt und der Schülereinsatz für besondere Zwecke geplant.

Vom 20. März 1936 datiert eine Weisung für den Botendienst im Mobilmachungsfall. In Friedenszeiten wurden von den Wehrmachtsmeldeämtern jährlich zweimal Übungsfahrten an schulfreien Nachmittagen abgehalten sog. Mobilmachungsübungen.

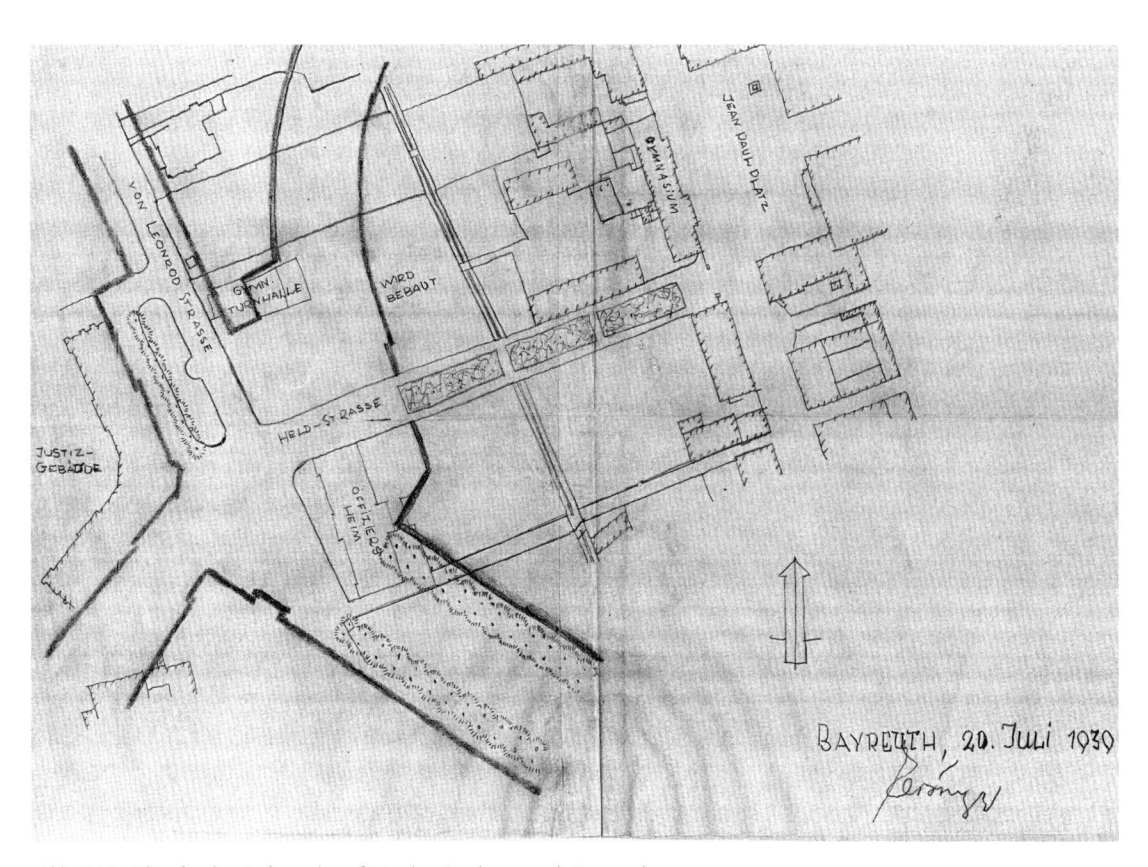

Abb. 199: Plan für die Aufmarschstraße in der Gauhauptstadt Bayreuth

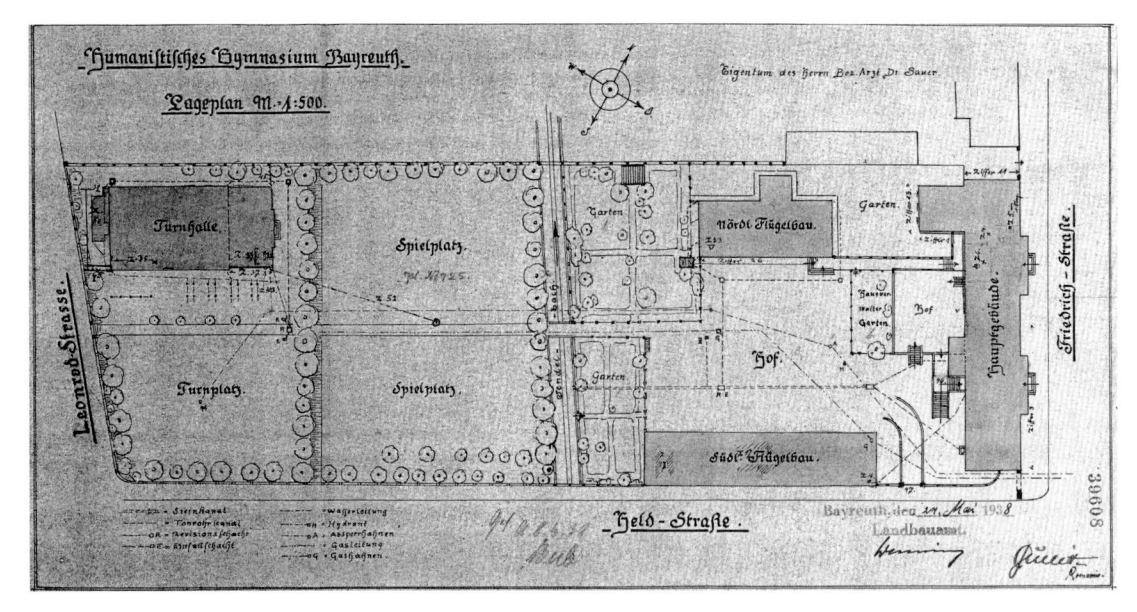

Abb. 200: Lageplan des Gymnasiums

Es gibt (13. Dezember 1938) Überlegungen, die Turnhalle für Getreidelagerung zu nutzen, und am 29. Juli 1938 ergeht ein geheimer Erlass, der die „Einberufung zu den Übungen der Wehrmacht im Herbst dieses Jahres" zum Inhalt hat. „Vom Recht der Unabkömmlichkeit darf kein Gebrauch gemacht werden. Die Wehrersatzdienststellen werden Zurückstellungsanträgen in keinem Falle stattgeben."

Die Situation wird zunehmend ernster.

20. September 1938 (Geheim): Mobilmachungsdienstanweisung der Schulverwaltung. Dies betrifft die Zurückberufung von beurlaubten Lehrern und von Lehrern, die sich innerhalb der Ferien ohne besonderen Urlaub außerhalb ihrer Dienstorte befinden. Auch im Ruhestand befindliche Lehrer sind zu erfassen für eine eventuelle Wiederverwendung im Schuldienst.

Entsprechende Listen waren umgehend auszufüllen und zurückzusenden.

Weitere geheime Erlasse betreffen 1938/39 Übungen zur Wehrmacht, Sicherstellung des Personalbedarfs im Mob-Fall, Mobilmachungsdienstanweisungen, Kriegsbeorderungen, Bereitstellungsscheine und Wehrpassnotizen, Einsatz der Bevölkerung im Krieg, Unabkömmlichkeit während des Krieges, UK-Stellung, Offiziersnachwuchs, Reifevermerke und Luftschutz.

29. Juni 1939: Direktor Karl Frank bestätigt sich selbst: „Vom Direktorat des humanistischen Gymnasiums Bayreuth wurde mir heute eine Mitteilung über meine Verwendung im Mobilmachungsfall als Geheimsache ausgehändigt."

13. September 1939 (Geheim): Weisungen betr. der Einsparung von Kohle, Ernergie und Licht.

Mit Kriegsbeginn veränderten sich die Rahmenbedingungen für einen geordneten Unterricht schlagartig und radikal. Am Tag der Mobilmachung rückten ins Feld: Pfarrer Brehm, Studienassessor Bretzfeld, Studienprofessor Dr. v. Lupin, Studienrat Müller und Studienassessor Dr. Opel. Von der Heeresverwaltung wurden mehrere Schulräume und die Turnhalle für die Unterbringung von Soldaten vorübergehend beschlagnahmt, im Keller wurden Luftschutzräume eingerichtet. Wiederholt klagt der Turnlehrer über Beschädigungen, so z.B. am 6. Juni 1940. Er listet auf: Fensterscheibe zerbrochen, 2 Sitzbänke des Umkleideraumes völlig zerbrochen, 2 Fußwaschbecken verstopft, Dichtungsdeckel abgerissen, Wandverputz abgestoßen, in die Leitern, Sprossenwände, Fenstersimse und Wände Nägel eingeschlagen. Schüler leisten während der Festspiele Lotsen- und Führungsdienste für Gäste, darunter auch der spätere Lehrer am Gymnasium Peter Färber. Das Rektorat stellt 10 Schüler ab unter dem Vorbehalt, dass diese nicht durch die HJ in ein Lager abkommandiert werden. Solche Details zeigen, wie selbst im schulischen Bereich die Kompetenzen verteilt waren. Am 28. Juli 1944 meldet Schulleiter Frank, dass er bereits eine kombinierte Klasse aus 7 Schülern gebildet habe, dazu eine Gruppe von 17+9 Luftwaffenhelfern. Letztere wurden Ende Juni von Bayreuth nach Brüx verlegt.

Ruhiges Arbeiten war kaum möglich. „Die oberen Klassen lichteten sich durch Abgang ins Feld, andere Schüler wurden zur Erntehilfe oder zu Sonderkursen abgestellt

Vom 20. Mai 1944 datiert ein Sonderrundschreiben wegen des Hopfeneinsatzes 1944. Dieser Einsatz ist Teil der Jugenddienstpflicht und findet für das Gymnasium in der Hallertau statt.

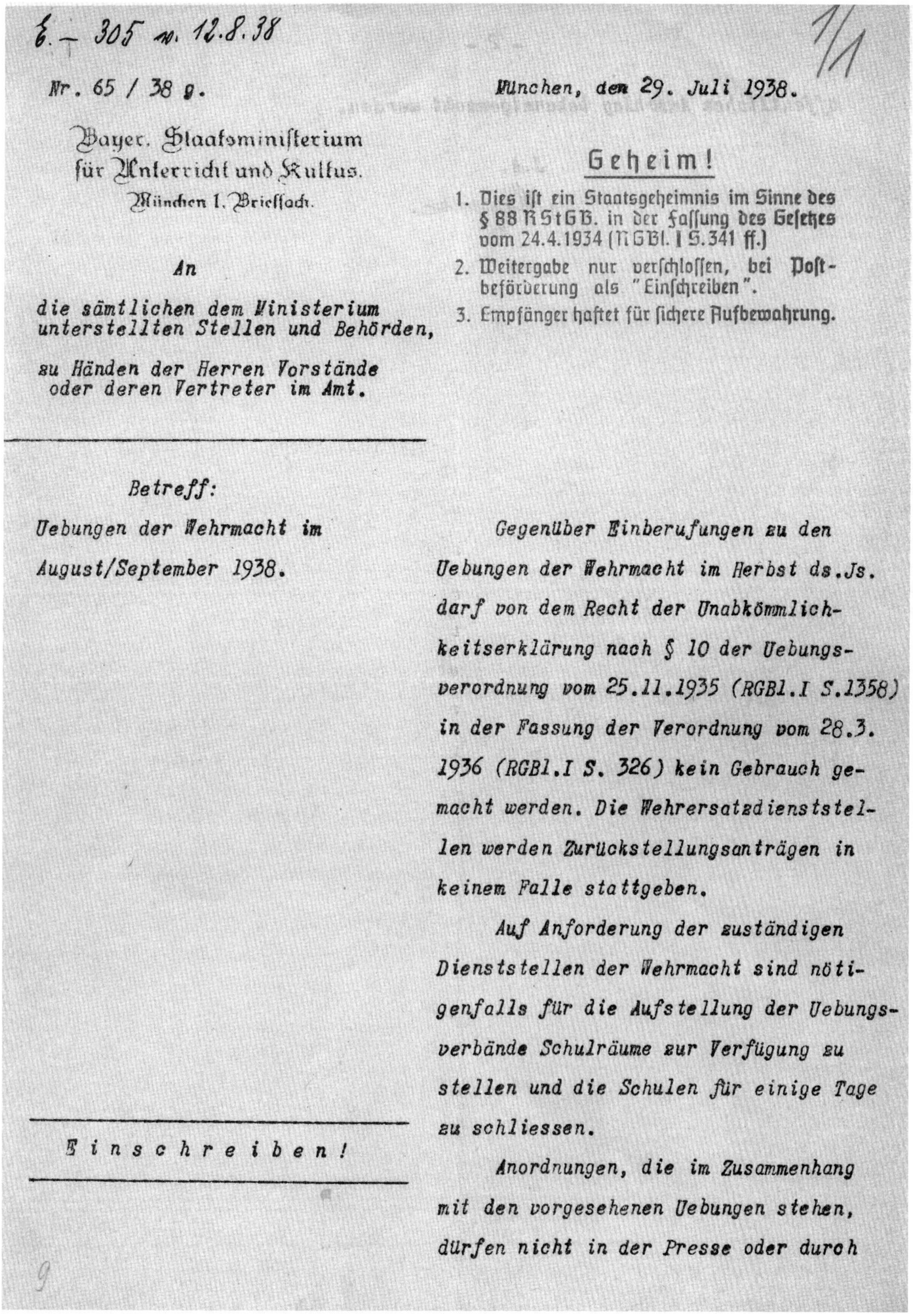

E. – 305 v. 12.8.38

1/1

Nr. 65 / 38 g.

München, den 29. Juli 1938.

Bayer. Staatsministerium
für Unterricht und Kultus.
München 1, Briefsach.

Geheim!

1. Dies ist ein Staatsgeheimnis im Sinne des § 88 RStGB. in der Fassung des Gesetzes vom 24.4.1934 (RGBl. I S.341 ff.)
2. Weitergabe nur verschlossen, bei Postbeförderung als "Einschreiben".
3. Empfänger haftet für sichere Aufbewahrung.

An

die sämtlichen dem Ministerium unterstellten Stellen und Behörden,

zu Händen der Herren Vorstände oder deren Vertreter im Amt.

Betreff:

Uebungen der Wehrmacht im August/September 1938.

Gegenüber Einberufungen zu den Uebungen der Wehrmacht im Herbst ds.Js. darf von dem Recht der Unabkömmlichkeitserklärung nach § 10 der Uebungsverordnung vom 25.11.1935 (RGBl.I S.1358) in der Fassung der Verordnung vom 28.3.1936 (RGBl.I S. 326) kein Gebrauch gemacht werden. Die Wehrersatzdienststellen werden Zurückstellungsanträgen in keinem Falle stattgeben.

Auf Anforderung der zuständigen Dienststellen der Wehrmacht sind nötigenfalls für die Aufstellung der Uebungsverbände Schulräume zur Verfügung zu stellen und die Schulen für einige Tage zu schliessen.

Anordnungen, die im Zusammenhang mit den vorgesehenen Uebungen stehen, dürfen nicht in der Presse oder durch

Einschreiben!

9

Abb. 201: Erlass betr. Übungen der Wehrmacht im August/September 1938

„Für die Unterbringung sind Gemeinschaftslager beim Bauern oder in Schulen errichtet. Verpflegung gibt der Einsatzbauer". Gauleiter Fritz Wächtler ruft am 25. Juni 1944 in einem Schreiben an die „Lieben Eltern" gesondert dazu auf.

Längst schon wurden Schüler während der Sommerferien zum Ernteeinsatz verpflichtet. Immer wieder bitten Bauern darum, während dieser Zeit ihre an der Front befindlichen Söhne für diese Zeit zu beurlauben. Am 7. Juni 1942 wendet sich

Bayreuth, den 25. Juni 1944.

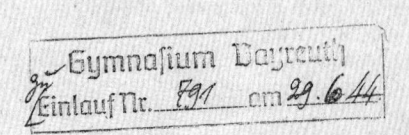

Liebe Eltern!

Ihre Jungen und Mädchen haben in diesen Tagen den Rüstzettel zum Hopfeneinsatz 1944 erhalten.

Da durch den totalen Einsatz alle Kräfte in der Kriegswirtschaft verankert sind und die Gesamteinbringung der Hopfenernte für die Wirtschaftslage von ausschlaggebender Bedeutung ist, habe ich zum Einsatz der Jungen und Mädel in der Hallertau meine Zustimmung gegeben.

Wenn Sie sich als Eltern die Tatsache vor Augen halten, daß im Vorjahr allein durch den Einsatz der Hitlerjugend ein Volksvermögen von 10 Millionen Reichsmark sichergestellt und damit der Devisenmarkt wesentlich bereichert wurde, so werden auch Sie von der Wichtigkeit dieses Einsatzes der Jugend überzeugt sein.

Von den dabei beteiligten Gebieten Bayreuth, Mainfranken und Schwaben übernimmt die Hitlerjugend-Gebietsführung Bayreuth hierzu die Vorbereitungen und die Durchführung. Ich selbst habe mich im vergangenem Jahr an Ort und Stelle von der äusserst sorgfältigen Vorbereitung des Einsatzes, von der Unterbringung, der Verpflegung und vor allem der vorbildlichen ärztlichen Betreuung überzeugt und werde das auch diesmal tun.

Ich bitte Sie, liebe Eltern, um Ihr Verständnis und Ihre tätige Bereitschaft zu diesem wichtigen Kriegseinsatz Ihrer Jungen und Mädel.

Heil Hitler!

Fritz Wächtler
Gauleiter.

Abb. 202: Schreiben Wächtler

z.B. Johann Arneth an die Gauleitung Bayerische Ostmark und bittet, seinen Sohn Dr. Michael Arneth, Studienrat am Gymnasium zu beurlauben. Er selbst ist über 60 Jahre alt, ein anderer Sohn ist an der Ostfront, ein weiterer Sohn ist ebenfalls an der Front. Frau Dorothea Goldfuß bittet um Beurlaubung ihres Sohnes Egidius Goldfuß vom Arbeitseinsatz, denn sie hat einen Hof mit 105 Tagwerk, 26 Stück Vieh unbd 5 Pferden etc. zu bewirtschaften. Ihr Mann ist seit Dezember 1940 an der Front. Sie hat noch einen Sohn von 12 Jahren und eine Tochter, die erst 2 Jahre alt ist.

Egidius Goldfuß promoviert 1952 in Erlangen zum Thema „Die Steuern der Stadt Bayreuth, ihre Bedeutung und Entwicklung von der Zeit Christian Ernsts bis zum Übergang der Stadt an die Krone Preußens im Jahre 1792" und wird später in Bayreuth Steuerberater.

Während der letzten Kriegsjahre häufen sich Sammlungen für Spinnstoffe, Wäsche und Kleider. Gesammelt werden auch Heil- und Teekräuter, Beeren, Pilze, Kastanien, Eicheln, Hagebutten, Sanddornbeeren und Wildgemüse.

In einem Rundschreiben von Reichsleiter M. Bormann vom 1. November 1944 heißt es: „Da Bucheckern eine Ausbeutung von etwa 25 % wertvollen Speiseöls ergeben, muß diese zusätzliche Fettquelle für die Versorgung der Bevölkerung restlos ausgenutzt werden."

„Mancher Lehrstoff musste ausfallen, die Zahl der Prüfungsaufgaben wurde verringert, gegenüber gefährdeten Schülern musste man größte Milde walten lassen."

„Im Schuljahr 1940/41 fand, nachdem sich die Oberklasse fast völlig aufgelöst hatte, zum letzten Male während des Krieges eine Reifeprüfung der Anstalt statt".

Mit der Ausdehnung des Krieges auf Russland fing die eigentliche Not an. Die Zahl der gefallenen Anstaltsmitglieder begann nun sprunghaft bis gegen Kriegsende hin zu steigen. Es gab keine Feiern mehr, der Wahl- und vor allem der musische Unterricht schrumpfte zusammen, und selbst der Pflichtunterricht bewegte sich in immer einfacheren Bahnen. Geregelter Unterricht war kaum mehr möglich.

Das Schuljahr 1942/43 begann mit verschiedenen Sondereinsätzen. „Während die 5. Klasse, die 4 Monate über im Gartenbetrieb gearbeitet hatte, geschont wurde, fuhr die 4. und 6. Klasse … zum Hopfenpflücken nach Mainburg. Erst im Oktober begann wieder ein geregelter Unterricht in sämtlichen Klassen.

Ab April 1943 wurde nunmehr der „totale Krieg" zur Wirklichkeit. Die Geburtsjahrgänge 1926/27, d.h. der größte Teil der 6. und 7. Klasse, wurden als Luftwaffenhelfer eingezogen und wenig später nach Schweinfurt verlegt. Eine Aufstellung der Schüler des Gymnasiums, die zum Luftschutzdienst herangezogen sind, nennt am 9. November 1944:

6. Klasse:
Strohm Albert, Hoffmann Kurt, Ruckriegel Karl, Schütz Walter, Preiß Wolfgang (Überwiegend Jahrgang 1929)

5. Klasse:
Nickl Herrmann, Groß Werner, Bamler Heinrich, Fröhler Rudolf, Hamberger Rudolf, Meißner Theodor, Morgenstern Günter, Hellfritsch Dieter, Gründewald Gottfried, Meyer Klaus, Schmitz Hans, Zeilmann Willi (Überwiegend Jahrgang 1928)

Schon im Mai 1942 mussten die Anstaltsleiter in den einzelnen Klassen „Klassenführer" aufstellen. In der Regel war dies jeweils der ranghöchste HJ- bzw. DJ-Führer. So sollte die Zusammenarbeit der Schule und der HJ gefördert werden. Der Klassenführer leitete den Ordnungsdienst und war für den Geist und die Haltung der Klasse verantwortlich. Er hatte die Aufsicht zu Beginn der einzelnen Stunden und meldete beim Erscheinen des Lehrers mit „Achtung!"

Am 11. Mai 1943 folgte die Einberufung des Jahrgangs 1925 zum Arbeitsdienst.

Geregelter Unterricht wurde fast unmöglich. Die Luftgefahr nahm ständig zu, die Westfront rückte näher.

In einer Liste der bislang gefallenen Lehrer und im Wehrdienst stehenden, die am 7. November 1944 erstellt wurde, findet sich bezeichnender Weise nicht die Rubrik für bisher gefallene Schüler.

So kann das Rektorat melden: „Bisher kein Lehrer oder Luftwaffenhelfer gefallen, verstorben oder vermisst". Auszeichnungen hatten erhalten Pfarrer Heinrich Brehm, Oberleutnant d. R. Kriegsverdienstkreuz 1. Klasse mit Schwertern, Unteroffizier Wolfgang Bretzfeld Kriegsverdienstkreuz 2. Klasse mit Schwertern und Verwundetenabzeichen.

Im Wehrdienst stehen zu diesem Zeitpunkt: Gefreiter M. Arneth, Oberleutnant H. Brehm, Unteroffizier W. Bretzfeld, Hauptmann v. Lupin, Major O. Müller, Leutnant H. Oppel, Unteroffizier W. Weiß, Obergefreiter F. Will, Unteroffizier W. Dittrich.

Immer bedrohlicher wird die Lage. Es mangelt an Rohstoffen. So kann z.B. dem Gymnasium ein Emaille-Kochtopf „wegen des geringen Kontingentes" nicht zugeteilt werden.

Zwar wurde immer der Luftfahrtunterricht betont und gefördert. So gab es z.B. im Juni 1940 einen Zeichenwettbewerb zum Thema „Unsere Luftwaffe im Krieg gegen England und Frankreich". Auch der Flugzeugmodellbau war beliebt, doch schon 1940 wurde Buchensperrholz knapp, ebenso Sperrholz aus Birke, so dass dessen Verwendung für den Modellbau angesichts der Devisenlage des Reiches zugunsten der Flugzeugindustrie äußerst eingeschränkt werden musste.

Aber noch ist Schulgeld zu entrichten. Lediglich für Söhne von Gefallenen und Kriegsbeschädigten wird immerhin ein Unterhaltszuschuss von 50 RM gewährt. Aus den Stipendien stehen in den Kriegsjahren noch insgesamt 500 RM zur Verfügung, so dass in der Regel nicht mehr als 4 Schüler berücksichtigt werden können.

Das Schulgeld betrug 20 RM/Monat, für 10 Monate im Jahr also 200 RM. Ermäßigungen erhielten nur Mitglieder der Staatsjugend oder bei älteren Schülern Mitglieder in SA, SS, NSKK und NSFK.

Eine Notiz am Rande: 13. November 1944 Schreiben der NSDAP Hitler Jugend Bann Bayreuth 307 an das Direktorat.

„Zum Entladen eines Lazerettzuges wurden am 13. November 1944 folgende Schüler des Gymnasiums eingesetzt …"

„So nahte die Weihnachtszensurenkonferenz (19. Dezember 1944) heran, die durch Luftalarm unterbrochen, symbolisch den letzten Akt des Krieges einleitete. Es fehlte nun infolge der zunehmenden Zerstörung aller Verkehrswege an Heizmaterial, fast alle Räume des Gymnasiums wurden beschlagnahmt um ein Luftwaffenlazarett einzurichten und Verwundete zu versorgen. Selbst Schüler der unteren Klassen wurden eingezogen. 15-jährige sollten ohne hinreichende Ausbildung und Ausrüstung dem Feind entgegentreten. Mitte Februar schließlich mussten auch die Lehrer Dr. Rieß und Dr. Schieder im Aufgebot des Volkssturms an die Ostfront zum Einsatz. Von diesem Einsatz kehrte Dr. Rieß nicht zurück.

Es war nur noch Notunterricht möglich, und als am 29. März 1945 das Wintertrimester endete, musste infolge fehlender Unterlagen die Ausgabe der Zeugnisse entfallen. Nach Ostern blieben die Schulräume geschlossen.

Großzügig erlaubt das Reichsministerium für Wissenschaft, Erziehung und Volksbildung mit Erlass vom 13. Januar 1945, dass von der Erhebung eines Schulgeldes abzusehen ist, wenn die Schule geschlossen ist. Dies betraf vor allem Schulen, die durch Bombenangriffe stark beschädigt oder völlig zerstört waren, oder die im Winter nicht mehr beheizt werden konnten.

Ins Groteske verzerrt erscheint die Realität, wenn für Sonntag, 25. März 1945 (am 25. April fand Hitlers letzte Lagebesprechung statt, am 30. April 1945 nahm sich Hitler das Leben, d. Vf.), zur feierlichen Verpflichtung der 14-jährigen Jungen und Mädel und ihre Übernahme in die Hitler Jugend und den Mädelbund" in die Ludwig-Siebert-Festhalle eingeladen wird.

Die Sitzungsprotokolle seit Kriegsbeginn, vor allem bei Fortdauer des Krieges, werden nun nach dem Gruß an den Führer mit dem Gedenken an die gefallenen Schüler eingeleitet, deren Zahl ständig zunimmt. Es wird vermerkt, dass am 5. Januar 1942 die 3 Glocken an dem Turm des Anstaltsgebäudes zu etwaiger Verwendung für Zwecke der Wehrmacht abgenommen wurden.

Selbstverständlich wird 1943 Stalingrad nicht erwähnt. Am 4. Mai 1943 gedenkt der Schulleiter „einiger ehemaliger Schüler, die neuerdings für Deutschlands Zukunft gefallen sind". Mit Beginn des Jahres 1945 werden die Niederschriften immer kürzer. Das letzte Protokoll datiert vom 23. März 1945, immer noch eingeleitet mit dem Gruß an den Führer. Gefallen ist zuletzt noch Julius Glaser (Abitur 1943) im Osten, im Kampf gegen den Bolschewismus.

Das „tausendjährige Reich" versinkt im Chaos, in Schutt und Asche. Von denen, die 1933 und oft schon vorher, gejubelt, die das Genie des „Führers" gepriesen, die „neue Zeit" herbeigesehnt hatten, von all denen, die aktiv oder passiv an den Untaten und Verbrechen der Nazis beteiligt gewesen waren, von ihnen hörte man jetzt nichts mehr. Sie verkrochen sich und mancher vollzog problemlos wiederum eine Wende und gelangte nach wenigen Jahren, begünstigt durch die Farce der sog. „Entnazifizierung", wieder in Amt und Würden.

Im März 1945 kamen wieder 4500 Flüchtlinge aus dem Osten an. 13 fahrende Trecks mit 987 Personen überfluteten Bayreuth und noch musste ein Unteroffizier, der berichtete, Soldaten hätten kein Brot mehr und müssten um Nahrung betteln, mit der sofortigen standrechtlichen

Erschießung rechnen. Im April 1945 gab es pro Kopf und Woche noch 250 Gramm Fleisch, 125 Gramm Fett und eine Brot-Ration von knapp dreieinhalb Pfund. Und noch erklärte Kampfkommandand Hagel am 3. April, er werde die Stadt als Bollwerk ausbauen und verteidigen. Am 5. April fliegen 39 viermotorige amerikanische Bomber die Stadt von Südost aus an. Am 8. April erfolgt ein neuer Angriff mit Spreng- und Brandbomben, von denen auch das Gymnasium getroffen wird. Nur dem raschen Handeln der Feuerschutzwache war es zu verdanken, dass die wertvolle Bibliothek und das gesamte Archivmaterial nicht vernichtet wurden. Der dritte Angriff geschah am 11. April.

3.4. Zusammenfassung

Im vorangegangenen Kapitel wurde der kürzeste Abschnitt der Schulgeschichte dargestellt. Es waren dies vom Ende des Ersten Weltkriegs bis zum Ende des II. Weltkriegs gerade einmal rund 27 Jahre. Aber in dieser Zeit gab es in der deutschen Geschichte erstmals eine Demokratie in Form der „Weimarer Republik". Sie bestand von ihrer Ausrufung am 9. November 1918 durch Philipp Scheidemann bis zu ihrem endgültigen Scheitern am 30. Januar 1933, als Adolf Hitler in die Reichskanzlei einzog, nur wenige Jahre. Es folgte die Diktatur des Dritten Reichs. Dies bedeutete Aufhebung des Rechtsstaats, Aufhebung der Grund-und Menschenrechte, Errichtung von Konzentrationslagern, Ermordung von etwa 6 Millionen Juden in Europa und vielen tausenden Menschen, die sog. „Randgruppen" angehörten. Auch viele deutsche Staatsbürger, die Widerstand leisteten, bezahlten ihren Mut mit dem Leben. Nationalsozialismus: das bedeutete Vernichtung deutscher Kultur und deutschen Geistes. In einem fürchterlichen Vernichtungskrieg, der über 60 Millionen Menschenleben kostete, ging das Dritte Reich unter. Allein etwa 500 000 Menschen kamen durch Bombenangriffe ums Leben. Von den 5,7 Millionen sowjetischen Gefangenen gingen in deutschen Lagern fast 3,3 Millionen zugrunde und von etwa 3,1 Millionen deutschen Kriegsgefangenen kamen aus Russland nur 1,3 Millionen zurück. Etwa 2,8 Millionen Zivilisten überlebten die Flucht aus dem Osten und die Vertreibung nicht.

Eingebunden in diese Ereignisse war die Stadt Bayreuth, eingebunden war auch das humanistische Gymnasium. Wie in früheren historischen Perioden auch, funktionierte das staatlich gesteuerte Bildungssystem, funktionierte

Abb. 203: Das Gymnasium mit Hakenkreuzfahne

ein Beamtentum, das in seiner Mentalität und Denktradition darauf ausgerichtet war, der Obrigkeit zu gehorchen und Anordnungen, sofern sie nur im positivistischen Rechtssinn legal waren, bedingungslos zu befolgen.

Widerstand gab es da nur in Ausnahmefällen. Nachdenklich stimmt, dass offenbar der Geist des Humanismus, dass Phasen großer kultureller Höhepunkte in der Geschichte der Nation unter bestimmten Rahmenbedingungen rasch zur Makulatur wurden, vergessen und verweht.

4. DER WEG INS 21. JAHRHUNDERT

Nach Überwindung der ersten Betäubung, nach dem Schock, mitten im Reich dennoch Ziel von Bombenangriffen geworden zu sein, galt es zunächst zu überleben und Bestandsaufnahme zu machen.

Für viele galt es zugleich, sich taktisch geschickt aus Verantwortung und Schuld zu lösen.

In nüchternen Zahlen sah die Bilanz so aus: Den Bombenangriffen fielen 781 Menschen zum Opfer. An materiellen Schäden halten die OMGBY-Akten" 1948 fest[1]:

	Wohn-häuser	Öffentliche Gebäude	Fabriken
Total zerstört	624	44	20
Mittlere Zerstörung	353	9	10
Leichtere Schäden	947	23	13

Die Bevölkerungszahl stieg in kurzer Zeit drastisch an. Eine Bestandsaufnahme von 1950 nennt 59 295 Einwohner (gegenüber 45 028 im Jahr 1939).

Das Verhältnis von Wohnbevölkerung und Zahl der Vertriebenen stellt sich wie folgt dar:

Jahr	Wohnbe-völkerung	Vertriebene	Anteil in %
1946	55 612	10 224	18,4
1950	58 800	12 908	22,0
1952	60 550	14 166	23,3
1953	60 505	14 215	23,4
1955	60 602	15 571	26,6
1960	60 930	14 121	23,2

Brotrationen wurden ab der 87. Zuteilungsperiode um etwa 50 % gekürzt. In der 99. Periode verminderte sich der Kaloriensatz für Normalverbraucher auf 1 094, eine Menge, die zum Überleben nicht ausreichte. Allerdings gab es ab September 1946 eine Kinderspeisung durch Lebensmittel aus den USA, an der im Oktober 2 200 Kinder teilnahmen. Im Mai 1947 erhielten schon 8 265 Schüler auf diese Weise täglich zusätzlich 350 Kalorien.

Tausende von Flüchtlingen und Vertriebenen hausten in Behelfsheimen, von denen das erste

Abb. 204: Das zerstörte Bayreuth, US-Soldaten auf dem Marktplatz, 1945 (Archiv Bernd Mayer)

bezeichnenderweise 1950 am Festspielhaus aufgelöst wurde. Hätte der Anblick des Elends vielleicht die erste Festspielprominenz im Kunstgenuß stören können?

Unter diesen Bedingungen, die hier nicht weiter dargestellt werden können, musste auch das Gymnasium seine Arbeit wieder aufnehmen.[2]

4.1. Exkurs: „Gelehrte Bildung" in der Stadt Bayreuth seit 1949

Wenn hier nochmals in knapper Form auf den Ausbau der Schullandschaft in Bayreuth eingegangen wird, so hat dies seinen guten Grund. Im 19. Jahrhundert entstanden neue Schulen, die sich zu „Höheren Schulen" und heutigen Gymnasien entwickelten, weil eine sich verändernde Gesellschaft und Wirtschaft dies erforderten. Im 20. Jahrhundert setzte sich der Prozess der Veränderung vor allem nach dem Zweiten Weltkrieg dynamisch, nicht linear, sondern progressiv fort. Nicht nur eine anwachsende Bevölkerung verlangte grundsätzlich nach mehr Schulen (dies drückt sich vor allem in der wachsenden Zahl von Volksschulen, später Grund- und Hauptschulen aus), sondern eine Differenzierung der „Höheren Schulen" mit unterschiedlichen Schwerpunktsetzungen und Profilen sollte den unterschiedlichen individuellen Interessen und den unterschiedlichen Anforderungen des Arbeitsmarktes entsprechen. Deshalb erscheint es berechtigt, im Rahmen der Geschichte des Gymnasium Christian-Ernestinum auch die anderen Gymnasien der Stadt Bayreuth kurz zu würdigen.

4.1.1. Neue Gymnasien

4.1.1.1. Das Markgräfin Wilhelmine Gymnasium[3]

Am Anfang stand die Notwendigkeit, auf die anwachsenden Schülerzahlen zu reagieren. Man brauchte mehr Lehrer und so musste in Oberfranken neben der bereits bestehenden in Bamberg eine weitere Lehrerbildungsanstalt gegründet werden. Am 2. Oktober 1895 wurde der repräsentative Bau in der Königsallee durch Regierungspräsident Rudolf Freiherr von Roman eingeweiht. Die Kgl. Lehrerbildungsanstalt Bayreuth nahm ihre Arbeit auf.

Auf die weitere Geschichte der Lehrerbildungsanstalt kann hier nicht näher eingegangen werden. Sie wurde 1942 kriegsbedingt aber auch aus Gründen der Lehrerfeindlichkeit des Regimes aufgelöst. Nach dem Zusammenbruch fanden hier zunächst Schulhelferlehrgänge statt, und 1946 richtete das Ministerium die fünf- und später die sechsklassige LBA ein.

Nach verschiedenen Umstrukturierungen der Lehrerbildung wurde ein Neubau erforderlich, zu dem am 16. November 1962 der Grundstein gelegt worden war. Schon vor der Einweihungsfeier am 26. Januar 1967 hatte seit April 1964 die Hochschule ihren Studienbetrieb am Geschwister-Scholl-Platz aufgenommen.

Das „Deutsche Gymnasium" ist ein Kind der unmittelbaren Nachkriegszeit und durchlief manche Zwischenformen und Durchgangsstadien. Zunächst stand ja das gesamte Schulwesen unter der Aufsicht der US- Militärregierung, die die bisherige bayerische Schulstruktur und Gliederung in ein Einheitsschulsystem nach US-Vorbild umwandeln wollte.

Während harter Auseianandersetzungen in dieser Frage wurde der Keim zum späteren MWG gelegt. Am 21. März 1949 schließlich stellte das Kultusministerium der Militärregierung seine Pläne für das Schuljahr 1949/509 vor. Danach sollten Schüler nach Abschluss der 6. Volksschulklasse in die erste Klasse der bisherigen Lehrerbildungsanstalten aufgenommen werden, womit das Zeichen für den Übergang zu einer neuen Gymnasialform, dem „Deutschen Gymnasium" gesetzt sein sollte. Damit war eine „Kurzform der höheren Schule" geschaffen. In den folgenden Jahren gab es eine dritte Musikstunde, Latein wurde erste, Englisch zweite Fremdsprache. Das Fach Musik wurde weiter ausgebaut mit größerem Stundenvolumen und Festlegung der Wahlpflichtfächer Klavier oder Violine.

Man war auf dem Weg zum „Musischen Gymnasium".

Die Jahre vor und nach 1960 waren eine Zeit der Stabilisierung. 1960/61 gibt es erstmals durchgängig zwei Züge, d.h. von der dritten bis zur neunten Klasse je zwei Parallelklassen pro Jahrgangsstufe. In alter Tradition strebten damals immer noch 24 von 36 Abiturienten den Beruf des Volksschullehrers an.

Am 1. April 1963 verlieh Kultusminister Prof. Dr. Theodor Maunz der Schule die Bezeichnung „Markgräfin-Wilhelmine-Schule, Deutsches Gymnasium Bayreuth".

1965/66 folgte die Bezeichnung „Markgräfin-Wilhelmine-Gymnasium Musisches Gymnasium". OStD Bernhard Becke nahm im Jahresbericht eine Standortbestimmung des Musischen vor. Es verifiziert sich nicht in bloßer Umschichtung und Verlagerung von Unterrichtsstunden von der einen Fächergruppe auf eine andere, hinter dem Begriff des Musischen steht ein Programm: Die Pflege musischen Gutes als wertvollen Pendants zu den intellektuell ausgerichteten Disziplinen findet hier „einen besonderen Auftrag im Leben der Schule". Im selben Schuljahr wird das Gymnasium aufgewertet durch die Genehmigung der Langform und konnte so auch Schüler aus der 4. und 5. Jahrgangsstufe der Volksschule aufnehmen.

Ab dem Schuljahr 1973/74 genehmigte das Ministerium die Angliederung eines neusprachlichen Zweiges mit Englisch als erster Fremdsprache. Nun nennt sich die Schule „Musisches und Neusprachliches Gymnasium".

Damit ging zwar der in sich geschlossene, fachlich eindeutige Charakter verloren, andererseits bewahrte man sich so vor der Gefahr einer „Verinselung". Mit diesem Problem mussten sich aber auch die anderen Gymnasien auseinandersetzen.

4.1.1.2. Das Wirtschaftswissenschaftliche und Naturwissenschaftliche Gymnasium[4]

Die Anfänge des WWG wurzeln in der „Städtischen Handelsschule Bayreuth". Im Zuge der bildungspolitischen Bemühungen seit den 1960er Jahren wurde auf Beschluss des Stadtrats hin im Schuljahr 1965/66 hier ein wirtschaftswissenschaftlicher Gymnasialzweig eröffnet.

Niemand konnte damals ahnen, dass „aus dem 89 Schüler umfassenden ‚Urkern' des WWG gegenüber den 250 Schülern der damals angeschlossenen Wirtschaftsaufbauschule eines der größten Gymnasien Bayreuths mit rund 1200 Schülern werden würde."

1971 konnte ertsmals ein Abitur durchgeführt werden, 1971/72 wurde zum letzten Mal in der siebenjährigen Kurzform unterrichtet und mit dem Schuljahr 1972/73 erhielt das Gymnasium einen mathematisch-naturwissenschaftlichen Zweig.

1973 konnte das neue Schulhaus „Am Sportpark" bezogen werden

1982/83 trennten sich die Wege von WWG und Wirtschaftsschule und 1998 wurde auch die Berufsoberschule ausgegliedert. Erst von da an ist das WWG ein „reines" Gymnasium.

Unter Leitung der Direktoren Hans Ebersberger, Küchler, Werner Weber, Tietz und Gerhard Kraus wurde das Gymnasium kontinuierlich modernisiert und baulich erweitert. So konnte 2010 die Aufstockung des Zentralbaus der Schule in Angriff genommen werden. Große Herausforderungen bedeuteten auch für das WWG z.B. die Einführung der Kollegstufe und des G 8.

Ein besonderer Bildungsschwerpunkt liegt im Bereich der Wirtschaftswissenschaft. Hier erwerben die Schüler Qualifikationen, die sie in besonderem Maße befähigen, sich in einer schnell veränderlichen Arbeits- und Dienstleistungswelt zurecht zu finden. Dazu dienen auch das Fach Wirtschaftsinformatik, verstärkter Unterricht in Wirtschaft/Recht und in Sozialkunde. Im naturwissenschaftlich-technologischen Zweig werden die Schüler mit den Grundlagen der modernen Technik vertraut gemacht. Es werden wesentliche Grundlagen und Schlüsselqualifikationen in den Fächern Informatik, Physik und Chemie vermittelt. So erfuhr die bestehende gymnasiale Schullandschaft in Bayreuth eine wertvolle Ergänzung und das Bildungsangebot für die Bevölkerung konnte optimiert werden.

Mit zahlreichen Zusatzangeboten, Sonderveranstaltungen, Studienfahrten oder Schüleraustauschen reihte sich das WWG von Beginn an nahtlos in die Angebotspalette der bereits bestehenden Gymnasien ein.

4.1.2. Die Universität[5]

Während Lateinschulen und Gymnasien sich im längerfristigen Trend positiv entwickelten, scheiterten zunächst verschiedene Pläne zur Gründung von Universitäten oder Seminaren. Erst im dritten Anlauf kam es am 4. November 1743 zur Gründung der Friedrich-Alexander-Universität in Erlangen, nachdem das Projekt der „Fridericiana" unter Leitung von Daniel de Superville in Bayreuth nur eine kurze Lebensdauer hatte.

Es dauerte bis zu einem erneuten Anlauf 226 Jahre. Am 5. November 1969 fasste der Stadtrat Bayreuth einstimmig u.a. folgenden Beschluss: „Die Errichtung einer Universität in der Stadt Bayreuth". In einer Denkschrift wurde äußerst präzise begründet, warum die Einstufung und der Ausbau Bayreuths als Oberzentrum gefordert werde. Man verwies u.a. auf das Vorhandensein von Bildungsstätten und kulturellen Einrichtungen und auch die bestehenden Schulen. In diesem Kontext wurde begründet, warum Bayreuth vorrangig eine Universität erhalten sollte.

Im April 1970 folgte eine zweite Denkschrift. Inzwischen hatte sich am 19. März 1970 ein Universitätsverein unter Vorsitz des Chefredakteurs Dr. H. Arbinger gegründet. Auch Abgeordnete aller im Bayerischen Landtag vertretenen politischen Parteien hatten sich für die Universität Bayreuth eingesetzt, ebenso der Bezirkstag Oberfranken und die Bezirksplanungsgemeinschaft bei der Regierung von Oberfranken, außerdem viele Einzelpersönlichkeiten.

Am 14. Dezember 1971 wurde der Landtagsbeschluss zur Errichtung der Universität von der Stadt mit einem Fackelzug gefeiert, am 23. März 1974 war Grundsteinlegung und am 27. November 1975 eröffnete der Bayerische Staatsminister für Unterricht und Kultus Prof. Dr. Hans Maier die Universität Bayreuth. Der Schwerpunkt lag von Beginn an bei den Naturwissenschaften.

Heute bieten sechs Fakultäten Forschung und Lehre auf hohem Niveau: Fakultät für Mathematik, Physik und Informatik (MPI), Fakultät für Biologie, Chemie und Geowissenschaften (BCG), Rechts- und Wirtschaftswissenschaftliche Fakultät (RW), Sprach- und Literaturwissenschaftliche Fakultät (SpLit), Kulturwissenschaftliche Fakultät (KuWi) und Fakultät für Angewandte Naturwissenschaften-Ingenieurwissenschaften (FAN).

Zu den zentralen Einrichtungen zählen die Universitätsbibliothek, Sprachzentrum (mit internationalem Sprachzertifikat UNIcert), Rechenzentrum, Zentrale Technik, Ökologisch-Botanischer Garten und Medienlabor.

Vielfältige Studienangebote führen zum Bachelor, Diplom, Lehramt und Staatsexamen Jura. Dazu kommen berufsbegleitende Master-Studiengänge.

Zu den zahlreichen zentralen wissenschaftlichen Einrichtungen zählen z.B. das Bayerische Geoinstitut, das Bayreuther Zentrum für Kolloide und Grenzflächen, das Bayreuther Institut für Makromolekülforschung, das Forschungszentrum für Bio-Makromoleküle, das Bayreuther Zentrum für Molekulare Biowissenschaften, das Bayreuther Zentrum für Ökologie und Umweltforschung, das Bayreuther Materialzentrum, das Institut für Afrikastudien oder das Bayreuther Institut für Europäisches Recht und Rechtskultur.

In vielen interdisziplinären, fakultätsübergreifenden Forschungseinrichtungen spiegeln sich die Profilfelder der Universität Bayreuth in Forschung und Lehre wider: Hochdruck-und Hochtemperaturforschung, Makromolekül- und Kolloidforschung, Ökologie und Umweltwissenschaften, Neue Materialien um nur einige zu nennen.

Im Jahr 2010 (NK, 11. Oktober 2010, S. 7), erinnert Professor Andreas Fery, Inhaber des Lehrstuhls Physikalische Chemie II, an das seit zehn Jahren bestehende Zentrum für Kolloide und Grenzflächen. Einer der Gründe für den Erfolg war aus seiner Sicht, dass das BZKG konsequent interdisziplinär aufgebaut wurde. Es wurde schon früh als Schnittstelle zwischen der universitären Forschung und der Anwendung in den kleinen und mittelständischen Unternehmen der Region eingerichtet.

Zu bekannten Persönlichkeiten mit Studium in Bayreuth gehören z.B. Andreas Voßkuhle (Präsident des Bundesverfassungsgerichts), Karl-Theodor zu Guttenberg (im Kabinett Merkel Bundesminister für Verteidigung) oder Thomas Hacker (Fraktionsvorsitzender der FDP im Bayerischen Landtag). Leider musste Ende Febuar 2011 Karl Theodor zu Guttenberg der Doktortitel aberkannt werden.

Auf dem Hintergrund der Leistungen der Universität Bayreuth und ihrer hervorragenden Platzierung im bundesweiten Vergleich erscheint es bedenklich, dass seit geraumer Zeit immer wieder Mittel für Weiterentwicklung und Ausbau gekürzt wurden, worunter vor allem auch die Universitätsbibliothek zu leiden hat. Universitätspräsident Professor Dr. Rüdiger Bormann (gest. 2013) wehrt sich in einem Interview gegen Kürzungen in Forschung und Lehre. Der Freistaat laufe Gefahr, seinen guten Ruf als Wissenschaftsstandort zu verspielen. Auch der Landesverband Wissenschaftler in Bayern (LWB) kritisierte vehement die „inakzeptablen Sparmaßnahmen" und verwies ebenfalls darauf, dass so der Wissenschaftsstandort Bayern entscheidend und nachhaltig geschädigt werde.[6]

In aller Bescheidenheit aber darf das vormalige „Gymnasium illustre" für sich reklamieren, dass in der Gründung dieses Gymnasiums im 17. Jahrhundert die Wurzeln der „gelehrten Bildung" lagen und damit schon in früher Zeit die Bedingungen für die Möglichkeit, in Bayreuth eine Universität zu etablieren, mitgeschaffen wurden.

4.2. Harte Nachkriegsjahre

Schulleiter in dieser schwierigen Zeit waren Friedrich Böhner (1945–1959), Dr. Heinrich Rauber (1949–1952) und Dr. Otto Mebs (1952–1959).

Abb. 205: Friedrich Böhner    *Abb. 206: Dr. Rauber*    *Abb. 207: Dr. Otto Mebs*

Von der Militärregierung wurden zunächst alle ehemaligen Parteimitglieder entlassen. Es waren dies laut Niederschrift über die 1. Sitzung des Lehrerrats am 12. Dezember 1945 OStD Frank, die Studienprofessoren Diepold, Hagen, Schmidt, die Studienräte Meißner, Müller, Dr. Oppel, Dr. Weiß.

Vom Wehrdienst noch nicht zurückgekehrt waren Dr. von Lupin, Dr. Rieß, Bretzfeld und Pfarrer Brehm.

Mit einem Schreiben vom 28. November 1945 hatte die Militärregierung von Ober- und Mittelfranken die Wiedereröffnung des Gymnasiums Bayreuth genehmigt. „So kann am 12. Dezember 1945 der Unterricht zunächst in den unteren vier Klassen wieder aufgenommen werden. Der Unterrichtsbeginn für die oberen Klassen soll im Januar nachfolgen."

Durch ME vom 20. September 1945 Nr. VIII 21 285 wurde Studienprofessor Böhner nach vorheriger Genehmigung durch die Militärregierung zum kommissarischen Leiter der Anstalt bestellt. Die Rückgebäude, die die Lehrzimmer enthielten, waren seit Januar 1945 als deutsches Lazarett verwendet, dann von amerikanischen Truppen besetzt und Anfang Dezember 1945 wieder freigegeben worden. Die Turnhalle blieb vorerst noch den Amerikanern überlassen.

Mehr als 8 Monate hatte der Schulbetrieb geruht. Vom bisherigen Lehrkörper waren nur noch 3 Lehrer vorhanden: Friedrich Böhner, Alfred Schramm und Dr. Michael Arneth. Neu eingestellt wurden ab Januar 1946 Karl Vogel, Dr. Otto Beyer, Dr. Paul Meyerheim und Erich Lampert, die fast alle schon seit langer Zeit an höheren Schulen in Schlesien gewirkt hatten. Außerdem erklärte sich Dr. Otto Veh vom Gymnasium Würzburg bereit, am Gymnasium in Bayreuth zu unterrichten. Schließlich kam als neue Lehrkraft Pfarrer Hans Dorschky. Von den Lehrern der Oberrealschule unterrichteten noch weiterhin Christian Kästner in Naturkunde, Fritz Beer in Musik und Karl Feneberg in Zeichnen. Als Lehrer für Biologie konnte Universitätsprofessor Dr. Wilhelm Wunder gewonnen werden.

Im April 1945 hatte auch das Gymnasium durch Brandbomben Schaden gelitten und nur der Achtsamkeit der Luftschutzwache war es zu verdanken, dass Archiv und Bibliothek gerettet werden konnten.

Es herrschte Mangel an allem. Zwar musste kaum Unterricht ausfallen, doch um Kohle zu sparen fand der Unterricht vormittags und nachmittags in möglichst wenigen Räumen statt. Zusätzlich waren Schüler der Oberrealschule und der Oberschule für Mädchen im Gymnasium zu unterrichten. Es gab zunächst keine Lehrbücher und keine Lehrpläne.

Am 9. März 1946 bat das Direktorat dringend um Werkzuge für Instandsetzungsarbeiten, da die vorhandenen durch Kriegseinwirkung restlos in Verlust gegangen waren. Dankbar war man, als am 19. August 1946 das Forstamt Weidenberg der Schule mitteilte, dass trotz der ungeheuren Anforderungen nochmals 20 Ster Holz zugeteilt werden könnten. Das Holz stehe in der Nähe von Hirschhorn auf einem großen Kahlhieb.

Direktor Böhner bestätigte wenig später der Militärregierung den Empfang von Sportgeräten:

„I hereby certify that on this date I have received ... the following list of the athletic equipment to be used in the athletic sports phase of the German youth activities Program …"

Er nennt u.a. „air pumps", „needles", „footballs", „soft-balls", „Volley ball net".

Für 13 Kriegsteilnehmer wurde ab 18. Februar 1946 bis 7. September 1946 ein besonderer Lehrgang eingerichtet.

Im Herbst 1946 begann die Schulspeisung, an der nach ärztlicher „Auslese" 55 Schüler teilnahmen. Ab Mai 1947 waren es täglich 244 Schüler. Außerdem wurde der hintere Turnhof für eine Speisung von über tausend deutschen Arbeitern verwendet, die für die Amerikaner tätig waren. Damit entstanden allerdings manche Probleme, „denn die große Menge der Gespeisten nahm täglich den Weg durch den Schulhof und auch die Last- und Personenfahrzeuge fuhren oft mitten durch die in der Pause sich tummelnden Schulkinder."

Trotz der Not aber gab es erste Ausbildungsbeihilfen, die 1945/46 600 RM und 1946/47 insgesamt 2 100 RM.betrugen, während andererseits ein Schulgeld von 200 RM zu bezahlen war. Auch organisierte man schon im Schuljahr 1946/47, das erstmals wieder mit einem Schulgottesdienst eröffnet wurde, Veranstaltungen wie z.B. einen „Debattierklub" nach amerikanischem Vorbild, Wiedersehensfeiern für die Abiturjahrgänge 1896, 1898, 1922 und 1939 oder musikalische Feierstunden in der Aula.

Bereits am 6. Juli 1946 gelang es, eine Musikaufführung zu bieten. Ausführende waren ein Bariton der früheren Oper in Kassel Georg Hennecka und Fräulein Adelheid Groß.

Themen im Fach Deutsch lauteten nun in der 7. Klasse z.B. „Achte jedes Mannes Vaterland, aber das deine liebe!"oder in der 8. Klasse: „Vergessen ein Fehler, eine Tugend, ein Glück"

Als Themen der ersten Reifeprüfung nach dem Krieg wurden 1946 gestellt:

1. Der Mensch ein Sohn der Zeit, ein Herr der Zeit, ein Raub der Zeit.
2. Es gibt nur ein Glück: die Pflicht, nur einen Trost:die Arbeit
3. Welche Gefahren bringt die großartige Entwicklung der Technik mit sich?

1946/47 konnte auch Wahlunterricht im Französischen und Hebräischen angeboten werden, und obwohl es zunächst an Streichinstrumenten fehlte, beteiligten sich am Violinunterricht doch immerhin 25 Schüler.

Trotz der schwierigen Verhältnisse fanden Schülerwanderungen statt und im Sommer 1946 beteiligten sich viele Schüler unter Führung einiger Lehrer am Einsammeln des Kartoffelkäfers, der im Krieg als biologisches Kampfmittel eingesetzt worden war.

Wieder eingeführt wurde im gleichen Schuljahr die Notenordnung 1–5. In diesem Zusammenhang macht „ehrerbietigst" Dr. Schmerl von der Oberrealschule Coburg den Vorschlag, alle Lehrkräfte sollten den Mut haben, auch die Note 1 und die Note 5 zu geben. Diese Notenstufen würden oft vermieden.

Schwer nur löste man sich vom alten Sprachgebrauch. Schmerl fährt fort: „Auch ich halte es für kaum möglich, für alle höheren Lehranstalten die gewünschte Gleichschaltung (!) zu erreichen." Dr. Veh vom Gymnasium Bayreuth betonte, dass die Gleichheit der Bewertungsgrundsätze für Schüler mit gleichen Fähigkeiten unbedingt gewährleistet sein müsse und dass der Unterschied zwischen sog. „leichten" und als „schwer" verschrienen Anstalten verschwinden sollte."Unsere höheren Schulen sollen Pflanzstätten geistig und moralisch wertvoller Menschen sein, sie sollen sich einerseits nicht auf die Züchtung (!) von intellektuellem Proletariat, andererseits aber auch nicht bloß auf die Auslese (!) von ganz wenig genialen Menschen verlegen."

Gleichzeitig wurde bestimmt, dass nur zweimal im Jahr Zeugnisse auszugeben seien, am 1. Februar ein Winterzeugnis und ein Jahreszeugnis im Juli, wobei eine Benotung von Betragen und Fleiß in Ziffern wegfiel.

Noch 1951 wird im Protokoll zur Wahl des „Betriebsrats" formuliert: „Anschließend übernahm OStR Vogel als ältestes Gefolgschaftsmitglied (!) den Vorsitz und führte in Anwesenheit aller Betriebsangehörigen die Wahl des Wahlvorstandes für die Betriebsratswahl durch."

Ein großes Problem stellte in diesen ersten Jahren nach dem Krieg die Regelung des Besoldungsrechtholzes dar. 1951 wurde die bisher geleistete Barablösung eingestellt. Der Stadtrat hatte in einem Schreiben vom 15. November 1951 in Abrede gestellt, dass die Stadt Bayreuth zur Leistung des Holzreichnisses von 23,5 Ster Scheitholz in Natur oder in Geld verpflichtet sei. Die Oberfinanzdirektion ersuchte um Mitteilung, ob und wodurch der Nachweis des Herkommens erbracht werden könne. Es drohte ein Rechtsstreit zwischen der Oberfinanzdirektion und der Stadt Bayreuth. Die Nachforschungen ergaben damals, dass dieses Reichnis zum mindesten seit 1817, jedenfalls aber schon zur Zeit der markgräflichen Regierung bis 1938 anstandslos von der Stadt geleistet worden war. „Es ist sohin durch außerordentliche Verjährung erworben." Akten im Schularchiv belegen übrigens diese Rechte aus der Markgrafenzeit.

Zu den Reichnissen gehörten ursprünglich auch 2 hl Weizen, 209 hl Korn, 70 hl Gerste,

48,73 Ster Buchenscheitholz (= 15 $^5/_9$ Klafter bayer. Maß), 120,32 Ster weiches Scheitholz (= 34 Klafter Nürnberger Maß), 15,91 Ster weiches Stockholz (= 8 $^8/_9$ Klafter bayer. Maß)

Nach Zustimmung der Oberfinanzdirektion Nürnberg, Zweigstelle Ansbach, erklärte sich die Regierung von Oberfranken mit dem Vorschlag der Stadt Bayreuth vom 8. April 1954 grundsätzlich einverstanden, das Holzreichnis durch einen einmaligen Betrag von 5000 DM abzulösen.

Im Juni 1948 kamen wider Erwarten und zur großen Freude der Lehrer und Schüler die drei Schulglocken zurück, „so dass die seit Jahren stumm gewordene Uhr auf dem Türmchen ihre altvertraute Stimme wieder erhielt, um mit hellem Schlag den Schulstunden ihre Zeit zuzumessen."

Zurückgegeben wurde am 14. Februar 1949 die Turnhalle samt Turnplatz, doch fehlte es an Sportgeräten. Auch der Unterricht in Musik hatte Probleme. Es mangelte an Instrumenten. Trotzdem machte das Schulorchester Fortschritte. Am Wahlunterricht nahmen immerhin bereits 83 Schüler teil, 31 am Instrumentalunterricht, 52 am Chor.

Ganz allmählich besserten sich die Verhältnisse mit der Währungsreform vom 21. Juni 1948 und mit der Gründung der Bundesrepublik Deutschland. Am 23. Mai 1949 wurde das Grundgesetz der Bundesrepublik Deutschland offiziell verkündet. Es begann die Phase des Wiederaufbaus und der Westintegration, es begann ein Wirtschaftsaufschwung, der später als „Wirtschaftswunder" bezeichnet wird.

Es gab einerseits wieder Ausbildungsbeihilfen z.B. von 3 910 DM, die an 26 Schüler vergeben wurden, andererseits erhob man ein Schulgeld von 100 DM, das in 10 Raten zu entrichten war. Hinzu kamen 5 DM Einschreibgebühr, 2 DM für die Schülerlesebücherei, 0,80 DM für Lernmittel, 3 DM für Physik, 2 DM für das Reifezeugnis und 1 DM für das Jahreszeugnis. Das bedeutete für viele Eltern durchaus eine hohe Belastung. Ab 1950/51 wurde allerdings kein Schulgeld mehr erhoben.

Nachdem das Städtische Hallenschwimmbad wieder geöffnet werden konnte, erwarben im Schuljahr 1949/50 73 Schüler den Freischwimmerschein, 50 legten die Prüfung für den Fahrtenschwimmer und 30 für den Rettungsschwimmer ab. 10 Schülerinnen erwarben

Abb. 208: Treffen der Abituria am 17. Juli 1947

Abb. 209: 40-jähriges Abiturtreffen des Abiturjahrgangs 1947 am 31. Mai 1987
Von links nach rechts: Nickl, Hutzelmeyer, Kriegbaum, Biedermann, Purrucker, Strohm, Schmidt, Fleischer, Haberstroh

den Grundschein der Wasserwacht des Roten Kreuzes und insgesamt wurden 266 Schüler als Schwimmer verzeichnet.

Wie breit das Gymnasium auch in diesen schwierigen Jahren in seinem Bildungsangebot ausgelegt war, zeigt u.a. das Angebot an Wahlfächern, das von vielen Schülern angenommen wurde. Im Schuljahr 1950/51 lauten die Teilnehmerzahlen:

Französisch 18, Italienisch 8, Russisch 18, Hebräisch 8, Chemie 16, Kurzschrift 89, Technisches Zeichnen 23, Kunstgeschichte 8, Instrumentalunterricht 54, Chor 57, Orchester 26.

Erstmals nahmen Schüler an einem Wettbewerb mit dem Thema „Jugend und Eisenbahn" teil und konnten den 3. Preis, eine Freifahrt 3. Klasse im Schnellzug innerhalb der 100 km-Zone erlangen.

Das Schulleben wurde durch zahlreiche kulturelle Veranstaltungen bereichert, wozu vor allem Theaterbesuche, Musikveranstaltungen, Vorträge und Besichtigungen gehörten.

Ein erstes Treffen der Abituria fand schon am 17. Juli 1947 statt.

4.3. Schulreform, Bildungspolitik und Einführung neuer Fächer[7]

„Das Erziehungswesen in Deutschland muß so überwacht werden, daß die nazistischen und militaristischen Lehren völlig entfernt werden und eine erfolgreiche Entwicklung der demokratischen Ideen möglich wird."[8]

Im Jahre 1946 wurde unter Leitung von George F. Zook, dem „President of the American Council on Education" eine Kommission von Fachleuten nach Deutschland entsandt, die besonders den Rang der Schule als „Hauptfaktor für die Demokratisierung Deutschlands" betonte. In diesem Zusammenhang wurde das tradierte dreigliedrige Schulwesen in Deutschland kritisiert und vor allem der elitäre Charakter der höheren Schulen beklagt.

Schon in diesen frühen Jahren also erkannte und thematisierte man das Problem der Ungleichheit von Bildungschancen.

Im Kontext dieser Einsichten und Perspektiven ist der spätestens seit Mitte der sechziger Jahre in der Bundesrepublik intensivierte Ausbau der Begabungsforschung und Lernforschung zu sehen.

Begabung wird nicht länger nur als eine statische, erbanlagemäßig festgelegte Voraussetzung für Lernleistung verstanden, sie gilt nur als einer von vielen Bedingungsfaktoren für Schulleistung.[9]

Alle Ansätze einer ersten Reform aber scheiterten, wobei hier auf die Gründe im Einzelnen nicht eingegangen werden kann.[10]

Im Rückblick hält Hans-Ulrich Wehler fest: „Die Epoche von 1949 bis 1990 hat die größte Expansion des Ausbildungswesens in der deutschen Bildungsgeschichte erlebt. Besonders auffällig vollzog sich diese Ausweitung im Bereich der höheren Schulen und an den Universitäten."[11]

Dies zeigte sich in der Ausdehnung der höheren und mittleren Schulen auf Kosten der Volks- und Grundschule, in der Ausweitung der Universitäten und Technischen Hochschulen und in dem überproportionalen Wachstum der weiblichen Bildungsbeteiligung.

Diese Tendenzen erfuhren eine ungeahnte Verstärkung, als die Bildungspolitik der Bundesrepublik seit den frühen 60er Jahren ein beispielloses Tempo gewann.

Allerdings setzte sich auch eine Restauration durch. In allen drei westlichen Besatzungszonen kehrte man zu einem pragmatischen Wiederaufbau des Schulsystems nach dem Modell der späten Weimarer Republik zurück.

Das neunjährige Gymnasium bestand in seinen verschiedenen Varianten, etwa als humanistische, neusprachliche, naturwissenschaftliche höhere Schule, weiter.

1972 begann eine Oberstufenreform mit der Möglichkeit, Fächerschwerpunkte zu setzen.

Schon 1962 hatte ein zügiger Ausbau des westdeutschen Bildungssystems eingesetzt, als die OECD die Bildung zum „Grundrecht" eines jeden europäischen Bürgers erklärte.

Georg Picht beschwor die nahende „Bildungskatastrophe".

So kam es zwischen 1960 und 1975/80 geradezu zu einer Explosion im Bildungswesen. Es stieg die Lehrerzahl von 1960 bis 1975 um mehr als siebzig Prozent von 264 000 auf 459 000. Die Zahl der Gymnasialschüler kletterte zwischen 1960 und 1970 um 526 000.

Insgesamt aber scheiterte dieser Anlauf. „Die aufstiegsorientierten, bildungsbeflissenen bürgerlichen Mittelklassen der expandierenden Angestelltenschaft und der diversen Dienstleistungsklassen schickten ihre Kinder fast ausnahmslos auf das Gymnasium." Man sah hier die Leiter zum sozialen Aufstieg. Die Gesamtschulpläne waren gescheitert.

In einer institutionellen Nivellierung zur Gesamtschule sah man kein universelles Heilmittel. Leistungsbereitschaft und Leistungsfähigkeit blieben grundlegende Voraussetzung für den Übertritt an eine weiterführende Schule, deren erfolgreicher Abschluss wiederum zum Studium an einer Universität berechtigte.

„Ein anderer langlebiger Streit entzündete sich am Charakter des Gymnasiums. Seine alt- und neuhumanistischen Varianten, die einst seinen Ruhm begründet hatten, waren längst geschrumpft, doch diese Schultypen wurden noch immer zäh verteidigt" und behaupteten sich gegenüber aller Kritik. Das althergebrachte Gymnasium erwies sich mit großem Abstand als die attraktivste Form für schulische Bildung und als Grundlage späterer spezialisierter Weiterbildung an Universitäten und anderen Fachhochschulen.

Der Preis für die unvermeidbare Inflation der Bildungszertifikate (Abitur) bestand freilich aus der Abwertung ihrer Bedeutung, da die ansteigende Abiturientenquote keineswegs automatisch den Aufstieg in eine Führungselite garantierte. Ein Trend, der sich während der letzten 20 Jahre noch verstärkt hat.

So kann nicht überraschen, dass sich die Bildungschancen bisher benachteiligter Klassen seither nicht entscheidend verbessert haben.

Wegen der rapide zunehmenden Bedeutung der Wissensgesellschaft und damit auch der Akademisierung, ist insgesamt die soziale Ungleichheit eher noch gewachsen.

Nach wie vor stellen die Kinder der unterschiedlichen bürgerlichen Mittelklasse und der etablierten Akademikerfamilien die große Mehrheit der Schülerschaft auf den höheren Schulen.

Mit dem großzügigen Ausbau des Schulwesens war die Hoffnung verbunden, die Zählebigkeit der „Sozialen Ungleichheit" endlich erfolgreich bekämpfen und bisher ungenutzte Talente dem gesellschaftlichen Leben zuführen zu können. Aber trotz aller Anstrengungen der Reformplaner wurden die neuen Chancen von Arbeiterkindern nur vergleichsweise selten genutzt.[12]

Es versteht sich, dass letztlich die hier knapp angedeuteten Probleme auf dem Hintergrund übergreifender Stukturbedingungen und Entwicklungsprozesse der „Sozialen Ungleichheit" gesehen werden müssen.[13]

Die großen Reformen im Bildungswesen seit 1949 bestanden in der Einführung curricularer Lehrpläne anfang bis Mitte der 1970er Jahre, wobei eine begabungstypologisch begründete Zuordnung von Unterrichtsinhalten zu Schulformen zunehmend von der Maxime einer „Wissenschaftsorientierung" verdrängt wurde.[14]

Es folgte die Einführung der sog. „Kollegstufe" mit ersten Versuchsschulen in Bayern 1970/71 (endgültiger Beginn1973) und schließlich die Umstellung der Gymnasien auf das achtjährige Gymnasium (G8). Alle diese Veränderungen müssen im Zusammenhang mit politischen Prozessen, Entwicklungen in der EU und mit Studien der OECD gesehen werden.

Unübersehbar ist auch der wachsende Einfluss von Industrie und Wirtschaft auf die politischen Entscheidungsträger mit dem interessebedingten Ziel, Schulen als In-und Out-put Systeme zu betrachten, um kurzfristig rasch verfügbares Mitarbeiterpotenzial zu gewinnen. Dagegen wurde in den letzten 10–15 Jahren kaum mehr ernsthaft über „Bildung" und Bildungsinhalte gesprochen. Im Rückblick kann man feststellen, dass manche hochangesetzten Ziele, manche euphorischen Hoffnungen sich als Schall und Rauch erwiesen. Vergessen wurde, dass in Schulen nicht Schrauben und Glühbirnen hergestellt werden, sondern dass es hier um junge, sich in der Entwicklung befindende Menschen geht, die angemessene Zeit für ihre Reifung brauchen. Vergessen wurde zugleich, dass für mittel- und langfristige Lernerfolge, für qualifizierten, ergebnisorientierten Unterricht entsprechende Rahmenbedingungen unabdingbare Grundvoraussetzung sind. Permanente „Evaluation" kann diese Defizite nicht ersetzen. Im Juni 2009 kommt es in zahlreichen Städten zu Demonstrationen, an denen Schüler, Studenten, Lehrer, Professoren und Eltern teilnehmen.

Für das Gymnasium Christian-Ernestinum muss allerdings positiv hervorgehoben werden, dass in den folgenden Jahren im Zusammenhang mit der ersten Evaluation das wesentliche Resultat, nämlich am besonderen Profil der Schule und entsprechenden schulischen Strukturen weiterzuarbeiten und diese noch zu verbessern, sehr ernst genommen wurde. Es kam bis zur Gegenwart beständig zu nachweisbaren Verbesserungen.

Es wird nun zu betrachten sein, wie die skizzierten Reformen am Gymnasium Christian-Ernestinum umgesetzt wurden und von welchen Folgen sie begleitet waren.

Schon 1950 regte die vorläufige Landeselternvertretung für die höheren Schulen in Bayern an, der Einführung einer sechsklassigen Realschule als Nebenzug zuzustimmen. Unter gewissen Voraussetzungen befürwortete der Elternbeirat des Gymnasium Christian-Ernestinum den Vorschlag. Als Bedingungen wurde formuliert: Keine Überstürzung dieser Reform, Sicherung des Unterkommens der Absolventen dieses Zuges, vorherige Bekanntgabe der Lehrfächer und der Art der Differenzierung. Aber erst 1962 kam es zu einer intensiven Debatte über die Einführung eines realgymnasialen Zweiges, worüber die lokale Presse ausführlich berichtete.[15]

Es hatte eine Elternbefragung gegeben, an der sich von 348 Stimmberechtigten 341 beteiligten. 75,7 % stimmten für die Beibehaltung der bisherigen Form als humanistisches Gymnasium mit Schwerpunkt Latein und Griechisch. Zur Debatte stand die Einrichtung einer zweiten Hauptfächergruppe, die anstelle des Griechisch-Unterrichts Französisch und später zusätzlich Unterricht in Chemie vorsah.

Am Jean Paul Gymnasium in Hof hatte nach Bericht des MB Dr. Dr. Julius Andreae die Angliederung des realgymnasialen Zweiges keine Probleme verursacht.

Besonders der Verein der Freunde des humanistischen Gymnasiums wandte sich an OStD Geyer (17. November 1962).

„Die Frage der Angliederung eines realgymnasialen Zweiges an das hiesige Gymnasium ist in der Vorstandschaft eingehend erörtert worden. Der Verein nimmt nachstehende Haltung ein:

Es wird einer Angliederung nicht widersprochen unter folgenden Voraussetzungen:

1. Bezeichnung der Schule lautet künftig hum. Gymnasium Christian-Ernestinum Bayreuth mit Realgymnasium

2. der realgymnasiale Bildungszweig beginnt erst von der 4. Klasse an.

3. im Reifezeugnis wird zwischen dem humanistischen und dem realgymnasialen Bildungsweg klar unterschieden.

Im Jahresbericht 1962/63 wird festgehalten: „Um den Willen der Elternschaft genau festzustellen, wurde eine Elternbefragung durchgeführt, nachdem am 22. und 23. Oktober in Elternversammlungen der besonders betroffenen Klassen 1 bis 3 alle Fragen eingehend erörtert worden waren. Diese vom 23. bis 30. Oktober durchgeführte Befragung der Eltern hatte folgendes Ergebnis:

Schülerzahl	348
Stellungnahmen	341
Für humanistische Fächerfolge	258
Für neue Fächerfolge	77
nicht auswertbar	6

Da die neue Fächerfolge in den unteren Klassen stärker gewünscht wird, stellte die Schule … den Antrag auf Angliederung eines realgymnaisalen Zweiges …"

Mit Entschließung des Bayerischen Staatsministeriums für Unterricht und Kultus vom 20. Juni 1963 wurde genehmigt, dass am Gymnasium Christian-Ernestinum Bayreuth ein realgymnasialer Zweig eingerichtet wird. 1964 kam es im Zusammenhang mit dem Neuaufbau des höheren Schulwesens in Bayern zu einer Veränderung mit neuen Stundentafeln. Das Realgymnasium wurde geteilt in eine Form mit grundständigem Latein und mit grundständigem Englisch. Die Zweige an den humanistischen Gymnasien gehörten seitdem der ersteren Form an. Sie begannen in den Fremdsprachen mit Latein, dem in der 7. Klasse Englisch und in der 9. Klasse Französisch folgte.

Am realgymnasialen Zweig nahmen erstmals im September 1963 29 Schüler (unter ihnen 13 Mädchen) der Klasse 4b teil. 1964/65 waren es 50 Schülerinnen und Schüler, 1965/66 insgesamt 47 und 1966/67 insgesamt 58.

Erstmals ist auch das Fach „Sozialkunde" am 29. Oktober 1951 Gegenstand einer Fachsitzung. OStR Dr. Otto Veh berichtete über den 3. Lehrgang für Sozialkunde in Kempfenhausen. St. Ass. Wührl, der das Fach unterrichtete, hielt dazu ein Korreferat.

Es handle sich um ein neues Fach, das u.a. dazu beitragen solle, die bisherige allzu individualistisch betonte Ausbildung vom Sozialen her zu überwinden. In Referaten wurde am Beispiel der soziologischen Systeme A. Webers, Toynbees und des Marxismus gezeigt, wie sich Soziologie und Geschichte berühren können. Diesen theoretischen Ausführungen wurde z.T. widersprochen. Zur Praxis hieß es, der Stoff sei nur systematisch, doch mit geeigneten Einblicken in die Gegenwartskunde darzubieten. Relations- und Modelldarstellung seien zu vereinigen. Sittliche Motive müssten eingeführt werden, da der bloße Realismus die Gefahr des Nihilismus in sich berge. So müssten den Schülern Werte und Nichtwerte deutlich gemacht werden. Dabei sei „Gesellschaft als Integration sozialer Prozesse" zu verstehen. Dem Lehrer der Sozialkunde solle größtmöglicher Spielraum gelassen werden, allerdings unter genauer Trennung zwischen Positivem und Spekulativem.

In der 8. Klasse seien vor allem Wirtschaftsfragen, in der 9. Klasse die Funktionen des Staates zu erörtern.

Im Anschluss an die Referate äußerte der Anstaltsvorstand, es sei seine Überzeugung, dass Sozialkunde nicht eigentlich ein neues Fach zu sein bräuchte, sondern schon immer in irgendeiner Weise in jedem Unterricht betrieben worden sei." Nicht nur abfragbares Wissen, sondern Einführung in das Leben, das Erfassen und Betrachten der staatlichen Ordnungen und der Völkergemeinschaft seien wesentlich. In diesem Sinne müsse Sozialkunde zum Unterrichtsprinzip werden.

Aus heutiger Sicht klingt das alles etwas „wolkig" und diffus, doch ist zu bedenken, dass es damals noch keinerlei Erfahrungen mit diesem neuen Fach und keine gezielte Ausbildung an der Universität gab. Später waren im Rahmen einer Dreifächerkombination für das Zusatzfach Sozialkunde immerhin Politologie, Soziologie, Ökonomie und Recht mit jeweiligen Prüfungsschwerpunkten zu belegen. Erstmals wird mit diesem Hintergrund das Fach Sozialkunde 1972/73 von StR z.A. Manfred Fischer, ab 1973 von StR z.A. Rainer Trübsbach unterrichtet. Später trennt man davon das Fach Wirtschaft in Kombination mit einem weiteren Fach. Erster Lehrer für die neue Fächerverbindung Wirtschaft/Recht war seit 1980/81 der damalige StR Rolf Müller. Inzwischen gibt es die alte Kombination nicht mehr. Geschichte und Sozialkunde sind in der Oberstufe eng miteinander verbunden und der Lehrer muss dann u.U. die notwendige Fakultas in einem ausgewiesenen Studium nachholen. Tatsache ist, dass ein großer Teil der Schüler das Gymnasium mit äußerst geringen Kenntnissen des politischen Systems und politischer Institutionen verlässt, zu schweigen von Einblicken in gesellschaftliche Prozesse und Entwicklungen (z.B. „Soziale Schichtung", „Mobilität", „Berufsstrukturen" usw.) oder gar der Fähigkeit, komplexe Sachverhalte auf diesen Gebieten kritisch zu erörtern.

Eine Verordnung zur Veränderung der Schulordnung vom 4. Mai 1965 brachte der Bezeichnung „Neusprachliches Gymnasium" entsprechend den Namen „Neusprachlicher Zweig". Dieser wurde nach den neuen Stundentafeln seit dem Schuljahr 1966/67 mit der Klasse 9 beginnend geführt. Damit hatte sich zugleich der „realgymnasiale Zweig erledigt

Zum erstenmal gab es 1969 ein Abitur am neuen Zweig der Schule, und zwar mit Französisch statt Griechisch.

Vom Schuljahr 1970/71 an wurde der Neusprachliche Zweig schließlich an der Schule einheitlich nach den Stundentafeln von 1964 unterrichtet.

Im gleichen Jahr 1970/71 begannen in Bayern erste Versuche im Zusammenhang mit einer grundlegenden Neugestaltung der gymnasialen Oberstufe, an denen seit 1. Februar 1971 bereits 27 Gymnasien teilnahmen. Ziel der Reform war es, durch echte Leistungsanreize die Studienfähigkeit der Abiturienten zu verbessern und den Weg in bestimmte Berufe unmittelbarer zu finden. Die Kollegstufe umfasste die bisherigen Klassen 11–13, wobei der 11. Klasse eine „Gelenkfunktion" zukam. Die Klassen 12 und 13 wurden zu einer Einheit zusammengefasst und in Kursgruppen aufgelöst bei Einteilung in 4 Kurshalbjahre. Der Kollegiat konnte nun je nach Neigung und Fähigkeit Arbeitsschwerpunkte im Rahmen bestimmter Vorgaben selbst bestimmen und entsprechend Leistungs- und Grundkurse wählen. Ein Pflichtpensum von Grundkursen blieb bestehen, um einer zu frühen und engen Spezialisierung vorzubeugen. In den Anfangsjahren musste der Schüler seine Studiennachweise selbst erbringen, es bestand Anwesenheitspflicht und die Zahl der versäumten Stunden wurde ohne Angabe von Gründen in den Zeugnissen eingetragen.

Man vertraute auf die wachsende Selbsterziehung der Kollegiaten.

Am Gymnasium Christian-Ernestinum erfolgte wie in ganz Bayern die Einführung der Kollegstufe mit dem Schuljahr 1976/77.

Im Rückblick lässt sich feststellen, dass nach einer gewissen Anfangseuphorie doch bald Ernüchterung einkehrte. Die „Bringpflicht" von Leistungen wurde bald wieder abgeschafft und der Lehrer war allein verantwortlich zu überprüfbaren Leistungsnachweisen zu gelangen. Immer wieder gab es leider Schüler, die sich systematisch und taktisch geschickt solchen Nachweisen vor allem im mündlichen Bereich zu entziehen wussten. Das System ermöglichte auch relativ desinteressierten und leistungsschwachen Schülern trotzdem ohne allzu große Anstrengung das Zertifikat der Hochschulreife zu erlangen. Schon in den 1990er Jahren mussten in einzelnen Fächern jahrgangsübergreifende Grundkurse (K12 + K13) gebildet werden, etwa im Fach Sozialkunde, um überhaupt noch das Fach anbieten und unterrichten zu können.

Die Vorgabe von Mindestzahlen für Leistungskurse hatte zur Folge, dass in Städten mit mehreren Gymnasien zwar Kooperation selbstverständlich wurde, andererseits für die Schüler lange Wege entstanden mit entsprechenden Verspätungen beim Stundenwechsel. Vor allem aber konnte es durchaus für einzelne Gymnasien zu Profilverlusten kommen. Lange Zeit brauchte es, um sich bildungspolitisch zu der Entscheidung durchzuringen, Deutsch wieder als Abiturpflichtfach festzulegen.

Im Jahresbericht 1999/2000 formulierte Schulleiter StD Wolfgang Lang: „Lehren und Lernen sind zur Zeit einem grundlegenden Umbruch unterworfen. Folgt man den schulpolitischen Schlagworten des Jahres – „Bildungsoffensive", „High-Tech-Offensive" – dann befinden wir uns in einer Phase des Vorwärtsdrängens, aber mit welchem Ziel? Gerne wird angeführt: um im Kampf der wirtschaftlichen Globalisierung zu bestehen. Ein Begriff, nämlich „Schlüsselqualifikationen", zuerst (1974) in der Arbeitsmarktforschung vor dem Hintergrund der angestrebten „schlanken Produktion" gebraucht als Umschreibung für solche Ausbildungsinhalte, die einen Arbeitnehmer dazu befähigen (sollen), auf unvorhersehbare neue Anforderungen des Arbeitsmarktes flexibel zu reagieren, ist inzwischen zu einem zentralen Begriff der Bildungs- und Ausbildungsdiskussion geworden." Mehr Fähigkeit zur Teamarbeit wird gefordert, größere gedanklich-strategische Flexibilität, vernetztes Denken, Kreativität und qualifizierter Umgang mit den modernen Informations- und Kommunikationstechnologien. Zugleich aber wurde oft die scheinbar traditionelle Wissensvermittlung, das Abverlangen von konkreten und differenzierten Kenntnissen, als ineffiziente, bloß additive Wissensanhäufung abgetan.

Bemühungen um Genehmigung eines naturwissenschaftlichen Zweiges gab es bereits Mitte der 1980er Jahre. Im März 1994 wurde dieser Wunsch erfüllt. Die Schüler, die im Herbst 1994 die 5. Klasse besuchten, konnten erstmals ab der 9. Klasse neben dem altsprachlichen und dem neusprachlichen Zweig auch eine naturwissenschaftliche Ausbildungsrichtung einschlagen mit Chemie ab der 9. Klasse und verstärktem Unterricht in Mathematik und Physik, allerdings ohne eine verpflichtende dritte Fremdsprache. Nach wie vor blieb aber Latein die erste Fremdsprache für alle.

Im Schuljahr 1998/99 nahm das GCE nach intensiver Diskussion und trotz mancher Skepsis am Schulversuch „Europäisches Gymnasium" teil. Es wird 1999/2000 in der 5. Jahrgangsstufe eine eigene „EGy Eingangsklasse" gebildet. Im Rückblick muss man feststellen, dass dieses Experiment gescheitert ist. Viele Schüler waren den neuen Anforderungen nicht gewachsen.

Seit 1997/98 gibt es am Gymnasium Christian-Ernestinum erstmals einen mathematisch-naturwissenschaftlichen Zweig. Wegen der Bedeutung der Mathematik in allen Zweigen erfolgte 2003 die Umbenennung des mathematisch-naturwissenschaftlichen Zweigs in naturwissenschaftlich-technologischer Zweig.

Bestand zunächst bis zu Beginn der 1970er Jahre ein ganz starkes Übergewicht des humanistischen Zweiges, so änderte sich dies ab Mitte der 70er Jahre schlagartig. Der neusprachliche Zweig erlangte eindeutig das Übergewicht. Der Anteil der „Humanisten" sank zeitweise auf unter 30 ab. Schließlich kam es mit Einführung des mathematisch-naturwissenschaftlichen Zweiges nochmals zu einem „Splitting". Dieser Zweig stellte 1997/98 einen Anteil von 20, 2007/08 von 85 Schülern, konnte sich also etwa vervierfachen.

Man muss ganz klar sehen, dass diese Entwicklungen Reflex sind auf eine sich ändernde Gesellschaft, eine sich verändernde Wirtschaftswelt, auf neue Technologien. Zugleich spiegelt sich hier auch der wachsende Einfluss wirtschaftlicher Interessen auf „Bildungsinhalte".

Die letzte und wohl am heftigsten umstrittene Reform war die Umstellung auch der bayerischen Gymnasien auf die achtstufige Form (G 8) mit Beginn im Schuljahr 2003/04. In der Verkürzung der Zeit zum Abitur sahen die bildungspolitischen Akteure ebenso wie in der Umstellung auf Bachelor-und Masterstudiengänge einen wichtigen Schritt zur Reduzierung der im internationalen Vergleich nach wie vor sehr langen Ausbildungszeiten in Deutschland (OECD, 2005)[16].

Dies führte zu erheblichen Konsequenzen für Stundentafeln und Curricula, denn die Sekundarstufe I umfasste nur noch die Klassen 5–9, wobei aber die Lehrinhalte der bisherigen 10. Jahrgangsstufe mit abgedeckt werden sollten. Eine weitere Folge war die Erhöhung des wöchentlichen Unterrichtspensums von bisher durchschnittlich 30 bis 33 je nach Bundesland auf bis zu 37 Wochenstunden. Weitere Konsequenzen bestehen z.B. in mehr Nachmittagsunterricht, weniger Zeit für Wahlfächer, Neigungsgruppen und Arbeitskreise, nicht zu reden von privaten Engagements im sozialen, kirchlichen, sportlichen oder kulturellen Bereich. Schon 1993 wurden Bedenken gegen die Streichung des 13. Schuljahres laut. Man sah die Gefahr eines „Billigabiturs". Eine gründliche Bildung komme zu kurz, die Schüler würden überfordert.[17] Nur am Rande sei erwähnt, dass vor der Einführung des G8 in Bayern zahlreiche Fachkommissionen zwei Jahre lang intensiv an der Reform des bisherigen G9 gearbeitet hatten und für viele Fächer entsprechend neue Lernmittel bereits angeschafft und vom Steuerzahler finanziert worden waren. All dies landete im Altpapier. Noch unmittelbar vor der Landtagswahl hatte die bayerische Staatsregierung beteuert, dass man in Bayern am G9 festhalten werde.

Völlig offen blieb die Frage, ob durch die Umstellung auf das G8 nicht doch eine Absenkung des Leistungsniveaus der Gymnasialschülerschaft und tendenziell ein Verlust an Grundbildung vor allem auch in den sog. geistes-und kulturwissenschaftlichen Fächern zu befürchten sei. Einige Indizien sprechen dafür. Eine wirklich sachlich begründete und nachvollziehbare „Entrümpelung" des Lehrstoffs erfolgte kaum, in einzelnen Fächern sehr unterschiedlich. Oft wurde wie im Fach Geschichte der Stoff lediglich um eine Klassenstufe vorverlegt und z.T. derart reduziert, dass man einige Themen auch gleich hätte weglassen können. So wurde z.B. in der 6. Klasse das Zeitalter des Augustus im damaligen Schulbuch auf einer knappen Seite abgehandelt. Für die Besprechung der Weimarer Republik oder des Dritten Reichs mussten in der 9. Klasse 4–6 Unterrichtsstunden ausreichen. In diesem Kontext sind Fachexkursionen, Museumsbesuche, Bau von Modellen, Einsatz von Filmmaterial, intensive Quellenarbeit etc. nicht mehr vorgesehen, auch kaum mehr möglich.

In die politische Entscheidung für das G8 waren die von den Problemen betroffenen Gruppen nicht wirklich eingebunden, jedenfalls nicht im Sinne eines herrschaftsfreien Diskurses.

Ein Schulleiter, der sich kritisch geäußert hatte, wurde nach München zitiert und mit Strafversetzung bedroht. Skeptische Lehrer wurden als rückständige Bedenkenträger abqualifiziert. Insgesamt überwog in den Reihen von Schulleitern und Ministerialbeauftragten angepasste Zustimmung mit der tendenziellen Bereitschaft, mögliche Probleme und Schwierigkeiten herunterzuspielen.

Am 3. Februar 2010 fand am Gymnasium Christian-Ernestinum ein Elternabend statt, zu dem die Vorsitzende des Elternbeirates, Elke Pargent, eingeladen hatte. Frau Pargent sagte u.a., es sei erschreckend, dass „auch ein Teil der Leistungsstarken unter den Schülern unter Burn-out und Angst vor der Zukunft klagt". All diese Probleme waren vorauszusehen. Nun erkennt man plötzlich, dass in manchen Fächern der Lehrplan völlig überzogen ist. Jetzt klagt man über die Überlastung der Schüler. Einen Schlüssel zur Entlastung sieht man u.a. darin, in Zukunft auch Stegreifaufgaben und mündliche Prüfungen vorher anzukündigen, was aber doch andererseits die Tendenz verstärkt, nur noch kurzfristig abrufbares Wissen abzuspeichern. In diesem Kontext redet das Kultusministerium von „Kernkompetenzen", auf die sich die Schule konzentrieren müsse, ohne diese allerdings konkret zu benennen. Es findet sich kein Wort zu den Ursachen der katastrophalen Situation, sondern man hat den Stein der Weisen in einer nochmaligen Kürzung der Lehrpläne gefunden, die online gestellt wurden.

Man habe den Schulen aufgezeigt, „dass sie die ihnen eröffneten Freiräume noch stärker nutzen können, um unnötige Belastungen durch zu viele (unangekündigte) Leistungsnachweise zu vermeiden." (NK, 5. Februar 21010, S. 15)

Kritisch äußert sich zu Beginn des Schuljahres 2011/12 auch Reiner Förschler vom Vorstand der Landes-Eltern-Vereinigung. Er stellt eine große Kluft zwischen guten und schwächeren Schülern fest, beklagt, dass die Fächer Mathematik und Deutsch nur noch dreistündig unterrichtet würden. Er verweist auf den Mangel an Lehrern, zu hohen Unterrichtsausfall, auf mangelhafte Konzepte, z.T. fehlende Schulbücher. Besonders betont er einen Verlust an Lebensqualität für die Schüler. „Das Gymnasium soll ja nicht bloß Stoff, sondern auch einen gewissen Reifeprozess mit vermitteln. Der geht völlig flöten." (NK,1. September 2011, S. 4)

Bayerns Kultusminister Ludwig Spaenle zieht in einem Interview mit Redakteurin Melitta Burger Bilanz für das G 8 mit Blick auf die Kritik der Landes-Eltern-Vereinigung. Er anerkennt teilweise die geäußerte Kritik, meint aber: „Die Umsetzung eines Lehrplans kann und darf nicht einzig an Schulbüchern liegen. Vielmehr kommt es auf die Methoden der Vermittlung an. Und hier vertraue ich auf die pädagogische und didaktische Kompetenz unserer gut ausgebildeten Lehrkräfte." Besonders hebt er als großen Erfolg hervor, dass beim Abbau großer Klassen viele Fortschritte gemacht wurden. So konnte die durchschnittliche Klassengröße seit 2006/07 bis 2010/11, also innerhalb von etwa 4–5 Jahren, von 28 auf derzeit knapp 27 Schüler abgesenkt werden. Gesamtbilanz aus Sicht des Ministeriums: Alles ist hervorragend, alles hat sich bestens bewährt. (Vgl. NK, 13. September 2011, S. 10).

Der geneigte Leser mag sich selbst einen Reim auf diese Widersprüche in der Beurteilung des G 8 machen.

Im Rückblick auf die oft hektischen „Reformen" bleibt gültig, was OStD Heinz Hutzelmeyer in seinem ersten Jahr als Schulleiter im Jahresbericht 1971 festhielt: „Kaum eine andere Tätigkeit wird so stark und so kritisch von der Öffentlichkeit betrachtet, wie die Arbeit der Schulen – und das ist gut so, denn das zwingt uns, unsere Stellung immer neu zu durchdenken und unsere Ziele und unsere Methoden zu überprüfen und zu verbessern. Kaum eine andere Tätigkeit ist aber auch durch eine nicht immer auf Fach- und Sachkenntnis beruhende Kritik so stark der Gefahr der Verunsicherung ausgesetzt wie unsere Arbeit – und das ist falsch, denn dadurch wird sie nicht nur erschwert, sondern es wird oft gerade das gefährdet, was zur Erziehung unumgänglich notwendig ist: ein klares Konzept."

OStD Heinz Hutzelmeyer wurde am 5. März 1927 in Presseck im Frankenwald geboren. Er besuchte das humanistische Gymnasium in Bayreuth und war hier während des Kriegs als Fremdenführer und Betreuer bei den Kriegsfestspielen 1943 tätig. 1943 bis 1946 wurde er als Luftwaffenhelfer eingesetzt, leistete Arbeitsdienst und zum Schluss Wehrdienst. Nach Rückkehr aus amerikanischer Kriegsgefangenschaft in Frankreich legte er 1947 sein Abitur am humanistischen Gymnasium Bayreuth ab.

Von 1947 bis 1951 studierte er Altphilologie (Griechisch, Latein, Geschichte) in Bamberg und Erlangen, legte 1951 das erste Staatsexamen ab und absolvierte das Referendariat am Gymnasium Fridericianum in Erlangen mit abschließendem zweiten Staatsexamen 1952. Von 1952 bis 1970 war er am Gymnasium Fridericianum Erlangen tätig, zuletzt als Seminarlehrer für Griechisch und auch als Personalrat. Zusätzich engagierte er sich im Kirchenchor und als Kirchenvorstand in der Gemeinde St. Johannis in Erlangen.

Von 1970 bis 1991 leitete er das Gymnasium Christian-Ernestinum Bayreuth. In seine Amtszeit fallen u.a. die Fortführung des Austauschs mit Annecy und der Beginn des Austauschs mit dem Deutschen Gymnasium in Athen. Er konnte den Anbau des Gymnasiums mit einem damals modernen Medienraum vorantreiben und verwirklicht sehen. Viele Jahre war er 1. Vorsitzender des

Abb. 210.1: Klasse 5a 2012/13

Abb. 210.2: Klasse 5b 2012/13

Abb. 210.3: Klasse 5c 2012/13

Abb. 210.4: Klasse 5d 2012/13

Abb. 211: OStD Heinz Hutzelmeyer.

Abb. 212: Abitur 2011, Q12, G8

Abb. 213: Abitur 2011, K13, G9

Vereins der Freunde des humanistischen Gymnasiums Bayreuth und im Ruhestand von 1992 bis 1996 Regionalbeauftragter des WEISSEN RINGS für Nordbayern.

Seit 1958 in den Ferien und noch lange Zeit im Ruhestand organisierte er als Reiseleiter Studienfahrten und Kreuzfahrten in das Gebiet rund um das östliche und westliche Mittelmeer und zu den Inseln für den Fahrtenring, die Volkshochschule und speziell für das Gymnasium Christian-Ernestinum.

Heinz Hutzelmeyer verkörpert als Schulleiter die Tradition humanistischer Bildung und den Geist griechischer Kultur.

Im Schuljahr 2010/11 fand schließlich das „Doppelabitur" für die letzten Schülerinnen und Schüler des alten G9 und erstmals für die Schüler des G8 statt. Offen bleibt zu diesem Zeitpunkt, wie die schon jetzt teilweise überfüllten Universitäten mit dem erhöhten Ansturm auf Studienplätze umgehen und den neuen Herausforderungen begegnen werden. Dabei ist zu bedenken, dass diese Problematik durch die Aufhebung der Wehrpflicht und damit auch des verpflichtenden Sozialdienstes zusätzlich verschärft wird.

Entwicklung des Angebots an Wahlfächern

In den ersten Jahren nach dem Krieg wurden bereits erstaunlich viele Wahlfächer angeboten. 1949 waren dies Französisch, Italienisch, Russisch, Hebräisch, Chemie, Kurzschrift, Technisches Zeichnen, Kunstgeschichte, Instrumentalunterricht, Chor, Orchester.

Englisch erscheint erstmals im Schuljahr 1955/56 im Angebot, wird aber nicht belegt. 1959/60 nehmen am Wahlfach Englisch 13 Schüler der Oberstufe teil, 1964/65 sind es 15 Schüler. Eine Tabelle über das Angebot und die Beteiligung an Arbeitsgemeinschaften, Arbeitsgruppen und Wahlfächern erscheint erstmals im Jahresbericht 1967/68.

Im Verlauf der Zeit wechselten die Schwerpunktsetzungen. Neue Angebote kamen hinzu, andere fielen weg, weil z.T. auch kein Bedarf mehr bestand. Dies gilt zunächst z.B. für Maschinenschreiben und Technisches Zeichnen. Seit Einführung des neusprachlichen Zweiges wurden im sprachlichen Bereich noch Französisch und Spanisch als Wahlfach angeboten.

Von großer Beständigkeit blieben immer Chor (großer Chor, kleiner Chor), Orchester und Instrumentalunterricht, außerdem die Theatergruppe(n).

1975/76 finden wir zusätzlich AG Mathematik, AG Rechtskunde, Spanisch I und II, immer noch Hebräisch, immer noch Kurzschrift und Handarbeiten, dazu einen speziellen Email- und Töpferkurs und vor allem ein deutlich erweitertes Sportangebot: Gymnastik, Handball Mädchen, Volleyball Mädchen, Turnen Mädchen, Handball Jungen, Volleyball Jungen I und II, Basketball Jungen I und II. Später kommen hinzu Fußball, Hockey und Tischtennis.

1984/85 wird erstmals ein Kurs für elektronische Datenverarbeitung, 1985/86 erstmals ein Kurs für Informatik angeboten.

1985/86 rief Michael Pöhlmann eine Schachgruppe ins Leben. Schüler und Schülerinnen nahmen regelmäßig an Schachturnieren auf oberfränkischer und auch bayerischer Ebene teil.

Abb. 214: Urkunde Bayerische Mannschaftsmeisterschaft im Schulschach 1998

1990/91 gibt es u.a. Angebote für Töpfern, Handarbeit, EDV I und II, einen Roboterkurs, Fotokurs, eine AG Politik- und Zeitgeschichte, einen Pluskurs für Mathematik und literarisches Schreiben, Deutsch für Aussiedler, einen Arbeitskreis für Umwelt, eine „Amerikastunde" und weiterhin ein vielfältiges Sportangebot.

1984/85 wird erstmals eine Videogruppe von Klaus-Dieter Reus ins Leben gerufen und wenig später von Michael Pilz übernommen. In ihr sammelten z.B. Thomas Viewegh und Markus Spona erste Erfahrungen, die sie später z.T. beruflich ausbauten.

Es kamen hinzu Textverarbeitung I und II, AG Naturwissenschaften, AG Internet, Informatik für Anfänger und Fortgeschrittene, Englische Konversation, Französisch für Anfänger, Neugriechisch.

Mit Einführung des G8 schrumpfte das Angebot zunächst deutlich. Die Schüler hatten keine Zeit mehr, ebenso wenig die Lehrer, deren Arbeitskraft von Jahr zu Jahr zunehmend von überbordender Bürokratie, Verwaltung, Kontrollen, permanenten Rechtfertigungszwängen absorbiert wurde.

Doch finden sich 2008/09 im Jahresbericht noch Berichte über AG Tanz, AG Schulgarten, Schülerzeitung, Theatergruppe Unterstufe und Mittelstufe, Pluskurse Deutsch und Mathematik, Pluskurs Mythologie und Pluskurs Naturwissenschaftliches Forschen. Das Angebot der Pluskurse richtet sich allerdings nur an Schülerinnen und Schüler, die sich durch ausgezeichnete Leistungen und besonderes Interesse hervorgehoben hatten.

Mit dem neuen Schuljahr 2003/04 traten beginnend mit den 5. Klassen gravierende Änderungen in Kraft. Es gab neue Stundentafeln und neue Lehrpläne. Neu in der Jahrgangsstufe der 5. Klassen war das Fach „Natur und Technik" In der 6. Jahrgangsstufe folgte die zweite Fremdsprache und neu war nun das verbindliche Fach Informatik. Neu musste auch der Briefkopf des Gymnasiums gestaltet werden. Er lautete nun „Sprachliches Gymnasium, Humanistisches Gymnasium und naturwissenschaftlich-technologisches Gymnasium".

Auch die „Budgetierung" wirkte sich zunächst negativ auf das Zusatzangebot vor allem in den Fächern Musik und Sport aus, doch konnte der vorübergehende Einbruch allmählich wieder ausgeglichen werden.

4.4. Schulischer Alltag im Spannungsfeld von Kontinuität und Wandel

Auf Probleme im Zusammenhang manch überstürzter Schulreform und sich oft rasch ändernden bildungspolitischen Konzeptionen wurde schon eingegangen. Im Folgenden soll ein kleiner Querschnitt gegeben werden, der einerseits zu bewältigende Schwierigkeiten nicht verschweigt, der andererseits aber auch sichtbar macht, was während der letzten rund 60 Jahre von Schülern, Lehrern und Eltern geleistet worden ist. Herausragende Aktivitäten werden in gesonderten Abschnitten behandelt.

4.4.1. Disziplin und Schulstrafen

Alles wird anders, der Mensch ändert sich nicht. Nach wie vor durchlaufen das Kind und der junge Heranwachsende Phasen der geistig-seelischen und physischen Entwicklung, die ihre Zeit brauchen. Vielfach aber wird in unserer Zeit den jungen Menschen der entsprechende Raum, die notwendige Zeit genommen. Es trifft eben nicht zu, dass heute Kinder und Jugendliche alles viel früher und schneller begreifen und erlernen können als vorangegangene Generationen, und dies trotz unvergleichlich höherer Belastung durch Umwelteinflüsse und Überreizung, trotz zunehmender sozialer Probleme. Nach wie vor müssen erlernte Fertigkeiten und Fähigkeiten geübt und Erlerntes wiederholt werden. Auch dafür fehlt es zunehmend an der erforderlichen Zeit.

Im Verhalten der Schüler gibt es im Vergleich mit früheren Zeiten zumindest teilweise nicht allzu große Unterschiede. Allerdings muss bedacht werden, dass wir über Verstöße gegen die Schulordnung, Fehlverhalten und entsprechende Maßnahmen seitens der Schule nur Kenntnis haben, soweit dies alles aktenkundig geworden ist. Aber dies gilt im Grunde auch für die Gegenwart.

Nach wie vor wird Unterricht geschwänzt, wird abgeschrieben, werden Schwächen der Lehrer mehr oder weniger gnadenlos ausgenutzt und Schulbücher ruiniert. In seltenen Fällen gab es auch unschöne Sachbeschädigungen, etwa in Toiletten, Gängen oder an Computern. „Mobbing" von Mitschülern war und ist nicht auszuschließen. Hier gab und gibt es Grauzonen und nicht jeder Verdacht kann zu unmittelbaren Reaktionen seitens der Schule führen. Nicht ohne Grund gibt es seit vielen Jahren an jeder Schule einen Drogenbeauftragten und wenn möglich einen ausgebildeten Schulpsychologen.

Deutlich geändert haben sich die von der Schulordnung vorgesehenen Möglichkeiten der Sanktion. Seit langem gibt es nicht mehr die Strafe des Arrests (früher Karzer) oder das „kollektive Nachsitzen". Verweise erscheinen vor allem in der Oberstufe als wirkungslos, verschärfte Direktoratsstrafen werden äußerst selten ausgesprochen zu schweigen von der Androhung der Dimission und der Dimission selbst. Schüler der 13. Klasse können sich seit dem Schuljahr 1972/73 selbst entschuldigen. In einem Fall wurde z.B. als Begründung für das Fehlen „Pestverdacht" angegeben. Der betreffende Schüler ist übrigens trotzdem ein angesehenes und beruflich erfolgreiches Mitglied der Gesellschaft geworden! Zulässig ist allerdings das Einbestellen eines Schülers, um bei wiederholtem Nichterledigen von Hausaufgaben das Versäumte nachzuholen und entsprechend zu üben. Auch sog. „pädagogische Strafen" sind möglich, z.B. wenn grob gegen Sauberkeit in der Schule und auf dem Schulhof verstoßen wurde. In solchem Fall kann der Schulleiter den Schüler zur Mithilfe bei Reinigungsarbeiten veranlassen. Es gab Zeiten, in denen für Schüler der Oberstufe eigene Bereiche abgegrenzt wurden, in denen geraucht werden durfte.

In der Gesamtbilanz allerdings muss für das Gymnasium Christian-Ernestinum festgehalten werden, dass sich die relativ geringe Gesamtschülerzahl positiv auf das Schulklima, auf die Kommunikation und soziale Interaktion ausgewirkt haben. Der Schulleiter kannte und kennt fast jeden Schüler beim Namen. Gleiches gilt für die meisten Lehrer und die Schüler untereinander haben über den Klassenverband hinaus zahlreiche Möglichkeiten, in Arbeitsgruppen zusammenzuarbeiten und gemeinsam Projekte zu verwirklichen. So gab es über die vielen Jahrzehnte hinweg nur ganz selten Anlass zu schärferen Maßnahmen. Immerhin wurden noch im Schuljahr 1950/51 insgesamt 36 Direktoratsstrafen ausgesprochen, darunter gegen 12 Schüler wegen unentschuldigten Fernbleibens von einer Wahlfachstunde oder wegen „Herumtreibens auf dem Volksfest und Verlogenheit" oder wegen „groben Unfugs mit Faschingsartikeln". Zwei Schüler wurden entlassen „wegen gröbster Täuschung, fortgesetzter Unterrichtsfälschung(!) und übler Beeinflussung der Oberklasse."

Nachwirkungen der sog. „APO-Zeit" lassen sich aus der Tatsache ablesen, dass sich der Ministerialbeauftragte an das Direktorat wandte und beklagte, dass in der Oberstufe offenbar in einigen Fächern während des Unterrichts gestrickt werde. Mit dieser Frage beschäftigte sich am 27. April 1978 das Schulforum. Gegen eine Stimme wurde das Stricken abgelehnt.

Ein einziges Mal führte das Fehlverhalten einiger Schüler während einer Berlinfahrt (übermäßiger Alkoholgenuss trotz klaren Verbotes) dazu, dass diesem Jahrgang die übliche Abiturfahrt verweigert wurde. Diese Maßnahme erwies sich als überaus nachhaltig.

Insgesamt aber waren solche Vorkommnisse die absolute Ausnahme.

4.4.2. Verwaltung des Mangels

Dauerthema seit Wiederbeginn schulischer Arbeit nach 1945 waren das Raumproblem und der Lehrermangel. Fast in jedem Jahresbericht weisen die Schulleiter auf diese Defizite hin. Ein Beispiel aus dem Jahr 1961/62: „Die Raumnot der Schule konnte auch in diesem Schuljahr nicht beseitigt werden; die Räume für Physik und Chemie mussten weiterhin als Klassenzimmer Verwendung finden. Bei Stundenwechsel ergab sich so die Notwendigkeit häufigen Raumwechsels (Wanderklasse)".

Im Schuljahr 1973/74 kommt es an allen Schulen Bayerns zu einschneidenden Kürzungen der Stundentafeln. In den 5. und 6. Klassen fällt in Deutsch, Latein, Mathematik eine Wochenstunde weg, der Ergänzungsunterricht entfällt vollständig. In den 12. und 13. Klassen entfallen die Verfügungsstunden.

1981/82 fehlt Geld für die Bezahlung von nebenamtlichem Unterricht mit entsprechenden Folgen für das Angebot an Wahlunterricht und differenziertem Sportunterricht. Die Situation verschärft sich 1996/97, als sich wegen der Sparbeschlüsse der bayerischen Staatsregierung abzeichnet, dass ab 1998/99 differenzierter Sportunterricht kaum mehr möglich sein wird. Dieser darf von hauptamtlichen Lehrkräften überhaupt nicht mehr erteilt werden. „Spielstunden" der 5. und 6. Klassen sind nicht mehr gesichert. Viele gut ausgebildete junge Lehrer sind ohne Anstellung, ohne berufliche Aussichten. Dagegen muss man sich mit sog. „Übungsleitern" ohne pädagogische Ausbildung behelfen. Schulleiter Dr. Ponader ergänzt die Anmerkungen der Sportlehrer im Jahresbericht: „… so mussten wir auch schmerzhaft erfahren, wie pädagogisch fragwürdig Verwaltungsvorschriften sein können, die aus drei recht gut integrierten 8. Klassen plötzlich nur zwei 9. Klassen werden lassen, die an die inzwischen zur Obergrenze erklärten Richtzahl von 33 Schülern heranreichen."

Den Wahlfächern droht eine Limitierung aus Kostengründen.

Trotzdem können noch 28 Wahlkurse und Arbeitsgemeinschaften belegt werden, darunter Emaillieren, Töpfern, Fotografie, Kurzschrift, und 10 Sportgruppen. Möglich ist dies nur, weil viele Lehrer zu unentgeltlicher Mehrarbeit bereit sind.

Mängel muss auch im Schuljahr 1998/99 Schulleiter Wolfgang Lang beklagen. So fehle es an Geld, um die „Digitalisierung" der Klassenzimmer rasch zu verwirklichen. Er weist hin auf „heruntergekommene Bausubstanz" (Fenster, Beschattung), auf das inzwischen viel zu kleine Lehrerzimmer mit Mobiliar aus den 1960er Jahren, auf eine „widersinnigerweise" im Keller untergebrachte Zentralbibliothek, auf das mangelhafte Elternsprechzimmer, in dem zusätzlich für den Unterricht notwendiges Gerät untergebracht werden muss. Auch die SMV habe keinen eigenen Raum.

Der nächste Schlag, natürlich nicht nur für das GCE, folgte mit der sog. „Budgetierung" ab 2000/01, die vor allem für kleine Gymnasien ein großes Problem darstellt. Die Ausstattung mit Unterrichtsstunden orientiert sich an der Schülerzahl. Verbunden damit ist die Aufhebung starrer Klassengrenzen. Zwar ergeben sich größere schulinterne Gestaltungsmöglichkeiten, doch besteht die Gefahr, dass erhebliche Abstriche bei Wahlkursen, Pluskursen und bei den Klassenstärken gemacht werden müssen. Es läuft auf die Entscheidung zwischen einem höheren Wahlkursangebot oder einer höheren Klassenstärke hinaus, eine Wahl „zwischen Skylla und Charybdis".[18]

„Mit großer Sorge blicken die künstlerischen Fächer in die Zukunft. Von der Budgetierung der Stundenzahl ist der musische Bereich vor allem beim Wahlunterricht existenziell betroffen. Man muss sich ernsthaft fragen, ob in unserem Land nur noch Lernfabriken erwünscht sind, die lauter Computer- und Internetexperten ausspucken."[19]

Aber auch die Fachschaft Sport machte sich große Sorgen. „Die Einspartaktik des Ministeriums hat dazu geführt, dass wir den Basissportunterricht zwar in vollem Umfang haben durchführen können, im Bereich Differenzierter Sportunterricht aber von den beantragten 36 Wochenstunden lediglich 10 genehmigt bekamen. Diese Anzahl kam auch erst nach langen, intensiven Telefonaten und Beschwerden zusammen … Schade um die Sportstunden, die immer besonders Spaß gemacht haben."[20]

Im Schuljahr 1999/2000 gab es im Bereich Wahlunterricht, Arbeitsgruppen, Pluskurse und Differernzierter Sport insgesamt 22 Angebote, davon im Bereich Musik 5, im Bereich Differenzierter Sport nur noch 2, nämlich Basketball und Hockey.

Im Schuljahr 2000/01 schreibt Schulleiter Wolfgang Lang: „Die umfassende digitale Ausstattung von Fach- und auch Klassenräumen ist einzufordern. Das mag kosten, ist aber hinsichtlich gesamtgesellschaftlicher Entwicklungen bzw. Erfordernisse unabdingbar. Wesentlich mehr Geld – und dies in freier (!) Verfügung- brauchen die

Schulen. Zu bürokratisch, zu altmodisch, zu sehr – mit Verlaub - an Postkutschenfahrermentalität orientiert sind die zugelassenen Wege der Nutzung der zugewiesenen finanziellen Mittel."[21]

Etwa 10 Jahre später sind die hier skizzierten Forderungen erfüllt.

Abb. 215: OStD Wolfgang Lang (Direktor 1998–2004)

OStD Wolfgang Lang wurde im Jahr 1947 in der Nähe von Kronach geboren, machte sein Abitur 1967 am damaligen Luitpold-Gymnasium in Forchheim, dem heutigen Herder-Gymnasium, und studierte nach dem Grundwehrdienst und Ausbildung zum Reserve-Offizier ab dem Wintersemester 1969 in München Germanistik, Politikwissenschaft und Geschichte an der Ludwig-Maximilian-Universität in München. Sein erstes Staatsexamen legte er 1975 ab. Nach dem zweiten Staatsexamen war Wolfgang Lang von 1978 bis 1994 am Pestalozzi-Gymnasium in München tätig, bekleidete dort verschiedene Funktionen, zuletzt als Kollegstufenbetreuer, und arbeitete u.a. als Mitarbeiter in der Abiturkommission am ISB für das Fach Deutsch mit. 1994 wechselte er als wissenschaftlicher Mitarbeiter an den Lehrstuhl für Neuere deutsche Literaturwissenschaft und Deutschdidaktik an die Universität Bayreuth. 1998 wurde er Schulleiter am Gymnasium Christian-Ernestinum in Bayreuth. Am 1. August 2004 übernahm er die Schulleitung am Gymnasium Höchstadt.

(Vgl. dazu auch den Jahresbericht 2010/11, Gymnasium Höchstadt, StD Ulrich Günther, S. 8–9).

In seinem ersten Vorwort zum Jahresbericht 1998/99 arbeitete Wolfgang Lang u.a. den Zusammenhang von Kontinuität und Wandel heraus. „Beide Begriffe sind zunächst bedeutungsneutral, die Praxis erst und die Art der Wahrnehmung lädt sie positiv oder negativ auf." „Kontinuität, irrtümlich verwechselt mit blindem Beharrungswillen, wird dann zu einer Größe, die die Notwendigkeit des Wandels prinzipiell negiert und somit Chancen für die Zukunft verbaut. Gewiss ist auch Wandel um des Wandels willen keine angemessene Handlungsmaxime, weil sie Bewährtes ebenfalls nur negiert und zu bloßem Aktionismus führt."

In seinem Grußwort zum Abschied im Jahresbericht 2003/04 knüpfte er an diese Gedanken an: „Wer sich primär an der Vergangenheit orientiert, läuft Gefahr, nicht nur die Gegenwart, sondern insbesondere die Zukunft aus dem Auge zu verlieren ... Bloßer Traditionalismus ist kein tragfähiges Konzept, um aktuelle Probleme und Konflikte zu lösen. Freilich: Wer aus bloßer Zukunftsbesessenheit Vergangenheit radikal wegschneidet, läuft ebenfalls Gefahr, Entscheidendes auszublenden: Das Wissen um die eigene Herkunft schwindet, und damit verbunden ist die Gefahr, einen Teil der eigenen Identität zu verlieren ..."

In diesem hier knapp umrissenen Spannungsfeld gab es zunächst gewisse Startschwierigkeiten und durchaus auch Konflikte, die aber überwunden werden konnten im gegenseitigen Respekt und mit dem gemeinsamen Ziel, positiv für das Wohl des GCE zu arbeiten. Wolfgang Lang suchte immer wieder neue Finanzquellen zu erschließen und forderte bei der Stadt Bayreuth Mittel ein, um schrittweise den baulichen Gesamtzustand der Schule zu verbessern und die Schule in jeder Hinsicht zu modernisieren, vor allem im Bereich der technischen Ausstattung. In seine Amtszeit fiel auch die Einführung von Englisch in der Eingangsklasse unseres Gymnasiums. Dafür trat er vehement ein.

Wenn auch immer wieder Mängel hinsichtlich der Ausstattung des Gymnasiums und des baulichen Zustands beklagt wurden, muss man allerdings auch anerkennen, dass im Verlaufe der Jahre die Stadt Bayreuth im Rahmen ihrer Möglichkeiten vieles geleistet hat, wofür die Schule auch immer dankbar war. Ein Blick in den jährlichen Haushalt der Stadt zeigt, für wie viele Schulen die Stadt als Aufwandsträger gefordert war und ist, wobei oft auch größere Projekte (Neubauten, neue Turnhallen, umfangreiche Renovierungsmaßnahmen etc.) zu Buche schlugen. Es versteht sich, dass als Folge der globalen Wirtschafts-und Finanzkrise, die sich schon seit 2007 in den USA abgezeichnet hatte und 2009 voll auf Europa durchschlug, gerade die Kommunen um Kürzungen bei den entsprechenden Haushaltsmitteln nicht herumkamen.

4.4.3. Aktivitäten und Engagements, Wettbewerbe und Ausstellungen – „Was nicht im Stundenplan steht".

Aus einer schier unglaublichen Fülle kann hier nur eine kleine Auswahl im Sinne „begründeter Willkür" getroffen werden. In einem eigenen Unterkapitel wird auf die verschiedenen Schüleraustausche gesondert eingegangen.

Vorab ist die Intensität des Engagements hinsichtlich des Besuchs von Vorträgen, kulturellen Veranstaltungen (Theater, Konzerte, Ausstellungen), sportlicher Aktivitäten etc. schon in den frühen 1950er und allmählich zunehmend in den 1960er Jahren zu würdigen.

In den ersten schwierigen Nachkriegsjahren überrascht die Fülle an kulturellen Veranstaltungen, an denen Schüler der verschiedenen Klassen teilnahmen. 1949/50 waren dies immerhin 30 an der Zahl. Am 11. September 1949 fuhren 165 Schüler in einem Sonderzug zur Bauausstellung nach Nürnberg. Für die übrigen war ein Wandertag angesetzt. Allgemeine Wandertage fanden seitdem jährlich an zwei Terminen statt und dies erstmal bereits 1946/47 trotz großer Ernährungsschwierigkeiten.

Verkehrserziehung erfolgte erstmals im Schuljahr 1949/50 durch Beamte der städtischen Polizei mit praktischen Übungen auf dem Turnplatz, ab 1955/56 regelmäßig, also schon lange bevor eine Entschließung des Bayerischen Staatsministeriums für Unterricht und Kultus vom 10. Januar 1964 über Verkehrserziehung an Schulen das Erteilen eines regelmäßigen Verkehrsunterrichts anordnete und einen Lehrplan für die Klassen 1–6 bekannt gab. Außerdem hielten Beamte der Verkehrspolizei in der 2. Klasse monatlich eine Stunde Verkehrsunterricht, der mit einer Prüfung über Verkehrsregeln abgeschlossen wurde.

Verantwortlich für die Verkehrserziehung war bis zu seinem Eintritt in den Ruhestand StD Georg Schmitt, an dessen Wandertage mit Besuchen von Bauernhöfen und Grilleinlagen sich viele Schüler erinnern werden.

Bereits am 3. März 1950 wurde für die 8. Klasse eine Berufsberatung angeboten.

Auch im Bereich schulischer Aktivitäten lassen sich politische, wirtschaftliche, gesellschaftliche Entwicklungen und Veränderungen ablesen. Mit zunehmendem Wohlstand (Beginn des sog. „Wirtschaftswunders") veränderten sich Konsum- und Anspruchsverhalten seitens der Schüler und vor allem auch seitens der Eltern. Schulen werden nicht zuletzt mit Blick auf das zusätzliche „Angebot" außerhalb des

Abb. 216.1: Verdunfahrt, 1997, hier Abstecher nach Reims, vor der Champagnerkellerei Pommery mit den Klassen 9a/b

Abb 216.2: Trierfahrt 1986, mit den Klassen 7a/b

„normalen" Unterrichts kritisch verglichen. Mit zunehmendem Wohlstand erweiterten sich Vielfalt und Ziele für Studien- und Abiturfahrten, für Skikurse und Fachexkursionen.

Studienfahrten gab es Ende der 1950er und anfangs der 1960er Jahre z.B. zur Spitzweg- und Rokokoausstellung in München (1958/59), nach Nürnberg, Regensburg oder zur Chagall-Ausstellung nach München.

Im Rahmen des Physikunterrichts engagierte sich besonders StD Friedrich Jakob seit 1980/81 für Fahrten nach Genf zu CERN (Conseil européen pour la recherche nucleaire). Weitere Fachexkursionen führten nach Jena und Eichstätt, an denen auch die Grund- und Leistungskurse Biologie teilnahmen.

Erstmals fuhr die 9. Klasse (Abiturklasse) vom 25. April bis 2. Mai 1960 nach Berlin, aber erst ab 1970/71 wurde die Berlinfahrt mit umfangreichem kulturellen Programm für die 11. Klassen obligatorisch. Inzwischen galt unabhängig von zusätzlichen Auslandsfahrten die Abiturfahrt als selbstverständlich.

Ziele waren wiederholt Rom, aber auch Prag, Wien, Budapest, London, Paris, Barcelona, Athen, Luxemburg, Amsterdam, die Toscana und die Provence. Alternativ wurde 1992 und 1993 von OStR Rolf Müller und OStR Reinhard Maier für eine kleinere Gruppe Bergwandern in Südtirol (Grödnertal, Dolomiten, Aufstieg zum Piz Boé) angeboten.

Es gab 1983 während der Osterferien erstmals eine Englandfahrt mit Schülern der Klassen 9–11, die von OStR Hans Karpinski und Ehepaar Horlamus betreut wurde und während der Sommerferien 1983 unternahm OStD Heinz Hutzelmeyer mit 40 Kollegiaten eine erste Griechenlandfahrt.

Mit interessierten Schülern wanderte Rainer Trübsbach während der Pfingstferien im Bayerischen Wald (1974) und während der Sommerferien in den Alpen (1975). Später fuhr er mit Schülern der 7. Klasse in den Sommerferien auf die Insel Föhr (1987). Wiederholt führten andere mehrtägige Fahrten nach Verdun (Thema: Erster Weltkrieg), Trier (Thema: Römische Geschichte) oder ins neue Bundesland Sachsen.(Thema: Neue Bundesländer).

Im Rahmen des Fachunterrichts waren Besuche von Museen und Sonderausstellungen, Fahrten nach Bonn (Bundestag) und München (Landtag, „Lernort Staatsregierung"), Teilnahme an Gerichtsverhandlungen im Rahmen des Faches Wirtschaft/Recht und Besuche von Kunstausstellungen selbstverständlich.

Abb. 217: Skikurs mit Dr. v. Lupin im Bayerischen Wald, 1965 (Photo Hans Scheick)

Die zunehmende Fülle der Aktivitäten gab in den 1960er Jahren sogar Anlass zur Sorge, dass eine einheitliche Durchführung der Wandertage gefährdet sein könnte. Eine besondere Rolle spielten dabei auch die Skikurse.

Erstmals gab es einen Skikurs 1954/55 in Fleckl, dann ab 1956/57 bis 1968/69 im Bayerischen Wald, meist in Waldhäuser und Lackenhäuser.

1969/70 war das Ziel erstmals die Zamser Hütte in Tirol. In die Skikurse fuhren zunächst die 10. und dann auch die 9. Klassen. Im Lauf der Jahre erfolgte eine Vorverlegung auf die 8. und schließlich 1992/93 erstmals auf die 7. Klassen.

Im Zuge der Weiterentwicklung des Angebots wurde auch der Skilanglauf eingeführt.

Abb. 218: Ausstellung „Lebendiges Latein" 1983
Von links nach rechts: Dr. Dieter Mronz, Dr. Dietzel, Reg. Präs. Wolfgang Winkler, Oberbürgermeister Hans Walter Wild, OStD Heinz Hutzelmeyer. Frau Anneliese Fischer (MdL) und Frau Erika Hutzelmeyer

Abb. 219: Schüler aus Halle, 1991

Neben dem Bayerischen Wald waren in der Folge Zielorte in Südtirol, etwa in Gossensaß und St. Jakob im Ahrntal bis 1979/80, dann auch Ratschings und Montal.

Als Ergänzung wurde erstmals vom 22.–25. Juli 1986 für die 6. Klassen ein Aufenthalt im Schullandheim in der DJH Streitberg durchgeführt. Seit 1998/99 ergab sich auch hier eine Vorverlegung auf die 5. Klassen.

Schon in den 1950er Jahren begannen regelmäßige Rot-Kreuz-Kurse und eine Berufsberatung für Schüler der Oberstufe.

Aus der Fülle besonderer „Projekte" können nur wenige hervorgehoben werden. Hierzu zählt zweifellos die Ausstellung „Lebendiges Latein" im Jahr 1983, die im Städtischen Rathaus präsentiert wurde.

Schulleiter Heinz Hutzelmeyer wandte sich damals in seinem Bericht gegen das unüberlegt gebrauchte Wort von der „toten Sprache". „Niemandem würde es einfallen, bei einem Baum, der Blätter, Blüten und Früchte trägt, die Wurzeln als „tot" zu bezeichnen; denn jeder weiß, dass der Baum ohne die Kraft dieser Wurzeln nicht leben kann. Das Lateinische aber gehört zu den großen Wurzeln dessen, was wir als das Abendland bezeichnen …"

An der Verwirklichung dieser Ausstellung wirkte maßgeblich StD Peter Haaß mit, der mehrfach auch Abiturfahrten nach Rom organisierte und betreute.

Von besonderer Bedeutung erscheint auch eine Sportbegegnung mit Schülern und Lehrern einer Schule aus Halle im März und Mai 1991, die von Alfred Oertel initiiert und von Friedrich Neumann und Rolf Müller durchgeführt wurde.

Mit dem „Zufallsgenerator" ausgewählt:
1962/63 hielt Dr. Erich Türk erstmals einen Mikroskopierkurs für Schüler der Klassen 5–7.

Erich Türk wurde am 6. Juni 1928 in Großbirkach bei Ebrach geboren. Er besuchte das humanistische Gymnasium Fridericianum in Erlangen, wurde als 17-jähriger Schüler 1945 mit dem Notabitur entlassen und noch zum Reichsarbeitsdienst eingezogen. Schon im Januar 1946 konnte er in Erlangen das Studium der Fächer Biologie, Chemie und Erdkunde aufnehmen. Diese Studien schloss er 1950 mit der Doktorprüfung ab. Er promovierte, ebenso wie sein Bruder Friedrich bei Prof. Dr. Hans-Jürgen Stammer. Die Ergebnisse beider Dissertationen erschienen 1957 unter dem Titel: „Systematik und Ökologie der Tyroglyphiden Mitteleuropas" in: Stammer, H.-J., Hrsg., Beiträge zur Systematik und Ökologie mitteleuropäischer Acarina, Leipzig 1957, S. 1–231. Nach der Staatsprüfung arbeitete er zunächst im Landschulheim Vorra, am Graf-Münster-Gymnasium Bayreuth, in Weißenburg und München. Vom 1. September 1953 bis zum 31. Juli 1991 unterrichtete er am Gymnasium Christian-Ernestinum.

Abb. 220: StD Dr. Erich Türk

25 Jahre leitete er die Naturwissenschaftliche Gesellschaft in Bayreuth, engagierte sich im Rahmen der Partnerschaft mit Annecy, beim Roten Kreuz und war 6 Jahre lang Vorstand der Gesellschaft „Harmonie".

Dr. Erich Türk verstarb am 24. März 2005.

1967/68 gab es erstmals Bilder in einem Jahresbericht und einen Fotokurs unter Leitung von Helmut Arzberger, wenn auch nur ein kleines Labor mit zwei Arbeitsplätzen zur Verfügung stand.

Kontakte mit der Universität gab es seit den 1990er Jahren. 1993/94 berichtet Hans Scheick unter dem Titel „Was hat das GCE mit der UNI zu tun?".

Lehrer des GCE waren und sind bei den Prüfungen als Zweitprüfer dabei in den Fächern Physik, Mathematik, Wirtschaft/Recht und Erdkunde, Biologie und Sport. Lehramtsstudenten kommen ans GCE zum Blockpraktikum und zum ‚studienbegleitenden' Praktikum. Hier werden sie mit dem „Leben und Treiben" an der Schule vertraut gemacht. Sie lernen ihre Fächer in verschiedenen Klassen kennen, halten selbst Unterrichtsstunden und informieren sich über das Schulleben (Vgl. Hans Scheick, „Was hat das GCE mit der UNI zu tun?", JB 1993/94, S. 12). An der Uni finden regelmäßig Fortbildungstagungen für Gymnasiallehrer statt. Teilnehmer sind natürlich auch Lehrer aus ganz Oberfranken und der nördlichen Oberpfalz. Es werden Möglichkeiten der Fortbildung, Kennenlernen neuer Literatur, neuer Methoden und der Austausch von Informationen über Schule und Wissenschaft geboten.

Seit 1991/92 nimmt die Schule regelmäßig auch am Projekt „Zeitung in der Schule" teil, das vom Nordbayerischen Kurier erstmals vom 20. Januar bis 10. April 1992 ausgeschrieben wurde.

Auf die seit den 1950er Jahren regelmäßig stattfindenden „Studientage" mit einer enormen

Abb. 221: Umweltspiel 1991 „Urteilsverkündung"

Vielfalt an Themen, immer auch auf der Höhe der Zeit (Deutsche Teilung, Vietnamkrieg, Golfkrieg), kann nur pauschal hingewiesen werden. Von besonderer Bedeutung war ein Europatag am 22. Januar 2007. Dieser Tag in deutschen Schulen war von Bundeskanzlerin Angela Merkel und den Ministerpräsidenten der Länder anlässlich der deutschen Ratspräsidentschaft in der Europäischen Union beschlossen worden. Am GCE informierte Dr. Pöhlmann, zuständig für die internationalen Kooperationen an der Universität Bayreuth, über das Studium im europäischen Ausland. Frau Hermannsdörfer und Frau Kern referierten über Möglichkeiten, sich das Studium im Ausland zu finanzieren. Katrin Abele, eine ehemalige Schülerin und Pressereferentin an der Vertretung der Europäischen Kommission in Berlin, berichtete über ihren beruflichen Werdegang. Frau Melanie Hauenstein, auch eine ehemalige Schülerin, erzählte von ihrer Arbeit bei der UNO und informierte über die politische Lage im Kongo. Schüler der Klassen 10a/b erstellten in 12 Arbeitsgruppen Info-Tafeln zu verschiedenen Europa-Themen und produzierten ergänzend eine CD.

In besonderer Weise setzte sich OStRin Christine Kohl zusammen mit StD Peter Lenk und dann OStR Markus Lenk für Natur- und Umweltschutz ein. Es entstanden die Arbeitsgruppen „Umwelt", „Schulgarten" und „Schulteich".

Erstmals gab es schließlich im Schuljahr 1998/99 eine „Internet-AG" und eine Homepage des GCE.

Nicht vergessen werden soll das vielfältige soziale Engagement der Schüler, auf das im Abschnitt „Religiöses Leben" noch näher eingegangen wird.

Die Einführung des G8 führte zu gestiegenen Belastungen, vor allem 2010/11 mit dem Doppelabitur. Dies gilt für Schülerinnen und Schüler, für Lehrer und Schulleitung.

Um so mehr überrascht die enorme Fülle an Engagements, Teilnahme an Wettbewerben und anderen Aktivitäten. Der Jahresbericht 2010/11 verzeichnet insgesamt knapp 50 Projekte.

Nur in Auswahl können hier einige genannt werden: Wahlkurs Elektronik, Wettbewerb „First Lego League", Gentechnik-Praktikum, Mathematik-Camp in St. Engelmar, „Jugend forscht", Märchenwerkstatt, Griechische Sagen als Filmplakate, Das Nibelungenlied in der Boulevardpresse, Konsumkritischer Stadtrundgang, Politische

Abb. 222.1: Schulgarten

Abb. 222.2: Schulteich

Abb. 223: Urkunde „Natur im Schulumfeld" 1994

Lyrik, South Africa, Einführung in das Arbeiten mit Excel in der Physik, Aufbau eines Experimentes zur Nichtlinearen Dynamik, Expressionismus im Film.

Im Folgenden soll ergänzend auf Leistungen, auf besondere Aktivitäten, Ausstellungen und Erfolge in verschiedenen Fächern eingegangen werden, die über das im verbindlichen Lehrplan Geforderte hinausgehen.

Sport

Im Schuljahr 1953/54 fanden erstmals Bundesjugendspiele statt, anfangs nicht nur im Sommer (Leichtathletik), sondern auch im Winter (Geräteturnen). Seit 1974/75 werden diese „Winterspiele" nicht mehr erwähnt. Auch die Durchführung eines eigenen Schulsportfestes zusätzlich zu den Bundesjugendspielen ist wegen der großen Schülerzahl nicht mehr möglich.

Über viele Jahre hinweg fanden außerdem regelmäßig Wettkämpfe in verschiedenen Sportarten mit anderen Gymnasien statt (Basketball, Fußball, Volleyball, Leichtathletik, Schwimmen). Auch diese Vergleichswettkämpfe hatten mit der Zeit „Patina angesetzt" und wurden mangels Interesse eingestellt.

Ab 1960/61 gab es statt der 3. Turnstunde einen zweistündigen Spielnachmittag. In großer Zahl legten in den 1960er Jahren Schüler und Schülerinnen das Sportabzeichen ab und erbrachten gute Leistungen im Schwimmen.

1962/63 konnte StR Fritz Werner erstmals eine freiwillige Basketballgruppe aufstellen. Ab 1966/67 baute StR Friedrich Neumann diese Sportart weiter auf, unterstützt von Hans, Karl und Thomas Kämpf, die freiwillige Übungsstunden für Anfänger leiteten. Ab 1971/72 begann der Aufstieg von Georg Kämpf (8a) als hervorragender Basketballspieler bis zur Aufnahme in den Kader der Nationalmannschaft.

Der Volleyballsport steckte zu dieser Zeit noch in den Anfängen, doch gab es 1973/74 erstmals zwei Neigungsgruppen.

In den folgenden Jahren wurde im Rahmen des differenzierten Sportunterrichts das Angebot immer vielfältiger bis zum schon erwähnten „Einbruch" im Zusammenhang mit der Budgetierung. Besondere Bedeutung kam dem Programm „Jugend trainiert für Olympia" zu.

Schulsportmannschaften nahmen erfolgreich an Schwimmwettbewerben teil (Oberfränkischer Meister im Schwimmen der Jungen, 2010), am Feldhockey (Bayerischer Meister und Bayerischer Vizemeister der Mädchen und Jungen in den Jahren 2005 bis 2013) oder beim Sportklettern, Tennis, Tischtennis und Fußball.

Wenn auch herausragende sportliche Erfolge einzelner Schülerinnen und Schüler nicht unmittelbar mit dem Schulsport zu tun haben (gleiches könnte man von Erfolgen beim Wettbewerb „Jugend musiziert" sagen, hinter denen in der Regel intensiver privater Unterricht steht), so soll doch ohne Anspruch auf Vollständigkeit zumindest an einige Namen erinnert werden.

Herausragende Leistungen erzielten im Schuljahr 1997/98 Christine Henning (K 12) mit dem Gewinn der Deutschen Meisterschaft im Kickboxen, Philipp Petzschner (8a) mit der Deutschen Meisterschaft im Tennis-Einzel und Doppel, mit der Europameisterschaft im Doppel und dem 5. Platz bei der WM, Christian Schnabel (K 12) mit der Bayerischen Meisterschaft beim Mountain-Bike Cross Country, dem 2. Platz im Europa-Cup (Mannschaft) und der EM- und WM-Teilnahme. Gernot Seppel (K 12) wurde in die U-18–Hockey Nationalmannschaft berufen und erzielte mit dieser bei der EM 1998 den 1. Platz. Mathias Mühlbacher (10a) gewann den 1. Platz Junioren-Bundesliga Short Track. Thomas Böhme wurde in den Basket-Ball Nationalkader der Nationalmannschaft berufen und nahm an den Paralympics teil.

Während wegen der Budgetierung der Differenzierte Sport, der ja regelmäßig während des ganzen Schuljahres erteilt wurde, starke Einbußen hinnehmen musste, gab es nun zwei „Sporttage". Erstmals fanden diese im Schuljahr 2001/02 statt. Es bestand so die Möglichkeit, in eine Vielzahl von Sportarten „hineinzuschnuppern":

Streetball, Beachvolleyball, Golf, Kanu, Mountainbiking, Skateboard, Tischtennis und vieles mehr.

Aus der Fülle und Vielfalt von Aktivitäten müssen auch hier einige Beispiele genügen. Details sind wie bei anderen Fächern den Jahresberichten zu entnehmen.

Besonders wird im Jahresbericht 2008/09 hervorgehoben, dass nach mehr als zehn Jahren ein Leistungskurs Sport angeboten werden konnte, an dem auch Schüler aus dem MWG und GMG teilnahmen. Eine Besonderheit war auch das Projekt „BBC@school", in dessen Rahmen der Co-Trainer des Bayreuther Basketballvereins Tim Nees mit drei seiner Spieler in eine Sportstunde der Klasse 6d kam.

Theatergruppe

Es war das Verdienst von StD Fritz Werner, am GCE eine eigene Theatergruppe aufzubauen und weiterzuentwickeln. Die erste Schüleraufführung gab es am 8. April 1965 im „Neuen Theater" mit dem Stück „Die seltsamen Abenteuer des Herrn X." Zu einer kleinen Krise kam es 1971/72. Es musste intensiv nach neuen Talenten gesucht werden. 1978/79 wurde gar befürchtet, dass die Kollegstufe den Tod jeglicher Theaterarbeit bedeutet. Aber immer wieder entfalteten sich Schüler und Schülerinnen unter der Leitung von Fritz Werner. Manche liefen zur Hochform auf und Martin Butzke machte das Theaterspielen nach dem Abitur zum Beruf.

Aufgeführt wurden u.a. „Retter kommt gleich" (H. J. Potratz), „Das Gespenst von Canterville" (Oscar Wilde), „Der Lügner" (Goldoni), „Die Freier" (v. Eichendorff), „Dame Kobold" (Calderon de la Barca), „Das Bankjubiläum", „Der Heiratsantrag". „Der Bär" (Anton P.

Abb. 224: StR Dr. Jan Ehlenberger  *Abb. 225: StR Christian Plätzer*  *Abb. 226: StRin Sabine Dr. Mayr*

Abb. 227: Elfriede Roider

Tschechow), „Fiddiwau" (Annemarie Kropp), „Boeing-Boeing" (Marc Chamoletti), „Trauschein" (Ephraim Kishon), „Scapins Streiche" (Molière), „Die Sonate und die drei Herren", „Sinfonietta", „Andere Völker-andere Sitten" (Jean Tardieu).

Auch im Ruhestand betreute Fritz Werner die Theatergruppe und brachte noch im Mai 2006 das Stück „Mirandolina" von Goldoni zur Aufführung.

Im Schuljahr 2006/07 wurde für Schülerinnen und Schüler der Unterstufe erstmals eine Arbeitsgruppe „Schulspiel" angeboten, an welcher 17 Teilnehmer reges Interesse zeigten.

Unter der Leitung von StR Dr. Ehlenberger wurden zwei Programme einstudiert. Im zweiten Halbjahr wagten sich die Schülerinnen und Schüler an das Stück „Das Urteil des Paris" von Franzi Klingelhöfer, das am 30. und 31. Januar 2008 zur Aufführung kam. Zugleich begann StR Christian Plätzer die Theatergruppe der Mittel-

Abb. 228: Theateraufführung, „Frank der Fünfte" von Friedrich Dürrenmatt, Theatergruppe der Mittelstufe, Regie Dr. Jan Ehlenberger, Premiere am 10. Mai 2010.

und Oberstufe aufzubauen und hatte mit beiden Aufführungen der „Physiker" im Juli 2007 großen Erfolg. Im Schuljahr 2008/09 beschäftigte sich der Wahlkurs „Schulspiel" unter Leitung von StRin Dr. Sabine Mayr mit Fragen der Körperhaltung, Mimik, Gestik, Bewegung und dem Einsatz von Atem und Stimme. Umgesetzt wurden die Ergebnisse beim kreativen Weiterentwickeln von vorgegebenen kleinen Sketchen zum Thema Reisen (u.a. von Loriot und Monty Python) und beim Skizzieren und Improvisieren verschiedener eigener dramatischer Ideen. Die Theatergruppe der Mittelstufe wagte sich an „Biedermann und die Brandstifter". Hier verkörperte Nils Pfeufer (9b) allen voran glänzend den konform-opportunistischen Biedermann, aber auch Laura Meßner (9b), Benedikt Friedrich, Katharina Leschinsky, Cosima Schynoll und alle anderen Mitglieder des Chores überzeugten. Marieluise Müller schreibt in ihrer Kritik bei den 4. Bayreuther Schultheatertagen: „So stelle ich mir Schultheater vor – ein Thema, das allgemeingültig ist, Gegenwartsbezug hat, das engagiert diskutiert werden kann, dazu eine spielerische Umsetzung, die Qualitätsmaßstäbe setzt."

Seit 2010/11 gibt es am GCE eine vierte Theatergruppe. Unter Leitung von Frau Valentina König-Meßner studierten Schüler und Schülerinnen der 7. Klassen das Stück „Seetang in der Hose" ein.

Zum Erfolg gehören natürlich die Leistungen vieler Helfer, voran früher Rüdiger Bethe, dann die Kunsterzieherinnen Carla Schmidhuber und Frau Ursula Leibinger-Hasibether, die für die Bühnenbilder verantwortlich waren. Längst im Ruhestand fertigte Frau Elfriede Roider wie seit Jahrzehnten viele der benötigten Kostüme.

Kunst

Viele Jahre wurde der Unterricht im Fach Kunst von Rüdiger Bethe geprägt. Er unterrichtete am Gymnasium von 1974 bis 2003.

Herausragende Erfolge erzielten seine Schüler und Schülerinnen seit 1981 regelmäßig beim Denkmalwettbewerb Habelsee und bei Europawettbewerben. Hinzu kamen regelmäßig Ausstellungen, die große Beachtung fanden. Seine Nachfolgerin Carla Schmidhuber setzt diese Tradition seit 1997/98 zunächst noch zusammen mit Rüdiger Bethe bis 2002/03, dann allein und später mit Frau Leibinger-Hasibether fort.

Erstmals präsentierten Schüler ihre Werke noch ohne spezielles Thema vom 3. Februar bis Mitte März 1975 im Rathaus.

Es folgte 1976 eine Ausstellung in mehreren Banken, die zeigte, wie Schüler Richard Wagners Tondramen bildhaft in Form von Büh-

Abb. 229: Holzplastiken im Kultusministerium

Abb. 230: Europawettbewerb (Photo Wolfgang Lammel, NK)

nenbildern, Illustrationen und Bühnenmodellen umsetzten. Die Preisverteilung nahm Wolfgang Wagner selbst vor.

Themen beim Wettbewerb Habelsee waren z.B. „Europäische Kampagne für den ländlichen Raum", „Alte Treppen in Europa" (hier gab es 1998/99 4 erste Preise mit 6000 DM an Preisgeldern), „Burgen, Sangeskunst und Instrumentalmusik des Mittelalters in Europa", „Alte Bahnhöfe", „Alte Gärten in Europa".[22]

Beim Europawettbewerb 1990/91 („Kunst überwindet Grenzen")gab es nicht nur Landessieger, sondern auch Bundessieger (Jenka Rehberg 5b, Georg Wittmann K 12, Thorsten Maul K 12).

Die Ausstellung „Der Mensch in Holz und Öl" wurde im März 1993 in der Sparkasse gezeigt und Holzplastiken konnten auch im Kultusministerium präsentiert werden.

1993/94 gab es eine Photoausstellung im Rathaus. Beim Europawettbewerb konnten 5 Schüler und Schülerinnen bei rund 45 000 Teilnehmern mehrere Landessieger stellen.

1999/2000 beteiligten sich Schüler der 11. Jahrgangsstufe an einem Wettbewerb des Bayerischen Staatsministeriums für Unterricht und Kultus zum Thema „Wasser ist Leben".

Auch beim 48. Europäischen Wettbewerb zum Thema „Unsere Aufgabe für ein Europa mit Zukunft" unter der Schirmherrschaft des Bundespräsidenten Johannes Rau war das GCE sehr erfolgreich. Es gab zwei Landessieger (Sandra Just 9a, Alexander Werner K 12) und zwei Bundessieger (Anne-Maria Mayer 9c, Jason Thamer 10a).

Das Thema des 56. Europäischen Wettbewerbs 2008/09 lautete „Hyphka – Ideen für Europa".

15 Schüler wurden auf Landes- und Bundesebene prämiert. Seit 1992 hat die Schule in jedem Jahr mindestens einen Bundespreis erhalten.[23]

Auch beim Internationalen Denkmalpflege-Wettbewerb des Schlosses Habelsee 2008/09 mit dem Thema „Heilige Stätten-Irdische Schönheiten" waren 10 Schüler des Gymnasiums erfolgreich.

Am nationalen Schülerwettbewerb IMMOTION beteiligten sich 1998/99 Teilnehmer des LK Kunst: Sebastian Geier (GMG) und vom GCE Thomas Fischer, Franz Gabel, Andreas Alt und Markus Lerner. Aufgabe war es, ein möglichst innovatives Konzept zu entwickeln, das mit Verkehr, Automobil und/oder Antriebstechnik zu tun hat. Obwohl sie sich erst 10 Tage vor Einsendeschluss zusammengefunden hatten, erreichten sie einen Platz unter den besten zehn in Deutschland.

Aus der Fülle der Aktivitäten und Leistungen, die seit 202/03 von den Schüllerinnen und Schülern unter der Betreuung vor allem durch OStR in Carla Schmidhuber erbracht wurden, können nur einige Beispiele genannt werden. Neben der regelmäßigen Teilnahme an Europawettbewerben mit Landes- und Bundessiegern gabe es im Schuljahr 2000/01 eine Ausstellung von Facharbeiten des LK Kunst K 13 mit Themen wie „body art" (Nina Schuberth) oder „Modedesign" (Alexia Antonakis). Beim Denkmalschutzwettbewerb (2002/03) erzielten 1. Preise Eva Schmidhuber (11a), Anna-Maria Meier (11b) und Sina Rösler (10b). Fachexkursionen führten nach München

309

zur Pinakothek der Moderne und zum Lenbachhaus. Im Schuljahr 2006/07 wurden Klassenzimmer neu gestaltet, kunstgeschichtliche Spiele erarbeitet und das Bühnenbild zur Theateraufführung „Die Physiker" geschaffen.

Auch im Schuljahr 2010/11 war das GCE beim internationalen Denkmalpflege-Wettbewerb Schloss Habelsee bei insgesamt 4500 Einsendungen mit Abstand die erfolgreichste Schule. Am Europäischen Wettbewerb 2011 beteiligten sich in den Ländern 67 175, allein in Bayern 17 996 Schülerinnen und Schüler. 42 bayerische Landessieger konnten allein aus dem GCE ermittelt werden. Bundessieger wurden Hannah Korzeniowski (5a), Sebastian Matt und Frederick Müller (6b), Linus Meier, Maximilian Korzeniowski (7a) und Pia Schönrich (9b).

Musik

Geprägt wurde der Musikunterricht über Jahrzehnte von Hans Maier, der am Gymnasium von 1952 bis 1982 unterrichtete. Nahtlos folgte ihm sein Sohn Reinhard Maier.

Seit dem Schuljahr 2011/12 hat das Gymnasium Christian-Ernestinum erstmals einen zweiten hauptamtlichen Musiklehrer, nämlich Herrn StR Matthias Pitsch.

Es verdient besondere Beachtung, dass am humanistischen Gymnasium seit jeher auch die Musik (Instrumentalunterricht, Orchester, Chor) oft unter äußerst schwierigen Bedingungen gepflegt wurde. Dies gilt für das 18. und 19., aber auch für das 20. Jahrhundert, insbesondere für die jeweils harten Jahre nach den beiden Weltkriegen.

In den schmalen Jahresberichten der 1950er und 60er Jahre gibt es noch keine gesonderte Darstellung der einzelnen Fächer. Hingewiesen wird auf einen gemeinsamen Musikabend der höheren Schulen Bayreuths am 9. Juni 1953. Chor, Orchester und Instrumentalunterricht gelten als Wahlfächer. Schon im Schuljahr 1953/54 kann Hans Maier eine Hausmusik in der Aula zum Gedächtnis des Todestages von Franz Schubert vor 125 Jahren und eine „Heitere Abendmusik" in der Turnhalle bieten.

Im Schuljahr 1957/58 finden sich unter den Veranstaltungen der Schule ein Hausmusikabend, eine Weihnachtliche Abendmusik und eine Adventsmusik in der Kirche zu Speichersdorf. Schließlich wirkte das Orchester bei einer Veranstaltung zugunsten des Müttergenesungswerkes im Gemeindehaus Bayreuth mit.

Mit dem Amtsantritt von Heinz Hutzelmeyer erhalten einzelne Fachschaften im Jahresbericht

Abb. 231: StD Hans Maier

Raum, um ihre Tätigkeit und besonderen Engagements darstellen zu können. Aber erst seit 1973/74 meldet sich das Fach Musik ausdrücklich zu Wort. Hans Maier berichtet, dass, zwar etwas gekürzt, in allen Klassen Musikunterricht erteilt werden konnte. „Die Aufgeschlossenheit für die Musik ist in den letzten Jahren laufend gestiegen. Neben einem Orchester aus 27 Spielern haben wir an der Schule zwei Chöre: den Chor der Klassen 5 und 6 mit 98 Sängern und den Chor der Klassen 7 mit 13 mit 107 Sängern."

In diesem Schuljahr vermeldet die Schulchronik zwei musikalische Veranstaltungen.

Im letzten Jahr vor seinem Tod nennt Hans Maier an musikalischen Veranstaltungen die Weihnachtsmusik in der Kreuzkirche (12. Dezember 1980), eine Abendmusik in der Turnhalle (6. März 1981), eine gut besuchte Abendmusik mit beiden Chören, dem Orchester und solistischen Darbietungen im Balkonsaal (25. Mai 1981) und die adventliche Schulandacht (20. Dezember 1980).

Im Jahresbericht 1981/82 schreibt Frau Adelheid Korn: „Gezeichnet von seiner schweren Krankheit hat Herr Maier mit letzter Kraft auch noch für den Sommer ein Konzert vorbereitet. Ein Violinkonzert von Telemann mit Michael Meisner als Solisten und die Kindersinfonie von

Abb. 232: StD Reinhard Maier mit ehemaligen Schülern, Kollegen und Schülereltern nach einer Nonett-Probe

Leopold Mozart konnten nicht mehr aufgeführt werden."

Hans Maier verstarb am 2. Juni 1982.

Sein Sohn Reinhard schreibt im Jahresbericht 1982/83: „Noch am Tag vor seiner letzten Operation hatte er sein volles Stundenpensum bis in den Nachmittag hinein absolviert."

Erstmals berichtet Reinhard Maier 1983/84 von Erfolgen seiner Schülerinnen und Schüler beim Wettbewerb „Jugend musiziert". In der Folge können hier, ähnlich wie beim Fach Kunst, unmöglich alle diese Erfolge benannt und aufgezählt werden. Auch hier ist nur eine begrenzte Auswahl möglich.

Im ersten Jahr seines Musikunterrichts bietet Reinhard Maier ein vorweihnachtliches Konzert in der Kreuzkirche und einen Hausmusikabend. In den folgenden Jahren erweitert sich das Programm beständig. Machen wir einen Sprung ins Jubiläumsjahr 1988/89. „Am 16. Februar 1989 fand im Europasaal des Jugend-Kulturzentrums ein großes Schulkonzert statt, bei dem vier verschiedene Chöre, das Schulorchester und sieben Kammermusikgruppen ein abwechslungsreiches Programm gestalteten. 25 Pianisten ließen sich am 16. März 1989 in einem Klavierabend in der Pausenhalle der Schule hören. Das zweite Schulkonzert ... war als Matinee am 9. Juli 1989 Bestandteil der Festveranstaltungen zum Schuljubiläum ... Der Wettbewerb „Jugend musiziert", der heuer vor allem im Zeichen der Kammermusik stand, brachte Schülern des GCE große Erfolge". Es gab mehrere erste Preise in der Regionalausscheidung, z.B. durch die Geigerinnen Astrid Mäurer (6a), Katharina Korn (9b) und Anne Grampp (10b) und die Violoncellisten Annette Mäurer (7a) und Matthias Zingerle (10b) sowie am Klavier Eva Ruttner 8a und Miriam Pohl (11b).

1990/91 erhielten Alexandra Schmidt 11b im Fach Gitarre einen 1. Preis auf Regional-und Landesebene, ebenso Almut Nitzl K 12 einen 1. Preis im Regionalwettbewerb im Fach Flöte.

1993 zeichnete sich beim Konzertabend „Junge Talente" Gernot Müller aus.

Vergleichbare Erfolge wurden nahezu in jedem Jahr erzielt. Einen ersten Preis beim Steinway-Wettbewerb in Hamburg erspielte sich der Pianist Gernot Müller 8b.

In den folgenden Jahren bis heute gehören zum festen Programm der Adventsgottesdienst in der Ordenskirche, zwei Schulkonzerte im Jugendkulturzentrum, ein Hausmusikabend und seit Ende der 1980er Jahre oft ein eigener Klavierabend. Dazu kommen regelmäßig Auftritte zu besonderen Anlässen wie z.B. bei der Verabschiedung von Herrn Friedhard Pfeiffer, dem früheren Elternbeiratsvorsitzenden, der als Direktor der Landwirtschaftlichen Berufsgenossenschaft in den Ruhestand trat. Am 11. November 2002 spielte ein Streichquintett aus Mitgliedern des Schulorchesters im Rahmen dieser Veranstaltung in Schloß Thiergarten. Im gleichen Schuljahr fand für die Jahrgangsstufen 7 bis 9 ein „Projekttag Musik" statt, bei dem folgende Arbeitsgruppen angeboten wurden: „Stomp-Workshop Rhythmuschoreographie", „Physikalische Grundlagen von Tonerzeugung und -übertragung", „Englische und französische Lieder", „Musik und ihre Wirkung auf Körper und Seele", „Bau und Gebrauch einfacher Musikinstrumente" u.a.

Zu den herausragenden Erfolgen der Schüler und Schülerinnen zählen sicher der Sieg von Jasmin von Brünken im Fach Gesang beim Wettbewerb „Die gläserne Harfe" in Lauscha (Thüringen) und im Schuljahr 2005/06 der 1. Preis beim Wettbewerb „Jugend musiziert" im Fach Horn durch Alexander Hertel (6b) sowohl im Regional- als auch im Landeswettbewerb.

Auf die Vielzahl von zusätzlichen Veranstaltungen in der Schule (z.B. das Quintett-Ensemble REKKENZE BRASS am 6. Februar 2006) und Konzertbesuche außerhalb kann nur pauschal hingewiesen werden.

Unterstützt wurde schon Hans Maier und dann auch Reinhard Maier von Frau Adelheid Korn und Frau Hilde Ponader. Frau Korn hatte in München Schulmusik studiert und war danach in Sulzbach-Rosenberg, Memmingen und Bamberg tätig. Ab 1964 war sie gemeinsam mit Hans Maier für die Schulmusik am GCE verantwortlich mit Klassen- und Instrumentalunterricht (Geige und Violoncello). Im Jahr 2000 schied sie aus dem Schulunterricht aus.

Frau Ponader unterrichtete bis 2002/03 in der Unter- und Mittelstufe und betreute Sing- und Musiziergruppen. Sie verwirklichte z.B. szenische Aufführungen der Kantaten „Der Schulmeister" (2001), „Max und Moritz" (2002) und „Die Heinzelmännchen" (2003).

Deutsch

Seit Gründung des Gymnasiums hatte sich das Fach Deutsch in einer untergeordneten Rolle befunden. Lektüre beschränkte sich auf bewährte, ausgewiesene „Klassiker", während zeitgenössische oder gar kritische Literatur nicht gelesen wurde. Man übte Musteraufsätze ein, deren Themen sich weitgehend mit allgemein philosophischen Fragen beschäftigten, sich oft an der Antike orientierten oder sich dem jeweils herrschenden sog. „Zeitgeist" anpassten. Kritische Analyse war undenkbar und Textinterpretationen im heutigen Sinn kamen nicht vor. Das änderte sich alles entscheidend erst nach dem II. Weltkrieg mit der Gründung der Bundesrepublik Deutschland und entsprechender demokratischer Verfassung.

Einen allerdings eigenartigen Auftakt nahm der Deutschunterricht hinsichtlich von Gastlesungen mit der Einladung von Benedikt Lochmüller, einem überzeugten Nazi, der die verherrlichende Biographie für Hans Schemm geschrieben hatte.[24] Noch in den 1950er Jahren verharrte man in den Klassen 8 und 9 (alte Zählung) bei Themen wie „Nationalismus und Patriotismus", „Der Rundfunk – ein Fortschritt oder ein Rückschritt?", „Der Mensch und sein Besitz" etc. Dazwischen finden sich vereinzelt Aufgabenstellungen zur Literatur, meist literarische Charakteristiken wie z.B. „Charakteristik einer der Hauptgestalten in Lessings ‚Emilia Galotti'" oder „Welches Bild des Haupthelden zeichnet Schiller in Wallensteins Lager?". Erstmals 1958/59 wird in einer Schulaufgabe der 9. Klasse auch eine „Gedichtdeutung" abverlangt („Manchmal" von Günter Eich und „Zögert Sonne noch am Rande" von Hans Carossa).

In den 1960er Jahren tauchen bei der Lektüre der oberen Klassen nun Autoren auf wie Kafka, Brecht, Büchner, Frisch, Zuckmayer. Häufiger werden Gedichtinterpretationen zur Auswahl angeboten, doch sind auch in den 1970er Jahren Lyrikanalysen noch nicht zwingend gefordert. Dies geschieht konsequent erst seit den 1980er Jahren in den Jahrgangsstufen 10 und 11.

Deutlich findet die Entwicklung einschlägiger Wissenschaften mit ihren speziellen Ausdifferenzierungen Niederschlag in Lehrplänen und Lerninhalten. Zu denken ist hier neben der übergreifenden Germanistik an Disziplinen wie Sprachwissenschaft, Literatursoziologie oder Linguistik. Neue Themen waren z.B. Zusammenhänge zwischen Gesellschaft und Literatur und die Voraussetzungen und Entstehung des literarischen Markts seit dem 18. Jahrhundert. Neue literarische Formen, z.T. aus England und den USA „importiert", fanden Aufnahme in den Lektürekanon wie z.B. das „traditionelle" und „moderne" Hörspiel, Kurzgeschichte (short story), Konkrete Poesie oder das Simultantheater.

Neben Theaterbesuchen („Studiobühne" Bayreuth, Stadthalle Bayreuth, Nürnberg, Bamberg, Weimar, Bad Lauchstädt) beginnen auf Initiative von Jochen Lobe und später auch Werner Link Dichterlesungen etwa von Uwe Dick am 21. März 1975. In den 1980er Jahren nehmen die Aktivitäten zu. So fahren Schüler der Oberstufe seit 1980/81 immer wieder ins Literaturarchiv Sulzbach-Rosenberg oder nach Marbach. Herausragend war im gleichen Schuljahr das Projekt Gedichtvergleich Walter Helmut Fritz „Wieder ohne Erbarmen" – Peter Härtling „An meine Feinde" unter Leitung von Jochen Lobe. Dazu wurden der Text einer Klausur im Grundkurs Literatur von Maja Schwarz, eine Reflexion zur Interpretationsproblematik und ein Brief an Fritz und Härtling mit deren Antworten abgedruckt.

Am 20. Oktober 1982 nahm der GK Literatur an einer Lesung und Diskussion mit dem Schriftsteller Jurek Becker teil und der LK Deutsch besichtigte am 24. November 1982 das „Druckhaus Bayreuth". Hier diskutierten die Schüler mit Verlagsleiter Dr. Laurent Fischer und dem Redakteur Dr. Wulf Rüskamp, beide auch ehemalige Schüler des GCE.

Erstmals werden im Jahresbericht 1983/84 Schülergedichte abgedruckt. Im gleichen Jahr besucht der GK Literatur einen Kabarett-Abend mit Gerhard Polt und der LK Deutsch hört in der Volkshochschule einen Vortrag von Prof. Fülleborn über „Rilke und Trakl".

1984/85 gibt es zehn besondere Unternehmungen des LK Deutsch mit den Lehrern Werner Link und Jochen Lobe. Dazu gehörten diverse Theaterbesuche und Autorenlesungen wie z.B. von A. Muschg, P. Wühr und H. Wollschläger.

Erstmals wurde 1990/91 ein Pluskurs „Literatur und literarisches Gestalten" eingerichtet, an dem unter Leitung von Jochen Lobe sechs Schüler einer 10. Klasse teilnahmen. Diese besuchten am 13. Oktober 1990 eine Lesung mit Autoren aus ganz Deutschland, die innerhalb der Reihe „Lyrischer Oktober" im Evangelischen Gemeindehaus stattfand. Es folgten Begegnungen mit Teilnehmern der „Literarischen Werkstatt junger Autoren" am 7. Dezember 1990 und am 25. Januar 1991. Die letzte Lesung fand am 3. Januar 1991 in der BAT-Galerie mit dem Erlanger Schriftsteller Dr. W. P. Schnetz statt.

1993/94 leitete Jochen Lobe das Projekt „Gestaltendes Schreiben" in der Klasse 11b. Es ging darum, Variationen zu vier vorgegebenen Gedichten von Brecht, W. C. Williams und Erich Fried zu entwickeln.

1999 besuchte der GK Deutsch am 15. April eine Ausstellung über Wolfgang Borchert in der Universitätsbibliothek Bayreuth und am 2. März die Autorenlesung des Jugendbuchautors K. D. Stöver.

Vom 9. April bis 10. April 2003 organisierten Frau Römling und Frau Reischl mit dem LK und GK Deutsch der K 13 eine literarische Exkursion nach Prag.

In den folgenden Jahren wurden Schüler angeregt und angeleitet, selbst Texte zu verfassen, literarisch tätig zu werden, um so zugleich mehr Verständnis für Literatur und unterschiedlichste Textformen zu gewinnen.

Immer wieder wurden Begegnungen mit Autoren organisiert, so z.B. durch Werner Link am 7. Dezember 2006 mit dem Rezitator und Autor Gerd Berghofer, am 30. März 2007 mit der ehemaligen Schülerin Sylke Tempel oder am 7. November 2001 mit Klaus Kordon. Im Rahmen seines Projekts „Popliteratur" besuchte der Pluskurs Literatur eine Performance des Popliteraten Benjamin v. Stuckrad-Barre in Erlangen im Jahr 2005.

Auch ausgezeichnete Klausuraufsätze werden in Auszügen abgedruckt, etwa der von Kathrin Hoffmann K 12 zum Thema J. v. Eichendorff am Beispiel „Aus dem Leben eines Taugenichts"[25].

In Reaktion auf Ergebnisse der PISA-Studien versuchte man speziell in der Unterstufe durch vielfältige Methoden die Lesekompetenz zu entwickeln und zu fördern (2007/08).

Wiederholt fuhren Schüler mit Werner Link zur Frankfurter Buchmesse.

Es müssen auch hier die wenigen Beispiele genügen um aufzuzeigen, mit welcher Intensität und Vielfalt am GCE im Fach Deutsch gearbeitet wurde oft weit über das im Lehrplan Geforderte hinaus. Wenn in den letzten Jahren wiederholt von Bildungspolitikern im Zusammenhang mit Pisa-Vergleichen, vor allem auch in den Medien mangelnde Sprachkompetenz deutscher Schüler und speziell von Studenten beklagt wurde, so könnte dies vielleicht auch damit zusammenhängen, dass in den Jahrgangsstufen 9 und 10 für den Deutschunterricht lange Zeit nur jeweils 3 Wochenstunden zur Verfügung standen.

Abb. 233: StD Werner Link

Angesichts dessen, was zugleich in den Lehrplänen verbindlich gefordert wird (Beschäftigung mit unterschiedlichsten Textsorten, Lektüren, Einübung neuer und anspruchsvoller Aufsatzarten), bleibt da nicht ausreichend Zeit, Erlerntes durch Übung und Wiederholung zu sichern und zu festigen. Mit Einführung des G8 war die oben skizzierte Intensität, Vielfalt und Breite des Deutschunterrichts, immer verbunden mit hochkarätigen Zusatzangeboten, zunächst deutlich eingeschränkt.

In den folgenden Jahren bis 2012 nahmen die Aktivitäten der Fachschaft Deutsch nicht ab. Auch hier müssen aus der Fülle des Angebots einige Beispiele zur Verdeutlichung genügen. Neben Fahrten nach Weimar mit der Q 11, der Förderung „Kreativen Schreibens" und Lesungen im Rahmen einer literarischen Schulstunde mit dem Stadtschreiber Volker Strübing sind besonders hervorzuheben die Einrichtung von Klassenbibliotheken in der Unterstufe und verstärkt Arbeit in Lehrerteams. Im Jubiläumsjahr steht u.a. ein Goethe-Abend auf dem Programm.

Geschichte

Auch am Beispiel des Faches Geschichte lässt sich ablesen, dass allgemeine politische und gesellschaftliche Entwicklungen und Veränderungen ihre Spuren in Lehrplänen hinterlassen und Auswirkungen auf sich verändernde Lehr-und Lerninhalte haben. Dies geht einher mit entsprechenden Prozessen in der Geschichtswissenschaft. Seit etwa Mitte der 1960er Jahre setzte eine intensive Methodendiskussion ein. Neue Forschungsschwerpunkte wurden im Bereich der Wirtschafts- und Sozialgeschichte gesetzt, wobei Einflüsse aus Frankreich, Großbritannien und den USA unverkennbar sind. Manche Themen wurden völlig neu aufgerollt. Als Beispiel sei nur die Forschung zur Wirtschafts- und Sozialgeschichte der Antike, zu den wirtschaftlichen und sozialen Ursachen der Französischen Revolution, zum Imperialismus und zur Imperialismustheorie oder zu den Ursachen des Ersten Weltkriegs genannt, deren kritische Erörterung Fritz Fischer mit seinem Buch „Griff nach der Weltmacht" 1961 neu in Gang gesetzt hatte.[26] All dies fand seinen Niederschlag nicht nur in den Curricula der Kollegstufe, sondern durchaus auch in den Lehrplänen der Unter- und Mittelstufe. Große Bedeutung erlangte die Beschäftigung mit historischen Quellen. Entsprechend wurden die Schulbücher ständig verbessert, mit mehr Bildmaterial ausgestattet und anschaulicher gestaltet. Zugleich gewannen der Einsatz von Folien (Lichtprojektor), von Medien wie Film und Video, zuletzt das Arbeiten mit Computer, Beamer und Power-Point an Gewicht. All das stand ja bis dahin kaum oder gar nicht zur Verfügung. Das gesamte filmische Dokumentarmaterial vor allem zum Dritten Reich musste seit 1945 erst von Spezialisten erschlossen und aufgearbeitet werden, bevor es den Schulen zur Verfügung gestellt werden konnte.

Verbunden damit spielte sicher auch eine große Rolle, dass die Generation von Geschichtslehrern, die von den Ereignissen des Drittten Reichs noch unmittelbar betroffen war und den Zweiten Weltkrieg mitmachen musste, allmählich von einer neuen Generation abgelöst wurde, die auch mit diesen dunkelsten Seiten deutscher Geschichte distanzierter umgehen konnte.

Zum Programm der Geschichtslehrer gehörten und gehören deshalb selbstverständlich immer wieder Besuche der Konzentrationslager in Dachau, Buchenwald und Flossenbürg und des Dokumentationszentrums zu den Reichsparteitagen in Nürnberg.

Besuche einschlägiger Museen wie des Germanischen Nationalmuseums in Nürnberg (vor allem zum Thema Mittelalter), des Ägyptischen Museums in München, des Hauses der Deutschen Geschichte in Bonn, des Industriemuseums in Nürnberg, aber auch des Historischen Museums der Stadt Bayreuth sind selbstverständlich. Nahezu alle Museen präsentieren seit vielen Jahren ihre Bestände nach museumspädagogischen Konzeptionen und stellen museumspädagogisch geschultes Personal zur Verfügung.

Hinzu kamen und kommen Fahrten zu besonderen historischen Ausstellungen wie z.B. zur Geschichte Frankens in Forchheim, zu den Andechs-Meraniern und Zollern auf der Plassenburg oder Tut-ench-Amun in München. Mehrtägige Fachexkursionen führten nach Trier, nach Verdun oder in das neue Bundesland Sachsen. Im Rahmen des Unterrichts wurden in der Freizeit mit Schülern Modelle gebaut zu Themen wie mittelalterliche Burg, römische Armee und römisches Leben, barocke Gartenkunst und kleine und größere Ausstellungen auf Stelltafeln zu den verschiedensten Themen entwickelt und gestaltet. Themen waren z.B. Leben und Alltag im Mittelalter, Zeitalter des Absolutismus und Barock, Nachkriegszeit, Antisemitismus und Judenverfolgung oder der Entwicklungsprozess zur Europäischen Union.

Unmittelbar nach der „Wende" fuhren StD Klaus Höreth und StD Dr. Rainer Trübsbach 1990 nach Dresden und leiteten dort für Kollegen

Abb. 234: Ausstellungseröffnung im Opernhaus, 1995

eines Gymnasiums eine Informationsveranstaltung zu ausgewählten und vorher mit den Kollegen aus Dresden vereinbarten Themen aus den Fächern Erdkunde und Geschichte.

Aus der Fülle der Aktivitäten und Projekte lassen sich einige besonders hervorheben.

StD Klaus Reus konzentrierte sich zunächst mit Schülern auf das Thema „Faszination der Gewalt".

Vom 10. März bis 29. März 1992 fand am Gymnasium eine Ausstellung statt, die sich mit Architektur und Stadtplanung im Dritten Reich am Beispiel der Stadt Bayreuth auseinandersetzte. Das Interesse, ja das Aufsehen, das diese Ausstellung erregte, drückte sich nicht nur in der Beachtung durch die Medien aus (Nordbayerischer Kurier, Süddeutsche Zeitung, Süddeutscher Rundfunk, Bayerischer Rundfunk), sondern auch in der außergewöhnlichen Besucherzahl von fast 10 000 Personen. Diese Ausstellung wurde anschließend in 14 weiteren Städten in Oberfranken, der Oberpfalz und Thüringen gezeigt und dort von insgesamt etwa 35 000 Besuchern gesehen.

Im Zusammenhang mit diesem gewaltigen Projekt beschäftigten sich im Rahmen einer Facharbeit Schüler besonders intensiv mit folgenden Themen: „Die Funktion der Architektur des Dritten Reiches am Beispiel des Bayreuther Gauforums" (Michael Hauenstein), „Eine Betrachtung über den Architekten H. C. Reissinger und seine Bemühungen um eine Anpassung des Neuen an die vorhandene historische Bausubstanz" (Till Salzmann). Thomas Mronz schrieb ein Drehbuch und entwickelte die Konzeption für einen Videofilm. Ulrich Mann wirkte maßgeblich an der Konzeption der Ausstellung mit.[27]

Schon 1993/94 begann Klaus Reus das nächste, wie sich später herausstellte noch gewaltigere Projekt „Faszination der Bühne" mit dem „Arbeitskreis Geschichte" zu entwickeln. Damit verbunden führte vom 10. bis 16. April eine Exkursion nach Drottningholm in Schweden.

Ein besonderes Ereignis war die Eröffnung der Ausstellung „Faszination der Bühne" am 27. April 1995 im Markgräflichen Opernhaus unter der Schirmherrschaft von Kultusminister Hans Zehetmaier.[28]

Angeregt zu diesem Projekt wurde Klaus Reus durch einen Beitrag von Dr. Manfred Eger zum „Bühnenzauber des Barocktheaters".

Während der folgenden rund 15 Jahre wurde diese Ausstellung mit mehreren Schülergenerationen (AK Theatergeschichte/AKGeschichtswerkstatt) ständig weiter entwickelt und qualitativ verbessert. Sämtliche Theater mit erhaltener Bühnentechnik konnten im Verlauf der Arbeit besucht werden: das Drottningholmer Schlosstheater und das Theater Schloss Gripsholm (Schweden), das Schlosstheater von Český Krumlov (Tschechien), das Goethe-Theater in Bad Lauchstädt (Sachsen-Anhalt), das Ekhof-Theater in Gotha (Thüringen), das Ludwigsburger Schlosstheater (Württemberg), das Théâtre de la Reine in Versailles, das Schlosstheater in Litomyšl und sogar das Ostankino-Theater in Moskau.

Die Ausstellung wurde in vielen Städten im Inland und im Ausland gezeigt, im Wilhelmine-Jubiläumsjahr 2009 im Markgräflichen Opernhaus in Bayreuth verbunden mit einer Kunstausstellung „Weltbild des Barock" von Carla Schmidhuber (Vgl. JB 2009/10, S. 13–15) und zuletzt im italienischen Sabbioneta, in Bologna und anschließend in Berlin. In Zukunft wird der gesamte Bestand von 56 Ausstellungstafeln, 12 Modellen, dem großen Bühnenmodell und Theatermaschinen, vor allem auch der Wolkenmaschine, in der Obhut des Berliner Vereins „Förderverein zum Erhalt historischer Theatertechnik und Theaterarchitektur e.V." bewahrt bleiben. Dieser Verein beabsichtigt, ein Deutsches Theatermuseum aufzubauen. Eine „Bayreuther Lösung" war aufgrund von finanziellen Engpässen bei der Sanierung des Opernhauses leider nicht zu verwirklichen.

Im Jahr 2001 erschien das Buch „Faszination der Bühne, Barocke Bühnentechnik in Europa" im

Abb. 235: Klaus-Dieter Reus

Verlag C.u. C. Rabenstein, das sogar ins Russische übersetzt wurde.

Klaus Reus wurde zu wissenschaftlichen Symposien, Kongressen und Fachvorträgen als Referent und Gast in Deutschland, Schweden, in den Niederlanden und in der Tschechischen Republik eingeladen und war u.a. Berater bei der Rekonstruktion des Esterhazy-Opernhauses in Fertöd (Ungarn).

Er erhielt die Ehrenmedaille des Gottfried-Semper-Clubs und als herausragende Anerkennung

Abb. 236: Ausstellung

die Ehrenmedaille der Freunde des Drottningholmer Schlosstheaters durch Königin Silvia von Schweden am 27. Mai 2003. Am 30. Juni 2006 wurde er mit dem Kulturpreis der Stadt Bayreuth ausgezeichnet.

Zwei Schüler, Johannes Braun und Mario Hirt, die als Facharbeit vor dem Abitur schon eine viel beachtete maßstabsgetreue Kopie des Bühnenhauses des Opernhauses gebaut hatten, publizierten im Dezember 2009 ihre Forschungsergebnisse zur Rekonstruktion der barocken Bühnentechnik.[29]

Am 5. März 2002 lud die „Geschichtswerkstatt" anlässlich der Deportation der Bayreuther Mitbürger jüdischen Glaubens zu einer Gedenkfeier in die Schule ein.

Zahlreiche Ehrengäste, darunter die Landtagsvizepräsidentin a. D. Frau Fischer, Landtagsabgeordnete Frau Gote, Bundestagsabgeordneter Koschyk und Oberbürgermeister Dr. Dieter Mronz waren anwesend. Anlass der Feier war die Aufstellung des Behälters mit den Denksteinen aus der von Frau Hamel initiierten Wanderausstellung der Bayreuther Schulen. Ergänzend zeigte Dr. Trübsbach Dokumente zur Geschichte der Juden, des israelitischen Religionsunterrichts und zu einzelnen jüdischen Schülern aus dem Bestand des Schularchivs.

Eine Gedenktafel im Verwaltungstrakt erinnert an die 20 ehemaligen Schüler jüdischen Glaubens, die von den Nationalsozialisten ermordet wurden.

Mit dem Schuljahr 2010/11 endete das Projekt „Faszination der Bühne" unter Leitung von StD Klaus-Dieter Reus. (Vgl. dazu auch die Schlussbetrachtung im Jahresbericht 2010/11 S. 42–45 und den Bericht in der Bühnentechnischen Rundschau, Zeitschrift für Veranstaltungstechnik, Ausstattung, Management, Heft 2, April/Mai 2011, S. 63–65).

Zum Abschluss sei hier Klaus-Dieter Reus zitiert."

„Am Ende dieses Schuljahres, im August 2011, werde ich in den Ruhestand gehen. Da die Ausstellung ein schulisches Projekt ist, entfällt damit die personelle Grundlage für eine Weiterführung des Projektes ... Leider musste ich feststellen, dass das Projekt für den normalen Schulbetrieb im achtjährigen Gymnasium zu groß geworden war. ..." „Aber die Zeiten haben sich gewandelt. 16 Jahre Projekt ‚Faszination der Bühne' sind auch 16 Jahre bayerische Schulpolitik. In den Anfangsjahren hatten wir die entsprechenden Freiräume im Unterricht, und die Leistungen der Schüler ... gingen ins Abiturzeugnis mit ein. Seither haben sich die Bedingungen ständig verschlechtert. Vor allem klafft die Schere zwischen offiziellen Vereinbarungen (Forderungen nach schüler – und projektorientierten Unterrichtsmethoden) und den schulischen Rahmenbedingungen (Stundenbudgetierungen und Einführung des achtjährigen Gymnasiums) immer weiter auseinander. In den letzten beiden Jahren ließ sich das Projekt nur noch unter Aufbietung der letzten Reserven verwirklichen."

Auch während der letzten Jahre wurden im Rahmen des Geschichtsunterrichts zahlreiche Fachexkursionen unternommen und besondere Projekte durchgeführt.

Dazu zählen z.B. das Projekt zum Jahrestag der Novemberpogrome 1938 unter Leitung von StR Dr. Jan Ehelberger und OStR Christian Plätzer. Im Rahmen dieses Projektes wurde für Schüler der 9. bis 13. Jahrgangsstufe im Kleinen Haus der Stathalle das Puppenspiel „Der letzte Zug" vom Theater Kuckucksheim aufgeführt.

Regelmäßige Besuche von KZ-Gedenkstätten wie in Flossenbürg, Buchenwald und Dachau sind selbstverständlich und im Lehrplan auch ausdrücklich vorgesehen. Ein Zeitzeugenprojekt zum Thema „Nationalsozialismus, Krieg und Neubeginn" der Klassen 9a und 9c in Zusammenarbeit mit der Evangelischen Familienbildungsstätte und dem Mehrgenerationenhaus wurde von StR Christian Plätzer im Schuljahr 2009/10 betreut. Als Zeitzeuge befragte Julian Wolfrat seinen Großvater Georg Moreth aus Neudrossenfeld.

Die Klassen 7b und 7d besuchten im Schuljahr 2010/11 mit StR Dr. Jan Ehlenberger und StR Heiko Weiß die Nürnberger Kaiserburg. Die Klasse 7a unternahm mit StR Ulrich Herrmann und OStRin Carla Schmidhuber einen Ausflug nach Nürnberg um sich im Rahmen des Geschichts- und Kunstunterrichts mit Fragen der mittelalterlichen Kunst und Kultur zu beschäftigen. Es wurde im Schuljahr 2011/12 u.a. die Ausstellung „Alptraum Gauhauptstadt" im Historischen Museum Bayreuth besucht. Unter Leitung von StR Ulrich Herrmann nahmen die Klassen 9a, 9b und die Geschichtskurse in der Q 11 teil. Über jüdisches Leben in Bayreuth und jüdische Kultur informierten sich Schüler der Klasse 9a bei einem Besuch der israelitischen Kultusgemeinde Bayreuth im Gespräch mit Herrn Felix Gothart, dem Vorsitzenden der Israelitischen Kultusgemeinde Bayreuth.

Mathematik/Physik/Naturwissenschaften (Natur und Technik, Chemie, Biologie)

Diese Fächer wurden zwar z.T. von Beginn an, vor allem zunehmend im 19. Jahrhundert unterrichtet, spielten aber an einem rein humanistischen Gymnasium naturgemäß eine eher untergeordnete Rolle. Auch hier kam es erst während der letzten 60 Jahre zu einer deutlichen Aufwertung. Es lässt sich geradezu von einer dynamisch-progressiven Entwicklung sprechen, die ganz klar in Zusammenhang mit der zunehmenden Bedeutung dieser Fächer in einer sich immer rascher verändernden Welt mit neuen Herausforderungen steht.

Diese allgemeine Entwicklung spiegelt sich in der enormen Breite an Zusatzangeboten und in der Fülle von Wettbewerben und speziellen Arbeitsgemeinschaften, an denen regelmäßig viele Schülerinnen und Schüler teilgenommen haben und teilnehmen. Die Vielfalt und Intensität ist vor allem auch den Jahresberichten zu entnehmen. Im Rahmen einer Schulgeschichte ist es völlig unmöglich auf jedes Detail einzugehen. Eine kleine Auswahl ist immer subjektiv und soll lediglich einen gewissen Einblick in die Leistung der Fächer und der sie vertretenden Kolleginnen und Kollegen geben.

Allerdings wurde das Fach Chemie bis 1963/64 nur als Wahlfach angeboten. Ab Mitte der 1960er Jahre gibt es erstmals Studientage auch in den Fächern Physik und Chemie z.B. zu den Themen „Das moderne physikalische Weltbild" (1964//65,Dietz), „Kybernetik" (1966/67,Scheick) oder „Die chemische Schädlingsbekämpfung und ihre Folgen" (Dr. Türk).

Die Mathematik stand immer zwischen den beiden Polen der Anwendungsorientiertheit und dem Bemühen um Abstraktion und strenge Axiomatisierung. Auch in der Schulmathematik schlug das Pendel mal in die eine oder andere Richtung aus. So musste man in den 50er und 60er Jahren des letzten Jahrhunderts viel Wert auf Rechentechnik legen (Rechenschieber, logarithmische Tabellen). In den 70er und 80er Jahren quälte man mit der sog. Mengenlehre schon die Grundschüler. Auch am Gymnasium kamen mit dem rein logischen Beweisen in der Geometrie der Mittelstufe oder der „Epsilontik" in der Infinitesimalrechnung der 11. Klasse oder den Strukturuntersuchungen von Gruppen, Ringen und Vektorräumen „mathematische" Themen in die Schule. Mit der Einführung des G 8 verschwanden diese eigentlich grundlegenden mathematischen Themen wieder aus den Lehrplänen. Und eine „neue Aufgabenkultur"

„… hielt Einzug mit oft ‚gewaltsam' anwendungsbezogenen Aufgaben. Die Schnittmenge zwischen Schulmathematik und Universitäts-Mathematik ging damit wieder mehr in Richtung ‚leere Menge'" (Vgl. dazu Kurt Spitzer, Der Mathematikunterricht im Wandel der Zeit, in: 50 Jahre Gymnasium Höchstadt, Festschrift und Jahresbericht 2009/10, S. 101).

Erstmals gibt es auch freiwillige Schülerübungen z.B. zur Strahlenoptik und zur „Höheren Mathematik" (StD FriedrichJakob). 1968/69 lautet das Thema eines Studientages „Von der Alchimie zur Chemie des XX. Jahrhunderts" (OStRin Christine Rupp).

In diesen Jahren, vor allem seit dem Umzug ins neue Schulgebäude, verbesserte sich auch die technische Ausstattung. Angeschafft wurden z.B. ein v.d. Graf-Bandgenerator, ein RC Oszillator mit Lautsprecher, ein transistorbestückter Hochspannungsgenerator, ein Projektionsgerät für elektrische Feldlinien, Geräte zu den Kippschwingungen und zum piezo-elektrischen Effekt und ein Super-8-Projektionsgerät. Die Chemie erhielt 1968/69 eine kleine Mineraliensammlung.

Den Jahresberichten der 1970er Jahre („Was nicht im Stundenplan steht"/Schulchronik) sind besondere Unternehmungen oder Wettbewerbe nicht zu entnehmen. Erst im Schuljahr 1979/80 fährt die Kollegstufe (Physik) nach Garching (26. Februar 1980) und die Klasse 6c zum Kraftwerk Arzberg (26. März 1980).

Dann nehmen in den 80er Jahren die Aktivitäten zu. Es gibt Studienfahrten der Grund- und Leistungskurse Physik nach Genf (CERN) und zum Max-Planck-Institut nach Garching, auch zusammen mit dem LK Biologie. Die Leistungs- und Grundkurse Biologie/Chemie besuchen das Kraftwerk in Arzberg. Eine weitere Exkursion führt die Leistungskurse Physik K12 und K 13 ins Kernforschungszentrum Karlsruhe.

OStR Peter Bechert bot 1985/86 einen Computerbaukurs an und OStR Michael Pöhlmann stellt 1986/87 erstmals „Das mathematische Problem des Monats".

Seit 1987 beginnt auch der regelmäßige Kontakt mit der Universität Bayreuth, die erstmals am 27. Oktober 1987 vom Leistungskurs Physik besucht wurde.

Auch am Wettbewerb „Jugend forscht" nahmen und nehmen regelmäßig Schüler des Gymnasiums mit oft sehr gutem Erfolg teil. So errang

Thomas Jakob 1993 den 1. Preis mit einer Arbeit über die Pendelkette, mit der sich physikalische Wellen simulieren lassen.

2008 erhielt Maximilian Thomas den Sonderpreis der Christoffel-Blindenmission für eine von ihm entwickelte Brille gegen Rot-Grün-Sehschwäche.[30]

Beim Bundeswettbewerb Mathematik schnitten seit 1988 die Schüler oft gut ab. Wolfgang Müller erhielt am 29. Oktober 1990 den Sonderpreis des Bundesministers für Bildung und Wissenschaft Jürgen W. Möllemann.

Seit 1993/94 beteiligen sich Schüler der Unterstufe regelmäßig am Adam-Ries-Wettbewerb. Auf Anhieb erreichte eine Schülerin des GCE einen Platz unter den 10 besten Teilnehmern aus Oberfranken und kam zur 3. und letzten Runde nach Annaberg-Buchholz.

1997/98 erreichten Katharina Kohler (5b) und Michael Schöne (5b) die dritte Runde.

Pluskurse in Mathematik und Physik ergänzen seit 1993/94 immer wieder den lehrplanmäßigen Unterricht, z.B. erstmals 1993/94 mit dem Thema „Dynamische Systeme" (StD Friedrich Jakob) oder beschäftigen sich 1995/96 mit dem Problem „Kegelschnitte und ihre Erzeugung am Computer" (StD Reinhardt Prochnow).

Das humanistische Gymnasium Christian-Ernestinum war, abgesehen vom naturwissenschaftlich ausgerichteten Graf-Münster-Gymnasium, das einzige Gymnasium in Bayreuth, das kontinuierlich seit 1979 bis in jüngere Zeit einen Leistungskurs Physik angeboten und durchgeführt hat.

Mit Einführung des mathematisch-naturwissenschaftlichen Zweiges im Schuljahr 1997/98 konnten sich auch die Fächer Chemie und Biologie mit größerer Außenwirkung entfalten und mit besonderen Aktionen in den Jahresberichten präsentieren. 1993/94 organisierten die entsprechenden Fachschaften einen „Naturwissenschaften- und Techniktag für Frauen" in Zusammenarbeit mit der Universität Bayreuth. Eine naturkundliche Exkursion zum Thema Vögel und Amphibien mit StD Peter Lenk gab es am 20. April 1996.

Aktivitäten entfalteten auch die AK oder AG „Schulgarten", „Umwelt", „Wind- und Sonnenenergie" und die AG „Schulaquarium". Am 5. Mai 1994 wurde der AK „Umwelt" unter Leitung von OStRin Christine Kohl und StD Peter Lenk Sieger in der Gruppe der oberfränkischen Realschulen, Wirtschaftsschulen und Gymnasien.

Wiederholt führten Exkursionen in den ökologisch-botanischen Garten der Universität Bayreuth, so z.B. im Schuljahr 2001/02 zum Thema „Tropische Früchte". In Kooperation mit den Naturwissenschaften beschäftigten sich Facharbeiten im LK Biologie z.B. mit dem Thema Heilpflanzen und Färbepflanzen. Geplant wurde ein „Grünes Klassenzimmer" mit einer Freilufttafel und einem Sandkasten.

Seit September 2002 existiert unter Leitung des Lehrstuhls Diadaktik der Biologie das Demonstrationslabor „Bio-/Gentechnik" an der Universität Bayreuth. Dort können im Rahmen eines Projekttages Oberstufenschüler, die einen LK Biologie gewählt haben, molekularbiologische Arbeitstechniken der Bio- und Gentechnik kennen lernen. Am 16. Oktober 2002 nahmen Schüler des LK Biologie 02/04 mit StD Wolfgang Minier diese Gelegenheit wahr. Ebenso nutzten Kollegiaten und auch Schülerinnen der 10. Klasse das vielseitige Angebot der Physikalischen Institute der Universität Bayreuth z.B. durch Teilnahme am zweitägigen „Physikkurs für Mädchen" oder an der Vorlesungsreihe „Physik am Samstagvormittag".

2003/04 konnte erstmalig ein Kurs „Naturwissenschaftliches Forschen und Experimentieren" angeboten werden. Dieser Kurs soll die naturwissenschaftliche Neugier wecken und die Schülerinnen und Schüler aus den sechsten bis achten Klassen zu eigenen „vorwissenschaftlichen Forschungsarbeiten" anregen. Als Einstieg diente die Beschäftigung mit dem Schneemenschen „Yeti" und seinen Verwandten in den verschiedenen Regionen der Welt (OStR Markus Lenk). In diesem Schuljahr wurde auch an allen Gymnasien in Bayern für die fünften Klassen das neue Fach „Natur und Technik" eingeführt. Es soll die Schülerinnen und Schüler an den naturwissenschaftlichen Unterricht in Fächern wie Chemie, Physik, Biologie oder auch Erdkunde heranführen. Seither experimentieren die Schüler mit Begeisterung. Eine der ersten Aufgaben lautete z.B.: „Bringe einen Flaschenkorken in senkrechter Position so zum Schwimmen, dass du an einem Nagel daran eine kleine Fahne befestigen könntest, ohne dass sie im Wasser nass wird!"

Schüler und Schülerinnen nahmen 2003/04 auch an der 12. Fürther Mathematik-Olympiade FÜMO teil und beim 6. bayerischen Mathematiktest für die 9. Jahrgangsstufe war das GCE wiederum in der Spitzengruppe der besten Gymnasien Bayerns zu finden.

Immer wieder konnten Schülerinnen und Schüler des GCE beim Wettbewerb „Jugend forscht" erfolgreich abschneiden. So wurde im Jahr 2011 das Gymnasium als erfolgreichste Forscherschule in Oberfranken ausgezeichnet. „Das GCE schickte für diesen Wettbewerb nach Angaben des betreuenden Lehrers OStR Markus Lenk und des Schulleiters OStD Rainhard Kreutzer zwölf Projektgruppen in den Wettbewerben „Schüler experimentieren" und „Jugend forscht" ins Rennen. Die Schüler erreichten mit ihren Arbeiten acht Platzierungen oder Preise und drei Regionalsiege". „Bei ‚Schüler experimentieren' waren als Regionalsieger erfolgreich: Christoph Rusam und Linus Reisner mit ihrem Konzentrationstest und Vincent Fischer mit seinem Hexadesign-Zeichenprogramm." Rainhard Kreutzer betont, man fördere am GCE „ganz bewusst den naturwissenschaftlich-technischen Bereich, um auch dieses Profil zu schärfen. Ich sehe das immer unter dem Motto Latein und Laptop, damit wir hier eine Balance haben." (Vgl. NK, 4. März 2011, S. 17)

Erstmals im Schuljahr 2006/07 begannen zwei Jahrgänge mit dem Fach Chemie: Im G8 die Schüler der 8. Jahrgangsstufe und im G9 die Schüler der 9. Jahrgangsstufe des mathematisch-naturwissenschaftlichen Zweiges. In beiden Fällen wird das Fach Chemie mit drei Wochenstunden unterrichtet. Die Schüler sollen jeweils selbständige Versuche durchführen und dabei im wahrsten Sinne des Wortes den Lehrstoff „begreifen". In diesem Schuljahr wurde auch ein neu eingerichteter Chemiesaal eingeweiht.

Erstmals erschien mit dem G8 auch die Einführung des Faches „Natur und Technik" mit den Schwerpunkten „Biologie und naturwissenschaftliches Arbeiten (5. Klasse), „Biologie und Informatik" (6. Klasse) und „Physik und Informatik" (7. Klasse).

Seit dem Schuljahr 2004/05 wird zusätzlich der schul-, fächer- und jahrgangsstufenübergreifende Wahlkurs „Naturwissenschaftliches Forschen und Experimentieren" angeboten. Diesen Wahlkurs übernahm im Rahmen der oberfränkischen Begabtenförderung durch die MB-Dienststelle OStR Markus Lenk.

Alte Sprachen

Es versteht sich, dass an einem über Jahrhunderte hinweg rein humanistischen Gymnasium die alten Sprachen Latein und Griechisch absolut dominierten. Erst im 19. Jahrhundert begann diese Bastion etwas zu wackeln. Als Rektor Großmann in den Ruhestand trat, ging für Büchersammlung und Schule eine Ära zu Ende. Der Neuhumanismus hatte seinen Zenit überschritten. Zwar dominierten noch immer Latein und Griechisch den Stundenplan, doch gerieten sie durch das Vordringen der neueren Fremdsprachen und der naturwissenschaftlichen Fächer immer mehr unter Druck. Dieser Trend gegen das humanistische Gymnasium setzte sich im 20. Jahrhundert fort und eine ernste Gefahr für den weiteren Bestand drohte im Dritten Reich. Hier muss man feststellen, dass der damalige Schulleiter Karl Frank gegen die Absichten der politischen Führung das humanistische Gymnasium rettete.

Nach dem II. Weltkrieg konnte jedoch an alte Traditionen angeknüpft werden.

Seit 1950/51 war Latein explizit „grundständig" und Griechisch kam wie bisher in der 4. Klasse hinzu. In der 6. Klasse konnten die Schüler als dritte Pflichtfremdsprache Englisch oder Französisch wählen. (Klassen nach alter Zählung von 1–9). Bis Ende der 1970er Jahre lassen sich den in dieser Zeit äußerst knappen Jahresberichten besondere Aktivitäten und Unternehmungen außerhalb des im Lehrplan vorgegebenen Stoffes kaum entnehmen. Der Besuch von „Antigone" (Sophokles) am 29. Mai 1951, einer Aufführung mit Chören von der Maria Steiner-Schule für Sprachgestaltung und dramatische Kunst aus Dornach/Schweiz, blieb für lange Zeit eine Ausnahme. Im Schuljahr 1954/55 gab es noch eine Schüleraufführung von „Alkestis" (Euripides) durch das Stadttheater Hof.

Aber nachdem die „Alten Sprachen" seit den 1970er Jahren in eine gewisse Defensive gedrängt worden waren, nahmen Bemühungen um Selbstdarstellung der Fächer, Plädoyers für deren grundlegende Bedeutung und entsprechend auch Aktivitäten deutlich zu. Festzuhalten bleibt, dass auch nach Einführung des neusprachlichen Zweiges und auch nach Einführung eines Zweiges mit grundständigem Englisch die Schulleiter immer wieder betont haben, dass es nicht darum gehe, „Neue Sprachen" gegen „Alte Sprachen" auszuspielen, sondern dass in einer sich verändernden Welt und Gesellschaft, in einer Zeit der Globalisierung ein rein humanistisches Gymnasium nicht zu halten sei, dass auch dieses auf neue Herausforderungen reagieren müsse. Es gab am GCE heftige Diskussionen über den Stellenwert und die Zukunft der „Alten Sprachen" in Konkurrenz mit den „Neuen Sprachen". Manchmal schienen die gegensätzlichen Positionen fast verhärtet. Doch wiederholt und zuletzt noch im Jahresbericht 2003/04 betonte OStD Wolfgang Lang: „Latein muss und wird, am GCE jedenfalls, gymnasiales Profilfach bleiben, weil wir in vielfältiger Hinsicht von Latein überzeugt sind …"

Erstmals gelang es im Schuljahr 1974/75 Heinz Hutzelmeyer eine Reise nach Griechenland zu organisieren, die vom 2.–17. August 1983 mit einem anderen Programm wiederholt werden konnte, und erstmals gab es am 21. November 1972 einen Studientag der 13. Klasse zum Thema „Medea". Nochmals setzte seit den 1980er Jahren ein Schub ein. Es wurden Ausstellungen besucht, so z.B. die Tut-Ench-Amun-Ausstellung in München am 13. Januar und 27. Januar 1981, eine Vasenausstellung in Würzburg am 28. Oktober 1981 und wiederholt die Antikensammlung und Glyptothek in München.

Selbst gestaltete Ausstellungen waren z.B. „Lebendiges Latein" im Schuljahr 1982/83, „Römische Bauwerke auf Münzen der Antike vom 1. Februar–13. März 1984 oder eine Buchausstellung „Lebendige Antike" vom 14. März–1. März 1991.

Exkursionen führten erstmals am 5. April 1984 und dann regelmäßig im Rahmen des Geschichts- und Lateinunterrichts zur Therme und zum römischen Museum in Weißenburg.

Im Rahmen von Theaterbesuchen sah man z.B. „Eurydice" (Anouilh) am 9. März 1986 mit der 10. Klasse Griechisch.

Ein Höhepunkt war auch die Demonstration von Dr. Junkelmann im Kleinen Haus der Stadthalle, der am 23. Februar 1987 u.a. darstellte, wie römische Legionäre die Alpen überquerten.

Vom 21. Juli –25. Juli 1988 fuhr der LK Gr K 13 nach Pähl/Ammersee zu einer Euripides-Lesung und am 4. Oktober 1988 nahm der LK Gr K 13 an einer Tagung der Görresgesellschaft an der Universität Bayreuth teil. Eine Tragödienlesung in altgriechischer Sprache (Sophokles,Philoktet) fand am 27. Juli 1991 statt.

Seit den 1990er Jahren nehmen die Alten Sprachen wiederholt mit Erfolg an Landeswettbewerben in Griechisch und Latein teil. So konnte 1993 Christian Mantz K 12 aus der 1. Runde im Fach Griechisch als Sieger hervorgehen. Am Lateinwettbewerb „Certamen Bavaricum" beteiligten sich am 28. Januar 1993 Schüler der Klassen 8a/b.

Besonders hervorzuheben ist natürlich der seit 1984 bestehende Austausch mit Schülern der Deutschen Schule Athen, über den unten gesondert berichtet wird.

Einstmals meinte man, wenn vom „Gymnasium" gesprochen wurde, immer das „Humanistische Gymnasium". Das war selbstverständlich. Heute trägt das Gymnasium Christian-Ernestinum die Bezeichnung „humanistisches-neusprachliches-mathematisch-naturwissenschaftliches" Gymnasium. Immer wieder wird aber das „humanistische Grundprinzip" betont und hervorgehoben, so z.B. im Grußwort des Schulleiters OStD Rainhard Kreutzer im Jahresbericht 2010/11. Während der letzten Jahre nahm das Interesse am Fach Griechisch ständig zu. Offenkundig dokumentiert sich hier die Einsicht, dass die Grundlagen der Antike für die Gegenwart wichtig sind. Die Kenntnis des Griechischen und Lateinischen einschließlich der durch diese Sprachen überlieferten Fundamente europäischer Kultur ist gerade in einer Zeit, in der das gesamte Leben zunehmend von Technologien beherrscht erscheint, unverzichtbar. Es gibt nur noch wenige Gymnasien, die einerseits offen für Neues sind und sich dem Wandel der Zeit nicht verschließen, die aber stolz auf ihre humanistischen Wurzeln sein können und sich so in besonderer Weise profilieren.

Neue Sprachen

Neue Sprachen spielten am humanistischen Gymnasium nur eine untergeordnete Rolle, wenn auch schon seit der Gründung der Schule Unterricht in Französisch erteilt und seit dem 19. Jahrhundert Englisch als Wahlfach angeboten wurde.

Seit 1949/50 gab es Französisch und ab 1952/53 auch Englisch ab der 6. Klasse als Wahlfach, aber nur wenige Schüler machten davon Gebrauch. Eine kleine Übersicht mag das verdeutlichen.

Jahr	Englisch gesamt	Französisch gesamt
1949/50		19
1950/51		18
1951/52		18
1952/53	10	11
1953/54	11	16
1954/55	0	19
1955/56	0	19
1956/57	0	19
1957/58	5	18
1958/59	13	17
1959/60	13	17
1960/61	16	20
1961/62	21	17

Jahr	Englisch gesamt	Französisch gesamt
1962/63	12	15
1963/64	13	11
1964/65	15	8
1965/66	20	16
1966/67	11	8
1967/68	10	26
1968/69	12	19
1969/70	13	6

Auch nach Einführung des neusprachlichen Zweiges wurde Französisch als Wahlfach weiterhin angeboten (Französisch I und II).

Unabhängig vom Schüleraustausch fuhren erstmals in den Osterferien 1981 vom 11.–25. April Schüler der 9.–11. Klassen nach England. Diese Fahrt wurde in den folgenden Jahren von StD Werner Seuß organisiert. Der Leistungskurs Französisch K 13 besuchte vom 29.–31. Oktober 1982 Straßburg.

Es gab Theaterbesuche (22. März 1983 LK und GK E und 11. Klassen in Nürnberg „Much ado about nothing") und Vorträge (13. Oktober 1994 LK E/K 12 bei der Deutsch-Englischen Gesellschaft „The Irish Question"). Auch an Tagungen der Prinz-Albert-Gesellschaft in Coburg nahmen Schüler des Gymnasiums teil.

Am 30. Mai 1995 hörten Schüler des LK E/K 12 einen Vortrag des stellvertretenden Botschafters Großbritanniens zum Thema „Great Britain and the European Union".

In den folgenden Jahren finden regelmäßig Theaterbesuche in englischer und französischer Sprache statt, außerdem gibt es Besuche von Filmfestivals, Filmnächten in der Schule oder „Englische Lesenächte". Seit einigen Jahren bietet eine irische Theatergruppe, das „Wilde Shamrock Theatre", Theateraufführungen. Es wird der Erwerb von Sprachdiplomen angeboten (Diplome d'Etudes en langue francaise und Certificate of Advanced English). Neben den Austauschen mit Australien und den USA ist sogar ein Austausch mit Indien geplant. Federführend für die Fachschaften sind an der Spitze OStRin Julia Fischer und StRin Markéta Liebscher.

Regelmäßig beteiligten sich Schüler am Französischen Vorlesewettbewerb und am Bundeswettbewerb Fremdsprachen Englisch, Französisch, Latein.

Förderlich war im Schuljahr 2000/01 die Neueinrichtung eines Fachraums für moderne Fremdsprachen als multimedial ausgestaltete „Sprachinsel".

Wirtschaft/Recht/Erdkunde/Sozialkunde

Lange Zeit gab es das Fach Sozialkunde nicht als in der Stundentafel ausgewiesenes Pflichtfach. Zunächst erteilte Heinrich Wührl den Unterricht bis 1964/65. Dann übernahm diese Aufgabe Kollege Robert Preißinger, teilweise in der 10., teilweise in der 13. Klasse. Von 1969 bis 1972 wurde der Unterricht im Fach Sozialkunde durch allerdings häufig wechselnde Referendare erteilt. Während dieser Zeit gab es Studientage („Der Friedensgedanke in unserer Zeit"), Besuch einer Tagung der Akademie Tutzing in Alexanderbad (17. Oktober 1970) oder Besuche am Gericht (AG Rechtskunde beim Verwaltungsgericht am 14. Dezember 1970). Nebenamtlich unterrichteten 1970/71 Verwaltungsgerichtsdirektor Dr. Herbert Hagen und Landgerichtsrat Dr. Gerhard Zuber das Fach Rechtskunde, letzterer bis 1979/80. Im ersten Halbjahr 1972/73 gab StR z.A. Manfred Fischer das Fach Sozialkunde, bis Rainer Trübsbach den Unterricht übernahm, zunächst als einziger Fachlehrer mit entsprechender wissenschaftlicher Ausbildung. Später kamen mit diesem Fach Klaus Reus, Katharina Kämpf und die Schulleiter Wolfgang Lang und Rainhard Kreutzer hinzu.

Schließlich wurde das Fach Wirtschaft/Recht eingeführt, das zunächst als einziger Fachlehrer Rolf Müller unterrichtete. Später wurde er von Barbara Prechtl und zuletzt von Franz Eisentraut unterstützt.

Im Rahmen des Unterrichts fanden immer wieder Besuche des Bundestags (früher in Bonn), des Verteidigungsministeriums, des Landtags in München oder Nutzung des Projekts „Lernort Staatsregierung" statt. Hinzu kamen Besuche von Stadtratssitzungen und der Truppe in der „Markgrafenkaserne" in Bayreuth. Kontakte mit dem Jugendoffizier der Bundeswehr und besondere Informationsveranstaltungen der Bundeswehr in der Schule fanden regelmäßig statt. Am 30. April 1993 informierte sich der LK WR/K 12 auf der Oberfrankenausstellung und Schüler der Klassen 10a/b gewannen am 6. Mai 1993 am Stand der IHK einen Wettbewerb.

Schüler des LK W/R, Erdkunde und Geschichte unternehmen mit StD Rolf Müller und StD Klaus-Dieter Reus mehrfach Fachexkursionen ins Ruhrgebiet, so erstmals vom 21.–24. November 1984 oder am 9. April 1986 nach Frankfurt. Regelmäßig besuchen Schüler Gerichtsverhandlungen.

Religiöses Leben

In den ersten Jahren nach dem Krieg gab es offenbar keinen Schulgottesdienst zu Beginn und zu Ende des Schuljahres. Berichtet wird z.B. von einer Adventsmusik in der Kirche in Birk am 11. Dezember 1960 und von Schlussfeiern, die im Evangelischen Gemeindehaus, im großen Saal des Kolpinghauses oder auch in der Turnhalle abgehalten wurden.

Erstmals spricht der Jahresbericht 1970/71 von einem Schulgottesdienst zu Beginn und am Ende des Schuljahres und informiert über das „Religiöse Leben" am Gymnasium. Den Anfangsgottesdienst feierten die katholischen Schüler mit einem eucharistischen Gottesdienst meist in der Hauskirche des Altenheimes St. Martin, die evangelischen Schüler in der Christuskirche. 1971/72 gab es auch erstmals einen gemeinsamen ökumenischen Gottesdienst für die Abiturienten im Musiksaal. Seit den 1980er Jahren werden ökumenische Gottesdienste selbstverständlich, die Schüler in Bezug auf eine besondere Thematik unter Leitung der Religionslehrer weitgehend selbständig ausgestalten. Erstmals feierten Abiturienten am 26. Juni 1981 ihren selbstgestalteten Gottesdienst in der Stiftskirche in St. Georgen. Daraus entwickelte sich eine schöne Tradition.

Hinzu kamen seit 1983/84 der Weihnachtsgottesdienst mit musikalischer Ausgestaltung in der Ordenskirche in St. Georgen.

Schüler besuchten die evangelischen und katholischen Kirchentage, so z.B. in Hannover vom 27.–30. Oktober 1982 und in München vom 4.–8. Juli 1984.

Es wurde das Gebet vor der ersten Stunde eingeführt, wofür Lehrern und Schülern seit 1977/78 eine Sammlung von altersgerechten Gebeten zur Verfügung steht und Schüler initiierten selbst einen eigenen Gebetskreis.

Besonders im sozialen Bereich engagierten sich immer wieder Schüler beider Konfessionen mit Hilfe ihrer Religionslehrer.

Gesammelt wurde u.a. für Erdbebenopfer in Süditalien, für Menschen in Polen, „Not in der Welt", für Menschen in Slums in Manila (Philippinen), für vietnamesische Flüchtlinge, im Juli 1999 für die Erdbebenopfer in der Türkei (Kollekte) oder für ein Projekt für Straßenkinder in St. Petersburg (Kollekte). Regelmäßig wurde und wird gesammelt für Kriegsgräber, das Müttergenesungswerk, Miserior, Caritas, Diakonie, Innere Mission, Adveniat. Schüler engagierten sich sonntags im Pflegedienst in Kranken- und Altenheimen.

Seit den 1960er Jahren prägten nicht zuletzt die Religionslehrer beider Konfessionen das christliche Profil des Gymnasiums und stellten alle Gottesdienste jeweils unter ein besonderes, ausgewähltes Thema. Es unterrichteten nach dem Krieg im Fach Religion zunächst

Hans Dorschky, ev. (1947–1950), Hans Frauenknecht, ev. (1950–1957), Dr. Michael Arneth, kath. (1936–1953), Johann Romeis, kath. (1953–1960), Dr. Johannes Schreiber, ev. (1957–1963), Hans Lehmann, ev. (bis 1967/68), Günter Reutner, ev. (bis 1968/69), dann Bernhard Stehr, kath. (1960–1984), Alfred Oertel, ev. (1969–1999) und derzeit Pfarrer Günter Beck-Mathieu, ev. (seit 1999), Peter Lobe, kath. (seit 1985), Doris Kuhn, kath. (seit 1994) und Pfarrerin Dörthe Hirschberg (seit 2009).

Während der letzten Jahre fanden zahlreiche ökumenische Aktionen statt wie z.B. der gemeinsame Besuch einer Marc Chagall-Ausstellung in der freikirchlichen Gemeinde, Besuch der Gideons in den 6. Jahrgangsstufen oder Teilnahme der Oberstufe an den Studientagen in Bamberg.

Bernhard Stehr verstarb am 13. November 2011 im Alter von 85 Jahren. Kollege Reinhard Maier würdigt ihn im JB 2011/12, S. 7 und schreibt zum Schluss: „Bei all dem war der Hochwürdige Herr Geistliche Rat kein weltfremder, lukullischen Genüssen abgeneigter Asket. Im Lehrerzimmer zählte er – ... – zur Raucherfraktion. Uns damals jungen Lehrern begegnete er sehr freundschaftlich, für Ratsuchende hatte er immer ein offenes Ohr. Wir erinnern uns mit Respekt und großer Dankbarkeit an ihn."

4.4.4. Kleine Chronologie schulischer Ereignisse

Manche Ereignisse lassen sich nur schwer einer bestimmten Thematik zuordnen. Deshalb folgt an dieser Stelle eine kleine Auswahl aus der Chronologie des Gymnasiums seit 1950/51.

Mit Wirkung vom 5. Juni 1951 kam es zur Wiedereinführung der 9. Klasse und 1952 erhielt die Schule den Namen Gymnasium Christian-Ernestinum. In diesem Schuljahr 1951/52 begann an allen humanistischen Gymnasien der Unterricht in der griechischen Sprache wie bisher in der 4. Klasse. In Jahrgangsstufe 6 bestand die Wahl zwischen Englisch und Französisch als dritter Pflichtfremdsprache.

Im Schuljahr 1951/52 konnten sich die Schüler an einer Feuerwehrübung begeistern.

Abb. 237: Feuerwehrübung 1951

Abb. 238: Feuerwehrübung 1956, in der Mitte links Peter Färber, daneben Dr. Erich Türk, (Archiv Bernd Mayer)

Ein besonderer Höhepunkt war 1964 die Feier des dreihundertjährigen Bestehens der Schule an Pfingsten vom 16. bis 19. Mai. Aus diesem Anlass wurde auch das Ehrenmal in Muschelkalk von Hans Reissinger geschaffen. In einer Truhe liegen zwei Gedenkbücher mit Namen und Bildern der Gefallenen. Daneben stand eine Säule, die eine Nachbildung des Helmes der Pallas Athene in Bronze trägt.

Dieses Ehrenmal befand sich seit dem Umzug ins neue Schulgebäude im Verwaltungstrakt musste aber notwendigen Umbaumaßnahmen weichen. Die Bildtafeln werden im Schularchiv bewahrt, die Namen der Schüler sind nach Kriegsjahrgängen geordnet auf einer Ehrentafel verzeichnet.

Ebenso verbunden mit dem Jubiläum war die Grundsteinlegung für den Neubau.

„Der Begrüßungsabend am Samstag den 16. Mai vereinigte im Saal des Evangelischen Gemeindehauses die Angekommenen. Anschließend führte ein Fackelzug durch die innere Stadt an der alten Lateinschule und dem Denkmal des Markgrafen Christian Ernst vorbei zum Gymnasium."

Am Pfingstsonntag fanden Gottesdienste der beiden Konfessionen statt. Dekan Ernst Borger zitierte in seiner Predigt Christoph von Held, der als Erziehungsziel (anlässlich der 200-Jahrfeier 1864, d. Vf.) u.a. hervorgehoben hatte: „... Deutsch, christlich und klassisch ..." Aus dem Gymnasium sollte „nicht bloß für den dereinstigen Dienst im Staate wohlunterrichtete, sondern eine auch in moralischer Hinsicht möglichst sichere und gebildete, gefestigte Jugend" hervorgehen.

Beim Festakt in der Rotmainhalle waren 1 500 Personen versammelt. Staatssekretär Dr. Pöhner überbrachte die Grüße des Bayerischen Staatsministeriums für Unterricht und Kultus, Rector magnificus Prof. Dr. Frhr. v. Pölnitz die der Universität Erlangen-Nürnberg und Oberbürgermeister Wild die der Stadt Bayreuth. Grüße entboten auch Oberkirchenrat Flurschütz und Stadtpfarrer Schley. Anschließend hielt Prof. Dr. Winkler die Festrede. Aus Anlass des Jubiläums wurden zwei Ausstellungen zur Geschichte des Gymnasiums und zu Ergebnissen des Unterrichts in Kunsterziehung geboten.

Nicht zuletzt konnte die Festschrift zur Geschichte des Gymnasiums von Karl Müssel mit einem zusätzlichen Beitrag von Dr. Huttner über „Sehnsucht und Erinnerung in der frühgriechischen Dichtung" präsentiert werden.[31]

GYMNASIUM CHRISTIAN-ERNESTINUM BAYREUTH

FESTAKT

AUS ANLASS DER FEIER DES DREIHUNDERTJÄHRIGEN BESTEHENS

am Sonntag, den 17. Mai 1964, um 10.30 Uhr
in der Rotmainhalle (Hindenburgstraße 1)
Gründungstag: 29. Juni 1664 · Eröffnungstag: 27. Juli 1664

1. J. S. Bach (1685 – 1750)	1. Satz aus dem Brandenburgischen Konzert Nr. 5 in D-Dur
2. Michael Dippold und Brigitte Gugel Kl. 1a	Worte der Jugend
3. Oberstudiendirektor Geyer (Abit. 1927)	Ansprache
4. Grußworte	
5. J. S. Bach	2. und 3. Satz aus dem Brandenburgischen Konzert in D-Dur
6. Univ.Prof. D. Dr. Winkler (Abit. 1914)	Festrede
7. G. F. Händel (1685 – 1759)	Halleluja aus dem Oratorium „Der Messias"

Mitwirkende:	Franz Trauner (Abit. 1943) Klavier, Elke Hentschel (Abit. 1959) Flöte, Chor und Orchester der Anstalt verstärkt durch ehemalige Schüler
Musikalische Leitung:	Studienprofessor Maier

Buchdruckerei Emil Mühl Bayreuth

PROGRAMM

FÜR DIE TOTENEHRUNG ANLÄSSLICH DER 300-JAHR-FEIER DES GYMNASIUMS CHRISTIAN-ERNESTINUM BAYREUTH

am Pfingstmontag, den 18. Mai 1964 um 11.00 Uhr
im Schulhof des Gymnasiums (bei schlechtem Wetter in der Turnhalle mit Übertragung in den Schulhof)

Musikalische Gestaltung: Musikkorps des Grenzschutzkommandos Süd München
Leitung: Hauptmann im Bundesgrenzschutz Anton Schlegel

1. Trauermarsch aus der Eroica	Ludwig van Beethoven
2. Gedichtvortrag „Alle, die gefallen ..."	unbekannter Kriegsdichter
3. Chor der Schule Ecce, quomodo moritur ...	Jacobus de Gallus
4. Ansprache mit stillem Gedenken (nach dem stillen Gedenken intoniert der Musikzug das Lied vom guten Kameraden)	Generalleutnant a. D. Schmidt
5. Lesung aus den Kriegsbriefen gefallener Studenten	
6. Volksgebet	Brücke
7. Übergabe des Ehrenmals an die Schule (Übertragung in den Schulhof)	
8. Musikzug: „Wachet auf, ruft uns die Stimme"	Philipp Nicolai

Während das Musikkorps Nr. 6 spielt, begeben sich Abordnungen der Eltern, Lehrer und Schüler in die Eingangshalle des Gymnasiums zur Enthüllung des Ehrenmals. Dieses kann nach der Totenehrung besichtigt werden.

Abb. 239: Programm Festakt und Totenehrung

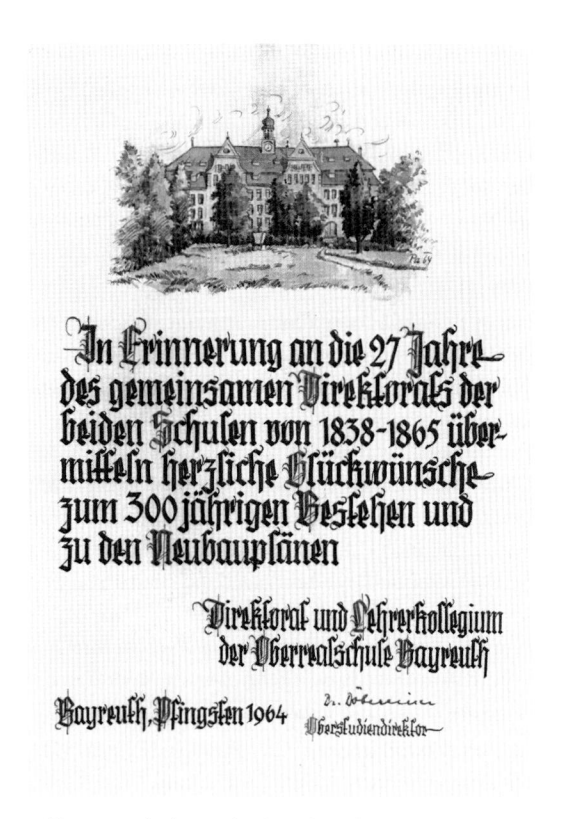

Abb. 240: Glückwünsche der Oberrealschule

1965/66 gab es erstmals eine Wahl von Vertrauenslehrern. Es waren dies Oskar Sauer und dann Hans Scheick.

Über die Geschichte der „Alten Bibliothek" des Gymnasiums wurde schon in einem vorangegangenen Kapitel berichtet. Seit der Ära Held und Großmann gehörte die Betreuung der Büchersammlung nicht mehr zum Aufgabenbereich des Rektors, sondern wurde meist jüngeren Lehrkräften übertragen.

Mit Entschließung vom 16. Mai 1962 wurden die Gymnasien durch das Bayerische Staatsministerium für Unterricht und Kultus angewiesen, bei einem Buchbestand von mehr als 1 000 Bänden, alle Bücher mit Erscheinungsjahr vor 1850 an Staatliche Bibliotheken abzugeben.[32] Im Oktober 1969 übernahm Stadtbibliothekar Dr. Wilhelm Müller den Bestand, der zunächst in der Münzgasse 9 untergebracht wurde und 1974 erfolgte die Übergabe an die Universitätsbibliothek Bayreuth.[33]

Auf Anregung von Dr. Rainer Trübsbach nahm das Gymnasium 1999 Kontakt mit der Universitätsbibliothek auf, ob der umfangreiche Restbestand alter Bücher übernommen werden könne. Am 20. Oktober 1999 unterzeichneten Schulleiter Wolfgang Lang und Dr. Karl Babl, der Leiter der Universitätsbibliothek, eine „Vereinbarung über die Verwahrung und Verwaltung des gymnasialen Bücherbestandes". Rund 8 000 Bände wurden am selben Tag mit zwei LKW-Fuhren in die Universitätsbibliothek verbracht.[34]

1981/82 kam es zu teilweise heftigen Diskussionen über den „freien Samstag". 350 Eltern waren dafür, 109 dagegen. Im Elternbeirat ging die Abstimmung 8:4 aus. Ab 1982/83 findet am Samstag kein Unterricht mehr statt.

Im folgenden Schuljahr 1982/83 gab es erstmals sog. „Projekttage". Die Themen reichten beim zweiten Mal im Juli 1984 bei 27 Gruppen vom Arbeiten mit dem Computer über Zerlegen eines Autos bis zum Bau eines Fesselballons.

1985/86 konnte erstmals eine Hausaufgabenbetreuung eingerichtet werden.

1989 wurde das 325-jährige Jubiläum der Schule gefeiert.[35]

Aus diesem Anlass erschien eine kleine Festschrift „Gymnasium Christian-Ernestinum Bayreuth 1664–1989, Beiträge zum 325-jährigen Bestehen des humanistischen Gymnasiums in Bayreuth", für die Dr. Trübsbach verantwortlich die Redaktion übernahm.[36]

Angelehnt an frühere Jubiläumstraditionen umfasste das Programm im Vorfeld vielfältige Aktivitäten einzelner Fachbereiche. Am 16. Februar 1989 gab es im Europasaal des Jugend-Kulturzentrums ein großes Schulkonzert. Die Theatergruppe führte am 5. Juni und 7. Juli „Die Vögel" von Aristophanes auf. Im Rathaus wurde vom 26. Juni bis 12. Juli eine Ausstellung von Schülerarbeiten und Dokumenten aus dem Schularchiv geboten.

Die Feier des Jubiläums fand vom 7.–9. Juli statt mit ökumenischem Gottesdienst in der Stadtkirche, einem Festakt im Großen Haus der Stadthalle, einem bunten Programm in der Schule und einem Festball in der Stadthalle. Grußworte sprachen Oberbürgermeister Dr. Dieter Mronz und die Vorsitzende des Elternbeirats Frau Kristine Monheim. Die Festansprache hielt Staatsminister Simon Nüssel.

In seiner Begrüßung ging OStD Heinz Hutzelmeyer auf die Widmung ein, die auf der Schulfahne von 1914 geschrieben steht: „Olim meminisse iuvabit" (Vergil, Aenaeis). Und am Ende die immer noch gültigen Gedanken: „Die Griechen waren der Ansicht, dass menschlichem Denken und Streben eine Grenze gesetzt sei, und das Überschreiten dieser Grenze bezeichneten sie als Frevel. Und unsere Schulahnen schrieben an ihre Schule … ein Wort aus dem 111. Psalm, das Luther übersetzt ‚die Furcht des Herrn ist der

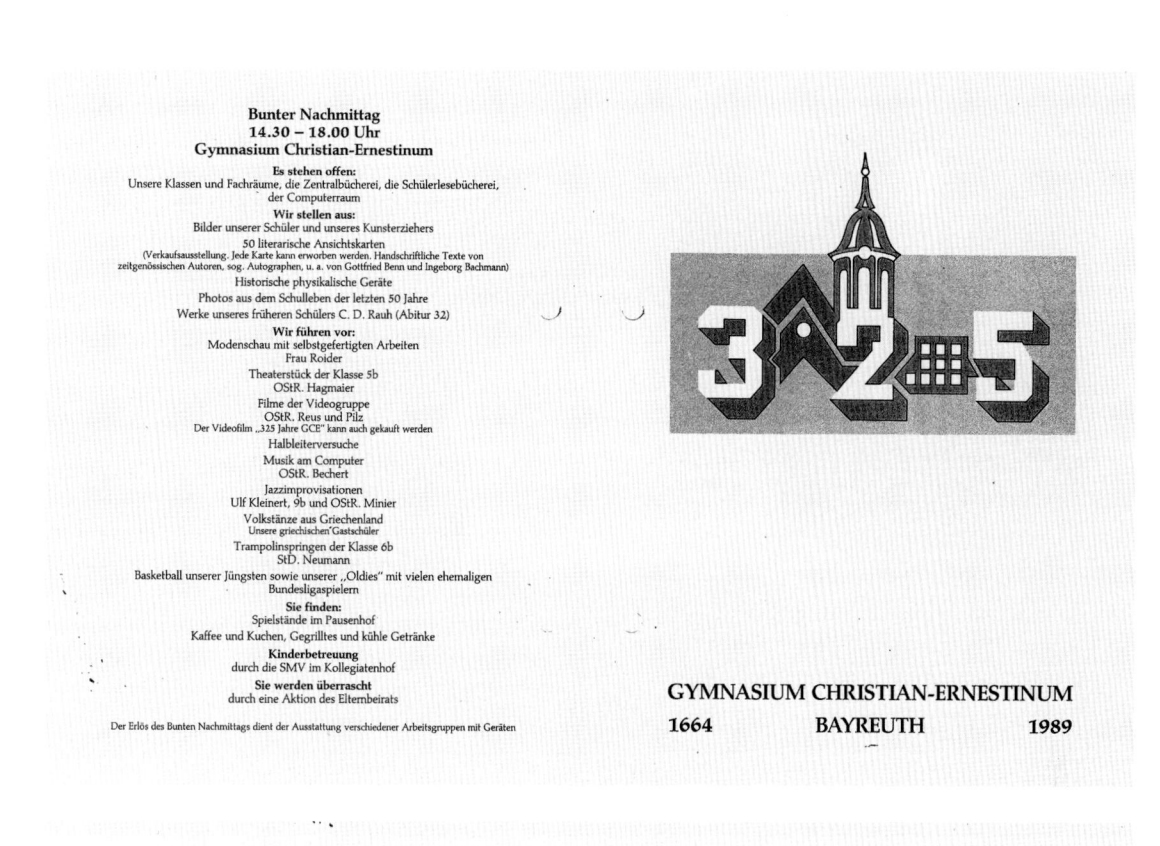

Bunter Nachmittag
14.30 – 18.00 Uhr
Gymnasium Christian-Ernestinum

Es stehen offen:
Unsere Klassen und Fachräume, die Zentralbücherei, die Schülerlesebücherei,
der Computerraum

Wir stellen aus:
Bilder unserer Schüler und unseres Kunsterziehers
50 literarische Ansichtskarten
(Verkaufsausstellung. Jede Karte kann erworben werden. Handschriftliche Texte von
zeitgenössischen Autoren, sog. Autographen, u. a. von Gottfried Benn und Ingeborg Bachmann)
Historische physikalische Geräte
Photos aus dem Schulleben der letzten 50 Jahre
Werke unseres früheren Schülers C. D. Rauh (Abitur 32)

Wir führen vor:
Modenschau mit selbstgefertigten Arbeiten
Frau Roider
Theaterstück der Klasse 5b
OStR. Hagmaier
Filme der Videogruppe
OStR. Reus und Pilz
Der Videofilm „325 Jahre GCE" kann auch gekauft werden
Halbleiterversuche
Musik am Computer
OStR. Bechert
Jazzimprovisationen
Ulf Kleinert, 9b und OStR. Minier
Volkstänze aus Griechenland
Unsere griechischen Gastschüler
Trampolinspringen der Klasse 6b
StD. Neumann
Basketball unserer Jüngsten sowie unserer „Oldies" mit vielen ehemaligen
Bundesligaspielern

Sie finden:
Spielstände im Pausenhof
Kaffee und Kuchen, Gegrilltes und kühle Getränke
Kinderbetreuung
durch die SMV im Kollegiatenhof
Sie werden überrascht
durch eine Aktion des Elternbeirats

Der Erlös des Bunten Nachmittags dient der Ausstattung verschiedener Arbeitsgruppen mit Geräten

GYMNASIUM CHRISTIAN-ERNESTINUM
1664   BAYREUTH   1989

---

325 JAHRE
GYMNASIUM CHRISTIAN-ERNESTINUM

FESTAKT
Samstag, 8. Juli 1989
10.15 Uhr

Stadthalle Bayreuth

Auftakt
Chor und Orchester

Begrüßung
Oberstudiendirektor Hutzelmeyer

Ansprache
des Herrn Staatsministers Simon Nüssel

Grußworte
des Herrn Oberbürgermeisters Dr. Dieter Mronz

Die Stimme der Eltern
Frau Kristine Monheim

Tanznostalgie: Francaise
Einstudierung: Tanzschule Strömsdörfer
Fabula de Theseo et Minotauro
Text: W. Sauter, Klasse 6a, StD. Haaß und StRef. Veit
Gymnastik heute: Der Wasserfloh
Gymnastikgruppe StR. Paulick
Jubiläumsfeiern
Kabarettistische Betrachtung: Axel Gottstein
Gymnastik heute: Locomotive breath
Gymnastikgruppe StR. Paulick
Tanznostalgie: Wiener Walzer
Einstudierung: Tanzschule Strömsdörfer

Joseph Haydn: Te Deum
Gemischter Chor und Orchester, Leitung: OStR. Reinhard Maier

Abb. 241.1 und 241.2: Titelseite des Programms zum 325-jährigen Jubiläum

Weisheit Anfang', das man auch wiedergeben kann mit ‚Ehrfurcht vor Gott ist der Anfang des Weges zur Erkenntnis'".

1996/97 genehmigte das Kultusministerium, ab dem kommenden Schuljahr in den Klassen 9–11 neben dem humanistischen und dem neusprachlichen auch einen mathematisch-naturwissenschaftlichen Zweig zu führen.

2006/07 gab es erstmals eine Mediatorenausbildung für „Streitvermittler" im Rahmen eines mehrtägigen Lehrgangs.

Abb. 242: OStD Heinz Hutzelmeyer und OB Dr. Dieter Mronz bei der Feier zum 325-jährigen Jubiläum des GCE 8. Juli 1989.

Abb. 243: Abiturjahrgang 1988/89

Im Jahresbericht 2007/08 kann Schulleiter Rainhard Kreutzer mit berechtigtem Stolz berichten: „Dass angesichts all diesen strukturellen Wandels und der vielen Reformen der allein wichtige Erziehungs- und Bildungsauftrag am GCE erfüllt worden ist, zeigt eine Urkunde des Kultusministeriums, mit der unsere Schule erneut(!) ausgezeichnet wurde: Das Gymnasium Christian-Ernestinum gehört nach einem Schul-Ranking, das auf zentralen Leistungstests in den Fächern Deutsch, Englisch und Mathematik beruht, von 2004 bis 2007 wieder zu den 25 besten Gymnasien in Bayern! Das bedeutet, dass wir diese Spitzenposition nun seit 2002 in Folge behaupten konnten. Und das ist bei 336 Gymnasien in Bayern ganz ordentlich."

Im Schuljahr 2006/07 gab es erstmals eine externe Evaluation zur Qualitätssicherung an bayerischen Schulen. „In aufwändigen Vorerhebungen wurde die gesamte Schule in ihren verschiedenen Prozessstrukturen, ihrer Bildungs- und Erziehungsarbeit und den erwarteten Standards bei den Leistungserhebungen überprüft. Alle Lehrer und nach dem Zufallsprinzip ausgewählte Schüler und deren Eltern wurden zu sämtlichen Aspekten schulischer Abläufe befragt. Im Mai unternahm dann das vierköpfige Evaluationsteam Unterrichtsbesuche in verschiedenen Fachbereichen und Jahrgangsstufen. Gespräche mit allen Institutionen am GCE wurden geführt ..." Insgesamt schnitt das GCE sehr gut ab.[37]

Ob der ganze Aufwand (bezogen auf das Bundesland Bayern) im Verhältnis zum Wirkungsgrad wirklich Sinn hatte, kann bezweifelt werden. Bildungs- und Erziehungsarbeit, pädagogisches Handeln und methodische Wissensvermittlung finden stündlich, täglich, Jahr für Jahr im Klassenzimmer statt, mit Misserfolgen und „Sternstunden". Diese Kontinuität kann durch keine „Evaluation" wirklich erfasst werden. Voraussetzung für Qualität schulischer Arbeit sind seit jeher gut ausgebildete Pädagogen, möglichst geringe Klassenstärken, angemessene materielle Ausstattung der Schulen und vor allem klare Bildungsziele, klare Konzepte und eine inhaltlich gefüllte Pädagogik.

OStD Rainhard Kreutzer wurde am 10. Mai 1949 in Bayreuth geboren, in der Fikenscherstraße 2, also nur etwa 150 m Luftlinie entfernt vom Gymnasium Christian-Ernestinum, wo er 1969 das Abitur ablegte. Es gab damals keine feierliche Verabschiedung der Abiturienten, da diese von ihnen abgelehnt wurde.

Abb 244: OStD Rainhard Kreutzer (Schulleiter seit 2004/05)

Während seiner Zeit am Gymnasium erlebte Rainhard Kreutzer den Wechsel in den damals neuen realgymnasialen Zweig und den Umzug von der Friedrichstraße in die Albrecht-Dürer-Straße.

Nach Ableistung des Wehrdienstes als Zeitsoldat begann das Studium der Fächer Germanistik, Geschichte und Sozialkunde an der Universität Erlangen. Es folgte das Referendariat am Ohm-Gymnasium in Erlangen, am Finsterwalder-Gymnasium in Rosenheim und am Richard-Wagner-Gymnasium in Bayreuth, wo er 1979 seine erste Planstelle erhielt. Hier war er u.a. Verbindungslehrer, Verwalter der lernmittelfreien Bibliothek, pädagogischer Betreuer der Unterstufe, Fachbetreuer für Deutsch, Mitarbeiter in der Schulleitung und zuletzt bis zum 31. Juli 2004 Ständiger Stellvertreter des Schulleiters.

Schwerpunkte im Rahmen seiner dienstlichen Tätigkeit waren das darstellende Spiel in allen Jahrgangsstufen und wesentliche Mitarbeit am Einrichten eines Grundkurses „Dramatisches Gestalten" mit Lehrplan im bayerischen Gymnasium. Weiter engagierte sich Rainhard Kreutzer beim Schüleraustausch mit Annecy. Hier betreute er die französischen Schüler im Rahmen des Bayreuther Ferienprogramms. Viele Jahre nahm er Lehraufträge an der Universität Bayreuth wahr, so in Geschichte und Politik für Studenten der University of Delaware und für Deutschlehrer von der Elfenbeinküste.

Seit dem 1. August 2004 wurde Rainhard Kreutzer als Schulleiter an das Gymnasium Christian-Ernestinum berufen, wo seine Dienstzeit am 31. Juli 2011 endete.

Im letzten Jahr seiner Amtszeit, im Schuljahr 2010/11 konnte ein besonderes Projekt verwirklicht werden, die „schulinterne Begabtenförderung GCE". Ziel ist die Stärkung der Fach-, Sozial-, Methoden- und der Selbstkompetenz besonders begabter Schüler. Diese Konzeption wird in Anlehnung an den früheren Namen der Schule als „gymnasium illustre" bezeichnet. Wie damals bei der Schulgründung (vgl. die „fundatio" von Markgraf Christian Ernst) soll deutlich werden, dass es sich bei der Auswahl der Schüler und bei den Inhalten des Programms um etwas Besonderes handelt. Sichtbar wird, dass damals wie heute auf der Grundlage humanistischer Tradition das Gymnasium auf der Höhe der aktuellen Entwicklung steht, dass sich bewährte Tradition und Modernität nicht ausschließen.

Die offizielle Eröffnung des „gymnasium illustre" fand am 1. April 2011 im „Megaron" des Gymnasiums statt (Zur Verabschiedung vgl. JB 2010/11 und NK).

Seit Beginn des Schuljahres 2010/11 wird am GCE die offene Form der Ganztagsschule angeboten". ‚Offen' besagt, dass der Besuch zwar freiwillig ist, aus einer endgültigen Anmeldung dann aber für die ‚gebuchte' Betreuungszeit im Schuljahr Anwesenheitspflicht erwächst. Die Kosten für diese Betreuung am Nachmittag … tragen die Stadt und staatliche Stellen." (Vgl. Wolfgang Minier, „Offene Ganztagsschule am GCE", JB 2010/11, S. 29)

Neu ist seit 2010/11 auch ein „Coaching-Projekt". „Ein Schuljahr lang begleitete Diplom-Ökotrophologin Ulrike Wahl … das GCE in Fragen zur gesunden Ernährung und zu Hygienevorschriften in der Schulküche. Auftakt des Projektes bildete ein Elternabend zum Thema Brainfood … In den sich anschließenden Wochen erfolgte zunächst eine Bestandsaufnahme, an der die gesamte Schulfamilie beteiligt war … Im Zentrum standen hierbei die Strukturierung des Menüplans, eine noch gesündere Ernährung, die Beschleunigung der Essensausgabe sowie die Organisation der Küche auf kleinstem Raum."

(Vgl. Julia Prechtl, „Coaching-Projekt", JB 2010/11, S. 32).

4.5. Schülerzahlen, Sozialstruktur, regionale Herkunft und Schulerfolg

Es versteht sich, dass die Entwicklung während der unmittelbaren Nachkriegsjahre bis etwa Mitte der 50er Jahre eine Besonderheit darstellt. Die Geburtsorte vieler Schüler verdeutlichen den relativ hohen Anteil von Vertriebenen und Flüchtlingen, vor allem aus dem früheren Sudetenland und aus Schlesien. Die Eingangsklassen waren groß, aber im Vergleich zu heute bestanden viele Schüler die Aufnahmeprüfung oder die Probezeit nicht. Die Abiturklasse war im Verhältnis zu den Eingangszahlen sehr klein. Eine gewisse Rolle spielt sicher auch, dass viele Vertriebene und Flüchtlinge allmählich in andere Regionen Bayerns und Deutschlands wegzogen und eine neue Existenz zu gründen suchten, nachdem die ersten schweren Jahre überwunden waren und die allgemeinen Verhältnisse und Lebensbedingungen sich zu normalisieren begannen.

Die Gesamtzahl der Schüler nimmt zunächst bis 1955/56 stetig zu von 208 (1945/46) auf 443 (1955/56). Eine neue Spitze wird 1975/76 mit 768 Schülern erreicht. Ab etwa Mitte der 1980er Jahre kommt es zu einem drastischen Rückgang auf nur noch 449 Schüler (1989/90). Im Jahr 2012 ist die Gesamtzahl wieder auf 739 angestiegen.

Bis zur Jahrtausendwende pendelt die Zahl zwischen 424 (1990/91) und 480 (1999/2000) und liegt 2009/10 nach einem kontinuierlichen Anstieg immerhin wieder bei 674 Schülern.

Die Ursachen für diese Entwicklung sind sicher vielfältig. Eine Rolle spielen die allgemeine demografische Entwicklung, wirtschaftlich bedingter Rückgang der Bevölkerung in der Region, verändertes generatives Verhalten („Pillenknick"), Konkurrenz von fünf Gymnasien mit z.T. unterschiedlichen Schwerpunkten, Qualität der Präsentation und sehr individuelle, subjektive Entscheidungen von Kindern und Eltern. Für das Gymnasium Christian-Ernestinum war es gewiss von großer Bedeutung, neben dem humanistischen Zweig auch den neusprachlichen und schließlich den mathematisch-naturwissenschaftlichen Zweig anbieten zu können. Trotzdem lassen sich Auf- und Abstiegstrends nicht völlig schlüssig auf empirischer Grundlage erklären. Zumindest bedürfte dies einer eigenen intensiven Studie.

Vergleicht man das Verhältnis der Anzahl von Jungen und Mädchen, so lässt sich deutlich erkennen, dass die Mädchen zunächst nur langsam aufholen von 28 (1954/46) auf 92 (1964/65), dann aber kräftig zulegen auf 354 (1975/76). Erstmals finden sich 1982/83 mehr Mädchen (329) als Jungen (326). Diese Überzahl hält an bis 1994/95 und verändert sich dann wieder mehr oder weniger deutlich zu Gunsten der Jungen.

Hinsichtlich der regionalen Herkunft lassen sich, wenn man von den schon erwähnten besonderen unmittelbaren Nachkriegsverhältnissen absieht, keine Auffälligkeiten beobachten.

1951/52 verteilen sich die insgesamt 383 Schüler auf über 200 verschiedene Herkunftsorte. 124 wohnen in der Stadt Bayreuth, 30 im Landkreis Bayreuth. Allein 56 Schüler stammen aus Schlesien (davon 24 aus Breslau), 16 aus dem Sudetenland. Zahlreiche weitere Schüler kommen aus zerbombten Städten wie Berlin, Nürnberg, Hamburg, München u.a.

10 Jahre später hat sich das Bild bereits deutlich verändert. Von 381 Schülern sind jetzt 203 in der Stadt Bayreuth wohnhaft, etwa 40 kommen aus dem Landkreis.

In der Folge bestätigt sich dieser Trend, der natürlich auch mit der wachsenden Zahl von Gymnasien und anderen weiterführenden Schulen in Oberfranken zu tun hat.

Für das Schuljahr 2009/10 weist der Jahresbericht aus: Stadt Bayreuth 308, Landkreis Bayreuth 298, Landkreis Kulmbach 62, Landkreis Neustadt/W. 1, Landkreis Tirschenreuth 1, Landkreis Kronach 1 (insgesamt 672).

Nachdem aus Gründen des Datenschutzes Angaben zum Beruf der Eltern in den Jahresberichten nicht mehr erscheinen, lassen sich Sozialstrukturanalysen ab etwa Mitte der 70er Jahre kaum mehr oder nur mit großem Aufwand durchführen. Natürlich weiß in der Regel innerhalb einer Klasse jeder von jedem Mitschüler, welchen Beruf dessen Eltern ausüben.

Im Trend bestätigen und verstärken sich Entwicklungen, wie sie sich schon vor dem Ersten Weltkrieg und auch in der Zeit danach andeuteten. Es überwiegt der Anteil des mittleren und gehobenen Beamtentums und der Angestellten. Deutlich unterrepräsentiert sind Landwirte, Arbeiter und Handwerker. Bei den einzelnen

	1947/48		1951/52		1957/58	
	Anzahl	Prozent	Anzahl	Prozent	Anzahl	Prozent
Beamte gesamt	75	25,4	130	30,8	116	29,2
Lehrer	37	12,5	39	9,2	27	6,8
Pfarrer	46	15,7	46	10,9	31	7,8
Arzt	19	6,4	18	4,2	53	13,5
Kaufmann	27	9,1	25	5,9	23	5,8
Unternehmer	3	1,0	2	0,5	6	1,5
Juristen	16	5,4	17	4,0	21	5,3
Handwerk	19	6,4	23	5,5	16	4,0
Angestellte	40	13,6	102	24,1	70	17,6
Arbeiter	8	2,7	2	0,5	4	1,0
Bauer	9	3,0	8	1,9	7	1,8

	1966/67		1970/71		1976/77	
	Anzahl	Prozent	Anzahl	Prozent	Anzahl	Prozent
Beamte gesamt	114	27,4	164	28,3	241	36,0
Lehrer	54	13,0	58	10,0	94	14,0
Pfarrer	31	7,5	34	5,9	13	2,0
Arzt	49	11,8	48	8,3	59	8,8
Kaufmann	26	6,3	40	6,9	44	6,6
Unternehmer	10	2,4	18	3,1	19	2,9
Juristen	20	4,8	21	3,6	25	3,7
Handwerk	13	3,1	23	4,0	45	6,7
Angestellte	93	22,4	150	22,4	200	29,9
Arbeiter	14	3,4	18	3,1	23	3,4
Bauer	5	1,2	8	1,4	5	0,7

Berufsgruppen sind besonders stark Lehrer, Pfarrer, Ärzte, Juristen und seit Eröffnung der Universität Hochschullehrer vertreten. Nach wie vor spielen für die Entscheidung, sein Kind auf ein Gymnasium zu schicken, der sozioökonomische Hintergrund und Bildungsanspruch der Familie eine große Rolle. Die zahlreichen einschlägigen wissenschaftlichen Studien und Veröffentlichungen auch seitens der Bildungspolitik (OECD) müssen hier nicht wiederholt werden.

Ein Vergleich der Sozialstrukturen über 350 Jahre hinweg erscheint hinsichtlich einer Bewertung problematisch, denn die jeweiligen Ergebnisse müssten in Bezug auf sich verändernde politische, wirtschaftliche und gesellschaftliche Systeme und im Zusammenhang des komplexen historischen Prozesses insgesamt eingeordnet und analysiert werden. Auf die Bedeutung von Vor- und Rückwärtskoppelungen, auf die Interdependenz vieler Faktoren kann nur hingewiesen werden. So wäre z.B. ideologiekritisch auch näher darauf einzugehen, in welchem politischen und gesellschaftlichen Kontext pädagogische Theorien und Konzeptionen entstehen und entwickelt werden, ob und warum sie weiterführen oder eher der Rechtfertigung und Stabilisierung des je bestehenden Herrschaftssystems dienen.[38]

Schwierig wird es, wenn man die besonderen Gründe ermitteln will, warum bei einer Auswahl unter 5 Gymnasien Eltern ihr Kind gezielt auf das Gymnasium Christian-Ernestinum gehen lassen wollen.

Früher galt das alte humanistische Gymnasium als „Eliteschule" und oft besuchten schon Großeltern und Urgroßeltern diese „Anstalt". Viele Eltern hielten an der überlieferten Auffassung fest, dass nur hier die „wahre" und umfassende Grundbildung zu erlangen sei, vor allem auf der Grundlage solider klassischer Bildung in Zusammenhang mit gründlicher Kenntnis des Lateinischen und Griechischen. Wer in Bayreuth sein Kind auf das humanistische Gymnasium schickte, gehörte zur lokalen oberen Mittelschicht und Oberschicht.

Er dokumentierte mit dieser Entscheidung zugleich seinen eigenen sozialen Rang und seine eigene „höhere" Bildung.

Vor allem seit die alte Oberrealschule zum gleichberechtigten Gymnasium aufgewertet worden war, änderten sich allmählich bisher tradierte Verhaltensmuster. Auch auf der Oberrealschule und heutigem GMG finden sich zunehmend Kinder aus den oberen sozialen Schichten. Die Bedeutung moderner Fremdsprachen, vor allem auch die zunehmende Bedeutung von Fächern wie Mathematik, Physik, Biologie und Chemie wurde als Voraussetzung für spätere Berufschancen erkannt.

Wiederum relativierten sich die sog. „Alleinstellungsmerkmale" der Gymnasien mit Einführung der Kollegstufe, in der sich Lerninhalte und Lehrpläne für die Grund- und Leistungskurse nicht mehr unterscheiden. Heute konkurrieren 5 Gymnasien mit ihren vielfältigen Angeboten, besonderen Aktivitäten und speziellen Schwerpunktsetzungen.

Das GCE kann im 21. Jahrhundert mit einer 350-jährigen Tradition sehr berechtigt mit dem Leitgedanken werben: Zukunft braucht Herkunft. „Im Dialog mit den Texten der Antike, auf dem Fundament abendländisch-christlicher Werte, in Aneignung moderne Fremdsprachen und in gründlicher Auseinandersetzung mit Fragestellungen der modernen Wissenschaften soll eine selbstständige, weltoffene, vielseitig gebildete und zugleich kritikfähige Persönlichkeit entwickelt werden." In der sog. „Qualifizierungsphase" mit individueller Schwerpunktsetzung im humanistischen, sprachlichen oder naturwissenschaftlich-technologischen Bereich wird die Voraussetzung für ein erfolgreiches Abitur geschaffen.

Darüber hinaus gibt es ein vielfältiges über den Pflichtunterricht hinausgehendes Angebot im musischen und sportlichen Bereich, Zusatzangebote wie Chor, Orchester, darstellendes Spiel in allen Jahrgangsstufen, Spanisch, Robotik, Schulgarten um nur einige Beispiele zu nennen.

Das GCE ist eine weltoffene Schule. Dies dokumentiert sich z.B. im Schüleraustausch mit verschiedenen Ländern. Modernste multimediale Ausstattung in allen Unterrichtsräumen ist selbstverständlich.

Aber auch die anderen Gymnasien bieten vieles. Warum also erscheint das GCE als die beste Wahl? Heute entscheiden nicht die Eltern allein, sondern die Kinder reden mit. Da spielt es oft eine wichtige Rolle, ob der eine oder andere Klassenkamerad aus der Grundschule sich am Gymnasium wieder findet. Daneben ist sicher die Qualität der Präsentation im Rahmen der Vorstellungsveranstaltungen im Frühjahr sehr wichtig. Hinzu kommen Faktoren wie Betreuung (Mittagsessen, Ganztagsschule, Förderungsmaßnahmen), Größe der Schule.

Informationen über Schulatmosphäre, Qualität der Lehrer und Qualität des Unterrichts beruhen dagegen für die Eltern weniger auf empirischer Grundlage als vielmehr auf „Hörensagen" und oft eher subjektiven Eindrücken.

Dagegen scheinen Wertungen wie „Eliteschule" oder „schwere Schule", „leichte Schule" nicht mehr im Vordergrund zu stehen.

„Elite", im 18. Jahrhundert abgeleitet aus dem französischen „élite", bedeutet schlicht „Auslese", „das Beste", „die Besten". Aber hilft das weiter? Wer definiert den Begriff und seine Inhalte? Wer definiert die Kriterien der Elitezugehörigkeit? Durch die Geburt bedingte Zugehörigkeit zu herrschenden Schichten mit damit verbundener Sonderstellung im gesellschaftlichen Leben spielt heute sicher keine herausragende Rolle mehr, aber Untersuchungen über Führungsgruppen in Deutschland stimmen überein, dass mehr als 50 Prozent dieser Schicht sich aus den 5 Prozent der westdeutschen Oberschicht-Familien rekrutieren. Trotz aller Vorstellungen von „Pluralismus" und von „Demokratie" erweisen sich Bildungsinstitutionen, Kultur und Lebensauffassung der Oberschicht als stabile, nur schwer veränderbare Gesellschaftsmuster. Im 19. Jahrhundert gehörten zur „Elite" Guts- und Großgrundbesitzer, Diplomaten, hohe Verwaltungsbeamte, höhere Offiziere. Es gab einen „Elitekreislauf" innerhalb eines Heiratskreises von ungefähr 5000 Familien. Zwar waren die Kapillaren der Gesellschaft für andere Eliten durchlässig. Es gab Aufstiegsmöglichkeiten aus alten unterständischen Schichten, aber dies war nicht die Regel.

Wenn man kollektive und individuelle Lebensläufe im 19. Jahrhundert studiert, dann war es immer wieder das Bildungssystem, das als soziales Förderband diente. Das galt besonders für die Höhere Schule, wo das alte Bildungsmonopol des humanistischen Gymnasiums durch den Aufstieg des Realgymnasiums relativiert wurde.[39]

Und heute? Der komplexe Zusammenhang zwischen sozialer Herkunft, Schichtzugehörigkeit, Bildungsabschluss, Beruf und Berufsposition, damit verbunden mit Einkommen und Vermögen, mit wirtschaftlichem und politischem Einfluss besteht nach wie vor. Nicht mehr aber garantiert der Abschluss an einem bestimmten Gymnasium fast automatisch entsprechenden Aufstieg in sog. „Eliten".

Was sind die Kriterien für die Klassifizierung eines Gymnasiums als „schwer" oder „leicht"?

Auch hier spielen ganz subjektive Einschätzungen eine große Rolle. Der erfolgreiche Abschluss an einer sog. „schweren" Schule wertet die eigene Leistung auf. Zu bedenken aber ist, dass vor allem bei der Bewertung mündlicher Leistungen, bei Abfragen oder Referaten, der Lehrer einen relativ großen Ermessensspielraum hat. Bei schriftlichen Leistungen dagegen gibt es in der Regel einen Erwartungshorizont, einen Lösungsschlüssel, der wie beim Abitur einen Rahmen vorgibt, innerhalb dessen Bewertungen nicht beliebig vorgenommen werden können. Zudem erfolgt eine Kontrolle durch die jeweilige Fachrespizienz. Hier sind auch Einsprüche und Beschwerden leichter möglich, denn Eltern erhalten Einblick in die Arbeiten ihrer Kinder und in die Begründung für die entsprechende Bewertung. Beim Abitur sind immer zwei Lehrer an der Korrektur beteiligt. Im schriftlichen Bereich also ist doch eine hohe Transparenz gegeben.

Auf diesem Hintergrund sollte daher die „Erfolgsquote" am Gymnasium Christian-Ernestinum nicht überbewertet, aber auch nicht unterbewertet werden.

Überblickt man die Eintrittsjahrgänge von 1945/46 bis 2001/02, also etwa ein gutes halbes Jahrhundert, so liegt die Erfolgsquote, d.h. Abschluss mit Abitur, im Durchschnitt bei etwa 73 % mit Spitzen bei etwa 86 %. Aber wer kann sagen, ob dies nun daran liegt, dass am Gymnasium Christian-Ernestinum besonders begabte Schüler unterrichtet werden, ob dies durch besonders qualifizierte Lehrer geschieht oder ob vielleicht tendenziell zu großzügig bewertet wird?

Für eine Gesamteinschätzung müssten noch die jeweiligen Gesamtdurchschnitte bei den Abiturienten einbezogen werden, von denen immer wieder viele eine 1 vor dem Komma stehen hatten, die Anzahl derer, die an der Hochbegabtenprüfung teilnehmen durften oder gar für die Maximilianeumsprüfung gemeldet werden konnten.

Grundsätzlich aber bleibt festzuhalten, dass noch so schöne Verpackungen nichts über die Qualität der Inhalte aussagen. Wenn in immer kürzerer Zeit immer mehr Stoff zu bewältigen ist, wenn tendenziell immer weniger Zeit zum Wiederholen, Üben und Festigen von Fähigkeiten und Fertigkeiten bleibt, kann das Ergebnis nicht Qualitätsverbesserung sein.

Seit geraumer Zeit werden durch nicht abreißende Vergleichsstudien, durch „Evaluationen", durch ständiges „Ranking" Schulen in einen ehrgeizigen Wettkampf zu Lasten der betroffenen Kinder, Lehrer und Eltern getrieben. Es werden den Kindern nicht mehr die Ruhe und Zeit zugestanden, die für eine umfassende Persönlichkeitsentwicklung, wie sie auch das GCE reklamiert, erforderlich sind.

4.6. Lehrer und Schüler

An dieser Stelle erscheint ein kleiner Rückblick angemessen. Im Zusammenhang größerer Abschnitte wurde jeweils auf Lehrer und Schüler etwas näher eingegangen. Bei den Schülern interessierte ihre soziale und regionale Herkunft, in ausgewählten Fällen ihr späterer beruflicher Werdegang, bei den Lehrern ihre besonderen wissenschaftlichen Qualifikationen und Bedeutung über den schulischen Bereich hinaus.

Hier nun eine kleine Betrachtung der Entwicklung des „Lehrkörpers" über die Jahrhunderte hinweg. Im 17. und 18. Jahrhundert war es nahezu selbstverständlich, dass Lehrer am Gymnasium wissenschaftlich qualifiziert waren, also den Titel M (Magister) oder D (Doktor) trugen. Im 19. Jahrhundert nimmt diese Tendenz schon deutlich ab. Von 148 Lehrkräften waren 29 promoviert. Im Zeitraum von 1900–1945 sind es 41 von 110, von 1945–. 2009 noch 16 von 140. Dies hängt damit zusammen, dass die Zahl der Universitäten zunahm, dass deutlicher zwischen einer wissenschaftlichen Ausbildung und Laufbahn mit dem Ziel einer Professur und einer Ausbildung zum Lehramt unterschieden wurde.

Die Schizophrenie der Gegenwart besteht darin, dass einerseits bei einer möglichst verkürzten und unerträglich „verschulten" Schnellausbildung an der Universität nach wie vor erwartet wird, dass der Gymnasiallehrer möglichst auf der Höhe der neuesten wissenschaftlichen Erkenntnisse sich bewegt, dass er zugleich aber als pädagogischer und psychologischer Experte in der Lage ist, fast alle gesellschaftlichen Probleme im „Reparaturbetrieb Schule" zu lösen.

Zugleich, auch das selbstverständlich, bewegt er sich beim Einsatz von Unterrichtsmitteln ständig auf dem aktuellsten technischen Stand und beherrscht alle methodisch-didaktischen Varianten der Stoffvermittlung. Organisationstalent z.B. bei Durchführung auch mehrtägiger Fahrten ins europäische und außereuropäische Ausland wird als selbstverständlich vorausgesetzt ebenso wie die Fähigkeit, beiläufig fachspezifische Sammlungen, Bibliotheken und Archive kompetent aufzubauen und zu betreuen. Manche dieser Funktionen entsprechen außerhalb der Schule ganz eigenen Berufsbildern mit langjähriger entsprechender Spezialausbildung. Vieles hat sich geändert, was das Anforderungsprofil des Lehrers und die an ihn herangetragenen Erwartungs- und Anspruchshaltungen betrifft.

Interessant ist auch ein Vergleich der Lebensarbeitszeiten früher und heute, wobei ein Vergleich im Grunde fast nicht möglich ist. Das hängt mit den jeweiligen Ausbildungssystemen, den unterschiedlichen sozio-ökonomischen, politischen und insgesamt gesellschaftlichen Strukturen zusammen. Man denke nur an Fragen der Pension und Absicherung im Alter. Die längsten Lebensarbeitszeiten liegen bei 51 Jahren des Musiklehrers Friedrich Buck, gefolgt von Zeichenlehrer J. C. L. H. Raenz mit 50 Jahren. Turnlehrer Johannes Pflugmann, Karl Nägelsbach und Lorenz Jacob Lang kamen auf jeweils 44 Jahre. Im 20. Jahrhundert mit den beiden Weltkriegen und jeweils entsprechenden schwierigen Nachkriegsperioden kann solche Kontinuität nicht erwartet werden. In jüngerer Zeit haben Anforderungen an Mobilität und Flexibilität zugenommen, aber oft auch umgekehrt private Wünsche, versetzt zu werden. Dennoch erweist sich, dass zumindest am Gymnasium Christian-Ernestinum im Zeitraum von etwa 1950–2010 sehr viele Kolleginnen und Kollegen auf 30–40 Dienstjahre an dieser Schule zurückblicken konnten. Allerdings hat auch hier eine Fluktuation deutlich zugenommen.

Die Zusammensetzung des Kollegiums nach Geschlechtern hat sich ebenfalls verändert. Wenn auch nach dem Ersten Weltkrieg 1919 erstmals Mädchen das Gymnasium besuchen konnten, so dauert es doch bis 1946, ehe die erste weibliche Lehrkraft im Jahresbericht verzeichnet wird. Es war dies Betty Bretzfeld, die dann noch von 1955 bis 1963 unterrichtete. Sieht man von Marta Lautner ab (1947/48), so dauerte es nochmals gut zehn Jahre, ehe Frau Rupp und Frau Geib 1965 ihren Dienst am Gymnasium antraten. Erst seit etwa Mitte der 1980er Jahre nimmt der Anteil weiblicher Lehrkräfte deutlich zu und lag z.B. im Schuljahr 2008/09 bei 43 hauptamtlichen Lehrkräften mit einem Anteil von 21 bei fast 50 %.

Wie bisher soll nun in unvermeidlich subjektiver Auswahl auf einige Lehrer und ehemalige Schüler etwas näher eingegangen werden.

Abb. 245: StD Peter Färber

Peter Färber (1922–2009)

Peter Färber war selbst schon Schüler am Gymnasium (1934 bis 1941) und besuchte nach damaliger Zählung die Klassen 1–8. Schon vor dem Abitur wurde er am 1. Oktober 1941 zum Kriegsdienst einberufen und erhielt auf der Krim am 16.05.1942 sein Reifezeugnis ausgehändigt. Einsätze führten ihn bis kurz vor Leningrad, nach Sizilien und Nordafrika, am Schluss noch in die Normandie. Am 3. September 1944 geriet er als Verwundeter in Gefangenschaft, wurde in die USA und 1946 zurück nach Frankreich verbracht. Am 27. September 1947 erhielt er schließlich in Tuttlingen seinen Entlassungsstempel. Es folgte das Studium in Erlangen und nach ersten Jahren als Lehrer in Coburg kehrte er am 1. September 1955 nach Bayreuth an sein Gymnasium zurück, wo er die Fächer Französisch und Englisch unterrichtete. Viele Jahre war er Vorsitzender des Personalrats und Obmann und Delegierter des Philologenverbandes.

Vor allen Dingen baute er den Schüleraustausch mit dem Lycé Gabriel Fauré und die sommerlichen Sprachkurse in Annecy auf. Am 1. August 1974 übernahm er das Amt des stellvertretenden Schulleiters.

In besonderer Weise engagierte er sich für die Belange der Stadt Bayreuth. Von 1966 bis 1996 war er ununterbrochen Mitglied des Stadtrats, ab 1972 24 Jahre lang einer der Stellvertreter des Oberbürgermeisters und von 1978 bis 1996 in der BG-Fraktion stellvertretender Fraktionsvorsitzender. Er war Mitbegründer der Deutsch-Französischen Gesellschaft. Zahlreiche Auszeichnungen erhielt er für seine Verdienste: Er wurde nicht nur 1996 von der Stadt Bayreuth und seiner Partnerstadt zum Ehrenbürger, sondern 1997 auch zum Ritter der französischen Ehrenlegion ernannt. Er war Träger der Bayreuth-Medaille in Gold, des Goldenen Ehrenrings der Stadt und erhielt das Verdienstkreuz am Bande, das Bundesverdienstkreuz und die Ehrenmedaille von Annecy.[40].

Peter Färber verstarb am 10. August 2009 in Bayreuth.

Karl Müssel (1922–2008)

Karl Müssel wurde am 17. Juni 1922 in Bayreuth geboren, besuchte die Oberrealschule (heute Graf-Münster-Gymnasium) und musste von 1941 bis 1945 Kriegsdienst leisten. Nach dem Studium der Fächer Geschichte, Deutsch und Erdkunde an der Universität Erlangen von 1946 bis 1949 arbeitete er als Studienreferandar 1949/50 an der Oberrealschule, legte 1950 die 2. Staatsprüfung ab und war 1950/51 Studienassessor am Gymnasium Günzburg. Von 1951 bis 1984 unterrichtete er am Gymnasium Christian-Ernestinum die Fächer Deutsch, Geschichte und Erdkunde.

Abb. 246: StD Karl Müssel

In seiner „Freizeit" widmete er sich der lokalen und regionalen Geschichte mit Forschungsschwerpunkten im 17. und 18. Jahrhundert. Besonders intensiv beschäftigte er sich mit der Geschichte St. Georgens und der dort gegründeten Fayencemanufaktur. 1994 erschien seine Geschichte der Stadt Bayreuth („Bayreuth in acht Jahrhunderten"). Jahrzehntelang war er Schriftleiter für die Jahresbände des Historischen Vereins für Oberfranken. Außerdem redigierte er viele Jahre die historische Beilage „Frankenheimat" für das „Bayreuther Tagblatt". Die Zahl seiner Publikationen liegt bei deutlich über 200.

Für seine Verdienste erhielt Karl Müssel zahlreiche Ehrungen. Vom „Historischen Verein" wurde er zum Ehrenmitglied ernannt, die Stadt Bayreuth zeichnete ihn 1987 mit dem Kulturpreis der Stadt, die „Oberfrankenstiftung" 1993 mit dem Ludwig-Gebhard-Preis aus. Er war Träger des Bundesverdienstkreuzes. Karl Müssel verstarb am 17. Februar 2008 in Bayreuth.

Joachim (Jochen) Lobe

StD Jochen Lobe wurde am 14. August 1937 im oberschlesischen Ratibor geboren.

Nach der Flucht 1945 besuchte er zunächst das Gymnasium in Bayreuth, machte 1958 sein Abitur am Jean-Paul-Gymnasium in Hof und studierte dann in Erlangen und Frankfurt Germanistik, Geschichte und Geographie. Seit 1968 unterrrichtete er am Gymnasium Christian-Ernestinum bis zum Schuljahr 1999/2000.

Jochen Lobe erhielt 1964 den Förderungspreis der Sudermann-Gesellschaft, 1978 den Förderungspreis der Stadt Nürnberg, 1982 den Förderungspreis im Schlesischen Kulturpreis des Landes Niedersachsen und 1984 den Kulturpreis der Stadt Bayreuth.

Zu seinen wichtigsten Publikationen zählen „Textaufgaben", „Verzettelung von Denkgesteinen" (1970), „Augenaudienz" (1978), „Ham sa gsoochd soong sa" (1982), „Wennsd maansd" (1983), „Ausläufer" (1987) und „Deutschlandschaften" (1992).

Von 1969 bis 1975 leitete er das von ihm gegründete „Literarische Forum". Manche der Gastautoren (unter ihnen Peter Huchel, Hilde Domin, Eugen Gomringer, Angelika Mechtel, Ernst Jandl), wirkten bei den Anthologien „Richard Wagner Stunden Lekker" (1970) und „Ortstermin Bayreuth" (1972) mit. Andere wie Uwe Dick, Hilde Marx, Franz Fühmann oder Fitzgerald Kusz wurden zu Autorenlesungen eingeladen. Ergebnisse einer von ihm gegründeten „Werkstatt Schreiben" fanden ihren Niederschlag in der Sammlung „Einatmen-Ausatmen" (1975).

Jochen Lobe war Referent an der Akademie für zentrale Lehrerfortbildung/Dillingen und arbeitete mit in einer literaturdidaktischen Arbeitsgemeinschaft am ISB/München.

Im Rahmen von Pluskursen gelang es Jochen Lobe immer wieder, Schüler zum eigenen literarischen Schreiben anzuregen.

Klaus Höreth

StD Klaus Höreth unterrichtete am Gymnasium die Fächer Englisch, Geographie und Deutsch von 1970 bis 2003. Neben seinem Unterricht engagierte er sich vielfältig. So führte er im Schuljahr 1974/75 mit der Klasse 11c eine Untersuchung zur Errichtung einer Fußgängerzone in Bayreuth durch, deren Ergebnisse später in Planungen der Stadt Bayreuth durchaus einflossen. 1975/76 folgte das Projekt „Untersuchungen zum Thema Stadtsanierung am Beispiel der von-Römer-Straße in Bayreuth", wieder mit Schülern, diesmal der 11a. Immerhin begannen 1987 offiziell vorbereitende Untersuchungen seitens der Stadt Bayreuth zur Festlegung von Sanierungsgebieten im Untersuchungsbereich Altstadtkern.

Hervorzuheben ist auch das Tansania-Projekt für das Machame-Krankenhaus, zusammen mit

Abb. 247: StD Jochen Lobe

Abb. 248: StD Klaus Höreth

Pfarrer Rösch und Dr. Fritz Seiler 1984/85. Durch Spenden, Verkauf von GCE-Bierkrügen und der Schülerzeitung „Grünschnabel" und durch Sammlung der Klasse 6c vom Markgräfin Wilhelmine Gymnasium kam die stolze Summe von 6000 DM zusammen. Folgeaktionen 1986 und 1998 erbrachten nochmals rund 9 000 DM.

Früh schon, als Reisen in die damalige DDR für viele als schwierig und unangenehm galten, als Berührungsängste vorherrschten, unternahm Klaus Höreth wiederholt privat Reisen in den anderen Teil Deutschlands und organisierte z.B. 1987 eine Fahrt für Kollegen und Freunde nach Sachsen. Zu diesem Zeitpunkt qualifizierte Bundeskanzler Helmut Kohl Gedanken an eine baldige Wiedervereinigung noch als „blühenden Unsinn" ab.

Nicht zu vergessen sind Fahrten nach Polen und vor allem die Organisation zahlreicher Berlinfahrten mit den 11. Klassen. Europäisches Denken: dies dokumentiert sich durch Beteiligung am Schwerpunktthema des Kultusministeriums „Europa entdecken – Einheit und Vielfalt", umgesetzt in einer Ausstellung im Frühjahr 1993, mit einer Fahrt nach Italien und einem Europaquiz.

Klaus Höreth liebt Museen und Ausstellungen. Dieses Engagement setzte er um in kritischer Zusammenarbeit mit der Direktorin des „Historischen Museums der Stadt Bayreuth" (Dr. Sylvia Habermann), durch Zusammenarbeit mit der Leiterin des Kunstmuseums (Frau

Abb. 249: Projekt von Klaus Höreth, Kochkurs 1982

Marina von Assel) und vor allem der Präsentation von Postern zu „Spielzeug- und Puppenmuseen", „Entartete Kunst", „Neue Bundesländer", „Goethejahr" und vielen Themen mehr. Auch im Ruhestand bietet er jährlich drei bis vier solcher „Galerien". Im Schuljahr 2010/11 wurden Plakate/Poster zu folgenden Themen gezeigt: Weimar, Umweltschutz,Denkmalschutz und Zeitkritik oder Poster der „ZEIT" zum Bereich „Der Kampf gegen die Dummheit hat gerade erst begonnen". „Gemeinsam mit Klaus-Dieter Reus entstand die Ausstellung über die Berliner Mauer ... die zum großen Teil aus einer ausgezeichneten Plakatsammlung der Bildzeitung entstammte." (Vgl. Klaus Höreth, „Die Plakatgalerie im I. Stock", JB 2010/11, S. 48).

Fast 10 Jahre (1994 bis 2003) betreute er im Rahmen des deutsch-tschechischen Schüleraustauschs tschechische Gastschüler vom Gymnasium Eger, zusammen mit Herrn Kokorev, und trug dadurch zur Aussöhnung und Völkerverständigung bei.

Neben nach wie vor vielfältigem Engagement, z.B. im Verein Freunde des Stadtmuseums eV. übernahm Klaus Höreth 2007 bis 2011 die Verantwortung als 1. Vorsitzender des Vereins Freunde des humanistischen Gymanisums e.V. in Nachfolge von Heinz Hutzelmeyer.

Helmut Korn

StD Helmut Korn wurde am 27. Oktober 1937 in Gunzenhausen geboren. Nach der Schulausbildung am Gymnasium in Windsbach (1947–1950) und Eichstätt (1950–1956), legte er dort 1956 das Abitur ab. Er studierte in Würzburg und Hamburg die Fächer Griechisch, Latein und Deutsch. Als Referendar war er in Regensburg, Sulzbach-Rosenberg und Dillingen/Do. tätig. Von Dezember 1963 bis Ende des Schuljahres 2000/01 lehrte er am Gymnasium Christian-Ernestinum.

Er verwaltete über viele Jahre die Lernmittelbücherei und war Unterstufenbetreuer.

Herr Korn engagierte sich auf dem Fundament einer konservativen, vor allem aber festen christlichen Ethik vor allem für den Schutz und Erhalt der Schöpfung. So wirkte er seit 1982 bis 2010 als 1. Vorsitzender der Kreisgruppe Bayreuth des Bundes Naturschutz.

1984–1999 war er Stadtrat der Stadt Bayreuth, zunächst für die CSU, aus der er aber im Zusammenhang mit den Auseinandersetzungen um die Wiederaufbereitungsanlage in Wackersdorf austrat.

Als 1987 anlässlich des Todes von Uwe Barschel Trauerbeflaggung anbefohlen wurde, sah dies

Abb. 250: StD Helmut Korn

Helmut Korn als Missbrauch nationaler Symbole und holte die Flagge vor dem Schulgebäude herunter. Man muss dies auf dem Hintergrund der damaligen Ereignisse und dubiosen Umstände des Todes von Barschel sehen.[41]

Mit seiner Aktion praktizierte er aus christlich-ethischer Überzeugung heraus Zivilcourage in vorbildlicher Weise.

Am 28. Juli 2005 wurde Helmut Korn das Bundesverdienstkreuz verliehen.

Fritz Werner (1961–1997)

StD Fritz Werner begann am 9. Dezember 1961 als LAA seinen Dienst am GCE. Der Jahresbericht vermeldete damals: Fritz Werner, Stud. Ass., Lehrer für Deutsch in 4a, für Turnen in 3a,3b,4a,4b und 7b, für Spielstunden in allen Klassen, für Schwimmen in 1, freiwillige Übungsstunden im Basketballspiel.1963 übernahm er u.a. die Funktion eines „stellvertretenden Obmanns für das Schulspiel". Fritz Werner engagierte sich für die Schülerlesebücherei, verwaltete die Turngeräte, war Mitglied des Bauausschusses, leitete und organisierte Skikurse, Sportfeste, Schulschwimmfeste und war Kulturreferent der Schule. Es folgte ein Lehrauftrag an der Pädagogischen Hochschule Bayreuth und an der Universität Erlangen. Es kamen hinzu Lehrgänge über Schulwandern und wiederholt

Referententätigkeit in Dillingen zum Thema „Schulspiel". Kern seiner schulischen Tätigkeit wurde die Arbeit mit der „Theatergruppe". Seit 1964/65 trat diese mit großem Erfolg auf. Seit 1993/94 führte Werner auch eine eigene „Kleine Theatergruppe", um den nahtlosen Übergang zur „Großen Theatergruppe" zu sichern. Auch im Ruhestand betreute er noch bis 2006 die Theatergruppe.

Dr. Eberhard Wagner

Dr. Eberhard Wagner wurde am 4. Januar 1938 als Sohn des Kaufmanns Hans Wagner geboren.

Er besuchte im Schuljahr 1949/50 die 1. Klasse des Gymnasiums, im Schuljahr 1953/54 die Klasse 5a und wechselte dann ins „Deutsche Gymnasium" (heute MWG), wo er 1958 das Abitur machte. In Köln und Erlangen-Nürnberg studierte er Germanistik, Geschichte und Dialektologie und promovierte 1964 mit einer Arbeit über die Dialekte des südlichen Bayreuther Raumes. Bis 2003 war er Redaktor des Ostfränkischen Wörterbuchs der Bayerischen Akademie der Wissenschaften in Erlangen. Zu seinen wissenschaftlichen Veröffentlichungen zählen u.a.: Das Fränkische Dialektbuch, München 1987 und zuletzt 2007 das „Handwörterbuch von Bayerisch-Franken". E. Wagner war Mitbegründer der „Studiobühne Bayreuth e.V.", ist deren 2. Vorsitzender und seit 1982 auch Darsteller in vielen Stücken.

Er publizierte Mundartlyrik und zahlreiche Theaterstücke: ab 1969 Schwänke für Laienspielgruppen (z.B. „Der falsche Schlüssel", „Das Osterwasser", „Der Lügnbeutl", „Der erste Gast"), Literarische Mundartstücke (z.B. „Von Lumpen und Menschen", auch als Hörspiel im Bayerischen Rundfunk), Romane (z.B. Der Dollack, Bamberg 1982). Mit der Studiobühne Bayreuth kam es zwischen 1980 und 2007 zu etwa 18 Aufführungen von Stücken aus seiner Feder (z.B. „Die letzten Menschen" (1983), „Die Entrümpelung" (1989), „Die goldene Hochzeit" (1996), „Bayreuther Mohren-Gewäsch" (1997), „Nix für ungut oder das Festspielkartengfrett" (2004), seit Herbst 2006 Kabarettprogramm über Rentner „Ka Zeit, Ka Zeit".

Eberhard Wagner erhielt den Kulturpreis der Bayerischen Volksstiftung (1987), den Kulturpreis der IHK Oberfranken (1981), das Bundesverdienstkreuz am Band (2008), den Kulturpreis des Landkreises Bayreuth (2009) und den Kulturpreis der Stadt Bayreuth (2011). Eberhard Wagner ist Mitglied der Neuen Gesellschaft für Literatur Erlangen.[42]

Rolf Schmidt-Holtz

Rolf Schmidt-Holtz wurde am 31. August 1948 in Martinsreuth geboren. 1968 machte er als Schüler der Klasse 13b das Abitur.

Seit 1988 war er Herausgeber des STERN und von 1989 bis 1994 Chefredakteur dieses größten Magazins in Deutschland. Er wurde Vorstandsmitglied im Haus Gruner+Jahr.

Stationen seiner Medienkarriere: Chefredaktion des WDR, PR-Chefposten bei Bertelsmann, Chefredaktion beim Stern, Chefposten bei der Ufa und anschließend bei CLT-Ufa, Aufbau der RTL-Gruppe, Chief Creative Officer im Vorstand der Bertelsmann AG, CEO des Musikkonzerns BMG, später von Sony BMG.[43]

Abb. 251: Rolf Schmidt-Holtz

Georg Kämpf

Georg Kämpf wird am 6. April 1956 in Bayreuth geboren und macht am Gymnasium 1978 sein Abitur. Er ist der jüngste von vier Brüdern und agiert schon mit 16 Jahren im Jahr 1972 in der ersten Mannschaft des Post SV. Er setzt seine aktive Karriere beim USC und bei Steiner-Optik fort. Trotz einer Größe von „nur" 1,82 m galt er als bester Spieler nicht zuletzt wegen seiner Gewandtheit, Schnelligkeit, Technik und Sprungkraft. 1988 beendete er seine Karriere als aktiver Spieler. Zunächst wirkte er noch bei Steiner Optik als Berater, wechselte dann 1989/90 als

Abb. 252: Georg Kämpf wird 1985 Sportler des Jahres in Bayreuth

Trainer nach Ludwigsburg, von dort 1991 zum Zweitligisten nach Tübingen und zuletzt zum FC Bayern nach München.

1984 wurde er als Sportler des Jahres in Bayreuth ausgezeichnet.

Martin Leutzsch

Martin Leutzsch wurde am 5. März 1956 in Hummeltal bei Bayreuth geboren.

Er besuchte das Gymnasium Christian-Ernestinum Bayreuth und legte dort 1975 das Abitur ab.

Er studierte in Erlangen und Bonn Theologie und absolvierte nach dem Ersten Theologischen Examen 1981 sein Vikariat von 1981 bis 1983 in Zeilitzheim. 1984 wurde er ordiniert und ist seitdem neben der wissenschaftlichen Tätigkeit auch ehrenamtlich in der Kirche tätig.

Von 1985 bis 1988 war Martin Leutzsch als wissenschaftlicher Mitarbeiter (Promotion zum Dr. theol. 1988), von 1988 bis 1994 als wissenschaftlicher Assistent am Lehrstuhl für Theologie und Exegese des Neuen Testaments der Ruhr-Universität Bochum tätig. 1993 wurde er habilitiert. Seine Habilitationsschrift hat den Titel „Die Bewährung der Wahrheit. Der dritte Johannesbrief als Dokument urchristlichen Alltags".

Von 1994 bis 1998 lehrte Leutzsch als Professor für Biblische Theologie an der Evangelischen Fachhochschule für Sozialarbeit Dresden. Seit 1998 hat er den Lehrstuhl für Biblische Exegese und Theologie im Fach Evangelische Theologie an der Universität Paderborn inne. Er ist Mitglied des Studienkreises Kirche und Israel der Evangelischen Kirche im Rheinland und Westfalen, Mitglied der Arbeitsgemeinschaft Christen und Juden beim Deutschen Evangelischen Kirchentag und evangelischer Vorsitzender der Gesellschaft für christlich-jüdische Zusammenarbeit Paderborn, um nur einige Engagements aufzuführen.

2007 erschien für ihn in 2. Auflage eine von Marion Keuchen u.a. herausgegebene Festschrift.

Klaus Schilling

Klaus Schilling wurde am 16. August 1956 in Bayreuth geboren. 1976 legte er am Gymnasium Christian-Ernestinum sein Abitur ab. Er studierte in Bayreuth und München Mathematik, Physik und Biologie. Nach der Promotion über Algorithmen zur Berechnung optimaler Steuerungen wechselte er 1985 in die Raumfahrtindustrie und erhielt bei Dornier System (EADS/Astrium) im Bereich wissenschaftlicher Satelliten die Leitung der Gruppe „Missions-und Systemanalysen" übertragen. Seine wissenschaftlichen Arbeitsschwerpunkte liegen auf der Entwicklung und Realisierung autonomer Steuerstrategien für interplanetare Satelliten und der Entwicklung von Tele-Robotiksystemen. Im Auftrag der Europäischen Raumfahrtagentur ESA war er verantwortlich für das Management der Beiträge zur Systemkonzeption der Raumsonden Huygens, die auf dem Saturn-Mond Titan landen sollte und Rosetta, die 2004 zur Erforschung von Kometen startete.

Prof. Klaus Schilling lehrte an der Fachhochschule Ravensburg-Weingarten die Gebiete künstliche Intelligenz, Informatik und Robotik. 1992 gründete er das Steinbeis Transferzentrum ARS. In Anerkennung seiner Lehr-und Forschungstätigkeit in den USA wurde er zum Adjunct Professor an der Ohio University und zum Consulting Professor an der Stanford University ernannt.

Prof. Klaus Schilling hat seit 2003 den Lehrstuhl Informatik VII an der Universität Würzburg inne.

Bernd Mayer

Bernd Mayer wurde am 10. März 1942 in Berlin geboren, trat im Schuljahr 1952/53 in das Gymnasium Christian-Ernestinum ein (Klasse 1a) und legte 1962 das Abitur ab.

Als „Chefredakteur" der Schülerzeitung „Sendelbachnachrichten" sammelte er erste journa-

Abb. 253: Bernd Mayer

listische Erfahrungen, veröffentlichte im August 1961 seine erste Geschichte im Bayreuther Tagblatt unter der Überschrift „Bayreuther Klöße schmecken einfach dufte" und arbeitete seitdem als freier Mitarbeiter für das Bayreuther Tagblatt und seit 1968 für den Nordbayerischen Kurier. 1989 übernahm er zusätzlich die Redaktion des „Heimat-Kurier".

1994 wechselte er zum „Evangelischen Pressedienst". Von 1979 bis 2001 arbeitete er auch für die „Süddeutsche Zeitung".

Neben seiner journalistischen Tätigkeit engagierte sich Bernd Mayer auch politisch. 1978 wurde er stellvertretender Fraktionschef der CSU im Stadtrat, 1989 Mitglied des Ältestenausschusses, 1990–2002 war er 2. Bürgermeister, 2002–2008 3. Bürgermeister der Stadt Bayreuth. „Seit 1990 fuhr er bei jeder Kommunalwahl stets das beste Ergebnis aller Kandidaten für den Stadtrat ein …" 1994 trat er aus der CSU aus und wechselte in die „Bayreuther Gemeinschaft".

Seit 2005 war Bernd Mayer 1. Vorsitzender des Historischen Vereins für Oberfranken.

Für zahlreiche Publikationen zur Geschichte der Stadt Bayreuth mit Schwerpunkt beim 19. und vor allem 20. Jahrhundert diente sein Archiv mit rund 100 000 Fotografien, Postkarten, Stichen und anderen Dokumenten als wesentliche Grundlage.

Im Oktober 2011 musste Bernd Mayer wegen einer lebensbedrohlichen Erkrankung sein Stadtratsmandat aufgeben. Nach einstimmigem Stadtratsbeschluss wurde er zum Ehrenbürger der Stadt Bayreuth ernannt. Die Ehrenurkunde wurde ihm von Oberbürgermeister Dr. Michael Hohl u.a. am 31. Oktober 2011 im Klinikum der Stadt Bayreuth überreicht.

(Vgl. zur Würdigung von Bernd Mayer: Gert-Dieter Meier, Herzblut für Bayreuth und seine Geschichte, NK, 26. August 2011, S. 17; NK 2. November 2011, S. 11, „Bernd Mayer ist jetzt Ehrenbürger; vgl. auch den Nachruf von Eric Waha, NK 5. Dezember 2011, S. 9).

Bernd Mayer war Träger des Bundesverdienstkreuzes 1. Klasse, des Verdienstordens der Bundesrepublik Deutschland, Träger der Goldenen Bürgermedaille, des Goldenen Ehrenrings und der Bayreuth-Medaille in Gold.

Bernd Mayer verstarb am 2. Dezember 2011.

4.7. Zur materiellen Kultur des Gymnasiums

4.7.1. Der mühsame Weg zum Neubau der Schule an der Albrecht-Dürer-Straße

Schon vor dem II. Weltkrieg waren an der Schule nur die nötigsten Reparaturen vorgenommen worden. Während des Kriegs verschlechterte sich der Gesamtzustand des Gebäudes weiter.

Deshalb wandte sich im Verlauf des Jahres 1951 der Elternbeirat erneut an das Staatsministerium für Unterricht und Kultus „betr. des baulichen Zustands und Einrichtung des humanistischen Gymnasiums". Es hatte sich seit der Eingabe vom 28. März 1951 nichts getan. Treppenhäuser, Gänge und Schulräume machten einen verwahrlosten Eindruck. Es wurde auf schwere Mauerschäden im Klassenzimmer der 1b, Mauerschwamm, den untragbaren Zustand des

Abb. 254.1–254.3: Schulgebäude, Schulhof mit Turnhalle, 1950er/60er Jahre, (Archiv Bernd Mayer)

Physiksaals und die mangelhaften sanitären Anlagen hingewiesen. Die Ausstattung der Klassen (Bänke, Wandtafeln) sei so primitiv wie sonst an keiner höheren Schule Bayreuths.

Während der folgenden Jahre wurde der Haupteingang renoviert (1953/54) und der Physiksaal erneuert und technisch installiert (1955/56).

Durch Spenden von Industrieunternehmen, vor allem für den Unterricht in den Realien und Naturwissenschaft, konnte die Ausstattung der Schule erheblich verbessert werden. Dankbar für diese Hilfe war das Gymnasium den Unternehmen Philipps (Aachen), Telefunken (Hannover), Volkswagen (Wolfsburg), Bayer-Leverkusen, Rosenthal(Selb), Glaswerke Ruhr Esssen, Mannesmann (Düsseldorf) und BELG (Bayreuth).

Es folgten der Einbau einer Zentralheizung (1957/58) und moderner Leuchtstoffröhren (1958/59). Im Schuljahr 1961/62 ermöglichte die Elternspende den Erwerb eines Tonfilmgeräts von Siemens.

Zu Beginn der 60er Jahre zeichnete sich immer deutlicher ab, dass das Gymnasium grundlegend renoviert und vor allem auch erweitert werden musste.

Erste Planungen für einen Neubau und Erweiterungen am bisherigen Standort in der Friedrichstraße gehen bis 1956 zurück. Diese Überlegungen nahmen mit einem Plan vom 19. Dezember 1960, Anmeldung des Raumbedarfs und Aufstellung eines Bauausschusses Anfang 1961 konkretere Gestalt an.

Am 26. Juli 1962 wandte sich die Regierung von Oberfranken unter Bezug auf einen Bericht im Bayreuther Tagblatt vom 15. Juni 1962 an das Staatsministerium für Unterricht und Kultus.

Danach sollten die Verhandlungen über den Neubau des Humanistischen Gymnasiums Bayreuth bis zu einem dreiseitigen Vorvertrag zwischen dem Bayerischen Staatsministerium für Unterricht und Kultus, dem Bayerischen Staatsministerium für Finanzen und der Stadt Bayreuth gediehen, der Neubau bis zur 300-Jahrfeier im Jahr 1964 fertig gestellt sein.

Die Provinzialwaisenhausstiftung war an Nachmietern interessiert. Laut Mietvertrag vom 21. März 1960 wurden ab 1. April 1958 jährlich 10 208 DM entrichtet. Monatlich betrug der Mietzins 850 DM.

Wiederholt war im Vorfeld der schlechte Zustand des Gymnasiums Thema in der „Fränkischen Presse" und im „Bayreuther Tagblatt". „Der Zahn der Zeit zernagt das Christian-

Abb. 255: Einweihung der neuen Schule, 1966. 2. v.l. Dr. Mebs, r. Werner Frick, Elternbeirat

Ernestinum" (Fränkische Presse, 17./18. Oktober 1959). „Abgeordnete plädieren für Christian-Ernestinum" (Fränkische Presse, 7./8. November 1959). „Gymnasium Christian-Ernestinum vor dem Landtag" (Bayreuther Tagblatt 26. November 1959).

In einer Fragestunde waren die Probleme im Landtag vorgetragen worden (25. November 1959).

Am 11. Dezember 1959 beschreibt Direktor Geyer in einer Eingabe an das Staatsministerium für Unterricht und Kultus den schlechten baulichen Zustand der Schule. Für eine Dienstreise nach München fehlten allerdings die Haushaltsmittel. Eltern warfen dem Staat mangelnde Fürsorge für die Schule vor. Schließlich kam es durch eine Kommission zu einer Schulbesichtigung, an der Eltern, Vertreter der Presse und Senator Dr. Pöhner teilnahmen.

Die Stadt Bayreuth sah sich vor eine völlig neue Sachlage gestellt (Bayreuther Tagblatt, 1. November 1961), denn die Stiftungsverwaltung der Provinzialwaisenhausstiftung hatte klargestellt, dass der für Schulzwecke ungeeignete Altbau aus dem Mietvertrag herausgelöst werden könne und damit der Weg für den Ergänzungsbau an der Wilhelminestraße frei wäre.

Ein Neubau sollte bis 1963, spätestens bis 1964 bezugsfertig sein, während bisher an eine Ergänzung des bestehenden Gebäudekomplexes durch einen modernen Gebäudetrakt gedacht worden war.

Hier nun schlug der damalige Oberbürgermeister Hans Walter Wild vor „gleich etwas Richtiges" zu machen und auf städtischem Grund zu bauen, auf einem Gelände nahe dem Volksfestplatz am Schwarzen Steg.

Um die Kompliziertheit der Rechtsverhältnisse zu verdeutlichen, soll hier kurz auf die „Provinzial-Waisenhaus-Stiftung" eingegangen werden[44].

Erste Anträge von Bürgermeister und Rat bei Markgraf Georg Friedrich Carl zur Errichtung eines Waisenhauses verbunden mit einer Armenschule datieren vom 16. August 1729.

Der wohltätige Zweck, der heute noch verfolgt wird, besteht darin, Waisen und Vollwaisen an markgräflichen Orten „des Oberlandes" zur Konfirmation eine Einkleidungshilfe zu geben.

Grundstock war zunächst eine Schenkung durch das Stadt-Almosenamt, nämlich ein Haus neben dem früheren Seelhaus für 12 Kinder. Später kam durch den Markgrafen ein Garten hinzu.

Der Markgraf übertrug die weitere Einrichtung und Direktion dem Geheimrat von Bobenhausen, dem Consistorialrat und Hofprediger Silchmüller und dem Bürgermeister und Rat der Stadt Bayreuth gemeinsam. Diese Gründungsakte datiert vom 17. April 1730.

Am 15. Mai 1730 wurde das Waisenhaus mit 100 Kindern in der Armenschule förmlich eröffnet.

Die Mittel zur Unterhaltung bestanden aus ständigen und unständigen Mitteln. Ständige Mittel flossen aus der Herrschaftskasse, der Hospitalstiftung und dem Almosenkasten. Dies war

Abb. 256: Die neue Schule

Abb. 257: OStD Geyer

der erste beständige Stiftungsfond. Der Zuwachs an Waisen-und Armenschulkindern war bedeutend, so dass man die Erbauung eines ganz neuen Waisenhauses plante. Dies wurde am 7. April 1732 genehmigt. Ab 1791 kam es zu einer neuen Regelung. Die Gärten wurden verpachtet, die Kinder auf Bürger und Landleute gegen ein jährliches Kostgeld verteilt. Im Waisenhaus befanden sich nur noch die beiden Armenschulen mit 2 Lehrern.

Ein Verzeichnis der zum Waisenhausfonds nach Gründung des Waisenhauses gestifteten Kapitalien enthält bis 1907 insgesamt 34 Posten und verzeichnet für 1907 ein Kapital von 27 046 Mark 10 Pfennig.

Die Provinzialwaisenhausstiftung hatte immer die Grundstücke und Räume der Gebäude an die Stadt Bayreuth vermietet (die Grundstücke Fl. Nr. 724a, b, 725 und 725 ½, 10 100 qm). Mitvermietet waren sämtliche Räume der 4 Gebäude, Hauptbau an der Friedrichsstraße, Nordbau, Südbau an der Wilhelminestraße und Turnhalle an der Leonrodstraße mit Ausnahme der beiden Wohnungen im Hauptbau.

Das letzte Mietverhältnis begann am 1. Januar 1964, wurde am 15. Juli 1965 gekündigt und endete mit dem Schuljahr 1965/66 am 31. Juli 1966. Die Miete betrug zu diesem Zeitpunkt 2350 DM monatlich.

Schon am 18. April 1962 war der Vertrag zwischen dem Freistaat Bayern und der Stadt Bayreuth über den Neubau des Gymnasiums bei geschätzten Kosten von 5 112 000 DM geschlossen worden.

Am 3. Juni 1964 informierte die Stadt Bayreuth OStD Geyer über die laufenden Planungen. Mit Lehrkräften der Spezialklassen fanden bereits abschließende Besprechungen über Bestuhlung und Einrichtung der Chemie/Biologie- und Physikräume statt.

Das Bayerische Staatsministerium für Unterricht und Kultus hatte der Regierung von Oberfranken einen Betrag von 1 000 000 DM als Zuschuss an die Stadt Bayreuth für den Neubau des GCE zugewiesen. Zum endgültigen Abschluss des Vertrages über die Errichtung eines Neubaus zwischen dem Freistaat Bayern und der Stadt Bayreuth kam es am 24. Januar 1964. Schon am 19. Mai 1964 konnte die Grundsteinlegung gefeiert werden.

Eine Kassette wurde in den Grundstein an der Nordostecke des Neubaus durch drei symbolische Hammerschläge eingemauert. Sie enthält eine Urkunde, eine Festschrift zum 300-jährigen Bestehen des Gymnasiums, eine Gedenkmünze in Silber, den „Catalogus Lectionum-Illustris Collegii-Christian-Ernestini", eine Einladungskarte zur Grundsteinlegung, ein Verzeichnis der eingeladenen Personen, ein Mitgliederverzeichnis des Stadtrates und der Referenten, die Todesanzeige des kurz zuvor verstorbenen Ehrenbürgers Christian Ritter von Popp, Bau-und Lagepläne, Hartgeldmünzen der damaligen Währung und die „Fränkische Presse" vom 19. Mai 1964.

In seiner Ansprache ging OB Wild auf die Vorgeschichte des Projekts und die schwiegen Vorverhandlungen mit der Waisenhausstiftung ein. Hintergrund für die Finanzierung war das neue Schulfinanzierungsgesetz von 1963, welches das Eigentum an den höheren Schulen Bayerns und ihren Sachaufwand auf die Städte und Gemeinden übertrug.

„Weil das Gymnasium in dem der Provinzialwaisenhausstiftung gehörenden Gebäude Friedrichstraße 14 nur zur Miete untergebracht war und nur unter hohem Kostenaufwand hätte baulich modernisiert und erweitert werden können, einigten sich der Freistaat Bayern und die Stadt Bayreuth, um für das Staatliche Humanistische Gymnasium Christian-Ernestinum auf einem städtischen Grundstück an der Ellrodtzeile eine neue Schulanlage zu errichten."[45]

Am 30. September 1970 trat OStD Maximilian Geyer in den Ruhestand. 11 Jahre lang hatte er

Abb. 258: Anbau, 1977

das Gymnasium Christian-Ernestinum geleitet. In seine Amtszeit fiel die 300-Jahr-Feier 1964. Unter seiner Leitung wuchs die Schule beträchtlich. Seiner Initiative, Beharrlichkeit und guten Zusammenarbeit mit der Stadt Bayreuth war es zu verdanken, dass der Neubau 1966 bezogen werden konnte. Während seiner Amtszeit wurde dem humanistischen Gymnasium ein neusprachlicher Zweig angegliedert. Die Schule empfing dadurch neue Impulse. Heinz Hutzelmeyer würdigt seinen Vorgänger: „In all diesen Jahren war Herr Oberstudiendirektor Geyer stets korrekt und aufrecht und zeigte sich als ein unermüdlicher, vorbildlicher, sachlicher Arbeiter, der sich nie etwas schenkte."

Die Ende der 1960er, Anfang der 1970er Jahre rasch wachsende Schülerzahl von 555 im Schuljahr 1970/71 auf 720 im Schuljahr 1974/75 720 führte erneut zu großen Raumproblemen. Als Notbehelf wurden zunächst 2 Klassenzimmer in der Münzgasse zur Verfügung gestellt, Anträge an die Stadt Bayreuth im Oktober 1971 mit der Bitte, 4 Klassenzimmer in Fertigbauweise zu errichten allerdings abgelehnt.

Im Schuljahr1972/73 mussten 4 Klassen in der Jean-Paul-Schule untergebracht werden. Für 1973/74 wurden 6 Klassenzimmer im neuerrichteten Wirtschaftswissenschaftlichen Gymnasium bereitgestellt. Die unbefriedigende Situation trug OStD Heinz Hutzelmeyer immer wieder beharrlich vor, aber erst im Haushalt der Stadt für 1975 waren die Planungskosten für einen Er-

weiterungsbau eingestellt. Baubeginn sollte im Jahr 1976 sein.

Vorgesehen war ein dreigeschossiger Unterrichtsblock von etwa 18x20m Grundfläche für 10 Unterrichtsräume mit Nebenräumen. Am Ende brachte der Erweiterungsbau 8 Klassenzimmer, einen Handarbeitsraum, einen Werkraum und einen Mehrzweckraum, der in der Folge speziell als modern ausgestatteter Medienraum verwendet wurde.

Mit Beginn des Schuljahres 1977/78 konnte der Neubau bezogen werden, den am 7. Oktober 1977 OB Hans Walter Wild im Rahmen einer kleinen Feier übergab und dessen Fertigstellung das Gymnasium am folgenden Tag mit einem Schulfest feierte.

Umbaumaßnahmen im Fachtrakt dienten der Verbesserung für die Fächer Physik, Chemie und Biologie.

Im Keller sollte eine Zentralbibliothek für Lehrer und Schüler eingerichtet und vor allem der Unterricht in den nicht geeigneten Räumen beendet werden. Immer mussten hier Schüler und Lehrer bei künstlichem Licht arbeiten. Die Räume waren schlecht belüftet, z.T. kam es zu Schimmelbildung. Erst Jahrzehnte später wurden in diesem Kellertrakt Ventilatoren und neue Fenster eingebaut.

In den folgenden Jahren waren immer wieder Nachbesserungen am Gebäude notwendig. Bei einer Glaswand in der Turnhalle hatte man

Abb. 259: Megaron, Baustelle 2006

offenbar Dehnfugen mit Rücksicht auf enorme Spannungen bei Temperaturschwankungen nicht angemessen vorgesehen, so dass es zu Glasabsplitterungen und Verletzungen von Schülern

kam. 1967/68 musste das Wasser auf den Dächern durch eine Schicht Kies ersetzt werden, doch die Flachdächer erwiesen sich als nicht wasserdicht, so dass in den folgenden Jahren schrittweise Giebeldächer an ihre Stelle traten. Auch die Außenisolierung genügte den verbindlichen Vorgaben nicht mehr. Zuletzt wurden alle Außenwände der Schule unter dem Aspekt vorgeschriebener Wärmedämmung und Energieeinsparung überholt und zugleich mit einem neuen Anstrich versehen.

Schließlich kam es im Oktober 2006 wieder zu einer Neuerung. Nachdem von den Gymnasien eine Mittagsbetreuung der Schüler gefordert worden war, erstellte die Stadt Bayreuth einen Anbau von der Pausenhalle in den Schulhof hinein. Es hat sich dafür bisher der Name „Megaron" durchgesetzt. Viele Schülerinnen und Schüler nehmen gerne das vielfältige Angebot wahr. Um die Verwirklichung dieses Projekts erwarb sich der Verein „Christian-Ernestinum e.V.", zuletzt unter Leitung des 1. Vorsitzenden Jörg Hermann, große Verdienste. Besonders setzte sich auch Michael Höreth ein (Abiturjahrgang 1986), der für die gesamte Planung und den Einbau der Licht- und Tontechnik verantwortlich war und diese Leistungen mit großem Zeitaufwand ohne jede Honorarforderung erbrachte.

Schließlich erhielt auch das Gymnasium Christian-Ernestinum im Jahr 2009 einen Trink-

Abb. 260: Einweihung des Trinkbrunnens, 2009 (Wolfgang Lammel, NK)

brunnen. Der Lions Club Bayreuth-Kulmbach investierte insgesamt 25 000 Euro in zwölf Trinkbrunnen. Die Einweihungsfeier für die Bayreuther Schulen fand am 6. Mai 2009 im GCE statt. Mit dem Projekt „Gesundes Trinken an oberfränkischen Schulen" unter Schirmherrschaft von Regierungspräsident Wilhelm Wenning, wollte der Lions Club einen Beitrag zu einer gesunden Entwicklung der Schüler leisten.[46]

4.7.2. Ausstattung der Fachräume, Fachbibliothek, Lesebücherei und neue Technologien

Die Anfänge nach dem Krieg waren bescheiden. Für jedes Geschenk, für jede Zuwendung von Privatpersonen, durch den Elternbeirat, die „Freunde des Gymnasiums" und durch die Stadt Bayreuth war man dankbar. Im Zusammenhang mit der progressiven Entwicklung vor allem der Naturwissenschaften, der zunehmenden Bedeutung moderner Fremdsprachen auch für das klassische humanistische Gymnasium und natürlich hinsichtlich der traditionellen Fächer wuchsen Bedarf und Anspruch an die Ausstattung, um wiederum den ständig steigenden Forderungen an das Gymnasium gerecht werden zu können.

Aus der Fülle der kleinen und großen Objekte hier nur eine kleine tabellarische Auswahl in chronologischer Folge:

1950/51
Anschaffung eines Schmalfilmgeräts
1953/54
Einbau einer neuen Schalttafel im Physiksaal in Zusammenhang mit der Umwandlung des Stromnetzes von Gleichstrom auf Drehstrom
1960/61
Ausleihe eines Tonfilmgeräts von der Landesbildstelle Nordbayern
1962/63
Geschenk von Oberregierungsrat Elßmann. Vier Insektenkästen mit selbst gesammelten einheimischen Käfern und Schmetterlingen.

Verbunden mit dem Umzug 1966 kam es zu Verbesserungen vor allem bei der Ausstattung für Chemie, Biologie, Physik. In den folgenden Jahren standen für die naturwissenschaftlichen Sammlungen größere städtische Mittel zur Verfügung. So konnten z.B. in Pysik Schülerübungsgeräte wie Projektionslampen und Dampferzeuger angeschafft werden. Die Musik erhielt aus staatlichen Mitteln u.a. eine Stereoanlage.

Beschafft wurden Wandkarten und Bilder für Geschichte und Erdkunde.

1965/66
Projektionsgerät für elektrische Feldlinien
1968/69
Geräte zu den Kippschwingungen und zum piezo-elektrischen Effekt, ein Super 8-Projektionsgerät und einige dazu gehörige Lehrfilme.
1973/74
Medienschrank
1976/77
Normalkopierer
1978/79
Konzertflügel
1981/83
Stereoanlage für Musik, Xerokopiergerät
1987/88
Einrichtung eines Videostudios
1996/97
Erster Münzfernsprecher für Schüler
1998/99
Erste Homepage des GCE

In den folgenden Jahren kommt es zur Einrichtung eines Computerraums, der im Schuljahr 2009/10 mit neuen Rechnern ausgestattet werden konnte. Die Zahl der Rechner wuchs von 15 auf 30 Computer, so dass nun jeder Schüler einen eigenen PC zur Verfügung hat. Die alte Pentium-III-Generation wurde durch sparsame Doppelkern-Prozessoren ersetzt, der Arbeitsspeicher wuchs von 128 MByte auf 2 GByte. Es kam zum Anschluss an das Internet, zur Neueinrichtung eines Fachraums für moderne Fremdsprachen (2000/01), zur ersten hauseigenen Internet-AG und zur Einrichtung eines neuen Chemiesaals (2005/06).

2006/07 erfolgte erstmals eine EDV-gestützte Stundenplanerstellung und Einteilung der Vertretungen.

Am 17. März 2011 besuchte Oberbürgermeister Dr. Michael Hohl das Gymnasium. „Anlass für diesen Besuch war der Abschluss der Umbaumaßnahmen und Umräummaßnahmen, über die zusätzliche Klassenräume für das stetig wachsende GCE geschaffen wurden ... Ende Juli 2010 musste ... aufgrund der gestiegenen Schülerzahlen der in die Jahre gekommene Medienraum einem neuen Biologiesaal weichen." Mit diesen Maßnahmen „... begann der Schritt in ein modernes mediales Zeitalter am GCE ... Jedes der 16 Klassenzimmer des Klassentrakts ... erhielt zunächst

eine Verkabelung ..." Es wurden Lautsprecher und Beamer installiert. „Jedes Klassenzimmer bietet seitdem einfache und unkomplizierte Anschlussmöglichkeiten für tragbare DVD-Player, iPods, Laptops und sogar Smartphones."
(Vgl. dazu Julia Prechtl, Dominic Siegert, „Multimediaeinrichtung", JB 2010/11, S. 33)

Mit dem Ersten Weltkrieg brach die Tradition, Schulprogramme zu drucken und mit anderen Gymnasien auszutauschen weitgehend ab. Als Forschungsbibliothek der Professoren verlor die Alte Gymnasialbibliothek zusehends an Bedeutung. Dagegen begann man stärker die Bedürfnisse der Schüler zu berücksichtigen. Schon Ende des 19. Jahrhunderts, als von allgemeiner Lernmittelfreiheit noch keine Rede war, hatte es eine sog. „bibliotheca pauperum" gegeben. Dies war der Anfang der späteren Lernmittelbücherei. Im Jahresbericht 1895/96 liest man erstmals auch von einer „im Entstehen begriffenen Schüler-Lese-Bibliothek" der oberen Klassen. Aber bis 1935 ist in den Jahresberichten meist nur von der „Anstaltsbücherei", der „Gymnasialbibliothek" oder einfach von der „Bibliothek" die Rede. Eugen Giegler, ehemaliger Schüler des Gymnasiums, „sichtete und ordnete die gesamte Bibliothek unter Anlegung eines Sonderverzeichnisses der wertvollen Bücher" im Jahr 1951.[47]

1966/67 unterschied man zwischen „Lehrerbücherei", „Lernmittelbücherei", „Schülerlesebücherei", „Studienbücherei" und „Gymnasialbibliothek". Am Ende blieben eine Fachbibliothek und die Schülerlesebücherei. Aber erst 1977/78 konnte im Keller die „Zentralbibliothek" eingerichtet werden. Allerdings lag der Jahresetat für Anschaffungen für einzelne Fächer oft nur bei wenigen hundert DM. Für Geschichte und Sozialkunde standen oft nur 200–250 DM zur Verfügung, für Deutsch vielleicht auch einmal 500–600 DM.

Nur allmählich und mühsam kam es schließlich doch zu wichtigen Modernisierungen. 2004/05 wurde ein modernes Bibliotheksprogramm für die Ausleihe mit Strichcode und Lesegerät eingerichtet.

Viele der Anschaffungen wären ohne die finanzielle Unterstützung durch den Elternbeirat und den Föderverein nicht möglich gewesen.

Über viele Jahre hinweg bis zu seinem Eintritt in den Ruhestand betreute OStR Norbert Hagmaier die Medien des Gymnasiums.

4.8. Schüleraustausch

4.8.1 Frankreich (Annecy)

Voraussetzung für den ältesten Schüleraustausch war wie für viele andere Städte und Schulen, die Partner in Frankreich suchten, die Aussöhnung zwischen Frankreich und der Bundesrepublik Deutschland. Der Durchbruch gelang, als am 22. Januar 1963 Staatspräsident Charles de Gaulle und Bundeskanzler Konrad Adenauer im Elysée–Palast in Paris den Vertrag über die deutsch-französische Zusammenarbeit unterzeichneten. Bereits davor gab es zwischen Bayreuth und Frankreich Kontakte, zunächst mit der Stadt Amiens. Ein erster Schüleraustausch kam auf Initiativen von Peter Färber, Richard Maron und Luise Dietzfelbinger einerseits und Mlle Suzanne Cantault andererseits zwischen Richard-Wagner-Gymnasium und einer Partnerschule in Amiens zustande. Diese Beziehung schlief aus verschiedenen Gründen ein und der mühsame und dornenreiche Weg zur Partnerschaft mit Annecy wurde beschritten. Manche Hindernisse und Vorurteile galt es zu überwinden, denn Annecy war im Krieg eine Hochburg der Résistance gewesen. Im Mai 1964 besuchte die erste Delegation aus Annecy Bayreuth und am 23. Juli 1966 schließlich konnte der Abschluss der Städtepartnerschaft offiziell vollzogen werden.[48] Im Jahresbericht 1964/65 kann man erstmals in einem kleinen Absatz über außerschulische Aktivitäten lesen: „Die Tätigkeit der Schule auf dem Gebiet des internationalen Schüleraustausches nimmt alljährlich immer größeren Umfang an." Es wird darauf hingewiesen, dass es schon seit fünf Jahren entsprechende Kontakte mit einem Gymnasium in Amiens und erste Kontakte mit Annecy gibt. In den Sommerferien 1965 fand dann zum letzten Mal ein Austausch mit Amiens und gleichzeitig ein erster Austausch mit Annecy statt. 1966 nahm an der offiziellen Feier der Unterzeichnung des Städtepartnerschaftsvertrages auch eine größere Zahl von Schülern und Schülerinnen des Gymnasium Christian-Ernestinum teil, darunter das Schulorchester unter Leitung von OStR Hans Maier.

In der Folge muss dann leider festgestellt werden, dass der bisher gepflegte Familienaustausch nicht im gewünschten Maß zugenommen hat. Eine Lösung fand sich zunächst in Form von Sprachkursen in Zusammenarbeit mit der französischen Organisation „Loisir et Vacances" Dieser Feriensprachkurs wurde bis 1974 vom Gymnasium Christian-Ernestinum organisiert. Dann

Abb. 261: Dezember 1989, deutsche und französische Schüler am Grenzzaun.

Abb. 262: 1994, Feierlicher Empfang im Rathaus von Bayreuth, 1994

übernahm dies das Stadtjugendamt. Im Jahresbericht 1972/73 kann schließlich erstmals über die Schulpartnerschaft mit dem Lycée Gabriel Fauré berichtet werden, das damals von Monsieur Roger Marson geleitet wurde. Leider gab es immer wieder Probleme zu überwinden. So fanden sich 1976 in Annecy keine Austauschpartner und die Deutschen wurden in einem Internat untergebracht. 1982 entfiel der Austausch ganz, ebenfalls mangels französischer Beteiligung. Trotzdem gelang es, den Austausch mit all seinen positiven Aspekten in Gang zu halten, bis dieser endgültig im Jahr 2003/04 aufgegeben werden musste. Sofort aber bemühte sich das Gymnasium Christian-Ernestinum um neue Partner. 2007/08 wurde eine Studienfahrt nach Nantes unternommen, ebenso wie im Schuljahr 2008/09. [49]

Im Schuljahr 2010/11 fand der Austausch (Klassen 9a und 9b) in den beiden Städtchen St. Florent-le-Vieil und Champtoceaux statt (Collège Jacques Cathelineau und Collège St. Benoitd).

Um diese Partnerschaft haben sich seitens des GCE besonders verdient gemacht: StD Oskar Sauer, StD Peter Färber, StDin Edeltraud Geib, OStRin Elisabeth Pilz, StD Peter Haaß, zuletzt StRin Markéta Liebscher und StR Markus Hahn, neben vielen anderen Helfern und Begleitern.

Zu danken ist auch der Stadt Bayreuth und dem Deutsch-Französischen Jugendwerk, die immer wieder Austausch und Ausflugsfahrten mit den Gästen finanziell unterstützten.

4.8.2. USA (Santa Fe/New Mexico; Middletown/Newark/Delaware)

Allererste Anfänge eines Schüleraustausches mit den USA reichen ins Schuljahr 1950/51 zurück. Im Jahresbericht heißt es knapp: „Unter den Schülern und Schülerinnen, welche die Austauschabteilung beim Amt des US-Landeskommissars für Bayern zu einem einjährigen Aufenthalt in den USA ausgewählt hat, erhielten Blazejewski Manfred, Kolb Hannelore und Schem Ilse (alle Kl.7), sowie Schatz Josef (Kl. 9) eine Zusage. Ausreise im Laufe des August. Schem ist am 6. Juli 1951 gestorben."

Seit 1986 haben jedes Jahr etwa 18 Schülerinnen und Schüler der 11. Klassen am Schüleraustausch mit der Santa Fe High School im Bundesstaat New-Mexico teilgenommen. Dieser Austausch war durch den Pädagogischen Austauschdienst, eine Abteilung der Kultusministerkonferenz, vermittelt worden. Eine Besonderheit stellte ein

Abb. 263: In Santa Fe, die deutsche Gruppe vor dem „Indianerhaus", 1987

Abb. 264: Schüler mit StD Hans Karpinski, Christian High School, Delaware, 1992

Abb. 265: Schüler mit StD Werner Seuß, Austausch mit der W. H. Taft High School, Woodland Hills, Los Angeles, 1992

Abb. 266: StD Wolfgang Minier

Treffen am 16. Juli 1987 mit Austauschschülern aus den USA, Griechenland und Frankreich dar.

Nachdem der Kontakt mit Santa Fe 1989/90 zum Erliegen gekommen war, gelang ein Neuanfang, unterstützt durch die damalige Elternbeiratsvorsitzende Kristine Monheim. Seit 1990 gibt es neue Partner in Middletown und Newark (Delaware). 1991/92 gab es sogar zwei Fahrten in die USA, nämlich an die Christian High School, Newark/Delaware (OStR Hans Karpinski) und an die W. H. Taft High School in Woodland Hill/California (StD Werner Seuß).

Julia Hornfeck (11b) berichtet: „Die etwas chaotischen Unterrichtsverhältnisse in einem amerikanischen Klassenzimmer kannten wir schon aus Filmen, durften sie aber jetzt live erleben- und haben am ersten Tag nicht schlecht gestaunt: Da versucht eine Lehrkraft 10 von 45 Minuten lang den Schülern etwas von ihrem Wissen zu vermitteln. Den Rest der Stunde sollen die Schüler selbständig arbeiten, was sie aber nicht tun, sondern die Zeit anderweitig „nutzen": Walkman hören, singen, ungeniert reden, schminken, lesen, schlafen, im Klassenzimmer herumlaufen ..."[50]

Insgesamt waren die Schüler immer begeistert vom Beiprogramm (z.B. New York, Washington), von den Gastfamilien, von den vielen neuen Eindrücken und Einblicken in eine andere Kultur. Mit den Gästen aus den USA wurden Ausflüge u.a. nach Berlin, nach München, Nürnberg, Bamberg und an die deutsch-deutsche Grenze unternommen. Oft gehörte ein Besuch in der Bäckerei Manfred Lang zum Programm.

Im Jahr 2011 kann das Gymnasium ein neues Austauschprojekt mit den USA anbieten. Erstmals kommt es zu einem Schüleraustausch mit der Cameron County High School in Emporium, Pennsylvania.

Besondere Verdienste um den Austausch mit den USA erwarben sich StD Wolfgang Minier, StD Werner Seuß, OStR Karpinski und StR Kerling.

15 mal begleitete und betreute StD Wolfgang Minier Schüler bei diesen Reisen. Auch bei 11 Fahrten nach Rom setzte er sich ein. An dieser Stelle darf erinnert werden, dass er nicht nur die Funktion des Fachbetreuers für Sport und Biologie innehatte, sondern auch, wenn nötig, fachfremden Unterricht in Kunst und Psychologie erteilte. 2001 wurde er zum ständigen Vertreter des Schulleiters berufen. Zusammen mit OStD Rainhard Kreutzer wurde er am 27. Jui 2011 gewürdigt und im Rahmen einer Feierstunde in den Ruhestand verabschiedet.

(Vgl. dazu Werner Link, „Studiendirektor Wolfgang Minier verabschiedet sich in den Ruhestand", JB 2010/11, S. 22–23.)

4.8.3. England

Während der Osterferien 1981 fuhren StDin Edeltraud Geib und StD Peter Färber zum ersten Mal mit einer Schülergruppe des GCE nach Plymouth in der Grafschaft Devon. In den Jahren zuvor hatte Herr Sauer vergeblich versucht, einen Schüleraustausch mit England zu initiieren.

Vor allem auch auf Drängen der Eltern, die ihre Kinder nicht immer nur nach Frankreich schicken wollten, beschloss man, einmal die britische Insel anzusteuern.

1982 und 1984 führte Herr Müller die Fahrten nach Oxford und Kingston-upon-Thames durch. 1983 und seit Pfingsten 1985 hielten sich jedes Jahr die Schüler des Gymnasiums bei Gastfamilien in Brighton (Sussex) und Southend-on-Sea (Essex) auf.

1990 ging die Fahrt zunächst nach Schottland, nach Edinburgh, anschließend nach Southend-on-Sea. Viele Jahre leitete Werner Seuß die Englandfahrten, die fast ausschließlich während der Osterferien stattfanden. Zum Programm gehörten selbstverständlich Exkursionen nach London und anderen wichtigen Städten.

Ein Schüleraustausch mit England kam nie zustande, doch führten wiederholt auch Abiturfahrten nach London und manche Schülerinnen und Schüler organisierten einen längeren Englandaufenthalt privat.

4.8.4. Griechenland (Deutsche Schule Athen)

Zum ersten Mal in der Geschichte des Gymnasiums fuhren im Schuljahr 1973/74 die beiden 12. Klassen nach Griechenland. Die Anregung und langfristige Vorbereitung dazu leistete Schulleiter Heinz Hutzelmeyer, der im Jahresbericht 1972/73 leidenschaftlich für dieses Vorhaben warb. Das Hauptproblem bestand in der Finanzierung und so legte er ein Sparkonto an, auf das auch Spenden eingezahlt werden konnten. Nicht zuletzt die Unterstützung des Projekts durch Elternbeirat und den Verein der Freunde des Gymnasiums trugen zur Verwirklichung des Wunschtraums bei. Im Rückblick auf die erste Griechenlandfahrt schreibt Hutzelmeyer: „Die einmalige Gelegenheit, die sich für uns für eine Kreuzfahrt nach Griechenland, der kleinasiatischen Küste und Istanbul bot, gab uns den Mut, an die Eltern heranzutreten, die große finanzielle Belastung auf sich zu nehmen. Und dieses Opfer hat sich gelohnt: für alle wurde diese Fahrt zu einem unvergesslichen Erlebnis."

Hier liegt vielleicht die Wurzel und Grundlage, sich um eine Partnerschaft mit Athen zu bemühen. Dieser Kontakt mit der Deutschen Schule Athen kam 1984 zustande. Die Anregung dazu lag etwa 10 Jahre zurück. Der ehemalige Schüler Roland Papke und Frau Kogiali, Lehrerin an der Deutschen Schule Athen, kamen während eines Sprachkurses für Neugriechisch auf die Idee, das Bayreuther GCE als Partnerschule zu wählen und gaben diese Anregung an beide Schulleitungen weiter.

Seit 1984 also findet dieser Austausch regelmäßig statt, betreut anfangs von Gerhard Wittmann, zuletzt von den Kollegen Peter Lobe und Wolfgang Hendler.

4.8.5. Australien (St. Peter's College)

Seit 1997/98, sieht man von Privataufenthalten einzelner Schüler ab, kam es zu einem regelmäßigen, organisierten Schüleraustausch, an dem natürlich nur wenige Schülerinnen und Schüler

Abb. 267: Empfang der australischen Schüler am Flughafen Nürnberg, 2003

Abb. 268: Deutsche Schüler mit australischen Schülern in Schuluniform, 2003

teilnehmen konnten. Verdienste um diesen Austausch hatte besonders Dr. Hebart mit seinen guten Kontakten nach Australien und zur Partnerschule. Werner Seuß berichtet: „Im Fach Englisch bieten wir seit 1998 die Möglichkeit an, für etwa 8 Wochen den Unterricht an einer der renommiertesten Schulen in Südaustralien, dem St. Peter's College in Adelaide zu besuchen. Es handelt sich um eine kirchliche Privatschule, die ungewöhnlich gut ausgestattet ist, Wert auf schulische Leistung, Persönlichkeitsbildung und soziales Engagement legt, …" Die erste Gruppe bestand aus 7 Schülerinnen und Schülern, die vom 8. Juli bis zum 28. August 1998 den Gegenbesuch bei ihren Partnern antraten. Stellvertretend für die Gruppe erzählt Stephanie Ponath (K 12) von der so unterschiedlichen Kultur des Landes, von den Gastfamilien, dem schulischen

Abb. 269: St. Peter's College Adelaide, Schulgebäude des 19. Jahrhunderts

Leben, das sich vielfach von dem an der eigenen Schule unterscheidet, von Ausflügen ins „Outback" und zum Ayers Rock.

Viele Jahre betreute StD Werner Seuß diesen Austausch, bis StR Lochner diese Aufgabe ab 2004/05 übernahm. 2007/08 konnte mit 18 Schülern und Schülerinnen die wohl größte Gruppe nach Australien starten.

Wichtige Vorgaben für den Austausch waren und sind der enge Kontakt zur jeweiligen Gastfamilie, die für die Ausgestaltung des Aufenthaltes verantwortlich ist. In dieser Zeit von 7–8 Wochen nehmen die Schüler 6 Wochen aktiv am Unterricht teil. 2 Wochen Ferien werden in und mit der Familie verbracht. Auswahlkriterien für die Teilnahme sind u.a. Aufgeschlossenheit für Neues, Willen zum Eingliedern in eine Gruppe, Belastbarkeit und Bereitschaft zur Übernahme von zusätzlichen Aufgaben, Höflichkeit, Engagement für die Schule und die Gemeinschaft, einigermaßen gute Kenntnisse der englischen Sprache, Zuverlässigkeit und ein Leistungsstand, der es erlaubt, beim Gegenbesuch der Australier trotz schulischer Belastung genügend Zeit für den Gast aufbringen zu können.

4.8.6. Tschechische Republik (Gymnasium Eger)

Nachdem OStD Dr. Harald Ponader gleich nach Übernahme der Schulleitung schon 1992 einen Schüleraustausch mit dem Gymnasium in Eger angeregt hatte, konnten erstmals am 17. Februar 1994 tschechische Gäste, die von Herrn Kokorev begleitet wurden, am GCE empfangen werden.

Dieser Austausch und manche Exkursionen mit den tschechischen Gästen erfolgten dann in enger Zusammenarbeit mit der länderübergreifenden Arbeitsgemeinschaft „Euregio Egrensis".

Fahrten gab es im Laufe der Jahre z.B. nach Nürnberg, München, Bonn, Berlin, Weimar und Dresden.

Im Schuljahr 1993/94 kamen Gäste aus der Tschechischen Republik zur Hospitation. Verbunden mit diesem Besuch waren Vorträge zum Thema „Die Tschechische Republik im Jahre 1993" für die 9.–11. Klassen und zum Thema "Schulsystem in der Tschechischen Republik" für das Lehrerkollegium.

1994 gab es ein gemeinsames Schulkonzert im Europasaal des Internationalen Jugendkulturzentrums mit Gästen aus Asch und Eger. An diesen Begegnungen wirkte auch Frau Edith Bergler entscheidend mit.[51]

Vom 23. Oktober–27. Oktober 1995 konnte eine Studienfahrt nach Brüssel mit Schülern aus der Euregio Egrensis organisiert werden.

Im Rahmen der Partnerschaft mit dem Gymnasium Eger beschäftigten sich im Schuljahr 1995/96 neun Schüler der Klassen 11a/b in einem fächerübergreifenden Pluskurs mit den Beziehungen und Beziehungsproblemen zwischen Tschechen und Deutschen. Dabei befasste man sich u.a. mit unterschiedlichen publizistischen Positionen zum deutsch-tschechischen Verhältnis in Artikeln der Print-Medien und den literarischen Bezügen beider Länder zueinander.

Am 19. Juni 1997 fand ein Konzert der Euregio Egrensis zum 100-jährigen Jubiläum des Gymnasiums in Oelsnitz statt, an dem Reinhard Maier mit seinen Musikanten mitwirkte.

Immer war das Gymnasium bemüht, seinen Gästen ein reichhaltiges Programm über den Schulbesuch hinaus zu bieten. Dazu gehörten z.B. am 16. Dezember 1997 die Besichtigung der Brotfabrik Pema, das „Goethe-Projekt" 1997/98 mit einer Weimarfahrt, an der sich J. Lobe mit seinem Pluskurs Literatur und Dr. Ponader beteiligten.

Abb. 270: Deutsche und tschechische Schüler mit StD Klaus Höreth in der Staatskanzlei, 2000

Abb. 271: Exkursion der Neuntklässler nach Eger und Franzensbad, 2001

Erstmals kam es zu einer Exkursion interessierter Neuntklässler nach Eger und Franzensbad am 30. April 2001.

In diesem Schuljahr 2000/2001 gab es besonders viele Schwierigkeiten wegen der Unterbringung der Gastschüler. Es fanden sich leider keine Gasteltern, so dass die drei Mädchen im Schülerinnenheim des MWG untergebracht werden mussten, während die beiden Jungen gemeinsam in einer kleinen Wohnung eine Bleibe fanden.

Besonders stolz war man auf eine gemeinsam produzierte CD mit dem Gymnasium Eger im Jahr 2000 mit Musik von der Barockzeit bis hin zu modernen Rockballaden. Am 2. Juni 2000 war eine Gruppe von Musikern des GCE und des Gymnasium Eger in die Staatskanzlei eingeladen, um dort diese CD zu präsentieren. Die Staatskanzlei hatte das Projekt mit 3000 DM bezuschusst.

Als Dauerproblem stellte sich heraus, dass es immer schwieriger wurde, genügend Gastfamilien für die tschechischen Schülerinnen und Schüler zu finden. Gegenbesuche scheiterten letztlich am Sprachproblem.

Um diese Partnerschaft haben sich anfangs besonders OStD Dr. Harald Ponader und StD Klaus Höreth verdient gemacht. Nachdem Herr Höreth in den Ruhestand gegangen war, übernahm OStR Hans Karpinski die Verantwortung für die Organisation des Besuches tschechischer Schüler am Gymnasium und für die Gestaltung eines angemessenen Beiprogramms.

Dr. Harald Ponader wurde am 19. Juli 1934 in Bayreuth geboren, legte 1953 an der damaligen Oberrealschule das Abitur ab und studierte die Fächer Englisch, Französisch und Publizistik in München, Berlin, Paris, Brunswick (USA) und Würzburg. Nach Ablegen der Staatsprüfung für das Lehramt an Gymnasien (1960/62) arbeitete er 1962/63 als Fremdsprachen-Assistent an der Internationalen Schule St.-Germain-en-Laye (bei Paris), 1963/64 im Schuldienst und 1963–1967 im Sekretariat des KMK (Internationale

Abb. 272: OStD Dr. Harald Ponader

Abteilung). Es folgte die Tätigkeit als wissenschaftlicher Referent am Staatsinstitut für Bildungsforschung und Bildungsplanung in München von 1968 bis 1976. Daran schloss sich ein Zweitstudium der Fächer Pädagogik, Bildungsforschung und Psychologie mit Promotion im Jahr 1977 an. 1976–1985 arbeitete Dr. Ponader als Seminarlehrer für Englisch am Josef-Hofmiller-Gymnasium in Freising. Von 1985 bis 1991 leitete er das Gymnasium in Selb, von 1991 bis 1998 das Gymnasium Christian-Ernestinum Bayreuth.

Dr. Harald Ponader verstarb am 4. März 2004.

4.9. Sekretariat und Hausmeister

Ohne ein gut eingespieltes, kompetentes Frauenteam im Sekretariat ist jeder Schulleiter hilflos, vor allem wenn er als „Neuer" sein Amt antritt. Ohne einen versierten Hausmeister würde es in vielen Bereichen ständig haken und klemmen.

Das Gymnasium konnte sich immer auf gute Zusammenarbeit verlassen.

Leo Joschko ist zum gegenwärtigen Zeitpunkt wohl nur noch einem ehemaligen Kollegen, nämlich Oskar Sauer, der im Jahr 2012 90 Jahre alt wurde, und wenigen Schülern ein Begriff. Er trat als Schuldiener ab 19. September 1949 seinen Dienst an, bis er 1965 von Herbert Schindler abgelöst wurde. In seinen Erinnerungen geht Helmut Korn kurz auf ihn ein. In dieser Zeit standen dem Hausmeister ein Heizer, ein Hausarbeiter und ab 1959/60 zwei Putzfrauen zur Seite (Georg Lienhardt, Frau Behmer, Frau Tilger und zuletzt noch Frau Gietzke).

Abb. 273: Herbert Schindler

Herbert Schindler mit Ehefrau Erna begann seinen Dienst am 1. April 1965.

1966/67 wurde er zum „Offiziant", 1967/68 zum „Oberoffiziant" befördert. Zu dieser Zeit arbeiteten 7 Putzfrauen des städtischen Personals unter seiner Leitung in der Schule.

Gegen den Wunsch der Lehrer und des Elternbeirats wurden diese Damen ab 1980 nicht mehr beschäftigt, sondern durch Personal einer Reinigungsfirma ersetzt.

Einen festen Platz hatte nur noch Frau Gisela Maciossek ab 1980/81.

Am 31. Januar 1992 verabschiedete das Gymnasium Herbert Schindler mit seiner Frau in den Ruhestand.[52]

Herbert Schindler wurde am 28. Oktober 1928 in Oberreuth bei Asch in Böhmen geboren und erhielt seine Ausbildung als Tischler von 1942–1945 in Asch, später in Vohenstrauß. 1944/45 erlebte er noch den Reichsarbeitsdienst, Kriegsdienst und sechs Wochen Kriegsgefangenschaft. Nach der „Aussiedlung" legte er die Gesellenprüfung in Vohenstrauß in Theorie und Praxis mit der Note „sehr gut" ab.

Schon von Beginn an wurde ihm bestätigt, dass er „umsichtig und vorausblickend" seiner Tätigkeit nachgeht. Er wird als „freundlich und zuvorkommend" geschildert. Besonders sein freundlicher, aber auch bestimmter Umgang mit den Schülern wird gelobt. Dr. Ponader würdigte nicht nur seine handwerklichen Qualitäten, sondern auch seinen vorzüglichen Umgang und Kontakt mit allen am Schulleben beteiligten Menschen.

Ab 1992 hatte das Gymnasium mit Herrn Heinrich Weiß und Frau Irene wieder einen tatkräftigen neuen Hausmeister bekommen. Durch vielfältige und unermüdliche Eigenleistungen und Eigeninitiativen (z.B. wiederholt das Tünchen von Klassenzimmern und Schulgängen in den Ferien) hat er zur Entlastung des Schuletats beigetragen. Immer hatte er Zeit, wenn sein Rat und auch seine Tat erbeten waren.

In den Jahren nach dem Krieg gab es zunächst eine Kassenverwaltung und Leiter der Zahlstelle. Nach Josef Meißner, Heinrich Stumpf, Klara Schroeter und Karl Heinritzi übernahmen Peter Färber, nach ihm Fritz Maisel mit Ingeborg Tzschoppe,

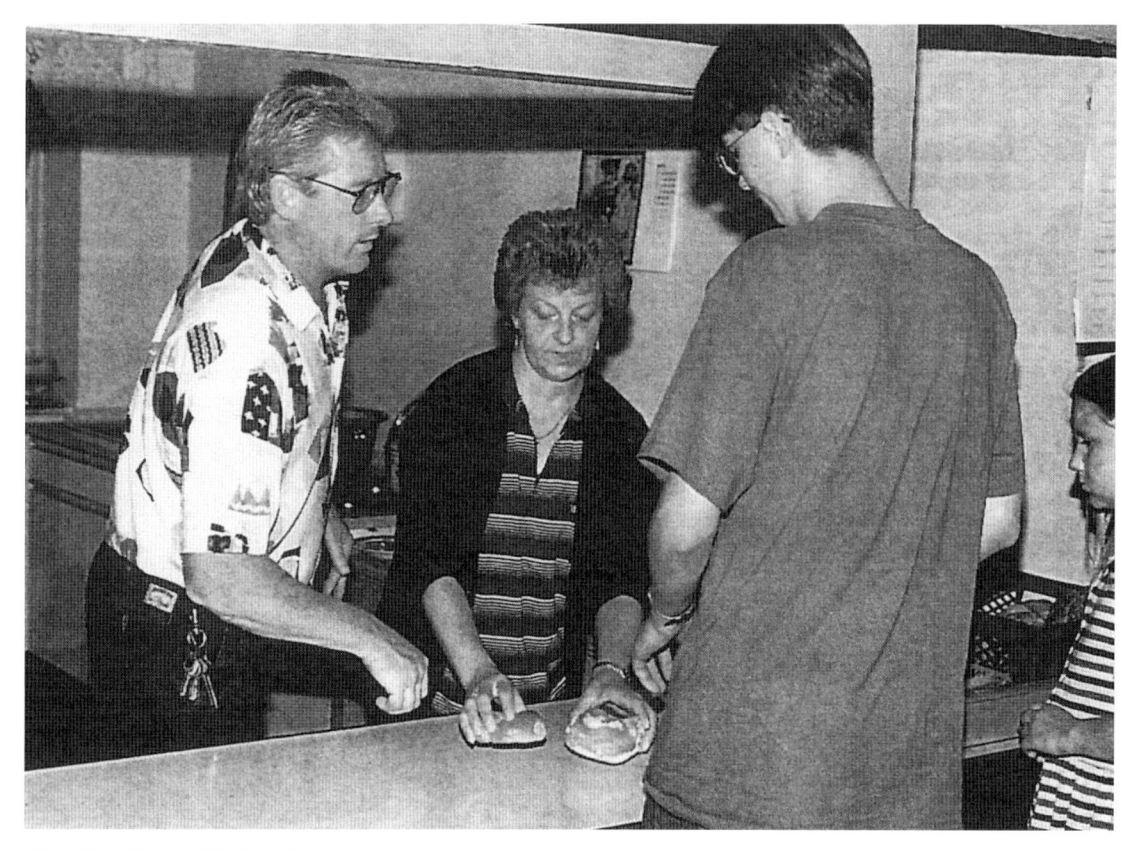

Abb. 274: Heinrich Weiß mit Frau Irene

Margot Dietzel und zuletzt Brunhild Küfner als Angestellte diese Aufgabe.

Ab 1967 begann die Ära Ruth Dulk als Leiterin der Zahlstelle und ab 1. März 1967 als Leiterin eines richtigen Sekretariats. Im Lauf der Jahre wirkten als Angestellte mit ihr Frau Bär, Frau Weinreich, Jutta Langer, Walburga Fieber und Jutta Riemerschmid.

Mit dem 30. September 1980 beendete Frau Ruth Dulk ihre Arbeit am Gymnasium. In diesen Jahren hatten die Aufgaben erheblich zugenommen. Frau Dulk war immer für jeden Ansprechpartner mit Rat und Hilfe da, manchmal auch mit Trost und Zuspruch.

Über 20 Jahre wirkte dann Frau Johanna Krauß ab 1981/82 zusammen mit Jutta Langer (bis 1984), Rosl Weinreich (bis 1987/88) und zuletzt mit Frau Monika Weimar.

Frau Krauß wurde am 1. Oktober 2002 in den Ruhestand verabschiedet. Für Frau Weimar war der 31. Dezember 2002 letzter Arbeitstag.

Schulleiter Wolfgang Lang würdigte die Leistung beider Damen in den Jahresberichten 2001/02 und 2002/03. Die Vielfalt der Aufgaben kann nur angedeutet werden, wobei vieles am besten gleichzeitig zu erledigen war:

- Anrufe auch außerhalb der gewöhnlichen Sprechzeiten
- Sorge um verletzte Schüler
- Vorbereitung von Elternrundbriefen
- Führung des Terminkalenders
- Vorlage von Korrespondenzen mit Schulreferat und Regierung von Oberfranken
- Registrierung von Postein- und ausgängen
- Überprüfung von Rechnungen auf Richtigkeit
- Registratur von KMS (kultusministeriellen Schreiben) und MBS (Rundschreiben des Ministerialbeauftragten)
- Kontrolle und Registratur von Schulaufgaben

Besonders waren gleich bleibende Freundlichkeit und Gelassenheit bei aller zeitweiligen Hektik im organisierten Chaos hervorzuheben.

Seit 2002/03 waren Frau Elisabeth Tauber und Frau Angela Übelhack für die Arbeit im Sekretariat verantwortlich. Nach Einarbeitung durch ihre Vorgängerinnen bewältigten sie die oft nicht leichten Aufgaben immer freundlich und zuverlässig.

Im Jahr 2012 wurde Frau Uebelhack in den Ruhestand verabschiedet. Ihre Nachfolgerin wurde Frau Elvira Michel.

4.10. Organe der Schule und Fördervereine

4.10.1. Elternbeirat

Während des Dritten Reichs gab es zwar eine Elternvertretung, doch konnte von einer demokratischen Mitbestimmung oder Mitwirkung nicht gesprochen werden. Dies änderte sich natürlich nach 1945 und besonders ab 1949 entscheidend. Die Zusammenarbeit mit Schulleitung und Kollegium war immer sachlich, hilfreich und konstruktiv.

In Vollziehung der Min. Entschließung vom 26. August 1948 wurde am 18. Oktober 1948 eine Elternversammlung einberufen, um in ihr verschiedene schulische Fragen zu besprechen und einen Elternbeirat aufzustellen. Auch die Militärregierung war vertreten. In den Elternbeirat wurden gewählt: Herr Leo Mayr (Generalmajor i. R.) als 1. Vorsitzender, Herr Ferdinand Elßmann, Herr Adolf Schiller und Frau Maria Strohm.

Der Elternbeirat hat seither laut Schulordnung die Aufgabe, „das enge Vertrauensverhältnis zwischen Schule und Elternhaus, das durch die gemeinsame Aufgabe bedingt ist, zu fördern."

Neuwahlen fanden am 4. September 1950 statt. Vorsitzender wurde Pfarrer Klose, Schriftführerin Frau Strohm (Pfarrerswitwe). Weitere Mitglieder waren Herr Conrad (Schriftleiter) und Herr Mayr.

Immer wieder wird in den ersten Jahren die „segensreiche Tätigkeit" des Elternbeirats gelobt: Beschaffung von unentbehrlichen schulischen Hilfsmitteln, Eingaben an das Ministerium, Hinweise auf Mängel und Notwendigkeiten, vielfältige Anregungen (Klassensprecherabende, Schülerüberlastung, Berufsberatung, Stundenplan, Spielstunden, Wandertage, Gründung des Vereins der Freunde des Gymnasiums).

In der Folgezeit unterstützte der Elternbeirat die Schule auf Grundlage von erheblichen Elternspenden, die oft die 10 000 DM-Grenze weit überschritten. Finanziert wurden, um nur einige Beispiele zu nennen: moderne Turngeräte, Klavier und Flügel, Brennofen für die Keramikgruppen, Gerätschaft für den Kunstunterricht, ein lichtstarker Diaprojektor, weitere technische Geräte, Musikinstrumente, ein Münzkopierer für die Schüler, eine Sitzecke mit Hydro-Kulturpflanzen. Regelmäßig wurden Fachexkursionen, größere Fahrten, Skikurse und der vielfältige Schüleraustausch gefördert. Unterstützung erfuhren Arbeitsgruppen, vor allem die Theatergruppe. Die wenigen Beispiele müssen hier genügen.

Abb. 275: „Wohnzimmer" der Kollegiaten

Aber die Leistungen des Elternbeirats erschöpften sich nie im materiellen Bereich. In regelmäßigen Arbeitstagungen beschäftigter er sich mit allen schul-und bildungspolitischen Fragen, mit problematischen gesellschaftlichen Entwicklungen (Gewalt-und Suchtproblematik, Rauchverbot), mit Fragen der Pausenhofgestaltung, Schulküche oder „Wohnzimmer" für die Kollegiaten.

Er hielt ständigen Kontakt mit den jeweiligen Schulleitungen und unterstützte diese auch mit Eingaben an das Kultusministerium, wenn dies notwendig und sinnvoll erschien, z.B. bei den Bemühungen um Genehmigung eines naturwissenschaftlichen Zweigs, die bis in die Mitte der 1980er Jahre zurückreichten.

Vorsitzende waren seit 1948:

Leo Mayr (Generalmajor a. D.)
(bis 1956/57)

Seifert (Pfarrer)
(1957/58, 1958/59)

Dr. Schöffel (Oberregierungsrat)
(1959/60 bis 1962/63)

Frick (Zahnarzt)
(1963/64 bis 1967/68)

Karl Baier (Oberforstmeister)
(1968/69 bis 1974/75)

Der neue Elternbeirat wurde in der Elternversammlung am 14. Oktober 1974 gewählt. Die Wahl erfolgte nach der neuen Wahlordnung, die im Gegensatz zu früher eine zweijährige Amtsdauer vorsieht, wobei eine Wiederwahl möglich ist.

Anneliese Fischer (1974/75 bis 1980/81)

Dr. Erich Rupprecht (1980/81–1982/83)

Prof. Dr. med. F. Dietzel (1982/83–1983/84)

Kristine Monheim (1984/85–1991/92)

Rotraut Maul (1992/93–1999/2000)

Friedhard Pfeiffer (2000/01–2001/02)

Dr. Andrea Schramm (2001/02–2002/03)

Dr. Georg Kamphausen (2002/03–2005/06

Elke Pargent (2006/07–2009/10)

Thomas Dufner (2010/11–)

Schmunzeln kann man heute, wenn berichtet wird, dass 1950/51 noch ein Schulgeld von 5 DM zu entrichten war, wobei sich „nur ausgerechnet ein Staatsanwalt" weigerte. „Er ließ schweres Geschütz gegen das Direktorat in Gestalt einer unsachlichen Beschwerde auffahren. Sie erfährt mit Min. Entschließung vom 12. Juli 1951 … eine wohltuende Ablehnung." Im gleichen Jahr spendeten die Eltern 3 390 DM, für die damalige Zeit eine erhebliche Summe.

Einige Eltern klagten im gleichen Jahr gegen einen Lehrer wegen seiner Art bei einer Prüfungsabnahme. Der Schulleiter stellt fest, dass dieser Lehrer ausgerechnet einer der weichherzigsten, liebenswürdigsten Persönlichkeiten des Lehrkörpers sei. Er vermerkt in diesem Zusammenhang, solche Klagen seien Kennzeichen für die heutige Zeit. „Dem verwöhnten Kind wird keine Strenge mehr zugemutet". Mütter überhäuften Kinder mit Süßigkeiten und wollten am .liebsten mit in den Prüfungsraum.

Ernsthafte Differenzen gab es nie. Natürlich ist Schule kein konfliktfreier Raum, doch bestand in allen Jahren uneingeschränkt eine feste Grundlage gegenseitigen Respektes und Vertrauens. Auch schwierige Fragen konnten immer gelöst werden. Kompromissbereitschaft war bei allen Beteiligten stets vorhanden.

4.10.2. Schulforum

Das Schulforum wird erstmals im Jahresbericht 1968/69 erwähnt. Vorsitzender war und ist immer der Schulleiter, damals also OStD Geyer. Die Lehrer wurden durch Dr. Erich Türk und Gerhard Wittmann vertreten, der Elternbeirat durch Dr. Kalb, Dr. Berthold, Frau Wolfrum, die Schüler durch Wutschig, Lauterbach, Hedler und Nixdorf.

Lehrer, Eltern und Schüler sind mit je drei Personen vertreten. 2007/08 waren dies: OStD Kreutzer, StRin Frank, OStRin Kohl für die Lehrer, Dr. Alexandra Finkenzeller, Elke Pargent und Andrea Schneider für die Eltern, Anna Hirsch (11a), Tim Pargent(9b) und Theresa Ploß(11a) für die Schüler. Im Jahr 2012 sah die Zusammensetzung so aus: Vorsitz StD Eisentraut, für die Lehrer OStRin Frank und OStRin Kohl, für die Eltern Thomas A. Dufner, Dr. Alexandra Finkenzeller und Andrea Schneider, für die Schüler Henry Schneider Q 11, Marius Knab Q 11 und Annalena Schmidt, 10b.

Das Schulforum tritt in der Regel viermal im Jahr zusammen.

Es berät und beschließt über alle Angelegenheiten schulischer Arbeit und schulischen Lebens, soweit nicht Entscheidungen explizit und ausschließlich dem Schulleiter übertragen sind.

4.10.3. SMV und Tutoren

Eine erste Schülermitverwaltung (später Schülermitverantwortung) wurde am 9. September 1949 gewählt. Vorsitzende waren Kolb (7. Klasse) und v. Waldenfels (8. Klasse). Damals gab es noch einen eigenen Theaterwart (Merz, 6. Klasse) und einen Vertreter für den Kreisjugendring. 1950/51 hießen die Vorsitzenden Sölch (9. Klasse), Schatz (8. Klasse), Prell (5. Klasse), und Strohm (8. Klasse).

Weitere Schülersprecher (früher 1. Vorsitzende des Schülerausschusses) waren:

Ernst Prell (1951/52) und eigene Mädchensprecherinnen Brigitte Landgraf, Ilse Körber.

Es folgten:

Werner Schmidt, (1952/53, 1953/54)

Schmieger (1955/56)

(in den folgenden Jahren ist der Schülersprecher den Jahresberichten nicht immer zu entnehmen)

Martin Wilfert (1959/60)

Hartmut Hentschel (1961/62, 1962/63)

Hans Friedrich Steierer (1963/64)

Karl-Alexander Merkel (1965/66)

Hermann Rund (1966/67)

Markus Wutschig (1967/68)

Ulrich Lauterbach (1968/69, 1969/70)

Gerhard Sittig (1970/71)

Wulf Rüskamp (1971/72)

Peter Gabler (1972/73)

Wolfgang Kögler, Christine Hofmann, Reinhardt Borges (1973/74)

Michael Flegel (1974/75)

Jörg Kasch (1975/76–1978/79),

Frithjof Heller (1979/80).

Joachim Heilmann (1980/81)

Anke Kudlich (1981/82)

Kerstin Jeschke (1982/83)

Holger Glunz (1983/84)

Gunnar Engel (1984/85)

Angela Rösler (1985/86)

Verena Uttendorfer (1986/87)

Arndt Gilka-Bötzow (1987/88)

Dirk Monheim (1988/89)

Georg Müller (1989/90)

Andrea Pachale (1990/91, 1991/92, 1992/93)

Julia Seuberlich (1993/94, 1994/95)

Michael Hein (1995/96)

Holger Lauterbach (1996/97)

Aleksandra Lewicki (1997/98)

Christoph Klein (1998/99)

Albrecht Gilka-Bötzow (1999/2000)

David Friedrich (2000/01)

Johannes Horn (2001/02)

Tobias Weiß (2002/03)

Patrick Hoemke (2003/04)

Verena Ploß (2004/05)

Anna-Maria Hass (2005/06)

Fabian Wehner (2006/07)

Anna Hirsch (2007/08)

Johanna Classen, Tim Pargent, Felicitas Wunsch (2008/09)

Sonja Porsch, Tim Pargent, Philipp Schneider (2009/10)

Kilian Schwarz, Verena Hofmann, Leonie Keidel, Henry Schneider, Annalena Schmidt (2010/11)

Henry Schneider (Q 11), Annalena Schmidt (10b) und Marius Knab (Q 11) (2011/12)

Ein Dauerthema durch die Jahrzehnte waren immer wieder Klagen über Desinteresse der Mitschüler, z.B. bei Klassensprecherversammlungen, und mangelnde Unterstützung bei der Umsetzung von Ideen.

Anfangs und auch in manch späteren Jahren fühlten sich die Schülersprecher oft recht überflüssig, eher als Hilfskräfte für untergeordnete Aufgaben ausgenutzt und ohne rechte Mitsprache und Einfluss. So wurde auch die Bezeichnung Schülermitverwaltung ersetzt durch Schülermitverantwortung. Eine deutliche Verbesserung ergab sich mit der Einrichtung des Schulforums. So konnten die Schülervertreter hier die Selbstentschuldigung für Schüler der 13. Klasse durchsetzen. Entscheidend war natürlich immer auch die Einstellung der jeweiligen Schulleiter zu Entwicklungen im schulinternen demokratischen Prozess. Im Rückblick lässt sich sagen, dass spätestens seit dem Amtsantritt von Heinz Hutzelmeyer alle Direktoren stets ein offenes Ohr für Anliegen der Schüler hatten und wo immer möglich auf deren Wünsche eingingen.

Aus der Fülle der Aktivitäten über Jahrzehnte hinweg kann auch hier nur eine kleine Auswahl verdeutlichen, welche Leistungen die Schüler erbrachten und so ihren wichtigen Teil zu einem abwechslungsreichen Schulleben beitrugen.

Das reichte vom Ausgeben von Milch und Kakao in den 1950er Jahren bis zur Organisation von Wettkämpfen und Turnieren (Tischtennis, Basketball; Volleyball, Fußball, Schafkopf).

Es gab regelmäßig Klassensprecherseminare und Klassensprecher/Tutorenausflüge. Es fanden Schulbälle statt, Weihnachtsbasare oder eine Bankbauaktion für den Schulhof. Im Schuljahr 1999/2000 konnte die Einrichtung einer „Café-ohne-Kaffee-Sitzecke" verwirklicht werden. Außerdem wurde ein Selbstverteidigungskurs durchgeführt.

Nach mancher „Durststrecke" kann die SMV im JB 2011/12 vermelden: „Sehr erfreulich war die hohe und stetig anwachsende Mitgliederzahl der SMV, die nun auf 28 hoch motivierte Schüler bauen konnte, die gemeinsam viele Aktionen planten".

Tutoren gibt es seit dem Schuljahr 1989/90. Tutoren sind Schüler aus der Mittel- und Oberstufe, die es sich zur Aufgabe gemacht haben, den Fünftklässlern die Anfangsphase am GCE zu erleichtern. So wird gleich zu Beginn eine „Schulrallye" veranstaltet, damit die neuen Schüler lernen, sich im Schulgebäude zurechtzufinden. Tutoren organisieren Spiele, Völkerballturniere, Tischtennisturniere, Bastelnachmittage vor Weihnachten, Faschingsfeiern und vieles mehr.

4.10.4. „Verein der Freunde des humanistischen Gymnasiums Bayreuth e.V." („Freunde des humanistischen Gymnasiums Bayreuth e.V.")

Der Verein wurde am 11. Dezember 1953 gegründet.

Zur Gründungsversammlung hatten sich laut Niederschrift 28 Personen in der Aula des Gymnasiums eingefunden. OStD Dr. Mebs erläuterte die Ziele der zu gründenden Vereinigung und hob dabei besonders die Notwendigkeit der Pflege des humanistischen Erziehungs- und Bildungsideals hervor. „Drei Elemente sollten ... vertreten sein: Ehemalige Schüler, Eltern, gegenwärtige Schüler und aktive sowie im Ruhestand befindliche Lehrkräfte der Anstalt." Anschließend wurde der Entwurf der Satzung vorgetragen, erläutert und nach Erläuterung einstimmig gutgeheißen. Der dreiköpfige Vorstand wurde geheim und schriftlich gewählt. Von den 25 abgegebenen Stimmen entfielen 15 auf Herrn OStD Dr. Mebs als Vorsitzenden, 22 auf Herrn Amtsgerichtsrat Dr. Schmidt als Schriftführer und 20 Stimmen auf Herrn OSAtInsp. Meier als Kassierer. Nach dem Stand vom 11. Dezember 1953 zählte der Verein 84 Mitglieder, deren Zahl in der Folge rasch zunahm und z.B. im Jahr 1989 286 betrug. Zu den Gründungsmitgliedern zählten 19 Lehrer des Gymnasiums.

Mit Spenden unterstützt der Verein Projekte der Schule, organisiert Fahrten und bietet Jahr für Jahr ein vielfältiges Vortragsprogramm. Als Referenten können immer wieder auch aktive und ehemalige Kollegen und Kolleginnen gewonnen werden, ebenso wie aktive und vor allem ehemalige Schüler. Das Spektrum der Themen hat sich seit etwa den 1980er Jahren zunehmend erweitert.

In den Schuljahren 2006/07ff. gab es z.B. Vorträge zu folgenden Themen:

Heinz Hutzelmeyer (ehemaliger Schulleiter), „Kreta – Faszination einer Insel"

Peter Lobe (Lehrer), „Der Kampf um Troja – die ganze Wahrheit (Mythos und antike Kunst)"

Markus Lenk (Lehrer), „Kenia – den Termiten auf der Spur"

Tim Roder (Schüler), „Flaschenzug und Äolsball-Maschinen und Mechanik in der Antike"

Wolfram Stutz, „Wer zuhört, hat mehr vom Leben"

Prof. Dr. Behrwald, „Liebe und Ehe im alten Rom"

Drs., „Nirgends in der Stadt eine Feuerspritze – Brände und Feuerwehr im alten Rom"

Fritz Miosga, „Stadtplanung und große Bauprojekte im modernen Paris"

Dr. Michael Lobe (ehemaliger Schüler), „Sind die USA das neue Rom – Über Macht und Ohnmacht zweier Großmächte"

Dr. Sylvia Habermann, „Welt und Traumwelt der Markgräfin Wilhelmine"

Dr. Rainer Trübsbach (ehemaliger Lehrer), „Heiteres und Ernstes aus der Anstalt – drei Jahrhunderte im Spiegel des Schularchivs"

Dr. Hans Hutzelmeyer (ehemaliger Schüler), „Zuschauen und Zuhören"

Prof. Dr. Klaus Schilling (ehemaliger Schüler). „Intelligente Roboter – aus dem Weltall in den Alltag"

Prof. Dr. Dieter Richter, „Schönheit und Schrecken eines Berges" (Vesuv)

Drs., Luxus und Dekadenz – Römisches Leben am Golf von Neapel".

Veronika Lobe (ehemalige Schülerin), „Man lebt nur zweimal – Funktion und Bildschmuck römischer Sarkophage"

Bayreuth, den 11.12.1953.

Niederschrift

über die Gründungsversammlung des Vereins
der Freunde des hum. Gymnasiums Bayreuth
am 11. Dezember 1953 in der Aula des
Gymnasiums "Christian-Ernestinum" zu Bayreuth.

Um 20 Uhr des oben bezeichneten Tages hatten sich 28 Personen in der Aula des Gymnasiums Christian-Ernestinum in Bayreuth eingefunden, die an der beabsichtigten Gründung des Vereins "Freunde des hum. Gymnasiums Bayreuth" interessiert waren.

Oberstudiendirektor Dr. M e b s , der den Tagungsraum entgegenkommenderweise zur Verfügung gestellt hatte, begrüßte die Erschienenen. Er erläuterte in einer Ansprache die Ziele der zu gründenden Vereinigung, wobei er besonders die Notwendigkeit der Pflege des humanistischen Erziehungs- und Bildungsideals hervorhob. Drei Elemente sollten in dem zu gründenden Verein vertreten sein: Ehem. Schüler, Eltern gegenwärtiger Schüler und aktive sowie im Ruhestand befindliche Lehrkräfte der Anstalt.

Darauf nahm Amtsgerichtsrat Dr. S c h m i d t das Wort, um den Erschienenen den Entwurf der Satzung des zu gründenden Vereins vorzutragen und zu erläutern.

Alle Erschienenen mit Ausnahme von 3 Personen erklärten, daß sie sich der Vereinigung anschließen würden. Die einzelnen Paragraphen der Satzung wurden zur Abstimmung gestellt und nach Erörterung einstimmig gutgeheißen.

Sodann wurde gem. § 3 III der Satzung in Verbindung mit § 3 I der dreiköpfige Vorstand geheim und schriftlich gewählt.
Von 25 abgegebenen Stimmen entfielen
    15 Stimmen auf
        Herrn OStDir. Dr. M e b s
            als Vorsitzenden
    22 Stimmen auf
        Herrn AG-Rat Dr. S c h m i d t
            als Schriftführer
    20 Stimmen auf
        Herrn OStInsp. M e i e r
            als Kassierer.

Die 3 Gewählten nahmen die Wahl an, wobei sich die Versammlung darüber einig war, daß damit nur ein geschäftsführender Vorstand bis zur nächsten Mitgliederversammlung gewählt war.
Der Termin für diese wurde auf
      Freitag, 15. Januar 1954, 20 Uhr in der Aula
        des Gymnasiums Christian-Ernestinum
festgesetzt.

Der Vorstand erhielt von der Mitgliederversammlung den Auftrag, baldigstmöglich die Eintragung des Vereins in das Vereinsregister am Amtsgericht Bayreuth zu bewirken.

Sodann vollzogen die beitrittswilligen 25 Erschienenen durch eigenhändige Eintragung in die aufgelegte Mitgliederliste den förmlichen Akt des Eintritts in den Verein "Freunde des hum. Gymnasiums Bayreuth".

Ende der Veranstaltung etwa um 22.15 Uhr mit einer Schlußansprache von Oberstudiendirektor Dr. M e b s .

Der Vorsitzende: Der Schriftführer:

Oberstudiendirektor   Amtsgerichtsrat

Abb. 276: Gründungsprotokoll der „Freunde des Gymnasiums", 1953

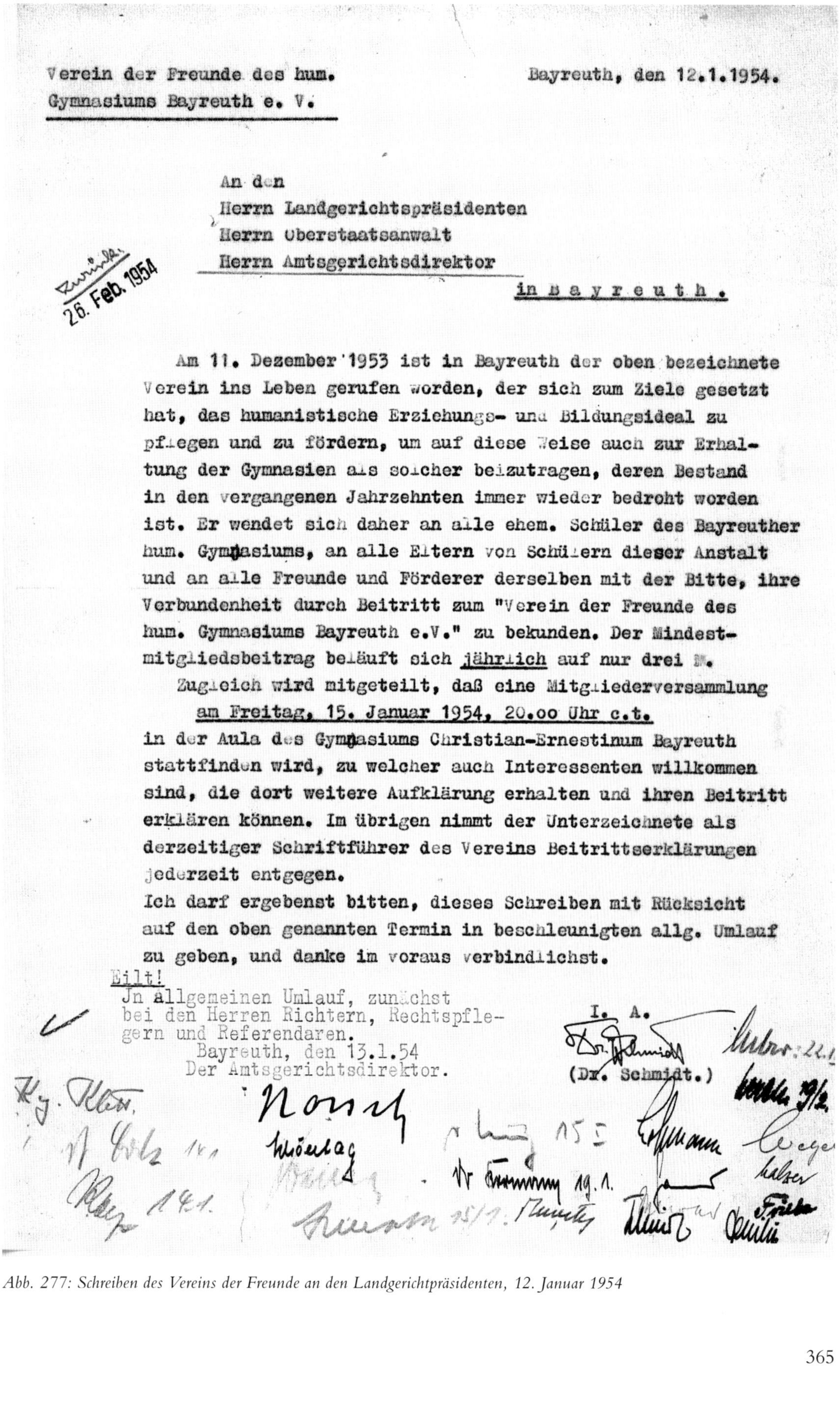

Verein der Freunde des hum.   Bayreuth, den 12.1.1954.
Gymnasiums Bayreuth e. V.

An den
Herrn Landgerichtspräsidenten
Herrn Oberstaatsanwalt
Herrn Amtsgerichtsdirektor

in B a y r e u t h.

    Am 11. Dezember 1953 ist in Bayreuth der oben bezeichnete Verein ins Leben gerufen worden, der sich zum Ziele gesetzt hat, das humanistische Erziehungs- und Bildungsideal zu pflegen und zu fördern, um auf diese Weise auch zur Erhaltung der Gymnasien als solcher beizutragen, deren Bestand in den vergangenen Jahrzehnten immer wieder bedroht worden ist. Er wendet sich daher an alle ehem. Schüler des Bayreuther hum. Gymnasiums, an alle Eltern von Schülern dieser Anstalt und an alle Freunde und Förderer derselben mit der Bitte, ihre Verbundenheit durch Beitritt zum "Verein der Freunde des hum. Gymnasiums Bayreuth e.V." zu bekunden. Der Mindestmitgliedsbeitrag beläuft sich jährlich auf nur drei M.

    Zugleich wird mitgeteilt, daß eine Mitgliederversammlung
        am Freitag, 15. Januar 1954, 20.00 Uhr c.t.
in der Aula des Gymnasiums Christian-Ernestinum Bayreuth stattfinden wird, zu welcher auch Interessenten willkommen sind, die dort weitere Aufklärung erhalten und ihren Beitritt erklären können. Im übrigen nimmt der Unterzeichnete als derzeitiger Schriftführer des Vereins Beitrittserklärungen jederzeit entgegen.

    Ich darf ergebenst bitten, dieses Schreiben mit Rücksicht auf den oben genannten Termin in beschleunigten allg. Umlauf zu geben, und danke im voraus verbindlichst.

Eilt!
Jn allgemeinen Umlauf, zunächst
bei den Herren Richtern, Rechtspfle-
gern und Referendaren.
    Bayreuth, den 13.1.54   I. A.
    Der Amtsgerichtsdirektor.   (Dr. Schmidt.)

Abb. 277: Schreiben des Vereins der Freunde an den Landgerichtpräsidenten, 12. Januar 1954

Dr. Thomas Greßmann (Schülervater), „Drehen Sie Ihre Lebensuhr zurück! Fangen Sie heute an!"

Dr. Jürgen Zapf berichtete 2011 über einen Aufstieg auf den Kilimandscharo.

Neu sind auch die „Internationalen Abende". Am 1. Oktober 2008 war das Thema „Österreich". Frau Maria von Hochstätter las Geschichten aus Wien, wurde musikalisch von Reinhard Maier und Julia Waltersdorf begleitet und dazu gab es Sachertorte, Zwiebelkuchen und Wein aus dem Burgenland. Im Herbst 2009 folgte das Thema „Griechenland" und 2010 am 30. September ein „Römischer Abend", dem der Vortrag des ehemaligen Schülers Tim Roder über die Sklaven im „Alten Rom" vorausging.

Als 1. Vorsitzende folgten auf Dr. Mebs ab 1958/59 Dr. jur., Dr. rer. pol. Fritz Meyer I., OStD Geyer und ab 1971/72 OStD Heinz Hutzelmeyer.

Im Jahr 1988, dem Jahr, in dem an das Reichspogrom (sog. „Reichskristallnacht") vor 50 Jahren erinnert wurde, kam es zu einer kleinen Krise im Verein. In der Sitzung am 29. September 1988 trat Dr. Walther Schmidt aus und legte sein Amt als erster Schriftführer zum 1. Oktober nieder. Er begründete diese Entscheidung damit, dass das bisherige Homerzitat vom Ehrenmal für die gefallenen Abiturienten des II. Weltkriegs entfernt wurde. Er könne sich nicht mehr als Freund dieser Schule betrachten. In den Jahresberichten 1988/89 und 1989/90 wird darauf nicht eingegangen, doch lassen sich den Sitzungsprotokollen und Korrespondenzen die gegensätzlichen Positionen entnehmen. Der alte Spruch von Homer (Ilias 12, 243) lautete: „Ein Vorzeichen (wörtl ‚Vogel', d. Vf.) ist das Beste: sich zu wehren für sein Vaterland". Die neu gewählte Sentenz lautet: „Meiden muss also den Krieg, wer gut bei Sinnen ist." (Euripides, Die Troerinnen, Vers 400).

Diese Mahnung richtet sich natürlich nicht etwa vorwurfsvoll an unsere gefallenen Schüler, sondern soll als Appell an alle heute politisch Verantwortlichen dieser Welt verstanden werden.

Seit 2007/08 leitet Klaus Höreth als 1. Vorsitzender den „Verein der Freunde", dessen Satzung am 21. Dezember 2009 geringfügig geändert wurde. Der Vereinsname lautet nun „Freunde des humanistischen Gymnasiums Bayreuth e.V." und im Vorstand entfallen 3. Vorsitzender und 2. Schriftführer.

Unter dem Vorsitz von Klaus Höreth wurde besonderes Augenmerk auch auf die Optimierung der technischen Ausstattung der Schule gelegt.

Die Versorgung aller Klassenzimmer mit modernen Medien wurde notwendig, wozu besonders Beamer und Lautsprecher gehören.

Hierzu leistete der Verein erhebliche finanzielle Hilfe.

Am 11. Oktober 2011 gab es eine geringe personelle Veränderung. Der bisherige Erste Vorsitzende, StD Klaus Höreth, trat auf eigenen Wunsch zurück, wird sich aber weiterhin als bewährter Organisator der Vortragsreihen und der Sponsorgewinnung einbringen. Zum Ersten Vorsitzenden wurde einstimmig Rainhard Kreutzer gewählt, ebenso einstimmig zum Zweiten Vorsitzenden StD Peter Lobe, zum Kassier StD Hans Scheick und zum Schriftführer StD Werner Seuß. Beisitzer sind Thekla Hieber, OStR Wolfgang Hendler und StD Klaus Höreth.

4.10.5. Verein „Christian-Ernestinum e.V."

Erstmals dachte man seitens des Elternbeirats über die Gründung eines gemeinnützigen Fördervereins bereits im Schuljahr 1972/73 nach, stellte die Entscheidung hierüber aber zunächst zurück.

Der Verein wurde schließlich am 17. Dezember 1987 gegründet und setzte sich zum Ziel, für das Gymnasium Christian-Ernestinum „eine Verbesserung des Raumangebots zu initiieren, wodurch es möglich wird, im eigenen Hause künstlerische, kulturelle und sonstige Schulveranstaltungen durchführen zu können" (§ 2.2. der Satzung).

Gründungsmitglieder waren Kristine Monheim, Detlev Köhler, Gerhard Trausch, Gerhard Güntsch, Dr. Herbert Conrad, Klaus Gollner, Dieter Hornfeck, Elma Maier, Rotraud Maul, Paul Pohl, Dr. Robert Schmidt, Heinz Hutzelmeyer, Hedwig Lutz, Erika Hieber, Gertraud Hofmann. Bis zum Jahr 2000 war die Zahl der Mitglieder bereits auf 137 angewachsen.

Als erste und zweite Vorsitzende leiteten zunächst Detlev Köhler und Paul Pohl den Verein.

Es folgten bei den Neuwahlen am 1. Dezember 1992 Dr. Herbert Conrad und Paul Pohl und schließlich seit dem 1. Dezember 1992 Jörg Hermann zunächst mit Paul Pohl, seit dem 18. Juni 2002 mit Klaus Höreth bis zur satzungsgemäßen Auflösung im Schuljahr 2007/08, nachdem das Vereinsziel erreicht worden war.

Zwar konnte der Bau einer „Aula" im klassischen Sinn nicht erreicht werden, doch nachdem der damalige Schulleiter Wolfgang Lang das gemeinsam erstellte Konzept zur Raumerweiterung am

Ernestinum unter Bayerns Besten

Das Bayreuther Gymnasium ist erneut an der Spitze bei den zentralen Leistungstests – Deutliches Schülerplus

BAYREUTH
Von Eric Waha

Das Bayreuther Gymnasium Christian-Ernestinum (GCE) hat seinen Spitzenplatz unter den bayerischen Gymnasien manifestiert: Zum zweiten Mal seit 2002 hat das Kultusministerium in einem Ranking die 25 besten bayerischen Gymnasien ermittelt – zum zweiten Mal ist das GCE wie 17 weitere Gymnasien mit im Spitzenfeld dabei. Rainhard Kreutzer, Direktor des GCE, wertet den Erfolg als Beleg für die kontinuierliche Weiterentwicklung des humanistischen Bildungsgedankens der Schule.

„Olim meminisse juvabit" – Einst wird es Spaß machen, sich daran zu erinnern – steht auf der wiederentdeckten und sanierten Fahne des GCE, die der damalige Oberbürgermeister Dr. Leopold von Casselmann zur Feier des 250. Geburtstags der im Jahre 1664 gegründeten Schule 1914 im Auftrag der Stadt überreicht hatte. Spaß scheint es den Schülern zu machen im GCE, denn: „Die Bewertung der Leistungen in den Fächern Deutsch, Mathematik und Englisch ist nicht nur eine Momentaufnahme, sondern Zeichen der kontinuierlichen Qualitätsarbeit", sagt Kreutzer im Gespräch mit dem KURIER. Die Schüler der Klassen sechs, acht und zehn, im Fach Englisch auch Schüler der elften Klasse, haben sich bei den Tests leistungsmäßig ins Spitzenfeld der bayerischen Gymnasiasten gearbeitet, die an 336 Schulen unterrichtet werden.

Latein als Schlüssel

Kreutzer führt das gute Abschneiden gerade der 14 humanistischen Gymnasien unter den ausgezeichneten 25 auf Latein als Schlüsselfach zurück: „Die Sprache zu analysieren, zu differenzieren und zu deuten, wirkt sich ebenso wie das große Grammatik-Aufkommen nicht zuletzt auch auf das Fach Deutsch und später die modernen Fremdsprachen aus. Dazu kommt, dass die humanistische Ausbildung einen Ganzheitlichkeitsanspruch hat. Ein weiterer Schlüssel zum Erfolg ist die interessierte Schülerschaft. Die Kinder wissen, dass da gerade mit Latein am Anfang was auf sie zukommt."

Man habe an der Schule in der jüngsten Vergangenheit „viel gemacht und weiterentwickelt. Wir haben ein gutes, verjüngtes und engagiertes Team", sagt Kreutzer, der ein deutliches Plus bei den Anmeldungen registriert: Im aktuellen Schuljahr besuchen 113 Fünftklässler die Schule, es konnten vier Eingangsklassen gebildet werden.

„Das Kultusministerium hat uns auch bestätigt, dass wir engagierte Eltern und Lehrer haben, die das Potenzial der Schüler fördern", sagt Kreutzer – gleichwohl räumt er aber ein, dass es einfacher sei, mit Klassenstärken von aktuell knapp 27 Schülern im Schnitt und 600 Schülern insgesamt erfolgreich zu sein, als wenn man eine Schule mit mehr als doppelt so vielen Schülern leitet.

Neid auf das gute Abschneiden des GCE komme bei den Direktoren der anderen Bayreuther Gymnasien nicht auf, sagt der Sprecher der Direktoren, Dieter Funk, auf Nachfrage des KURIERS. Ähnlich wie Günther Schuster, Pressesprecher des Kultusministeriums, sagt auch Funk, dass es nicht einfach sei, die Schüler zu vergleichen. „Jede hat andere Schüler, andere Klassenstärken und Voraussetzungen. Der Vergleich von Schule zu Schule hinkt", so Funk Schuster: „Das Ranking würdigt die fachliche Leistung in den Kernbereichen – die Leistungen anderer Schulen in anderen Bereichen werden auf anderen Wegen gewürdigt, zum Beispiel besondere Kooperationen mit der Wirtschaft oder Engagements in den Bereichen Soziales, Praxis oder Projekte." (Lesen Sie hierzu auch einen Kommentar auf Seite **24**)

Klaus Höreth (links) vom Förderverein des GCE und Direktor Rainhard Kreutzer präsentierten gestern die frisch restaurierte Fahne aus dem Jahre 1914. Foto: Lamme

Abb. 278: Schulfahne (Wolfgang Lammel, NK)

GCE bei der Stadt Bayreuth eingereicht hatte, erfolgte bereits am 7. März 2006 der erste Spatenstich durch den damaligen Oberbürgermeister Dr. Dieter Mronz.

Nach der ursprünglichen Form sollten feste Wände mit einer Doppeltüre den Anbau von der Pausenhalle trennen. Der Vorschlag des Vereinsvorsitzenden zum Einbau mobiler Wände wurde von der Stadtverwaltung abgelehnt und erst nach Interventionen des 1. Vorsitzenden beim Oberbürgermeister aufgegriffen. So konnte der Erweiterungsbau, das sog. „Megaron" am 11. November 2006 durch Oberbürgermeister Dr. Michael Hohl eröffnet werden.

Der Verein hatte bis dahin 36 335,82 Euro erwirtschaftet, die komplett in den Erweiterungsbau eingeflossen sind, davon ein guter Teil, etwa 20 000 Euro in die mobilen Trennwände, der Rest in eine moderne Ton- und Lichtanlage und Mobiliar.

Es ist ein wesentliches Verdienst dieses Vereins, dass nach jahrzehntelangem Ringen um eine „Aula" seither ein Raum zur Verfügung steht, in dem die Schüler am Mittag versorgt werden können und in dem regelmäßig verschiedenste Veranstaltungen, vor allem auch Vorträge, stattfinden.

Unabhängig vom wichtigsten Vereinsziel förderte der Verein u.a. moderne, professionelle Projektarbeit. So sollte den Schülern z.B. die Möglichkeit geboten werden, anhand selbst miterlebter, praktischer Beispiele in Unternehmen der Region betriebliche Projektarbeit, Management-Techniken und moderne Unternehmensführung kennen zu lernen.

Auch die Präsentation der Schulfahne von 1914 im Eingangsbereich zum „Megaron" wurde durch den Verein ermöglicht.

4.10.6. Schülerzeitung

1958/59 erschien die erste Schülerzeitung, die „Sendelbachnachrichten", mit dem ersten Redakteur Bernd Mayer.

Diese Schülerzeitung erscheint 1964/65 erstmals im Photokopierverfahren, wodurch eine Verbesserung des gesamten durcktechnischen Bildes möglich war. Die Schriftleitung hatten Busse (9b) und dann Joachim Dunker (9. Klasse). Ihm folgte als „Chefredakteur" Werner Schneider (13. Klasse). 1966/67 bildete sich ein neuer Redaktionsstab mit Laurent Fischer (12a), dessen Vater Herausgeber der „Fränkischen Presse" war. Damals wurde ein neues Druckverfahren eingeführt, nämlich Buchdruck auf Hochglanzpapier. 1968/69 befanden sich die Sendelbachnachrichten in einer Dauerkrise wegen finanzieller und organisatorischer Schwierigkeiten. 60 % der Herstellungskosten waren nämlich bisher vom Verlagshaus getragen worden, was man der neuen Redaktion verschwiegen hatte. So kam es zu einem Defizit von etwa 200 DM, worüber Chefredakteur Alexander Wild berechtigte Klage führte. Schließlich konnte aber unter der Redaktion von Klaus Hamann (10b) 1969/70 das erfolgreiche zehnjährige Bestehen gefeiert werden.

Ab diesem Schuljahr erhielt die Schülerzeitung den Namen „Grünschnabel".

1970/71 trat das Team Rudolf Häring, Wolfgang Funk, Volker Salzl, Wulf Rüskamp und Marion Keller an und gab der Schülerzeitung ein neues Aussehen mit neuen Inhalten. Man wollte nicht nur unterhalten, sondern auch informieren, zur Diskussion und zum kritischen Denken anregen. Es gab ein Interview, die Rubrik „aktuell", einen Leitartikel. Nicht nur Schulpolitik, sondern auch die „große" Politik sollte behandelt werden.

1971/72 folgten im Team Siegfried Tröger (11a) und dann Ronald Kropf (10a)

Als Dauerproblem stellte sich immer wieder die Frage, an welche Zielgruppe man sich wenden sollte, wie eine ausgewogene Mischung von Information und Unterhaltung zu leisten sei.

1974/75 konnte keine Ausgabe erstellt werden, bis im folgenden Schuljahr eine neue Redaktion mit Manfred Barchtenbreiter und Jürgen Zahout die Arbeit aufnahm.

Heftige Reaktionen löste die Dezemberausgabe 1977 aus, als sich der „Grünschnabel" erdreistete, die Qualität der Abiturzeitung zu kritisieren.

Zwischen 1977/78 und 2001/02 lassen sich den Jahresberichten keine Informationen über die Schülerzeitung und ihre Redakteure entnehmen. Erst 2002/03 setzen die Berichte wieder ein.

Chefredakteur ist jetzt Patrick Hoemke (9a). Pro Halbjahr erscheint nun der „Grünschabel" mit einem breiten Spektrum verschiedener Themen: Reportagen und Berichte über das Schulleben am GCE, Artikel über Klassenfahrten und Auslandsaufenthalte, Lehrerinterviews oder Informationen über interne Angelegenheiten der Schule. Dazu werden auch kritische Gedanken zu aktuellen Themen aus Politik, Wirtschaft, Umwelt und Gesellschaft formuliert.

Es gab ein Redaktionsseminar unter dem Motto „Kreativität", das am Lindenhof durchgeführt wurde. Im Schuljahr 2003/04 folgte ein dreitägiges Seminar in Busbach. In verschiedenen Workshops beschäftigte man sich mit Themen wie „Graphikdesign am PC", „Rhetorik", „Reportage" und „Journalistischen Stilformen". Die drei Ressortleiter waren Friedrich Macht (Werbung), Valentin Reinhardt (Texte) und Tobias Weiß (Gestaltung). Als Berater stand OStR

Abb. 279: Sendelbachnachrichten, 1. Ausgabe, Titelseite

*Abb. 280: Redaktion der „Sendelbachnachrichten" mit Bernd Mayer, 1961.
Rechts Volker Gondrom, daneben Werner Geyer, dahinter Bernd Mayer, links Hans-Dieter Will (Archiv Bernd Mayer)*

Abb. 281.1 und 281.2: Titelseite der ersten Ausgabe des „Grünschnabel"

Markus Lenk zur Seite. 2005/06 wurde mit seinem Team (Kai Roder, Lisa Roderer und Tobias Weiß) und 15 weiteren Redakteuren Christoph Kretschmer (9b) neuer Chefredakteur. Wieder informierte man sich in einem dreitägigen Seminar über „Kreatives Schreiben" (geleitet von StR Plätzer) und z.B. über „Medien in der Gesellschaft" (OStD Reinhard Kreutzer). 2007/08 übernahmen Lisa Roderer und Philipp Schmieder die Chefredaktion mit wieder neuen Ideen. Beim Wettbewerb des Nordbayerischen Kuriers war man mit einem 3. Platz erfolgreich. Auch der Kurierpreis für den besten Artikel „Rumpelstilzchens Rückkehr" von Sebastian Nießen ging an das Team des GCE. Erstmals erschien der Grünschnabel im DIN A4–Format mit neuem Layout.

Im Schuljahr 2008/09 schließlich konnte die Schülerzeitung des GCE ihr 50-jähriges Bestehen feiern. Damit gehört sie zu den ältesten kontinuierlich erscheinenden Schülerzeitungen Deutschlands. Auf der Höhe der Zeit startete im Januar 2009 das als unabhängiges Magazin erscheinende Onlineportal „dein.gs". Das Redaktionsteam kann nun tagesaktuell und mit multimedialen Inhalten von schulischen Aktivitäten berichten. Außerdem bietet „dein.gs" ein breites Spektrum an Themen aus aller Welt, Rezensionen zu Büchern, Filmen und Spielen, Kommentare und Streitgespräche sowie fremdsprachige Artikel (Französisch und Englisch).

Auch die Jury des international ausgeschriebenen Schülerzeitungswettbewerbs des Hamburger Nachrichtenmagazins DER SPIEGEL war sehr angetan und zeichnete „dei.gs" als beste Online-Schülerzeitung aus. Philipp Schmieder und Lisa Roderer (beide K 12) konnten im Gebäude des Spiegel-Verlags in Hamburg die Auszeichnung entgegennehmen.

Leider musste Redakteurin Cynthia Spangenberg (Klasse 10a) im Schuljahr 2010/11 das alte Thema Mitarbeit, Zuverlässigkeit, Pünktlichkeit aufgreifen. Im Zusammenhang mit einem Interview des Bayerischen Rundfunks Ende April 2011 mit ihr und Redakteur Cosmas Tanzer schreibt Cynthia Spangenberger: „Bei dieser Gelegenheit habe ich auch erwähnt, dass ich im Moment keine so rosige Zukunft für unsere Schülerzeitung sehe – die Redaktion besteht fast nur noch aus Schülern der neunten und zehnten Klasse, und nicht jedes Redaktionsmitglied arbeitet sonderlich viel." (Vgl. Cynthia Spangenberg, „Grünschnabel", JB 2010/11, S. 49.).

4.11. Erinnerungen

Gerda Freifrau Voith von Voithenberg
(wiedergegeben nach Auszügen durch ihre Tochter Erdmute von Voithenberg)

Damals war es Mädchen nicht erlaubt, eine Bubenschule zu besuchen und so betete ich alle Abend, es möchte ein Wunder geschehen, dass auch ich ins Gymnasium dürfte. Das geschah dann wirklich in Gestalt der Revolution, als deren Folge die Coedukation eingeführt wurde. Kein Lehrer wollte die Klasse übernehmen, aber dann fand sich doch Dr. Motschmann, der sehr streng, aber gerecht war. Nach der ersten Pause war immer eine große „Schlacht" im Hofe, wo die Erstklässler von den Zweitklässlern tüchtig verhauen wurden …

Im Gymnasium war ich sehr gern und lernte vor allem mit Eifer Latein … Als ich neben Maisel vor Gottfried (Reissinger) saß, reichte ich immer Liesl Klein das Buch, die Gottfried als Jüdin nicht mochte … Sie hat viel in der Schule durchmachen müssen, durfte später auch nicht mehr weiter Jus studieren, musste nach Amerika auswandern, verlor beide Eltern im Lager Theresienstadt, heiratete dann aber in Amerika Herrn Steinmeier und lebte in einem reizenden Haus in Los Angeles …

An sich war ja die Klasse gut gedrillt durch Dr. Motschmann, der sie zwei Jahre leitete. Die Tintenfässer flogen auf einen Schlag zu (in jeder Bank waren Vertiefungen, in denen Glastintenfässer mit Blechdeckeln standen) wie beim Militär das Salutieren. „Motscher" hatte als einziger gewagt, die „gemischte" Klasse zu übernehmen. Mädchen im Gymnasium? Wie wird das? Kann man so richtigen „männlichen" Unterricht geben? Und die Clo-Frage! Schülermützen mit Schild! Unmöglich! Gasparde durfte dann eine aufsetzen, deren Schild abgetrennt war. Gerda bekam erst in der vierten Klasse eine rosa abgelegte von Adalbert. Jedes Jahr hat eine andere Farbe. So erkannte man gleich die „Hockenbleiber".

1943 von Gut Grunau aus: Von Grunau aus wurden noch kleine Reisen unternommen, wenn Ferien waren und Hans keinen Flakdienst hatte … vom 24.–26. September nach Coburg, wo ich Dr. Motschmann, meinen alten Professor aus dem Gymnasium besuchte. Wir erinnerten uns seines Unterrichts, wie er alles so im Schwung hatte … Er war aber sehr gerecht und beliebt bei uns und lud uns alle zum Kaffee ein und zu Weihnachten flochten wir ihm einen großen Kranz mit Würsten und allerlei Leckereien. Die

Abb. 282: Dr. Motschmann

Klasse stand auf „wie ein Mann" bei seinem Hereinkommen. Einmal raufte ich mit einem Buben und hatte ihn untergekriegt und machte ihm „Muskelreiten", da kam er zur Tür herein, schmiss diese aber wieder zu und gab mir einen Verweis „wegen Raufens, selbst noch im Klassenzimmer". Später erzählte er meiner Mutter, er habe so lachen müssen, dass er erst beim nochmaligen Hereinkommen schimpfen konnte. Sein Geographieunterricht war furchtbar … Wir lernten so sinnlos. Gasparde und ich, dass wir die Städte und Flüsse eines uns unbekannten Landes einpaukten – Altengland. Erst als Neuengland dazu kam, merkten wir, dass es sich um England handelte. Später kam bei Ovid das Wort „Kebse" vor und als wir nachsahen und Maitresse fanden, meinten wir, es handle sich um eine Hülsenfrucht (Erbse oder so). Früchtchen war nicht so falsch!

Helmut Korn

Erinnerungen an das alte Schulgebäude mit zugehöriger Umgebung.

„Vom Jean-Paul-Denkmal aus gesehen rechts befand sich ein Klassenzimmer, dessen Fußboden aus dicken, breiten Holzdielen bestand. Die Ritzen zwischen diesen Dielen betrugen zum Teil einige Zentimeter. Eines Tages waren in einer dieser Ritzen ein paar Blumen ‚eingepflanzt'; dabei steckte ein Schild: Bürger, schützt Euere Anlagen!

Eine Klasse war im alten Gebäude ganz oben im 2. Stock untergebracht. Dieser Raum gehörte einmal zu einer Lehrerwohnung und war nur über einen versteckten Eingang und verwinkelte Treppenaufgänge zu erreichen … Ich unterrichtete damals im Schuljahr 1964/65 als junger Studienrat eine 8., nach jetziger Zählung 12. Klasse, also bereits ‚vernünftige' Schüler, denen man das Privileg eines so abgelegenen Ortes zukommen lassen konnte …

An die Rückseite des Hauptgebäudes schloss sich der innere Pausenhof an, der an den Seiten von zwei Gebäuden, welche die meisten Klassen beherbergten, und hinten vom Sendelbach begrenzt war. Unterhalb des Lehrerzimmers und des Lehrerklos befanden sich kleine eingezäunte Gärten, ebenso vor und hinter dem Sendelbach … Jenseits des Sendelbaches, über eine Brücke erreichbar, schloss sich der große mit Bäumen bestandene Pausenhof an, der bis zum jetzigen Wittelsbacherring reichte. Ganz hinten am jetzigen Ring hatte die Turnhalle ihren Platz … Heute ist die ganze ehemalige Idylle unter hässlichen Betonbauten verschwunden.

Im alten Schulgebäude an der Friedrichsstraße war bis zum 31. März 1965 als Hausmeister Leo Joschko tätig, ein Mann mit beachtenswertem Bauch. Er war früher Gutsverwalter und benahm sich auch so. Trotz seiner strengen Ordnungsliebe passierte in der Zeit nach dem Abitur einmal Folgendes: Das eine Nebengebäude war nicht zu betreten, weil der Gang hinter der Türe bis fast zur Decke mit Stühlen und Bänken verrammelt war. Es dauerte bis zur Pause, bis der Gang wieder freigeräumt war. Joschko beteuerte, dass er die Tür abgesperrt und darauf geachtet hatte, dass alle Fenster geschlossen waren. Er konnte freilich nicht wissen, dass die schlauen Schüler bei einem Fenster den Griff abgeschraubt und verkehrt herum wieder angebracht hatten …"

Oskar Sauer

Heinrich Hagen

Im Frühjahr 1934 versammelten wir uns im zweiten Stock des Südbaus, wo die zweite Klasse ihren Stammplatz hatte. Ich erinnere mich noch sehr genau an den ersten Schultag. Wir warteten etwas bang auf unseren neuen Klassleiter, Studienrat Heinrich Hagen, dem der Ruf eines strengen Lehrers vorausging. Durch die offene Tür hörten wir schon vom Gang her ein heftiges Räuspern, das uns zusammenzucken ließ. Hagen ante portam!

Als er festen Schritts eintrat und seine Mappe aufs Pult donnerte, musterten wir seine imposante Gestalt, aufrecht dastehend wie eine antike Statue. Sein markanter Römerkopf, fast kahl geschoren, passte genau dazu. Später ging das Gerücht, dass er meist schlecht gelaunt war, wenn er frisch vom Frisör kam, mit einem Millimeter-Haarschnitt.

Im Hauptfach Latein konnte er die unregelmäßigen Verben auf unnachahmliche Weise in unsere Köpfe hämmern, mit großen Gesten und voller Lautstärke … Herr Hagen liebte es auch, ganz nebenbei den Grammatikunterricht durch lateinische Redewendungen zu bereichern, so etwa mit „Dum spiro, spero" – „Solange ich atme, hoffe ich".

Die Mundart beherrschte er als geborener Bayreuther bestens und hielt nichts von einem Verbot des Dialekts im Unterricht. So nahm er als findiger Philologe die Wiederentdeckung der Mundart vorweg, die nach neuesten Erkenntnissen die kindliche Sprachkompetenz fördern kann …

So war der Altphilologe der ruhende Pol in einem Kollegium, wo jüngere Lehrer teils Negatives – so Dr. Dittrich, der die neu eingeführte Rassenkunde vertrat, teils Positives einbrachten, so Assessor Giesecke, der den etwas lahmen Mathematikunterricht lebendiger gestaltete …

Oberstudienrat Hagen entließ uns in eine unruhige Schulzeit. Nach Kriegsbeginn verlor der Schulbetrieb für uns die Wichtigkeit. Wir warteten voller Ungeduld auf die Einberufung zum Wehrdienst, bevor der Krieg ohne uns – natürlich siegreich- zu Ende gehen mochte …

Ich selbst wurde Anfang Dezember 1940 eingezogen. Den Krieg überstand ich mit schwerer Verwundung …

Dr. Adolf Riess

Als unsere Klasse im Frühjahr 1938 voller Neugier den einzigen neusprachlichen Lehrer erwartete, kannten wir ihn natürlich schon von seinem Auftreten im Schulhof. Dort wirkte er wie ein Paradiesvogel unter den meist mausgrauen Altphilologen. Er war immer modisch gekleidet: rehbraune Knickerbockers, das beige Sakko lässig über die Schulter gelegt. Dazu eine betonte Eleganz im Auftreten, hatte er doch einige Zeit in Paris studiert.

Der Spitzname des Lehrers war uns natürlich bekannt: DSCHENN, die Abkürzung von Gentleman, also Edelmann, Weltmann. Als er zum ersten Mal das Klasszimmer betrat, erbot er den obligatorischen Hitlergruß mit ironischem Schwung …

Unser Französischlehrer besaß die seltene Gabe, komplizierte sprachliche Phänomene in komprimierter Form darzustellen. Ein Beispiel klingt mir heute noch im Ohr: „Meine Herren, seien Sie doch Studenten! Verwechseln Sie bitte nicht ‚skier', Schi fahren, mit ‚chier', lateinisch „cacare", ein unanständiges Wort!" …

Zurück zu unserer Klasse. In ihr saßen immerhin vier Mädchen, deren Anwesenheit unseren Lehrer sichtlich beflügelte. So beäugte er das Dirndl-Dekolletee von Barbara Faulbaum mit Wohlwollen: „Das sind ja schöne Aussichten!".

Wie gesagt, der Krieg war in vollem Gange und Frankreich lag nach einigen Wochen am Boden. Unser Französischlehrer enthielt sich jeglicher triumphaler Töne, bemerkte aber augenzwinkernd, dass er Briefe aus Frankreich bekommen habe, in denen ehemalige Schüler bereuten, in seinem Unterricht nicht besser aufgepasst zu haben …

All seine schulischen und privaten Aktivitäten wurden gegen Ende des Krieges auf grausame Weise unterbrochen. Im Februar 1945 wurde er zum Volkssturm einberufen und an die bröckelnde Ostfront geschickt. Ein hundertprozentiger Zivilist mit einem Gewehr in der Hand gegen heranrollende russische Panzer – unvorstellbar: Herr Rieß kam nicht mehr zurück.

Peter Färber

„Im März 1934 steigt ein Bub von 11 Jahren etwas schüchtern die Stufen zum Eingangstor des humanistischen Gymnasiums in der Friedrichstraße hinauf. Er muss sich gegen die schwere Türe stemmen und sein Vater hilft ihm, sie aufzudrücken. An der hölzernen Stiege, die hinaufführt in die Aula und ins Direktorat, steht sein Vetter Ernst, der schon in die sechste Klasse geht. Er hat eine wichtige Mitteilung für uns: ‚Gell, ihr müsst fei beim Herrn Direktor Heil Hitler sagen'. Ich hatte den Eindruck, dass beim ‚Grüß Gott' meines Vaters ein freundliches Lächeln über das Gesicht des Anstaltsleiters Karl Hartmann ging."

„Der Unterricht machte Spaß, wir wurden gefordert. Nur vor Naturkunde hatten wir alle Angst. Dr. Weinzierl unterrichtete hauptamtlich an der Oberrealschule. Sein berühmter Spruch war:'Eins oder fünf, Zwischennoten gibt es bei mir nicht.'"

„Schön war unsere Schule mit ihren großen Höfen. Zwischen dem vorderen und dem hinteren Schulhof mit Turnhalle floss das Sendelbächlein. Im hinteren Schulhof war unser Fußballplatz, und wir spielten gerne Fußball … Man durfte auch nachmittags auf dem Platz spielen aber unter Aufsicht. Selten konnten wir einen unserer jüngeren Lehrer dafür gewinnen. Aber unser katholischer Religionslehrer Dr. Arneth hatte oft Zeit für uns und waltete auch noch als Schiedsrichter …

Alle Klassenzimmer waren mit hohen Kachelöfen ausgestattet, die mit Holz beheizt wurden. Die Schule besaß seit alter Zeit ein Holzrecht auf den Staatsforst und so wurden jährlich viele Ster Holz angefahren. Im Sommer zerkleinerte der Heizer das Holz, mit dem er im Winter die Kachelöfen schürte. Die Ofenröhren wurden auch manchmal zweckentfremdet, zur Aufbewahrung von Maikäfern. Das Jahr 1937 war recht reich an Maikäfern. Wir sammelten sie in den Schulgärten … In Tüten verstaut deponierten wir die Maikäfer in der oberen Röhre des Kachelofens. Von dort starteten sie dann während des Unterrichts unter allgemeiner Aufmerksamkeit nacheinander Richtung Fenster …

Unser Mathematik- und Physiklehrer, Professor Schramm, musste während des Krieges in allen Klassen der Schule Mathematik und Physik unterrichten. Er war bekannt für seine widersprüchlichen Aussagen: ‚In der Mathematik gibt es keine kleinere und keine größere Hälfte, das habe ich Euch schon tausendmal gesagt und sage es jetzt zum dritten Mal. Aber immer wenn ich so was sage, passt die größere Hälfte von Euch nicht auf.' … ‚Hört mal Jungs, wenn es kein Wasser gäbe, da könnten wir nicht Schwimmen lernen. Wie viele arme Menschen müssten da ertrinken'

Als ich mich zum Studium einschreiben wollte, nach Krieg und Gefangenschaft, da brauchte es ein vollgültiges Abiturzeugnis. Auf meinem Antrag wies 1948 das bayerische Kultusministerium meine alte Schule, das Gymnasium Bayreuth, an, mir mit den Noten des Reifevermerks ein Abiturzeugnis auszustellen. Ich ging hinauf ins Direktorat. Im Sekretariat saß ein früherer Lehrer als Sekretär. Er sagte mir, der Sekretär sei Hausmeister geworden, der Hausmeister Heizer und den Heizer habe man entlassen. Professor Böhner war Oberstudiendirektor geworden, er freute sich sichtlich, dass ich Krieg und Gefangenschaft überstanden hatte und gab mir ein gültiges Reifezeugnis, das ich ohne Koppel und Stahlhelm in Empfang nahm."

4.12. Die neue Schulleitung

OStD Franz Eisentraut besuchte als Schüler das Franz-Ludwig-Gymnasium Bamberg und das erzbischöfliche Knabenseminar Ottonianum.

Es folgte das Studium der Fächer Mathematik und der Wirtschaftswissenschaften an den Universitäten Erlangen und Bayreuth von 1986 bis 1991 mit anschließendem Referendariat am Apian Gymnasium Ingolstadt. Am Gymnasium Burgkunstadt wirkte er als Oberstufenkoordinator, Personalrat und Verbindungslehrkraft (1993 bis 2004).

Während des ersten Schulhalbjahres 2004/05 nahm er am Förderprojekt „Lehrer in der Wirtschaft" teil und bekleidete die Stabsstelle beim Hauptabteilungsleiter „Human resources" (Robert Bosch GmbH Bamberg). Von August 2005 bis Juli 2008 war er Mitarbeiter in der Schulleitung am Caspar-Vischer-Gymnasium Kulmbach und anschließend Mitarbeiter in der Schulleitung am Gymnasium Christian-Ernestinum Bayreuth. Hier ist er seit dem 1. August 2001 Schulleiter.

Zusätzlich arbeitete er in verschiedenen Gremien am Staatsinstitut für Schulqualität und Bildungsforschung mit, war Mitglied im Reifeprüfungsausschuss (Juli 2001 bis Mai 2011), Mitglied im Arbeitskreis „Neue Schwerpunktsetzung in der Aufgabenkultur" (1998 bis 2001) und konzipierte den Bayerischen Mathematik-Test. Er war Multiplikator für die Schulverwaltungsprogramme für den MB-Bezirk Oberfranken seit 2007, Praktikumslehrkraft für das studienbegleitende fachdidaktische Praktikum im Fach Wirtschaft und Recht in Zusammenarbeit mit der Universität Bayreuth (2009 bis 2011) und Multiplikator für die neue gymnasiale Oberstufe in Bayern für den MB-Bezirk Oberfranken. Schließlich gab er als Mitautor die Schulbuchreihe „delta – Mathematik für Gymnasien" beim C. C. Buchners Verlag Bamberg heraus und kann seit 2003 92 Publikationen vorweisen. Auch wirkte er als Fortbildner im Rahmen der „Vorqualifikation von Nachwuchsführungskräften" (Gymnasien) für den MB-Bezirk Oberfranken und als Moderator der zugehörigen Onlinekurse.

Kernaussagen bei seiner Antrittsrede am Gymnasium Christian-Ernestinum lauteten u.a.:

– „Der Mensch steht im Mittelpunkt allen Handelns und Strebens."

– „Führen heißt, andere zum Erfolg bringen."

Besonders stellt er heraus, dass nach wie vor Latein wichtig sei. „Das GCE ist das einzige Gymnasium in Bayreuth, das Latein ab der 5. Klasse anbietet". Wichtig ist auch, dass die Balance zwischen Spitzenschülern, die am „Gymnasium illustre" sind, und denen, die Unterstützung und Hilfe brauchen, passt. Sein Motto: „Wer bis drei zählen kann, sollte nicht bei zwei damit aufhören"

Mit einem kurzen Einblick in den Umfang der Aktivitäten im Schuljahr 2011/12, im ersten Jahr des neuen Schulleiters, soll nun die Geschichte des Gymnasiums vorerst beendet sein.

Im Jahresbericht werden insgesamt von der 5. Jahrgangsstufe bis einschließlich Oberstufe Q 11 41 Projekte genannt, auf die hier natürlich nur knapp und in Auswahl eingegangen werden kann. In seinen einführenden Worten weist OStD Eisentraut auch auf die zahlreichen Fachexkursionen und Schüleraustausche (Australien, USA, Frankreich, Griechenland. Tschechische Gastschüler), Studienfahrten, Schullandheimaufenthalte, den Skikurs, Auszeichnungen bei Wettbewerben und sportliche Erfolge, auf beeindruckende Theateraufführungen, Schulkonzerte und Gottesdienste hin. Nicht vergessen sind die Neugestaltung der Homepage, der „Grünschnabel", die vielseitigen Wahlkurse und Arbeitsgemeinschaften, die Ausarbeitung eines Medien- und Methodencurriculums und das inzwischen überregional beachtete Begabungsförderungsprogramm „Gymnasium illustre". Nichts wäre möglich ohne den über den „normal" zu erwartenden oft weit hinausgehenden Einsatz an Zeit und Arbeitskraft von Lehrern und Schülern. Dazu kam die immer wohlwollende Unterstützung seitens des Elternbeirats und des Vereins der Freunde. Allen diesen sei rückblickend auch aus Sicht des Autors dieser Schulgeschichte gedankt.

Neu ist seit Beginn des Schuljahres 2010/11 das Angebot der offenen Form der Ganztagsschule. Werner Fuchs berichtet: „,Offen' besagt, dass der Besuch zwar freiwillig ist, aus einer endgültigen Anmeldung dann aber für die ‚gebuchte' Betreuungszeit im Schuljahr Anwesenheitspflicht erwächst. Die Kosten für diese Betreuung am Nachmittag, montags bis donnerstags von 11.00–16.00 Uhr, tragen der Freistaat Bayern sowie die Stadt Bayreuth."

Nach dem Start im April 2011 kann auch das „Gymnasium Illustre" auf ein erfolgreiches Jahr zurückblicken. 72 Schülerinnen und Schüler stellten aus einem Angebot von 24 Kursen ihr persönliches Jahresprogramm zusammen.

Heiko Weiß berichtet: „Im Rahmen eines Forums beschäftigten sich die Schüler mit ihren Leidenschaften und wie diese von der Außenwelt wahrgenommen werden." Ein maßgebliches

Abb. 283: OStD Franz Eisentraut

Element schon im ursprünglichen Konzept war die individuelle Betreuung der Schüler gewesen. „Jeder Teilnehmer des GYMNASIUM ILLUSTRE kennt seit April seinen persönlichen Mentor aus dem Lehrerkollegium, der ihn als Berater, Helfer aber auch – wenn es denn sein muss – als Mahner durch die schulische Laufbahn begleitet." In diesem Zusammenhang wird auch OStRin Beate Übler gewürdigt, die das Erscheinungsbild und auch die Konzeption des GYMNASIUM ILLUSTRE entscheidend mitgeprägt hat. „Ein besonderer Höhepunkt des Schuljahres war der ‚Illustre Abend', den die ‚Freunde des Humanistischen Gymnasiums' veranstalteten. Nach einer kurzen Vorstellung des Konzepts des GYMNASIUM ILLUSTRE präsentierten sich verschiedenste Kurse unter dem Motto ‚Aus der Kunst- und Wunderkammer des GYMNASIUM ILLUSTRE'" (JB 2011/12, S. 27).

Neu ist auch seit dem Schuljahr 2011/12 der Wahlkurs „Forschung macht Schule". „Die Teilnehmer des Wahlkurses organisieren unter anderem eine Vortragsreihe, bei der Forschende aus Universitäten und anderen Forschungseinrichtungen zu Vorträgen ans GCE kommen." „Die Reihe startete im November erfolgreich mit dem ersten Vortrag von Prof. Dr. Thomas Fischer (Universität Bayreuth) über seine Arbeiten im Bereich der Grundlagenforschung der Nanotechnologie und wurde im Dezember von Prof. Dr. Thomas Meuche (FH Hof) zum Thema ‚Ich höre was, was Du nicht sagst' fortgesetzt." (Martina Schmidt-Kessel, JB 2011/12, S. 74).

Preisträger diverser Wettbewerbe setzten die fast schon als selbstverständlich wahrgenommene Erfolgstradition des GCE fort. Im Rahmen des Kunstunterrichts wurden Themen wie „zukunftsorientierte Lebensmodelle" und der Demographiewandel in der Gesellschaft", „Vorstellungen von einem zukünftigen Leben in einer Stadt Europas oder das Zusammenleben in einem Mehrgenerationenhaus" bearbeitet Auch beim Wettbewerb für kreative Forschungsideen fand sich das GCE ganz vorne wieder.

„In den Fachbereichen ‚Arbeitswelt', ‚Biologie', ‚Chemie', ‚Mathematik/Informatik' und ‚Physik' bauten wir ... unsere Stände auf ..." (Lukas Kübrich, JB 2011/12, S. 92–93).

Mit dieser Erfolgsbilanz ist ein Maßstab gesetzt, der zugleich eine neue Herausforderung für die Zukunft darstellt.

Epilog

Der Vorhang fällt. Der Schluss ist offen. Auf der einen Seite sehen wir die Entwicklung des Gymnasium Christian-Ernestinum zu einer modernen Schule, die mit einem breiten Fächerangebot den Schülerinnen und Schülern alle Voraussetzungen bietet, die Hochschulreife zu erlangen. Dazu gehört nicht nur die Vermittlung von abfragbarem Wissen, sondern vor allem auch das Erlernen von Lern- und Arbeitstechniken, der Erwerb von „sozialer Kompetenz", die Fähigkeit kritischen Denkens, vielleicht auch die Erkenntnis, dass ausschließliches Nützlichkeitsdenken in eine Sackgasse führen kann. Der Mensch ist nicht nur „homo faber", er ist auch „homo ludens". Auf der anderen Seite aber muss z.B. aus „Sachzwängen" heraus, weil Unterrichtsraum benötigt wird, eine umfangreiche, wertvolle Fachbibliothek in Kisten verpackt werden. Es geht also durchaus, hoffentlich nur befristet, auch ohne Bücher. Die Erstellung zusätzlicher Unterrichtsräume ist geplant und auf den Weg gebracht, wird aber sicherlich geraume Zeit in Anspruch nehmen.

Wir blicken zurück auf 350 Jahre Schulentwicklung, auf dutzende von Reformen und Reformansätzen. In jedem politischen System, ob in der Zeit des Absolutismus unter den Markgrafen, ob während der Königsherrschaft in Bayern und der Kaiserzeit im Deutschen Reich, ob während der wenigen Jahre der ersten Demokratie in der Weimarer Republik, während der Diktatur des Dritten Reichs oder seit 1949 in einem demokratisch verfassten Staat: immer wurde und wird das, was in der Schule geschieht durch den Gesetzgeber bestimmt. Dieser wiederum handelt nicht in einem ahistorischen, gesellschafts- und interessefreien Raum. Die entscheidende Frage im politischen Prozess, auch soweit er das Bildungssystem insgesamt und das Gymnasium insbesondere betrifft, ist deshalb zu allen Zeiten, welche Interessen der an diesem Prozess teilnehmenden Verbände, Parteien, Gruppen, Institutionen sich durchsetzen und welche keine Chancen haben. Sehr selten werden diese Fragen konkret und klar beantwortet. Selten erscheint dieser Entscheidungsprozess transparent. Deutlich aber wird auch am Beispiel des Gymnasium Christian-Ernestinum das Spannungsverhältnis von Kontinuität und Wandel. Unübersehbar lässt sich in der Gesellschaft über lange Zeiträume hinweg ein Wertewandel erkennen, der wiederum vernetzt ist mit Veränderungen vor allem auch im wirtschaftlichen und technologischen

Bereich. Das spiegelt sich in oft nicht präzise formulierten Bildungszielen und in der in einzelnen Bundesländern sehr unterschiedlichen Bildungspolitik. Entwicklung und Veränderung findet immer statt, aber die Geschwindigkeit dieser Veränderung hat bedenklich zugenommen. Es bleibt zu wenig Zeit, Neues in angemessener Zeit zu erproben und reifen zu lassen. Noch nie haben neue Verpackungen oder neue Etiketten und verbale Überhöhungen Qualität und Inhalte ersetzen können.

In dieser Zeit der Umbrüche und im Spannungsfeld von Kontinuität und Veränderung erscheint das Gymnasium Christian-Ernestinum wie der Fels in der Brandung. Dank der kompetenten, vorausschauenden und umsichtigen Führung durch die Schulleiter, unterstützt von einem immer engagierten Kollegium und einer kooperativen Elternschaft hat sich unser Gymnasium gut strukturiert und profiliert. Dies wiederum ist eine wesentliche Voraussetzung für eine angenehme Schulatmosphäre, in der sich die Schülerinnen und Schüler trotz aller Belastungen wohl fühlen können und durch vielfältiges Engagement und Leistungsbereitschaft entscheidend mit dazu beitragen, dass das Gymnasium Christian-Ernestinum wohl angesehen ist.

Mit Seneca sei diese Geschichte des Gymnasium Christian-Ernestinum beschlossen. „Ich freue mich, etwas zu lernen, damit ich es lehren kann", „Wer durch gute Sitten anderen beispielhaft voranleuchtet, wird noch besser, da die Wechselwirkung verpflichtet und stets neues Beispiel verlangt. So befruchten wir uns selbst, wenn wir Gutes lehren" und „man lernt selbst, wenn man andere unterweist"[54].

So wünschen wir dem Gymnasium Christian-Ernestinum auch für die Zukunft kluge Einsicht in das, was notwendig ist und die Fähigkeit, mit Augenmaß und Ruhe, für als richtig erkannte Ziele zu erreichen.

Abb. 284.1: Das Kollegium 1949
sitzend v.l.n.r.: Beer, Schramm, Dir. Böhne, Schmidt, Hagen
stehend v.l.n.r.: Meißner, Dietz, Müller, Frau Bretzfeld, Linke, Dr. Bien, Dr. Meyerheim, Dr. Klitzner, Vogel, Lang, Baumann, Dr. Veh, Brehm, Dr. Arneth

Abb. 284.2: Das Kollegium um 1950
1. Reihe v.l.n.r.: Heinrich Hagen, Dr. Rauber, Schmidt, Dietz

Abb. 284.3: Das Kollegium 1960/61
1. Reihe v.l.n.r.: Dr. Klitzner, Lang, Geyer, Meißner, Dr. v. Lupin
2. Reihe v.l.n.r.: Dr. Bien, Wührl, Döbereiner, Dr. Huttner, Müssel, Dietz
3. Reihe v.l.n.r.: Schreiber, Dr. Türk, Preißinger, Färber, verdeckt Maier, Stehr, Lampert, Sauer, Linke, Bretzfeld

Abb. 284.4: Das Kollegium 1966/67
Vordere Reihe v.l.n.r.: Müssel, Dr. Och, Lang, Hübner (später Geib), Geyer, Dietz, Lampart, Preißinger.
Mittlere Reihe v.l.n.r.: Arzberger, Dr. Türk, Lehmann, Maier, Stehr, Färber, Korn
Hintere Reihe v.l.n.r.: Werner, Uebelhoer, Haaß, Dr. Huttner, Neumann, Schmitt.

Abb. 284.5: Das Kollegium 1972/73
Vordere Reihe v.l.n.r.: Wittmann, Rosenbaum, Uebelhoer, Geib, Hutzelmeyer, Dietz, Müssel, Dr. Türk, Arzberger, Stiller,
Mittlere Reihe v.l.n.r.: Werner, Prochnow, Oertel, Preißinger, Lampert, Maier, Seuß, Rupp, Knobloch, Dr. Huttner, Stehr.
Hintere Reihe v.l.n.r.: Höreth, Hagmaier, Haaß, Sauer, Lobe J., Jakob, Korn, Schmitt, Neumann, Scheick

Abb. 284.6: Das Kollegium 1979/80
Vordere Reihe v.l.n.r.: Raithel, Geib, Stehr, Dr. Türk, Müssel, Färber, Hutzelmeyer, Preißinger, Uebelhoer, Wittmann, Dr. Huttmer
Mittlere Reihe v.l.n.r.: Fleißner, ?, Grampp, Bergler, Rupp, Korn, Seuß, Pilz, Hagmaier, Oertel, Sauer
Hintere Reihe v.l.n.r.: ?, ?, Lenk, Müller, Neumann, Bechert, Prochnow, Jakob, Haaß

Abb. 284.7: Das Kollegium 1985/86
1. Reihe v.l.n.r.: ?, ?, Geib, Arzberger, Hutzelmeyer, Färber, Pöhlmann, Scheick, Werner, Wittmann, Oertel
2. Reihe v.l.n.r.: Loebe J., Link, ?, Karpinski, Müller, Dr. Türk, Kremer, Rupp, Seeser, Dr. Trübsbach, Jakob, Wammer, Haaß
3. Reihe v.l.n.r.: Prochnow, Hagmaier, Grampp, Reus, Korn, Neumann, Fleißner, Maier, Lobe P., Pilz, Höreth, Billig, Raithel

Abb. 284.8: Das Kollegium 1997/98
1. Reihe v.l.n.r.: Bethe, Wittmann, Lobe P., Kuhn D., Dr. Ponader, Geib, Scheick
2. Reihe v.l.n.r.: Rupp, Kohl, Eitschberg, Grampp, Lenk, ?, Korn, Höreth
3. Reihe v.l.n.r.: Seuß, Klein, Müller, Pöhlmann, Minier,
4. Reihe v.l.n.r.: Korn, Fleißner, ?,?, Dr. Trübsbach, Prochnow, Hagmaier, Neumann
5. Reihe v.l.n.r.: Pilz, Jakob, Karpinski, Maier, Link, Bechert, Haaß

Abb. 284.9: Das Kollegium 2008/09
1. Reihe v.l.n.r.: Kohl, Treuheit, Dr. Mayr, Sopalidou, Eisentraut, Kreutzer, Minier, Lobe Chr., Reisner, Neubig, Dr. Fischer, Fischer J.
2. Reihe v.l.n.r.: Straub, Prechtl, Liebscher, Leibinger-Hasibether, Grampp, Vinion, Reischl, Beck-Mathieu, Full, Schönrich, Siegert, Kempf, Pilz, Kuhn
3. Reihe v.l.n.r.: Brunner, Borken, Übler, Link, Lobe P., Müller, Reus, Plätzer, Hahn, Prechtl J.
4. Reihe v.l.n.r.: Kämpf, Pöhlmann, Lochner, Heym, Lenk, Emminger, Dr. Ehlenberger, Pensky, Zellinger, Maier

Abb. 284.10: Das Kollegium 2011/12
1. Reihe v.l.n.r.: OStRin Schim, OStR Beck-Mathieu, LAssin Schönrich, StD Fuchs, StD Eisentraut, StDin Graf, LAssin Lobe, StRin Liebscher
2. Reihe v.l.n.r.: StD Grampp, StRin Reisner, StRin Prechtl J., Pfrin Hirschberg, OStRin Schmidt-Kessel, StRin Weigert, OStRin Kohl, LAssin Kempf, LAss Kerling, OStRin Schmidhuber, StR Dr. Bauer, OStR Pöhlmann
3. Reihe v.l.n.r.: StR Siegert, LAss Emminger, OStRin Kuhn, StRin Witt, StRin Knorr, StRin Dr. Mayr, StRin Donnerbauer, LAv Heider, StR Pitsch, LAv Dr. Fischer, OStRin Fischer
4. Reihe v.l.n.r.: StD Maier, StD Lobe, StRef Münch, StR Dr. Ehlenberger, StD Müller, StR Dr. Full, OStRin Kämpf, OStR Lenk, OStR Hendler, StR Lochner

Abb. 285: 3 Schulleiter mit Team, 2002
v.l.n.r.: OStD W. Lang, StD W. Minier, OStD H. Hutzelmeyer, StD Dr. E. Türk, OStD Dr. H. Ponader, StD Hans Scheick

Abb. 286: Schulleitung 2010/11
v.l.n.r.: OStD Wolfgang Lang, StD Wolfgang Minier, OStD i. R. Heinz Hutzelmeyer, Frau Johanna Krauß (Sektetärin), Frau StDin Waltraud Geib, dahinter StD Dr. Erich Türk, Frau Monika Weimar (Mitarbeiterin im Sekretariat), OStD Dr. Harald Ponader, StD Hans Scheick

Abb. 287.1: Abschlussball 1937

Abb. 287.2: 6. Klasse 1950, rechts StR Kaspar Lang

Abb. 287.3: vor der Turnhalle, um 1955

Abb. 287.4: Klasse 5b mit Karl Müssel auf der Treppe zum Lehrerzimmer, Sommer 1958

Abb. 287.5: Klasse 5b mit H. Hagen, 1958

Abb. 287.6: Abiturientinnen mit Stud. Prof. Meißner vor der Turnhalle

Abb. 287.7: Schüler und Schülerinnen, um 1960

Abb. 287.8: Schüler und Schülerinnen, um 1960

Anmerkungen Kapitel 1

1. Zum Dreißigjährigen Krieg im Zusammenhang mit Bayreuth und der Markgrafschaft vgl. Joh. Wilh. Holle, Das Fürstenthum Bayreuth im Dreißigjährigen Krieg, AO, 1.–3. H., 1848–1850; Erich Sticht, Markgraf Christian von Brandenburg-Kulmbach und der Dreißigjährige Krieg in Ostfranken, 1618–1635, Kulmbach 1965; Rainer Trübsbach, Geschichte der Stadt Bayreuth, 1194–1994, Bayreuth 1993, S. 87ff. (= Trübsbach, Geschichte der Stadt Bayreuth).

2. Horst Fischer, Häuserbuch der Stadt Bayreuth, Band II, Bayreuth 1991, S. 489f., 505f. (= Fischer, Häuserbuch).

3. Trübsbach, a.a.O., S. 43f.; StadtA BT, 23 480.

4. STAB, C 9 IV, 1858 und 1860.

5. Trübsbach, a.a.O., S. 90.

6. Vgl. dazu Fritz Blättner, Das Gymnasium, Aufgaben der Höheren Schule in Geschichte und Gegenwart, Heidelberg 1960; Franz Bittner, Lateinschulen und Gymnasien, in: Elisabeth Roth, Hrsg., Oberfranken in der Neuzeit bis zum Ende des Alten Reiches, Bamberg 1984, S. 589–625.

7. Zur Baugeschichte der Lateinschule vgl. H. Fischer, Häuserbuch, Bd. II, S. 707ff.; Wilfried Engelbrecht, Baugeschichte der Bayreuther Lateinschule, AO, 77, 1997, S. 237–282. (= Engelbrecht, Lateinschule) Zur Entwicklung des Bayreuther Schulwesens vgl. auch Rainer Trübsbach, Geschichte der Stadt Bayreuth, 1194–1994, Bayreuth 1993, S. 75, 126f., 214ff., 327, 352f.

8. W. Engelbrecht, a.a.O., S. 270.

9. Vgl. E. Roth, „Teutsche Schulen" in Stadt und Land, in: Ds., Hrsg., Oberfranken in der Neuzeit bis zum Ende des Alten Reiches, a.a.O., S. 698f.

10. Zur „Deutschen Schule", vgl. E. Roth, a.a.O.; F. Bittner, a.a.O., S. 602ff.

11. Vgl. H. Fischer, Häuserbuch, Bd. II, S. 594, 599, 650, 671, 707, 908, 909, 1005.

12. Vgl. K. Müssel, Gymnasium Christian-Ernestinum Bayreuth,1664–1964, Festschrift zum 300-jährigen Bestehen des Humanistischen Gymnasiums in Bayreuth, Bayreuth 1964, S. 21. (= Müssel, Festschrift).

13. Vgl. zu dieser Thematik Roland-Götz Foerster, Herrschaftsverständnis und Regierungsstruktur in Brandenburg-Ansbach 1648–1703, Ansbach 1975, S. 41ff.

14. Vgl. Karl Müssel, a.a.O., S. 21f., zu Caspar von Lilien: Müssel a.a.O., 23ff. und drs., Caspar von Lilien und seine „Christ-Fürstliche Jesu-Nachfolge" (1677), Ein Bayreuther Fürstenspiegel und „Anti-Machiavell", AO 87, 2007, S. 137–174. (= Müssel, Caspar v. Lilien). Zur Beziehung zwischen von Lilien und Sigmund von Birken vgl. Joachim Kröll, Bayreuther Barock und frühe Aufklärung; Teil II AO 56, 1976, S. 121–233. Vgl. zu v. Lilien auch Joachim Kröll, Bayreuther Persönlichkeiten um die Mitte des 17. Jahrhunderts, AO, 50, 1970, S. 305ff.

15. K. Müssel, Caspar von Lilien, AO 87, S. 139.

16. Vgl. Müssel, Festschrift, S. 12–13.

17. Vgl. Müssel, a.a.O., S. 16ff.

18. Vgl. Müssel, a.a.O., S. 19f. Vgl. zu den Rektoren der Lateinschule auch H. Fischer, Häuserbuch, II, S. 717f. und G. W. A. Fikenscher, Geschichte des illustren Christian-Ernestischen Collegii zu Bayreuth, Bayreuth 1806ff.

19. Vgl. W. Engelbrecht, Lateinschule, a.a.O., S. 255ff.; Helmut Haas, „Lateinische Inschriften an Bauwerken in Bayreuth, AO 73, 1993, S. 309–366. Vgl. auch K. Müssel, Festschrift, S. 53.

20. Vgl. F. Blättner, a.a.O., S. 35–37.

21. Müssel, Festschrift, S. 29.

22. Günther Schuhmann, Die Markgrafen von Brandenburg-Ansbach, Ansbach 1980, S. 101ff.

23. Vgl. auch Müssel, Festschrift, S. 27.

24. Müssel, Festschrift, S. 30; F. Paulsen, Geschichte des gelehrten Unterrichts, 3. Auflage, hg. v. Rudolf Lehmann, 2 Bände, Leipzig 1919 und 1921, zum Christian-Ernestinum Bd. I., S. 313)

25. W. Engelbrecht, Lateinschule, S. 269 und K. Müssel, Festschrift, S. 31. Eine ausführliche Beschreibung der Einweihungsfeierlichkeiten findet sich in der Bayreuther Intelligenz-Zeitung Nr. 30 vom 28. Juli 1764 anlässlich der 100-Jahr-Feier. Vgl. auch Johann Fikenscher, Historia Illustris Collegii Christian-Ernestini 1664–1692, Universitätsbibliothek Erlangen, Ms 2235.

26. K. Müssel, Die älteste Fassung von Johann Fikenschers „Historia Illustris Collegii Christian-Ernestini", AO 43, 1963, S. 141–158.

27. Müssel, Festschrift, S. 31f.; „Gotha" erscheint zwar nicht im Text, G. W. A. Fikenscher und Fries nennen aber wohl richtig den Autor des Schreibens, der richtunggebend sein Schulwesen geordnet und bei dem V. L. v.

Seckendorff 1655 seinen „Teutschen Fürstenstaat" geschrieben hatte.

[28] Vgl. K. Müssel, Das Siegel des Gymnasium illustre Chrtisatian-Ernestinum Jahresbericht 1976/77, S. 5–8.

[29] Heinz Schilling, Höfe und Allianzen, Deutschland 1648–1763, Berlin 1989, S. 396.

[30] Jürgen Freiherr von Kruedener, Die Rolle des Hofes im Absolutismus, Stuttgart 1973, besonders S. 26ff.

[31] Elisabeth Roth, Hohe Schulen und Seminare, in: Ds., Hrsg., Oberfranken in der Neuzeit bis zum Ende des Alten Reiches, Bayreuth 1984, S. 680.

[32] Müssel, Festschrift, S. 33f.

[33] Müssel, Festschrift, S. 38. Vgl. Anhang.

[34] Zu den Alumnen vgl. Sylvia Habermann, Die Alumnen und die Musikpflege in der Lateinschule, in: Bayreuth, Historisches Museum Bayreuth – Stadtmuseum – Festschrift zur Einweihung am 27. Juni 1996, S. 37–41. Vgl. auch Stadtarchiv Bayreuth 22 336 (Alumnen, Armenschüler, Anordnung, wie sich die Alumni auff der Schul verhalten sollen, 1672/73).

[35] Kapp verweist hier und in anderen Beiträgen zu dieser Thematik auf damals aktuelle Literatur wie A. F. Crome, Über die Größe und Bevölkerung der sämtlichen europäischen Staaten, Leipzig 1785; v. Meyern, Nachrichten von der politischen und ökonomischen Verfassung des Fürstenthums Bayreuth, Gotha 1780; Verordnung von Christian Ernst an alle Vogteiämter, eine ausführliche Beschreibung zu erstellen. Auch die Publikationen von Büsching oder die Süßmilchschen Tabellen waren ihm bekannt.

[36] Besagter Morg gehört in die „Dynastie" der Metzgerfamilie Morg, die sich bis 1603 (Kasendorf bei Kulmbach) zurückverfolgen lässt. Schon in der 2. Generation erscheint Simon Morg als Metzger (Fleischhacker) in Emtmannsberg. Von hier verlagert sich ein Zweig der Familie nach Bayreuth, wo Johann Ernst Morg 1734 als Hofschlachter seßhaft wird und den berühmten Ochsen von 24 Ztr Gewicht mit einem Schlag niederstreckt. In der Folge wurde die Metzgerei bis weit in die zweite Hälfte des 20. Jahrhunderts weiter vererbt. Ein anderer Zweig wählte andere Berufe. Hierher gehört in fünfter Generation der Landsyndicus Morg. Als Schüler tauchen auch im 19. Jahrhundert immer wieder Morgs auf

[37] Vgl. Trübsbach, Stadtgeschichte, S. 104, 225.

[38] Joh. Heinr. Gottlieb Justi, Staatswirtschaft oder systematische Abhandlung aller ökonomischen und Cameralwissenschaften, Leipzig 1758. Drs., Grundsätze der Policey-Wissenschaft, Göttingen 1756. Rudolf Vierhaus, Deutschland im Zeitalter des Absolutismus, Göttingen 1978.(Zum Merkantilismus S. 45ff.). (Weitere Literatur zum Kameralismus und Merkantilismus bei Trübsbach, Wirtschafts-und Sozialgeschichte Bayreuths im 18. Jahrhundert, a.a.O., S. 18–219, 231–233).

[39] Vgl. z.B. John Locke (1632–1714), „Essay concerning human understanding"(1690) und „Two Treatises of Government"(1690); David Hume (1711–1776), „Treatise of human nature" (1738/40); Montesquieu (1689–1755), „Esprit des lois" (1748); Voltaire (1694–1778), „Dictionnaire philosophique" (1764); Jean Jaques Rousseau (1712–1778), Contrat social" (1762) und „Discours sur l'origine et le fondement de l'inégalité des hommes" (1755).

[40] Vgl. Müssel, Festschrift, S. 39f.

[41] Vgl. zu diesen Baumaßnahmen W. Engelbrecht, Lateinschule, a.a.O., S. 270f. G. W. A. Fikenscher, Geschichte des illustris Collegii Christian-Ernestini zu Bayreuth, Hof 1807, S. 82–85.

[42] Vgl. Peter Lundgreen, Sozialgeschichte der deutschen Schule im Überblick, Teil I: 1770–1918, Göttingen 1980, besonders S. 17ff.

[43] Vgl. R. Trübsbach, Wirtschafts- und Sozialgeschichte Bayreuths im 18. Jahrhundert- Zur materiellen Kultur des Handwerks in der Zeit der Vor- und Frühindustrialisierung, Diss. Erlangen 1983 (= AO 65, 1985), S. 47ff. (= Trübsbach, Wirtschafts- und Sozialgeschichte).

[44] Vgl. G. W. A. Fikenscher, Geschichte des illustren Christian-Ernestinischen Collegii zu Bayreuth. Viertes Stück, Bayreuth 1809, S. 187ff. Vgl. auch Übersicht der Lehrer für jedes Fach S. 189ff.

[45] Vgl. Karl Müssel, Johann Wolfgang Rentsch und sein „Brandenburgischer Ceder-Hein" Leben und Werk des ersten Professors am Bayreuther Gymnasium (1637–1690), AO, 42, 1962, S. 55–90; G. W. A. Fikenscher, Gelehrtes Fürstenthum Baireuth, Band VII, Nürnberg 1805, S. 181ff.

[46] Vgl. K. Müssel, Johann Wolfgang Rentsch, a.a.O., S. 71f.

⁴⁷ J. H. Hagen, Der zum hohen Altar Gottes eingehende Gottespriester, Leichenpredigt auf J. W. Rentsch, Bayreuth 1690.

⁴⁸ Vgl. zu Liebhard und besonders zu seiner Festrede K. Müssel, Das alte Christian-Ernestinum als „Mutter der Studien", Bemerkungen zu Ludwig Liebhards Festrede von 1666, in: Gymnasium Christian-Ernestinum Bayreuth, 1664–1989, Beiträge zum 325-jährigen Bestehen des humanistischen Gymnasiums in Bayreuth, Bayreuth 1989, S. 19–23.

⁴⁹ G. W. A. Fikenscher, a.a.O.

⁵⁰ Vgl. G. W. A. Fikenscher, a.a.O., S. 127ff. K. Müssel, Die älteste Fassung von Johann Fikenschers „Historia Illustris Collegii Christian-Ernestini", AO 43, 1963, S. 141–158. Vgl. auch Christa Schaper, Aus dem Kreis der Weigel-Schüler in Franken, AO 39, 1959, S. 139–155.

⁵¹ Vgl. Trübsbach, Wirtschafts- und Sozialgeschichte der Stadt Bayreuth, a.a.O., S. 42–47. Zu den Lebensverhältnissen im 18. und 19. Jahrhundert vgl. allgemein z.B. Fernand Braudel, Sozialgeschichte des 15.–18. Jahrhunderts, München 1985; Wilhelm Abel, Massenarmut und Hungerkrisen im vorindustriellen Deutschland, Göttingen 1972; Wolfram Fischer, Armut in der Geschichte, Göttingen 1982; Peter Laslett, Verlorene Lebenswelten, Geschichte der vorindustriellen Gesellschaft, Wien Köln Graz 1988; Hans-Jürgen Puhle, Hrsg., Bürger in der Gesellschaft der Neuzeit, Göttingen 1991.

⁵² Vgl. Zu Lebenshaltung und Preisen: R. Trübsbach, 100 Jahre, Arbeitgeber-Verband für Bayreuth und Umgebung, a.a.O., S. 68, 79ff., 174f.; Drs., Geschichte des Bäckerhandwerks, a.a.O., S. 80ff., 228ff., (Anhang 19–27), zur Krisenmortalität S. 94. Drs., Wirtschafts- und Sozialgeschichte Bayreuths im 18. Jahrhundert, a.a.O., S. 42ff.

⁵³ Vgl. Otto Veh, Die Matrikel des Gymnasiums Bayreuth 1664–1813, Bayreuth 1948–1950. Erster Teil 1664–1700, Gründungsmitglieder S. 6. Vgl. Album Baruthinum, Verzeichnis der Schüler des Bayreuther Gymnasiums 1664–1812, 6 Bände, Handschrift 2062 der Universitätsbibliothek Erlangen. Weiteres Schrifttum bei Veh, a.a.O., S. 30.

⁵⁴ Vgl. zu diesen Fragen R. Trübsbach, Wirtschafts- und Sozialgeschichte Bayreuths im18. Jahrhundert, a.a.O., S. 97–108.

⁵⁵ Vgl. R. Trübsbach, Geschichte des Bäckerhandwerks Bayreuth Stadt und Land, Bayreuth 1984, S. 27. Vgl. Wilhelm Müller, Erhard Christian von Hagen, AO, 47, 1967, S. 379–395. Ph. Hirschmann, Erhard Christian von Hagen von Hagenfels, Archiv für Geschichte und Altertumskunde von Oberfranken, 30. Band, erstes Heft, 1927, S. 1–5.

⁵⁶ Vgl. zu Will: Christoph Schaller, Leben und Wirken des Magisters Johann Will, AO. 64, 1984, S. 9–66. Th. Drechsel, Magister Jophann Wills Crusiae Historia, Archiv für Geschichte und Altertumskunde, 31. Band, zweites Heft, 1931, S. 1–93.

⁵⁷ Vgl. K. Müssel, Wie St. Georgen seinen Namen erhielt, in: Brannaburger Bürgerfest '89 S:, 21.

⁵⁸ Vgl. Alf Mintzel, Bayreuther und Hofer Kleinverleger des 18. Jahrhunderts und ihre Verlagswerke, AO, 66, 1986, S. 142ff.

⁵⁹ Martin Riedelbauch, Der Aufstieg, das Wirken und der Niedergang der Reichsgrafen von Ellrodt, AO, 39, 1959, S. 292–302.

⁶⁰ Vgl. Franz Pietsch, Geschichte der gelehrten Bildung in Kulmbach von den Anfängen bis zur Gegenwart, Die Plassenburg Bd. 33, Kulmbach 1974, S. 97f.

⁶¹ Vgl. R. Trübsbach, Geschichte des Bäckerhandwerks Bayreuth Stadt und Land, Bayreuth 1984, S. 76; dieser v. Völderndorff und Waradein verfasste 1792 eine „Geschichte der in den Jahren 1790 und 1791 zum Behuf einer Brod – Raithung in der Haupt- und Residenz-Stadt Bayreuth vorgenommenen Prob-Wägen, Mahlen und Backen des Getreids …" Er war auch Freimaurer in der Loge „Eleusis zur Verschwiegenheit" i.O. Bayreuth, Nr. 6. Vgl. Friedrich Drechsel, Carl Friedrich Wilhelm Freiherr von Völderndorff und Waradein – seine Herkunft, seine Familie, seine Tätigkeit, AO, 75, 1995, S. 289–358.

⁶² Zu Sebastian König Vgl. König, Straßen und Häuserbeschreibung, HVObfr Ms 128: Vgl. Müssel, Bayreuth in acht Jahrhunderten, Bayreuth 1993. Vgl. K. Müssel, Der Bayreuther Justizrat und Chronist Johann Sebastian König, AO, 67, 1987, S. 257–276.

⁶³ Vgl. Trübsbach, Geschichte der Stadt Bayreuth, a.a.O., S. 147; vgl. Müssel, Bayreuth in acht Jahrhunderten, a.a.O., S. 113, 129; Johann Gottfried Köppel, Beschreibung einer historischen und statistischen Reise durch die fränkischen Fürstentümer Bayreuth und Ansbach, 2 Bde., Erlangen 1816.

⁶⁴ Vgl. Trübsbach, Geschichte der Stadt Bayreuth, a.a.O., S. 42; Joh. Th. K., verfasste die

Schrift „Zeit- und Handbüchlein für Freunde der theologischen Lektüre aufs Schaltjahr 1780, HVObfr B 628. Vgl. Joachim Kröll, Johann Theodor Künneth, AO, 66, 1986, S. 191–211. J. Kröll, Geschichte der Stadt Creußen, 1958, S. 207–216. Die Bäcker Künneth lassen sich bis um 1706 nachweisen, bis um 1848 erscheinen 17 Künneths als Bäcker. Vgl. R. Trübsbach, Geschichte des Bäckerhandwerks Bayreuth Stadt und Land, a.a.O., S. 245 und 172–177. Zur Geschichte der Künneth vgl. auch Heinz Wolfrum (Ms. freundlicherweise überlassen von der Stadtverwaltung Gefrees).

[65] StadtA Bth Hist. 385

[66] Vgl. Otto Dann, Hrsg., Lesegesellschaften und bürgerliche Emanzipation, Ein europäischer Vergleich, München 1981.

[67] Zu Pfeiffer vgl. Ina Sander, Johann Pfeiffer, Leben und Werk des letzten Kapellmeisters am Markgräflichen Hof zu Bayreuth, AO 46, 1966, S. 129–181; zu Friedrich Pfeiffer S. 150.

[68] Vgl. R. Trübsbach, Wirtschafts- und Sozialgeschichte Bayreuths im 18. Jahrhundert, Diss. Erlangen, a.a.O., S. 61ff. und Sippentafel der Schlenk S. 199ff. Die Vorfahren kommen aus Grünberg bei Brand in der Oberpfalz, lassen sich als Hammerwerkbesitzer in Tröstau nachweisen, gehen nach Gefrees und von dort nach Berneck, wo mit Andreas Schlenck (1631–1695) der erste Gerbermeister erscheint. Erster Gerber in Bayreuth ist Wolff Ludwig Schlenck (1659–1694).

[69] Zur Familie Trips vgl. R. Trübsbach, 100 Jahre Arbeitgeber-Verband für Bayreuth und Umgebung (1902), Geschichte des Baugewerbes der Stadt Bayreuth und Umgebung von Den Anfängen bis zur Gegenwart, Bayreuth 2002, S. 168. Vgl. auch Kurt Meyerding de Ahna„ Die Meisterbücher des Bayreuther Maurerhandwerks, HVObfr Ms 39 und 40.

[70] Karl Sitzmann, Künstler und Kunsthandwerker in Ostfranken, Kulmbach 1983, S. 578ff.

[71] Vgl. Trübsbach, Geschichte der Stadt Bayreuth, a.a.O., S. 133, 147, 152, 154.

[72] Vgl. Mitteilungen aus meinem Leben (1787–1864) von Gottlieb Christian Eberhard Wunder, AO, 43, 1963, S. 237–255.

[73] Vgl. zu G. W. A. Fikenscher: K. Müssel, Georg Wolfgang Augustin Fikenscher, Ein Bayreuther Geschichtsforscher, Gedenken zu seinem 200. Geburtstag. AO, 53, 1973, S. 289–302; F. Pietsch, Geschichte der gelehrten Bildung in Kulmbach, Kulmbach 19745, S. 103ff. Weitere Fikenscher vgl. Otto Veh, Die Matrikel des Gymnasium Bayreuth 1664–1813, III. Teil 1751–1813, Bayreuth 1950, S. 16.

[74] Vgl. Otto Veh, Matrikel, a.a.O., III. Teil, S. 8.

[75] Vgl. zu König: Karl Müssel, Der Bayreuther Justizrat und Chronist Johann Sebastian König (1741–1805), AO, 67, 1987, S. 257–276.

[76] Vgl. zum Armen- und Bettelwesen StadtA Bth Hist. 426, 130, 351,

[77] Vgl. Sitzmann, Künstler und Kunsthandwerker in Ostfranken, a.a.O., S. 424. Diese Ränz gehören in die berühmte Bildhauer-Dynastie der Ränz (Dazu Sitzmann, a.a.O., S. 414–424). Matthäus Emanuel Ränz (geb. 9. Juni 1747, gest. 3. Februar 1801), der erste Zeichenmeister am Gymnasium, ist ein Enkel, sein Sohn und Nachfolger im Amt, Carl Johann C. Louis Heinrich Ränz (geb. 23. Januar 1777, gest. 29. September 1865) ein Urenkel des Elias Ränz. In der Matrikel nachgewiesen ist Johann Wolfgang Ränz, Sohn des Bildhauers Johann Gabriel Ränz, also ein Bruder des oben genannten Matthäus Emanuel Ränz. Er ist geb. am 12. Januar 1743, verabschiedet sich vom Gymnasium 1762, studiert in Erlangen und wird 1775 Adjunkt in Ahornberg, 1776 Pfarrer und verstirbt in Kulmbach am 11. Februar 1827.

[78] Vgl. Trübsbach, Geschichte der Stadt Bayreuth, a.a.O., S. 32ff., S. 90.

[79] Vgl. vor allem Rainer-Maria Kiel, Die Alte Bibliothek des Gymnasiums Christian-Ernestinum, Bayreuth 2004; G. W. A. Fikenscher, Geschichte des illustris Collegii Christian-Ernestini zu Bayreuth, a. a. O.; K. Müssel, Festschrift, a.a.O.

[80] Friedrich Karl Gottlob Hirsching, Versuch einer Beschreibung sehenswürdiger Bibliotheken Teutschlands, nach alphabetischer Ordnung der Städte, Bd. 1–4, Erlangen 1786–1791. über Bayreuth vgl. Ergänzungsband zu Band 3.1., S. 82.

[81] UB Erlangen, Ms. 1381.

[82] Vgl. Müssel, Festschrift, a.a.O., S. 46; UB Erlangen Ms. 2014–2016.

[83] Vgl. Rainer-Maria Kiel, Geschichte der Kanzleibibliothek Bayreuth 1735–1985, Bayreuth 1985, S. 23–25.

[84] Vgl. zum Katalog der Schlossbibliothek von Prof. Lang Restbestand der Kanzleibiblio-

85 Vgl. Fikenscher, Geschichte, a.a.O., S. 296.

86 Vgl. Kiel, Die Alte Bibliothek des Gymnasiums, a.a.O., S. 15.

87 Joh. Salomo Christoph Schweigger, Einige Worte über den Vortrag der Mathematik auf Schulen, Bayreuth 1805, S. 41.

88 drs., Einige Worte über den Vortrag der Physik auf Schulen, Bayreuth 1808, S. 22.

89 Vgl. Kiel, Geschichte der Alten Bibliothek, a.a.O., S. 19.

90 Vgl. zur allgemeinen Entwicklung im 18. Jahrhundert Fritz Blättner, a.a.O., S. 37–66.

91 Vgl. Zur Entwicklung im Zeitalter der Aufklärung z.B. Fritz Blättner, a.a.O., S. 37–66; Albert Reble, Geschichte der Pädagogik, Stuttgart 1964, S. 123–159; Herwig Blankertz, Die Geschichte der Pädagogik, Von der Aufklärung bis zur Gegenwart, Wetzlar 1982, S. 21–87; Margret Kraul, Das deutsche Gymnasium 1780–1980, Frankfurt 1984, S. 13–45; Peter Lundgreen, Sozialgeschichte der deutschen Schule im Überblick, Teil I: 1770–1918; Rudolf Vierhaus, Deutschland im Zeitalter des Absolutismus, Göttingen 1978, Kap. III, S. 81–115.

92 Vgl. Rudolf Vierhaus, Deutschland im Zeitalter des Absolutismus, Göttingen 1978, S. 94–102.

93 Vgl. Erhard Weigel,1625–1699, zum 300. Todestag, Ausstellung 21. März–25. April 1999 im Stadtmuseum Göhre Jena, S. 7.

94 a.a.O., S. 10. Zu Weigel vgl. auch Christa Schaper, Aus dem Kreis der Weigel-Schüler in Franken, AO 1959, S. 139–155 und ds., Neue archivalische Forschungen zur Lebensgeschichte von Professor Erhard Weigel (1625–1699), AO 39, 1959, 97–140.

95 Zu Silchmüller vgl. R. Trübsbach, Geschichte der Stadt Bayreuth, a.a.O., S. 132 ,136, 137; Dr. Wirth, Das Bayreuther Gymnasium um 1727, in: Bayreuther Land, 1931, S. 146–148. Vor allem Franz Pietsch, Geschichte der gelehrten Bildung in Kulmbach, von den Anfängen bis zur Gegenwart, Die Plassenburg, Band 33, Kulmbach 1974, S. 90ff. Jacob Batteiger, Der Pietismus in Bayreuth, Berlin 1903; K. Weiske, Johann Christoph Silchmüllers Bayreuther Tagebuch, AO 29.2, S. 28.

96 Franz Bittner, a.a.O., S. 614f.

97 Vgl. zu den Philantropen A. Reble, a.a.O., S. 148ff.

98 Vgl. Herwig Blankertz, Die Geschichte der Pädagogik, a.a.O., S. 46–87.

99 R. Trübsbach, Geschichte der Stadt Bayreuth, a.a.O., S. 150–156 K. Müssel, Bayreuth in acht Jahrhunderten, a.a.O., S. 124ff. … P. G. Thielen, Karl August von Hardenberg 1750–1822, Köln Berlin 1967. K. Süssheim, Preußens Politik in Ansbach-Bayreuth 1791–1806, Berlin 1902. R. Endres, Die Preußische Ära, in: M. Spindler,Hg., Handbuch der Bayerischen Geschichte, Bd. III/1, München 1979. R, Endres, Die „Ära Hardenberg" in Franken, AO 73, 1993, S. 115–128. Fritz Hartung, Hardenberg und die preußische Verwaltung in Ansbach-Bayreuth, Tübingen. 1906. A. P. Weltrich, Erinnerungen für die Einwohner des Fürstenthums Baireuth aus den preußischen Regierungsjahren von 1792–1807, Bayreuth 1808. Hardenberg, Generalbericht über die Verwaltung der Fürstenthümer Ansbach und Bayreuth vom Regierungsantritt des Königs im Jahre 1792 bis 1. Junin 1797, Berlin 1797. E. Deuerling, Das Fürstenthum Bayreuth unter französischer Herrschaft und sein Übergang an Bayern 1806–1810, Diss. Erlangen 1930. H. Haberstroh, Camille de Tournon, Intendant des Fürstentums Bayreuth 1806–1809, AO, 40, 1960, S. 172–205. Camille de Tournon, „Statistique de la Province de Bayreuth", Rom 1809 (Übersetzung Bettina Schiller, Hg. vom Historischen Verein für Oberfrranken mit einem biographischen Nachwort von Karl Müssel, Neustadt/Aisch 2002).

100 Vgl. Erwin Herrmann, Zur Geschichte der Gesellschaft „Harmonie", AO 66, 1986, S. 251–272.

101 Stadt A Bth. Hist. 695; Trübsbach, 100 Jahre Arbeitgeber-Verband für Bayreuth und Umgebung, a.a.O., S. 63f.

102 Stadt A Bth, 3510, 9598.

103 Vgl. Wilhelm Motschmann, Das Bayreuther Gymnasium 1864–1914 (Ergänzungen zur Fries'schen Geschichte der Studienanstalt) Zur 250-jährigen Jubelfeier, Bayreuth 1914, S. 7.

104 Vgl. Des Höfischen Gymnasiums Jubiläum, 450 Jahre Jean –Paul- Gymnasium Hof, Festschrift und Bericht über das Schuljahr 1995/96, Hof 1996, S. 51. Paul Schwartz, Die Gelehrtenschulen Preußens unter dem Oberschulkollegium (1787–1806) und das Abiturientenexamen, 3. Bd, Berlin 1912, S. 451f.

105 Wilhelm Müller, Universität Bayreuth, Heimatbeilage zum Amtlichen Schulanzeiger

des Regierungsbezirks Oberfranken, Nr. 45, Bayreuth 1975. Franz Bittner, Lateinschulen und Gymnasien, a.a.O., S. 614–616. K. Müssel, Festschrift, a.a.O., S. 47ff. K. Müssel, Die Akademie der freien Künste und Wissenschaften in Bayreuth (1756–1763), AO 61, 1981, S. 33–57. K. Müssel, Die Bayreuther Friedrichsakademie und ihre Studierenden 1742/43, AO 72, 1992, S. 257–325. Bei Müssel finden sich ausführliche Hinweise auf einschlägige ältere und neuere Literatur und Quellen. K. Müssel, Gleichsam in Sturm und Wetter gestiftet, Die Bayreuther Friedrichsakademie/Erinnerungen an die kurzlebige erste Bayreuther Universität vor 250 Jahren, Heimatbote, Monatsbeilage „Nordbayerischer Kurier", 25. Jg., Nr. 3/1992. Helmut Haas, Bayreuths drei „Hohe Schulen" des 18. Jahrhunderts, AO 78, 1998, S. 275–314.

[106] Vgl. Georg Schanz, Zur Vorgeschichte der Universität Erlangen, AO, Bd. 5, Heft 3, 1883, S. 91ff., vgl. auch Hermann Jordan, Reformation und gelehrter Bildung in der Markgrafschaft Ansbach-Bayreuth. Eine Vorgeschichte der Universität Erlangen, 2 Teile, Leipzig 1917 und 1922. Vgl. auch Richard Fester, Die Bayreuther Schwester Friedrichs des Großen, in: Deutsche Rundschau, Berlin 1901, S. 221.

[107] Zu den Kulmbacher Plänen vgl. Franz Pietsch, Geschichte der gelehrten Bildung in Kulmbach, a.a.O., S. 74ff., 253ff.

[108] Vgl. Müssel, Die Akademie der freien Künste ..., a.a.O., S. 261, und Ernst Mengin, Die Ritter-Academie zu Christian-Erlang, Erlangen 1919, S. 56. Vgl. auch Wilhelm Müller, Universität Bayreuth, Geschichte und Gegenwart, Heimatbeilage zum Amtlichen Schulanzeiger des Regierungsbezirks Oberfranken, Nr. 45, Mai 1975, besoners S. 1–14 zu den Anfängen und frühen Versuchen.

[109] Vgl. Gerhard Pfeiffer, Daniele de Superville, in: Fränkische Lebensbilder, Bd. 8, Neustadt/Aisch 1978.

[110] Zur Bedeutung von Markgraf Friedrich vgl. Müssel, a.a.O., S. 263f. undRudolf Endres, Reformpolitik in den Fürstentümern Ansbach und Bayreuth im Aufklärungszeitalter, AO 72, 1992, S. 327–341. Zur Verteilung der Rollen Superville, Friedrich, Wilhelmine vgl. Müssel,a.a.O., S. 265f. Gerhard Pfeiffer, Gründung und Gründer der Universität Erlangen, in: Festschrift für Hans Liermann zum 70. Geburtstag (Erlanger Forschungen Reihe A, Bd. 16) Erlangen 1964.

[111] K. Müssel, a.a.O., S. 269.

[112] Vgl. Müssel, a.a.O., S. 269f. Zum Siegel vgl. auch G. W. A. Fikenscher, Geschichte der Königlich Preussischen Friedrich-Alexander-Universität zu Erlangen, Coburg 1795, S. 247; Der brandenburgischen historischen Münzbelustigungen 26. Woche, 25. Juni 1770 „Merkwürdige Medaille auf die in Baireuth errichtete Friedrichsakademie vom Jahre 1742"

[113] Zu den Rektoren vgl. Müssel, a.a.O., S. 271ff.

[114] Vgl. Müssel, a.a.O., S. 277; Fränkische Bibliographie Nr. 6032. Vorhanden in der Universitätsbibliothek Erlangen.

[115] Vgl. Müssel, a.a.O., S. 277f.; HV Obfr Ms 138.

[116] Vgl. Müssel, a.a.O., S. 292ff. Hier ausführliche Hinweise zu allen Studierenden.

[117] Vgl. K. Müssel, Die Akademie der freien Künste und Wissenschaften in Bayreuth (1756–1763), AO 61, 1981, S. 33–57.

[118] Vgl. Müssel, a.a.O., S. 43.

Anmerkungen Kapitel 2

[1] Vgl. Trübsbach, Geschichte der Stadt Bayreuth, a.a.O., S. 174–196.

[2] Vgl. Reble, Geschichte der Pädagogik, a.a.O., S. 160ff.; Blankertz, Die Geschichte der Pädagogik, a.a.O., S. 89ff. Vgl. auch Max Spindler, Hg., Bayerische Geschichte im 19. und 20. Jahrhundert 1800 bis 1970, Zweiter Teilband, München1975, Kaptel C/I (Das Schulwesen), S. 950ff.

[3] H. G. Herrlitz, Deutsche Schulgeschichte ..., a.a.O., Kapitel 4: Anpassungstendenzen im höheren Bildungsbereich: Modernisierung und Herrschaftssicherung, S. 63ff.

[4] E. Herrmann, Zur Geschichte der Gesellschaft „Harmonie" in Bayreuth, AO 66, 1986, S. 251–272, hier 257f./Vgl. Karl Fries, Dr. Johann Christoph Held- Ein Lebensbild, II. Abteilung, zweite Hälfte, Bayreuth 1876. Bernd Mayer, Heinz Gert Schröder, Hans Schwab, Ein Verein schreibt Stadtgeschichte, 200 Jahre Gesellschaft Harmonie Bayreuth, 1803–2003, Bayreuth 2003, S. 13. Zu Bezzel vgl. auch Stadtarchiv Bayreuth, 26 227.

[5] Vgl. Hesperus, Blätter der Jean-Paul-Gesellschaft, Nr. 25, März 1963, S. 1.

[6] Kurt Lenk, „Volk und Staat" Strukturwandel politischer Ideologien im 19. und 20. Jahrhundert, Stuttgart 1971, S. 66ff.

7 a.a.O., S. 74ff.
8 a.a.O., S. 85ff.
9 Kurt Lenk, Deutscher Konservatismus, Frankfurt, New York 1989, besonders Kap. 5, S. 71ff.
10 Vgl. zur Entwicklung des Schulsystems allgemein Max Spindler, Hg., Bayerische Geschichte im 19. und 20. Jahrhundert, Zweiter Teilband, München 1975, S. 950ff.; Hans-Ulrich Wehler, Deutsche Gesellschaftsgeschichte 1849–1914, München 1995. 396ff.
11 Wehler, a.a.O., S. 412
12 Langenmaier, Theodor, Festschrift zur Hundertjahrfeier, Geschichte der Gewerb-, Real- und Oberrealschule Bayreuth, Bayreuth 1933. Festschrift 150 Jahre Graf-Münster-Gymnasium Bayreuth, 1833–1983, Bayreuth 1983.
13 Vgl. Trübsbach, R., Geschichte der Stadt Bayreuth, a.a.O., S. 180ff., 168ff.
14 Festschrift 150 Jahre Graf-Münster-Gymnasium Bayreuth, S. 24.
15 Vgl. Trübsbach, Geschichte der Stadt Bayreuth, S. 218f., 125 Jahre Richard-Wagner-Gymnasium Bayreuth, 1867–1992, Bayreuth 1992.
16 Vgl. Hans Brendicke, Grundriss zur Geschichte der Leibesübungen, Köthen 1882. H. F. Maßmann, Die öffentliche Turnanstalt zu München, München 1838. Karl Möller, Der Vorturner, Leipzig und Berlin 1909. F. M. Misselwitz, Die militärischen Ordnungsübungen im Turnunterricht, Berlin 1915. H. Schnell, Die volkstümlichen Übungen des deutschen Turnens, Leipzig 1897. Ernst Fischer, Kampfspielbuch für Turnvereine, Leipzig 1908. Vgl. zur Geschichte des Sports in Bayreuth Andreas Türk, Sportstadt Bayreuth, Bayreuth 1992; Trübsbach, Geschichte der Stadt Bayreuth, a.a.O., S. 216, 225ff., 204, 228, 384, 400ff.
17 Trübsbach, Geschichte der Stadt Bayreuth, a.a.O., S. 225; Morg bot an: „Ich bin willens sie (die Badeanstalt) zu übernehmen und bis künftiges Frühjahr 2 flache ganz bedeckte Badeschiffe, eines für Damen, das andere für die Herren, im Mayn zu bauen …"
18 Trübsbach, a.a.O., S. 225
19 ebd. …
20 ebd.
21 Friedrich Nägelsbach, In Bayreuth vor sechszig Jahren, Jugenderinnerungen, Bayreuth 1925, S. 23f.
22 Zu Gabler vgl. Karl Müssel, Festschrift, a.a.O., S. 62f.
23 Karl Fries, Programme 1873/74 bis 1875/76. Diese wurden auch gedruckt herausgegeben (Briefe aus Paris geschrieben in den Monaten September, Oktober, November, Sulzbach in der J. E. von Seidel'schen Buchhandlung, 1830).
24 Ausgewertet wurden die Jahresberichte von 1812/13 bis 1914/15. Vgl. auch R. Trübsbach, Untersuchung zur Sozialstruktur des Gymnasium Christian-Ernestinum, JB 1975/76, S. 32–35.
25 R. Trübsbach, Zu den Anfängen von Schülerverbindungen am Gymnasium Christian-Ernestinum, in: Gymnasium Christian-Ernestinum Bayreuth, 1664–1989, Bayreuth 1989, S. 56–57. Hanns-Peter Raum, Abituria von 1851, ebd. S. 58–59. Ohne Angabe des Autors: 85 Jahre Gymnasialverbindung Baruthia, ebd. S. 60–62. Festschrift „75 Jahre Baruthia" Hg. Bernd Mayer, Dr. Max Feneberg, Michael Hofmann, Bayreuth 1979. Mayer, Matthias, Die Geschichte der Schülerverbindungen am humanistischen Gymnasium in Bayreuth von 1811–1914 (Facharbeit im Leistungskurs Geschichte 1988/89, ungedruckt), Auszüge in: Heimatbote, 23. Jg., Nr. 6, 1990.
26 Trübsbach, Rainer, Geschichte der Stadt Bayreuth, a.a.O., S. 71ff., 133ff., 303ff. Eckstein, A., Geschichte der Juden im Markgrafentum Bayreuth, Bayreuth 1907. Endres, Rudolf, Zur Geschichte der Juden in Franken, AO 69, 1989, 49–62. Habermann, Sylvia, Die jüdische Gemeinde in Bayreuth vor 1900, in: „Reichskristallnacht", das Schicksal unserer jüdischen Mitbürger, Bayreuth 1988, 6–11. Trend, M. u.a., Hrsg., Geschichte und Kultur der Juden in Bayern, München 1988. Nichtl., Sonja, Die nationalsozialistische Judenverfolgung in Bayreuth, ZA Bayreuth 1986. Trübsbach, R., Zum Gedenken an unsere Schüler israelitischen Glaubens, JB des GCE 1989/90, 6–8. Aas, Norbert, Hg. Für die Neue Bayreuther Geschichtswerkstatt, Juden in Bayreuth 1933–2003, Verfolgung, Vertreibung – und das Danach, Bayreuth 2007.
27 Zur Ott'schen Stiftung R. Trübsbach, Aus dem Schularchiv, Stiftungen und Stipendien des GCE, JB 2004/05, S. 16–19.
28 Vgl. zum Ersten Weltkrieg, im Zusammenhang mit der Stadt Bayreuth: Trübsbach, R., Geschichte der Stadt Bayreuth, a.a.O., S. 252ff.
29 H. Blankertz, a.a.O., 226ff.

[30] Margret Kraul, Das Deutsche Gymnasium 1780–1980, a.a.O., S. 100ff.

[31] H.-U. Wehler, Deutsche Gesellschaftsgeschichte, 1849–1914, München 1995, S. 414.

Anmerkungen Kapitel 3

[1] Vgl. Hagen Schulze, Weimar, Deutschland 1917– 1933, Berlin 1982, S. 123ff.

[2] Vgl. zum allg. politisch-historischen Hintergrund der Problematik Hagen Schulze, a.a.O.; Karl Dietrich Bracher, Die Auflösung der Weimarer Republik, Düsseldorf 1978; Hans-Ulrich Thamer, Verführung und Gewalt, Deutschland 1933–1945, Berlin 1986; Klaus Hildebrand, Das Dritte Reich München 1987; Hans-Ulrich Wehler, Deutsche Gesellschaftsgeschichte, 1914–1949, München 2003.

[3] Vgl. Rainer Trübsbach, Geschichte der Stadt Bayreuth, a.a.O., 5. Kapitel, S. 251ff. Karl Müssel, Bayreuth in acht Jahrhunderten, Bayreuth 1993, S. 186ff.

[4] Vgl. Margret Kraul, Das deutsche Gymnasium 1780–1980, Frankfurt 1984, S. 127ff.; Peter Lundgreen, Sozialgeschichte der deutschen Schule im Überblick, Teil II: 1918–1980, Göttingen 1981, S. 15ff, 83ff.

[5] M. Kraul, a.a.O., S. 127.

[6] M. Kraul, a.a.O., S. 128.

[7] M. Kraul, a.a.O., S. 129. Vgl. auch H. Nohl, Pädagogik aus dreißig Jahren, Frankfurt 1949, S. 21.

[8] P. Lundgreen, a.a.O., S. 13.

[9] Michael Stürmer, Das ruhelose Reich, Deutschland 1866–1918, a.a.O., S. 137–140. Vgl. auch Hans-Ulrich Wehler, a.a.O., S. 456ff.

[10] Vgl. dazu R. Trübsbach, Geschichte der Stadt Bayreuth, a.a.O., S. 256ff.

[11] Trübsbach, Geschichte der Stadt Bayreuth, a.a.O., S. 261.

[12] Wehler, Deutsche Gesellschaftsgeschichte, Bd. IV, a.a.O., S. 457.

[13] Wehler, a.a.O., S. 458.

[14] Wehler, a.a.O., S. 459.

[15] Zum Hintergrund vgl. Klaus Hildebrand, Das Dritte Reich, München 1987; Karl Dietrich Bracher, Die Deutsche Diktatur, Köln Berlin 1969; Hans-Ulrich Thamer, Die Deutschen und ihre Nation, Verführung und Gewalt, Deutschland 1933–1945, Berlin 1968. Jürgen Falter, Hitlers Wähler, München 1991. R. Trübsbach, Geschichte der Stadt Bayreuth, a.a.O., S. 289ff.

[16] Lundgreen, a.a.O., S. 21–24; Kraul, a.a.O., S. 157ff. Lundgreen, a.a.O., S. 21. Vgl. auch Chr. Führ, Zur Schulpolitik der Weimarer Republik, Weinheim 1972, S. 61.

[17] Herrlitz, Deutsche Schulgeschichte, a.a.O., S. 126.

[18] Herrlitz, a.a.O., S. 133ff.

[19] Vgl. dazu Trübsbach, Geschichte der Stadt Bayreuth, a.a.O., S. 278ff.

[20] Vgl. Thamer, a.a.O., S. 543ff. und „Vor 70 Jahren: Angriff auf Guernica-Mord aus der Luft" (http://www.sueddeutsche.de/kultur/660/405438/text/).

Anmerkungen zu Kapitel 4

[1] BayHStA, Bestand OMGBY 9/132–2/4 StadtA BT, 27 583, 21 221, 21 648, 28 079, 28 080a.

[2] Vgl. R. Trübsbach, Geschichte der Stadt Bayreuth, a.a.O., S. 342ff.; 40 Jahre danach, eine Serie des „NBK" zum Kriegsende in Bayreuth, Pegnitz und im Bayreuther Umland, Sonderdruck Bayreuth 1985, darin besonders W. Rüskamp, S. 2–11. B. Mayer, Bayreuth – Die letzten 50 Jahre, Bayreuth 1983, 87–96; Drs., Bayreuth wie es war, Bayreuth 1981, 147ff. B. Mayer, Helmut Paulus. Eine Stadt wird entnazifiziert, Die Gauhauptstadt Bayreuth vor der Spruchkammer, Bayreuth 2008. Rudolf Endres, Hrsg., Bayreuth, Aus seiner 800-jährigen Geschichte, Köln Weimar Wien 1995. Allg. vgl. A. M. Birke, Nation ohne Haus, Deutschland 1945–1961, Berlin 1989; W. D. Gruner, Die politische Entwicklung Bayerns 1945 bis 1972, in: M. Spindler, Hrsg., Bayerische Geschichte im 19. und 20. Jahrhundert, 1800 bis 1970, 538ff. Zur Problematik der Entnazifizierung vgl. z.B. Rainer Eckert, „Entnazifizierung" und „Entkommunisierung", Aufarbeitung der Vergangenheit in Deutschland, in: Eckhard Jesse/Steffen Kailitz, Prägekräfte des 20. Jahrhunderts, Demokratie, Extremismus, Totalitarismus, München 1997 (Bayerische Landeszentrale für politische Bildungsarbeit), S. 305–326.

[3] Markgräfin-Wilhelmine-Gymnasium Bayreuth, Festschrift zum Abschluss der Umbau- und Sanierungsmaßnahmen 1980 bis 1987,

4 Bayreuth 1987. Hier besonders die Beiträge von Prof. Dr. Theo Dietrich (S. 29ff.) und OStD Rudolf Grenz (S. 49ff.)

4 Vgl. Homepage des WWG Bayreuth (www.wwg-bayreuth.de und www.wwg-bayreuth.de/ueber uns geschichte.html); Jahresbericht 2009/2010.

5 Vgl. Trübsbach, Geschichte der Stadt Bayreuth, a.a.O., S. 380f.; Ansprachen von Oberbürgermeister Dr. Dieter Mronz 1988–2006, HG. Stadt Bayreuth Bayreuth 2006.

6 Vgl. NK, 6. Oktober 2010, S. 11. „Regierung dreht der Uni den Geldhahn weiter zu/700 000 Euro aus dem Etat für 2010 gestrichen.", NK, 11. Oktober 2010, Jusos: Die Uni wird kaputtgespart, S. 8. Vgl. auch NK, 19. Oktober 2010, S. 20. „Uni verliert ihr Fundament" (Interview mit Präsident Rüdiger Bormann) …Vgl. NK, 22. Oktober 2010, S. 14.

7 Vgl. Hans-Ulrich Wehler, Deutsche Gesellschaftsgeschichte,1949–1990, München 2008; 373ff. Margret Kraul, Das deutsche Gymnasium 1780–1980, Frankfurt 1984, 185ff. Hans-Georg Herrlitz/Wulf Hopf/Hartmut Titze, Deutsche Schulgeschichte von 1800 bis zur Gegenwart, Königstein/Ts. 1986, 140ff.

8 Politische und wirtschaftliche Grundsätze für die alliierte Verwaltung Deutschlands nach dem Potsdamer Abkommen (1945),in: Politik und Schule von der Französischen Revolution bis zur Gegenwart, Bd. 2. Von der Weimarer Republik bis zur BRD/DDR,Hg. B. Michael, H. H. Schepp, Frankfurt 1974, S. 223.

9 Vgl. als Beispiel nur die Publikationen von Heinrich Roth,Hg., Begabung und Lernen, Stuttgart 1968. Drs., Pädagogische Psychologie des Lehrens und Lernens, Berlin,Hannover, Darmstadt 1957; etc. G. Picht, Die deutsche Bildungskatastrophe, Olten/Freiburg 1964.

10 Vgl. Margret Kraul, a.a.O., S. 185–194.

11 Hans-Ulrich Wehler, Deutsche Gesellschaftsgeschichte 1949–1990, München 2008, S. 373. Hans-Günter Rolff, Sozialisation und Auslese durch die Schule, Heidelberg 1969. Ottmar Preuß, Soziale Herkunft und die Ungleichheit der Bildungschancen, Weinheim 1970. Detlef K. Müller, Sozialstruktur und Schulsystem, Göttingen 1981.

12 Zu Einzelheiten vgl. H. U. Wehler, a.a.O., S. 379f. Zu diesen Ausführungen insgesamt vgl. Wehler, a.a.O., S. 373–380, besonders auch S. 378.

13 Vgl. H.-U. Wehler, a.a.0., Anmerkungen S. 468–493 und 510ff.

14 Vgl. Kai S. Cortina u.a.,Hrsg., Das Bildungswesen in der Bundesrepublik Deutschland, Strukturen und Entwicklungen im Überblick, Hamburg 2008, S. 480.

15 Bayreuther Tagblatt, 3./4. November 1962. Vgl. auch JB 1962/63, S. 26.

16 Kai S. Cortina u.a., Das Bildungswesen in der Bundesrepublik Deutschland, a.a.O., S. 483.

17 vgl. NK vom 4. März 1993.

18 Wolfgang Lang, JB 1999/2000, S. 5.

19 Reinhard Maier, JB 1999/2000, S. 22.

20 W. Minier, JB 1999/2000, S. 23.

21 W. Lang, JB 2000/01, S. 7.

22 vgl. Bericht im NK vom 19. Juni 1997.

23 vgl. NK vom 21./22. Mai 2009, S. 32.

24 Benedikt Lochmüller, Hans Schemm, Erster Band 1891–1919, Bayreuth 1953, zweiter Band 1920–1935, München 1940; vgl. auch Franz Kühnel, Hans Schemm, Gauleiter und Kultusminister (1891–1935), Diss. Erlangen 1984.

25 vgl. JB 2006/07, S. 69–72.

26 Fritz Fischer, Griff nach der Weltmacht, Die Kriegszielpolitik des kaiserlichen Deutschland 1914/18, Düsaeldorf 1961, 3. vollständig neu bearbeitete Sonderausgabe 1967.

27 vgl. NK vom 20. Juli 1993; „Das Parlament" Nr. 27/92 vom 26. Juni 1992; Rainer Trübsbach, „Faszination der Gewalt", JB 1991/92, S. 21–22.

28 Grußwort Zehetmaier, JB 1993/94, S. 7–8.; Bericht von Rainer Trübsbach, S. 10–12.

29 Joh. Braun, Mario Hirt, Hightech des 18. Jahrunderts, Shaker-Verlag, 2009.

30 NK, 20. Mai 2008, Titelseite.

31 vgl. Bayreuther Tagblatt, 13. Mai 1964; Fränkische Presse, 14. Mai und 16. Mai 1964; Frankenpost, 15. Mai 1964.

32 R.-M. Kiel, Die Alte Bibliothek, a.a.O., S. 27f.

33 Zum Bestand der Gymnasialbibliothek vgl. Kiel, a.a.O., S. 29.

34 Vgl. Kiel, a.a.O., S. 30.

35 Vgl. Bernd Mayer, Das verlorene Paradies der Bayreuther Pennäler, NK 6. Juli 1989, S. 12.

36 Gymnasium Christian-Ernestinum Bayreuth 1664–1989, Beiträge zum 325-jährigen Be-

stehen des humanistischen Gymnasiums in Bayreuthg, Hrsg. Gymnasium Christian-Ernestinum Bayreuth, Redaktion Rainer Trübsbach, Bayreuth 1989.

[37] R. Kreutzer, JB 2006/07, S. 4f.

[38] Vgl. zur Ideologieproblematik Kurt Lenk (Hrsg.), Ideologie, Ideologiekritik und Wissenssoziologie, Neuwied,Berlin 1971⁵; Kurt Lenk, „Volk und Staat", Strukturwandel politischer Ideologien im 19. und 20. Jahrhundert, Stuttgart 1971.

[39] Vgl. z.B. Urs Jaeggi, Macht und Herrschaft in der Bundesrepublik, Frankfurt 1969(Eliten in Deutschland, S. 19ff.); Michael Stürmer, Das ruhelose Reich, Deutschland 1866–1918, Berlin 1983, S. 60f., 63f.

[40] NK, 12. August 2009, S. 9. Vgl. auch „Blick zurück – aber nicht im Zorn", 16. Oktober 1922–10. August 2009 und „Am Gymnasium Christian-Ernestinum als Schüler und als Lehrer, 16. Oktober 1922–10. August 2009. (unveröffentlichte Manuskripte von Peter Färber, zur Verfügung gestellt von Heinz Hutzelmeyer)

[41] NK, 9. Dezember 1987.

[42] Zu Eberhard Wagner vgl. NK, 3. August 2009, S. 19; Manfred Spörl, Profile aus Bayreuth-Stadt und Land, Bürger unserer Zeit, Bd. I – 2008, Hg. Peter Becker Verlag, Zittau 2008, S. 379ff. Zum Kulturpreis der Stadt Bayreuth vgl. NK 25. Februar 2011, S. 17).

[43] Vgl. Sonderausgabe des STERN zum 60. Geburtstag von Rolf Schmidt-Holtz., Hamburg, 5. September 2008.

[44] Stadt A Bth, 32 718. Vorbericht über Entstehung und Zweck der Provinzial-Waisenhaus-Stiftung, deren Rechte und Verbindlichkeiten.

[45] Vgl. Stadtzeitung vom 20. Mai 1964, S. 7.; Fränkische Presse vom 20. Mai 1964; Bayreuther Tagblatt vom 20. Mai 1964.

[46] NK, 7. Mai 2009, S. 14.

[47] vgl. JB 1950/51, S. 26; E. Giegler, Kostbarkeiten der Bayreuther Gymnasialbibliothek, Heimatbote für Pflege der Heimat- und Kulturgeschichte Oberfrankens und der Oberpfalz, 3. Mai 1951.

[48] R. Trübsbach, Geschichte der Stadt Bayreuth, a.a.O., S. 405; Oskar Sauer, Die Anfänge der Partnerschaft zuwischen Annecy und Bayreuth, (1963–1966), Bayreuth o.J.

[49] Vgl. JB 2008/09, S. 36f.

[50] JB 1991/92, S. 38.

[51] Vgl. Berichte in SZ, 17. Februar 1994; NK, 17. Februar 1994; Frankenpost, 17. Februar 1994.

[52] Verabschiedung Schindler, JB 1991/92.

[53] JB 2011/12, S. 27.

[54] Seneca, ep. 6,4 und ep. 7,8. Vgl. Heinrich G. Reichert, Unvergängliche lateinische Spruchweisheiten, St. Ottilien 2000, S. 219.

ABKÜRZUNGEN

AO	Archiv für Geschichte von Oberfranken
BayHStA	Bayerisches Hauptstaatsarchiv
BdM	Bund deutscher Mädchen
BT	Bayreuther Tagblatt
DJ	Deutsche Jugend
FP	Fränkische Presse
HJ	Hitlerjugend
HVObfr	Historischer Verein für Oberfranken
JB	Jahresbericht
JV	Jungvolk
KB	Kanzleibibliothek
KdF	Kraft durch Freude
NK	Nordbayerischer Kurier
NSKK	Nationalsozialistisches Kraftfahrkorps
NSLB	Nationalsozialistischer Lehrerbund
OMGBY	Office of Military Government for Bavaria
SA	Sturmabteilung
STAB	Staatsarchiv Bamberg
StadtA BT	Stadtarchiv Bayreuth
SS	Schutzstaffel
WHF	Winterhilfswerk

QUELLENVERZEICHNIS

Hauptgrundlage für die vorliegende Geschichte des Gymnasium Christian-Ernestinum bildet das umfangreiche Schularchiv mit einem Bestand von knapp 4000 Aktenstücken in einem geschätzten Umfang von etwa 100 000 Blatt. Dieses Material findet seinen Niederschlag in allen Zitaten, die nicht anders nachgewiesen sind. Der geringere Bestand im Stadtarchiv Bayreuth, der sich auf das Gymnasium bezieht, deckt sich im Wesentlichen mit dem des Schularchivs.

Vor allem für das 17. und 18. Jahrhundert hat Karl Müssel in seiner Festschrift zum 300-jährigen Jubiläum die Bestände der Universitätsbibliothek Erlangen, des Staatsarchivs Bamberg und des Landeskirchlichen Archivs Nürnberg genutzt und ausgewertet. Es schien nicht sinnvoll, diese Akten alle nochmals nachzuarbeiten oder zu überprüfen. In einigen Fällen hat sich gezeigt, dass gegenüber dem Bestand des Schularchivs relativ wenige zusätzliche Informationen zu gewinnen waren.

Die Archivalien des Historischen Vereins für Oberfranken wurden als Dauerleihgabe an das Stadtarchiv Bayreuth und die Bibliothek an die UB Bayreuth übergeben und sind dort mit den entsprechenden Signaturen in die jeweiligen Bestände eingegliedert.

Karl Müssel hat vor allem für den Zeitraum des 17. und 18. Jahrhunderts äußerst gründlich und zuverlässig gearbeitet. Nachdem seine Festschrift längst vergriffen ist, sollen deshalb seine Quellenangaben hier nochmals zusammen mit den vom Autor ausgewerteten Quellen mit aufgeführt werden.

Handschriften der Universitätsbibliothek Erlangen

Ms 2062 Album gymnasii Baruthini. Verzeichnis der Schüler des Bayreuther Gymnasiums 1664–1812, 6 Bände.

Ms B 121/Bd. 2 Fikenscher, Johann, Historia Illustris Collegii Christian-Ernestini 1664–1692

(Beschreibung in: Pültz, Otto, Die deutschen Handschriften der Universitätsbibliothek Erlangen, Wiesbaden 1973)

Ms 1975^m Verzeichnis der Schüler der zweiten Klasse des Bayreuther Gymnasiums 1723 und im ersten Halbjahr 1724 sowie tägliche Buchführung über ihren Besuch von Schule und Gottesdienst (Beschreibung in: Steinmeyer, Elias, Die jüngeren Handschriften der Erlanger Universitätsbibliothek, Erlangen 1913, S. 65)

Ms 2014–16 Verzeichnis derjenigen Bücher, welche Ihro Königl. Hoheit dem Collegio Christian-Ernestino zu schenken die Gnade gehabt haben, mit 92 Nummern.

Specification der Bücher, so Ihre Königl. Hoheit 1737 zur Bibliothek des Gymnasii gnädigst geschenkt, zusammen in allen Formaten 151 Nummern, wozu 1737, XI, 30 und 1738 noch weitere 3 hinzutraten.

Ms 2356 Angeblicher Katalog der aus Bayreuth stammenden Handschriften (enthält nach Angaben der UB zahlreiche Handschriften, die nachweislich nicht aus Bayreuth stammen).

Ms 1381 (Bibliothek)

Ms 2014–2016 (Bibliothek)

Universitätsbibliothek Bayreuth

A 438 (Katalog der Schlossbibliothek)

A 433, 434, 436 (Kanzleibibliothek)

Ms 127 (König, Geschichte der Stadt Bayreuth)

Ms 128 (König, Straßen und Häuserverzeichnis)

Ms 138 (Katalog für das Sommersemester 1743 an der Friedrichsakademie)

B 628 (Künneth, Zeit- und Handbüchlein)

Ms 39, 40 (Meisterbücher des Maurerhandwerks)

Schreibheft („Argumentbuch") von Markgraf Christian Ernst

Stadtarchiv Bayreuth

3510, 9598 (Waisenhaus)

27 383 (Alumneum)

Hist. 695 (Bau des Waisenhauses)

27 583 (Kriegszerstörungen, Situation nach dem Krieg)

21 221 (s.o.)

21 648 (s.o.)

28 079 (s.o.)

28 080 a (s.o.)

22 336 (Alumnen)

Hist 118 (Einwohnerzahl 1621),

21 321 (Bürger und Innwohner der Residenzstadt Bayreuth, anno 1642)

Hist. 603 (Einwohnerzahl 1676).

23 480 (Einwohnerzahl im Jahr 1686)

Hist. 62 (Einwohnerzahl 1800)

B 441 (Rechenschaftsbericht von Bürgermeister Dilchert)

B 102 (Geschichte der Fundation und succesiven Mehrung sämtlicher Spitäler, Gotteshäuser und übrigen Stiftungen der Stadt Bayreuth

Staatsarchiv Bamberg

KDK-II. Senat Bayreuth (Konsistorium) C 14 Gymnasium Bayreuth

Nr. 305 Bestallung der Professoren

Nr. 306 Geburtstagsfeier des Königs von Preußen, 1803

Nr. 307 Bibliothek des Gymnasiums

Nr. 308 Einrichtung eines Scholarchats

Nr. 554 Einrichtung des Gymnasiums zu Bayreuth im ehemaligen Waisenhausgebäude

KDK-Hofkammer Bayreuth, C 9^{VII}

Nr. 27630 Bestallungszulagen … für Bayreuther Professoren

Nr. 27631 Bestallung … für Professor Wörner

C 9 IV, 1421, 1503, 1504, 1854, 1858, 1860 (Kosten für Hofhaltung)

C 9 VI, 4b (Kirchen und Schulen)

C 76 I,1 (Stadtbuch von Bayreuth, 1464)

C 9 VII, 27 760, 27 761 (Kanzleibibliothek)

C 9 VIII, 2430 (Kanzleibibliothek)

Reg. v. Obfr. 23 812 (betr. Lehrer Bezzel)

C 120 (Bayreuther Unterrichts- und Wohltätigkeitsanstalten)

K 3 G II (Stiftungswesen**)**

C 7/X (Kirchen- und Schulsachen)

K 3 F VIII, 40, 72, 191 I-V (Kanzleibibliothek)

K 3/5233 (Gymnasium Christian-Ernestinum 1877, 1909)

Landeskirchliches Archiv Nürnberg

Rep. 29–Superintendentur Bayreuth

Nr. 17 Fundatio der Schule Heilsbronn 1581 (Abschrift von 1691)

Nr. 28 Der nötige Unterhalt der Bayreuther Alumnen, 1713/1816

Nr. 34 Cantor Zabitzer contra Alumnen Wanderer und Maier, 1730

Nr. 45 Alumneum, Restverweis 1740/1742

Nr. 51 Abstellung der im Bayreuther Alumneum eingerissenen Unordnung, 1746

Nr. 53 Rechnungsabhör 1748, 1762/1766, 1767/1784

Nr. 60 Reparatur am Gym.-Gebäude 1756/1808

Nr. 197 Inventar des Alumneums, 1774

Nr. 345 Organisation und bessere Einrichtung des Gymnasiums Bayreuth, 1802/1806

Rep. 6 – Bayerisches Konsistorium Bayreuth (BKB)

Nr. 20 Alumneum Bayreuth, Tom. I 1818–1912, Tom. II 1913–1920

Nr. 21 Gymnasium („Feyerlichkeiten bei dem Gymnasium Bayreuth") Tom. I 1822–1853, Tom. II 1854–1911, darinnen verschiedene Jahresberichte.

Nr. 22 Kreis-Landwirtschafts- und Gewerbeschule, nun Real- und gewerbliche Fortbildungsschule (Realschule Bayreuth). Tom. I. 1835–1911, Tom. II 1912ff. Mittelschule Bayreuth, darinnen Fortführung von Nr. 21

Bayerisches Hauptstaatsarchiv

OMGBY 9/132–2/4, 9/132–2/18, 9/127–2/8, 9/134–2/5) (Kriegszerstörungen, Lage der Bevölkerung, Militärregierung)

M Inn 55 438/a (Bürgermeister v. Hagen, Versetzung in den Ruhestand)

LITERATURVERZEICHNIS

Bibliographien, Handbücher, Nachschlagewerke

Biographisch-bibliographisches Kirchenlexikon, Verlag Bautz.

Jöcher, Christian Gottlieb, Allgemeines Gelehrten Lexicon, Leipzig 1800.

Allgemeine Deutsche Biographie, Leipzig 1893.

Handbuch der deutschen Bildungsgeschichte.

Periodica, Zeitschriften, Zeitungen, Beilagen

Archiv für Geschichte und Altertumskunde von Oberfranken, 1831ff. bis Bd. 33 (1938), dann Archiv für Geschichte von Oberfranken, 1938ff.

Bayreuther Land, Heimatbeilage zum Bayreuther Tagblatt, 1927ff.

Bayreuther Intelligenzblatt 1769–1792, 24 Bde. (KB Bth. Hist 2809–2826)

Bayreuther Tagblatt, 1856ff.

Bayreuther Zeitung, 1763ff.

Bayreuther Zeitungen, 1752–1779, 1787–1789, 1791–1798 (KB Bth. H Hist. 2765–2808)

Die Plassenburg, Schriften für Heimatforschung und Kulturpflege in Ostfranken.

Erlanger Bausteine zur fränkischen Heimatforschung, 1954ff.

Frankenheimat, Beilage zum Bayreuther Tagblatt, Fränkische Lebensbilder, 1967ff.

Fränkische Presse, 1945ff.

Fränkischer Heimatbote, Monatsbeilage des „Nordbayerischen Kurier", 1968ff.

Heimatbote für Pflege der Heimat und Kulturgeschichte Oberfrankens und der Oberpfalz, Monatsbeilage der „Fränkischen Presse", 1949ff.

Heimatbeilage zum Amtlichen Schulanzeiger des Regierungsbezirks Oberfranken.

Heimatkunde, Geschichtsblätter für Bayreuth und Oberfranken, Beilage zum Bayreuther Tagblatt.

Intelligenz-Zeitung (KB Bth. H Hist. 2757–2761)

Nordbayerischer Kurier, 1968ff.

Oberfränkische Heimat, 1924ff.

Unser Bayern. Heimatbeilage der Bayerischen Staatszeitung.

Allgemeine Literatur zur Geschichte des Bildungswesens, des deutschen Gymnasiums und zur Geschichte der Pädagogik in Auswahl

Baumert u.a., Das Bildungswesen in der Bundesrepublik, Reinbek 1979.

Bittner, F., Lateinschulen und Gymnasien, in: E. Roth, Hrsg., Oberfranken in der Neuzeit, bis zum Ende des Alten Reichs, Bayreuth 1984, 589–625.

Blättner, Fritz, Das Gymnasium, Aufgaben der höheren Schule in Geschichte und Gegenwart, Heidelberg 1960.

Drs., Geschichte der Pädagogik, Heidelberg 1955.

Blankertz, Herwig, Die Geschichte der Pädagogik, Von der Aufklärung bis zur Gegenwart, Wetzlar 1982

Bölling, Rainer, Sozialgeschichte der deutschen Lehrer, VR1495, Göttingen 1983.

Bruckmeier, F, Die deutsche Schule Bayreuths im 18. Jahrhundert, Diss. Erlangen 1931.

Cortina, K. S. u.a., Hg., Das Bildungswesen in der Bundesrepublik Deutschland, Strukturen und Entwicklungen im Überblick, Hamburg 1979, vollständig überarbeitete Neuausgabe 2008 (rororo 62339).

Führ, C. Zur deutschen Bildungsgeschichte seit 1945, in: Handbuch der deutschen Bildungsgeschichte VI/1, 2.f.

Drs., Deutsches Bildungswesen seit 1945, Neuwied 1997.

Drs., Zur Schulpolitik der Weimarer Republik, Die Zusammenarbeit von Reich und Ländern im Reichsschulausschuß (1919–1923) und im Ausschuß für das Unterrichtswesen (1924–1933). Darstellung und Quellen, 2. Auflage Weinheim 1972.

Furck, C. L., Allgemeinbildende Schulen. In: Handbuch der deutschen Bildungsgeschichte VI/1, 245–260, 282–356.

Gass-Bolm, T., Das Gymnasium 1945–80. Göttingen 2005.

Held, Johann Christoph von, Schulreden. Ein Beitrag zur Gymnasial-Pädagogik, Bayreuth 1866.

Herrmann, A., Schule und Bildung, in: Roth, E., Hrsg., Oberfranken im 19. und 20. Jahrhundert, Bayreuth 1990, 117–210.

Herrlitz, Hans-Georg/Wulf Hopf/Hartmut Titze, Deutsche Schulgeschichte von 1800 bis zur Gegenwart, Eine Einführung, Königstein/Ts, 1986.

Huisken, Freerk, Zur Kritik bürgerlicher Didaktik und Bildungsökonomie, München 1972.

Jeismann, K.-E., Das preußische Gymnasium in Staat und Gesellschaft, Die Entstehung des Gymnasiums als Schule des Staates und der Gebildeten,1787–1817, Stuttgart 1974.

Jordan H., Reformation und gelehrte Bildung in der Markgrafschaft Ansbach-Bayreuth, Leipzig 1917/1922.

Keim, Wolfgang, Erziehung unter der Nazi-Diktatur, Band I. Antidemokratische Potentiale, Machtantritt und Machtdurchsetzung, Darmstadt 1995.

Kraul, Margret, Das deutsche Gymnasium 1780–1980, eds suhrkamp 1251, Frankfurt 1984.

Lundgreen, Peter, Sozialgeschichte der deutschen Schule im Überblick, Teil I: 1770–1918, VR1460,Göttingen 1980.

Lundgreen, Peter, Sozialgeschichte der deutschen Schule im Überblick, Teil II: 1918–1980. VR 1468, Göttingen 1981.

Mehrtens, Herbert/Steffen Richter, Hg., Naturwissenschaft, Technik und NS-Ideologie, Beiträge zur Wissenschaftsgeschichte des Dritten Reichs, Frankfurt 1980.

Michael,B. und H.-H. Schepp, Hg., Politik und Schule von der Französischen Revolution Bis zur Gegenwart, eine Quellensammlung zum Verhältnis von Gesellschaft, Schule und Staat im 19. Jahrhundert, Bd. 1 u. 2., Frankfurt 1973.

Müller, Detlef K., Sozialstruktur und Schulsystem. Aspekte zum Strukturwandel des Schulwesens im 19. Jahrhundert, Göttingen 1981.

Nohl, H., Pädagogik aus dreißig Jahren, Frankfurt 1949.

Paulsen, Friedrich, Geschichte des gelehrten Unterrichts,3. Auflage, hg. v. Rudolf Lehmann, 2 Bände, Leipzig 1919 und 1921. (Über das Christian-Ernestinum Bd. I., S. 313).

Reble, Albert, Geschichte der Pädagogik, Stuttgart 1964.

Reble, Albert, Zur Geschichte der Höheren Schule, Bd. 1 und 2, Bad Heilbrunn 1974.

Roth, Elisabeth, Hohe Schulen und Seminare, in: Roth. E., Hrsg., Oberfranken in der Neuzeit, a.a.O., 627–661.

Roth, Elisabeth, „Teutsche Schulen" in Stadt und Land, a.a.O., 663–722.

Scholtz. Harald, Erziehung und Unterricht unterm Hakenkreuz, VR 1512, Göttingen 1985.

Schwartz,P., Die Gelehrtenschulen Preußens unter dem Oberschulkollegium 1787 bis 1806 und das Abiturientenexamen, Bd. 3, Die fränkischen Fürstentümer Ansbach und Bayreuth, Berlin 1910–1912.

Zur Geschichte des Gymnasium Christian-Ernestinum Bayreuth

Fikenscher, G. W. A., Beitrag zur Geschichte der Bildungsanstalten. Geschichte des illustris Collegii Christian-Ernestini zu Bayreuth, Hof 1807.

Fikenscher, G. W. A., Geschichte des illustren Christian Ernestinischen Collegii zu Bayreuth, Bayreuth 1806ff.

Fikenscher, G. W. A., (Hrsg.) Beytrag zur Gelehrtengeschichte oder Nachrichten von Zöglingen des illustren Christian-Ernestinischen Gymnasiums zu Bayreuth, Coburg 1793.

Fries, Karl, Geschichte der Studien-Anstalt in Bayreuth. Einladungs-Schrift zur 200-jährigen Stiftungsfeier des kgl. Gymnasiums und zu den Schlussfeierlichkeiten des Jahres 1863/64, Bayreuth 1864.

Fries, Karl, Bericht über das am 9., 10. und 11. August 1864 gefeierte 200-jährige Stiftungsfest der k. Studienanstalt zu Bayreuth, Bayreuth 1865.

Gymnasium Christian-Ernestinum Bayreuth 1664–1989, Beiträge zum 325-jährigen Bestehen des humanistischen Gymnasiums in Bayreuth, Bayreuth 1989. (Hg. Gymnasium Christian-Ernestinum, Redaktion Rainer Trübsbach)

Haas, Helmut, Bayreuths drei „Hohe Schulen" des 18. Jahrhunderts, AO 78, 1998, 275–314.

Mayer, Bernd, Dreihundert Jahre Christian-Ernestinum, Fränkische Presse, Pfingsten 1964, S. 9.

Drs., Das verlorene Paradies der Bayreuther Pennäler, NK, 6. Juli 1989, S. 12.

Motschmann, Wilhelm, Das Bayreuther Gymnasium 1864–1914. Zur 250-jährigen Jubelfeier. Bayreuth 1914.

Müssel, Karl, Gymnasium Christian-Ernestinum Bayreuth 1664–1964, Festschrift zum 300-jährigen Bestehen des Humanistischen Gymnasiums in Bayreuth, Bayreuth 1964.

Preis, Willibald, Das 250-jährige Stiftungsfest des k. humanistischen Gymnasiums Bayreuth, Bayreuth 1916.

Sauer, Oskar, Drei Lehrer, die ich hatte, Sonderdruck im „Eigenverlag", Bayreuth o.J.

Veh, Otto, Aus der Geschichte des Bayreuther Gymnasiums, in: Oberfränkische Heimat, 1937.

Drs., Die Matrikel des Gymnsiums Bayreuth 1664–1813, Bayreuth 1948–1950.

Wirth, Dr., Das Bayreuther Gymnasium um 1727, in: Bayreuther Land, 1931, 146–148.

Hintergrundliteratur

Stadtgeschichte

Endres, Rudolf, Hrsg., Bayreuth, Aus einer 800-jährigen Geschichte, Köln Weimar Wien, 1995.

Drs., Bayreuth in der NS-Zeit, a.a.O., 175–194.

Fischer, Horst, Häuserbuch der Stadt Bayreuth, 4 Bände, Bayreuth 1991.

Hartmann, Karl, Geschichte der Stadt Bayreuth in der Markgrafenzeit, Bayreuth 1949.

Drs., Geschichte der Stadt Bayreuth im 19. Jahrhundert, Bayreuth 1954.

Holle, Johann Wilhelm, Alte Geschichte der Stadt Bayreuth von den ältesten Zeiten bis zur Abtretung derselben an die Krone Preußens im Jahre 1792, Bayreuth 1833. (2. Auflage durch Holle, G., Geschichte der Stadt Bayreuth, Bayreuth 1901).

Lober, Heinrich, Die Stadt Bayreuth unter dem Markgrafen Christian Ernst 1655–1712, Diss. Erlangen 1927 (gedruckt bei Ellwanger, Bayreuth 1930).

Mayer, Bernd, Bayreuth wie es war, Bayreuth 1981.

Drs., Bayreuth – die letzten 50 Jahre, Bayreuth 1983.

Drs., Bayreuth im zwanzigsten Jahrhundert, Bayreuth 1999.

Drs. und Helmut Paulus, Eine Stadt wird entnazifiziert, Die Gauhauptstadt Bayreuth vor der Spruchkammer, Bayreuth 2008.

Meyer, Christian, Hrsg., Quellen zur Geschichte der Stadt Baireuth, Bayreuth 1893.

Mronz, Dieter, Die Stadtentwicklung Bayreuths seit 1945, in: R. Endres, Hrsg., Bayreuth, Aus seiner 800-jährigen Geschichte, a.a.O., S. 195–206.

Müssel, Karl, Bayreuth in acht Jahrhunderten, Geschichte der Stadt, Bayreuth 1993.

Reiche, Jobst E. Fr., Beschreibung von Bayreuth, Bayreuth 1795.

Trübsbach, Rainer, Geschichte der Stadt Bayreuth 1194–1994, Bayreuth 1993.

Allg. Literatur zu historischen Epochen und besonderen Themen

Aas, Norbert, Hg., Juden in Bayreuth 1933–2003, Verfolgung, Vertreibung – und das Danach, Bumerang-Verlag, Bayreuth 2007.

Abel, Wilhelm, Massenarmut und Hungerkrisen im vorindustriellen Deutschland, Göttingen 1972 (1977) (VR 1352).

Batteiger, Jakob, Der Pietismus in Bayreuth, Berlin 1903.

Beer, G. L, Von den Jubelschriften des Collegiums Christian-Ernestinum zu Baireuth, in: Beers Magazin 1789,II.

Braudel, Fernand, Sozialgeschichte des 15.–18. Jahrhunderts, Der Alltag, München 1985.

Deuerling, E., Das Fürstenthum Bayreuth unter französischer Herrschaft und sein Übergang an Bayern 1806–1810, Diss. Erlangen 1930.

Drechsel Friedrich, Carl Friedrich Wilhelm Freiherr von Völderndorff und Waradein – seine Herkunft, seine Familie, seine Tätigkeit, AO 75, 1995, 289–358.

Endres, Rudolf, Die Preußische Ära, in: Max Spindler, Hg., Handbuch der Bayerischen Geschichte, Bd. III/1, München 1979.

Drs., Die „Ära Hardenberg" in Franken, AO 73, 1993, 1156–128.

Drs., Reformpolitik in den Fürstentümern Ansbach und Bayreuth im Aufklärungszeitalter, AO 72, 1992, 327–341.

Drs., Markgraf Christian Ernst von Bayreuth, Fränkische Lebensbilder Bd. II, 160–289.

Drs., Markgraf Christian Ernst von Brandenburg-Bayreuth, der Gründer der Hugenottenstadt Erlangen, Erlanger Bausteine 34, 1986.

Engelbrecht, Wilfried, Baugeschichte der Bayreuther Lateinschule, AO 77, 1997, 237–282.

Fasching, G., Ausführliche Geschichte der öffentlichen und Privatstipendien im Regierungsbezirk Oberfranken, Ansbach 1884.

Fester, Richard, Die Bayreuther Schwester Friedrichs des Großen, in: Deutsche Rundschau, Berlin 1901.

Fikenscher, Georg Wolfgang Augustin., Geschichte der Königlich Preußischen Friedrich-Alexander-Universität zu Erlangen, Coburg 1795.

Drs., Gelehrtes Fürstentum Baireuth, 10 Bde., Erlangen 1801ff.

Drs., Beitrag zur Geschichte der Bildungsanstalten. Geschichte des illustris Collegii Christian-Ernestini zu Bayreuth von seiner Stiftung bis auf gegenwärtige Zeit aus den Quellen für Pädagogen und Freunde der Bildungsinstitute bearbeitet, Hof 1807.

Drs., De fatis Baruthi Superioris Burggraviatus Norici Urbi Primariae, 1674.

Drs., Beitrag zur Gelehrtengeschichte. Nachrichten von Zöglingen des Christian-Ernestinischen Gymnasiums zu Bayreuth, welche in irgendeiner Periode ihres Lebens auf Universitäten, Gymnasien und berühmten Schulen Lehrer geworden sind, Coburg 1793.

Drs., Brevis recensus academiarum, gymnasiorum et clariorum scholarum doctorum, quorum ingenia ill. Collegium Christiano-Ernestinum Baruthinum polivit., Baruthi 1792.

Drs., Geschichte des ill. Christian-Ernestinischen Collegii zu Bayreuth, Bayreuth 1806–1810.

Drs., Litterarum studiosorum numerus in terris Brandenb. Baruthinis, Baruthi 1803.

Drs., Vollständige akademische Gelehrten-Geschichte der königlich-preußischen Friedrich-Alexander-Universität zu Erlangen von ihrer Stiftung bis auf gegenwärtige Zeit, Nürnberg 1806.

Drs., Geschichte des Buchdruckerwesens in dem Burggrafenthum Nürnberg oberhalb Gebürgs, Baireuth 1802. (in drei Stücken)

Fischer, Wolfram, Armut in der Geschichte, Göttingen 1982 (VR 1476).

Foerster, Roland-Götz, Herrschaftsverständnis und Regierungsstruktur in Brandenburg-Ansbach 1648–1703, Ansbach 1975.

Fries, Karl, Bericht über das 1864 gefeierte 200-jährige Stiftungsfest der K. Studienanstalt zu Bayreuth, Bayreuth 1865.

Drs., Geschichte der Studienanstalt in Bayreuth. Festschrift, Bayreuth 1864.

Gabler, Georg Andreas, Antrittsrede bei der feierlichen Übernahme des Rectorats an der königl. Studienanstalt zu Bayreuth, Bayreuth 1822.

Haas, Helmut, Lateinische Inschriften an Bauwerken in Bayreuth, AO 73, 1993, 309–266.

Drs., Bayreuths drei „Hohe Schulen" des 18. Jahrhunderts: Stunden- und Lehrpläne, AO 78, 1998, 275–314.

Haberstroh, Hans, Camille de Tournon, Intendant des Fürstentums Bayreuth 1806–1809, AO 40, 1960, 172–205.

Hagen, Erhard Christian v., Geschichtliche Nachrichten über das Bayreuther Gesangbuch, Archiv für Geschichte und Altertumskunde von Oberfranken, 6, 1, Bayreuth 1854 S. 65–90.

Hardenberg, von, Generalbericht über die Verwaltung der Fürstentümer Ansbach und Bayreuth vom Regierungsantritt des Königs im Jahre 1792 bis 1. Juni 1797, Berlin 1797.

Hartmann, Karl, Bayreuther Skizzen, Bayreuth 1959.

Drs., Zum 250-jährigen Stiftungsfest des Bayreuther Gymnasiums.

Hartung, Fritz, Hardenberg und die preußische Verwaltung in Ansbach-Bayreuth, Tübingen 1906.

Held, Johann Christoph von, Schulreden. Ein Beitrag zur Gymnasial-Pädagogik, Bayreuth 1866.

Drs., Rede am Tage nach der Enthüllung des Jean-Paul-Standbilds in Bayreuth, Bayreuth 1841.

Hirsching, Friedrich Karl Gottlob, Versuch einer Beschreibung sehenswürdiger Bibliotheken Teutschlands, nach alphabetischer Ordnung der Städte, Bd. 1–4, Erlangen 1786–1791.

Holle, Johann Wilhelm, Das Fürstenthum Bayreuth im Dreißigjährigen Krieg, AO, 1.–3. H., 1848–1850

Jordan, Hermann, Reformation und gelehrte Bildung in der Markgrafschaft Ansbach-Bayreuth. Eine Vorgeschichte der Universität Erlangen, 2 Teile, Leipzig 1917 und 1922.

Kapp, Johann, Die Bevölkerungsliste des hiesigen ill. Collegii Christian-Ernestini bis auf unsere Zeiten, Bayreuth 1785.

Keunecken Hans-Otto, Bibliographie zur Geschichte der Friedrich-Alexander-Universität Erlangen-Nürnberg (Erlanger Forschungen, Sonderreihe Bd. 6), Erlangen 1993.

Kiel, Rainer-Maria, Die Alte Bibliothek des Gymnasiums Christian-Ernestinum, Bayreuth 2004.

Kiel, Rainer-Maria, Geschichte der Kanzleibibliothek Bayreuth 1735–1985, Bayreuth 1985.

Kiel, Rainer-Maria, Die Bibliothek des Historischen Vereins für Oberfranken, Ausstellung in der Universitätsbibliothek (Zentralbibliothek) Bayreuth, 18. Juli bis 9. September 1994, Bayreuth 1994.

Kiel, Rainer-Maria, Jean Menudier, Professeur Public Dans L'illustre College de Bayreuth, in: Ilona Scherm, Hrsg., Schmellers Nachlass betreffend, Morsak Verlag Grafenau 1991, S. 209–243.

Kneule, Wilhelm, Kirchengeschichte der Stadt Bayreuth I. Teil: Von der Gründung des Ortes um 1180 bis zur Aufklärung um 1810, Neustadt/Aisch 1971; II. Teil: Das 19. und 20. Jahrhundert 1810–1970, a,a,O. 1973.

König, Karlheinz, Das Haus der deutschen Erziehung in Bayreuth (1933/36–1943/45), Habilitationsschrift Universität Erlangen, Gerbrunn, Erlangen 1997.

Kössler, Henning (Hg.), 250 Jahre Friedrich-Alexander-Universität Erlangen-Nürnberg. Festschrift (Erlanger Forschungen, Sonderreihe Bd. 4), Erlangen 1993.

Kreßel, Hans, Heinrich Arnold Stockfleth (1643–1708), Erlanger Bausteine zur fränkischen Heimatforschung, 26, 1979.

Kröll, Joachim, Bayreuther Barock und frühe Aufklärung:Teil II, AO 56, 1976, 121–233.

Kröll, Joachim, Bayreuther Persönlichkeiten um die Mitte des 17. Jahrhunderts, AO 50, 1970.

Kröll, Joachim, Johann Theodor Künneth, AO 66, 1986, 191–211.

Kruedener, Jürgen, Freiherr v., Die Rolle des Hofes im Absolutismus, Stuttgart 1973.

Kunisch, Johannes, Absolutismus, Europäische Geschichte vom Westfälischen Frieden bis

zur Krise des Ancien Régime, Göttingen 1986.

Laslett, Peter, Verlorene Lebenswelten, Geschichte der vorindustriellen Gesellschaft, Wien Köln Graz, 1988.

Layriz, Friedrich Wilhelm Anton, Ausführliche Geschichte der öffentlichen und Privatstipendien für Baireuthische Landeskinder, 2 Bde., Hof 1804.

Drs., Ueber Ursprung und Fortgang der Stipendien für Studierende,Bayreuth 1801.

Lenk, Kurt, Hrsg., Ideologie, Ideologiekritik und Wissenssoziologie, Neuwied, Berlin, 1961(1971).

Mayer, Bernd, H. G. Schröder, H. Schwab, Ein Verein schreibt Stadtgeschichte, 200 Jahre Gesellschaft Harmonie Bayreuth,1803–2003, Bayreuth 2003.

Drs. und Helmut Paulus, Eine Stadt wird entnazifiziert, Die Gauhauptstadt Bayreuth vor der Spruchkammer, Bayreuth 2008.

Meier-Gesees, Karl, Auf dem Riedelsberg, in: Bayreuther Land, 1931, 16ff.

Mengin, Ernst, Die Ritter-Academie zu Christian-Erlang, Erlangen 1919.

Mehrtens, Herbert, Steffen Richter, Hrsg., Naturwissenschaft, Technik und NS-Ideologie, Frankfurt 1980 (stw 303).

Mintzel, Alf, Bayreuther und Hofer Kleinverleger des 18. Jahrhunderts und ihre Verlagswerke, AO 66, 1986.

Mronz, Dieter, Gottlieb Friedrich Ferdinand Keim 1783–1868, Gründer des Corps Baruthia 1803, Abgeordneter aus Bayreuth zur Nationalversammlung 1848, Bayreuth 1984.

Müller, Wilhelm, Erhard Christian von Hagen, AO 47, 1967, 379–395.

Drs., Universität Bayreuth, Heimatbeilage zum Amtlichen Schulanzeiger des Regierungsbezirks Oberfranken,Nr. 45, Bayreuth 1975.

Müssel, Karl, Caspar von Lilien und seine „Christ-Fürstliche Jesu-Nachfolge" (1677) Ein Bayreuther Fürstenspiegel und „Anti-Machiavell", AO 87, 2007, 137–174.

Drs., Die älteste Fassung von Johann Fikenschers „Historia Illustris Collegii Christian-Ernestini", AO 43, 1963, 141–158.

Drs, Das Siegel des Gymnasium illustre Christian-Ernestinum, Jb 1976/77, 5–8.

Drs., Johann Wolfgang Rentsch und sein „Brandenburgischer Ceder-Hain", Leben und Werk des ersten Professors am Bayreuther Gymnasium (1637–1690), AO 42, 1962, 55–90.

Drs, Das alte Christian-Ernestinum als „Mutter der Studien". Bemerkungen zu Ludwig Liebhards Festrede von 1966,in: Gymnasium Christian-Ernestinum Bayreuth, 1664–1989, Beiträge zum 325-jährigen Bestehen des humanistischen Gymnasiums in Bayreuth, Bayreuth 1989, 19–23.

Drs., Wie St. Georgen seinen Namen erhielt, in: Brannaburger Bürgerfest '89.

Drs., Georg Wolfgang Augustin Fikenscher, Ein Bayreuther Geschichtsforscher, Gedenken zu seinem 200. Geburtstag, AO 53, 1973, 289–302.

Drs., Der Bayreuther Justizrat und Chronist Johann Sebastian König, AO 67, 1987, 257–276.

Drs., Die Akademie der freien Künste und Wissenschaften in Bayreuth (1756–1763), AO 61, 1981, 33–57.

Drs., Die Bayreuther Friedrichsakademie und ihre Studierenden 1742/43, AO 72, 1992, 257–325.

Drs., Die Wurzel zweier Universitäten, Vor 250 Jahren wurde die Bayreuther Friedrichsakademie eröffnet, in: Unser Bayern, Heimatbeilage der Bayerischen Staatszeitung, 41. Jg., München1992/93, S. 20–22.

Drs., Vor 150 Jahren starb der Bayreuther Professor Georg Wolfgang Augustin Fikenscher, in: Frankenheimat (Beilage zum Bayreuther Tagblatt). 1963, Nr. 9.

Drs., Der eigene Sohn blieb nicht verschont, Schulstrafen an der „Königlich-Bayerischen Studienanstalt Bayreuth", Fränkischer Heimatbote, 7. Jg., Nr. 9/1974.

Nägelsbach, Friedrich, In Bayreuth vor sechzig Jahren, Jugenderinnerungen, Bayreuth 1925.

Pfeiffer, Gerhard, Daniele de Superville, in: Fränkische Lebensbilder, Bd. 8, Neustadt/Aisch 1978.

Drs., Gründung und Gründer der Universität Erlangen, in: Festschrift für Hans Liermann zum 70. Geburtstag (Erlanger Forschungen Reihe A, Bd. 16), Erlangen 1964.

Drs., Markgraf Christian Ernst von Brandenburg-Bayreuth, Festvortrag, gehalten am 17. Januar 1966 von Universitäts-Professor Dr. Gerhard Pfeiffer, Beilage zum Jahresbericht 1965/66 des Christian-Ernst Gymnasiums Erlangen.

Pietsch, Franz, Geschichte der gelehrten Bildung in Kulmbach von den Anfängen bis zur Gegenwart, Die Plassenburg Bd. 33, Kulmbach 1974.

Preis, Willibald, Das 250-jährige Stiftungsfest des K. hum. Gymnasiums Bayreuth, Programm, Bayreuth 1916.

Puhle, Hans-Jürgen, Hrsg., Bürger in der Gesellschaft der Neuzeit, Göttingen 1991. (= Bürgertum, Beiträge zur europäischen Gesellschaftsgeschichte Bd. 1).

Riedelbauch, Martin, Der Aufstieg, das Wirken und der Niedergang der Reichsgrafen von Ellrodt, AO 39, 1959, 292–302.

Sander, Ina, Johann Pfeiffer, Leben und Werk des letzten Kapellmeisters am Markgräflichen Hof zu Bayreuth, AO 46, 1966, 129–181.

Schaller, Christoph, Leben und Wirken des Magisters Johann Will, AO 64, 1984, 9–66.

Schanz, Georg, Zur Vorgeschichte der Universität Erlangen, AO, Bd. 5, Heft 3, 1883.

Schaper, Christa. Aus dem Kreis der Weigel-Schüler in Franken, AO 1959, 139–155.

Ds., Neue archivalische Forschungen zur Lebensgeschichte von Professor Erhard Weigel (1625–1699), AO 39, 1959, 97–140.

Vgl. auch: Erhard Weigel 1625–1699, Zum 300. Todestag, Ausstellung 21. März–25. April 1999 im Stadtmuseum Göhre Jena.

Schick, Hermann, Feld-Geschrey der Kinder Gottes, Johann Jakob Steinhofer und seine Zeit, Schöndrucke 1, Tübingen 1993/Schillerverein Marbach am Neckar e.V. 1993.

Schilling, Heinz, Höfe und Allianzen, Deutschland 1648–1763, Berlin 1989.

Schuhmann, Günther, Die Markgrafen von Brandenburg-Ansbach, Ansbach 1980.

Schweigger, Johann Salomo Christoph, Einige Worte über den Vortrag der Mathematik auf Schulen, Bayreuth 1805.

Silchmüller, Chr., Beschreibung des im Jahre 1730 in der Residenzstadt Bayreuth errichteten Waysen-Hauses und Armenschule, Bayreuth 1736.

Sitzmann, Karl, Künstler und Kunsthandwerker in Ostfranken, Kulmbach 1983.

Stadtmuseum Erlangen (Hg.), Die Friedrich-Alexander-Universität Erlangen-Nürnberg, 1742–1993, Geschichte einer deutschen Hochschule (Ausstellungskatalog), Erlangen 1993.

Sticht, Erich, Markgraf Christian von Brandenburg-Kulmbach und der Dreißigjährige Krieg in Ostfranken, 1618–1635, Kulmbach 1965.

Stahlmann, Hans, In Erinnerung an meine Studienjahre am Bayreuther Gymnasium, in: Frankenheimat, 1962, Nr. 9.

Süßheim, K., Preußens Politik in Ansbach-Bayreuth 1791–1806, Berlin 1902.

Thielen, P. G., Karl August von Hardenberg 1750–1822, Köln, Berlin 1967.

Tournon, Camille de, Statistique de le province de Bayreuth, Rome 1810.

Trübsbach, Rainer, Wirtschafts- und Sozialgeschichte Bayreuths im 18. Jahrhundert. Zur materiellen Kultur des Handwerks in der Zeit der Vor- und Frühindustrialisierung, Diss. Erlangen 1985 (= AO 65, 1985).

Drs., Geschichte des Bäckerhandwerks Bayreuth Stadt und Land. Von den Anfängen bis zur Gegenwart, Bayreuth 1984.

Drs., 100 Jahre Arbeitgeber-Verband für Bayreuth und Umgebung, Geschichte des Baugewerbes der Stadt Bayreuth und Umgebung von den Anfängen bis zur Gegenwart, Bayreuth 2002.

Drs., Geschichte und schulischer Alltag, Das Gymnasium Christian-Ernestinum im Spiegel seines Archivs, in: Kiel, Die Alte Bibliothek des Gymnasiums Christian-Ernestinum, a.a.O., S. 131–141.

Veh, Otto, Markgraf Christian Ernst von Bayreuth, AO 35, 1949, 29–54.

Drs., Jean Paul und das Bayreuther Gymnasium, Bayreuther Tagblatt Nov. 1950.

Drs., Jugend und Bildungsgang des Markgrafen Christian Ernst von Bayreuth, Bayreuther Geschichtsstudien, Bayreuth 1947, 15–27.

Vierhaus, Rudolf, Deutschland im Zeitalter des Absolutismus, Göttingen 1978.

Weiske, K., Johann Christoph Silchmüller's Bayreuther Tagebuch, in: Archiv für Geschichte und Altertumskunde von Oberfranken, Bd. 29, Heft 2, Bayreuth 1925, S. 17–100.

Weltrich, A. P., Erinnerungen für die Einwohner des Fürstenthums Baireuth aus den preußischen Regierungsjahren von 1792–1807, Bayreuth 1808.

Wendehorst, Alfred, Geschichte der Friedrich-Alexander-Universität Erlangen-Nürnberg, 1743–1993, München 1993.

Wunder, Gottlieb Christian Eberhard, Mitteilungen aus meinem Leben (1787–1864), AO 43, 1963, 237–255.

Literatur zu einzelnen Schülern (Vgl. auch Anhang)

Bartholomae, Christian

Georg Schwarz., Christian Bartholomae, Professor der indogermanischen Sprachwissenschaft, Rektor der Universität Gießen und Heidelberg/ Zum 40. Todestag am 9. August 1965. Frankenheimat, Nr. 8, August 1965; Karl Müssel, Ein berühmter Abiturient unserer Schule – Christian Bartholomae, JB 1974/75, S. 4–6.

Braun, Friedrich W.

Müller, Wilhelm, Als ein Bayreuther mit Goethe sprach. Der Naturforscher Friedrich W. Braun, Fränkischer Heimatbote, Monatsbeilage des „Nordbayerischen Kurier", 1. Jg., Nr. 4/1968.

Casselmann, Leopold v.:

Mayer, Bernd, Casselmann – ein erzkonservativer Gentleman, Bayreuths Oberbürgermeister in der Schönen Epoche und im Ersten Weltkrieg, Heimatkurier, 10. Jg., Nr. 5/1997, S. 6/7.
Trübsbach, Rainer, Geschichte der Stadt Bayreuth, Bayrreuth 1993, zu Leopold v. Casselmann S. 263–264.

Dilchert, Carl

Mayer, Bernd, Bürgermeister, Heimatkurier, 38. Jg., Nr. 1/2005, S. 11–13. Drs., Alles Lug und Trug, Bürgermeister Dilcherts bittere Amtsnachlese, Heimatkurier, 37. Jg., Nr. 4/2004, S. 16.

Feustel, Friedrich

Eger, Manfred, Die denkwürdige Jugend Friedrich Feustels, Druckhaus Bayreuth, Bayreuth o.J. Drs., Friedrich von Feustel, Wagners Wegbereiter in Bayreuth, Bayreuth 1985.
Trübsbach, Rainer, Geschichte der Stadt Bayreuth, a.a.O., 141, 183, 184, 187, 188, 196, 206, 210, 211, 237, 244.

Fikenscher, G. W. A.

Müssel, Karl, Georg Wolfgang Augustin Fikenscher. Ein Bayreuther Geschichtsforscher, Gedenken zu seinem 200. Geburtstag, AO 53, 1973, 289–302.

Füssel, Johann Michael

Kröll, Joachim, Johann Michael Füssels „Tagebuch oder Erfahrungen und Bemerkungen eines Hofmeisters und seiner Zöglinge auf einer Reise durch einen großen Teil des Fränkischen Kreises nach Carlsbad und durch Bayern und Passau nach Linz." Frankenheimat, Beilage zum Bayreuther Tagblatt, Nr. 1, Januar 1962.

Hagen, Erhard Christian v.

Rüskamp, W., Zwölf Bürgermeister in 170 Jahren, NK 5./6. März 1988, Bayreuth aktuell, S. 9.
Trübsbach, Rainer, Geschichte der Stadt Bayreuth, a.a.O., S. 162, 167, 168, 170, 180, 206, 216.
Trübsbach, Rainer, Der Mittelstand opferte das Stadtoberhaupt, Bürgermeister Erhard Christian von Hagen und die Revolution von1848/49, in: Heimat-Kurier, 30. Jg, Nr. 1/1997, S. 3–5.
Müller, W., Erhard Christian von Hagen. Dem Gründer des Historischen Vereins für Oberfranken zum 100. Todestag am 28. Oktober 1967, AO 47, 1967, 379–394.
Erhard Christian von Hagen, Zum Gedenken aus Anlaß des 100. Todestages, Frankenheimat, Nr. 10, Oktober 1967.
Mayer, Bernd, „Ein jeder bringe, was er besitzt, „Oberfrankens historisches Gewissen" wird 175 Jahre alt, Heimatkurier, 35. Jg. Nr. 2/2002, S. 6/7.

Hartung, Johann Adam

Gerth, Werner, Johann Adam Hartung, ein berühmter Schüler des Christian-Ernestinums, Heimatbote, Monatsbeilage der „Fränkischen Presse", 15. Jg., Nr. 5/1964.

Herz, Jakob

Gotart, Josef, Ein Mann nach dem Herzen Gottes, Vor 125 Jahren starb der jüdische Arzt und Philanthrop Jakob Herz, Heimat-Kurier, 29. Jg., Nr. 9/1996, S. 6–7. Habrich, Christa, Koppel (Jakob) Herz (1816–1871), Mediziner und ordentlicher Universitätsprofessor, in: Geschichte und Kultur der Juden in Bayern, Lebensläufe, Hg. Manfred Treml, Wolf Weigand, Evamaria Brockhoff, München 1988, S. 143–152.
Gothart, Josef, Namhafte Bayreuther Juden im 19. Jahrhundert, AO,1995, Bd. 75, 385–393.

Holle, Johann Wilhelm

Schaller, H., Der Bayreuther Historiker Johann Wilhelm Holle und seine slawenkundlichen Schriften, AO 75, 1995, 359–384. Vgl. auch E. C. von Hagen, Nachruf in: Archiv für Geschichte und Alterthumskunde von Oberfranken, 1864, H. 2., 180–182.

Kolb, Sophian

Zum Familienverband der Kolb vgl. Kolb, W., Die Familie Kolb, eines der ältesten Geschlechter Oberfrankens, AO 44, 1964, 241–243.

Trübsbach, Rainer, Geschichte der Stadt Bayreuth, a.a.O., 141, 149, 180ff., 189, 196, 206, 228.

Roß, Günter, Struktur und Dynamik der industriellen Entwicklung Bayreuths im 19. Jahrhundert, AO 70, 1990, S. 381ff.

Schobert, Vera, Sophian Kolb und die Errichtung der ersten bayerischen Flachsmaschinenspinnerei bei Bayreuth, Zulassungsarbeit Bayreuth 1983.

Künneth, Johann Theodor

Kröll, Joachim, Johann Theodor Künneth, AO, 66, 1986, 191–214.

Stadt Gefrees, Heinz Wolfrum (Aufzeichnungen)

Linde, Carl von

Schwarz, Georg, Carl von Linde – ein berühmter Sohn Frankens, Heimatbote, Monatsbeilage der „Fränkischen Presse", 17. Jg., Nr. 4/1966.

Marx, Hilde

Bald, Albrecht, Hilde Marx (1911–1986) – eine deutsch-jüdische Lyrikerin und Journalistin zwischen Bayreuth, Berlin, Prag und New York. Versuch einer biographisch-literarischen Skizze, AO, 79, 1999. 417–441.

Drs., Erinnerungen an Hilde Marx, Deutschjüdische Lyrikerin zwischen Bayreuth, Berlin, Prag und New York, Heimatkurier, 32. Jg., Nr. 4/1999, S. 12–14.

Lobe, Joachim, Aus der Geschichte der Einsamkeit.in memoriam Hilde Marx (Bayreuth 1911 – New York, 1986), Gedicht in: The German Quarterly Bd. 66, Nr. 2 (Frühjahr 1993), S. 143f.

Merz, Georg

Bericht (ohne Autor) in: Frankenheimat, Beilage zum Bayreuther Tagblatt, Nr. 2, Februar 1962. (vermutlich von Karl Müssel)

Meyer, Fritz

Mayer, Bernd, Ein fast vergessener Ehrenbürger, Zum hundersten Geburtstag von Rechtsanwalt Dr. Fritz Mayer I., in: Heimatkurier, 31. Jg., Nr. 1/1998, S. 14.

Rüskamp Wulf, Hg., Eine vollkommene Närrin durch meine ewigen Gefühle, Aus den Tagebüchern der Lotte Warburg 1925 bis 1947, Bayreuth 1989. Zu Fritz Meyer vgl. Index S. 454.

Muncker, Theodor

Mayer, Bernd, Richard Wagner machte ihn unsterblich, Zum 100. Todestag von Theodor Muncker/Bayreuths bedeutendstes Stadtoberhaupt, in: Heimatkurier,33. Jg., Nr. 1/2000,S. 4–5.

Netzsch, Wolfgang

Bald, Albrecht, Ein radikaler Burschenschaftler aus Oberfranken: Der Selber Student Wolfgang Netzsch (1810–1836) und der Frankfurter Wachensturm von 1833, AO, 85, 2005, 241–252.

Ott, Philipp

Trübsbach, Rainer, Aus dem Schularchiv, Stiftungen und Stipendien des GCE, JB 2004/05, S. 16–19.

Raithel, Hans

Schwarz, Georg, Hans Raithel und Kuni Tremel-Eggert, Heimtabeilage zum Amtlichen Schulanzeiger des Regierungsbezirks Oberfranken, Bayreuth Januar 1989, Nr. 151.

Rauh, Caspar Walter

Assel, Marina v., Durch Abstraktion zum Symbolhaften, Caspar Walter Rauh, Hubert Berke, Bayreuth 2004.

Stadt Bayreuth, Kunstmuseum Bayreuth, Hrsg., Caspar Walter Rauh, Flugobjekte, Bayreuth 2000.

Assel, Marina v., Hrsg., Caspar Walter Rauh, Märchenhaftes, Geschichten und Bilder, Bayreuth 2006. (In den ausgewählten Publikationen finden sich weitere bibliographische Hinweise).

Reissinger, Hans

Trübsbach, Rainer, Geschichte der Stadt Bayreuth, a.a.O., zu Hans Reissinger S. 318ff.

Mayer, Bernd, Bayreuth, Die letzten 50 Jahre, Bayreuth 1983, zu Hans Reissinger S. 49ff.

Riedel, August

Schaper, Christa, August Riedel. Ein Bayreuther Maler-Professor an der römischen Akademie San Luca, AO 42, 1962, 91–170.

Rose, Karl Emil

Gehlert, Winfried, Geschichte der Zuckerraffinerie Theodor Schmidt, Fränkischer Heimatbote, 2. Jg., Nr. 4/1969.

Stark, Johannes

Mayer, Bernd, Nobelpreisträger auf politischen Abwegen, 50. Todestag von Johannes Stark/ GCE-Gymnasiast als Gegenspieler Einsteins, Heimatkurier, 40. Jg., Nr. 2/2007, S. 11.

Müssel, Karl, Vom Bayreuther Gymnasium zum Nobelpreis. Werdegang des Atomphysikers Johannes Stark, in: Frankenheimat (Beilage zum Bayreuther Tagblatt), 1956, Nr. 9.

Mehrtens, Herbert, Steffen Richter, Hrsg., Naturwissenschaft, Technik und NS-Ideologie, Beiträge zur Wissenschaftsgeschichte des Dritten Reiches, Frankfurt 1980.

Stirner, Max (Johann Kaspar Schmidt)

Vgl. Max Stirner, Der Einzige und sein Eigentum, Reclam 3057, Stuttgart 1972 u.ö., Literatur S. 417f.; Ernst von Aster, Geschichte der Philosophie, 14. Auflage, Stuttgart 1963, S. 364 und Lit. Verzeichnis.

Karl Müssel, Bayreuth in acht Jahrhunderten, a.a.O., S. 145f.

Wagner, Siegfried

Pachl, Peter, Siegfried Wagner. Genie im Schatten, München 1988/1994)

Gunter-Kornagel, Luise, Weltbild in Siegfried Wagners Opern, Frankfurt 2003.

Klee, Ernst, Das Kulturlexikon zum Dritten Reich. Wer war was vor und nach 1945, Frankfurt 2007.

Wagner, Friedelind

Wagner, Friedelind, Nacht über Bayreuth: die Geschichte der Enkelin Richard Wagners, Berlin 1999.

Müller, Gerhard, Zwei autobiographische Aspekte zum Fall Richard Wagner-Nationalsozialismus und Exil, in: Exil 1/1998.

Wagner, Wieland

Panofsky, Walter, Wieland Wagner, Bremen 1964.

Schäfer, Walter Erich, Wieland Wagner. Persönlichkeit und Leistung, Tübingen 1970 (1979)

Schmid, Viola, Studien zu Wieland Wagners Inszenierungskonzeption und zu seiner Regiepraxis, Diss. München 1973.

Skelton, Geoffrey, Wieland Wagner. The positive sceptic, London 1971.

Wessling, Berndt W., Wieland Wagner, der Enkel, Köln 1997.

Wagner, Wolfgang

Wagner, Wolfgang, Lebens-Akte, München 1994.

Linhardt, Marion, (Hrsg), Mit ihm: Musiktheatergeschichte, Wolfgang Wagner zum 75. Geburtstag, Tutzing 1994.

Schreiber, Hermann, Guido Mangold, Werkstatt Bayreuth, München 1986.

Wich, Isaak Friedrich und Joh. Jak. Emanuel

Sitzmann, Karl, Künstler und Kunsthandwerker in Ostfranken, Kulmbach 1983, S. 578ff.

Will, Johann

Drechsel, Th., Magister Johann Wills Crusiae Historia, Archiv für Geschichte und Altertumskunde von Oberfranken, Bd. 31, 2. Heft, 1931, 1–93.

Wipprecht, Georg, Friedrich

Er verfasste die Schrift „Einige Worte über Gewerbe-Policey, besonders Handwerkern, Manufakturen und Fabrikanten im Fürstenthum Bayreuth, Bayreuth 1793.

Vgl. auch Trübsbach, Geschichte der Stadt Bayreuth, a.a.O., S. 133, 147, 152, 154.

Wirth, Karl Wilhelm

Müssel, Karl, Wilhelm Wirt (1876–1952), ein oberfränkischer Wegbereiter der experimentellen Psychologie, AO, 56, 1976, 407–410.

Müssel, Karl, Wilhelm Wirth – ein Leben im Banne der Psychologie, Frankenheimat, Nr. 12/ Dezember 1964.

Wirth, Arthus, Hg., Erinnerungen an meine Wunsiedler und Bayreuther Kinder- und Jugendzeit (1876–1899), von Wilhelm Wirth, AO, 56, 1976, 411–432.

Wirth, Johann Georg August

Müssel, Karl, Aus der Bayreuther Zeit des Dr. Johann Georg August Wirth, 1823–1831, Frankenheimat, Beilage zum Bayreuther Tagblatt, Nr. 11/1962.

Würzburger, Karl, Dr.

Kiel, Rainer –Maria, Karl Würzburger, Im Schatten des Lichts, Hrsg. Im Auftrag des Evang. Bildungswerkes Bayreuth-Bad Berneck von Rainer-Maria Kiel, Björn Mensing und Christoph Rabenstein, Unverän. Nachdr. Der

1945 im Pan-Verlag Zürich erschienenen Erstausgabe, Bayreuth 1997 (biographisches Nachwort).
Drs., Der Rundfunkpionier, Schriftsteller und Kulturpolitiker Dr. Karl Würzburger (1891–1978), JB 1998/99, S. 17/18.

Wunder, Gottlieb Christian Eberhard
Mitteilungen aus meinem Leben (1787–1864) von G. Chr. E., Wunder, AO 43, 1963, 237–255.

Literatur zu Professoren

Ellrodt, Johann Michael und Germann August
Riedelbauch, Martin, Der Aufstieg, das Wirken und der Niedergang des Reichsgrafen von Ellrodt, AO39, 1959, 292–302.

Fikenscher, Johann
Müssel, Karl, Die älteste Fassung von Johann Fikenschers „Historia illustris Collegii Christian-Ernestini, AO, 43, 1963, 141–158.

Fikenscher, G. W. A.
Müssel, K., Georg Wolfgang Augustin Fikenscher. Ein Bayreuther Geschichtsforscher, Gedenken zu seinem 200. Geburtstag, AO 53, 1973, 289–302; vgl. auch „Das Gelehrte Fürstenthum", zum 200. Geburtstag des Bayreuther Historikers G. W. A. Fikenscher, in: Fränkischer Heimatbote Nr. 9, 1973.

Frank, Karl
König, Karlheinz, Das Haus der deutschen Erziehung in Bayreuth (1933/36–1943/45) Habilitationsschrift Universität Erlangen, Phil. Fakultät, Gerbrunn und Erlangen 1997.
Mayer, Bernd und Helmut Paulus, Eine Stadt wird entnazifiziert, Die Gauhauptstadt Bayreuth vor der Spruchkammer, Bayreuth 2008, S. 29.

Gabler, Georg Andreas
Karl Hartmann, Georg Andreas Gabler, Rektor am Bayreuther Gymnasium und Nachfolger des Philosophen Hegel an der Universität Berlin, JB 1961/62, S. 31–33.

Hartmann, Karl
Veh, Otto, Karl Hartmann, Zum 90. Geburtstag, AO 39, 303–305.
Karl Hartmann zum 100. Geburtstag, AO 49, 1969, S. 281f. Nachruf in AO 51, 1971, 286.

Held, Dr., Johann Christoph v.
Veh, Otto, Dr. Johann Christoph Held, ein Bayreuther Erzieher (1791–1873) Jb 1952/53, S. 3–5.

Holle, Johann Wilhelm
Schaller, Helmut W., Der Bayreuther Historiker Johann Wilhelm Holle und seine Slawenkundlichen Schriften, AO, 75, 1995, 359–384.

Liebhardt, Ludwig
Müssel, Karl, Das alte Christian-Ernestinum als „Mutter der Studien" – Bemerkungen zu Ludwig Liebhardts lateinischer Festrede von 1666, in: Gymnasium Christian-Ernestinum Bayreuth, 1664–1989, Beiträge zum 325-jährigen Bestehen des humanistischen Gymnasiums in Bayreuth, Bayreuth 1989, S. 19–23.

Lilien, Caspar v.
Müssel, Karl, Caspar von Lilien und seine „Christ-Fürstliche Jesu-Nachfolge (1677) Ein Bayreuther Fürstenspiegel und „Anti-Machiavell", AO 87, 1997, 137–174.

Rentsch, Johann Wolfgang
Müssel, Karl, Der „Brandenburgische Ceder-Hein" des Bayreuther Professors Johann Wolfgang Rentsch, Frankenheimat, Beilage zum Bayreuther Tagblatt, Nr. 10, Oktober 1962.
Drs. Johann Wolfgang Rentsch und sein „Brandenburgischer Ceder-Hein", AO 42, 1962, 55–90.

Steinhofer, Johann Jakob
Schick, Hermann, Feld-Geschrey der Kinder Gottes, Johann Jakob Steinhofer und seine Zeit, Schöndrucke 1, Hrsg. Vom Schillerverein Marbach a. N. e.V., 1993.

Stockfleth, Heinrich Arnold
Fikenscher, Georg Wolfgang Augustin, Gelehrtes Fürtenthum Baireuth … Erlangen 1801–1805.
Drs., Geschichte des illustren Christian Ernestinischen Colegii zu Bayreuth, Bayreuth 1806.
Kneule, Wilhelm, Kirchengeschichte der Stadt Bayreuth von der Gründung des Ortes um 1180 bis zur Aufklärung um 1810, Neustadt/Aisch 1971–1973.
Kraußhold, Lorenz, Geschichte der evangelischen Kirche im ehemaligen Fürstenthum Bayreuth, Erlangen 1860.
Kreßel, Hans, Heinrich Arnold Stockfleth, Erlanger Bausteine zur fränkischen Heimatforschung, 16, 1979.

ANHANG

1. Fundation

2. „Kunstrede" des Markgrafen Christian Ernst

3. „Ehr-Glückwunsch" der Professoren an Markgraf Christian Ernst (1676)

4. Anstaltsleiter des Gymnasium Christian-Ernestinum

1. D. Caspar von **Lilien**, Direktor 1664–1687
2. D. Johann Jakob **Steinhofer**, Direktor 1687–1692
3. Johann **Schard**, Inspektor 1694–1695
4. Heinrich Arnold **Stockfleth**, Direktor 1696–1708
5. Johann **Fikenscher**, Inspektor 1696–1708, Direktor 1708–1722

   In der Zeit von 1722 bis 1741 wurde kein Direktor ernannt
6. Dr. Daniel **von Superville**, Direktor 1741–1746, Kurator 1746–1748
7. Adam Anton **von Meyern**, Kurator 1748–1752
8. D. Germann August **Ellrod**; 1750 mit der „Spezialaufsicht" beauftragt, Direktor 1758–1760
   Nach Ellrods Tod war das Gymnasium dem Konsistorium direkt unterstellt.
   M. Lorenz Joh. Jakob **Lang** war von 1757–1801 mit dem Titel „Rektor" der 1. Professor und Ordinarius der Oberklasse. Von 1803 bis 1806 bestand ein sog. Scholarchat:

   Johann Ernst Georg Friedrich **Bomhard**, Scholarch 1803–1805

   Dr. Johann **Kapp**, Scholarch 1803–1806

   Christian Sigismund **Krause**, Scholarch 1803–1806

   Dr. Johann Friedrich **Degen**, Scholarch 1803–1806
9. Dr. Johann Friedrich **Degen**, Studienrektor 1811–1821
10. Dr. Georg Andreas **Gabler**, Studienrektor 1821–1835
11. Dr. Johann Christoph **von Held**, Studienrektor 1835–1867
12. Georg **Großmann**, Studienrektor 1867–1892
13. Karl **Hofmann**, Studienrektor 1892–1894
14. Theodor **Keppel**, Studienrektor 1894–1902
15. Dr. Friedrich **Schmidt**, 1902–1906
16. Dr. Gustav **Landgraf**, Studienrektor 1906–1913
17. Dr. Karl **Neff**, Studienrektor 1913–1923
18. Dr.h.c. Karl **Hartmann**, Oberstudiendirektor 1924–1934
19. Karl **Frank**, Oberstudiendirektor 1935–1945
20. Friedrich **Böhner**, Oberstudiendirektor 1945–1949
21. Dr. Heinrich **Rauber**, Oberstudiendirektor und Ministerialbeauftragter für den Regierungsbezirk Oberfranken 1949–1952
22. Dr. Otto **Mebs**, Oberstudiendirektor 1952–1959
23. Maximilian **Geyer**, Oberstudiendirektor 1959–1970
24. Heinz **Hutzelmeyer**, Oberstudiendirektor 1970–1991
25. Dr. Harald **Ponader**, Oberstudiendirektor 1991–1998
26. Wolfgang **Lang**, Oberstudiendirektor 1998–2004
27. Rainhardt **Kreutzer**, Oberstudiendirektor 2004–2011
28. Franz **Eisentraut**, Oberstudiendirektor 2011–

5. Verzeichnis der hauptamtlichen Lehrkräfte

M. Johann Wolfgang **Rentsch**	1664–1690
M. Ludwig **Liebhard**	1664–1673
M. Johann Caspar **Oertel**	1664–1688
M. Johann **Fikenscher**	1664–1693
M. Johann Matthäus **Stumpf**	1664–1670
M. Johann Christoph **Laurus**	1670–1685
M. Johann Georg **Layriz**	1673–1688
M. Joachim Heinrich **Hagen**	1673–1693
M. Johann Friedrich **Walther**	1685–1689
M. Johann Peter Michael **Röser**	1688–1691
M. Johann **Gropp**	1689–1694
M. Wolfgang Christoph **Räthel**	1689–1698
M. Johann Friedrich **Frosch**	1695–1715
M. Johann Heinrich **Albinus**	1695–1703
David **Meyer**	1696–1718
M. Johann Stephan **Rudolph**	1696–1718
M. Johann Michael **Ellrod**	1698–1709
M. Johann Heinrich **Beyer**	1699–1712
M. Friedrich Caspar **Hagen**	1703–1724
M. Wolfgang David **Schöpf**	1709–1717
M. Johann Georg **Dieterich**	1710–1727
Johann Lorenz **Haßfurter**	1712–1714
M. Johann Georg **Arnold**	1712–1724
M. Johann Andreas **Seyfart**	1718–1723
Michael **Pözinger**	1722–1728
M. Johann Jacob **Layriz**	1723
Johann Adam **Flessa**	1723–1741
Johann Adam **Roth**	1724–1730
Johann Christian **Seidel**	1724–1731
M. Samuel **Kripner**	1727–1742
M. Johann David **Ellrod**	1727–1737
D. Germann August **Ellrod**	1731–1742
M. Gottlieb Friedrich **Hagen**	1737–1742
Erhard Ulrich **Wörner**	1737–1742
M. Johann Christian **Schmidt**	1738
M. Jacob Friedrich **Baader**	1739–1742
M. Georg Wilhelm **Pözinger**	1741–1742
M. Johann Friedrich **Braun**	1742–1756
M. Johann Siegmund **Kripner**	1742–1743
M. Christian **Henneus**	1742–1748
M. Wolfgang Ludwig **Gräfenhahn**	1743–1767
M. Johann **Purrucker**	1743–1784
M. Nikolaus Friedrich **Stöhr**	1748–1758
M. Lorenz Johann Jacob **Lang**	1757–1801
M. Friedrich Adam **Ellrod**	1758–1766
Wolfgang Ludwig **Hermann**	1760–1768
D. Georg Friedrich **Seiler**	1767
Gottlob Wilhelm Ehrenreich **Wanderer**	1768–1777
Johann Michael **Georg**	1769–1782
D. Johann **Kapp**	1778–1799
Johann Georg Friedrich **Krafft**	1782–1795
M. Andreas **Schumann**	1784–1812
Th. Ch. **Oertel**	1795–1802
Friedrich Wilhelm **Hagen**	1799–1802
Dr. Johann Friedrich **Degen**	1802
Rektor von	**1811–1821**
J. C. L. H. **Raenz**	1804–1854
Johann S. Ch. **Schweigger**	–1811
P. A. **Michahelles**	–1812
J. Chr. Gottlieb **Zimmermann**	1812–1817
Dr. G. W. A. **Fikenscher**	1803–1813
Besenbeck	1812–1817
Johann Nikolaus **Grimmer**	1815
Dr. Johann Christoph **Held**	1815–
Rektor von	**1835–1867**
Lorenz Heinrich **Wagner**	1816–1820
J. W. **Stadler**	–1818
Johann Erhard **Schödel**	1816–1823
F. **Siebert**	1817–1821
Dr. Georg Andreas **Gabler**	1817–
Rektor von	**1821–1835**
Jordan	1817
Johann Georg **Bezzel**	1817–1819
Ch. St. G. **Elsberger**	1819–1820
J. M. **Pausch**	1819–1824
A. **Roder**	1820–1821
Dr. Andreas **Neubig**	1821–1851
Flamin **Klöter (Cloeter)**	1821–1848
Anton Friedrich Heinrich **Glaßner**	1821–1829
Johann Karl Wilhelm **Lotzbeck**	1822–1830
	1835–1863
G. P. **Kieffer**	1824–1831
Dr. J. Wilhelm **Holle**	1825–1856
Friedrich **Buck**	1830–1881
F. **Mösch**	1830–1854
Dr. Joseph Narcissus **Kirchner**	1831–1843
Christian **Lienhardt**	1835–1843
Johannes **Zorn**	1835–1850
Dr. **Hechtfischer**	1835–1843
Schmidt	1835–1856
Heinrich **Raab**	1839–1870
Dr. David Karl Philipp **Dietsch**	1843–1852
Dr. Heinrich **Heerwagen**	1843–1857
Wild	1844
Wilhelm **Wolff**	1844–1848
Schmetzer	1848–1849
Georg **Großmann**	1848–
Rektor von	**1867–1892**
C. A. **Gebhardt**	1849–1853
Gleißer	1849–1868
Friedrich **Hofmann**	1851–1889
Wilhelm **Großmann**	1851–1857
G. Fr. **Unger**	1852–1853
Christian **Heß**	1853–1862
Max **Lechner**	1853–1855
H. **Raab**	1853–1856
Pflaum	1854–1860

Georg **Bauer**	1855–1858	Dr. Wilhelm **Brunco**	1885–1905
Karl **Fries**	1856–1884	Friedrich **Leicht**	1885–1888
G. **Hoffmann**	1856–1864	Philipp **Kraus**	1885
Alexander **Puschkin**	1856–1878	Willibald **Preis**	1885–1916
H. **Schick**	1857–1861	Georg **Froschmaier**	1885
G. fr. Wilhelm **Satorius**	1857–1869	Dr. Hermann **Köbert**	1886–1889
Dr. **Fürst**	1859–1873	Hermann **Hoffmann**	1886–1892
Westermayer	1858–1863	Georg **Maurer**	1887–1900
Konrad **Thiem**	1860–1888	Alois **Branz**	1888–1889
Karl **Nägelsbach**	1861–1905	Lorenz **Bartenstein**	1888–1900
Andreas **Schalkhäuser**	1862–1891	Dr. Karl **Schleicher**	1889–1890
Dr. Karl **Spandau**	1863–1872	Oskar **Kastner**	1889–1891
Rehm	1864	Dr. Eduard **Rötter**	1889–1894
Friedrich **Zorn**	1863–1866	Lorenz **Gögelein**	1889–1894
Dr. Wilhelm **Döderlein**	1864–1881	Ludwig **Weber**	1889–1892
Ernst **Roth**	1864	Joseph **Zametzer**	1890–1892
Heinrich **Schmauser**	1864–1895	Dr. Karl **Roth**	1890–1897
G. **Götz**	1864	Alois **Schröfl**	1891
Michael **Pfister**	1865–1877	Jakob **Fries**	1891
Heinrich **Carl**	1865–1870	Karl Hermann **Zwanziger**	1891–1910
Hopf	1865–1868	Moritz **Gürsching**	1892–1910
Wilhelm **Hauenstein**	1865	Eduard **Bachmann**	1892–1900
Eugen **Raab**	1866–1869	Ludwig **Renner**	1892–1897
Karl **Metzger**	1866–1870	Anton **Lehmann**	1892–1893
Dr. Bernhard **Dombart**	1867–1872	Max **Hessel**	1893–1910
R. **Thomas**	1868–1872	Gustav **Spiegel**	1893–1897
Heinrich **Schöntag**	1869–1873	Franz **Adami**	1893–1894
Karl **Neß**	1869–1871	Dr. Heinrich **Sievert**	1894–1919
Nikolaus **Holzapfel**	1870–1871	Wilhelm **Wolff**	1894–1897
Dr. Friedrich **Schmidt**	1871–1886	Friedrich **Lederer**	1894–1913
Rektor von	**1902–1906**	Friedrich **Böhnke**	1895–1914
August **Hartmann**	1872–1873	Friedrich **Borngesser**	1895–1914
Wilhelm **Meyer**	1872–1875	Johann **Martin**	1896–1897
Johann **Hau**	1873–1876	Robert **Ruckdeschel**	1897–1898
J. **Rummelsberger**	1873–1875	Max **Scholl**	1897–1914
Dr. Philipp **Weber**	1873–1875	Heinrich **Leuthheuser**	1897–1898
Dr. Wilhelm **Ebrard**	1873–1885	Dr. August **Wendler**	1897–1898
Friedrich **Spälter**	1875–1884	Georg **Braun**	1897–1900
Joseph **Fink**	1875–1877	Ludwig **Hartmann**	1898–1901
Dr. Hans **Stich**	1876–1878	Max **Nett**	1898
G. **Göller**	1876–1883	Dr. Theodor **Link**	1898–1901
Fr. **Pregler**	1877	Dr. Karl **Bullemer**	1898–1900
P. **Chally**	1887–1881	August **Kraus**	1899–1905
Gottlieb **Hatz**	1878–1879	Dr. August **Großmann**	1900–1903
August **Brandt**	1879–1885	Johann **Schuler**	1900–1906
Johannes **Pflugmann**	1880–1924	Heinrich **Kübel**	1900–1901
Paul **Meyer**	1880–1894	Johannes **Steets**	1900
Gottfried **Sonntag**	1881–1883	Julius **Stiefel**	1900–1919
Dr. Karl **Wunder**	1881	Dr. Friedrich **Fischer**	1900
Max **Toussaint**	1881–1890	August **Geist**	1901–1907
Christian **Wirth**	1881–1900	Innocenz **Heberle**	1901
Friedrich **Ott**	1882–1900	Robert **Braun**	1901
Dr. Heinrich **Schmidt**	1883–1919	Dr. Wilhelm **Guthmann**	1901–1904
Joseph **Nagengast**	1883–1887	Georg **Ernst**	1901–1903
Franz **Spiringer**	1884–1885	Gustav **Sattler**	1901–1905
Hans **Heinisch**	1884–1885	Franz **Schraub**	1902

Dr. Michael **Rost**	1902–1903	Dr. Viktor **Weinzierl**	1919
Adolf **Korn**	1903–1908	Dr. Heinrich **Weber**	1919–1933
Hermann **Wiehl**	1903–1904	Friedrich **Haendel**	1919–1934
Dr. Joseph **Simon**	1904–1910	Heinrich **Hagen**	1923–1925
Georg **Oßberger**	1904–1906		1932–1959
Heinrich **Sell**	1904–1908	Ernst **Schmitt**	1924–1941
Dr. Otto **Gebhardt**	1904–1908	Theodor **Herrmann**	1924–1927
Philipp **Finger**	1904–1905	Dr. August **Loehrl**	1924–1925
Dr. Friedrich **Kleß**	1904–1910	Wilfried **Ruyter**	1924
Dr. Johann Baptist **Klein**	1904	Dr. Alfons **Kalb**	1924–1928
Pius **Sippel**	1905	Paul **Sorge**	1924–1928
Ferdinand **Lechner**	1905–1908	Dr. Oskar **Degel**	1924–1937
Johann **Kettenacker**	1905	Thomas **Dippold**	1925–1933
August **Kern**	1905	Dr. Alois **Früchtl**	1925–1937
August **Keppel**	1905–1919	Alfred **Schramm**	1925–1953
Alex **Haaß**	1905	Dr. Adolf **Rieß**	1926–1941
Wilhelm **Rollwagen**	1905	Gustav **Sattler**	1928–1931
Johannes **Rutz**	1905–1920	Dr. Wilhelm **Bachmann**	1929–1936
Heinrich **Rupprecht**	1905	Ernst **Lapp**	1929–1930
Valentin **Gründel**	1906–1907	Georg **Prütting**	1931–1939
Hans **Müller**	1906–1909	Dr. Dr. Julius **Andreae**	1931–1934
Dr. Hugo **Reinsch**	1907–1908	Karl **Mayr**	1933
Dr. Josef **Hofmann**	1907–1908	Josef **Meißner**	1933–1961
Dr.h.c. Karl **Hartmann**	1907–1924	Otto **Müller**	1934–1941
Rektor von	1924–1934		1948–1951
Ulrich **Linnert**	1908	Wolfgang **Bretzfeld**	1934–1945
Dr. Konrad **Leidl**	1908–1909	Alfons **Brückner**	1934–1935
Dr. Ferdinand **Gottanka**	1908–1909	Richard **Zwörner**	1934–1936
Dr. Hans **Löwe**	1908–1910	Dr. Friedr. **Hörmann**	1934
Johann **Bickel**	1909	Maximilian **Geyer**	1934
Hans **Schlappinger**	1909–1912	**Oberstudiendirektor**	**1959–1970**
Leo **Dorsch**	1909–1910	Dr. Otto **Veh**	1934–1953
Dr. Wilhelm **Motschmann**	1909–1935	Dr. Albert Frhr.von **Lupin**	1934–1945
Alois **Wagner**	1909		1952–1965
Franz Xaver **Günthner**	1910–1920	Hans **Schurk**	1935
Dr. Theodor **Speidel**	1910	Dr. Hermann **Lauer**	1936–1937
Dr. Wilhelm **Lermann**	1910–1912	Dr. Michael **Arneth**	1936–1953
Johannes **Klug**	1910–1935	Hans **Anner**	1937
Johann **Ries**	1910–1933	Heinrich **Brehm**	1937–1938
Ludwig **Heinz**	1910–1913	Ferdinand **Diepold**	1937–1941
Dr. Adolf **Hiendlmayr**	1910–	Dr. Herbert **Opel**	1937
Dr. Heinrich **Molenaar**	1912–1915	Dr. Willi **Weiß**	1937–1945
Ernst **Nägelsbach**	1912	Hans Jörg **Giesecke**	1937–1941
Dr. Christian **Riedel**	1913–1917	Dr. Eduard **Kreß**	1938–1940
Dr.h.c. Karl **Sitzmann**	1913–1919	Franz **Will**	1939
Oskar **Tillmann**	1913	Dr. Otto **Beyer**	1946–1948
Dr. C. **Dumbacher**	1913	Dr. Paul **Meyerheim**	1946–1948
Friedrich **Böhner**	1913–1945	Karl **Vogel**	1946–1952
Oberstudiendirektor von	**1945–1949**	Erich **Lampart**	1946–1973
Max **Amann**	1914–1918	Betty **Bretzfeld**	1946
Georg **Rauh**	1914		1955–1963
Dr. Alfred **Georg**	1914–1931	Fritz **Beer**	1946–1952
Dr. Hans **Zettner**	1915–1925	Dr. Johann **Bien**	1946–1962
Gustav **Schmidt**	1916–1924	Kaspar **Lang**	1946–1969
Karl **Schmitt**	1918–1919	Erich **Heller**	1946–1947
Dr. Karl **Heyer**	1918–1919	Dr. Anton **Klitzner**	1947–1961

Marta **Lautner**	1947–1948
Hans **Dorschky**	1947–1950
Karl Gottfried **Schmidt**	1948–1953
Friedrich **Linke**	1948–1969
Karl **Dietz**	1948–1974
Ludwig **Baumann**	1949
Dr. Heinrich **Rauber**	
Oberstudiendirektor und Ministerialbeauftragter für Oberfranken	**1949–1952**
Anton **Wolf**	1949–1953
Hans **Frauenknecht**	1950–1957
Dr. Helmut **Och**	1950–1971
Heinrich **Wührl**	1950–1965
Europaschule in Luxemburg	**1965–1973**
Wieder am Gymnasium	1973–1977
Fritz **Stadelmann**	1950–1951
Karl **Müssel**	1951–1984
Dr. Gerhard **Wirth**	1951–1956
Hans **Maier**	1952–1982
Dr. Otto **Mebs**	
Oberstudiendirektor	**1952–1959**
Alois **Schrittenloher**	1952–1955
Franz **Schindele**	1953–1954
Theodor **Uebelhoer**	1953–1984
Dr. Erich **Türk**	1953–1991
Karl **Heinritzi**	1953–1960
Dr. Eugen **Huttner**	1953–1980
Johann **Romeis**	1953–1960
Helmut **Czaja**	1955–1962
Peter **Färber**	1955–1987
Oskar **Sauer**	1955–1983
Alois **Pscherer**	1956–1958
Dr. Johannes **Schreiber**	1957–1963
Bernhard **Stehr**	1960–1985
Dr. Hermann **Döbereiner**	1960–1961
Robert **Preißinger**	1960–1983
Fritz **Werner**	1961–1997
Johann **Scheick**	1961–2001
Helmut **Arzberger**	1961–1987
Hans **Lehmann**	1963–1967
Helmut **Korn**	1963–2001
Peter **Haaß**	1963–2001
Georg **Schmitt**	1964–1996
Edeltraud **Geib** (geb. Hübner)	1965–2002
Christine **Rupp**	1965–2000
Friedrich **Neumann**	1966–2001
Gerhard **Wittmann**	1966–1999
Angelika **Römmler** (verh. Stiller)	1966–1998
Friedrich **Jakob**	1967–2003
Günter **Reutner**	1968–1970
Joachim **Lobe**	1968–2000
Norbert **Hagmeier**	1969–2003
Alfred **Oertel**	1969–1999
Eduard **Herrmann**	1969–1972
Heinz **Hutzelmeyer**	

Oberstudiendirektor	**1970–1991**
Klaus **Höreth**	1970–2003
Reinhard **Prochnow**	1972–2010
Werner **Seuß**	1972–2004
Dr. Rainer **Trübsbach**	1973–2007
Peter **Lenk**	1973–2001
Peter **Bechert**	1974–2004
Rüdiger **Bethe**	1974–2003
Gerhard **Bezold**	1974–1981
Martha **Fleißner**	1974–1999
Christine **Könner** (verh. Hartmann)	1975–1983
Gerhard **Grampp**	1976–2012
Hermann **Raeithel**	1975–1988
Michael **Pilz**	1978–2009
Hubertus **Scholz**	1978–1980
Dieter **Funk**	1979–1983
Reinhard **Polzer**	1979–1982
Klaus-Dieter **Reus**	1979–2011
Wolfgang **Minier**	1980–2011
Werner **Link**	1980–2012
Rolf **Müller**	1980–
Werner **Horlamus**	1981–1984
Hans **Karpinski**	1981–
Michael **Pöhlmann**	1982–
Reinhard **Maier**	1982–
Gudrun **Seeser**	1983–1986
Klaus **Berger**	1984–1985
Hans-Michael **Hechtel**	1984–1985
Peter **Lobe**	1985–
Christine **Kohl**	1986–
Andrea **Paulick** (verh. Barth)	1986–1996
Dorothea **Müller**	1986–1987
Sabine **Will**	1986–1987
Elisabeth **Pilz**	1987–2005
Dr. Harald **Ponader**	
Oberstudiendirektor	**1991–1998**
Katharina **Kämpf**	1993–
Doris **Kuhn**	1997–
Carla **Schmidhuber**	1997–
Susanne **Seefried** (verh. Frank)	1997–
Wolfgang **Lang**	
Oberstudiendirektor	**1998–2004**
Wolfgang **Hendler**	1999–
Doris **Reischl** (verh. Schim)	2000–
Markus **Lenk**	2000–
Barbara **Prechtl**	2000–
Günter **Beck-Mathieu**	2001–
Michael **Grübl**	2001–2008
Ruth **Römling**	2001–2003
Kerstin **Studer**	2001–2002
Dr. Irene **Birner**	2002–2004
Martina **Dennerlein**	2002–2003
Annette **Zierl**	2002–2006
Marion **Böhner**	2003–2006
Silke **Horn**	2003–2004

Elfriede **Kempf**	2003–
Markus **Lochner**	2003–
Rainhard **Kreutzer**	
Oberstudiendirektor	**2004–2011**
Christian **Plätzer**	2004–
Dominic **Siegert**	2004–
Julia **Fischer (geb. Weiß)**	2004–
Birgit **Reisner**	2005–
Dr. Jan **Ehlenberger**	2005–
Wolfgang **Emminger**	2005–
Martina **Fischer**	2005–
Markéta **Liebscher**	2005–
Susanne **Full**	2006–
Ulrike **Borken**	2006–
Maren **Ernst-Kovacevic**	2007–
Dr. Sabine **Mayr**	2007–
Markus **Hahn**	2007–
Julia **Prechtl**	2007–
Beate **Übler**	2007–2012
Franz **Eisentraut**	2008–2011
Oberstudiendirektor	**2011–**
Ulrike **Neubig**	2008–
Efrosini **Sopalidou**	2008–2009
Brigitte **Treuheit**	2008–
Birgit **Vinion**	2008–2009
Dr. Thomas **Bauer**	2009–
Britta **Donnerbauer**	2009–
Aline **Steer-Möstl**	2009–
Barbara **Temmen (verh. Weigert)**	2009–
Heiko **Weiß**	2009–
Ulrich **Herrmann**	2010–
Florian **Achenbach**	2010–
Annette, **Ernst**	2010–2011
Eva, **Hillebrand**	2010–
Christoph, **Kerling**	2010–
Martina **Schmidt-Kessel**	2010–
Aline, **Steer-Möstl**	2010–
Werner, **Fuchs**	2011/12
Ursula, **Graf**	2011–2012
Dörthe, **Hirschberg**	2011–
Claudia, **Illik**	2011–
Johanna, **Knorr**	2011–
Christl, **Lobe** (vorher nebenamtlich)	2011–
Mathias, **Pitsch**	2011 –
Franziska, **Ullmann**	2011–2012
Tessa, **Waldkirch**	2011–
Dorothee, **Witt**	2011–

6. Hausmeister

Bis 1945
Max Rauch

1945–1949
Peter Paes (Hausmeister), Heinrich Stumpf (Heizer und Hausarbeiter)

1949/50–1964/65
Leo Joschko mit verschiedenen Heizern (Josef Thumert, Karl Frank, seit 1955 Georg Lienhardt und seit 1959/60 mit den Putzfrauen Behmer und Tilger.

1965–1992
Herbert Schindler mit Ehefrau Erna und Heizer Lienhardt bis 1966. Bis 1979/80 arbeiteten außerdem 7–8 Putzfrauen im Haus. Ab 1980/81 nur noch Gisela Maciossek.

1992/93–
Heinrich Weiß mit Ehefrau Irene (unterstützt von Richard Roder)

7. Sekretariat

1945–1948/49
Kassenverwaltung Josef Meißner, Hilfsangestellter

1949/50
Heinrich Stumpf (fr. Regierungsinsepktor) bis 1955/56, dazu Klara Schroeter, Kassenleiterin seit 1. Oktober 55 bis 1958/59.

1959/60
Karl Heinritzi ab 7. Dezember 1959
Leiter der Zahlstelle

1960/61
Peter Färber bis 31. Januar 1961, dann Fritz Maisel seit 1. Februar 1961. Kassen- und Zahlstellenleiter, dazu seit 1. Januar 1961 Ingeborg Tzschoppe als Angestellte.

1961/62–1966/67
Fritz Maisel, (Regierungsobersekretär an der OR) Ingeborg Tzschoppe, Angestellte, Margot Dietzel.

1966/67
Brunhild Küfner ab 3. Oktober 1966 bis 28. Februar 1967

1967–1980
Ruth Dulk, Angestellte, Leitung der Zahlstelle, Sekretariat ab 1. März 1967, mit den Angestellten Dietzel, Bär, 1974/75 Weinreich, Jutta Langer.

1980/81
Walburga Fieber, Jutta Riemerschmid, Rosl Weinreich

1981/82–2002/03
Johanna Krauß, mit Jutta Langer (bis zum 30. Juni 1984), mit Rosl Weinreich (bis 1987/88) mit Monika Weimar ab 1987/88 bis 2002/03.
2002/03–
Frau Elisabeth Tauber, Frau Angela Übelhack (bis 2012) ab 1. Februar 2012 Elvira Michel

8. Gefallene der beiden Weltkriege

Diese Zusammenstellungen wurden aus der Festschrift von Karl Müssel übernommen.

Es fällt auf, dass bei den Gefallenen des Ersten Weltkriegs sehr vollständig Angaben zum Beruf, zum Dienstgrad und zum Todesdatum möglich waren. Bei den Gefallenen des Zweiten Weltkriegs waren offenbar diese Daten nur in wenigen Fällen so genau zu ermitteln.

Kenntlich gemacht wurde vom Verfasser, dass die ehemaligen Schüler isr. Glaubensbekenntnisses selbstverständlich keine Kriegsteilnehmer des Zweiten Weltkriegs waren, sondern ausnahmslos von den Nationalsozialisten in Konzentrationslagern ermordet wurden.

8.1. Erster Weltkrieg

Vom Lehrkörper der Schule

Dr. Riedel, Christian, Gymnasialprofessor, Vizewachtmeister d. Res., 6. Juni 1918 in Frankreich

Ehemalige Schüler

1. **Adler** Egon, Bankbeamter, Kriegsfreiw., 3. Juni 1915, Frankreich
2. **Aichinger** Alfred, Lt., 15. September 1916, Frankreich
3. **Auracher** Ferdinand, OLt., 24. August 1914, Lothringen
4. **Bärmann** Georg, 1918, Frankreich
5. **Bannig** Adolf, Lt., 20. September 1914, Frankreich
6. **Bauer** Ernst, Gepr. Lehramtskandidat, Kriegsfreiw., 15. März 1915, Frankreich
7. **Bauer** Friedrich, 1916, Rumänien
8. **Dr. Bauer** Friedrich, Oberarzt, 10. Mai 1918, Frankreich
9. **Bauer** Karl, stud.rer.nat., Lt. d. R., 1. August 1917, Rumänien
10. **Bayerlein** Julius, Lt., 10. August 1918, Frankreich
11. **Beger** Kurt, Lt., 5. August 1915, Russland
12. **Beilhack** Andreas, Lehramtsass., Lt. d. R., 10. Juli 1916, Frankreich
13. **Beyer** Hermann, stud. theol., Vizefeldw. d. R., 9. April 1918, Frankreich
14. **Bleimüller** Georg, Vizefeldw. d. R., 24. Oktober 1915, Frankreich
15. **Brandner** Christian, Reg. Baumeister, Uffz. d. R., 7. August 1916, Frankreich
16. **Bruglocher** Ferdeinand, Lt., 2. September 1914, Lothringen
17. **Bucher** Wilhelm, Assessor im Kolonialdienst, 12. September 1914, Deutsch-Ostafrika
18. **Däumling** Adolarius, Rechtsanwalt, Lt. d. R., 22. Juli 1916, Frankreich
19. **Dahinten** Ernst, Lt., 20. August 1914, Lothringen
20. **Daubner** Adam
21. **Daubner** Josef, Kriegsfreiw., 3. Mai 1917, Frankreich
22. **Dietrich** Karl, Hauptmann, gest. 5. Juli 1917, Ulm
23. **Döring** August,
24. **Döring** Hans, Vizewachtm. d. R., 31. März 1918, Frankreich
25. **Eckmann** Julius, 1914
26. **Eiffländer** Ludwig
27. **Emmerling** Max, Kriegsfreiw., 4. August 1916, Russland
28. **Feistle** Bruno, Vizefeldw., d. R., 21. März 1918, Frankreich
29. **Feistle** Karl, Lt. d. R., 24. Mai 1916, Frankreich
30. **Fischer** Karl-Philippp, Uffz. d. R., 8. Juli 1916, Russland
31. **Dr. Fleischmann** Friedrich, Akademielehrer, Hptm. d. R., 10. Mai 1917, Frankreich
32. **Freundel** Max, Bankbeamter, Lt. d. R., verwundet 22. März 1918, Frankreich, gest. 2. April 1918
33. **Friedrich** Fritz
34. **Fürbaß** Otto, Hilfslehrer, Kriegsfreiw., 1. November 1914, Frankreich
35. **Fuß** Heinrich
36. **Geist** Robert, Rechtspraktikant, Uffz. d. R., 5. September 1914, Frankreich
37. **Goertz** Hans, Lt., 16. August 1917, Belgien

38. **Graber** Willibald, Gefr. d. R., 17. Juli 1918, Frankreich
39. **Gräf** Eugen, Fahnenjunker-Uffz., 14. Mai 1915, Frankreich
40. **Gräf** Gerhard, Fähnrich, 23. März 1918, Frankreich
41. **v. Grafenstein** Hermann, gepr. Rechtspraktikant, Lt. d. R., 27. August 1914, Lothringen
42. **Grammich** Rudolf, Russland
43. **Greiner** Alexander, Uffz. d. R., 12. März 1915, Frankreich
44. **Griebel** Karl, gepr. Lehramtskandidat, Lt. d. R., 8. Juni 1916, Frankreich
45. **Gurt** Karl, Bankbeamter, Vizefeldw. d. R., 14. Juli 1917, Elsaß
46. **Gurt** Ludwig, Kaufmann, Uffz. d. Landwehr, 2. August 1915, Russland
47. **Haendel** Friedrich, Rechtspraktikant, Kriegsfreiw., 3. November 1914, Russland
48. **Hagen** Leonhard, Lt., 20. August 1914, Lothringen
49. **Hamann** Anton, Kaufmann, Vizefeldw. d. R., 18. September 1916, Frankreich
50. **Hanft** Max, 30. Mai 1918
51. **Heinz** Hans, Lehrer, Landsturmmann, 12. Oktober 1916, Frankreich
52. **Heinz** Karl, cand. math., Lt. d. R., 21. September 1916, Frankreich
53. **Heller** Richard, Vizefeldw. d. R., 24. März 1916, Frankreich
54. **Herrmann** August, Uffz. d. R., 7. Oktober 1915, Russland
55. **Hetzel** Arnulf, Bankpraktikant, Uffz. d. R., 13. Mai 1917, Russland
56. **Heysel** Ernst, Gymnasiast, 1917, Frankreich
57. **Hirsch** Ernst, Lt., verwundet Oktober 1918, Frankreich, gest. 22. Februar 1919
58. **Hirsch** Max, Lt., 8. Mai 1917, Frankreich
59. **Hirschfeld** Fritz, stud. jur., 1915
60. **Hirschfeld** Otto, Kaufmann, Kriegsfreiw., 1. November 1914, Belgien
61. **Hock** Hans, Uffz. d. R., 20. März 1916, Frankreich
62. **Hölzel** Ernst, Forstamtsassessor, Vizefeldw. d. R., 2. Oktober 1914, Frankreich
63. **Hörchner** Hans, Lt., 23. Mai 1916, Frankreich
64. **Hoffmann** Bernhard, Bankbeamter, 20. Mai 1917, Frankreich
65. **Hofmann** Adolf, Bankbeamter, Uffz. d. R., 20. August 1914, Lothringen
66. **Hofner.** Karl, Lehrer, Pionier, 9. August 1917, Rumänien
67. **Hopfmüller** Heinrich, Olt., 4. Juni 1916, Frankreich
68. **Hoser** Anton, Uffz. d. R., 6. Juli 1916, Frankreich
69. **Hühnlein** Hans, Bauamtmann, OLt. d. R., 24. August 1914, Lothringen
70. **Hüttner** Hermann, Gymnasiast, 1918
71. **Hurt** Fritz, Olt z. See, 1917
72. **Immel** Albert, Dipl. Ing., Offz. Stellv., 13. Oktober 1914, Frankreich
73. **Jungleib** Paul, Lt., verwundet 25. September 1918, Frankreich, gest. 9. Oktober 1918
74. **Justinus** Bruno, Olt., 30. Januar 1918, Frankreich
75. **Kastner** Herbert, Vizefeldw. d. R., 16. August 1917, Belgien
76. **Kern** Adolf, Lt., 8. November 1914, Frankreich
77. **Kern** Ernst, Lt. d. R., 17. Mai 1917, Frankreich
78. **Kern** Fritz, stud. theol., Lt. d. R., 9. April 1915, Frankreich
79. **Kern** Ludwig, stud. jur.
80. **Ritter v. Kohlmüller** Hans, Major, 7. Juni 1917, Belgien
81. **Kraußhold** Theodor, Pfarrer, Lt. d. R., 30. Juni 1917, Russland
82. **Küffner** Ernst, Bankbeamter, Uffz. d. R., 22. Oktober 1914, Frankreich
83. **Kühl** Wilhelm, Apothekerpraktikant, Kriegsfreiw., 4. November 1914, Belgien
84. **Kurzmann** Bruno, Reg. Baumeister, Uffz.d. Ldw., 21. Dezember 1914, Belgien
85. **Lauter** Julius, Olt., 26. August 1914, Lothringen
86. **Leidendecker** Hermann, 16. August 1917, Belgien
87. **Leupold** Friedrich, Lt., 4. Oktober 1917, Belgien
88. **Leupold** Heinrich, Vizefeldw. d. R., 15. September 1916, Frankreich
89. **Leutheuser** Heinrich, Lt., 20. August 1914, Lothringen
90. **Leyh** Otto, Lt., 26. August 1914, Lothringen

91. **Löhr** Josef, Vizefeldw. d. R., 6. Oktober 1914, Frankreich
92. **Löw** Waldemar, Rechtsanwalt, Lt. d. R., 29. Dezember 1916, Rumänien
93. **Lorenz** Johann
94. **Meinel** Theodor, stud. theol., Kriegsfreiw., 22. Februar 1915, Frankreich
95. **Meyer** Heinrich
96. **Mohr** Leo, 1914
97. **Morgenstern** Ernst, Apotheker und cand. chem., Gefr. d. R., 22. September 1916, Rumänien
98. **Mühl** Paul, Olt., 30. August 1918, Frankreich
99. **Müller** Paul, Lt. d. R., 9. Oktober 1918, Frankreich
100. **Münch** Ernst, Bankbeamter, Lt. d. R., März 1918, Frankreich
101. **Naser** Heinrich, Bankbeamter, Uffz. d. R., 17. Oktober 1915, Frankreich
102. **Naser** Max, Lt., 20. August 1914, Lothringen
103. **Naser** Viktor, Bankbeamter, Vizefeldw. d. R., 9. Juli 1916, Frankreich
104. **Nötling** Friedrich, gepr. Lehramtskandidat, Lt. d. R., 11. Oktober 1914, Frankreich
105. **Pfaffenberger** Christian, Postamtsass., Lt. d. R., 29. Juni 1915, Polen
106. **Pollmann** Eugen, Olt., 20. August 1914, Lothringen
107. **Prell** Friedrich, Olt., 21. August 1914, Lothringen
108. **Popp** Konrad
109. **Pültz** Karl, Lt., 15. September 1916, Frankreich
110. **Reder** Helmuth, stud. forest., Offz. Stellv., 5. September 1914, Frankreich
111. **Rehm** Emil, Hptm., 22. November 1914, Belgien
112. **Reichelt** Hans, Gymnasialass., Gefr. d. R., 10. Oktober 1917, Belgien
113. **Reissinger** Karl, Gymnasialprof., Hptm. d. Landw., 28. Februar 1915, Frankreich
114. **Ruckdeschel** Alfred, Oberpräzeptor, Offz. Stellv., 20. Oktober 1914, Frankreich
115. **Rupprecht** Emmanuel, stud. phil., Kriegsfreiw., 14. Januar 1917, Frankreich
116. **Schäffer** Helmuth, Lt., 1914
117. **Dr. Schardt** Lorenz, Rechtsanwalt
118. **Schirmer** Ludwig, Lt. d. R., 10. August 1018, Frankreich
119. **Frhr Schirndinger von Schirnding** Fritz, Fahnenjunker-Uffz., 27. März 1918, Frankreich
120. **Schlötzer** Christian, stud. theol., Kriegsfreiw., 1. November 1914, Belgien
121. **Schlötzer** Heinrich, stud. theol., Kriegsfreiw., 13. März 1915, Frankreich
122. **Schmidt** Hans, stud.ing., Uffz. d. R., 8. November 1914, Frankreich
123. **Schmidt** Theodor, Fähnr. u. Offz. Stellv., 31. März 1915, Frankreich
124. **Schmidt** Wilhelm, Lt., 5. Oktober 1915, Frankreich
125. **Schoberth** Adolph, Apothekerpraktikant, Kriegsfreiw., 5. November 1914, Frankreich
126. **Schoberth** Georg, Lt. d. R., 15. Mai 1915
127. **Schöpf** Ernst, Lt., 20. August 1914, Lothringen
128. **Schöttl** Richard, Lt., 16. September 1916, Frankreich
129. **Schramm** Karl, Lt., 15. September 1916, Frankreich
130. **Schrödel** Hans, gepr. Lehramtskandidat, Uffz. d. R., 23. September 1914, Frankreich
131. **Schröder** Gottlob, Lt., 4. März 1917, Frankreich
132. **Schröppel** Otto, Apotheker, 6. Oktober 1916, Frankreich
133. **Schülein** Ernst, Dipl. Ing., Vizefeldw. d. R., 27. September 1915, Frankreich
134. **Schülein** Hans Georg, Distr. Kommissär in Ostafrika, 27. Juli 1917, Deutsch-Ostafrika
135. **Schuler** Wolfgang, Olt. z. See, 15. September 1917
136. **Schwabacher** Michael, Lt., 15. September 1916, Frankreich
137. **Schwink** Richard, Lt., 31. März 1918, Elsaß
138. **Späth** Ernst, Kriegsfreiw., 29. Mai 1915, Russland
139. **Spörl** Christian, Lehrer, Ersatz-Res., 13. Juni 1915, Frankreich
140. **Dr. Stöbäus** Oskar, Rechtspraktikant, Lt. d. R., 4. Oktober 1914, Frankreich
141. **Strößner** Wilhelm, Lt., 27. September 1914, Lothringen
142. **Thiel** Eduard, Bankbeamter, Lt. d. R., 23. November 1916, Rumänien

143. **Traßl** Heinrich, Lt.,
 26. August 1914, Lothringen
144. **Uschold** Georg, Marinekriegsgerichtsrat, OLt. d. R., verwundet 12. September 1914, Frankreich, gest. 22. Februar 1917
145. **Vollrath** Gottfried, Finanzass., Lt. d. Ldw., 24. August 1916, Frankreich
146. **Wagner** Nikolaus, Olt.
147. **Weidmann** Gottlieb, stud. med., Kriegsfreiw., 6. Januar 1915, Belgien
148. **Wendler** Franz, Lt., 23. Februar 1918, Belgien
149. **Wenz** Oskar, Bankbeamer, Kriegsfreiw., 1. November 1914, Belgien
150. **Wild** Wilhelm, stud. jur., Kriegsfreiw., 13. November 1914, Belgien
151. **Will** Emil, Lt., 20. August 1914, Lothringen
152. **Winter** Gottlieb, Uffz. d. R., 6. Juli 1916, Frankreich
153. **Winter** Karl, 1916, Frankreich
154. **Wippenbeck** Friedrich, Vizefeld. d. R., 3. November 1914, Frankreich
155. **Wölfel** Heinrich, Vizefeld. d. R., 24. September 1917, Frankreich
156. **Wörl** Josef
157. **Dr. Würzburger** Julius, Amtsrichter, Olt. d. Ldw., 12. März 1915, Frankreich
158. **Wüstendörfer** Karl, Lt., 14. Mai 1917, Frankreich
159. **Wunder** Hermann, Fahnenjunker-Uffz., 18. August 1917, Belgien
160. **Zagel** Hermann, Bankpraktikant, Kriegsfreiw., 14. Dezember 1914, Frankreich
161. **Zeller** Georg, Lt., 26. März 1918, Frankreich
162. **Zettlmeisel** Johann, Kriegsfreiw., 3. November 1914, Frankreich
163. **Zettner** Adam, Major, 26. August 1914, Lothringen

8.2. Zweiter Weltkrieg

Vom Lehrkörper der Schule

1. **Anner** Hans, Studienrat
2. **Bretzfeld** Wolfgang, Studienrat, gest. in der Gefangenschaft in Saratow/Russland
3. **Giesecke** Hans-Jörg, Studienrat, 8. Februar 1941 auf Feindflug gegen England
4. **Lassleben** Hans, Studienrat
5. **Dr. Rieß** Adolf, Studienprofessor. Er wurde mit vielen anderen im letzten „Volkssturm" aufgeboten, um die „Rote Armee" an der Oder aufzuhalten.

Ehemalige Schüler

1. **Albrecht** Wilhelm
2. **v. Allweyer** Wolfgang
3. **Dr. Amann** Max, Rechtsanwalt, 1945, Berlin
4. **Arzberger** Karl
5. **Arzberger** Theo, 1943, Stalingrad vermisst
6. **Bauer** Georg, 1941, Gorki
7. **Baumgärtel** Gerhard, 1943, Russland gefallen
8. **Dr. Beck** Fritz, 1945, Russland
9. **Biedermann** Leo, 1943
10. **Bloch** Adolf
11. **Borger** Hermann, 2. August 19142, Briansk
12. **Borst** Werner
13. **Brack** Hermann, 1942, Krim
14. **Brendel** Hans, Ostfront
15. **Brusis** Herbert
16. **Büschel** Alfred, 1943
17. **Bullemer** Wilhelm, Gerichtsassessor, Russland,1942
18. **Crug** Franz
19. **Dell** Ludwig, Forstmeister, Olt. d. R., 1941, Russland
20. **Dietel** Erhard, 1941, Russland
21. **Diez** Martin, Pol.-Oberst d. R., 1945, Jugoslawien
22. **Dirschl** Erich, 1943, Russland
23. **Dittmar** Fritz, 26. März 1960 an den Folgen einer Kriegsverletzung
24. **Döring** Helmut, Major, 1942/43, Bukarest
25. **Dörnhöfer** Fritz
26. **Dörnhöfer** Rudolf, 25. Dezember 1944, Elsaß
27. **Drechsel** Wilhelm, 1942, Stalingrad
28. **Ellner** Josef, 13. Juni 1944, Civita Castellana, an den Folgen einer Verwundung
29. **Etlinger** Otto
30. **Feneberg** Hans, 1944 vermisst, Weichselbogen
31. **Fick** Thaddäus, Uffz., 1939, Polen
32. **Fischer** Adolf
33. **Fischer** Hans

34. **Fischer** Wilhelm, Mai 1940, Frankreich
35. **Forster** Franz, 1941, Ostfront
36. **Freiberger** Georg, 1941, Dnjepr
37. **Friedrich** Alois, Flieger
38. **Friedrich** Hieronymus
39. **Friedrich** Willy, vermisst, Russland
40. **Fromm** Wilhelm, Direktor der Maximilianshütte, 1944, Russland
41. **Gebhard** Alexander, 1943, Russland
42. **Geitel** Hans
43. **Glaser** Edmund, 1940, Frankreich
44. **Glaser** Julius, 1945
45. **Götz** Georg
46. **Gold** Anton, Gefr., 1940, Frankreich
47. **Goller** Otto, Gewerbeoberlehrer, 27. April 1945, Berlin
48. **Gradl** Ernst
49. **Grießhammer** Emil
50. **Grißhammer** Karl
51. **Haag** Kurt
52. **Hacker** Alois
53. **Haeffner** Richard, Pfarrer
54. **Haefner** Karlheinz
55. **Haendel** Max, Olt., 13. Dezember 1941, Nordafrika
56. **Haeublein** Gerhard, 1940, Frankreich
57. **Hammon** Erich
58. **Hammon** Rudolf
59. **Haueisen** Otto, Lehrer, 1941, Russland
60. **Haunhorst** Etzel, 1942, Russland
61. **Heim** Alexander, 1943, Afrika
62. **Heuschmid** Max, Oberstlt., 1940, Frankreich
63. **Heuschmidt** Wolfgang
64. **Hiltner** Otto
65. **Hirsch** Erich, Veterinäroffizier, vermisst, 1942, Russland
66. **Höcker** Reimar, 1944
67. **Hofner** Walter, 1941, Russland
68. **Holzinger** Hugo, isr., kein Kriegsteilnehmer (**Teilnehmer im Ersten Weltkrieg, von den Nazis ermordet**)
69. **Holzinger** Theo, isr., kein Kriegsteilnehmer (**von den Nazis ermordet**)
70. **Hübner** Max, 1943, Russland
71. **Huber** Eduard, Oberstlt., 1945, Berlin
72. **Hugel** Theodor, 10. Dezember 1943, Lazarett, Belgrad
73. **Junginger** Walter, 1943, Russland
74. **Kalb** Hans Joachim, 1945
75. **Kehrberger** Albert, 1942, Russland
76. **Keller** Georg
77. **Kiesel** Bruno
78. **Kipp** Otto, Assessor, Russland
79. **Klein** Alfred, isr., kein Kriegsteilnehmer (**von den Nazis ermodet**)
80. **Klein** Berthold, isr., kein Kriegsteilnehmer (**von den Nazis ermordet**)
81. **Kleyla** Erwin
82. **Kliegel** Wilhelm
83. **Dr. v. Koch** Hermann
84. **Köhne** Helmut, April 1945, bei Berlin
85. **König** Alexander, Forstassessor, Olt. d. R., Russland
86. **Kohler** Heinrich, April 1945, bei Berlin
87. **Kolb** Erich, 1944, Rumänien
88. **Kolb** Wolfgang
89. **Kolb** Wolfgang
90. **Kratzsch** Helmut
91. **Kretschmann** Heinrich, 29. April 1945, Frische Nehrung
92. **Kühl** Horst
93. **Kuhr** Rudolf
94. **Kummer** Karl
95. **Dr. Laier** Wilherlm, Dipl.-Volkswirt, gest. 1942 in Frankreich inf. Krankheit
96. **de Laporte** Hans, 1943, vermisst, Stalingrad
97. **Leuthheuser** Julius, Pfarrer, 1943, Stalingrad
98. **Limmer** Gustav
99. **Limmer** Paul Heinz, 1944/45
100. **Lochmüller** Friedrich, 1943, Russland
101. **Lochmüller** Hans
102. **Dr. Lutz** Hans, 1943, Stalingrad
103. **Lutz** Paul, Wirtschaftsjurist, 1945, Jugoslawien
104. **Mahr** Franz
105. **Matschinsky** Gerd, vermisst seit 25. Januar 1945 bei Kämpfen in Riedweiler/Colmar
106. **Mayer** Lorenz, 1940, Frankreich
107. **Meichsner** Herbert, 1940, Frankreich
108. **Müller** Albert
109. **Murr** Anselm

110. **Nickl** Adolf, 1943
111. **Nickl** Ludwig
112. **Nötling** Heinrich, Forstrat, 1946, jugosl. Gefangenschaft
113. **Nürmberger** Wilhelm
114. **Nüssel** Helmut, April 1945, bei Berlin
115. **Nützel** Christian, vermisst 1945, Rumänien
116. **Oester** Hermann, 1943 am Mins
117. **Opitz** Walter, Russland
118. **Pargent** Herbert, vermisst seit 19. Januar 1945 bei Sandomierz
119. **Pfaffenberger** Peter, 1943, Ostfront
120. **Pirkelmann** Emil
121. **Platzlsperger** Adolf, 1942, Russland
122. **Pöhlmann** Heinrich, cand. jur., 1940, Frankreich
123. **Prütting** Helmut, 7. Oktober 1944 bei Tripo am Frula Pass
124. **Purrucker** Hans, vermisst
125. **Purrucker** Joachim, 1943, Russland
126. **Ranft** Wolf-Dieter
127. **Rath** Walter, 17. Juli 1943
128. **Reichel** Alfred, 1939, Polen
129. **Reinauer** Hermann, isr. **(Kein Kriegsteilnehmer, von den Nazis ermordet)**
130. **Reinauer** Leopold, isr. **(Kein Kriegsteilnehmer, von den Nazis ermordet)**
131. **Reinhardt** Rüdiger, 1941, bei Naro-Fominsk vor Moskau
132. **Reissinger** Franz, 1941, Russland
133. **Reuther** Erhard, 1944, Russland
134. **Richter** Albert, 17. April 1945 als Hauptmann in Greiz
135. **Riedel** Robert, Lt.
136. **Ritzer** Hermann, März 1943, Nikolajew
137. **Roder** Hans
138. **Röhring** Karl, Dipl. Ing., 1941, als Flieger über dem Kanal
139. **Roth** Alfred
140. **Rohmer** Hans
141. **Rohmer** Karl, 1941, Russland
142. **Sandner** Hans
143. **Schabert** Helmut
144. **Schlager** Markus
145. **Schmidt** Hans
146. **Schmidt** Wolfgang, Amtsgerichtsrat, Russland
148. **Schrödel** Hans
149. **Schwabacher** Edmund, isr. **(Kein Kriegsteilnehmer, von den Nazis ermordet)**
150. **Seefried** Richard, vermisst
151. **Seidler** Josef, vermisst im Osten
152. **Seiferth** Erich
153. **Seßner** Hermann, Forstreferendar. Olt. d. R., 25. August 1942, Russland
154. **Seßner** Otto, Forstreferendar, Olt. d. R., 26. August 1942, Russland
155. **Dr. Seßner** Wilhelm, Reg. Dir., Hptm. d. R., 1. Januar 1946, russ. Gefangenschaft
156. **Siegmund** Hans, Uffz.
157. **Söllner** Albrecht
158. **Soellner** Lothar, 1945, bei Nürnberg
159. **Sprügel** Gerhard, 1944, Normandie
160. **Stahlschmidt** Manfred, 20. September 1943, im hohen Norden
161. **Staubwasser** Otto, Hptm., Russland
162. **Stock** Ludwig, Pfarrer, 1944, Südrussland
163. **Stolley** Hans
164. **Tabel** Karl Heinz, 25. März 1944, im Osten
165. **Thaller** Oskar
166. **Thiem** Franz
167. **Thoma** Fritz, Lt.
168. **Thoma** Konrad
169. **Thurn** Leonhard
170. **Timm** Wilhelm, 1942, Russland
171. **Trautner** Franz, 1942, Ostfront
172. **Ulmer** Hans, vermisst, Russland
173. **Wagner** Friedrich, Lt.
174. **Weinzierl** Hans Joachim, 1942, Ostfront
175. **Wenning** Wolfgang, 1944, England
176. **Wenz** Oskar
177. **Will** Otto, Zahnarzt, 1945, Bombenangriff in Bayreuth
178. **Winter** Helmut, 1944
179. **Fürst v. Wrede** Siegmund
180. **Zahn** Johann, 1940, Frankreich
181. **Ziegler** Walter, vermisst seit August 1944 in Lettland
182. **Ziegler** Werner
183. **Zimmermann** Friedrich, 1944, Siebenbürgen

9. Schüler, die später am Gymnasium wieder Lehrer oder Direktoren wurden

Diese Zusammenstellung erhebt keinen Anspruch auf absolute Vollständigkeit.

Es versteht sich, dass in der Zeit der Markgrafen der akademische Nachwuchs möglichst aus den eigenen Gymnasien gewonnen wurde. In den folgenden Jahrhunderten, im 19. und vor allem im 20. Jahrhundert mindert sich die Quote.

Name	Valediktion/Abitur	Lehrer	Direktor/Inspektor
Rentsch, Joh. Wolfgang	Lat. Schule 1649		1664–1690
Fikenscher, Joh.	1660	1664–1693	1696–1722
Layriz. Joh. Georg	1667	1673–1688	
Hagen, Joachim Heinr.	1669	1673–1693	
Räthel, Wolfgang Chr.	1678 am Gym.	1689–1698	
Walther, Joh. Friedr.	1680	1685–1689	
Albinus, Joh. Heinr.	1690	1695–1703	
Rudolph, Joh. Steph.	1668 am Gym.	1696–1718	
Arnold, Joh. Georg	1706	1712–1724	
Flessa, Joh. Adam	1713	1723–1741	
Layriz. Joh. Jakob	1715	1723	
Ellrod, Joh. David	1718	1727–1737	
Ellrod, Germann Aug.	1727	1731–1742	1758–1760
Pözinger, Georg Wilh.	1728	1741–1742	
Kripner, Samuel	1730	1727–1742	
Kripner, Joh. Siegmund	1730	1742–1743	
Schöpf, Wolfg. David	1672 Lat. Sch.	1709–1717	
Braun, Joh. Friedr.	1708 Lat. Sch.	1742–1756	
Gräfenhahn, Wolfg. L.	1737	1743–1767	
Purrucker, Joh.	1738	1743–1784	
Ellrod, Friedr. Adam	1754	1758–1766	
Schumann, Andreas	1776	1784–1812	
Fikenscher, G. W. A.	1792	1803–1813	
Holle, Joh. Wilh.	1819	1825–1856	
Clöter, Flamin	1811	1821–1848	
Jordan, Joh.	1805 (?)	1817	
Lienhardt, Chr.	1825	1835–1843	
Keppel, Theodor	1854		1894–1902
Dr. Landgraf, Gustav	1874		1906–1913
Färber, Peter	1942/1948	1955–1987	
Sauer, Oskar	1940	1955–1983	
Lobe, Jochen	Am GCE bis 1954/55	1968–2000	
Hagmeier, Norbert	1961	1969–2003	
Hutzelmeyer, Heinz	1946	1970–1991	
Prochnow, Reinhard	1964	1972–2010	
Bechert, Peter	1962	1974–2004	
Maier, Reinhard	1972	1982–	
Lenk, Markus	1987	2000–	
Kreutzer, Rainhard	1969		2004–2011
Herrmann, Ulrich	1983	2010–	
Siegert, Dominik	1990	2004/05–	

10. Orationes

Die lateinischen Reden wurden zum Geburtstag der Markgrafen gedruckt. Im 19. und im 20. Jahrhundert folgten Einladungsschriften und die sog. Programme. Die folgenden Zusammenstellungen sind der Festschrift von Karl Müssel entnommen, dessen Quellen der Verfasser ebenfalls durchgesehen hat. (Vgl. Karl Müssel, Gymnasium Christian-Ernestinum Bayreuth, 1664–1964, Festschrift zum 300-jährigen Bestehen des humanistischen Gymnasiums in Bayreuth, Bayreuth 1964, S. 124ff.).

1666
Liebhardt, L.: De Barutho matre studiorum

1668
Fikenscher, J.: De illustriss. Sereniss. Domus Brandenb. Meritis in rem litterariam

1672
Lilien, C. v.: De Syncretismo locum non habente in ecclesia superioris Burggraviatus Norici

1673
Örtel, J. C.: De Iudaeis ex hac urbe expulsis
Liebhardt, L.: De Superintendentibus Baruthinis
Layriz, J. G.: De illustrissimo ordine concordiae
Drs.: De insignisbus domus Brandenb.

1674
Lilien, C. v.: De divo Georgio Markgrafio Brandenburgensi fidei antiquissimae confessore
Fikenscher, J.: De fatis Baruthi

1675
Laurus, J. Chr.: De gusto historiae Curiensis
Rentsch, J. W.: De reliquiis ethnicismi in Burggraviatu Norico

1676
Layriz, J. G.: De Burggrafiatu Norico eiusque initiis, augmentis, Principibus horumque consiliariis

1677
Hagen, J. H.: De iudicio Caesareo provinciali Norico

1678
Rentsch, J. W.: De iubilaeo Burggraviatus Norici

1679
Örtel, J. C.: De Iudaeis, Turcis, Aethiopibus Baruthi baptizatis

1680
Fikenscher, J.: De cognatione Sereniss. Domus Brandenb. cum plerisque Europae regibus

1681
Laurus, J. Chr.: De Burggrafiatus Norici Principatu superiori

1682
Layriz, J. G.: De heroibus Brandenburg.

1683
Hagen, J. H.: De dignitatibus, praerogativis et immunitatibus domus Brandenb.

1684
Rentsch, J. W.: De gentilismo, qui quondam in his terris viguit

1685
Oertel, J. C.: De incunabulis atque augmentis illustris Collegii Christian-Ernestini

1686
Fikenscher, J.: De metalli fodinis huius Burggraviatus

1687
Layriz, J. G.: De fontibus soteriis in illustri Burggraviatu superiori

1688
Hagen, J. G.: De Electore Brandenburgico Friderico Wilhelmo M.

1689
Roeser, J. P. M.: Apollinem cum novem Musis, novem linguis, diversi idiomatis Sereniss. patriae patri gratulantem introduxit

1690
Gropp, J.: De augustissimorum heroum Brandenb. divinis virtutibus

1691
Raethel, W. Chr.: Palladium Baruthi sive de fundato Christian-Ernestino Collegio

1692
Schardt: De Synodis

1693
Gropp, J.: De symbolis heroum Brandenb.

1694
Meyer, D.: De trophaeis coronatis, quae Sereniss. Christianus Ernestus in Oriente atque ac in Occidente posuit, cum emblematibus ipsi competentibus

1695
Raethel, W. Chr.: De inscriptione Gymnasii nostri, Fundamentum ecclesiae et rei publicae

1696
Frosch, J. F.: De urbe Culmbacensi

1697
Albinus, J. H.: Panegyricum in ligato sermone habuit de Sereniss. Principis Christiani Ernesti rebus gestis ad orientem et occidentem

1698
Frosch, J. F.: De propugnaculo Plassenburgensi

1699
Ellrodt, J. M.: De cognatione Sereniss. Domus Brandenb. cum Sereniss. Domo Saxonica

1700
Gropp, J.: De consilariis Brandenburgicis

1701
Beyer, J. H.: De insigni Sereniss. domus Brandenb.

1702
Albinus, J. H.: De veteris Franciae orientalis populis

1703
Meyer, D.: De nova urbe Christian-Erlanga

1704
Hagen, F. C.: De donatione praediorum Selbensium ac Thiersteinensium

1705
Ellrodt, J. M.: De meritis Sereniss. Christiani Ernesti in imperatorem et imperium Romanum

1706
Frosch, J. F.: De fatis imperantium et parentium, qui post Deum Serenissimis Margraviis Brandenburgicis in Ecclesia Culmbacianae dioeceseos a tempore Lutheri ad nostra usque tempora suam debent felicitatem

1707
Beyer, J. H.: De numismatibus Brandenburgicis

1708
Meyer, D.: De horto suavissimo in nova urbe Christian-Erlanga magnifice ordinato

1711
Dieterich, J. G.: De litteratis Marggrafiis Brandenburgicis.

1712
Arnold, J. G. A.: principis persona virtutibus mancipata omnem salutem in vices derivari demonstrat exemplo Georgiii Guilielmi

1713
Frosch, J. G.: De inscriptionibus ac monumentis fato suo pie functorum in templo Petrino Culmbacensi

1714
Hagen, F. C.: De Sereniss. Margraviorum Brandenburgensium beneficiis vulgo feudis in Austria inferiore
Dieterich, J. G.: De incluto Symbolo Georgii Guilielmi

1715
Schoepf, W. D.: De hodiernorum novatorum vita, doctrina et pietate in Superiore Marchionatu Bruggraviatus Norici locum non habente
Arnold, J. G.: De templo Baruthino basilico

1717
Dieterich, J. G.: De Iubilaeis Brandenburgicis tam in rebus sacris quam civilibus in natal. Sereniss. Georgii Giolielmi

Hagen, F. C.: De iuribus Serenissimorum Marggraviorum Brandenburgico-Baruthinorum circa ecclesiastica in aliorum finibus

1718
Arnold, J. G.: De templo Baruthi aulico

1719
?: Carmen epicum in laudes Georgii Guilielmi

1720
Arnold, J. G.: De legibus ac constutionibus Brandenburgicis … Oratio I

1721
Seyfarth, J. A.: De fonte salutis s. coenobio Heilsbronnensi

1722
Dieterich, J. G.: De legibus ac constitutionibus Brandenburgicis … Oratio II
Poezinger, M.: De donationibus Maior. Ser. Domus Brandenburgicae ante Reformationem in Burggraviatu Norico sacris destinatis

1724
Flessa, J. A.: De visitationibus ecclesiasticis in Burggraviatu Superiore seculo XVI. habitis
Roth, J. A.: Archidiaconos Byruthensis Ecclesiae, a repurgatis per Lutherum sacris recensuit

1726
Flessa, J. A.: De visitationibus ecclesiasticis in Burggraviatu superiore saeculo XVII. celebratis
Poezinger, M.: De monasterio Carmelitarum Neostadii ad Culmina

1727
Seidel, J. Ch.: De virtutibus Divi Principis Georgii Wilhelmi

1729
Roth, J. A.: De Archidiaconis huius metropoleos
Flessa, J. A.: Singularia de quibusdam historicis Brandenburgicis.

1730
Seidel, J. Ch.: De primis confessoribus veritatis in Burggraviatu Norico
Roth, J. A.: Biographia Archidiaconorum Cathedralis Ecclesiae Byruthens

1731
Ellrod, J. D.: De claris quibusdam consilariis Brandenburgicis
Seidel, J. Ch.: De fatis Parochiae Selbensis

1732
Ellrod, G. A.: Specimen historiae litterariae Brendenburgicae Flessa, J. A. De pactionibus domus Brandenburgicae pacis ac tranquillitatis publicae itemque successionis causa cum vicinis factis

1733
Kripner, S.: De legibus et constitutionibus Sereniss. Georgii Friderici Caroli typis expressis

1734
Ellrod, G. A.: De diebus provincialibus Burggarviatus Norici superioris, quatenus in eis de emendando cultu divino tractatum est

1735
Ellrod, G. A.: De defuncto patriae patre Georgio Friderico Carolo

1736
Flessa, J. A.: De meritis Marggraviorum Culmbacensium in pacificationes religionis causa initas
Kripner, S.: De origine urbis S. Georgii ad lacum vulgo …

1737
Ellrod, J. D.: De Iubilaeo secundo saeculari Augustanae confessionis Baruthi celebrato
Hagen, G. F.: De Sereniss. Preincipis Christiani Ernesti conditoris huius Collegii munificentissimi mandato de modo philosophiam pertractandi ex litteris ipsius, quae fundatio inscribuntur, explicato atque historica commendatione adiecta illustrato

1738
Woerner, E. U.: De meritis Augustae domus Brandenburgicae in primis Culmbacensis in rem scholasticam
Ellrod, G. A.: De iure domus nostrae Sereniss. transferendi scholam Heilsbronnensem

1739
Hagen, G. F.: De origine consiliariorum intimorum corumque Collegii
Woerner, E. U.: De naevis praecipuis in describendo principatu Brandenburgico Baruthino commissis a Geographis plerisque omnibus

1740
Jean Thomas de: Des Armoiries de la Roiale et Serenissime maison de Castelli Brandenbourg

1741
Poezinger, G. W.: Progr. In defin. IV. Libr. I. Euclidis

1743
Graefenhahn, W. L.: De eruditis patria oriundis

1744
Purrucker, J.: De coniunctione domus Brandenburgicae per connubia cum Wurtembergica

1745
Braun, J. F.: De Burggraviatus Norici superioris fodinis

1746
Henneus, Chr.: De impensis Principis Friderici in curiosa

1747
Graefenhahn, W. L.: De incrementis successivis insignium domus Brandenb. Culmbacens

1748
Purrucker, J.: De rebus gestis Alberti Achillis

1749
Braun, J. F.: De ordinibus Brandenburgicis equestribus

1750
Stoehr, N. F.: De historia Brandenburg. fabulis et incertis a quibusdam scriptoribus ei inspersis liberanda

1751
Graefenhahn, W. L.: De iure tuitinis fabrorum aeariorum in circulo satis amplo, vulgo den Keßlerschutz des Bayersdorfischen Cirkelmaßes dito

1752
Purrucker, J.: De praedio monachorum quod Culmbaci est, vulgo Münchshof eiusque restricto religionis exercitio

1753
Braun, J. F.: De Burggraviis et Marggraviis, qui terras Franconicas insignibus auxere accessionibus

1754
Stoehr, N. F.: De antiquo Burggraviorum iure circa castella his teris olim noxia et molendina

1755
Graefenhahn, W. L.: De iure conducendi Marggraviorum Brandenburgicorum regali

1756
Purrucker, J.: De feudis Sereniss. domus Brandenb. In Austriae finibus

1757
Lang, L. J. J.: De doctoris Gymnasii ex constitutionibus Brandenburgico-Culmbacensibus de re scholastica promulgatis efformandi imagine

1758
Stoehr, N. F.: De visitationibus Brandenburgico-ecclesiasticis

1759
Graefenhahn, W. L.: De accessionibus ad terras Brandenb. sub regimine Georgii Friderici Caroli, …

1760
Purrucker, J.: De eminentia sive regalibus Burggraviatus Norici

1761
Lang, L. J. J.: De ingeniis nostratium extra patriam claris

1762
Hermann, W. L.: De Fanaticis Burggraviatum superiorem turbantibus Orat. I

1763
Graefenhahn, W. L.: De mineris Burggraviatus superioris

1764
Purrucker, J.: Oratio panegyrica in memoriam fundatoris Serenissimi Christiani Ernesti

1765
Lang, L. J. J.: De perillustri Consistorio Baruthino

1766
Hermann, W. L.: De templo aulico

1768
Drs.: De Fanaticis Burggraviatum superiorem turbantibus,Orat. II
Lang, L. J. J.: De vicariata S. Matthiae Aposoli, qui Bambergae in Ecclesia cathedrali est, iure Patronatus Sereniss. dom. Brandenburgicae competente

1770
Wanderer, G. W. E.: De Burggraviis ac Marggraviis Brandenburgicis, quorum diurnum atque dimidii seculi imperium vidit flos Franconiae

1777
Georg, J. M.: Vom Saalgericht

1778
Kapp, J.: De Kozavia Superiore

1779
Asimont: ?

1780
Purrucker, J.: De Georgio Guilielmo,Marggr. Brand.

1781
Lang, L. J. J.: De turbis, quas superioribus saeculis liber Interim in Burggraviatu Norici Provinciis concitavit

1782
Georg, J. M.: ?

1783
Kapp, J.: De indulgentiis, exemtionibus et privilegiis, a Pontificibus Romanis ante repurgatae doctrinae tempora D. Burggraviis Norimb. iisdemque Marchionibus Brandenb. per bullas concencessis

1784
Krafft, J. G. F.: De fatis Neapoleos ad Aissum

1785
Schumann, A.: ?

1786
Langlois: ?

1787
Lang, L. J. J.: Re reliquiis Papatus in Burggraviatus Norico Superiore passim obviis

1788
Kapp, J.: ?

1789
Krafft, J. G. F.: ?

1790
Lang, L. J. J.: ?

1791
Langlois: ?

1792
Lang, L. J. J.: ?

1793
Kapp, J.: De bellis domus Brandenb. Contra Francogallos

1794
Krafft, J. G. F.: ?

1795
Schumann, A.: ?

1796
Oertel, Th. Ch.: ?

1797
Lang, L. J. J.: ?

1798
Kapp, J.: ?

1802
Hagen, F. W.: Von der Vaterlandsliebe (1. Rede, die als deutschsprachig zu erkennen ist)

1803
Schumann, A.: De meritis princip. Brandenb. In rem scholast.
Schweigger, J. S. Ch.: Von der Freude dieses schönen Tages

1804
Degen, J. F.: De genio Seculi
Wagner, L. H.: Über die Vaterlandsliebe

11. Einladungsschriften und Programme

1800
Oertel, Ch.: Verzeichnis der Längen und Breiten von mehreren Orten in Deutschland nach den neuesten Bestimmungen

1801
Hagen, F. W.: Eine Abhandlung über die Worte Jesu: die Wahrheit macht euch frei
Oertel, Ch.: Verzeichnis der Längen und Breiten ... Fortsetzung
Oertel, Ch.: De vita, fatis ac meritis ... B. M. Laurentii Ioannis Iacobi Langii

1802
Hagen, F. W.: Uber den Innhalt und die Absicht des Vater Unser
Hagen, F. W.: Die ökonomische Schule zu Waldheim
Schumann, A.: Litterae monitoriae

1803
Degen, J. F.: Bemerkungen über die Gegenstände der Unterweisung und Erziehung auf Schulen
Fikenscher, G. W. A.: Num et quatenus litterarum studiosorum numerus in terris Brandenburgico Baruthinis iusto maior videatur ...

1804
Schumann, A.: Einige Wünsche und Bitten an Eltern
Fikenscher, G. W. A.: Unbefangene Äußerungen über Gegenstände des Schulwesens

1805
Schweigger, J. S. Ch.: Einige Worte über den Vortrag der Mathematik auf Schulen
Wagner, L. H.: Einige Bemerkungen über Erziehung und Bildung des Menschen durch die Natur und die Kunst

1806
Degen, J. F.: Über Vorsehungsbegriffe
Fikenscher, G. W. A.: Geschichte des ill. Christian-Ernestinischen Collegii zu Bayreuth, 1. Stück, Personaletat
Drs.: 2. Stück

1807
Drs.: 3. Stück

1808
Schweigger, J. S. Ch.: Einige Worte über den Vortrag der Physik auf Schulen

1809
Wagner, L. H.: Beobachtungen und Bemerkungen über die Erziehung des Menschen durch die bloße Natur. Die Kindheit.

Fikenscher, G. W. A.: Gesch. d. ill. Christ.-Ernestinischen Collegii zu Bayreuth, 4. Stück
Drs.: 5. Stück

1811
Wagner, L. H.: Beobachtungen und Bemerkungen ... (vgl. 1809), Das Knaben- und Mädchenalter
Schweigger, J. S. Ch.: De variis argumentis pro analysi infinitorum prolatis. Sectio I. De Leibnitii argumentis
Fikenscher, G. W. A.: Gesch. d. ill. Christian-Ernestinischen Collegii ..., 6. Stück
Degen, J. F.: De invocatione poetica eiusque origine et usu

1824
Gabler, G. A.: De disserendi ratione. Commentatio I

1825
Neubig, A.: Erläuterung einer Aufgabe der Rechenkunst

1826
Gabler, G. A.: Oratio in Ioannis Friderici Degenii ... semisaecularibus muneris scholastici sacris XIV. Cal. Sept. a. 1825 habita

1827
Neubig, A.: Die Parallelen-Theorie

1828
Kieffer, G. P.: Grammatische Untersuchungen in Beziehung auf den Conjunctiv der lateinischen Sprache

1829
Lotzbeck, J. K. W.: Animadversiones i aliquot locos Ciceronis Pro P. Sextio

1830
Ströbel: Einige Bemerkungen in Beziehung auf den Religionsunterricht an Studienanstalten
Gabler, G. A.: In Ludovicum Bavariae regem Carmen sapphicum

1831
Cloeter, F.: Commentatio de educatione ab antiquitatis scriptoribus, quos dicunt, classicis repetenda

1832
Held, J. Chr.: Prolegomena in Plutarchi vitam Timoleontis

1833
Neubig, A.: Neue Begründung der Differentialrechnung

1834
Held, J. Chr.: Prolegomena in Plutarchi vitam Timoleontis, Caput II

1835
Held, J. Chr.: Rede beim Antritt des Rektorats
Heerwagen, H.: De Scipionum accusatione

1837
Held, J. Chr.: Prolegomenon in Plutarchi vitam Timoleontis
1838
Cloeter, F.: Productions-Vermögen in seiner Wichtigkeit für den Menschen, mit Beziehung auf Schillers Gedicht: Die Künstler
1839
Held, J. Chr.: Pädagogische Bilder aus den Gedichten des Horatius
1840
Neubig, A.: Über das Interesse an ästhetischen Gegenständen oder anKunstwerken
1841
Held, J. Chr.: Prolegomenon ad Plutarchi vitam Timoliotis, Caput tertium
1842
Drs.: Über den Charakter Kreons in der Antigone des Sophokles
1843
Neubig, A.: Dr. Johann Heinrich Abicht, Professor der Philosophie zuerst in Erlangen, zuletzt in Wilna. Einer der tieffsten Denker Teutschlands.
1844
Cloeter, F.: Disputatio, qua de particula av agitur
1845
Zorn, J.: Aristophanes in seinem Verhältnis zu Sokrates
1846
Holle, J. W.: De antiquissimis terrae quondam Baruthinae incolis commentatio
Neubig, A.: Soll die Philosophie ein Unterrichtsgegenstand auf Gymnasien sein?
1847
Held, J. Chr.: Bemerkungen zur Charakteristik des Chors in der Antigone des Sophokles
1848
Wolff, W.: Von den Begriffen des Aristoteles über die Seele und deren Anwendung auf die heutige Psychologie
1849
Heerwagen, H.: Collectaneorum ad Aemilium Probum specimen
1850
Lienhardt, Chr.: Über geographischen Unterricht an Gelehrtenschulen
1851
Held, J. Chr.: Bruchstücke aus dem Briefwechsel zwischen dem Vater eines Schülers und dem Rector eines Gymnasiums

1852
Dietsch, D. K. Ph.: Einige metrische Übersetzungen nach griechischen Dichtern
1853
Heerwagen, H. A.: Drakenborchii ad P. Dan. Longolium epistolas duodecim nunc primum editae
1854
Hofmann, F.: Sphärische Trigonometrie mit Anwendungen auf Astronomie
1855
Held, J. Chr.: Bruchstücke aus dem Briefwechsel … (vgl. 1851), 2. Mitteilung
1856
Heerwagen, H.: Excerpta e codice Bambergensi ad Livii Lib. I
1857
Hofmann, F.: Gegenseitige Verwandlung der astronomischen Zeitbestimmungen
1858
Held, J. Chr.: Lexikalische Übungen zu Ciceros Büchern von den Pflichten
1859
Schick, H.: Eine Skizze über den Kirchengesang und das Kirchenlied
1860
Sartorius, G. F. W.: Quaestiunculae Livianae
1861
Held, J. Chr.: Bemerkungen über den Chor in der Elektra des Sophokles
1862
Lienhardt, Chr.: Was wir treiben. Aus den Gegenständen des Gymnasial-Unterrichts
1863
Hofmann, Friedr.: Anwendung der analytischen Geometrie auf die wichtigsten Aufgaben der descriptiven Geometrie
1864
Fries, K.: Geschichte der Studienanstalt in Bayreuth
1865
Fries, K.: Bericht über das am 9., 10. und 11. August 1664 gefeierte 200-jährige Stiftungsfest der K. Studienanstalt zu Bayreuth
1866
Großmann, G.: Homerica
1867
Raab, H.: Aus der Schule. Bemerkungen über Methode und Unterricht
1868
Hofmann, F.: Über das metrische Maß- und Gewichtssystem

1869
Spandau, C.: Eine Salluststudie
1870
Dombart, E.: Die Kriegsgefangenen. Ein Schauspiel von T. Maccius Plautus in deutscher Übersetzung
1871
Schmausern, H.: Die dritte Satire Juvenals in deutscher Übersetzung
1872
Hofmann, F.: Berechnung des Vorübergangs der Venus vor der Sonnenscheibe
1873
Schalkhäuser, A.: Beiträge zur Erklärung des 6. Buches der Aeneide Vergils
1874
Fries, K.: Dr. Johann Christoph von Held. Ein Lebensbild. I. Abteilung
1875
Drs.: II. Abteilung
1876
Drs.: II. Abteilung, 2. Hälfte
1877
Spälter, F.: Kurzgefasster Kommentar zum allgemeinen Theil der Germania des Tacitus
1878
Nägelsbach, K.: Gesetz, Freiheit, Sittlichkeit mit besonderer Beziehung auf das Leben der Schule
1879
Großmann, G.: Horatiana
1880
Schmidt, F.: De Einhardo Suetonii imitatore
1881
Hofmann, F.: Vorübergang der Venus vor der Sonnenscheibe am 6. Dezember 1882
1882
Ebrard. W.: Die Alliteration in der lateinischen Sprache
1883
Borngesser, F.: L'Art Poétique de Boileau
1884
Wirth, Ch.: Die ersten drei Kapitel der Metaphysik des Aristoteles
1885
Brunco, W.: Zwei lateinische Spruchsammlungen
1886
Toussaint, M.: Von klassischen Stätten. Reiseerinnerungen
1887
Meyer, P.: De Ciceronis in epistolis ad Atticum sermone

1888
Köbert, H.: De Pseudo-Apulei Herbarum Medicaminibus
1889
Preis, W.: Adiectivum utro ordine apud optimos Romanorum scriptores coniunctum sit cum substantivo quaeritur
1890
Schleicher, K.: Darstellung und Umkehrung von Thetaquotienten, deren Charakteristiken aus Dritteln ganzer Zahlen gebildet sind
1891
Bartenstein, L.: Zur Beurteilung des Kaisers Julianus
1892
Rötter, E.: De Heautontimorumeno Terentiano
1893
Warth, Ch.: Die Ansicht des modernen Pessimismus über den Ursprung der Übel dieser Welt
1894
Gürsching, M.: Alberti Kuni Leonbergensis
1895
Sievert, H.: Über Tetrafunktionen II. Teil (Teil I erschien 1890/91 in Nürnberg)
1896
Keppel, Th.: Die Weinbereitung im Altertum und in der Neuzeit
1897
Roth, K.: Die erzählenden Zeitformen bei Dionysius von Halikarnaß
1898
Wirth, Ch.: Kann das Übel und Böse in der Welt aus der Willensfreiheit der Geschöpfe hergeleitet werden?
1899
Scholl, M.: De verborum Iusu apud Platonem
1900
Nett, M.: Questiones Curtianae
1901
Lederer, F.: Fragmentum indicis in C. Julii Solini collectanea rerum memorabilium
1902
Drs.: Alterum fragmentum indicis verborum in C. Julii Solini collectanea rerum memorabilium
1903
Ernst, G.: De geometricis illis, quae sub Boethii nomine nobis tradita sunt, quaestiones
1904
Sattler, G.: De Homerocentonibus
1905
Königsdorfer, L.: De Carmine adversus Marcionem quod in Tertulliani libris traditur Commodiano abrogando

1906
Sievert, H.: Die Parameterdarstellung der Kurven 3. Ordnung durch Thetafunktionen
1907
Lechner, F.: Properzstudien
1908
Stiefel, J.: Gedankenentwicklung des unter Platons Namen erhaltenen Dialogs „Charmides"
1909
Lederer Tertium fragmentum … (vgl. 1902)
1910
Drs.: Quartum fragmentum … (vgl. 1902)
1911
Speidel, Th.: Wallacebibliographie
1912
Gottanka, F.: Die Genusregeln der konsonantischen und i-Deklination im Lateinischen
1913
Drs.: Lehr- und Anschauungsmittel des K. B. humanistischen Gymnasiums Bayreuth
1914
Motschmann, W.: Das Bayreuther Gymnasium 1864–1914
1916
Preis, W.: Das 250-jährige Stiftungsfest des K. Human. Gymnasiums Bayreuth

1919
Sitzmann, K.: Kunst und Künstler in der Bayreuther Gegend
1948
Veh, O.: Die Matrikeln des Gymnasiums Bayreuth 1664–1813, 1. Teil 1664–1700
1949
Drs.: 2. Teil 1701– 1750
1950
Drs.: 3. Teil 1751–1813
1951
Drs.: Zur Geschichtsschreibung und Weltauffassung des Prokop von Caesarea, I. Teil
1952
Drs.: II. Teil
1953
Drs:. III. Teil. Der Geschichtsschreiber Agathias von Myrina
1954
Müssel, K.: Markgraf Friedrich von Brandenburg-Bayreuth Teil 1 (1711–1731)
1956
Drs.: Teil II (1731–1735)

12. Schülerstatistik ab 1945

Jahr	Gesamtzahl	1. Klasse	Abitur	Jungen	Mädchen
1945/46	208	46	9	180	28
1946/47	249	97	12	215	34
1947/48	287	62	13	248	39
1948/49	304	83	20	257	47
1949/50	328	77	19	276	52
1950/51	342	73	15	284	58
1951/52	383	79	23	317	66
1952/53	389	80	21	308	81
1953/54	385	67	27	300	85
1954/55	422	80	11	333	89
1955/56	443	76	21	356	87
1956/57	406	53	20	328	78
1957/58	400	65	25	321	79
1958/59	383	58	28	305	78
1959/60	392	67	28	307	85
1960/61	381	49	28	290	91
1961/62	371	39	42	290	81
1962/63	342	33	30	264	78
1963/64	344	53	38	262	82
1964/65	361	69	23	269	92

Jahr	Gesamtzahl	1. Klasse	Abitur	Jungen	Mädchen
1965/66	397	76	22	274	123
1966/67	415	51	28	280	135
1967/68	442	74	39	295	147
1968/69	477	65	35	302	175
1969/70	508	98	29	317	191
1970/71	555	94	21	o.A.	o.A.
1971/72	606	84	30	369	237
1972/73	660	105	45	394	266
1973/74	690	95	44	396	294
1974/75	720	98	44	401	319
1975/76	768	109	57	403	365
1976/77	737	92	56	383	354
1977/78	757	88	51	405	352
1978/79	740	87	65	391	349
1979/80	758	101	62	401	357
1980/81	754	80	67	403	351
1981/82	719	57	82	377	342
1982/83	655	41	75	326	329
1983/84	627	60	73	305	322
1984/85	600	59	66	329	271
1985/86	583	62	83	306	277
1986/87	531	53	59	263	268
1987/88	512	52	78	255	257
1988/89	464	44	66	219	245
1989/90	449	58	49	224	225
1990/91	424	48	40	196	228
1991/92	431	60	52	194	237
1992/93	425	52	36	190	235
1993/94	441	68	50	212	229
1994/95	436	56	44	214	222
1995/96	444	69	36	233	211
1996/97	467	68	41	248	219
1997/98	465	55	31	264	201
1998/99	486	67	47	275	211
1999/2000	480	71	43	284	196
2000/01	460	39	39	264	196
2001/02	452	47	38	262	190
2002/03	433	39	44	243	190
2003/04	445	60	46	253	192
2004/05	463	78	48	259	204
2005/06	505	97	44	285	220
2006/07	505	92	46	283	257
2007/08	598	114	53	307	291
2008/09	642	115	34	342	300
2009/10	674	77	53	362	313
2010/11	720	114	46/33	393	328
2011/12	716	86	57	400	316
2012/13	739				
2013/14					

13. Statistik Schulzweige

Jahr	Hum. Zweig	Neuspr. Zweig	Math.-naturwiss. Zweig
1967/68	330	82	
1968/69	361	116	
1969/70	402	106	
1970/71	447	108	
1971/72	468	138	
1972/73	474	186	
1973/74	121	201	
1974/75	117	235	
1975/76	117	256	
1976/77	108	257	
1977/78	104	286	
1978/79	68	184	
1979/80	73	188	
1980/81	68	190	
1981/82	62	161	
1982/83	61	179	
1983/84	77	175	
1984/85	61	181	
1985/86	67	163	
1986/87	39	129	
1987/88	44	102	
1988/89	43	105	
1989/90	39	116	
1990/91	34	111	
1991/92	36	102	
1992/93	47	84	
1993/94	46	82	
1994/95	47	85	
1995/96	44	89	
1996/97	45	95	
1997/98	43	87	20
1998/99	32	80	28
1999/00	34	63	51
2000/01	42	69	51
2001/02	34	59	63
2002/03	29	71	49
2003/04	30	67	65
2004/05	27	63	49
2005/06	27	62	55 (naturw. techn. Gymn.)
2006/07	30	76	77
2007/08	33	89	85 (Math. naturw. Gymn.)
2008/09	48	98	93
2009/10	86	96	114
2010/11	63	155	125
2011/12	39	145	118
2012/13			
2013/14			

14. Maximilianeum

Dr. Karl Freiherr von Stengel,
Abitur Universitätsprofessor, Ordinarius für Staats- und Verwaltungsrecht in München

Heinrich Tannhausen,
Abitur Kaiserlicher Regierungsrat

Emanuel Rupprecht,
Abitur stud. phil. Im Ersten Weltkrieg gefallen

Otto Seßner,
Abitur erhielt 1933 die Aufnahme bewilligt, verzichtete aber, um Forstwissenschaft studieren zu können, 1942 gefallen

Heinz Schuster,
Abitur. Bundesrichter in Karlsruhe

Helmut Horn,
Abitur Studienrat, zur Dienstleistung im Bayerischen Staatsministerium für Unterricht und Kultus

Annette Mäurer,
Abitur 1995.

Ralph Schönrich,
Abitur 2001

15. Adelige Schüler

Allweyer, v., Wolfgang (geb. am 25. Mai 1922 in Bamberg, 1. Klasse 1932/33. Abitur 1939/40, alle Abiturienten wurden zum Wehrdienst einberufen, Vater Major a. D. in Bayreuth)

Ammon, v. Ludwig Georg Konrad Julius Friedrich (geb. in Lindenhardt am 22. August 1817, Abitur 1836, wird Regierungsrat in Speyer, Vater ist Dekan und Stadtpfarrer)

Ammon v., Wilhelm August Friedrich (aus Haag, Abitur 1829, wird Bezirksgerichtsrat in Regensburg)

Ammon v., Christoph Friedrich (1766–1850), (geb. 16. Januar 1766, Valediktion 1785, imm. Erlangen 1789, Theologe, Universitätsprofessor in Erlangen 1793, in Göttingen 1794, Oberhofprediger und Vizepräsident des Oberkonsistoriums in Dresden 1835, gest. 21. Mai 1850)

Andrian v., Ernst Max Sigmund (geb. in Passau am 15. Juni 1818, Abitur 1837, wird Cooperator in Winzen bei Deggendorf)

Andrian v., K. (aus Kemnath, 4. Klasse Lateinschule, 1832, Gutsbesitzer)

Arnim v., Johann Bernhard, Freiherr (aus Seidwitz bei Creußen, geb. 15. Januar 1793, Eintritt in III. Klasse Gymnasium 10. Oktober 1805, Vater ist württ. Hauptmann)

Arnim v., Johann Friedrich (aus Seidwitz bei Creußen, Bruder des Joh. Bernhard, geb. 15. Januar 1793, Eintritt in Klasse III Gymnasium 10. Oktober 1805)

Arnim v., Karl Frdr. Ludw. Aug. Martin (Eintritt in III. Klasse Lateinschule 8. Januar 1785)

Assel v., Laurens, geb. 16.08.1994, eingetreten in Klasse 5c 2004/05, 2010/11 in Klasse Q 11

Aufseß v., Friedrich Christoph, Freiherr (Sohn des Friedrich Christoph v. Aufseß, Ritter des Roten Adlerordens; Eintritt in III. Klasse Gymnasium 4. Juni 1774)

Aufseß v., Hugo (geb. 21. September 1835 in Oberaufseß, Abitur 1854, Gutsbesitzer)

Aufseß v., Jul. M. A. H, (geb. in Aufseß am 24. Dezember 1837, an der lateinischen Schule 1847/48, 1. Klasse, Vater ist Rittergutsbesitzer)

Aufseß v., H. (geb. in Aufseß am 25. August 1825, Abitur 1844, Vater ist Rittergutsbesitzer)

Aufseß v., Otto (geb. in Aufseß am 25. August 1825, in der lateinischen Schule 1837/38, 4. Klasse, Abitur 1844, wird Oberzollinspektor in München, Vater Rittergutsbesitzer)
Von ihm ist sein Austritts-Zeugnis der 4. Klasse der lateinischen Schule in Nürnberg erhalten (27.04.1838)

Aufseß v., Julius (in der 4. Klasse Lateinschule 1853, wird Oberlieutnant), Landeshauptmann und Kreisdirektor in Erlangen; Geheimrat und Kammerpräsident in Ansbach)

Aufseß, Hans Max, von und zu Aufseß (geb. 4. August 1906 in Berchtesgaden, Abitur 1926, Vater ist Ministerialrat a. D. und Gutsbesitzer in Oberaufseß)

Aufseß v., Albrecht (geb. 6. Juli 1925 in Aufseß, 1. Klasse 1935/36, Vater ist Ministerialrat a. D)

Aufseß v., Michael (geb. 20. Mai 1944 in Salzburg, 1955/56 in Klassse 1a)

Aufseß v., Wolf-Heinrich (geb. am 5. Juni 1954 in Mengersdorf, 1964/65 in Klasse 1b)

Aufseß v. Angelika (geb. am 12. Dezember 1957 in Bayreuth/Mengersdorf, 1968/69 in Klasse 5a)

Ausin v., Friedrich August (am Gymnasium 1770; Valediktion 1776; 1798 Geheimer Rat, in Goldkronach)

Baumer v., Gottfried J. (geb. in Wasserlos im Obermainkreis am 9. August 1817, Abitur 1837, wird Bezirksamtmann in Neunburg vorm Wald)

Baumer v., Woldemar (geb. 26. August 1828 in Goldkronach, Abitur 1847, wird Landgerichts-Assessor in Kissingen, Vater ist Forstmeister)

Baumer, v., Albrecht K. F. (geb. 8. April 1833 in Goldkronach, 3. Klasse Gymnasium 1851, wird Sub-Factor bei der Saline in Kissingen, Vater ist Forstmeister)

Benckendorff v., Adam Christoph Siegmund (aus Bayreuth, Eintritt 26. Februar 1696, 12 Jahre, in II. Klasse, (Vater Herr aus Schlottenhof und Göppmannsbühl), gest. 9. November 1745

Benckendorff v., Joh. Leonh. (Bruder des obigen, Eintritt in II. Klasse 26. Februar 1696, 14 Jahre)

Besserer v., Georg Ludwig (geb. 25. Januar 1830 in Schwarzenbach/Saale, Abitur 1848, Vater ist Gendarmerie-Major in Bayreuth)

Besserer- Thalfingen v., A. Christoph (geb. 13. September 1837 in Bayreuth, Abitur 1856, Forstgehilfe in Schwaben)

Beust v., Adam Liebmann (Eintritt 7. Juli 1671, 1674 imm. in Leipzig, später sächsischer Rat)

Beust v., Theophil (geb. 4. April 1825 in Koblenz, 1. Gymnasialklasse 1844, Vater ist Major)

Bibra v., Karl (geb. 14. Januar 1868 in Bayreuth, Abitur 1888, Vater ist Landgerichtsrat)

Bibra v., August (geb. 17. Februar 1869 in Bayreuth, Abitur 1889, Vater ist Landgerichtsrat)

Bibra, v., Helmut (geb. 24. April 1928 in Bayreuth, Vater ist Justizrat, 1. Klasse 1938/39)

Bibra v., Hans (geb. 29. März 1913 in Bayreuth)

Blumenthal v., Joachim Albrecht (Eintritt 31. Oktober 1667, wahrscheinlich Sohn des 1657 verst. Erziehers des Markgrafen Christian Ernst)

Bomhard v., Friedrich Karl Wilh. Eduard aus Bayreuth (am Gymnasium 1820/21, Vater ist Regierungs-Direktor)

Borch, von der, Alhard (geb. 1. Februar 1916 in Berlin, Abitur 1935)

Bothmer v., Adolph, Freiherr (aus Bayreuth, Abitur 1824, wird Forstcand.)

Brandenstein v., Ernst (geb. 21. Mai 1862 in Ebnath in Sachsen, Abitur 1881, Vater ist Gutsbesitzer in Bayreuth)

Brandenstein v., Johann Benjamin (Eintritt in II. Klasse 20. September 1699, Vater ist Amtmann von Pegnitz, 1701 imm. Altdorf)

Braun v., Georg Friedrich Wilhelm (geb. 21. Juni 1837 in Erlangen, Abitur 1855, Regierungsacc. in Bayreuth, Vater ist Postmeister in Bayreuth)

Brocke v., Friedrich (geb. 12. Mai 1910 in Bayreuth, 5. Klasse 1924/25, Abitur 1929, Vater ist Apothekenbesitzer)

Brocke v., Karola (geb. 31. März 1913 in Bayreuth, 3. Klasse 1925/26, 6. Klasse 1928/29, ausgetreten, Vater ist Apothekenbesitzer)

Brocke v., Irmgard (geb. 5. Mai 1917 in Bayreuth, 1. Klasse 1928/29, 3. Klasse 1930/31, während des Schuljahrs ausgetreten, Vater ist Apothekenbesitzer)

Brocke v., Käthe (geb. 11. Juni 1911 in Bayreuth, 6. Klasse 1926/27, Abitur 1930, Vater ist Apothekenbesitzer)

Brocke v., Wolfgang (geb. 12. Mai 1910 in Bayreuth, 1. Klasse 1920/21, Vater ist Apothekenbesitzer)

Brocke v., Wolfgang (geb. 21. Februar 1944 in Bayreuth, 1954/55 in Klasse 1b, Abitur 1963, Vater ist Apotheker)

Brocke v., Matthias (geb. 3. Januar 1947 in Bayreuth, Abitur 1967)

Brodreis v., Franz (aus Fuchsmühl, 4. Klasse Lat. Schule 1812, Vater ist Regierungsrat)

Buchner v., Wilh. Heinr. Christian (aus Bayreuth, Abitur 1829, wird Regierungsrat in Augsburg)

Bülow v., Otto Wilhelm Friedrich Joachim Karl (aus Grabow in Hannover, Abitur 1813, Gutsbesitzer und Landrat in Mecklenburg)

Burger v., Karl Heinrich August (aus Bayreuth, Abitur 1823, wird Oberkonsistorialrat in München, Vater ist Goldarbeiter)

Calb v., August Karl Alexander (aus Jena, geb. 7. Oktober 1793, Obergymnasialklasse 7. Mai 1812, Vater ist bayer. Hauptmann)

Carlowitz v., Johann Jobst (Eintritt 11. Juni 1670, Valediktion 1672)

Chlingensperg v., M. J. (aus Amberg, Abitur 1824)

Dobeneck v., Ludwig Friedrich Karl (aus Buch bei Berg, geb. 20. April 1796, Eintritt II. Klasse 6. Januar 1812, Abitur 1814, wird Regierungsrat und Direktor des Konsistoriums in Bayreuth)

Dobeneck v., Ludwig Friedrich Wilhelm Karl Siegmund (aus Bayreuth, geb. 25. April 1798, am Gymnasium 27. September 1809,, 3. Klasse Gymnasium 1814, imm. Erlangen 1816, wird Appellationsgerichtsrat in Bamberg, Vater ist Regierungsrat)

Dobeneck v., Albrecht (geb. in Ansbach am 20. November 1833, an der lateinischen Schule 1847/48, 4. Klasse, Vater ist Regierungsrat in Bayreuth)

Dobeneck v., J-C. L. R. (geb. in Ansbach am 14. Mai 1835, an der lateinischen Schule 1847/48, 2. Klasse, Vater ist Regierungsrat in Bayreuth)

Dobeneck v., Alban (geb. 20. November 1833 in Ansbach, 4. Klassse Laterinschule 1848, Gutsbesitzer in Brandstein, Vater ist Regierungsrat in Bayreuth)

Dobeneck v., Hans Karl (geb. 18. Mai 1838 in Ansbach, 4. Klasse Lateinschule 1852, wird Lieutnant, Vater ist Regierungsrat in Bayreuth)

Dobeneck v., H. L. M. Ludwig (geb. 18. Oktober 1843 in Bayreuth, Abitur 1862, Vater ist k. Kämmerer, Consistorialdirektor und Regierungsrat)

Egloffstein v., G. K. (aus Erlangen, 1825/26 1. Klasse, 1828/29 3. Klasse Gymnasium, 17 Jahre, Vater ist Revierförster in Mühlhausen)

Egloffstein v., G. J. W. C., (aus Erlangen, Abitur 1828, wird Großherzoglicher Weimarischer Appellations-Gerichts-Präsident in Eisenach)

Egloffstein v., K. H. Julius G (geb. 14. September 1849 in Mühlhausen, Abitur 1868, Vater ist Revierförster (verst.))

Ehlingsperg v., Max. Jos. (aus Amberg, Vater ist Hauptmann im kgl. Baier. 13. Linien-Infanterie-Regiment)

Fallois, de, Hartmut, (geb. 17. Juli 1936, Klassse 1 1945/46)

Esebeck, Asmus, Freiherr v. (geb. 16. Juli 1934 in Königsberg, 1. Klasse 1945/46, Vater ist Hauptschriftleiter)

Eye v., Alexander, (geb. 16. September 1949 in Leipzig; Abitur 1968)

Eye v., Stephan (geb. 23. September 1951 in Leipzig, Abitur 1970)

Feilitzsch v., Lazarus Heinrich Georg (geb. 5. April 1753 in Kürbitz, 1. Klasse Gymnasium 1769, imm. Erlangen 1771, wird Hofjunker, gest. 1828 in Heinersgrün, Vater ist Wachtmeister im kaiserl.-Gothaischen Regiment)

Feilitzsch v., Ferdinand J. August (geb 26. Februar 1842 in Trogen, 2. Klasse Gymnasium 1858, wird Lieutnant in Aschaffenburg, Vater ist Rittergutsbesitzer)

Feilitzsch v., Georg Friedrich Salomon (Sohn des Christian Daniel von Feilitzsch, Herr von Trogen, II. Klasse 27. April 1711)

Gambs v., Ernst aus Steinwiesen (am Gymnasium 1820/21, Vater ist Forstinspektor)

Gersdorff, Christian, Freiherr v. (geb. 26. Juli 1936 in Breslau, 1. Klsasse 1945/46, Vater ist Rechtsanwalt)

Gersdorff, Ernst, Freiherr v. (geb. 27. September 1931 in Breslau, 4. Klasse 1945/46, Bruder des Christian)

Gernler, Hermann v. (geb. 28. Januar 1934 in Erlangen, 1. Klasse 1945/46, Vater ist Gutsbesitzer in Göppmannsbühl)

Glaß v., Chr. L. Wilh. Rudolph. (geb. 2. Juni 1836 in Wölsauerhammer, Abitur 1853, Bergpraktikant in Brandholz, Vater ist Hammerbesitzer)

Glaß v., W. Rudolph (geb. 3. März 1844 in Wölsauerhammer, 2. Klasse Gymnasium 1858/59, stud.med., Vater ist Hammerbesitzer)

Gmainer v., Franz (geb. 4. Oktober 1821 in Bayreuth, 4. Klasse Lateinschule 1836, wird Major und Flügeladjudant, Vater ist Major)

Godin v., Franz (geb. 15. Mai 1833 in Bamberg, 1. Klasse Gymnasium 1847)

Godin v., Karl Ludwig (geb. 28. August 1903, 7. Klasse 1919/20, Vater ist Generalmajor und Divisionskommandeur, verst. in Bayreuth)

Grafenstein v., Hermann, (geb. 12. Juni 1884 in Pirmasens, Abitur 1904, Vater ist Aufschlageinnehmer in Reckendorf)

Gravenstein v., J. Karl (geb. 10. April 1851 in Röthenbach, Abitur 1871, Vater ist Gutsbesitzer in Bayreuth)

Grauvogel, Joseph W. E. (geb. 10. Oktober 1843 in Vilshofen,, 2. Klasse Gymnasium 1861, Vater ist Landrichter in Dinkelsbühl)

Gravenreuth v., M. C. C.,Freiherr (aus Schlammersdorf, 3. Klasse Gymnasium 1824)

Guttenberg v., Fr. F. O. (geb. am 21. November 1834 in Eltmann, Lateinische Schule 1847/48 3. Klasse, Vater ist Revierförster)

Guttenberg v., Georg Christoph (Lateinschule Kulmbach, am Gymnasium 19. Januar 1681)

Hagen v., Erhard Christian (geb. 17. Juli 1786 in Bayreuth, Abitur 1804, imm. Halle, 1805 Erlangen, 1. Rechtskundiger Bürgermeister von Bayreuth (1818–1848), 1837 geadelt, Historiker, Vater ist Johann Friedrich Hagen, Landschaftskommissär)

Hanstein v., Philipp Heinrich (fränk. Adeliger, Vater ist Bernh. v. H., kaiserl. Hauptmann, verst., Am Gymnasium 19. September 1742, imm. Erlangen 1746, wird 1765 Hofgerichtsass. in Bayreuth)

Hanstein v., Johann Heinrich Friedrich Karl (Burghaigensis, Vater ist Friedr. Heinr. Florentin v. H., Kammerherr, geb. 9. Juni 1789, Lateinschule Kulmbach, am Gymnasium 18. Januar 1803)

Hardegg v. Graf, Johann Julius Adam (aus Wien, am Gymnasium 24. Juli 1688)

Hardegg v., Johann Konrad Friedrich (aus Wien, am Gymnasium 24. Juli 1688)

Hardenberg, Freiherr v. Karl Adolf Chr., (aus Bayreuth, Vater ist Georg Adolf Theophil Freiherr v. Hardenberg, Leiter des Forstwesens im Bayreuther Oberland, geb. 7. März 1794, Gymnasium Halle, am Gymnasium Bayreuth 29. Juni 1811)

Harsdorf v., Fr. Chr. K. E. (geb. in Ansbach am 25. Februar 1820, Abitur 1837, Vater ist Kreis- und Stadtgerichtsdirektor in Bayreuth)

Harsdorf v., Alexander (aus Nürnberg, 1. Klasse Gymnasium 1846, wird Bezirksgerichtsrat in München)

Harsdorf v., Fritz (aus Nürnberg, Abitur 1837, wird Landrichter in Nürnberg)

Hecht v., Const. Jos. Ludw. Karl (geb. 7. Juni 1829 in Bayreuth, Abitur 1846, cand. jur., in Rom verstorben, Vater ist Regierungsrat in Bayreuth)

Held v. Hagelsheim, Karl Gottfried (geb. 18. Dezember 1714 in Bayreuth, Valediktion 1733, imm. Jena, 1739 Arzt, Vater ist Gottfried H. v. H., Hofrat und Leibarzt)

Heydolph v., Theodor (geb. 20. Januar 1839 in Sulzbach, 4. Klasse Lateinschule 1852, Vater ist Steuerliquid.-Commissär in Bayreuth)

Hirsch v,, Friedrich Maximilian Ernst Gustav Albert August, Karl (aus Bayreuth (am Gymnasium 1820/21, Abitur 1827, stud. med., Vater ist Medizinalrath und Stadtphysikus)

Hirsch v., R. (geb. in Bayreuth am 14. Januar 1821, an der Lateinschule 1835/36, Vater ist Medizinalrat)

Hirschberg v., Christian Heinrich (geb. in Kaibitz am 1. April 1825, Abitur 1842, wird Regiments-Auditor in Regensburg, Vater ist Rittergutsbesitzer)

Hirschberg v., A. (geb. 17. Juli 1823 in Würzburg. II. Klasse Gymnasium 1842, wird Oberlieutnant, Vater ist Major in Bayreuth)

Hirschberg v., Max Eduard Graf (geb. 3. Mai 1824 in Oberbruck, Abitur 1845, Vater ist Gutsbesitzer)

Hirschberg v., Christian J. K. Graf (geb. 6. Januar 1835 in München, Abitur 1853, cand. jur., verst., Vater ist kgl. Kämmerer)

Hirschberg v., L. Hermann Graf (geb. 19. November 1841 in Stegenhof, 1. Klasse Gymnasium 1858, wird Lieutnant, Vater ist Kämmerer in Bayreuth)

Hoeßler v., Ludwig (geb. 25. August 1820 in Augsburg, Abitur 1899, Vater ist Forstrat in Bayreuth)

Hohenfeld v., (Reichsfreiherr von Ayterheim und Allmeng, Herr in Gobelsburg und Jedolzberg, am 18. Januar 1701 hielt er „im illustren Kollegium eine franz. Glückwunschrede auf die Krönung des Herrn Kurfürsten Friedrich III.,Markgrafen in Brandenburg, König in Preußen.")

Hohenfels v., Karl Max (geb. 26. Juli 1908, 3. Klasse 1919/20, Vater ist Rittmeister a. D. in Nürnberg)

Holleben v., Benno L. Fr. K. E. (geb. 28. Oktober 1828 in Bayreuth, 3. Klassse Gymnasium 1846, Privatier, Vater ist Major)

Hüllesheim v., Bernhard Frdr. Wilh. Ernst Karl Ludwig Leopold (aus Bayreuth, Abitur 1823 (19 Jahre alt), Vater ist Preuß. Major)

Imhoff v., Karl Ernst (aus Franken, Vater ist Christoph Adam v. I., königl. engl. Wachtmeister, 3. Klassse Lateinschule Bayreuth 7. Januar 1793)

Kalb v., Karl August Alexander (aus Jena, Abitur 1812)

Klugen v., L. M. Heinrich (geb. 4. Januar 1829 in Frankfurt a. M., 2. Klasse Lateinschule 1841/42, Vater ist Pens. Kaiserl. Russ. Major)

Kotzau v., Frdr. Wilh. (aus Oberkotzau, 2. Klasse Gymnasium 1815, Vater ist Geheimer Rat, Gutsbesitzer)

Kotzau v., H. H. (aus Oberkotzau, Interimsklasse 1830)

Kreß von Kreßenstein, Karl, Freiherr (geb. 20. Januar 1880 in München, Abitur 1899, Vater ist Oberst und Regimentskommandeur in Bayreuth)

Kraussold v., Theodor, (geb. 27. Januar 1883 in Bayreuth, Abitur 1902, Vater ist Medizinalrat und Direktor der Kreisirrenanstalt in Bayreuth)

Künsberg, Freiherr v., Joh. Alexander Euchar. Val. (geb. 30. Januar 1664 in Bayreuth, am Gymnasium 5. Januar 1674, imm. Erlangen 1682, Rittmeister in Stuttgart, gest. 8. Februar 1699, Vater ist Karl Ludwig Frdr. Ernst v. K., herzoglich württembergischer a consiliissanctioribus, Hofmeister der Herzogin von Württemberg, Ritter des Roten Adlerordens)

Künßberg v., Karl (geb. 17. April 1860 in Wernstein, Abitur 1880, Vater ist Gutsbesitzer)

Künßberg v., Heinrich (geb. 30. Juni 1864 in Wernstein, Abitur 1884, Vater ist Gutsbesitzer)

Künsberg v., Wolfgang Jos. Wilh. (aus Bindlach, 1. Klasse Lateinschule 20. Januar 1722, am 15. September 1722 ausgeschieden, um Kadett zu werden, Vater ist Wilh. Aug. v. K., praeses praefecturae Steinensis)

Künsberg v., Friedrich Franz Ferdinand (aus Danndorf, Abitur 1828, (19 Jahre alt), Vater ist Oberappellationsgerichtsrat in München)

Künsberg v., Gustav Wilh. H. W. K (geb. 7. August 1826 in Meiningen, Abitur 1847, wird Bezirksamts-Assistent in Hof, Vater ist Oberforstmeister)

Landgraf v., Hermann L. (geb. 8. November 1823 in Bayreuth, Abitur 1842, Vater ist Regierungsrat)

Landgraf v., Karl Friedrich Wilhelm (aus Bayreuth, Abitur 1819, Vater ist Handelsgerichts-Direktor in Nürnberg)

Landgraf v., Karl Friedrich Wilhelm (geb. 12. Januar 1827 in Nordhalben, Abitur 1847, Rechtspraktikant in Bayreuth, Vater ist Regierungsrat und Consistorialvorstand in Bayreuth)

Landgraf v., W. R. A. (geb. 26. April 1829 in Nordhalben, 2. Klasse Lateinschule 1841/42, Vater ist Regierungs- und Consistorialrat in Bayreuth)

Landgraf v., Adolph (geb. 10. Februar 1834 in Bamberg, Abitur 1851, Reg. Acc. in Ansbach, Vater ist Oberstlieutnant)

Lentersheim v., Gerhard (Franke, Lateinschule Schweinfurt, am Gymnasium 5. Februar 1680)

Lerchenfeld v., Karl E. (geb. 16. Juni 1852 in Ansbach, Abitur 1871, Vater ist Regierungspräsident in Bayreuth)

Lichtenberg v., Otto (geb. 14. Mai 1829 in Coburg, 2. Klasse Gymnasium 1846, herzogl. Lieutnant, gest., Vater ist Regierungsrat)

Lindenfels v., eques Francus Karl Urb (am Gymnasium 20. März 1679)

Lindenfels Freiherr v., Friedrich Christian Karl, (Valediktion 1811; Generalmajor)

Lindenfels v., Friedrich Karl (aus Wunsiedel, Lateinschule Wunsiedel, Am Gymnasium in Bayreuth 2. September 1785, Valediktion 1787, imm. Leipzig, Vater ist Christoph Wilhelm Frh. v. Lindenfels, Kammerherr)

Lindenfels v., Christian Anton Friedrich (aus Brand im Mainkreis, Vater ist Rittergutsbesitzer)

Lindenfels v., Gustav, Freiherr (geb. 16. Juni 1873 in Thumsenreuth, Abitur 1893/94, Vater Reichsrat und Gutsbesitzer in Bayreuth)

Lindenfels v., Karl Urban (eques Francus, Edelmann in Weidenberg, am Gymnasium 20. März 1679

Lindenfels Freiherr v., Heinrich Wilhelm (Sohn des Jodok Bernhard von Lindenfels, Erbherr von Erkersreuth, Schönwald, Ramsenthal und Fahrenbach, Geh. Rat und Hauptmann von Wunsiedel und den Sechsämtern, 2. Klasse Gymnasium 7. Januar 1708, geht 1709 zur „Försterei")

Lindenfels v., Karl Christian (aus Schwarzenbach/Hildburhgausen, geb. 21. August 1721, 2. Klasse Gymnasium 25. Januar 1738, wird Minister, wirklicher Geheimrat, Hofrichter und Amtshauptmann in Bayreuth, Roter Adlerorden, verst. 3. Februar 1793

Lindenfels v., Karl Willibald (Minister, wirkl. Geheimrat, Roter Adlerorden)

Lindenfels v., Ludwig Christoph Adam (Nairitz, Bayreuth, 2. Klasse Gymnasium 22. April 1735, wird Kammer- und Generaladjudant in Hildburghausen, Sohn des Wilhelm Christoph Adam v. L.)

Lindenfels v., Friedrich, Bayreuth, 4. Klasse Lateinschule, 1857, Ökonom

Lips, v., E. C. F. F. G. M. (aus Frauenaurach, Abitur 1830, Vater ist Forstmeister in Weilheim)

Löwenich v., Clemens (geb. 12. April 1860 in Bayreuth, Abitur 1878, Vater ist Privatier)

Lüschwitz v., nobilis Franconicus, Johann Christian (geb. 1651 in Frankenhaag, Lateinschule Bayreuth, 14. August 1665, Valediktion 1669, imm. Altdorf 1669, gest. 1674, Sohn des Hofgerichtsassessors in Bayreuth Gerhard Christoph v. L. auf Glashütten und Frankenhaag)

Lupin, Hartmut v. (geb. 24. Dezember 1933 in Kronach, 2. Klasse 1945/46, Vater ist Oberstudienrat)

Lutzenberger v., Frdr. Chr. (geb. in Bayreuth am 4. April 1818, Abitur 1837, Advokat in Lindau, Vater ist Regierungsrat)

Malsen v., Erasmus Siegmund Adelbert (aus Otmersheim/Elsaß, Abitur 1808, Gutsbesitzer in Marzoll bei Reichenhall)

Malsen v., Adalbert W. C. (geb. 5. Dezember 1840 in Bayreuth, Abitur 1858, Rechtspraktikant in Bayreuth, Vater ist Major)

Malsen v., Konrad Adolph (aus Otmasheim im Elsaß, Abitur 1808, wird Gesandter in Turin)

Malsen v., L. A. Theobald (geb. 20. Mai 1837 in Bayreuth, Abitur 1856, stud. jur. München. Vater ist Major a la suite)

Markgrafen:

Karl August, Markgraf zu Brandenburg (geb. 18. März 1663 in Kulmbach, eingeschrieben 17. Juni 1677, Domherr von Magdeburg, Sohn des Markgrafen Georg Albrecht, gest. 26. April 1731 in Neustadt/Aisch)

Christian Heinrich, Markgraf zu Brandenburg (geb. 19. Juli 1661 in Bayreuth, eingeschrieben 17. Juni 1677, Valediktion 1680, Teilnahme am Entsatz von Wien 1683, Begründer der sog. Weferlingischen Linie, gest. 27. März 1708, Sohn des Markgrafen Georg Albrecht.

Massenbach v., Albert Joseph (aus Floß, Abitur 1819)

Miller v., J. B. (aus Saargemünd, 4. Klasse Lateinschule 1833)

Morgenroth v., Heinrich Andreas (aus Thurnau, Abitur 1822, wird Ministerialrat im Staatsministerium der Finanzen in München)

Muffel v., Franz Anton Ludwig (Valediktion 1802; Regierungsdirektor in Ansbach)

Muffel, v. Ermbreuth, Joh. Christ. (am Gymnasium 3. August 1670, Sohn des bekannten Kommandanten der Plassenburg v. M.)

Muffel v., Franz Anton Ludwig, (Abitur 1818)

Muffel v., Franz Anton Ludwig (aus Bamberg, geb. 24. Mai 1802, Oberprimärklasse 10. März 1812, Abitur 1820, imm. Erlangen, Würzburg, wird Regierungsdirektor in Ansbach, Vater ist Johann Frdr. Ferd. Karl v. M. kgl. Bayr. tribunus militum undStadtkommandant in Bayreuth)

Muncker, v., Theodor, (geb. 1823 in Bayreuth, Abitur 1843, wird Bürgermeister der Stadt Bayreuth (1863–1900)

Muschlitz v. Johann Friedrich (nobilis Ungaricus, am Gymnasium Frühjahr 1665)

Nägelsbach v., Karl Friedrich, (aus Wöhrd bei Nürnberg, Abitur 1822, wird Prof. in Erlangen)

Nostitz v., Kaspar Otto (Neuendorf, Lausitz, am Gymnasium 12. Juli 1669)

Oberland v., Christoph Friedrich (nobilis Variscus, am Gymnasium 30. Mai 1698, Vater ist Joh. Elias v. O., Herr von Oberwaiz)

Oenhausen v., Johann Friedrich (aus Kaschau, am Gymnasium 2. September 1682)

Ohlnhausen v., Konrad Eberhardt (aus Öhringen, an der Lateinschule 19. August 1678)

Paschwitz v., Johann Karl Heinrich Ludwig (geb. 31. Dezember 1794 in Machwitz Sachsen, Abitur 1813, wird Patrimonialrichter, Vater ist Rittergutsbesitzer)

Paschwitz Freiherr v., Hermann (aus Magwitz (Machwitz) Sachsen, Lycealklasse 1826, wird Stadtgerichtsrat in München)

Pfordt v., Andreas Ludwig (geb. 15. August 1736, am Gymnasium 23. November 1750, wird Kontrolleur, gest. 7. September 1789, Vater ist Georg Ludwig v. P, Forstmeister)

Pfordten von der, Georg Friedrich Ernst (geb. 12. Oktober 1787 in Schauerheim, Abitur 1808, wird Pfarrer in Rothenburg, Kapitelsenior, gest. 6. März 1847)

Pfordten, von der, Georg Ludwig (geb. 31. Januar 1741, am Gymnasium 9. November 1753, Vater ist Förster)

Pfordten, von der, Heinrich Nikolaus (geb. 8. April 1748 in Bayreuth, am Gymnasium 18. April 1763)

Pfordten, von der, Samuel Chr. Theophil (geb. 10. Mai 1738 in Bayreuth, am Gymnasium 23. März 1753, Abitur 1758, wird Geheimrat, Bruder der beiden oben Genannten)

Pieverling v., Adolph, Carl, Albrecht (aus Halle, Abitur 1816, Rechtspratikant in Kirchenlamitz, verst. Vater ist Obersalzfactor)

Pieverling v., Friedrich Wilhrlm Karl Albert (geb. 4. April 1799 in Halle, am Gymnasium Hof, am Gymnasium Bayreuth 29. September 1810, Vater ist Friedrich Wilh. V. P., Obersalzfaktor in Bayreuth)

Pieverling v., K. W. (geb. 11. Juni 1833 in Kadolsburg, 2. Klasse Gymnasium 1851, wird Marktschreiber in Emskirchen, Vater ist Civiladjunkt in Erlangen)

Pirch v., Otto (geb. 28. Februar 1848 in Berlin, 4. Klasse Lateinschule 1863, Vater ist preußischer Kapitän)

Platow v., Johann Kaspar (nobilis Marchicus, Lateinschule Frankfurt, am Gymnasium 12. Juli 1665)

Plotho, Edler v., Karl Christoph Friedrich Wilhelm (aus Bayreuth; Valediktion 1789, imm. Erlangen, Halle 1801, wird Leutnant und Adjudant, Vater ist Wilh. Julious Edler v. P., Geheimrat und tätig auf der Festung Plassenburg)

Podewils v., Friedrich H. F. L. H. (geb. 8. März 1843 in Stadtamhof ‚Abitur 1861, Vater ist kgl. Kämmerer und Regierungspräsident in Bayreuth)

Podewils v., Peter (nobilis Pommeranus, Jesuitenkolleg Konitz/Westpreußen, am Gymnasium 8. November 1673, Valediktion 1674.

Pöllnitz v., Friedrich Ludwig Hilmar Karl Moritz, (geb. 29. September 1799 in Ansbach; am Gymnasium 6. Januar 1812, Vatert ist Karl Friedrich Klemens v. P., Leiter des Bayreuther Forstwesens)

Pöllnitz v., Georg Wilhelm Heinrich Erdmann (geb. 30. Januar 1726 in Bayreuth, am Gymnasium 29. August 1737, 1741 Hofpage in Erlangen, gest. 28. Januar 1744 in Erlangen, Vater ist Johann Heinrich v. P., Oberhofkämmerer und Ritter des Roten Adlerordens) Sohn des Johann Heinrich von Pölnitz)

Pöllnitz v., Fritz Karl Moritz (aus Ansbach, 2. Klasse Gymnasium 1814)

Praun v., Hans (geb. 17. Januar 1873 in Bayreuth, Abitur 1892, Vater ist Oberstlieutnant z. D. und Bezirkskommandeur)

Prieser v., Hermann (geb. 7. Juli 1837 in Thurnau, 2. Klasse Gymnasium 1852, wird Lieutnant, gest., Vater ist Herrschaftsrichter)

Prieser v., Th. H. G. (geb. 2. September 1829 in Tambach, 2. Klasse Lateinische Schule 1841/42, Vater ist Herrschaftsrichter zu Thurnau)

Pühel v., Johann Georg (Sohn des Johann Leonhard von Pühel, Döhlau, Herr von Laineck und Ützdorf)

Pühel v., Christoph Adam (aus Kulmbach, an der Lateinschule 27. Juli 1664, Valediktion 1666, gest. in Döhlau)

Püttner v., E. W. F. (aus Issigau, 1. Klassse Gymnasium 1825/26, 15 Jahre alt)

Püttner, v., K. Fr. Wilhelm (aus Issigau, 3. Klasse Gymnasium 1832)

Putkamer v., Jakob Franz (nobilis Pommeranus, ex schola patria (Gymnasium Thorn?), am Gymnasium 27. August 1673

Putkamer v., Peter (ex schola patria (Thorn?), am Gymnasium 27. August 1673, Valediktion 1674)

Rabenstein v., Christian Friedrich (geb. 1650 in Adlitz, am Gymnasium 10. November 1666, imm. Altdorf, Ritterhauptmann des „Kantons Gebürg", gest. 1712)

Rebay v., Wilhelm (geb. 3. April 1909 in Miesbach, Abitur 1928, Vater ist 1. Staatsanwalt in Bayreuth)

Redwitz v., Phil. Karl Friedrich (geb. 5. April 1795 in Würzburg; am Gymnasium 6. Januar 1808, Vater ist Adam Anton Frdr. v. R., Geheimrat)

Redwitz v., Alexander (geb. 6. Februar 1828 in Unterlangenstadt, 4. Klasse Lateinschule 1841/42, Vater ist Rittergutsbesitzer)

Redwitz v., Karl (geb. 17. Mai 1829 in Küps, 4. Klasse Lateinschule 1844, Vater ist Kämmerer und Rittergutsbesitzer)

Redwitz v., K. Ph. (geb. 17. Mai 1829 in Würzburg, 2. Klasse Gymnasium 1846, Vater ist Gutsbesitzer inKüps)

Redwitz v., Carl (geb. 26. November 1821 in Augsburg, 4. Klasse Lateinschule 1836/37, Vater ist Regierungsforstrat in Bayreuth)

Regemann v., Heinrich Ludwig (aus Bayreuth; am Gymnasium 3. Oktober 1806, wird Lieutnant, Vater ist Karl v. R., Hauptmann i. preuß. Rgt. v. Unruh)

Regemann v., Friedrich Wilhelm Karl Hermann (geb. 7. September 1799 in Bayreuth, am Gymnasium 4. April 1812, Vater ist Königl. Preuß. Stabs-Kapitän)

Regemann v., Max L. G. (geb. 8. September 1829 in Aschaffenburg, 2. Klasse Gymnasium 1847, wird Bezirksgerichts-Sekretär in Bayreuth, Vater ist Hauptmann à la suite in Bayreuth)

Reitz v., J. Chr. (geb. in Oberredwitz am 6. März 1822, in der Vorklasse 1833/34, Vater ist Rittergutsbesitzer)

Reitzenstein v., Albert Karl Ernst Erdmann, Freiherr, (geb. 18. Oktober 1793 in Reuth/ Oberpfalz, am Gymnasium 13. April 1811, Abitur 1813, Vater ist Kammerherr und Rittergutsbesitzer)

Reitzenstein v., Alexander Heinrich (geb. 28. November 1797 in Oberkotzau, 4. April 1812, Vater ist königl. Preuß. Oberlieutnant)

Reitzenstein v., Christoph Hermann Ernst Karl (geb. 10. Juni 1793 in Nymwegen, Valeditkion 1809, Geheimer Rat)

Reitzenstein v., Jos. Ernst Christian (am Gymnasium 5. Juni 1787, Valediktion 1789, Vater ist Karl Ernst Freiherr v. R., Geheimrat, summus preafectus v. Kulmbach, aedilitatis summus director (Oberbaudirektor))

Reitzenstein v., Karl Friedrich (geb. 30. Januar 1798 in Nemmersdorf; Lateinschule Wunsiedel, am Gymnasium 18. April 1811, Vater ist Karl Phil. v. R., früher Kreisdirektor von Wunsiedel, hess.-darmst. Kammerherr)

Reitzenstein v., Ludwig Karl Wilhelm (geb. 3. Januar 1790 in Nymwegen, am Gymnasium 5. September 1803, Valediktion 1808, imm. Erlangen, wird Reg. Präsidialsekretär, verst. In Creußen, Bruder des Christoph Hermann Ernst Karl v. R.)

Reitzenstein v., Moritz Christian Friedrich Philipp (aus Nemmersdorf, am Gymnasium Erlangen, am Gymnasium in Bayreuth 15. Mai 1783, Vater ist Siegmund Georg Phil. v. R.)

Reitzenstein v., E. F. M. (geb in Kronach am 9. April 1826, an der lateinischen Schule 1836/37, 1. Klasse, Vater ist Regierungssekretär in Bayreuth)

Reitzenstein v., F. J. E (geb. in Kronach am 4. November 1824, in der Vorklasse 1833/34, Vater ist Regierungssekretär)

Reitzenstein v., Friedrich, Freiherr (geb. 10. April 1873 in Bayreuth, Abitur 1893/94, Vater Major)

Reitzenstein v., Albert K. Fr. B. (geb. 22. Juli 1872 in Altenhammer, Abitur 1872, Vater ist Oberlieutnant a. D. in Reuth)

Reitzenstein v., Friedrich (geb. 14. März 1861 in Altenhausen, Abitur 1879, Vater ist Gutsbesitzer in Reuth)

Reitzenstein v., Christoph Heinrich (geb. um 1670, Gymnasium Hof, am Gymnasium in Bayreuth 15. Juni 1686, Sohn des Christoph Karl v. R. und Culmitz)

Reitzenstein v., Wolfgang Ehrenfried Albert (am Gymnasium 12. Juni 1725, wird Oberamtmann in Uffenheim, Vater ist Wolf Christoph v. R., Geheimrat und Oberjägermeister)

Reitzenstein v., Wolf Vitus Christoph (am Gymnasiumj 12. Juni 1725, Valediktion 1729, Bruder des Wolf Ehrenfried Albert v. R.)

Reitzenstein v., Christoph Hermann Karl Ernst (aus Nimwegen, Abitur 1809, wird Gerheimer Rat in Berlin)

Reitzenstein v., Karl Friedrich Wilh. Eduard (aus Creußen, 4. Klassse Lateinschule 1834, wird k. b. Hauptmann in Bayreuth)

Reitzenstein v., Eduard Ferdiand Max (aus Kronach, 4. Klasse Lateinschule, 1842, wird K. b. Hauptmann ion Bayreuth)

Reitzenstein v., Joachim Ernst (geb. um 1653 in Dürenthal, Gymnasium Hof 1666/, am Gymnasium Bayreuth 21. Juni 1672, wird Oberstwachtmeister und Deputatus der Vogtländischen Ritterschaft, Sohn des Wolfgang Rud. v. R.)

Reitzenstein v., Johann Heinrich (nobilis Variscus, aus Pösneck, Gymnasium Hof, am Gymnasium Bayreuth 18. Mai 1665)

Remich v., Otto (aus Bayreuth, 4. Klasse Lateinschule 1836, wird K. b. Hauptmann in Nürnberg)

Röder v., Aug. Carl Alex. (geb. 4. November 1787 in Bayreuth, Valediktion 1805, wird Appellationsgerichtsrat in Zweibrücken, Vater ist Heinrich v. R. Regierungspräsident)

Roeder v., Johann (aus Hohenberg, Lateinschule Wunsiedel, am Gymnasium Mitte März 1778, Vater ist Joh. Christoph v. R., B. und Müller)

Roman, Raoul, Frhr. v., (geb. am 19. November 1893 in Bayreuth, 1903/04 1. Klasse Gymnasium Abteilung B, zuletzt 1908/09 6. Klasse; Vater ist K. Kämmerer und Regierungspräsident Rudolf Freiherr von Roman)

Ab 1912 Militärkarriere, im II. Weltkrieg Generalmajor, im Westfeldzug Regimentskommandeur, 1940 Artilleriekommandeur bei einem Panzerkorps, im Ostfeldzug Divisionskommandeur, Ritterkreuzträger.
Im „Völkischen Beobachter" vom 28./29. März 1942, Nr. 87/88, S. 5 für seinen „rücksichtslosen Einsatz" als „das leuchtende Vorbild eines Führers" gefeiert.

Rotenhan v. Wolfram J. H. (geb. 20. April 1845 in Ansbach, Abitur 1862, stud. jur., Vater ist kgl. Kämmerer und Regierungsdirektor in Eyrichshof)

Rotenhan v., Ludwig H. J. (geb. 2. April 1850 in Bayreuth, Abitur 1869, Vater ist Regierungsdirektor in Eyrichshof)

Rotenhan v., Hermann (geb. 11. Januar 1836 in München, 4. Klassse Lateinschule 1851, wird K. b. Oberlieutnant, Vater iswt Regierungsdirektor in Bayreuth)

Rotenhan v., Julius Freiherr (aus Rentweinsdorf, Abitur 1824, wird Regierungsdirektor in Eyrichshof)

Roth v., O. E. E. C. Albin, (aus Dinkelsbühl, 1. Klasse Gymnasium 1844, wird Oberlieutnant

Rücker v., Friedrich Wilhelm (aus Marktsteft, Abitur 1821, wird Gymnasial-Professor in Erlangen)

Rücker v., Ferdinand (aus Schnabelwaid, 4. Klassse Lateinschule 1844, wird Apotheker in Hof)

Rücker v., Karl Aug. Ferd. (geb. 21. Januar 1827 in Schnabelwaid, Abitur 1845, wird Bezirksamtmann in Fürth, Vater ist Landrichter in Hof)

Rücker v., Hermann Albrecht Ernst (geb. 1. Oktober 1836 in Hof, Abitur 1855, wird Spitalarzt in Hof, Vater ist Landrichter in Hof)

Rüdiger v., Karl E. Christian (aus Neustadt a. d. Aisch, 1. Klasse Gymnasium 1816)

Schallern v., August (aus Bayreuth, Abitur 1828, wird App. Gerichtsrat in Eichstädt)

Schallern v., August (aus Bayreuth, 2. Klassse Gymnasium 1828)

Schallern v., Friedrich Wilhelm Heinrich Alexander (Bayreuth)

Schallern v.-, Christian Friedrich August Heinrich Ernst Karl Maximilian aus Bayreuth (am Gymnasium 1820/21, Abitur 1828, Vater ist Regierungs-Medicinalrat)

Schauroth v., Johann Heinrich Friedrich (geb. 27. April 1751, Valediktion 1775, imm. Erlangen, gest. 1801, Vater ist Friedrich Ernst v. Sch., Kammerherr und Oberamtmann von Lichtenberg und Lauenstein)

Schenk v. Geyern, Karl Friedrich Wilhelm (am Gymnasium 7. Januar 1805, Vater ist Karl Ludwig Ernst Sch. v. G.)

Schirnding v., Georg Siegmund (aus Röthenbach, am Gymnasium 13. Januar 1671, Valediktion 1674, Vater ist Johann Adam v. Sch.)

Schirnding v., Hans (geb. 20. April 1881 in Plech, Abitur 1903, Vater ist Förster in Oberwaiz)

Schirnding v., G. Frdr. Christian Ludwig Sigm. Karl Wilhelm (geb. 15. April 1794 in Röthenbach bei Wunsiedel, am Gymnasium 18. April 1811, Valediktion 1812, imm. Erlangen, Vater ist Friedrich Christian v. Sch., früher Kreisdirektor Neustadt/Aisch,Gutsbesitzer)

Schlammersdorf v., Friedrich Karl (am Gymnasium 2. Oktober 1685)

Schlümbach v., Georg Adolph August (aus Nürnberg, Vater ist Königl. Baier. Revierförster)

Schlümbach v., Georg Adolph August Ludwig aus Theta (am Gymnasium 1820/21, Vater ist Revierförsdter)

Schönfeld v., Frhr., Liebmann Heinrich Franz, Wilhelm Ernst (geb. 6. Juli 1775, am Gymnasium 8. Mai 1786, Leutnant auf der Plassenburg, imm. Erlangen 1779, Vater ist Wilhelm Ernst Frh. v. Sch., Geheimrat und praeses regiminis)

Schönfeld v., Wilhelm Friedrich Ernst (geb. 6. März 1770 zu Trendel, am Gymnasium 16. Mai 1783 imm. Erlangen, Bruder des obigen)

Schönstett v., Adam Ernst (nobilis Francus, Lateinschule Sulzbach, am Gymnasium 25. April 1676)

Seckendorf v., Alfred L. (geb. 6. Februar 1829 in Wallerstein, 2. Klasse Gymnasium 1846, gest. in Amerika, Vater ist Forstrat)

Seefried v., Emil (aus Bayreuth, Studienvorbereitungsschule C, 1825/26), 2. Klasse Gymnasium 1828, wird K. B. Rittmeister)

Seefried v., Oskar (aus Bayreuth Studienvorbereitungsschule C, 1825/26), 3. Klasse Gymnasium 1828, wird Appellations-Gerichtsrat in Bamberg)

Sichart v., Friedrich August Siegmund (geb. 10. Dezember 1783 in Hof; am Gymnasium 9. Januar 1794), Vater ist Joh. Frdr. V. S., kgl. Preuß. Kammerherr und Hofkammerrat)

Sichart v., Friedrich Karl Georg Ludwig (aus Hof; am Gymnasium 7. Januar 1793; wird preußischer Rittmeister, Bruder des obigen)

Sicherer v., Franz (geb. 30. Januar 1839 in Rosenheim, 4. Klasse Lateinschule 1855, wird K. b. Lieutnant, Vater ist Kreisbauinspektor in Bayreuth)

Sonnenburg v., Carl Joseph (aus Auerbach, 1. Klasse Gymnasium 1820/21, Vater ist Rittergutsbesitzer)

Sonnenburg v., D. R. F. Herm. (geb. 1. Oktober 1830 in Hammerschrott, 3. Klasse Gymnasium 1850, wird Concipient in Kempten, Vater ist Hammergutsbesitzer)

Stein v., Erdmann, Freiherr

Stein v., Georg Christoph (aus Kulmbach, am Gymnasium 20. November 1730, Valediktion 1735, wird Artillerieoberst, Mitglied des Roten Adlerordens, gest. 1773, Vater ist Wolf Christoph v. St., propraefectus auf Plassenburg)

Stengel v., Anton Theodor (geb. 3. Mai 1831 in Bamberg, Abitur 1849, Staatsanwaltssubstitut in Bayreuth, Vater ist Forstrat in Bayreuth)

Stengel v., Karl Josef Leopold (geb. 26. Juli 1840 in Peulendorf, Abitur 1859, Rechtspraktikant in Sonthofen, Vater ist Forstmeister in Kulmain)

Stengleinv., H. H. Ch. Melch. (geb. am 25. Oktober 1825 in Bayreuth, Abitur 1844, Vater ist Regierungspräsident)

Stettner v., Joh. Chr. (aus Bayreuth, Abitur 1834, wird Landrichter in Wißenburg a. Sand)

Suckau v., Alex. E. J. (geb. 27. April 1835 in Gotha, Abitur 1855. Vater ist Hofrat in Bayreuth)

Suckau v., M. Feodor (geb. 15. September 1841 in Coburg, 1. Klasse Gymnasium 1858, stud. jur., Vater ist Hofrat in Bayreuth)

Tanner v., Herr von Reichersdorf, (Erbherr in Nemmersdorf und Leutendorf, am Gymnasium 25. Juni 1704, Vater ist Albert Andreas v. T., kaiserl. Hauptmann, Reghiment Bayreuth)

Teuffel v. Pirkensee, Wolfgang Christoph, (am Gymnasium 23. September 1706, Vater ist Christoph Wilhelm v. T., Erbherr in Oberredwitz)

Taeuffenbach, v., Thomas (geb. 4. Januar 1940 in München, am Gymnasium 1951/52, Abitur 1960, Vater ist Forstmeister in Neustadt am Kulm)

Thüngen v., Hans Karl Moritz (aus Thüngen, Abitur 1820, wird Appell.-Gerichts-Präsident in Aschaffenburg)

Trockau v., Freiherr von Groß zu Trockau, Johannes (geb. 19. Mai 1941 in Würzburg, Abitur 1963)

Trips v., M. J. Cl. Graf (geb. 2. März 1817 in München, 1. Klasse Gymnasium 1833, Vater ist Major)

Vitorelli v., Max. Jos. Aus Wallenstein (am Gymnasium 1820"; Vater ist Kgl. Baier. Hauptmann im 13. Linien-Infanterie-Regiment)

Voelderndorff v., Franz Alexander Friedrich, Freiherr (geb. 1. Januar 1788, Valediktion 1804, imm. Halle/Jena, wird Generalprokurator in Zweibrücken, Sohn des Friedrich Wilhelm Karl v. V. (Regierungspräsident)

Voelderndorff, v. Friedrich Wilhem (geb. 25. September 1792, am Gymnasium 15. Oktober 1804, wird Offizier, Bruder des o.)

Voelderndorff v. Karl Friedrich Wilhelm (geb. 22. Oktober 1758, Lateinschule Wunsiedel, am Gymnasium Coburg 1774/75, am Gymnasium Bayreuth 1775, Valediktion 1776, imm. Erlangen/Jena 1778, wird 1781 Regierungsrat, 1795 Regierungspräsident, Vater ist Johann Martin v. V., Regimentsoberst in Wunsiedel) Regierungspräsident)

Völderndorff v., August ., (geb. am 28. Januar 1819 in Zweibrücken, Abitur 1836, privatisiert auf dem Peißenberg)

Völderndorff v., Johann Martin Freiherr (aus Allerheim/Schwaben, Lateinschule Nürnberg, am Gymnasium 30. Oktober 1732, Valediktion 1735, wird 1766 Oberstleutnant, Vater ist Johann Adam Freiherrn v. Völderndorff, eques Austriacus)

Völderndorff v., Max (geb. 20. Oktober 1820 in Zweibrücken, 2. Klasse Gymnasium 1836, Vater ist Gen.-Staats-Prok.)

Voithenberg v., Erdmute (geb. 6. Februar 1950 in Bayreuth, Abitur 1969)

Wächter v., Maximilian Pius Christ. Florentin (aus Neistadt/Aisch (am Gymnasium 1820/21, Abitur 1826, wird Advokat in Aschaffenburg, Vater ist Landrichter zu Gräfenberg)

Wächter v., Max Frdr. Chr. Eng. Heinr. (aus Neustadt/Aisch, Abitur 1829, wird 1. Bürgermeister in Nürnberg)

Waldenfels v., Christoph Karl, Freiherr (Sohn des Rudolf August Ferdinand v. W., Reg. Direktor; Valediktion 1814; wird Appellationsgerichtspräsident; gest. 1876)

Waldenfels v., Ernst August (Bruder des o. Valediktion 1813; wird Bezirksgerichtsdirektor; gest. 1871)

Waldenfels v., Rudolf August Ferdinand (Sohn des Christian Ernst Frh. V. Waldenfels, Kammerherr und Oberforstmeister Bez. Röhrenhof; Valediktion 1785, wird 1832 Appellationsgerichts-Präsident in Bamberg, Staatsrat; gest. 1855).

Waldenfels v., Ernst (aus Bayreuth, Valediktion 1813, wird Bezirksgerichtsdirektor in Bayreuth, Vater ist Appellationsgerichtsdirektor in Bamberg)

Waldenfels v., Maximilian aus Ansbach (am Gymnasium 1813/14, Vater ist Hauptmann beim 14. Regiment)

Waldenfels v., Emil E. (geb. 19. Juni 1839 in Dillingen, Abitur 1858, Vater ist Oberstleutnant in Bayreuth)
Von ihm ist ein Zeugnis vom Gymnasium in Ansbach erhalten (14. April 1855) und ein Beitrag zum sog. „Maifest", ein Aufsatz „Der Charakter Maria Stuarts gegenüber dem Charakter der Königin Elisabeth" .

Waldenfels v. A. Heinrich (geb. 29. Dezember 1834 in Landau, Abitur 1856, wird Dr. med., Vater ist Oberpostamts-Official in Bayreuth)

Waldenfels,v. K. Wilh. A. (geb. 10. Oktober 1848 in Röthenbach, Abitur 1866, Vater ist kgl. Bezirksgerichtsdirektor in Bayreuth)

Waldenfels v., Hans W. F. O. (geb. 20. November 1851 in Bayreuth, Abitur 1869, Vater ist pens. Major)

Waldenfels v., Philipp Heinrich (Lateinschule Wunsiedel, am Gymnasium 9. September 1690)

Waldenfels v., Anton (Abitur 1927)

Waldenfels v., Reiner (geb. 27. August 1908 in Bayreuth, 1. Klasse 1919/20, Abitur 1927, Vater ist Oberleutnant)

Waldenfels v., Gerda Emmy (geb. 16. September 1909 in Bayreuth, 1. Klasse 1919/20, Abitur 1928, Vater ist Oberleutnant a. D.)

Waldenfels v., Adalbert (geb. 4. April 1905, 5. Klasse 1919/20, Vater ist Oberleutnantz a. D. in Bayreuth)

Waldenfels v., Wilhelm (geb. 22. Februar 1932 in Bischofsheim/Rhön, 1. Klasse 1942/43, Abitur 1950,Vater ist Oberreg.rat, Oberforstmeister a. D. Ernst v. Waldenfels in Pegnitz)

Waldenfels v., Fritz (geb. 11. Februar 1939 in Flossenburg, Vater Oberforstmeister in Bayreuth

Waldenfels v., Franz (geb. 6. Februar 1941 in Flossenbürg, am Gymnasium 1951/52, Abitur 1960, Vater ist Oberforstmeister)

Waldenfels v., Friedrich (geb. am 30. Juni 1937 in Oberwarmensteinach, Abitur 1957)

Waldenfels v., Jobst (geb. 21. Januar 1942 in Flossenbürg, Abitur 1961)

Waldenfels v., Barbara (geb. 27. November 1948 in Bayreuth; Abitur 1968)

Walderstätten v., Walther, Wilhelm (geb. 13. Juni 1881 in Bayreuth, Abitur 1901, Vater ist Generalmajor)

Wasmer v., Leo (geb. 1. April 1835 in Hassenberg, 4. Klasse Lateinschule 1849, Vaterrt ist Gutsbesizer und Landschaftsdirektor)

Weinrich v., Ludwig (aus Aschaffenburg, 1. Klassse Gymnasium 1825)

Welser v., Freiherr, Hubert (geb. 31. Oktober 1911 in München, Abitur 1931, Vater ist Oberregierungsrat in Bayreuth)

Welser v., Freiherr, Siegmund (geb. 3. September 1910 in Deggendorf, Abitur 1929, Vater ist Oberregierungsrat in Bayreuth)

Weltz v., Felix Victor, Freiherr (geb. 1659 in Nördlingen, Valediktion 1677, imm. Altdorf 1677, gest. 1687)

Wenigel v., Johann Kaspar (geb. um 1645 in Döhlau/Mislareuth, Gymnasium Hof 1652/65, Gymnasium Bayreuth 21. August 1665, imm. Leipzig)

Westhoven v., Ernst Friedrich Phil. Karl Chr. Heinrich (geb. 17. September 1795, am Gymnasium 20. April 1807, Valediktion 1813, Vater ist Ferd. v. W., Hauptmann im preuß. Rgt. V. Zweifeln)

Westhoven v., Karl Friedrich Ernst Chr. Siegmund Ferdinand (geb. 4. September 1797, Lateinschule Bayreuth 22. April 1811, Bruder des o.)

Wiesenbach v., Adam Heinrich Ernst (geb. 19. August 1724, am Gymnasium 10. März 1737, Vater ist Heinrich v. W., eques Misnicus)

Wildenstein v., Freiherr Erbherr in Birnbaum, Strolenfels, Wilmersbach, Linden, Ernst Ludwig (am Gymnasium 6. Februar 1712)

Wildenstein v., Ferd. Ludwig (am Gymnasium 12. Februar 1712, Bruder des o.)

Woellwarth v., Konstantin Heinrich (Adelhofen; Valediktion 1803; Rittergutsbesitzer)

Wöllwarth v., Heinr. Ludwig Karl Const. (aus Polsingen, Valediktion 1803, Rittergutsbesitzer)

Wrede, Fürst v., Edmund (geb. 20. September 1919 in Bamberg, 1934/35 5. Klasse, Vater ist Rittmeister a. D. und Gutsbesitzer, Schloß Fantaisie)

Zedwitz v., Graf. Erdmann Siegmund (aus Asch; Lateinschule 7. Januar 1783)

16. Bedeutende Schüler, bekannte Namen

Albinus, Johann Heinrich (geb. 4. Januar 1671, am Gymnasium 3. Juli 1689, Valediktion 1690, Dr. Phil. 1696, Prof. der Dichtkunst und griechischen Sprache am Gymnasium (1695–1703), wird ab 1703 Nachfolger des Vaters in Wirsberg, gest. 9. März 1718, Vater ist Heinrich Albinus, Pastor in Wirsberg

Ammon v., Christoph Friedrich (1766–1850), (geb. 16. Januar 1766, Valediktion 1785, imm. Erlangen 1789, Theologe, Universitätsprofessor in Erlangen 1793, Göttingen 1807, zuletzt Oberhofprediger und Vizepräsident des Oberkonsistoriums in Dresden 1813, 1824 geadelt. Vizepräsident des Oberkonsistoriumjs 1835, gest. 21. Mai 1850, Vater ist Philipp Michael Paul A. Justizrat und preafectus in Bayreuth)
Lit: Papst, Lebens-und Charakterumrisse von Ammon, Dresden 1870

Apel, Johann (Sohn eines Bäckers; Apel lassen sich als Bäcker in Bayreuth seit 1444 nachweisen, bis 1791 sind insgesamt 14 Apel zu erfassen)

Bartholomae, Christian (geb. 21. Januar 1855 in Forstleithen, Gemeinde Limmersdorf; in der Lateinschule, Klasse 1a 1863/64, sein Übertrittszeugnis, datiert vom 30. September 1863. Es werden ihm vorzügliche Anlagen, sehr großer Fleiß und musterhaftes Betragen bestätigt. Abitur 1872, 1. Platz, er erhielt als Preis Lessings Werke in einer 11-bändigen Ausgabe; Er studiert Sprachwissenschaften in Leipzig und wird Professor der indogermanischen Sprachwissenschaft, Rektor der Universität Gießen und Heidelberg. Gest. 9. August 1925. Georg Schwarz, Christian Bartholomae …, Frankenheimat, Beilage zum Bayreuther Tagblatt, Nr. 8/August 1965

Bayerlein, Georg Christoph (Sohn eines Bäckers; er selbst erscheint 1725 und 1775 in den Zunftbüchern als Bäcker)

Bayerlein, Th. W. E. (geb. in Bayreuth am 12. Juli 1824, in der Vorklasse 1833/34, Vater ist Kaufmann)

Bayerlein, Eduard (geb. 12. Juli 1824 in Bayreuth, Abitur 1843, Vater ist Kaufmann)

Bayerlein, Christian Hugo (geb. 1. Februar 1832 in Bayreuth, 4. Klasse Lateinschule 1849, wird Brauereibesitzer in Bayreuth, (Brauerei Hugo

Bayerlein, seit 1872 „Aktien-Brauerei", Vater ist Kaufmann)

Bergfeld, Wolfgang, (geb. 4. Juli 1936 in Halle, Abitur 1954, Vater ist Theater- und Musikwissenschaftler in Bayreuth)

Bleimüller, Gerhard, Dr., geb. 25. Oktober 1948, Abitur 1968, Generalapotheker, Inspizient Wehrpharmazie der Bundeswehr

Braun, Friedrich Wilhelm (1800–1864), (Oberprimärschule 1813, 13 Jahre alt, geb. in Bayreuth, Vater ist Medicinalassessor, wiederholt auf Wunsch des Vaters diese Klasse, erscheint aber 1814 nicht im Jahresbericht, auch kein Hinweis auf seinen Weggang von der Schule. Wird Paläobotaniker und Geologe. Ehrendoktor der Universität Erlangen. Überließ seine reichhaltigen Sammlungen unter der Bezeichnung „Gaea baruthina" den Universitäten Erlangen und Athen. Lit: Weiß, G. W., Bayreuth als Stätte alter erdgeschichtlicher Entdeckungen, Bayreuth 1937. Wilhelm Müller, Als ein Bayreuther mit Goethe sprach, Der Naturforscher Friedrich W. Braun, Fränkischer Heimatbote, 1. Jg., Nr. 4/1968

Brunner, Friedrich (geb. 2. August 1735, am Gymnasium 10. Juni 1750, Valediktion 1756, Sohn des Johann Kaspar B., dieser war 1735 nach Bayreuth übergesiedelt und als „Hochfürstlich-Brandenburgischer Hofkammerrat" in die Dienste von Markgraf Friedrich getreten. Hier gründete er 1735/36 einen Verlag und gab 1736 die „Bayreuther Intelligenz-Zeitung" heraus.

Butzke, Martin, studierte an der George-Tabori-Schule in Saarbrücken, erste Erfahrungen schon als Schüler in der Theatergruppe, dann Mitwirkung an der Studiobühne Bayreuth. (vgl. NK 30. Juni 1993)

Casselmann v., Leopold (geb. 29. Juli 1858 in Fischbeck (Hessen-Nassau), Abitur 1878, Oberbürgermeister in Bayreuth 1900–1918, Vater ist Sekretär des Landwirtschaftlichen Kreiskomités

Danzer, Helmut (geb. 15. Januar 1916 in Bamberg, Abitur 1936, Vater ist Studienrat in Bayreuth). Er studiert Medizin und ist zuletzt als Internist Chefarzt an der Klinik in Kulmbach

Dilchert, Friedrich Carl (1813/14 11 Jahre, Unter-Primärschule, 1817 Ober-Progymnasium, 14 Jahre alt, erscheint im folgenden Jahr nicht mehr im Jahresbericht, aber auch kein Hinweis auf seinen Austritt, wird Bürgermeister in Bayreuth (1851–1863), gest. 1879, Vater ist Chirurg), 1816/17 wird über ihn notiert: sehr gute Anlagen, großer Fleiß, Fortschritte in der deutschen Sprache sind vorzüglich, Latein und Griechisch gut, Geschichte und Arithmetik sehr gut, Schreiben gut. Im Zeichnen macht er aus Mangel an Fleiß nur mittelmäßige Fortschritte.

Ellrod

Stammvater ist Magister Jacob Ellrod. Er wurde am 7. November 1601 in Kulmbach als Sohn des dortigen Schneidermeisters Jacob Ellrot geboren. Er studierte an der Universität Altdorf bei Nürnberg Theologie, interessierte sich aber auch für Mathematik und Astronomie. 1655 trat er in Gefrees die Stelle eines Ortspfarrers an.

1659 vollendete er den sog. „Mittelkalender", der die Abweichungen zwischen dem Gregorianischen und dem Julianischen Kalender beseitigen sollte. Für dieses Meisterwerk erhielt er von Kaiser Leopold eine goldene Gnadenkette. Am 28. Juli 1671 starb Jacob Ellrod in Gefrees.

In Gefrees ist die Jacob Ellrod Schule nach ihm benannt.

Jacob Ellrod hatte drei Söhne und zwei Töchter. Der zweite Sohn ist:

Ellrod, Johann Michael (geb. am 25. Oktober 1672 im Pfarrhaus in Gefrees, 1698–1709 Prof. der Philosophie am Gymnasium) (weiteres siehe im Text unter Professoren). Er hatte mit seiner Frau Magdalena Rosine, Tochter des Stallmeisters Johann Georg Ortt, fünf Kinder. Die drei Söhne brachten es zu hohen Ehren, während von den zwei Töchtern kaum etwas aufgezeichnet ist.

Ellrod, Wolfgang Friedrich (Ältester Sohn des Johann Michael E., geb. am 22. Juli 1704 in Bayreuth. Er besuchte 1715 die Lateinschule und verabschiedete sich vom Gymnasium 1722. An der Universität Altdorf studierte er ab 1723 die Rechte. Er wurde 1752 Regierungsrat, 1763 Geheimer Regierungsrat, 1764 Konsistorialvizepräsident und schließlich am 29. Oktober 1762 in den Adelsstand erhoben. Er hatte vier Söhne, deren Söhne meist preußische Offiziere wurden. Diese geadelte Linie ist wohl ausgestorben. Wolfgang Friedrich verstarb am 2. April 1765

Ellrod, Philipp Andreas (Zweitältester Sohn des Johann Michael E., geb. am 4. August 1707 in Bayreuth. Er absolvierte das Gymnasium im Jahr 1720. In Jena studierte er die Rechte. Markgraf

Georg Friedrich Karl (1726–1735) berief ihn zum Pagenhofmeister. Markgraf Friedrich ernannte ihn zum Geheimen Sekretär. Er stieg zum 1. Geheimen Kabinetts- und Ratssekretär auf. 1742 wurde er Regierungsrat und war Gesandter auf dem Reichstag zu Schweinfurt. Er kaufte 1745 das Schloss Lausnitz und war durch seine Mutter bereits Mitbesitzer des Rittergutes Neudrossenfeld. Seine Wohnung befand sich in Bayreuth, Friedrichstraße 7–9. 1750 wurde er in den Adelsstand erhoben und schrieb seitdem seinen Namen Ellrodt. Er erhielt die Oberämter Pegnitz und Schnabelwaid, war 1752 bei der Erneuerung der hohenzollerischen Hausverträge beteiligt und wurde in der Folge immer einflussreicher. 1753 bis 1763 war er tatsächlicher Herrscher des Landes. 1755 erhielt er den „Roten Adlerorden". 1759 wurde er vom Kaiser in den Freiherrenstand (Freiherr auf Neudrossenfeld) und posthum nach seinem Tod am 26. Februar 1763 zum Reichsgrafen erhoben.)

Lit: Riedelbauch, M., Der Aufstieg, das Wirken und der Niedergang des Reichsgrafen von Ellrodt, AO 39, 1959

Ellrod, Germann August (jüngster Sohn des Johann Michael E.; geb. am 22. September 1709 in Bayreuth. Seine Lehrer am Gymnasium waren Hagen, Dieterich und Arnold. Ab 1727 studierte er an der Universität Jena. Markgraf Georg Friedrich Karl holte ihn nach Bayreuth und ernannte ihn 1731, im Alter von 22 Jahren zum Professor der Beredsamkeit, Dichtkunst und Physik 1736 wurde er Erzieher der Prinzessin Elisabeth Friedrike Sophie, 1737 Konsistorialassessor, 1740 Konsistorialrat und 1742 Professor der Beredsamkeit, der Dichtkunst und Theologie an der Friedrichsakademie in Bayreuth. Als diese 1743 nach Erlangen verlegt wurde, ernannte ihn der Markgraf zum ersten Professor der Theologie, zum Superintendenten und zum Scholarchen der Gymnasien Bayreuth und Erlangen. Er las dort auch über Kirchengeschichte, Moral, theologische Encyklopädie, Dogmatik, Apologetik, Polemik und Symbolik, Poesie und Beredsamkeit. 1748 wurde er Generalsuperintendent für das ganze Fürstentum und 1758 Direktor des Gymnasiums. Sein Gehalt betrug am Schluss jährlich 200 fl. Germann August Ellrod verstarb im Alter von 50 Jahren am 5. Juli 1760).

Ellrod, Johann Georg (Sohn des Philipp Andreas E., am Gymnasium 1703, später Pfarrer in Gefrees)

Ellrod, Johann Matthäus Franz (An der Lateinschule 1724. Er studiert ab 1732 an der Universität Altdorf, wird 1740 Kantor in Frauenaurach und später Pfarrer)

Ellrod, Wilhelm Heinrich (An der Lateinschule 1737, studiert an der Universität Erlangen und wird Pfarrer in Gesees)

Ellrod, Christian Philipp August (Sohn des German August Ellrod, geb. am 22. August 1737 in Bayreuth. Im Gymnasium 1748. Er unternahm Reisen nach Holland und Frankreich und war Hofrat)

Ellrod, Friedrich Adam (Sohn des Germann August Ellrod, geb. am 14. Dezember 1735. An der Lateinschule 1743, Valediktion 1754. Er studiert in Erlangen, Leyden und Utrecht, promoviert 1758 und wird Hofdiakon und Konrektor in Bayreuth, 1759 Professor am Gymnasium, 1760 Hofprediger und 1771 Superintendent. Er stirbt am 17. November 1780)

Ellrod, Friedrich (Sohn des Adam Jakob Ellrod. Er ist 1734 an der Lateinschule und wird später Lehrer in Münchaurach, dann Kantor in Emskirchen)

Ellrod, Johann Adam (Sohn des Wolfgang Friedrich Ellrod; am Gymnasium 1745, Valediktion 1750. Er wird Regierungssekretär in Bayreuth und stirbt am 15. Oktober 1756)

Ellrod, Johann David (Sohn des Johann Heinrich Ellrod, Pfarrer in Mengersdorf. Er ist geboren am 30. Dezember 1699, kommt 1713 ans Gymnasium und geht nach der Valediktion 1718 an die Universitäten Jena und Altdorf. 1727 wird er als Professor an das Gymnasium in Bayreuth berufen, ist später Superintendent in Wunsiedel und stirbt am 25. Juni 1757)

Ellrod, Carl Wilhelm Christoph (aus Creußen, einziger Sohn des verstorbenen Johann Andreas Ellrodt, Diacon. Er wird 1794 im Gymnasium aufgenommen, Abitur 1800, wird Pfarrer in Gefrees, Dekan in Berneck, von ihm ist ein Zeugnis erhalten.

Ellrodt, Chr. Karl Anton Heinrich (aus Berg, Abitur 1829, 20 Jahre alt, wird Lehrer der Mathematik an der Gewerbschule Bayreuth)

Ellrodt, Christian Friedrich (geb. 1.2,1820 in Goldkronach, Abitur 1838, wird Pfarrer in Fürnheim, Dekan in Wassertrüdingen, Vater ist Pfarrer)

Ellwanger, Wolfgang (geb. 18. August 1942 in Bayreuth, 1953/54 Klasse 1a, 1958/59 Klasse 5a, wird Druckereibesitzer und Herausgeber des „Bayreuther Tagblatt" (nach Fusion mit der Fränkischen Presse 1968 mit Dr. Laurent Fischer Herausgeber des Nordbayerischen Kurier)

Engelmann, Jos. (geb. 30. Dezember 1820 in Floß, Abitur 1839, wird Dr.med. Direktor der Irrenanstalt in St. Georgen und erster Direktor der am 16. Mai 1870 eröffneten neuen „Kreisirrenanstalt". Ein großes Verdienst von ihm war die Abschaffung der Zwangsjacke und u.a. die Einführung einer Arbeits- und Beschäftigungstherapie, Vater ist Kaufmann)

Färber, Peter, (geb. 16. Oktober 1922 in Mistelbach, 1934/35 1. Klasse, 1940/41 7. Klasse, Abitur nach der 7. Klasse 1942/neu ausgestellt 1948. Vater ist Erbhofbauer in Mistelbach.

Falco, Friedrich Christian Ernst (geb. am 20. März 1794 in Bindlach. Er besuchte die Schulen in Bayreuth, Amberg und Erlangen, studierte in Würzburg, promovierte mit vorzüglichem Prädikat 1818 und praktizierte zunächst unter v. Hirsch und v. Schallern. Er erweiterte seine Kenntnisse an Kliniken in Göttingen und Jena. Am 1. Oktober 1862 eröffnete er die Heilanstalt „Asyl St. Gilgenberg" in der Nähe des Schlosses Fantaisie in Donndorf. Zu seinen Patienten zählte auch der Schriftsteller Dr. Karl Gutzkow (1811–1878), der 1865 als geheilt entlassen wurde. Die Klinik wurde um 1908/09 vermutlich aus finanziellen Gründen geschlossen.

Falco, Ludwig August (geb. 17. Mai 1830 in Bayreuth, Abitur 1849, wird Leiter der Privatheilanstalt St. Gilgenberg bei Bayreuth, Vater ist Friedrich Christian Ernst F.)

Feustel v., Friedrich. (geb. 17. Januar 1824 in Tegernsee, in der Vorklasse 1833/34, 2. Klasse Lateinschule 1835/36, ist im Jahresbericht gestrichen, Vater ist Oeconomie-Verwalter)
(Zu Feustel vgl. Manfred Eger, Friedrich von Feustel, Wagners Wegbereiter in Bayreuth, Bayreuth 1985; R. Trübsbach, Geschichte der Stadt Bayreuth, a.a.O., S. 183, 184, 187, 188, 196, 199, 206, 210, 211, 237, 244)

Fikenscher, Georg Wolfgang Augustin (Sohn des Johann Thomas Fikenscher (Konsistorialrat und Archidiakon), an der Lateinschule 1785, Professor am Gymnasium 1803–1813; ihm wird im Zeugnis attestiert: sehr fähig, höflich, mustermäßig, sehr gute Fähigkeiten, besonders in Orientalibus.

Fikenscher, Christoph Wilhelm (Sohn des Johann Fikenscher, Professor am Gymnasium; geb. 4. März 1699, gest. 7. Mai 1733; an der Lateinschule 1710; wird Registrator)

Fikenscher, Georg Erdmann (Bruder des Christoph Wilhelm; an der Lateinschule 1710; geb. 24. Januar 1705, begraben 19. März 1744; wird Sekretär)

Fikenscher, Georg aus Redwitz (am Gymnasium 1812/13, Abitur 1815, 17 ½ Jahre alt, Vater ist Bürgermeister und Chemiker)

Fischer, Laurent, Dr. (geb. am 8. August 1948 in Bayreuth; Abitur 1968; Sohn von Walter Fischer. Dieser war Begründer des „Druckhaus Bayreuth" und der „Fränkischen Presse"; Dr. Laurent Fischer ist heute Inhaber des „Druckhaus Bayreuth", das 1969 einen Neubau an der Theodor-Schmidt-Straße bezog, wirkte als Verleger und ist nach der Fusion zwischen „Bayreuther Tagblatt" und „Fränkischer Presse" im Jahr 1968 zum „Nordbayerischen Kurier" dessen Mitherausgeber.

Flessa, Johann Adam (1694–1775) (geb. 24. Dezember 1694, in Bayreuth, Valediktion 1713, Prof. am Gymnasium 1723–1741, Direktor des akademischen Gymnasiums in Altona und Generalsuperintendent in Oldenburg, Vater ist Johann F., Müller in Goldmühle/Goldkronach)

Flessa, Johann Christoph (geb. 30. Mai 1729 in Bayreuth, Valediktion 1749, sein Vater ist Johann Adam F.)

Friedmann, Armin (geb. 29. Februar 1944 in Bayreuth, 1954/55 in Klasse 1b, Vater ist Zahnarzt, Mitglied des Stadtrats, wird selbst Zahnarzt.

Füssel, Johann Michael (1753–1824) (geb. 26. November 1753 in Thiersheim, am Gymnasium 12. April 1765, Hofmeister in Lausanne, 1786 Pfarrer in Gefrees, Reiseschriftsteller, u.a. „Tagrbuch oder Erfahrungen eines Hofmeisters und seiner Zöglinge auf einer Reise durch einen großen Teil des Fränkischen Kreises nach Carlsbad und durch Bayern und Passau nach Linz", Erlangen 1791. gest. 16. November 1824)

Lit: Kröll, Joachim, Johann Michael Füssels „Tagebuch …", in: Frankenheimat, Beilage zum Bayreuther Tagblatt, Nr. 1/1962.

Funk, Dieter (geb. 16. Dezember 1944 in Bayreuth, 1955/56 in Klasse 1b, Abitur 1965; wird Direktor des Markgräfin -Wilhelmine-Gymnasiums

Gebhardt, Heinrich Christian Friedrich (1798–1868) (aus Hof, Abitur 1815, wird Studienrektor in Hof, Abgeordneter in der Paulskirche, Vater ist Diakon)

Gondrom, Volker (geb. 5. Mai 1942 in Bayreuth, Abitur 1962)

Gräfenhahn, Johann Heinrich (Sohn des Johann Heinrich G.,)

Gräfenhahn, Wolfgang Ludwig (Bruder des Johann Heinrich G., geb. 12. April 1718, gest. 5. Mai 1767; wird Professor am Gymnasium; vgl. o. Professoren)

Grau, Wilhelm (geb. 19. Mai 1846 in Bayreuth, 4. Klasse Lateinschule 1860, wird Buchhändler, Vater ist Buchhändler)

Gravina, Hans Amadeus (geb. 23. Oktober 1920 in Blasewitz, 1. Klasse 1932/33, Vater ist Hofkapellmeister in Meran)

Gummi, Eduard H. A. aus Weidenberg (geb. 29. April 1839, Abitur 1856, Vater ist Apotheker in Bayreuth)

Gummi, E. G. Friedrich (geb. in Kulmbach am 21. Mai 1821, Abitur 1841, Vater ist Bäckermeister)

Gummi, Fr. K. (geb. in Kulmbach am 7. Juli 1815, Abitur 1837, Vater ist Bäckermeister in Kulmbach)

Gummi, Otto (gerb. 6. Januar 1881 in Bayreuth, 1. Klasse Lat. Schule 1891/92, Vater Staatsanwalt)

Gummi, Adolf (geb. 6. August 1871 in Bayreuth, Vater Staatsanwalt, Abitur 1892)

Gummi, Rudolf (geb. 27. Juli 1871 in Bayreuth, Vater Krankenhausarzt, Abitur 1892)

Gummi, Theodor, (geb. 8. November 1875 in Hof, Abitur 1895, Vater ist Staatsanwalt in Bayreuth)

Gummi, E. H. (1828/29 2. Klasse, 16 ¾ Jahre, aus Kulmbach)

Gummi, Eduard (geb. 27. Februar 1868 in Bayreuth, Abitur 1887, Vater ist praktischer und Krankenhausarzt)

Hagen v. Erhard Christian (1786–1867) (Valediktion 1804; erster rechtskundiger Bürgermeister Bayreuths (1818–1848), Landtagsabgeordneter; 1837 geadelt)

Hagen, Friedrich Wilhelm (geb. 31. März 1767 in Mistelbach, an der Lateinschule 1783; Studium in Erlangen, Magister 1795, Professor am Gymnasium 1799–1802, dann Diakon in Selb, 1809 Pfarrer in Dottenheim und in Windsbach (1816); gest. am 27. April 1837)

Hagen, Joachim Heinrich (1648–1693) (geb. 10. November 1648 in Bayreuth, an der Lateinschule 27. Juli 1664, 1669 öffentliche Dichterkrönung und Valediktion, 1669/72 Universität Jena, Dr.phil., Hauslehrer der Prinzen Christian Heinrich, Karl August und Geoprg Albert, 1673 Prof. der Dichtkunst und Mathematik am Gymnasium in Bayreuth (1673–1693), 1688 Diakon an der Stadtkirche, 1690 Hospitalprediger. Sein Vater ist Bäckermeister Friedrich Hagen)

Hartung, Johann Adam (geb. 25. Januar 1801 in Berneck; Abitur 1820, Studium der Altphilologie in Erlangen, ging dann nach München und hörte dort Prof. Thiersch. 1824 ging er als Professor an das Erlanger Gymnasium bis 1837. Er war dann Rektor am Gymnasium in Schleusingen und Erfurt. Er verstarb am 20. September 1867. Er war Herausgeber verschiedener lateinischer Übungsstücke, schrieb ein Buch über die „Lehre von den Partikeln der griechischen Sprache", veröffentlichte das erste grundlegende Werk über „Die Religion der Römer", schrieb eine griechische Schulgrammatik und einen Kommentar zu Goethes „Faust".
Lit: Werner Gerth, Johann Adam Hartung, Ein berühmter Schüler des Christian-Ernestinum, Heimatbote, 15. Jg. Nr. 5/1964.

Hartwig, Georg Friedr., geb. in Bayreuth, Abitur 1839, wird Fürstl. Thurn-und Taxis'scher General- Postdirections-Revisor im Frankfurt.

Hausser, Philipp,Dr. (geb. 17. Dezember 1918 in Bayreuth, 1. Klasse 1929/30, Abitur 1937, Vater ist Zahnarzt)
Dr. Philipp Hausser machte sich verdient um die Gründung des Jean-Paul-Museums in Bayreuth, er veröffentlichte u.a.: Jean Paul und Bayreuth, Schriftenreihe Jean-Paul-Museum Bayreuth, Nr. 2.

2. ergänzte Auflage Bayreuth 1969; Neuauflage Bayreuth 1990

Heerwagen, Christoph Wilhelm Christian, (ältester Sohn des Pfarrers Valentin Ambrosius Heerwagen zu Kirchahorn; geb. 23. Februar 1724, gest. am 30. September 1795; 1735 Eintritt in das Seminarium in Bayreuth, Besuch des Gymnasiums, 1742 Student an der Friederichs-Akademie, anschließend Studium in Erlangen. 1749 besteht er die Prüfung im Predigtamt in Bayreuth, ist dann aber 6 Jahre Privatlehrer. Am 28. Mai 1755 wird er Conrector und am 23. Februar 1763 Rector am Kulmbacher Lyceum)

Heerwagen, Heinrich Wilhelm (1811–1888) (geb. in Bayreuth, Valediktion 1828, wird Studienrektor am Melanchthon-Gymnasium in Nürnberg, einer der Wortführer des Neuhumanismus in Bayern.
Lit: Steriger H., Das Melanchthongymnasium in Nürnberg, München 1926.

Herz, Jakob (1816–1871 (Chirurg, Universitätsprofessor in Erlangen, erster jüdischer Ordinarius in Bayern, Näheres vgl. Kapitel über die jüdischen Schüler des Gymnasiums)

Heuberger, Julius (geb. 26. Juni 1826 in Bayreuth, Sohn eines Nadlermeisters, besucht 1840 die unterste Klasse der lateinischen Schule, Zeugnis von Dr. Held unterzeichnet ist erhalten, Heuberger ist dann freiwillig ausgetreten. Julius Heuberger wird Hoflieferant und richtet 1885 die erste Telefonanalge in Bayreuth ein vom Feuerwachlokal zum Stadtturm, zum Rathaus und nach St. Georgen)

Holle, Johann Wilhelm (geb. 3. Dezember 1802 in Bayreuth, Abitur 1819, Studium in München bei Friedrich Thiersch, 1820 Studium an der Universität Erlangen, 1823 in Bayreuth Lehramtsassistent, 1825 Ernennung zum Studienlehrer, am Gymnasium tätig bis 1858, gest. 16. September 1862 in Bayreuth. Sein Vater ist Obermautamts-Officiant).
Holle war viele Jahre Sekretär des Vereins für Geschichte und Altertumskunde Oberfrankens, hervorgetreten durch beachtenswerte Beiträge zur Frage der slawischen Besiedlung. Bekannt vor allem durch sein 1833 erschienenes Werk „Alte Geschichte der Stadt Bayreuth …".
Lit: Helmut Schaller, Der Bayreuther Historiker Johann Wilhelm Holle und seine slawenkundlichen Schriften, AO 75,1995, S. 359–384; E. C. von Hagen, Nachruf in:Archiv für Geschichte und Altertumskunde von Oberfranken 9, 1864, H.2, S. 180–182.

Hutschenreuther, Fr. (geb. in Hohenberg am 19. September 1822, an der lateinischen Schule 1836/37, 1. Klasse, Vater ist Porzellan-Fabrikant in Hohenberg)

Hutzelmeyer, Heinz (geb. 5. März 1927 in Presseck, Vater ist Rentner in Bayreuth, 1. Klasse 1938/39), 1939/40 in der 2. Klasse, 1945/46 8. Klasse, Abitur; wird Direktor des Gymnasiums 1970–1991)

Käfferlein, Johann Eberhard (1807–1888) (Abitur 1825, wird Notar, 1848 Abgeordneter in der Paulskirche, Vater ist Schneidermeister)

Kämpf, Georg (Vgl. Würdigung im Textteil)

Kapp, Erhard Friedrich aus Bayreuth (Sohn des D. Johann Kapp (Kgl. Konsistorialrat und Professor der Theologie und Geschichte am Gymnasium Bayreuth1778–1799), an der Lateinschule 1793, Valediktion 1804, Studium in Halle und Erlangen, wird Appellations-Gerichts-Advokat; geb. am 18. März 1788, gest. am 13. Dezember 1813).

Kapp, Georg Friedrich Wilhelm (Bruder des Erhard Friedrich; geb. am 20. Februar 1794, an der Lateinschule 1804, Valediktion 1811, Studium in Erlangen. Er wird Konsistorialrat in Bayreuth und Oberkonsistorialrat in München)

Kapp, Johann Georg Christian (Bruder der oben genannten; geb. am 18. März 1798; jüngster Sohn aus zweiter Ehe des D. Johann Kapp, Lateinschule 1810, Valediktion 1815. Er wird Universitätsprofessor in Heidelberg)

Kesselring, Albert (1885–1960) (geb. 30. November 1885 in Marktsteft, Abitur 1904, Generalfeldmarschall 1941, Oberbefehlshaber Süd, 1945 Oberbefehlshaber West, Vater ist städtischer Schulrat; Zeugnis/Notenbogen vorhanden)

Kesselring, Georg (geb. 16. Februar 1884 in Marktsteft, Abitur 1903, Vater ist städtischer Schulrat) (Bruder des Albert K.)

Kesselring, Guido (geb. 20. November 1878 in Bayreuth, Abitur 1896)

Klitzsch, Rainer,Dr. (geb. 27. Januar 1942 in Bayreuth, 1952/53 in Klasse 1a, Abitur wird Arzt, Vater ist Augenarzt)

Klöter (Clöter, Cloeter), Leon Julius Flamin (aus Schwarzenbach/Saale; geb. am 22. November 1791; 1806 am Gymnasium; zunächst Gymnasialprofessor am Gymnasium in Hof; Professor am Gymnasium in Bayreuth 1821–1848; er bemühte sich vor allem um die Wiedereinführung des Turnunterrichts; er war ein Bruder des Heinrich Friedrich Florian Clöter, dem Erlanger Burschenschaftler aus Karl Ludwig Sands engstem Freundeskreis. Weitere Brüder besuchten das Gymnasium in Bayreuth. Flamin Clöter verstarb 1848)

Kölle, Georg Karl Chr. Eduard, Bayreuth, Abitur 1832, wird K. Württembergischer Hofrath und k .b. Bezirksarzt in Bayreuth

König, Johann Sebastian (geb. am 24. März 1741 als Sohn des Hoftanzmeisters und Kammermusikers Caspar König. In den 1750er Jahren durchlief er Lateinschule und Gymnasium in Bayreuth. Er studierte ab 1759 an der Friedrichsakademie in Erlangen und trat 1760 hier auch der „Deutschen Gesellschaft" bei. 1762 wurde er „Regierungsregistrators-Accessionarius". Sein Jahresgehalt betrug 1765 ganze 28 Gulden und 39 Kreuzer. Johann Sebastian König verstarb am 10. März 1805. Von großer Bedeutung sind seine Manuskriptbände mit Darstellungen zur Geschichte des Fürstentums, zur Geschichte der Stadt Bayreuth und Beschreibungen der Straßen und Häuser)

König, Johann Friedrich (geb. am 23, September 1770 als Sohn des Johann Sebastian König, Justizrat und Registrator), an der Lateinschule 1783, Valediktion 1790, Studium in Erlangen. Er wird 1798 Justizkommissar)

Köppel (Koeppel), Johann Gottfried, (Sohn des Johann Thomas Köppel (1711–1762, Hofschreibmeister, Zeichner und Kupferstecher, geb. am 24. März 1748, 1756/62 an der Malerakademie in Bayreuth, später Zeichen- und Schreibmeister; Kanzleiinspektor; gest. 19. August 1798)

Kolb, Carl (1856–1896), (geb. 12. Juli 1824 in Coburg, 3. Klasse Lateinschule 1839, wird Direktor der Mechanischen Baumwollspinnerei, Vater ist Sophian Kolb, Fabrikbesitzer)

Kolb, Richard (geb. 17. Juni 1858 in Bayreuth, Abitur 1877, Vater ist Direktor der Baumwollspinnerei)

Krauseneck, Johann Christoph (Sohn des Johann Christoph Krauseneck, Pfarrer in Zell, am Gymnasium 1753, Valediktion 1756, 1792 Kammersekretär, gest. 1799; von ihm wurden Gedichte gedruckt bei Johann Andreas Lübeck, Bayreuth 1776. Vgl. dazu Alf Mintzel, Bayreuther und Hofer Kleinverleger des 18. Jahrhunderts und ihre Verlagswerke, AO, 66, 1986, S. 158, 165)

Krip(p)ner, Johann Sigmund (Sohn des Samuel Krippner, Pfarrer in Selb; am Gymnasium 1728; Geb. am 10. Juni 1710, gest. am 7. Februar 1750; Valediction 1730; Konrektor am Gymnasium Bayreuth; Universitätsprofessor in Erlangen)

Kretschmann v., Theodor Conrad (1762–1820) (geb. 8. November 1762, Valediktion 1780, imm. Erlangen 1795, Kriegsrat in Bayreuth, Herzoglich Sachsen-Coburg-Saalfeldischer Geheimer dirigierender Landesminister)

Kreutzer, Rainhard (geb. 10. Mai 1949 in Bayreuth, Abitur 1969, wird Direktor des Gymnasium Christian-Ernestinum)

Küffner, Lorenz (geb. 15. Januar 1854 in Creußen, Abitur 1875, Vater ist Bäckermeister (verst.)) Die Bäckerei besteht seit vielen Generationen. Vgl. R. Trübsbach, Das Bäckerhandwerk Bayreuth Stadt und Land …, Bayreuth 2006, S. 86ff.)

Künneth, Johann Theodor, (geb. 22. September 1735 in Creußen, Lateinschule in Creußen und Bayreuth 31. März 1751.
Sohn des Johann Lorenz Künneth aus Creußen (Stadthauptmann, Ratsbürger und Bäcker); gest. am 22. August 1800; er studierte in Erlangen und avancierte dort 1757 zum Magister. Besonders interessierte er sich für Geschichte, vor allem die der Stadt Creußen. Eine Besonderheit stellt sein Eremitenhäuschen in Creußen dar. Johann Theodor Künneth war von 1781–1800 Superintendent.
Lit. Joachim Kröll, Johann Theodor Künneth, AO 66, 1986, 191–214)

Laporte, de, Hans (geb. 27. August 1912 in Eger, Abitur 1931, Vater ist Kommerzienrat in Bayreuth)

Layriz, Johann Georg, (1647–1716) (geb. 15. Juli 1647 in Hof, am Gymnasium 25. November 1664, Valediktion am Gymnasium Bayreuth 1667, Studium der Theologie in Jena, 1671 Dr. phil., Hauslehrer bei v. Lilien, 1673 Prof. für Geschichte am Gymnasium Bayreuth, fürstlicher

Bibliothekar, Hauslehrer des Prinzen Erdmann Philipp und Georg Albert, 1688 Superintendent in Neustadt/Aisch, 1698 Generalsuperintendent und Direktor des Gymnasiums in Weimar, Vater ist Klosteramtsschreiber Johann L.)

Layritz, Johann Christoph (geb. 17. Februar 1654, Valediktion am Gymnasium Bayreuth 1677, Studium der Theologie in Jena 1677/80, Dr. phil., 1686 Rektor in Hof, 1690 Pfarrer in Selb, 1704 Superintendent in Wunsiedel, gest. 1731, Bruder des Johann Georg L.)

Leutzsch, Martin, (geb. am 5. März 1956 in Hummeltal, Abitur 1975. Professor. Inhaber des Lehrstuhls für für Biblische Exegese und Theologie im Fach Evangelische Theologie an der Universität Paderborn)

Lobe, Joachim (geb. 14. August 1937 in Ratibor, am Gymnasium bis 1954/55, 7. Klasse. Abitur am Jean-Paul-Gymnasium Hof. Lehrer am Gymnasium Christian-Ernestinum mit den Fächern Deutsch, Geschichte, Erdkunde. Schriftsteller/Dichter. Vgl. Würdigung im Textteil)

Mann, Johann Wilhelm aus Bayreuth (am Gymnasium 1813/14, Vater ist Bäcker und gehört zur „Bäckerdynastie der Mann", die seit 1444 nachweisbar ist. Bis kurz nach dem I. Weltkrieg war immer ein Mann Bäcker und Brauer. Viele weitere Schüler aus der Familie der Mann besuchten die Lateinschule, z.T. auch das Gymnasium.
Vgl. R. Trübsbach, Geschichte des Bäckerhandwerks Bayreuth Stadt und Land – vom Spätmittelalter bis zur Gegenwart, Bayreuth 1984)

Marx, Hilde (geb. 1. November 1911 in Bayreuth, 4. Klasse Gymnasium 1925/26, Jean-Paul-Preis der Stadt Bayreuth 1929, Abitur 1931, als jüdische Lyrikerin und Journalistin in Berlin 1931–1937. Exil in der Tschechoslowakei 1938. Emigration in die USA 1838–1945. Besuch in Bayreuth 1986. Gest. in New York im Alter von 74 Jahren am 4. Oktober 1986. Tochter von Adolf Marx, Geschäftsführer)

Mayer, Bernd (geb. 10. März 1942 in Berlin, 1952/53 in Klasse 1a, Abitur 1962, Vater Verwaltungsrichter in Bayreuth, Bernd Mayer war Journalist, Stadtrat, Bürgermeister, Stadthistoriker, vgl. Würdigung im Textteil)

Meinel, Johann Heinrich, (geb. am 6. November 1708 als Sohn des Kauf- und Handelsherrn Johann Ernst Meinel, 1811 trat er in die Mittelklasse des Gymnasiums ein, machte 1812 sein Abitur, wurde Kaufmann. Meinel kam in ganz Europa herum und wurde auch Konsul und erlebte die aufregenden Revolutionsjahre 1848 in Havre mit. Er hinterließ eine Biographie (Artur Wirth, Konsul Johann Heinrich Meinel (1798–1852), Als fränkischer Kaufmann der Biedermeierzeit in Frankreich, AO, 50, 1970, S. 367–385)

Merz, Georg (1892–1959) (Theologe, 1. Rektor der Augustana-Hochschule Neuendettelaus.
Lit: G. Merz, Wege und Wandlungen, München 1961. Vgl. auch Frankenheimat, Beilage zum Bayreuther Tagblatt, Nr. 2/Februar 1962)

Meyer, Fritz (1898–1980) (Abitur am Gymnasium 1916, 1921 bei der Deutschnationalen Partei. Im Dritten Reich führender Strafverteidiger in Bayreuth, verteidigt Laporte, den Direktor der BELG, wegen Unterschlagungen 1924, kümmert sich um die Ausbürgerung der Familie Warburg 1937, nach dem Krieg 1947 Strafverteidiger von Winifred Wagner im Spruchkammerprozess, Begründer der „Überparteilichen Freien Wählergruppe", (seit 1960 „Bayreuther Gemeinschaft"), scheidet 1972 aus dem Stadtrat aus)

Meyern v., Adam Anton (1700–1774) (am Gymnasium Hof, Valediktion in Bayreuth 1719, Gesandter in Wien, geadelt 1742, Kammerrat in Bayreuth, Kurator, Kanzler und Direktor der Universität Erlangen und der Gymnasien in Erlangen und Bayreuth, Vater ist Johann Anton M., Postmeister in Bayreuth)

Meyern v., Johann Gottlob (1719–1788) (am Gymnasium 10. April 1733, Valediktion 1738, kaiserlicher Postmeister in Bayreuth, 1763 Landdrost in Holzminden, Verfasser der „Nachrichten von der politischen und ökonomischen Verfassung des Fürstenthums Bayreuth", Gotha 1780, Bruder des Adam Anton M.)

Meyer, Johann Heinrich (geb. 28. November 1689, Valediktion 1707, Halle, Leipzig, 1713 beim Friedenskongress Utrecht, bereist Holland, England, Ritterschaftskonsulent, markgräflicher Gesandter, geadelt, gest. 10. Mai 1775, Bruder des Joh. Gottlob M.)

Miedel, Johann Friedrich Hermann (Abitur 1820; wird Privatier, Vater ist Kammerrat)
(Vgl. Miedelpark, an der Dürschnitz)

Morg, Johann Sebastian (geb. 16. Mai 1765, Valediktion 1765, Studium in Halle und Erlangen 1766, wird 1778 Oberländischer Landsyndikus)

Morg, Johann (Abitur 1818, Vater ist Metzgermeister)

Morg, Friedrich (geb. 31. Mai 1867 in Bayreuth, Abitur 1887, Vater ist Metzgermeister)

(viele weitere Morg aus den beiden Hauptlinien besuchten das Gymnasium)

Morgenstern, Günter (geb. 21. November 1929 in Bayreuth, 1. Klasse 1940/41, Vater ist praktischer Arzt)

Muncker v., Theodor (geb. 29. Mai 1823, Abitur 1843, wird rechtskundiger Bürgermeister in Bayreuth (1863–1900), Vater ist Kreiskassediener.
Lit: Bernd Mayer, Richard Wagner machte ihn unsterblich. Zum 100. Todestag von Theodor Muncker/Bayreuths bedeutendstes Stadtoberhaupt, Heimat-Kurier, 33. Jg., Nr. 1/2000, S. 4/5)

Muncker, H. Franz E. (1855–1926) (geb. 4. Dezember 1855 in Bayreuth, Abitur 1873, Literaturhistoriker, Universitätsprofessor in München, Mitbegründer der Jean-Paul-Gesellschaft, Vater ist Theodor Muncker, Bürgermeister in Bayreuth)

Muncker, Otto (geb. 2. August 1870 in Bayreuth, Abitur 1888, Vater ist rechtskundiger Bürgermeister)

Nägelsbach v., Karl Friedrich (1806–1859), (aus Wöhrd bei Nürnberg, am Gymnasium ab 1813, Abitur 1822, wird Prof. der Theologie in Erlangen, Verfasser der „Homerischen Theologie" und der „Lateinischen Stilistik", verstorben 21. April 1859, Schon als Knabe war er voll Eifer und Lernbegier und schrieb sich als Gymnasiast einen Kommentar zu den Homerischen Gedichten)

Nägelsbach, Dr., Friedrich, (geb. 7. Januar 1855 in Unterleinleiter, Eintritt in Lateinschule 1864, 4. Klasse Lateinschule 1868/69, Abitur 1873, 2. Platz, erhält als Preis Goethes Werke, Taschenausgabe 9.–18. Band, Vater ist Pfarrer in Bayreuth, sein Vetter und Lehrer war Karl Nägelsbach (Prof. 1861–1905))
Lit: F. Nägelsbach, In Bayreuth vor sechzig Jahren, Bayreuth 1925.

Netzsch, W. (1810–1836) (geb. 29. Dezember 1810 in Selb, Abitur am Gymnasium Bayreuth 1829, 18 ¾ Jahre alt, war zwar nicht am Wachensturm 3. April 1833 beteiligt, wurde aber wegen „geistiger Komplizenschaft" verhaftet und nach München gebracht., verst. 25. Mai 1836 im Krankenhaus in München, Vater ist Maurermeister und Mitglied des äußeren Rates Wolfgang Netzsch.
Lit: Albrecht Bald, Ein radikaler Burschenschaftler aus Oberfranken: Der Selber Student Wolfgang Netzsch (1810–1836) und der Frankfurter Wachensturm von 1833, AO 85, 2005, S. 241–252)

Oetter, Samuel Wilhelm (1720–1792) (geb. 25. Dezember 1720, Lateinschule 2. Januar 1736, imm. Erlangen 1743, 1744 Konrektor in Erlangen, namhafter fränkischer Geschichtsschreiber, Mitglied vieler gelehrter Gesellschaften, gest. 7. Januar 1792, Vater ist Joh. Heinrich O., Ratsherr und Metzger in Goldkronach.
Lit: G. Pfeiffer, G. Samuel Wilhzelm Oetter, in: Jahrbuch für fränkische Landesforschung, Bd. 21, Festschrift für Ernst Schwarz, II, 1961)

Ott, Phil. Dan. Theod., (geb. in Bayreuth am 11. Oktober 1831, 4. Klasse in der lateinischen Schule 1847/48, wandert nach den USA aus, begründet 1919 die „Ott'sche Stiftung",Vater ist Bäckermeister) (Vgl. Kapitel „Stiftungen und Stipendien".
Lit: R. Trübsbach, Aus dem Schularchiv, Stiftungen und Stipendien des GCE, JB 2004/05, S. 16–19)

Pertsch, Johann Georg (1651–1718) (aus Wunsiedel, kaiserlich gekrönter Dichter, Mitglied des Pegnesischen Blumenordens, Superintendent in Gera)

Petzschner, Philipp (geb. 24. März 1984 in Bayreuth. Er besuchte das Gymnasium von 1994/95 bis 1998/99.
Im Jahr 2001 startete er seine Karriere als Tennis-Profi beim TC Fichtelgebirge in Weidenberg. Er nahm an zahlreichen Turnieren im Einzel und im Doppel teil. Auf nationaler Ebene gewann er im Jahr 2004 den Deutschen Meistertitel im Einzel. Im Mai 2005 bestritt er sein erstes Turnier der ATP Masters Serie. Im Doppel spielte er vermehrt Turniere der Challenger und Futures-Kategorie. Bei den US-Open 2007 qualifizierte er sich erstmals im Einzel für das Hauptfeld eines Grand-Slam-Turniers und erreichte die zweite Runde.

2008 folgte die Teilnahme in Wimbeldon. 2009 erreichte er hier die 3. Runde. Im Jahr 2010 erreichte Petzschner in Wimbeldon den bislang größten Erfolg seiner Karriere. Er gewann mit Jürgen Melzer die Doppelkonkurrenz gegen Simon Aspelin und Horia Tecau. Im gleichen Jahr verbesserte er sich in der Einzel-Weltrangliste auf Platz 37.

Er wurde 2010 mit der Wahl zum Spieler des Jahres und in der Kategorie „Match des Jahres" geehrt. „Die Jury entschied sich für seine Begegnung mit Rafael Nadal in der dritten Runde in Wimbeldon, in der er den spanischen Weltranglistenersten an den Rand einer Niederlage brachte." (Vgl. NK vom 29. Dezember 2010, S. 33; vgl. Wikipedia). 2011 gewann er wieder mit Jürgen Melzer das Doppel bei den US-Open in New York. (NK, 13. September 2011, S. 33).

Pfeiffer, Friedrich (Sohn des Hofrats und Musikdirektors Johann Pfeiffer; geb. am 10. Januar 1754; Valediktion 1771; er erhielt von seinem Vater seine ersten „gründlichen Kunstkenntnisse" und wurde als einer der besten „dasigen Violonisten" und großer „Kenner und Verehrer der Kunst geschätzt". Von Beruf war er zunächst Gerichtsassessor, zugleich aber auch Mitglied der ersten, 1779 gegründeten „Sing- und Orchestervereinigung", die das Musikleben des zu dieser Zeit nicht mehr bestehenden Hofes zu ersetzen suchte. Ebenso gehörte er dem 1789 gegründeten Liebhabertheater an. Später wird er Regierungsrat, Kreisdirektionalgesandter in Nürnberg und vortragender Rat im Justizministerium in Berlin; er verstarb am 23. März 1816 in Berlin)

Querfeld, Johann Elias (aus Bayreuth, am Gymnasium 1813/14, Ober-Primär-Schule, 14 Jahre alt, Vater ist Zimmermeister; Die Zimmerer Querfeld stammen aus Geroldsgrün. Zimmermeister Georg Q. fertigte u.a. die Zimmererarbeiten in der Spitalkirche Sein Sohn Wolfgang Adam Q. (1738–1794) war ebenfalls Hofbrunnen- und Zimmermeister. Dessen Sohn Johann Georg Nikolaus Q. ist 1799 nachweisbar)

Raum. Klaus (geb. 2. Juni 1937 in Bayreuth, Vater Apotheker)

Raum, Hans Peter (geb. 1. August 1934 in Bayreuth, Abitur 1954, Vater Apotheker)

Raithel, Hans (1864–1939) (Abitur 1883, Gymnasiallehrer in Lüdenscheid/Westfalen, Bauernschriftsteller)

Rasp, Friedrich (Fritz) (geb. am 13. Mai 1891 in Bayreuth als 13. Kind eines Geometers; am Gymnasium von 1901/02 bis 1906/07 und verließ nach der 6. Klasse das Gymnasium. Er wurde Theater- und Filmschauspieler. Er starb am 30. November 1976 in Gräfelfing. Vgl. Würdigung im Textteil.
Lit. Vgl. Jürgen Kasten, Rasp Fritz, in: Neue Deutsche Biographie, Bd. 21, Berlin 2003, S. 163f.)

Rauh, Caspar Walter (1912–1983) (geb. am 13. Oktober 1912, Abitur 1932, gest. am 7. Oktober 1983 in Kulmbach. Künstler (Maler, Zeichner), vgl. Würdigung im Textteil, Kap.3)

Reissinger, Hans (1890–) (Regierungsbaumeister, Dipl. Ing., Architekt, „Haus der Deutschen Erziehung", „Ludwig-Siebert-Festhalle" (früher Reithalle der Markgrafen), seit 1934 Beauftragter für den Generalbebauungsplan der Stadt Bayreuth, nach dem „Dritten Reich" Neubau der Stadthalle, verschiedene Kirchen (z.B. Saas, Kreuz). Von Hans Reissinger ist ein Aquarell des Gymnasiums in der Friedrichstraße aus dem Jahr 1907 erhalten)

Richter, Maximilian Emanuel (geb. in Coburg, Abitur 1819 (16 Jahre alt), sein Vater ist Jean Paul;
Lit: K. Hartmann, Jean Paul und sein unglücklicher Sohn Maximilian Ernst Emanuel, in: BayreutherGeschichtsstudien, Bayreuth, o.J.)

Riedel v., Eduard (1813–1885) (1. Klasse Gymnasium 1828, wird Hofbaudirektor in München, unter Friedrich von Gärtner Bauleiter am griechischen Königsschloss in Athen)

Riedel v., Heinrich August (1799–1883 (geb. 25. Dezember 1799, am Gymnasium 1812/13, Maler und Professor in Rom an der Akademie San Luca, Gest. 6. August 1883, beigesetzt auf dem Friedhof an der Cestius-Pyramide in Rom.
Lit: Chr. Schaper, August Riedel. Ein Bayreuther Maler, - Professor an der römischen Akademie San Luca, AO 42, 1962, 91–170. Karl Sitzmann, Künstler und Kunsthandwerker in Ostfranken, Die Plassenburg Bd. 12, Kulmbach 1983, S. 444–446)

Riedel, Georg Friedrich Heinrich Ludwig Karl (am Progymnasium 1813, Vater ist Landbau-Inspektor)

Riedel, Johann Friedrich Ludwig Heinrich August (Ober-Primärschule 1813, Vater ist Landbauinspektor)

Riedel, Christian Ferdinand (Unter-Gymnasialklasse 1817, Vater ist Baurat)

Riedel, Karl Christian (1764–1838) (geb. am 2. Mai 1764, Oberbaurat.
Er kaufte sich schon als junger Mann im Jahr 1796 den „Rangen am Sandbühl". Auf diesem Hügel erbaute er ein Landhaus, erwarb das Gelände und legte den Garten an. Etwa von 1820 an erhielt das Gut den Namen Riedelsberg)

Riedel, Karl Christian (geb. 3. Juli 1797, am Gymnasium 1812, wird Oberbaurat)

Rose, Karl Emil (geb. 25. Februar 1844, gest. 3. August 1904 in Bayreuth/St. Georgen, Abitur 1861, Sohn von Louis Rose, Inhaber der Zuckerraffinerie Theodor Schmidt. Er führte die Raffenerie bis zum Ende im Jahr 1900)

Sauer, Oskar (geb. am 24. Oktober 1922 in Bayreuth, 1. Klasse 1933/34, 1940/41 in der 8. Klasse, Abitur, alle Abiturienten wurden zum Wehrdienst einberufen, Vater ist Sanitätsrat. Oskar Sauer wurde Lehrer am Gymnasium. Er war Mitbegründer der Deutsch-Französischen Gesellschaft und machte sich verdient um den Schüleraustausch mit Annecy)

Schilling, Klaus (geb. 16. August 1956 in Bayreuth, Abitur 1975. Er studierte in Bayreuth und München Physik und Biologie. Inhaber des Lehrstuhls für Informatik VII an der Universität Würzburg)

Schlenk (Rotgerber)
(ohne Anspruch auf Vollständigkeit)

Schlenk, Christoph Heinrich (aus Thierstein, Valediktion 1768)

Schlenk, Johann Christoph (aus Goldkronach, Sohn des Christoph Heinrich, Valediktion 1770)

Schlenk, Johann Peter (1814/15 9 Jahre alt, in der unteren Primär-Klasse, Vater ist Rotgerber)

Schlenk, Georg Christian Karl aus Bayreuth (am Gymnasium 1812/13, Vater ist Rotgerber)

Schlenk, J. Konrad aus Bayreuth (geb. 24. Januar 1840, Abitur 1859, Vater Rotgerber)

Schlenk, Joh. Wilhelm (geb. in Bayreuth am 30. Januar 1833, 1847/48 an der lateinischen Schule 4. Klasse, Vater ist Rotgerber)

Schlenk, Johann Peter (geb. in Bayreuth am 8. September 1834, an der lateinischen Schule 1847/48, 1. Klasse, Vater ist Lohgerber)

Schlenk, Ernst H. J. (geb. in Bayreuth am 20. März 1838, an der lateinischen Schule 1847/48, 1. Klasse, Vater ist Lohgerber).

Schlenk, Georg Chr. Konr. (geb. in Bayreuth, am 3. November 1835, Vater ist Lohgerber)

Schlenk, Heinrich (geb. 4. Juli 1866 in Bayreuth, Abitur 1885, Vater ist Rotgerbermeister)

Viele Schlenk, deren Nachkommen noch heute in Bayreuth, Bad Berneck, Goldkronach und an anderen Orten leben, besuchten Lateinschule oder Gymnasium)

Lit: R. Trübsbach, Wirtschafts- und Sozialgeschichte Bayreuths im 18. Jahrhundert, Diss. Erlangen 1983 (= AO 65, 1985), S. 61ff., Sippentafel der Schlenk S. 199ff.

Schüller, Otto (geb. 6. Dezember 1878 in Bayreuth, Abitur 1897, Vater Bankier und Kommerzienrat)

Schwaab, Heinrich (geb. 21. April 1866 in Bayreuth, Abitur 1886, Vater ist Bierbrauer)

(Vgl. Gastwirtschaft Schwaab, „Schwaabengesellschaft")

Seiler, Georg Gottfried, Friedrich (geb. am 24. Oktober 1733 zu Creußen als Sohn eines Hafners. Er wurde von seinem Rektor Weiß gefördert und erhielt ein Stipendium durch Geheimrat Fladenstein. 1745 wird er unter die Alumnen des Gymnasiums in Bayreuth aufgenommen.
Seine Lehrer waren Gräfenhahn, Braun, Stöhr und Purruscker. Gräfenhahn nahm ihm 5 Jahre in sein Haus auf. 1754 ging Seiler auf die Universität Erlangen, wurde Mitglied der neuen „Deutschen Gesellschaft", die Professor Wiedeburg in Jena gegründet hatte. 1761 wurde er Hofdiakon. Er erweiterte in der Folge seine Studien, war in Coburg tätig, erhielt 1769 einen Ruf als Lehrer der Theologie an zwei Universitäten und entschied sich für Erlangen. Dort promovierte er 1771 zum Doktor der Theologie. Er las über Dogmatik, Polemik, Moral, Symbolik, christliche Beredsamkeit, Katechetik, Pädagogik, Exe-

gese über das Alte und Neue Testament. 1776 errichtete er ein Armeninstitut, 1777 ein Institut der Moral und der schönen Wissenschaften, ein Predigerseminar und 1778 eine theologische Lesebibliothek.

Sein umfassendes Werk zum „Christlichen Religionsunterricht", zum Unterricht an Lateinschulen, zur Methodenlehre, seine Übersetzungen und Interpretationen zum Alten und Neuen Testament, Bücher für „nachdenkende Christen", zur „Aufklärung und Erbauung aller Arten von Christen", Bücher, „die zu anderen Gattungen der Literatur" gehören, dieses Gesamtwerk umfasst etwa 48 Titel. Hinzu kommen 16 „diverse" Dissertationen und Programme)

Stark, Johannes (1874–1957), (geb. 15. April 1874 in Schickenhof, Oberpfalz, 3. Klasse Lateinschule 1887/88, erscheint im folgenden JB für 1888/89 nicht mehr, Übersiedelung nach Regensburg, Abitur am „Alten Gymnasium", Studium in München, Untersuchungen über den Dopplereffekt an Kanalstrahlen, wodurch ein Einblick in die innere Struktur der Atome und der Moleküle gewonnen worden ist.
Bedeutend seine Entdeckung der Aufspaltung der Spektrallinien in elektrischen Feldern. Für diese Leistungen erhielt er 1919 den Nobelpreist für Physik, Vater ist Ökonom, Stark zählte im Dritten Reich zu den Vertretern einer „deutschen" Physik. Eine kritische Betrachtung der „Deutschen Physik" und von Stark: Herbert Mehrtens und Steffen Richter, Hg., Naturwissenschaft, Technik und NS-Ideologie, Frankfurt 1980 (suhrkamp taschenbuch wissenschaft 303)

Stengel v., Karl, Freiherr (1840–1930), (geb. 26. Juli 1840 in Peulendorf, Abitur 1859, Jurist, Verfasser des „Wörterbuchs des deutschen Verwaltungsrechts", Vater ist Forstmeister in Kulmain)

Stirner, Max (=Johann Kaspar Schmidt) (1806–1856) (Ober-Progymnasium 1821/22, Unter-Gymnasialklasse 1822/23, Unter-Mittelklasse 1823/24, Abitur 1826. Philosoph, Vater ist Instrumentenmacher, Hauptwerk: Der Einzige und sein Eigentum, Leipzig 1845)

Taubmann, Friedrich (geb. 4. August 1945 in Bayreuth, Bruder des W. Taubmann, 1955/56 in Klasse 1b; Abitur 1964, er wird in Bayreuth Stadtdirektor, Referent für Hoch- und Tiefbau)

Taubmann, Wolfgang (geb. 14. März 1937 in Schney, Abitur 1956, Vater Lehrer, W. Taubmann wird später Professor für Geographie in Bremen; Diss. Bayreuth und sein Verflechtungsbereich, Wirtschafts- und sozialgeographische Entwicklung in der neueren Zeit, Bad Godesberg 1968.

Trassl, Heinrich (geb. 12. Januar 1888 in Warmensteinach, Abitur 1906, Vater ist Fabrikbesitzer (Brauerei))

Trassl, Joseph (geb. 10. Dezember 1885 in Warmensteinach, Abitur 1904, Vater ist Fabrikbesitzer (vgl. Heinrich T.)

Trips, Johann Friedrich (Sohn des Johann Paul Trips (Maurer), an der Schule 1802; geb. 23. Juli 1790, gest. 1859; wird Maurermeister in Bayreuth 1819, führt 1830 das von Kreisbaurat Krafft „im Florentiner Stil" entworfene Eckhaus Maxstraße 1 aus. Mit ihm erlischt die Tradition der Maurerfamilie Trips. Nachfahren leben noch heute.
Die Vorfahren lassen sich bis ins 17. Jahrhundert 1649 nachweisen Erster Maurermeister in Bayreuth war ein Johann Wolfgang Trips, der in den Meisterbüchern 1631 aufgeführt wird. Viele weitere Trips aus der Familie besuchten das Gymnasium.
Lit: R. Trübsbach, 100 Jahre Arbeitgeber-Verband für Bayreuth und Umgebung ... Geschichte des Baugewerbes der Stadt Bayreuth und Umgebung von den Anfängen bis zur Gegenwart, Bayreuth 2002)

Überla, Karl (geb. 29. Januar 1935 in Leitmeritz, Abitur 1954, er hielt 1954 die Abiturrede, wird Professor Dr. med. am Institut für Medizinische Informationsverarbeitung, Biometrie und Epidemiologie, München)

Voith von Voithenberg, Gerda (vgl. von Waldenfels)

Wagner, Adolf (1835–1917) (geb. 25. März 1835 in Erlangen, Abitur 1853,Volkswirtschaftler und Sozialreformer, Universitätsprofessor in Berlin, einer der Führer des „Kathedersozialismus") Vater ist Hofrat und Professor in Göttingen)

Wagner, Friedrich Joh. Heinr. Rudolf (1805–1864) (3. Klasse Gymnasium 1820, wird Prof. der Medizin in Göttingen, vergleichender Anatom unde Physiologe, Hauptwerk „Handwörterbuch der Physiologie", 1842–1853)

Wagner, Siegfried (1869–1930) (geb. 6. Juni 1869 in Luzern, Abitur 1889, Vater ist Richard Wagner, Komponist)

Wagner, Wieland (1917–1966) (geb. 5. Januar 1917 in Bayreuth, 1. Klasse 1927/28, Abitur 1936)

Wagner, Wolfgang (geb. 30. August 1919 in Bayreuth, 1. Klasse 1930/31, 6. Klasse 1936/37, ausgetreten)

Wagner, Friedelind (geb. 29. März 1918 in Bayreuth, 1928/29 1. Klasse, 2. Klasse 1929/30, während des Schuljahrs ausgetrteten)

Wagner, Iris (geb. 12. Juni 1942 in Bayreuth, erste Schulaufnahme in Nussdorf/Bodensee, 1. Klasse am Gymnasium 1952/53, Vater ist Wieland Wagner)

Wagner, Wolf Siegfried (geb. 6. Dezember 1943 in Bayreuth, 1954/55 in Klasse 1b, Publikationenen u.a.: Die Geschichte unserer Familie in Bildern, Bayreuth 1876–1976, München 1976.

Wagner, Eberhard (geb. 4. Januar 1938 in Weimar, 1. Klasse 1949/50, Vater ist Kaufmann Hans Wagner, (Buchautor, Schauspieler, Regisseur)

Wich, Isak Friedrich (Sohn des Johann Georg Wich, Hofgoldschmied; geb. 15. Mai 1762, am Gymnasium 1774; Valediktion 1780, studiert 1780/83 in Erlangen; 1796 Pfarrer in Benk, 1811 in Emskirchen. Gest. 27. Januar 1830)

Wich, Johann Jakob, Emanuel (Bruder des o.; am Gymnasium 1786)

Wich, Johann Jacob Emanuel (Sohn des Johann Georg W. (wohl des J.), geb. 1794; Lateinschule 1804)

Wich, Johann Friedrich aus Bayreuth (am Gymnasium 1812/13, Vater ist Goldarbeiter)

Die Wich lassen sich bis ins 17. Jahrhundert zurückverfolgen. Johann Georg Wich (1720–1798) war Hofgoldschmied. Er arbeitete nach sechsjähriger Ausbildung in Paris seit 1748 in Bayreuth. Er hatte vier Söhne, von denen Johann Friedrich Wich (1767–1844) wiederum Hofjuwelier wurde. Dieser ging 1789 an die Pariser Akademie, war mehrere Monate in London und kehrte 1791 nach Bayreuth zurück. Sein Stammbuch befindet sich im Besitz des HVObfr. Dritter Sohn ist Johann Georg d. J. (1759–1851). Ein Nachkomme aus dieser Familie ging als Juwelier nach Nürnberg und verfertigte dort eine Prunkbowle, die heute im Germanischen Nationalmuseum Nürnberg zu sehen ist.

Wild, Angelika (geb. am 7. September 1949 in Würzburg; Abitur 1968; Tochter des Oberbürgermeisters Hans Walter Wild (OB 1958–1988)

Wild, Alexander (geb. 13. Dezember 1950 in Würzburg, Abitur 1970, wird Arzt, Bruder von Angelika Wild)

Will, Johann (1645–1705) (geb. 22. Februar 1645, am Gymnasium Heilsbronn, Valediktion in Bayreuth 1666, Universität Jena bis 1670, Dr. Phil 1672, Pfarrer in Mistelgau, 1682 in Creußen, baut dort 1700 die Kirche, Verfasser des Werkes „Das deutsche Paradeis auf dem Fichtelberg", 1692)

Wilmersdörffer (Williams), Leopold (1834 in der 4. Klasse Lat. Schule, Bankier in Bayreuth)

Wilmersdörffer, R., (in der 4. Klasse Lat. Schule 1843, Bankier in Augsburg)

Wipprecht, Georg Friedrich (Sohn des Georg Wilhelm Wipprecht, Regierungsrat und Lehenspropst), geb. am 4. Dezember 1758, am Gymnasium 1774, Valediktion 1776, Studium in Erlangen und Leipzig 1777, wird Kammerdirektor, gest. 9. Juli 1809.
Georg Friedrich Wipprecht verfasste die Abhandlung „Einige Worte über Gewerbe-Policey, besonders Handwerkern, Manufakturisten und Fabrikanten im Fürstenthum Bayreuth, Bayreuth 1793)

Wirth, Johann Georg August (geb. 20. November 1798 in Hof, ab 1808 Gymnasium Hof, am Gymnasium Bayreuth 20. Januar 1812, imm. Erlangen 1816, Jurist, Teilnehmer am „Hambacher Fest", Publizist, Abgeordneter in der Paulskirche, gest. 28. Juli 1848, Vater ist Adam Gottlieb W., Postmeister)

Wirth, Johann Christian (1843–1924) (geb. 8. September 1843 in Bayreuth, 6. Klasse Gymnasium Bayreuth 1857, Abitur in Bayreuth 1862, Studium der Philologie und Theologie in Erlangen 1862, Studium der Sprachwissenschaft und Geschichte in Leipzig, Abschluss der Studien in München 1864/65, Prof. am Gymnasium Bayreuth (1881–1900.

Lit: Arthur Wirth, Leben und Werk des Christian Wirth (1843–1924). Aus dem Leben eines fränkischen Gymnasialprofessors und Religionsphilosophen, AO, 62, 1982, 257–305. (Arthur Wirth ist Sohn des Wilhelm Wirth)

Wirth, Wilhelm (1876–1952) (geb. 26. Juli 1876 in Wunsiedel, Abitur am Gymnasium in Bayreuth 1894.
Studium der Rechtswissenschaft und Philosophie in München, dann außerdem Mathematik, Physik, Biologie und Geschichte. 1896 Mitbegründer des Akademischen Vereins für Psychologie in München. 1897 Promotion mit „summa cum laude". In Leipzig Habilitation über den „Fechner-Helmholtzschen Satz über negative Nachbilder und Analogien". 1908 planmäßiger a.o. Professor der Philosophie und Psychologie. Er begründete mit Ernst Meumann das „Archiv für die gesamte Psychologie. 1926 übernahm er die deutsche Mitherausgeberschaft der „Psychological Abstracts" bis 1938. 1930 wurde er auswärtiges Mitglied der Psychologischen Gesellschaft an der Sorbonne in Paris. Er wurde Ehrendoktor der Universität Athen und erhielt die Berufung als Mitglied der Kaiserlich-Leopoldinischen Akademie der Naturforscher in Halle 1938. Über viele Jahre war er Leiter der einzigen psychophysischen Anstalt Deutschlands. In Amberg starb er 1952 im Alter von 76 Jahre. Die Familie wohnte seit 1881 in einem Flügel des alten Markgrafenschlosses am Schloßplatz 5. Schon als Schüler interessierte er sich vor allem für Philosophie und Psychologie, schrieb z.B. einen utopischen Reiseroman „Vom Saturn zum Ring", Vater ist Christian Wirth.
Lit: Karl Müssel, Wilhelm Wirth (1876–1952) …, Arthur Wirth, Hg., Erinnerungen … AO, 56, 1976, 407–432)

Wirsing, Martin (geb. am 24. Dezember 1948 in Bayreuth; Abitur 1968; Sohn von Karl Wirsing (Mitinhaber der früheren Zuckerwarenfabrik Wirsing an der Goethestraße). Martin Wirsing wurde Prof. der Mathematik (zuletzt in München)

Wunder, Gottlieb Christian Eberhard, (Sohn des Georg Wilhelm Wunder (Forstrat), 1802 am Gymnasium inskribiert, Valediktion am 2. Mai 1805, Studium in Erlangen. Gottlieb Chr. Eberhard Wunder wurde am 4. März 1787 in Trebgast geboren und verstarb am 25. November 1864 in Wilhermsdorf. Er war Oberleutnant der Ansbacher freiw. Jäger und 1813–1815 Herrschaftsrichter im Markt Wilhermsdorf)

Zimmermann, Karl (geb. 26. August 1885 in Bayreuth, 1. Klasse 1895/96, Vater ist Carl Zimmermann, Schreinermeister und Präsident der Handwerkskammer für Oberfranken. Karl Z. ist 1904 Gründungsmitglied der Verbindung „Baruthia" und wird in diesem Jahr wegen Widersetzlichkeit und Wirtshausbesuch dimittiert. Er wird trotzdem ein erfolgreicher Ingenieur. (Dieser Karl Z. ist ein Bruder des Großvaters mütterlicherseits von Rainer Trübsbach)

17. Schüler isr. Glaubensbekenntnisses
(Quelle sind die gedruckten Jahresberichte des Gymnasiums)

Name	Geburt	Ort	Beruf des Vaters	Am Gymnasium	Abitur
Adler Egon	27. Mai 1890	Kulmbach	Kaufmann	1903–1909	1909
Aptekmann, Heinz	9. März 1914	Köln	Kaufmann	1924–1933	1933
Arnheim, Fischel	12. März 1812	Bayreuth	Kaufmann	1830/34	1834
Aub, Simon Theodor	2. Mai 1840	Bayreuth	Rabbiner	1848–1853	
Aub, Samuel Albert	13. Mai 1842	Bayreuth	Rabbiner	1850/51	
Aub, Isaak	17. Februar 1861	Bayreuth	Kaufmann	1870–1874	
Aub, Albert	8. September 1866	Bayreuth	Kaufmann	1875–1881	
Aurich, Ludwig	18. April 1889	Bayreuth	Kaufmann	1899–1905	
Bamberger, Salomon Friedrich	16. Dezember 1835	Bayreuth	Kaufmann	1845–1849	
Bamberger, Joseph	17. November 1871	Bayreuth	Kaufmann	1881/1883	
Bamberger, Ludwig	29. Dezember 1874	Bayreuth	Kaufmann	1885–1889	
Bachmann, Ludwig	4. Januar 1879	Bayreuth	Kaufmann	1888/89	

Name	Geburt	Ort	Beruf des Vaters	Am Gymnasium	Abitur
Bayer, Bernhard	25. Juli 1886	Burgkundstadt	Kaufmann	1896–1902	
Bettmann, Siegfried	16. Juni 1869	Bayreuth	Kaufmann	1878–1883	
Bloch, Heinrich	10. September 1865	Floß	Kaufmann	1877–1880	
Bloch, Ernst	3. September 1873	Floß	Kaufmann	1882–1891	1891
Bloch, Otto	20. April 1877	Floß	Kaufmann	1886–1895	1895
Bloch, Adolf	2. Februar 1889	Philadelphia	Kaufmann	1899–1908	1908
Bomeisler, Jakob	20. Oktober 1820	Floß	Kaufmann	1831–1838	1838
Brissel, Mayer	13. April 1815	Bayreuth	Lehrer	1827–1834	1834
Bioskowitz, Nathan	17. September 1838	Floß	Kaufmann	1853–1857	1857
Brandis, Albert	2. Dezember 1857	Mühlhausen	Praktischer Arzt	1868–1870	
Cahn, Ernst	2. November 1875	Bayreuth	Kaufmann	1885–1894	1894
Dessauer, Kurt Konrad	6. Dezember 1875	Bamberg	Kaufmann	1888–1890	
Dittmann, Julius	18. Juli 1890	Bayreuth	Kaufmann	1900–1905	
Eckmann, Julius	20. Mai 1891	Bayreuth	Kaufmann	1901–1905	
Ehrenberger, Hugo	11. März 1877	Burgkundstadt	Viehhändler	1886–1895	1895
Ehrenberger, Siegfred	28. April 1882	Burgkundstadt	Viehhändler	1891–1897	
Einstein, Karl	29. Mai 1872	Ulm	Kaufmann	1881–1890	1890
Engelmann, Jos.	20. Oktober 1820/ 30. Dezember 1820 ?	Floß	Kaufmann	1832–1839	1839
Engelmann, Max	27. Februar 1863	St. Georgen	Direktor der Kreisirrenanstalt	1872–1881	1881
Engelmann, Theodor	11. Februar 1864	St. Georgen	s.o.	1872–1881	1881
Engelmann, Richard	5. Dezember 1868	St. Georgen	s.o.	1878–1883	
Erlebach, Max Emanuel	28. Januar 1832	Bayreuth	Kaufmann	1842–1844	
Erlebach, Meier	12. Februar 1837	Bayreuth	Kaufmann	1847–1849	
Fechheimer, Max	30. März 1837	Bayreuth	Schneidermstr.	1846–1850	
Fechheimer, Carl	4. Januar 1839	Bayreuth	s.o.	1847–1853	
Fechheimer, Sigmund	18. Januar 1841	Bayreuth	s.o.	1849–1854	
Felheim, Wolf	4. September 1832	Bayreuth	Negotiant	1842–1847	1847
Fels, Wilhelm	16. März 1868	Fürth	Fabrikbesitzer in Mailand	1881–1887	1887
Fischel, Julius	29. Januar 1824	Bayreuth	Handelsmann	1836/37	
Fischel, Eduard	19. März 1823	Bayreuth	Handelsmann	1835/36	
Fleischer, Sigmund	30. September 1867	Aufseß	Lederhändler	1877/78	
Fleischer, Hugo	28. August 1888	Bayreuth	Kaufmann	1899–1905	
Fleischer, Richard	10. Juli 1890	Bayreuth	Kaufmann	1900–1910	1910
Fleischer, Otto	15. Mai 1896	Bayreuth	Kaufmann	1906–1909	
Fleischmann, Karl	16. Juli 1863	Bayreuth	Kaufmann	1872–1875	
Frank, Abraham	5. Juli 1820	Bayreuth	Handelsmann	1833/34	
Frank, Joseph	26. Februar 1821	Bayreuth	Handelsmann	1833/34	
Friedmann, Salomon	1. Oktober 1837	Bayreuth	Schuhmacher	1848–1850	
Geiershöfer, Jonas	12. Dezember 1807	Adelsdorf	Kaufmann	1828/29	
Goldmann, Karl	8. August 1892	Nürnberg	Kaufmann	1909/10	1910
Goßer, Ludwig	14. April 1855	Redwitz	Korbwarenfabrikant	1867–1869	
Greif, Theodor	3. Februar 1834	Bayreuth	Sattlermeister	1843–1847	
Gruntal, Fischel	17. Mai 1817	Bayeuth	Kaufmann	1827–1834	
Gruntal, Sigmund	14. Dezember 1835	Redwitz	Rabbiner	1851–1853	

Name	Geburt	Ort	Beruf des Vaters	Am Gymnasium	Abitur
Gruntal, Hermann	22. Juli 1831	Bayreuth	Handelsmann	1840–1844	
Gunzenhäuser, Wolf	5. Februar 1826	Bayreuth	Kaufmann	1834–1843	
Gunzenhäuser, Heimann	27. März 1827	Bayreuth	Kaufmann	1837–1840	
Gutmann, Ignatz	8. Dezember 1829	Redwitz	Rabbiner	1844–1846	
Gutmann, Sigmund	4. Dezember 1835	Redwitz	Rabbiner	1851–1854	
Gutmann, Philipp	2. Februar 1846	Redwitz	Rabbiner	1860/61	
Guldmann, Karl	8. August 1892	Nürnberg	?	1909/10	
Harburger, Judas Jehuda	17. Januar 1809	Bayreuth	Siegellackfabrikant	1828–1832	
Harburger, J.	1. Mai 1841	Bayreuth	Kaufmann	1852/53	
Harburger, Leopold	14. Oktober 1845	Bayreuth	Kaufnmann	1856–1859	
Harburger, Isaak	26. August 1849	Bayreuth	Schreibmaterialienhändler	1857–1867	1867
Harburger, Leopold	26. August 1849	Bayreuth	s.o.	1857–1859	
Harburger, Heinrich	2. Oktober 1851	Bayreuth	s.o.	1860–1869	1869
Harburger, Isidor	26. März 1855	Bayreuth	s.o.	1865–1874	1874
Hauschild, Bernhard	18. Mai 1888	Erbendorf	Kaufmann	1898–1905	
Hauschild, Max	28. Februar 1891	Erbendorf	s.o.	1900–1905	
Hechinger, Karl	7. August 1841	Paris	Blumenfabrikant	1850–1853	
Heinemann, Gelson	5. August 1855	Höchheim	Lehrer	1865–1868	
Heinemann, Elkan	17. Januar 1859	Bayreuth	Lehrer	1868/69	
Hellmann, Joe	26. April 1874	Bayreuth	Kaufmann	1884–1891	
Herz, Koppel	2. Februar 1816	Bayreuth	Negotiant	1829–1835	1835
Herz, Samson	7. Mai 1818	Bayreuth	Negotiant	1827–1836	1836
Herz, Sigmund	19. Februar 1829	Bayreuth	Negotiant	1840–1842	
Herz, Eugen	9. März 1830	Bayreuth	Handelsmann	1840–1843	
Herz, Ludwig	7. November 1855	Basel	Bankdirektor	1869–1873	1873
Herzstein, Richard	12. April 1879	Bayreuth	Kaufmann	1888–1899	1899
Herzstein, Ernst	9. April 1881	Bayreuth	Kaufmann	1891–1901	1901
Herzstein, Karl	15. Februar 1876	Bayreuth	Kaufmann	1886/87	
Herzstein, Julius	6. Juni 1891	Bayreuth	Kaufmann	1900–1909	
Hildburghäuser, Joseph	24. November 1818	Bayreuth	Negotiant	1828–1832	
Hirschfeld, Kurt	10. März 1894	Bayreuth	Kaufmann	1907–1914	
Hirschfeld, Otto	7. November 1894	Bayreuth	Kaufmann	1904–1911	
Hirschfeld, Fritz	31. Oktober 1893	Bayreuth	Kaufmann	1903–1912	1912
Hirschmann, Moriz	27. Mai 1875	Nürnberg	Bankier	1891/92	1892
Hönigsberger, Max	22. September 1857	Floß	Kaufmann	1871–1877	1877
Hönigsberger, Leo	21. Oktober 1859	Floß	Kaufmann	1872–1879	1879
Hönigsberger, Heinrich	11. März 1866	Floß	Kaufmann	1876–1882	
Holzinger, Jakob	25. September 1868	Feuchtwangen	Kaufmann	1881–1885	1885
Holzinger, Jakob	12. April 1878	Windsbach	Kaufmann	1892–1896	1896
Holzinger, Emil	11. Juli 1867	Windsbach	Kaufmann	1881–1885	1885
Holzinger, Ludwig	24. Mai 1872	Windsbach	Kaufmann	1887–1889	
Holzinger, Theodor	28. Mai 1895	Bayreuth	Arzt	1905–1912	
Holzinger, Hugo	29. Januar 1897	Bayreuth	Arzt	1906–1915	1915
Isner, Sigmund	21. März 1867	Bayreuth	Kaufmann	1876–1882	
Isner, Ernst	28. März 1871	Bayreuth	Kaufmann	1880–1884	
Kahn, Henry	29. Oktober 1884	Bayreuth	Kaufmann	1894–1896	

Name	Geburt	Ort	Beruf des Vaters	Am Gymnasium	Abitur
Karpeles, Sigmund	28. Februar 1832	Sulzbach	Kaufmann	1845–1852	
Karpeles, Bernhard	8. Dezember 1834	Bayreuth	Kaufmann	1843–1852	1852
Karpeles, Samuel	13. März 1836	Bayreuth	Kaufmann	1847–1850	
Karpeles, Joseph	6. September 1845	Bayreuth	Kaufmann	1854–1858	
Karpeles, Sigmund	10. Oktober 1876	Bayreuth	Kaufmann	1886–1896	1896
Kaufmann, Berthold	6. August 1871	Nürnberg	Kaufmann	1884–1886	
Klein, Berthold	26. Mai 1875	Bayreuth	Kaufmann	1884–1893	1893
Klein, Alfred	15. Oktober 1883	Bayreuth	Kaufmann	1893–1899	
Klein, Elisabeth	11. Dezember 1907	Bayreuth	Justizrat	1919–1928	1928
Kober. Moritz	8. Oktober 1915	Bayreuth	Kaufmann	1926–1934	
Kohl, Julius	7. November 1910	Bayreuth	Kaufmann	1921–1930	1930
Kohn, Sigismund	1896	Altenburg-kundstadt	Kaufmann	1815	
Kuh, Sidney	6. März 1866	New York	Privatier	1875–1882	
Kuh, Edwin	20. Juni 1858	New York	s.o.	1876/77	
Kupfer, Sidney	23. Mai 1873	Bayreuth	Kaufmann	1882/83	
Kurzmann, Luitpold	8. September 1847	Bayreuth	Metzgermeister	1857–1861	
Kurzmann, Eduard	9. Dezember 1857	Bayreuth	Commissionär	1865–1868	
Kurzmann, Bruno	12. Dezember 1883	Bayreuth	Kaufmann	1893–1902	1902
Kurzmann, Max	5. März 1880	Bayreuth	Kaufmann	1890–1899	1899
Kurzmann, Siegfried	27. August 1877	Bayreuth	Kaufmann	1888–1896	1896
Kurzmann, Ludwig	1. März 1882	Bayreuth	Kaufmann	1891–1900	1900
Kusznitzki, Bernhard	6. Mai 1884	Bayreuth	Rabbiner	1893–1902	
Kutz, Arthur	8. Dezember 1871	Bayreuth	Kaufmann	1881–1889	
Landauer, Pfidor	13. März 1840	Hürben	Privatier	1855/56	
Langermann, Isidor	11. September 1868	Floß	Glasfabrikant	1878–1883	
Lebermann, Adam	1. Juni 1837	Bayreutzh	Lohnkutscher	1848–1850	
Lebermann, Ludwig	26. Dezember 1839	Bayreuth	s.o.	1849–1851	
Lebrecht, Mayer	5. Dezember 1808	Memmelsdorf	Handelsmann	1832–1834	
Levi, Joseph	19. Juli 1816	Bayreuth	Negotiant	1828/29	
Lobcowitz, Marcus	9. Mai 1820	Floß	Kaufmann	1832/33	
Löwenberger, Max	24. April 1829	Bayreuth	Kaufrmann	1840–1845	
Löwenberger, Raphael	10. Juli 1832	Bayreuth	Kaufmann	1843–1853	1853
Löwengart, Justin	23. April 1892	Nördlingen	Kaufmann	1902–1905	
Löwensohn, Hugo	24. Oktober 1892	Fürth	Fabrikbesitzer in Bayreuth	1903–1909	
Maas, Walter	27. Oktober 1905	Bayreuth	Kaufmann	1915–1918	
Mack, Harry W.	13. März 1861	Cincinnati	Privatier	1870/71	
Mack, Max	21. Februar 1830	Altenkundstadt	Kaufmann	1838–1843	
Maier, Joseph	17. September 1830	Bayreuth	Kaufmann	1840–1843	
Marx, Hildegard	1. November 1911	Bayreuth	Kaufmann	1922–1931	1931
May, Siegmund	14. Juni 1827	Bayreuth	Sprachlehrer	1839/40	
Mayer, Löw	13. Dezember 1824	Bayreuth	Kaufmann	1834–1840	
Mayer, Sigmund	14. Juni 1827	Bayreuth	Sprachlehrer	1837–1842	
Mayer, Moses	27. Januar 1859	Bayreuth	Kaufmann	1867–1874	
Mayer, Theodor	2. September 1860	Bayreuth	Kaufmann	1871–1874	
Mayer, Max	15. Juni 1871	Bayreuth	Drechslermstr.	1881/82	
Mayer, Otto	22, 2, 1823	Bayreuth	Sprachlehrer	1839/40	
Mayersohn, Jakob	18. März 1830	Bayreuth	Kammachermstr.	1840–1844	

Name	Geburt	Ort	Beruf des Vaters	Am Gymnasium	Abitur
Mohr, Alfred	8. Dezember 1887	Bayreuth	Kaufmann	1897–1906	1906
Mohr, Leo	27. Juni 1889	Bayreuth	Viehhändler	1899–1906	
Moses, Isaac	1830 16 Jahre alt	Baiersdorf	Vorsänger	1830/31	
Müller, P.	1824 18 Jahre alt	Bamberg	?	1824/25	
Neuburger, Albert	21. Januar 1867	Bayreuth	Kaufmann	1876–1882	
Neuland, Siegfried	30. Januar 1889	Bayreuth	Kaufmann	1899–1908	1908
Neuland, Wilhelm	16. Januar 1891	Bayreuth	Kaufmann	1900–1909	1909
Neustädter, J.	1829 14 Jahre alt	Bayreutzh	?	1829/30	
Oppenheimer, Arthur	29. September 1892	Bayreuth	Kaufmann	1902–1908	
Ortweiler, Heinrich	14. August 1882	Meiningen	Bankier	1892–1896	
Osmund, Samual Leopold	20. Dezember 1826	Bayreuth	Particulier	1835–1838	
Reinauer, Hermann	24. Juli 1889	Bayreuth	Kaufmann	1900–1907	
Reinauer, Leopold	24. Juli 1889	Bayreuth	Kaufmann	1899–1906	
Reizenstein, Max	8. Mai 1902	Nürnberg	Sanitätsrat	1915/16	
Rosenthal, Moriz	22. Januar 1874	Heilbronn	Kaufmann	1884–1888	
Rosenthal, Julius	9. Juni 1875	Heilbronn	Kaufmann	1885/86	
Sachs, Salomon	1. Januar 1821	Altenkundstadt	Handelsmann	1833–1837	1837
Sänger, Meier	14. März 1853	Bayreuth	Glasermstr.	1862–1871	1871
Sänger, Abraham	18. Januar 1838	Bayreuth	Glasermeister.	1847–1851	
Sänger, Benno	9. Juni 1841	Bayreuth	Glasermeister	1850–1855	
Salomon, Walther	21. Februar 1922	Bayreuth	Rabbiner	1932–1937	
Salomon, Martin	17. Januar 1918	Bayreuth	Rabbiner	1928–1936	
Salomon, Armin	31. Juli 1920	Bayreuth	Rabbiner	1931–1934	
Samelson, Sigmund	16. Juni 1819	Bayreuth	Kaufmann	1829–1833	
Schottländer, Wilhelm	17. März 1886	Saalfeld	Kaufmann	1896–1903	
Schottländer, Fritz	22. Oktober 1888	Bayreuth	Kaufmann	1899–1903	
Schwabacher, Michael	10. Juli 1832	Bayreuth	Bankier	1842–1844	
Schwabacher, Joseph	23. Mai 1834	Bayreuth	Bankier	1843–1852	1852
Schwabacher, Edmund	17. Oktober 1866	Bayreuth	Bankier	1876–1881	
Schwabacher, Karl	16. Juli 1872	Bayreuth	Bankier	1882–1884	
Schwabacher, Friedrich	16. September 1873	Bayreuth	Bankier	1883/84	
Seeligsberger, Leonhard	12. September 1866	Altenkundstadt	Kaufmann	1876–1883	1883
Seeligsberger, Alexander	11. November 1868	Altenkundstadt	Kaufmann	1878–1882	
Seeligsberg, Benno	9. März 1841	Bayreuth	Antiquar	1850–1853	
Seeligsberg, Julius	24. Juni 1870	Bayreuth	Antiquar, Buchhändler	1878–1881	
Seeligsberg, Lazarus	1807	Kronach	Kaufmann	1824–1827	1827
Seeligsberg, David	21. Juni 1871	Altenkundstadt	Kaufmann	1882–1887	
Seeligsberg, Bernhard	25. Januar 1873	Bayreuth	Antiquar	1882–1892	1892
Siegmann, Eduard	29. Januar 1858	Bayreuth	Kaufmann	1867–1870	
Siegmann, Willy	19. September 1851	Nrw York	Kaufmann	1861–1863	
Siegmann, Richard	2. März 1863	Bayreuth	Kaufmann	1872–1880	
Siegmund, Alfred	23. Oktober 1861	Bayreuth	Kaufmann	1870–1880	1880

Name	Geburt	Ort	Beruf des Vaters	Am Gymnasium	Abitur
Silverman, Friedrich	23. Juni 1861	New York	Kaufmann	1872–1874	
Skutsch, Albert	18. Juni 1865	Naila	Notar	1874–1882	
Stein, David	8. Juli 1805	Bayreuth	Handelsmann	1823–1826	
Stein, Leopold	10. November 1810	Burgebrach	Rabbiner	1828–1831	
Stein, Julius	6. Dezember 1822	Bayreuth	Handelsmann	1832–1842	1842
Stein, Karl Jakob	8. Oktober 1857	Bayreuth	Reg. Arzt	1867–1869	
Stein, Oskar	9. Dezember 1862	Bayreuth	Stabsarzt	1870–1877	
Stein, Berthold	3. Oktober 1874	Bayreuth	Oberstabsarzt	1884–1894	1894
Steinberger, Hans	30. Dezember 1919	Bayreuth	Arzt	1935–1937	
Steinhäuser, Justin	11. September 1891	Burgkundstadt	Viehhändler	1902–1904	
Steininger, Michael	26. Dezember 1819	Bayreuth	Handelsmann	1829–1834	
Steinhardt. Ignaz	17. November 1869	Floß	Kaufmann	1878–1888	1888
Strauß. Sigmund	24. Dezember 1856	Bayreuth	Kaufmann	1866–1868	
Strauß, Alfred	27. Dezember 1905	Bayreuth	Kaufmann	1915–1920	
Strauß, Siegfried	6. April 1875	Bayreuth	Viehhändler	1887–1890	
Strauß, Berthold	3. Oktober 1874	Bayreuth	Oberrstabsarzt	1884–1894	1894
Strauß, Wilhelm	18. August 1878	Bayreuth	Kaufmann	1888–1896	
Silberschmidt, Albert	11. November 1880	Bayreuth	Kultus-bediensteter	1890/91	
Silberschmidt, Kossy	19. Mai 1878	Bayreuth	s.o.	1888–1898	1898
Thurnauer, Emil	21. September 1868	San Francisco	Privatier	1877–1882	
Ullmann, D.	31. Dezember 1825	Altenkundstadt	Lehrer	1835–1837	
Vogel, Justin	23. Dezember 1876	Altenkundstadt	Lehrer	1886–1889	1889
Weinberger, Karl	20. Oktober 1889	Bayreuth	Kaufmann	1899–1909	1909
Weinberger, Leo	2. Mai 1898	Bayreuth	Kaufmann	1907–1916	1916
Weiß, Ignaz	21. Mai 1889	Erbendorf	Kaufmann	1899–1902	
Westheimer, Max	6. Februar 1884	Bayreuth	Kaufmann	1893–1899	
Wetzler, Arthur Aaron	21. Dezember 1877	Wannbach	Lehrer	1889–1897	1897
Williams, Leopold	5. März 1818	Bayreuth	Negotiant	1829–1834	
Williams, David	15. Mai 1820	Bayreuth	Kaufmann	1832/33	
Wertheimber, Wolf	12. April 1832	Bayreuth	Kaufmann	1842–1844	
Wertheimber, Salomon	7. April 1837	Bayreuth	Kaufmann	1848–1850	
Wiener, Max	11. April 1850	Floß	Kaufmann	1862–1865	
Wilmersdörffer, Lazarus Hirth	8. April 1821	Bayreuth	Kaufmann	1830–1834	
Wilmersdörffer, Max	8. April 1824	Bayreuth	Kaufmann	1834–1839	
Wilmersdörffer, Max	2. September 1897	Bayreuth	Kaufmann	1907–1915	
Wilmersdörffer, Math. Nathan	27. Januar 1827	Bayreuth	Kaufmann	1836–1843	
Wilmersdörffer, Sigmund	27. April 1852	Bayreuth	Kaufmann/Bankier	1861–1865	
Wilmersdörffer, Max Meier	23. Mai 1854	Bayreuth	Bankier	1863–1868	
Wilmersdörffer, Julius Joseph	29. Mai 1857	Bayreuth	Kaufmann	1866–1873	
Wilmersdörffer, Ernst	18. Juli 1865	Bayreuth	Kaufmann	1874–1883	1883
Wilmersdörffer, Eduard	25. Dezember 1866	Bayreuth	Privatier	1877–1880	

Name	Geburt	Ort	Beruf des Vaters	Am Gymnasium	Abitur
Wilmersdörffer, (Williams), Leopold		Bayreuth		1834	
Wilmersdörffer, Israel		Bayreuth		1843	
Wittelshöfer, Israel	1812?	Baiersdorf	Rabbiner	1829–1831	
Wittelshöfer, Israel	4. Februar 1813	Floß	Rabbiner	1830–1835	1835
Wittelshöfer, Siegmund	1. Januar 1815	Floß	Rabbiner	1831–1833	
Wittelshöfer, Julius	4. Februar 1812	Floß	Rabbiner	1833/34	1834
Wittelshöfer, Moritz	3. Februar 1850	Floß	Rabbiner	1864/65	
Wolf, Isaac Moses	18. Dezember 1815	Baiersdorf	Kirchendiener	1829–1831	
Wolff, Heinrich	28. August 1875	Altenkundstadt	Kaufmann	1886–1893	1893
Würzburger, Simon	17. Dezember 1816	Bayreuth	Kaufmann	1827–1835	
Würzburger, Julius	1. Mai 1818	Bayreuth	Kaufmann	1829–1838	1838
Würzburger, Isaac	1, 12, 1818	Bayreuth	Kaufmann	1830–1833	
Würzburger, Louis	19. August 1824	Bayreuth	Kaufmann	1835–1837	
Würzburger, Karl	10. März 1891	Bayreuth	Arzt	1900–1910	1910
Würzburger, Otto	5. Mai 1842	Bayreuth	Kaufmann	1851–1854	
Würzburger, Karl Jakob	14. Juni 1853	Aschbach	Arzt	1861–1870	1870
Würzburger, Eugen J.	23. August 1858	Bayreuth	Privatier	1866–1875	1875
Würzburger, Julius	26. November 1879	Bayreuth	Rechtsanwalt	1889–1898	1898
Würzburger, Otto	3. Juli 1888	Bayreuth	Arzt	1898–1909	1909
Würzburger, Albert	13. November 1856	Bayreuth	Arzt	1866–1875	1875

18. Chronologie (ergänzt durch Daten zur Stadtgeschichte und Deutschen Geschichte)

1194		• Erste urkundliche Erwähnung Bayreuths	• Freilassung von Richard Löwenherz
1231		• Erste Erwähnung Bayreuths als „civitas"	
1437	• Erste schriftliche Nennung der Lateinschule	• 1430 Hussitensturm • 1432 Einungsbrief	
1464	• Schulordnung der Lateinschule		
1571/72	• Neubau der Lateinschule		• 1570 Reichstag zu Speyer
1664	• Stiftungsurkunde, feierliche Eröffnung des „Gymnasium illustre"		• 1663/64 Türkenkrieg
1666	• Erste „Oratio" von Prof. Liebhard „De Barutho matre studiorum"		
1667	• Genehmigung eines Dienstsiegels		• Beginn des sog. „Devolutionskriegs" mit dem Einmarsch Frankreichs in die Niederlande

			• 1668 Grimmelshausen v., Der Abenteuerliche Simplicissimus Teutsch
1683	• Anschaffung einer Glocke		• Die Türken vor Wien
1686	• Entwurf der „Leges" durch Caspar v. Lilien	• 1701 Anfänge des Schlossbaus in St. Georgen • 1711 Einweihung der Ordenskirche • 1712 Tod von Markgraf Christian Ernst	• 1688–1697 Pfälzischer Krieg
1714	• 50-jähriges Jubiläum Ausstattung des Auditoriums mit einem „doppelten Catheder"	• 1716 Fayence-Manufaktur • 1732 Waisenhaus • 1736 erste „Bayreuther Intelligenz-Zeitung" • 1737 Mainkaserne	• 1701–1714 Spanischer Erbfolgekrieg • 1713 Friede von Utrecht, Pragmatische Sanktion • 1730 Gottsched, Versuch Einer critischen Dichtkunst …
1742	• Errichtung der Friedrichsakademie		• Ende des ersten Schlesischen Kriegs
1743	• Verlegung der Friedrichsakademie nach Erlangen	• 1744–1750 Opernhaus	• 1749 Geburt Goethes
1751	• Neufassung der „Leges"	• 1753 Neues Schloss • 1758 Tod von Markgräfin Wilhelmine • 1759 Verkauf des Redoutenhauses an Bankier Moses Seckel • 1760 Einweihung der Synagoge	• 1755 Erdbeben von Lissabon • 1756–1763 Siebenjähriger Krieg • 1759 Geburt Schillers
1760	• Schulaufsicht durch ein Konsistorium	• 1763 Tod von Markgraf Friedrich	
1764	• 100-jähriges Jubiläum		
1770	• Einführung eines Studienbuches	• 1791 Preußische Herrschaft	• 1771/72 große europäische Hungerkrise • 1779 Lessing, Nathan der Weise

1803	• Einführung von verbindlichen Lehrerkonferenzen und eines zu führenden Protokollbuches • Gründung des Scholarchats		• Reichsdeputationshauptschluss • Säkularisation
1804	• Umzug in das ehemalige Waisenhaus in der Friedrichstraße 14	• Jean Paul in Bayreuth • 1806 Französische Herrschaft (Tournon)	• 1804 Napoleon krönt sich zum Kaiser • 1804 Schiller, Wilhelm Tell • 1805 Tod Schillers • 1806 Rheinbund • 1806 Ende des Heiligen Römischen Reichs Deutscher Nation • 1808 Goethe, Faust I. Teil
1810–1891	• Umbenennung der Schule in „Königlich Bayerische Studienanstalt"		
1812	• Erster gedruckter Jahresbericht	• 1813 erhalten die Katholiken die Schlosskirche als Gotteshaus	• 1812/13 Denkschriften des Freiherrn vom Stein für eine bundesstaatliche Verfassung Deutschlands • Befreiungskriege • 1812/15 Gebrüder Grimm, Kinder-und Hausmärchen
1814/15	• Erstmals ein Schüler isr. Glaubensbekenntnisses am Gymnasium (Sigismund Kohn)		• Wiener Kongress
1818	• Gründung einer „Schülerharmonie", aufgelöst 1819 • Erstmals Turnunterricht durch Lehrer Hahn	• Gemeindeedikt in Bayern • Chr. E. v. Hagen erster rechtskundiger Bürgermeister (1818–1848)	
1819	• Einstellung des Turnunterrichts bis 1825		• Karlsbader Beschlüsse • 1820 Wiener Schlussakte des Deutschen Bundes
1821	• Gründung des „Museums"		
1824–1829	• Einführung einer Lycealklasse	• 1825 Tod von Jean Paul	
1826/27	• Wiederaufnahme des Turnunterrichts mit Flamin Cloeter		• 1826 Eichendorff, Aus dem Leben eines Tauge nichts
1827	• Erstmals Schwimmunterricht		
			• 1829/30 Schulreform Friedrich Thiersch
1830	• Dr. Joh. Chr. v. Held in Paris		• 1830/31 Julirevolution

1832	• Gründung eines Gesangsvereins durch Lehrer des Gymnasiums		• Hambacher Fest (mit Joh. Georg August Wirth aus Bayreuth als Redner) • 1832 Tod Goethes
		• 1833 Kreisgewerbeschule (später Oberrealschule)	
1834	• Neue Schulordnung • Erstmals Reifeprüfung als allg. Bedingung für die Immatrikulation an Universitäten	• 1834 Zuckerfabrik Theodor Schmidt • 1841 Einweihung des Jean-Paul-Denkmals • 1846 Flachspinnerei Sophian Kolb	• 1833/34 Zollverein • 1835 erste deutsche Eisenbahn Nürnberg-Fürth) • 1844 Heine, Deutschland. Ein Wintermärchen
1848	• Auswanderung von Philipp Ott in die USA (1919 Ott'sche Stiftung)		• 1848/49 Revolution • Nationalversammlung in der Paulskirche
1851	• Gründung der Schülerverbindung Abituria	• 1852 Pianoforte- und Flügelfabrik Steingraeber • 1853 Mechanische Baumwollspinnerei • 1853 Eröffnung der Eisenbahnlinie nach Neuenmarkt • 1853 erstmals Gasbeleuchtung in Bayreuth	
1854	• Neue Schulordnung	• 1855 Gasfabrik • 1856 „Bayreuther Tagblatt"	
1856	• Einführung der Kurzschrift nach dem Sytem Gabler – Erster Lehrer Alexander Puschkin	• 1861 Turnverein • Freiwillige Feuerwehr Bayreuth • Eisenwerk Hensel	• 1856 Ende des Krimkriegs; Pariser Friede
1862	• Turnen wird Pflichtfach		• Verfassungskonflikt in Preußen • Otto von Bismarck wird Preußischer Ministerpräsident
1864	• 200-jähriges Jubiläum • Karl Fries verfasst eine Geschichte der Studien-Anstalt Bayreuth • Heldsche Jubiläumsstiftung		• Krieg Österreichs und Preußens gegen Dänemark
1865/66	• Einführung des Unterrichts in Englisch – Erster Lehrer A. Puschkin	• 1866 Opernhaus mit Gasbeleuchtung	• 1866 Krieg um die Vorherrschaft in Deutschland zwischen Österreich und Preußen

1870/71	• Erster Hinweis auf naturkundlichen Unterricht	• 1870 Kreisirrenanstalt • 1872 Baubeginn des Festspielhauses • 1875 „Central-Schule" (Graser-Schule) • 1876 Eröffnung der Festspiele	• Deutsch-Französischer Krieg • 1873 Wirtschaftskrise • 1879 Büchner, Woyzeck (posthum)
1880	• Bau einer eigenen Turnhalle		
1883	• Gaslicht	 • 1887 erste elektrische Beleuchtung in der Opernstraße • 1900 erstes Elektrizitätswerk an der Herzogsmühle	• Krankenversicherungsgesetz • 1884/85 Gründung deutscher Kolonien • 1888 Storm, Der Schimmelreiter • 1891 Arbeiterschutzgesetzgebung • Erfurter Programm der SPD • 1891 Raabe, Stopfkuchen • 1892 Hauptmann, Die Weber • 1894/95 Fontane, Effi Briest • 1901 Th. Mann, Die Buddenbrooks
1904	• Gründung der Schülerverbindung Baruthia	• Justizpalast • 1905 Städtisches Krankenhaus • 1908 Höhere Töchterschule • 1909/10 Oberrealschule	
1910	• Einführung des Naturkundeunterrichts in den unteren 5 Klassen	• 1909 erster Zeppelinflug über Bayreuth • 1910 erster Bayreuther Volksfest am Mainflecklein	 • 1912 Kafka, Das Urteil
1914	• Neue Schulordnung • 250-jähriges Jubiläum • Schrift von Dr. Wilhelm Motschmann „Das Bayreuther Gymnasium 1864–1914" • Stiftung einer Schulfahne durch die Stadt Bayreuth	• Gründung der Bayerischen Elektrizitäts-Lieferungs-Gesellschaft (BELG) • Einweihung des Wittelsbacher Brunnens	• 1914–1918 Erster Weltkrieg

1914/15	• Erstmals Eröffnung des Schuljahres mit einem Schülergottesdienst	• 1918 Einführung des Scheckverkehrs durch Sparkasse	• 1918 Kapitulation • Ausrufung der Weimarer Republik
1919	• Erstmals Aufnahme von Mädchen an das Gymnasium • Erstmals ein Elternabend	• Bürgerwehr • Einwohnerwehr • Soldatenrat • Freikorps • Rücktritt von Leopold v. Casselmann • Albert Preu erstes direkt gewähltes Stadtoberhaupt	• Spartakusaufstand • Versailler Vertrag • Reichsverfassung
1920	• Schulreform	• 1921 Gründung des Schwimmvereins	• Kapp-Putsch
1921	• Elektrisches Licht im Gymnasium	• 1922 Gründung einer Ortsgruppe der NSDAP in Bayreuth • 1923 Deutscher Tag in Bayreuth • 1924 Wiedereröffnung der Festspiele	• 1923 Hitler-Putsch • 1925 Kafka, Der Prozess
1926/27	• Erstmals Wahl eines Elternbeirats	• 1926 Ortsgruppe der SS • 1929 Eröffnung des Stadtbads	• 1926 Aufnahme Deutschlands in den Völkerbund • 1929 Döblin, Berlin Alexanderplatz • 1933 Hitler Reichskanzler • erster Boykott gegen jüdische Geschäfte
1935	• Alle Lehrer des Gymnasiums sind Mitglied der NSDAP, ausgenommen Böhner und Dr. Arneth	• Rotmainhalle • „Deutsche Christen" gründen eigene Gemeinde	• 1935 „Nürnberger Gesetze" • Kirchenkampf
1936/37	• Abschaffung der 9. Klasse	• 1936 Einweihung des „Hauses der Deutschen Erziehung" • Baubeginn der „Hans-Schemm-Gartenstadt" • Eröffnung des Stadtverkehrs mit einer Linie • Eröffnung der Hochschule für Lehrerbildung an der Königsallee	• 1936 Besetzung der entmilitarisierten Rheinzone • Olympische Sommerspiele in Berlin • „Vierjahres-Plan" • Deutsch-italienischer Vertrag • Antikominternpakt mit Japan
1936/37	• Letztmals Schüler isr. Glaubensbekenntnisses am Gymnasium		• 1937 Encyklika „Mit brennender Sorge"
1937/38	• Einrichtung einer sog. „Schulgemeinde" mit sog. „Waltern"	• 1937 automobile Müllabfuhr löst Pferdefuhrwerke ab	

Jahr			
1938	• Geheime Mobilmachungs-dienstanweisung	• „Reichskristallnacht" in Bayreuth	• Anschluss Österreichs an das Deutsche Reich • Sudetenkrise • Münchener Konferenz • Reichspogromnacht (sog. „Reichskristallnacht")
1939	• Verbot der Beteilgung von Schülern an religiösen Veranstaltungen • Verbot von Schulgottesdiensten	• Eröffnung des Kaufhauses Loher • Abschluss der „Arisierung" jüdische Mitbürger sind vom Geschäftsleben ausgeschlossen	• Zweiter Weltkrieg 1939–1945
1939/40	• Verlust der Bezeichnung „humanistisch"	• Auflösung der Heil- und Pflegeanstalt („Euthanasie")	
1940/41	• Letzte Reifeprüfung während des Kriegs		
1941	• Verbot der Lektüre „Wilhelm Tell"	• Erster Bombenangriff u.a. auf die Spinnerei • 1941 erste Deportation jüdischen Mitbürger • 1942 endgültige Deportation	• Deutscher Angriff auf die UDSSR • 1942 „Wannseekonferenz" • 1942 A. Seghers, Das siebte Kreuz, New York 1942. (Ausgabe in Englisch)
1943	• Einziehung der Jahrgänge 1926 und 1927 (6. und 7. Klasse) als Luftwaffenhelfer (ab 11. Februar Beginn der Einberufung von Schülern, die das 15. Lebensjahr vollendet haben) • Einberufung des Jahrgangs 1925 zum Arbeitsdienst	• 1944 Außenlager des KZ Flossenbürg auf dem Gelände der Neuen Spinnerei	• Untergang der 6. Armee in Stalingrad • Kapitulation 31. Januar–2. Februar 1943
1945	• Letzte Lehrerratssitzung. Protokoll mit Gruß an den Führer (13. März) • Feierliche Verpflichtung der Jungen und Mädchen zur Übernahme in HJ und BdM (25. März) • Luftwaffenlazarett in der Schule • Am 8. April Treffer der Schule beim Bombenangriff auf Bayreuth • Quartiernahme durch US-Truppen • Genehmigung zur Wiedereröffnung des Schulbetriebs durch die Militärregierung am 28. November • Aufnahme des Unterrichts am 12. Dezember	• Bombenangriffe 5./8./11. April • Gründungsversammlungen von SPD und CSU • Gründungsversammlung der Freimaurer (4. November) • „Fränkische Presse" 1. Jg., 1. Nummer am 18. Dezember 1945	• Konferenz von Jalta • Selbstmord Hitlers • Kapitulation • Potsdamer Konferenz • Eintreffen der Gruppe Ulbricht in der SBZ

1946	• Beginn der Schulspeisung • Lehrgang für Kriegsteilnehmer (18. Februar)	• Eröffnung der „entnazifizierten" Stadtbücherei • Gründung des Vereins „Volkshochschule" • Entnazifizierung	• Urteilsverkündung bei den Nürnberger Prozessen • Zwangsvereinigung der KPD und SPD zur SED in der SBZ
1946/47	• Erstmals nach dem Krieg Wandertage		
1947	• Erstes Treffen der „Abituria" nach dem Krieg		• Truman-Doktrin • Marshall-Plan • 1947 Borchert, Draußen vor der Tür
1948	• Rückkehr der Schulglocken • Wahl zum ersten Elternbeirat nach dem Krieg	• Eröffnung des Kinos „Reichshof"	• Währungsreform • Berlinblockade
1949	• Wahl zur ersten SMV (Schülermitverwaltung, später Schülermitverantwortung) • Erstmals Verkehrserziehung • Rückgabe der Turnhalle mit Sportplatz	• Wiedereröffnung des Stadtbads • Erster Wochenmarkt in der Rotmainhalle	• Grundgesetz der Bundesrepublik Deutschland • Wahl zum ersten Bundestag • Gründung der DDR • Gründung der NATO • Gründung der VR China • Zündung der ersten sowjetischen Atombombe
1950	• Erstmals Berufsberatung für die 8. Klasse	• Gründung der Gesellschaft der Kulturfreunde	
1951	• Wiedereinführung der 9. Klasse • Erste Feuerwehrübung • Einstellung der Barablösung des alten Besoldungsrechtsholzes • Das Fach Sozialkunde erstmals Gegenstand einer Fachsitzung	• Wiedereröffnung der Festspiele	
1951/52	• Erstmals Schüler des Gymnasiums für ein Jahr in den USA	• 1952 Wiederwahl von OB Hans Rollwagen	• 1952 Montanunion • 1952 Stalinnote
1953	• Gründung des Vereins „Freunde des humanistischen Gymnasiums Bayreuth, e.V."		• 17. Juni: Volksaufstand in der DDR • Tod Stalins
1953/54	• Erstmals Bundesjugendspiele • Erster Hausmusikabend nach dem Krieg in der Aula		
1954	• Ablösung des alten Holzreichnisses durch einen einmaligen Ablösebetrag durch die Stadt Bayreuth	• Erster Fernsehempfang auf dem Seulbitzer Berg	• Indochina-Konferenz in Genf • Souveränitätserklärung der DDR durch die UDSSR • Wehrhoheit der BRD

1955	• Erster Skikurs in Fleckl	• 1955 Bayreuths erstes Hochhaus in Wendelhöfen	• Volle Souveränität für die BRD • Adenauer in Moskau • Aufnahme der BRD in die NATO • erste Jugendweihe in Ostberlin • Warschauer Pakt) • 1956 Dürrenmatt, Besuch der alten Dame
		• 1957 Ansiedlung von Batberg und Grundig	
1958/59	• Erste Schülerzeitung „Sendelbachnachrichten" mit Redakteur Bernd Mayer	• 1958 Wahl von Hans Walter Wild zum OB	• 1958 Berlinultimatum • 1959 Fidel Castro, Revolution in Kuba • 1959 Grass, Die Blechtrommel
1960	• Erste Abiturfahrt nach Berlin	• Erste Rolltreppe im Kaufhaus Loher	• Zündung der ersten franz. Atombombe • U2 Zwischenfall • Kennedy Präsident der USA • 1961 Bau der Mauer
1962	• Abgabe des Bestandes der „Alten Bibliothek" mit Erscheinungsjahr bis 1850 (Übergabe an die UB Bayreuth 1974, Übergabe des Restbestandes 1999)		• Kuba-Krise
1962/63	• Erster Mikroskopierkurs • Erste Basketballgruppe		• 1963 Rücktritt Adenauers • Ermordung Kennedys • Vertrag über die deutsch-französische Zusammenarbeit • 1963 Chr. Wolf, Der geteilte Himmel
1963/64	• Einführung eines realgymnasialen Zweigs	• 1963 Eröffnung des Kaufhauses Hertie	
1964	• 300-jähriges Jubiläum • Grundsteinlegung für den Neubau des Gymnasiums • Festschrift zur Geschichte des Gymnasiums von Karl Müssel	• 1964 Eröffnung des Kreuzsteinbads • Übergabe der Markgrafen-Kaserne • Freigabe der Albrecht-Dürer-Straße	• Sturz Chruschtschows • Zündung der ersten chinesischen Atombombe
1965	• Erste Schüleraufführung mit der Theatergruppe	• Stilllegung des Gaswerks • Einweihung der Stadthalle	
1965/66	• Beginn des Schüleraustauschs mit Annecy und Amiens • Erstmals Wahl von Vertrauenslehrern		

1966	• Umzug in den Neubau mit Schlüsselübergabe am 1. Oktober	• Städtepartnerschaft mit Annecy • Abbruch des Reitzenstein-Palais • Tod Wieland Wagners	• Rüchtritt Erhards • Große Koalition
1966/67	• Einführung eines „Neusprachlichen Zweiges"	• 1967 Wiedereinweihung der Synagoge	
1967/68	• Erster Jahresbericht mit Abbildungen • Erster Photokurs	• 1967 Eröffnung des Städtischen Stadions • 1968 Fusion von „Bayreuther Tagblatt" und „Fränkischer Presse" zum „Nordbayerischen Kurier"	• 1968 Notstandsverfassung • Ende des „Prager Frühlings" • 1968 Breschnew-Doktrin
1968/69	• Gründung des Schulforums		
1969	• Erstmals Abitur im Fach Französisch statt Griechisch	• 1969 Eröffnung der neuen Pädagogischen Hochschule • Übergabe der Mainüberdachung	• Mondlandung • Sozial-liberale Koalition • Bundeskanzler Willy Brandt
1969/70	• Umbenennung der „Sendelbachnachrichten" in „Grünschnabel"		
1970	• Erster Skikurs in Tirol (Zams)	• 1971 Gründungsbeschluss des Landtags für die Universität	• Neue Ostpolitik • Moskauer Vertrag, Warschauer Vertrag • Nixon-Doktrin • SALT-Gespräche in Genf • 1971 Viermächteabkommen über Berlin • Rücktritt Ulbrichts • Beginn der Ära Honecker
1972	• Erstmals ökumenischer Gottesdienst für Abiturienten	• Einweihung des neuen Rathauses	• KSZE-Vorgespräche in Helsinki • Grundlagenvertrag mit der DDR
1972/73	• Schulpartnerschaft mit dem Lycée Gabriel Fauré in Annecy		• 1973 Vertrag mit Prag • Yom-Kippur-Krieg zwischen Israel und seinen arabischen Nachbarn
1973/74	• Erste Volleyballgruppen	• 1973 Beschluss des Stadtrats über Abbruch der „Burg"	• 1973 Ölkrise • Erstes Sonntagsfahrverbot
1974	• Erstmals eine Fahrt mit Schülern nach Griechenland	• Grundsteinlegung für die Universität • Grundsteinlegung für das Städtische Sportzentrum	• Rücktritt von Willy Brandt • Beginn der Kanzlerschaft von Helmut Schmidt • Zypern-Krise
1975	• Erstmals Ausstellung von Schülerarbeiten im Rathaus der Stadt Bayreuth	• Staatsakt zur Eröffnung der Universität	• Gesetz über Volljährigkeit ab dem 18. Lebensjahr • Ende des Vietnamkriegs

1976/77	• Einführung der Kollegstufe am Gymnasium Christian-Ernestinum	• 1976 Eröffnung des Wahnfried-Museums • 1976 Tod von Fritz Rasp	• 1976 Tod von Mao Zedong • 1977 Ermordung von Hanns-Martin Schleyer
1977/78	• Fertigstellung des Erweiterungsbaus • Beginn der Kursphase in der neu gestalteten Oberstufe • Zentralbibliothek im Keller	• 1978 Ausbau der Unteren Maxstraße zur ersten Fußgängerzone • 1978 erstes Bayreuther Bürgerfest • 1980 Baubeginn des Klinikums Am Roten Hügel • Eröffnung des Jean-PaulMuseums	• 1979 Afghanistankrieg
1981	• Erstmals eine Fahrt nach England • Erstmals Teilnahme am Denkmalwettbewerb • Schloss Habelsee • Erstmals von Abiturienten gestalteter Gottesdienst in der Stiftskirche	• Abbruch der historischen Arbeitersiedlung „Burg" • Grundsteinlegung für das Klinikum	• Kriegszustand in Polen • 1981 B. Strauß, Paare Passanten
1982/83	• Erstmals Durchführung sog. „Projekttage" • Abschaffung des Samstagsunterrichts	• 1982 Einweihung des Internationalen Jugendkulturzentrums	• 1982 Bruch der SPD-FDP-Koalition • Beginn der Ära Kohl • Raketendiskussion
1983	• Ausstellung „Lebendiges Latein" im Rathaus der Stadt Bayreuth • Erstmals Weihnachtsgottesdienst mit musikalischer Ausgestaltung in der Ordenskirche	• Richtfest für das Klinikum • Übergabe der „Südtangente"	• 1983 Chr. Wolff. Kassandra
1983/84	• Erstmals Bericht über Erfolge beim Wettbewerb „Jugend musiziert"	• 1984 Kulturpreis der Stadt Bayreuth für Jochen Lobe	
1984/85	• Beginn des Schüleraustauschs mit der Deutschen Schule Athen • Erstmals Kurs für elektronische Datenverarbeitung		• 1985 Reformversuche in der UDSSR mit „Perestroika" und „Glasnost"
1985/86	• Beginn des Schüleraustauschs mit den USA (Santa Fe bis 1989/90, dann Newark und Middletown, Delaware, Christian High School) • Erstmals Computerbaukurs • Erstmals Kurs für Informatik • Erstmals Hausaufgabenbetreuung	• 1985 Umbau des Marktplatzes zur „Fußgängerzone" • 1985 Baubeginn der „Nordtangente" • 1986 Einweihung des Klinikums	• Patrick Süskind, Das Parfüm, Zürich 1985

1987	• Gründung des Vereins „Christian-Ernestinum, e.V." • Beginn regelmäßiger Kontakte mit der Universität Bayreuth	• 1987 Start von Radio Mainwelle • Kulturpreis der Stadt Bayreuth für Karl Müssel • 1988 Ende der Ära von OB Hans Walter Wild • Wahl von Dr. Dieter Mronz zum OB	• 1987 Staatsbesuch Honeckers in der BRD
1989	• 325-jähriges Jubiläum • Festschrift mit verschiedenen Beiträgen	• Trabis in Bayreuth	• Ungarn öffnet die Grenze nach Westen • Massenflucht aus der DDR • Öffnung der Berliner Mauer
1990/91	• Schüleraustausch mit den USA (Middletown, Newark/Delaware) • Erstmals Pluskurs „Literatur und literarisches Gestalten"	• 1990 Städtepartnerschaft Bayreuth-Rudolstadt • Kulturpartnerschaft zwischen dem Burgenland und der Stadt Bayreuth	• Wiedervereinigung Deutschlands
1991	• Sportbegegnung mit Schülern und Lehrern aus Halle	• 1991 Protestveranstaltung gegen den Golfkrieg	• 1991 Irakkrieg • Bürgerkrieg in Jugoslawien • Geburtsstunde der EU
1992	• Mitglied in der Arbeitsgemeinschaft der Gymnasien in der „Euregio Egrensis" • Erstmals Projekt „Zeitung in der Schule" • Ausstellung „Faszination der Gewalt"	• Stilllegung der Neuen Spinnerei • Verabschiedung der US-Streikräfte aus Bayreuth	
1993/94	• Beginn des Schüleraustauschs mit dem Gymnasium Eger • Erstmals Teilnahme am Adam-Ries-Wettbewerb	• 1993 Rathausempfang für Michail Gorbatschow • 1993 Übergabe des neuen Fleischzentrums • 1993 Verabschiedung des aufgelösten Panzerartilleriebataillons 125 • 1993 Bayreuth „Oberzentrum"	• Solidarpakt für den Osten
1994	• Genehmigung eines naturwissenschaftlichen Zweiges durch das Kultusministerium	• 800-jähriges Stadtjubiläum	• Tunnel unter dem Ärmelkanal
1995	• Ausstellung „Faszination der Bühne – Barockes Welttheater in Bayreuth" (Erweiterte Ausstellung im Rahmen des Festjahres „Das vergessene Paradies" zum 250. Jubiläum der Eröffnung des markgräflichen Opernhauses 1998)		

1996/97	• Beginn des Projektes „Gastschulstipendien für tschechische Gymnasiasten" in Bayreuth • Erster Münzfernsprecher für Schüler	• 1996 Grundsteinlegung für das Rotmain-Center • 1996 Einweihung des Historischen Museums der Stadt Bayreuth	• 1997 Aussöhnung mit Prag
1997/98	• Einführung des mathematisch-naturwissenschaftlichen Zweigs mit der Sprachenfolge Latein-Englisch • Beginn des Schüleraustauschs mit Australien (St. Peter's College, Aladeide)	• 1997 Eröffnung des Rotmain-Centers	
1998/99	• Erstmals Internet AG und Hompage	• 1998 Eröffnung des Urweltmuseums	• 1998 Ende der Ära Kohl • Rot-Grüne Koalition mit Kanzler Gerhard Schröder
1999	• Herausgabe des Dokumentationsbandes „Faszination der Bühne" von Klaus Dieter Reus	• Städtepartnerschaft mit La Specia • Eröffnung der Lohengrin-Therme • Einweihung des Kulturzentrums mit Kunstmuseum	• Einführung des Euro • Angriff Russlands auf Tschetschenien
1999/ 2000	• Teilnahme am Schulversuch „Europäisches Gymnasium" • Belobigung des GCE durch das Kultusministerium wegen des großen Engagements in Umwelt- und Dritte-Welt-Fragen • Herausgabe einer gemeinsam mit dem Gymnasium Cheb (Eger) erstellten Musik CD		• 2000 Absturz der Concorde
2000/01	• Erstmals Videogruppe • Beginn der sog. Budgetierung		• 2001, 11. September – Terroristen zerstören das World Trade Center in New York
2001/02	• Einführung von grundständigem Englisch • Neueinrichtung eines Fachraums für moderne Fremdsprachen • Erstmals sog. „Sporttage"		• 2001 Ende der Talibanherrschaft
2002	• Gedenkfeier im Zusammenhang mit dem Projekt „Denksteine" zur Erinnerung an die von den Nazis ermordeten jüdischen Mitbürger und ehemaligen Schüler des Gymnasiums		• Euro wird offizielles Zahlungsmittel der 12 EU-Länder in der Europäischen Währungsunion • Amoklauf in Erfurt am Gutenberg-Gymnasium

2003/04	• Einführung des neuen Faches „Natur und Technik" • Erstmals Kurs „Naturwissenschaftliches Forschen und Experimentieren"		• 2003 Einweihung des Kompetenzzentrums „Neue Materialien" • Vollendung des Drei-Schluchten-Damms in China • 2004 Tsunami in Südasien
2005/06	• Einrichtung eines neuen Raums für den Chemieunterricht		• 2005 Joseph Ratzinger wird Papst (Benedikt XVI.)
2006	• Einweihung des „Megaron". Raum für Mittagsbetreuung und für schulische Veranstaltungen	• 2006 neuer OB Dr. Michael Hohl, CSU	
2006/07	• Erstmals Stundenplanerstellung EDV-gestützt • Erstmals eine externe Evaluation • Erstmals Arbeitsgruppe „Schulspiel" für die Unterstufe • Erstmals Beginn zweier Jahrgänge mit dem Fach Chemie • Erstmals Mediatorenausbildung (Streitvermittler)	• 2008 Städtepartnerschaft mit Prag • 2008 Rücktritt von Wolfgang Wagner als Leiter der Festspiele	• 2007 Beginn der globalen Finanzkrise in den USA
2009	• Einrichtung eines „Trinkbrunnens" durch Förderung des Lions-Club		
2009/10	• Neuer Computerraum mit neuen Rechnern	• 2010 Tod von Wolfgang Wagner • Umgestaltung des Marktplatzes	
2010/11	• 1. Mai 2011 letzter Abiturjahrgang G9 verabschiedet „Gymnasium illustre" • 1. Juli 2011 erster Abiturjahrgang G8 verabschiedet	• 2011 Einweihung des neuen Marktplatzes	• Atomkatastrophe in Japan, Fukushima
2011/12	• Erstmals Angebot einer „Offenen Ganztagsschule"	• 2012 neue OB Frau Merk-Erbe, BG	• Marssonde, Roboter auf dem Mars

SPONSOREN

Für finanzielle Unterstützung bedanken wir uns bei:

OBERFRANKEN STIFTUNG

Freunde des historischen Museums Bayreuth e.V.
Gondrom Verlag
Nordbayerischer Kurier
Radiologiepraxis im Dürerhof
Sparkasse Bayreuth

Dr. Markus Eberl
Landtagsvizepräsidentin a.D. Anneliese Fischer
Dr. Martin Gollner
Dr. Ulrich Gollner
Dr. Gabriele Hohenner
Dr. Andreas Kämpf
Dr. Helmut Klaus
Familie Leupoldt
Gert Lowack
Dr. Dieter Mronz
Dr. Birgit Ploß
Dr. Klaus-Viktor Tafel
Dr. Horst-Dieter Wendel
Dr. Jürgen Zahout

ANHANG 1

Wir Von Gottes Gnaden / Christian Ernst / Marggraf zu Brandenburg/ zu Magdeburg/ in Preussen/ zu Stettin/ Pommern/ der Cassuben und Wenden/ auch in Schlesien/ zu Crossen und Jägerndorf Herzog/ Burggraf zu Nürnberg/ Fürst zu Halberstadt/ Minden und Camin. Thun kund / und geben hiermit iedermänniglich zu vernehmen/ wie nach/ GOtt Lob! glücklich angetretener unserer Landes-Regierung/ Wir/ mit möglichsten Fleiß/ und Väterlicher Sorgfältigkeit bedacht gewesen/ welcher gestalt Wir das/ von GOtt uns so theuer anbefohlene/ Regiment/ durch die Gnade unsers HErrn und einigen Heilandes Jesu Christi/ rühmlich/ und also führen möchten/ damit zu förderst GOttes des Allerhöchsten/ von welchem Wir und alle Regenten geordnet/ Ehre/ dann auch unsers Landes und Fürstenthums/ und aller getreuen Unterthanen Nutz/ Heil und Bestes / so viel möglich/ befördert werden könnte.

Weil wir dann insonderheit gesehen/ und wahr genommen / daß die Schulen unsers gantzen Landes und Fürstenthums/ bißhero durch das leidige Kriegs-Wesen/ in zimliche Ruin und Abnehmen gerathen. Danebens aber uns gar wol bewust/ wie viel und hoch dem gemeinen Wesen/ beydes in Geist- und Weltlichen Stande/ an rechtschaffener Erziehung der Jugend gelegen / auch gute wolbestalte Schulen / als Werckstädte der Tugenden/ eines Landes beste Schätze/ und schönste Zierde seynd : So möchten Wir von innern Hertzens-Grund wünschen / daß die von unsern Hochlöblichen Herren Vorfahren aufgerichtete Gymnasia, in diesem unsern Fürstenthum und Landen / wieder in solchen Stand/ wie sie vormals bey Friedens-Zeit gewesen/ gebracht/ und erhalten werden könten. Massen Wir durch die Hülffe Got

GOTTES uns künfftig auch dahin bearbeiten werden. Immittels aber/ nachdem Wir in reiffer Berathschlag- und Uberlegung des Wercks befunden / daß zu Aufrichtung eines neuen wolbestellten Gymnasij, Wir/ der Zeit/ viel eher und leichter/ den zu gründlich/ und beständiger Verbesserung/ der Alten/ gelangen können,

Als haben wir GOTT dem Allerhöchsten / von dem Wir bißanhero viel unzehlbare Gnad und Gutthaten überflüssig und reichlich empfangen haben / zu ewigwährendem Lob / Ehr und Preiß / dann auch zu fernerer Erhalt- und Ausbrettung des wahren und seeligmachenden Evangelii unsers liebsten HERRN und Erlösers JEsu Christi / wie nach Anleitung der ungeänderten Augspurgischen Confession, selbige in unserm gantzen Land und Fürstenthum bißanhero ist gelehret und getrieben worden / wobey Wir auch/ durch die Gnade des Heil. Geistes/ biß an unseres Lebens Ende unverruckt zu bleiben / hiermit vor GOTT und aller Welt öffentlich bezeugen/ wie nicht weniger zu vor gemelter unserer Unterthanen/ und der heranwachsenden Jugend Guten/ Nutzen und Besten/ mit wol bedachtem Muth und rechtem Wissen / ein Illustre Gymnasium, bey dieser unserer Fürstlichen Residenz-Stadt Bayreuth/ fundiren wollen : Thun auch solches hiermit und Krafft dieses in bester Form/ Art und Weiß / wie solches immer/ und am beständigsten geschehen soll / kan oder mag. Setzen/ ordnen und wollen demnach/ daß über ietzo gedachte Fundation von unseren Erben/ Erbnehmen und Nachfolgern steiff und fest gehalten/ auch solche/ ohne sonderbare grosse und erhebliche Ursachen / nicht aufgehoben / oder gäntzlich abgeschaffet werde. Doch behalten Wir zu gleich uns / unseren Erben und künfftigen Nachkomnen hiermit ausdrücklichen bevor/ diese unsere Christliche Fundation, künfftiger Zeit/ zu ändern/ oder zu verbessern/ und zu meh

mehren/ so offt es die Nothdurfft erfordert / und uns gefällig seyn wird ; womit Wir zugleich auch unserer Erben/ Erbnehmen und Nachkommen Christl. Fürstl. Gewissen/ beladen wolle.

Gehet solchem nach/ unser gnädigster Will und Meinung dahin/ daß bey obgedachtem Illustri Gymnasio, durch Gottes Gnad und Hülffe/ mit Bestellung etlicher Qualificirter Professoren/ das Fundament oder der Grund/ worauf in künfftiger Zeit ein ansehlicher Bau zu führen / geleget werde. Und weil Wir hierunter vor allen andern Dingen/ wie schon berühret/ auf Gottes des Höchsten Ehr/ und Erhaltung unserer vorgemelten wahren Religion, das Absehen haben; Als setzen/ ordnen und wollen wir / daß bey unserm Gymnasio das Studium Theologiæ, mit sonderbarem rechten Fleiß und Ernst/ getrieben werde : Doch also/ daß bey den Inferioribus die drey Haupt Symbola, namentlich das Apostolicum, Nicænum, Athanasianum, ungleichen das Decretum Concilij Ephesini, auch Confessio fidei Chalcedonensis, und die Articuli Invariatæ Augustanæ Confessionis, samt den eigentlichen Sprüchen H. Göttlicher Schrifft/ womit dieselben bewähret werden/ fleissig getrieben/ und ihnen wol eingebildet werden. Denen Superioribus aber (wordurch Wir die Auditores primæ vel supremæ Classis verstanden haben wollen) soll ein Systema od Syntagma Theologiæ methodicum, und von unsern Theologis approbatum, proponiret werden; dergestalt daß sie die Fundamenta Theologiæ wol und gründlich fassen / und wie ein Locus Theologicus aus den andern fliesse/ fundamentaliter verstehen: Wobey aber alle grosse Weitläufftigkeiten sollen vermieden bleiben: Wollen uns aber keines Weges zugegen seyn lassen/ daß / doferne der Grund richtig und wol geleget/ man eine und andere Controversiam Theologicam, mit aller Bescheidenheit und möglichster Kürtze tractire / und absonderlich auf

die Genuina S. Scripturæ Loca, aus welchen der rechte und warhaffte Verstand derer zur Seeligkeit dienenden Articuln zu beweisen/ das Absehen haben/ auch nach Gelegenheit ein und ander Argumentum Contrarium solviren lernen: das Ubrige aber biß auf andere Zeit und Ort verspahret bleiben möge.

Die jenige/ welche gute Fundamenta in Theologicis geleget/ und die H. Schrifft Altes und Neues Testamentes gelesen haben/ sollen auch zu einer bequemen Zeit/ ausser den Ordinar-Lectionibus, zum Predigen angewiesen werden/ Da ihnen dann ein kurzer Methodus concionandi gezeiget/ und sie hierinnen fleissig exerciret; keiner aber in dieses Collegium Oratorium oder Eloquentiæ Ecclesiasticæ, als der nach fleissiger Erforschung darzu tüchtig und geschickt befunden/ aufgenommen/ noch gedultet werden solle.

Wir wollen/ setzen und ordnen auch / daß bey unserm Gymnasio, in Philosophicis, die Disciplinæ Instrumentales & Reales, systematice docirt werden; Doch mit diesem ausdrücklichen Bescheid/ daß man die Jugend nit mit viel verschiedenen Authoribus , oder langwierigen/ gantz unnötigen Dictiren ad Calamum aufhalte; Sondern die beste und bequemlichste Compendia Disciplinarum der Jugend recommendiret und proponiret werden. Absonderlichen soll auch auf die Mathesin und das Studium Geographicum fleissig gesehen werden. Die inferiores, als secundæ Classis Discipuli, müssen/ ehe sie ad primam kommen/ Logicam & Rhetoricam wol begriffen haben/ auf daß sie nach der Zeit/ mit desto bessern Nutzen/ die Ethicam, Politicam, Physicam & Methaphysicam anhören/ und einige Disputationes halten können. Wie wir dann wollen/ daß alle acht oder vierzehen Tage/ oder so offt sich Respondentes finden/ Disputationes publicæ, welche gleichwol nicht ultra Captum di-

discentium seyn/gehalten; auch dabey zu Erfahrung der Kosten/alle Weitläufftigkeiten fleissig verhütet werden sollen. Doch soll auch in suprema Classe die Logica und Rhetorica mit allem Fleiß getrieben werden. Hierbey ordnen und wollen Wir mit gutem Bedacht/ daß alles/in gemeinen Wesen und Leben zu nichts dienende/Subtilisiren und Grübeln sorgfältiglich vermieden bleibe/ und die Jugend mit dergleichen nichtsnützigen Dingen/welche denen jenigen so zu Hauptsächlichen Wissenschafften gelanget/endlich anders nichts/als eine späte Reue und Erkäntnuß der übel angewendten Mühe/nebens einer Verdrießlichkeit sich des angenommen wieder abzugewehnen/ und das begriffene fahren zu lassen/verursachen/nicht beladen oder beschweret werde; Dann es bezeuget die tägliche Erfahrung/leider! mehr dann zu viel/daß die beste Blüt der zarten Jugend/ vermittels solcher/das gemeine Leben weder auffhelffenden/ noch zierenden/ ihren Verstand aber nur verdunckelnden Wissenschafften/hinstreichen und verblühen müsse: da man doch für allen Dingen darnach trachten solte/damit der zarten Jugend/ und wenn die Memoria am fehigsten/anders nichts/ dann was in dem gantzen und gemeinen Leben nützlich und heilsam ist/vorgetragen und gelehret werde; Welches von vielen verständigen Männern zwar offt und vielmals erinnert; bißhero aber wenig/oder gar nicht ist beobachtet worden.

Wir ordnen / setzen und wollen auch hiemit ernstiglich/ daß das Höchstnötige Studium Historiæ, tàm Sacræ, quàm Profanæ, welches gemeiniglich sehr schlecht in Schulen beobachtet und tractiret wird/ bey diesem unserm Gymnasio mit allem rechtschaffenen Ernst getrieben werde.

So viel die Historiam Sacram & Ecclesiasticam betrifft/soll der Jugend kürtzlichen gezeiget werden/was für einen Zustand es/von der Geburt unsers allerliebsten HErrn und Heiland JEsu Christi an / biß auf unsere Zeiten/ mit

mit der Christl. Kirchen gehabt/und was sich darinnen sonderlich merckwürdiges begeben habe: Für allen Dingen aber/ was in der Ersten Apostolischen Kirchen für Lehren und Ubungen der Gottseeligkeit im Schwang gangen seyn/ und wie von Zeit zu Zeit gefährliche Irrthümer/ die noch biß auf heutigen Tag in der Christl. Kirchen sich finden/eingeschlichen seyn. Ingleichen soll auch der Staat/sowol der Kirchen / absonderlich in Teutschlande/als auch des Weltlichen Regiments in dem vorigen Seculo dergestalt gelehret werden/damit man sehen und verstehen möge/aus was hochdringenden Ursachen/die Heilige und Gott wolgefällige Reformation der Kirchen/sey angestellet worden/und wievielmal des wahren Christl. Glaubens wegen / mit denen Widersachern zu thun gehabt habe.

Was die Weltliche Historien betrifft/so ist uns nicht unbewust / daß dieses Studium mehrentheils also ist geführet worden/ daß man die Historiam, und der Teutschen Geschichte fast gantz hindan gesetzet/ oder zum wenigsten gar schlecht tractiret habe; Demnach wollen wir und befehlen hiemit ernstiglich/daß in unserm Gymnasio die Historia rerum Germanicarum, so wol aus alten/ als neuen Authoren/Wöchentlich zwo oder drey Stunden/aufs wenigste/ mit Fleiß gelehret werde. Der Anfang soll von Cornelij Taciti Buch/ de Situ & Moribus Germanorum, gemachet/und dabey angeführet werden/was beym Julio Cäsare, Strabone, Plinio und Claudio Ptotomæo von gedachten rebus Germanicis zu finden: Nachgehends soll die Historia Rerum & Imperij Germanici gelehret werdē/nicht nur aus denen Recentioribus, als Johanne Aventino, Hulderico Mutio, und Alberto Kranzio: sondern vielmehr aus denen Antiquioribus Germanicarū rerū Scriptoribus, tanquàm, authenticis documentis, namentlich Reginone Prumiensi, Luitprando,

prando, Witichindo, Lamberto Schaffnaburgensi, Sigiberto Gemlacensi, Ottone Frisingensi, Helmoldo, Godofredo Viterbiensi, Conrado Urspergensi, samt andern/ die von/ Christiano Urstisio, Justo Reubero, Joh. Pistorio, Marquardo Freheno und Melchiore Goldasto, sind ediret worden. Welches ohne sonderbare Mühe geschehen kan/ dofern die Historiarum. Professor sich ad Captum. Auditorum. accommodiret. Gleichwol ist keines Weges unsere Meinung/ob solte die Historia antiqua, Græca & Romana, gäntzlich beyseits gesetzet werden/sondern wir ordnen und wollen/ daß auch die Authores Latini, als da sind/ Livius cum. Dionysio Halicarnassæo, Cornelius Tacitus cum Dione Cassio, Suetonius, Vellejus Paterculus, Florus, Justinus, Cornelius Nepos, und andere mehr/doch keines Weges/wie bis anhero/ damit die gute Zeit mit Phrases dictiren/meisentheils zugebracht/und die Jugend nur damit beschweret; sondern vielmehr dergestalt gelesen und fürgetragen werden; damit die Studierende zu solcher Wissenschafft/ welche in rechtschaffener Gottesfurcht/ und der wahren Klugheit bestehet/ auch also zum Kern und Grund der Geschicklichkeit gelangen mögen. Wir tragen keinen Zweiffel/ dofern durch diesen heilsamen Methodum, die Antiqua Philosophia, quæ BONOS fecit homines, wie Seneca bezeuget/ wiederum herfür/ und in Gang gebracht/und die Historia, als Vitæ Magistra, & ab Exemplis demonstrata Philosophia ins künfftige/mit einem bessern Methodo, Fleiß und Ernst/als bißhero geschehen/ gelehret wird/daß durch Göttliche gnädigste Verleihung/der unglaubliche Nutzen/sich bey künfftiger Nachwelt/in dem Werck werde verspühren lassen.

Ingleichen so setzen/ordnen und wollen wir auch / daß die Græca & Ebræa Lingua, dergestalt gelehret werden/

den/daß die Jugend nicht allein die Fundamenta richtig lege: Sondern auch in Græcis, neben dem Neuen Testament/ Profanos Autores, und Aristotelis Scripta, in ihrer Sprach / lesen und gründlich verstehen mögen. Was das Studium Ebræ Linguæ anlanget / soll dahin gesehen werden/damit die Discentes, den Textum Veteris Testamenti originalem gründlich interpretiren lernen. Welches dann leichtlich/und in weniger Zeit geschehen mag/ da man einen rechten Methodum gebrauchet/ und mit dem langwierigen Analysiren/wie bißhero gebräuchlich/ die Jugend nicht zu lang aufhält: Dieweil auch magna pars Sapientiæ Ebrææ in Adagijs bestehet/ als sollen denen Superioribus, bey teglicher Lection, etliche derselben/ ordine Alphabethico, proponiret und erkläret werden.

Dieweil Uns auch nicht unbewust/ welcher Gestalt die Lateinische Sprach heut zu Tag/derer Völcker/ absonderlichen in Europa, allgemeiner Dolmetscher und Mercurius sey/so setzen/ ordnen und wollen wir / daß auch dieses Studium von einem Professore absonderlich / mit allen möglichsten Fleiß/tractiret; auf daß die Jugend nach wolgefasten Fundamentis der Lateinischen Sprach/ auch zu derselben rechten Zierlichkeit/angeführet werde. In gleichen soll neben der Poësi Latina, und alten Poeten/ Virgilio, Ovidio, Horatio und andern/ die Poësis Germanica dociret/und Wöchentlich exerciret werden.

Aus diesem/ so mit möglichster Kürtze bißhero/ zu Männiglichs Nachricht/ist angeführet worden/mag man unschwer erkennen und sehen/wohin unsere ietzige Intention und Vorhaben gehe: Dofern auch/wie Wir hoffen/ Unsere Professores ihren möglichsten Fleiß anwenden werden/so wollen Wir an dem guten Nutzen der durch des H. Geistes Gnad/ aus solcher geführter Information erwachsen wird/ im geringsten nicht zweiffeln.

Sol

Solten sich auch aus unsern/ und andern Landen/ von Adel oder sonsten einige/ bey diesem Gymnasio finden/ welche neben den Studiis, Exercitia equestria, und Frantzösisch oder andere Sprachen zu lernen Lust hätten/ so wollen wir ihnen zum besten/ unsern Bereiter/ Sprach-Tantz-Fecht-und andere dergleichen Exercitien-Meistern/ so sich an unserm Hof befinden/ nachgeben/ auch befehlen/ daß Sie/ gegen einen billichen/ nicht zu hochgespannten Recompens, dieselbe richtig unterweisen mögen; Weil solche Exercitia sonst/ in Franckreich/ Italia und andern Orten / mit grossen Kosten müssen erlernet werden.

Und gleich wie Wir mit offterwehntes Gymnasii Fundation zuförderst auf GOttes Ehr / auch der Jugend und unserer Unterthanen Bestes und Aufnehmen/ wie oben erwehnet/ gesehen; so wollen Wir auch dabeneben/ daß dieses Unser Illustre Gymnasium Uns zu einem guten Andencken/ bey der werthen Posterität, nach unserm Namen Christian-Ernestinum genennet/ und dieser Nam in allen Schrifften/ auch was sonsten/ durch öffentlichen Druck/ ausgehet/ gebrauchet werde. Wie dann/ durch Göttliche gnädigste Verleihung / die solennis Introductio jetzt erwehntes unsers Gymnasii Christian-Ernestini auf nächstkommenden 27. Julii, an welchem Tag Wir/ durch die Gnade JEsu Christi/ das Ein und Zwantzigste Jahr unsers Alters/ GOtt gebe Glücklich! antretten werden/ würcklich geschehen soll.

Neben diesem unserm Gymnasio soll auch die Lateinische Schul/ als ein Seminarium Gymnasii beständig beybehalten / und mit etlichen Præceptoribus bestellet werden; Derer Arbeit allein dahin gehet / damit die kleine Jugend/ die Fundamenta Pietatis & Latinæ Linguæ ac Musicæ, (welche dann sowol beym Gymnasio, als bey der Lateinischen Schul alltäglich eine Stundlang) dociret und exerci-

exerciret werden solle) wol legen/ und in Græcis einigen Anfang machen: Auf daß Sie Nachgehends/ mit besserm Nutzen/ ins Gymnasium genommen werden können. Doch wollen wir hiemit beständiglich ordnen und anbefehlen/ daß aus der Lateinischen Schul ins Gymnasium, auch bey gedachtem Gymnasio von der untern in die obere Class, keiner/ der sey auch wer er wolle/ promoviret werde/ er habe dann zuvor alles dasjenige/ so er in der Lateinischen Schul/ oder untern Class des Gymnasii hätte lernen sollen/ richtig gefasset und absolviret.

Zu männiglichs Nachricht/ haben Wir diese Unsere Fundation, durch öffentlichen Druck zu publiciren anbefohlen. Wollen auch/ daß gleich nach geschehener Introduction, und ins künfftige/ alle Neue Jahrs-Tage/ ein Catalogus Lectionum publicarum, und was ieglicher Professor dociren wolle / durch den Druck heraus gegeben/ und öffentlich affigiret werde. So geschehen in unserer Fürstlichen Residenz-Stadt Bayreuth / den 29. Junij am Fest der H. Apostel Petri und Pauli, im Jahr nach unsers Heylandes und Erlösers JEsu CHristi allerseeligsten Geburt 1664.

Christian Ernst.

(L.S.)

ANHANG 2

Kunst-Rede
Des Durchleuchtigsten Fürsten und Herrn/
Herrn Christian Ernst
Marggrafens zu Brandenburg/ꝛc.
Von
Fürstlichen Wohl-Regir-Künsten:
In Lateinischer Sprache gehalten auf der Hohen Schul zu
Straßburg/
den 21. April. Anno 1659.

Bayreuth/
Gedruckt bey Johann Gebhardt/ im Jahr
Christi/ 1669.

21. d. 1659

(27.)

Ein Statthalter des grösten und höchsten Himmels-Königs auf Erden seyn/ und der Menschen-Gesellschaft vorstehen/ auch was sowol zu Erhalt- als Beschützung derselben dienlich/ beydes weislich vorsehen/ und auch mit tapferer Großmütigkeit vollziehen: Daß solches die allerschwereste Verrichtung sey/ wird niemand in zweifel ziehen/ viel weniger verneinen können. Was Mühe und Sorgfalt es oftmal erfordere/ ein etwas-weitläuftiges Hauswesen/ oder nur sein einziges Gemüt/ in rechter Gebühr zu halten/ und über seine eigene Begierden die Herrschaft zu behaubten: wissen wir ingesamt/ und kan niemand laugnen/ daß es nicht manches Vermögen weit übertreffe.

Was Verstand und Klugheit wird dann wol dem jenigen vonnöten seyn/ der die Obsorge/ nicht nur einer einigen Stadt/ sondern eines grossen Fürsten-Staats/ und soviele unterschiedene Köpfe unter einen Hut zu bringen/ übernehmen muß: Insonderheit weil das klug- und scharfsinnige Geschöpfe/ der Mensch/ mit grosser und nur-ersinnlicher Kunst will gezämet und gezäumet seyn.

D 2 So-

(28.)

Socrates/ der Weisheit-Ausbund aller Griechen/ hat nicht unbillig den unbedachtsamen Dunkelwitz/ ja vielmehr die Verwegenheit der jenigen in verwunderung gezogen/ welche/ da sie sich hierzu geboren oder von GOtt erkoren wissen/ oder da sie nach solcher Hoheit/ und zugleich nach solcher Arbeit streben/ gleichwol das/ was zu kluger Regirung und tapferer Beschirmung eines Staatwesens zu wissen vonnöten/ vorher zu erlernen/ sich nicht sonders befleissigen. Einen Menschen/ der auf dem hohen Meer ein Schiff zu besteuren sich unterfänget/ da er doch dessen gar keine wissenschaft trägt/ wird man vor höchst-vermessen/ auch vor hierzu-untüchtig ausruffen. Wer niemals einer Feldschlacht beygewohnet/ noch die Kriegskunst erlernet oder erfahren/ dem wird kein Verständiger ein Kriegsheer vertrauen. Wann auch die jenigen/ so nur ein schlechtes Handwerk oder gemeine Pövel-Kunst zu ihrem Beruff erwählen/ ihnen einen erfahrnen Meister aussehen/ und bevor auf die Lehrbank sitzen/ als sie die Werkstatt betretten: Wieviel billiger ist es/ daß ein angehender Fürst/ welcher dem Regirungs-Thron in die schoß wächset/ die sowol zu Bestätt- als Vertheidigung des Gemein-Bestens ganz unumgangbar-notwendige/ zwar kurz-benenn-

---

(29.)

benennliche/ aber in werk fast-unbezirkbäre Kunst zu regiren vorher erlerne: Damit er seine Untergebene zuhaus in Gehorsam halten/ drausen aber Männlich vertheidigen und beschützen könne.

Welcher nun diese höchst-heilwerdige und einem Staatsherrn oder Fürsten lauter-unentbärliche Kunst (die gewißlich niemanden also von sich selbst ins Gehirne fället/ noch durch geringe Erfahrung ohne Mühe und Arbeit ergriffen wird) mit Unverdrossenheit durchgehet/ und also vor der Zeit/ was ihme nach der Zeit nutzen möge/ fürträchtig erlernet: Ein solcher Fürst wird/ zu seinem unsterblichen und ewigen Namensruhm/ auch zu gewissem der Seinigen Nutzen und Ergötzlichkeit (warlich eine Lobwürde/ nach welcher keine höhere und schönere zu finden/ noch zu erdenken ist!) die Regirung löblichst antreten und derselben glücklichst vorstehen.

Mit was Künsten aber so ein Ruhm zu erwerben/ und welche dazu erfodert werden/ ein Fürstentum oder sonst ein Staatswesen aufs beste zu regiren/ hiervon bin Ich etwas weniges vorzutragen gewillet: Und kan Ich schon nicht alle Regir-Künste/ so will Ich doch die besten und bewährtesten erzehlen: Eure Wolmeinung und Aufmerk-

D 3 sam-

samkeit / wehrte Zuhörer / mir von selbsten versprechend.

unius utilitas. Gewiß ist es / und die höchste warheit / daß ein jeder löblicher Fürst nicht so sehr ihm selber / als dem Volk und Unterthanen leben / dem Nutz und Wolwesen derer / über die er gesetzet ist / dienen / und alles sein Thun und Lassen zum Wachstum gemeiner Wolfart einrichten solle. Zu diesem Zweck muß alles sein Ratschlagen und bemühen zielen / auch er sich selbst also erweisen / daß aller anderer Geschäftsweile durch seine Beschäftigung / anderer Müssiggang durch seine Arbeit / durch seinen Fleiß anderer Ergötzlichkeit / und anderer Schlaff durch seine Wachsamkeit / in sichere beschirmung genommen werde.

Es soll in seinem Herzen und Gedächtnus jene Spruch-Rede unauslöschlich geschrieben stehen: Das gemeine Wolwesen ist das höchste von allen Gesetzen. Er soll immerzu bey sich gedenken / daß nicht das Staatswesen ihme / sondern er dem Staatswesen eigentümlich zugehöre. Dieser meinung hat Käiser ELIUS ADRIANUS des löblichsten Fürsten TRAJANUS nächster Reichsfolger / im Raht zu Rom sich oft vernehmen lassen: Er wolle dem Reich vorstehen / als einer der wol wisse /

wisse / wie solches des gemeinen Volks / und nicht sein eigen sey. Warlich eine würdige Rede / eines würdigen Käisers und löblichen Fürsten!

Dann welcher / mit Hintansetzung des Gemein-Besten und Nutzens der Unterthanen / auf nichts / als auf seinen eigenen Nutzen denket / oder der Oberbotmässigkeit nach eigener Begierde mißbrauchet / oder aber unter prächtigem Vorwand des Gemein-Nutzens / gleichwol nur auf die Aufname seines Hauses und Geschlechtes bedacht ist / und dahin mit aller seiner Sorge und Verstands-Vermögenheit einig und allein zielet und spielet: Ein solcher wird den Namen eines löblichen Fürstens nimmermehr behaubten. Sintemal alle Welt-Herren zu dem ende / von dem höchsten Himmels-herren eingesetzet sind / daß sie das Gemein-Wesen sorgsam beobachten / und aller Unterthanen Wolstand befestigen sollen.

In ewigem Preis-Andenken leben billig annoch die glorwürdigsten Käisere ANTONINUS PIUS und FRIDERICH DER ERSTE dieses Namens: Deren jener die ihm unterworfene Völker also beherrschet / daß er vor sie alle / und vor alle das ihrige / als wäre es sein eigen gewesen / gesorget; Dieser aber keinen Tag geschäfts-

schäftslos vorüberstreichen lassen / und den jenigen Tag / an welchem er nicht etwas zu Erhaltung des Reichs Wolfart / Recht und Gerechtigkeit angeordnet / vor verlohren geachtet. Denn diese hochlöbliche Fürsten haben den Lehrspruch jenes Römischen Burgermeisters und Redners gar weislich beglaubwürdiget: Daß einer jeden Obrigkeit das Glückleben aller ihrer Unterthanen vorgezielet und gesetzet sey; um / dasselbe mit Macht befestiget / mit Mannschaft verbollwerket / mit Herrlichkeit erweitert und mit Tugend geadelt zu verschaffen.

Ob nun wol von einem jeden löblichen Regenten / damit er den seinen glücklich vorstehen / oder in unruhigen Zeitläuften / sie wider alle Gewalt beschützen und versichern könne / viele und sonderbare Tugenden erfordert werden: so ist ihm doch keine mehr-unvermeidlich vonnöten / als wahre ungeschminkte GOTTESFURCHT / welche alle *Pietas.* Göttliche und die meisten in einem Staat hochherzliche Sachen / die allgemeine Glückseeligkeit und Wolfart / und so wol des Oberherrn als der Unterthanen Bestes / unterstützet und befestiget. Ich bin denen mit-beystimmig / welche diese Tugend zur Fürstin unter den Fürstentugenden machen / und

und dieselbe eine Mutter und Begriff aller anderer Tugenden nennen.

Das Ehr-Ansehen / ist gleichsam die Seele des / der herrschen soll. Solches aber zu erlangen / oder sich in selbigem zu erhalten / ist kein gewisser / kräftiger noch würksamers Mittel / als die GOTTES-FURCHT / und das gute Gerüchte / so man von ihr träget: welches der wahre Ursprung der Hochachtbarkeit ist / und auch wol niedere Standsleute / zwar nicht so fruchtbar / aber doch sehr würdig machet.

Die ungefärbte GOttesfurcht ist es / welche die Obern mit den Untern / und diese unter sich selbst miteinander / ganz änge in Liebe verknüpfet. Sie ist das Band / wodurch so vieler Menschen so mannigfaltige Sinnen und Gemüter in eines zusammen gefasset werden. Sie ist der Wachstum / in kraft dessen das gemeine / und zugleich eines jeden / Wolwesen aufblühet.

Ohne GOttesfurcht kan nichts heilig / nichts unverletzbar bleiben: Und bey Nachbleibung und Hintansetzung derselben / fället nicht allein alles zu haufen / sondern ist auch gar nicht oder doch schwerlich wieder zum Stand zu bringen: An ihr han-

(34)

hanget/ sowol der Gebietenden/ als der Gehorchenden/ immerwährendes Heil oder Unheil.

Gewiß ist es/ daß ein Mensch eher ohne Seele leben/ als einzige Oberherrschaft ohne Gottesfurcht bestehen / oder ein Fürst ohne dieselbe glücklich seyn könne. Thue ab die Gottesfurcht und den Gottesdienst/ so wird keine Tugend mehr auf Erden seyn/ sondern Betrug/ zaumloser Frevelmut und verwirrtes Unwesen die oberhand behalten.

So mögen demnach die Gottsvergessene Ränkschmiede und Staatskünstlere schweigen/ und sich von hinnen machen/ welche durch ihre böse und verfälschte Staat-Kunstgrifflein ein Gemein-Wesen zu regiren/ und mit ihrem Menschgehirne alles hindurch zu karten gedenken. Durch solche wird die GOttesfurcht verachtet/ oder doch wenig geachtet/ oder gar vor eine solche Sache geschätzet/ welche von den Menschen/ nach Art eines zugelassenen nützlichen Betrugs/ zu Erhaltung menschlicher Gemeinschaft/ löblich erfunden worden: Auch alles/ was von GOtt/ seiner Vorsehung und wahrer GOttesfurcht mit grund der Warheit von andern gelehret und geglaubet wird/ als ein Staats-Kunstgriff/ die Unterthanen desto leichter in Gehorsam zu halten / für weislich-eingeführet/ und für

(35)

für ein sonderlich Probstuck Menschlicher Klugheit gehalten. Welches ja der äusersten Gottlosigkeit höchste Staffel und eine recht-teuflische Bosheit ist.

Es sind heutiges tages unter den Staats-Häubtern / auch unter dero hohen und geheimen Bedienten / leider! nicht wenige/ bey denen es gar gewöhnlich ist/ jetzt-erwehnter massen von der GOttesfurcht zu urtheilen / und zu glauben. Und ob sie wol von derselben zuweilen viel Lobgeschwätze machen/ so scheinet es doch/ daß ein anders ihnen auf der Zunge/ ein anders in ihrem Herzen verborgen lige. Diese Staatsköpfe/ indem sie alle GOttesfurcht und Religion aufheben / sind warlich eben die von den Alten artig-eingefürte Risen/ welche GOTT von seinem hohen Thron herab zu stürzen sich leichtfertig gelüsten lassen.

Solchen Seelverderblichen Samen der Ruchlosigkeit soll ein jeder frommer Fürst/ dem seine und der seinigen zeitliche und ewige Wolfart angelegen ist/ ihme ja nicht ins Herze streuen lassen/ sondern seine Ohren vor diesen betrüglichen Sirenstimmen so abscheulicher Meinungen zustopfen: Wofern er anderst sein Staatswesen nicht zu gewissem Untergang fördern/ noch sich und die seinigen in

E 2   einen

(36)

einen unendlichen Abgrund alles Elend-übels vertieffen und abstürzen will.

Dergleichen neue wiewol heut zu Tag nicht seltsame Staatslehrer / müssen sich von dem Heiden Plato / und dem klugen Lehrmeister des grossen Alexanders/ rechtschaffen beschamröten lassen/ welche die Beobachtung der GOttesfurcht und Gottesdienst-Sachen/ unter den Sorgfalten eines Staathaubtes die erste und vornemste zu seyn/ bejahet: Und diesem Ausspruche sind alle andere Staats-Weißen/ wiewol sie dem blinden Götzendienst beygethan gewesen/ einhellig beygefallen. Er selber der Toscanische Erzlehrmeister aller Tyrannen / kan nicht vorbey/ der GOttesfurcht das Wort zu sprechen / und bekennet/ daß zum wenigsten der Wahn und Schein derselben einem Staathaubte nötig sey. Aber solche Anschminke/ gleichwie sie an sich selber untauerhaftig ist / also pflegt sie auch plötzlich wie ein Rauch zu verschwinden. Man muß es nur frey und offentlich heraus sagen: Wieviele haben/ ihre eigene und die gemeine Wolfart / allein darum verscherzet / daß sie die Gottesfurcht gar nicht / oder doch wenig geachtet? Hier steht uns Griechenland/ hier steht uns Rom/ zu einem Zeugnus und Beyspiel.

Dero-

(37)

Derohalben soll ein Fürst ihme tief und fest in das Herze bilden/ daß ohne GOttesfurcht kein Staatswesen begrundvestet/ noch einige Menschliche Gesellschaft in Band und Stand erhalten werden könne: Die Reiche aber / so auf diesen Grund gebauet/ ewiglich bestehen; und denen die GOTT mit ernst ehrbedienen/ alle Dinge wol von statten gehen / ja auch die Widerwärtigkeiten/ welche sonst schädlich zu seyn scheinen / zu ihrem Besten ausschlagen müssen. Er befleisse sich / GOTT zum Freunde zu haben / und befahre sich alsdann nicht/ daß er leichtlich weder von Ausländern/ noch von seinen Unterthanen / werde können verletzet werden.

Dahero soll ein jeder löblicher Fürst/ vor allen andern Dingen/ sowol um sein- als gemeines Nutzwesens willen/ vor die GOttesfurcht mit fleiß und ämsigkeit sorgen: sintemal ihm nicht allein seine eigene / sondern auch seiner Unterthanen ewige Glückseeligkeit/ welche ohne rechte GOttesfurcht nicht erlanget werden kan/ zu befördern obliget und gebühret.

Und deshalben soll Er allen äusersten Fleiß anwenden/ daß Er über Fromme und Gottesfürchtige Unterthanen herrschen möge. Solches aber

E 3   werk-

werkstellig zu machen/ ist kein leichters Mittel/ als wann Er ihnen mit GOttesfurcht vorleuchtet/ und sie also mit Nachamungs-Eifer befeuret: Dann Beyspiele können/ wie sonst allemal viel/ also hier das meiste thun.

Wie das Haubt eines Staatwesens/ also sind auch seine Glieder beschaffen; Und es haben sich allzeit die Sitten der Zeiten und Leute nach dem Leben ihres Fürsten geebenbildet: Wie solches die Geschichtschriften der alten Weltzeiten klärlich darlegen und erweisen. In warheit keine Gewalt bezwinget den Menschen so meisterlich/ als das Leben des Fürsten die Gemüter der Unterthanen an sich zeucht/ und ihre Sitten verändert. Dann indem sie ihme lieb und angenehm zu seyn verlangen/ befleissen sie sich auch/ nach seinen sittlichen Neigungen zu leben.

Aus der wahren GOttesfurcht/ als aus einer lebendigen Brunnquelle/ entspringet auch die GERECHTIGKEIT/ TREU und AUFRICHTIGKEIT/ samt allen andern Tugendzierden und Stützseulen der Glückseeligkeit eines Fürsten.

Justitia Die GERECHTIGKEIT ist nicht die geringste unter den Regirkünsten/ als durch welche die Frömkeit geschützet/ und die Boßheit gestraffet wird: Und ohne dieselbe kan keine Gesellschaft der Menschen/ auch nicht der bösesten Buben/ bestehen.

So soll dann ein Fürst ein wachendes auge darauf haben/ daß seiner Unterthanen keiner von Fremden an Leib/ Gut/ und Ehre beschädiget werde/ und daß einem jeden sein Recht ungeschmälert bleibe; auch denen zuhaus entstehenden Zweytrachten mit anständiger vermittelung abgeholfen werde.

Dieses ist der Fürsten eigene Gebür und Amtsverrichtung/ als welche eben darum/ daß man durch sie zu seinen Rechten gelange/ zur Oberherrschaft beruffen und bestellet worden.

Weil Er aber nicht alle Sachen selber anhören und verabschieden kan/ als ist ihm nötig/ daß Er zu Unter-Obrigkeiten solche Männer verordne/ welche fromm/ GOttsfürchtig/ Warheit-liebend und vom Geitz entferner seyn/ welche der Gerechtigkeit unverdrossen vorstehen/ den Strittigkeiten nach inhalt der Rechte abhelfliche maß geben/ und die Boshaftigen mit Ernstgebür abstraffen. Es soll aber ein Fürst/ zwischen dem Donnergewülke der Gerechtigkeit/ den Glanz der Gütigkeit lassen hervor *clementia*

vor blicken/ auch unter den heilbaren und verzweifels-bösen Staatsgliedern wissen einen Unterschied zu machen. Er soll auf kleine Verbrechen mit Verschonen/ mit der Schärfe aber nur auf die gröstern/ ein weises Einsehen haben/ und nicht allemal mit der Straffe/ sondern auch öfters mit der Reue/sich zu frieden stellen und begnügen lassen.

Ein Fürst gewohne/ die Gemüter/ solang er kan/ mit gelinden Worten auf rechten Weg zu bringen. Hiernächst mag er etwas härter schelt-donnern; Endlichen gar zur Straffe/ aber zur geringen und erlaßbaren/ greiffen/ mit der lezten und grösten Schärfe aber/ allein der äusersten Boßheit straffwütenden einhalt thun. Ein Fürst sey zu peinlichen Urteilsprüchen langsam/ und schreite zur Hinrichtung mit Unmut und gleichsam wider seinen willen: eben so wenig vor ein stuck seines Ruhmruffs achtend/ wann er viel Ubelthäter nach der Richtstatt führen lässet/ als ein Kunst-Arzt/ der viel Leichen nach dem Gottesacker schicket. So oft er solches füglich thun kan/ erlasse er die Straffe/ oder so er nicht anders kan/ mildere er dieselbe. Er habe den VESPASIANUS stäts vor augen/ und besehe sich/ als in einem Spiegel/ in demselben: welcher/ auch über ganz-rechtmäsige

mäsige Straffmarter/ erseufzet und geweinet/ und sich niemals über eines Misthäters Hinrichtung gefreuet hat. Von dem TIBERIUS ist bekant/ daß er zwar die Leibesstraffen anbefohlen/ aber nicht mit angeschauet.

Es ist nit auszureden/ wie vielmögend die GUTIGKEIT einem Fürsten sey/ sowol seiner Person sich zu versichern/ als an Macht und Reichtum sich aufnambar zu machen. Thut er das gegenspiel/ so wird des Pöfels Gemüte von ihm abgewendet/ und er verhasst gemacht: Es entstehen daraus innerliche Unruhen/ und es gedeyet wol gar zur Aufruhr/ welches die verderblichste Pest des gemeinen Wolstandes ist.

Wider die Rahtgebere der Treubrüchigkeit/die ihme zu Erweiterung der Gebietgränzen/ und zu Mehrung seiner Einkünfte/ die Betrugkünste einschwätzen wollen/ soll ein Fürst aufs höchste Haßeifern/ und ihme den Verlust/ so er an dem guten Gerüchte seiner Aufrichtigkeit leidet/ ganz unermäßlich vorbilden. Dann ihme gebühret/ TREU und Glauben/ und was er/ auch seinem Feinde/ billigmäßig versprochen/ redlich und unverbrüchlich zuhalten. Wann man auch ihm einblasen wolte: **der gemeine Nutz rechtmäsige die Unbilligkeiten/** *fides*

F die

die man deswegen einzelen Personen erweiset: so soll er bey sich selber erwägen / von was geringer fürträglichkeit der Nutze sey / so aus einem Treubruch zuwächset. Dann wer nur einmal Treubrüchig wird / der gewinnet nichts mehrers damit / als daß man hernach auch seinen beyeydeten Versprechen keinen Glauben zustellet / und daß man ihm hinwiederum nicht Glauben hält. Solcher gestalt würden endlich keine Verträge noch Bündnüsse fest und unbrüchig bestehen können: welches dann die gebahnte und gerade Strasse zum Untergang ist.

erga subditos. Es ist auch zur Sicherheit eines Fürsten und zu Beschirmung seines Staatwesens nichts zuträglicher / als von den Unterthanen geliebt werden. Es kan nicht bässer um ihn stehen / als wann aller knechtischer Furcht-Gehorsam von den Seinen weit entfernet ist. Nichtes setzet eines Fürsten Leib und Güter in stärkere Schutzhut / als die LIEBE seiner Unterthanen gegen ihme. Selbige ist ein unübersteigliches Bollwerk / und übertrifft alle Leibwacht und Schutzwaffen: Wie dann der Käiser ALEXANDER SEVERUS solches erkennte und bekennte.

Damit er nun solche Liebe erlange / muß er die seini-

seinigen mit recht Vätterlicher Zuneigung umfahen / sich als ein Vater des Vatterlandes bezeigen/ mit seinen Unterthanen / als ein Vater mit seinen Kindern / leben / auch jederman spüren und sehen lassen / daß ihme das Heil ihrer aller am meisten / oder doch nicht weniger als sein eigenes / angelegen sey. Dann die Unterthanen können einen solchen Fürsten nicht anderst als lieben / der mit Väterlicher Gelindigkeit über sie herschet / sie begnadet und bewolthätiget. Mit einem Wort: Liebe gebiehret Gegenliebe.

Der Käiser TRAJANUS hat sich damit höchst lobwürdig gemacht / in dem er / auf den höchsten Weltthron und Reichsgipfel erhoben / sich gegen jedwedern freundlich und gegen alle gleich angestellet / auch bey Aufwachsung seines Ehrglücks / das vorige Gemüt / die alte Bescheidenheit und Sitten / behalten.

Diesen und andern seines gleichen soll ein Fürst nachahmen: Und wird er dabey keine Verächtlichkeit zu fürchten haben. Denn das Glückwesen der Fürsten ist von keiner Gefahr weiter entfernet / als von der jenigen / die ihnen von der DEMUT zuwachsen kan. Ja ein solcher / dem nun keine Glücksstuffe zu ersteigen mehr übrig ist / *Humilitas.* kan

kan noch auf diese einige weise sich höher schwingen/ wann er / seiner Hoheit sicher / sich selber erniedriget. Und hierinnen werden mir alle Verständige beyfall geben.

mitis & placidus. Ein Fürst soll sich auch der SANFTMUT und FREUNDLICHKEIT befleissigen/ männiglich freyen Zutritt gönnen / vor jedermans Anligen seine Ohren offen halten / guter Ansprache / süß von Worten / und von Gesicht holdselig seyn. Er gedenke / daß die Person eines Fürsten nicht nur den Herzen / sondern auch den Augen / seiner Unterthanen dienen müsse: Und vergesse nicht / wie mächtig eine freundliche Ansprache sey / die Gemäter der Menschen zu gewinnen. Von einem Fürsten soll nichts entferner seyn / als unfreundliches reden / und sauersehen.

tranquillus. Endlich soll auch ein Fürst alle Sorgfalt anwenden / damit die seinen Geruhig und in FRIEDEN leben mögen. Dann solches ist nicht allein ihnen / sondern auch ihm selber / fürträglich und nutzlich. Im Krieg liget alles darnider / und wird dadurch nicht allein das Vermögen der Unterthanen / sondern auch die Schatzkammer des Fürsten / wo nicht ganz erschöpfet / doch gemindert.

Wann ein jeder dieses wol bedächte / daß / auch nur

nur eine einzige unglückseelige Stunde / die sowol albereit erworbene / als annoch verhoffende / Ruhmwürdigkeiten zugleich vernichten könne / und im Kriege viel Dinge wider gefasste Meinung auszuschlagen pflegen. Ingleichen wann man / bey Betrachtung des zweifelhaften Ausgangs des Kriegs / glaubte / daß ein gewisser Friede einem hoffbaren Sieg weit vorzuziehen sey / und eine allgemeine Ruhe einen jeden / auch den Fürsten selber nicht ausgenommen / zu treffen pflege: In warheit / es würde oftmals mit den Welthändeln ein bässeres aussehen haben.

Im fall aber solche gefährliche Zeitläufte sich einfinden solten / (wie dann eitel frölige und ruhige Tage sich niemand selbst versprechen kan) daß er in Sicherheit den seinigen nicht vorzuziehen vermag / sondern eine unvermeidliche äuserste Noht / zu Beschützung gemeiner Wolfart und zu Handhabung der von den Vorfahren ererbten Berechtigungen / oder die Unterthanen bey Haus und Haabe zu erhalten / die Waffen zu ergreiffen: So trage und führe ein Fürst dieselben mit hohem Muht und dapferer Entschliessung / keine Gefährden fürchtend / indem er weiß / daß er sie ihm nicht selber über den hals gezogen.

Doch

(46.)

Doch soll er mit sonderm Bedacht und Auffsicht dahin trachten/ daß er fremden Blutes/ sowol als seines eigenen/ schone; daß er die seinen nicht dem zaumlosen Frefelmutwillen der Soldaten / noch dem unersättlichen Geldgeiz der Kriegsvorsteher dahin gebe/ noch sie mit übermäsigen Steuerauflagen bebürde und belästige: Dann auch die getreueste Unterthanen leichtlich zu Neurungen aufzuwicklen sind/ wann sie von den Geld-Pressungen sich allzuhart gedruckt fühlen. Er bedenke/ daß einem guten Hirten zustehet / seinen Schafen zwar die Wolle abzunemen/ aber nicht gar die Haut über die ohren zu ziehen.

Ein Fürst soll sich dißfalls also verhalten/ daß jederman sehen und bekennen müsse / er habe mit Kriegen nichts anders / als seine und der seinigen Wolfart/ die allgemeine Freiheit und Sicherheit/ und den edlen Frieden/ gesuchet.

ut probos prae-
ter consiliarios.

Weil dann nun/ zu so vielen Verrichtungen/ eines einigen Klugheit nicht erkleckbar / und ein jeder Fürst zu so hohen Sorgfalten Beystandes benötiget ist: So soll er ihm fromme und verständige RAEHTE an die seite setzen/ mit denen er seine Anschläge und Sorgen theile / und welche er ihm und dem gemeinen Besten nutzdienlich erkennet/ oder seinem

(47.)

seinem Vorfahrer getreu und wolanständig befunden worden. Derselben soll er sich / mit Huld und Wolmeinung/ auch mit Wolthaten/ zu beständigen Diensten versicheren. Er verbinde ihm ihre Gemüter mit Dank-verbrüderter Mildigkeit/ welche bey einem Fürsten die maß kaum überschreiten kan/ und vergewissere sich dadurch ihrer Treue. Er erfreue sich über ihrem Wolstand / und lasse über ihrem Ubelergehen sonderbaren Unmut spüren.

Es ist unwidersprechlich / daß kein handsameres Behuffmittel zur glücklichen Regirung könne vorgeschlagen werden/ als wolgeneigte getreue Freunde. Dannenhero jener nicht unwahr geredet: Ein Reich oder Fürstentum werde / nicht durch Schätze oder Krieges-Mannschaft / sondern durch wolgeneigte Freunde geschützet/ die man nicht durch Waffen herzunötigen/ noch mit Gold erkaufen muß/ sondern mit ungefärbter und thätiger Wolneigung ihme verpflicht machen kan.

Ein Fürst folge dem GERMANICUS nach/ welcher etliche mit Hoffnung/ andere mit Beehrung/ einen jeden aber mit freundlichem Zusprechen/ und mit Obacht/ in Wolgesonnenheit zu erhalten wuste: Und dem VESPASIAN/ welcher die seinen zu besprechen/ zu ermahnen/ die Tugendhafften mit beloben/

(48.)

beloben/ die Trägen mit beyspielen aufzumuntern/ und mehr die Gebrechen / als die ihm erwiesene Dienste und Wolthaten/ seiner Freunde zu verunachtsamen pflegte.

Dieses nun ist/ wo nicht alles/ doch das vornemste/ was an einem Fürsten und Staatsregirer erfordert / und von seinen Unterthanen verlanget wird. Welcher Fürst diese Stücke / zeit seines Lebens/ wol beobachtet/ der wird/ in nur-verlanglichen Wolstande und bäster Sicherheit/ seiner Regirung vorstehen. Und wann er einst von hinnen geschieden/ werden die Nachkömlinge / seine herzliche Verdienste und schönes Namens-Gerüchte/ mit ewigen Lobsprüchen und rümlichen Erinnerungen/ unzweiffentlich beehren / und er also in stätem Gedächtnus aller Menschen leben. Dann / stattliche Tugendwerke/ können nimmermehr sterben.

Und so viel ist es / was Ich/ auf Befehl des Durchleuchtigsten CHURFÜRSTEN zu Brandenburg / meines Gnäd. Herrn Vettern/ Vatern und Vormundes/ bey meinem Abzug von dieser HohSchulgenoßschaft/ öffentlich habe reden und vorbringen wollen.

Diese

ANHANG 3

Schuldigster

Ehr-Glückwunsch

an

den Durchleuchtigsten Fürsten und Herrn/

Herrn

Christian Ernsten/

Marggraven zu Brandenburg/ zu Magdeburg/ in Preusen/ Stetin/ Pommern/ der Cassuben und Wenden/ auch in Slesien/ zu Crossen und Jägerndorf/ Herzogen/ Burggraven zu Nürnberg/ Fürsten zu Halberstadt/ Minden und Camin/

als

von Kaiserl. Majestät/

zu Dero

General-Feldmarschal-Lieutenant

Ihre Hochfürstl. Durchleuchtigkeit

allergnädigst bestellet ward/

unterthänigst übergeben

von

Denen Sämtlichen Dero Hochfürstl. COLLEGII, CHRISTIAN-ERNESTINI

PROFESSORIBUS.

BAYREUTH/
gedruckt bey Johann Gebhardt.

1676

Vergönnt/ o theurer Held! Ihr Schutz-GOtt un-
ſrer Götter!
in Eurer Gegenwart/ hier/ dieſe Lorbeerblätter/
zu opfern Eurer Gnad. Der/ Euer hohes Haubt/
mit einem neuen Glanz der Ehre/ hat umlaubt/
der Himmel/ heiſet uns mit ſolchen Gaben nahen
zu Euch itzt/ um damit die Würde zu empfahen/
die Er/ aus hoher Gunſt/ Euch neulichſt zugeſandt/
durch Cäſars/ Seines Sohns/ und Staat-Verwalters/
Hand:
weil Eurer Dapferkeit Ruhmſeeligſtes Beginnen/
ſo/ wie auf Erden hier/ dort auch/ in ſeinen Zinnen/
bereits erſchollen iſt: und weil ſo manche That/
die Eure Helden-Fauſt/ im Feld/ verübet hat/
vor GOtt und Vatterland/ auf des Gerüchtes Wagen/
bis an ſein guldnes Dach ſeithero ward getragen.
Demnach verehren wir des Himmels Ehr-Befehl/
und ehren Eure Ehr/ ô theure Helden-Seel!
Wir freuen innigſt uns/ daß Eure hohe Gaben/
den Platz/ den Sie verdient/ nun eingewonnen haben.
Sey willkomm! ruffen wir/ ô wehrte Helden-Würd/
wormit ein wehrter Held ſo würdig wird geziert!

Das Ziel iſt nun erreicht/ darnach von erſter Jugend/
mit ſolcher Müh geſtrebt/ die in Euch wohnt/ die Tugend/
Ihr Preis der Teutſchen Welt! Sie trägt den Ehren-Lohn
den Sie durch heiſen Schweis erkauſet/ nun davon.
Und alſo muß es ſeyn! Ehr muß die Tugend krönen;
Der Tugend Hochverdienſt muß Ehr-Gewinſt verſchönen/
noch dannoch/ unter uns: wie ſehr die wilde Welt/
vom Neide angehezt/ darwieder brüllt und bellt.

Die Ehre iſt das Gut/ das groſſe Tugend-Seelen/
zu Ihrer Thaten Zweck/ in dieſem Leben/ wehlen:

wornach

wornach Sie einig dürst. Je treflicher der Mut/
je heiser brennt darinn der Ehr-begierde Glut.
Und dieses/ weil ein Feur in hohen Herzen flammet/
das von dem Himmel her / und aus den Sternen stammet.
Diß loht nun über sich/ wallt seinem Ursprung zu/
und suchet wieder dort/ woher es kame/ Ruh.
So führen Helden auch hier Gottes Werk und Nahmen:
Sie sprossen überdiß von Götter-art und Saamen.
Wie nun GOtt will von uns mit Lieb geehret seyn;
So sollen ebenfalls Die/ deren Großmut-Schein
was göttlichs von sich strahlt/ beehret seyn auf Erden.
Die Ehr kürzt alle Müh/ und würzet die Beschwerden.
Sie macht in der Gefahr uns standhafft/ treu/ und vest:
verkehrt den rauhen Nord/ in einen linden West.
Die/ streute Rosen aus/ als Hercules beschritte
der Tugend Dornen-Weg. Die trat der Amsitrite
auf ihren frechen Hals/ da Jason/ sein Gesell/
im Fluten/ auf der Flott/ schwamm nach den guldnen Fell.
Die schärft'/ um Troja dort/ Achillens schwanke Lanze/
um fall Ihn Hector lud zum dapfern Ritter-Danze.
Die goß in Nestors Mund der Worte Honig-Flut/
wann Er den Seinen solt einsprechen Herz und Mut.
Und die/ ja eben die/ hat/ Herzog! Eure Ahnen/
auch vielmals eingehüllt in Blut-besprizte Fahnen:
Sie keck und kühn gemacht. Achillens Waffen-Glanz/
der manchen Mann geblendt/ und Nestors Lorbeer-Kranz/
den Ihm die Zung erwarb/ macht Sie es dapfer wagen/
und mit verhengten Zaum/ durch Noht und Tode jagen/
auf einem Ehren-Dank: bis beyder Nahm und Ruhm
sich Ihnen übergab zu einem Eigentum.

 Nun eben dieser Brand Ehr-brennt in Brennus-Hause
noch annoch; und es sucht der Väter Lorbeer-strauße

der

der Kinder heiße Sucht. Der Ahnen Bild und Schild
der Jungen Mut und Blut mit Ehren-Glut erfüllt.
Es fühlt's der freche Nord/ und lernt mit Schaden kennen/
weil daß er Sie gereizt/ der Brennus-Söhne brennen.
Es kennts auch LEOPOLD/ samt Seiner Löwen Zahl/
drum nennt Er/ dapfrer Prinz! Euch Seinen General.
Er/ unser Jupiter/ hebt Euch zum Ehren-Hügel;
trägt Euch der Sonne zu/ auf seines Adlers Flügel:
Und seinen Donnerkeul schliesst Er in Eure Hand/
daß Ihr/ an Seinem Platz/ vor GOtt und Vaterland/
ob unsrer Feinde Kopf/ solt donnern/ hageln/ plitzen.
Und Teutschland vor Gewalt/ gewaltiglich beschützen.
 Wol nun! verwaltet wol so hohe Kriegs-Gewalt!
Der Himmel der Euch hold/ ob Euch auch/ walt und halt/
mit seiner Allmacht-Wach! Er segne Eure Thaten/
daß sie zum Lobe Euch/ zu Glücke uns/ gerahten!
Es deck Euch seine Hand! und seiner Engel-Schaar
Eur Haubt/ ô theures Haubt! vor Noht und Tod bewahr!
So thut nun! wie Ihr thut; helft Teutschland wieder heben
zum Ruh- und Wohlstand-Stand; und lebt/ ô unser Leben!
Dem Kaiser/ Euch/ und uns! Es werde diese Würd
mit vieler Jahre Zahl und grossem Ruhm bebürdt.